Heyck, Eduard

Geschichte der Herzoge von Zähringen

Heyck, Eduard

Geschichte der Herzoge von Zähringen

Inktank publishing, 2018

www.inktank-publishing.com

ISBN/EAN: 9783747770207

GESCHICHTE

DER

HERZOGE VON ZÄHRINGEN.

HERAUSGEGEBEN VON DER BADISCHEN HISTORISCHEN COMMISSION.

BEARBEITET

VON

DR. EDUARD HEYCK,
AO. PROFESSOR IN FREIBURG.

FREIBURG I. B. 1891.
AKADEMISCHE VERLAGSBUCHHANDLUNG VON J. C. B. MOHR
(PAUL SIEBECK).

Vorwort.

Im October 1883 beschloss die badische historische Commission die Herausgabe einer „Geschichte der Herzoge von Zähringen“. „Bezüglich der näheren Umschreibung des Thema's erklärte sich die Commission mit dem Antragsteller [Herrn Dr. F. L. Baumann] darüber einverstanden, dass von der Bearbeitung die Geschichte der Nebenlinie zu Teck ausgeschlossen sein solle, dass ferner ein besonderes Gewicht auf die Erhellung des Ursprungs der Zähringer, auf deren Theilnahme an den Reichsangelegenheiten und auf möglichste Bestimmung der Amtsbefugnisse des Rector Burgundiae zu legen, weiterhin, dass in einem besonderen Anhange möglichst erschöpfende Uebersichten des Besitzes und der Dienstmannen des zähringischen Hauses gegeben und dabei auch die Besitzungen und Mannen zusammengestellt werden sollen, welche die Markgrafen von Verona-Bern und die Herzoge von Teck bei ihrer Abtrennung vom Hauptstamm erhalten haben.“ Drei Jahre später, nach der Herbstversammlung der Commission von 1886, übernahm ich, um sie im Sommer 1887 zu beginnen, diese Aufgabe, nachdem sie der ursprünglich gewonnene Bearbeiter aufgegeben hatte. (Von ihm gemachte Vorarbeiten haben mir nicht zur Verfügung gestanden, während allerdings ein schon früher veröffentlichtes Buch desselben Gelehrten für einen Abschnitt der Zähringergeschichte als vortreffliche Unterlage gedient hat.) Angesichts der so entstandenen Verzögerung der Arbeit um 3½ Jahre war der dringende Wunsch der Commission zu berücksichtigen, sie nunmehr in beschleunigter Weise fertigzustellen. So sehr ich diesen Wunsch theilte, war es doch hauptsächlich die durch den Anfang der academischen Thätigkeit erwachsende anderweitige Arbeitsfülle, die den raschen Fortgang der „Geschichte der Herzoge von Zähringen“ beeinträchtigte. Das nunmehr Vorliegende ist als ein Erzeugniss sich in mehrfacher Hinsicht gegen einander richtender Pflichten und Wünsche zu beurtheilen. —

Etwas, das sich sehr bald als unthunlich erwies, war die Möglichkeit, ein Buch zugleich zum bequemen Lesen zu schaffen; ich hätte denn schon zweierlei Text neben einander setzen müssen. So oft die Zähringer in der Geschichtsliteratur auch früher, besonders um den Ausgang des vorigen und in den ersten Jahrzehnten dieses Jahrhunderts schon genannt worden, so vortrefflich die kurzen Hinweise Stälin's sind, lag doch der Stoff eigentlich noch brach. Die Nachrichten der Quellen und die verwendbaren Urkunden waren in der Hauptsache erst in den alten und den besseren neuen Veröffentlichungen aufzusuchen und mussten ganz von Neuem zurecht gemacht werden, die (im übrigen meist sehr verdienstvollen) älteren einheimischen Geschichtsdarstellungen störten, wo sie dies Thema berührten, eine Bearbeitung, die sich auf die Quellen selbst aufbauen wollte, im Ganzen eher, als dass sie ihr nützten. Der äussere Apparat der Bearbeitung trat in Folge alles Dessen stark in den Vordergrund und musste mit vorgelegt werden, sonst hätten die Ergebnisse in der Luft zu schweben und den Meinungen der Vorgänger vielfach grundlos zu widersprechen geschienen: die Roharbeit wäre nicht ein Ueberwundenes geworden, sondern Niemandem zu Nutze gekommen. Allerdings durfte ich mich in der Regel begnügen, den älteren widerstreitenden Behauptungen bloss mit den Beweisen der neuen Ergebnisse, anstatt durch besondere Anführung, Besprechung und Widerlegung, entgegenzutreten. — Dazu kam nun für die Darstellung noch Eines: zu eigentlicher Erzählung passte wohl Manches, besonders aus dem anziehenden Gebiete der Theilnahme der Zähringer an den Weltereignissen und denen der Reichsgeschichte (welche, wie ich hoffe, hier noch manche Bereicherung empfangen hat), passten ferner auch eine Anzahl Episoden der grund- und landesherrlichen Fürsorge der Herzoge; im Ganzen aber widerstrebte doch der Stoff einer reicher belebten und innerlich fest ineinandergefügten Darstellung. Quellen, wie sie die Geschichte eines Friedrich Barbarossa und schon die eines Heinrich IV zu einem farbig durchwirkten Gesammtbilde gestalten, liegen für das neben den Kaisern in Schwaben und Burgund hergehende mächtige Fürstenhaus in dem Masse doch nicht vor; der Griff ins volle Material wird nur zu oft vermisst und mehrfach prägt sich der Zähringergeschichte der dürftigere Character des blossen Itinerars für den Zeitraum ganzer Jahre auf. So musste sich der Bearbeiter bescheiden und für das Angemessenste halten, das über die Geschichte des Hauses ihm überhaupt Erreichbare nur erst einmal vorzulegen und es anderweitiger Benützung zu überlassen, das für die Verwendung zu volksthümlicherer Erzählung Brauchbare hier auszuheben.

Die Leser des Buches darf ich bitten, wenigstens für einzelne Puncte mildernde Umstände zuzubilligen. Bei allem freundlichen Entgegenkommen der Freiburger Universitätsbibliothek war ich doch gezwungen einen bedeutenden Theil der benutzten und durchsuchten Werke, die natürlich nicht alle zu citiren nöthig wurde, von auswärts zu leihen oder auf den fremden Bibliotheken selbst durchzusehen; insbesondere betrifft das die Literatur der Vereine und die Arbeiten der Geschichtsfreunde, denen ja zumal solche Studien näher liegen, welche mit den Nachsuchungen dieses Buches über den Besitz und die verwandtschaftlichen Beziehungen der Zähringer Berührungen haben. Hier mag mir, wie ich wohl fühle, manches Einschlägige entgangen sein oder das auswärts entliehene Buch, worin es enthalten ist, mag lange Zeit, bevor ich bei der Verarbeitung des Stoffes aus neu auftretenden Gesichtspuncten eine Beziehung dazu doch gefunden hätte, schon als abgethan und nicht weiter vermerkt zurückgegeben worden sein. Derselbe Grund, die schwierige Handhabung des bibliothekarischen Materials möge es erklären, wenn einmal solche Abdrücke von Urkunden oder Quellen zu Grunde gelegt sind, statt welcher die Nennung anderer Abdrücke eher erwartet werden könnte, oder wenn ich gelegentlich nicht mehr übersehen und auch nicht nachsehen konnte, ob zwei Belege in meinen Auszügen nur gleichartig und daher beide zu citiren oder ob sie identisch seien. Eigentlich gestört werden dadurch kann wohl Niemand; aber eine Erwähnung dieser Puncte von vornherein spart vielleicht den Kritikern etwas Arbeit. Dass, wo aus den Monumenta Germaniae Sonderabdrücke vorliegen, diese citirt sind, wird, denke ich, nur bequem sein: wem die Foliobände zugänglich sind, der wird auch die Sonderausgaben zur Verfügung haben, während das Umgekehrte ja leider bei Weitem nicht stattfinden kann, am wenigsten für zahlreiche Forscher auf dem Gebiete der Landes- und Ortsgeschichte; für deren Bedarf sind auch vielfach solche Texte von Urkunden oder blosse Bezüge auf solche mit in den Citaten aufgeführt, von denen anzunehmen ist, dass sie ihnen zugänglicher sind, als die heute massgeblichsten Abdrücke. In dieselbe Richtung fällt es, wenn Quellen, über deren Autorschaft neuerdings gestritten worden ist oder noch wird, unter dem Namen aufgeführt werden, unter dem sie am bekanntesten sind. — Citirt sind alle Bücher, mit Ausnahme der Regestenwerke, nach Band- und Seitenzahlen.

Die Quellencitate der Anmerkungen sollten in der wünschenswerthen Weise mit den vorkommenden *o* über dem *u*, *u* über dem *o* und geschwänzten *e* ausgestattet werden. Indessen musste ich mich dafür mit einer Art Transscription begnügen, die das *u*, das der Urkundenschreiber über das *o* setzte, hinter das *o* verlegt u. s. f. —

Aus den trockenen Ortstabellen des Besitzverzeichnisses hätte ich lieber ein Capitel Verwaltungsgeschichte gemacht. Aber jeder Versuch derart verbot sich durch die Quellen. Von den aufgeführten Orten wissen wir nur, dass sie einmal zum grösseren oder geringeren Theil unter zähringischer Herrschaft waren; alles Nähere, für eine wirthschaftsgeschichtliche Ausnutzung Brauchbare dagegen wird erst für einen viel späteren Zeitpunct, erst unter den Rechtsnachfolgern der Herzoge bekannt. Für Kyburgische und Habsburgische Güter- und Zinswirthschaft liegt Stoff genug vor; aber gewiss wäre es nicht angebracht gewesen zu sagen: in diesen Dingen wird es wohl zur Zeit der Zähringer schon ungefähr eben so gewesen sein. Desshalb habe ich es auch unterlassen, da, wo einmal zufällig bekannt wird, welchen Zins, wie viel Hufen die Zähringer an diesem oder jenem Orte mindestens hatten, diese Einzelaufschlüsse in das Verzeichniss mit aufzunehmen; dass aber auch diese gelegentlichen Anhaltspuncte leicht aufgefunden werden können, dafür sorgen die beigesetzten Verweisungen. Der Zweck, den das Verzeichniss vielmehr erfüllen will, ist der: auf eine Karte übertragen zu zeigen, in welchen Gegenden das Zähringische Gut überhaupt lag, entweder dicht bei einander oder verstreut; und weiter, was eine Karte schwerer kann, durch kurze Bemerkungen und Verweisungen zu zeigen oder an der Hand der allgemeinen Ausführungen schliessen zu lassen, woher das betreffende Gut zu den Zähringern kam und wer es von ihnen, in einzelnen Fällen schon während der herzoglichen Zeit und dann bei ihrem Aussterben 1218, jeweils zunächst empfing. Um den Nachweis der Herkunft zur Durchführung zu bringen, sind freilich die geschichtlichen Darlegungen des Buches mit heranzuziehen, denn es ging nicht, je zu dem einzelnen Orte zu bemerken: „wohl Heirathsgut der Richwara“ oder „gewiss Rheinfeldisches Erbe“; auf diese Weise hätte, weil doch auch bei der herzoglichen Verwaltung Käufe und Verkäufe, Täusche und Verpfändungen gerade so täglich gewesen sein werden, wie bei anderen Grundbesitzern, z. B. den Klöstern, von denen darüber zufällig Verzeichnisse bis auf uns gekommen sind, dem Benützer gar leicht eine erhebliche Anzahl von Einzelirrthümern aufgenöthigt werden können; was dagegen für die allgemeinen Verhältnisse, für die jeweiligen Besitzgruppen aus dem Text und auch den in der Besitztabelle selbst beigegebenen Hinweisen entnommen werden kann, unterliegt jener Gefahr nicht mit.

Vielleicht aber kommen wir auch hierin noch einmal weiter; es werden doch gewiss noch andere so überaus aufschlussreiche Lagerbücher, wie das Thenenbacher in Karlsruhe, und ähnliche Arbeiten guter Haushalter der Ausnützung harren und dann wohl auch noch für die zähringische Zeit hier und da Rückschlüsse ergeben. Eine Strassburger Abhandlung z. B., die erst neuerdings archivalisch feststellte, welche Liegenschaften das Strassburger Hochstift um die Mitte des 14. Jahrhunderts besass, ermöglicht es durch ihr blosses Vorhandensein in kaum erhoffter Weise nachzuweisen, welche einzelnen Orte in der Ortenau und theilweise im Breisgau aus dem Zähringischen Besitz 1218 vom Reiche eingezogen wurden, und daneben noch das Weitere, welche Nimburgischen Güter zur Zeit Herzog Bertold's V dessen Erbansprüchen durch Verkauf entrückt wurden. Das sind Theilaufschlüsse, die aber weitere Hoffnungen geben. Hier freilich muss das Suchen vor dem glücklichen Finden der Hüter der Schätze zurückstehen.

Was oft eine einzige Quelle bedeutet, prägte widerum der Verlauf der vorliegenden Arbeit ein. Ohne den Besitzrotel der Mönche von St. Peter würden uns Mitglieder und wichtige Daten des Herzogshauses fehlen, hätten wir für dessen Dienstmannenschaft nur ein paar unvermittelte Namen, entbehrten wir die werthvollsten Aufschlüsse über den Besitz der Herzoge, über ihre Burg Zähringen, und so nach allen Richtungen. Und zu den thatsächlichen Mittheilungen einer solchen Quelle kommen vor allem die oft überraschenden, weittragenden Zusammenhänge, die sie durch ein oder ein paar nebensächliche Worte enthüllen und die, obgleich eine ganze Anzahl anderer Nachrichten so erst verständlich wird, doch ohne sie unmöglich entdeckt werden könnten. Man wolle nur im ersten Anhange dieses Buches auf solche Fäden achten.

So bin ich denn weit entfernt von der Meinung, dass über das Haus der Herzoge von Zähringen und seine Verbindungen in Zukunft wenigstens von der Seite der Quellen her nichts Wesentliches mehr zu sagen sei; vor allem halte ich es bei zugleich entschlossenem und vorsichtigen Einschlagen neuer Methoden für sehr wohl möglich, die Ahnenreihe der Zähringer in weit höhere Jahrhunderte noch hinaufzuführen. In den Namen murmeln noch Quellen der Vorzeit, aber nicht bloss in den viel missbrauchten Personennamen, sondern vor allem in den Namen der Orte. — Was dies Buch hofft, ist, als ein guter Schritt vorwärts betrachtet zu werden. Eine Freude wäre es mir, solcher Forschung in der Geschichte alamannischen Landes auch fortan ein wenig näher zu bleiben; hat mein Antheil daran mir doch manche liebe und dauernde Frucht getragen, die nicht geschrieben und gedruckt wird. — Hoffentlich wird bald vom benachbarten Ufgau her, wo an der lieblichen Oos das Markgrafenhaus eine neue Geschichte begann, die Hand herüber gereicht: dort giebt es viel Neues an das Tageslicht geschichtlicher Wiedererkenntniss zu fördern.

Der Unterstützung durch die badische historische Commission, sowie der Freundlichkeit verschiedener Bibliotheken und Archive bewahre ich einen steten und herzlichen Dank.

Geschrieben in der Stadt des Herzogs Konrad von Zähringen.

Verzeichniss der öfter und abgekürzt erwähnten Quellenwerke, Zeitschriften und Abhandlungen.

Die Angabe der Werke, welche die Abdrücke der Königs- und Kaiserurkunden enthalten, wird in den Anmerkungen des Textes [und hier] durch die principielle Nennung der jeweiligen Regestennummer bei Stumpf und Böhmer-Ficker erspart; für die Abschnitte „Einzelorte" (S. 508 ff.), „Ministerialen" (S. 539 ff.) u. s. w. werden die Belege aus den in Zeitschriften enthaltenen Urkundenabdrücken und Abhandlungen auf die blosse Zahl des Bandes und der Seite verkürzt.

Abel, O., König Philipp der Hohenstaufe. Berlin 1852. — Allgemeine deutsche Biographie. Leipzig. Band II 1875. [Art. Bertold I—V, Herzöge von Zähringen, von G. v. Wyss]. — Ankershofen, G. v., Handbuch der Geschichte des Herzogthums Kärnthen. Klagenfurt 1842—74. — *Annales Patherburnenses*. Aus Bruchstücken wiederhergestellt von P. Scheffer-Boichorst. Innsbruck 1870. — Anzeiger für schweizerische Geschichte, hrsg. von der allgemeinen geschichtsforschenden Gesellschaft der Schweiz. Neue Folge. Bern, Solothurn 1870 ff. — Archiv für schweizerische Geschichte, hrsg. auf Veranst. d. allgemeinen geschichtsforsch. Gesellschaft der Schweiz. Zürich 1843 ff. — Baumann, F. L., das Kloster Allerheiligen in Schaffhausen [Urkunden]. (QzSchwGesch. III, 1). Basel 1881. — Baumann, F. L., die Gaugrafschaften im wirtembergischen Schwaben. Mit einer Karte. Stuttgart 1879. — Behrends, F. W., Herzog Welf VI. Braunschweig 1829. — Berchtold, histoire du canton de Fribourg. Freiburg in der Schweiz. Bd. I 1841. — Bernhardi, W., Konrad III (Jahrbücher der deutschen Geschichte). Leipzig 1883. — Bernhardi, W., Lothar von Supplinburg (Jahrbücher der deutschen Geschichte). Leipzig 1879. — Bluntschli, J. C., Gesch. d. Republik Zürich, neue wohlfeile Ausgabe. Zürich, 3 Bde. 1870. — Bluntschli, J. C., Gesch. d. schweiz. Bundesrechts. Zürich 1846. — Böhmer, J. Fr., Fontes rerum Germanicorum. Stuttgart 1843—68. — B.-F. = Böhmer, J. Fr., Regesta imperii, 1198—1272, hrsg. v. J. Ficker. Innsbruck 1881 ff. — Buchholz, G., Ekkehard v. Aura. I. Leipzig 1888. — *Caesarii Heisterbacensis . . . dialogus miraculorum*, hrsg. v. Strange. Cöln, 2 Bde. 1851. — *Casus mon. Villingani*, in Monumenta historica-chronologica monastica collecta a P. Gallo Mezler, hrsg. v. J. G. Mayer (Freib. D.-A. XV 242 ff.) — *Cat. St. Petri.* = *Catalogus St. Petri*, in F. L. Baumann, Geschichtliches aus St. Peter. (Freib. D.-A. XIV 83 ff.) Als *Genealogia Zaringorum* auch MGSS. XIII gedruckt. — Chart. Laus. = Cartulaire de . . . . . Lausanne, hrsg. v. F. de Gingins (MDSR. VI). Lausanne 1851. — *Codex Hirsaugiensis*, hrsg. von Gfrörer (Bibl. d. Stuttg. litt. Ver. I) Stuttg. 1843; späterhin konnte die Ausgabe von E. Schneider benutzt werden (Württembergische Geschichtsquellen, hrsg. von dem k. statistischen Landesamte I). Stuttgart 1887. 4°. — *Conradus de Fabaria* (Pfäffers), hrsg. von G. Meyer von Knonau (Mitth. z. vaterl. Gesch. v. St. Gallen. N. F. VII). — Const. Reg. = Regesta episcoporum Constantiensium.

516—1496, hrsg. v. d. bad. hist. Commission, unter Leitung von Fr. v. Weech bearb. v. P. Ladewig. Innsbruck 1886ff. — *Continuatio casuum S. Galli*, hrsg. von G. Meyer von Knonau (Mitth. z. vaterl. Gesch. v. St. Gallen XVII = N. F. VII). St. Gallen 1879. — Delbrück, H., üb. d. Glaubwürdigkeit Lambert's von Hersfeld. Bonn 1873. — Dierauer, Joh., Geschichte der schweizerischen Eidgenossenschaft. (Gesch. d. europ. Staaten, hrsg. v. Heeren, Ukert, Giesebrecht). Gotha, Bd. I 1887. — Dümgé, C. G., Regesta Badensia. Karlsr. 1836. 4°. — Escher, A., Schweizerische Münz- und Geldgeschichte. Bern 1881. — Ficker, J., Beitr.: Beiträge zur Urkundenlehre. Innsbruck, 2 Bde. 1877—78. — Ficker, J, Forschungen zur Reichs- und Rechtsgeschichte Italiens. Innsbruck, 4 Bde. 1868—74. — Ficker, J., Vom Reichsfürstenstande. Innsbruck, I. 1861. — Fickler, C. B. A., Bertold d. Bärtige, erster Herzog von Zähringen. Festgabe. Mannheim 1856. — Fickler, C. B. A., Quellen und Forschungen zur Geschichte Schwabens und der Ostschweiz. Mannheim 1849. 4°. — Floto, H., K. Heinrich IV und sein Zeitalter. Stuttgart u. Hamburg, 2 Bde. 1855—56. — F. r. B. = Fontes rerum Bernensium. Bern, Bd. I 1883, Bd. II 1877. — Forel, F., Répertoire chronologique des documens relatifs à l'histoire de la Suisse Romande. (MDSR. XIX). — Franck, W., das zähringer Erbschaftsgebiet der Grafen von Urach. (Zs. d. Freib. hist. Ver. II) = cit. Franck. — Franck, W., die Landgrafschaften des hl. römischen Reichs. Braunschweig 1873. — Freib. D.-A.: Freiburger Diöcesan-Archiv. Organ des kirchlich-histor. Vereins der Erzdiöcese Freiburg. Freiburg i/B. 1865ff. — Freib. UB.: Urkundenbuch der Stadt Freiburg im Breisgau, hrsg. v. H. Schreiber. Freiburg i/B., 4 Theile in 2 Bänden, 1827—1828. — FzDG. = Forschungen zur deutschen Geschichte, hrsg. v. d. Münchner hist. Commission. Göttingen 1862ff. — Frey, C., die Schicksale des königlichen Gutes in Deutschland unter den letzten Staufern seit K. Philipp. Berliner Diss. 1881. — Fritz, Joh., das Territorium des Bisthums Strassburg um die Mitte des 14. Jahrhunderts und seine Geschichte. (Strassburger Diss.) Köthen 1885. Mit Karte. — FUB. = Fürstenbergisches Urkundenbuch, hrsg. v. d. fürstl. Hauptarchiv in Donaueschingen. Tübingen 1877ff. — Furrer, S., Geschichte, Statistik und Urkunden von Wallis. 3 Bde. Sitten 1850—52. — Gallia christiana in provincias ecclesiasticas distributa Paris 1715ff. Fol. — Ganter: Das S. 12 Anm. 31 erwähnte Werk erschien nach Drucklegung dieses Buches u. d. T.: Bezelin von Villingen und seine Vorfahren. Ein Beitrag zur Frage der Abstammung der Zähringer und Habsburger und der ihnen verwandten Geschlechter von Hubert Ganter. Mit 10 Stammtafeln. Lahr 1891. — Gaupp, E. Th., Deutsche Stadtrechte des Mittelalters. Breslau, 2. Bde. 1851—52. — Gerbert, P. Marqu., de Rudolpho Suevico. St. Blasien 1785. 4°. — Gerbert, P. Marqu., H. n. s. = Historia nigrae silvae. St. Blasien, 2 Bde. 1783 - 88. 4°. — Geschf. = Der schweizerische Geschichtsforscher. Bern, 11 Bde. 1812—40. — Geschfr. = Der Geschichtsfreund. Mitth. des hist. Ver. der fünf Orte Luzern, Uri, Schwyz, Unterwalden u. Zug. Einsied. 1845ff. — Geschichtsquellen der Provinz Sachsen und angrenzenden Gebiete, hrsg. v. d. geschichtl. Vereinen der Provinz. Halle. I. 1870. — Giesebrecht, W. v., Geschichte der deutschen Kaiserzeit. Braunschweig. III[4]. 1876. IV[4] [= IV[1]] 1877. V. 1. 2. 1880—1888. — Gisi, W., Comitatus Burgundiae in der Schweiz. Anz. f. schweiz. Gesch. 1886. S. 73ff. — Gisi, W., der Ursprung der Häuser Neuenburg in der Schweiz und im Breisgau. Anz. f. schweiz. Gesch. 1886. S. 79ff. — Gisi, W., der Ursprung des Hauses Rheinfelden. Anz. f. schweiz. Gesch. 1887. S. 25ff. — Gisi, der Ursprung der Häuser Zähringen und Habsburg. Anz. f. schweiz. Gesch. 1888, S. 265ff. — Gingins-La-Sarraz, Fr. de, Hist. de la cité et du ct. des Équestres. (MDSR. XX). — Gingins-La-Sarraz,

Fr. de, Mémoire sur le rectorat de Bourgogne. (MDSR. I.) — Gothein, E., Bergbau im Schwarzwald. (Oberrh. Zs. N. F. II 385). — Gothein, E., d. Hofverfassung auf dem Schwarzwald, dargestellt an der Gesch. d. Gebiets von St. Peter. (Oberrh. Zs. N. F. I 257 ff.) — Grandidier, Ph. A., Oeuvres historiques inédites. 6 Bde. Colmar 1865—1867. — Grund, F. O., d. Wahl Rudolf's von Rheinfelden zum Gegenkönig. Gött. Diss. Leipzig 1870. — Guden, V. F. v., Sylloge variorum diplomatariorum res Germanicas imprimis vero Moguntinas illustrantium. I. Frankfurt 1728. — Habsb. Urb. = Das habsburg.-österreichische Urbar, hrsg. von Fr. Pfeiffer. (Bibliothek des literarischen Vereins in Stuttgart. XIX.) Stuttgart 1850. — Heer, R., Anonymus Murensis denudatus. Freib. 1755. — Henking, C., Gebhard III, Bischof v. Constanz 1084—1110. (Züricher Diss.). Stuttg. 1880. — Herrgott, P. Marqu., Genealogia diplomatica augustae gentis Habsburgicae. Wien. Th. I, 1. 2. = Bd. I. II. 1737—38. Fol. — Hess, G., Monumentorum Guelficorum pars historica. Frankfurt, 2 Bde. 1784. 4°. — Hidber = Schweizerisches Urkundenregister, hrsg. v. d. allg. geschf. Ges. d. Schweiz, bearb. v. B. Hidber. Bern. 2 Bde. 1863—77. — Huber, A., Geschichte Oesterreichs. (Geschichte der europäischen Staaten, hrsg. von Heeren, Ukert, Giesebrecht). Gotha. Bd. I. 1885. — Hüffer, G., das Verhältniss des Königreichs Burgund zu Kaiser und Reich besonders unter Friedrich I. (Gött. Diss.). Paderborn 1873. — Huillard-Bréholles, A., Historia diplomatica Friderici II. Paris 1852—61. 4°. — Jaffé, Ph., Bibliotheca rerum Germanicarum. Berlin. 6 Bde. 1864—73. = cit. Jaffé mit der Bandzahl (I, II, V). — J.-L. = Regesta pontificum Romanorum. [Ph. Jaffé], zweite Ausgabe unter Leitung von Wattenbach besorgt von v. Löwenfeld, Kaltenbrunner, Ewald. Leipzig 1881 ff. 4°. — s. a.: Potthast. — Jahrbuch für schweizerische Geschichte, hrsg. auf Veranst. d. allg. geschichtsforschenden Ges. der Schweiz. Zürich 1876 ff. — Justinger, Konrad, Berner Chronik, hrsg. v. G. Studer. Bern 1871. — Kallmann, R., d. Beziehungen des Kgr. Burgund zu Kaiser und Reich von Heinrich III b. a. d. Z. Friedrichs I. (Jahrb. f. schweiz. Gesch. XIV). — Kerker, M., Wilhelm d. Selige, Abt von Hirschau. Tübingen 1863. — Kiem, P. Martin, O. S. B., das Kloster Muri im Canton Aargau (QzSchwGesch. III 2). Basel 1883. — Kilian, E., Itinerar Kaiser Heinrich's IV. (Heidelb. Diss.) Karlsruhe 1886. — Königshofen-Schilter. = Die alteste teutsche ... als insonderheit elsassische ... Chronika von Jakob von Königshoven ... in Truck gegeben von ... Schiltern. Strassburg 1698. Im Anhang: *Origines civitatis Friburgi in Brisgovia.* Ex ms. archivi reip. Argentor. — Kolb, J. B., Historisch-statistisch-topographisches Lexicon von dem Grossherzogthum Baden. Karlsruhe. 3 Bde. 1813—1816. — Krieg von Hochfelden, Geschichte der Grafen von Eberstein. Karlsr. 1836. — Krüger, E., zur Herkunft der Habsburger. (Jahrb. f. schweiz. Gesch. XIII. 1888). — Ladewig, s. Const. Reg. — Leichtlen, E. J., Die Zähringer. Eine Abhandlung von dem Urspr. und den Ahnen der erl. Häuser Baden und Oesterreich. Freiburg i/B. 1831. 4°. — Lévrier, chronologie historique des comtes de Genèvois. Orléans, 2 Bde. 1787. — *Liber decimationis cleri Constanciensis pro papa, 1275*, hrsg. v. W. Haid (Freib. D.-A. I 1 ff.). — *Liber Heremi* (abgedr. Geschfr. I.); — Kritische Bearbeitung v. G. v. Wyss (Jahrb. f. schweiz. Gesch. X 1885). — Lindner, Th., Anno II d. Heilige, Erzb. v. Köln. Leipzig 1869. — Lisch, G. C. F., die Burg Dobin und die Döpe. (Jahrbücher des Vereins f. meckl. Geschichte und Alterthumskunde, V, 1840, 123 ff.) — Mallet, Ed., du pouvoir, que la maison de Savoie a exercé dans Genève. (MDG. VII. 1849). — Martène et Durand, Veterum scriptorum et monumentorum ampl. collectio. Paris. 9 Bde. 1724—33. Fol. — Martini, Ed., Sulzburg. Eine Stadt-, Bergwerks- und Waldgeschichte. Freib. 1880. (Auch in der Zs. d. Ges. f. Beförderung der Geschichts-, Alterthums- und Volkskunde von

Freiburg, dem Breisgau und den angrenzenden Landschaften. Freiburg. V. 1882). — Maurer, H., Lgr. = Die Landgrafschaft im Breisgau, ein Beitrag u. s. w. (Beilage zum Programm der höheren Bürgerschule in Emmendingen). Emmendingen 1881. 4°. — Maurer, H., Urkunden zur Geschichte der Herrschaft Uesenberg. (Zs. d. Freib. hist. Ver. V [1882] 193 ff.) — Maurer, H., Ursprung des Adels in der Stadt Freiburg i/B. (Oberrh. Zs. N. F. V 474 ff.) — Maurer, H., Zur Geschichte der Markgrafen von Baden. (Oberrh. Zs. N. F. IV 478 ff.) — Maurer, H., Zur Geschichte der Grafen von Neuenburg. (Zs. d. Freib. hist. Ver. VI [1883—87], 449 ff.) — Mehmel, H., Otto von Nordheim, Herzog v. Bayern 1061—1070. Gött. Diss. 1870. — Meister, Al., die Hohenstaufen im Elsass. Strassburg (wohl Strassb. Diss.) 1890. — Mell, A., d. hist. u. territoriale Entwicklung Krains vom 10. bis ins 13. Jahrhundert. Graz 1888. — MDG. = Mémoires et documens de la société d'histoire et d'archéologie à Genève. Genf 1841 ff. — MDSR. = Mémoires et documens p. p. la société d'histoire de la Suisse Romande. Lausanne 1840 ff. — Mémorial de Fribourg, rec. périodique. I—VI. Freib. i. d. Schw. 1854—59. — Meyer, E., Lambert von Hersfeld. Königsb. Diss. 1877. — Meyer, Joh., Geschichte des schweizerischen Bundesrechtes. Winterthur. Bd. I. 1878. — Meyer von Knonau, G. [Excurse in seiner Ausgabe von Ratperti casus SGalli] (Mitth. z. vaterl. Gesch., hrsg. vom hist. Ver. in St. Gallen. XIII = N. F. III 1872). — Vgl. auch „Cont. casuum", „Conradus de Fabaria". — Meyer von Knonau, G., Heinrich IV u. Heinrich V. (Jahrbücher der deutschen Geschichte). Lpz. I. 1890. — MJÖG. = Mittheilungen des Instituts für österreichische Geschichtsforschung, red. v. E. Mühlbacher. Innsbruck, 1880 ff. — Mohr, Th. v., Die Regesten der Archive in der schweiz. Eidgenossenschaft. 1848. 4°. [Nach den einzelnen Archiven mitcitirt.] — Mone, F. J., Quellensammlung der Badischen Landesgeschichte. Karlsruhe. I—IV 1. 1848—67. 4°. — MG. = Monumenta Germaniae. Hannover u. Berlin 1826 ff. — MGSS.: Scriptores, Fol. — MGLL.: Leges, Fol. — MGNecr.: Necrologia Germaniae. Berl. I. 1888. 4°. — MGEpp.: Epistolae. 4°. — MGDipl.: Diplomata. 4°. — MGDeutsche Chroniken. 4°. — Mülinen, G. v., Die Grafen von Lenzburg. (schweiz. Geschichtsforscher IV, 1821). — Näher, J. u. Maurer, H., d. altbadischen Burgen und Schlösser des Breisgaues. Emmendingen 1884. 4°. — Neugart, P. Trudp., CD. = Codex diplomaticus Alemanniae et Burgundiae transjuranae intra fines dioc. Constantiensis. Bd. 1. 2. St. Blasien 1791. 1795. 4°. — Neugart, P. Trudp., Ep. = Episcopatus Constantiensis. Theil I, Bd. 1. St. Blasien 1803. Bd. 2. (ed. Mone) Freib. 1862. 4°. — Not. SGeo. = Die *Notitia fundationis* des Klosters St. Georgen auf dem Schwarzwalde, hrsg. von Bader. (Oberrh. Zs. IX. 193 ff.) [Der neue Abdruck MGSS. XV 2 wurde verglichen.] — OABeschr. = Württembergische Oberamtsbeschreibungen, hrsg. von dem k. stat.-topogr. Bureau. Stuttg. 1824 ff. [Für jedes OA. ein Band. Wenn bei den Belegen im Ortsverzeichniss dieses Buches nur citirt ist „OABeschr.", so ist die des (jedesmal vorher genannten) OA. des betr. Ortes gemeint; gelegentlich war auf die Beschreibung anderer OAe. mit zu verweisen.] — Oberrh. Zs. vgl.: Zs. — Oberrh. Zs. N. F. vgl.: Zs. N. F. — Oheim, Gallus, Chronik von Reichenau, hrsg. von Barack. (Bibl. d. Stuttg. lit. Ver. LXXXIV). Stuttgart 1866. — Pfaff, A., das Staatsrecht der alten Eidgenossenschaft. Schaffhausen 1870. — Pfaff, Fridr., Zur Baugeschichte der Burg Zähringen, Breisgauer Ztg. (Freiburg) 1890 Nr. 143. — Pfaff, K., Gesch. d. Herzöge von Teck. WJbb. 1846. S. 93 ff. — Pflugk-Harttung, J. v., Acta inedita pontificum Romanorum. Stuttgart I. 1881. — Pipitz, F. E., die Grafen von Kyburg. Leipzig 1839. — Pistorius, J., Rerum Germanicarum scriptores. 3 Bde. Frankfurt 1583—1607. — Poinsignon, Ad., Oedungen und Wüstungen im Breisgau. (Oberrh. Zs. N. F. II 322 ff., 449 ff.) — Potthast, Aug., Regesta pontificum Romanorum.

Berlin I. 1881. — Prutz, H., Heinrich der Löwe. Lpz. 1865. — Prutz, H., Kaiser Friedrich I. Danzig, 3 Bde., 1871—74.: cit. Prutz. — QzSchwG. = Quellen zur Schweizer Geschichte, hrsg. v. d. allg. geschf. Ges. d. Schweiz. Bd. III. 1: Das Kloster Allerheiligen in Schaffhausen, hrsg. v. F. L. Baumann. 2 [b.]: Das Kloster Muri im Kanton Aargau, hrsg. von P. Mart. Kiem. — Ranke, L. v., Weltgeschichte. Leipzig. Bd. VII f. 1886 f. — Raumer, Fr. v., Geschichte der Hohenstaufen. Bd. II. Leipzig. 1841². — Recueil des chartes de l'abbaye de Cluny (Docc. inédits s. l'hist. de France). Bd. IV. Paris. 1888. — Recueil diplomatique du canton de Fribourg. Freiburg i. d. Schw. I—VIII. 1839—1877. — Reese, R., die staatsrechtliche Stellung der Bischöfe Burgunds und Italiens unter K. Friedrich I. Gött. (Diss.) 1885. — Reg. de negot. imp., in: Innocentii epistolae, hrsg. von St. Baluze. Paris 1682. — Ried, Th., Codex episcopatus Ratisbonensis. Regensburg. I. 1816. — R. = Riezler, K., Geschichte des fürstlichen Hauses Fürstenberg. Tübingen 1883. — Röhricht, R., Beitr. = Beiträge zur Geschichte der Kreuzzüge. Berlin. 2 Bde. 1874—78. — Rosmann, P., Geschichte der Stadt Breisach. Freiburg 1851. — Roth von Schreckenstein, die Burg Rheinegg als Zankapfel zwischen den geistlichen Fürsten von Constanz und St. Gallen. (Oberrh. Zs. XXVII 218 ff.) — Roth v. Schreckenstein, Ueber die Notitia fundationis des Kl. St. Georgen a d. Schwarzwalde. (Oberrh. Zs. XXXVII 338 ff.) — RSP. = Der Rotulus Sanpetrinus, hrsg. v. Fr. v. Weech (Freib. D.-A. XV 133 ff.) — Ruppert, Ph., Geschichte der Mortenau. I. Achern. o. J. [1882 oder 1883.] — Sachs, J. Chr., Einleitung in die Geschichte der Marggravschaft u. d. marggr. altf. H. Baden. Karlsruhe. 1764 ff. — *Saxo Grammaticus*, hrsg. v. A. Holder. Strassburg 1886. — Schannat, Jo. Frid., Vindemiae literariae, hoc est veterum monumentorum ad Germaniam sacram praecipue spectantium collectio prima. Fulda u. Lps. 1723. collectio secunda. Fulda u. Lps. 1724. — Schmid, L., Hohenzollern. = Die älteste Geschichte des erl. Gesammthauses der königlichen und fürstlichen Hohenzollern. Tübingen, 3 Bde. 1884—1888. — Schö. = Schöpflin, J. D., Historia Zaringo-Badensis. 7 Bde. Karlsruhe. 1763—66. 4°. — Schreiber, H., die älteste Verfassungsurkunde der Stadt Freiburg. Freib. Univ.-Progr. 1843/44. — Schreiber, H., Gesch. = Geschichte der Stadt Freiburg im Breisgau. Freiburg i. B. 4 Theile. 1857—58. — Schreiber UB. s.: Freib. UB. — Schulte, A., Habsburger Studien (MJÖG. VII. VIII.); auch als Buch: Geschichte der Habsburger in den ersten drei Jahrhunderten. Innsbruck 1887. Mit Karte. — Sdralek, M., d. Streitschriften Altmann's von Passau u. Wezilo's von Mainz. Paderborn 1890. — Sol. Wbl. = SWbl. = Solothurner Wochenblatt. Jahrgänge 1827 ff. — SA. = Sonderabdruck aus den Monumenta Germaniae (Scriptores rer. German. in usum scholarum ex MGH. recusi. Hannover), falls nicht etwas anderes ausdrücklich angegeben ist. — Spon, hist. de Genève. Neue Ausg. Genf 1730. — Stä. = Stälin, Chr. Fr., Wirtembergische Geschichte. Stuttg. u. Tüb. I 1841. II 1847. — Stälin, P. Fr., Geschichte Württembergs. Gotha. Bd. I. 1882—87. — Steindorff, E., Jahrbücher des deutschen Reichs unter Heinrich III. 2 Bde. Leipzig 1874—81. — Stenzel, G. A. H., Geschichte Deutschlands unter den fränkischen Kaisern. I. II. Leipzig 1827—28. — Strelau, E., Leben u. Werke d. Mönches Bernold v. St. Blasien. (Jenenser Diss.) Leipzig 1889. — Sybel, H. v. u. Th. Sickel, Kaiserurkk. in Abbildungen. Berlin (im Erscheinen). — Tangl, R., die Grafen, Markgrafen u. Herzöge von Kärnthen a. d. Hause Eppenstein (Archiv f. Kunde österreichischer Geschichtsquellen IV. VI. XI. XII.) — Thüringische Geschichtsquellen. Jena. I. 1854. (Ann. Reinhardsbrunnenses, hrsg. v. F. X. Wegele.) — Toeche, Th., Kaiser Heinrich VI. (Jahrbücher der deutschen Geschichte.) Leipzig 1867. — Trouillat, J., Monuments de l'ancien évêché de Bâle. Puntrut 1852—67. — Tschudi, A., Chronicon Helveticum, hrsg. von Iselin. Basel, I. 1734. —

Urb. = Kyburgisches Urbar, hier (mit der Seitenzahl) citirt nach dem Abdruck im Bd. II d. F. r. B. — Urstisius, Ch., Germaniae histor. illustr. quorum plerique ab Heinrico IV imp. u. ad a. 1400. 2 Th. Frankfurt 1670. — Ussermann, A., Germaniae sacrae prodromus seu collectio mon. res Alemannicas ill. Bd. II. St. Blasien 1791. 4°. — Vadian = Joach. von Watt (Vadianus), Deutsche historische Schriften, hrsg. v. E. Götzinger, St. Gallen, 3 Bde. 1865 ff. — (Valbonais) Histoire de Dauphiné et des princes qui ont porté le nom de Dauphins. Genf 2 Bde. 1722. Fol. — Vögelin, S., das alte Zürich. Zweite Auflage, besorgt von Nüscheler u. F. S. Vögelin. Zürich. Bd. I. 1878. (Bd. II. 1890 nur nachträglich noch benutzt.) — Vogeler, A., Otto v. Nordheim 1070—1083. (Gött. Diss.) Minden 1880. — Wagemann, R., die Sachsenkriege K. Heinrich's IV. Rost. Diss. Celle 1882. — Wahnschaffe, U., d. Herzogthum Kärnthen u. s. Marken im XI. Jahrh. (Lpz. Diss.) Klagenfurt 1878. — Waitz, G., DVfg. = Deutsche Verfassungsgeschichte. Kiel, Berlin. I—II[3]. III—IV[2]. V—VIII[1]. 1874 ff. — Wartmann, H., Urkundenbuch der Abtei St. Gallen. I—III. Zürich, St. Gallen 1863—82. 4°. — W. = Wattenwyl von Diesbach, Ed. von, Geschichte der Stadt und Landschaft Bern. Schaffhausen. 2 Bde. 1867—1872. — Watterich, J. M., Pontificum Romanorum .... vitae. 2 Bde. Leipzig. 1862. — Weech, Fr. von. Codex Salemitanus. Karlsruhe. (s. u. d. T. Urkundenbuch der Cistercienserabtei Salem, Oberrh. Zs. XXXV ff. Danach hier cit.) — Werkmann, L., die Grafen von Nimburg (Freib. D.-A. X 71 ff.) — Winkelmann, Ed., Geschichte Kaiser Friedrich's II u. seiner Reiche. 2 Bde. Berlin 1863. Reval 1865. — Winkelmann, Ed., Kaiser Friedrich II. (Jahrbücher der deutschen Geschichte). Leipzig. I. 1889. — Winkelmann, Ed., Philipp von Schwaben und Otto IV von Braunschweig (Jahrbücher der deutschen Geschichte.) Lpz. 2 Bde. 1873—78. — WUB. = Wirtembergisches Urkundenbuch, hrsg. v. d. k. Staatsarch. Stuttgart 1849 ff. — WJbb. = Württembergische Jahrbücher für vaterl. Gesch., Geogr., Statistik u. Topographie. Hrsg. v. d. statistisch-topogr. Bureau. Stuttg. u. Tüb. — Wurstemberger, J. L., Gesch. d. alten Landschaft Bern. II. Bern. 1862. — Wyss, Fr. v., Beitr. z. schweizerischen Rechtsgesch. I. Die Reichsvogtei Zürich. (Zs. f. schweiz. Recht XVII, 1872.) — Wyss, G. v., Gesch. d. Abtei Zürich (Mitth. d. antiqu. Gesellsch. in Zürich. VIII.) — Wyss, G. v., d. Herzogthum Alemannien oder Schwaben in Bezug a. d. Schweiz (Anz. f. Gesch. u. Alterthumskunde. I. 1855—60.) — Wyss, G. v., s.: Allg. d. Biographie. — Zeerleder, K., Urkunden für die Geschichte der Stadt Bern. 3 Bde. Bern 1853—54. — Zs. d. Freib. hist. V. = Zeitschrift der Gesellschaft für Beförderung der Geschichts-, Alterthums- und Volkskunde von Freiburg, dem Breisgau und den angrenzenden Landschaften. Freiburg i/B. 1869 ff. — Zs. = Oberrh. Zs. = Zeitschrift für die Geschichte des Oberrheins, hrsg. v. dem Landesarchiv zu Karlsruhe (zuerst von F. J. Mone). Karlsruhe. 1850 ff. — Zs. N. F. = Oberrh. Zs. N. F. = Zeitschrift für Geschichte des Oberrheins, Neue Folge, hrsg. v. d. bad. hist. Commission. Freiburg i/B. 1886 ff. — Zell, K., Gebhard von Zähringen, Bischof v. Constanz. (Freib. Diöc.-Arch. I 307 ff.) — Zell, K., Rudolph von Zähringen, Bischof von Lüttich. (Freib. D.-A. VII 107 ff.) — Zellweger, Gesch. d. Appenzellischen Volkes. Trogen. I. 1830. — Zimmerische Chronik ed. Barack. (Bibl. d. Stuttg. lit. Ver. XCI—IV.) Tübingen 1869. — ZüUB. = Urkundenbuch der Stadt und Landschaft Zürich, hrsg. v. e. Comm. d. antiqu. Ges. in Zürich, bearb. v. J. Escher u. P. Schweizer. Zürich. I. 1888—90. Siegelabildungen zum ZüUB., bearb. v. P. Schweizer u. H. Zeller-Werdmüller. Zürich I. 1891.

Inhaltsübersicht.

Vorgeschichte.

Das zähringische Haus hat die Berechtigung, sich an Alter, damit ist gemeint an frühzeitiger Bedeutung und Macht jedem in Europa regierenden Mannesstamme voranzustellen. Es ist, wie erst wieder bekannt werden muss, die ältere Linie des zähringischen Hauses, welche sich in den Markgrafen und Grossherzögen von Baden in die Gegenwart hinein fortgesetzt hat; die jüngere Linie, die durch aussergewöhnliche Ereignisse dazu gelangte den Herzogstitel des letzten gemeinsamen Ahnherrn weiterzuführen, ist schon im Mittelalter erloschen. Die Geschichte dieser Herzöge von Zähringen zu erzählen ist die Aufgabe dieses Buches, das sich also eigentlich auf die Herzogszeit, die Jahre 1061—1218 zu beschränken hätte. Man wird es aber wohl nicht tadeln, wenn der Versuch gemacht wird, den Zeitpunct 1061 nach rückwärts zu überschreiten und einleitend auf die Vorgeschichte des Gesammthauses einzugehen, wiewohl der Geschichte der älteren, markgräflich-grossherzoglichen Linie ein mindestens gleiches und eigentlich grösseres Recht auf diese Vorzeit zugestanden werden muss, insbesondere auch deswegen, weil die markgräfliche Linie es ist, die die Erbschaft der ältesten Würde und Stellung, in der das Gesammthaus in der Geschichte überhaupt erkennbar wird, nämlich des Grafenamtes angetreten hat. Die herzogliche Abzweigung hat vor der den Vorzug der Erstgeburt aufweisenden markgräflichen Linie wieder ein Anderes voraus: eine, solange sie neben dieser herging, ungleich grössere Bedeutung.

In den Bergen und der blühenden Ebene des Breisgau's war es, wo seit und vielleicht schon vor dem zehnten Jahrhundert das Grafenamt in den Händen desjenigen Geschlechts ruhte, dessen sich allmählich dem Dunkel entringende Geschichte in die des Hauses von Zähringen hinüberfliesst. Nicht nur dies Grafenamt hat es auf diese (zur Weitergabe an die ältere fortsetzende Linie) überliefert, auch seinen Besitz diesseits und jenseits des Schwarzwaldes und ausserdem den in beispielloser Weise bevorzugten Namen Bertold, neben dem die früheste Grafengruppe anderen Mitgliedern noch gerne den Namen Adalbero gegeben hat. Sehr fraglich muss es immerhin bleiben, ob der Graf Bertold, der im Jahre 893 genannt wird, wo sich an ihn und andere alamannische Grafen eine Urkunde König Arnulf's in Angelegenheiten St. Gallens wendet, überhaupt Breisgaugraf war und ferner dem er-

1*

wähnten Hause zuzurechnen ist[1]. Danach wird 909 und 926 der Breisgaugraf Adalbero genannt[2].

In der Mitte des Jahrhunderts tritt unterbrechend ein anderer Name dazwischen: Ludolf, der Sohn Otto's des Grossen, verbindet mit der Herzogsfahne von Schwaben das Grafenamt im Breisgau[3]. Aber als nach der baldigen Entsetzung des unglücklichen Königssohnes zum ersten Male i. J. 962 wieder ein Breisgaugraf auftritt, da ist es ein Bertold und dieser kommt dann auch 968 in demselben Grafenamt wieder vor[4].

Nicht eigentlich mit der Namensform Bertold. Bis in das 11. Jahrhundert hinein bevorzugt diese Zeit die vertraulichen „kosenden" Formen der Personenbenennung, ohne aber darum eine fest gewählte zur ausschliesslich angewandten zu machen. Uns wird derselbe Mann später als Birchtilo, als Bezelin und dann wieder als Berchtold begegnen.

Es bleibt wohl fruchtlos, wenn ich hier ein eigenthümliches Actenstück[5] heranziehe, das in eines der Jahre 980 oder 981 zu setzen ist. Eine Art Aushebungsliste: das Verzeichniss, wie viele Gepanzerte eine Anzahl geistliche und weltliche Fürsten und Herren Süddeutschlands und Frankens dem Kaiser selber zuzuführen oder sonst zu stellen haben. Da heisst es an einer Stelle: Aus dem elsässischen Herzogthum sollen 70 entsandt werden. Bezelin, der Sohn Arnust's, soll 12 führen. Azolin, der Sohn Rudolf's, soll 30 senden. Oddo, der Bruder Gebizo's soll 20 senden. Graf Hezel (überall die Kose-

[1] Die Urk. bei Neugart Cod. dipl. Alemanniae, I S. 492. St. Gallen hatte vielen Besitz im Breisgau, andererseits wird jener Graf Perehtoldus, soweit ersichtlich ist, durch keine andere Grafschaft, auch durch Theile der Baar nicht unmittelbar in Anspruch genommen. Aber in den Jahren 888 (Neug. l. c. 472), 890 (ib. 483) und dann wieder 898 (ib. 516) und 902 (ib. 522) wird als Breisgaugraf Wolvin genannt. Wolvin wird nun wieder in der Urk. von 893 gar nicht genannt.

[2] Neugart l. c. I 553; Dümgé, Regesta Badensia, Karlsr. 1836 S. 6 (mit dem Schreibfehler in der 6. Zeile des Regests „Berthold" statt „Burchard"). Ich gehe auf die interessante Versammlung, an der Adalbero theilnahm, nicht näher ein, da Adalbero's Zugehörigkeit zu den Zähringern doch keine unzweifelhafte ist, erwähne aber noch, dass auch der berühmte Graf Guntram theilnahm.

[3] Stumpf, Reichskanzler II (cit. St.) Nr. 216, MG Dipl. I 237. — Nur kurz angedeutet sei, dass etwa der die Verhältnisse am Oberrhein so sehr verwirrende und umgestaltende Hochverrath und Fall des mächtigen Guntram mit der Uebertragung des Breisgau an Ludolf zusammengehangen habe. Auf die Guntramhypothesen an dieser Stelle näher einzugehen, hiesse die Einleitung zu gewaltig anschwellen machen und sei darum einem Anhang (I) vorbehalten.

[4] 962 St. 301, MGDipl. I 327, „*Pirihtilo*"; 968 Neugart CD. I 614 f. „*Pirhtilo*". Beide Male nicht handelnd, sondern nur bei der Gauangabe.

[5] Bei Jaffé, Bibliotheca rer. Germ. V 471 unter den epistolae Bambergenses. Er setzte es 980, woran Lehmann, FzDG. IX 443 ff., Matthäi, die Klosterpolitik Heinrich II, Gött. Diss. 1877, 91 ff., und Giesebrecht, Kaiserzeit I[5] 848 Erörterungen knüpften, in denen Letzterer sich für 981 entschied.

namen!) soll 40 führen u. s. w. Der Schwabenherzog wird erst später (mit 40) genannt, hinter der Erwähnung des Fulder Abts; so darf man also doch nicht auf eine geographische Anordnung innerhalb der Liste bauen und wegen der elsässischen Nachbarschaft Bezelin — der ja übrigens auch nicht als Graf bezeichnet wird — als den Breisgaugrafen oder für dessen Verwandtschaft in Anspruch nehmen wollen. Es gab damals, wie ein Nachsuchen erwies, viele Bezeline in Deutschland, auch im Norden; der Name in dieser Form scheint zu jener Zeit gerade besonders beliebt gewesen zu sein: allein in dem Heere, das Kaiser Otto II nach Italien führte, besass er mehrere Vertreter.

Es sind diesem Kaiser manche Herren nach Italien gefolgt, die nicht in jener Liste stehen. Und unter ihnen war der breisgauische Graf Bertold oder Birchtilo vielleicht doch. Die Süddeutschen überwogen unter den Aufgebotenen[6]; in der vernichtenden Niederlage aber, die Kaiser Otto am 13. Juli 982 in Calabrien von den Griechen und Saracenen erlitt, fielen unter Anderen die Grafen Bezelin und Gebhard, ferner ein Ezelin und sein Bruder Bezelin[7]. Nach dem Merseburger Chronisten allein würde eine Beziehung auf den Breisgaugrafen kaum auch nur vermuthet werden dürfen; aber anders liegt es schon, wenn die sparsamen Annalen von Einsiedeln[8] sich um den in Calabrien gefallenen Grafen Bertold kümmern. Denn einerseits hatte dies Kloster schönen Besitz im Breisgau und andererseits hat es auch sonst, wie seinerzeit hervortreten wird, sein Augenmerk auf die älteren Zähringer gerichtet.

Wenn der in Unteritalien gefallene Graf Bertold oder Bezelin der Breisgaugraf Birchtilo ist, so wird gerade dadurch möglicherweise ein anderes erklärt. Zur Zeit des Bischofs Erkanbald von Strassburg, d. h. innerhalb der Jahre 965—991 wird ein einziges Mal ein Breisgaugraf Diethelm genannt[9]. Der möchte nun etwa während des Römerzugs oder nach demselben kurze Zeit im Amte gewesen sein.

Von 990 an — d. h. aus den Jahren vorher liegen keine Quellen vor — erscheint dann wieder ein Birchtilo als Breisgaugraf[10]. Und nachdem nun

---

[6] Thietmar Merseb. SA[3]. 60. Dazu Giesebrecht's Erläuterung l. c.

[7] Thietmar SA[3]. 61. Ist Ezelin etwa der Azolin der Aushebungsliste? — Auch Lambert von Hersfeld SA. 22 zu 982 nennt Gebhard u. Bertold mit als Gefallene. — Ohne daraus hier etwas folgern zu dürfen, sei auf das zweimalige Vorkommen des Namens Gebhard bei den Zähringern hingewiesen.

[8] MGSS. III 143.

[9] Grandidier, Hist. d'Alsace, Bd. I. pièces justif. CXLVII. „Um 976" [?].

[10] St. 935. — Einen Personenwechsel zwischen 982, dem ersten Auftreten des älteren Grafen Birchtilo und 1005, der Zeit des Todes des nun zu besprechenden Grafen Birchtilo oder Bertold, annehmen zu dürfen, ist ohnehin sehr wünschenswerth. Nimmt man 982 als Todesjahr Jenes, so bilden die 96 Jahre bis 1078, d. h. bis zu dem Todesjahr des Abkömmlings im dritten Geschlecht den richtigen Zeitraum für 3 Menschenalter.

noch er — eine andere, später zu besprechende unwahrscheinliche Möglichkeit vorbehalten — als Sohn des vorherigen gleichnamigen Grafen vermuthet worden ist, verlassen wir aufathmend den ringsum schwankenden Boden der älteren Geschichte der zähringischen Ahnen.

Gegen 993 ist ein Birchtilo[11] der Urheber der ältesten — wenigstens bekannten — Klostergründung dieses Hauses geworden. Zu seinem Seelenheil baute er an dem Orte Sulzburg, den er dabei übrigens nicht ausdrücklich als den seinigen nennt, an einer Stätte uralten Salzbau's und römischer Ansiedlung, ein Kloster zu Ehren des hl. Cyriacus, bestimmte dieses zur Stätte seiner Ruhe bis zum Tage des jüngsten Gerichts und schenkte ihm zum Unterhalt, was er an ererbtem Gut in Weiler (bei dem jetzigen Badenweiler), Rinken[12], Rimsingen, Reuthe, Vörstetten und Buggingen, also an lauter breisgauischen Orten besass. Würde aber irgend eine ungerechte Gewalt etwas von dem Kloster an sich reissen oder austhun, so sollten die gemeinsamen Erben den Rest wieder in ihre Gewalt nehmen.

Es kommen zwei Personen in Betracht, die zunächst jede als der Stifter Sulzburgs Birchtilo angesehen werden könnten. Die eine ist der Breisgaugraf, die andere ein 1004 genannter Kleriker Becilin, der damals in Angelegenheiten Sulzburgs erscheint. Aber für den Kleriker spricht nur dieses; gegen ihn spricht, dass i. J. 1010 das Stiftungsgut noch einmal erneuernd geschenkt wird, was von seiner Seite sehr auffällig wäre, bei dem Sohne des Grafen es aber nicht ist; dann das unklar verbleibende Verhältniss des Klerikers zu diesem angeblich von ihm gegründeten Nonnenkloster; ferner, wenn man es noch hinnehmen will, dass der Kleriker Becilin von 1004 in der Stiftungsurkunde noch nicht als Kleriker bezeichnet ist, so doch das, dass er dann nach 1004, 1010 nicht als Kleriker bezeichnet wird. Für den Grafen aber spricht: erstens überhaupt die Gründung eines durch die gleichzeitige Bestimmung als Be-

[11] Undatirte Urkunde Trouillat, Mon. de l'hist. de l'anc. évêché de Bale, Puntrut 1852. I 137. Zeile 4 ist statt *„ad“* *„ac“* zu lesen. — Die ungefähre Zeit ergiebt sich aus St. 998.

[12] *„Rinlea“* hat die aus einem Copialb. stammende Urk. bei Trouillat. Nach A. Poinsignon's Mittheilung Oberrh. Zs. N. F. II 460 hat eine alte Abschrift im Karlsr. Archiv *Rinka*. Das stimmt denn auch zu den beiden anderen Erwähnungen dieses selben sulzburgischen Ortes bei Trouillat I 144 u. 149 und die hergebrachte Erklärung *Rinlea* = Riedlingen, der sich auch Ed. Martini, Sulzburg, Freib. 1880 S. 12 anschliesst, fällt hinweg. *Rinka* wurde bisher als Ringsheim bei Ettenheim gedeutet, was nicht nur sprachlich, sondern schon deswegen unzulässig ist, weil *Rinka* im Breisgau lag (Trouillat I 144), Ringsheim aber der Ortenau angehört. Obwohl wie alle Bisherigen Letzteres noch übersehend, wehrte sich doch schon Poinsignon l. c. gegen jene Erklärung und wies unzweifelhaft richtig und mit näherer Erläuterung auf das breisgauische *„Rinchosteinenstat“* [das richtiger *Rinchostainenstat* geschrieben wäre] (MJÖG V 406 = St. 2642a) von 1064 hin, die Verbindung jenes Namens mit dem noch bestehenden Orte Steinenstadt. — Dass *„Rymiligen“* des Copialb. doch Rimsingen sein muss, ergiebt die Erwähnung im Orig. einer anderen Sulzb. Urk. bei Trouillat I 149: *Rimisinga*.

gräbnissstätte und die wahrscheinliche dortige Beisetzung mehrerer Familienangehörigen [12a] als Hauskloster erscheinenden Stifts und seine ansehnliche Ausstattung; zweitens die letzte Bestimmung der Urkunde des Stifters, die viel eher einen seine Erben hinterlassenden weltlichen Herrn voraussetzt; drittens die Erneuerung der Stiftung i. J. 1010 durch solche Erben, seine Söhne [13]; viertens der Umstand, dass in der zweiten Urkunde, vom 22. Juni 993, der Graf Birchtilo es ist und zwar er allein, der für Sulzburg sorgt: er veranlasst mit Erfolg König Otto III das Königsgut in Sulzburg zu Gunsten des dort gegründeten Klosters aufzugeben [14].

Auch in den Jahren 994 und 995 wird Birchtilo bei Erwähnungen des Breisgau als dessen Graf genannt [15]. Ausserdem erscheint er 998 bei einer Erwähnung des Thurgau als Inhaber des dortigen Grafenamtes, das wohl schon 991 auf ihn übergegangen ist [16]. Er selbst war i. J. 998 gar nicht in Deutschland, sondern war mit Otto III auf dessen zweiten Römerzug in Italien. Es gehört nicht hierher, zu erzählen, was nach der Vermuthung der Graf dort mit hat geschehen sehen und etwa mit ausführen können; in einem wichtigen Ereigniss aber wird gerade er als der Handelnde von einer sicheren Ueberlieferung ausdrücklich genannt.

Der Gewaltherr Roms, Crescentius, hatte gegen Papst Gregor V. einen Gegenpapst in der Person des Erzbischofs Johannes von Piacenza erhoben. Als Otto gegen Ende Februar 998 vor Rom erschien, warf sich Crescentius in die Engelsburg, während sich Johannes in einen eine Strecke von Rom entfernten festen Thurm geflüchtet hatte. Die Streifschaar, welche der Kaiser entsendete, um seiner habhaft zu werden, hat der Graf Birchtilo [17] geführt;

[12a] S. unten zu 1024. Anm. 47.

[13] Vgl. unten zu 1010.

[14] St. 998. Sie setzt das Kloster nach der „*villa Solzberch*", spricht aber von K. Otto's Schenkung in „*villa Solzbach*" („im Breisgau in der Grafschaft des als Fürbitter genannten Grafen Birchtilo"); sollte es nicht erlaubt sein, durch Zerlegung dieses *a* in *er* beide Namen völlig congruent zu machen, insbesondere da sich keine Beziehungen Kl. Sulzburgs zu einem Sulzbach finden?

[15] St. 1034 und 1058.

[16] Regesta Pontificum ed. Jaffe [2] (hier cit. J.—L.) Nr. 3897: *in pago Turgewe in comitatu Bertholdi.* Dass der Breisgaugraf gemeint ist, ist schon wegen der Vererbung des Thurgau an den ersten Herzog von Zähringen nicht zu bezweifeln. Graf Bertold's (die Koseform schwindet für ihn jetzt allmählich und wird Jüngeren überlassen) Vorgänger im Thurgau war der bald noch mehr zu erwähnende Landold (mehrfach in Urkk. schon zur Zeit seines eigenen Amtsvorgängers und Schwiegervaters Eberhard erscheinend, dann *comes* Lib. Heremi im Geschfr. I 109; 976 zweimal Thurgaugraf Neugart CD. I 621 f.). Da Landold 991 starb (Einsiedler Aufzeichnung MGSS. III 144: *obiit Landold comes*) und zwischen 991 und 998 kein anderer Thurgaugraf genannt wird, wird Bertold wohl schon 991 den Thurgau erlangt haben.

[17] Das hat der Papstcatalog bei Eccard, Corp. hist. med. aevi, Lpz. 1723f, II 1640

sie hat ihre Aufgabe vollbracht und den armen Gegenpapst nach Rom eingebracht, wo er grausam verstümmelt und das Werk seiner Erniedrigung im Spott der Gasse vollendet worden ist.

Noch auf dem Romzuge hat Graf Bertold von dem Kaiser die Belohnung seiner Dienste erhalten, am 29. März 999 in der ewigen Stadt selbst. Bertold hatte die Absicht in dem der Hebung besonders bedürftigen Gebietstheile seines Eigenbesitzes, auf der weiten Hochebene, die sich von der Höhe des Schwarzwaldes nach Osten abdacht, eine Stadt zu gründen und dafür bedurfte er der Verleihung des Marktrechtes[18] durch den Kaiser. Vielleicht hat Otto III selber, der so viele Stadtgründungen begünstigt hat, den Grafen dazu angeregt.

Bertold hatte für seine Absicht den ihm gehörigen Ort Villingen[19] in der Baar, in der Grafschaft Hildebald's ausgesucht. Herzog Hermann von Schwaben selbst[20] hiess sie als Intervenient des kaiserlichen Privilegs gut. Dieses verlieh an Bertold die zur Anlage eines Marktes nöthigen und sonst noch wünschenswerthen Regalien, nämlich Münze, Zoll, Marktgerichtsbarkeit und Marktfrieden: alle, welche den genannten Markt zu besuchen wünschen, so führt es näher aus, sollen ungefährdet und mit dem Frieden völliger Sicherheit kommen, gehen und ohne irgend welchen ungerechten Schaden ihrem Geschäfte nachgehen können, nämlich handeln, kaufen, verkaufen und was sonst dieses Gewerbes ist und angeführt werden kann, thun. Der Frevler gegen diese Bestimmungen soll dieselbe Königsbusse erlegen, wie der Störer des Constanzer oder Züricher Marktes und zwar soll er sie an Graf Bertold zahlen

---

aufbewahrt; mitbenützt sind die weiteren Nachrichten, welche, ohne aber gerade Bertold ausdrücklich zu nennen, die Vita Gregorii V bei Watterich I 68 und Johannes diac. chron. Venet. MGSS. VII 31 geben, auch kurze Erwähnungen in einer ganzen Anzahl deutscher Annalen. An den Vorgängen in Rom mit Johannes erscheint die Schaar, die ihn fing, nicht mehr mitbetheiligt: *ab Ottonis rassore Birthilone correptus | amputatis naribus et lingua effossisque oculis in asino caudam eius tenens satis irrisorie per totam Romam ductus est.* Catal. pont. l. c. Die Verurtheilung in Rom aber geschah durch Gregor V und den zustimmenden Kaiser, vgl. die übrigen genannten Quellen. Ein Missverständniss (Chr. Fr. Stälin, Wirtemb. Gesch. I 468 hauptsächlich hat es durch sein Ansehen verbreitet) hat die Verstümmelung des Johannes auf Bertold's Schultern gewälzt.

[18] „Marktgründungen im Sinne von Radoltzell sind also Stadtgründungen". Worte A. Schulte's aus dem die ganze Forschung über die Entstehung der Städte umgestaltenden kleinen Aufsatz „über Reichenauer Städtegründungen" Oberrh. Zs. N. F. V 1890 S. 137 ff.

[19] Das folgende nach St. 1178, seitdem auch abgedr. im Fürstenbergischen Urkundenbuch (cit. FUB.) V S. 33. „*Berhtoldo comiti nostro . . . concessimus*". Also oben Birchtilo, hier Berchtold.

[20] Wenn Hermann Udo's Sohn war, wie der Ann. Saxo MGSS. VI 650 angiebt, und Bertold der Sohn des 982 gefallenen Grafen Bertold oder Bezelin (oder Birchtilo), so waren schon die Väter Waffen- (und Todes)gefährten.

oder wem dieser das übertragen wird; Bertold soll berechtigt sein, diese Marktverleihung selber zu nutzen, zu vertauschen, verschenken oder sonst in jeder Weise über sie zu verfügen [21].

Fünf Jahre nach dieser Rechtsertheilung für die älteste bekannte Stadtgründung der zähringischen Vorfahren ging man daran, auch dem Hauskloster der Familie, Sulzburg im Breisgau einen Marktort zu begründen. Graf Bertold selber hatte daran keinen unmittelbaren Antheil mehr, denn da man einen Ort auswählte, der dem Kloster schon gehörte, konnte das Weitere durch einen Kleriker Becilin und die Antheilnahme des Baseler Bischofs Adalbero geschehen, der zwar nicht der Diöcesanbischof war, aber ein näheres, weiterhin zu besprechendes Interesse an Sulzburg hatte. Ob der Kleriker Becilin zu den Ahnherrn der Zähringer zählt oder nur durch ein mehr untergeordnetes Verhältniss zu ihnen zu seinem Namen und jener Fürsorge für Sulzburg gekommen ist, muss dahingestellt bleiben. Als Ort der Markterrichtung war das bei der Stiftung von Graf Bertold geschenkte Rinken [22] ausgesucht worden, ein Ort, der dadurch besonders geeignet erscheinen musste, weil er (bei Steinenstadt) an der Stelle lag, wo das Gebirge und der Strom sich eng aneinander drängen und die Landzügler wie die Rheinfahrer zum Aufenthalt veranlasst sein mochten. Trotzdem ist der Ort zu keiner Blüthe gelangt und wenn er nicht etwa selbst in Steinenstadt übergegangen ist [23], verschwunden.

Als König Heinrich II am 25. Juni 1004 an den Oberrhein nach Strassburg kam, trug ihm Bischof Adalbero die Bitte Becilin's vor und erwirkte die Erlaubniss für das St. Cyriacuskloster, in Rinken „einen Markt oder ein Emporium" mit Zoll, Marktgericht und mit dem Marktfriedensschutz für die Kaufleute — doch diesmal ohne das weitere Regal der Münze [23a] — zu errichten. —

Zur Zeit der Ertheilung dieses Privilegs lebte Graf Bertold noch, er wird darin als der Breisgaugraf genannt. Am 14. Juli 1006 aber erscheint ein anderer Graf im Breisgau und Bertold's Hinterlassenschaft an Gütern findet sich in jüngeren Händen. Er ist also in der Zwischenzeit gestorben; ich werde der Bequemlichkeit wegen hinfort sagen: „ca. 1005".

Ein Zufall lässt uns Namen und Geschlecht der Gemahlin dieses Grafen Bertold wissen. Jene entlegene Zeit achtet aus Familien- wie schon aus

---

[21] Das weitere über das zähringische Villingen im Abschnitt: „Aemter, Besitzungen und Rechte des zähr. Hauses."

[22] „*Rincka in pago Brisihgouu in comitatu Bertoldi*" St. 1387. Es wird durchaus nicht gesagt, dass Becilin, der dort den Markt errichten will, auch den Ort selbst gegeben habe. Dies noch zu der Ausführung oben S. 6 f.

[23] 1064 *Rinchostainenstat.* Vgl. Anm. 12. Warum hiess sonst dieser Ort von heutzutage ca. 800 Einwohnern jederzeit Steinenstadt?

Der habsburgische Besitzantheil daselbst wird später zu besprechen sein.

[23a] *excepta moneta.*

canonischen Rücksichten scharf genug auf die Verwandtschaftsverhältnisse und bewahrt ganze ungeschriebene Stammbäume im Gedächtniss; Personen, die sich in unserer Zeit nicht mehr als Verwandte betrachten würden, nennen sich eines weit zurückstehenden gemeinsamen Ahnen wegen „consanguinei"[24]. Auf uns aber ist von dieser sicheren Kenntniss wenig genug gekommen. Diesmal ist es, wie gesagt, ein Zufall: der, dass K. Friedrich I sich 1153 von seiner Vohburgischen Gemahlin scheiden liess. Damals wurde, um den Scheidungsgrund der zu nahen Verwandtschaft zu begründen, eine Uebersicht aufgestellt[25], aus der man erfährt, dass Berta, die Schwester eines directen staufischen Ahnen die Mutter Bezelin's von Villingen und Grossmutter Herzog Bertold's I gewesen ist. D. h., sie war die Gemahlin des ca. 1005 verstorbenen Grafen Bertold. —

Graf Bertold, der den 982 noch im rüstigen Kriegeralter stehenden gleichnamigen Grafen nur um 23 Jahre überlebt hat, ist somit — wenn anders jener in Calabrien gefallene sein Vater war — in mittleren Mannesjahren gestorben. Dem entspricht es denn auch, wenn seine Söhne und Erben erst von 1010 an in den Quellen erscheinen und inzwischen, wie erwähnt, ein anderer Graf im Breisgau, Adalbero, auftritt. Er wird 1006, am 14. und 15. Juli[26] und am 1. November 1007[27] als solcher erwähnt und nimmt dann am 28. März 1010[28] zu Basel an wichtigen Ereignissen des zähringischen — wenn diese Bezeichnung schon gestattet ist — Hauses Theil.

Dessen nunmehrige Vertreter heissen der eine wieder Birchtilo (nicht Graf), der andere (wie auch später ein Zähringischer Herzogssohn hiess) Gebhard. Birchtilo mit Gebhard zusammen und mit in dessen Namen schenkt

[24] So noch der eben jetzt zu erwähnenden Verbindung im 10. Jahrhundert wegen 2½ Jahrhunderte später die letzten Staufer und die Grafen von Urach. Wenigstens macht die Verwandtschaft durch die Grafen von Hochburgund hindurch grössere Umwege.

[25] Die auch nur ein Glücksfall, der Sammeleifer Wibald's überliefert. Sie ist daher in Jaffé's Bibliotheca I 517 gedruckt.

Berta (von gleichem Vater u. gleicher Mutter wie) Friedrich.

Bezelin von Villingen	Friedrich von Büren
[Herzog] Bertold mit dem Barte.	Herzog Friedrich [I.] Erbauer von Staufen.
Liutgard	Herzog Friedrich [II.]
Markgraf Diebold [von Vohburg].	König Friedrich.
Adelheid.	

[26] St. 1427, 1428; die Abdrücke bei Trouillat I 146 ff. geben fälschlich 1005.

[27] St. 1485.

[28] Dies und das folgende nach Trouillat I 149 f. (dort zu 1008; Indiction und Regierungsjahr K. Heinrich's II fordern 1010). Durch die Erwähnung der Aebtissin wird Sulzburg hier zum ersten Male sicher als Frauenkloster gekennzeichnet.

an dem erwähnten Tage zu Basel dem Kloster Sulzburg ihre Erbantheile an den Gütern zu Rinken, Buggingen, Weiler, Rimsingen, Renthe, Vörstetten und Holzhausen. Das ist also, da nur Holzhausen damit neu oder schon inzwischen dazu gekommen ist, nur eine bestätigende Erneuerung der Schenkung Graf Bertold's, vorgenommen durch dessen Erben[29]. (Eine Erweiterung derselben kann es — abgesehen von Holzhausen — nicht sein, denn schon Graf Bertold hatte seinen ganzen Besitz an den aufgezählten Orten hingegeben.) Nach der Bestätigung geschieht dann das Neue: Birchtilo schenkt Sulzburg nebst diesen ihm neu verbrieften Besitzungen dem Hochstift Basel und der Bischof Adalbero fügt daraufhin zu diesen aus seinen besonderen Bischofseinkünften die breisgauischen Orte Bischoflingen und Seefelden hinzu.

Das alles geschah mit besonderer Feierlichkeit und Festlichkeit; Adalbero sprach von des Königs und seiner Mitbischöfe zustimmendem Rath und liess auch seinen Erzcaplan bei Aufsetzung der Urkunde sich besonderer Feierlichkeit befleissigen. Das passte auch zu der Versammlung selbst, welche damals zu Basel anwesend war, denn ausser den Betheiligten waren der Breisgaugraf Adalbero und die vornehmen burgundischen Grafen Bertold und Rudolf[30] zugegen und nahmen mit vielen Anderen als Zeugen an der Beurkundung Theil.

Die obige Annahme, dass Graf Bertold nicht anders, als eben durch seinen Tod aus der Breisgaugrafschaft (ca. 1005) ausgeschieden sei, wird nun aber nicht bloss durch dieses Auftreten seiner Erben i. J. 1010 weiter bestätigt, sondern noch durch eine anderweitige, sich vortrefflich in den Zusammenhang fügende Beobachtung, welche in der für die Ehescheidung K. Friedrichs I aufgestellten Ahnenübersicht die Altersverhältnisse der staufischen Reihe durchgeht und zu dem leicht zu verfolgenden Schluss gelangt, dass auch bei ziemlicher Dehnung des Menschenalterdurchschnitts Berta von Büren den

[29] Dem entspricht es auch, dass des durch den Kleriker Becilin inzwischen errichteten Marktes zu Rinken gar nicht gedacht und nur die alte Ortsaufzählung Graf Bertolds wiederholt wird.

[30] *Berethold comes. Ruodolf comes.* Es geht nicht an, in Graf Bertold den gar nicht als Graf (von was auch?) bezeichneten und selber als Aussteller fungirenden Birchtilo zu erblicken. Auch Graf Rudolf ist bisher verkannt worden; ihn hat W. Gisi im Anzeiger f. schweiz. Gesch. 1887, „der Ursprung des Hauses Rheinfelden" S. 34 f. mit Bestimmtheit als den burgundischen Grafen Rudolf (den Grossvater des Gegenkönigs Rudolf von Rheinfelden) gedeutet. Dieser aber hatte einen Bruder Graf Bertold, mit dem zusammen er in den Jahren 1000—1019 oft genug auftritt (vgl. Gisi l. c. S. 32, dort auch das Nähere über Beide). Diesen burgundischen Grafen Bertold halte ich für den in Basel (mit seinem Bruder) anwesenden. Auch Gisi selber, der zwar l. c. den Graf Bertold von 1010 und, da er überhaupt zu den Zähringern auf anderem Wege gelangt, auch die breisgauischen Grafenverhältnisse weniger scharf ins Auge fasst und daher einem so noch nicht möglichen „Grafen Becelin" den Vorzug giebt, schliesst es doch nicht ganz aus, dass der Graf Bertold von 1010 der burgundische sei.

Bezelin von Villingen kaum vor 985 auf die Welt gebracht haben könne, also dieser schon deshalb von dem Gründer Villingens, Grafen Bertold, mit dem man ihn herkömmlich zusammenbrachte, zu unterscheiden sei[31]. Das deckt sich ja mit den obigen Ausführungen, denn „Bezelin von Villingen" ist eben der 1010 urkundende Birchtilo, was zum Ueberfluss von der zähringischen Genealogie aus St. Peter[32] bestätigt wird.

Dass man ihn, da er mit seinem Bruder gemeinsam dem Vater nur im Eigengut nachfolgte, nach dem bedeutendsten Orte desselben, dem mit Marktrecht begabten Villingen zubenannte, ist nicht verwunderlich. Indessen sollte auch er, der Sohn eines unter dem Vorgänger des jetzt regierenden Königs verdienten Mannes, als er älter wurde, nicht lange ohne ein Grafenamt bleiben; er hat mindestens eine Grafschaft seinem Hause neu erworben und diejenigen, die sein Vater innegehabt hatte, vielleicht schon wieder an sich selbst gebracht. Darüber weiterhin bei dem ersten Herzog. Jedenfalls ist der Breisgau, in welchem leider zwischen 1010 und 1028 kein Graf genannt wird, in dem letzteren Jahre im Besitze von Bezelin's Sohn; also Adalbero, sicher von 1006 bis 1010 dort Graf, fügt sich mitten zwischen Grafen aus dem zähringischen Hause hinein.

Und darum liegt es nahe, wenn es auch nur vermuthet werden darf[33], dass auch Adalbero ein Glied dieses Hauses gewesen sei, etwa ein Bruder des ca. 1005 verstorbenen Bertold. Auch seine persönliche Anwesenheit bei dem Baseler Tage von 1010 würde dadurch noch besonders beleuchtet, sowie auch das, dass in der damals zu Basel aufgesetzten Urkunde er — eben als Mitglied des über Sulzburg verfügenden Hauses — den königsentsprossenen burgundischen Grafen vorangestellt ist. Schliesslich vielleicht auch das, dass noch einmal wieder, und zwar in der späteren zähringischen Herzogsgeschichte,

[31] Ich verdanke diesen Hinweis, der allein schon in der Fülle des über das Verhältniss Bezelin's zu Villingen von Früheren Behaupteten aufräumt, einer mir freundlichst übersandten Arbeit des H. Oberförster H. Ganter in Villingen, der sie auch in Druck zu geben beabsichtigt. Den eigentlichen Aufstellungen H. Ganter's, welche auf eine grosse Belesenheit und Combinationskraft gegründet sind und den Ursprung der Zähringer in einer uraltfränkischen Familie finden, vermag ich dagegen nicht nachzukommen.

[32] Hrsg. v. F. L. Baumann im Freiburger Diöcesan-Archiv XIV S. 83. Nur dass diese auf gelehrtem Wege entstandene Klosterarbeit die beiden Birchtilo in einen zusammenzieht und so den jüngeren Birchtilo nebst Gebhard, oder wie sie sie nennt Bezelin und Gebezo selber zu Gründern von Sulzburg an ihres verkannten Vaters Statt macht. Die Genealogie des Thennenbacher Urbar's beruht auf der Arbeit von St. Peter, sie bringt daher das Gleiche. — Die Darlegungen früherer Darsteller (hier mit Einschluss des Nauclerus) setze ich widerum nicht hierher; auch W. Gisi, der Ursprung der Häuser Zähringen und Habsburg, Anz. f. schweiz. Gesch. 1888, S. 267 wickelt sich aus den Sulzburger Controversen nicht heraus.

[33] Und auf diese Vermuthung stützt sich, wie doch noch im Besonderen zu betonen ist, wieder die Heranziehung des früheren Adalbero, oben S. 4.

in anderweitig nicht abzuleitender Weise der Träger des wenigstens anklingenden Namens Adalbert erscheint.

Gewagter ist es schon auch in Bischof Adalbero von Basel ein Mitglied des Geschlechts zu erblicken[34]. Aber in ganz eigenartiger Weise richtet gerade dieser Adalbero sein Augenmerk auf den doch nicht zu seinem Sprengel gehörigen Breisgau, vergabt dort Güter, die vorher als baselisch wenigstens nicht bekannt und vielleicht von ihm selber erst an das Bisthum gebracht sind, erwirbt dort andere Güter[35] für seine Kirche und im Jahre 1008 sogar das mit den Grafschaftsrechten sich so vielfach berührende Wildbannregal in dem grossen, von viel zähringischem Gut mitbegrenzten Mooswald[36]. Das kann alles leicht besondere oder zufällige Gründe haben, jedoch dass es Adalbero ferner gelingt nach Graf Bertold's Tode die Mitglieder des Hauses in Basel zu versammeln und das von jenem Grafen zu seinem Begräbnissort gestiftete Hauskloster, in welchem vielleicht auch des Grafen Söhne noch später bestattet wurden[37], an sein Bisthum zu bringen, wiegt in der That so schwer, dass der Hinweis wenigstens auf seine mögliche Zugehörigkeit zu diesem Hause nicht unterlassen werden durfte.

Bischof Adalbero ist am 12. Mai 1025[38] nach längerer Regierung seines Bisthums und darum jedenfalls als ein älterer oder alter Mann gestorben. Darf man ihm eine Stelle im zähringischen Stammbaum anweisen, so würde ich ihn am liebsten als Vaterbruder des ca. 1005 in guten Jahren gestorbenen Grafen Bertold und damit wohl zugleich als den Vaterbruder von Bertold's Nachfolger und muthmasslichem Bruder, dem Grafen Adalbero betrachten. —

Im Jahre 1016 ergiebt sich den noch vorhandenen Urkunden eine Gelegenheit den Ortenaugrafen zu nennen und da ist es nun unser Bezelin[39]. Früher gelegentlich genannte Ortenaugrafen stehen, wie der letzte Bezelin vorhergehende, Hessinus (1007), in keiner erkennbaren Beziehung zu den Bertolden. So hat denn Bezelin diese Erhöhung anscheinend nur dem Verhältniss seines Hauses zu der Krone, das er selber ganz besonders pflegte, verdankt.

---

[34] Auch Gisi l. c. 267 spricht sich ohne weiteres aus: „wie als solcher“ – als Zähringer — „auch wegen des Namens, auch Bischof Adalbero . . . . . gelten darf“.

[35] St. 1428 Königs-Gut (und zwar wahrscheinlich einst Guntramnisches) in Opfingen.

[36] Die interessante Urk. (St. 1500) ist noch im Abschnitt „Aemter und Besitzungen“ zu besprechen, weil die Zähringer (mit Zuthun Adalbero's??) doch wieder zur Ausübung dieses Wildbanns gelangten.

[37] s. unten zu 1024. Anm. 47.

[38] Das Jahr hat Wipo, SA. aus den MGSS. S. 23, den Tag das Necrol. Basil. b. Böhmer, Fontes IV 146.

[39] St. 1664. *„in comitatu Bertoldi in pago Mortinowa“*. Ein Zweifel an der Identität mit Bezelin ist nicht möglich, denn dessen Sohn erbt die Grafschaft in der Ortenau und gerade die Zähringer besiedeln das Renchthal.

Schon 1003 ist einmal ein *vir nobilis Bezelinus* mit dem König Heinrich II in Nimwegen; aber es ist doch wegen des „vir" und der sonst vorkommenden Bezeline sehr fraglich, ob das schon der junge Sohn des ca. 1005 † Grafen Bertold war[40]. Später jedenfalls stand der Graf dem freundschaftlichen Verhältnisse nicht fern, das Kaiser Heinrich II und den bekannten Bischof Meinwerk von Paderborn verband; denn zweimal ist um 1020 herum Graf Bezelin „aus Schwaben" bei dem Kaiser Intervenient für Meinwerk gewesen und schon diese Beziehung wie andererseits die Ausstellungsorte der erwirkten Urkunden zeigen, dass Bezelin zu mehreren Malen des Kaisers Fahrten durch das Reich begleitete[41]. Sogar ein Vorfall, den Bezelin bei Gelegenheit einmal dem Kaiser Heinrich erzählt hat, hat sich zu unserer Kenntniss herüber gefristet. Thietmar von Merseburg[42] berichtet und zwar unter den Ereignissen des Jahres 1015: „In einer Landschaft Schwabens und zwar in der Grafschaft des Grafen Bezelin trug sich eine einzig verwunderliche und fast erschreckliche Begebenheit zu. Eine verheirathete Frau wurde von plötzlichem Tode hinweggerafft und ihre gewaschene und geziemend besorgte Leiche von den trauernden Angehörigen zur Kirche gebracht. Da richtet sie sich plötzlich von der Bahre auf, schreckt alle Anwesenden in Flucht davon, ruft zu sich ihren Mann nebst den übrigen Familiengliedern, die sie mit sanften Worten tröstet und deren jedem sie noch ein Geschenk anweist, und entschläft danach in Frieden. Dass Niemand, so wunderbar dies ist, an der Wahrheit zweifle: der Graf hat es selbst dem Kaiser als wahr berichtet und dieser widerum es mir vor vielen Brüdern mitgetheilt."

Zwischen jenen beiden Fürbitten Bezelin's für Meinwerk liegt zeitlich eine andere Erwähnung seiner Anwesenheit in Heinrichs II Gefolge. Im April 1020 wird u. a „Signum Bezelini comitis" zu dem in Bamberg abgeschlossenen Vertrage des Kaisers und Papst Benedict's VIII gegeben. Dass die betreffende Urkunde[43] mit guten Gründen angefochten wird, macht für jene Erwähnung Bezelin's nicht viel aus: jedenfalls war den Herstellern der Urkunde Graf Bezelin selbst und sein Aufenthalt bei dem Kaiser bekannt. Dann hat ferner Bezelin den Kaiser auch auf der Anfang December 1021 angetretenen Heerfahrt nach Unteritalien begleitet. Im Februar 1022 wurde zu Campo Pietra im beneventanischen Gebiet ein Hofgericht gehalten, das seine Entscheidung gegen einen Grafen Otto zu Gunsten des Klosters S. Vincenzo di

---

[40] St. 1346, jetzt auch Sybel-Sickel Kaiserurkk. in Abb. IV Taf. 6. Aufmerksam machte es doch, dass hier neben Bezelin ein Ludolf genannt ist und auch 1021 (s. u.) ein Liudolf mit unserm Grafen Bezelin erscheint. — Vgl. Anhang I.

[41] St. 1702, gerade wieder zu Nimwegen, zu 1018, und Vita Meinwerci MGSS. XI 145 zu 1021: die Grafen Liudolf und *„Bezelinus de Sueva"*.

[42] SA², 212.

[43] St. 1746.

Volturno fällte. Als von dem Kaiser herbeigezogene Urtheilsprecher sind der Kanzler Dietrich, der bekannte Bischof Leo von Vercelli, der Bischof Ulrich von Trient und Graf Bezelin ausdrücklich unterfertigt[44]. — Den Schrecken der Seuche, die auf der Heimkehr im Sommer desselben Jahres in der Lombardei die Begleiter und Truppen des Kaisers so entsetzlich heimsuchte, ist Bezelin entronnen.

Aber zu alten Tagen ist auch er nicht gekommen, denn er ist am 15. Juli 1024 gestorben und sein Sohn hat ihn um 54 Jahre überlebt. Das Jahr seines Todes geben widerum die Mönche von Einsiedeln[45], den Tag ein Todtenbuch aus dem der ortenauischen Grafschaft Bezelin's so benachbarten Strassburg[46]. Vielleicht ist er, wie auch sein sonst ganz im Dunkel verbleibender Bruder Gebhard in Sulzburg begraben worden[47].

Die Einsiedler haben sich wohl für Bezelin interessirt, weil sie selbst breisgauischen Besitz hatten, vielleicht aber auch einer verwandtschaftlichen Beziehung des Grafen wegen. Der Einsiedler „Liber Heremi", in sehr später Fassung gute alte Nachrichten bergend, meldet zu 970[48] eine Schenkung, die diesem Kloster „Graf Landold von Zähringen, Grossvater Graf Bertold's von Zähringen, des Vaters des Herzogs Bertold von Kärnthen" gemacht habe. Aus dieser Nachricht ist nur[49] zunächst festzuhalten: Landold Grossvater des Grafen Bertold. Landold aber war der Gemahl einer Liutgard[50], die als Nellenburgerin erkannt worden ist, und den Namen Liutgart haben in der That die Zähringer später ihren Töchtern beigelegt.

Nun wird in einer zweiten Quelle, einer Urkunde von 1056[51] von einem avus des damaligen Grafen und baldigen Herzogs Bertold's I gesprochen, der zugleich der patruus des Nellenburger Grafen Eberhard des Seligen ist. Der Nellenburger Graf beurkundet zusammenfassend seine für seinen Vater und für

[44] St. 1781.

[45] MGSS. III 145: 1024. *Berhtoldus comes obiit.*

[46] Böhmer Fontes IV 310. *Bezelin comes.* (? Necr. Fuldense FzDG XVI 174.)

[47] Erstens liegt das als Vermuthung nahe. Zweitens berichtet es die Genealogie aus St. Peter (Freib. Diöc.-Arch. XIV 83). Freilich wissen wir schon, dass diese Bezelin und seinen Vater verwechselt hat. Andererseits kann sie aber doch nicht ganz ohne selbständige Nachrichten gewesen sein, denn weshalb nennt sie sonst den *Gebhardus* der Sulzburger Urk. von 1010 „*Gebezo*" (wie *Pirtelo: Bezelinus*)? So halten sich hier für und wider das Gleichgewicht.

[48] Geschfr. I 109. Ueber den Lib. Heremi vgl. G. v. Wyss, Jahrb. f. schweiz. Gesch. X. 251 ff.

[49] Das späte Eintreten des Namens „von Zähringen" wird unten besprochen werden; er muss hier als Zuthat weggeschnitten werden. Ueber Landold vgl. Anm. 16.

[50] Herrgott, Genealogia Habsburgica. I 117, dazu die Erläuterung von W. Gisi, Anz. f. schweiz. Gesch. 1888 S. 265 ff.

[51] Abdruck durch Baumann in den „Quellen zur Schweizer Geschichte (cit. QzSchwG.) III, Abt. 1, S. 8 ff., dazu die Erörterungen Gisi's l. c. 269 f.

seine Brüder im Kloster Reichenau gemachten Seelgeräthstiftungen und flicht dabei ein, dass auch Bertold I (so bezeichne ich den Grafen und ersten Herzog aus der zähringischen Familie, also den Sohn Bezelin's) eine Mitstiftung und zwar, wie gesagt, für seinen, Bertold's Grossvater, einen *patruus* des Nellenburgers gemacht habe. In diesem *avus* Bertold's I hat man aber den Sohn Landold's und der Nellenburgerin zu sehen [52]. Nun ist die Frage, an welche Stelle man diesen Grossvater Bertold's I zu stellen hat. Da passt es nun doch am besten, in ihm den Vater von Bertold's I Mutter, also den Schwiegervater Bezelin's zu sehen [53]. Dann hätte also der Liber Heremi in seiner ausführlichen Angabe ein Versehen gemacht, nämlich als er erfuhr, dass „Graf Bertold" von Landold abstamme, an die Stelle des ihm nicht als Grafen, sondern nur als Herzog bekannten Bertold I dessen Vater Bezelin als Grafen Bertold gesetzt, hätte aber doch das Generationenverhältniss richtig gewahrt, indem er Landold in der richtigen Entfernung (als Urgrossvater) von Bertold I beliess.

[52] Das begründet Gisi l. c. unter Abfertigung der älteren Literatur darüber ausführlich und setzt auch auseinander, weshalb hier *patruus* im weiteren Sinne zu nehmen sei. In der That, wäre es ein Vaterbruder Eberhard's gewesen, so wäre es auffallend, dass dieser ausschliesslich dem Zähringer überlässt, für das Anniversar zu sorgen; jener stand eben Eberhard verwandtschaftlich ferner.

[53] Das Einfachste wäre die Einsiedler Nachricht in der späteren Fassung völlig hinzunehmen und mit Gisi zu sagen, der Graf Pirhtelo [der ca. 1005 gestorbene Bertold] war ein Sohn des Landold und der Liutgart. (Denn Gisi's vorsichtiges „vermuthlich" geht nicht darauf, dass er etwa an der directen männlichen Abstammung der Bertolde von Landold zweifelte, sondern kommt daher, weil ihm diese Bertolde selbst nicht geläufig und nicht recht entwirrbar sind.) Aber dem steht entgegen, dass dann der Name des directen Ahnen im männlichen Stamm nie in der Familie wiedergekehrt wäre, vielmehr Landold (Guntram's Sohn nach Gisi) und seine Gemahlin, die Tochter und Verwandte lauter Eberharde, ein Geschlecht von lauter Bertolden hervorgebracht hätten. Und wo bliebe der Breisgaugraf Bertold, der Vorgänger des ca. 1005 gestorbenen Bertold? Und noch eines: Bertold I würde dann durch die Schenkung eines einzigen *mansus* (vgl. auch noch unten Anm. 60) an Reichenau für das Seelgedächtniss eines väterlichen Ahnen seines Hauses doch etwas zu kläglich gesorgt haben.

Weniger glatt ist die hier gegebene Deutung. Auch die Nachfolge Bertolds († ca. 1005) im Thurgau wäre leichter erklärt, wenn Landold sein Vater gewesen wäre. Aber genügt es nicht, neben dem steten Wohlwollen der Kaiser zur Erklärung der Thurgaunachfolge nebenbei an alte Beziehungen zu Landold und den Seinen zu denken, die erst in jüngeren Generationen auch zu einer Familienverbindung führten?

Eine Möglichkeit wäre noch (bei Verwerfung der Ausführungen Gisi's und Deutung des *avus* der Einsiedler in: Stiefgrossvater eines Grafen Bertold): Graf Bertold † ca. 1005, dessen Gemahlin Berta von Büren ihm seinen Sohn Bezelin gab, wäre in anderer Ehe mit einer Tochter Landold's und der Nellenburgerin vermählt gewesen und deshalb hätte Bertold I sich für ihn den Nellenburgischen Stiftungen angeschlossen. Aber wie fadenscheinig ist ein solcher Zusammenhang! Und was wird aus dem *patruus*?!

Bertold I.

Bertold I war, ehe er Herzog wurde, Graf[54]. Und zwar verwaltete er nicht nur alsbald nach seines Vaters Tode die Grafschaften, die sein Grossvater gehabt hatte und die gewiss auch sein Vater später wieder gehabt hatte, obwohl sich in unseren Quellen keine Gelegenheit mehr bietet das unmittelbar zu erkennen, nämlich den Breisgau[55] und den Thurgau[56], sondern auch seines Vaters sichere Grafschaft, die Ortenau[57]. Ferner war er Graf im Albgau[58], aus dessen spärlichen Quellen nicht zu ersehen ist, wann er an dies Haus kam, und vielleicht auch schon in dem später sicher dem Grafenamt der Zähringer unterstehenden Theil der 999 noch einheitlichen „Baar[59], der zugleich einen guten Theil ihres Besitzes umschloss. Dass dieser Graf Bertold vor 1056 zum Gedächtniss seines (mütterlichen) Grossvaters einen Mansus in dem Dorfe Wiesen im Kletgau an Reichenau vergabte, wird von der schon früher herangezogenen Urkunde Eberhard's des Seligen von Nellenburg[60] erwähnt.

Die sich fast über ganz Schwaben erstreckenden Aemter und Besitzungen dieses bertoldischen Hauses waren es wohl, die ihm auch die Vogtei über die Besitzungen des Hochstifts Bamberg in Schwaben[61] brachten. Ob es sie schon unter Bezelin, dem Vorgänger Bertold's I gehabt hat, ist nicht zu ersehen, wenn auch bei den nahen Beziehungen dieses Grafen zu dem Gründer und Ausstatter Bambergs, K. Heinrich II, höchst wahrscheinlich; wir kennen

[54] Das ist vielfach übersehen worden, obwohl ihn Ekkehard von Aura Chron. MGSS. VI 198 ausdrücklich so und der vortrefflich unterrichtete Bertold von Reichenau (cit. Bert. Ann.) MGSS. V 271 als *comes Sancigena* bezeichnet, abgesehen von der deutbaren Erwähnung in der Urk. Eberhard's von Nellenburg von 1056 QzSchwG. III 1, 8ff.

[55] (Dec.) 1028 St. 1984 (zu dem Abdruck bei Trouillat und der dort gegebenen Ortsbestimmung vgl. die Berichtigungen durch E. Gothein, Oberrh. Zs. N. F. II 386. Die Urk. ist fast vollständig transsumirt in St. 2760); (Mai) 1048 St. 2350a; 1. Juni 1048 St. 2351.

[56] 1044 Züricher UB. I 125 ff.; 11. Juli 1049 St. 2372, jetzt auch Zü. UB. 129.

[57] 12. Dec. 1024 St. 1860a; 21. Febr. 1032 St. 2030; 1. Dec. 1048 St. 2358; 12. Oct. 1057 St. 2547.

[58] 27. April 1047 St. 2352.

[59] (1090, 1099, 1148, 1140.) Vgl. den Abschnitt „Aemter und Besitzungen".

[60] QzSchwG. III 1, 9. Ein vereinzeltes, nicht zum zähringischen Hauptbesitz gehöriges Gut. So wird es wohl eben auch von dem (mütterlichen) Grossvater her, für den Bertold die Stiftung machte, an ihn selber gekommen sein.

[61] Im Zusammenhang behandelt im Abschn. „Aemter und Besitzungen".

2*

erst Bertold I. und zwar noch in seiner Grafenzeit, in ihrer Ausübung. Ihm bot sich zur Wahrung der Rechte dieser Vogtei i. J. 1050 eine Gelegenheit, die von einer etwas späteren Beurkundung[62] folgendermassen erzählt wird: Der Zürichgaugraf Eberhard (der Selige aus dem Nellenburger Hause) begann im Jahre 1050 — und zwar am Anfang desselben — den Bau des Erlöser- und Allerheiligenklosters zu Schaffhausen und liess für diesen Bau Steine und Sand von einem bestimmten Acker heranfahren, ohne zu wissen, dass dieser der bischöflichen Kirche von Bamberg gehöre. Bertold erfuhr hiervon und liess alsbald als Vogt des Bisthums Eberhard freundschaftlich auf das von ihm übersehene Bamberger Besitzrecht aufmerksam machen. Diese Mittheilung gab Eberhard einen Plan ein, zu dessen Ausführung er durch Boten Bertold um eine Unterredung zu Hilzingen bat. Dort, am Fusse des Hohentwiel, kamen die Grafen am Anfang des März 1050 mit dem Gefolge ihrer Dienstmannen[63] zusammen und wurden im Sinne des von Eberhard geplanten Tausches einig, nachdem Bertold sich durch einen Eid hatte bekräftigen lassen, dass Bamberg durch den Tausch mehr als es aufgebe gewinne. Eberhard gab von seinem Eigengut an das Stift Bamberg zu Händen Bertold's als des Vogt's ein Gut zu Rodrichsstein im Rheinhart, das die von Bamberg im Tausch an Eberhard gegebenen wenig erheblichen Besitzungen in Schaffhausen zwei- bis dreimal ersetzte[64]. Die letzteren bestanden, wie eine spätere Bestätigung dieses Tausches[64a] durch den Bamberger Bischof Otto angiebt, aus einem Acker innerhalb des Schaffhausener Klostergrundstücks, also demjenigen, aus dem

[62] Neuester und bester Druck bei Baumann, die ältesten Urkk. von Allerheiligen in Schaffhausen, Quellen zur Schweizer Geschichte. III. 1. Basel 1883 S. 6 ff. — Die Urk. nennt Bertold schon Herzog von Kärnthen, seinen Sohn Hermann Markgraf. Das hatte früher zu Verdächtigungen der Urkunde resp. falschen Schlüssen über den Beginn von Bertold's Herzogsthum (Fickler, Berhtold der Bärtige S. 34, derselbe, Quellen und Forschungen S. 14) geführt. Nachdem J. Fickler's Untersuchungen über Handlung und Beurkundung in der Urkundendatirung die Bahn gebrochen, hat Baumann die Schwierigkeiten der Schaffhausener Urk. durch den Hinweis gehoben, dass das Datum derselben (Anf. März 1050) sich auf den Act von Hilzingen bezieht, die uns erhaltene Notitia des Schaffhausener Klosters darüber aber erst nach 1061, freilich nicht viel später aufgesetzt ist. Die letztere, zur Orientierung der Klosterleute später angefertigt, beruht übrigens auf einem verloren gegangenen „Chirograph", einer Doppelurk. der unter diesem Namen bekannten Form, die über den Tausch schon zu Hilzingen aufgenommen und zerschnitten zwischen Bertold und Eberhard vertheilt wurde, vgl. z. 6 der Notitia über 1050 („*scripto cyrographo*" etc.).

[63] „*convenientes coram militibus suis.*" Vgl. den Abschnitt über die zähringischen Ministerialen.

[64] So heisst es auch „zwei mansen im Rheinhart *pro parvulo predio*" Bambergs in der Urk. von 1102 März 14 bei Baumann l. c. S. 65. Auch sie beruht offenbar auf dem alten Chirograph und zwar dem Exemplar Bertold's.

[64a] 1122. Nov. 11. Bamberg, l. c. S. 106 f. Ueber dazwischenliegende Weiterungen in Betreff dieser getauschten Güter vgl. unten z. J. 1102.

das Baumaterial herangefahren wurde, und einem zweiten, der zwischen der Stadt Schaffhausen und dem Dorfe Hilzingen gelegen war.

So war diese Angelegenheit im guten Einvernehmen der beiden nahe verwandten Grafen und zu Beider Nutzen geregelt. Und nunmehr dürfen wir Bertold I in seine bedeutenderen, mit den grösseren Reichsangelegenheiten verknüpften Schicksale folgen.

Die Chronik Ekkehard's von Aura erzählt, Kaiser Heinrich III habe in einem seiner letzten Jahre Graf Bertold die Nachfolge im Herzogthum Schwaben für den Todesfall des dortigen Herzogs Otto von Schweinfurt versprochen und ihm als Zeichen der Erinnerung an das kaiserliche Wort den Ring von seiner Hand übergeben[63]. Der Chronist steht mit dieser Nachricht

[63] Ekkehardi Uraug. Chron. MGSS. VI 198. Als erster mit entschiedenen Zweifeln griff diese Erzählung an F. O. Grund, die Wahl Rudolf's von Rheinfelden zum Gegenkönig, Göttinger Dissertation, Lpz. 1870, und seiner Verwerfung hat sich die 4. Aufl. von Giesebrecht's Gesch. d. deutschen Kaiserzeit Bd. III wenigstens genähert, vgl. S. 63 u. 1091, dagegen C. Henking, Gebhard III, Bischof von Constanz 1084—1110, Züricher Diss., Stuttg. 1880 S. 3 und E. Steindorff, Jahrbücher des deutschen Reiches unter Heinrich III Bd. II Lpz. 1881 Nachträge S. 496 Grund's Beweisführung fast mehr wie er selbst als bindend hingenommen (nicht dagegen Ranke, Weltgeschichte VII 220). Nur hätte sich Grund, statt sogleich gegen die Glaubwürdigkeit des ganzen Berichtes über Bertold und Rudolf, besser gegen die einzelnen Theile getrennt gerichtet. — Ueber das Schweigen der übrigen Quellen vgl. den Text. Dass Ekkehard gerade bei dieser Gelegenheit umsichtig war, zeigt auch das von ihm (aus dem Chron. Wirzib.) mitgetheilte genaue Todesdatum Otto's von Schweinfurt. Grund (Excurs I) verkennt die Stellung Bertold's in Schwaben und zugleich sein Verhältniss zu der Krone; auch ein „so kräftiger Kaiser" konnte sich sehr wohl einen ihm besonders ergebenen Herzog von Schwaben belohnend sichern wollen; ferner verkennt Grund, dass Kaiserin Agnes nicht ohne weiteres gerade so, wie ihr Gemahl, über Bertold zu denken brauchte und dass ihr persönlich Rudolf näher stand. Aus dem späteren Verhältniss Bertold's zu Rudolf darf man nichts herleiten wollen, vgl. unten Anm. 73. Grund's Worte S. 93 „Der Graf Berchtold wäre gerade eine gute Handhabe gewesen, Rudolf mit Gewalt zur Herausgabe Mathilden's zu zwingen" setzen dasjenige, was er selbst verdienstlicher Weise widerlegt, den Raub der Kaisertochter, voraus — eben weil er leider durchaus gegen die ganze Erzählung beweisen will. S. 97 hält er dann doch selbst, trotzdem er vieles nicht beachtet, was für Ekkehard spricht, das Versprechen des Kaisers für „nicht entschieden" widerlegt; er verwirft es hauptsächlich nur, weil es sich in Gemeinschaft mit anderen — allerdings mit Recht — beanstandeten Theilen der Erzählung findet. — Trotz alledem und trotz des im Text Gesagten trete ich nicht mit gerade unerschütterlicher Ueberzeugung für das Versprechen ein; insbesondere die Uebergabe des Ringes wird in der That ein bekannten Sagen angenäherter Zusatz des Geredes sein. Denn 1092, als Bertold's gleichnamiger Sohn Herzog der Schwaben ward, ist sicherlich viel von der einstigen Zusage Schwabens durch den Kaiser an den Vater des aus dem neuen Geschlechte erwählten Herzogs im Volke gesprochen worden.

Nachtr. Mit G. Buchholz' Arbeit: Ekkehard von Aura. I. Lpz. 1888 ward ich nach Bearbeitung dieser Parthien bekannt. Seine Auseinandersetzungen S. 47 ff., denen Grund's entsprechend, sind schon durch obiges für diesen Punct miterledigt. Auch Buchholz selbst glaubt gerade hier Bamberger Quellen Ekkehard's annehmen zu dürfen, S. 49

gegenüber den besseren, älteren Quellen allein, jedoch lässt sich dazu sagen: die letzteren hatten ihrerzeit noch keine Veranlassung bei ihren ohnehin etwas kargen Mittheilungen den erst in den siebziger Jahren des Jahrhunderts bekannter gewordenen Herzog besonders zu beachten, wussten auch vielleicht von jenem Versprechen gar nichts, während es zur Kenntniss Ekkehard's gelangt sein mag, weil er Bamberger Materialien benutzte; denn zu Bamberg mochte man sehr wohl über des Hochstifts Vogt in Schwaben, schon aus eigenem Interesse, genauer unterrichtet sein. Eines spricht sehr für Ekkehard's gutes Wissen über die zähringische Familie, so wenig er auch mit genauer Zeitangabe zu erzählen sich veranlasst sieht: er allein rückt Bertold's I Sohn bei der späteren kärnthnischen Angelegenheit in die richtige Stelle, worauf weiter unten eingegangen werden wird. Bertold's II spätere Wahl zum Gegenherzog in Schwaben mag wohl die Gelegenheit geboten haben, das alte Verhältniss des Vaters zu eben diesem Herzogthum zu enthüllen und weiteren Kreisen bekannt zu machen, während dessen getäuschte einstige Aussicht den früher Lebenden verborgen geblieben war. Dass Bertold I nun einmal zu einem Herzogthum ausersehen war, dafür spricht an sich schon die spätere Verleihung Kärnthens an ihn. An Schwaben aber zu denken lag anfänglich viel näher, und nicht deshalb bloss, weil der damalige Schwabenherzog alt war, sein Tod bald erwartet werden konnte, sondern auch eben deswegen, weil Bertold's Grafschaften und Allodien die blühendsten Theile des schwäbischen Herzogthums ausmachten. Kärnthen an Bertold je zu verleihen, daran dachte man ursprünglich nicht; noch um Neujahr 1057 wurde es anderweitig vergeben. Gerade schon Kaiser Heinrich III konnte wohl den mit Bertold's liebster Hoffnung übereinstimmenden Gedanken zuerst fassen, in Schwaben diesen Mann noch zu erhöhen, dessen Vorfahren dem Reiche so treue Anhänger und den Kaisern ergebene persönliche Freunde gewesen waren. Doch wie dem sei, Heinrich III sank in das Grab, ehe eine Neuübertragung Schwabens geschehen konnte, und als erst ein Jahr fast nach dem Kaiser, am 28. September 1057, dann auch der Herzog starb, dessen Tod Schwaben erledigte[66], da sah sich Bertold durchaus veränderten Verhältnissen gegenüber.

Ein Knabe von 6 Jahren hiess König; des Reiches Regiment lag über-

Anm. 1, ohne nun aber dabei an das Verhältniss der Zähringer zu Bamberg zu denken. — Meyer von Knonau, Jahrbb. des deutschen Reiches unter Heinrich IV und Heinrich V, Leipzig I, 1890, S. 48, Anm. 48 giebt ebenfalls den Zweiflern an der Nachricht Ekkehard's Recht.

[66] Otto's Tod zum 28. Sept. 1057 berichten Chron. Wirz. MGSS. VI S. 31 (und Ekkehard MGSS. V S. 198; sowie zu 1057 die auch von ersterem abhängigen Ann. Wirzib. ib. II 244, Ann. Hildesh. ib. III 104 u. Ann. Zwifalt. ib. X 54) ferner zu 1057 Bertold Ann. ib. V 270; zu 1058 Lambert Ann. SA. 40, Ann. August. MGSS. III 127. (Lambert befand sich bekanntlich in diesen Jahren auf der Fahrt nach Jerusalem, von der er im Sept. 1059 zurückkehrte.)

schwer in Agnes', der noch jungen Kaiserwittwe Händen. Wir haben keine Spur, dass freundlichere Beziehungen auch zwischen ihr und Bertold jemals gewaltet hatten, und war sie nicht auch in ganz anderer Lage, als der mächtige Heinrich gewesen war, mochte sie sich nicht mit Recht scheuen, Schwaben, das Land, das vor allen der Krone und ihren salischen Trägern, den Nachkommen Gisela's bisher in Treuen nahe stand, Denjenigen zu überlassen, dessen ohnehin grosse Macht und Bedeutung im Lande dasselbe am ehesten dem Kaiserhause entfremden konnte, dessen zur Anhänglichkeit zwingenden Glanz der Kaiser mit sich in's Grab genommen zu haben schien? Ihr Gemahl hatte selber, ehe er an Bertold's Erhöhung dachte, den Schwaben nacheinander zwei landfremde Herzöge gegeben und auch die Kaiserinwittwe hat ja entsprechend gehandelt, indem sie mit Baiern Otto von Nordheim, den Sachsen belieh. Die Verfügung, die sie nun über Schwaben traf, hielt sich eben nur in den gleichen Bahnen.

Agnes von Poitiers hatte vierzehn Jahre als Kaiserin unter den Deutschen gelebt, aber darum kann es nicht verwundern, dass Derjenige, den sie persönlich gern hatte und auf den in dieser Zeit, da bei des Reiches halber Verwaisung die Gelüste geistlicher und weltlicher Fürsten nach Selbständigkeit und auch nach Einfluss und Herrschaft ihre Stimme laut heischend bei der kaiserlichen Familie erhoben, sie sich zu stützen gedachte, ein Mann war, dem romanisches Wesen vertraut und heimisch war, der ferner durch den Nordmarkgrafen Lotar oder Udo weitläufig mit dem Kaiserhause verwandt war, nämlich Graf Rudolf vom Sisgau, dessen von den Königen stammendes Familiengut in Burgund, zwischen dem Rhein, der Saône und den Walliser Alpen lag und den später die Nachlebenden mit der Bezeichnung, die schon Rudolf's Grossvater nach seinem Grafensitz gegeben worden war, wieder Rudolf von Rheinfelden[67] nannten. Diesem Manne vertraute sie auch, was ihrem Herzen am nächsten stand: sie verlobte ihm, den sie den Schwaben zum Herzog einsetzte, ihre Tochter Mathilde[68], ein zwölfjährig Kind; was sie ihm hingab,

[67] Ueber Rudolf's Herkunft und Familienbesitz vgl. W. Gisi's auch von Meyer von Knonau, Heinr. IV, I 652 gewürdigte höchst beachtenswerthe Untersuchung (vgl. Anm. 30) „Der Ursprung des Hauses Rheinfelden", Anz. f. schw. Gesch., 1887, 25 ff., auch K. E. H. Krause, FzDG. XV 643 ff.

[68] Ekkehard S. 198 erklärt, dass Agnes Schwaben statt an Bertold an Rudolf gab, dadurch, dass letzterer ihre Tochter Mathilde, die bei Bischof Rumold von Constanz auferzogen wurde, durch Entführung zu seiner Gemahlin gemacht und von der Kaiserin, nachdem sie ihm Verzeihung gewährt, das Herzogthum *causa filiae* empfangen habe. Dem widerspricht nach Giesebrecht auch Grund (S. 89 ff.) mit Recht. – Rudolf's Erhebung zum Herzog wird einfach berichtet bei Bertold MGSS. V 270 zu 1057, und Lambert SA. S. 40 zu 1058, und zwar je zugleich mit dem Tode Otto's von Schweinfurt; die zeitlichen Widersprüche erklären sich wohl dadurch, dass beide Schriftsteller der Einfachheit wegen Otto's Tod und Rudolf's Erhebung miteinander erzählen wollen und Bertold nun beide Er-

gedachte sie nur desto fester und inniger mit einem treuen Eidam zugleich bei sich und bei der Krone zu erhalten. Im Jahre 1059 ward Mathilde dem Verlobten angetraut, doch schon in kurzer Frist ward die vierzehnjährige Neuvermählte zu Grabe getragen[69].

Bertold's Aussicht auf seiner Heimath Herzogsfahne, mochte sie nun auf ein besonderes Versprechen begründet sein oder nicht, war übergangen; Rudolf waltete über Schwaben und ward dem Lande ein Fürst, der ihm Jahre lang in Ordnung und Frieden[70] vorstand und dem, als er dann die Fahne des Aufstandes gegen den königlichen Lehnsherrn erhob, wenigstens ein stattlicher Bruchtheil der schwäbischen Grafen und Herren in allen Wechseln und bis über den Tod hinaus treu geblieben ist. Im Reiche weiterhin hiess er Burgunder, und spätere Schriftsteller haben ihn zum Herzog Burgunds gemacht, während er doch nur der Eigenthümer seiner grossen Allodien in diesem Königreiche blieb[71]. Denn dessen Regierung wurde auch fortan von den Saliern selbst ausgeübt, welche bei den dort einheimischen geistlichen und weltlichen Grossen selbst bis in die Provence hinein stete und rückhaltlose Anerkennung als die Könige des Landes und in ihren späteren Kämpfen gegen den Fürstenwiderstand im deutschen Reiche gerade in jenen treue und eifrige Anhänger besessen haben.

---

eignisse in das (sichere) Todesjahr Otto's, 1057, Lambert sie möglicherweise darum, weil Rudolf erst 1058 Herzog ward, in dies Jahr zieht. Mathilden's Alter ergiebt sich aus Hermann von Reichenau MGSS. V S. 125, wonach ihre Geburt in den Herbst 1045 fällt; die Verlobung nach der Einsetzung Rudolf's zum Herzog wird bei Lambert l. c. berichtet, dort auch die erst dann erfolgte Uebergabe der Braut in die Pflegschaft des Constanzer Bischofs und ferner die im Text berücksichtigten Gründe der Kaiserin zu diesem Verlöbniss, welche letztere auch der Waltram von Naumburg zugeschriebene Liber de unitate ecclesie conservanda giebt. Fällt schon diesen Quellen gegenüber Ekkehard's Erzählung von Rudolf's erzwungenem Verhältniss zu der kaiserlichen Wittwe, so zeigen auch die späteren Ereignisse nur das stete treu-freundschaftliche Verhältniss Beider, wie denn auch Rudolf später seiner Tochter (aus zweiter Ehe) den Namen gab, den die Mutter seiner ersten Gemahlin, die Kaiserin trug.

[69] Das Jahr der Vermählung 1059 giebt Bertold Ann. S. 271, und ebenda ihren Tod zu 1060; Lambert SA. 102: *„intra paucos dies celebratae coniunctionis"*. Das ist aber stilistische Zuspitzung, denn nach dem Speyerer Todtenbuch bei Böhmer Fontes IV 317 starb Mathilde am 12. Mai.

[70] Wenigstens im Grossen und Ganzen. Gegen Ende August 1061 fielen in einer schwäbischen Fehde Burchard und Wezel von Zollern. Bert. Ann. 272; MG Necrol. I 479; Weissenb. Todtenbuch bei Böhmer F. IV 313. Gegen Rudolf selber war die Fehde schwerlich gerichtet; das hätte sonst wohl Bertold von Reichenau hinzugefügt. Vgl. auch L. Schmid, Hohenzollern, II 39 ff., der den Gegner der Zollern zu erkennen glaubt. — Meyer von Knonau, Jahrbb. I 214 nimmt an, der Hof sei vielleicht gerade dieser Unruhen wegen — also zur Verstärkung der Stellung Rudolf's im Lande? — im Herbst 1061 nach Schwaben verlegt worden.

[71] Vgl. den Anhang II.

Ueber Bertold's Verhalten in diesen Jahren gegenüber dem Hofe und Rudolf verlautet keinerlei sichere Nachricht, mag nun der planreiche [72] Mann die Zurücksetzung mit guter Art und fernerer Hoffnung getragen haben, mag er etwa auch mit wenig verstelltem Missmuth den landfremden Herzog über sich selber, der der Mächtigste in Schwaben war, geduldet haben [73]. Offenen, feindseligen Trotz bekundete Graf Bertold nicht, und um so eher konnte die Kaiserin an eine Entschädigung für ihn denken, die auch in dem Interesse Rudolf's war, das ihr so sehr am Herzen lag, insofern nämlich, als eine anderweitige Aufgabe Bertold von den schwäbischen Dingen abziehen musste. Eine solche wurde aber möglich, als i. J. 1061 Konrad (III) von Kärnthen starb, dem das Herzogthum erst Weihnachten 1056 oder Anfang 1057 übergeben worden war [74]. Er war nur dem Namen nach Herzog gewesen; ein gewaffneter Heereszug im Herbst 1058, den ihn die Verhältnisse im Lande in dasselbe zu machen nöthigten, damit er überhaupt nur die Regierung antreten könne, und den er in einer Art Umgehung von Süden her versuchte, war trotz der sehr zahlreichen Truppen gänzlich fehlgeschlagen [75].

---

[72] „consiliorum machinamenta, quibus satis pollebat“ Ekkeh. Uraug.

[73] „quod [Rudolf's Erhebung] animum Berhtoldi non parum commovit“ Ekkeh. Uraug. 198. Gerade der späte Ekkehard erzählt auch erst Bertold's Groll gegen Rudolf selbst, übrigens zeitlich an sonderbar falscher Stelle, nämlich nach der Entsetzung in Kärnthen. Es bleibt fraglich, wie viel Werth hier auf den Erzähler zu legen ist. — Henking S. 3 f. hat den Schluss gezogen: da Bertold in den sechziger und siebziger Jahren so treu zu Rudolf steht, kann er in den fünfziger Jahren nicht Groll gegen ihn als glücklicheren Rivalen empfunden haben und deshalb muss auch der angebliche Grund zum Groll, das Versprechen Schwabens an Bertold, aus der Luft gegriffen sein. Aber dergleichen Beweisführung setzt eher Figuren, als lebende, wandelbare oder auch rechnende Menschen voraus; eine auf gleichen Anschauungen und Zielen beruhende Gemeinsamkeit der Gegnerschaft gegen einen Dritten vermag doch wohl nach mehrjähriger Frist und unter ganz veränderten Verhältnissen alte Wettbewerber — die darum noch nicht Feinde gewesen zu sein brauchten; denn wegen Rudolf's, nicht durch ihn war Bertold zurückgesetzt worden — zu nähern und aneinanderzuschliessen.

[74] Ueber Konrad (oder Kuno) s. Ann. Altah. SA. 61 (danach die Zeitbestimmung im Text) und Lambert SA. 39 zu 1057; dazu K. Tangl, d. Grafen, Markgrafen und Herzöge von Kärnthen aus dem Hause Eppenstein (Archiv f. K. österr. Geschqu. IV. VI. XI. XII.) insbes. VI 338. v. Ankershofen, Handb. d. Gesch. d. Herzogth. Kärnthen, Klagenf. 1842 - 1874, Bd. II, 1, 686 ff. U. Wahnschaffe, d. Herzogthum Kärnthen und s. Marken im XI. Jahrh. Lpz. Diss. (Klagenfurt.) 1878. S. 62 f. Steindorff, Jahrbb. Heinr. III. Bd. II 332, 4.

[75] So möchte ich die Nachrichten der Altahenses (zu 1058) SA. 63: Autumnali igitur tempore dux Charintanorum Chuono Longobardiam valida manu est ingressus, sed resistentibus sibi provincialibus turpiter est regressus“ und des minder verlässlichen Lambert SA. 41: „Chuono dux Carentinorum, contractis ingentibus copiis ad occupandum ducatum suum, quem tanto tempore metu rebellionis non inviserat, primam profectionem parabat; sed morte praeventus coeptum iter non explevit“ vereinigen. Vgl. auch Wahnschaffe S. 63. Huber's Bemerkung (MJÖG. X 149) gegen Mell, dass die Deutung auf einen Zug gegen Kärnthen „ein starkes Versehen“ sei, ist flüchtig.

Es ist nicht anzunehmen, dass Bertold schon vor 1061 ein abermaliges Versprechen, diesmal für den Fall der Erledigung Kärnthens empfangen habe[76], wenn man auch im Allgemeinen daran gedacht haben wird, ihn zu entschädigen. Die Quellen erwähnen eine Zusage nicht; zudem war Herzog Konrad III noch kurz vor seinem Tode ein zur Heerfahrt tüchtiger, rüstiger Mann gewesen, eine baldige Erledigung dieses doch eben erst wieder besetzten Herzogthums konnte also damals schwerlich vorausgesetzt werden.

Nachdem diese dann 1061 dennoch erfolgt war, ward alsbald — also in dem gleichen Jahre[77], da Kaiserin Agnes in die Hand des rührigen Otto von Nordheim das Herzogthum Baiern legte[78] — dessen unruhiges Nachbarland Kärnthen dem schwäbischen Grafen übertragen.

Und um so weniger war ja ein Säumen geboten, als gerade i. J. 1061 die Erfolge des Reichsregiments in Ungarn, die es 1058 dauernd erlangt zu haben glaubte, so plötzlich wieder verloren gegangen, der deutsche Einfluss und das Ansehen des Reiches bei den Magyaren in einer Weise, die diesem selbst Gefahr drohte, vernichtet worden waren. Da mochte es um so dringlicher erscheinen den Herzogthümern des Ostens kräftige Fürsten zu setzen und zwar solche, die dort kein überkommenes eigenes, sondern nur des Reiches Interesse zu vertreten fanden, hier Otto, dort bei den Kärnthnern, gerade weil sie langher in allzu selbständigen Beziehungen zu den Ungarn gelebt hatten, Bertold aus Schwaben.

Und nunmehr, nachdem Bertold Herzog geworden, ist es gelegene Zeit seiner Gemahlin, Richwara's zu gedenken. Eine Urkunde im Besitzrodel von St. Peter auf dem Schwarzwalde, die einzig ihren Namen aufbewahrt hat[79],

[76] An eine kärnthnische Anwartschaft Bertold's zur Entschädigung für Schwaben denken Chr. Fr. Stälin I 494. H. Floto, K. Heinrich IV. und sein Zeitalter. Stuttg. u. Hamb. 1855 I 189. P. Fr. Stälin I 209.

[77] Das Jahr 1061 für den Tod Konrad's geben die Weissenburger Ann. MGSS. III 71: *Cuono dux Karendinorum obiit*; Tod u. Neubesetzung zu 1061 Bertold's Annalen S. 271, auch in der MGSS. XIII abgedruckten Hs., S. 731. Lambert hat (SA. 41) offenbar 1058 auch für Konrad's Todesjahr gehalten. Die Erhebung Bertold's erwähnt er nicht.

[78] H. Mehmel, Otto von Nordheim, Herzog von Bayern 1061—1070. Götting. Diss. 1870. S. 12 setzt Otto's Erhebung, aber nicht mit zwingenden Gründen in den Februar. (Uebrigens verstrich in solchen Fällen und gerade in diesen wohl manche Woche oder gar mancher Monat für langwierige Botensendungen, bis Veranlassung und Entschluss zur vollendeten Thatsache führen konnten). Bertold's Annalen S. 271 begünstigen, indem sie sie ganz am Anfang für 1061 erzählen, dass des Zähringers Ernennung in den ersten Theil des Jahres fiel. Andererseits ist wieder zu beachten, dass der Hof Ende October in Basel, am 5. Nov. in Donaueschingen, also zu dieser Zeit in der Nähe und inmitten der zähringischen Gebiete war (vgl. E. Kilian, Itinerar K. Heinrich IV. Heidelb. Diss. Karlsruhe 1886. S. 21 f.), sonst blieb er in diesen Jahren dieser Gegend ferner; so könnte wohl bei jener Gelegenheit mit Graf Bertold verhandelt worden sein.

[79] Rotulus Sanpetrinus hrsg. v. Fr. v. Weech, Freiburger Diöcesan-Archiv XV 1882.

verzeichnet, dass Bertold mit seiner Gemahlin Richwara zugleich einst Güter im Neckargau (im jetzigen württemb. Oberamt Kirchheim unter Teck) an das in der Folge nach St. Peter übertragene[80] Kloster Weilheim überwiesen habe. Ueber die von den Quellen im Dunkel gelassenen Herkunft der Herzogin ist aber neuerdings die sehr zu beachtende Vermuthung aufgestellt worden, „Richware, erste Gemahlin Bertold's I, sei höchst wahrscheinlich eine Tochter des 1039 verstorbenen Herzogs Konrad II" [von Kärnthen] „gewesen und durch sie seien von der Seite ihrer Grossmutter, der schwäbischen Herzogstochter Mathilde (der Mutter ihres Vaters, eben des Herzogs Konrad II) ererbte alaholfingische Güter auf ihren Gemahl Bertold I übergegangen"[81]. Zu diesen würde sich auch das von Beiden an Weilheim Geschenkte als ein altes alaholfingisches Gut vortrefflich fügen. Und nun kommt ferner zur Bestätigung dieser Aufstellung in Betracht der wichtige Kern einer Mittheilung Ekkehard's von Aura, die zwar nicht irrthumsfrei ist, aber nicht zu denen gehört, welche willkürlich entstehen: der Chronist erzählt nämlich, dass Kärnthen nicht nur an Bertold I, sondern später auch an dessen Sohn von Heinrich IV übertragen worden sei, er versäumt auch nicht hinzuzusetzen, dass der spätere Verlust des Herzogthums Vater wie Sohn betroffen habe. Dieser Hergang scheint mir auf die Weise am natürlichsten begründet zu werden, wenn man den Sohn Bertold's und Richwaren's als Träger gewisser erblicher Ansprüche auf Kärnthen, die durch die Mutter auf ihn gekommen seien, betrachtet[82]. Nicht, dass an-

---

Notitia darin f d. 27. Dec. 1111, die zurückgreifend erwähnt (S. 140) „*dux Berhtoldus primus cum thori sui consorte domna Rehwara*".

[80] Ueber das Verhältniss von St. Peter und Weilheim unten zu 1093.

[81] Uebrigens schon Pistorius, der bekannte Rath des Markgrafen Jakob von Baden-Hochberg hatte in seinen Stammtafeln (in der 3. Aufl. seiner Scriptores rerum Germanicarum 1726 zu Bd. III S. 742), ohne sich auf seine Gründe einzulassen, angegeben, sie sei eine marchionissa Carinthiae gewesen. — Fickler, zuerst in „Berhtold der Bärtige" S. 24 und dann besonders „Quellen und Forschungen" S. 14 in einer aus geistreichen und guten Hinweisen und aus Irrthümern und Irrschlüssen zusammengesetzten Anmerkung (2) erklärte Richwara für eine Tochter Herzog Hermann's II von Schwaben, eine Schwester Mathilden's, der Mutter Konrad's II von Kärnthen. Ueber Hermann II vgl. Chr. Fr. Stälin I 467 ff. P. Fr. Stälin I 191 ff. — Fr. L. Baumann ist der Urheber der im Text erwähnten, immerhin mit Fickler's Combinationen sich berührenden Hypothese, die Meyer von Knonau nach Baumann's Mittheilungen in seiner Ausgabe der Continuatio casuum S. Galli, St. Gallische Geschqu. IV (Mittheilgn. zur vaterl. Gesch. hrsg. v. hist. Verein in St. Gallen. XVII (Neue Folge VII) St. Gallen 1879) Anm. 213 (S. 80) bekannt giebt und deren Begründung durch Dr. Baumann versprochen wird. (Somit wäre Richwara um zwei Generationen jünger, als bei der Fickler'schen Annahme). — Vgl. auch den Abschnitt „Aemter und Besitzungen".

[82] Ekkeh. Urang. S. 198. „*ducatus Karinthiorum ei* [Bertold I] *committitur, quem postea filio suo aequivoco ipsius rogatu rex Heinricus commisit; sed postmodum ... patrem et natum parvipendens offendit.*" Der Autor meint also eine erst später auf des Vaters Bitte geschehene Uebertragung auch auf den Sohn durch den inzwischen mündig gewordenen

zunehmen wäre, Bertold I habe von vornherein nur für seinen unmündigen Sohn die Regierung übernehmen sollen; das steht zu sehr mit den Quellen mit Einschluss Ekkehard's, wie mit der ganzen Sachlage in Widerspruch. Soweit wurden auch Erbansprüche auf Herzogsämter in der Mitte des 11. Jahrhunderts noch gar nicht anerkannt, und am wenigsten solche wie diese. Aber sie konnten nebenbei wohl betont und ausgenutzt werden. So glaube ich denn, dass Bertold I in eigener Person ordnungsgemäss von der Reichsgewalt mit der Wahrnehmung des herzoglichen Amtes in Kärnthen betraut wurde, ohne dass am Anfang seine Ehe mit Richwara dazu beigetragen hatte; dass er danach jedoch zur Verstärkung dieser Stellung gegenüber sowohl den Kärnthnern, wie der Krone, eine mütterliche Anwartschaft als für seinen Sohn bestehend hervorhob und für den letzteren, Hermann, innerhalb der nächsten Jahre, wenn nicht ganz, so doch zum Theil auf jene Erbansprüche hin vom Könige eine Mitübertragung des Herzogthums auswirkte, die zunächst in Hermann's Titel eines Markgrafen (von Verona) zum Ausdruck kam.

Zu Kärnthen, das i. J. 976 als eigenes Herzogthum von Baiern abgezweigt worden war und, nach einer baldigen vorübergehenden Personalunion mit letzterem, seit 995 dauernd von ihm getrennt blieb, gehörten ausser dem eigentlichen neuen Herzogthum jenes Namens, das längere Zeit noch das ganze heutige Steiermark als Kärnthner Mark und einen Theil Niederösterreichs[83] in sich schloss, auch die Mark Verona nebst den Grafschaften Friaul und Istrien, welche durch Otto I i. J. 952 zum deutschen Reiche gezogen

König. (Bemerkenswerth ist die Anwendung desselben Zeitwortes, *committere*, für die Einsetzung beider Zähringer, wodurch vielleicht gesagt sein sollte, dass des Sohnes Recht hinter dem des Vaters nicht zurückstand.) Dass Ekkehard von dem gleichnamigen Sohne spricht, ist eine für ihn sehr erklärliche Verwechselung, da der in Kärnthen thatsächlich mitbetheiligte Hermann, der auch von dort seinen Titel führte, zu des Chronisten Zeit längst gestorben und statt seiner damals Bertold II, der in Hermann's Rechte eintrat (s. u.), als Sohn des ehemaligen Kärnthnerherzogs hervorragend bekannt geworden war. (Es ist dies nicht die einzige Verwechslung zu Gunsten des Namens Bertold's, der ja der eigentlichste der Familie war und bis zur Selbstverständlichkeit typisch geworden erschien.) Weiteres über diesen Kärnthner Titel des Sohnes s. unten im Capitel über Hermann. — Ekkehard's Nachricht stellt also eine Art Trümmerstück einer für ihn schon nicht mehr ganz erreichbaren besseren und ausführlicheren Kenntniss dar; für seinen Zusammenhang braucht er sie keineswegs und das scheint mir sehr dafür zu sprechen, dass sie nicht seine Zuthat ist. — Eine weitere höchst beachtenswerthe Stütze scheint mir obige ganze Annahme zu erhalten durch das anderweitig nicht zu erklärende Eindringen des Namens Hermann in Bertold's Familie mit seinem ältesten Sohne, in dessen Linie er weitergeführt ward; (vielleicht sogar noch durch das des Namens Konrad.) Der alte salische Name Hermann wäre dann von Hermann II von Schwaben (dessen Sohn Hermann III ihn auch trug) über seine Tochter Mathilde, die Mutter Konrad's II von Kärnthen, und über dessen Tochter Richwara an deren Sohn gelangt.

[83] St. 2566, Zahn, UB. d. Herzogt. Steiermark. Graz 1875 ff. I 74. Wahnschaffe S. 5.

worden waren[83a], sowie die Mark Carniola, Krain. Die höchst wechselvolle Geschichte des Kärnthner Herzogthums im X. und XI. Jahrhundert, der selten ruhende Streit um und gegen das Herzogthum, die Familienwechsel, sowie die Amtsentsetzungen der Inhaber hatten einer Zertrümmerung Gesammtkärnthens den erheblichsten Vorschub geleistet; während nur die Markgrafschaft Verona dauernd bei dem Hauptlande verblieb[84], ward die (nördliche) Mark Kärnthen (die nach dem späteren regierenden Hause und dessen Stammburg Steir am Zusammenfluss der Steier und Enns dann die Steiermark genannt und 1180 zum eigenen Herzogthume erhoben wurde) i. J. 1035 abgezweigt und dem Grafen Arnold von Lambach übergeben[85], und findet sich ferner Krain 1040 schon abgelöst unter besonderen Markgrafen, von denen einer, Ulrich, in einer Nachricht von 1062 auch schon als Inhaber der zu unbekannter Zeit auf ihn übergegangenen Verwaltung Istriens erscheint[86]. So war denn das Herzogthum, das Konrad III i. J. 1057 empfangen, aber vergeblich in Besitz zu nehmen versucht hatte, einzig noch mit den weiten Gebieten der Mark Verona und der zu dieser gehörigen Grafschaft Friaul vereint, während die Abhängigkeit der Machthaber in den abgezweigten Theilen von der Oberherrschaft des Herzogs in den Stürmen des vergangenen Jahrzehnts zu einer recht unwirklicken geworden sein muss. Die feindlichen Gewalten in Kärnthen, die den Herzog Konrad III ins Land zu kommen gehindert haben, hat keine Ueberlieferung genauer bezeichnet, es ist nur eine, freilich die nächstliegende Vermuthung, wenn in ihnen in erster Linie dasjenige Geschlecht erblickt wird, das selber (unter Adalbero 1012–1035) vor Zeiten die Herzogswürde innegehabt hatte und reich in diesen Landen begütert war, das der Eppensteiner nämlich, zu welchem sich der mächtige Ulrich von Krain und Istrien zu gesellen um so eher Veranlassung gehabt haben mag, wenn er eine Beeinträchtigung in Istrien durch die gesetzmässige Stellung eines neuen Herzogs zu besorgen hatte.

Dies war die Lage, der sich der neu ernannte Herzog, Bertold von Zähringen, gegenüber fand. Sollte er nun versuchen, worin Konrad gescheitert war? Bertold hat thatsächlich keine Truppen versammelt, um mit ihnen nach Kärnthen zu ziehen, und sich keiner Niederlage durch die ihm zugewiesenen Unterthanen ausgesetzt; wir erfahren nicht einmal, ob er über-

[83a] „*Marca . . . Veronensis et Aquilegensis*“ bei Cont. Regionis MGSS. I 621 zu 952 will Verona, Friaul und Istrien zusammenfassen. Friaul galt nach 952 nur als Comitat und zwar innerhalb der Markgrafschaft Verona. Vgl. Wahnschaffe, S. 5 Anm. 10.

[84] Die Belege b. Wahnschaffe insbes. S. 9 Anm. 22 u. S. 15 Anm. 47.

[85] Wahnschaffe 33, 36ff.

[86] Wahnschaffe (S. 62) glaubt dies durch den grossen Erbbesitz Ulrich's in Istrien zunächst veranlasst. Ueber Krain vgl. noch A. Mell, d. hist. u. territoriale Entwicklung Krains vom 10. bis ins 13. Jahrh. Graz 1888, aber auch die Anzeige dieses Buches von A. Huber MJÖG. X 145 ff.

haupt ernstlich an die Besitznahme gedacht hat. Ebensowenig hat die Reichsregierung etwas dafür gethan, die Einführung des von ihr eingesetzten Herzogs zu erleichtern. Die Quellen aus Bertold's Zeit, die uns von alledem erzählt haben würden, sie schweigen todtenstill. Und auch aus Kärnthen selber tönt nicht die geringste Kunde herüber, dass der Herzog im Lande gewesen sei, dass er auch nur eine Urkunde für Bewohner desselben gegeben, auch nur eine Verfügung erlassen habe; es hat gar keinen, nicht einmal feindseligen, Eindruck hinterlassen, dass der Schwabe ihnen zum Herzog gesetzt worden. Zwei Schriftsteller allein, spätere aber, berühren das ganze Verhältniss: Ekkehard, der ohne weiteres annimmt, der Herzog sei ruhig daheim in Schwaben geblieben[87]; und dann Otto von Freising, der unterrichtete, scharfe Beobachter des mit den dem Bischof nahestehenden Staufern so vielfach wetteifernden Zähringerhauses, der mit schneidender Kürze, ohne dass wir Einspruch erheben können, von dem Herzogthum Kärnthen spricht, „das die Zähringer niemals gehabt haben[88].“

Natürlich hat dieser thatsächliche Nichtbesitz des Herzogthums nicht gehindert, dass Bertold sich selbst ständig als Herzog Kärnthens bezeichnete und dass ebenso danach sein Sohn den leeren Titel eines Markgrafen von Verona führte — der einzige Markgraf in Kärnthen, der dem Herzoge gehorchte —; es hat ebenso wenig die Zeitgenossen, weder Kaiser und Papst, noch bescheidene mönchische Schreiber abgehalten, in öffentlichen Schriftstücken oder in privater Aufzeichnung den angesehenen und mächtigen, nunmehr zur Herzogswürde emporgestiegenen Mann mit dem die letztere begründenden Titel zu bezeichnen. Solche Verhältnisse waren im Reiche geworden: bei Herzog Konrad III hatte man es noch als Curiosum vermerkt, dass er *„solo nomine“* Kärnthnerherzog gewesen, bei Bertold schon fiel es Niemandem mehr auf oder sprach doch wenigstens Niemand von denen, die wir noch kennen, es ausdrücklich aus, dass der aus des Reiches Gewalt bestellte Herzog sein Land und seine Unterthanen niemals zu sehen bekam.

Es ist aber von der andern Seite nicht minder natürlich, wenn Bertold nach 1061 nicht länger der Graf schwäbischer Gaue unter dem Herzogthum des Rheinfeldners geblieben ist; schon für beide Herzöge selbst muss ja ein solches Verhältniss lästig gewesen sein. So erscheinen denn in der Folge seine

[87] Ekkehard Uraug. Chr. S. 198: *Conspirat . . . . . . Berhtoldus in Suevia.*

[88] Otto Fris. G. Fr. I c. 9 (SA. 21): *„a ducatu Carentano, quem nunquam habuerunt.“* Eigenthümlich ist überhaupt die Stellungnahme der Quellen. Lambert spricht meist ausdrücklich von Bertold als von dem Herzog der Kärnthner; andere, gut unterrichtete Zeitgenossen lassen bei Bertold's Herzogstitel, den sie doch anerkennen, lieber den Zusatz Kärnthen weg, während sie bei zugleich mit ihm genannten Herzogen (wie Welf) das Land beifügen; ebenso verfahren fast regelmässig auch die späteren Schriftsteller; die Casus monast. Petrish. nennen sogar einmal Rudolf und Bertold I zusammen *duces* (!) *Alamannorum* oder bezeichnen letzteren auch schon „von Zähringen“.

früheren Amtsbezirke nicht mehr in seinen Händen; aber wir haben allerdings sehr wenige Spuren, an wen ihre Verwaltung überging, zu welcher Zeit und unter welchen Umständen. Den Albgau hatte 1071 ein Graf Gerhard inne [19], der aus einem anderen Geschlecht entsprossen sein muss, und in der Ortenau erscheint schon 1064 ein Graf Wernhard, 1070 in der Ortenaugrafschaft Ottenheim, der südlichen, ein Luitfrid [20]. Im Thurgau erscheint erst 1094 wieder der Name eines Grafen und dieser ist dann kein Zähringer; aber es giebt Gründe anzunehmen, dass dieser Gau bis 1077 unter der Verwaltung der Zähringer blieb [21]. Einen Gau ganz bestimmt hatte Herzog Bertold, nicht sich selbst, doch seinem Hause gewahrt: das war der Breisgau. Ueber diesen wenigstens fehlt es nicht so an Nachrichten und die Grafenstellung, die Hermann, der Markgraf, im Breisgau einnahm, wird mit der Person dieses Zähringersohnes im Folgenden in ihrer mehrfachen Ausübung behandelt werden können. — So stand denn nunmehr Bertold als gleichberechtigter Fürst neben dem Rheinfeldner da, dem gegenüber er keine Pflichten mehr hatte, während er darum doch durch seinen Grundbesitz und durch das breisgauische Grafenamt seines Hauses fest in Schwaben wurzelte. Es ist begreiflich, wenn Bertold in dieser Stellung, im Range Herzog, thatsächlich als grosser Herr ohne Amt in Schwaben lebend, bald dazu gelangte, sich vorzugsweise um die Dinge im Reiche und unter dem Fürstenstande zu bekümmern, wenn auch er in bedeutsamer Weise den grossen Bewegungen näher trat, welche den letzteren bewegten.

Nicht aus einem ruhigen, in Ordnung sich regierenden Reiche, sondern schon aus hin- und herfluthenden Partheiungen, welche die die angesammelte Kraft verbrauchende Macht seines Kaiserthums noch niederzwang, war Heinrich III allzufrüh abberufen worden. Da sprossten nun in des Reiches halber Verwaisung die Schösslinge munter empor, deren Keime doch schon in dem gelockerten Boden lagen: das Bestreben der Fürsten und zwar der bischöflichen Herren nicht minder als der weltlichen Herzöge, freier von der Reichsgewalt, vollmächtiger im eigenen Territorium zu werden, dazu der brennende Wunsch Mancher, sei es für die genannten Ziele, sei es auch bloss aus Ehrgeiz, Herrschsucht und Eitelkeit, am Hofe der Kaiserin-Wittwe selbst einen bestimmenden Einfluss zu gewinnen. Kaiserin Agnes zeigte zunächst eine feste Hand, und besondere Geltung bei ihr besass nur Einer, der aber ohne

[19] 1071. Apr. 3. Fürstenb. UB. V 36. Früher hat man diesen Gerhard mit dem Zähringer Gebhard verwechselt.

[20] 1064. März 1. Mitth. d. Inst. f. österr. Geschf. V 406; 1070. Oct. 7. Würdtwein, subs. nova VI 243. Die Ortenau zerfiel damals in zwei Grafschaften, Kinstorf und Ottenheim; vgl. die letztere Urkunde.

[21] „*in pago Turgauo in comitatu Hartmanni*" Züricher UB I 134. Das Angedeutete unten bei Bertold II zu 1083.

eigentliche Einwirkung auf das Reichsregiment blieb, Rudolf von Schwaben, der nach Mathilden's frühem Tode dasselbe Band neu knüpfte und zum zweiten Male der Schwager des jungen Heinrich IV ward, indem er die Schwester der Königsbraut, Berta, eine andere Tochter der Markgräfin von Turin als Gemahlin heimführte. Allmählich freilich änderte sich Manches. Rudolf ist der Kaiserin stets werth geblieben; aber so wie sie in den Jahren ihrer Wittwenschaft mehr und mehr sich dem Kreise jener weltabgewandten Gedanken oder vielmehr Empfindungen überliess, mit denen das Kloster Cluny schon längst das Land ihrer einstigen Mädchenzeit durchdrungen hatte, wie sie selber in die geistlichen Richtungen und die entsagende, nur Gottes bedürftige Art einlenkte, die der Grundzug dieses Jahrhunderts zu werden begannen, so trat auch der mannhafte Herzog, ihr Schwiegersohn, allmählich aus ihrem Gedankenleben zurück, in welchem die geistliche Gestalt Bischof Heinrich's von Augsburg immer mehr Raum gewann. Das aber liess böse Worte aufkommen und erbitterte die nun hinter Jenem zurückstehenden Fürsten, am ausgesprochensten den auch durch Anderes verletzten Gunter, vielleicht aus Babenberger Geschlecht, den glänzenden und die Macht liebenden, grosser Dinge und alter deutscher Art und heldenhafter Sagen frohen Bischof von Bamberg. Es gab also, wie jetzt erkannt wurde, die Möglichkeit lenkenden Einflusses am Hofe, gab auch die Möglichkeit des Personenwechsels, und das war schlimm, es liess den Neid oder den Missmuth emporschlagen, selbst dort, wo vielleicht sonst vielfach Treue geblieben wäre. Die Mächtigsten und Rücksichtslosesten aber thaten sich zusammen und ihr Handstreich glückte: jene That am sonnigen Frühlingsnachmittag 1062 zu Kaiserswerth, da Anno von Köln im Einverständniss mit Otto von Nordheim und Ekbert von Braunschweig den königlichen Knaben der arglosen Mutter raubte und den Träger der Krone in seine erzbischöfliche Residenz verbrachte[32]. So entstand das Regiment des Reiches, in welchem Anno die thatsächliche Leitung hatte, während Agnes nur noch in der wehrlosen Zurückgezogenheit frommer Uebungen den Ausgleich ihrer Seele suchte oder widerstandslos sich den Hütern des jungen Königs näherte, nur um vorübergehend ihren Knaben mit Mutteraugen sehen zu dürfen.

Schon um Herzog Bertold's späterer Stellungnahme willen darf die Betrachtung dieser Vorgänge nicht getrennt werden von den weltumwandelnden Dingen, die sich zu dieser Zeit in Rom begaben oder vorbereiteten. Hier hatte Hildebrand, der Mönch, i. J. 1059 sein grosses Werk zu Stande gebracht, das Papstwahldecret, das Nicolaus II der Welt verkündete und durch das die ihre Selbständigkeit erkämpfende Curie vor allem die Kaiser-

[32] Ueber den berühmten Erzbischof vgl. Th. Lindner, Anno II d. Heilige, Erzb. v. Köln. Lpz. 1869. Ueber die That von 1062 S. 30ff.: „Klar ist, dass Anno von seinem eigensten Interesse geleitet wurde“.

krone bei Seite schob, die unter Heinrich III die Nachfolger Petri einfach bestimmt und deren Recht auch noch bei der Erhebung Victor's II, die factisch durch Hildebrand und seine Freunde geschah, nicht ganz hatte umgangen werden können. Als danach Nicolaus II im Sommer 1061 gestorben war, da hatte Hildebrand selber, hinwegschreitend über den im Wahldecret noch gewahrten *debitus honor* der Kaiserkrone, Alexander II erhoben, dem der entrüstete kaiserliche Hof, noch unter Agnes' eigener Leitung, auf der Basler Oktobersynode 1061 im Sinne des Reiches und der hierauf hin drängenden grossen antihildebrandischen Parthei in Italien und Rom den Papst Cadalus entgegenstellte. Letzterer aber unterlag bald genug zu Rom und als das geschah, befand sich auch der deutsche König und die Regierung schon bei Anno, in höchst bedeutsamer Weise in gerade des Mannes Gewalt, der mit seinen Freunden, wenn auch noch nicht der Person und der Parthei, noch nicht der auf die Befreiung von der Reichsgewalt gerichteten Tendenz, so aber doch den hierarchischen Bestrebungen Hildebrand's aus sich selbst heraus nahe genug stand.

Schon vor dem Tage von Kaiserswerth hatte sich Gunter von Bamberg Anno genähert; nach dieser Zeit verkehrte er noch um so lebhafter mit dem Leiter des jungen Königs.

Ein Brief von ihm aus dem Spätsommer 1062[93], der den Kölner vor einem Anschlag des Mainzer Erzbischofs und anderer Nebenbuhler warnte, ist es, der eine besondere Wichtigkeit für uns dadurch hat, dass er zugleich eine Erwähnung des Herzogs von Kärnthen enthält: Gunter schreibt, er wolle die ihm so aufregende Angelegenheit mit dem Grafen N., nachdem er (Gunter) zu Anno gekommen sein werde, vor allem nach dessen Meinung und nach des Herzog Bertold's Rath zur Erledigung gelangen lassen[94].

---

[93] Jaffé Bibliotheca rerum Germanicarum V 46ff. Giesebrecht III[4] 1095 hält in neuer Beweisführung seine Ansetzung dieses (auch von ihm S. 1240f. abgedruckten) undatirten Briefes aus dem Codex Udalrici auf den Spätsommer und damit seine Deutung des Inhalts fest, während Floto I 195, Lindner, Anno S. 28, 32, 104, Mehmel Excurs I S. 75ff. denselben in den Anfang des Jahres 1062, in die Vorbereitungszeit des Königsraubes hinaufrücken wollten (worin sich ihnen nun aber wieder Meyer von Knonau I 275, doch ohne nochmalige Darlegung anschliesst).

[94] „*ex vestra praecipue sententia et ducis B. consilio*". Die Deutung auf Bertold ist die nächstliegende und auch in der That die herkömmliche, nur Mehmel S. 78 möchte „*ducis Bawariorum*" auflösen. Das ist ganz unwahrscheinlich, schon durch die offene Nennung des Baiernherzogs in demselben Brief an anderer Stelle. Ferner kürzt man durch Anfangsbuchstaben in Urkunden und Briefen wohl Personen-, aber nicht Völkernamen ab. Mehmel könnte sich nach eigener Angabe Bertold's Erwähnung nicht erklären. Dieser Grund fällt aber auch fort. — Im Gegensatz zu den höherstehenden Personen hat der Anfertiger des Codex Udalrici die 3 Grafen in diesem Briefe mit N., nicht mit dem Anfangsbuchstaben ihres Namens bezeichnet, vielleicht weil seine Vorlage sie selber nicht durch den letzteren benannte. — Kann man die Urk. St. 2608 mit der von Gunter am Schlusse des Briefes betriebenen Sache zusammenbringen?

Freilich, welche Angelegenheit das gewesen sein möge, darüber bringt kein Suchen noch Combiniren irgendwie gesicherten Aufschluss; es mag ja immerhin eine Besitzangelegenheit des Hochstifts Bamberg gewesen sein, in der dessen Vogt in Schwaben, der Zähringerherzog, geeigneten guten Rath ertheilen konnte und in der bei Anno, des Königs Leiter, der überdies selber ein Schwabe war und die Angelegenheit vielleicht auch darum beurtheilen konnte, die thatsächliche Entscheidung lag, es könnte auch selbst an eine kärnthnische Angelegenheit Gunter's gedacht werden; wir können aber ebensogut hier schon die erste uns erkennbare Nachricht vor uns haben, dass Bertold, den Anno später als seinen Freund bezeichnete, schon zu diesen Zeiten in die vertrautesten Pläne Anno's und seiner vornehmsten Anhänger eingeweiht war, dass er von ihnen als sicherer Bundesgenosse betrachtet und stolzer Reichsfürsten Sorge nach seinem und Anno's Rath erledigt werden konnte[24a].

Dann trat im Laufe des Sommers 1063 jener Umschwung ein, der den Erzbischof von Hamburg-Bremen, den fürstlich geborenen, zugleich heiteren und weltlich stolzen, nach Ruhm und Glanz gerichteten Adalbert an die Seite seines tiefinnerlichsten Gegners, Anno's, als mitberechtigten Lenker des jungen Königs und des Reiches gesellte und durch einen kraftvollen Kriegszug Heinrich's nach Ungarn, den Adalbert persönlich begleitete, alsbald den Geist erwies, der das neue Regiment beseelte. Als der zurückgekehrte junge Sieger in den Tagen um den 25. Oktober zu Regensburg Reichsversammlung hielt, da fand sich auch Bertold bei dem Könige, bei Anno und Adalbert ein[25]. Ausser ihm und diesen zahlreiche andere Fürsten, von denen Siegfried von Mainz, die Bischöfe Gunter von Bamberg, Burchard von Halberstadt und Adalbero von Würzburg, Herzog Otto von Baiern, der Markgraf Otto von Meissen, der sächsische Pfalzgraf Friedrich, Bruder des Bremer Erzbischofs und Graf Ekbert von Braunschweig, der Räuber und Retter des Königs genannt werden.

Adalbert hat nicht besondere Mühe gehabt, den strengen Kölner aus seines bisherigen königlichen Schülers Verehrung zu drängen und den mündig Gewordenen fortan allein zu lenken. Desto grösseren Unwillen verursachten

[24a] Lindner S. 32f. spricht sich bei dem Königsraub und dem dadurch entstandenen Reichsregiment in folgender Weise über Bertold's mögliche Stellungnahme aus: „Von Rudolf von Schwaben erfahren wir gar nichts; er mochte mit dem Strome schwimmen und mit Vergnügen die veränderten Verhältnisse anerkennen, die auch ihm freies Schalten und Walten in seinen Landen verhiessen. Dasselbe mag von Bertold, dem Kärnthner Herzog gelten; vielleicht war auch er von Günther gewonnen, mit dem er auf vertrautem Fusse stand".

[25] Bertold Intervenient St. 2631, 2632. Beide Male Otto von Nordheim nachgestellt und nur „*Bertoldi ducis*", während ersterer in St. 2632 den Zusatz „*Baiuariorum ducis*" hat. Bertold ist hier Intervenient für Zuweisungen an Adalbert von Bremen.

seine Leitung bei den Fürsten, der prunkende Glanz, den er nun auch dem königlichen Haushalt gab, bei den einfachen Leuten, bei Allen die königliche Gnadenverschwendung für Adalbert selbst und sein Erzstift, deren Eindruck nun nicht mehr durch Anno's gleiche Selbstfürsorge abgeschwächt wurde. Umsonst suchte der Erzbischof durch weitere reiche Königsspenden das Murren gegen sein Schalten zu beschwichtigen. Häufige Fürstenbesprechungen gegen ihn fanden statt[96]; Anno von Köln, Siegfried von Mainz, Otto von Baiern, Rudolf von Schwaben, für den Adalbert so vieles vergeblich ausgewirkt hatte, und Bertold von Kärnthen[97] einigten sich, den Verhassten zu stürzen. Auf einem von ihnen allen Fürsten angekündigten Reichstage[98] in der ersten Hälfte des Januar 1066 zu Tribur verlangten sie mit finsteren Mienen von Heinrich, der mit Adalbert erschienen war, die Entfernung des letzteren von der Seite des Königs und die Aufhebung aller Verfügungen, die der Bremer durchgesetzt hatte; soweit hatte es schon im Reiche kommen können, dass sie rundweg erklärten, oder wenigstens, dass ein Chronist es wagen durfte, ihnen diese Erklärung in den Mund zu legen: im anderen Falle möge sich der König seines Königthums begeben[99]; jedenfalls soweit,

[96] Nach Lambert SA. 68. Er nennt nur die Erzbischöfe von Köln und Mainz *cum ceteris, quibus curae erat res publica.* Die im Text Genannten sämmtlich mit Einschluss Bertold's (nebst dem Salzburger Erzbischof und mehreren Bischöfen) nennt Anno's Brief Giesebrecht III[4] 1243 ff. als anwesend zu Tribur; an sie ist bei Lambert's „*ceteri*" zu denken, da diese bei Lambert zugleich die Handelnden von Tribur sind. Anno, Siegfried, Rudolf und Gottfried von Lothringen nennt das Chron. Lauresh. MGSS. XXI 415 als zugegen auf dem Tage zu Tribur. (Rudolf hatte durch Adalbert die Abtei Kempten, sein ganz ungeeigneter Bruder den Bischofsstuhl zu Worms erhalten).

[97] Dass Bertold irgend eine Königsgunst durch Adalbert erfahren habe, findet sich nicht: dagegen eine königl. Schenkung gerade für den Markgrafen Ulrich von Istrien „*ob fidele servitium*" (St. 2650. MJÖG. I 204), der auch als Intervenient vorkommt (St. 2630. 2700.)

[98] Die Einberufung durch die Fürsten Lambert SA. 68. Der erwähnte Brief Anno's könnte auf Einberufung durch den König gedeutet werden, aber bezieht seine Worte nur auf eine einzelne engere Zusammenkunft. Giesebrecht III[4] 126 und H. Delbrück, Ueber die Glaubwürdigkeit Lambert's von Hersfeld. Bonn 1873 (wohl Dissert.) S. 19 sehen gegen Lambert's Angabe den König als den Einberufenden an. Jedoch auch Adam's von Bremen Worte SA. 128 f. sind bestätigend für Lambert.

[99] Die Thatsächlichkeit der Drohung wird Lambert bestritten von Floto I 312, Lindner S. 52 Anm. 1, Grund S. 15, Delbrück S. 20, schweigend auch von Giesebrecht III[4] 127, festgehalten von Ranke, Weltgesch. VII 229 f. Meyer von Knonau I 489 schliesst sich den Zweiflern an, ohne auf die Drohung im besonderen einzugehen. — NB. um Lambert's Bericht von dem Hauptanstoss zu entlasten: könnte man etwa bei „*ministros regis*" (SA. 69, z. 19) einen ganz alten Lesefehler für „*inimicos regis*" (im Gegensatz zu den bald darauf genannten *amici*) annehmen? Ohne das ist freilich das Ganze unverständlich, woraus aber noch nicht auf Unwahrhaftigkeit geschlossen werden kann. Gerade unwahre, künstliche Erzählungen pflegen ja klar zu sein. Die Conjectur an sich kann also nur den Sinn, nicht die Zuverlässigkeit retten.

dass Heinrich, der König, sich entschloss, mit Adalbert heimlich zu entfliehen. Nachdem diese Flucht vereitelt worden war, fand am andern Morgen Heinrich Gelegenheit, dem so unmächtig gewordenen Manne davon zu helfen — es konnte wie Flucht, aber auch als Verjagung Adalbert's erscheinen —, er selbst blieb zu Tribur zurück, nicht mehr anders, als in der rücksichtslosen Gewalt der Fürsten.

Nun ward noch einmal — und diesmal mit mehrjähriger wirklicher Geltung — das bischöfliche Gesammtregiment des Reiches mit Wechsel des Leiters erneuert, das Anno vor 4 Jahren so leicht beseitigt hatte; zugleich aber war es den Versammelten von grosser Wichtigkeit, sich über das Verhältniss des Reiches zu Rom schlüssig zu machen. Anno selbst erzählt in einem Briefe an Papst Alexander II [100] diesen Theil der Triburer Begebenheiten in folgender Weise: Der König hielt nach der Octave des Epiphaniastages (13. Januar) eine Besprechung ab und begann von den Reichsangelegenheiten. Alles schwieg, man nickte Anno zu, er solle reden. Er nun, nach gewundenem Anfang, forderte als Erstes und Dringendstes vom König, nicht länger gegen Papst Alexander Stellung zu nehmen, ihm vielmehr Genugthuung und die gebührenden Ehren zu geben. Das fand allgemeinen Beifall und auch die anscheinend gerne gegebene Zustimmung des Königs. Dann war die Frage, wer der Ueberbringer dieses Beschlusses nach Rom sein solle. Es hiess: der Kölner, er sei Erzkanzler von Italien; der König selber wandte sich auf die Zurufe hin an ihn. Anno selber war mächtig erschrocken, da er der Plagen und Vorwürfe gedachte, die ihm das Mantuaner Concil von 1064, wo er den König vertreten hatte, eingetragen hatte; er weigerte sich durchaus. Da nahmen ihn seine Freunde Rudolf und Bertold bei Seite und mit sich hinaus, und sprachen ihm mit dringenden Worten zu, er müsse die Gesandtschaft übernehmen; sonst werde nichts aus ihr werden und der König alle Schuld ihres Unterbleibens des Vorwandes froh auf Anno schieben, denn er habe gewiss schon, als er seine Zustimmung gab, ein solches Hinderniss durch Anno's Weigerung vorausgesehen. So ging denn der mühsam Ueberredete in die Versammlung zurück und erklärte sich bereit. Aber Niemand gab ihm Antwort und auch später

[100] Der Brief Anno's bei Giesebrecht III⁴ 1243 f. Nöthigenfalls werde der Commentar, den Mehmel S. 33 giebt, verglichen. Giesebrecht's Datirung (Frühjahr 1066; vgl. S. 1104) hat allgemein überzeugt. Lindner S. 53 und Mehmel S. 32 sprechen jedoch unnöthigerweise von 2 Reichsversammlungen im Jan. 1066. Was Anno erzählt, ist eben ein Theil der Triburer Verhandlungen und zwar eine Berathung in engerem Kreise: es waren nur Erzbischöfe und Bischöfe nebst den 3 Herzogen zugezogen, während wir doch von anderen Besuchern des Reichstages wissen — *principes* neben den *episcopi* und *duces* (Ann. Weissenb. MGSS. III 71) — und die längere Dauer desselben den Lorscher Abt (Chron. Lauresh. MGSS. XXI 415) noch zu citiren erlaubte. Eben der internere Charakter der von Anno gemeldeten Vorgänge innerhalb der Versammlung kann das allerdings auch sonst nicht gerade auffällige Schweigen anderer Quellen erklären.

— damit schliesst der Brief — wollte Keiner mit ihm davon reden. Das geschah aber darum, weil, während Anno draussen bearbeitet wurde, die Versammelten drinnen bereits den ebenfalls in Italien bewanderten Otto von Nordheim zum Boten des Reiches an Papst Alexander erwählt hatten.

„Amici mei Rodulfus atque Bertoldus“ — sie also hätten — „diligentius, quam ego ipse, intuentes“ — des sechszehnjährigen Königs verstellte Zustimmung und arglistische Aufforderung richtig gewürdigt, während Anno mit den Uebrigen zunächst nur bereitwilliges Fügen sah. Man sieht, es lag dem im Reiche so bestimmenden erzbischöflichen Briefschreiber zur Zeit daran, in Rom für recht harmlos zu gelten.

Trotzdem enthüllt dies interessante Schreiben von der in den sechsziger Jahren so dunklen Geschichte Bertold's so viel, dass man erkennt, er und Rudolf waren, wenn sie es nicht schon vorher waren[101], seit 1062 vertraute Freunde Anno's, mehr und beständiger als der Baiernherzog Otto, geworden. Von dem letzteren war Anno nach den Eingangsworten seines Briefes ohne Nachricht und, nach dem Ganzen zu urtheilen, sogar ohne nähere Beziehung zu ihm, durch ihn beunruhigt. Gleichzeitig versichert uns nun aber die zugleich erklärende und empfehlende Art, in der Anno dem Papste von Rudolf und Bertold spricht, dass Beide damals noch ohne eigene Beziehungen zu Rom und der hildebrandischen Parthei waren, dass ihre Stellungnahme zu all den Dingen sich noch auf ein gleiches Interesse mit Anno und zwar innerhalb des Reiches beschränkte. Unzufriedenheit mit der bisherigen Reichsleitung und mit dem jungen König selber, Begierde nach Unabhängigkeit und auch nach Einfluss sind es, die alle diese Fürsten zu Bundesgenossen und widerum auch zu einander hemmenden Rivalen machen, nur Anno hat schon den Weg gefunden, die eigenen Pläne mit der tieferen und umfassenderen Tendenz gegen die Herrschaft des Kaiserthums, die von Rom ausgeht, in Verbindung zu setzen und diese Verbindung nun auch im Reiche auszunutzen, um seiner Anhänger Murren und Wünsche zu grösseren Gesichtspuncten, zu einer Richtung zu erheben und eine von Gedanken getragene Parthei zu beherrschen.

Nun folgen die Jahre, die Rudolf und Bertold immer enger aneinander schliessen[102] und andererseits die innere Entfremdung des Königs und der Fürsten von einander zum landkundigen, offenen Bruch zeitigen sollten. 1065

[101] Rudolf war ja verwandt mit Ekbert von Braunschweig, dem Helfer Anno's zu Kaiserswerth. Vgl. über die Verwandtschaft W. Gisi, Anz. für schweiz. Gesch. 1887, 25 ff.

[102] Rudolf's Sohn, der in den sechsziger Jahren geboren sein muss (vgl. unten den Abschnitt „Bertold II und Gebhard“), erhielt den Namen Bertold. Ich finde dafür in den verwandtschaftlichen Beziehungen Rudolf's keinen ganz naheliegenden Anlass; es müsste etwa der Täufling ungewöhnlicher Weise nach der Tante Berta oder nach dem Bruder seines Urgrossvaters genannt worden sein; so möchte ich denn wenigstens darauf hindeuten. Rudolf habe durch diesen Namen seines Sohnes etwa den befreundeten Zähringer geehrt.

hatte Heinrich die Schwertleite empfangen; nach Ostern des Jahres 1066 verfiel er in schwere Krankheit und als der schon von den Aerzten Aufgegebene zu endlicher Wiedergenesung kam, erfuhr er, „wie einige der Fürsten in Hoffnung und Gier den Thron des Königthums schon in Beschlag genommen“ [103]. Danach wurde dann bald seine Hochzeit mit Berta, die ihm als kleinem Knaben sein Vater verlobt hatte, gefeiert [104]. Mehr und mehr entwuchs er nun doch den Fürsten und als von Rom aus verweisende Worte gegen die der cluniacensischen Art allerdings so wenig entsprechenden simonistischen und herrschlustigen Kirchenfürsten Deutschlands, gegen Anno und Siegfried hauptsächlich, ergingen, als Adalbert von Bremen sich wieder am Hofe in der königlichen Huld sonnen konnte und dann auch Gottfried von Lothringen gestorben war, der zurückhaltendere aber mächtigste Mann in dem kölnischen Bunde, der den König darnieder gehalten hatte — da athmete Heinrich auf, da konnte er handeln, und was nun durch ihn geschah, das war nicht nur Vergeltung für das, was er mit dem einzigen Trost auf die Zukunft in schweigendem, brütendem Hinnehmen getragen hatte, es war mehr, nothwendigeres: Selbsterhaltung. Auf Otto von Baiern, mit dem er es 1070 noch einmal in Güte versucht hatte, ging er zuerst los, den bei vielen guten und tüchtigen Eigenschaften gewaltthätigsten und unstetesten der Herzoge, der auch seinen eigenen Zielgenossen kein dauernder Vertrauensmann und Verbündeter geworden war. Anlässe und Anklagen lagen vor und kamen schwer genug hinzu; wegen Hochverraths wurde der Nordheimer verurtheilt und wenn er auch durch Unterwerfung sich Milderung verschaffte, so blieb doch er zunächst nicht mehr zu fürchten. Nur die Sachsen, längst gegen den Sohn Heinrich's III murrend, hatten laute Sympathie für Otto, ihren Heimathgenossen bekundet [105]; Rudolf von Schwaben, der Burgunder, ganz anderer Art denn jene, hatte sofort bei dem Könige befürwortet und erlangt, dass Welf, der Sohn Azzo's von Este und der letzten Welfin des älteren Stammes, das durch den Spruch über Otto erledigte Herzogthum Baiern empfing. Der anscheinend in Treue gegebene Rath empfahl ja seinen Spender, der nun wieder in königlichen Urkunden als Intervenient erscheint [106] und immerhin jetzt noch einmal gedacht haben mag in mehr freundschaftlicher Art auf seinen jungen Schwager Einfluss üben zu können; für Rudolf selbst war natürlich der neue Herzog im nachbarlichen

[103] Nach Ann. Altah. SA. 83. Lambert erzählt S. 70f. in seiner Art dasselbe.

[104] Vgl. über die Vermählung und das Verhältniss der Gatten die klärenden Ausführungen Meyer von Knonau's I 526f. Anm. 61 gegen Giesebrecht's Darstellung, und S. 612 ff.; über Berta's Antheil an der Regierung auch Mehmel S. 82 ff.

[105] Nachdem ihn gerade Sachsen im Gericht zu Goslar verurtheilt hatten. Mehmel S. 67—72.

[106] Herzog Bertold hielt sich mehr zurück. In St. 2743 vom 11. Mai 1071 sind z. B. Rudolf und Welf als Fürbitter aufgeführt, Bertold nicht; ebenso St. 2751 1071 Dec. 29, Worms.

Baiern, der als ein recht gewissenloser Mann[107] zum Bundesgenossen besonders gebraucht werden konnte und es in der That ward, unendlich viel erwünschter, als die dortige Erneuerung der unmittelbaren Königsregierung[108]. Doch mit der Lenksamkeit des Königs auf die Dauer war es vorbei; es war nur zu viel an ihm verübt worden, um ihn mit Recht misstrauisch zu machen gegen alle irgendwie Mächtigeren im Reiche; er gelangte dazu Geringere, meist jüngere Leute aus Schwaben mit Schenkungen und Ehrenstellen zu erheben, sie um sich zu haben und auch ihrem Rathe zu folgen[109]. Da zogen sich natürlich genug Jene, wo sie nichts mehr mitzuregieren fanden, auch äusserlich mit unverhehlter Absichtlichkeit zurück. Der Annalist von Altaich und Andere erzählen diese im Reiche Niemand verborgenen Dinge[110]; sie heben auch hervor, dass der König gerade von Rudolf und Bertold — welche doch am peinlichsten dadurch berührt sein mussten, hinter jenen aus Schwaben gebürtigen „Räthen" zurückzustehen — diese Geflissenheit schwer ertrug und sie mehrfach vergeblich auffordern liess, am Hofe zu erscheinen[111]. Nun hiess es[112], dass Rudolf mit seinem Freunde Feindseliges gegen den König und das Reich im Schilde führe, und während die Einflüsterung hier das Ohr des Königs fand, ward sie begründet und wahr gemacht durch die Gedanken und Pläne, bei denen die Herzöge selber schon anlangten[113]. Dringlicher wurden die Aufforderungen des Königs an beide

[107] Der Vorschlag Welf's setzt Rudolf in der Achtung am meisten herab. Welf war Tochtermann Otto's von Nordheim, so lange dieser Herzog war, aber danach bedurfte seine eheliche Treue des Beweises mehrfacher Eide und schliesslich sandte er die Gattin dem Vater doch zurück und wurde nun mit Anhangskauf und mit Rudolf's Hilfe selber Herzog von Baiern. Lambert SA. 84.

[108] Auf die freundlichen Beziehungen, die zwischen Heinrich und Rudolf zu dieser Zeit bestanden, weist auch die Urk. St. 2742 (Herrgott G. H. II 1 S. 124), in der Ersterer St. Blasien Güter schenkt, die er zu diesem Zwecke von Rudolf erbeten und erhalten hatte.

[109] Von ihnen wird der besonders bevorzugte Graf Eberhard von Nellenburg, der Sohn des einstigen Nachbargrafen des Zähringers (s. o. zu Anm. 62) doch als ein besonnener Mann, auch von Lambert (SA. 85) gelobt.

[110] Ann. Altah. zu 1072 SA. 98. — Bertold Ann. S. 275 mit denselben Gründen und mit ausdrücklicher Nennung Rudolf's, Bertold's und Welf's, doch erst zu 1073. Rudolf ist zwar am 29. Dec. 1071 (St 2751) am Hofe anwesend, trotzdem kommen die Altah. mit ihrer Datirung der Entfremdung (schon lange Zeit vor 1072 und damals besonders) in erster Linie in Betracht. Lambert's ganzer Bericht (s. u.) ist in innerer Uebereinstimmung gerade mit ihnen. Die Entfremdung konnte sehr wohl „*per longum iam tempus*" (Altah.) fühlbar sein und doch der Rheinfeldner Weihnacht 1071 einmal am Hofe erscheinen.

[111] Ann. Altah. l. c. zu 1072. — Der Hof war März/April 1071 in Schwaben gewesen, vgl. St. 2741 f. Im Jahre 1072 machte er im Januar den Weg Lorsch-Regensburg und ging sodann nach Niederdeutschland.

[112] Altah. l. c. und Lambert SA. 102. Er stellt im Gegensatz zu den Altah. den Verdacht zeitlich vor die ergangenen Aufforderungen.

[113] Die Mainzer Annalen von St. Alban (Ann. Wirzib. MGSS. II 245 und Ann.

Herzoge, zu erscheinen; zugleich damit erhielten diese anderweitig die Nachricht, der misstrauisch gewordene König rüste einen Heerzug gegen sie nach Schwaben. Den konnten sie wohl abwenden; aber wenn sie sich an den Hof begaben, da konnte recht wohl, wie sie selber fühlten, ein Rechtsspruch auch ihnen das Schicksal des — immerhin schlimmer belasteten — Otto von Baiern bereiten. So suchten sie durch einen regen Botschaftenaustausch sowohl ihre persönliche Verantwortung wie den drohenden offenen Kampf hintenanzuhalten, während Rudolf zugleich sich an die im Kloster der heiligen Petronilla zu Rom lebende Kaiserin Agnes wandte und sie um Vermittlung ersuchte, fest aber entschlossen lieber sich mit den Waffen in der Hand zu vertheidigen, wenn die Vermittlung misslinge, als zum Hoftage zu ziehen. Es bringt wohl Niemand fertig Lambert zu glauben, dass die stille Klausnerin nur um ihres ehemaligen Günstlings willen, um diesem gegen den König, ihren eigenen Sohn, zu helfen, nur Rudolf zu Liebe der Aufforderung Gehör gegeben habe; vielmehr: ihren Sohn und ihren einstigen Schwiegersohn zu versöhnen machte sie sich auf und traf am 25. Juli 1072 mit König Heinrich in Worms zusammen, wohin unter besonderer Bürgschaft der Prälaten von Köln und Mainz auch Rudolf kam und wo in der That eine Aussöhnung zu Stande gebracht wurde. Ob Agnes damit für ihres Sohnes wirkliches Wohl gesorgt hat, steht dahin; jedenfalls entsprach ihr Eingreifen auch[114] den directen Wünschen des Papstes, dessen grosser Feldzug gegen das Imperium durch die drohende Demüthigung des Rheinfeldners eine zweite grosse Einbusse an weltlichen Bundeskräften erlitten haben würde.

Dass Agnes gar nicht bei ihrem Sohne verweilte, dass es zu keinem rechten Aussprechen kam, dafür sorgte das dichte cluniacensische Mönchsgehege, in dem sie erschienen war und das alsbald wieder mit ihr davoneilte. Von Rudolf aber, also von seinem eigenen Helden erzählt uns Lambert, er sei wieder voll Misstrauen von seinem Könige gegangen, der soeben erst des Herzogs entschuldigende Darstellung hingenommen hatte.

Bertold hatte bis dahin alles mit Rudolf: die Unzufriedenheit, die Opposition, das Verdächtigwerden, die Gefahr getheilt. Aber mit ihm bedurfte es keines besonderen Ausgleichs; der mit Rudolf getroffene galt stillschweigend auch für ihn. So steht Bertold also doch nur im Hintergrunde da, als der Helfer Rudolf's und sein auf eigene gesonderte Berücksichtigung verzichtender Genosse, wie es ja der landlose Herzog auch schwerlich anders hätte thun können. Er hat allezeit in treuer Freundschaft an Rudolf und an der Richtung festgehalten, die nunmehr längst auch seine innere Ueberzeugung für

Hildesh. MGSS. III 105) bestätigen, dass in der That aufrührerische fürstliche Umtriebe i. J. 1072 stattfanden; ihre einzige Nachricht für dies Jahr.

[114] Vgl. Grund S. 25.

sich gewonnen hatte; vor derlei Klugheit, die ihn selber an des Rheinfeldners Statt in das Herzogthum seines heimathlichen Schwaben hätte führen können, ist er bewahrt geblieben.

Rudolf's Verhalten [115] blieb nach dem Wormser Tage und der Aussöhnung, die er so wenig ernst genommen hatte, dasselbe; bald mussten wieder die hinhaltenden Gesandtschaften zwischen dem Könige und ihm hin und her gehen und hatten eine gefährliche Strenge des Einen, voreilige Schilderhebung des Andern mit knapper Mühe zu hindern. Dem Kärnthnerherzog Bertold aber soll — so wird erzählt — wegen desselben Aufruhrverdachts, der Rudolf traf, der König, als er das Weihnachtsfest 1072 zu Bamberg feierte, als Abwesendem und ohne ordentliche Verhandlung Kärnthen entzogen und dieses an Markward von Eppenstein gegeben haben [116].

Doch dieses Vorgehen Heinrich's, das ein vielfach anzufechtender Erzähler allein berichtet, kann unmöglich in dieser Weise stattgehabt haben. Denn Lambert selber muss bei Schilderung der Vorgänge auf der Harzburg zum August 1073 erzählen [117], der König habe sich dort gegenüber Bertold mit den heiligsten Betheuerungen verschworen, Kärnthen an Niemand anders übertragen zu haben: da vermeidet also schon der Wortlaut überhaupt von einer E n t z i e h u n g zu reden, und ferner, wenn eine solche und eine anderweitige Uebertragung auf einem öffentlichen Hoftag stattgefunden hätte, so hätte es, und wäre er selbst ein aller Wahrheit offen in's Gesicht schlagender Mann gewesen, der König nicht leugnen, hätte Bertold sich nicht so völlig beschwichtigen lassen können [118]. Auf diese Rücksprache auf der Harzburg komme ich bald in ihrer ganzen Klarheit, die selbst Lambert nicht zu trüben vermag, zurück. Dazu kommt als ein immerhin beachtenswerther Einwand gegen Lambert ferner, dass Gregor VII noch unter dem 11. Januar 1075 Rudolf von Schwaben und „*Bertulfo duci Carentano*“ einen Brief sandte [119],

[115] Nach Lambert SA. 104.

[116] Lambert allein. Ekkehard's Uraug. ganzer Bericht hierüber (S. 198), so weit er chronologisch entwirrbar ist, bezieht sich auf spätere siebziger Jahre, da er Liutolf nennt statt Markward's. Vgl. unten zu 1077. Ganz dasselbe trifft für die fast 100 Jahre späteren Casus Petrishus. MGSS. XX 645 zu.

[117] Lambert SA. 116 f.

[118] An die Entziehung Kärnthens glauben u. A. Chr. Fr. Stälin I 498; Tangl VI 364; Fickler B. d. B. S. 61; Grund S. 27. Aber an sich liegen alle Verhältnisse so, dass selbst die Lambert hier Glauben Schenkenden sich z. Th. veranlasst sehen eine Rückgabe Kärnthens an Bertold zu Palmsonntag 1073, wie sie doch von den Quellen nicht berichtet wird — eben weil sie nicht nöthig war und nicht geschehen ist — zu construiren, so Giesebrecht III⁴ 178; Lindner S. 73; Henking S. 4; P. Fr. Stälin I, 212. — A. H u b e r's kurze Worte auf S. 210 seiner Gesch. Oesterreichs (Heeren-Ukert'sche Sammlung) Bd. I Gotha 1885 neigen der hier vorgetragenen Ansicht zu.

[119] Der Brief Jaffé Bibl. II 158 ff. Es handelt sich um die Zurückweisung antigregorianischer Bischöfe in den Herzogthümern beider Adressaten. Vgl. unten zu 1075.

dessen besonderer Inhalt sogar voraussetzte, dass Bertold in der Lage sei oder doch in die Lage kommen könne in Kärnthen regierend einzugreifen.

Diese ganze Harzburg-Angelegenheit und was über dieselbe berichtet wird, zeigt eines deutlich: wie fremd doch Bertold gegenüber den kärnthner Dingen stand und selbst ungenau und nur durch Hörensagen über sie unterrichtet war. Dann weiter haben wir, nur die öffentliche Absetzung Bertold's abweisend, als wirkliche historische Grundlage der ganzen Erzählung das festzustellen, dass der Eppensteiner Markward, des einstigen Herzogs Adalbero Sohn, die reichskundige Entfremdung zwischen dem Könige und Bertold benutzte, um offen eine Herrenstellung in Kärnthen in Anspruch zu nehmen — denn das lag als Thatsache bei dem Gespräch auf der Harzburg zu Grunde [130] — und ferner auch wohl, trotz der oder vielmehr wegen der gewundenen Ausreden des Königs [131]: dass dieser es nicht ungerne gesehen und vielleicht sogar in der Stille begünstigt hat, wenn anstatt des Trägers des leeren Herzogsnamens, nämlich des in seiner Königstreue sehr verdächtigen Zähringers der eigene Verwandte des Königs, Markward, ein neues wirkliches Herzogthum in Kärnthen sich zu erringen begann.

Ueberblicken wir noch einmal die ganze Sachlage. Bertold war ein alter Mann, der schon einen Enkel auf den Knien wiegte; in allen den Jahren war er, auch unter den Regentschaften, kaum je am Hofe erschienen [132]. Er hielt zu Rudolf und galt als betheiligt bei den Plänen der Unzufriedenen, aber doch eben nur als Gesinnungsgenosse und ruhigerer Theilnehmer; nur der kleinere Theil der Annalisten erachtet es für nöthig, wenn von dem Fürstenwiderstand die Rede ist, seiner ausdrücklich zu gedenken; hatte es uns doch einzig der Brief Anno's wissen lassen, dass auch Bertold unter den Männern von Tribur war. Bei der Aussöhnung zu Worms genügte es, dass Rudolf erschien; auch des Königs Augenmerk fiel also nicht mit in erster Linie auf Bertold. Aber andererseits hatte der König auch am wenigsten Grund hemmend einzugreifen, wenn des Zähringers schattenhaftes Herzogthum immer mehr zum Gespött

[130] Lambert SA. 117. „*Marcwardum privata praesumptione fines alienos invasisse*“ und dass Markward „*honores publicos . . . temerasset*“.

[131] „*suo iniussu, sine consulto principum*“. Wenige Tage nach dem Gespräch sah Lambert diejenigen, die dasselbe unter sich gehabt und auch die es etwa mit gehört haben mochten, im Kloster Hersfeld. — Unsere ganze Auseinandersetzung, soweit sie abweisend ist, wird dadurch noch bestätigt, dass Markward in einer nach seinem Tode ausgestellten Urk. Heinrich's IV (St. 2018, WUB. I 300) nicht als verstorbener Herzog, sondern bloss als *domnus Marquardus*, sein Sohn aber als Herzog bezeichnet wird. — Delbrück S. 37 und Wahnschaffe S. 64 greifen die Thatsächlichkeit des Harzburggespräches an, eben weil auch sie nicht an die vorhergegangene Absetzung glauben. Letzteres allein ist kein Grund; gerade mit dem Gespräch ist alles viel klarer. Lambert's Böswilligkeit entschädigt sich vielmehr anderweitig: mit den Ausdrücken, in denen er den König über Markward reden lässt. Vgl. SA. 117.

[132] Intervenient nur St. 2631. 2632.

wurde; er konnte vielmehr persönlich und selbst als Oberhaupt des Reiches zufrieden sein, wenn ein anderer, ihm nahestehender Mann in Kärnthen zu wirklicher Herzogsmacht gelangte.

So lagen die Dinge am Anfang des Jahres 1073. Da brachte der Palmsonntag (24. März), den der König zu Eichstädt feierte, die Versöhnung zu Stande, welche die aufs Neue zwischen dem König und Rudolf vermittelnden Gesandten, die zuerst offenen Aufruhr und Krieg kaum hatten verhindern können, dann allmählich vorbereitet hatten: der König wandte Rudolf wieder seine volle Gnade zu, zugleich auch Bertold und den Anhängern der Beiden [123]. Es war eine herzlichere Wiedervereinigung der beiden Schwäger, die hier geschah, als die vorjährige zu Worms gewesen war; und hat sie auch nicht für alle Zeit gewährt, so hat sie doch zunächst in gefahrvoller Zeit ihr Gutes gewirkt. Damals, an jenem Frühlingsfesttag in der Bischofspfalz zu Eichstädt ertönten nur Jubel und Worte freudiger Zuversicht und neuen herzlichen Vertrauens; ein grosses hochwichtiges Ereigniss war geschehen und trug seine Kunde durch das Reich; in Baiern, Schwaben und Franken trugen es die klösterlichen Erzähler in ihre Jahrbücher ein.

Ob Bertold auch selber mit zu Eichstädt war, lässt sich nicht ergründen,[124] eben so nicht, ob er auf dem Fürstentag Pfingsten zu Augsburg[125] war. Eines aber lässt beides eher bezweifeln: der Umstand, dass der Herzog sich im Sommer veranlasst sah, die weite Reise bis über den Harz nach Sachsen zu machen, wohin der König im Juni gegangen war.

In Sachsen war inzwischen der Unwille über die Bedrückungen, deren man sich von dem burgenbauenden König, der den Sachsenherzog Magnus in dauernder Haft hielt, unter den Fürsten und dem Volke versah, auf den höchsten Gipfel gestiegen. Als jetzt im Sommer 1073 nach der zu Eichstädt geschehenen Beseitigung der inneren Gefahren der König zum Reichskrieg gegen Polen aufbot, da hiess es bei den Sachsen, die Rüstung sei nur be-

[123] Nach den Altahenses SA. 98, die von *Ruodolpho et Berhtoldo ducibus* sprechen. Lambert zu demselben Datum SA. 100, aber er verlegt die Palmsonntag-Feier unrichtig nach Augsburg, (s. Kilian S. 57, für Augsburg ist O. Grund S. 30). Lambert nennt nur „*Ruodolfum ducem Suevorum et alios quosdam, qui sinistrum aliquid contra rem publicam moliri iam pridem delati fuerant*". Freilich wenn er Bertold mit Namen genannt hätte, hätte er sich auch wegen des Ausgleichs der von ihm selber berichteten Entsetzung in Kärnthen verantworten müssen. Bertold Ann. (wieder ein Jahr zu spät, gerade wie oben Anm. 110) zu 1071, SS. V 276: „*Ruodolfus dux et caeteri rebelles reconciliantur regi*", damit durchaus den Eindruck eines an falsche Stelle gerathenen, unvermittelten Einschiebsels machend. Bernold ib. 430 mit denselben Worten, wie Bertold, zu 1073.

[124] Aus den Märztagen 1073 sind keine Königsurkk. erhalten, sodass keine Intervenientenreihen Auskunft geben können. — Lindner S. 73 lässt Bertold in Eichstädt anwesend sein und dort Kärnthen zurückempfangen.

[125] Ann. Altah. 1073 SA. 99.

stimmt den Untergang ihrer eigenen Freiheit zu vollenden, und auf einer von vielen Tausenden besuchten Tagfahrt, auf der als Erster Otto von Nordheim von einem Hügel im Gelände herab zu der Menge der Volksgenossen sprach, häuften sie ihre — freilich nur zum kleinsten Theil bestimmteren und stichhaltigen [126] — Klagen und Befürchtungen zu einander und beschlossen dreist die Waffen gegen den König zu erheben. Sie zogen vor die Harzburg, die stärkste und schönste der königlichen Zwingburgen, und schlugen unter den Augen des auf der Burg weilenden Königs ihr Lager auf. Diese Dinge geschahen um den 1. August.

Bei Heinrich auf der Harzburg war gerade kurz zuvor Herzog Bertold eingetroffen, um eine eigene Angelegenheit am Hofe zu betreiben [127], über die jedoch Lambert, der bald darauf Gelegenheit hatte, den Herzog zu Hersfeld zu sehen, nichts Genaueres in Erfahrung bringen konnte [128]. Ob es nun der offene Zweck war, oder ob eine andere Angelegenheit Ursache oder auch Vorwand des Kommens war, genug, Bertold's Stellung zu Kärnthen kam zur Sprache. Ich denke mir, wie schon angedeutet, so: Bertold war nicht mit zu Eichstädt gewesen, aber als er nun von der vollen Aussöhnung erfuhr, die Rudolf und die Parthei, der er selbst als zweites Haupt angehörte, wieder mit dem Könige vereinte, als von Neuem Vertrauen und Offenheit und ein starkes königliches Regiment im Reiche walteten und dann gar der Polenkrieg die Herzoge zu den Fahnen rief, ihre Aufgebote einforderte, da schien die Zeit so günstig, aber auch so dringlich wie nie zuvor für Herzog Bertold, zur Entscheidung zu bringen, wie er fortab zu Kärnthen stehen solle, dessen Truppen er dem Reichsheer zuzuführen hatte, und von dem Könige Aufklärung über die angemasste Macht des Eppensteiners und über das Ver-

[126] Vgl. über die Klagen der Sachsen die besonnenen Auseinandersetzungen von U. Fischer S. 70ff.

[127] Lambert SA. 116ff. Auch Bruno de bello Saxonico MGSS. V c. 27. SA[2]. S. 17. Giesebrecht meint III[4] 276, dass Heinrich Zeit gefunden hatte sich schleunigst mit den oberdeutschen Herzögen in Verbindung zu setzen und dass in Folge dessen Bertold auf der Harzburg erschienen war. Aber — abgesehen von Lambert's deutlichen Worten — hätte gerade das Kommen Bertold's, des Herzogs ohne Land, dem Könige nicht viel nützen können. Und zudem, wie viel Zeit erforderte Holenlassen und Kommen!

[128] *„Casu ... nuper advenerat, nescio quid privatae causae acturus in palatio"* — in diesen Worten Lambert's scheint eine Abfertigung auf eine Frage von ihm noch unverändert drin zu stecken. Für die Quelle Lambert's halte ich die beiden Bischöfe von Zeitz und Osnabrück, die auch auf der Harzburg waren und später mit nach Hersfeld kamen, wo sie sich bei ihren Erzählungen etwas zu viel Antheil an den Unterhandlungen mit den Sachsen vindicirten. Vgl. unten Anm. 131.

R. Wagemann, d. Sachsenkriege K. Heinrich's IV. Rostocker Diss. Celle. 1882 meint S. 37: „Dass dieser [Bertold] sich in irgend einer Privatangelegenheit zufällig beim Könige befunden, wie Lambert meint, ist schwer zu glauben, da er ja eigentlich in seinem Herzogthume zur Leitung der Rüstungen für den Polenkrieg viel nothwendiger war."

halten der Krone gegen letzteren zu fordern und offenen königlichen Bescheid, vielleicht selbst ein unmittelbares Eintreten des Königs für den zu neuer Treue gewonnenen Herzog zu erlangen. Das wäre denn allerdings Grund genug gewesen, um Bertold, der sonst lange nicht mehr am Hofe gewesen war, im Juli die lange Reise antreten zu lassen.

Als nun König und Herzog von Kärnthen zu sprechen begannen, wies Heinrich mit heiligsten Betheuerungen die Auffassung ab [129], dass er das Land mittlerweile irgend einem Anderen zugesprochen habe; Markward habe in nur von ihm allein ausgehender Anmassung von dem ihm nicht zustehenden Bezirk Besitz ergriffen; Bertold sei nicht im geringsten dadurch in seinem vollen Inhaberrecht geschmälert, wenn jener Verwegene ohne des Königs Geheiss, ohne der Fürsten Spruch die öffentliche Würde an sich gerissen habe. Mögen die geschickten Wendungen dieser Antwort im Einzelnen wirklich auf des Königs und nicht etwa vielmehr auf Lambert's Rechnung zu setzen sein — Bertold gab sich zufrieden und legte das feierliche Gelübde ab, dass sein Beistand dem Wohle des Reiches nie fehlen werde. Natürlich setzt Lambert hinzu, Bertold habe die Tücke in den Worten des Königs wohl erkannt. Nun, mag in der That, was nicht erwiesen, sondern vorhin nur als möglich und dann erklärlich zugegeben ist, der König ein gewisses Bemänteln des Geschehenen nöthig gehabt haben: der alte Herzog muss darüber weggesehen und den guten Willen des jungen Herrschers, dem er in diesen Tagen erst näher trat, für die Folgezeit erkannt haben, sonst hätte er sich durch die einfache Hinnahme einer misstrauenswürdigen Antwort und sein eigenes feierliches Versprechen nicht gerade characterfest und d a n n widerum, wenn er uns wirklich als ein haltloser Mann zu erscheinen hätte, in den nun folgenden Begebenheiten doch auch nicht im Geringsten, wie in dem Falle zu erwarten wäre, vortheilsbedacht gezeigt [130]. Denn zunächst sollte nicht der König in die Lage kommen für Bertold und seine Herzogsstellung einzutreten, sondern der letztere seinem König in wackerster, treuester Art die wichtigsten Dienste erweisen.

Der König beschloss in das Lager der in drohender Haltung verharrenden Sachsen eine Botschaft zu senden und wählte zu ihrem Führer Her-

---

[129] Lambert SA. 116 ff.

[130] Und einfach zu dem Versprechen übertölpelt, trotzdem jener „in des Königs Worten die Tücke erkannt hatte", kann doch Heinrich, so verschlagen ihn mehr und mehr die fortgesetzte Noth und Vergewaltigung seines Lebens und Thuns machen sollten, den Mann nicht haben, den Bertold von Reichenau in seiner sorgfältig abgewogenen und eigentlich auf das Zeitliche gar keinen Werth legenden Charakteristik einen Fürsten von besonders geschätzter Weisheit in der Berathung und den Lambert, wie sogleich folgen wird, einen *vir summae prudentiae* nennt. So glaube ich es denn Lambert unter keiner Voraussetzung, dass Bertold voll Misstrauen blieb.

zog Bertold[131] „als einen Mann äusserster Klugheit und volksthümlicher Rednergabe", dem er zwei geistliche Herren hinzugesellte. Als Sprecher der Sachsen trat den Gesandten des Königs Otto von Nordheim entgegen. So standen sich die Männer gegenüber, die einander früher im Süden in gleichem fürstlichen Rang, als Genossen in gleichen Zielen, bald eng verbündet, bald einander nicht ohne Argwohn betrachtend mehrfach begegnet[132] waren; jetzt auf sächsischem Boden, Bertold ein Fremder, heute ein einfacher Gesandter und der Mann des königlichen Vertrauens, Otto im Lande heimathlich wurzelnd, nicht mehr der Baiernherzog, den Bertold gekannt hatte, sondern ein sächsischer Edeling und das Haupt der Rebellen. Bertold sprach abmahnend mit schwäbischer Eindringlichkeit, doch versöhnlich und sehr offen. Alter und Vergangenheit zugleich legten es ihm nahe, sein Friedenswerk mehr dadurch zu fördern, dass er sich über die Gegner, so wie er sie kannte, und über die Sachlage stellte: die Sachsen hätten ja[133] in ehrenhaftem Sinn die Waffen ergriffen, doch nicht bedacht, welch schlimmes Beispiel sie auf sich lüden; dergleichen hätte weder bei der Lebenden, noch zu der Vorfahren Gedenken je ein Volk sich herausgenommen. Noch sei es Zeit in Frieden nach Hause zu gehen; und wagten sie's anders, würd's über ihre Kräfte gehen; die übrigen Fürsten des Reiches seien weit entfernt, eine so geführte Sache zu billigen. Die Sachsen hätten ja nicht so ganz Unrecht, der König habe ihnen mehrfach bösen Anlass gegeben, aber um so mehr müssten sie selber darauf halten, ihre Sache nicht durch vorschnelle Zorneshandlung zu verunehren; selbst bei barbarischen Nationen sei des Königs Majestät stets geheiligt und unverletzlich gewesen. Mit mannhafter Würde sollten sie's an den König bringen, ruhig bleiben und den Waffenlärm aus dem Spiele lassen; Zeit und Ort einer Tagfahrt könnten sie selber bestimmen, zu der dann der König die Fürsten des ganzen Reiches berufe; dort werde es an dem Könige sein sich zu verantworten, und nach dem gemeinsamen Entscheid würde dann, was abzustellen sei, seine Abänderung zu erfahren haben. — Dann trug Otto die Antwort der Aufständischen vor; er hatte weislich bedacht,

[131] Lambert SA. 117. Bruno c. 27. Die Begleiter Bertold's sind bei Bruno Friedrich von Münster und Siegfried, des Königs Caplan. Das lautet wahrscheinlicher, als Lambert's Nennung der Bischöfe von Zeitz und Osnabrück. (So auch Giesebrecht III[4] 1126 u. A.) Die beiden letztgenannten lernte Lambert eben ein paar Tage später zu Hersfeld kennen und konnte ihnen daher — mit oder ohne ihr eigenes Zuthun — leicht zu viel Antheil auf Kosten ihm Unbekannter zuschreiben. Später zu Würzburg (s. u. S. 50) waren der Zeitzer und Osnabrücker bei dem König und gerade sie waren nicht mitverwandt worden bei der Gesandtschaft an die Sachsen nach Gerstungen. — U. Fischer S. 78 ff. erklärt sich für die Angabe Lambert's.

[132] Z. B. in Regensburg 1064 und in Tribur 1066.

[133] So giebt Lambert, dem man ein paar Tage darauf davon erzählte, die Rede. Die Worte sind die des Hersfelders, die ganze Haltung aber nehme ich für glaubwürdig.

was vor dem Tage von Eichstädt lag und auch durch Bertold's Reden leise durchgeklungen hatte, und seine Worte berücksichtigten daher vor allem, was Jener mit dem einzuholenden Spruch der Fürsten an die Hand gegeben hatte; aber, so gab er zu verstehen, unsere Sache ist eben doch nicht die der Fürsten; überall hat der König Frieden gemacht, um nur uns allein in unserer Verlassenheit zu verderben. So lange des Königs Burgen stehen, können wir von ihm nicht Schlimmes genug erwarten, vom Fürstenspruch nichts erhoffen: er breche die Burgen und schwöre uns, so wollen wir noch einmal an Ausgleich und Frieden glauben; lieber jedoch als dass wir die Burgen noch dulden und es dahin kommt, dass wir Unfreie, dass wir Knechte werden, dass wir das Wasser kaufen, das wir trinken, und das Holz unserer Wälder bezahlen, lieber als dass seine Soldaten mit uns, mit unseren Frauen und unseren Töchtern schalten, nein, tausendmal lieber zum Kampfe, um in Tod oder Sieg uns und unsere Kinder als Freie zu erhalten!

Ohne Aufschub sollte der König, zu dem seine Gesandten zurückkehrten, den Befehl geben die Burgen niederzulegen, die er in langen Jahren mit so grosser Sorgfalt gebaut hatte, sollte er auf eigene Heimstätten in dem Lande verzichten, in dem er so gerne und viel von jeher weilte — er konnte den kläglichen Bescheid nicht geben. Nachgeben wollte er ja; er dachte, es müsse sich doch unterhandeln, vermitteln lassen. Nochmals stiegen Herzog Bertold und die beigegebenen Gesandten den Burgberg herab, nochmals brachten sie dieselbe Antwort des hartschlüssigen Volkes zurück.

Nun war für beide Theile natürlich die erste und wichtigste Frage, ob der König sich der gefahrvollen Lage werde entziehen können. Die Sachsen umstellten die Wälle und Mauern der Burg mit spähenden Wachen, aber sie wurden lässiger, als neue Boten Heinrich's zu Unterhandlungen im Lager erschienen. Unter der Zeit verpackte man auf der Burg die Reichsinsignien und soviel es anging der besten Kostbarkeiten; die zurückbleibenden Treuen erhielten die Weisung die Belagerer auch weiterhin des Königs Anwesenheit auf der Burg glauben zu machen. So brach man in der Nacht des 9. August auf: der König, Herzog Bertold, Benno und Eppo, die Bischöfe von Osnabrück und Zeitz, eine Anzahl vom königlichen Gefolge. Heinrich kannte den Harz, dort hatte er gejagt, dort hatte er die Höhen und den Zug der Thäler mit forschendem Auge durchstreift, als er selber die Stätten für seine Burgen aussuchte. Die Sachsen hatten wohl am wenigsten erwartet, dass der König nach der Gebirgsseite hin, in die Wildniss der unermesslichen Wälder ausbrechen werde; so entkam der nächtliche Zug ungehindert aus der Burgpforte und gewann den Wald. Drei Tage schritten der König und die Seinen durch das Dickicht auf kaum bemerkbarer Fährte, ein Jäger voran; alle hungernd [134], matt, die blossen Schwerter in der Hand, spähend, die geistlichen

[134] Also den Proviant hatte man den Zurückbleibenden gelassen.

Herren bei jedem Ton zusammenschreckend, der durch die Waldesstille drang. Bei Eschwege gelangten sie, am vierten Tage erst, heraus, von Hunger, Marsch und Wachen bis zum Aeussersten erschöpft; dort rasteten sie nothdürftig, dann gings nach Hersfeld. Hier trafen der König und Bertold mit den Uebrigen am 13. August ein und verblieben in dem behaglichen Kloster vier Tage zur Erholung und um Nachrichten einzuziehen und Entschlüsse zu fassen; hier war es auch, wo Lambert, des Klosters Annalenschreiber, unter den Gästen bereitwillige Erzähler der Ereignisse von der Harzburg und der weiteren Abenteuer fand.

Es scheint, dass Herzog Bertold auch während der nun folgenden Ereignisse dem König treu zur Seite blieb; und wenn er nicht etwa stets in der persönlichen Umgebung desselben war, so ist er doch nicht für dauernd nach Schwaben zurückgekehrt. Noch weniger dachte er daran, in dieser aufgeregten Zeit nach Kärnthen zu gehen. Es sind uns zwar nur spärliche Urkunden Heinrich's aus dem Jahre 1073 überliefert, aber gleich das nächste bekannte Privileg, das der König nach jenen Augusttagen verliehen hat, eine Urkunde vom 27. October[135], weist unter den Intervenienten, den ehrend aufgezählten Befürwortern der betreffenden königlichen Gnadenverfügung auch Herzog Bertold auf, und es wird späterhin auch sonst weiter deutlich werden, dass Bertold, wenn nicht schon früher, Mitte October bei Heinrich war.

Während inzwischen der Aufstand der Sachsen nach Heinrich's Flucht um sich griff und sich auch die Thüringer ihm anschlossen, hatten sich die gegen die Polen entbotenen Kriegsvölker theils an der Fulda auf dem Wege zum König, theils bei Mainz zusammengezogen. Noch in Hersfeld trafen Mitte August einzelne Fürsten von ihren in der Nähe lagernden Truppen her bei Heinrich ein; die dagegen bei Mainz Versammelten, nämlich Rudolf von Schwaben nebst den geistlichen Fürsten Baierns, Schwabens und des Rheins lud des Königs Befehl nach dem nicht weit von Hersfeld liegenden Kappel[136]. Hier inmitten der Fürsten legte er die von den Sachsen erlittene Schmach dar, die sein stolzes Herz empörte, flehte er um Hilfe zur Vergeltung und Strafe. Vergessen war, was die, die er jetzt fast sich erniedrigend bat, ihm schon angethan, welchen Argwohn sie selber ihm vor kurzem noch erregt hatten; willig gab er Rudolf von Schwaben Gehör, der seit der Versöhnung zu Eichstädt auf den König unablässig im Sinne Roms einzuwirken gesucht hatte, wo am 22. April die stürmische Papstwahl Hildebrand's, Gregor's VII geschehen war. Gegen nichts Weiteres mehr war Heinrich gerichtet, an nichts mehr dachte er als an den Sachsenkrieg, mit der ganzen Einseitigkeit seiner Jugend.

---

[135] St. 2768.

[136] Bezeichnender Weise wird nirgends von kärnthnischen Truppen beim Reichsaufgebot berichtet. — Ueber Kappel vgl. Giesebrecht III[4] S. 1126.

Aber die Fürsten, wenn sie auch in noch bewahrten edleren Regungen mit keiner anderen Ansicht über den Sachsenaufruhr hervortraten, als in der herben Verurtheilung lag, die Herzog Bertold so männlich und ernst den aufständischen Führern am Burgberg der Harzburg in's Antlitz gesagt hatte, sie waren doch zu keinem schnellen Einschreiten des Reiches fortzureissen. Zudem kam für Rudolf von Schwaben, der schon seit längerer Zeit in eigener directer und intimer Verbindung mit Papst Gregor stand, sein Plan in Betracht, gerade jetzt, im September, zur persönlichen Besprechung mit dem Papst, der ihn darum gebeten hatte, nach Italien zu gehen [137]. So ward die Rüstung vertagt: am 5. Oktober wollte man mit neuen, zahlreicheren Streitkräften an der Fulda zusammenkommen. Der Moment der Vergeltung war für Heinrich vereitelt; die Sachsen setzten den Kampf gegen die königlichen Plätze und Truppen im Lande fort und erhoben gegen des Königs Person die unerhörtesten Anschuldigungen. Zudem vermittelte mit ihnen trotz des beschlossenen Feldzuges Siegfried von Mainz auf den 20. October den Tag von Gerstungen, der die freie Entscheidung über Heinrich und seine Rebellen in die Hand der Fürsten zu legen bestimmt war.

Heinrich freilich ging darauf nicht ein, um so weniger als die Sachsen mit gewaltigen Streitkräften auf Gerstungen zogen [138]. Er entsandte zum 20. Oktober dorthin Siegfried von Mainz und Anno von Cöln, die Bischöfe von Metz und Bamberg, Herzog Rudolf, ferner seinen treu bewährten Wortführer bei den Sachsen, Herzog Bertold, der also, wie schon angedeutet, auch jetzt in seiner Nähe war, und ferner den Mann, der sein Leben lang in der Königstreue verharrt ist, Gottfried III oder Gozelo von Lothringen. Er selber wartete in Würzburg die Rückkehr der Gesandten ab. Der Antheil, den Bertold an den nun folgenden Verhandlungen zu Gerstungen genommen, lässt sich so wenig wie der eines Anderen herausschälen. Das kann zunächst nicht verwundern und Zweifel erregen, was Lambert, wenn auch sehr übertreibend und undeutend, erzählt: dass in der so zusammengesetzten Gesandtschaft die leidenschaftlichen sächsischen Darstellungen der königlichen Verbrechen und Pläne nicht ungehört verhallten, aber dahin vermag ich dem Hersfelder nicht zu folgen, dass von den mit der Vertretung des Königs betrauten Fürsten schon damals zu Gerstungen heimlich die Entsetzung des Königs und die Wahl Rudolf's in Aussicht genommen worden sei [139]. Als Ergebniss der dreitägigen Ver-

[137] Gregorii registrum bei Jaffé Bibliotheca II 35. Des Papstes Aufforderung geht aus dem Schreiben bei Sudendorf, Registrum II S. 22f. hervor, in welchem Rudolf dem Papste schliesslich absagt. Es klingt allerdings fast, als habe er selber nie an die Reise gedacht, sondern nur der Papst, der in dem erstgenannten Briefe bei Jaffé einem Dritten gegenüber die von ihm ausgegangene Einladung verhüllt.

[138] Lambert SA. 128f. Bertoldi Ann. zu 1073 S. 276 (mit leicht erklärlicher Verwechselung Würzburg anstatt Gerstungen.)

[139] Zumal Bertold's Annalen nur von dem Genugthuungsversprechen der Sachsen

handlungen mit den Sachsen und unter einander verkündeten sie den Bescheid: auf der Weihnachtsfeier des Königs zu Cöln — an Anno's Sitz! — sollten die Sachsen dem Könige für den Aufruhr gegen des Königs Person und des Reiches Frieden eine angemessene Genugthuung bieten und Heinrich ihnen danach Straflosigkeit und Bürgschaften gegen die Vergewaltigungen, durch welche sich das Volk zum Aufstande gereizt erklärte, gewähren. Das war immerhin noch ein Vorgehen im Sinne des Königs und Siegfried oder Anno möchte ich nicht gerade als seine Urheber betrachten. Mögen in der Berathung der Fürsten die schlimmsten Dinge und Pläne lauter oder leiser vorgebracht worden sein: der Endbeschluss wahrte zwar ein gut Theil reichsfürstlicher Mitwirkung, aber er wollte doch die Verlegenheiten des Königs ebnen anstatt sie vergrössern. Und sucht man die Stimmführer solcher Haltung, so sind sie in Gottfried und in Bertold zu erblicken.

Die Gerstunger Beschlüsse überbrachten die Gesandten nach Würzburg und Heinrich erklärte sich bereitwillig einverstanden, da er nur den Frieden wünsche. In einer ebendort am 27. Oktober ausgestellten Urkunde[140] zählte er als Zustimmende zu derselben neben der fürbittenden Königin Berta die von Gerstungen zurückgekehrten Fürsten mit Einschluss Bertold's, sowie die ausserdem anwesenden Liemar, Erzbischof von Hamburg-Bremen, die Bischöfe von Würzburg, Augsburg, Utrecht, Zeitz, Osnabrück und den Herzog Welf auf, mit denen also der Herzog Bertold dort zu verkehren Gelegenheit hatte.

Der König feierte das Allerheiligenfest noch zu Würzburg[141], mit ihm Bertold und Rudolf, die ihn auch begleiteten, als er von dort nach Regensburg aufbrach. Den Zweck dieser gemeinsamen Reise kennen wir nicht, er kann sich möglicherweise auf Kärnthen gerichtet haben. Vielleicht sollte während des ferneren Zusammenbleibens aber auch nur das Einvernehmen des Königs mit Bertold, dem so treu und hilfreich Bewährten, noch fester geknüpft und Herzog Rudolf, den der Zähringer auch fortan als den eigentlichen Freund und Genossen betrachtete, noch mehr in dasselbe mit aufgenommen werden. Es war eine Wandlung, die gar Manchen mit Sorge für sein eigenes Vorhaben und seine Stellung erfüllen konnte, und zwar besonders, wenn man die Eppensteiner dabei ganz aus der Betrachtung lässt, die sächsischen Häupter, die

nach dem Rath der Fürsten wissen. Für den Absetzungsbeschluss Wagemann, S. 43ff; gegen denselben mit den überzeugendsten Gründen Lindner S. 80 und 107; mit weiteren E. Meyer, Lambert von Hersfeld als Quelle etc. 1069—77, Königsb. Diss. 1877, S. 34 f. und U. Fischer S. 79. Lambert, der hier so geheimes Wissen vorgiebt, ist es eben um die möglichste Hervorhebung Rudolf's und eine Gelegenheit zu thun, ihn als ohne sein Zuthun zum König begehrt hinzustellen. — In diese Frage spielt auch die immer noch umstrittene Autorschaft des Carmen de bello Saxoniae hinein.

[140] St. 2768.

[141] Lambert St. 129.

pläneschmiedenden geistlichen Fürsten vom Rhein [112] und schliesslich nicht zum wenigsten die bisherige Umgebung des Königs, die jungen schwäbischen Herren.

Die sie Alle fürchteten, die völlige Einigung zwischen dem Könige und den beiden Herzögen, sie ward auf einer Rast des königlichen Zuges zu Nürnberg jählings unterbrochen. Ein gewisser Regenger [113], der bisher unter des Königs Umgebung gesehen worden war, trat unvermuthet gelegentlich einer Zusammenkunft der königlichen Begleiter [114] vor Rudolf und Bertold, an die er sich schon seit einiger Zeit herangemacht hatte, und enthüllte, wie der König ihn selbst und Andere habe zu Würzburg dingen wollen die beiden Herzoge zu ermorden. Lambert selbst sogar glaubt an die Wahrheit dieser seiner Mittheilung nicht recht; es sei ungewiss, ob Regenger auf Anderer Antrieb oder aus persönlicher Erbitterung gegen den König dies gethan habe, sagt er und kann dabei ebenso gut an eine Erfindung als an die Enthüllung denken. Von jeher hat man in der That, was auch er ja nicht in Abrede stellt, den Königsgegnern — noch richtiger wäre: den Gegnern der Versöhnung — diese Intrigue zugeschrieben; sie können dabei sehr wohl eine Verstimmung Regenger's zur Anknüpfung benutzt haben. Herzog Rudolf selbst möchte ich jedenfalls diesen Ränken fern glauben, dieselben werden ja erst dann recht verständlich, wenn der Rheinfeldner durch sie getäuscht wurde [115]. Neu war übrigens das Mittel dieser Schmiede nicht: sie hatten einfach die Anklage des Egino, die vor 3 Jahren Otto von Nordheim um Baiern gebracht und ihn in der Folge zum eigentlichen Haupt der wüthenden Sachsen gemacht hatte, hervorgesucht und nur mit anderen Rollen und anderer Richtung wieder aufgetischt. Aber sie erreichten ihren Zweck. Rudolf ward, gerade weil er zu dieser Zeit zwischen der Verlockung, mit Hilfe der rheinischen Erzbischöfe eine grosse Rolle als Haupt der Reichsopposition zu spielen, und dem Gedanken des einfachen und treuen Anschlusses an seinen königlichen Schwager schwankte, um so heftiger durch die Enthüllung betroffen, welcher Regenger durch dreiste Hinzuthat von Einzelheiten und Uebernahme aller Verantwortlichkeit Vertrauen zu erwecken verstand. Beide Freunde, er und Bertold, glaubten dem Ankläger alles und

---

112 Lambert SA. 129 lässt keinen Zweifel, dass der König sie durchschaute.

113 Lambert SA. 130ff., Bertold Ann. S. 276.

114 „*prorupit in medium*“ Lambert. „*palam protestatus est*“ Bertold.

115 Floto I 395f. vermuthet die Anstifter in den sächsischen Fürsten und „Gleichgesinnten unter denen, die nach Würzburg zogen“; das wären die rheinischen Fürsten. Derselben Meinung ist auch Giesebrecht III⁴ 289; Lindner S. 81. Grund l. c. S. 36 hält Rudolf von Rheinfelden „nicht für ganz unbetheiligt“. Seine ganze Darstellung des Jahres 1073 ist nicht glücklich. Wagemann S. 85: „offenbar von Rudolf und seinen Genossen im Einverständnisse mit den Sachsen gewonnen, ein Ritter Namens Regenger“. Es ist wirklich schwer erfindlich, bei wem das angeblich so zusammengesetzte Consortium Heinrich dann eigentlich noch verdächtigen wollte.

4*

liessen, ausser sich über den König, diesem sagen: nun binde sie kein Treueid und kein Unterwerfungsversprechen mehr an ihn, der ihnen nach dem Leben stehe, während sie selbst im Begriff gewesen alles zu seinem Besten zu kehren; er habe von ihnen nichts mehr zu erhoffen. In dem König andererseits, der nun in der That ganz verlassen war, erwachte das schlummernde Misstrauen gegen Rudolf mit zornmuthigem Grimm, er konnte sich nichts anderes denken, als Rudolf habe die schlimme Beschuldigung selbst aus der Luft gegriffen, um den König ganz allein zu lassen und ihm auch Bertold zu entziehen; sein gutes Gewissen bäumte sich verzweifelt auf, er wollte die königliche Majestät hintenansetzen, um selber im Gottesgericht Rudolf vor die Klinge zu fordern. So sprach er laut zu den Bürgern Nürnbergs, um nur Ohren für sein empörtes Gefühl der Schuldlosigkeit zu finden. — Die Verhandlungen über den von Heinrich geforderten richterlichen Zweikampf, in dem auch der treue Ulrich von Godesheim[146] für seinen königlichen Herrn gegen Jedermann eintreten wollte, kamen freilich vorläufig zu keinem Ende: Rudolf wollte zuvor alles an die Entscheidung der übrigen Fürsten bringen. Etwas Besseres hatten Heinrich's Gegner sich nicht erhoffen können. Vereinsamt und allen verhasst und verdächtig, er selbst jetzt ganz und gar verbittert, setzte der König den Zug nach Regensburg fort.

Nun rief Siegfried, der Erzbischof von Mainz, der Primas des Reiches, dem es zustand zur Königswahl auszuschreiben, im Einverständniss mit den Sachsen die Fürsten des gesammten Reiches zur Tagfahrt nach Mainz, Lambert sagt, schon mit der Absicht Rudolf zum König zu erheben, und in der That kann der Mainzer nicht gut, ohne die energischsten Ziele im Auge zu haben, die selbständige Einberufung haben ausgehen lassen. Auch Bertold war unter den Berufenen und selbstverständlich wurde darauf, dass er erschien, Rudolf's nächster Freund, der diesen fast ganz auf die Seite des Königs gezogen hätte, ein ganz besonderer Werth gelegt. Die Ereignisse von Nürnberg haben endgiltig jenes festes Band um Rudolf und Bertold geschlungen, das durch alle Wandlungen hindurch die Beiden unzertrennlich aneinander geknüpft und somit freilich Bertold's Geschichte fortan nur zu einem Anhängsel der Geschichte des mächtigeren und ehrgeizigeren Schwabenherzogs gemacht, sie der Selbständigkeit bis an's Ende beraubt hat[147].

---

[146] s. Floto S. 397 Anmerkung.

[147] Die häufigste Reihenfolge, in der die Quellen die drei oberdeutschen Herzöge nennen, ist: Rudolf, Bertold, Welf. Arnulf's Gesta archiepiscoporum Mediolanensium MGSS. VIII S. 30 schreiben bei ihrer kurzen aber sorgsamen Darlegung der Ereignisse von 1075—77: *praecipue duces Bertaldus, Rodulfus et Welfo.* — In Ranke's Weltgeschichte Bd. VII S. 270 heisst es etwas zu kurzab zugleich von Rudolf, Bertold und Welf: „Sie waren die eben emporgekommenen Geschöpfe des königlichen Hauses. Allein mit dem König hatten sie keinerlei Sympathie".

Der Mainzer Tag kam nicht zu Stande; Heinrich eilte, da er alles auf dem Spiele stehen sah, herbei an den Rhein und kam, nachdem er in Ladenburg schwer krank gelegen hatte, vor Worms. Hier hatte der verlassene König, der alle Glieder des Reiches sich feind und im Bund mit den Aufständischen des Nordens wusste, eine unvermuthete grosse Herzensfreude: die Bürger des blühenden Worms in waffenglänzendem Zuge kamen ihm entgegen und holten jubelnd ihren König ein in die Stadt, aus der sie soeben ihren Bischof vertrieben hatten, der zu den Königsfeinden hielt. Es geschah an jenem Tage etwas Grosses in der Geschichte des deutschen Volkes: dass ein neuer, gänzlich unbeachteter Stand, das Bürgerthum plötzlich auf dem Plane erschien und in die Ereignisse eintrat. Es ward die treue Stütze des fürstenbefeindeten Königs, der schon zu Nürnberg in seiner Verlassenheit den Bürgern die Ränke, die ihn umspannen, geklagt hatte. Ueberall regte sich's in den Städten: die unmittelbare und überraschende Folge der Wormser Erhebung war die, dass die Fürsten, in erster Reihe natürlich die stadteingesessenen geistlichen Herren nicht mehr wagten nach Mainz zu gehen. Wenige, die ahnungslos gekommen waren, rüsteten schleunigst, als sie ihrer Minderzahl inne wurden, Mainz wieder zu verlassen; sie gaben nach, als Heinrich sie um eine noch vor Weihnachten in Oppenheim zu haltende Zusammenkunft ersuchte. Hier war dann nichts dem König so wichtig[148], als sich von der Verläumdung zu reinigen, die Rudolf und Bertold so jäh aus seiner Nähe geführt hatte. Man verabredete einen Tag nach der Epiphaniasoctave (13. Januar) 1074 für den entscheidenden Zweikampf Ulrich's von Godesheim mit Regenger. Aber zu diesem sollte es nicht kommen, denn Regenger endete, ehe der Tag herankam, der Gottes Gericht über seine Anschuldigung walten lassen sollte, in irrsinniger Verzweiflung.

Wir wissen nicht, wer die Fürsten waren, mit denen zu Oppenheim jene Vereinbarung getroffen ward; man möchte unter ihnen auch Rudolf und Bertold selbst vermuthen, da in so vorsichtiger Weise Bürgen für die gegenseitige Sicherheit bei der Zusammenkunft gestellt wurden[149]. Und dazu würden auch die Worte am ehesten passen, welche Lambert diejenigen sprechen lässt, mit denen Heinrich zu Oppenheim verhandelte. —

Jetzt konnte Heinrich in den späteren Januartagen, die er noch bei den treuen Wormsern weilte, wieder beginnen an die Abrechnung mit den Sachsen zu denken, die die zu Gerstungen auf Weihnachten vereinbarte und zu Cöln zu leistende Genugthuung in Folge der schlimmen Tage, die jetzt gerade hinter dem Könige lagen, unterlassen und bei einem neuen Vermittlungsversuch Heinrich's am 12. Januar zu Corvey seinen Gesandten, die

[148] Die Auffassung hier kehrt freilich die unhaltbaren Redewendungen Lambert's (SA. 134) gerade um. Die Gründe dazu führt schon Delbrück S. 38 aus.

[149] Lambert SA. 133.

freilich Siegfried und Anno waren, die Antwort für den König in der dreistesten Weise ertheilt hatten. Er bot die Gesammtheit der Fürsten zum Reichskrieg gegen die Empörer auf. Aber der grosse Eindruck der Wormser Bürgererhebung für das Reichshaupt und des jähen Todes Regenger's, der eine Weile hindurch alle Widersacher Heinrich's still und willfährig gemacht hatte, war doch schon wieder zum guten Theil verflogen; den Fürsten, die sich 1073 immer offener auf die Seite der Sachsen gestellt und dem Könige Pacte mit diesen auferlegt hatten, war es doch zu viel, ohne Weiteres gegen ihre Freunde marschiren zu sollen. Viele Bischöfe und eine Anzahl weltlicher Herren, die minder Mächtigen, kamen; dagegen Siegfried, Anno, der Strassburger und der vertriebene Wormser Bischof, ferner die Herzöge von Baiern, Schwaben, Mosel-Lothringen (Dietrich) und Bertold von Kärnthen, dazu die Dienstmannenschaft von Fulda und Hersfeld, sie alle sagten einfach ab[150] und schwerlich ohne gegenseitige Vereinbarung. Unter diesen Umständen war der König genöthigt mit den Sachsen am 2. Februar 1074 den für die königliche Autorität eine so gewaltige Einbusse bedeutenden Frieden von Gerstungen zu schliessen.

In eigenthümlicher Weise standen Rudolf und Bertold dem Frieden gegenüber[151]. Trotz der wohlwollenden Neutralität, die sie einnahmen, hatten die Sachsenfürsten nicht mit ihnen verhandelt, ehe sie mit Heinrich abschlossen; nur Straflosigkeit bedangen sie, wie für die sonst vom König Abgefallenen, ausdrücklich auch für Siegfried, Anno, und für Rudolf aus. Diese Amnestie von Otto von Nordheim's Gnaden war nicht ohne bitteren Beigeschmack, am meisten für Rudolf, da Otto sich seine Wiedereinsetzung in Baiern ausbedungen hatte an der Statt Welfs, der ja Rudolf seine Erhebung verdankte, und da zudem die letzten Ereignisse im Sachsenlande gezeigt hatten, dass, wenn ein Gegenkönig erhoben werden würde, der Nordheimer die meiste Aussicht habe. Die oberdeutschen Herzoge verhielten sich zunächst noch unschlüssig-abwartend[152]; als der König in der Hoffnung eine Ermässigung der Gerstunger Bedingungen mit Hilfe der Reichsfürsten durchzusetzen die letzteren alle auf den 10. März 1074 nach Goslar berief[153], erschienen sie nicht und ebenso, kaum ohne allgemeine gegenseitige Verständigung, auch kein anderer aussersächsischer Fürst.

[150] Lambert 139, 144.

[151] Die Anhaltspuncte bei Lambert 141 und andererseits in Bruno's hier ehrlichen, ärgerlichen Worten c. 31 am Ende.

[152] Bertold's von Reichenau Nachricht MGSS. V 276, dass 1074 eine besondere Aussöhnung „Rudolfs und der übrigen Rebellen" mit dem König stattgefunden, zog ich schon oben zu 1073. (Anders Grund S. 45.) Lambert's Worte SA. 149 z. 4—2 v. u. setzen auch nur eine (stillschweigende) Amnestie voraus.

[153] Lambert SA. 146.

Der König wäre abermals um die trotzdem verhältnissmässig günstige Lage gekommen, hätte er sofort Baiern an Otto überwiesen; er beschwichtigte daher dessen Drängen mit der Zusage, diese Angelegenheit binnen Jahresfrist nach Zuziehung der Fürsten zur Erledigung zu bringen [154]. So spaltete er geschickt die gegnerischen Interessen und als er das Osterfest (20. April) zu Bamberg feierte, sah er als erstes Zeichen des Erfolges hier [155] bei sich den geeignetsten Vermittler zwischen ihm und Rudolf, Herzog Bertold von Kärnthen, der also in der Lage war mit dieser Begrüssung des Königs zugleich einen Gelegenheitsbesuch des Bischofs [156], von dem er die Vogtei in den schwäbischen Gütern des Hochstifts trug, zu verbinden. Auch Siegfried von Mainz, den keine Scham abhielt zu erscheinen, und andere Genossen der Sachsen traf Bertold zu Bamberg an [157]. Sie erfuhren, dass dem König inzwischen die tief empörende Nachricht gebracht worden war, wie die Sachsen bei dem ihnen zugestandenen Abbruch der Burgen sich nicht enthalten hatten die Harzburgkirche zu schänden und mit den Gebeinen von Heinrich's Bruder und ältestem Sohn höhnenden Frevel zu treiben; ob jedoch, und in welchem Sinne dann, diese schon den Wortlaut des Friedensvertrages verletzenden Scheusslichkeiten zwischen dem König und Bertold in Bamberg etwa zur Besprechung kamen, entzieht sich der Kenntniss.

Es kennzeichnet die ganz veränderte Sachlage, dass Heinrich nach dem verunglückten Ungarnfeldzug des Spätsommers im November und December 1074 gerade Baiern und Alamannien besuchte, wobei er von Regensburg über Augsburg nach Reichenau und dann rheinabwärts zog [158], also gerade das Zähringergebiet berührte. Und als er dann zu Strassburg Weihnachten feierte, da waren diesmal seinem Gebot zum Hoftage die Fürsten in grosser Anzahl und mit stattlichstem Geleite gefolgt [159]. Sicher mit ihnen und zwar als die hervorragendsten Rudolf, Bertold und Welf; sie hatten vielleicht schon den königlichen Umritt begleitet. Gerade Rudolf war ja später einer der eifrigsten und mitinteressirtesten Ausführer der Strassburger Abmachungen; zudem lag die Stadt innerhalb seines Herzogsgebiets. Was aber in der rheinischen Bischofsstadt beschlossen ward, das war der neue Kampf gegen die frevelbelasteten Sachsen, der unter dem Schein eines neuen Ungarnkrieges gerüstet werden sollte. Eine solche Wendung war eingetreten, dass als die Sachsen

[154] Lambert SA. 147.

[155] Lambert SA. 149.

[156] Das war der Heinrich IV anhangende Hermann I, der, schon lange der Simonie überführt, bald darauf den schweren Conflict mit Rom hatte und sich in die Ortenau, nach Schwarzach zurückzog. Lambert SA. 207 f.

[157] Lambert SA. 149.

[158] Lambert SA. 163; St. 2782; Bertold Ann. zu 1074.

[159] Lambert SA. 166. Bertold Ann. S. 277.

dann bei des Königs Osterfeier zu Worms, da sie unmöglich die umsichtigen Kriegsvorbereitungen verkennen konnten, einen Versuch machten die Fürsten wieder vom Könige zu trennen, Herzog Rudolf selber persönlich für den mit allen Kräften zu führenden Krieg eintrat und die irgendwie Schwankenden mit sich fortriss[160]. Denn der Krieg gegen Otto von Nordheim war Rudolf's beste, ja einzige Aussicht, das Haupt der Fürsten und dem Könige zunächst unentbehrlich zu bleiben. — Von Worms aus ward nun den Sachsen der Krieg angekündigt, die Versammlung des Reichsheers auf den 8. Juni nach Breitungen entboten; einen letzten vergeblichen Versuch machte Heinrich die Erfüllung seiner freilich starken Forderungen noch in Frieden von den Sachsen zu erlangen. Diese hatten noch eine Hoffnung: ihr schwer beweglicher, festhaltender Sinn konnte es immer noch nicht fassen, dass Diejenigen, welche man von 1073 und 1074 her als die eigenen Freunde und Genossen betrachtete, nun auf Seite des Königs sein sollten. Die mahnenden und bittenden Botschaften, die sie zu mehreren Malen an Herzog Rudolf, an Herzog Bertold, an Gozelo von Lothringen und Andere sandten, blieben vergeblich[161].

Die Fürsten waren von Worms der Rüstung wegen in ihre Gebiete zurückgekehrt und der König feierte nur mit Wenigen das Pfingstfest (24. Mai) in der treuen Stadt. Dann aber klirrte es auf in allen deutschen Gauen von Eisen; von allen Seiten zogen sich die Einzelaufgebote nach der Werra zusammen, wo sie, gegen die den Sachsen verbündeten Thüringer zunächst durch die Höhe des Rennsteigs gedeckt, Aufstellung nahmen. Auch der Aelteren Gedenken wusste nicht zu sagen, dass Deutschland je ein Heer so zahlreich, so kraftvoll und so trefflich ausgerüstet gesehen habe; selbst der gegnerische Hersfelder Mönch, um dessen Kloster die Lager standen, bricht in bewundernde Worte aus und das „Gedicht vom Sachsenkriege“ schwelgt in Vergilentlehnten Worten, um die glänzenden Kriegsvölker aufzuzählen. Kein Bischof, Abt, Fürst oder Graf, nicht der kleinste Herr, rühmte man, hielt sich ferne; nur Anno und der altersschwache Lütticher Bischof waren beurlaubt, ihre Mannen aber erschienen. Mit dem des Herzogs von Böhmen wetteiferte das Aufgebot Herzogs Rudolf's, der zu seinen Schwaben auch die Burgunder seiner heimathlichen Besitzungen herangezogen hatte. Aber was mochte bei dem glänzenden Schauspiel wohl Herzog Bertold[162] empfinden, dessen Fahne

[160] Bruno cap. 44. Versehentlich verlegt er (gegen Lambert SA. 175 und Bertold S. 278) des Königs Osterfeier nach Mainz.

[161] Lambert SA. 178. Er verwischt dabei die eigentliche Partheistellung von 1075.

[162] Bertold's Anwesenheit bei dem Feldzug wird ausdrücklich noch durch Bruno's späteres cap. 54: „*Bertholdus et Rodulfus duces, postquam a priori sunt praelio reversi ....*“ und auch von den Casus Petrish. MGSS. XX. 646 bezeugt. Die kleinen Irrthümer dieser letzteren späten Quelle über das Jahr des Feldzuges und die „dem Könige schon verdächtigen“ oberdeutschen Fürsten sind natürlich nicht massgeblich. — Von Kärnthnern bei der Heerfahrt schweigen alle Berichte, ebenso von einer besonderen herzoglichen Schaar

kein kärnthnisches Aufgebot folgte? Wir wissen nicht, wem er sich anschloss; vermuthlich aber hat er doch unter dem schwäbischen Trupp Rudolf's die Mannen und die Gauleute seines Hauses selber geführt.

Und so hat denn aus der grimmigen Unstrutschlacht vom 9. Juni 1075 ein selbständiger Antheil mit seinen Schaaren, wie von seinen herzoglichen Standesgenossen, von Herzog Bertold nicht überliefert werden können. Nach altem Ehrenrecht des Reiches Schlachten zu beginnen fochten die Schwaben als erster, allen voran aufgestellter Heerhaufe; sie litten bittere Noth unter den ersten gewaltigen Streichen der Sachsen und mit Vielen sank mancher schwäbische Graf tödtlich getroffen vom Pferde, Herzog Rudolf selbst entging mehrmals kaum dem gleichen Geschick. Bald nach ihnen kamen auch die Baiern in's Gefecht, aber fast hätten beide Schaaren zusammen dem Ungestüm und der Umsicht Otto's von Nordheim und der Seinen doch weichen müssen; erst das Eingreifen der weiteren königlichen Heerestheile warf die ermattenden Sachsen in die Flucht und Heinrich war Sieger. Nach verwüstendem Zuge bis nördlich vom Harz zog er auf Bitten der Fürsten das Heer zurück, entliess bei Eschwege die Truppen in ihre Heimath und setzte mit den Fürsten auf den 22. Oktober eine neue Heerfahrt an.

Nach ihrer Rückkehr von Eschwege hielten Rudolf und Bertold vierzigtägige Fasten ab und gelobten Gott, so wird uns erzählt [163], nicht fürder gegen die Sachsen zu kämpfen. Inzwischen begannen Unterhandlungen. In einem von Wernher von Magdeburg an Siegfried von Mainz und Adalbero von Würzburg geschriebenen Briefe [164] wurde erbeten: „der König setze uns einen Ort, wo wir mit euch und den Herzogen Rudolf, Bertold und Gottfried zusammenkommen können und euren Urtheilsspruch, so wie euch unser Verhalten schuldhaft erscheinen wird, willig und ohne Vorbehalt hinnehmen mögen." In der That fand, allerdings in aller Stille, eine Zusammenkunft Rudolf's und Bertold's mit den sächsischen Fürsten statt, denen die Herzöge für den Fall der Unterwerfung eine nur kurze und milde Haft gewährleisteten; es hiess im Sachsenlande, der König habe sie zu einer derartigen Vermittlung ermächtigt [165]. Diese Zusammenkunft ist eine Nachricht, mit der Bruno allein steht, allerdings derjenige Schriftsteller, der am ehesten davon erfahren konnte. Das fernere Verhalten der Herzoge, das nach Lambert's Mittheilungen allein

Bertold's, während z. B. ausser dem schwäbischen auch die bairischen, böhmischen, lothringischen Herzogsaufgebote einzeln genannt werden (Lambert SA. 183, 184, 185 und Carmen de bello Saxonico L. III.). Die Oesterreicher waren anwesend und fochten im Baiernheerbann. Auch Wahnschaffe S. 65 ist der Meinung, dass Markward von Eppenstein den Reichskrieg nur zur Befestigung seiner usurpatorischen Macht innerhalb Kärnthens benutzte.

[163] Von Bruno, c. 54.

[164] Bruno c. 48.

[165] Bruno c. 54.

sehr anstössig wäre, wird in der That, ebenso wie der Umstand, dass es ganz ungeahndet blieb, durch eine inzwischen von ihnen übernommene Vermittlung erst verständlich.

Als nun der Herbstfeldzug begann, zu dem sie sich in Eschwege noch verpflichtet hatten, und eine besondere Mahnung an sie gelangte, weigerten sich Rudolf und Bertold (mit ihnen Welf) und liessen dem Könige erwidern, es reue sie des bei dem vorigen Feldzug vergeblich vergossenen vielen Blutes und sie seien unwillig über des Königs mildelosen Sinn, dessen zorniges Ungestüm weder Brand und Leid im Sachsenlande, noch die Bäche Blutes, die Thüringen überströmt hätten, aufzuhalten vermocht. Diese Worte giebt Lambert[166] und ihr Inhalt ist wohl glaublich, er ist im Sinne des sonstigen Verhaltens der Herzöge und ganz besonders dann, wenn sie inzwischen eine zuletzt nicht anerkannte Vermittlung übernommen hatten; in den Worten selber mag der Hersfelder wieder ein gut Theil Eigenes untergebracht haben, denn es stimmt doch schlecht zu dieser auflehnenden Sprache, wenn Heinrich später die Führer der Sachsen, deren Hut er verschiedenen Fürsten anvertraute, zum Theil gerade nach Baiern, Schwaben (und Burgund; aber wohl nach Lausanne) wies[167].

Genug, Bertold erschien nicht zur Heerfahrt, auch Rudolf und Welf nicht, von Herzogen waren vielmehr nur noch Dietrich und Gottfried von Lothringen bei dem König[168]. Ehe der Feldzug begann, leitete der Bischof Embricho von Augsburg eine letzte Vermittlung durch einen Brief[169] an seinen Amtsbruder Burchard von Halberstadt ein, dem er als Vermittler ausser sich selbst als besonders geeignet die geistlichen Herren von Mainz, Salzburg und Passau und als einzigen weltlichen Herrn dabei Herzog Bertold — der also doch noch für eine Vermittlerrolle und zwar mehr als Rudolf passte — vorschlug; wenn Burchard geneigt wäre, sich nach Dieser Rath zu halten, um des Königs Gunst wiederzuerlangen, solle er schreiben. Es kam wirklich zu einem neuen Verständigungsversuch, nur dass statt Bertold's, der sich ja gerade von der Heerfahrt ausschloss, und des Passauers, der auch nicht kam, von den Sachsen erbeten der Herzog von Lothringen und der Bischof von Worms eintraten[170]. Am 26. October unterwarfen sich bei der Unmöglichkeit des Widerstandes die Sachsen; wie Bruno behauptet, zumeist in Hinblick gerade auf die früher von Rudolf und Bertold gemachten, Milde versprechenden Zusicherungen, die denn auch bei der von dem König verfügten Consignirung der unterworfenen Führer in verschiedenen Reichstheilen ihren Einfluss geübt zu haben scheinen.

[166] SA. 199 f.

[167] Lambert SA. 204 f., 230. Bruno c. 82.

[168] Lambert SA. 199.

[169] Sudendorf, Registrum II S. 32 f.

[170] Lambert SA. 201.

Das Verhalten Bertold's und Rudolf's ist nicht zu betrachten ohne den Rückhalt, den sie an Papst Gregor VII fanden und zugleich ohne die Verpflichtungen, die dies sorgfältig aufrecht erhaltene Verhältniss ihnen auferlegte. Schon in einem Briefe[171] vom 7. December 1074 hatte Gregor Heinrich aufgefordert, sich bei dem angelobten Vorgehen gegen die Simonie im deutschen Klerus geeigneter Rathgeber bedienen zu wollen; könnte hier ein Zweifel bleiben, ob die beiden Herzöge, die ja gerade zu der Zeit, da dieser Brief eintraf, mit dem Könige die Sachsenheerfahrt beriethen, in erster Linie gemeint seien, so wird derselbe behoben durch den Brief, den Gregor am 11. Januar 1075 an die gemeinsame Adresse Rudolf's von Schwaben und Bertold's von Kärnthen richtete[172]. Gregor, mit solchen — später in die Formeln der päpstlichen Kanzlei ständig aufgenommenen und einheitlich geregelten — ehrenden Zusätzen in seinen Briefen ganz ausserordentlich sparsam, nennt die Herzöge in der Anrede seine in Christo geliebten Söhne und lobt die Weisheit und Umsicht, mit der sie die traurige Lage der Kirche erkannt haben. Er erinnert an die Vorschriften der Canones, der Concilien und der Päpste über die Simonie und die Ehe der Priester und fordert beide Herzöge und Alle, auf deren Treue und Ergebenheit der päpstliche Stuhl noch bauen könne, auf, was auch die Bischöfe in dieser Sache vorbringen oder enthüllen mögen, die geistliche Amtsübung Solcher, die sie als mit jenen Makeln befleckt erkennen würden, auf keine Weise zuzulassen, unter Umständen selbst mit Anwendung von Gewalt, und in derselben Richtung sowohl am königlichen Hofe als in den Versammlungen des Reiches ihren ganzen Einfluss einzusetzen. Und würden Etwelche fragen, wie denn Solches der Herzöge Amt sei, so sollten sie diesen antworten, sie möchten, statt der Herzöge und des Volkes Heil zu stören, ihre Einwände gegen diese Ausführung der päpstlichen Befehle in Rom selber anbringen. Der Brief zeigt, dass Rudolf und Bertold bei der allgemeinen Missstimmung des deutschen Episcopats gegen Gregor weitaus die erste Stütze für seine Bestrebungen in Deutschland waren, zugleich aber erweisen seine Worte *iniuncta vobis obedientia*, wie unbedingt sicher er ihrer sein konnte. Für Rudolf ward auf sein vorhergegangenes Eingeständniss noch die besondere Weisung hinzugefügt, die Erträgnisse des bisher auch von ihm geübten Stellenverkaufs an Geistliche für kirchliche und

[171] Jaffé II S. 142 f.

[172] Jaffé II 158 ff. Die gemeinsame Adresse beweist zugleich aufs Neue nicht nur die enge Verbindung der Herzöge, sondern auch ihren — wie also dem Papst jetzt bekannt war — gemeinsamen oder doch ganz benachbarten Aufenthalt während der Vorbereitung zum Sachsenkriege. Es handelt sich, wie der Wortlaut zeigt, nicht etwa um eine bei Anlegung des Copiebuches vorgenommene Zusammenziehung der Adressen. Die Wiedergabe desselben Briefes bei Hugo von Flavigny MGSS. VIII 428 schliesst übrigens auch Welf in die Anrede ein.

Almosenzwecke zu verwenden; Bertold, der landlose Herzog, scheint zu solchen Bekenntnissen nicht veranlasst gewesen zu sein. Man hat gemeint, Gregor habe ferner unmittelbar veranlasst, dass die süddeutschen Herzoge sich von dem Herbstfeldzug 1075 gegen die Sachsen ausschlossen [173]. Aber dafür fehlt es doch, auch in dem damaligen Verhältniss Gregor's zu dem König, an Anhaltspuncten. Rudolf hatte ja auch im Juni nicht für den Triumph des Königs, sondern gegen die niederdeutsche Erhebung, und zwar weil sie gerade den Nordheimer als Gegenkönig auf den Schild erheben zu wollen schien, gefochten; er wollte, als er nun den zweiten Ruf des Königs ablehnte, hauptsächlich die inzwischen eingenommene vermittelnde Stellung nicht wieder verlieren und ausserdem seine und seiner verbündeten Freunde Macht schonen und frei verfügbar erhalten. Immerhin konnte es ihm recht sein, dabei auch mit durch die mächtige Hand Roms gedeckt zu sein, unter die er sich so eifrig begeben hatte. Er blieb von dem König unbehelligt, auch als weder er noch Bertold zu dem von Heinrich auf Weihnacht 1075 nach Goslar berufenen Tage erschienen, der über das Geschick der sächsischen Fürsten berathen sollte, aber — Otto von Nordheim ward ganz unerwarteter Weise der Haft entlassen und sogleich von Heinrich durch das grösste Vertrauen ausgezeichnet [174]. Die Wandlung der Dinge lag in völlig klarem Lichte da.

Der junge König, der in viel-viel schlimmeren Tagen gewandt und energisch zugleich sich durch die gegeneinander brandenden Wogen des Aufruhrs und der Fürstenbegehrlichkeit durchgerungen hatte, hätte wahrlich vor dem Ehrgeiz des Herzogs Rudolf, auf dessen Seite er nun auch den treuen Mann so unverbrüchlich fest erblicken musste, der mit ihm selber einst die Tage der persönlichsten Gefahr eng vereint getheilt hatte, Bertold von Zähringen — er brauchte vor Beiden, so lange sie allein waren, jetzt nicht zu bangen. Aber was war diese unschlüssige Gegnerschaft der Herzöge gegen das finstere Gewölk, das längst über den Alpen sich aufgethürmt hatte und aus dem, nachdem die ersten schnellen Blitze grell aufgeleuchtet hatten, der gewaltige Sturm niederschmetternd, fast vernichtend über die Krone Heinrich's dahin fuhr! Das Papstthum, durch die Kaiser selbst wieder auf seine besten geistigen und sittlichen Grundlagen zurückgeführt, auf ihnen emporgehoben und

---

[173] Auch Grund bekämpft S. 49 f. diese — von Giesebrecht III⁴ 341 festgehaltene — Annahme und verbreitet sich über Rudolf's Gründe. — Uebrigens verständigt hatten sich, wenn auch Gregor's alleinige Initiative bestritten werden muss, der Papst und die Fürsten über diese Dinge. Eine Redewendung über den Sachsenkrieg war ihnen in Gemeinsamkeit geläufig geworden: mit fast genau den Worten der Ausrede, die die Herzöge (nach Lambert) in jener Zeit vorbrachten, schreibt im Spätsommer 1075 auch Gregor (Jaffé II 213) an Heinrich IV: *dolendum, quia multus Christianorum sanguis effusus est.*

[174] Lambert SA. 217.

in seiner Autorität gekräftigt, erhob die Hand, die auch innerhalb des Imperiums und über dasselbe hinweg die leitende, herrschende sein wollte und sein musste, denn in Ursprung und Sollen, die es vertrat, schlummerte umfassendere und tiefere Kraft als in dem mittelalterlichen Kaiserthum. Den geschichtlichen Vorsprung des Kaiserthums einzuholen, den Anspruch wahr zu machen, der trotz der weltflüchtigen Askese die oberste Folgerung der göttlichen und gottvertretenden Autorität der Kirche war, das war es, wozu sich nunmehr der gewaltigste Papst aller Zeiten anschickte Das konnte zur Zeit, so sehr auch Gregor selbst schon die Hierarchie aus dem der Kirche innewohnenden Princip heraus entwickelt hatte, noch nicht mit dem Inhalt und den Machtmitteln der Kirche allein geschehen, der grosse Streiter bedurfte einer Politik nach weltlicher Art und er bedurfte der Bundesgenossen; sie aber fanden sich in dem zweiten, ebenfalls für sich allein noch ohnmächtig gebliebenen Kämpfer gegen das Imperium: in dem Sonderinteresse der Fürsten. Dann, als diese Verbindung gefunden war, ist mit dem Siegeslauf der Kirche die Umgestaltung des gesammten inneren Staatenlebens zunächst vollbracht worden.

Diejenigen, deren Hände sich dem Papste Gregor zunächst geboten hatten, die Mitkämpfer des weltumformenden Streites, zu dessen Ausbruch und erstem Sieg sie ermöglichend so viel beigetragen haben, sind Rudolf und Bertold. Des Kaisers Demüthigung musste Rudolf's kleinlicher Triumph werden, Gregor allein konnte dazu verhelfen[175]. Ob Beide von Hause aus in dem tiefen Sinne der cluniacensischen und gregorianischen Art kirchlich und ob sie innerlich fromm waren, wissen wir nicht; Rudolf kennen wir ja als reuigen Bekenner früherer Simonie. Jedenfalls, nachdem ihr Band zu Rom ein immer engeres geworden war, lenkten sie auch persönlich — und warum nicht mit immer stärkerem Antheil der Ueberzeugung? — in stets strengere Formen ein. Vierzig Tage Fasten hielten, wie erwähnt wurde, die beiden Herzoge nach dem Sachsenfeldzug und sprachen noch Monate lang mit vielem Bedauern über das an der Unstrut um Nichts vergossene Blut[176]. Sie liessen es geschehen oder förderten es vielleicht auch, dass fahrende Prediger die schwäbischen Gaue durchzogen, die, wie die Augsburger Annalen[177] es ihrerseits ansehen, „unter dem Anschein der Religion überall hin den Samen der äussersten Zwietracht trugen"; in Hirsau ward im Herbst 1075 die seit 1049 vorbereitete Erneuerung des Klosters anlässlich der Uebergabe und der

[175] Beachtenswerth ist es, dass die beiden Herzöge niemals Otto von Nordheim in ihr Bündniss mit Gregor hineingezogen oder mit diesem in Beziehung gebracht haben und die sehr wahrscheinliche Bekanntschaft (Otto war ja zum Gesandten an den Papst bestimmt gewesen, s. oben S. 37) nicht zu einer Erneuerung haben führen lassen. Es giebt keinen Brief Gregor's an Otto.

[176] Lambert SA. 200.

[177] Ann. Aug. MGSS. III S. 128 zu 1075.

erlangten hohen Bestätigungen feierlich begangen[178], derjenigen Pflegstätte kirchlichen Lebens, die durch den getreuen Anhänger Rudolf's, Graf Adalbert von Calw, neu ausgestattet und besetzt hinfort durch ihren Abt Wilhelm nicht nur überhaupt die Leuchte aller gregorianischen Bestrebungen in Deutschland und das Asyl ihrer Vertreter, sondern für die nächsten Zeiten gerade das insbesondere mit der zähringischen Familie eng verbundene Kloster werden sollte.

Mit den Massregeln Gregor's hatten Rudolf und Bertold gleichen Schritt gehalten; als er sie als Werkzeuge fand, handelte es sich nur erst um Priesterehe und Simonie. Das waren auch die beiden Puncte, in denen Gregor zuerst — neben dem Eingreifen in Mailand — die Hilfe des Königs forderte und sie 1074 versprochen erhielt. Im Frühjahr 1075 ward dann das Verbot der Laieninvestitur verkündet. Die Investitur der Bischöfe aufgeben hiess für das Königthum sich seiner ersten und grössten Machtquelle, seiner zuverlässigsten und ansehnlichsten Stützen selber berauben. Ein paar Tage nach jenem Investiturverbot der Fastensynode von 1075 dictirte Gregor eine Aufzeichnung, eine Art stilles Programm, das in weitgehender Fortsetzung pseudoisidorischer Puncte viel mehr enthielt, als Gregor selbst hat vollenden können: Der Papst allein kann Bischöfe absetzen oder wieder zu Gnaden annehmen. Nur des Papstes Füsse sollen alle Fürsten küssen. Ihm steht es frei, die Kaiser abzusetzen. Keine Synode ohne seine Botschaft kann eine allgemeine heissen. Kein Kapitel und kein Buch ist canonisch ohne seine Autorität. Seine Meinung kann von Niemand verworfen werden, er allein die Aller verwerfen. Er kann von Niemand gerichtet werden. Die römische Kirche hat nie geirrt und wird nach Zeugniss der Schrift niemals irren. Der römische Papst kann die Unterthanen der Uebelgesinnten vom Treueide lösen. Das sind die Hauptpuncte dieser Formulirung Gregor's. Man könnte glauben die Ereignisse der nächsten Zeit seien schon damals in Gregor's alles klar erwägendem Geiste genau vorgezeichnet gewesen. Zunächst dachte er an die Möglichkeit, den jungen König noch für das ihm derzeit dringlichste, die Beseitigung der Priesterehe und Simonie zu gewinnen; daher liess er es vorläufig ohne Einspruch geschehen, setzte es sogar selbst voraus, dass Heinrich fortfahre Bischöfe zu ernennen und zu investiren. Der König seinerseits dachte während des Sommers 1075 daran, sich über die Fürsten hinweg mit Gregor zu verständigen; Niemand als nur Agnes, des Königs Mutter und den Markgräfinnen Beatrix und Matilde möge der Papst die geheimen Verhandlungen anvertrauen, schrieb Heinrich bei Eröffnung derselben[179]; ferner liess er die Alpenübergänge bewachen, um keine anderen Boten an den Papst

[178] Bertold Ann. S. 281.
[179] Jaffé II 210.

durchzulassen[180]. Das alles hiess thatsächlich nur, er wollte Rudolf und Bertold aus der Stellung zu Rom heben, dieses aus dem Spiele bringen. Dann liess er, wieder anders berathen, den Gedanken schneller heimlicher Uebereinkunft mit Rom fallen und wollte lieber im Einverständniss mit den Fürsten des Reichs — vielleicht hoffte er auch jetzt noch mit den äusserlich neutralen oberdeutschen — dem Papste öffentlich und mit der ganzen Wucht des Imperiums gegenübertreten. So verschärfte sich der Gegensatz und gegen Ende des Jahres 1075 eröffneten Beide unverhüllte Feindseligkeiten. Dass Heinrich dann für Mailand, das Centrum des Widerstandes gegen Rom, eben im Sinne dieses Widerstandes Thedald zum Erzbischof ernannte, das schlug dem Fasse den Boden aus; nun geschah Schlag um Schlag. Gregor entsandte die Botschaft, die für die Beschwerden, die sie überbrachte, von Heinrich die Nachsuchung der päpstlichen Absolution forderte, wegen der Investiturausübung mit der Excommunication drohte und sogar die alten schmutzigen Verläumdungen der Sachsengeistlichkeit über Heinrich's Privatleben aufgriff, die sich der Klerus mit Aergerniss, wenn auch nicht immer ganz ohne Behagen bis Rom hin weiter erzählt hatte. Der König, vor allem darüber tief empört dasselbe Lied von neuem singen zu hören, durch das ihn die Sachsen, die nun so zahm geworden waren, um seinen Thron hatten bringen gewollt, antwortete mit dem deutschen Concil zu Worms vom 24. Jan. 1076, das den Papst in erster Linie auf Grund seiner ungiltigen Wahl absetzte. Dann aber erscholl im März die Kunde durch das Reich, dass Ende Februar durch die lateranische Fastensynode Papst Gregor den König auf dem Throne der Kaiser gebannt und abgesetzt und seine Unterthanen ihrer Eide entbunden habe.

Kein eigentliches Entsetzen ging durch die deutschen Lande; was geschehen war, war nicht mehr das Ungeheure, das es noch vor zwei Jahrzehnten gewesen wäre; es war zu viel der bösen Dinge im Reiche vorhergegangen, zu viele Fäden verbanden schon mit Rom; des deutschen Königs Sache war eine Partheisache geworden. Nur eine einfache Machtfrage kam zum Austrag: hier Rom, hier deutsches König- und Kaiserthum; was im Reiche gegen das letztere und was gegen dessen Träger seinen Vortheil oder seine Rache suchte, bekannte sich offen auf die Seite des kraftvoll den Bannstrahl schleudernden Priesters.

Nun aber verblieben die Herzöge nicht länger in ihrer undurchsichtigen Zurückhaltung; jetzt rief ihr Bannerherr zum Kampfe. Am Ende des März noch kamen Rudolf, Welf, Bertold, Adalbero von Würzburg, Hermann von Metz und andere Herren zusammen[181]. Von diesen war der Metzer ein Mann,

[180] Bruno c. 64

[181] Lambert SA. 222f. Vgl. dazu auch Bertold Ann. MGSS. V 283.

der zu Worms unter den 26 deutschen Bischöfen mit über Gregor gerichtet hatte. Nun ward er Rudolf's Genosse, wie der seines Freundes Bertold; denn vollständig schwamm der alte Herzog in dem mehr und mehr sich trübenden Fahrwasser des Rheinfeldeners. Dieser und die Bischöfe sprachen nämlich nicht so sehr von der Lage und den Gegenmassregeln des Papstes, als vielmehr von des Königs Sachsensieg und den zu vermuthenden Folgen im Reiche und sahen in dem von Rom aus Geschehenen die grosse und dringende letzte Gelegenheit, ihr freies und übergreifendes reichsfürstliches Schalten neu zu bewahren und noch zu erweitern. Die Verschwörung, die so ihren Anfang nahm, griff weiter um sich im Reiche, je mehr und genauere Nachrichten von der über den König verhängten Excommunication über die Alpen kamen; die Prälaten von Aquileja, Salzburg, Passau, Worms und fast alle Bischöfe in den Sachsengegenden traten ausser den obengenannten auf die Seite des bannenden Papstes, auch die bisher königlichen wurden wankend und Mancher davon fiel ab. Des Königs Verhältniss zu Rudolf und Bertold ging in neuem Gerede durch alles deutsche Land und Bruno, der Magdeburger Kleriker, tischt zum Jahre 1076 abermals die alte Mär von des Königs mehrfachen Anschlägen gegen Rudolf's und Bertold's Leben in neuen vagen Erzählungen auf[182]. Das eine nur erhellt sicher aus des fanatischen Schriftstellers Bericht: bei den Unzufriedenen im ganzen Reich und zwar mit Einschluss der Sachsen galten jetzt unbestritten Rudolf und Bertold als die öffentlichen Häupter, als die Träger der Anklage und Gegenwehr gegen den König[183]. Gegen Otto von Nordheim dagegen glaubten Jene sich wahren zu müssen. Der König berief einen neuen allgemeinen Tag des Reiches nach Worms auf den 15. Mai[184], aber gerade die beiden Herzöge, die am gespanntesten erwartet wurden, von denen Unheil und Heil des Imperiums abzuhängen schien, sie blieben aus. Ihretwegen ward die ganze, zahlreich besuchte Versammlung nach Mainz auf Peter und Paul (29. Juni) verschoben; ja, Heinrich fügte der königlichen Einberufung bei den Herzögen freundliche dringende Bitte hinzu, sie aber blieben für den bittenden, wie für den heischenden Königsruf taub und behielten unbeweglich den Aufstand, den sie rüsteten, im Auge. Mit dieser drohenden Gefahr im Rücken konnte Heinrich nicht daran denken durch actives Einschreiten in Italien, wo die Lombarden sich freudig dem Wormser Januarconcil angeschlossen hatten, und raschen Zug nach Rom Alles zu kurzem Ende zu bringen. Gregor hatte wohl vorgesorgt. Des Königs Hände waren in Deutschland gebunden. Die Mainzer Beschlüsse beschränkten sich auf leere Erklärungen.

Der König sandte wiederholte versöhnliche Botschaften an die gegneri-

[182] Bruno cap. 60—63.

[183] *„quia hi duo magis videbantur eius malitiae obsistere."* Bruno c. 63. Ueber Otto von Nordheim vgl. Lambert SA. 226 f.

[184] Lambert SA. 228. Vgl. auch Bertold 283 f.

schen Herzöge[185]; aber auch Gregor unterliess nicht der Seinigen sich zu versichern; er wies in einem Schreiben vom 25. Juli[186] Rudolf und Bertold mit allen geistlichen und weltlichen Fürsten zugleich, auf die er bauen konnte, an, sich ausdrücklich von allen, die noch nicht mit Heinrich gebrochen hätten, loszusagen. Unterdessen ging Sachsen in neuem Aufstand dem König verloren. Dann folgte Mitte August die Zusammenkunft der süddeutschen Gegner Heinrich's in Ulm[187]; Herzog Bertold, der Rudolf begleitete, traf dort auch Welf, ferner den als päpstlichen Legaten fungirenden Altmann von Passau, dann Adalbero von Würzburg, den aus seiner Stadt Worms vertriebenen Adalbert und endlich den wenigstens sonst königlich gesinnten Otto von Constanz neben kleineren Herren an. Wäre doch nur ein einziges Wort überliefert, das Herzog Bertold dort gesprochen! Aber in wie verschiedenem Sinne er auch auf die Beschlüsse eingewirkt haben kann, für uns liegt das völlig in Dunkel; alles was wir für hier und das Weitere wissen, ist: er war bei den Hauptbegebenheiten auf der päpstlich-rudolfischen Seite anwesend und ward nicht nur von der allgemeinen Meinung, sondern auch von dem Könige, dessen Vorgehen das zeigen wird, als eines der wichtigsten Häupter der Verschwörung betrachtet. So ist denn im Ganzen doch zu glauben, dass Bertold aufgehört hatte irgend welche Hoffnung in den König zu setzen und schon zu Ulm eifrig für eine Neuordnung der Dinge mit eintrat.

Diese aber sollte, wie von den Versammelten beschlossen wurde, auf einem allgemeinen Tage der Parthei und derer, die sich sonst an den Verhandlungen betheiligen wollten, am 16. October auf der Madenburg[188] ge-

[185] Lambert SA. 230.

[186] Jaffé II 238 ff.

[187] Lambert SA. 239. Ueber Otto's von Constanz Anwesenheit die Stellen vereinigt bei Ladewig, Regesten z. Gesch. der Bisch. v. Constanz, Innsbr. 1886 ff. Bd. 1 No. 509. Altmann's Anwesenheit nach Bernold MGSS. V 431 Anm. 33. Der Termin Mitte August ist nicht überliefert; dieser Ansatz im Text gründet sich darauf, dass Gregor vom 3. Sept. einen Brief sandte, der soeben erhaltene Kenntniss der Beschlüsse von Ulm voraussetzen lässt und dass gerade der 16. Oct. für den allgemeinen Tag in Aussicht genommen ward. An dem 16. Oct. lag kein besonderes Fest, wie man sie doch mit Vorliebe zu solchen Tagen wählte, (nur St. Gallus), so mag man denn wohl gerade 2 Monate Frist gesetzt haben. Ist das richtig vermuthet, so hätte der Ulmer Tag etwa an Mariae Himmelfahrt (15. Aug.) stattgefunden und der genannte Beschluss wäre am nächsten Tage, 16. Aug., gefasst worden. Die Rechnung auch nach Monaten war diesem Jahrhundert ja durchaus geläufig.

[188] Zu „*Parthenopolis*“ Bertold. Ann. 286. „*Maydenburg bin ich genannt, Pfalzgraf Jörg hat mich kauft uss der von Wirtemberg hand.*“ Inschrift am Burgportal. *Castrum beate Mariae* heisst sie 1113 in dem Ausschreiben Heinrich's V bei Giesebrecht III[4] Anh. Documente No. 14, S. 1255. Das wäre, vorausgesetzt dass wirklich die Madenburg gemeint ist, nur eine genauere Bezeichnung der „Magde-Burg“. Nach dem sächsischen Magdeburg an der Slawengrenze konnte man unmöglich reisen. — Nach Bertold's von Reichenau Darstellung liess übrigens der Ulmer Beschluss durch eine Redewendung die Möglichkeit

schehen, jener Burg auf breiter Bergkuppe am östlichen Abhang der pfälzischen Haardt, die dort Versammelten den trefflichsten Rundblick über die weite Ebene des Rheines und zugleich über die Berge und Hügel der Haardt und des Wasgaus gewährt. In Schwaben, Baiern, Lothringen, Franken[189] ward der Tag mit dringenden Aufforderungen zu erscheinen angesagt und, was das wichtigste war, ebenso wurden die Sachsen nunmehr geladen; die beiden Königsgegnerschaften im Reiche, noch durch das Blut der Unstrutschlacht getrennt, begannen einander die Hände zu reichen und es war nur noch die Frage, wer der neue König sein werde.

Aber die Dinge gingen für Gregor[190] zu schnell. Er zog zunächst die tiefe, vollkommene Demüthigung Heinrich's, die ihm mit Hilfe der starken Reichsopposition so nahe erschien, der selbständigen Wahl eines neuen, auf die letztere gestützten Königs an der Spitze der Deutschen bei Weitem vor; sollte jedoch die Neuwahl unvermeidlich sein, so wollte vor allem er selber gefragt sein und von dem zu Erwählenden vorweg alle erwünschten Bürgschaften für Rom sichern lassen. Diese Erwägungen waren es, welche ihn seinen Brief vom 3. September an die der Kirche treuen Deutschen schreiben liessen und dessen Inhalt bestimmten, wobei er zugleich schleunige Nachricht forderte, mit wessen Wahl er denn zu rechnen habe. Dann enthielt der Brief noch einen Punct, über den sich Gregor ebenfalls in dem angegebenen Sinne verbreitete: einst hatten die Fürsten der Kaiserinwittwe Agnes geschworen, falls sie ihren Sohn Heinrich verlöre, nicht ohne Verständigung mit ihr über den Thron zu verfügen. Das beschwerte jetzt doch Einige, oder Gregor setzte dies wenigstens voraus: er half ihnen dadurch über dieses — wie ich glaube, von ihm selbst etwas künstlich herbeigezogene — Bedenken hinweg, dass er rieth, nichts ohne Verbindung mit Agnes zu thun. Das hiess abermals: die Frage der Neuwahl in des Papstes Hände zu überliefern.

So kam der 16. October heran; Siegfried von Mainz, der sein ganzes Leben lang auf der Seite der jeweils Mächtigeren gestanden hat und Andere waren noch wieder der Ulmer Parthei hinzugetreten. Der König Heinrich hatte mit einer Anzahl Bischöfen[191] und ganz ansehnlicher Truppenmacht seine Stellung in Worms und Oppenheim genommen: so war es fraglich, ob die einzel heranziehenden Gegner, zumal die Sachsen, trotz der von ihnen allen mitgeführten grossen Heerhaufen ungefährdet über den Rhein kommen würden[192] und unter diesen Umständen fand das Zusammentreffen der Sachsen

des persönlichen Erscheinens des gebannten Heinrich offen. Indessen schon die päpstlichen Abmahnungen hätten der Zusammenkunft mit ihm doch entgegengestanden.

[189] Lambert SA. 240. — In Kärnthen nicht. So begreift Lambert SA. 243 auch Herzog Bertold einfach mit unter den „*Sueviae principes*".

[190] Jaffé II 245ff.

[191] Lambert SA. 248.

[192] Lambert SA. 243. Bruno c. 88. Bertold Ann. S. 286.

mit den ihnen entgegenziehenden Oberdeutschen schon zu Tribur statt. Nicht ohne ein peinliches Gefühl, ohne ein gut Theil Besorgniss [193] vor den losen Zungen der niederen Waffenträger und Trossknechte waren die alten Rivalen und feindlichen Streiter einander entgegengezogen, insbesondere weil auch Otto von Nordheim bei den Sachsen war, der das Verhältniss zum König, in welchem eben beide nur ihren Vortheil suchten, wieder aufgegeben hatte und nach einem lässigen und erfolglosen Versuch zwischen Heinrich und den Sachsen zu vermitteln, ohne weiteren Vorbehalt zu seiner eigenen Vergangenheit zurückgekehrt war. Jene Besorgnisse blieben ungegründet, es gelang, in geflissentlicher Freundschaftlichkeit den alten Riss zu überdecken. Natürlich müsse ein Schwabe König werden, versicherten sogleich die Sachsen eifrigst und ebenso das Umgekehrte die Süddeutschen. Das konnte Rudolf getrost thun, denn er sah es deutlich genug, Otto von Nordheim, hinter dem die Annäherung an den König lag, war nicht mehr der von der Begeisterung seines Volkes umjauchzte Führer. Und Otto seinerseits hielt es für vortheilhafter sich zu beschränken und sich lieber dahin mit Welf zu einigen, dass unter dem neu zu erwählenden König die zwischen ihnen schwebende Frage wegen des bairischen Herzogthums ihre Erledigung finden solle. Die Männer von Ulm waren durchaus die Wortführer der Erhebung geworden; um Rudolf und Bertold drängte sich alles, was von Bischöfen, Grafen und Herren zumal aus Schwaben und Sachsen und vom Rheine erschienen war; die Königswahl war in aller Mund.

Jedoch das Bild, das der Anfang der Tagung bot, begann sich mählich zu verändern. Päpstliche Legaten und Diplomaten waren erschienen: der Patriarch von Aquileja, der höchste im Range unter den nun versammelten Herren, neben ihm Altmann von Passau, energischer und gewandter wie sie alle, so dass ihn ein Gregor VII zu stellvertretender Vollmacht in den kirchlichen Dingen in Deutschland berufen konnte; dann Abt Hugo von Cluny [194], der verehrteste Geistliche der Zeit, er ausser mit dem Auftrage Gregor's vor seiner Abreise von Rom auch von der Kaiserin Agnes mit ihren denen Gregor's entsprechenden Tendenzen und Hoffnungen und zugleich mit den Bitten des Mutterherzens betraut. So begann denn ein heisser und langer diplomatischer Kampf; zehn Tage, bis zum ersten November hat man in Tribur verhandelt [195]. Die Königswahl rückte allmählich in unbestimmtere Ferne; die päpstlichen Legaten hielten es strenge mit Gregor's bisherigen Verfügungen und nahmen die Ueberläufer von der königlichen zur Herzogspartei erst förmlich wieder in die Kirchengemeinschaft auf und mit ihnen auch Bischöfe aus Heinrich's

[193] Bruno c. 88.

[194] Ueber Hugo's Anwesenheit Bertold Ann. 289 und dazu Arnulfi g. archiepp. Mediol. MGSS. VIII S. 30. Dazu Grund S. 61.

[195] Nach Bertold Ann. 286. Lambert SA. 243 giebt 7 Tage an.

5*

Umgebung[196], die nun also im Sinne der Legaten mitwirken konnten; denn erkannte man in Tribur des Papstes Banngewalt an, wie es geschah, so folgte daraus auch ohne Weiteres sein Recht zu lösen. Hugo aber ging nach Oppenheim hinüber und verhandelte mit Heinrich. Den fand er zu allem bereit: volle Busse des Königs gegen Rom ward festgesetzt und spätestens bis zum 22. Februar musste er die Absolution erlangt haben. Und damit war, trotzdem Gregor nicht ganz freie Hand gehabt hatte, ein grossartiger Doppelsieg von ihm errungen: über den König und nicht minder über Gregor's eigene Parthei im Reiche. Denn nicht darum war Nord- und Süddeutschland mit hellen Haufen von Kriegern an den Rhein gezogen, um jene Versprechungen Heinrich's hinzunehmen und einen neuen Tag auf Mariae Lichtmess (2. Februar 1077) nach Augsburg auszuschreiben, wohin Papst und König kommen sollten, ja, um zu versprechen, nach der Wiederherstellung Heinrich's unter dessen Fahnen dem Papst zur Hilfe gegen die Normannen in Süditalien zu ziehen[197]. Die Herzöge und ihre intimeren Anhänger waren die schlechtesten Politiker gewesen und was sie in einer Art ärgerlichem Trotz noch unter sich abmachten, um sich gewissermassen zu entschädigen, das war das Allerthörichtste, nämlich: sollte zu Augsburg der König nicht alle Puncte, die in das Abkommen aufgenommen wurden, vollkommen erfüllen, dann würden sie, ohne Gregor zu fragen, über das Reich entscheiden. Derlei machte ja geradezu Papst und König von einander abhängig[198].

Nebenbei verdient es doch nicht übergangen zu werden, dass Herzog Bertold nicht, wie es einzelne der Anwesenden thaten, den Triburer Tag benutzte, um für seinen eigenen Vortheil zu sorgen. Er hat unseres Wissens niemals eine eigene Angelegenheit in den Kampf gegen Heinrich IV mit hineingezogen. —

Man irrt, wenn man Heinrich zu dieser Zeit schon als Kämpfer des Imperiums gegen die Kirche betrachtet. So sehr sein Stolz unter Roms Auftreten litt, waren ihm doch bisher zu jeder Zeit die Sachsen- und Fürstenangelegenheiten im Reiche das wichtigere gewesen und waren es auch noch jetzt; eine Politik, die ihren Punct fest ins Auge gefasst hat, schwankt und springt nicht so unruhig hin und her, wie Heinrich's Benehmen gegen den Papst in den Jahren bisher es gethan, und zwar wie sie es eben nach der

[196] Nämlich die von Speyer, Strassburg und Basel. Vgl. Bertold Ann. 288 und dazu Grund S. 57 Anm. 3.

[197] Bonizo ad amicum VIII bei Jaffé II 671.

[198] Andere Auffassung der Triburer Vorgänge insbesondere bei Arnold Schäfer, Hist. Zs. VIII; E. Meyer, Lambert von Hersfeld S. 51; A. Vogeler, Otto von Nordheim 1070—1083. Gött. Diss. Minden 1880, Ranke, Weltgesch. VII 276ff.; zum Theil auch bei Grund. — Rud. Neumann, de s. Hugone abbate VI Cluniacensi, Bresl. Diss. 1870 stellt Hugo's Antheil ganz unzureichend dar.

jeweiligen Stellung zu den Fürsten gethan hatte. Nur Gregor ist in den Investiturkampf mit vollbewusstem Ziel, mit ganzer Energie und mit sorgsamster Vorbereitung gegangen; er hat trotz der Achtlosigkeit des Gegners den Sieg vollauf verdient, den er zu Tribur errungen.

Der einzige Weg, der Heinrich von jeder Erwägung vorgezeichnet war, ward ihm nicht schwer; er unterschätzte, wie seine Briefe zeigen, noch jetzt den Papst und unterschätzte auch die Demüthigung, der er, nur an die Rebellen denkend, willig entgegenging. Jetzt nachträglich gingen aber auch den Fürsten die Augen immer mehr auf; trotzdem des Königs Lösung vom Banne eine beschlossene, als Bedingung gestellte Forderung war, verlegten Rudolf, Welf und Bertold, und zwar daraufhin, weil über jene erst vom 2. Februar ab entschieden werden sollte, dem Verkehr des Königs mit Gregor die Pässe der Alpen[199]. Das mochten Bertold's Leute schon drunten in der Breisgauebene thun, für den Fall, dass der König von Speyer her, wo er war, das rechte Rheinufer aufwärts seine Boten senden oder selber gehen sollte; denn über das unbewohnte Waldgebirge konnte in diesem Winter, da der Schnee vom Triburer bis zum Forchheimer Tage lag und der Rheinstrom vom 11. November bis zum Ende März eine feste Eisdecke trug[200], Niemand reisen. Aus demselben Grunde aber muss der König, als er kurz vor Weihnachten sich zum Aufbruch von Speyer entschloss, trotz des so nahe drüben liegenden zähringischen Gau's zunächst den Rhein auf dem linken elsässischen Ufer hinauf und dann um den Südfuss der Wasgen herum gezogen sein[201]; an den beiden Feiertagen war er zu Besançon und begann dann im Januar von Genf aus mit seiner Gemahlin und seinem Gefolge den unsagbar mühseligen Marsch über die Alpen.

Gregor seinerseits war bereit der Aufforderung nach Augsburg zu folgen, um das einmal Gewonnene nicht wieder aus den Händen zu geben; weniger dringlich war es ihm mit Heinrich zum letzten Schluss zu kommen, da für dessen Unterwerfung und Lösung vom Bann ja vom Augsburger Tage an noch drei weitere Wochen Frist gegeben waren. So wenig er die Fürsten ganz nach Wunsch lenksam befunden hatte: ging er nur selber nach Augsburg, so konnte er doch nicht zweifeln, alle Fäden zugleich in der Hand behalten und mit dem grössten Nutzen gebrauchen zu können. Und so begann denn auch der schon alternde Papst die schwere Winterreise; einer der Herzöge — und dazu könnte ja Bertold bestimmt gewesen sein, da er kein Herzogthum zu verwalten hatte — sollte ihn am Fusse der Alpen erwarten[202]. Da nun unter-

---

[199] Lambert SA. 251.

[200] Bertold Ann. 286 u. Lambert SA. 250.

[201] Damit stimmt auch Lambert's Ausdruck SA. 251 „*ut relicto recto itinere in Burgundiam diverteret*", wenn man Werth auf das Wort legen will, überein.

[202] Jaffé II 257 z. 8. „*aliquis ducum*". Diese Anordnung erfolgte wohl erst auf die Aufforderung hin, welche in dem Schreiben Jaffé II 543f. liegt.

wegs trat Gregor zu Canossa der büssende, Vergebung flehende König entgegen.

Gregor konnte nicht sagen, dass nicht alles von Heinrich erfüllt sei, was er gefordert hatte. Aber das hohe Spiel, das zu vollenden er sich nach Augsburg aufgemacht hatte, das war durchkreuzt; was nützte ihm alle Demuth, alle Busse, die er verlangt hatte und die ihm jetzt entgegengetragen wurden, wenn er durch die zum vorschnellen Frieden gereichte Hand es mit Rudolf, mit Bertold, Welf und den so eben durch diese auf die römische Seite gezogenen Bischöfen verdarb, wenn er in der deutschen Gegenkönigspartbei die einzige weltliche Stütze all' seines bisherigen Erfolges verlor?

So war denn unerhörte Härte, fast übermenschlicher Hochmuth seine letzte, aber hoffnungsreiche Zuflucht. Aber auch sie ward zu Schanden, ward ihm genommen durch Thränen. Das hat gerade und mehr als Hugo von Cluny, der ihr vermitteln half, Gräfin Mathilde an dem Manne ihrer Verehrung, an Gregor verschuldet. Täglicher tiefster Bussübungen und grosser Selbsterniedrigung gewohnt wusste Mathilde bei Heinrich und in dessen Empfinden in Allem den Stachel zu mildern, den Gregor für unverwindbar hielt, und so hat denn Heinrich's einseitige Befangenheit das Unglaubliche gethan. Erst später, als der Ruf von der Canossaschmach durch die Lande erklungen war und aus der Deutschen Munde zu dem König zurückscholl, erst da hat ihm unlöschlich auf der Seele gebrannt, wozu er in der Bussthränenwelt des mathildischen Schlosses sich verstanden. — Mit denen des Königs im Büsserhemd aber flossen in den Kemenaten der Burg die Thränen Mathilde's und der anderen vornehmen Damen und die der anwesenden, schon absolvirten Gebannten, dazwischen mahnte Hugo's von Cluny mildes Wort. Und so ist Gregor besiegt worden. Nur eines vermochte er zu retten: wie auch Heinrich sich mit den Fürsten abzufinden versuchte, es sollte nichts Bindendes ohne des Papstes höheren Entscheid geschehen.

Die drei Herzöge und ihre Anhänger waren schon in die grösste Bestürzung gerathen, als sie des Königs Alpenübergang vernahmen, den sie vergeblich zu hindern gesucht hatten. Nun zogen sie die Wachmannschaft an den Pässen zurück und zugleich das Geleit, das Gregor an den Alpen erwarten sollte; gegen die Gründe, die sie für letzteres mittheilten, fand Gregor nichts einzuwenden[203]. Eine neue Zusammenkunft nach Ulm ward ausgeschrieben, die um Mitte Februar dann stattgefunden haben muss[204]; hier

[203] Jaffé II 257.

[204] Sich ergänzende Angaben bei Lambert SA. 265; Bertold Ann. 291; Paulus Bernriedensis, V. Gregorii VII bei Watterich, Pontificum Romanorum Vitae Lpz. 1862. I. S. 526. Die Zeitbestimmung folgt aus Paul. Bernr.: der Augsburger Tag vom 2. Febr. war schon aufgegeben und verstrichen (auch nach Lambert): am 1. März (S. 527) traf andererseits der Graf Manegold mit den Nachrichten von Ulm schon bei dem Papste in

kamen Rudolf, Welf, Bertold, sodann die Bischöfe von Mainz, Würzburg und Metz zusammen, aber im ganzen war, wofür freilich auch die Strenge des Winters Ursache — oder Vorwand — bot, der Tag nicht in gehoffter Weise besucht. Hier zu Ulm oder schon etwas vorher traf denn auch mit des Papstes Getreuem Rapoto [205] die erste Botschaft des Papstes über die am 28. Januar geschehene Absolution Heinrich's ein.

Gregor dachte seit dem 28. Januar kaum noch daran, mit den Herzögen zusammenzutreffen; der Hauptzweck des Augsburger Tages war ja vereitelt. So kam ihm denn ganz gelegen, dass die Herzöge ihm mittheilten ihn nicht geleiten zu können; er nahm, wie gesagt, ihre Entschuldigung ohne weiteres an. Dazu kam weiter, dass er die Lombarden zu fürchten hatte, welche durch Heinrich's Ankunft sich zu den hitzigsten Plänen hatten hinreissen lassen, so dass der König, zumal bei seiner Rückkehr von Canossa, nur mühsam einen völligen Bruch mit diesen allzu stürmischen Anhängern vermied. Ihm lag ja nichts an ihnen und ihren Sonderangelegenheiten, wie er es ansah; ihn erfüllten, wie im Burghof von Canossa, auch jetzt nur die deutschen Dinge.

Um jeden Preis aber musste Gregor die deutschen Fürsten sich erhalten. So machte er denn in dem Schreiben, das sein getreuer Rapoto an die Fürsten überbrachte [206], Aussicht auf sein Kommen, wenn es nur irgend möglich sei; er versicherte: *adhuc totius negocii causa suspensa est* und legte den Fürsten zugleich die Versprechen, die er dem Könige gegeben habe, in einer höchst beruhigend nichtssagenden Form vor.

So waren denn die Wenigen, die mit Rudolf und Bertold versammelt waren, doch ziemlich getröstet [207]; sie klammerten sich an den Gedanken der Königswahl, der der Sorge um die eigene Sicherheit zur Deckung diente: er sollte noch einmal die Genossen, die man zu Tribur gehabt hatte, fortreissen, und den Tag im schwäbischen Ulm, der nur ein Schwabenconvent geblieben war, sollte ein grosser Tag im fränkischen Forchheim wieder gut machen. Dorthin luden sie auf den 13. März die Sachsen, Lothringer und Baiern zur Königswahl [208] und mahnten sie bei der beschworenen Bündnisstreue in beweg-

---

Canossa ein. (Nach den Regesta Pontificum Jaffé [2] wäre Gregor am 1. März schon in Carpineta gewesen, wo er bis in den Juni hinein blieb. Paul scheint eher das verwechselt zu haben, als dass man mit seiner Darstellung die Annahme einer Uebersiedlung gerade am 1. März zu vereinigen hätte.)

[205] Rapoto wurde dann von Rudolf nach Bert. Ann. 291 *cum consilio ceterorum regni principum* abgesandt (s. u. S. 73); da muss er also doch wohl zu Ulm gewesen sein. Auf Rapoto's Sendung bezieht sich auch Jaffé II 546.

[206] Jaffé II 256 ff. Vgl. dazu ib. 546.

[207] Die gedrückte Stimmung lässt Bertold Ann. 291 erkennen; „*illorum* (ihrer eigenen) *necessaria contuitione*“ drückte man sich, wie Bertold angiebt, ferner auch in dem Ausschreiben aus.

[208] „*ad novi regis electionem*“ Paul. Bernr. 526 f. Auch die Wahl fränkischen Bodens

lichen Worten, sie nicht abermals im Stich zu lassen und jetzt doch wenigstens zu kommen. Zu Gregor übernahm es Graf Manegold von Veringen[209] zu reisen; am 1. März traf er bei Gregor ein und legte ihm die nicht länger verhüllte Absicht der Herzöge dar. Gerade am Tage vorher hatte Gregor den Cardinaldiacon Bernhard und den Abt Bernhard von Marseille mit Christian, dem späteren Bischof von Aversa als Legaten an die Fürsten abgefertigt, sie überbrachten in dem mitgegebenen Schreiben[210] eine noch vertrauenerweckendere Wiederholung der Versicherungen Gregor's, welche mit Rapoto's Botschaft zu Ulm vorgelegen hatten. Gregor schrieb: „Wir hätten kommen können, wenn wir das Geleit zur bestimmten Zeit am bestimmten Orte gewusst hätten"; auf diese Weise gab er den Herzögen selbst die eigentliche Schuld an dem längeren Warten in Canossa und der folgenschweren Begegnung. Freilich habe er, so schrieb er weiter, den König dort wieder in die kirchliche Gemeinschaft aufgenommen; „im Uebrigen haben wir nichts mit ihm abgemacht, als was wir zu eurer Sicherheit und Ehre dienlich hielten". Auch jetzt noch denke er an die Reise, aber, wie es augenblicklich liege, nur dann, falls er sicheres Geleit von dem Könige verbürgt erhalte, dessen Antwort noch nicht vorliege. Ueber des Königs neuerliches Verhalten in Italien fügte er einige unzufriedene Aeusserungen bei, die natürlich ihren guten Eindruck auf die Herzöge nicht verfehlen konnten. Schliesslich, hiess es dann, werde der Papst, sähe er nur erst irgend eine Möglichkeit dazu, mit oder ohne Zustimmung des Königs kommen; bleibe es unmöglich, so werde er für die Beschlüsse der Fürsten beten und insbesondere, „dass ihr das, was für den Bestand und Ruhm des erhabenen Königthums das Gott Angemessenste und auch Nützlichste ist, vorsorgen und ausführen möget". Und nun der zu nichts verpflichtende und doch freudige Ahnung erregende feindeutige Schlusssatz: „ita persistite, ut ad coronam tam sancti tam Deo placiti certaminis Deo donante pertingere valeatis".

Wie gesagt, einen Tag nach der Abreise der Legaten traf Manegold mit der Ankündigung der Königswahl ein. Auch mit der erneuten Bitte, der Papst möge kommen, jedoch ohne dass irgendwelche Fürsorge getroffen wäre, den Entschluss zur Reise zu erleichtern; vielmehr mit dem bemerkenswerthen Zusatz, bei eigener Verhinderung möge Gregor Briefe

---

spricht für die offen erklärte Wahlabsicht. — An die beiden jetzt badischen Forchheim ist natürlich nicht zu denken; schon nicht weil Rudolf nach der Wahl von Forchheim aus durchs Bambergische und Würzburgische nach Mainz zog.

[209] Ueber seine Familie Paul. Bernr. S. 528, dann Chr. Fr. Stälin I 554 ff. Manegold war ein Bruder des berühmten Hermann des Lahmen von Reichenau.

[210] Der Brief Gregor's bei Jaffé II 545 ff.; er kann nur, solange Gregor von der geplanten Königswahl noch nicht officiell verständigt war, geschrieben sein. Die Datirung 1076 bei Jaffé ist, wie schon die Einordnung des Briefes ergiebt, nur ein Schreibfehler, den der Setzer dreimal wiederholte.

und Legate schicken[211]. Man entbehrte ihn ganz gerne. Aber desto dringender war es nun plötzlich dem Papste, wirklich nach Forchheim zu gehen; für ihn hing jetzt von seinem persönlichen Erscheinen alles ab. Er sandte Manegold mit einem neuen Legaten, Cardinaldiacon Gregor, zu dem König und liess abermals und ernstlich um Geleit nachsuchen. Würde es gewährt, dann sollte der Legat direct nach Deutschland dem Papste voraneilen und die Beschlussfassung der Fürsten hintenanhalten; wenn nicht, dann zum Papste zurückkehren. Der König schlug das Geleit ab und Manegold allein langte wieder bei den Herzogen zu Forchheim an. Gregor hatte ihnen freie Hand gelassen. Das Nothwendige, die Gönnerstellung zu den Fürsten hatte er bewahrt; das erstrebte Ziel: die entscheidende Leitung alles dessen, was nun geschah, war mit der eigenen Reise aufgegeben und eine neue Vertretung jetzt zu senden, hielt er für unzulänglich oder gefährlich.

Mit Rath und Zustimmung seiner fürstlichen Anhänger[212] hatte Rudolf schon von Ulm aus, während Manegold direct zum Papst gegangen war, jenen Rapoto an den König — der wohl im Osten der Lombardei weilte[213] — geschickt und ihm gewarnt nach Deutschland zu kommen: er möge lieber den Papst oder auch die Kaiserin Agnes, seine Mutter, voranziehen lassen, um eines würdigen und friedlichen Empfanges sicherer zu sein. Ein äusserst kecker Schritt — so viel es auch vielleicht von neuem Rudolf nützen konnte, wenn Agnes wirklich zu kommen veranlasst werden konnte. Mochte die geplante Forchheimer Versammlung misslingen oder nicht, an seine alte Gönnerin allein war es Rudolf möglich einen letzten Gedanken an Vermittlung zu knüpfen; ferner war es ja auch nicht von vornherein ganz ausgeschlossen Rudolf's Wahl durch die Autorität der Kaiserin, welche ja schon vorher in die Dinge hineingezogen worden war[214], zu decken. Unterdessen kam aber nun der entscheidende Forchheimer Tag heran.

Der festgesetzte Termin, der 13. März, vereinigte vor allen die Grossen der Sachsen und Schwaben, unter denen die Quellen meistens es für unnöthig erachten, Bertold mit seinem Namen hervorzuheben[215]; mit Recht, denn nur das Fehlen dieses Mannes zu Forchheim hätten sie besonders berichten müssen. Mit Bertold hatte dem Anschein nach[216] der eine seiner beiden noch lebenden

[211] Bertold Ann. 291.

[212] Bertold Ann 291.

[213] Vgl. Kilian S. 77.

[214] Vgl. oben S. 66.

[215] Ueber die Theilnehmer Bruno c. 91; Marianus Scotus MGSS. V 561. Vgl. dazu auch Ekkehardi Chron. S. 202, das Bertold ausdrücklich als anwesend nennt. — Die Hauptquelle für die Forchheimer Vorgänge sind Bertold's Ann. u. Paul. Bernried. V. Greg. VII, die sich in grosser, aber von einander unabhängiger Uebereinstimmung befinden.

[216] Da Paul. Bernr. 529 auch anwesende *marchiones* erwähnt. Ueber diesen Titel vgl. unter Bertold II.

Söhne, der junge Bertold, die Fahrt zur Königswahl gethan. Dann war Welf da[217]; von Bischöfen waren sieben sächsische, dazu die von Mainz, Salzburg, Passau, Würzburg und Worms, sowie ein fernerer, nicht genannter, erschienen[218]. Von den schwäbischen Bischöfen war Niemand — oder höchstens dieser eine Ungenannte —, auch keiner der Aebte des Reiches anwesend[219]; dagegen eine Anzahl Grafen und freie Herren. Und dann die päpstlichen Legaten, die beiden Bernharde, die am 28. Febr. vom Papste entsandt waren[220]; ferner Graf Manegold von Veringen[221], der aus Italien zurückkehrend nach Forchheim geeilt war und die Nachricht bringen konnte, dass der Papst ein unmittelbares Eingreifen aufgegeben habe.

Wie es unter diesen Umständen noch natürlicher war, begannen die Fürsten sogleich — am 13. März — durch rückhaltlose Besprechungen mit den Legaten, die das vorhin[222] besprochene päpstliche Schreiben den Versammelten vortrugen. Zwar baten sie selbst noch einmal im Sinne Gregor's, eine Neuwahl bis zu der Ankunft des Papstes aufzuschieben, doch hier war ja die pflichtgemässe Ausrichtung dieses Auftrages bereits durch die neuere Wendung überholt, ja durch den Wortlaut des Briefes selbst abgeschwächt. Ueber den Aufschub ward gar nicht eigentlich verhandelt, Gregor's Nichtkommen war ja so gut wie sicher. Vielmehr bekamen nun auch die Legaten sogleich alles das zu hören, was seit Jahren als das übliche Belastungsmaterial gegen Heinrich aufgesammt war; die Fürsten überboten sich im Erzählen und brachten es wirklich dahin, dass die beiden geistlichen Herren schliesslich ihre — gewiss aufrichtige — Verwunderung aussprachen, wie man sich nur so lange einen solchen König habe gefallen lassen können.

Mit derlei verging der 13. März. Am andern Tage kündete man den Legaten in ihrer Herberge den festen Entschluss der Königswahl an. Sie wussten nichts dazu zu sagen, als ihren alten Auftrag: besser sei es wohl, den Papst zu erwarten, doch seien die Fürsten nicht gehindert; in ihrer Hand stehe es ja über das Reich zu beschliessen[223]. Und wie hätten überhaupt

[217] Marianus Scotus l. c. — Ranke, Weltgeschichte VII 286 scheint der Meinung zuzuneigen, dass Welf der einzige anwesende weltliche Fürst war.

[218] Marianus Scotus l. c., der 6 nichtsächsische Bischöfe erwähnt und in Uebereinstimmung mit den Ann. Yburgenses MGSS. XVI 436 davon die 5 im Text aufgeführten nennt; als den sechsten vermuthet Giesebrecht S. 1146 Hermann von Metz, wogegen Grund sich S. 69 Anm. 1 ausspricht.

[219] Sonst wären sie in der möglichst imposanten Titel-Liste bei Paul. Bernr. 529 berücksichtigt.

[220] Paul. Bernr. 527, 529.

[221] Paul. Bernr. 527. Er ist über Manegold besonders gut unterrichtet.

[222] S. 72.

[223] Nach Bertold Ann. 292 u. Paul. Bernr. 530.

diese jetzt noch zaudern können? Sie verabschiedeten sich[224] von den Legaten und begaben sich in des Mainzers Quartier.

Gregor ist also im Recht gewesen, wenn er später erklärt hat, Rudolf's Wahl sei ohne sein Zurathen erfolgt[225]. Aber seine Politik und die der Fürsten sind ja gar nicht auf eine Stufe zu stellen.

Nun schritt man am 14. März sogleich zur Entscheidung.

Weshalb sie zu der Absetzung Heinrich's berechtigt seien, damit hielten sie sich nicht lange auf[226]. Sie deckten sich einfach hinter des Papstes jetzt doch veralteter Weisung und sprachen „*quia papa ne ut regi oboedirent aut servirent ipsis tam interdixerit*“ jetzt Heinrich die Krone ab[226a]. Damit hatten sie den Vertrag von Tribur, unbekümmert um die damals festgesetzte und inzwischen — allerdings in unerwarteter Weise — geschehene Lösung Heinrich's vom Banne, bei Seite geschoben.

Der Absetzung folgte sogleich die Neuwahl. Es war das erste Mal seit Jahrhunderten wieder, dass man einen König gegen den lebenden kürte, und um so sorgfältiger waren die Neuerer bedacht, das Wagniss streng in den Formen der Karolingerzeit zu vollziehen, an die man sich auch bei der Wahl des ersten Saliers erkennbar gehalten hatte. Es fand eine Vorwahl statt, in der die geistlichen Fürsten und die weltlichen getrennt unter einander beriethen[227]. Nicht ohne weiteres kam man zum Schluss: erst nach vielem und langem Hin- und Herreden sprach in der Bischofsversammlung, wo die sieben Sachsen ja leicht eine Mehrheit zu bilden vermocht hätten, Siegfried von Mainz den Namen des Schwabenherzogs aus. Im Collegium der Laien, wo man den Spruch der Bischöfe gespannt erwartete, ging es ebenfalls unruhig zu; dann fielen auch sie dem Spruche des Primas, nachdem er ihnen kund geworden war, bei. So waren denn die Aussichten der sonst genannten „durch Trefflichkeit würdigen“ Männer, von denen Bruno[228], der Sachse, spricht, beseitigt. Es kann bei diesen in Vorschlag gewesenen, abgesehen von Rudolf, in erster Linie nur noch an Otto von Nordheim, und dann an Herzog Bertold gedacht werden, dessen mehr vermittelnde und auch weniger compromittirte Stellung ihn Manchen empfehlen, Manche aber auch, neben seiner geringeren

[224] Weiter will wohl das *accepta licentia a legatis* Paul. Bernr. 530 im Zusammenhang der anschaulichen Erzählung nichts sagen. Grund S. 73 deutet es: sie schritten zur Wahl „mit der Erlaubniss der apostolischen Bevollmächtigten“.

[225] *sine meo consilio* anno 1080. Jaffé II 402.

[226] Bezeichnend kurz berührt der sonst so ausführliche Bertold dies nothwendige Stadium einer geordneten Verhandlung (S. 292).

[226a] In voller Uebereinstimmung mit diesen Worten von Bertold's Annalen ist Paul von Bernried S. 530.

[227] Bertold Ann. 292.

[228] c. 91. A. Vogeler, Otto von Nordheim, S. 100 Anm. 1 hält diese Angabe Bruno's, zumal sie Worte Wipo's brauche, für unrichtig. Warum dann aber die unruhige Verhandlung?

Macht, zumal wenn Rudolf sich dann zurückzog, wieder von ihm absehen lassen mochte. Wie Bertold selbst über die etwaige Annahme der Krone gedacht hat, darüber fehlt jeder positive Anhaltspunct, nur nach einigen Späteren[229] hätte gerade auch er Rudolf's Wahl besonders betrieben; dass er sich jedenfalls nicht zurückgesetzt fühlte, geht aus dem Weiteren und ganz insbesondere aus seinem sogleich zu erzählenden Anerbieten hervor. Ihm fehlte der Ehrgeiz, der Rudolf Schritt für Schritt auf jener Bahn vorwärts geführt hatte, in der auch seine besten Freunde noch vor einem Monat nur einen Nothweg gesehen hatten[230].

Dann fand am andern Tage, am 15. März, auf dem Pilatusgut[231] bei Forchheim der feierliche öffentliche Wahlact im Beisein der päpstlichen Legaten statt. Als dem Herkommen nach die Einzelnen sich erhoben, ihren Erwählten zu nennen, da machte Otto von Nordheim noch einen Versuch sich Baiern auszubedingen, ehe er seine Stimme und Huldigung gäbe[232]. Sogleich erhoben auch Andere Forderungen wegen erlittenen Unrechts, für das ihnen der neue König zuvor Genugthuung verbürgen solle. Aber Otto und die übrigen gelangten nicht weit: die päpstlichen Legaten unterbrachen den unvermutheten Stimmenlärm und wiesen die Forderungen und das mögliche Eingehen darauf rasch gefasst als simonistische Ketzerei zur Ruhe. Ganz so musste also Rudolf bei seiner Wahl sprechen hören, als werde etwa ein Bischof gewählt. Danach ward die Wahl schnell erledigt, eine einheitliche Wahlcapitulation legte dem neuen Königthum den Verzicht auf die Erblichkeit der Krone und die Gewähr freier canonischer Wahlen in den Bisthümern auf[233] und Alle schwuren dem Gewählten die Treue: der Burgunder hiess deutscher König.

[229] Ekkeh. Chron. S. 202, ganz besonders die Bearbeitung C; (nach ihm der Annalista Saxo MGSS. VI 711.) sowie Cas. mon. Petrish. MGSS. XX 645: *consilio Berhtoldi ducis et Welfonis Baioariorum ducis* etc. (Diese Ueberlieferung mag aber auch nur wegen der Gesammtgeschichte der Jahre 1077 u. 1078 aufgekommen sein und später selbstverständlich erschienen sein.)

[230] Rudolf hatte sich schon in dem Kloster seines Schwestersohnes, in Ebersheimmünster im Elsass, eine Krone arbeiten lassen und zwar vor der Wahl: *secrete in monasterio fabricata fuerat.* Hist. Novient. monast. bei Böhmer Fontes III p. 16. Ranke, Weltgesch. VII 287 hat das in seinem Zweifel an einer Krönung Rudolf's übersehen. — Ein nicht glücklicher Versuch von A. Zisterer in Tübingen, Rudolf völlig weiss zu brennen, findet sich in den „Historisch-politischen Blättern" der Görresgesellschaft 1888.

[231] *in Pontii Pilati praedio* Ann. August. MGSS. III 129. Das Tagesdatum bei Paul. Bernr. 531, womit sich (Waltram) de unit. eccl. SA. 54 vereinigt.

[232] Bruno c. 91. Er hat ja keinerlei Grund gerade in dieser Richtung über Otto, über den er sich im Uebrigen stets vortrefflich unterrichtet zeigt, Unwahres, wie Grund S. 103 meint, zu berichten. Man vergisst zu leicht, wie viele — uns doch nur zum verschwindend kleinen Theil bekannte — Gesichtspuncte und sich wandelnde Gedanken und Geschehnisse die Haltung dergleichen Männer in stürmischen Zeiten wechselnd durch- und nacheinander bestimmen.

[233] Bruno c. 91. Den ersten Punct hat auch Paul. Bernr. 530.

„Facile est regnum accipere, difficile tueri“, das sollte bald genug dem, auf den es die Vita Heinrici IV[234] bezieht, aufdämmern. Wäre er doch früher zu Tribur schon zu der ersehnten Königswürde gelangt, es hätte besser um ihn gestanden! Aber nur sein Ehrgeiz war seitdem derselbe geblieben, nur noch brennender angestachelt durch das damalige Misslingen, fast alles andere war ungünstig genug verändert.

Es ist ein wenig befriedigend Ding eines Mannes Historiker sein zu wollen, von dessen Denken und Wort, wie bei Bertold, jede Quelle schweigt, und darum eines Zweiten Schicksale erzählen zu müssen, weil das eine wenigstens bekannt ist, das Jener mit ihm war. Von Forchheim zog[235] Rudolf mit der ganzen Versammlung durch das Bambergische nach Würzburg. Wenig zuversichtlich schrieb er[236] von hier an den Papst; alles lag ihm an dessen Hilfe, und so versprach er ihm von selber unbedingten Gehorsam und erbot sich als Unterpfand desselben nach Rom die beiden hoffnungsreichsten und edelsten Jünglinge zu vergeisseln, die er auswählen konnte, den eigenen Sohn Bertold und Herzog Bertold's Sohn, dessen Theilnahme an der Forchheimer Versammlung schon oben vermuthet wurde. Ein neuer grosser Freundschaftsdienst des Zähringers, so sehr auch die Trennung von seinem Sohne für den alternden Herzog durch den Gedanken, ihn bei Gregor zu wissen, gemildert werden mochte[237]. Zugleich bat Rudolf den Papst wieder einmal, selber zu kommen; freilich Geleit könne er ihm nicht senden, es mangle ihm zu sehr an Rittern.

Dann langte der neue König, der nicht einmal ein Geleit entsenden konnte, mit den Fürsten, die ihn gewählt hatten, zu Mainz an und empfing am 26. März[238] aus Siegfried's Hand die Königsweihe und Salbung, wohl auch die Krone. Am Nachmittage der Feier erhob sich die Mainzer Stadtbürgerschaft in Spott und Ingrimm über das ihnen aufgedrängte Königsschauspiel zu offenem Aufstand. Kaum noch wehrten die Ritter, die der Fastenheiligung wegen in ihren Bürgerquartieren ihre Waffen gelassen hatten, die mit eben diesen ritterlichen Wehren gewaffneten Gewerksleute ab; der König, der aus dem Dom von der Vesper durch den geschützten Verbindungsgang[239] in

---

[234] SA. S. 14.

[235] Dass auch Bertold mit beim Zuge war, hebt Ekkehard Chron. S. 202 hervor.

[236] Jaffé II 402. Dass dieser Brief von Würzburg aus abgefertigt wurde, sagt Bertold Ann. 292.

[237] Angenommen hat Gregor das Anerbieten nicht; er hätte sich sonst in der einzigen Stelle hierüber v. J. 1080 (Jaffé II 402) anders ausdrücken müssen.

[238] So die Quellen bis auf Ekkeh. Uraug.: 21. März. — (Waltram) de unit. eccl. SA. 54: *media quadragesima, die scilicet dominica*: also auch 26. März (nicht 19. März, wie der Hrsg. am Rande bemerkt).

[239] Nur so werden die Darstellungen klar. Es sind insbes. Bruno c. 92 und Paul. Bernr. 533; daneben auch Ekkehard's Chron. S. 202 und Siegbert von Gembloux MGSS.

die Pfalz zurückgekehrt war, ward als er hörte, der Dom sogar werde von den Bürgern bestürmt, mit Mühe durch die Fürsten vom Kampfe zurückgehalten; sie selbst aber eilten, und gewiss Bertold mit ihr Führer, mit nothdürftig beschaffter Wehr in den Dom zurück und brachen nach kurzem Gebet mit „Kyrie eleison!" aus der am meisten bestürmten Dompforte hervor. Aber trotz ihrer Erfolge im Kampf in den Strassen musste Rudolf froh sein, am anderen Abend mit allen den Seinen und dem Erzbischof dazu [240] die Stadt räumen zu können und die Kunde von weiteren Bürgeraufständen der Städte für Heinrich begleitete ihn nach Schwaben. Er zog über Tribur und Lorsch [241] an dem feindlichen Worms vorsichtig vorüber, gelangte den Neckar hinauf über Esslingen nach Ulm, wo der Palmsonntag begangen ward und eilte dann weiter zur Osterfeier nach Augsburg, wo er einen Hoftag halten und über das zunächst zu Beginnende mit seinen Fürsten beschliessen wollte. Aber diese hatten Einer nach dem Anderen inzwischen sich von ihm getrennt und nicht nur die neu gewonnenen, selbst die altgeschworenen Freunde, und zwar, wie der Annalist Bertold es andeutet, auch diese immerhin nicht so, dass alle Besorgniss ihretwegen überflüssig gewesen wäre. Bertold und Welf im Besonderen waren auf ihre schwäbischen Besitzungen zurückgekehrt; nur noch drei Bischöfe, von denen zweien die Rückkehr nach Hause versagt war, nämlich der Wormser und Würzburger und Altmann von Passau, der ja noch auf seinem Heimweg war, hielten bei ihrem Erwählten aus. Der Augsburger Tag verunglückte vollständig. In gedrückter Stimmung schrieb Rudolf einen weiteren Tag nach Esslingen aus — das ja zumal für Bertold näher und günstiger lag —; darauf ging er wieder zurück nach Ulm und von da dann über Reichenau und Constanz nach Zürich, nicht ohne oft unterwegs und zuletzt noch in der Stadt Zürich die bittere Erfahrung zu machen, wie schwach es mit seiner Macht und seinem königlichen Ansehen bei Laien wie bei Klerikern bestellt war.

Nur vereinzelt und hier und da treten in den Quellen dieser und der folgenden Jahre Nachrichten hervor, aus denen ein ungefähres Gesammtbild der schwäbischen Partheiverhältnisse hat zusammengestellt werden können [242]. Zu der von Rudolf und dem Zähringer geführten Parthei standen die Grafen von Bregenz, Dillingen-Kyburg, zwei von Achalm und Wülflingen, dann Hugo

VI 364; Bertold 292, Bernold MGSS. V zu 1077. — Die Bertold-Bernold-Frage lasse ich hier unerörtert, da sie für die Nachrichten, die beide Annalisten aus den unstrittenen Jahren über Bertold I bringen, unwesentlich ist; jedoch ist bei der Benützung der Pertz'schen Ausgabe die Annahme der neueren Forschung hier stillschweigend berücksichtigt. Das Neueste bringt E. Strelau, Leben und Werke des Mönches Bernold von St. Blasien. Leipziger Diss., Jena 1889.

[240] Das hat Siegbert von Gembloux MGSS. VI 364 aufbewahrt.

[241] Bertold Ann. 292.

[242] Chr. Fr. Stälin I 506f. P. Fr. Stälin 217 f.

von Tübingen, Burkard von Nellenburg — dessen Bruder Eberhard für Heinrich IV stritt und fiel —, Adalbert von Calw, der mächtige Gönner der Hirsauer, dem Zähringer in mehrfacher Beziehung näher stehend, und dann der schon erwähnte Manegold von Veringen. Das waren Verbündete Rudolf's und Bertold's, die mit ihrem Anhang deren eigene militärische Macht verstärkten. Ferner war es für die Parthei nicht ohne grossen practischen Werth, dass für sie die befreundeten Klöster im Schwarzwald, St. Blasien und zumal Hirsau wirkten, wo im hellen Eifer der jungen Bewegung der neue mönchische Geist lebendig war und von wo aus in diesen Jahren bis in den Beginn des zwölften Jahrhunderts eine grosse Anzahl Klöster neu gegründet oder schon bestehende nach der cluniacensisch-hirsauer Regel umgestaltet wurden. Zu König Heinrich hielten sich in Schwaben die Bischöfe von Augsburg, Constanz[243], Basel[244] und Strassburg, das alte mannhafte Kloster St. Gallen und mit diesem kurze Zeit Reichenau; Graf Eberhard von Nellenburg, Heinrich's langjähriger Rath und des früher genannten Schaffhausener Klostergründers Sohn; weiter der Staufer Graf Friedrich, der Markgraf von Giengen und die Grafen von Lechsgemünd, Buchhorn, vier Achalmer und zumal die von Lenzburg, die zu allen Zeiten für ihre Schützer und Herren und für sich selbst die Widersacher gerade der Zähringer gewesen sind. Zu diesen allen hinzu kam von nicht-bischöflichen schwäbischen Städten noch die — wie es scheinen muss — bedeutendste[245], nämlich treu der deutschen Bürgerpolitik Zürich.

So verblieb denn der Gegenkönig auch in dieser Stadt nur kurze Zeit, er ging schnell zurück und hielt in Esslingen einen kümmerlichen[246] Hoftag; dann rückte er, in der Hoffnung sich doch zum wenigsten Schwabens nach und nach versichern zu können, vor Sigmaringen, wo er sein Lager aufschlug und die Veste zu belagern begann.

Unterdessen war Heinrich[247] auf die Kunde von den Forchheimer Vorgängen über die Alpen geeilt, denn Rudolf's Versuch, ihn durch seine drohende Warnung in Italien zurückzuhalten, war natürlich ohne jede Wirkung geblieben.

---

243 Vgl. auch Ladewig, Const. Regesten S. 66.

244 Zu Basel hielten sich von Breisgauern wohl damals schon die von Röteln. Vgl. ihr 1103 erhaltenes Vertrauensamt Schöpflin V Urk. 15.

245 Auch zu Otto's v. Freising Zeit war Zürich *nobilissimum Sveviae oppidum* gesta Frid. I c. 9.

246 So kümmerlich, dass ausser Bernold MGSS. V 434 Niemand davon spricht: „*generale colloquium*" mit den „*principes regni*", wie denn Bernold überhaupt alles bei Rudolf mit Glanz umgiebt und eben so oft auch Bertold von Reichenau, beide ohne daran zu denken, dass sie sich selbst durch die mitgetheilten Ereignisse widerlegen. — Beide sprechen dann ohne Nennung des Namens von einem belagerten Castell (an der Donau — Bertold —); als Sigmaringen bezeichnen es erst die Casus monast. Petrish. S. 646 und ferner, aber mit einem zusätzlichen Irrthum, auch die Cont. cas. S. Galli, S. 46 der Ausg. Meyer von Knonau's.

247 Das Folgende hauptsächlich nach Bertold Ann. 294 ff. Bernold 434 ff.

Der König kam mit wenig Leuten, aber vielem lombardischem Geld; der Eppensteiner Liutold war ihm entgegengeeilt und hatte ihn durch Kärnthen geleitet und nun zögerte Heinrich nicht länger, dem zähringischen Scheinherzogthum in Kärnthen auch den letzten Rest des leeren Titels zu nehmen: die Verbriefung[248] einer zu dieser Zeit gemachten Schenkung führt unter ihren Intervenienten den genannten Sohn des im Jahre vorher gestorbenen[249] Markward mit dem Titel eines Herzogs von Kärnthen auf. Liutold begleitete[250] Heinrich nach Regensburg und blieb auch im Juni in seiner Umgebung und jederzeit dem König ein thätiger Helfer und Anhänger, mit ihm seine zahlreichen Brüder, denen es schon 1077 und späterhin der König mit reichlichem Lohne vergalt. So war denn das Kärnthner Land nach langer Zeit zum ersten Male wieder in ein klares und im Augenblick höchst fruchttragendes Verhältniss zum Reiche und zur Königsgewalt gebracht worden.

In Regensburg besprach sich Heinrich mit den bairischen, böhmischen und kärnthnischen Fürsten; ihre Truppen standen zu seiner Verfügung und daneben konnte er die gegen Rudolf kämpfenden Bischöfe und Herren in Burgund und in Alamannien in Anschlag bringen. So brach er denn mit den Böhmen und Baiern in Schwaben ein — entsetzlich sollen zumal die Böhmen gehaust haben, die wackeren Ahnen der Hussiten — und bis an die Donau bis Ulm und bis an den Neckar über Esslingen hinaus blieb Nichts von den streifenden Schaaren unberührt. Innerhalb dieses der Plünderung ausgesetzten Theiles des Schwabenlandes aber lag auch manch' zähringisches Gut. Rudolf lag noch vor Sigmaringen, ohne dass sich jedoch die Streifschaaren um ihn kümmerten und er seinerseits dachte an keinen Vorstoss, sondern versuchte nur in der Eile so gut es ging seine geringe Truppenzahl[251] zu er-

[248] St. 2800. Tangl, A. f. österr. Geschqu. XI 272. Ich möchte eher an nachträgliche Beurkundung glauben, zumal bei Heinrich's raschem Aufbruch, als dass Liutold schon seit seines Vaters Tode öffentlich Herzog geheissen habe. Allerdings recognoscirt der Bischof von Vercelli als Kanzler, aber auch wenn die Urk. wirklich in Pavia geschrieben wäre, so beweist auch das noch nicht, dass Liutold schon officiell seinem Vater als Herzog gefolgt war, sondern nur, dass ihn Heinrich in Pavia nunmehr als Herzog begrüsste. Markward hat nie Herzog geheissen. Ekkehard Uraug. 198 und die Casus monast. Petrish. S. 645 haben ganz richtig aufbewahrt, dass Kärnthen erst wieder mit Liutold von des Reiches wegen an die Eppensteiner gegeben worden sei, nach Bertold's Verurtheilung. So nimmt es im Ganzen auch Ranke, Weltgeschichte VII 290.

[249] 16. Nov. 1076. Vgl. Tangl's Selbstberichtigung l. c. 231.

[250] Näheres bei Tangl l. c. 234 ff. Wahnschaffe S. 68 f.

[251] Nach Bertold Ann. 295 hätte er freilich *non cum parva militia* vor der Burg gelegen. Aber wir hoffen zu Rudolf's Gunsten, dass es sich mit dieser nicht geringen Anzahl ebenso verhält, wie mit dem nicht geringen Glanze seiner Hoftage bei den beiden schwäb. Mönchschronisten. Sonst wäre es nur um so kläglicher, wenn er unthätig blieb, um eine — übrigens nach Bertold's von Reichenau eigenem Geständniss von vornherein nothwendige — doch nur kleine Anzahl von Truppen noch herbeizuziehen.

gänzen; dann machte er sich nach Hirsau davon, wo er das Pfingstfest beging[252]. König Heinrich aber hielt Hoftag im schwäbischen Ulm, wo die Gegner so oft ihre Pläne gegen ihn berathen hatten; hier zu Ulm setzte er sich in diesen Tagen[253] zwischen Ostern und Pfingsten die deutsche Krone feierlich auf's Haupt, dann hielt er „nach schwäbischem Volksrecht“ Gericht über Rudolf, Bertold, Welf[254] und die schwäbischen Vornehmen, die zu ihnen standen: des Gerichtes Spruch erkannte sie des Todes schuldig[255] und sprach ihnen ihre Würden und ihre Leben ab. Wir wissen nicht, wer die Richter gewesen sind, die den Achtspruch über Bertold gefällt haben; Liutold von Kärnthen und Wratislaw von Böhmen begleiteten von Bertold's Standesgenossen die königliche Heerfahrt, auch der Bischof von Osnabrück und der Bischof von Zeitz (Naumburg) waren noch und Embricho von Augsburg und Andere waren vielleicht schon bei dem König; dazu waren schwäbische Grafen anwesend[256]. „*Fecit sententialiter adiudicatos damnari*“ drückt sich Bertold von Reichenau aus; mehr Aufschluss giebt, dass er nicht von den Eigengütern der Gebannten, sondern nur von ihren „Würden“, das will sagen ihren Herzogthümern und Grafschaften spricht; demnach hat ein Lehengericht[257] gesprochen über die Brecher der Lehnstreue, deren vom Reiche gehende Aemter durch den Spruch an das Oberhaupt zurückfielen, das sie sogleich neu auszuthun begann[258]. Ueber Kärnthen hatte Heinrich ja schon verfügt oder that

[252] Bernold 434.

[253] Bernold l. c. Dass es noch nicht am Pfingstfeste (4. Juni) selbst war, zeigt Bertold's Ausdruck: *his postpaschalibus diebus.*

[254] Bertold Ann. 295. (Welf ward ja auch, obgleich Azzo von Este's Sohn, zu der schwäbischen Familie seiner Mutter gerechnet, die um Ravensburg und Altdorf die Stammgüter unter ihren weitverstreuten Allodien besass). Aber der Annalist irrt sich wohl.

[255] Dies Todesurtheil übernehme ich nicht ohne grossen Vorbehalt aus Bert. v. Reichenau. Für Rudolf's Person allein findet sich eine weitere Bestätigung des Todesurtheils durch die Urk. St. 2815: *tam vitae quam rerum proscriptus et dampnatus.*

[256] Vgl. die Urk. St. 2800, die Liutold, sowie den Osnabrücker und Zeitzer nennt, mit St. 2802 u. 2803 vom 11. Juni, Nürnberg, in der Liutold, Wratislaw, Embricho, der Osnabrücker, Eichstädter, Naumburger und Prager Bischof, der Pfalzgraf und Markgraf Diepold Intervenienten sind. Liutold's Begleitung des Königs ist also nicht „bloss durch die St. Galler Annalenexcerpte bezeugt“ (Meyer von Knonau's Ausgabe der Continuatio Casuum S. Galli Mitth. z. vaterl. Gesch. St. Gallen. Bd. XVII [NF. VII] S. 45 u. 46 Anm. 123.) — Markgraf Diepold von Giengen also wird St. 2802 u. 2803 durch Nennung unter den Intervenienten emporgehoben. Otto von Nordheim ward 1070 von Sachsen gerichtet, Heinrich der Löwe später verlangte als Welfe von Schwaben gerichtet zu werden und diese und andere Analogien würden durchaus für ein aus Schwaben zu bildendes Gericht sprechen, falls es sich eben überhaupt um ein landrechtliches Verfahren gehandelt hätte und nicht vielmehr Ulm nur zufällig der Gerichtsort geworden wäre. Was unter den Dreien Rudolf betraf, so waren seine Stammesgenossen ja gar nicht die Schwaben, sondern die Burgunder. So fällt dies Beispiel in Waitz' Vfg. VIII 19 aus.

[257] Eines der frühesten Beispiele. Möglicherweise beide Verfahren neben einander.

[258] *quibus confestim nonnullos suorum beneficiatos ditavit.* Bert. Ann. 295.

es öffentlich jetzt[259]; das Grafenamt im Breisgau, „das durch rechtsmässiges Urtheil Bertold, jetzt nicht mehr Herzog, aberkannt worden war“[260], blieb einige Wochen erledigt. Ueber das Welf aberkannte Baiern verfügte er noch nicht sogleich, was auf Otto von Nordheim's Entschlüsse berechnet sein mochte; ebenso wenig über das Herzogthum Schwaben.

Seit der kläglichen Fahrt des Gegenkönigs von Mainz nach Schwaben hatte sich Bertold zurückgehalten, an Rudolf's Tagen und Zügen nicht theilgenommen und ruhig auf seinen Burgen gesessen; das war von Heinrich und den Seinen nicht beachtet worden, und wenn es beachtet war, so war doch zu viel böse Kunde über den Zähringer an des Königs Ohr geschlagen, als dass es zu mehr als etwa zu einer Milderung im Verfahren[261] oder Urtheil und dass es zur Hintenansetzung dieses oder gar zum Versuch einer Verständigung hätte führen können. Ob eine Ladung zu des Königs Gericht an Bertold gelangt ist, wissen wir nicht; es scheint kaum so. Nun also brachte man dem Herzog, wie Rudolf und Welf, die Kunde von dem Ulmer Spruch: Sein Herzogs-, sein Grafenamt war ihm genommen[262] und Anderen theils gegeben, theils zugedacht, nur seines Hauses Eigengut hatte man ihm resp. seinem Sohne, seinem Hause noch gelassen und auch über jenem Eigenthum und über seinem eigenen grauen Haupte schwebte weitere vernichtende Kriegsnoth. Das hat den alten Zähringer noch einmal aufgerüttelt aus der Zurückgezogenheit und Unthätigkeit, aus dem Stillverhalten und Abwarten; war doch Rudolf's fast aufgegebene Sache jetzt für ihn selber das Einzige geblieben. An Unterwerfung knüpfte er keine Gedanken und keine Hoffnung; er war entschlossener denn je, an Rudolf's Seite zu kämpfen, mit ihm zu bestehen oder zu fallen. Er sammelte, was er konnte, an Mannen und Reisigen und führte die dem Gegenkönig zu; dasselbe that Welf. Aber was sie beide und Rudolf selbst zusammenbringen konnten, es reichte doch kaum an 5000 Kämpfer heran; und deshalb bestanden sie alle[263], die Herzöge, Grafen und Ritter, darauf, dass Rudolf

---

[259] Wenn nämlich die Urk. St. 2800 etwa erst in dieser Zeit ihre kanzleimässige Beurkundung gefunden hat. Sogar ihre Intervenienten wären dabei noch zur Hand gewesen.

[260] Urk. St. 2805. *iusto iudicio sublatum.*

[261] Ich finde keine Vergebung von zähringischem Hausgut, wie sie später wenigstens bei den Besitzungen Rudolf's (St. 2815) doch, und wie wir annehmen müssen, willkürlich, andererseits wieder nur zum Theil geschah; auch erscheint ja später Bertold II im Hausgut durchaus nicht geschmälert oder angegriffen. Dieselbe Schonung des Hausguts finden wir Welf gegenüber, bei dem auch nur die königlichen Verleihungen betroffen worden sind, vgl. Bertold Ann. 298 u. Urk. St. 2810 Mon. Boica 29, I 200 f.

[262] Anhänger und Chronisten der gregorianischen Parthei haben darum natürlich nicht aufgehört, Bertold auch weiterhin als Herzog zu bezeichnen. Auch Gregor spricht 1079 von Gebhard als dem Sohne *Bertoldi ducis* Jaffé II 553.

[263] *ducum* (das können nur Bertold u. Welf gewesen sein) *comitumque suorum necnon totius militiae suae .... consultatione.* Bert. Ann. 298.

den ebenso thörichten, wie kleinlichen Kampf in Schwaben aufgeben und nach Sachsen gehen solle, denn nur so war eine grosse Action möglich. Es scheint, dass diese Berathung im befreundeten Hirsau statthatte, denn von da aus[264] ging Rudolf nun in der That nach Sachsen. Die Fünftausend nahm er nicht mit, sie liess er in Schwaben, dessen Schutz er den Zurückbleibenden, an erster Stelle Bertold[265] anvertraute. Zunächst freilich mussten diese es geschehen lassen, dass, unbekümmert um gerade an sie gerichtete päpstliche Abmahnungen[266], die Bischöfe von Lausanne, Basel und Strassburg und ihre Mannschaften ihre ganze Umgegend durch siegreiche Fehde oder Vertrag an König Heinrich brachten und damit Rudolf's Stellung sowohl in seinen Stammlanden, als auch im westlichen Schwaben, im Elsass vernichteten. Erst allmählich erstarkte ihr Widerstand und die Burgunder wurden bei einem Vorstoss nach Schwaben dann zweimal geschlagen, ohne dass jedoch die Errungenschaften der drei Bischöfe wieder in Frage gestellt worden wären[267]. Vor allem auch die Alpenpässe blieben auf der ganzen Linie in der Hand der Königlichen[268].

Das alles geschah, ohne dass das bairische und böhmische Kriegsvolk noch Schwaben bedrohte. Heinrich hatte auch seinerseits beschlossen den Krieg gegen die Gegenkönigspartei mit voller Energie zu führen und der eigentliche Gegner stand ja nicht in dem gespaltenen, durch sich selbst beschäftigten Schwaben, sondern in dem Volke der Sachsen. Er ging von Ulm in das bisherige Herzogthum Welf's, nach Baiern, wo der Widerstand gegen ihn sich auf den Salzburger Erzbischof und den Schwager des Würzburger Bischofs, Graf Ekbert von Formbach beschränkte; deshalb konnte er hier frei schalten und seine Anhängerschaft durch Vergabungen aus den Lehen Welf's und Altmann's von Passau befestigen, der wie seine Amtsbrüder von Worms und Würzburg und der Legat Cardinaldiacon Bernhard sich in der nothgedrungenen Lage gesehen hatte, mit Rudolf zu den Sachsen zu gehen[269]. Von Baiern ging Heinrich nach Ostfranken, wo er am 11. bis 13. Juni zu Nürnberg Hoftag hielt[270]. Eine grosse allgemeine Rüstung gegen die Sachsen und die süddeutschen Rebellen zugleich sollte geschehen; im Hinblick auf diese liess Heinrich seine Fürsten und Truppen im Osten zurück und ging nach Westfranken[271], wo Würzburg, Worms und Mainz, ihrer Bischöfe entledigt, für den

[264] Bernold 434.

[265] „*intimis suis*“ Bertold Ann. l. c. Vgl. auch dort weiter unten.

[266] Bertold Ann. 297.

[267] Bert. Ann. 298.

[268] ib. 299.

[269] Bert. Ann. 298.

[270] St. 2802–4.

[271] Nach „seinem Franken“ sagt Mönch Bertold S. 299 mit geringschätzigem Seitenblick auf die bürgerlichen und bischofverjagenden Königsstreiter. Bertold's Bericht ist

6*

König in Waffen standen. Ende Juni[272] konnten die Mainzer, die Rudolfs Königsfest so bitter versalzen hatten, triumphirend den rechtmässigen König in ihre Stadt geleiten; hier empfing dieser auch Kunde von den Erfolgen seiner Parthei am oberen schwäbischen Rhein und am 1. Juli zu Mainz ward Wernher von Achalm, der Bischof von Strassburg, für alle seine treuen Dienste mit der dauernden Uebertragung des Grafenamts im Breisgau an sein Hochstift belohnt[273]. Heinrich brachte eine ganz ansehnliche Streitmacht, welche die Ritterschaft aus den Herzogthümern des Ostens verstärken konnte, aus den plötzlich so waffeneifrig gewordenen Bürgern zusammen; aber schon rückte auch Rudolf von Sachsen her mit Streitkräften näher, die den königlichen aus Süddeutschland weit überlegen[274] waren und begann Würzburg zu belagern, wo er Bertold und Welf erwartete, die dementsprechend mit den Fünftausend, die schon um Pfingsten zu Rudolf's Verfügung gestanden hatten, aus Schwaben gegen Würzburg heranzogen.

Als König Heinrich, der noch am Rheine war, erfuhr, dass die Herzöge im Begriff seien sich mit Rudolf's Hauptmacht zu vereinigen, glaubte er mit seinen kampfesmuthigen Städtern allein einen Versuch machen zu können die Vereinigung zu vereiteln und den Kampf mit den 5000 Schwaben aufzunehmen. Auf welchem Wege Bertold und Welf ihre Mannschaft führten, ist nicht klar zu erkennen; nach dem Chronisten Bernold von St. Blasien[275], der hierüber gute Nachrichten empfangen zu haben scheint, war es den Schwaben nur darum zu thun, ihren Marsch zu Rudolf eiligst fortzusetzen und Heinrich's Zweck schon verfehlt, als er sie nicht aus ihrer Route werfen konnte; sie müssen aber nach Bernold im Kraichgau auf Heinrich gestossen sein, da dieser auf dem Rückzug vor ihnen her dann über Wiesloch kam. Danach müssten die Herzöge, da nach ihrer erwähnten Absicht ein offensiver Vorstoss und ein grösserer Umweg ausgeschlossen scheinen, vom Breisgau und der Ortenau her die Rheinebene hinabgezogen sein. Bertold von Reichenau giebt einen ganz aufgeputzten und zurechtgemachten Bericht[276]; doch scheint auch dieser eine directe Marschroute der Schwaben ohne einen besonderen Umweg vorauszusetzen. Nach beiden Autoren müssen die Truppen des Königs und die Bertold's und Welf's etwas südlich vom Eintritt des Neckars in die Rhein-

hier sehr knapp, aber zusammen genommen mit den späterhin erzählten Ereignissen entsteht doch durchaus diejenige Entwicklung der Vorgänge, die Giesebrecht III[4] 444f. giebt.

[272] nicht erst im Juli (Bert. Ann. 299).

[273] St. 2805. Ueber Wernher sind die zahlreichen Nachrichten im Fü. UB I S. 32—42 zusammengestellt; seine (dort im Einzelnen ersichtlichen) grossen Verdienste um Heinrich hebt auch die Urk. vom 1. Juli 1077 ausdrücklich hervor.

[274] Dieses Stärkeverhältniss folgt aus Bertold's (Ann. 299) Worten und zugleich dem ganzen Zusammenhang seiner Erzählung.

[275] Bernold 434.

[276] Bertold Ann. 299.

ebene in gegenseitige Nähe gekommen sein und ebenso unzweifelhaft zog es Heinrich vor, den offenen Kampf mit seinen Städtern gegen die schwäbischen Ritter doch nicht aufzunehmen, er ging vor der Front der Heranziehenden zurück [277], setzte dann über den Rhein und gelangte wieder nach Worms, während die Herzöge ungestört ihren Marsch fortsetzten und bei Rudolf vor Würzburg eintrafen. Heinrich's Absicht war ein Versuch geblieben.

Mittlerweile hatte Heinrich weitere Bewaffnete herangezogen [278] — aber immer noch zumeist „Handelsleute“, wie die Gegner spotteten —, ging mit ihnen in der zweiten Augusthälfte [279] von neuem über den Rhein und schlug zwischen Rhein und Neckar am ebenen Ufer des letzteren ein Lager auf, um dort die Baiern und Böhmen, seine eigentlichen Truppen, zu erwarten. Auf diese Nachricht hin hob Rudolf die vergeblich [280] geführte Belagerung Würzburgs auf, rückte mit Bertold und Welf in die Nähe von Heinrich's Stellung und lagerte an der gegenüberliegenden — also doch wohl der rechten Flussseite [281]. Rudolf hoffte den Sieg von einer offenen Feldschlacht gegen Heinrich's geringere Truppen und wäre gerne sogleich über den Neckar gegangen, aber die Furthen waren von den Königlichen zerstört und zudem das jenseitige Hochufer schwer zu erstürmen. So nahm man denn auf Rudolf's Seite von einem gewaltsamen Uebergang Abstand.

Rudolf liebte es, für sich vortheilhafte, aber treuherzig klingende Vorschläge bei dem ritterlichen und viel jüngeren Heinrich in Anwendung zu bringen [282]. Diesmal bot er Heinrich an, die beiden Heere sollten auf dem ebenen Boden auf der einen oder anderen Seite des Flusses in Ruhe aufgestellt werden und dann die Feldschlacht der Heere oder, wenn es den vornehmsten und weisesten der Fürsten so besser erscheine, nur ein Kampf der beiden Könige im Gottesurtheil — wozu doch nicht nöthig war, vorher eines der Heere auf's andere Ufer zu bringen — über die Krone entscheiden. Heinrich antwortete

[277] Bertold Ann. spricht im Gegensatz zu Bernold von einer plötzlichen nächtlichen Flucht Heinrich's. Weshalb Letzterer, was wieder Bernold an dieser Stelle hat, in der Kirche zu Wiesloch („*Wiztnloch*“) über hundert Leute verbrannt haben soll, wird nicht ersichtlich. Bertold erzählt letzteres (jedoch ohne Angabe des Ortes und genauere Zeitbestimmung und überhaupt in der Form eines unbestimmten ihm zugekommenen Gerüchts) erst S. 301 bei dem Rückweg der Königlichen durch Schwaben. Die Anm. 3 S. 79 bei Kilian, dessen darstellender Verbindungstext nur ein Abglanz aus Giesebrecht ist, kommt nicht in Betracht.

[278] Bertold Ann. 300. Bruno c. 95. Nach beiden zusammen ist, da sie in der Hauptsache dasselbe in Erfahrung gebracht haben, auch das Folgende erzählt.

[279] Am 13. Aug. urkundet er noch in Mainz, St. 2806, wohin er also von Worms wieder gegangen sein muss.

[280] Bruno c. 94.

[281] Ueber die Windungen des alten Neckarbetts vgl. die topographischen Ausführungen H. Maurer's in der oberrh. Zs. N. F. III 325 ff.

[282] Vgl. oben S. 78.

darauf gar nicht und liess sich auch weder durch die höhnenden Herausforderungen der Truppen Rudolf's, noch durch einen Scheinrückzug derselben zum Uebergange über den Fluss verleiten.

Aber immer und immer noch nicht wollten sich die ersehnten Feldzeichen der Baiern und Böhmen zeigen und Heinrich's Lage begann doch bedenklich zu werden. So wandten sich denn einige der Fürsten von Heinrich's Lager, zunächst — wie es der Reichenauer Mönch auffasst und auch Bruno nicht anders darstellt — ohne Vorwissen ihres Königs an Bertold von Zähringen und an Welf mit dem Ersuchen um eine vertrauliche Unterredung. Diese ward zugestanden und bei der gemeinsamen Berathung, zu der von Heinrich's Seite die Bischöfe von Trier und Metz mit einigen vertrauteren Räthen des Königs, mit Bertold und Welf ebenfalls noch geeignete Zugezogene erschienen, einigte man sich nach allerlei Hin- und Herreden von neuem — wie es in den Zeiten der ersten Sachsenaufstände von den Fürsten fortwährend erstrebt und versucht worden war — auf eine freie Entscheidung der Fürsten über das Reich: die Ersten des ganzen Reiches sollten am 1. November[283] zu einem Gespräch am Rhein zusammentreffen und dort ohne Beisein der beiden Könige im Einvernehmen mit den Legaten des Papstes den Thronstreit entscheiden; ihrem Urtheil sollte dann dadurch die Durchführung gesichert werden, dass dann Niemand von ihnen dem sich nicht fügenden einen oder anderen König länger anhangen dürfe. Heinrich war, wie es doch natürlich war, noch vor der Zusammenkunft von dieser verständigt worden und hatte nur die Vorbedingung gestellt, dass päpstliche Briefe und Legaten bei derselben nicht gehört werden durften. Aber vergeblich suchten die Unterhändler des Königs das von ihm richtig Vorausgesehene zu hindern; Cardinaldiacon Bernhard, der mit aus Sachsen gekommen war, drängte sich in den Kreis der Versammelten ein und benutzte den ihm nicht versagten Respect, um Gregor's Schreiben zu verlesen.

Was daraufhin in der Zusammenkunft unter Mitwirkung Bertold's beschlossen war, war in der That am meisten nach dem Sinne Gregor's, wenn schon man auf seine bisher so wenig beachteten Forderungen[284] auch jetzt noch nicht im ganzen Umfang einging. Für Bertold konnte es kaum eine wünschenswerthere Lösung geben, als die jetzt getroffene Abmachung und auch Rudolf sah ihr willig und getrost entgegen, ja, wie es durch seine Worte bei dem Sachsen Bruno, dem man darin einmal wieder keinen Grund hat zu misstrauen, hindurch blickt, war ihm der Gedanke nicht unlieb, mit guter Art sein dornenvolles Partheikönigthum niederzulegen. Auch Heinrich stimmte der Abmachung zu[285]. So wurden denn die Lager abgebrochen und beide

[283] Das Datum bei Marianus Scotus MGSS. V 561.

[284] Vgl. seine Briefe vom 12. u. 31. Mai bei Jaffé II 272—279.

[285] Bertold Ann. 300. Die sonderbare Angabe Bruno's an dieser Stelle, c. 95, SA. 70,

Theile rüsteten den Aufbruch, Rudolf zog zuerst davon, um die Seinen nach ihrer sächsischen Heimath zu führen. Noch sah man in der Ebene ihre abziehenden Geschwader, da kamen, ehe noch Heinrich und die Seinen das Lager am Neckar verlassen hatten, die lang ersehnten Baiern und Böhmen in grosser Stärke heran und vereinigten sich mit den Städtern Heinrich's zu dem zahlreichsten Heere, das der König bisher in seinem Kampf gegen Rudolf zur Verfügung gehabt hatte.

Er berieth sich nun mit den Führern der angelangten Schaaren und beschloss [256] mit ihnen den Rückweg durch Schwaben, der in den ersten Septembertagen begann [257]. Auch Bertold und Welf, sich von Rudolf's Heermarsch nach Sachsen trennend, waren mit den 5000 Schwaben in die Heimath zurückgekehrt, hatten gemäss dem Waffenstillstand ihre marschermüdeten Leute nach Hause beurlaubt und waren selber auf ihre Besitzungen gegangen. Jetzt rückte also die gesammte Kriegsmacht Heinrich's nach Schwaben hinein. Ein eigentlicher, deutlicher Waffenstillstandsbruch des Königs wird auch von seinen eifrigsten schriftstellerischen Gegnern nicht geradezu behauptet [258], so sehr eine ärgerliche Verstimmung des Königs über den verspäteten Anmarsch seiner eigentlichen Truppen und die ihm dadurch abgenöthigte Zusage, sowie der schon damals gehegte Gedanke daran, eben diese vereinbarte Fürstenentscheidung zu hintertreiben, zu begreifen wäre, ja vorauszusetzen ist. Sehen wir von allen Plänen ab; wie konnte es zu dieser Zeit überhaupt ohne Gewaltthat abgehen, wenn ein derartiges Heer, diesmal bairisches und zumal böhmisches Kriegsvolk irgend ein Gebiet zu durchziehen hatte, obendrein ein Land, das man doch des Waffenstillstandes wegen nicht sogleich aufhörte als das des Gegners zu betrachten, und das dieselben Truppen vor ein paar Monaten schon einmal in Kämpfen und Plünderung durchstreift hatten, wobei sie doch überall Hass und Erbitterung für ihre Wiederkunft zurückgelassen und widerum auch selber mit sich fortgenommen haben mussten? Wie es scheint, hat Heinrich seinerseits ihrem Hausen nicht gerade energisch Einhalt thun wollen. So erfahren wir denn von neuer Plünderung, neuem Sengen im schwäbischen Gebiet, aber auch von Selbsthilfe der Schwaben und blutiger Gegenwehr, die manchen der Königlichen niederstreckte [259]. Herzog Bertold vermochte keinen Schutz auszuüben; er und Welf waren durch die Beurlaubung

z. 20 von oben, ist einfach durch Tilgung des Komma's zwischen *promisisset* und *constituto die* verständlich zu machen und in Uebereinstimmung mit Bertold zu bringen.

[256] Bruno's zugespitzte und zurechtgemachte Erzählung, c. 95 am Ende, wird durch Bert. Ann. 301 widerlegt.

[257] Am 8. Sept. feierte Heinrich den Festtag (Mariae Geburt) schon in Augsburg. Ann. Aug. MGSS. III 129.

[258] Bruno, freilich in seinen Nachrichten zunächst immer von seinen Landsleuten abhängig, erwähnt überhaupt keine Verwüstung Schwabens im Spätsommer 1077.

[259] Bert. Ann. 301.

der vorher von ihnen geführten Leute zur Ruhe gezwungen und überhaupt durch die Nöthigung, um ihrer selbst willen den Waffenstillstand als bestehend zu betrachten, so lange der König sich zu keinem Angriff auf diese beiden, jetzt auf ihren Burgen sitzenden, ohne ihre wie auch sammt ihren in der Noth vielleicht verfügbaren Truppen gleich widerstandsunfähigen Gegner anschickte. — Heinrich ernannte, während er durch Schwaben zog, einen neuen Bischof auf den durch Embricho's Tod erledigten Stuhl von Augsburg und machte einen der eifrigen Eppsteiner, Liutold's Bruder, den streitbaren Ulrich, zum Abt von St. Gallen[290]. Dann zog er weiter durch Baiern und nach Franken. Am 30. October war er zu Worms[291], wohl um dem Fürstentage, der am 1. Nov. am Rhein statthaben sollte, begegnen zu können. Aber nur Wenige waren zu diesem überhaupt erschienen, Bertold nicht, von einer Entscheidung über die Krone war keine Rede mehr und der König konnte wieder — diesmal gegen seine erste Absicht unter Vermeidung Schwabens[292], weil er sich jetzt gewaffneten Widerstandes seitens Bertold's, Welf's und der Uebrigen gegen seine offenbar verkleinerte Gefolgschaft versah — nach Baiern zurückgehen, wo er im Winter Graf Ekbert belagerte, zur Flucht nach Ungarn zwang und den letzten Widerstand auch im Bisthum Passau erstickte[293]. Auch Rudolf war im Herbst von Sachsen aus näher an den Rhein gezogen, aber als er sah, dass an das Zustandekommen des Fürstentages, wie er verabredet war, gar nicht zu denken sei, wieder nach Sachsen zurückgekehrt[294], wo ihm die Westfalen und Thüringer allerlei zu schaffen machten. Bertold blieb auch ferner in Schwaben; dort hielt sich auch der Salzburger Erzbischof auf, der sich vor Heinrich zu den Schwabenfürsten zurückgezogen hatte.

So ging der Streit der Könige in das Jahr 1078. Als nun mit dem ausgehenden Winter Gregor's Fastensynode herannahte, sandten beide Könige dem Papste ihre Bevollmächtigte und mit denjenigen Rudolf's vereinigten die ihm verbündeten Fürsten besondere Botschaft, entweder jeder für sich, also auch Bertold, oder in Gemeinschaft.[295]. Der Schluss der Synode verkündete als Gregor's Entschliessung die Entsendung neuer Legaten nach Deutschland, unter deren Augen ein neuer allgemeiner Fürstenconvent das Friedenswerk errichten solle, und um endlich diese Fürstentagsbestrebungen zu einem Ziele zu bringen, bedrohte den sich nicht Fügenden, schon im Voraus ausgesprochen, ein neuer päpstlicher Bannspruch. Jetzt war es König Heinrich, der sobald

[290] Bert. Ann. 301; Cont. cas. S. Galli Ausgabe Meyer von Knonau's S. 47, vgl. auch die dortige Anm. 125.

[291] St. 2807.

[292] Bert. Ann. 302.

[293] V. Altmanni MGSS. XII 226 ff.

[294] Bert. Ann. 302.

[295] Nach Bert. Ann. 306 senden ausser Rudolf auch *omnes consentanei illius*.

er von diesem päpstlichen Beschluss Mittheilung hatte, sogleich Bemühungen um einen solchen Fürstentag begann, dem er sehr zuversichtlich entgegensah, um so mehr als die höchst ehrenvolle Aufnahme seiner Gesandtschaft in Rom gezeigt hatte, dass man dort seine königliche Stellung im vollen Umfang anerkenne, während Gregor die Gesandtschaft der jetzt so unmächtigen Rudolfiner öffentlich gar nicht empfangen hatte. Indessen eine Vorbesprechung zu Fritzlar mit den Sachsen blieb ergebnisslos; die letzteren benutzten als Vorwand zum Abbruch der Verhandlungen, dass der König nur von seinen verhassten Ohrenbläsern entsendet habe [296]. So kam es, dass alsbald die Kriegsläufte ihren Fortgang nahmen. Am ersten entbrannte der Krieg lebhafter wieder in Schwaben [297], wo die Gegner am engsten an einander sassen. Die bedeutendste Unternehmung daselbst war ein vereinigter Heerzug der Bischöfe Burkard von Basel und Wernher von Strassburg, von denen Wernher auch die Bauern des ihm zugetheilten Breisgau zur Verstärkung aufgeboten hatte; sie rückten gegen Osten vor und kamen, falls der sonst irrige und ausgeschmückte Bericht eines Gregorianers [298] dies richtig aufbewahrt hat, durch die Gegend von Hirsau. Da war es ein junger zähringischer Held, der sich ihnen entgegenwarf, des Herzog Bertold's Sohn, Markgraf Bertold II; er überwand das Bischofsheer in der Feldschlacht, dass kaum die beiden streitbaren geistlichen Herren selber entrannen und viele ihrer Ritter erschlagen und gefangen wurden, die Bauern aber, die nicht zu entfliehen vermocht hatten, liess er in seinem wilden Grimm die seines Hauses uralter Grafschaft Untergebenen solchergestalt und als ob ihnen überhaupt ein Kampf gegen Ritter anstehe wieder zu finden, in schimpflichster Strafe entmannen.

Der alte Bertold selbst nebst Welf war, während [299] sein Sohn so erfolgreich die ihm zugewiesene Aufgabe durchführte, nach dem königstreuen Franken gezogen, wo ihre Truppen durch Sengen und Plündern für die Leiden Schwabens Rache nahmen; bei ihnen befand sich der päpstliche Legat Abt Bernhard von Marseille, der ihren ganzen Feldzug bis zu Ende mitmachte [300]. Die Herzöge beschlossen, von Franken aus den Weg zu Rudolf um so mehr fortzusetzen, als ein neuer Einfall königlicher Anhänger in Schwaben sobald nicht wieder zu fürchten, dagegen nach den einlaufenden Nachrichten der Entscheidungskampf der Könige unmittelbar zu erwarten war. Da verlegte ihnen indessen

[296] Bert. Ann. 310.

[297] Bert. Ann. 311 f.

[298] Vita Willihelmi abb. Hirsaug. MGSS. XII 222.

[299] Bertold Ann. 312. *Ipsa tempestate.* Die Erfolge der beiden Bertolde müssen, wie Bertold's Ann. zeigen, vor den August fallen.

[300] Bertold Ann. 313. Er hatte sich vorher in dem Herzog Bertold eng befreundeten Kloster Hirsau aufgehalten. Dorthin hatte er Ende 1077 auch die Bischöfe von Trier, Metz, Toul und Verdun zu einer Zusammenkunft eingeladen, um mit ihnen die Angelegenheiten des Reiches und der Kirche zu verhandeln. Sudendorf, Registrum I S. 16 ff.

König Heinrich den Weg und schob sich zwischen sie und den nach Süden ziehenden, ebenfalls auf die Vereinigung der sächsischen und schwäbischen Truppen bedachten Rudolf. Die Herzöge waren gezwungen ein Lager zu beziehen und zu versuchen von diesem aus unter täglichen Erwartungen einer Schlacht doch einen Ausweg zu finden, um zu Rudolf durchzudringen. Heinrich jedoch hielt sie völlig in Schach, indem auch er nach dem Vorgang der Bischöfe seiner Parthei die Bauern aus diesen ihm treuen Gegenden in den Waffendienst zog und zwölftausend kampflustige derartige Streiter in nächster Nähe des Schwabenlagers aufstellte, so dass durch sie jeder Durchbruchsversuch der Schwaben unmöglich gemacht und sogar jeglicher Versuch, wenigstens Nachricht zu Rudolf gelangen zu lassen vereitelt wurde. Er selbst rückte dann, nachdem er auf jene Weise gesorgt hatte Bertold und Welf in Franken[301] zurückzuhalten, Rudolf entgegen, den er schon im nördlicheren Franken traf und durch die Schlacht bei Mellrichstadt an der Streu (7. August) zur Umkehr nach Thüringen und Sachsen zwang. Inzwischen aber waren, sobald sich der König in weiterer Entfernung befand, die beiden Herzöge mit ihrem schwäbischen Heere doch zum offenen Kampfe gegen die zahlreicheren Bauern vorgegangen und hatten — zufällig ebenfalls am 7. August — den Sieg, jedoch nicht ohne härtestes Ringen erfochten: zum Schluss waren die Bauern völlig zersprengt und nun verhängte Herzog Bertold über die Gefangenen hier dieselbe Strafe für ihr Waffentragen, die schon sein Sohn in kleinerem Massstab auf anderem Siegesfelde vollstreckt hatte. Ein strategischer Erfolg war übrigens der Sieg der Herzoge jetzt nicht mehr: sie erfuhren bald genug von der Schlacht von Mellrichstadt[302] und wenn ihnen dieselbe auch als ein völliger Sieg Rudolf's dargestellt ward, konnte ihnen doch sein Rückzug nach Norden nicht verhohlen bleiben. Da sie nicht daran denken konnten, auf eigene Hand mit ihrem dem Könige selber nicht gewachsenen Heere noch weiter vorzugehen, plünderten und verwüsteten sie mit Raub und Brand das nähergelegene Heinrich anhängende Gebiet, nahmen einige[303] Positionen der Gegner ein und kehrten sodann froh und hoffnungsfreudig über den eigenen wirklichen und den von Rudolf gemeldeten Sieg nach Schwaben zurück; was sie längst gefürchtet und hatten vereiteln wollen: dass

[301] Auch Bernold 435 erzählt ihren Feldzug, kurz und in Anschluss an Bertold's Ann., aber mit der Angabe, die Bauern hätten den Herzögen den Neckarübergang versperrt. Das wäre also abermals (vgl. S. 84 f.) am unteren oder aus topographischen Gründen eher am untersten Neckar, jedenfalls eben in Franken, gewesen und damit der Schauplatz überhaupt etwas näher bestimmt. FUB I S. 41 ist Bernold's Nachricht falsch auf Bertold's II Sieg bezogen.

[302] Bei Mellrichstadt fiel auch Bertold's I dem König treu gebliebener Tochtermann, Markgraf Diepold vom Nordgau. Vgl. unten b. Liutgart. Sein Tod bei Bruno SA. 73 c. 102.

[303] Alles nach Bert. Ann. 312. Bernold 435 weiss nur von einer feindlichen Befestigung, die er sie mit stürmender Hand einnehmen lässt.

nämlich Heinrich getrennt erst die Sachsen und dann schleunigst sie selbst zu vernichten suchen werde, das schien, obwohl ihre Vereinigung mit König Rudolf nicht gelungen war, nun doch in weitere Ferne gerückt.

Heinrich, dem sogleich nach der Schlacht gegen Rudolf ein Zusammenstoss mit den Schwaben höchst ungelegen gewesen wäre, hatte sich nach Baiern begeben[304] und zog hier in seinem eigentlichen Rüstgebiet ritterlicher Truppen neue Mannschaften heran, um, wie allgemein angenommen ward, noch vor dem Winter eine neue Heerfahrt gegen die Sachsen zu thun[305]. Aber ob ihm nun die Jahreszeit dafür schliesslich zu weit vorrückte oder ob er zunächst mit den minder mächtigen Gegnern im Rücken fertig zu werden überhaupt vorzog: er führte in der zweiten Hälfte des Octobers sein ganzes aus Böhmen, Baiern und Franken bestehendes Heer nach Schwaben hinein, wo sich daraufhin auch seine Anhänger von neuem erhoben, während von Südwesten her zugleich wieder die Burgunder, die feindlichen Nachbarn des unter ihnen so mächtigen Rheinfelders in Schwaben einbrachen. Auch wenn der Ueberfall von beiden Seiten nicht so plötzlich erfolgt wäre, wäre eine offene Landesvertheidigung der Getreuen Rudolf's gegen die gesammte königliche Heeresmacht und Anhängerschaft unmöglich gewesen; nur hier und da überfielen sie mit Glück verwegene Streifzügler und büssten an ihnen durch Tod und Verstümmelung deren eigenes und ihrer Genossen Hausen. Denn ärger denn je wüthete — jetzt zum dritten Male — in diesen Tagen um Allerheiligen (1. Nov.) in Schwaben die schlimme Art, die allen Heerzügen gerade dieses deutschen Bürgerkrieges anhaftet, Plünderung überall, Brand der erntegefüllten Dörfer, Zerstörung der Burgen und festen Plätze, höhnende Verunglimpfung der gegnerischen Gotteshäuser und die furchtbare Kriegsnoth der Frauen. Vor allen auf Welf's und Bertold's eigene Besitzungen[306] stürzte sich der wilde Schwarm, der wohl auch die von Bertold gegründete und mit Hirsauern besetzte junge zähringische Hauspropstei Weilheim[307] zur raschen Vernichtung kurzen Gedeihens gebracht hat.

[304] Bert. Ann. 312.

[305] Bert. Ann. 313.

[306] Bernold 435. Die Ann. Einsiedlenses MGSS. III 146 berichten darum sogar den ganzen Einfall in Schwaben vom Herbst 1078 als *d(eva)statio W(elf)hardi ducis Noricorum (duca)tus comitis Perhtolfi de (Ce)ringen.* Die Ann. Aug. MGSS. III 129 erwähnen den Kampf in Schwaben, ohne der Zähringer besonders zu gedenken; ihre Anspielung: „die früher geistliches Gut plünderten, werden nun bei ihrer gegenseitigen Entzweiung an ihren Gütern durch Gottes Rache bestraft", zeigt sich als eine mehr gegen die Laien überhaupt gerichtete Floskel. Sie fügen hinzu: *(rex) castella satis munita destruxit.*

[307] Weilheim im Neckargau (jetzt im württ. OA. Kirchheim u. T.). Die Gründung durch Bertold I giebt die späte, aber tüchtige Klosterarbeit aus St. Peter (Freib. Diöc.-Archiv XIV) S. 71 an: *Wilhain, ubi erat prepositura a patre eiusdem* [Bertold's II] *antiquitus instituta*. Vgl. auch ib. 84. Als Propstei bezeichnet Weilheim auch der Codex Hirsaugiensis (Bibl. de stuttg. litt. Ver. I) S. 85. Eine bestätigende Bezugnahme im Rotulus

Krank und todesmatt lag in diesen Tagen Herzog Bertold hinter den Mauern seiner Limburg[308]. Der Brandrauch der Dörfer nahe umher, der Jammerruf seiner Treuen drangen zu dem gebrochenen Manne auf dem kriegumringten Bergkegel empor und beschleunigten sein Ende; er bestellte sein Haus und befahl sich seinem Gott[309]. Aber kein sanftes Hinscheiden ward ihm beschieden: zu grauenhaft verwirrend waren auf das Gemüth des Kranken die alles vernichtenden Ereignisse seiner letzten Lebenstage eingestürmt; in wilden Fieberphantasien lag er, bis dann am siebenten Tage seit der gefähr-

---

Sanpetrinus ed. v. Weech, Freib. Diöc.-Archiv XV S. 140. Weiteres zu 1093. — Bertold würde doch wohl bei seinem bald hiernach erfolgten Tode in diesem seinem Sterbeorte so sehr nahe gelegenen Gotteshause, gerade seiner Stiftung begraben worden sein, wenn diese nicht damals bedroht gewesen wäre, oder, was wahrscheinlicher ist, schon in den Trümmern gelegen hätte, aus denen sie nicht wieder erstanden ist.

[308] Ekkehard's Chron. MGSS. VI 203 hat den Namen aufbewahrt: *in quodam oppido suo Lintperg naturaliter munito.* Obgleich dies auch auf die hoch und steil über dem Rheinstrom landabgewandt aufragende grosse Limburg bei Sasbach (nördlich vom Kaiserstuhl) gedeutet werden könnte, ist doch an diese schon desswegen nicht zu denken, weil der Breisgau in den Händen Wernher's von Strassburg war und Bertold nach seines Sohnes Strafverfahren gegen die breisgauischen Bauern sich nicht gut unter diese — oder ihre Angehörigen — begeben haben kann. Dazu kommt, dass mindestens die Hälfte der Limburg am Rhein 1239 dem Grafen von Habsburg-Laufenburg gehört, der dort einen Vogt (*advocatus de Limberch*, einen geborenen Endinger) hält. Er setzt die Hälfte der Burg einer Uracherin zum Witthum aus. FUB I 178. Weiteres ist nicht über diese Ehe bekannt, also auch nicht, wann diese Hälfte zurückfiel. 1300 wurde die Burg dann von Rittern, welche sie von dem Habsburg-Laufenburger Grafen gekauft hatten, den Freiburger Grafen zu Lehen aufgetragen (die freilich schon 1281 einmal — allerdings in erfolgreicher Fehde gegen die Habsburger und mit Bestimmungen gerade zum Behuf dieser Fehde — über sie verfügen. Vgl. Riezler, Fürstenb. Gesch. 122.)

Bertold I weilte also auf der Limburg bei Weilheim, im Herzen seiner Besitzungen an der Alb, und mit Obigem ist eine Anzahl von Freunden der Limburg am Rhein widerlegt.

Nachtr. Auch A. Schulte, Zs. f. Gesch. d. Oberrh. N. F. IV S. 490 Anm. bezieht die Ekkehardstelle auf die Limburg b. Weilheim, in welcher er in anregender Darlegung eine zu Vertheidigungszwecken erbaute Burgstadt (weil *oppidum*, auch *urbs*) erkennt, wie deren im zähr. Machtumkreis mehrere vorkommen. — Wie vortrefflich ist also Ekkehard wieder über zähringische Dinge unterrichtet!

[309] Bertold Ann. 313. Er lässt den Herzog auch sanft verscheiden, ebenso Bernold 435: *in pace.* Aber für diese Beiden ist auch das Sterben eine Partheisache: jeder Todesfall auf Heinrich's Seite wird durch ihre Darstellung zu schreckenerregender, fürchterlicher Strafe des Himmels verzerrt und das zwingt sie nun, Bertold's Tod recht friedlich darzustellen. — Für Ekkehard liegen diese Gesichtspuncte ferner; zudem haben wir ihn schon öfter als besonders wohl berichtet über die älteren Zähringer kennen gelernt, und was er hier — nur falsch zu 1077 — mit genauen Nebenangaben (die Limburg; ferner auch die 7 Tage, die sich gerade zu den uns bekannten Daten fügen) und doch mit Vorbehalt erzählt, ist weder sonderbar, noch für Bertold's Andenken verletzend: *pro dolore animi dicitur ex morbo, quem medici frenesin vocant, occupatus fuisse septemque diebus postea superstes multa amentiae verba quasi delirans protulisse sicque vitam finisse.*

lichen Wendung seiner Krankheit, am 5. oder 6. November 1078[310], der Tod ihn erlöste. Seinen Leichnam, der in Weilheim keine Stätte der Ruhe mehr hätte finden können, brachten die Seinigen in dasjenige Kloster, das den Lebenden oft bei sich als Freund gesehen hatte, nach Hirsau, und hier hat Herzog Bertold nun auch im Tode Gastfreundschaft gefunden[311]. Dort hat durch Jahre hindurch über Bertold's I Grabe seiner Söhne einer gebetet, der zu Hirsau das Mönchsgewand trug.

Folgenden Nachruf hat Bertold von Reichenau dem der Gregorianerparthei entrissenen Herzog gewidmet: „Er war der christlichen Frömmigkeit ein Freund und eifriger Vertheidiger, Einer, der in mässiger und geordnetehrenvoller Lebensführung von nicht durchschnittlicher und in Gerechtigkeit und Frieden, Demuth, Barmherzigkeitspflege und Eifer für Gott von dienstwilligster Haltung befunden ward, ein sehr unterrichteter Hüter der Rechte und der väterlichen Würden, in grosser Berathung ein Mann weisester Art und schlechthin als Mensch in jeglicher Ehrbarkeit der Sitte von rechter Mannestüchtigkeit“. Dieser erkennbar sorgfältig abgewogenen Charakteristik sei weder Auslegung noch Kritik hinzugefügt. Die ganze Art der mittelalterlichen Ueberlieferung verstattet so sehr selten, wie in die Thaten eines Handelnden, so dann auch in seine Erwägungen, in die Verschlingungen seiner Gedanken und Ziele oder gar in seiner Seele tieferen Grund zu schauen: wir nehmen gerne das ruhig gegebene Urtheil des Zeitgenossen hin, der Bertold kannte und sah oder doch mit denen, die ihn kannten, über ihn als über das zweite und zwar das ehrwürdigere Haupt der Parthei forschende Gespräche pflog. Wir können es um so eher thun, als des Chronisten Urtheil nur dem auch uns von Bertold bekannten Thatsächlichen entspricht. Aber worauf der gregorianische Mönch nicht geachtet und hingewiesen hat, das dürfen wir hinzufügen: dass Bertold nirgendwo sein Privatinteresse hervorgedrängt, niemals an dieses sein Handeln gebunden hat, dass all sein Thun rein und allein von dem bestimmt war, was er als das Beste des Reiches und der von dem Imperium weltlich geleiteten Christenheit Wohl nach seiner Art und seinem Geiste erkannt hatte. Und dann: dass er ein Treuer war vor Allen

[310] Das Tagesdatum 6. Nov. haben die Notae chronologicae Bernoldi MG Necr. I 659 (Eintrag eines Fortsetzers); den 5. November das Necrol. Petrishusanum aus dem 12. Jahrh. ibid. 676 (von verhältnissmässig alter Hand). — Ausser Ekkehard und den aus ihm schöpfenden späteren Darstellern haben auch die Ann. Marbac. MGSS. XVII (Ann. Argent. plen. bei Böhmer Fontes III 68) Bertold's Tod irrig zu 1077. — Sehr weit sich verbreitendes Interesse scheint Bertold's I Tod in den damaligen Wirren nicht gemacht zu haben; es müssten denn ihn verzeichnende Jahrbücher entfernterer Gegenden uns verloren sein.

[311] Catal. S. Petri Freib. Diöc.-Arch. XIV 83 (u. Auszug a. d. Thenenbacher Urbar ib. 84). Ein das veranlassender Wunsch Bertold's, wie ihn M. Kerker, Wilhelm d. Selige, Abt von Hirschau, Tüb. 1863, S. 83 annimmt, ist nicht nachzuweisen.

in dieser Zeit wetterwendischster Partheiung, vor einem Siegfried von Mainz und so manchem von dessen bischöflichen Amtsbrüdern, vor einem Welf und auch einem Otto von Nordheim. Gerade in der unmittelbarsten Gefahr stand er zu dem König Heinrich, der ihn doch in Kärnthen im Stich gelassen hatte, und half ihm durch den ersten Aufruhr der Sachsen hindurch; und in den früheren wie in den ferneren Tagen ist seine Stellungnahme von seiner Ueberzeugung, freilich im Bunde mit Versöhnlichkeit bedingt gewesen[312]. Zuletzt allerdings verzweifelte er daran für das Reich von Heinrich je noch zu hoffen und die Freundschaft, die ihn längst mit Rudolf verband, führte nunmehr seine ganze politische Ansicht und sein ganzes Vertrauen auf die Zukunft zu dem Rheinfeldner hinüber, um so mehr als dessen Anschluss an Gregor auch seiner eigenen sittlich-geistigen und frommkirchlichen Richtung längst entsprach. Und dann nach dieser bestimmten Wendung seines Lebens ist er der Fahne Rudolf's, die er selber zu Forchheim aufgepflanzt hat und deren Hort im Süden er war, bis in das bitterste eigene Leid treu geblieben.

Von Herzog Bertold I äusserer Erscheinung vermögen wir uns keine Vorstellung mehr zu verschaffen. Nur das erfahren wir und zwar durch die schon erwähnte zähringisch-staufische Ahnentafel, dass er noch lange nach seinem Tode als „Bertold mit dem Barte“ bekannt gewesen ist.

Bertold's erste[313] Gemahlin ist Richwara, mit welcher gemeinschaftlich[314] er das Klösterchen Weilheim mit Gütern im Neckargau ausstattete. Sie ist die Mutter seiner Söhne[315], nämlich Hermann's, Gebhard's und Bertold's und muss nach Massgabe der für die beiden ersten anzusetzenden Geburtsjahre, wenn nicht etwa noch früher, in den vierziger Jahren des Jahrhunderts, also zur Zeit, als Bertold noch schwäbischer Graf war und unter Heinrich's III Regierung, von ihm als Gattin heimgeführt worden sein. Ihre Herkunft bleibt in den Quellen dunkel; vereinigte Combinationen, die hauptsächlich, jedoch nicht allein auf die Besitzverhältnisse gestützt sind, haben sie als eine kärnthnische Herzogstochter erkennen lassen[316], an die von der Seite ihrer Grossmutter, Mathilde, d. h. der Mutter Konrad's II von

[312] Am Hofe scheint Bertold nicht gerade oft geweilt zu haben. Als Intervenient — ich fasse noch einmal zusammen — kommt er vor — ausser in St. 2514 (über die Unechtheit Steindorff, Jahrbb. Heinrich's III, Bd. II Excurs I 9 S. 434 ff.) — in St. 2631. 2632. 2768.

[313] Wenigstens liegt kein Grund vor zu zweifeln, dass sie die erste Gemahlin war.

[314] Rotulus SPetrinus 139 f. . . . *cum thori sui consorte domna Richwara* (Einzige Erwähnung ihres Namens; der Vermerk im Verzeichniss der Wohlthäter von St. Peter (Fr. Diöc.-Arch. XIV 82) ist aus eben dieser Stelle des RSP. geflossen.)

[315] Vgl. unten Anm. 365.

[316] S. oben S. 27 f.

Kärnthen und Tochter Herzog Hermann's II von Schwaben ein ansehnliches Gut aus dem Erbe der — neuerdings als „Alaholfinger" in die Geschichte eingeführten — alten alamannischen Herzogsfamilie gekommen war [317]. Die sonst bekannt gewordenen alaholfingischen Güter aber liegen keinem geschlossenen Gütercomplex so benachbart, wie gerade den zähringischen Besitzungen an der Alb im Osten des Neckarbugs (d. h. der später Teck'schen Herrschaft), während diese ihrerseits von dem altzähringischen Gut im Breisgau und in der Ortenau und auf der begleitenden Ostabdachung des Schwarzwaldes bis an den oberen Neckar heran, also von den einheitlich um den damals unbesiedelten inneren Schwarzwald herum gelagerten Gebieten abgeschnitten waren durch das sich dazwischen schiebende alte Zollerngut. Ferner: bei der einzigen Verfügung über einen Besitz aus diesem isolirten Zähringergut, die wir von Bertold I kennen, bei der Stiftung und Ausstattung der Propstei Weilheim verfügt der Herzog mit Richwara zusammen und die Klostertradition hält es sorglich fest, dass sie Mitvergaberin gewesen sei. So fügt sich denn alles zusammen, um über Richwaren's Abkunft und das von ihr Bertold I zugebrachte Gut mit einer recht hohen Sicherheit entscheiden zu lassen.

Richwara starb vor ihrem Gemahl. Der verwittwete Herzog entschloss sich noch zu einer zweiten Heirath und führte die „Schwester des Markgrafen Friedrich, Beatrix" [318] heim. Sie war die Tochter Ludwig's, des Grafen vom

[317] Vgl. F. L. Baumann, über die angebliche Grafschaft und Grafenfamilie Kelmünz. Zs. d. histor. Ver. für Schwaben und Neuburg. IV. (1878), S. 11 f., Ders., Beitr. zur Ortsgeschichte, ib. S. 325ff.; über die Zugehörigkeit der Kammerboten Erchanger und Bertold zu den Alaholfingern Ders., Württemb. Jahrbb. IV. (1878) S. 25ff. Weitere Ergebnisse Baumann's theilt nach Briefen Meyer von Knonau Mitth. z. vaterl. Gesch. . . . . von St. Gallen XVII = N. F. VII S. 80 in Anm. 213 mit: „Von diesen Alaholfingern . . . lässt Dr. Baumann die später zähringisch gewordenen alaholfingischen Güter dergestalt an das zähringische Haus gelangen, dass Berthold I in erster Ehe die Erbtochter des kärnthnischen Zweiges der Salier zur Frau gehabt habe; . . . . durch sie seien von der Seite ihrer Grossmutter, der schwäbischen Herzogstochter Mathilde (der Mutter ihres [Richwaren's] Vaters, eben des Herzogs Konrad II) ererbte alaholfingische Güter auf ihren Gemahl Bertold I übergegangen . . . . ebenso aber auch die von ihrem Vater, dem Herzog Konrad II selbst, stammende Erbanwartschaft auf das Herzogthum Kärnthen, die dann 1061 für Bertold I sich erfüllte". [Vgl. dazu oben S. 27 f.] Darin jedoch mussten in der Einleitung dieses Buches abweichende Ergebnisse vertreten werden, wenn Baumann weiter meint: „erst von da an, von der Verheirathung mit dieser kärnthnerischen Salierin, habe sich das anfänglich in recht bescheidenen Verhältnissen stehende Geschlecht des Bezelin von Villingen, welches keineswegs dem hohen alamannischen Adel angehört hatte, in diesem seinem Sohne höher emporgeschwungen. . . . . . : vom einfachen freien Herrn zum Fürstenrange."

[318] Bernold 456. Vgl. dazu Schöpflin I 60 und W. Gisi, Anz. f. schweiz. Gesch.

burgundischen Elsgau (Mömpelgard) und lothringischem Baargau (Mousson) und Sophiens, der Tochter des mosel-lothringischen oder oberlothringischen Herzogs Dietrich's II, dessen andere Tochter Beatrix sich mit Markgraf Bonifaz von Tuscien vermählt hatte, so dass also deren Tochter, die grosse Freundin Gregor's, Gräfin Mathilde, und Herzog Bertold's zweite Gemahlin rechte Cousinen waren. Von einer besonderen Bedeutung würde es sein, die Zeit dieser zweiten Heirath Bertold's, die ihn mit der gregorianischen Parthei durch ein Familienband verknüpfte, genauer bestimmen zu können; indess hier bieten sich nur die Anhaltspuncte, dass Beatrix' Mutter Sophie im Jahre 1033 *puellula* genannt wird [319], bis 1093 gelebt hat und in diesem Jahre *in bona senectute*, also doch nicht auffällig alt, verschieden ist [320], und ferner, dass Beatrix, wenn sie ihrer Cousine Mathilde ungefähr gleichaltrig war [321], schon desswegen frühestens erst in den sechsziger Jahren mannbar geworden sein kann. So möchte ich denn ihre Heirath mit dem verwittweten Herzog nicht in eine zu frühe Zeit, erst ans Ende der sechsziger oder in den Anfang der siebziger Jahre setzen. Aber so verbleibt denn doch eine ziemliche Unbestimmtheit der Datirung und diese verbot schon oben bei der Darstellung von Bertold's politischen Wandlungen seine zweite Heirath, obgleich sie mit jenen Wandlungen sicher in Zusammenhang gestanden haben wird, irgendwie als Ursache, Veranlassung oder in anderem Falle als Folge näher zu beleuchten. — Beatrix überlebte Bertold, vermählte sich aber nicht wieder. Sie ging in die Heimath ihrer Mutter zurück und lebte bei letzterer und zwar ohne erkennbare nähere Beziehungen zu den Stiefsöhnen, nur dass Bischof Gebhard, d. h. wohl durch diesen sein Vertrauter, der Chronist Bernold von ihrem Ableben zu seiner Zeit erfuhr. In ihren letzten Jahren war sie durch langwierige Krankheit heimgesucht, von der sie der Tod am 26. October 1092 [322] erlöste. In Toul ward sie von dem dortigen Bischof zu Grabe geleitet.

1888 S. 265. Ueber Ludwig auch Steindorff, Jahrb. Heinrich's III. I 218; ebenda an verschiedenen Orten über die tuscischen Verwandten.

[319] Chron. S. Michaelis MGSS. IV 84.

[320] Bernold 456.

[321] Ausser Beatrix hatten ihre Eltern eine Anzahl Söhne, cf. Bernold l. c.

[322] Bernold 455.

Hermann.

Heyck.

Markgraf Hermann, der Stammvater der Markgrafen und jetzt regierenden Grossherzöge von Baden, ist Herzog Bertold's I ältester Sohn[323]. Denn als er 1073 in's Kloster ging, hinterliess er schon einen Sohn, der dann 1089[324] als Zeuge in Urkunden aufzutreten vermochte und den wir zu dieser Zeit auch mit einer Testamentsvollstreckung betraut finden, die er 1090 vollzieht[325]. Schon dieser Daten wegen könnte dieses Hermann II Vater, Hermann I, nicht wohl nach 1050 geboren sein; indessen er muss noch einige Jahre älter sein und seiner Geburt nach den vierziger Jahren angehören. Dazu führt die oben (S. 20) besprochene Urkunde des Schaffhausener Gütertausches, die wenn sie auch später, am Anfang der sechsziger Jahre erst aufgesetzt ist und desshalb die Titel ändert, doch eben Hermann ausdrücklich unter den Anwesenden bei der Handlung, bei dem Actum von 1050 nennt[326]. Hermann kann aber, als er an der Hand des Vaters der Zusammenkunft am Fusse des Hohentwiel beiwohnte, erst ein Knabe gewesen sein; denn ihn als schon damals mündig zu betrachten und seine Geburt in die dreissiger Jahre hinaufzurücken, verbieten[327] die Altersverhältnisse, wenn nicht des Vaters, so doch der Brüder und daneben auch der von Hermann selber später gegründeten Familie[328].

Als Bertold Herzog von Kärnthen ward, erhielt dieser älteste seiner Söhne, der Träger mütterlicher Erbbeziehungen zu dem Herzogthume[329],

---

[323] Es ist ganz merkwürdig, dass das von den bisherigen Forschern und Darstellern immer wieder verkannt worden ist. Eine rühmliche Ausnahme machte zwischen ihnen und wurde darum schnellweg abgetrumpft Fickler, dessen Scharfsinn seine Darlegungen überall beachtenswerth macht, auch wo sie durch seine Combinationslust zu weit getragen und fehlerhaft werden. Dann neuerdings Henking S. 9. — Nachtr. Nun auch H. Maurer, zur Gesch. d. Markgr. v. Baden, Oberrh. Zs. N. F. IV S. 480 ff. (ohne doch die Gründe auszunützen, die von Bertold II her genommen werden können) und Fr. v. Weech, Bad. Geschichte, Karlsr. 1890, S. 18, der Maurer's Darlegung „mit Vorbehalt" anerkennt.

[324] St. 2894. Allerdings sind die Zeugen im Original nachgetragen. Ueber ein früheres Auftreten in einer Urk. von „1083" oder „1087" vgl. unten zu 1087.

[325] Quellen zur Schweizer Geschichte III 1 S. 17. Freilich nur in zweiter Linie neben seinem Oheim Bertold II.

[326] QzSchw. Gesch. III. 1, S. 6 ff. — „*Herimannus marchio filius B. ducis*", als erster der Zeugen.

[327] trotz der *idonei testes* der Urkunde.

[328] Und ferner die Worte Bertold's Ann. 276 über ihn, zu 1073: *adolescens adhuc.*

[329] Vgl. oben S. 27 und Anm. 317.

7*

einen (ebenfalls leer gebliebenen) Amtstitel; er ward zum Markgrafen des an Marken so reichen Herzogthums ernannt und tritt mit dieser Bezeichnung schon bei der Beurkundung des eben erwähnten Tauschactes auf, die, wie gesagt, bald nach 1061 geschehen sein muss. Am Anfang der siebziger Jahre erscheint sodann Hermann mit dem vollständigen Titel eines *marchio marchie Veronensis*[330], und wenn auch sein Sohn andere Zusätze wählte, so hat doch Hermann III im späteren zwölften Jahrhundert durch seinen Titel Markgraf von Verona neben dem des „Markgrafen von Baden" die Erinnerung an das Reichsamt seiner Ahnen in Kärnthen in bestimmterer Weise festzuhalten gesucht, worin ihm auch seine Nachfolger noch bis in das spätere 13. Jahrhundert hinein gefolgt sind.

Dass Hermann I thatsächlich die Veroneser Mark verwaltet habe, lässt sich nirgends erkennen und ist schon nach dem, was über seines Vaters Herzogthum zu sagen war, entschieden mit in Abrede zu stellen. Eben darum konnte Hermann, der noch lange Zeit unter den Söhnen Bertold's der einzige neben dem Vater öffentlich hervortretende bleibt, auf anderem Gebiete dessen Stütze werden. So erscheint er denn schon bald nach der Erhebung Bertold's zum Herzog, die diesen veranlasste die bisher verwalteten schwäbischen Grafschaften abzugeben, als Graf des für das Zähringerhaus am meisten wichtigen Breisgaus und daher kommt es auch, dass ihm neben dem Titel als *marchio* zuweilen auch nur der dem Thatsächlichen mehr entsprechende des *comes* in den zeitgenössischen Aufzeichnungen beigelegt wird.

Als Graf und zwar alleiniger Graf im Breisgau erscheint Hermann in der Urkunde[331] vom 1. März 1064, in der König Heinrich zu Strassburg

[330] In der hier zuerst für die Zähringergeschichte benutzten undatirten Urk. im Recueil des chartes de l'abbaye de Cluny. (Documents inédits sur l'hist. de France). Bd. IV. Paris 1888. No. 3448. S. 557. Vgl. über die Zeit der Urkunde und ihren Inhalt unten S. 102. (Ehe diese Urk. herangezogen werden konnte, war es unzulässig, schon Hermann I bestimmt als Markgraf von Verona zu bezeichnen, da für ihn selbst nur der blosse Titel *marchio* vorlag und der Zusatz von Verona erst von Hermann III und dessen Nachfolgern angewandt wurde. Ueber deren Titel vgl. Chr. Fr. Stälin I 551, II 305, 317 ff.) Verona war nicht nur die bekannteste der Kärnthner Marken, sondern auch die einzige, die zur Zeit des nominellen zähringischen Herzogthums noch in Verbindung mit diesem war (vgl. oben S. 28 f.) und also als die einzige in Betracht kam. Die Karentaner- oder Steiermark war ununterbrochen und fest in den Händen der Lambacher und seit 1056 der Ottokare, vgl. Wahnschaffe, 36—43; die Mark Krain zu Hermann's Zeit bei dem Grafen von Ebersberg (Wahnschaffe 43—56); Istrien (Wahnschaffe 56 ff.) hatte bis zu seinem Tode 1070 der Markgraf Ulrich inne, für dessen Söhne dann anscheinend eine Vormundschaft eintrat. (Die königlichen Verfügungen St. 2800, 2802 u. 2803 haben nichts mit dem zähringischen Hause zu thun.)

[331] M.IÖG. V 405 f. St. 2642 a. (Ueber den Inhalt der Urk. und die breisgauischen Orte darin A. Schulte, Habsburger Studien M.IÖG VII 1—8.) „.... *item in comitatu Herimanni comitis et in pago Brisergoviae* ...". Da die betr. breisgauischen Orte in Her-

die zum Theil dem Breisgau zugehörigen Schenkungen bestätigt, mit denen der Gründer Ottmarsheims diese seine Stiftung begabt hatte. Mittheilungsreicher noch über Hermann's Grafenamt im Breisgau und diesen Gau selbst sind zwei undatirte Urkunden, von denen die eine[332], längst bekannt, zu mannigfachen Erörterungen Anlass gegeben hat und nun durch die zweite, erst ganz neuerdings gedruckte[333] ihre Ergänzung findet.

Im Jahre 1052 hatte Hesso, der ältest bekanntere der Herren von Uesenberg ein Gotteshaus der Maria, St. Peters und aller Heiligen durch Bischof Rumold (1051—1069) von Constanz weihen lassen und mit liegendem Gut und Leuten bewidmet[334]. Als dann später sein Bruder Lambert starb, baute Hesso zu seines Bruders Gedächtniss noch eine kleine St. Nicolauscapelle und stattete sie mit einem Hörigen und dem diesem zugewiesenen Gut in den nahen Orten Nimburg und Bözingen aus[335]. Er traf ferner auch Sorge für sein eigenes und seiner Frau Goute Seelengedächtniss in der Kirche zu Eichstetten. Die kleine Nicolauscapelle aber bat er den Bischof Beringer von Basel zu weihen, der 1057—1072 im Amte war[336]. Nachher ward über alle diese einzelnen Geschehnisse eine Urkunde[337] geschrieben und diese nun hat bei ihrer Datirung „*duce Bertoldo, comite Herimanno*“[338].

---

mann's Grafschaft sich vom Kaiserstuhl bis eng in den südwestlichen Winkel des Breisgaus vertheilen, ist an ein damaliges Getheiltsein des Breisgau's in mehrere Grafschaften nicht zu denken.

332 Schöpflin V 20f.

333 Recueil des chartes de l'abbaye de Cluny (Docc. inéd. sur l'hist. de France) T. IV. Paris 1888. S. 557.

334 In dem Zusatz der Urk. (bei Schöpflin l. c.) ist es schon einfach St. Peter zugeheiligt. Es heisst nirgends, wie Schöpflin deutet und Andere nachgesprochen haben, dass es zu Eichstetten selber stand. Vielmehr ist erst bei Hesso's Anniversar von der *Eichstatensis ecclesia* und zwar als der Mutterkirche der Capelle und weiterhin von beiden (*ecclesia simulque capellula*) die Rede. Ich möchte nun weiter meinen, dass die Stiftung Hesso's von 1052 das Gotteshaus St. Peter's auf dem Kaiserstuhl, auf der Eichelspitze über Eichstetten gewesen sei, das im 14. Jahrhundert dem Markgrafen von Hochberg, Hesso, dem Erben der Uesenberger gehörte und das er den Paulinereremiten übergab. Auch um 1300 war das Klösterlein in gutem Stande, denn unter den Weinzinsern an St. Ulrich werden unter Ihringen auch „*die münche uf Kaiserstule*“ mit „*1 soum*“ genannt. (Notiz aus einem Rodel im Gen.-Landesarchiv zu Karlsruhe, St. Peter Generalia. Ich verdanke sie einer Ueberweisung A. Schulte's.)

335 *Nuemburc* und *Besingen*. Letzteres könnte ja auch das näher an Nimburg liegende Böttingen sein. Das ist aber sehr unwahrscheinlich und dann unmöglich, wenn *Bodinchora* (Wartmann, St. Galler Urkundenbuch I 17), was ich dahin gestellt sein lassen muss, Böttingen ist.

336 Trouillat I 183.

337 Eben die bei Schöpflin l. c.

338 Freilich schon zu dem Actum von 1052, zu dem die anderen Datirungsangaben alle genau stimmen. Die Urkunde ist eine zusammengesetzte Notitia, die schon Beringer's wegen allerfrühestens 1057 aufgezeichnet sein kann und es wahrscheinlich erst später ist.

Nicht nur die Eichelspitze, die östliche Mittelkuppe des Kaiserstuhls hat Hesso mit dem Peterskirchlein gekrönt und auch den Ostabhang des Tunibergs[339] durch die Nicolauscapelle geziert, auch am Südcap der ganzen Erhebung, wo sich der Tuniberg in steiler Klippenformation aus dem Rheinthal erhebt, einst als ein Wogenbrecher in die vorhistorischen Fluthen hineinragend, auch hier bei dem Dorfe Rimsingen[340] baute Hesso eine Capelle. Wie Wahrzeichen des weitreichenden Besitzes ihres Stifters standen diese Gotteshäuser auf den vorgestreckten Hügeln da und voll Stolz wählte Hesso zum Vollstrecker seiner weiteren Bestimmungen den Grafen des Gaues, den Herzogssohn Hermann. Im rechten gebotenen Ding auf der Malstatt *Peroltesholt* tradirte er in seinem Stand als *nobilis homo* in die Hand „Hermann's des Markgrafen der Mark Verona" all sein Eigengut, seine Liegenschaften und seine Hörigen zu Hartheim, auf dass es der Markgraf mit unbekleideter Hand[341] an die Rimsinger Capelle zum Unterhalt der dorthin zu berufenden Kleriker vergebe. Als dies nach Herkommen erledigt war, begehrte Hesso weiter im Ding, dass der Markgraf das Gotteshaus mit allem nunmehrigen Zubehör als eine den Aposteln Peter und Paul geweihte Capelle dem Kloster Cluny zum Geschenk übergebe, und zwar so, dass dorthin jährlich als Zins ein Goldstück entrichtet werde.

Wann diese Handlung geschehen sei, lässt eine Urkunde Heinrich's IV mit grosser Wahrscheinlichkeit für das Jahr 1072 erkennen; denn in diesem Jahre am 27. Juli zu Worms bestätigt der König die Schenkung und seine Urkunde giebt zugleich an, dass Mönche von Cluny für die Rimsinger Capelle berufen werden sollten[342] und somit durch Hesso und durch Hermann's Mit-

Sie springt aus der subjectiven Form (*ego Hesso*) nach der Ausstattung der Nicolauscapelle in die objective Form (*dedit. bona ipsius Hessonis* u. s. w.) über. So ist es denn auch durchaus nicht auffällig, wenn sie die beiden Zähringer mit ihrem Amte, wie es zur Zeit der Beurkundung, nicht der Anfangshandlung 1052 war, nennt. Die genauen und richtigen sonstigen Daten zum Anfangsactum 1052 (Indiction, Luna, Epacta, Feria u. s. w.) können uns nicht beirren: die las der kundige Schreiber aus dem Kalender ab, aber Bertold's und Hermann's Amtsantritt eben nicht.

[339] Wenn ich nämlich die Capelle Hesso's auf das noch bestehende St. Nicolaus bei Opfingen beziehen darf, dessen Capelle erst am Ende des vorigen Jahrhunderts eingegangen ist.

[340] Vgl. die Anm. 330 citirte Urkunde: *que apud villam nomine Rimesingen in colle constructa habetur extra ambitum ville.* Die noch als Apolloniencapelle bestehende Stiftung.

[341] „*libera manu*"; im Gegensatz zu *manu vestita*. Ueberhaupt ist die Urk. durch treues Bewahren der Formalien ausgezeichnet.

[342] St. 2757. Neuer Abdruck Recueil . . . de Cluny l. c. 558 f. Das „*ut monachi de Cluniaco ad praefatam ecclesiam Rimesingun sitam transmissi et collocati de rebus inibi pertinentibus vivant*" entspricht dem „*Deo famulantes viverent ex possessionibus supradictis*" der vorhergehenden Notitia über die Handlung von Peroltesholt und zeigt, dass

wirkung eine neue Pflegstätte cluniacensischen Geistes im Gebiete zähringischen Waltens sich im Entstehen befand.

Hermann hat sich des Auftrages entledigt, denn beide zuletzt genannten Urkunden gelangten in der That in das Klosterarchiv von Cluny. Es scheint, dass Hesso baldigst der Welt zu entsagen gedachte, als er Hermann zum Vollstrecker seines Willens einsetzte; denn der *nobilis homo*, der auf der breisgauischen Malstätte vor Hermann erschien, ist in der Königsurkunde zum *religiosus vir nomine Hesso* geworden.

Wenn Hesso sich mönchischem Leben widmete, so folgte ihm bald genug der Markgraf selber nach. Zwar war er jung und besass ein junges Gemahl, Judith, die man mit Wahrscheinlichkeit für die Tochter Graf Adalbert's von Calw, des frommen Erneuerers von Hirsau erklärt hat[543]. Sie wäre es dann gewesen, die Hermann die Besitzungen am nördlichen Schwarzwald zugebracht hat, aus denen dann später die eigentliche Markgrafschaft Baden erwachsen sollte, und hat wohl mit Hermann zusammen die Pancratius-Pfarrkirche zu Backnang ausgestattet[544], die später der Sohn Beider, Hermann II zu einem Augustinercanonicat umwandelte. Jedenfalls besass Judith den Sinn des Calw'schen Grafenhauses, die Hinneigung zu den kirchlich-strengen Tendenzen, den geistlichen Uebungen und dem vertrauten Seelenverkehr mit geistlichen Personen, in denen die Kaiserin Agnes, die Gräfin Mathilde und andere berühmte und bewunderte Frauen dieser Zeit so völlig aufgingen. Und

inzwischen noch keine Kleriker berufen worden waren, also die Notitia zeitlich der Königsurkunde nicht viel voraufgehen kann. — Dass die *ecclesia* im Text der Königsurkunde mit der *capella* der Notitia eine und dieselbe ist, geht auch aus der Rückaufschrift der Urk. Heinrich's hervor, die sie zu Cluny erhielt: *Preceptum Henrici quarti imperatoris de Rimcsingyonis capella, cum allodio et patrimonio Hessonis boni viri.*

[543] Ihr Name Bert. Ann. zu 1091. „*nobilis genere*". — Die Hypothese ihrer Abkunft stammt von Schöpflin I 278. Cf. aber auch Krieg von Hochfelden, Gesch. d. Gr. v. Eberstein, Karlsr. 1836, S. 7f. Sie braucht nicht, wie bisher angenommen und auch in Krieg's Beweisführung gegen ihre Calw'sche Abkunft zu Grunde gelegt wurde, mit einer der in der Urk. WüUB I 276ff. genannten Töchter Adalbert's, nämlich Uta und Irmingard, die dort der Neuausstattung Hirsaus mit zustimmen, identisch sein zu sollen, sofern sie nämlich bei ihrer Vermählung abgefunden war und auf Weiteres verzichtet hatte, was schon aus dem durch sie bei Hermann's I Lebzeiten an die Markgrafenlinie gekommenen Besitz zu folgern ist und auch der Regel entspricht. Als Tochter Adalbert's wäre Judith durch Papst Leo's IX Schwester, ihres Vaters Mutter, auch dem Egisheimer Hause zugehörig gewesen.

[544] WüUB I 343 u. 348f. Man steht hier doch auf schwankendem Boden. Nach der zweiten Urkunde könnten die *ipsius parentes*, die die Backnanger Kirche früher ausgestattet hatten, statt als die Eltern Hermann's II auch als die seiner Gemahlin (die gleichfalls Judith, *Judintha* hiess) gedeutet werden. Wenn andererseits wirklich Hermann I und seine Gemahlin gemeint sein sollten, kann die verhältnissmässig grosse Entfernung Backnang's von dem Mittelpunct des Calw'schen Hauses wieder gegen die Herkunft der älteren Judith von letzterem sprechen.

darin fand sie einen ähnlichen Sinn auch bei ihrem Manne; Hermann und Judith führten schon in ihrer Ehe gemeinsam ein Leben, dessen weltabgewandte Frömmigkeit ein Bertold von Reichenau, der strenge gregorianische Mönch preist, und auch das Lächeln ihres Kindes, das das einzige blieb, rief das im Empfindungskreise des Uebersinnlichen lebende Paar nicht wieder in die weltliche Sündigkeit zurück. Schon in jungen Jahren[345] strebte Hermann zur evangelischen Vollendung, wie Bertold von Reichenau sagt; ihr hat er dann auch das Letzte geopfert. Gerade Hermann I ist eine der charakteristischsten Persönlichkeiten dieser späteren Zeit des elften Jahrhunderts, deren Denken und Leben sich so fast ausschliesslich in den geistlichen Bahnen vollzog und die ja aus sich die grosse Bewegung der Kreuzzüge in ihrer ersten, reinsten, freilich nur kurze Zeit hindurch ganz unweltlichen Auffassung hat hervorgehen lassen. Gewiss neigte auch die ältere Generation vielfach zu den neuen hildebrandischen Ideen, die mit so mächtiger Anziehungskraft durch die christliche Welt getragen wurden und zumal in Deutschland nährenden Boden fanden; aber jenes waren doch zugleich Männer, die noch der frischen, lebendigen Zeit der beiden mächtigen Kaiser, Konrad's II und Heinrich's III entstammten. Ein Bertold I musste mit dem freien Worte in der offenen Berathung und mit dem Schwerte in der Hand der Streiter der Kirche und ihrer Parthei sein; die Bussübungen hat er mitgemacht, da sie ihm Frieden gaben, doch sich nicht so weit in sie versenkt, dass sie seiner Mannhaftigkeit bis in's greise Alter den geringsten Eintrag hätten thun können. Aber seinen Sohn nahm das alles, nahmen die Mienen und Gespräche der Kleriker, die in des Vaters Hause aus- und eingingen, die Besuche in den befreundeten Klöstern der hildebrandischen Richtung bis in die tiefste Seele gefangen. In seiner weiblichen und wie es scheint, kränklichen[346] Natur lebt nur schon diese jüngere Zeit in ihrer ganzen Geringschätzung, ihrer wegwerfenden Verachtung aller und jeglicher säcularen Dinge, mit ihrer Kasteiung und Selbstabtödtung in schwermüthiger Freudigkeit des Glaubens und mit dem ruhelosen Taumel der Ekstase. Es war die Zeit, da Mönche und Laien, um ganz der Welt zu entfliehen, als Eremiten sich in die tiefste Einöde der Wälder bargen, da mächtige Herren ihr ganzes Gut vergabten, um in der abgeschiedenen Zelle eines fernen Klosters in Gebet und Busse zu ringen oder wie Mönch Bernold[347] mit Genugthuung berichtet, „um so viel edler sie in der Weltlichkeit gewesen waren, mit um so mehr erniedrigenden Aemtern sich zu beschäftigen strebten, so dass, die früher Grafen oder Markgrafen waren, nun in der Klosterküche oder in der Backstube den Brüdern zu dienen oder die Schweine auf dem Felde zu hüten für die grössten Freuden erachteten“. Sie thaten

[345] *adolescens adhuc.* Bertoldi Ann. 276.
[346] Weil er so jung starb. Denn soll das die Askese allein vermocht haben?
[347] Zu 1083, S. 439.

nichts anderes, als was die zahlreich umlaufenden Legenden und Dichtungen priesen, in denen die ebenfalls rein mit geistlichem Inhalt sich erfüllende Poesie des Jahrhunderts ihre überlieferten oder aus geschichtlichen Personen, den Kaisern selbst, umgeformten Helden mit aller Verachtung der schnöden Welt und eifrigstem Ruhm alleinigen Lebens in Gott ausstattete. Im Jahre 1073 that Hugo von Burgund sein Herzogthum von sich ab und ward Mönch zu Cluny. Und noch am Anfang desselben Jahres entfloh — wie vor oder nach ihm jener Herzog — auch Hermann der Verführung weltlichen Denkens und Thuns, die ihn in seinem Amte, in seinem aufwachsenden Sohne, in seinem mit ihm ringenden und büssenden Weibe noch zu umgarnen schien; auch er suchte denselben sichersten Hafen, die Klosterzelle zu Cluny [348]. Die Kirche Gregor's hätte keinen treueren Jünger unter den Laien für ihre weltlichen Zwecke finden können, als ihn; aber den sie so ganz erfüllte, ihn raubte sie sich zugleich durch den Widerstreit der Ziele, den das im Kampfe stehende hildebrandische Streben in sich barg. — In Cluny ist Mönch Hermann nach etwas mehr als einem Jahre, am 25. April 1074 gestorben [349]. Er hatte als ein vollkommenes Muster in der Ordensregel unter den Genossen seine Tage geführt; in gleicher Hingabe schloss er sie nun und mahnte noch im Tode zu strengerer Zucht oftmals die annoch in den letzten Fesseln der Irdischheit umstrickten Brüder des Klosters [350]. Einer unter ihnen, gleich dem markgräflichen Mönche ein Deutscher, Ulrich [351], den dann seine späteren Tage in den Schwarzwald führten, von dessen stillem Frieden Hermann erzählt haben mochte und wo Ulrich der Stifter der nach ihm benannten Zelle in einem einsamen Bergkessel wurde, hat Hermann's Leben beschrieben und

[348] Bertold Ann. 276. — Im Cod. Hirsaugiensis (Ausg. des Stuttg. litter. Ver. I) S. 5, wo H. als *suos dam fugiens* und *pastor pecorum Cluniacensium monachorum factus* erscheint, haben wir wohl spätere mönchische Ausschmückung vor uns, in der die Hirsauer die obige Stelle Bertold's S. 439, zumal dort auch auf *marchiones* allgemein angespielt wird, allzu concret bezogen haben mochten. Bei dem hier massgebenden Bertold von Reichenau steht davon nichts.

[349] Bertold Ann. l. c. *7. kal. Maii.* — Bernold's Necrolog MG. Necr. I 658 hat seinen Tod zum 26. April eingetragen. Man versieht sich wohl leichter unter den vielen Zahlen bei Anlage eines kalenderhaften Necrologs, als in einer Darstellung bei einem Einzeldatum. Auch den Tod Petrus Damiani's hat Bernold's Necrolog um einen Tag abweichend von seiner Chronik. — Zu 1074 Ann. Zwifalt. MGSS. X 54. — Das Todtenbuch von Zwiefalten ist in dem ältesten Theil erst aus der ersten Hälfte des 12. Jahrhunderts; darin hat es zum 26. April (MG. Necrol. I 250) *Heriman m., com. Lintburk.* Nach Chr. Fr. Stälin I 551, Anm. 11 sind die beiden Worte *comes Lintburk* ein erklärender Zusatz von „nicht viel jüngerer Hand", was in der Ausgabe der MG. nicht hervortritt. Wie man zu diesem Titelzusatz kam, darüber unten S. 107.

[350] Bertold Ann. 276 sagt directer *crebris revelationum oraculis pro occultis et negligentiis suis monitor adhuc fratrum existens.*

[351] Vgl. seine Biographie im Freib. Diöc.-Arch. X; auch Bd. XIV.

ihm eine Grabschrift gedichtet, die beide danach aber verloren gegangen sind, freilich wohl ohne grossen Schaden für die geschichtliche Kenntniss der vormönchischen Zeit und weltlichen Thätigkeit der Markgrafen. Der sog. Anonymus von Melk, der seiner Nachrichten wegen jedoch nach Regensburg gehört, hat das Werk Ulrich's noch gesehen und zwar am wahrscheinlichsten eben in Regensburg, wo Ulrich selbst einmal Domherr gewesen war und von wo man auch nach Cluny hin Beziehungen zu ihm aufrecht erhalten mochte.

Judith, Hermann's Gemahlin, lebte noch bis zum Jahre 1091 in frommstem Wittwenstande[352]. Hirsau verdankte ihr reiche Unterstützung; sie war es, die das „grössere“ oder „neue Kloster“ errichten liess und wenn sie auch schliesslich durch irgend etwas beleidigt das Werk liegen liess, so reichten doch die schon von ihr zur Verfügung gestellten Mittel fast ganz aus, um den Bau abzuschliessen[353]. Das ist der Bau mit der 1091 geweihten Kirche des hl. Petrus, die einst die grösste Kirche in Schwaben nach dem Ulmer Münster war. Zuletzt trieb es die Markgräfin in die Nähe des grossen Erben Gregor's VII, des Papstes Urban, der als früherer cluniacensischer Mönch wohl persönlich den Markgrafen im Kloster gesehen und gekannt hatte; sie traf den flüchtig in Unteritalien umherirrenden Papst, dem Rom durch die Parthei Wibert's verschlossen war, in Salerno und ist dann dort sehr bald, am 27. September 1091 verstorben[353a].

Das Grafenamt im Breisgau hatte der alte Herzog Bertold, als sein Sohn der Welt, die für ihn zu hart und zu leer erschien, entsagte, wieder auf sich selbst nehmen müssen, bis es ihm 1077 entzogen ward[354]; dazu auch vielleicht die Sorge für seinen Enkel, Hermann II. Es will fast bedünken, als ob dieser junge Fürst schon im Heranwachsen zu bewusster innerlicher Abneigung gegen Leben und Ideale seiner Eltern gekommen sei, denn sobald er zu seinen Jahren gelangt war, ist er einer der treuesten Anhänger des mit der Kirche zerfallenen Heinrich IV geworden und hat die stete, auch unter den Staufern und durch fernere Jahrhunderte fortgesetzte Kaiserfreundschaft seines Hauses begründet. Die Grafschaft aber im Breisgau hat Hermann II aus den Stürmen der Partheiung zurückerworben und sie nebst dem nördlichen, fränkischen Besitz und der ufgauischen Grafschaft an seine Nachkommen vererbt. Den Markgrafentitel führte und vererbte er ebenfalls fort[355]; an-

[352] Bernold 453: „*nobilis genere, set nobilior in sanctitate . . . . in viduitate et sancta conversatione permansit.* Versehentlich zählt Bernold 19 Wittwenjahre der Judith; 18½ sind es auch dann nur, wenn man Hermann's Mönchszeit mitrechnet.

[353] Cod. Hirsaug. 5.

[353a] Bernold 453.

[354] Vgl. oben S. 82.

[355] Zuerst führte ihn Bertold II, bis dieser zum Herzog erhoben und theilweise anerkannt wurde. Dem entsprechend kommt Hermann II bei den Erwähnungen von 1087;

fänglich setzte er gelegentlich dazu „von Limburg", wohl nach der durch seines Grossvaters Tod bekannten zähringischen Burgstadt und nur höchst unwahrscheinlich nach der Limburg über dem Rhein in seiner breisgauischen Grafschaft; geraume Zeit später erst trat, entsprechend der allmählichen Verlegung des Schwerspuncts der markgräflichen Stellung nach den fränkischen Besitzungen, an die Stelle der Limburg, wenn ein Zusatz geschah, der Name von Baden.

Da Bertold's I beide anderen Söhne eine gesonderte Darstellung finden werden, erübrigt es hier, der einzigen Tochter des Herzogs zu gedenken, deren Name auf uns gekommen ist. Sie hiess Liutgard (Lütgard)[356] und wurde die Mutter des Markgrafen Theobald, dessen Tochter Adelheid Friedrich Barbarossa in erster Ehe zur Gemahlin hatte. So viel theilt unmittelbar der schon erwähnte zähringisch-staufische Stammbaum des 12. Jahrhunderts mit. Liutgard war also die Gemahlin des Markgrafen Diepold vom Nordgau, der 1078 auf Heinrich's IV Seite bei Melrichstadt fiel[357]. Mehr noch um dieser Partheistellung Diepold's gegen den Schwiegervater willen, als wegen des überlebenden Sohnes wird die Schliessung dieser Ehe um etliche Zeit vor 1078 zurückzuverlegen sein, so dass nach dem über Bertold's I beide Ehen Gesagten auch Liutgard als eine Tochter aus erster Ehe zu betrachten ist, und zwar als wahrscheinlich an Jahren ihren beiden nunmehr zu besprechenden Brüdern vorausgehend. — Möglicherweise, aber unwahrscheinlich ist sie an einem 9. August (und dann nach 1093) gestorben[357a].

1090 QzSchwGesch. III, 1, 17 und auch später noch einfach als *comes* vor. Im Rotulus SPetrinus S. 158 findet sich die Gleichung: *marchio Hermannus . . . . . idem comes.*

[356] *Liutgardis* und *Litgardis*, epist. Wibaldi b. Jaffé Bibl. I 547.

[357] Der Tod Diepold's 1078 b. Bruno de b. Sax. SA. 73 c. 102.

[357a] Das Todtenbuch von St. Peter MGNecr. I 336 nennt zu diesem Tage eine „Liutgard, Tochter Herzog Berthold's". Wenn nun aber auch „Bertold's [III] Schwester, die Gräfin Liutgard" schon ibid. 335 vorkommt und also mit jener nicht dieselbe ist, so wird doch der Eintrag zum 9. Aug. schwerlich auf die ältere Liutgard zu beziehen sein, sondern eher auf eine sonst unbekannte, wohl jung verstorbene Tochter Bertold's III oder IV.

Bertold II. und Gebhard.

In einer Geschichte der Herzöge von Zähringen scheint bei erstem Hinblicken für den das Mönchsgewand tragenden Sohn Bertold's I, der auf den Bischofsstuhl von Constanz gelangte, keine rechte Stelle zu sein, um so weniger als gerade dieser Bischof Gebhard schon eine ausreichende biographische Behandlung erfahren hat[358]. Indessen ist das persönliche Verhältniss Gebhard's zu seinem Bruder Bertold II ein so nahes und wirkt so sehr mitbestimmend auf des Letzteren Geschicke, verknüpft sich Bertold's politisches Wollen und Thun so eng mit der kirchlichen und landesherrlichen Thätigkeit des Bischofs, dass es, auch wenn er kein Zähringer wäre, nicht anginge den die deutsche Opposition gegen Heinrich IV führenden Constanzer Prälaten in diesem Buche aus den Augen zu verlieren. Dieselbe Sachlage macht es aber auch unmöglich, beiden Brüdern eine getrennte Darstellung zu widmen.

Bertold II und Gebhard waren Söhne einer Mutter[359]; wer von beiden der jüngere war, hat keine Quelle aufbewahrt. Gebhard's Biographen[360] glauben sein Geburtsjahr über 1050 hinaufrücken zu müssen.

---

[358] Und zwar zwei-(oder drei)fach. Zuerst in der werthvollen Arbeit (1865) von K. Zell, „Gebhard von Zähringen, Bischof von Constanz" im Freiburger Diöcesanarchiv I 307 ff., dann durch die Zell vielfach verbessernde und ergänzende sorgsame und kenntnissreiche Darstellung von K. Henking, Gebhard III, Bischof von Constanz 1084—1110. (Züricher Dissertation) Stuttgart 1880. Schliesslich musste sich der hier vereinigte Stoff noch einmal wieder in Regesten aufgelöst finden lassen in den „Regesten der Bischöfe von Constanz" (cit. Const. Reg.) bearb. v. P. Ladewig, I 67 ff.

Die Existenz dieser Bearbeitungen und zumal der Regesten erlaubt, hier für Gebhard III bei einer leicht ersichtlich unabhängigen Darstellung doch den Quellenapparat, auf dem sie beruht, nicht zu jeder Einzelheit zu citiren. — In Hirsau kannte man im 12. Jahrh. eine Vita dieses Gebhard, welche im Hirsauer Buche mit rühmenden Worten erwähnt wird (Cod. Hirsaugiensis, Bibl. d. Stuttg. litterar. Ver. I S. 21 = MGSS. XIV S. 263), aber nicht wieder aufgefunden worden ist. Giesebrecht III[4] 1071 hält nicht für unmöglich, dass sie in die Casus monast. Petrishusensis übergegangen ist, so dass sie uns also in diesen doch noch zu Gute käme, worüber dann Henking l. c. in einem Anhang ausführlicher handelt.

[359] *annuente .... Gebehardo, eiusdem ducis [Berhtoldi] germano.* Rot. SPetrinum S. 137. *germani* Liber Heremi im Geschichtsfreund I S. 135 f.

[360] Zell S. 311, weil Gebhard schon 1079 von Gregor VII mit zum erzbischöflichen Stuhl von Magdeburg empfohlen wurde (s. u. S. 115). Henking S. 10 fügt zwei weniger bemerkenswerthe Gründe hinzu: i. J. 1107 lehnt Gebhard eine Reise nach Mainz von Constanz aus ab (der Brief bei Martène et Durand, Vet. scriptorum et monum. collectio I

Diese Vermuthung ist keineswegs ganz sicher zu erweisen, aber sehr wahrscheinlich. Wer nun freilich jenes annimmt, thut Unrecht, Gebhard als den dritten, den jüngsten der Brüder zu betrachten[361]. Denn die Geburt Bertold's II, der 1078 zum ersten Male mit seinem Namen erwähnt wird[362] und 1079 sich aus politischen Gründen vermählt[363], darf man schwerlich über die Mitte der fünfziger Jahre zeitlich zurückversetzen. Eines scheint mir noch mit auf eine Ueberlegenheit Gebhard's an Jahren zu deuten: die widerspruchslos leitende politische Stellung, die er Bertold gegenüber einnahm und zumal das noch zu besprechende eigenthümliche Treuverhältniss, in das sich Bertold gegen den Bruder begab. Denn man dürfte hierin doch wohl nicht ohne Weiteres das Altersverhältniss durch Gebhard's geistlichen Stand aufgewogen wissen wollen. — Uebrigens Beatrix, Bertold's I zweite Gemahlin, kann, wie eine frühere Erörterung[364] zeigte, die Mutter der beiden in den siebziger Jahren schon vollkommen erwachsenen *germani*, Gebhard's und Bertold's, noch nicht sein. Dem entspricht es auch, dass nur Bernold, dagegen keine andere der Familie selbst näher stehende, auch keine urkundliche Quelle den Namen der Beatrix aufbewahrt hat, während Bertold's II Söhne, Bertold III und Konrad noch im Jahre 1111 persönlich der Richwara gedenken[365].

Immerhin darf die Meinung, die sich aus dem Allen heraus bildete, nur mit dem Vorbehalt, dass sie zwar in jeder Beziehung am besten passt, aber nicht streng erwiesen ist, ausgesprochen werden: dass nach dem in den vierziger Jahren geborenen Hermann die damalige Gräfin Richwara ihrem Gemahl

S. 609), weil sein Bisthum zur Zeit keine längere Abwesenheit erlaube und seines Alters wegen. Letzteres könnte er auch als angehender Fünfziger wohl hinzusetzen; es war nur Vorwand. Denn altersschwach war G. noch gar nicht: er war gerade damals erst von den grössten Reisen in Deutschland und nach Italien, wobei er Alpenübergänge im Winter machen musste, nach Constanz zurückgekehrt. — Zweitens schreibt 1107 Paschalis II (bei Neugart Cod. dipl. II S. 42) an Gebhard: *volumus enim, ut iuventutis certamina tempore quod absit senectutis omittas*. Aber auch darum braucht der Bischof 1107 noch nicht in eigentlicher *senectus* zu stehen; nach derselben Stelle müsste ja sonst seine dem Papste wohlgefällige *iuventus* bis zu den Machttagen Heinrich's V gereicht haben.

361 Wie Henking S. 10. Auch Giesebrecht III[4] 639 sieht Gebhard als den jüngsten Sohn an.

362 Vgl. oben S. 89, auch 77.

363 Noch zu 1079 bezeichnet ihn Bertold Ann. S. 320 als *adolescens* und spricht über ihn mit Worten, als habe er ihn erst bei den Zeitgenossen einzuführen.

364 Vgl. oben S. 96.

365 Rot. SPetrinum ed. v. Weech S. 139f. Richwara wird in der betr. Notitia zwar nicht direct als Ahnfrau bezeichnet, aber das geschieht auch mit der Gemahlin Bertold's II, Agnes, nicht; beide Herzoginnen sind stilistisch in ganz gleicher Art behandelt. — Bernold, der zu 1092 (S. 455) von Beatrix spricht, nennt sie nur die einstige Gemahlin Bertold's I, aber bezeichnet sie nicht als Mutter der lebenden Zähringer, was doch nahe gelegen hätte, zumal Bernold Gebhard's Vertrauter war. Ferner sagt Bernold selbst (S. 456), dass Beatricens Mutter Sophie die Geburt vieler Enkel, Söhne ihrer Söhne erlebte.

bis zur Mitte der fünfziger Jahre nacheinander zuerst Gebhard und dann Bertold geschenkt habe.

Die früheste Nachricht über Gebhard zeigt ihn schon in Verbindung mit kirchlichen Corporationen und zum geistlichen Stande bestimmt: er war in jungen Jahren der Inhaber einer Xantener Propstei[366]. Wie und wann diese Beziehung durch ihn oder für ihn angeknüpft worden ist, wissen wir nicht und ist bisher nicht zu erklären versucht worden; möglicherweise durch seines Vaters, Bertold's I freundschaftliche Verbindung mit Anno von Köln. Es war nur eine Pfründe, die ihm zu Gute kam; denn die Petershausener Chronik sagt unmittelbar nach der Erwähnung seiner Xantener Propstei von ihm: „er verliess die Welt"; die Priesterweihe hat Gebhard erst 1084 erhalten.

Das „Verlassen der Welt" bezieht sich darauf, dass der junge Herzogssohn dem Zuge folgend, der bei den Männern und Frauen seines Hauses so ganz besonders ausgeprägt war, Mönch wurde und zwar gerade in das strenge Kloster Hirsau eintrat, das von der verschwägerten Calwer Grafenfamilie erneuert und ausgestattet war. Es war zur Blüthezeit Hirsau's, dieses deutschen Cluny, als dies geschah[367], „da der Sturm des Kirchenstreites so viele um die Ruhe ihrer Seele besorgte Weltgeistliche und Laien hinter die dortigen Klostermauern trieb." Als Gabe brachte Gebhard seinem Kloster die verödete Propstei Weilheim nebst den dazu gehörigen Gütern, und zwar mit Zustimmung seines Bruders.

---

[366] Das berichtet die über Gebhard wohlunterrichtete (vgl. Anm. 358) Petershausener Chronik MGSS. XX 648 und eine wohl von ihr abhängige späte Arbeit in Mone's Quellensammlung I 305. — Vgl. Zell S. 311 f.

Einen Irrthum begeht Henking S. 11 f., welcher meint, Gebhard sei nach der Wahl Rudolf's von Rheinfelden zum König mit dessen Sohne als Geissel für den Papst nach Rom gesandt worden. Rudolf (vgl. oben S. 77) bietet seinen und Herzog Bertold's Sohn nur als Unterpfand an; wären die Jünglinge damals wirklich nach Rom gekommen, so würde Gregor i. J. 1080 (Jaffé II S. 402; in der einzigen Stelle über diese Sache) doch nicht lediglich das blosse Anerbieten erwähnt haben. Damit fallen zugleich Henking's Gründe, dass Gebhard und nicht der junge Bertold wahrscheinlicher zu dieser Vergeisselung gewählt worden sei und eine weitere Auseinandersetzung. Gebhard, der junge Geistliche, wäre ohnehin zu dieser Vergeisselung für den Gegenkönig und mit dessen Sohn zusammen nicht ebenso geeignet gewesen.

[367] Nach den Worten des Chron. Petrishus. S. 648. Zell 311 ff. Ein sicherer Termin ist nicht festzustellen. Henking S. 11 meint, die Beerdigung Bertold's I zu Hirsau (1078) habe mit die Wahl Gebhard's auf diesen Ort gelenkt. Ebensogut könnte man sagen: durch Gebhard's Aufenthalt in Hirsau wurden die Beziehungen seines Vaters zu diesem Kloster noch nähere und wird noch begreiflicher, dass 1078 die Leiche gerade dorthin gebracht wurde. Eher liesse sich Henking's Annahme dadurch begründen, dass Gebhard Weilheim mit Zustimmung des jüngeren Bertold (II), also nach 1078 an Hirsau brachte. Aber er brauchte sie ja nicht gerade beim Eintritt mitzubringen. — Aus der Stellung der Nachricht innerhalb der Petersh. Chron. würde man keinen Schluss ziehen dürfen; als sie an Gebhard's Wahl zum Bischof kommt, holt sie eben vorher sein Vorleben nach.

Welche Stellung hatte nun dieser junge Bertold II bei seines Vaters Tode inne? Durch den Tod Hermann's I, der nur einen ganz jungen Sohn hinterlassen hatte, konnte der Markgrafentitel als erledigt betrachtet werden und mit diesem findet sich — während später Hermann II zunächst als einfacher Graf erscheint[368] — in der That Bertold in der Fortsetzung der Geschichte von St. Gallen bezeichnet, die dem Bedränger des Klosters schwerlich einen ihm nicht zukommenden Titel gegönnt haben würde[369]. Aber auch der Chronist der Gregorianer, Bertold von Reichenau, kennt den Herzogssohn nur als Markgrafen, und zwar vor und noch bald nach des Vaters Tode[370]. Mit diesem nach Hermann's I Ausscheiden geführten Markgrafentitel sind nun aber auch die öffentlichen Ansprüche der Zähringer auf Kärnthen und dessen Nebenlande auf Bertold übergegangen[371], und nicht auf Hermann's I jungen Sohn. Das lässt denn schliessen, dass Bertold I schon gleich nach des ältesten Sohnes Tode den jüngeren Sohn anstatt des Enkels als Erben an seine Seite gezogen habe. Dementsprechend hat Bertold II nach seines Vaters Tode und noch ehe sie ihn zum Herzog von Schwaben wählten, bei den eigenen Partheigenossen auch schon den herzoglichen Titel gehabt[372] und allerdings

[368] St. 2788 mit *marchio* ist unecht. *comes* Schöpflin V S. 28; QzSchwGesch. III, 1, S. 17 zu 1090, aber wie (S. 15) *„dive memorie Wilhelmus Hirsaugiensis abbas“* († 5. Juli 1091) zeigt, sind auch diese Theile der Gesammtnotitia, welche als Ganzes frühestens von 1092 ist, textlich überarbeitet. — Vgl. unten zu 1087.

[369] ed. Meyer von Knonau, Mitth. z. vaterl. Gesch. XVII, S. 54, 68, 71, 73, 75, 78, 79, 84, 88, 93. Der Fortsetzer des St. Galler „Casus“ hat Bertold seinerseits auch später nicht als Herzog anerkannt, wie S. 93 zeigt: ebensowenig Gallus Oehem, also auch die Beiden gemeinsame Quelle, die verlorenen Annalen, nicht. Den *„comes“ Bertoldus* hat Neugart Cod. Alem. II S. 36 durch falsche Deutung der päpstlichen Namens-Abkürzung hereingebracht und Hidber Reg. 1453 ist ihm gefolgt. *comes B.* (vgl. jetzt Jaffé Bibl. V S. 161, dort unerklärt) ist Burkard von Nellenburg. Ueber das päpstl. Schreiben selbst unten zu „Tuto“.

[370] Bert. Ann. zu 1078 p. 312, zu 1079 p. 320.

[371] Das erfahren wir wenigstens von den durch ihren Eppensteinischen Abt so vorzüglich über die Zähringer unterrichteten St. Gallern, vgl. Cont. casuum S. 80 ff. und Oehem S. 123. Immerhin konnte Bertold's II Anspruch auf Kärnthen auch nur eine Vermuthung Abt Ulrich's gewesen sein, die es ihm mit erklärte, warum er den Zähringer so unermüdlich als Gegner fand.

[372] Bernold S. 454 zu 1092: *iam dudum nomen ducis habere consuevit.* In der Urk. für 1087 bei Schöpflin V S. 28 muss *Bertolfus dux* unser Bertold sein; ferner QzSchwGesch. III 1, S. 16, 17 für 1087 resp. Apr. 1090, allerdings erst in frühestens 1092 aufgezeichneter Notitia. (s. Anm. 368). Urban II schreibt 1088, März 13 (Jaffé V 503) an beide „Herzöge“ B., das sind Bertold, Rudolf's Sohn, der Schwabenherzog, und unser Bertold, und nennt auch in dem Schreiben vom 28. Jan. (bei Jaffé V 161), das Jaffé und überzeugend Henking S. 40 Anm. ins Jahr 1092 setzen, den damals noch nicht gewählten Bertold schon *dux*. So brauche ich die Stelle der Notitia fundationis S. Georgii, Oberrh. Zs. IX S. 210 zu 1090, bei der die Bestimmung, welcher Bertold, nicht ganz zweifellos ist und auch das Wesen der Notitia vom Standpunct der Datirung in Betracht zu ziehen ist, nicht zu verwenden.

mit demselben Rechte, wie sein Vater nach der in Ulm über ihn verhängten Entsetzung. Er scheint das gerne hingenommen zu haben, wenn auch kein Schriftstück uns vorliegt, das von ihm selber ausgehend den Herzogstitel führt. „Von Zähringen" aber ist Bertold in seinen früheren Jahren noch nicht genannt worden, weder mit noch ohne den Beisatz der herzoglichen Würde[373]. —

Dem grossen Kampfe der Partheien im Reiche hatte das Ausscheiden Herzog Bertold's I keine irgendwie bemerkbare Wendung gegeben. Für König Heinrich bedeutete Bertold's Tod längst nicht mehr den Verlust eines Gegners, der bei der eigenen Parthei auf Frieden und Versöhnung hinzuwirken versuchte; er konnte die Nachricht von dem Hinscheiden des Mannes, der einst mit ihm die Gefahren der Flucht von der Harzburg getheilt hatte, kühl, vielleicht mit Befriedigung hinnehmen. Rudolf hatte einen treuen Anhänger und Freund verloren, an dessen Stelle jedoch sogleich mit den gleichen Machtmitteln des Hauses der kriegstüchtige Sohn trat. Der Niedergang der gegenköniglichen Parthei, der den Herbstereignissen von 1078 folgte, bekundete sich vielmehr in Norddeutschland viel deutlicher, die süddeutschen Machthaber blieben Rudolf treu und Welf drang sogar in der Zeit vor den Fasten 1079, also im Januar in einem für seines Königs Sache erfolgreichen Zuge nach Churrätien vor[374]. So war denn auch das Augenmerk Gregor's, der jetzt nur um so energischer, je mehr er es vor Heinrich zu verdecken suchte, den Widerstand gegen diesen betrieb, eher mehr denn weniger, als bisher, auf das als zuverlässig bewährte zähringische Haus gerichtet, und als es sich um die Neubesetzung des Magdeburger Erzbisthums handelte, das durch Wezel's Tod bei Melrichstadt erledigt war, stellte er in einem im Februar 1079 an Rudolf gerichteten Briefe[375] diesem die Auswahl zwischen einem Goslarer Decan, zweitens G., dem Sohne des Herzogs Bertold, also Gebhard, und drittens H., dem Sohne eines Grafen Siegfried, frei. Er sagt dabei, er habe über alle drei gutes Zeugniss erhalten[375a]. Ob Gebhard von dieser Verhandlung über ihn

[373] Weder Bernold, noch die St. Galler Quellen mit ihrer gleichzeitigen Grundlage, noch die Briefe und Urkunden aus dem 11. Jahrhundert wissen etwas von dem Namen „von Zähringen"; die Augsb. Ann. MGSS. III 134 nennen den 1092 zum Schwabenherzog Gewählten vollkommen zusatzlos „*Pertolfus*". Die Ann. Marbac. MGSS. XVII 157 sprechen zu 1092 freilich von der Wahl Bertold's *de Zeringen*, aber die ganze Stelle ist sonst aus Bernold entnommen und nur das *de Zeringen* hat der elsässische Annalist, aber nach der Bezeichnungsweise seiner Zeit, selber dazugethan (so dass der Hrsg. die beiden Worte nicht wie entlehnte klein drucken durfte). So wenig, wie also diese Namengebung durch die Marb. Ann., kommt das *dux de Zaringin* in Betracht, dass die späteren Cas. mon. Petrish. schon für die achtziger Jahre Bertold II geben (S. 648).

[374] Bertold Ann. 316.

[375] Jaffé II 552f.

[375a] Durch Altmann von Passau, wie M. Sdralek, die Streitschriften Altmann's von Passau und Wezilos von Mainz, Paderb. 1890, S. 23 sehr wahrscheinlich macht.

damals erfahren hat und wie er über diese Aussicht etwa dachte, muss dahingestellt bleiben; nicht er, sondern der an letzter Stelle Genannte[376] ist in der Folge mit der Leitung des an den Grenzen der Sachsen und Heiden sich dehnenden, wichtigen Erzbisthums betraut worden.

Aber auch König Heinrich suchte durch die Getreuen und die ihm nahestehenden Familien im Süden festeren Fuss zu fassen. Schon in der ersten Zeit des Jahres 1079 hatte er die als besonders treu und eifrig belobten Dienste des Lausanner Bischofs Burkard durch eine Schenkung belohnt, die zum grössten Theile aus denjenigen Gütern des geächteten Rudolf und der Seinigen, die zwischen Saone, Jupitersberg (Gr. St. Bernhard), der Genfer Brücke, dem Jura und den Alpen gelegen waren, bestand[377]; als er dann das Osterfest (24. März) zu Regensburg feierte, ernannte er Ulrich von Eppenstein, den jungkräftigen Vorsteher von St. Gallen, der den an der Spitze Reichenau's stehenden Ekkehard von Nellenburg seither wacker bekriegt hatte, als dieser nun bei einer Romreise gefangen war und todt geglaubt wurde, zugleich auch zum Abte des gregorianisch gesinnten Inselklosters[378]; bei der gleichen Feier belehnte er Friedrich von Staufen mit dem durch den Ulmer Spruch erledigten Schwaben[379] und verlobte dem neuen Herzoge seine noch im Kindesalter stehende Tochter Agnes[380]. Dieser zum Herzog erhobene Graf[381] stammte aus dem Beurener Geschlecht[382], das durch die Urahne der beiden Zähringer, Bezelin's Mutter Berta, zu diesen in alter Verwandtschaft stand; er selber erst hatte durch die Erbauung der Burg Staufen den älteren Namen seines Hauses zu demjenigen gewandelt, der danach zu dem glänzendsten der mittelalterlichen Geschichte aufzusteigen bestimmt war, und hielt sich in den Wirren des Reiches zu König Heinrich, dessen Dankbarkeit und Interesse nunmehr diejenige Handlung vollzogen hatten, die zu dieser grossen Laufbahn den

[376] Wenn dieser nämlich mit dem neuen Erzbischof Hartwig ein und derselbe Mann ist.

[377] St. 2815, wegen ihres Ausstellungsortes Speyer — ein Tagesdatum hat sie nicht — in die Zeit bis Mitte der Fasten zu setzen, vgl. Kilian, Itinerar S. 84. Ausser den St. 2815 genannten Druckorten auch F. r. Bern. I 342 (dort zu 1080 nach dem 24. Sept., unter Hinweis auf St. 2827). Aus der Urk. ein Eintrag im Cartular von Lausanne MDSR. VI S. 39. Genau sind ja die Grenzen der Gebietsüberweisung nicht, zumal durch die zweite Angabe *„et intra montana Juri et Alpium“* (Lesart des Cartul.); es blieb dem Bisthum wohl überlassen von Rudolf's Besitz festzuhalten, soviel es vermochte.

[378] Bertold Ann. 317 u. 319; Cont. casuum S. Galli ed. Meyer von Knonau S. 53.

[379] Bertold Ann. 319. Chron. Petrishus. 646.

[380] Chron. Petrish. ibid. — Auch Otto v. Freising g. Frid. I c. 8. SA. 19, der die aneifernde Mahnung des Königs zu dem — selbstverständlichen — Kampfe hinzusetzt und die Zeitverhältnisse bezüglich Bertold's II Gegenherzogthum verwechselt.

[381] Ueber das Grafenamt des Staufers Baumann, d. Gaugrafschaften im wirtemb. Schwaben, Stuttg. 1879, 94 f. P. Fr. Stälin I 390.

[382] Ueber dieses P. Fr. Stälin I 389, L. Schmid, Hohenzollern, I 231 ff.

Grund gelegt hat. Alsbald bereitete Friedrich mit bairischen und fränkischen, zum Theil auch schwäbischen Mannen einen Heereszug vor, um das ihm zugewiesene Herzogthum sich zu erobern.

In dieser Osterzeit war des Gegenkönigs Rudolf Gattin, Adelheid, gestorben[383]. Sie, die Schwester der Königin Berta, hatte, getrennt von ihrem Gemahl, seit dieser sich nach Sachsen hatte zurückziehen müssen, zuerst auf burgundischen Burgen in Flucht und Noth gelebt, war dann in das Constanzer Bisthum zurückgegangen und hatte hier auf dem Twiel[384] und anderen Burgen nahe beim Rhein Sicherheit gesucht. Dürftigkeit, Gefahr und unablässiger Kummer hatten sie auch hier in ihren letzten Tagen umgeben, musste doch jeder Triumph, jedes Ungemach der einen, wie der anderen Parthei ihr Herz als Gattin oder als Schwester treffen! Nun war durch ihren Tod die einzige Tochter, die sie noch bei sich gehabt hatte — Adelheid und Berta waren vermählt — Agnes mit Namen, thatsächlich verwaist; der ferne Vater vermochte sie nicht zu schützen, wenn sich etwa kaiserliche Partheigänger ihrer als Geissel sollten zu bemächtigen suchen. So kann es nicht befremden, wenn die Jungfrau so unmittelbar nach der Mutter Tod, schon „in den Tagen nach Ostern" dem schützenden Arme eines Gatten zugeführt worden ist[385]. Dieser aber war Markgraf Bertold, der sich damit auf's Neue in Treuen an Rudolf's Geschick kettete. Einen achtungswerthen und sehr edelsinnigen Jüngling, der sich in jeder Art Ehrbarkeit strenge und recht tugendlich führte, so nennt der Reichenauer Chronist den Herzogssohn in den Worten, mit denen er diese Verschwägerung der die Gregorianer führenden Häuser feiert und von Agnes setzt er hinzu, sie sei in all' ihrem Wesen nicht minder als ihr Gatte trefflich gewesen. — Wo die Hochzeit gehalten worden ist, wissen wir nicht; wollen wir sie nicht nach Sachsen verlegen, so müssen wir Rudolf's Anwesenheit dabei für ausgeschlossen halten. Denn er war die ganze Zeit in Sachsen und feierte Ostern zu Goslar[386]. Der neue Schwiegersohn Rudolf's hatte sich nun um so mehr auch als den natürlichsten und erstberufenen Beistand des jungen Rheinfeldner Bertold zu betrachten. Ausser diesem Bertold waren übrigens durch die Schwestern der Agnes auch der zu Gregor's und Rudolf's Parthei haltende Ungarnkönig Ladislav und Ulrich, der Graf von Bregenz, die Schwäger des jungen Zähringers geworden.

In den gleichen Tagen[387], da sich auf diese Weise die führenden Häuser

[383] Bertold Ann. 319.

[384] Ueber dessen Zuständigkeit vgl. den Abschn. „Aemter u. Besitzungen".

[385] Bertold Ann. 320. (Otto Fris. g. Fr. I c. 7. SA. 19.)

[386] Bert. Ann. 319.

[387] Von Bertold Ann. 319 nach der Osterfeier der beiden Könige berichtet; auch schon als Antwort auf die Belehnung Friedrich's von Staufen fällt die Erhebung Bertold's von Rheinfelden naturgemäss in die Zeit nach Ostern. Ob sie vor oder nach der Ver-

des Widerstandes gegen Heinrich IV enger aneinanderschlossen, erfolgte aus ihrer Mitte ein weiterer bedeutsamer Schritt zur Bekundung ihres ungeminderten Widerstandes. Bisher hatte Rudolf auch als König den Seinen noch immer als rechtmässiger Herzog von Schwaben gegolten; aber seit lange weilte er ferne und um so mehr konnte die Einsetzung eines Herzogs durch Heinrich IV verwirrend und für die Rudolfiner gefährlich in Schwaben wirken. So begegneten sie denn der Belehnung mit der Wahl eines neuen schwäbischen Stammoberhauptes: Herzog Welf, hier als geborener Schwabe, und andere Häupter der Parthei *(seniores)*, bei denen doch in erster Linie mit an Bertold von Zähringen zu denken ist, der sich gerade jetzt unmöglich fern gehalten haben kann, führten den jungen Rheinfeldner Bertold nach Ulm und erklärten ihn hier in der Stadt so vieler schwäbischer Tagfahrten nach allgemeiner Umfrage [388] feierlich zu ihrem Herzog und Herrn, wobei sie nicht unterliessen darauf hinzuweisen, dass einst schon König Heinrich selber dem damaligen Herzoge Rudolf die Nachfolge seines Sohnes, als dieser noch ein kleines Kind war, versprochen habe [389] — eine Bezugnahme, die selbstverständlich auf die königlich Gesinnten oder Schwankenden im Lande berechnet war und dem neuen Herzog einen weiteren Schein älterer und grösserer Legitimität vor dem Staufer geben sollte. Eine Mitwirkung Rudolf's, des Vaters, wird in keinem Sinne irgendwie bemerkbar; es ist bei der schnellen Aufeinanderfolge der Ereignisse nicht ausgeschlossen, dass der Nachrichtenverkehr zwischen ihm und den Schwaben in dieser Zeit sehr erschwert oder auch den letzteren zu langwierig war und dass ihnen ein rasches selbständiges Vorgehen geboten erschien. Es ist sehr zu bedauern, dass gerade die Gestalt dieses jüngeren Rheinfeldners durch alle Zeit seines Lebens so wenig, von allen wichtigeren mithandelnden Persönlichkeiten am wenigsten deutlich aus der Dämmerung der Ueberlieferung hervortritt; nur dass er noch sehr jung, jünger als der gleichnamige Zähringer gewesen sein muss, geht aus dem hervor, was bei der Wahl in Ulm erzählt wurde, wonach er ein *„parvulus“* war, als Heinrich IV als schon selber bestimmender König ein Versprechen für ihn abgeben konnte. Seine Geburt wird demnach erst in die sechsziger Jahre gesetzt werden müssen und diese seine Jugendlichkeit erklärt auch die passive Rolle zur Genüge, die er gespielt hat [390] und dass er bei seinem Tode im Jahre 1090 weder Erben noch überhaupt eine Gemahlin hinterliess.

---

mählung seiner Schwester stattfand, welche letztere Bertold erst später (320) erzählt, bleibt unsicher; ein zeitliches und örtliches Zusammenfallen beider Handlungen ist wegen der getrennten Erwähnung bei Bertold von Reichenau nicht wohl zu vermuthen.

[388] Bertold Ann. 319: *communi suffragio.*

[389] ibid.

[390] Auch für den Papst steht der junge Rheinfeldner stets hinter anderen süddeutschen Anhängern an Wichtigkeit zurück, wie jedesmal hervortreten wird.

Fast noch während aller der eben erzählten Vorgänge, die den Partheien zur Festigung dienen sollten und der Sachlage in Schwaben ein ganz verändertes Ansehen gaben, begann zugleich in diesen Frühlingstagen von 1079 in verschiedenen Gebieten des Herzogthums mit ganz besonderer Lebhaftigkeit der offene Waffenstreit. Friedrich von Staufen versuchte seinen Einmarsch von Osten her und kam bald genug vor Ulm, das eben erst den Gegenherzog Bertold in seinen Mauern beherbergt hatte; indessen blieb dieser Kampf, in welchem sich Welf dem Staufer entgegenstellte, mit seinen Wechselfällen auf die Gegenden von Ulm und Augsburg beschränkt und zog weder Bertold von Zähringen noch seine Besitzungen mit in sich hinein. So behielt dieser, als das zweite Haupt der Rudolfiner[391], die Freiheit der Bewegung, um sich gegen den nächst Friedrich am meisten in Betracht kommenden Gegner, den Abt Ulrich von St. Gallen zu wenden[392], der sich just anschickte die Verwaltung Reichenaus an sich zu nehmen. Es bedünkte sie selber als ein den Zwiespalt noch verschärfendes Nachspiel der so nahe zurückliegenden Familieneifersucht um Kärnthen, wenn jetzt der Zähringer und der Eppensteiner in Waffen gegen einander standen[393]. Bertold, um Reichenau gegen den heranziehenden Abt zu schützen, fiel in den Thurgau ein[394], dessen Grafschaft[395] einst seinen Vätern unterstanden hatte und Bertold I, falls er nicht sie früher niedergelegt und 1073 etwa nicht wieder mit aufgenommen hatte, erst zu Ulm 1077 abgesprochen worden war, vielleicht sich aber überhaupt noch nicht wieder in anderweitiger fester Verwaltung befand und an deren Behauptung oder Rückeroberung Bertold immerhin bei jenem Einmarsch mit denken mochte[396]. Vor Veltheim bei Winterthur trafen die Partheien mit dem ganzen Machtaufgebot der beiden grossen Nachbarklöster, die so ganz verschiedene Wege gingen, auf einander und kamen zu blutiger, auf beiden

---

[391] *ain offner vind küng Hainrichs, hindan gesetzt hertzog Wolffen der richost und mechtigost* sagt S. 119 Gallus Oehem (ed. Barack, Bibl. d. Stuttg. litt. Ver. 84), der hier überall die zu Grunde liegenden St. Galler Annalen für seine Reichenauer Chronik ausführlicher benutzt, als es der Fortsetzer der „Casus" gethan hat.

[392] Cont. casuum S. Galli ed. Meyer v. Knonau 54

[393] Diese Auffassung ist von den Ulrich so nahe stehenden verlorenen St. Galler Annalen in die Cont. Casuum und die Chronik Gallus Oehem's übergegangen, vgl. S. 80 ff. resp. S. 123. Beide sagen sogar, Bertold habe noch eigene Ansprüche auf Kärnthen und die Mark [nicht Steyr, wie Oehem hat, sondern Verona natürlich (von der Cont. cas. als Istrien bezeichnet)] aufrechterhalten. Die Chron. reg. Coloniensis, Rec. II, SA. S. 45 nennt Bertold II noch zu 1106 *dux Karintie*, natürlich irrthümlich, aber doch nicht ohne jede Grundlage für diesen Irrthum (falls nicht etwa sie schon in eine Etymologie für „Zähringen" verfällt, die auch einem Neueren nicht erspart geblieben ist. Vgl. Anm. 731.)

[394] Nach Oehem 118 f.

[395] Vgl. oben S. 7, 19 u. 31.

[396] Der nächste urkundliche thurgauische Grafenname erscheint erst 1094, vgl. ZüUB. I 134.

Seiten verlustreicher Feldschlacht; mitten während des Kampfes griff unerwartet gekommen auch „der allerfesteste Graf Kuno“ [397] ein, wie Gallus Oehem erzählt und „rannte die Rudolfischen an, dass sie schändlich die Flucht gaben.“ Es scheint sich nicht mehr auf diesen Schlachttag selbst zu beziehen, wenn Oehem fortführt: „Aus diesem Hass und Feindschaft“ (der allgemeinen Partheiung in Kirche und Reich) „ward Graf Wezil von Bürglen von Markgraf Berchtolden von Zähringen erstochen“ und es ist auch nur eine, freilich ansprechende Vermuthung, die man aufgestellt hat, dieser Werner oder Wetzel von Bürgeln, dessen Stammsitz südöstlich von Weinfelden an der Thur lag, sei von Heinrich IV damals mit der Grafschaft im Thurgau betraut gewesen [398]. Der für Bertold im allgemeinen nicht günstige Ausgang des Thurgaufeldzuges wird auch durch die kurzen Worte, die demselben der Fortsetzer der St. Galler Hauschronik widmet [399], bestätigt: Ulrich III, sich seiner Abtei Reichenau bemächtigend, habe den ihm Schwierigkeiten bereitenden Bertold auf langer Strecke verfolgt.

Aber mit leichterer Anstrengung und empfindlich genug wusste Bertold den Eppensteiner und sein Kloster an anderer Stelle zu treffen [400]. Sein nächster Feldzug war auf einen Einmarsch in den Breisgau gerichtet [401], der ja seit Jahren dem Strassburger Bischof unterstellt war. Er nahm zunächst Burg Zimmern ein [402], die keine andere sein kann, als Herrenzimmern am oberen Neckar [403], da dessen Besitzer, Herr Gottfried von Zimmern, seine Burg in glaublicher Ueberlieferung von St. Gallen zu Lehen trug [404] und seinen gleichnamigen Sohn dem Abte Ulrich zur Hilfe gesandt hatte, wodurch ja

[397] Zur Feststellung, wer dieser gewesen sein möge, eine mehr negative Erörterung Meyer von Knonau's in seiner Ausgabe der Cont. casuum S. 55, Anm. 140, ferner S. 56, Anm. 141.

[398] Pupikofer, Gesch des Thurgaus, I S. 94.

[399] S. 54.

[400] Den Kampf zwischen Reichenau selbst und St. Gallen setzte i. J. 1080 der mittlerweile zurückgekehrte Abt Ekkehard fort, vgl. Continuatio casuum S. Galli S. 64 ff. und die Anm. des Hrsg.

[401] ibid. S. 54 f. Aus dem *postmodum* sind keinerlei Schlüsse auf kürzere oder längere Frist zu ziehen. Da der St. Gallische „Continuator“ hier den Text seiner Vorlage sehr zusammengezogen hatte, floss ihm jenes Wort leicht in die Feder und war nur eine Art Zugeständniss, dass er etwas überschlagen habe, nämlich das, was wir oben Oehem entnahmen. Der Zeitpunct dieser weiteren Kämpfe ist also genauer nicht festzustellen.

[402] Oehem S. 119.

[403] OA. Rottweil. Ein anderes Zimmern liegt in demselben OA. ganz nahe bei Rottweil.

[404] So die Zimmern'sche Chronik S. 72 (Bibl. d. litterar. Vereins in Stuttgart Bd. 91 ff.), deren ältere Nachrichten ja auch sonst (für den 1. Kreuzzug etc.) als werthvoll erscheinen. Sie hat freilich Oehem benutzt und könnte zu der Angabe des erwähnten Lebensverhältnisses durch einen einfachen Rückschluss gekommen sein; andererseits lauten ihre Nachrichten von den beiden Gottfrieden doch sehr selbständig.

allein schon sich Bertold's Heerzug natürlich genug zunächst gegen ihn richtete, auch abgesehen davon, dass in unmittelbarer Nähe von Herrenzimmern eine andere St. Gallische Besitzung [405], Thalhausen lag [406]. Nach der Einnahme der Burg, die, wenn wir den berühmten Zimmern'schen Chronikenschreibern des 16. Jahrhunderts auch hierher folgen wollen, sammt der an ihrem Fusse entstandenen Ansiedlung geplündert und verbrannt wurde, setzte Bertold seinen Weg aus den Neckargegenden, von der Baar her fort und gelangte über den Schwarzwald in das breite Dreisamthal, die eigentliche Pforte des Breisgaus von Osten. Hier ragte in nächster Nähe St. Gallischen Besitzes (der in Zarten und Kirchzarten lag [407]) am östlichsten Ende der Weitung und recht als Hüter der Wagensteig, des damaligen Schwarzwaldüberganges, Burg Wiesneck auf, die nach Aussage der Zimmern'schen Chronik [408] den ebenfalls zu Heinrich IV haltenden Freiherrn von Tengen gehörte; auch sie fiel in Bertold's Hand [409] und ward von ihm zerstört [410]. So konnte er nunmehr das breite Thal hinabziehen und ebenso ungehindert — denn nur Adelhausen und Wiehre, wehrlose Dörfer lagen am Ausgang — in die Rheinebene einrücken: er stand im Herzen des Breisgaues und sah sich als dessen Herrn. Landauf, landab verwüstete er alles Gut, dessen Inhaber königlich war oder sich durch die Vorgänge der letzten Jahre zu der Anhängerschaft Heinrich's IV hatte wenden lassen [411]; auf das reiche Gut St. Gallens aber legte er die Hand und zog die Nutzungen für sich ein, so dass zu den Mönchen nun „innerhalb vieler Jahre auch nicht für eines Obolus Werth" von dem guten Breisgauer Wein, vom Getreide und all' dem sonstigen Ertrag aus diesen schönen Gütern kam [412].

---

[405] Württemb. UB. I S. 34. Mittheilungen zur vaterl. Gesch. hrsg. v. hist. Ver. in St. Gallen XIII (N. F. 3) S. 182.

[406] Vgl. auch die Karte in der „Beschreibung des OA. Rottweil", Stuttg. 1875. Der dortige Text S. 450 f. verwechselt Bertold I u. II. Die St. Galler Besitzungen in diesem Oberamt sind ibid. 155 aufgeführt. Thalhausen liegt im OA. Oberndorf, vgl. dessen „Beschreibung" Stuttg. 1868, S. 232.

[407] St. Galler Mittheilungen XIII (N. F. 3) S. 159. Oehem's Darstellung wird durch den gerade hier gelegenen St. Galler Besitz nur noch vertrauenswürdiger.

[408] S. 73. Nun weist aber L. Schmid, Hohenzollern, I 17 in Wiesneck als Herren die Zollern nach. Liegt der Ausweg etwa darin, da zu dieser zollernschen Herrschaft Wiesneck auch ein Hof in Thiengen gehörte, dass die „Freiherren" von „Tengen" der zimmernschen Chronik nur von den Zollern abhängige Leute waren?

[409] Oehem ibid.

[410] Denn 1130 lag sie in Trümmern: *per crepidinem montis a diruto castro Wisenecgneque ad magnam vallem* Dümgé S. 129.

[411] *in odium Heinrici regis omnem Brisaugiam rapina et incendio vastavit* Cont. casuum S. Galli ed. M. v. Kn. 54 f.

[412] Cont. casuum 56. Bei dem beklagten *vinum* ist in erster Linie an Ebringer von ihrer dortigen Propstei zu denken. Die Besitzungen St. Gallens im Breisgau sind aufgezählt in Meyer von Knonau's Excurs II in den St. Galler Mittheilgn. XIII von S. 155 ab, vgl. auch die zugehörige Karte.

Uns ist diese kummervolle Klage durchaus von Wichtigkeit, denn wir erfahren so, dass sich Herzog Bertold dauernd im Breisgau behauptete und in den dortigen Verhältnissen nach seinem Ermessen schaltete, und in dieser Art bestätigt sich dann widerum Oehem's: er *„zwang alle die von dem Brisgöw unnd den Schwartzwald sitzende under sin herschafft“*. Bischof Werner von Strassburg aber, dem Heinrich IV für sein Bisthum die breisgauische Grafschaft übertragen hatte, starb in diesem selben Jahre[413], am 14. November[414], auf einem Heerzuge gegen Hirsau[415], in der Nähe von Pforzheim und es findet sich nicht, dass sein bischöflicher Nachfolger einen Versuch gemacht habe, Bertold wieder aus seiner eroberten Stellung zu verdrängen.

Der König Heinrich hatte inzwischen in abermaligen Verhandlungen mit den Aufständischen eine Verständigung anzubahnen versucht. Aber auf der Tagfahrt zu Fritzlar im Sommer 1079 fehlten Welf und die Schwaben, weil ihnen freies Geleit versagt worden sei, und als die Verhandlungen auf den 15. August nach dem für sie bequemer erreichbaren Würzburg vertagt wurden, fehlten dort auch noch die Sachsen. So bereitete sich denn Heinrich vor, um nach einem kurzen Streifzug, den er im Spätjahr 1079[416] durch Schwaben machte, den Gegenkönig in Sachsen selber aufzusuchen. Auch Rudolf rüstete, aber sein junger Eidam und Welf scheinen nicht zu ihm gestossen zu sein; es gab für sie, obgleich Friedrich von Staufen abzog und sich mit Heinrich vereinte, der Aufgaben und der Gegner allerdings auch in Schwaben noch genug. — Am 27. Januar 1080 ward bei Flarchheim, unweit des thüringischen Mühlhausen, die Schlacht geschlagen, in der nach dem siegreichen ersten Vordringen der Gegner schliesslich Rudolf dennoch das Feld behauptete. Die Dinge standen in der Entscheidung, um so mehr, als zugleich sich Gregor endlich zu der Vernichtung des Gegners, den er bisher nur unterwerfen gewollt, entschlossen hatte: auf der Fastensynode von 1080 erneute er am 7. März den Bannfluch gegen Heinrich und seine bischöflichen Genossen und enthüllte rückhaltslos die universalmonarchischen Gedanken der Kirche: über das zerschmetterte alte Königthum hinweg sollte das Königthum von des apostolischen Stuhles Gnaden emporsteigen. Die Zeitgenossen haben Gregor vollkommen verstanden, wenn sich allmählich unter ihnen die Erzählung ein-

[413] Ann. Argent. MGSS. XVII 88; Fragmentum incerti auctoris bei Urstisius, Germ. hist. ill II 83.

[414] Kalendarium necrol. canonicorum Spirens. Böhmer F. IV 325.

[415] Bezüglich dieser Angabe wird die Vita Willihelmi abbatis Hirsaugiensis MGSS. XII 222 bestätigt durch andere, ebenfalls aus Hirsau stammende, aber von jener unabhängige Nachrichten in einer neu aufgefundenen paulinzeller Quelle: Sigeboto's Vita Paulinae hrsg. v. P. Mitzschke (Thüringisch-sächsische Geschichtsbibliothek I) Gotha 1889, S. 66.

[416] (Annalista Saxo MGSS. VI 717 am Ende von 1079.) Scheffer-Boichorst, Ann. Patherbr. S. 97.

bürgerte[416], Rudolf habe seine goldene Krone vom Papste empfangen und sie habe die Umschrift: „*Roma dedit Petro, Petrus diadema Rudolfo*“ getragen. —

Jedoch die furchtbar geglaubte Waffe des Bannes hatte schon durch ihre erstmalige Anwendung gegen Heinrich von ihrer Schneide verloren; sie vermochte wohl die Gegensätze noch zu verschärfen, aber jetzt nichts mehr von der Parthei des Königs abzureissen. Vielmehr schleuderte diese auf der Junisynode zu Brixen die Waffe auf ihren Werfer zurück: die dort mit dem König versammelten Bischöfe bannten Hildebrand „den Prediger von Brandstiftung und Heiligthumsschändung und Schützer von Meineid und Todtschlag“, der „dem katholischen Friedenskönig leiblichen und geistigen Tod sinne und einen treubrüchigen Verräther als König vertheidige“[417], mit ihm bannten sie zugleich den Gegenkönig Rudolf, Herzog Welf und alle ihre Genossen[418]. Die Erhebung Wibert's, des treu an Heinrich hangenden Erzbischofs von Ravenna schloss sich unmittelbar der Entsetzung des bisherigen Papstes an, dann eilte Heinrich aus den Alpen zur Entscheidung gegen Rudolf zurück.

Hätte es dessen überhaupt noch bedurft, so wäre durch die letzten Ereignisse die Kluft noch tiefer geworden, welche die ganz in den in Gregor mitverurtheilten Bestrebungen lebenden, durch den Brixener Beschluss selbst mit in den Bann erklärten Zähringer von Heinrich IV schied. Die Möglichkeit einer Aussöhnung rückte nur um so weniger näher, als nach der Mitte des October die Kunde des jähen Ereignisses nach Schwaben gelangte, welches Bertold des Schwiegervaters und königlichen Herrn zugleich beraubte und sein junges Gemahl in abermalige tiefste Trauer versetzte: auf dem Schlachtfeld von Mölsen zwischen der Unstrutmündung in die Saale und der Elster war die Entscheidung der Waffen gefallen: die Tapferkeit der Sachsen und der Feldherrnblick Otto's von Nordheim hatten im Ganzen gesiegt, aber ihr schwerverwundeter König Rudolf war, als die Nacht hereinbrach, auf dem behaupteten Felde verschieden. Gerade als den Meineidigen hatte man ihn auf der Brixener Synode am liebsten bezeichnet; nun musste der Verlust der rechten Hand, der ihm nebst der todbringenden Unterleibswunde am Beginne der Schlacht betroffen hatte, allüberall als Gottes Urtheil dem Volke erscheinen. Ferne von den ihm voraufgegangenen und den lebenden Seinen ward der Rheinfeldner, dessen Lebensglück sein Ehrgeiz zerstört hatte, im Dome zu Merseburg begraben.

---

[416] „*traditur*“ Otto Fris. g. Fr. I 7, SA. 18.

[417] Jaffé V S. 133 ff.

[418] Ann. August. MGSS. III 130: *Roudolfus et Welf duces erroris cum omnibus sequacibus eorum excommunicantur.* Man legte also beiden Bertolden in Augsburg nicht genug Wichtigkeit bei, um auch sie ausdrücklich zu nennen. In der That war ja nicht Bertold II in Ostschwaben der Kämpfer, sondern Welf.

Ich möchte bestreiten, dass Bertold oder zähringische Truppen im Heere Rudolf's theilgenommen hatten. Man hört von keiner vorhergegangenen Vereinigung süddeutscher Truppen mit den Sachsen; auch schon der Marsch Rudolf's den Lauf der Unstrut hinab steht der Ermöglichung einer solchen ziemlich im Wege. Es fehlt jede Nachricht über süddeutsche Kämpfer in den Schlachtberichten und der Umstand, dass die schwäbischen Chronisten so spärlich und selbst unrichtig [119] über die Ereignisse von Mölsen unterrichtet wurden, schliesst eine Theilnahme von dorther fast mit Gewissheit aus.

Als Herzog Bertold II später St. Peter auf dem Schwarzwalde als zähringisches Hauskloster begründete, hat er dort dem Andenken des königlichen Vaters seiner Gemahlin ein Seelenamt mit 5 Kerzen und zwar für den 16. October gestiftet [120] [121].

[119] Vgl. die Zusammenstellung, die in der Beziehung schon Giesebrecht S. 1155 f. giebt. Der St. Blasische Necrologeintrag steht jetzt auch MG. Necrol. I 324, der Zwiefaltner ib. 268, derjenige Bernold's ib. 659. Dazu ib. 151, 337 u. 363.

[120] Necrol. minus mon S. Petri MG. Necr. I 337. Die viel besprochene Schwierigkeit, ob Rudolf am 15. oder 16. Oct. starb, löst sich vielleicht durch den Hinweis, dass die Tage von Sonnenuntergang zu Sonnenuntergang gezählt wurden. Damit wäre dann leicht durch alle darstellenden Quellen und Todtenbücher hindurchzufinden. Auch so aber bleiben Irrthümer der schwäbischen Chronisten bestehen, eben weil sie keine ausführlichen Nachrichten von Theilnehmern hatten, sondern, wie z. B. Bernold, combiniren mussten.

[121] Ich schliesse hier bei Rudolf's Tode ein durch ihn veranlasstes Ereigniss an, das zeitlich nicht bestimmt eingefügt werden konnte. Die Quelle ist die für Rudolf's Familienverhältnisse so wichtige Urkunde St. 3205. Dort erwähnt Heinrich V, dass Herzog Rudolf von Rheinfelden (so musste Heinrich V ihn auch als Gegenkönig nennen, vielleicht gerade nach dem Ulmer Spruch von 1077), die Grafen Otto und sein Sohn Friedrich, Graf Ekbert aus Sachsen (ist es der ältere, 1068 gestorbene?), Ida aus Sachsen und von *Birctorf* (kann es Burgdorf sein?? es ist Ida von Elsdorf, *Elsthorpe*, † vor 1082, die Enkelin des Grafen Kuno von Oehningen, die Base von Rudolf's Vater), Tuto von Wagenhausen (der erst gegen Ende des Jahrhunderts häufiger vorkommt, s. u.) und Hezelo, der Vogt von Reichenau (das war er 1050 – † 1088), alle in Gemeinschaft, an St. Blasien ein näher beschriebenes Gebiet übertragen haben. Ein Grenzstrich dieses Gebietes gehörte Reichenau und Hezelo tauschte ihn zur Uebergabe an St. Blasien durch sein eigenes Gut Reuthe, *Rutin*, bei Ostrach (im südlichen Fürstenth. Hohenzollern) von Reichenau ein. Dieser Tausch aber geschah zu *Singerbrucho* vor Abt Ekkehard von Reichenau (1073—1088 oder 1090, vgl. Cont. casuum SGalli Anm. 120) und „Herzog Bertold" (NB. nach der nachträglichen Bezeichnung von 1125!) im Beisein ihrer Leute, Freier wie Ministerialen, und Anderer, wobei Markward von *Almistorf*, Bertold von Lützelstetten und Burchard von *Peringen* (Beringen, Ct. Schaffhausen), alle drei Reichenauer Ministerialen, das Gutachten abgaben, dass der Tausch Reichenau eher nütze als schade.

Der Herzog Bertold kann nun, was die sicher erreichbaren Daten über jene Personen zulassen, möglicher Weise erst Bertold II gewesen sein. Eher möchte ich aber meinen, es sei doch Bertold I und die ganze Schenkung falle in die erste Zeit des Eifers der beiden herzoglichen Freunde für die neureformirten Schwarzwaldklöster, vor Rudolf's endgiltigen Abzug nach Sachsen, besonders auch deswegen, weil später andere Namen, als Burchard, in

Welf und Bertold II sahen jeder auf beträchtliche Erfolge zurück und konnten ihre Stellung innerhalb Schwabens als viel gesicherter und gekräftigter betrachten, bis nunmehr Rudolf's Tod der ganzen Sachlage im Reich eine so grosse Wendung gab und neue Fragen aufwarf. Eines musste sofort klarliegen: die zuletzt ohnehin sehr schwache Fühlung mit den sächsischen Gegnern Heinrich's war dadurch so gut wie gänzlich aufgehoben. Eine innere, geistige Beziehung zwischen den trotzigen sächsischen Königsrebellen und den in engster Verbindung mit Gregor VII vorgehenden, für die grossen Ziele Roms in Gemeinschaft mit dessen geistigen Vorkämpfern, den Hirsauern, streitenden Herzögen Welf und Bertold II hatte nie wirklich bestanden und der Zusammenhang beider Oppositionsgruppen war schliesslich an Rudolf's Person allein geknüpft gewesen. So gingen denn auch beide sogleich getrennte Wege, als der gemeinsame König nicht mehr unter den Lebenden weilte. Das trat schon in den Gedanken über eine Königswahl genugsam zu Tage. Für sich allein beriethen im December die Sachsen über das fernere Geschick „ihres' Reiches“ [122] und König Heinrich selber nahm aus augenblicklichen Rücksichten den Gedanken eines sächsischen Sonderstaats soweit auf, dass er ihnen die Wahl seines eigenen Sohnes Konrad vorschlug; ihm lag jetzt vor allem daran, nach Italien ziehen zu können. Ebenso erfolglos freilich, wie dieser Vorschlag, blieb in ihrem eigentlichen Zweck auch eine Waffenstillstandsverhandlung, die im Februar 1081 zwischen den Sachsen, mit denen sonst nur noch der Mainzer und der Salzburger Erzbischof waren, und Bischöfen der Königsparthei bei Kauffungen im winterlichen Walde stattfand [123]. Indessen die Art des Hin- und Herredens auf dieser Versammlung gab ihm nun doch den Muth die Gegner im Rücken zu lassen und die Romfahrt zu beginnen; am 4. April konnte er bereits in Verona das Osterfest begehen [124].

Es erscheint fast, als ob es erst des Abzuges des Königs von der deutschen Erde bedurft hätte, um die Sachsen wieder mit weiteren Blicken über das Reich hin schauen zu lassen. Sie entsannen sich jetzt auch der alten Freunde [125] im Süden, luden sämmtliche Stämme deutscher Zunge zu einer neuen Königswahl ein, der sie selber, wenn nur nicht Heinrich oder sein Sohn

---

der Familie von Beringen erscheinen, vgl. QzSchwGesch. III 1 passim. An Bertold von Rheinfelden ist zu allerletzt zu denken.

Wo kann *Singerbrucho* gelegen haben? Steckt darin der Ort Singen und Brugg. Brücke? War ein dem zähringischen Hohentwiel etwa benachbarter Platz absichtlich gewählt? War der Herzog nur als Vertrauensmann anwesend? Oder haben wir hier noch eine Spur eines Grafenamtes Bertold's?

[122] Bruno c. 125, SA. 96 f., vgl. auch den Brief Gebhard's von Salzburg bei Gretser, Opp. VI 436.

[123] Bruno c. 126 ff. SA. 97 ff.

[124] Kilian 89.

[125] „*veteres amici*“ Bruno c. 130 SA. 101.

gewählt würden, sich in Treue unterwerfen würden, und betonten dabei ganz besonders den Wunsch, die Einigkeit des Reiches wiederhergestellt zu sehen; im Juni zogen sie dann in grösserem Heereszug nach Ostfranken, wo sie mit den Schwaben nahe bei Bamberg zusammentrafen[426]. Aber es sollte so bald noch zu keiner Einigung kommen, erst gegen den Laurentiustag[427] (10. Aug.) konnte der Wahltag zu Ochsenfurt am Main gehalten werden; dort übergingen die anwesenden Fürsten[428], unter denen die Schwaben das Uebergewicht hatten[429], Otto von Nordheim — der sich später über die Wahl eines Anderen so ungehalten zeigte[429a], dass anzunehmen ist, er, der Sieger von Mölsen, habe sich selber mit Aussichten auf die Krone getragen —, erhoben aber auch nicht Welf, sondern einen Mann, gegen den ein lebhafter einseitiger Widerspruch nicht so sehr zu erwarten war: Hermann, den Bruder des Grafen Konrad von Luxemburg. Den Neugewählten, der sich vor Otto von Nordheim nicht nach Sachsen getraute, führte dann Welf nach der Wahl in der Richtung auf Schwaben davon.

Welf ist der einzige Fürst, dessen Anwesenheit in Ochsenfurt ausdrücklich genannt wird[430] und in ihm ist — ob nun mit ihm der junge Zähringer erschienen war[431] oder nicht — die bei der Wahl massgebendste Persönlichkeit zu erblicken. Durch die Haltung, die er einnahm, hatte er sich frei erhalten und doch in der That am sorglichsten die Absicht des Papstes wahrgenommen, der in einem im Frühjahr zugleich an den päpstlichen Stellvertreter Altmann von Passau und an Wilhelm von Hirsau gesandten Briefe[432] betont hatte, er wünsche Welf ganz in den Schooss des h. Petrus zu betten und ihn zu dessen Dienst ganz insonderheit zu berufen, und der ausser dieser Eröffnung zugleich die Formel des von dem neu zu wählenden Könige zu leistenden Eides mitgesandt hatte, der völligen Gehorsam gegen den Papst versprach und mit den Worten schloss: *fideliter per manus meas miles sancti Petri et*

---

[426] Bruno ibid.

[427] Bernold 437.

[428] Das Chron. Petrishus. S. 647 lässt die *proceres Saxonum et Suevorum* wählen und zwar zu Ochsenfurt; ebenso Ann. Yburg. MGSS. XVI 437: *a Suevis et a Saxonibus*. (Ann. Patherbr. 98.) — Bernold erwähnt als Wählende: Erzbischöfe, Bischöfe, Herzöge, Markgrafen und Grafen.

[429] Marianus MGSS. V 562 nennt nur die *Suevi* bei der Wahl, die er in den Herbst setzt; auch die Cont. casuum S. Galli S. 67 nur die *Alamanni*; die Ann. Aug. S. 130 lassen „Welf und andere Gegner des Königs" die Wahl vornehmen und sprechen von dem „von den Schwaben eingesetzten Könige".

[429a] Er verhandelte sogar mit der Parthei Heinrich's und hielt auch seinen grossen Anhang in Schwanken. Bruno c. 131 SA. 101.

[430] Durch die Ann. August. S. 130.

[431] Wie es etwa in der *marchiones* des Bernold (s. Anm. 428) liegen könnte.

[432] Jaffé II 473ff. Erwartete Gregor etwa die Wahl Welfs?

illius — des Papstes — *efficiar*. Otto von Nordheim wäre kein König nach dem Herzen des Papstes gewesen.

Das Wort *miles S. Petri* aber, das Abt Wilhelm seinen freudig erregten Mönchen kund geben konnte, verklang in Hirsau nicht und wir werden es bald sehen, auf welche Weise der hochgeborenste der Brüder diesen Begriff des kirchlichen Dienstmannenthums in seinem eigenen späteren Bezirk zur Wahrheit zu machen vollbracht hat. —

Herzog Friedrich, der Staufer, hatte, während die verschiedenen Schaaren der Gegenparthei in Ostfranken umherzogen und dort schliesslich zur Einigung über eine Neuwahl gelangten, in Baiern einige Erfolge errungen, und führte seine Truppen nunmehr dem neuen Gegenkönig, der unter Welf's Führung herannahte, entgegen. Zwar ward er bei Höchstädt an der Donau am 11. August geschlagen, doch hemmte das unferne Augsburg den Erfolg der vordringenden Gregorianer und nach dreiwöchentlicher vergeblicher Belagerung der Stadt trennte sich der Gegenkönig Hermann von dem Heere Welf's[433], um jetzt doch, wie es Rudolf gethan hatte, seine Hauptstütze unter den Sachsen zu suchen. Herzog Bertold II war bei diesen Kämpfen nicht betheiligt; es fand zwischen ihm und Welf, wenn nicht, wie sehr wahrscheinlich ist, eine verabredete, so doch eine thatsächliche Theilung ihrer kriegerischen Thätigkeit in der Weise statt, dass Welf im Osten Schwabens und an den Grenzen Baierns, von dem er den Herzogtitel trug, den dortigen Gegnern, hauptsächlich dem Staufer das Gegengewicht hielt, während Bertold gegen die geistlichen Herren der Königsparthei im Westen und Süden Alamanniens das schwäbische Herzogthum ihres gemeinsamen Schützlings, nämlich Bertold's, des jungen Rheinfeldners stützen half[434] und zugleich den eigenen Besitz wahrte und wiedererrang.

Die nächsten Jahre vergingen in Schwaben voller Unruhe und Fehde[435], doch ohne dass uns eine grössere Gesammt-Anstrengung, ein grösserer Erfolg der einen oder anderen Parthei mitgetheilt würde. In der zweiten Hälfte des Jahres 1082 erschien auch der Gegenkönig Hermann wieder in Schwaben, in der Absicht, von dort aus Gregor VII, der in Rom durch König Heinrich hart bedrängt war, Hilfe zu bringen, und sah bei der Weihnachtsfeier die

---

[433] Die Sieger bei Höchstädt werden — also als Truppen Welf's — von den Ann. Wirzib. MGSS. II 245 geradezu *Baioarii* genannt, und so auch von Ekkeh. Urang. MGSS. VI 204.

[434] Wie Bertold II durch die Wiedereinnahme des Breisgau's zugleich das Kloster Ulrich's III von St. Gallen empfindlich traf, hatte dasselbe auch durch ähnliche Erfolge Welf's zu leiden, cf. Cont. cas. S. Galli S. 56 f.

[435] Wo uns eine Quelle aus ihrem Interessengebiet von diesen Jahren ausgiebig erzählt — es geschieht nur durch die St. Galler —, da erfahren wir denn sogleich genug von solchen einzelnen Fehden. Sollte es nur in dem engeren Umkreise dieses Chronisten so und sonst in Schwaben friedlich zugegangen sein?

Fürsten Schwabens[436] um sich, unter denen der Zähringer, der seinen neuen König vorher möglicherweise noch nicht gesehen hatte, nicht gefehlt haben haben wird. Aber ehe sich Hermann anschickte, über die Alpen zu gehen, erreichte ihn die Kunde von dem Tode Otto's von Nordheim (11. Jan. 1083), der nach einem warnenden Unglücksfall, der ihn betraf, aus einem beleidigten Rivalen sogar die starke Stütze des mnmächtigen Königs in Sachsen geworden war, und so gab der Gegenkönig, für sich selber besorgt, den bedrängten Papst auf und ging nach Sachsen zurück. Als Spur seiner Anwesenheit blieb nur ein neuer Gegenabt für St. Gallen nach, ein Reichenauer Mönch Wernher[437], den er noch gerade vor seinem Abzuge[438] eingesetzt hatte, ohne indessen Abt Ulrich damit eine grössere Besorgniss zu schaffen. Um so thatkräftiger fuhr das Haupt von Reichenau selbst, Ekkehard, fort auf Ulrich einzudringen; er nahm in diesem Jahre[439], 1083, mit Gewalt eine kleine Warte ein, welche der St. Galler jüngsthin an der Thur errichtet hatte — man meint, es ist Lütisburg[440] — und schuf aus derselben mit Hilfe Bertold's von Zähringen, der Rath und Besatzungs-Truppen[441] spendete, für sich selber und die eigene Parthei einen grösseren mit Thürmen wohlverwahrten Platz, so dass Ulrich trotz mehrmaliger härtester Belagerung die Festung vielleicht nicht wiedereingenommen hätte, wären nicht zwei die Besatzung befehligende Ritter in die Hände der St. Gallischen gefallen. Nach dieser Zurückgewinnung ward dann die für St. Gallen anscheinend doch schwer zu behauptende Feste geschleift und zerstört.

Mag auch noch so dunkel und kurz in diesen Nachrichten der Antheil Bertold's II abgethan sein, wir dürfen denselben darum nicht als eine Einzelerscheinung betrachten, müssen ihn mit den früheren und späteren Ereignissen zusammen begreifen. Und da ergiebt sich denn ein niemals dauernd aufgegebener Kampf des Zähringers gegen Ulrich III gerade auf thurgauischem Boden. Sollen wir die besondere Erklärung dafür einzig darin erblicken, dass Bertold den Eppensteiner als Feind seines Hauses oder dass er St. Gallen, das er schon im Breisgau und sonst in Schwaben empfindlich genug getroffen hatte und weiter treffen konnte, nun möglichst in der Nähe des Klosters bedrängen wollte? Das reicht nicht aus. Immer aufs Neue gewinnt die Vorstellung Gestalt, dass der zähringische Markgraf oder Herzog, wie man ihn

[436] Bernold S. 437.

[437] Cont. cas. S. Galli S. 67f.

[438] Das nehme ich an, weil Gallus Oehem S. 120f. davon schon mit der Jahrzahl 1083 berichtet.

[439] Die Zahl glaube ich aus Oehem (S. 121) übernehmen zu dürfen. Sonst nach Cont. cas. S. Galli S. 68f.

[440] vgl. Meyer v. Knonau ibid. Excurs I S. 125f.

[441] So ist vielleicht das zu übersetzen: *tantis turribus et copiis, marchione Bertoldo in id rerum favente, munivit.* Oder hätte Bertold Geld gegeben?

auch nannte, vor allem für die Bewahrung oder Rückeroberung der Grafschaft im Thurgau gegen den mächtigen örtlichen Feind dieses Ansprnchs gekämpft habe, ebenso wie er die vorhergehende zeitweilige Unterbrechung dieser thurgauischen Kämpfe nach seinem dortigen Missgeschick im Jahre 1079 dazu benutzt hatte, um den Breisgau, dem gegenüber er so lange ganz in derselben Lage war, zurückzugewinnen [442]. Und die Rückeroberung dieser beiden schwäbischen Grafschaften war in der That dasjenige, was unter dem von ihm selber geschützten Herzogthum des jungen Rheinfeldners in Schwaben am ehesten geeignet war ihn zur Einsetzung all' seiner Kräfte zu locken, wodurch er am meisten zugleich die Loyalität gegen den Landesherrn und die Rücksicht auf sich selber zu verbinden vermochte. Bei solcher Sachlage gewinnt denn die Lage der Dinge im Thurgau auch für uns ein besonderes Interesse.

Wenn in ganz Schwabenland, wie die Annalenschreiber dieser Zeit klagen, tiefgehendste Partheiung jeden einzelnen Mann vor die Entscheidung forderte, so konnten vor allem in der Nähe Ulrich's von St. Gallen nur Bundesgenossen oder Gegner neben einander wohnen. Zu St. Gallen hielt (abgesehen von dem Constanzer Bischof Otto und dem nicht in den Thurgau gehörigen Buchhorner Udalrichinger Otto) [443] Graf Wetzel von Bürgeln, der schon oben [444] als der vielleicht von Heinrich IV eingesetzte Thurgaugraf vorkam, und ein anderer Graf, Cuno, der bisher nicht genauer bestimmt worden ist [445]. Denn, wie der Herzöge mit und ohne Land, waren es in den Wirren der Zeit auch solcher Grafen gar viele geworden. — Ihnen stand eine mächtige und glänzende Vereinigung von Gegnern gegenüber: die Herzöge Welf und Bertold II, die Bregenzer Grafen, mit den beiden Bertolden verschwägert, dazu das Kloster Reichenau unter seinem dem St. Galler Ulrich an Kriegsmuth kaum nachstehenden Abte, dazu dessen Bruder Graf Burkard von Nellenburg [446], ausser ihnen von thurgauischen Herren die Toggenburger [447], die Machthaber von Ittingen [448] und nicht zuletzt der als zu Heinrich's IV grimmigsten Feinden gehörig bezeichnete Graf Hartmann, der Dillinger, der durch Heirath die Gegenden von Winterthur erworben hatte und dessen Sohn auf der Kyburg sass [449], die

[442] Auch Welf kämpft gegen St. Gallen, aber nicht im Thurgau: *res ... monasterii sibi e vicino sitas nobis subtraxit* Cont. cas. S. 56f.; das sind also die Besitzungen um Ravensburg herum, welche durch die Karte II, die den St. Galler Mittheilungen Heft XIII (N. F. 3) beigegeben ist, veranschaulicht werden.

[443] Vgl. Meyer v. Knonau in seiner Ausg. d. Cont. cas. S. Galli S. 58.

[444] S. 120.

[445] Vgl. Meyer von Knonau ibid. S. 55, oben S. 120.

[446] Meyer von Knonau Anm. 70.

[447] ibid. S. 66, 69 und Excurs I S. 125 ff.

[448] ibid. 62 und berichtigend S. 106 Anm. 264.

[449] S. 61.

später der sich bildenden Besitz-Grafschaft den Namen lieh. Diese alle[450] mit den Ihren kämpften gegen St. Gallen; ob sie sich haben bereit finden lassen, auch für Ansprüche Bertold's auf die Thurgau-Grafschaft zu kämpfen, bleibt dagegen eine offene Frage.

Bei den Ereignissen von 1083 scheint Bertold II seine Parthei im Thurgau nur in der berichteten Weise unterstützt zu haben, selber dagegen fern — wohl im Breisgau — geblieben zu sein. Abt Ulrich[451] ging nach Wiedereinnahme der Thurbefestigung gegen die Toggenburger vor, verbrannte ihre Stammburg und kam mit ihnen, anderen Thurgauern[452] und den Reichenauern am Sitterübergange bei Kräzern zum Kampfe, aus dem er, trotz der Uebermacht, mit Ehren nach St. Gallen zurückgelangte. Im nächsten Jahre[453] sammelte die päpstliche Parthei in Schwaben ihre Kräfte zu einem besonderen Stoss gegen St. Gallen, an dem nur Welf nicht theilnehmen konnte (da er zu dieser Zeit Augsburg einnahm, um dort einen Gegenbischof einzusetzen, bis zum August sich in den Lechgegenden gegen Friedrich von Staufen und den im Juni aus Italien zurückgekehrten König Heinrich behauptete und dann wohl nach Burgund ging, wie erzählt werden wird); zuerst nämlich brach Burkard von Nellenburg mit Sengen und Plündern gegen St. Gallen vor; dann rückten zwei starke Gewalthaufen ein, die Markgraf Bertold und der Reichenauer Abt zusammen gebracht hatten[454]; der eine, bei dem Bertold war, wenn er überhaupt persönlich theilnahm, verwüstete allen Besitz, den nicht nur St. Gallen, sondern auch das Bisthum Constanz zwischen Bregenz und Constanz hatte[455]; der andere — offenbar von dem ersteren abgezweigte — Haufe unter Führung eines Ritters Adilgozo, vielleicht von Märstetten[456], richtete sich mehr nach Süden, durchzog recht nahe an St. Gallen vorbei dessen Gebiete von Waldkirch, Büren, Gossau und Herisau und drang bis an die Urnäsch, den Zufluss der Sitter, vor, alles durch Brand und Plünderung geradezu austilgend und auf den Alpen des höheren Gebirges, die dem Kriegsvolk auch nicht entgingen, selbst das Vieh, das man nicht mehr fortführen mochte, nebst den Ställen und Hütten kläglich

[450] Den Vogt Lutold ibid. S. 50, der zu sehr im Unklaren verbleibt, lasse ich hier, zumal für 1083, aus dem Spiel.

[451] Dies summarisch nach Cont. cas S. 69f., vgl auch S. 128f.

[452] *comprovinciales*.

[453] Dass das Folgende im Thurgau 1084, nicht 1085 geschah, setzt Meyer von Knonau S. 70f. und ergänzend Henking S. 10f. auseinander. Der Zusatz 1084 „Ende" bei Ladewig Const. Reg. 515 ist ganz unbegründet.

[454] Gallus Oehem S. 122 sagt nicht, dass Bertold selbst mit bei dem Heerzuge war, wie man sonst aus der Cont. casuum S. 71f. ohne Weiteres zu lesen glauben würde.

[455] Am Südufer des See's, macht M. v. Kn. S. 71 Anm. 193 wahrscheinlich

[456] ibid. 72 Anm. 194.

verbrennend[457]. Das alles geschah, ohne dass sich ein Widerstand fand; erst nach geraumer Zeit konnte sich Ulrich zur Abwehr und Rache erheben. Er durchzog im Umkreis den ganzen Thurgau bis zum Bodensee und vergalt, wo er konnte, an den Gegnern die erlittene eigene Trübsal. Unterdessen suchte wieder Diethelm von Toggenburg das Kloster selbst zu überfallen, aber der Abt, alsbald zur Stelle, engte ihn bei Kräzern so geschickt ein, dass der Graf mit Schaden und Unehre den Abzug erkaufen musste.

In dasselbe Jahr fällt noch ein weiterer Vormarsch der Gregorianer, der die von ihnen geschaffene Ordnung der Dinge in Schwaben auch von aussenher zu sichern bestimmt war: sie rückten[458] im späteren Sommer in Burgund, das Heimathland des jungen Schwabenherzogs ein, der dort so wenig Freunde besass. Für Niemand hatte nächst Bertold von Rheinfelden dieser Heerzug grössere persönliche Wichtigkeit, als für seinen Schwager, der für den eigenen Breisgau die Burgunder zu fürchten hatte; so möchte ich annehmen, zumal da er sich in dieser Zeit nicht, auch nicht in der inhaltsreichen St. Galler Klostergeschichte mit anderweitigen Unternehmungen beschäftigt findet, dass er die Fahrt mitgemacht habe. Das würde denn auch erklären, warum Abt Ulrich am Bodensee entlang keinen Gegner bei seinem Rachezuge fand. Ob in Bertold's Begleitung auch sein junger Schwager, ob Welf mit war, kann nicht sicher gesagt werden; indessen spricht der Annalist von St. Blasien im Ganzen von dem Zuge so, als ob er sich keines der schwäbischen Partheihäupter bei demselben fehlend und gerade Welf betheiligt denke.

Die Schwaben setzten mit Mühe über mehrere Flüsse, von deren reissendem Lauf sie später nach der Heimkehr viel erzählten — die rechtsseitigen Zuflüsse der Aar — und rückten einer Burg des Rheinfeldners zu, welche von den Burgundern umlagert ward; bei ihrer Annäherung nur von ferne flohen die Belagerer schon davon und liessen Zelte und Harnisch, ja wie der Mönch erzählt, selbst ihre Pferde in kopfloser Flucht zurück. Auch sonst fanden die Schwaben keinen Feind, der ihnen entgegentrat, zogen daher im Lande in der üblichen Weise „mit Schwert, Raub und Brand" umher, brachen einige feindliche Burgen, verproviantirten die von ihnen entsetzte rheinfeldische Veste für ein Jahr und kehrten dann unbehelligt wieder in die Heimath zurück.

[457] So nach dem Cont. casuum S. 72 f. . . *usque ad ipsas alpes, ipsis pecoribus igni traditis* u. s. w. Deshalb schon kann der Feldzug nicht an's Ende des Jahres fallen. Weil der Zug der Plünderer auch das Weidevieh noch erreichte, ist wohl an die Zeit des beginnenden Auftriebs der Heerden zu denken. Die Darstellung dieser Kämpfe bei J. C. Zellweger, Gesch. d. Appenzellischen Volkes. Trogen 1830, I 103 ist nicht irrthumsfrei und kommt für die Zähringer nicht in sonderlichen Betracht. Dasselbe gilt über seine Erwähnung des späteren Friedensschlusses des Zähringerherzogs mit Heinrich IV und Friedrich von Staufen 1098, des Eingreifens Herzog Konrad's in St. Gallen am Anfang seiner Regierung u. s. w.

[458] Bernold 441.

Mit ganz besonderem Vorbedacht hatten in diesem ereignissreichen Jahre 1084 Welf sich gegen Augsburg, Bertold II gegen Constanz gewandt. Ihr kluges Einverständniss ging dahin, durch Einsetzung von Partheigenossen in die beiden schwäbischen Bisthümer ihrer Sache die denkbar ansehnlichsten und stärksten Stützen zuzuführen und durch derartig überraschende Erfolge zunächst in Schwaben selbst die Gegnerschaft zu erdrücken. Was aber in Augsburg nicht gelungen war, da es sogleich wieder in die Hände Heinrich's fiel, das sollte sich in Constanz für die Verbündeten in der glücklichsten und bedeutsamsten Weise erfüllen.

Constanz, die Stadt, war schon in den Händen der Gregorianer und der Kampf, in dem es ihnen gelungen war die Stadt einzunehmen und Bischof Otto zu vertreiben [159], wird bei keiner anderen Gelegenheit, als eben bei dem Plünderungszuge des Jahres 1084, der sich von Bregenz bis Constanz erstreckte, geschehen sein. Bischof Otto, der schon seit der Fastensynode 1080 gebannt war, vermochte nichts zu thun, um seine ihm bis dahin treu ergebene Stadt zurückzugewinnen, und daher konnte die siegreiche Parthei ohne Zögern zur Ausnutzung ihres Erfolges schreiten. In der Woche vor Weihnachten fand in der Bischofsstadt am See die zur Neuordnung der Dinge berufene glänzende Synode statt. Glänzend durch die Anwesenheit der Träger bedeutsamer Namen. Da war zuerst als apostolischer Legat Otto der Cardinalbischof von Ostia, berufen, einst der Erbe des grossen Gregor, seines Geistes und seiner Arbeit zu werden und an seinen späteren Papstnamen Urban II die gewaltige, welterneuernde Bewegung der Kreuzzüge zu knüpfen. Neben dem hohen Vertreter der Curie, der damals ausser zu Constanz auch auf der Reichenau bei Ekkehard einige Tage weilte, war ein Anderer erschienen, dessen einfacheren Namen die Kirchengeschichte mit noch innigerer Verehrung nennt: Wilhelm, der Abt von Hirsau. Er, der Träger der tiefen Reformbewegung im mönchischen und überhaupt im kirchlichen Leben, die den Namen seines schwarzwäldischen Klosters durch die Lande trug, der selber wieder schöpferische Verwirklicher der Ziele Gregor's, dessen Vertrauter er längst geworden war, er konnte unmöglich bei der hochwichtigen Umgestaltung fehlen, die zu Constanz unternommen werden sollte; er hatte ja längst aufgehört, der blosse Abt eines Klosters in der Diöcese Speyer zu sein und sein Rath musste den in Constanz Versammelten am Meisten gelten. Und Wilhelm hatte denn auch schon aus seinem Kloster die jüngere selbständige Kraft mit sich geführt, auf die er die Absicht hatte den Sinn der Synodalen zu lenken, das war sein Mönch Gebhard, der Bruder desselben hohen schwäbischen Kriegsmannes, dessen Klugheit und kampfbereite Tüchtigkeit den Boden für die neuen Hoffnungen, die sich an Constanz knüpften, erst geschaffen

[159] (Waltram) de unitate eccl. SA. 84. Dort auch polemische Erörterungen über die Einsetzung Gebhard's.

hatte. Auch Bertold II selber stand erwartungsvoll unter den Theilnehmern der Synode und zur Seite ihm Welf, sein Bundesgenosse.

Der 21. December war der Tag der Bischofswahl. Wilhelm nannte Gebhard und dann sprach aus den Reihen der weltlichen Herren Welf für diese Wahl. Wir sehen durch die Berichte hindurch, dass alles wohl vorbereitet und vernünftig ausgemacht war; eine Quelle berichtet auch noch, der gregorianische König Hermann habe zusammen mit Welf Gebhard's Wahl begünstigt, was so doch auf eine vorhergegangene schriftliche Aeusserung deutet [160]. Die Versammelten hätten schwerlich einen tauglicheren Amtsführer für das gewonnene Bisthum finden können, als diesen Schüler Wilhelm's von Hirsau, der, „wie glänzend auch durch seine Abkunft, noch ruhmreicher in seiner mönchischen Führung war" [161] und den der strenge Gregor selbst schon des Magdeburger Erzbischofsstuhles für würdig gehalten hatte. Gebhard, wie es seit lange geziemender Brauch bei der Wahl zu hohen Kirchenämtern geworden war, erschrack mächtig, als sein Name durch den Raum der Domkirche klang; dann nahm er muthig das grosse Amt auf sich, das er in Gelingen und auch in Unterliegen so würdig führen sollte und das berufen war, ihn zu noch weiterer, noch mächtigerer Wirksamkeit empor zu tragen. Noch am Tage seiner Wahl empfing dann Gebhard die Priesterweihe und zwar durch die Hand Otto's von Ostia selber, und am folgenden Tage, am 22. December, erfolgte ebenfalls durch den Legaten seine feierliche Ordination.

Die Constanzer Bischofswahl war eine der letzten frohen Nachrichten, die Gregor VII erreichten. Er selber weilte ferne von Rom, denn nachdem im März 1084 König Heinrich Rom eingenommen, die Weihe Wibert's von Ravenna zum Papste erlangt hatte und von diesem zum Kaiser gekrönt war, hatte der in seiner Engelsburg hart bedrängte Gregor die Normannen Robert Guiscards zur Hilfe herbeigezogen, die nach dem Abmarsch des Kaisers und seines kleinen Heeres so fürchterlich in der Stadt hausten, dass Gregor selber vor den Römern im Schutze der Zerstörer entweichen musste. Nun sass er zu Salerno, von wo aus er die deutschen Dinge dem unmittelbaren Eingreifen Otto's von Ostia übergeben hatte. Was aber Otto ihm von da aus berichten konnte, war in der That geeignet Gregor die Wahl seines Legaten preisen zu lassen. Vom Bodensee war dieser nach der Constanzer Wahl schleunigst nach Sachsen geeilt, da der Kaiser mit den dortigen Aufständischen Verhandlungen angeknüpft hatte, die auf einem Tage zu Gerstungen am 20. Jan. 1085 abgeschlossen werden sollten: dort wollten sich die Sachsen entscheiden, wie

[160] Liber Heremi, Geschichtsfreund I 135 f. So kommt denn auch das *ex donatione Hermanni* der Cont. cas. S. Galli S. 85 mit in Betracht. (Waltram) de unit. eccl. SA. 78 äussert sich über Gebhard nur, wie genau so über die übrigen gregorianischen Gegenbischöfe: *per studia partium subintroductus*. Vgl. auch noch ib. 84.

[161] Bernold 441.

man sich zu dem über Heinrich verhängten Banne verhalten wolle. Noch rechtzeitig langte der Legat unter den zu Gerstungen versammelten Bischöfen und weltlichen Herren an und in der That gelang es ihm sie statt zur Verständigung zu neuer Entflammung des Streites zu führen. In der Osterwoche[162] (Ostern 20. April) hielt sodann Otto zu Quedlinburg eine Synode der Gegner des Kaisers ab, die ausser von den Sachsen auch von Erzbischof Gebhard von Salzburg besucht war, der schon zu Gerstungen einer der Wortführer gewesen war, und auf der König Hermann mit Laienfürsten seiner Parthei anwesend war. Die Süddeutschen fehlten wie zu Gerstungen auch hier[163], indessen hatte, wie seine Amtsbrüder von Augsburg, Würzburg und Worms, sich Bischof Gebhard von Constanz entschuldigt und eine Vertretung gesandt, die seine Zustimmung zu allen Beschlüssen im Voraus auszusprechen beauftragt war.

Nicht unwahrscheinlich ist es, wenn man neuerdings in dem Abgesandten des Constanzer Bischofs den Mönch Bernold von St. Blasien, den Verfasser des für die Geschichte des Investiturstreites trotz seiner Einseitigkeit so äusserst wichtigen Chronikenwerkes erkannt zu haben glaubt[164]. Schwerlich hatte auch Gebhard einen tüchtigeren Mann, ihn zu vertreten, zu seiner Verfügung. Bernold galt schon aus den siebziger Jahren her viel bei den Gregorianern als feuriger Publicist für ihre Sache und war auch in Rom gewesen; schon seit dem Tage seiner Wahl zum Bischof hatte Gebhard diesen Mönch, der damals mit ihm zugleich die Priesterweihe durch den Cardinal Otto empfing, in seiner nächsten Umgebung behalten[165] und hat in ihm immer mehr seine persönliche literarische und in Fragen des kirchlichen Rechts besonders geschätzte Beihilfe gefunden, ein Verhältniss, das hier auch insofern von dem grössten Interesse ist, als dadurch der Werth der Chronik Bernold's überall da, wo er von den Zähringern spricht oder wo er sie bei anderen Gelegenheiten widerum nicht als betheiligt nennt, für den neueren Darsteller ihrer Geschichte in sehr viel erhöhtem Masse bestimmend wird.

[162] *in ipsa paschali epdomada* datirt Bernold 442; die Gründe der Const. Reg. (525), die Synode auf „März-April" zu verlegen, trotzdem Ostern auf den 20. Apr. fiel, bleiben dunkel.

[163] Welf und die Bertolde würden doch von Bernold (S. 442) besonders genannt worden sein. Die *principes* Hermann's sind neben den Bischöfen nicht sonderlich in Betracht gekommen; so waren es eben nur „sächsische Grosse", wie sie Giesebrecht S. 608 nimmt.

[164] Strelau l. c. S. 9, S. 90 f. Freilich könnte, wie sich einwerfen liesse, Bernold seine allerdings ganz deutlich actenmässige Darstellung der Vorgänge auf der Synode auch aus dem Gebhard jedenfalls zugegangenen amtlichen Bericht, den ihm der Bischof dann zur Verfügung gestellt haben müsste, geschöpft haben, denn eine eigentliche Spur der Anwesenheit Bernold's zu Quedlinburg findet sich nicht; andererseits wird wieder richtig bemerkt, dass Bernold getreu den Formen dieser neuen, strenge erzogenen Mönchswelt die eigene Persönlichkeit überhaupt in seiner Darstellung absichtlich von der Bildfläche streicht.

[165] Vgl. Strelau's Biographie S. 9.

Die Quedlinburger Synode hiess ausdrücklich die Wahl Gebhard's zum Constanzer Oberhirten und überhaupt alle Anordnungen gut, die der Legat Gregor's bei seiner Anwesenheit in dem neueroberten Bisthum getroffen hatte, dem Bischof aber mochte wohl umsomehr an einer solchen weiteren Bestätigung gelegen sein, als er immer noch Gegenmassregeln des bisherigen, jetzt flüchtigen Bischofs Otto oder für denselben voraussetzen konnte und als ferner die sächsischen Bischöfe bisher noch nicht gerade als Eiferer für die Hirsauer Auffassung des kirchlichen Lebens hervorgetreten waren, vielmehr sich scharfen Tadel des Abtes Wilhelm zugezogen hatten, ihre nunmehrige Zustimmung zu Gebhard's Wahl aber es ihnen wenigstens erschwerte, durch eine Versöhnung mit dem Kaiser, wie sie ja schon wieder im Werke gewesen war, den Constanzer Genossen preiszugeben. In der That wurden die Bischöfe Sachsens auch jetzt noch nicht vollkommen für die Sache Hirsaus gewonnen, Otto von Ostia musste darauf verzichten, alle seine Wünsche bei der Synode zur Beschlussfassung zu bringen, doch wurden bestimmte Vorschriften über Cölibat, Fasten und kirchliches Gut, sowie über die Excommunicirten aufgestellt und schliesslich sammt Wibert, dem Gegenpapst, die Bischöfe und Gegenbischöfe der kaiserlichen Parthei, unter ihnen der Constanzer Otto, gebannt.

Schon aber hatte die Parthei Heinrich's Fürsorge getroffen, der Quedlinburger Synode auf gleichem Wege entgegenzutreten. In der nächstfolgenden Woche, in den ersten Maitagen, waren um den Kaiser neunzehn Erzbischöfe und Bischöfe auf einer Synode zu Mainz versammelt, darunter der vertriebene Otto von Constanz, vier andere liessen sich vertreten, so die feindlichen Nachbaren Bertold's II, Burkard von Basel und Otto von Strassburg, „welche wegen der ihre Kirchen auf das Heftigste bedrohenden Gegner nach Hause beurlaubt worden“ [164]; Papst Clemens, wie Wibert von Ravenna jetzt hiess, hatte Legaten gesendet. Also auch äusserlich war die Mainzer das vollkommene Gegenstück der Quedlinburger Synode. Ein wichtiger Beschluss war, dass die Mainzer Versammlung den Gottesfrieden, der zuerst (1081) von dem Lütticher Bischof für seine Diöcese eingeführt worden war, für den ganzen Umkreis des Reiches festsetzte und zwar in der umfassenderen Form, dass vom Donnerstag bis zum beendigten Sonntag die Fehde ruhen solle. Sonst ging man auch hier gegen die Bischöfe der Gegenparthei zu Werke: man lud sie vor und erklärte sie, da natürlich Niemand erschien, für abgesetzt. Der Spruch, der zunächst die bisher in ihrer Diöcese unangefochtenen elf feindlichen Kirchenfürsten treffen wollte, schloss auch die vier Gegenbischöfe ein, obwohl ja sie von der Kaiserparthei niemals anerkannt gewesen waren: die erste der gegnerischen Massregeln war erfolgt, die Gebhard seit vier Monaten,

[164] (Waltram) de unit. eccl. SA. 77.

seit der Uebernahme seines Amtes vorausgesehen und erwartet hatte. Gerade Gebhard's Wahl ist von der Kaiserparthei noch in späteren Zeiten stets desto heftiger bestritten und für nichtig erklärt worden, als sie mehr und mehr inne wurde, welch ein Gegner ihr in diesem zähringischen Kirchenfürsten entstanden und zu Macht gekommen war. Noch zu der Zeit, da Otto von Ostia Papst geworden war, ist der getreue Bernold eine Denkschrift über die Rechtmässigkeit der Wahl Gebhard's, eine „Apologia pro Gebhardo“ [167] abzufassen veranlasst gewesen.

Gebhard konnte die zu Mainz geschehene Absetzung leicht ertragen, denn Niemand fand sich, der dem Bischof Otto den Eindringling aus Constanz verjagen half. Es blieb dem Vertriebenen nichts übrig als auf eine Besitzung der Constanzer Kirche zu Colmar zu gehen, wo er im Schutz des Diöcesanbischofs Burkard von Basel still lebte und nach kaum Jahresfrist schon sein Leben beschloss [168]. Um so ungestörter also konnte Gebhard sich der Diöcese widmen und in der That finden wir ihn in lebhafter Amtsthätigkeit, auch nachdem ihn am Anfang Juni 1085 die Nachricht erschütternd getroffen hatte, dass am 25. Mai im fernen Salerno Papst Gregor gestorben sei, im Gefühl eines Unterlegenseins, doch im Trost des Rückblicks auf ein Leben voll aufrichtigen Wollens, und dass somit die kämpfende Kirche in ihrem Erneuerer zugleich den ihr entrissenen grossen Führer im Streite zu beklagen habe.

Am wichtigsten war es natürlich für Gebhard allen Unternehmungen im Sinne des Hirsauer Klosterlebens sein Augenmerk und seine thätige Förderung zuzuwenden. Eine solche war inzwischen von zwei schwäbischen Herren ausgegangen.

Die Voreltern Hezelo's aus der bekannten Vogtfamilie von Reichenau hatten einst in Wald [169] (Königseckwald OA. Saulgau) ein dem hl. Georg geweihtes Bethaus gegründet, in welchem die Mitglieder der Familie zum

[167] Bei Ussermann, Prodr. II, 378—382.

[168] *Colmbra* Chron. Petrish. 648. Vgl. gegen das bei ihm nicht motivirte Fragezeichen Ladewig's neben „Colmar“ (Reg. 518) die den Sachverhalt zunächst schon klarstellende Darlegung seines Vorgängers Henking S. 26 Anm. 7. Nun findet sich zwar, während Colmarer Güter des Constanzer Hochstifts später nicht bekannt sind, im Liber decimationis cleri Constanciensis de anno 1275 (Freib. Diöc.-Arch. I) S. 237 ein Zins aus *Chulmbe* im Decanat Raitnau, also aus Kulm im Aargau, ich möchte aber sowohl aus sachlichen wie sprachlichen Gründen dies *Chulmbe* in der Constanzer Diöcese mit *Colmbra* doch nicht identificiren, also auch an Colmar festhalten.

[169] Die Hauptquelle ist die ausführlichere Erzählung der Notitia fundationis mon. S. Georgii abgedr. und erläutert Oberrh. Zs. IX 194 ff. (danach citire ich). Der Abdruck in den MGSS. XV Abth. 2 machte Berichtigungen A. Schulte's Oberrh. Zs. N. F. IV 251 nöthig. Vgl. auch den Theilabdruck FUB V 37 ff. nebst den Ortsbestimmungen durch das Register. Herbeizuziehen sind ferner St. 3026 und die Casus mon. Villingani Freib. Diöc.-Arch. XV 242 f. — Ueber Hezelo s. Schmid, Hohenzollern I, 239 ff., dessen beachtenswerthe Vermuthungen wohl etwas zu sicher auftreten. Vgl. auch den Anh. I dieses Buchs.

grösseren Theile ihre letzte Ruhestatt gefunden hatten. Dieses kleine Gotteshaus nun entschloss sich Hezelo zu einem Kloster zu erweitern und fand dafür die Unterstützung eines wohlbegüterten Edelherrn, namens Hesso[170]; sie übergaben am 4. Januar 1083 zu Eratskirch das von einer anderweitigen Verpflichtung gelöste Wald und das dort zu stiftende Kloster an den Eritgaugrafen Manegold von Altshausen zur Tradition an die römische Kirche, unter deren Schutz die Stiftung stehen sollte, und statteten diese, Hezelo mit Degernau und Ingoldingen (zwischen Biberach und Saulgau), Hesso mit fast all' seinem Erbgut aus, wo hinzu durch einen Ministerialen Konrad der Herren von Otterswang noch eine weitere Schenkung gefügt wurde; um den 7. März herum ging man dann an die eigentliche Begründung des Klosters und wandte sich, nachdem alles wohl vorbereitet war, an den Schöpfer so vieler Gotteshäuser, Abt Wilhelm von Hirsau. Der Abt erschien selber, besichtigte den Ort und fand ihn für eine Stätte klösterlichen Lebens minder geeignet: er stellte ihnen die Forderung einer Verlegung. Sie thaten es nicht ganz gerne, da sie sich schon viele Mühe um den von ihnen ausersehenen Ort mit seinem alten Gruftkirchlein gegeben hatten und schützten daher die schon geschehene Zuweisung an die römische Kirche vor; aber Wilhelm sandte einen seiner Mönche zu Gregor VII und erwirkte die Erlaubniss zu jeder beliebigen Verlegung. So fand denn die Uebertragung in eine zu weltabgeschiedener Frömmigkeit in der That weit mehr geeignete Gegend statt, die zu der Baar-Grafschaft Asenheim gehörte und nur wenig unterhalb der Kammhöhe des Schwarzwaldes liegt, an der der Baarbewohner hoch und ohne Abendroth die Sonne frühzeitig versinken sieht, dort wo am Ostabhang des Gebirges die ersten Quellwasser der Donau inmitten der gewaltigen Forsten sich sammeln. Der Grund und Boden, den Wilhelm hier ausgewählt hatte, gehörte zur Hälfte schon Hezelo selber, die andere Hälfte erwarb jetzt Hesso von ihrem bisherigen Besitzer. Recht unmittelbar zeigt die Beschreibung des Gebietes, das so das erste Eigen der Stiftung wurde, wie unbestimmt man damals im hohen Schwarzwald die Grenzen abstecken konnte und musste: im Norden bis da, wo das Eigenthum der Leute jenseits der Berge beginnt, im Süden bis an die Ausläufer des langen Bergkamms, im Westen bis an die Brigachquellen (d. h. bis an die Wasserscheide), und östlich abwärts bis an das Gut von St. Marien (das ist wohl der Besitz von Kloster Reichenau). Am 22. Mai kamen Hesso und jener Ritter Konrad mit einigen Brüdern auf der Stätte an, aber erst als um den 13. Juni die von Abt Wilhelm gesandten kundigen Mönche anlangten, konnte die Ueberwältigung des Urwaldes[171] beginnen. Sie holzten ab und lichteten,

---

[170] Ist er mit den Uesenbergern oder mit den Sülichgaugrafen (Baumann, Gaugrafschaften 129ff.) zusammenzubringen? Schwerlich mit den von First.

[171] *monticulum arborum densitate consitum et horrore sylvatico squalidum.* — Als der

bauten schnell einige Holzhütten zur Unterkunft[472] und dann sogleich eine hölzerne Capelle und das Kloster selber. Ein Tag in schöner Sommerszeit, der 24. Juni 1085 wurde der Ehrentag der jungen Stiftung: der neue Bischof von Constanz und Abt Wilhelm von Hirsau, sein greiser Lehrer und Meister, trafen zu St. Georgen ein und der Diöcesan vollzog die feierliche Weihe, bei der er zugleich dem Kloster alle künftigen Zehnten der Umgegend zuwies[473].

Dann war es ein Wintertag, um den 13. Januar 1086, der von Neuem die beiden hohen Geistlichen in St. Georgen sah. Der Anlass war die festliche Bestätigung der Uebertragung der Stiftung auf den Schwarzwald durch Hezelo, der damit zugleich Königseckwald und alles früher für dieses Bestimmte an St. Georgen schenkte, weitere Güter zu Stockburg und Baldingen (auf dem Walde) wie zu Endingen und Gottenheim (im Breisgau) dazugab und dann seinen feierlichen Verzicht aussprach. Mit ihm war sein Sohn gekommen, Hermann, auch der Graf Manegold von Altshausen und eine ganze Anzahl von befreundeten Herren und von Rittern[474]. Ueber die Vogtei ward damals nichts festgesetzt; vielleicht galt zunächst Graf Manegold als der Vogt oder Hezelo blieb es doch selber; danach war es wenigstens sein Sohn Hermann, durch dessen Tod die Vogtei dann ledig ward[475].

Zwischen jenen beiden Besuchen in St. Georgen konnte Gebhard eine ähnliche Feier, wie sie dort im Juni stattgehabt hatte, ein paar Monate später zu Reichenbach im Murgthal leiten. Dort war im Jahr 1082 und zwar widerum von Hirsau aus ein Kloster gegründet worden, dessen 1085 vollendete Kirche Bischof Gebhard in diesem Jahre am 22. September der hl. Dreifaltigkeit, der Gottesmutter Maria und insbesondere dem hl. Papste Gregor weihte. Auch hier verlieh er, wie ähnlich zu St. Georgen, zu ewigem Recht der Stiftung alle Zehnten des Thales[476].

Markgraf Bertold hatte unterdessen die Gegner im Westen in Schach gehalten: Bischof Burkard von Basel und Otto, der Nachfolger Wernhers

vertex Alemanniae erschien den Mönchen diese Aufwölbung an der Höhe des Gebirges, die Rhein und Donau scheidet.

[472] Vgl. daneben die Schilderung eines ähnlichen Bau's im Walde in Abt Wilhelm's eigener Urkunde WUB I 281.

[473] Vgl. noch Ladewig, Const. Reg. 528.

[474] Aufgezählt Notit. fund. l. c. 200 f.

[475] Cas. mon. Villing. l. c. 243.

[476] Schenkungsbuch von Reichenbach WUB I 284 u. II 391. Zell 354 und ihm folgend Henking 27 mühen sich um die Erklärung, wie denn Gebhard ein Kloster der Speyerer Diöcese weihen konnte. Aber wenn auch Hirsau selber, andererseits viel Reichenbacher Besitz in der Speyerer lag, so lag doch die neue Stiftung selbst in der Constanzer Diöcese. — Die — von den Biographen übersehene — Nachricht der Flores temporum MGSS. XXIV 238: Gebhard habe 1085 die Kirche des hl. Gregor *in Hirsau* geweiht, ist eine deutliche Verwechselung mit Reichenbach. Die Const. Reg. 551 bringen die Notiz, aber mit falschem Erklärungsversuch (durch die Beziehung zu 1091).

von Strassburg hatten — wie schon erwähnt — wegen der heftigen Bedrängniss ihrer Bisthümer durch die Feinde die Mainzer Synode vom Mai 1085 nicht besuchen können [477], bei der es doch auf eine möglichst zahlreiche und gewichtige Versammlung abgesehen war. In den Bodenseegegenden scheint dagegen dieser Sommer nach den grossen Anstrengungen des vorigen friedlicher verlaufen zu sein; sonst hätten wohl auch die eben erwähnten Amtsreisen Bischof Gebhard's nicht erfolgen können. Erst 1086 [478] wird von neuen Kämpfen berichtet, die von den bischöflich constanzischen und den St. Gallischen Dienstmannen angefangen wurden; die ersteren drangen bei dieser Gelegenheit bis in die Stadt St. Gallen ein und legten die Bürgerhäuser in Asche; mit Mühe wurden die Klostergebäude vor ihnen bewahrt. Es scheint, dass Ulrich sich ganz vor den Constanzischen hatte zurückziehen müssen, denn der Gegenabt Wernher konnte sich festsetzen und die Mönche zu einer nothgedrungenen Anerkennung, auch einige Laien zu Huldigung und Eid zwingen. Mitten in diesen Bedrängnissen erreichte den Abt Ulrich eine bedeutsame Nachricht: der Patriarch von Aquileja, Friedrich oder Swatobor, ein Neffe des von Heinrich IV so hoch geschätzten Wratislaw von Böhmen, war nach noch nicht zweijähriger Amtsführung am 23. Februar 1086 durch einen tumultuarischen Mord umgekommen und der Kaiser [479] hatte sich entschlossen an dessen Stelle seinen tapfersten und entschiedensten Vorkämpfer, den Abt von St. Gallen zu erhöhen. So ritt denn Ulrich von Eppenstein davon, um das hohe Kirchenamt zu Aquileja, das ihn ja auch der Heimath seines Hauses näher führte, in Besitz zu nehmen; aber er gab die Abtswürde von St. Gallen, in welcher er von Feinden umringt die Fahne des Kaisers an bedrohtester Stelle fast allein vertheidigt hatte, gerade jetzt in der Bedrängniss hier und der grossen Aussicht dort nicht auf und liess „seine Ehre und Würde zu beschirmen“ in seiner tüchtigsten Feste, der Burg Rachenstein im Appenzeller Lande eine wehrhafte Besatzung zurück. Von ihr hatte nach Ulrich's Abreise der eingedrungene Abt Wernher Ungemach und Verlust genug zu leiden; er scheint überhaupt kein rechter Mann gewesen zu sein, auch seine eigenen Bundesgenossen hielten nicht auf ihn, und so zog er sich noch in demselben Jahre wieder zurück und resignirte auf St. Gallen, nicht ohne, wie wenigstens die dortige Ueberlieferung behauptet, vorher das Amt so viel wie möglich noch ausgenützt zu haben. Alle diese Dinge müssen einander sehr rasch ge-

[477] (Waltram) de unit. ecclesiae SA. 77: *propter hostes ecclesiis suis crudeliter nimis imminentes.*

[478] Oehem S. 123; dazu Cont. cas. 74 ff. Beide sprechen so, dass man sieht, es war vorher Waffenruhe gewesen.

[479] Cas. mon. Petrish. III c. 29, S. 656; das Uebrige nach den Cont. cas. u. dem hier z. T. wieder ausführlicheren und klareren Oehem (unter Berücksichtigung der Erläuterungen Meyer von Knonau's und Henking's).

folgt sein, denn es lag schon wieder eine kurze Ruhezeit dazwischen, als im April das Kloster eine neue Heimsuchung erlitt[480]. Es war Bertold II, der noch eine eigene Sache gegen das Kloster auszumachen hatte. Der Hohentwiel, die auf ihrem jäh abfallenden Bergkegel uneinnehmbare, den Hegau beherrschende Veste war ihm entrissen worden, die Besatzung, ohne Treue und Ausdauer, hatte sie den St. Gallischen übergeben[481]. So zog er vom Westen her heran und war um den 1. April mit bei der Synode, die Gebhard in Constanz abhielt[482], anwesend. Es war die erste Synode, soviel wir wissen, die der Bischof leitete, und sie war glänzend genug: die zähringischen Brüder sahen dort ihren Bundesgenossen Welf nebst dem jungen rheinfeldener Herzog von Schwaben, dazu die Grafen Burkard von Nellenburg, Kuno von Wülflingen, Manegold von Altshausen; ferner Hezelo, den Gründer von St. Georgen und seinen Sohn Hermann; ausser ihnen die Edelherren[483] Konrad von Heiligenberg, Adelgoz von Märstetten, Arnold von Binswangen und viele andere schwäbische Herren; von geistlichen Würdenträgern die Aebte Ekkehard von Reichenau, Siegfried von St. Salvator in Schaffhausen, Adelhelm von Altdorf, Trautwein von Stein am Rhein, die Constanzer Domherren und sonstigen versammelten Klerus. Auch St. Georgen vertretende Kleriker müssen anwesend gewesen sein, denn die Gründungsgeschichte des Klosters erzählt, wie Hezelo mit seinem Sohne in die Mitte der Versammlung trat und darlegte, auf welche Art und in welchem Sinne er mit Hesso zusammen den Ort gegründet und

[480] Denn die St. Galler trennen Bertold's Einfall ganz von dem der constanzischen Dienstmannen, vgl. Cont. cas. S. 78 u. Oehem 123: *Desselben jars.* Ich chronologisire so: Bertold's Einfall war bald nach der Constanzer Synode vom 1. Apr. (warum, folgt sogleich unten). Ulrich war zur Zeit desselben schon Patriarch (Cont. cas. S. 79: *abbas et patriarcha*) und Wernher schon von St. Gallen abgezogen, denn sein Kloster konnte Bertold doch nicht gut überfallen. Darum müssen sich die bisher dargestellten Ereignisse in die ersten Monate des Jahres zusammendrängen. Auf diese Weise bleiben sie in der Reihenfolge, in der sie die beiden Benützer der St. Galler Annalen, die Contin. cas. und Oehem erzählen.

[481] Dass das vor kurzem geschehen war, möchte man aus dem *abbas* . . . . . *Tiecla* [richtiger *Triela;* der Continuator hat offenbar *Tiecla* aus einem *Taicla* der Vorlage verlesen] . . *ad tempus possedit* Cont. cas. 79 schliessen; andererseits vielleicht auch daraus, dass Bertold nicht schon bei dem kurz vorhergegangenen völligen Darniederliegen St. Gallens sein Recht wahrgenommen hatte. Dass die St. Gallischen den Twiel anscheinend „durch geschickt angeknüpfte Verhandlungen mit der Besatzung" eingenommen hatten, bemerkt schon Meyer von Knonau S. 79 zu den Worten der Quelle. Ausser der Besatzung waren auch Klosterleute droben, doch sprechen die Casus nur von „*urbanis* . . . . *tradentibus*". (War etwa auch der Twiel eine „Burgstadt", wie sie Schulte (vgl. Anm. 308) in Limburg und Fürstenberg erkannt hat?) – – Falls aber Ulrich den Berg bei Gelegenheit eines Kriegszuges eingenommen hat, so könnte es m. E. nur i. J. 1079 schon gewesen sein, wo er am Nordufer des Bodensee vordrang und auch Markdorf einnahm (Cont. cas. 58, Oehem 119), von wo er aber immerhin noch reichlich Wegs bis zum Hohentwiel hatte.

[482] Die Nachrichten über sie finden sich in der Not. fund. S. Georgi S. 210.

[483] *capitanei.* Wohl als Befehlshaber eigener Leute so genannt.

beschenkt habe, wie er alles, was für das Kloster geschehen war, noch einmal feierlich mit erhobenen Augen und Händen bestätigte und auf alles eigene Recht an der Stiftung verzichtete[484] und wie danach Gebhard unter Anrufung des Heilandes und der Maria aus der Gewalt des hl. Petrus und aller Heiligen das junge Kloster und all' sein Gut in besonderen Schutz aufnahm. Leider erfahren wir — abgesehen davon, dass wahrscheinlich bei dieser Gelegenheit[485] Burkard von Nellenburg ähnlich wie Hezelo die Freiheitserklärung von St. Salvator oder Allerheiligen zu Schaffhausen gab[486] — sonst nichts unmittelbar von alle dem, was diese grosse Versammlung der schwäbischen Gregorianer mit einander beredet und berathen haben muss[487]. Nur die St. Galler glauben folgendes erzählen zu können[488], was sicher hierher bezogen werden muss: „Allerlei unter der Regel stehende Leute der neu aufgekommenen Art und nicht hergebrachten Gewohnheiten aus so allerlei Zellen, des hl. Erlösers, nämlich Schaffhausen, und des hl. Aurelius, nämlich Hirsau, und St. Blasien drängten sich hervor und machten dem Markgrafen und anderen Laien den Ort des hl. Gallus, der einst als Abbild förmlich eines Paradieses unter aller Zier der Wissenschaft und der Zucht der Regel blühte, unter der Gelegenheit irgend eines Anathems, das zu damaliger Zeit weithin sich erstreckte, so verabscheuenswürdig und so verhasst, dass sie denselben beinahe völlig zur Vernichtung in seinem weltlichen Besitz und in seiner Zucht gebracht hätten."

Die hier direct genannten Aebte haben also auf der Constanzer Synode, wo sie Bertold traf, den Markgrafen noch mehr, als er es schon war, gegen St. Gallen entflammt. Und so drangen denn nun[489] die Zähringischen von

[484] Dass dies jetzt noch einmal geschah, erklärt sich wohl (abgesehen von dem beabsichtigten freudigen Eindruck auf die Synode) aus der inzwischen eingeholten päpstlichen Bestätigung. So geschah es wenigstens im ähnlichen Falle bei Kl. Schaffhausen, vgl. QzSchwGesch. III 1, S. 16. An Gebhard wird eine ausdrückliche päpstliche Vollmacht gekommen sein, St. Georgen in den Schutz des hl. Petrus zu stellen.

[485] Henking S. 27 Anm. 9, ebenso Baumann QzSchwGesch. III 1, 19 Anm. 13.

[486] Erwähnt QzSchwGesch. III, 1, S. 16 in Urk. vom 4. Juli (das Versehen des Herausgebers: 2. Juni berichtigt schon Henking l. c.) 1087.

[487] Die Entscheidung Gebhard's über einen Streit zweier schwäbischen Edlen zieht Ladewig Reg. 532, wenn auch nicht ohne Bedenken, noch zu dieser Synode.

[488] Cont. cas. 82.

[489] In den Quellen ist der Monat des Einfalls nicht genannt, nur das Jahr (1086). Ich stütze mich auf folgende Erwägungen: Erstens wird jene wirksame Aufeuerung des Markgrafen geschehen sein, als sein Zug gegen St. Gallen eben unmittelbar bevorstand, oder dieser Zug wurde umgekehrt ihre unmittelbare Folge. Zweitens wird bei Bertold's diesmaligem Zug keine *devastatio*, keine Verwüstung der Felder erwähnt, nur die *praeda* im Kloster selbst, und bei solcher Gelegenheit vergessen die Chronisten dem Gegner nichts. Hierzu passt also am besten, wenn der Zug möglichst früh im Jahr geschah. — Dass Bertold schon von Constanz weg dem Gegenkönig zugezogen sei, ist schon deswegen unwahrscheinlich, weil sein Bruder Gebhard, der [das Nähere unten] bei den Ereignissen

neuem in den Thurgau ein und rückten vor das führerlose Kloster, das sich Bertold ergab. Plünderung und hier und da auflodernde Flamme ängstigten die Mönche, aber es kam doch Niemand von ihnen ums Leben. Einen freilich verwundete ein zähringischer Kriegsmann, der den Mönchen und anderen Flüchtigen in die Kirche nachjagte, mit dem Schwerte und noch dazu im allerheiligsten Raume und ein anderer scheute sich nicht, das Holz mit dem Leibe des Herrn, das ein geängsteter Knabe wie einen Schild dem Verfolger entgegenstreckte, mit einem Streich seiner Waffe zu zertrümmern. Man sieht, auch unter den Truppen der gregorianischen Herren konnte gelegentlich ganz dasselbe vorkommen, was von den Chronisten der eigenen Parthei den Gegnern so unablässig nachgespürt und zu noch ganz anderen Verunglimpfungen aufgebauscht wurde. Und auch bei den Gregorianern schlug die Strafe des Himmels ein, die sie selber auf die andere Parthei so freigebig herabzuschütten sich vermassen: jenen Heiligthumsfrevler befiel nach dreien Tagen zu Rorschach tobender Wahnsinn, er lief in den See und ertrank.

Also Bertold war doch sehr bald wieder von St. Gallen abgezogen, stand schon am dritten Tage nach der Einnahme und den ersten Schrecken der Plünderung bei Rorschach am Bodensee. Dass er seine Stellung dauernd im Thurgau befestigt habe, tritt nicht hervor; auch nicht, dass er den Twiel auf der Hin- oder etwaiger Rückfahrt[490] wieder von der St. Gallischen Besatzung zurückgewonnen habe.

Das Kloster Petershausen besass später ein Gut zu Aasen auf der Baar, das hatte ihm der „Herzog Bertold von Zähringen, der Bruder Bischof Gebhard's III[s] als Entschädigung für ein Einlager gegeben, das er dem Kloster aufgedrungen hatte[491]. Dies gewaltsame Einlager scheint bei Gelegenheit des Feldzuges von 1086 stattgefunden zu haben; denn in der vorhergehenden Zeit, wie sogleich deutlicher werden wird, beobachtete Kloster Petershausen keineswegs eine Haltung, die die zähringischen Brüder veranlasst haben könnte an eine billige Entschädigung zu denken; gerade von 1086 ab aber gelangte es in ein so enges Verhältniss zu Gebhard, dass eine gewaltsame Einquartirung nachher nicht mehr gut denkbar ist. So passt es am besten, wenn man annimmt, diese Einlagerung der bertoldischen Kriegsleute habe um den 1. April 1086 stattgefunden, als der Markgraf den Zug

am Würzburg im Sommer 1086 persönlich betheiligt war, am 11. Juni auch noch ruhig in Constanz (oder vielmehr an dem Tage gerade in Petershausen) weilte. Bertold wird ohnehin nicht unnütz seine Truppen lange zusammengehalten haben.

[490] s. u. S. 143.

[491] *pro hospicio violenter apud nos sumpto.* Dies Aasener Gut wurde 1159 von Petershausen gegen ein Gut zu ***Miminhusen*** (Minnenhausen BA. Ueberlingen) an St. Georgen vertauscht und zwar unter weiterer Daraufzahlung der Petershausener; sehr werthvoll war also das zur Entschädigung von Bertold weggegebene Gut anscheinend nicht. Cas. mon. Petrish. 676.

gegen St. Gallen unterbrach, um der Constanzer Synode beizuwohnen; kurz darauf trat die enge Verbindung zwischen Gebhard und dem Kloster ein und da hat ihm dann eben der Bischof jene nachträgliche Belohnung von seinem Bruder verschafft.

Das der Stadt Constanz so unmittelbar benachbarte Petershausen hatte nämlich bisher noch nicht als ein Kloster im Sinne der Hirsauer gelten können und daher war es denn auch auf der Aprilsynode 1086 zu Constanz noch gar nicht vertreten gewesen[492]. Jetzt aber liess Gebhard Hirsauer Mönche nach Petershausen kommen, um die neue Art auch dorthin zu tragen; ihnen wichen die alten Mönche zum Theil aus und verliessen das ihnen verleidete Kloster. Der erste Abt, Otto, kehrte dann sehr bald nach Hirsau zurück und als sein Nachfolger kam von dort der energischere[493] Dietrich, ein natürlicher Sohn des Grafen Kuno von Wülflingen, den Gebhard am 11. Juni 1086 weihte und unter dem die Hirsauer Zucht zu völligem und innerlichen Siege in Petershausen gelangte, so dass auch dieses nunmehr den berühmten Vorbildern mönchischen Lebens, den blühenden Klöstern im Schwarzwalde als ein weiteres würdiges Glied des geistigen Bundes zur Seite trat.

Schwaben war eine geraume Weile hindurch das einzige Land des Reiches gewesen, wo die Gegner noch hitzig in Waffen gegen einander standen. Nun aber erhoben sich nach Misserfolgen des Kaisers im Norden im Frühjahr 1086 auch wieder bairische Grosse für die Parthei des Widerstandes, riefen ihren alten Herzog Welf aus seiner Heimath herbei und begingen mit ihm vereint das Osterfest (5. April), um sodann zusammen mit ihm und den übrigen schwäbischen Herren gegen Regensburg zu ziehen[494], wo der Kaiser weilte. Es wird schwerlich irrig sein, wenn Bertold II, obwohl er nicht ausdrücklich genannt ist, hier unter „den übrigen Schwabenfürsten" des Bernold mit verstanden wird. Denn er stand ja schon mit Kriegsvolk zu Felde und doch wird nach dem so rasch abgebrochenen St. Galler Zuge keine anderweitige That von ihm berichtet, auch auffälliger Weise nicht die Einnahme des hohen Twiels. Sein Weg von St. Gallen aus ging nach Rorschach, wie wir erfuhren, und das wäre für den Rückmarsch nach Constanz ein Umweg gewesen, dagegen war es der Weg nach Bregenz zu[495], wo der Graf sein Schwager war. Auf diesem Wege wird Bertold zu den Baiern und Welf gestossen sein.

[492] Const. Reg. 523 setzt mit der Datirung „ca. 1085" die Petershausener Reformation schon vor die Ereignisse von 1086. — In diese Zeit des unmittelbaren bischöflichen Waltens zu Petershausen i. J. 1086 fällt auch wohl der (von dem Const. Reg. 659 „1085—1110" angesetzte, Cas. mon. Petrish. 632 berichtete) von Gebhard wegen Feuchtigkeit verfügte Abbruch eines Martinsaltars in der westlichen Krypta zu Petershausen.

[493] Vgl. die Bemerkung der Cas. mon. Petrish. 649 über Otto.

[494] Ann. August. zu 1086 S. 131 f.; Bernold S. 444.

[495] Er ging nach Rorschach nicht etwa, um dort Schiffe zur Fahrt nach Constanz zu

Die Belagerung des Kaisers in Regensburg war vergeblich, der Kaiser konnte sie länger ertragen, als die Belagerer selbst[496]. Unterdessen hatten Friedrich von Staufen und der bairische Pfalzgraf Ratpot das in den Händen der Rebellen befindliche Freising wieder erobert; als sie aber von dort abzogen, riefen die Gegner den Herzog Welf und die Belagerer von Regensburg herbei, die nun wenigstens Freising wieder einzunehmen vermochten. Die genauen Daten dieser Vorgänge fehlen; der Kaiser hat in Regensburg Urkunden vom 3. und vom 29. April ausgestellt[497], kann aber bei dem Mangel von Urkundendaten für die nächsten Wochen[498] auch länger dort verweilt haben, so dass auch die Aufhebung der Belagerung erst nach Ende April geschehen sein kann. Er ging dann von Regensburg weg nach dem oberen Baiern, wo er mancherlei Erfolge errang. Unterdessen hatten sich die beiden gegnerischen Schwaben- und Baiernheere, das Friedrich's von Staufen, wie das Welf's, nordwestlich gezogen und plötzlich erfuhr Kaiser Heinrich[499], was im Werke war: der Gegenkönig hatte in Sachsen gerüstet und wollte sich in Franken mit Welf und den Schwaben verbinden, die bereits Friedrich von Staufen und den kaiserlichen Bischof bei Würzburg in arge Noth brachten. Die Feldzüge aus der Zeit, da Herzog Bertold I und Rudolf von Rheinfelden noch lebten, mussten vor Heinrich's Geiste lebendig werden, als es nun abermals die treue Bischofsstadt am Main zu retten und zugleich die Vereinigung der Gegner zu hindern galt und er desswegen nach Franken eilte. Am 18. Juni[500] stand er schon hier und zwar in Würzburg selbst. Unterdessen aber rückten zur Vereinigung mit den Erstangekommenen neue Schaaren der Sachsen und Schwaben heran, deren Zusammenkunft auf die Tage nach Peter und Paul[501] angesetzt war, unter ihnen der eifrige Constanzer Bischof, der am 11. Juni noch in Petershausen gewesen war[502], nebst seinem erkorenen Begleiter, dem Mönche Bernold[503]. Heinrich wich all' diesen immer dichter heranziehenden Gegnern aus, um zuvor ebenfalls grössere Kriegermengen

nehmen, denn der damalige Hafenplatz St. Gallens war das für die Fahrt seeabwärts ohnehin viel bequemer gelegene Steinach. Andererseits konnte er nach Bregenz zu gar nicht bequemer als über Rorschach ziehen, denn St. Gallen ist vom Rheinthal durch ansehnliche Berge getrennt. Ostwärts mag er immerhin von Rorschach doch noch über den See gefahren sein, aber es ist nicht wahrscheinlich.

[496] Ann. Aug. l. c.; Bernold l. c. — Giesebrecht 615 u. 1170 nimmt ohne Grund an, dass der Kaiser aus der Stadt entkam.

[497] St. 2880, 2882.

[498] St. 2883 u. 2884 gehören ins Jahr 1085 nach Giesebrecht 1170.

[499] Ann. Aug. l. c.

[500] St. 2885.

[501] *colloquium post festivitatem apostolorum prope Wirceburc condixerunt* Bernold 444.

[502] Const. Reg. 534.

[503] Gebhard's Betheiligung ergiebt sich unten deutlicher; die Bernold's bezeugt dieser selbst S. 445.

heranzuziehen und überliess Würzburg seinen Getreuen, Herzog Friedrich und dem Bischof, die nun eine fünfwöchentliche Umlagerung durch das gesammte sächsisch-süddeutsche Heer zu erdulden hatten. Endlich rückte am Anfang August der Kaiser zum Entsatz mit rheinischen und lothringischen Mannschaften heran; der Gegenkönig und seine Fürsten gingen ihm entgegen und kamen mit ihm bei Pleichfeld nördlich von Würzburg zur Schlacht. Bernold, der in dem Heere des Gegenkönigs natürlich im Lager der Schwaben war, schildert, wie die „Getreuen des hl. Petrus" (die er von anderen Kriegshaufen, wie denen Welf's und den Magdeburgern ausdrücklich unterscheidet, und unter denen also seine sich so gerne nach dem hl. Petrus bezeichnenden Landsleute im Besonderen zu verstehen sind, bei denen die beiden zähringischen Brüder die führende Stellung einnahmen) ein Kreuz von mächtiger Höhe mit einem daran flatternden rothen Wimpel auf einem Wagen als Feldzeichen mit in die Schlacht fuhren und auf seine Kraft vertrauend den Sieg erfechten halfen. Denn Heinrich wurde geschlagen und nun fiel am anderen Tage auch das von den Kaiserlichen aufgegebene Würzburg in die Hände der zurückgekehrten Sieger[504]. Geleitet von Gebhard von Constanz[505] und Hermann von Metz zog Bischof Adalbero in seine Stadt ein, die er so lange Jahre als Vertriebener hatte meiden müssen. Er sollte sich jedoch nicht lange des Neubesitzes freuen, denn nach dem Abzug der Sieger rückte Heinrich abermals mit frischen Truppen vom Rhein heran, gewann die ihm so freundlich gesinnte Stadt zurück und setzte den kaiserlichen Bischof Meginhard wieder an Adelbero's Stelle. Letzterer ging jetzt in seine Heimath, den Traungau, von wo aus er noch Beziehungen zu dem Constanzer Bischof unterhielt, der ihn einst bei der freudigen, aber so kurzen Rückkehr nach Würzburg mit eingeführt hatte und der in so kurzer Frist der politische Leiter all' dieser Bischöfe geworden war.

Merkwürdiger Weise hatte der Sieg des Gegenkönigs Hermann den Kaiser ebensowenig in Bedrängniss gebracht, als einst die militärischen Erfolge Rudolf's. Nach der Schlacht von Pleichfeld gingen Sachsen und Schwaben je in ihre Heimath zurück, mit den letzteren sehr wahrscheinlich sogleich[506] der Gegenkönig, von dessen sonstigen Thaten aus der nächsten

---

[504] Vgl. zu Bernold auch noch Ann. Patherbr. S. 100.

[505] Vgl. Anm. 11 bei Henking S. 30.

[506] Cas. mon. Petrishus. S. 648. Giesebrecht ist es (S. 621), der den Aufenthalt Hermann's in Schwaben schon in dieses Jahr 1086 setzt. Henking S. 32 bestreitet das und ist für 1088; es scheint ihm „nicht wahrscheinlich, dass der Gegenkönig nach einem so glänzenden Siege eine so überaus klägliche Rolle gespielt hätte." Hermann war, wie im Text erwähnt, in Schwaben ganz ohne genügende Geldmittel. Aber gerade das letztere erklärt mir die Nichtausnutzung des Pleichfelder Sieges und das Auseinanderlaufen seiner Truppen, sowie dass er gerade mit einem so hingebenden Partheigenossen, wie Gebhard war, zog. Dazu kommt als fernerer Grund die baldige Beabredung eines Verhandlungstages mit

Zeit wenigstens nichts verlautet, während er sich (nach bester Quelle) irgend einmal nach der Pleichfelder Schlacht einige Tage in Constanz aufgehalten und fast eine Woche sodann in Petershausen Quartier genommen hat, wo seine Mittellosigkeit das spöttische Mitleid der Mönche erregte. Später ging er dann nach Sachsen zurück, wo er Weihnachten feierte[507].

So war denn auch Bertold II nach 6-monatlichen ununterbrochenen Heerzügen wieder nach Hause gelangt und hatte seine Treuen, die er durch den Thurgau und durch Baiern und Franken geführt hatte, entlassen. Aber nicht lange durfte er sich und den Seinen Rast gönnen. Im December[508] erreichte ihn die Kunde aus Baiern, dass Heinrich dort eine Burg der Gegenkönigspartei belagere. Sofort brach er mit seinen Schwaben auf und ebenso Welf und beide nöthigten den Kaiser, der durch ihr Heranrücken in bedrängte Lage gerieth, in einen Fürstentag zu willigen, auf welchem die langandauernde Spaltung im Reiche zu einem endlichen Schluss geführt werden möge. Man sieht, die Herzöge waren beide, nachdem die straffe Leitung der Parthei durch den Tod Gregor's VII ein Ende genommen hatte, ihres selbstgesetzten unmächtigen und mittellosen Königs überdrüssig geworden. Nicht Hermann, sondern Bertold und Welf ordneten das Weitere an: sie liessen den Kaiser am 24. December in Frieden von der belagerten Burg abziehen und ihn anderwärts sein Weihnachtsfest ungestört begehen; sie selber kehrten froh über den Verlauf dieses kurzen Winterzuges nach Hause zurück, verständigten sich von da aus mit anderen Fürsten des Reiches und sagten den Verhandlungstag auf die dritte Fastenwoche (1087; 28. Febr. — 6. März) nach Oppenheim an.

So zog im Februar Herzog Bertold[509] wie die anderen Getreuen des hl. Petrus den Rhein hinab nach Oppenheim. Indessen der Kaiser brach seine Zusage und erschien nicht, und da er trotz einzelnen Widerspruchs auch die Seinigen bewogen hatte, sich nicht auf diese Verhandlungen einzulassen, löste sich die nur von der einen Seite besuchte Versammlung ohne jedes Ergebniss wieder auf und die Fürsten kehrten in ihre Heimath zurück. —

Inzwischen[510] hatten die zähringischen Brüder einen treuen Bundesgenossen verloren, einen Grafen Bertold, „der im eifrigsten Kampfe gegen die Schismatiker kämpfend fiel“. So hat Bernold, der in Gebhard's Nähe

Heinrich seitens Welf's und Bertold's, die auch darauf hinweist, dass Hermann's grosse Noth, die die Quelle meldet, eben in diese Zeit fällt. — Man vgl. auch die Schilderung (Waltram's) de unit. eccl. SA. 69 über die Dürftigkeit dieses Gegenkönigthums.

[507] Bernold 446.

[508] Bernold 445: *prope nativitatem Domini*, vor Weihnachten, wie der Fortgang zeigt.

[509] Bernold S. 446 nennt ihn nicht ausdrücklich, aber berichtet, die *fideles s. Petri … ad condictum terminum pervenere.* — Neben Bernold vgl. auch Ann. Aug. zu 1087.

[510] Bernold 446 erzählt es ganz zu Anfang des Jahres 1087.

weilende Chronist das aufbewahrt und da er sich über die Dinge in Baiern und Schwaben stets besonders unterrichtet zeigt, wird dieser Bertold wohl als ein süddeutscher Vorkämpfer des Reichswiderstandes zu betrachten sein, jedoch sicher nicht als ein gegen St. Gallen kämpfender Thurgaugraf[511], wie herkömmlich angenommen wird.

Im Frühling 1087 hatte der längst gewählte Desiderius von Monte Cassino sich endlich angeschickt das Amt der Leitung der Kirche auf seine müden Schultern zu nehmen. Er machte von Anfang an den Männern, die wie Otto von Ostia dachten, Sorge genug und sie hätten gerade zu jener Zeit lieber gesehen, ein Anderer wäre erwählt worden. Seine so lange Zeit nach der Wahl erfolgte Weihe konnte den deutschen Anhängern am Ende Mai bekannt sein, aber auch sie wussten wohl schon, dass die Kirche keine sicheren Hoffnungen auf ihn setzen dürfe; auch in den kühlen und sozusagen schonenden, vertheidigenden Worten, mit denen der Vertraute Gebhard's, Mönch Bernold, des Desiderius als Papstes gedenkt, klingt es wider. Um so verständlicher ist es, wenn die aufständischen Laienfürsten im Reiche trotz der ihnen mit der Oppenheimer Versammlung widerfahrenen Kränkung den Gedanken an eine Verständigung mit dem Kaiser und seiner Parthei noch nicht aufgeben wollten.

Zunächst muss es auffallen, den Herzog Bertold II am 5. Juni 1087 im Gebiet der Baseler Diöcese, zu Rendelshausen, und zwar als Theilnehmer einer Tauschhandlung weilen zu sehen, die in allem Frieden zwischen Bertold's altem Gegner, dem 1085 von der Quedlinburger Synode gebannten Bischof Burkard von Basel und dem diesem doch naturgemäss so entgegenstrebenden Cluniacensermönch Ulrich zum Ende gebracht ward, der lange in Burgund und Alamannien umher versuchend, jetzt zuletzt Prior seiner Schöpfung zu Grueningen, nun endlich in Zell im Schwarzwald den rechten Ort für eine möglichst still gelegene klösterliche Gründung gefunden hatte. Auch das verdient besondere Beachtung, dass bei dieser von zahlreichen Theilnehmern besuchten Zusammenkunft auch der Neffe Bertold's, Markgraf Hermann II, erschienen war, von dem keinerlei Spur einer Hinneigung zu den Gregorianern bekannt ist, der vielmehr nach den erhaltenen Urkunden im Jahre 1089 — eine frühere derartige Urkunde ist gefälscht — als Begleiter des Kaisers auftritt. Hermann wird nun schon hier zu 1087 gerade als Graf, also Breisgaugraf — denn der Tausch betraf Breisgauorte — bezeichnet. Es muss dahingestellt bleiben, ob er die Grafschaft im Breisgau, die er auch fortan ungestört innegehabt hat, seinem dorthin vor Jahren als Sieger zurückgekehrten Oheim

[511] Von ihm müsste sonst doch wohl irgendwo die ausführliche Cont. cas. S. Galli sprechen, zumal da sie gerade S. 83 mit den Namen aufzählt, wie zu dieser Zeit des Herren Güte St. Gallen nach einander von seinen Feinden befreit habe. So halte ich um so mehr an den zähringischen Grafschaftsansprüchen im Thurgau fest.

Bertold zu verdanken oder ob sie ihm Heinrich IV inzwischen übertragen hatte, nachdem Wernher von Strassburg ja schon 1079 gestorben war, oder ob schliesslich Hermann II ein Politiker war, der beider Partheien Gunst oder Liebeswerben ausgenutzt hatte, was letzteres in der That alles am leichtesten erklären würde. Jedenfalls trafen hier in Rendelshausen[512] eine Anzahl Persönlichkeiten Abmachungen untereinander — der hl. Ulrich selber und wohl auch der Bischof waren übrigens dabei anscheinend nur durch die Vögte ihrer Stifter vertreten — oder nahmen an ihnen als Zeugen Theil, welche durch die politischen Ereignisse bisher vollkommen geschieden gewesen waren.

Auf Welf war es nicht ohne nachhaltigen Eindruck geblieben, dass er bei seinen Versuchen, in den bairisch-schwäbischen Grenzgegenden festeren Fuss zu fassen, immer wieder auf's Neue an dem treuen kaiserlichen Sinn zumal der Städter hatte verzagen müssen. Gerade und am meisten ihm für seine eigenen, besonderen Pläne ward die Möglichkeit einer Aussöhnung mit der Kaiserparthei ein immer stärker lockender Gedanke.

So kam in der That am 1. August ein neuer gemeinsamer Tag und diesmal wirklich zu Stande, da auch der Kaiser und seine Parthei an dem ausgemachten Orte, nämlich in Speyer, erschienen und mit den gegnerischen Fürsten zusammentrafen. Keine Nachrichten, welche sie etwa zu dieser Zeit an anderem Orte erscheinen oder vermuthen liessen, hindern an der so naheliegenden Annahme, dass unter den in Speyer von der einen Seite anwesenden „Fürsten des Reiches der Deutschen, ich“ [Bernold] „meine die dem hl. Petrus treuen“ in erster Linie auch ihr Führer Gebhard und sein Bruder zu verstehen sind. Gebhard hatte nicht lange vorher, am 4. Juli, eine grössere Landesheerschau der Parthei und zwar zu Schaffhausen[512a] gehalten, wo er ausser mit seinem Bruder mit Herzog Bertold von Schwaben, mit Welf, Graf Burkard von Nellenburg, den Aebten von Hirsau, Allerheiligen in Schaffhausen, St. Georgen und Peters-

[512] Rendelshausen ist das am Ausgang des grossartigen Münsterthals im Jura gelegene, wälsch Courrendlin genannte Dorf. Ueber den Tausch liegen drei Urkk. vor: die massgebende ist trotz der Namensentstellungen durch die Copie die bei Schöpflin V 27f. = Trouillat I 207ff.; auf ihr fusst die Bestätigung durch den späteren Bischof Ortlieb bei Dümgé 115f.; die dritte bei Neugart CD. II 31 ff. datirt sich auf 1083 zurück, ist aber eine Ausfertigung, die ihr Schreiber, wie die gedankenlose Hinzufügung zu dem Handlungsdatum zeigt, *regnante Rom. imp. Henrico III et filio eius rege Henrico V* zu Stande gebracht hat (wohl 1103, nach der Indiction (XI) zu schliessen, die weder auf 1083 noch — auch bei burgundischer Chronologie nicht — auf den 5. Juni 1087 passt). 1083 könnte der Tausch zuerst angeregt sein; ich möchte aber auf diese Zahl überhaupt keinen Werth legen, man vgl. unter Hinzunahme der Vita Udalrici MG SS. XII die ganze Sachlage. Jedenfalls fand der Tag von Rendelshausen am 5. Juni 1087 statt und vor allem darf die allen drei Urkunden gemeinsame Titulatur *dux Bertholdus, comes Erimannus* nicht von diesem Datum getrennt werden. — Hermann's Beziehung zu dem Kaiser ergiebt sich aus St. 2894, wenn auch die Zeugen erst später eingetragen sind.

[512a] Vgl. die Zeugen der Urk. QzSchwGesch. III 1, S. 16f.

hausen und zweiunddreissig edlen Herren aus den verschiedensten schwäbischen Gauen zusammentraf, während Markgraf Hermann II trotz des kürzlichen Zusammentreffens mit seinem Oheim sich hier nicht betheiligte, wodurch das oben über ihn Angedeutete nur bestätigt wird. Vielleicht wollte gerade diese Schaffhausener Versammlung über den Plan des neuen Friedensversuches noch berathen.

Auf der Reichsversammlung zu Speyer am 1. August theilte der nunmehr geweihte Papst, der den Namen Victor III angenommen hatte, seine Erhebung brieflich mit und bestätigte zugleich die Urtheile Gregor's über Heinrich und seine Anhänger. Ferner liess Ladislaus, der König der Ungarn und Schwager der beiden Zähringer den zu Speyer versammelten Anhängern Roms melden, dass er unverbrüchlich zur gemeinsamen Sache stehe und nöthigenfalls den Kämpfern des hl. Petrus mit 20000 Reitern Hilfe leisten könne. Das waren allerdings und besonders auch die zweite, Nachrichten, die geeignet waren anstatt des schlechten Muthes und jener Versöhnlichkeit, die doch eben nur diesem Missmuth entsprang, neue Widerstandslust in die Herzen zu giessen. Ist es da allzu voreilig zu vermuthen, dass Ladislaus zu seiner unvermutheten und andererseits so sehr gelegen kommenden Botschaft — es blieb bei dem blossen plötzlichen Anerbieten — rechtzeitig veranlasst worden war und zwar von dem Einen, der nicht erlahmt war, von Bischof Gebhard selber? Jedenfalls hatte alsbald die Vertretung der Kirche auf dem Fürstentage bei der eigenen Parthei Oberwasser und dementsprechend trat in den Vordergrund wieder die Bannfrage, ohne deren Erledigung und Ueberwindung in ihrem Sinne die strengen Gregorianer zu keinem Nachgeben mehr zu gewinnen waren. Für diese Dinge aber hatte Heinrich die Geduld verloren und an seinem Widerspruch als Gebannter behandelt zu werden scheiterten die Verhandlungen. „Schlimm angefangen“, wie die kaisertreuen Augsburger Jahrbücher wohl nicht ohne Beziehung sagen, „ward die Tagfahrt noch schlimmer beendet“: der Kaiser schrieb eine Heerfahrt gegen die Rebellen auf die Octave des Michaelistages (6. October) aus; die Gegner aber verabredeten unter sich, mit allen nur irgend zu beschaffenden Streitkräften schon am Michaelistag selbst sich gerade an dem von Heinrich für die Seinen bestimmten Vereinigungsorte zu treffen.

Das höchste Ziel, ein zweites und zwar erfolgreicheres Canossa herbeizuführen war den Vorkämpfern der Kirche versagt geblieben, doch hatten sie wenigstens das Nothwendige erreicht, die Aussöhnung zu verhindern. Zum Waffengang kam es nicht, von beiden Seiten gab man die Heerfahrt einfach auf. Auch in Schwaben ruhte unseres Wissens der kleine Krieg, so dass den dortigen Häuptern der kirchlichen Parthei ein in Freundschaft schnell beendeter, aber doch nicht bedeutungsloser Competenzstreit untereinander gestattet war. Am 6. December 1086 hatte Gebhard den bisherigen Prior von St. Georgen als dortigen Abt ordinirt, nachdem der Prior durch Wilhelm auf Wunsch der Stifter und der Mönche des Klosters zu dieser Würde befördert worden war. Nun starb der Abt genau an der ersten Jahreswiederkehr des Tages seiner Weihe — 6. December 1087 — und Wilhelm von Hirsau sandte daraufhin einen anderen Abt. Bis hierher duldete Gebhard, wohl aus pietätvollem Festhalten an seinem altbestehenden Verhältniss zu Wilhelm, dessen Eingreifen in die Constanzer Diöcese hinüber. Als jedoch Wilhelm den eingesetzten Abt bald wieder einfach nach Hirsau zurückberief, benutzte Gebhard mit Ueberwindung seines persönlichen Empfindens die Gelegenheit, um den Standpunct des Bischofs gegenüber dem blossen Abte einer fremden Diöcese — Hirsau lag in der Speyerer — zu wahren, mochte dieser auch der allverehrte Leiter und das thatsächliche Haupt des ganzen neueren Mönchthums diesseits der Alpen sein. Mitten im feierlichen Amte zu St. Georgen — diese Zusammenkunft auf dem Schwarzwalde fällt in den Sommer 1088 — verweigerte Gebhard vor Wilhelm, der mit dem von ihm ausgesuchten neuen Abte Theoger erschienen war, dessen Weihe, wenn nicht zuvor der Hirsauer Abt dem Tochterkloster in der Constanzer Diöcese die volle Unabhängigkeit gewährleiste. Das kam dem grossen Meister der mönchischen Zucht unbedingten Gehorsams von dem eigenen Schüler hart an und er sträubte sich bis zum nächsten Tage; dann aber gab er nach und damit war ein Sieg des unumgänglichen Bedürfnisses der bischöflichen Verwaltung über das klösterliche Tochterschaftssystem, das die Diöcesanautorität zu untergraben drohte, davon getragen worden, der seinen Eindruck dann auch in weiteren kirchlichen Kreisen nicht verfehlt haben wird.

Inzwischen war der Abt von Monte Cassino, der seinen Namen Desiderius noch im höchsten Alter mit dem eines Victor III hatte vertauschen müssen, gestorben und am 12. März 1088 der Mann zum Leiter der Kirche erwählt worden, dessen Erhebung den zähringischen Bischof mit höchster Freude erfüllen musste — hatte doch jenes Hand auf Gebhard's Haupte geruht, als dieser vor etwas mehr als dreien Jahren zugleich die Priester- und die Bischofsweihe empfangen hatte, wusste er sich doch vollkommen in Treue und gleicher Gesinnung mit ihm eines: das war Cardinal Otto von Ostia, nunmehr Papst Urban II. Sogleich am Tage nach der Wahl zeigte sie der neue Nachfolger Petri den eigentlichen deutschen Anhängern an[313]: den gregorianischen Bischöfen in Süddeutschland, nämlich denen von Salzburg, Passau, Würzburg, Worms, Augsburg und Constanz, den Aebten, den Herzögen Welf und beiden Bertolden und allen anderen vornehmeren oder geringeren „Getreuen des hl. Petrus“.

Denn letzteres war längst der engere Partheiname der süddeutschen

[313] Jaffé V 503 f.

Kämpfer geworden. Der alte Sinn, aus dem heraus sich einst Bertold I — trotz aller frommkirchlichen Gesinnung und trotz der schon angeknüpften Verbindung mit den Hauptvertretern der sich reformirenden Kirche — im letzten Grunde von dem König abgewandt hatte: weil er bei Heinrich kein Heil mehr für das Reich sah und seine der Krone dennoch dargebrachte Beihilfe und Treue mit Verrath erwidert glauben musste, dieser Sinn war seitdem im Verlaufe des Kampfes ganz ausser Betracht gerathen und an die Stelle des persönlichen Empfindens mehr und mehr eine ganze Richtung getreten, die auch weit über die einstigen Bestrebungen Anno's hinausging, die aber nicht allein bestimmter und inhaltsreicher war, sondern darum auch wieder engere Schranken zog: ein Gebhard III und alle, die in der Macht seines Einflusses handelten, konnten nicht mehr anders als ausschliesslich für die Kirche im Streite verharren, es war erworben, wenn ihnen überall aus geistlichem Munde — wie uns über sie aus den Chroniken der Mönche und den Briefen jener Tage — das Lob „der Treuen des hl. Petrus" entgegen tönte. Die Hingabe an ihr grosses Ziel schied sie von jeder Gemeinsamkeit mit dem dem Banne trotzenden Heinrich und damit zunächst, so lange der Gebannte die Krone trug, selbst von jeder Rücksicht auf die Wohlfahrt seines Reiches, schied sie aber nicht viel minder auch von den eigenen Verbündeten, den Sachsen, welche jene Entwicklung vom blossen Aufstand zur tiefinnerlich entgegengesetzten Richtung nicht mitgemacht hatten; und zwischen diesen und ihnen war nicht bloss geistig längst diese Kluft vorhanden, sondern auch politisch hatte deren klaffende Breite zumal seit Rudolf's Tode nur ganz gelegentlich überbrückt werden können.

Urban schrieb nun diesen ganz Getreuen unter anderem: „Wir bitten und beschwören euch im Namen Jesu, dass ihr in der Treue, Devotion und Anhänglichkeit, welche ihr auf euch genommen und unserem Vorgänger Gregor immer gezeigt habt, fest verharret und die heilige römische Kirche, eure Mutter mit allem Rathen und Thun, das euch nur möglich ist, unterstützet. Für mich habet hinfort in allem die gleiche Meinung und das gleiche Vertrauen, wie ihr sie für unseren seligsten Vater, für Papst Gregor gehabt habt. In seinen Spuren begehre ich durchaus zu wandeln und verwerfe, was er verwarf, verdamme, was er verdammte, verehre, was er gebilligt hat. . . . . Ihr aber, die ihr Geistliche seid, belehrt und ermahnt mit Worten und Beispiel die nicht Belehrten, so wie ihr's zu thun wisst und die Noth dieser gefährlichen Zeit es erfordert. Denn da ich bei euch weilte, habe ich euch ja alle als Solche erfunden, dass ich rufen könnte mit dem eigenen Worte des Herrn: ‚Wahrlich, ich sage euch, ich habe solchen Glauben in Israel nicht gefunden; wer aber beharret bis an das Ende, der wird bewahret bleiben'. . . . Aber Gott selbst, der ein Gott des Friedens ist, möge bald den Satan unter euren Füssen zermalmen".

Sicherlich hat es Gebhard schon eine hohe Freude erregt, dass der

Papst so anerkennend seines früheren Verweilens unter den deutschen Getreuen gedachte. Aber er ahnte wohl damals nicht, dass der Mönch von Hirsau, den Gregor's Cardinallegat einst zu Constanz kennen gelernt hatte, durch diesen selbst ganz bald zu viel grösseren Dingen berufen werden sollte.

Vorläufig machte sich Gebhard mit neuem Feuereifer daran, im Sinne der römischen Kirchenbesserung in seinem Berufskreise zu wirken und dem Papste davon Bethätigung zu geben. Der getreue Bernold[514] ging mit Aufträgen des Constanzer Bischofs nach Rom, welche zum Theil aus Anfragen bestanden, die durch die in Schwaben besonders wirre Spaltung des religiösen und kirchlichen Lebens nahe gelegt waren; gerade in diesem Lande hatten solche Puncte in Folge der engsten Berührung der Gegensätze am eifrigsten erwogen werden müssen und Bernold schon selber zu einer Anzahl kirchenrechtlich-publicistischer Schriften angeregt. Am 18. April 1089 erging Urban's umfängliches Antwort-Schreiben an Gebhard. Er erledigte zunächst seine Anfragen: Der Bann der Kirche betreffe in schärfster Form Wibert, den Gegenpapst, und Kaiser Heinrich; in zweiter alle ihre Anhänger; eine dritte Stufe betreffe alle, die durch Verkehr mit den in erster und zweiter Form Gebannten befleckt seien, diese seien zwar nicht völlig als gebannt zu betrachten, aber doch auch erst nach Lossprechung und Busse in die Kirchengemeinschaft wieder aufzunehmen. Zu grosser Nachsicht bevollmächtigte der Papst gegenüber den Priestern: sowohl die von excommunicirten Bischöfen geweihten, als auch die durch zuchtwidrige Handlungen — wobei insbesondere an Coelibatvergehen zu denken ist[515] — blossgestellten dürften immerhin im Amte belassen, im Nothfalle sogar befördert werden. Das war eine der hierarchischen Strenge durch die Klugheit abgerungene Massregel, die einer weiteren Verstärkung des mit Rom zerfallenen Klerus vorzubeugen und bei diesem vielmehr Boden zurückzugewinnen bestimmt war.

Der Anfang des päpstlichen Schreibens an Gebhard hatte gelautet: „Weil wir dich als ein besonderes Werk unserer Hände nächst Gottes betrachten und in dir eine besondere Begnadung für alles, was die Religion angeht, erkennen, desswegen beeifern wir uns, dich in besonderer Weise zu fördern.“ Das war die Ankündigung des Erfolges, den Gebhard's Eifer, unterstützt durch des Papstes persönliche Erinnerung an den von ihm geweihten Bischof, diesem errungen hatte. Die Beantwortung der Anfragen war thatsächlich schon eine Instruction für den neuen Vicar des Papstes. Urban beauftragte Gebhard nicht nur, in St. Gallen und in Reichenau, wo der streitbare katholische Abt Ekkehard — „nicht eben von sonderer Frömmigkeit, doch bei

[514] Ansprechende Vermuthung Henking's S. 36, deren Begründung durch die Gesammtausführungen Strelau's a. a. O. noch wahrscheinlicher wird.

[515] Zell S. 360.

seinem Ende dem Vernehmen nach löblich bekehrt"[516] — gestorben war, kirchlich gesinnte Aebte einzusetzen und ferner in Augsburg und Chur und den sonstigen Bisthümern, welche für Altmann von Passau, der seit 1076 päpstlicher Bevollmächtigter in Deutschland war, nicht erreichbar seien, die Erhebung katholischer Bischöfe zu leiten, sondern er bevollmächtigte den Constanzer Bischof auch, mit Altmann zusammen bis zur Entsendung eines besonderen Legaten in Vertretung des Papstes für Sachsen, Alamannien „und die nahe gelegenen übrigen Gegenden" — das heisst doch wohl für das übrige Deutschland, soweit es dem päpstlichen Einfluss irgend zugänglich sei — geistliche Weihen je nach Befund zu verwerfen oder zu bestätigen und alle kirchlichen Geschäfte mit Beizug frommer Rathgeber zu erledigen. (Daneben überwies, wie hier eingeschaltet sei, Urban in demselben Schreiben die Hoheit über die Insel Reichenau und — abgesehen von den Mönchen — ihre Bewohner, über welche das Bisthum Constanz mit der Abtei stritt, dem ersteren, jedoch unbeschadet des Privilegs, das das Kloster selbst unter den besonderen Schutz des römischen Stuhles stellte.)

Damit war, wie gesagt, das apostolische Vicariat in Deutschland an Gebhard übertragen und er hat es fortan neben dem greisen Altmann bis zu dessen am 8. August 1091 erfolgten Tode und dann in alleiniger Stellung, ohne dass Urban an der Entsendung eines besonderen Legaten noch festgehalten hätte, kraftvoll genug ausgeübt.

Inzwischen hatte die gregorianische Parthei auch auf dem engeren Boden in Schwaben wichtige Vortheile errungen. Am 12. April 1088 nahm Welf durch Ueberrumpelung in mondheller Nacht die Stadt Augsburg ein[517] und liess die Mauern, die er immer auf's Neue wieder zu belagern genöthigt gewesen war, bis auf den Grund abbrechen, den kaiserlichen Bischof hielt er gefangen. Aber die drei gregorianischen Bischöfe, die nun nach einander sich in Augsburg festzusetzen gedachten, starben erschreckend bald hinweg. Der erste war der schon für Augsburg erwählte Wigold, der so lange im Exil gewesen war; bei der Erhebung des zweiten, Werner, ist vielleicht auch Bertold II mit von Einfluss gewesen, denn die Augsburger Jahrbücher sprechen davon, dass „die Herzöge" ihm das Bisthum angetragen hätten; der dritte war Ekkehard von Reichenau, Bertold's alter Kampfgenosse gegen St. Gallen; auch er erkrankte und verliess Augsburg wieder, um nach der Reichenau zu-

516 Bernold 448.

517 Bernold 447, zum Frühling 1088; Ann. Aug. S.133 zum 12. April 1088. Bestätigend ergiebt chronologische Nachrechnung, dass die Einnahme eine Nacht nach dem Vollmond geschah. (Ekkehard Uraug. zu 1088: am grünen Donnerstage (13. April), was ein Frevel gegen den Gottesfrieden gewesen wäre, an dessen Verkündigung auf dem Mainzer Reichstage sich Welf allerdings wohl nicht gebunden erachtete, was aber doch eben auch den Augsburger Annalen widerstreitet.)

rückzukehren, wo er noch vor Ablauf des Jahres 1088 starb. Dass dann im April 1089 vom Papste der Bischof Gebhard mit der Neubesetzung Augsburgs wie Reichenaus beauftragt wurde, ist schon berichtet worden. — Auch dass Graf Hugo von Egisheim 1088 im Elsass Vortheile errang [518], konnte die Parthei, zumal der mit Gütern im Breisgau und in der Ortenau benachbarte Bertold II, der nun von dieser Seite her mehr gedeckt war, als Gewinn betrachten. — Im Jahre 1089 gelang dann dem Bischof Gebhard eine tiefe Demüthigung und Schädigung bestimmter Gegner, die zugleich auch seine bischöfliche Autorität drohend erwies. Otto, der letzte aus dem der kaiserlichen Parthei anhangenden Grafenhause von Buchhorn hatte die Gattin des Grafen Ludwig von Pfullendorf entführt und sich ohne Scheu in öffentlicher Feier des Beilagers mit ihr verbinden lassen, dafür hatte ihn der Bann Bischof Gebhard's und (1089) die Rache des verletzten Gatten getroffen, dessen Dienstmannen ihn ums Leben brachten. Die Seinigen hatten nun den im Banne erschlagenen Ehebrecher im Kloster Hofen, das auf seinem Besitzthum stand, begraben; da aber schritt der Bischof zum zweiten Male ein: der Körper des Gebannten musste auf seinen Befehl aus dem geweihten Boden entfernt werden und erhielt das sogenannte Eselsbegräbniss der unehrlichsten Art von Leuten. Die eigenen Mannen plünderten die Hinterlassenschaft Otto's und nicht berufene Erben, sondern ganz Fremde nahmen sein Eigengut und seine Lehen in Besitz, ohne dass dagegen Jemand Einsprache erhob. —

Gebhard konnte dankbar und zufrieden auf die Fügungen der vier Jahre zurücksehen, die er den bischöflichen Stab zu Constanz trug. Zwar war im Jahre 1088, am 28. September, der Gegenkönig Hermann in einer kleinen örtlichen Fehde in seiner Heimath umgekommen, aber sein Tod bedeutete der schwäbischen Kirchenparthei längst mehr weder den Verlust des Führers, noch eine weitere Lockerung des Bundes mit den Sachsen. Die letzteren gingen ihre eigenen Wege und hatten sich nach dem gewaltsamen Tode des Halberstädter Bischofs Burchard (1088), der nach einem Ausdruck der Augsburger Annalen „der Zunder und die Nahrung der Rebellion“ war, zur Ruhe gegeben; nur der schlimme und haltlose Markgraf Ekbert von Meissen schwankte in wechselnden vielversprechenden Unterwerfungen und gefährlichen Empörungen gegen den ihm viel zu leicht vertrauenden Kaiser hin und her und ging dann im Jahre 1090 zu Grunde, ohne aber je in Beziehungen zu der kirchlichen Parthei bei den Schwaben getreten zu sein. Die letzteren und ihre Führer waren isolirt; aber in diesen geistlichen Herren und mit ihnen war die feste und tiefe Ueberzeugung von der Grösse und der Gerechtigkeit ihrer Sache, das belebende Gefühl ihres engen inneren Zusammenschlusses und das festgegründete Vertrauen auf den neuen Nachfolger Petri, Papst Urban. Ins-

[518] Bernold 447.

besondere für Gebhard konnte es wohl eine frohe und triumphirende, ja symbolische Feier sein, als er im Jahre 1089[519] in seiner Bischofsstadt Constanz die Weihe des Neubaus der Münsterkirche vornahm, der an der Stelle des älteren, im Jahre 1052 plötzlich zusammengestürzten Marienmünsters seitdem emporgewachsen[519a] und nun wohl ganz vollendet worden war.

Indessen dieser festere Zusammenschluss aller kirchlichen Streiter für Rom unter dem Papste und unter seinem Vertreter Gebhard war, wie angedeutet, ein ganz vollkommener nur bei dem Klerus. Bei den weltlichen Bundesgenossen, so wenig sie daran dachten, sich von Rom und von Gebhard loszusagen, waren doch schon im Jahre 1089 neue Anzeichen der Lockerung nicht zu verkennen. Vor den anderen war es Welf, der über seinen eigenen und Hausinteressen die kirchlichen wieder einmal zu vergessen im Begriff stand, wie er ja eigentlich alle die Jahre hindurch überhaupt den Kampf für seine Angelegenheiten nur eben zugleich mit in den Dienst der Parthei, an die er zunächst gebunden war, gestellt hatte. Der eigentliche Ritter der römischen Kirche, zu dem ihn auserseheu zu haben Gregor einmal geschrieben hatte, war er nicht geworden. Freilich wurde er gerade im Jahr 1089 aufs Neue an Rom gefesselt, aber es war schon bedenklich, dass das nöthig war, und widerum war es nur das welfische Hausinteresse, das die Handhabe dazu bieten musste: Mathilde von Tuscien, seit langen Jahren verwittwet, brachte der Kirche das Opfer und reichte — sie, die einst in den Anfangsjahren Papst Gregor's eine noch junge Frau gewesen war — dem 17jährigen Sohne des unzuverlässigen Herzogs die Hand zum Ehebunde[520], sodass für die Welfen die Aussicht entstand, die grossen mathildischen mit den eigenen este'schen Besitzungen zu einem gewaltigen Eigengutcomplex ihres Hauses zu verschmelzen. Auch jetzt aber hielt der alte Welf seine Pflicht gegen die Parthei für erfüllt, als sein Sohn über die Alpen zu Mathilde zog, und was er dann alsbald von dem Ergehen des jungen Gatten im Kampfe gegen die italischen Anhänger des Kaisers und Wibert's erfuhr, war nicht geeignet, ihn, wenn er nur irgend kampfesmüde war, von Neuem zu ermuntern. So vernehmen wir denn noch[521] aus demselben Jahre 1089: „die dem hl. Petrus getreuen Herzoge und Grafen hielten eine Besprechung mit Heinrich.“ Nur weltliche Herren also, Gebhard und die Aebte nicht. Die Herzoge scheinen dagegen alle drei an der Verhandlung Theil genommen zu haben, da der Chronist nicht

---

[519] Zell 356ff. nach einer von ihm als das Werk eines fleissigen und nicht ungenauen Mannes bezeichneten Hs. im erzbisch. Archiv zu Freiburg (vgl. auch ib. S. 309).

[519a] Schon 1084 hatte ja Gebhard's Wahl im Raum des Münsters vorgenommen werden können: *Gebehardus ... retro altare s. Mariae secesserat ibique orationibus secretius vacabat.* Cas. mon. Petrish. 648.

[520] Bernold 449.

[521] Bernold 450, gegen Ende der Ereignisse von 1089. Auch von den Ann. Aug. wird es zu 1089 erwähnt.

von „einigen“ oder „gewissen“, sondern den Herzögen der Kirchenparthei spricht. Also auch Bertold II betheiligte sich, freilich ohne dass uns seine Gedanken dabei und wie weit sie sich mit denen Welf's berührten, klar lägen. Der St. Blasische Chronist, der den Friedensunterhandlungen, bei denen die eigenen hochgestellten Freunde betheiligt waren, nicht wohl unfreundlich gegenüberstehen kann, giebt beiderseitige Kriegsmüdigkeit als Veranlassung an. Sie muss so stark gewesen sein, dass sich die Herzoge bewogen fühlten, sogar den für die Kirche und ihre Autorität wichtigsten Punct, den über Heinrich hangenden Bann, der den Speyerer Tag ergebnisslos gemacht hatte, vorläufig aus den Augen zu setzen. Trotzdem oder wohl richtiger um so mehr scheint sich Bischof Gebhard mit den selbständig vorgehenden Laienfürsten in gewissem Einverständniss gehalten zu haben; ich möchte es auf seinen, am ehesten etwa noch von seinem Bruder Bertold unmittelbar vertretenen Einfluss zurückführen, wenn die Frage der Anerkennung Urban's als katholischen Papstes in den Vordergrund gerückt wurde: die Herzoge und Grafen forderten, dass Heinrich den Gegenpapst Wibert fallen lasse und so, wie man sich vorsichtig weiter ausdrückte, vermittelst eines katholischen Oberhirten zur kirchlichen Gemeinschaft zurückkehre. Das Abstehen Welf's und Bertold's von der Forderung, dass Heinrich sich vor allen anderen Dingen vom Banne löse, wenigstens in ihrer schroffen Form, empfand Heinrich in der That als einen grossen Schritt auf dem Wege der Nachgiebigkeit und war denn auch seinerseits versöhnlich und entgegenkommend. Da trat jedoch ein anderes Hinderniss dazwischen, das schwerwiegend genug war: die eigentlichsten bisherigen Stützen des Kaisers, die wibertistischen Bischöfe mussten mit Recht fürchten mit ihrem Papste zugleich zu fallen, zumal gegen viele von ihnen Gegenbischöfe erhoben waren, die der Gelegenheit harrten als katholische Bischöfe in die Sitze, für deren Erlangung sie bisher nur geduldet hatten, einzuziehen; auf den Gegeneinfluss dieser kaiserlichen Bischöfe und nicht auf eigene Bedenken Heinrich's führt es Bernold zurück, wenn die Anerkennung Urban's schliesslich zurückgewiesen wurde und die Friedensverhandlung sich also abermals zerschlug. Trotzdem nahm man sie am Anfang 1090 zu Speyer, wo der König nach den Urkunden am 14. und 19. Februar weilte, auf einer Fürstenversammlung noch einmal wieder auf, jedoch mit neuem Misserfolg[522]. Immerhin entnahm der Kaiser der ganzen Lage die Möglichkeit, Deutschland zu verlassen und nach Italien zu gehen, wo er bereits im April eintraf.

Und nicht nur dies Ermatten eines Theiles ihrer Genossen legte die Parthei, die Bischof Gebhard führte, lahm, auch der Tod lichtete zu dieser Zeit ihre Reihen und gab ihr Trauer und politischen Kummer zugleich. Am

---

[522] Die Urkk.: St. 2091 f.; kurze Nachrichten Ann. Rosenveld. MGSS. XVI 101 = Annalista Saxo MGSS. VI 726.

4. September 1089 hatte Graf Hugo von Egisheim es büssen müssen, dass er in Beziehungen zu dem Strassburger Bischof getreten war: Leute des Bischofs erschlugen ihn in dessen Schlafkammer, in die er sich mit dem Bischof — vielleicht nach einem Gelage — begeben hatte[523]. Im Mai 1090 starb Bischof Hermann von Metz und dann endete am 18. desselben Monats ein frühzeitiger und plötzlicher Tod das Leben des jungen Königssohnes, den die schwäbischen Herren sich zum Herzog gesetzt hatten, Bertold's von Rheinfelden, ehe ihm das Leben Gelegenheit geboten hatte, eine eigene führende Thätigkeit zu entfalten und der Geschichte ein selbständiges Andenken zu hinterlassen[524]. Und während die junge Gattin Bertold's von Zähringen den Bruder beweinte, sollte ihr fern aus Ungarn die Nachricht kommen, dass in demselben Mai[525] auch ihre Schwester Adelheid, die Gemahlin des Königs Ladislaus gestorben sei. Es war ein trauriges Frühjahr für die Zähringer geworden, auch insofern, als sie wohl schon empfinden mochten, dass ein Beistand von dem Ungarnkönig nun gar nicht mehr zu hoffen sei.

Durch das reiche Erbe der ausgestorbenen Burgunderfamilie „von Rheinfelden", das nun an Bertold von Zähringen durch seine Gemahlin kam, ward die Machtstellung der kirchlichen Parthei zwar nicht unmittelbar erhöht, immerhin aber konnten es die Zähringer als eine Erleichterung im Widerstande betrachten, dass sich die Mannschaften und Güter des Rheinfeldner Hauses fortan zu ihrer unmittelbaren Verfügung befanden[525a].

Die Abwesenheit Heinrich's in Italien brachte für die beiden zähringischen Brüder zunächst einen Zeitraum ruhiger Verwaltung. Ausführlicher überliefert sind davon Angelegenheiten Schaffhausens, die hier zurückgreifend im Zusammenhange erzählt seien[526].

Der Graf Burkard von Nellenburg hatte beschlossen, für das Erlöser- und Allerheiligenkloster in Schaffhausen, die Stiftung seines vor Jahrzehnten als Mönch gestorbenen Vaters, selber ein Wohlthäter im weitesten Sinne zu werden. Seit dem Tode seines Vaters hatte er mit Schmerz das Klosterleben an dieser Stätte allmählich völlig verfallen sehen und war in pietätvollem Sinne auf eine Wiederherstellung der Zucht bedacht. So begab er sich persönlich zu Wilhelm von Hirsau, von dessen viel bewährter Unermüdlichkeit und Er-

[523] Bernold 449. Er lässt sich nicht auf die genaueren Einzelheiten ein, vermeidet es aber auch den kaiserlich gesinnten Bischof heftiger in dieser Angelegenheit anzugreifen.

[524] 18. Mai. *Bertaldus dux Alemanniae obiit.* Notae necrol. Bernoldi MG. Necrol. I. 658 — Mai: Bernold Chron. 450. Ohne Datum zu 1090: Ann. Aug. S. 133 *morte subitanea* und (Waltram) de unit. eccl. SA. 115. Es ist bezeichnend genug, dass die schwäbischen Necrologien ausser dem Bernold's an dem gestorbenen Herzog von Schwaben schweigend vorübergehen.

[525] Bernold 450.

[525a] Weiteres über den Erbschaftsantheil im Abschn. „Aemter und Besitzungen".

[526] Nach der Gesammturkunde QzSchwGesch. III 1, 14—18.

fahrung er die Reform Schaffhausens erbat und auch erlangte. Wilhelm nahm — es war im Jahre 1079 — eine Anzahl seiner Mönche zu sich und besuchte mit ihnen persönlich das oberrheinische Kloster, das von da an in der That in schnellem Wiederemporsteigen eine der tüchtigsten Heimstätten des Hirsauer Geistes wurde, wie es als solche denn auch schon oben mehrfach mit in den Vordergrund getreten ist. Dem Grafen hatte Wilhelm noch eine besondere Mahnung zur Freigebigkeit für seine Hausstiftung hinterlassen. Sie berührte sich um so mehr mit Burkard's eigener Absicht, als ihm Söhne als Erben versagt waren und er sein Erbgut hinzugeben gewillt war. So kam denn der Graf in den nächsten Fasten am 1. März 1080 an dem Rheinwinkel gegenüber Basel abermals mit Wilhelm von Hirsau und zugleich mit seiner eigenen Mutter, der Gräfin Ida, die sich in eine Schaffhausener Zelle als Nonne zurückgezogen hatte, zusammen, schenkte hier vor einer Anzahl Zeugen dem Kloster zu Eigenthumsrecht zunächst den Ort Schaffhausen, in dem es lag, mit Münze, Marktrecht[527] und allem Zubehör und leistete völligen Verzicht, auch auf die Vogtei darüber. Am 4. Juli 1087, auf der grossen Versammlung der St. Peters-Parthei, die in Schaffhausen stattfand[528], bestätigte er dann noch einmal die schon auf der Constanzer Synode von 1086 verkündete Freiheit und Immunität seines Klosters und zugleich gegen jeden möglichen Einspruch, den er als berechtigter Erbe seiner beiden Eltern machen könne, alle schon von seinem Vater gemachten Verleihungen, dazu seine eigenen früheren. Ferner hatte er zu irgend einer Zeit Bertold II und dessen Neffen Graf Hermann damit betraut, seine Höfe Büsingen und Hemmenthal, beide nicht fern von Schaffhausen, nach seinem Tode, falls er nicht vorher anders bestimme, dem Kloster zu tradiren. Danach schien es ihm in der That verdienstlicher, sich jener beiden Güter und ihrer Nutzniessung schon bei Lebzeiten zu entschlagen und so forderte er die beiden von ihm Bevollmächtigten auf, die Schenkung in seinem Namen schon jetzt zu vollziehen. Das geschah auch: Bertold und Hermann trafen in Friedingen im Hegau, der Grafschaft Ludwig's (in der Büsingen, aber schwerlich auch noch Hemmenthal lag), zusammen und nahmen hier am 14. April 1090 vor einer Anzahl von Zeugen die Uebergabshandlung vor. Die hier mit den beiden Zähringern Anwesenden waren Pilgrim von Hosskirch, Eberhard von Justingen, Dietrich von Hundersingen, Adalbero von Singen, Wipert von Waldhausen, Wipert von Hauerhausen, Egilwart von Karpfen, Rudolf von Thengen, Bertold von Beringen und dessen gleichnamiger Sohn. — Nun war Burkard noch Inhaber der Vogtei des Allerheiligen-Klosters, auch auf diese verzichtete er für sich

[527] *villam Scaphusam cum publica moneta, mercato et omnibus pertinentiis suis.* Also ein Ort mit Markt (vgl. den Anm. 18 erwähnten Aufsatz) konnte doch noch *villa* genannt werden.

[528] S. oben S. 148.

und jeden Rechtsnachfolger am 7. Juni 1091, und am 26. Februar 1092 trug er das Dorf Hemmenthal, entweder soweit es Allerheiligen noch nicht besass[529], oder in erneuter Uebergabe, nebst Wald und Zubehör dem Kloster zu Eigenthum auf und nahm es von ihm zu Lehen mit geringem Anerkennungszins zurück. Auch dieser letzte Act geschah auf einer grösseren, sonst nicht erwähnten Versammlung der Parthei und zwar hatte diese statt in Stein am Rhein, wo Bertold II der Inhaber der Vogtei für Bamberg war; derselbe war zugegen, ebenso Welf mit seinem Sohne Heinrich, sowie der Graf Dietrich von Bürglen im Thurgau, der selber auch von Nellenburg benannt wurde, dann Hermann von Königseckwald, der Sohn des 1088 gestorbenen[530] Stifters von St. Georgen, Graf Alwich von Sulz, die Nimburger Erlewin und sein gleichnamiger Sohn[531] aus dem Breisgau, mehrere der Thurgauischen Mitkämpfer Bertold's gegen St. Gallen, wie Diethelm von Toggenburg und Adelgoz von Märstetten, dazu viele andere. Geistliche Herren haben sich nicht als Zeugen einzeichnen lassen und waren vielleicht gar nicht mit zugegen.

Wir haben etwas vorgegriffen. Als Bertold den Act von Fridingen am 14. April 1090 vollzog, lebte sein Schwager, der Landesherzog noch;

[529] Vorhin war es seine dortige *curtis*.

[530] Ann. S. Georgii in nigra silva MGSS. XVII 296.

[531] Der ältere Erlewin war Vogt der breisgauischen Cluniacenserstiftung (vgl. die in Anm. 512 bezeichneten Urkk.) und 1087 auch mit auf der Julisynode in Schaffhausen. QzSchwG. l. c. 16. In diesen Urkk. von Allerheiligen sind die Nimburger noch nicht als Grafen bezeichnet, wie sie ja auch keine Grafschaft verwalteten. Ihre gleiche Herkunft mit dem Hause Neuenburg in der jetzigen Schweiz vertritt ein Aufsatz W. Gisi's, Anz. f. schweiz. Gesch. 1886 S. 79 ff., der mich jedoch nicht vollkommen überzeugt hat. Es gab der *Nova castra* und *Neuen Burgen* eben überall. Jedenfalls aber drängt sich die Ahnung (mehr kann man zunächst nicht sagen) auf, dass die Nimburger in der halbdunklen Grafenzeit des zähringischen Hauses, aus der von demselben so wenige und zwar nur Namen von Söhnen überliefert sind, zur Verschwägerung mit diesem gelangten. Das würde das seit 1100 hervortretende Streben der Nimburger nach dem Grafennamen, nachdem ihre etwaigen Verwandten so erhöht worden waren, erklären — die Neuenburger am See waren noch bis zum Ende des 12. Jahrhunderts einfache freie Herren — und ferner dazu passen, dass der Nimburgische Besitz gerade mit den ältest bekannten zähringischen Gütern so eng durcheinander gemengt liegt und dass Bertold V nach dem Aussterben der Nimburger — bei denen zudem auch der Name Bertold früh beliebt wird — auf ihr Erbe Anspruch erhebt. Vielleicht gelingt es noch, daraufhin weitere Aufhellung zu bringen und zwar unter gleichzeitigem Achten auf die höchst wahrscheinlich mit den Nimburgern stammverwandten Uesenberger. Vor allem in Betracht kommt der Stoff, den L. Werkmann, die Grafen von Nimburg (Freib. Diöc.-Arch. X 71 ff.) beibrachte und daneben J. Bader's viel Beachtenswerthes enthaltende Erörterung (ib. 84 ff. als Nachtrag zu Werkmann). Eine Ortsbesichtigung ergab, dass die Weinberge oberhalb des Ortes Nimburg auf den mit Erdreich überdeckten, aber unzweifelhaften Plattformen einer Burg gipfeln (wie denn im Eichstetten-Nimburger Urbar 1680 ein Weingut in der That *auf der Burg* bezeichnet wird, Bader l. c. 85). Von weitem schon zeigt sich ganz dieselbe Silhouette der Oertlichkeit, wie bei den rebenüberbauten Burgstätten zu Kenzingen und Köndringen.

bald danach war dieser gestorben und nun er selbst nicht nur in das Rheinfeldner Gut eingerückt, sondern ward in den Augen der Parthei wohl schon damals als der thatsächliche Nachfolger der beiden Rheinfeldner Herzöge in dem für jene jetzt oberhauptlosen Schwaben betrachtet. Immerhin kann darauf das folgende kaum bezogen werden. Ein Engelschalk hatte Heinrich von Balzheim (OA. Laupheim) beauftragt, sein Gut im Dorfe Auttagershofen im Illergau an das Kloster St. Georgen auf dem Schwarzwalde an seiner Statt zu übergeben. Das geschah nun in Gegenwart Herzog Bertold's II und einer Anzahl seiner Ministerialen am 31. October 1090 und zwar zu Villingen, wohin man die Reliquien des hl. Georg zu diesem Zwecke gebracht hatte, über denen dann Heinrich von Balzheim die Tradition des Schenkungsgutes vollzog[532]. Man wird bei einem solchen Aufsuchen Bertold's durch die Partheien und in dieser Villinger Handlung eine Ausübung des Grafenbannes in diesem Theil der Baar durch Bertold zu erkennen haben. Vogt St. Georgens war Hermann, der Sohn Hezelo's noch.

Auch Gebhard war thätig, als Bischof sowohl, wie als päpstlicher Vertreter. Bei ihm weilte als Gast der von den Wormsern vertriebene Bischof Adalbert, der zu dieser Zeit seinen glücklicheren Freund oft bei Amtsreisen und zu kirchlichen Feiern in der Diöcese begleitete. Am 25. November 1090 weihte Gebhard unter Theilnahme Adalbert's die Krypta der Kirche von Sindelfingen, die an dem gleichen Tage dem Bisthum Constanz unter Festsetzung des üblichen kleinen Zinses unterstellt wurde[533]; am 30. November folgte die Weihe eines St. Johannes-Baptista-Altars im Kloster St. Georgen. Am 2. Mai 1091 weihte er, wieder von Adalbert begleitet, er selber diesmal in seiner hohen Eigenschaft als Vertreter Urbans II, die neu erbaute Peter- und Pauls-Kirche des Klosters Hirsau in der Speyerer Diöcese. Der für Gebhard, den einstigen Mönch von Hirsau, so erinnerungsreiche und erhebende Tag sollte zugleich der letzte sein, der ihn mit dem geliebten Führer seiner jungen klösterlichen Tage vereinte: schon zwei Monate später, am 5. Juli starb der grosse Abt und Gebhard eilte abermals ins Nagoldthal, diesmal zur Todtenfeier[534]. Im Frühjahr 1092 konnte er dann aber auf's Neue für sein einstiges Kloster sorgen; ein Namensverwandter

[532] Notit. fund. S. 209 f. Ueber das Grafenamt im Abschn. „Ä. u. B."

[533] Gründungsgeschichte von Sindelfingen MGSS. XVII 301. In Const. Reg. 549 Richtigstellungen gegenüber Zell und Henking.

[534] Const. Reg. 548 hat Wilhelm's Tod irrthümlich zu 1090. — Bei der Beerdigung waren 2 Bischöfe und 5 Aebte anwesend (vgl. Henking S. 43); von den beiden Bischöfen ist nur der eine genannt: Adalbert von Worms, der so oft Gebhard's Begleiter war. So wird der andere doch eben Gebhard selber gewesen sein, um so mehr, als der Diöcesanbischof für Hirsau, der eifrig kaiserliche Speyerer ausser Betracht bleibt. Die 5 Aebte waren jedenfalls die der von Hirsau aus reformirten oder eingerichteten Klöster des Schwarzwaldes und von Petershausen und Schaffhausen.

von ihm, Gebhard von Urach[535] war am 1. August 1091 zum Abt des verwaisten Klosters gewählt worden, ein Mann, dessen vielgeschäftige Thätigkeit ihm Lob und Tadel zugleich eingetragen hat und der nicht selbstlos genug war, um, wie es geschehen ist, als würdiger Nachfolger des grossen Wilhelm gepriesen zu werden. Er hatte es lange hinausgeschoben, sich weihen zu lassen, unter demüthiger Ausrede gegenüber seinen Mönchen, aber vielleicht aus einer gewissen unschlüssigen Ehrsucht, die sich auf die grosse Stellung seines Vorgängers stützte; erst nachdem darüber ein Winter vergangen war, machte er sich auf nach Constanz zu Gebhard, dem vom Papste bestellten Fürsorger der im Sinne Roms verwaisten Diöcesen und empfing von ihm am 21. März 1092 seine Weihe. — Am 26. Juni desselben Jahres weihte der Bischof einen Altar des hl. Ulrich zu Petershausen und hatte am 9. September 1093 und 5. Juni 1094 daselbst - - ein Zeichen des Aufblühens dieses von Gebhard in ein neues Leben gerufenen Klosters — weitere Altäre zu weihen. Auch die St. Nicolauskirche von St. Blasien wurde 1092 durch Gebhard geweiht.

Nicht minder nahmen die zugleich politischen Angelegenheiten, zu deren Leitung Gebhard durch Urban bestellt war, ihren Fortgang. Vor allem gelang die Wiederbesetzung Churs im päpstlichen Sinne; Abt Ulrich von Disentis, ein eifrig päpstlicher Mann, ward Bischof. In der Reichenau ward ferner unter Betheiligung Welf's der Propst des Klosters, Ulrich, zum Nachfolger des verstorbenen Ekkehard erhoben. Zwar zu der ihm von Urban noch besonders aufgetragenen Einsetzung eines katholischen Abtes in St. Gallen gelangte Gebhard nicht und auch der Auftrag für Augsburg, wohin Bischof Siegfried 1090 aus seiner Haft bei Welf zurückkehren konnte, blieb somit unerfüllt; dafür vermochte Gebhard jedoch, nachdem am 7. August 1091 Altmann von Passau gestorben war, durch die Einführung des neuen Bischofs Ulrich, die er am 16. Mai 1092 gemeinsam mit Erzbischof Thiemo von Salzburg und Adalbert von Worms in der baierischen Bischofsstadt vornahm, diese zu sichern und zugleich seine Stellung als nunmehr alleiniger Vertreter des Papstes in deutschen Landen zu bethätigen[536].

Eine Angelegenheit, welche in diesen Jahren und noch lange in Schwaben viel besprochen wurde und auch die beiden zähringischen Brüder beschäftigen sollte, ging von Schaffhausen aus[537]. Im Jahre 1083 hatte ein thurgauischer

---

535 Ueber ihn Riezler, Gesch. d. H. Fürstenberg S. 32 ff.; ausführlicher die Quelle: Cod. Hirsaug. S. 5 ff.

536 Die Vita Altmanni MGSS. XII 241 gesellt zwar diesen Nachfolger Altmann's als Vertreter des Papstes dem Constanzer Bischof hinzu, aber im Hinblick auf die Thatsachen scheint darin nur ein Passauer Anspruch oder höchstens ein nominelles Vicariat zum Ausdruck zu kommen.

537 Vgl. die Ausführungen Henking's über die Chronologie von zwei über diese An-

Edelmann, Tuto von Wagenhausen, in Tausch von dem Kloster Allerheiligen dessen Gut in Schluchsee, dem an dem gleichnamigen See belegenen Dorfe im südlichen Schwarzwalde erhalten, wofür er sein Gut Wagenhausen an das Kloster gegeben hatte, und hatte diesem dann ausserdem seine Güter zu Schlatt und Basadingen (im Ct. Thurgau bei Diessenhofen), zu Dorf (im Ct. Zürich bei Andelfingen) und zu Houstetten (im Hegau, bad. BA. Engen) mit dem ausgesprochenen Wunsche geschenkt, dass das Kloster einige „Armen des Herrn Christus“ d. h. Mönche zu Wagenhausen unterhalten möge. Dem Wunsche ist entsprochen worden, da sich später eine Marienzelle zu Wagenhausen (nahe dem Rhein, etwas unterhalb von Stein a. Rh.) befand. Tuto war danach selbst in das Kloster zu Schaffhausen als Laienbruder eingetreten und hatte demselben seinen ganzen noch übrigen Besitz vor Zeugen und nach schwäbischem Rechtsbrauch übergeben. Da wurde er plötzlich anderen Sinnes, verliess — das wird im Jahr 1089 oder Anfang 1090 [538] gewesen sein — das Kloster und ging daran, seine ehemaligen Güter wieder an sich zu nehmen. Vielleicht spielen in dieser Sache schon in diesem Zeitpunct uns verborgene besondere Dinge mit: denn der Abt Siegfried von Schaffhausen machte bei der Beschwerde darüber den auffälligen Umweg über Rom — wo er soeben (Anf. März 1090) allerdings gerade die Freiheiten von Schaffhausen hatte bestätigen lassen und wohin er vielleicht nur gerne eine Verbindung unterhalten wollte —; von dort aus erging, datirt vom 13. April (1090), an den Constanzer Bischof die päpstliche Weisung den Abtrünnigen „zum zweiten und dritten Male“ nach kanonischer Bestimmung zur Rückkehr zu mahnen — man wird aus diesem ganz formelhaften Wortlaut nicht herauspressen dürfen, dass Gebhard die Sache schon früher betrieben, aber es mit einer einmaligen Aufforderung habe bewenden lassen —, bleibe Tuto auch dann widerspenstig, so solle Gebhard nicht zögern, pünctlich beflissen jeglichen Ungehorsam zu strafen nach Pflicht seines Amtes gegen jenen „das Schwert der Excommunication zu entblössen, damit, wenn Tuto selbst unverbesserlich bleibt, Andere wenigstens Furcht haben“. Und zum Schlusse die doch auch — wie die Haltung des ganzen Briefes — etwas mahnend klingende Wendung: „Die Noth und Bedrängniss der universalen Mutter,

gelegenheit gegebenen päpstlichen Mandaten (J.-L. 5393 u. 5434) Anm. 11. Zu seinen Gründen kommt hinzu: wenn J.-L. 5393 und 5434 wirklich aus denselben Tagen (von 1089) stammen sollten, so wäre auffällig, dass am Ende des kurzen Mandates 5434 der Inhalt des langen Schreibens angedeutet wäre, zumal in der ganz kühlen Art, wie es dann dadurch geschehen würde. – Der Urkunden-Stoff ist beisammen in QzSchwGesch. III 1 passim; dazu kommen Nachrichten bei Bernold und in den Casus mon. Petrish. – Ueber Tuto s. auch oben Anm. 421.

[538] Letzteres ist wahrscheinlicher, da Schaffhausen, das päpstliche Schriftstücke vom 6. März und dann vom 13. September 1090 bekam, wie aus diesen ersichtlich ist, inzwischen in Tuto's Angelegenheit besondere Botschaft nach Rom hatte gelangen lassen.

der römischen Kirche legen wir dir als getreuem Sohne ans Herz". Trotzdem erfolgte nichts gegen Tuto. Daraufhin sandte am Ende des Jahres 1091 der Schaffhausener Abt widerum nach Rom, liess abermals die Rechte von Allerheiligen bestätigen, wozu die gewünschte Neuaufnahme von Sicherungen über die Wagenhausener und die Schaffhausener Agnes-Zelle in die päpstliche Bulle die Veranlassung gab und klagte von neuem über Tuto, wobei er diesmal die Wendung, dass dem abtrünnigen Conversen die von dem Kloster auf seinem ehemaligen Besitz errichteten Bauten in die Augen stächen und die Angabe hinzufügte, dass er sogar dem Kloster selber Gewalt drohe. So erging an Gebhard ein noch dringenderes Schreiben Urban's (vom 28. Januar 1092) und nicht an ihn allein, sondern zugleich an die Herzöge Welf und Bertold und an Graf Burkard von Nellenburg: „Es sagt Innocentius: Die Uebertretung, der man sich nicht widersetzt, billigt man, und der Apostel: Nicht allein, die es thun, sondern auch die es billigen, sind des Todes würdig". Ganz dringend beschwört er sie, dem Tuto zu wehren und Schaffhausen beizustehen, und Gebhard insbesondere, mit Mahnung und Bann vorzugehen. Die „göttliche Gnade bewahre euch ungeschädigt und unseren Mahnungen gehorchend und behüte euch vor allem Uebel".

Ob nicht vollkommen gute Beziehungen zwischen Gebhard und dem ehrgeizigen Siegfried oder ob allzu gute Beziehungen zwischen Gebhard und Tuto waren — so genau lässt sich kein Einblick gewinnen. Aber die Angelegenheit selbst kam widerum zu keinem Austrag. Dann ward sie durch Siegfried — der inzwischen ganz missvergnügt geworden war und der überhand nehmenden Excommunication wegen daran dachte mit seinen Mönchen nach Südfrankreich auszuwandern[539] — noch vor die grosse Synode gebracht, die am Anfang April 1094 zu Constanz tagte und die im Sinne des klagenden Abtes entschied. Bernold sagt nun: und danach geschah. Aber die Chronik von Petershausen, die gerade hierüber gut Bescheid wissen musste, erzählt: auf der Constanzer Synode schenkte Tuto die Zelle Wagenhausen mit allem Zubehör an die Constanzer Kirche[540] und der Abt Siegfried von Schaffhausen stand mit seinem Vogt Adelbert Grafen von Mörsberg und mehreren der Mönche dabei und wussten nichts dagegen zu sagen. „So geschehen auf der öffentlichen Constanzer Synode vor sehr vielen geeigneten Zeugen" fährt die vergnügte Chronik im Urkundenstil fort. Denn an den Abt von Petershausen übergab der vorsichtige Gebhard sogleich das geschenkt erhaltene Gut und für viele Jahre wurde die Wagenhausener Zelle als Zubehör von Petershausen verwaltet. Nach 1094 gab es nun drei Partheien, die Anspruch auf Wagenhausen machten, erstens Tuto's eigene Erben, welche bis in die Abfassungszeit der Petershausener

[539] Bernold 455.

[540] Das Thurgauische UB. II 30 f. zieht diese Uebertragung von Wagenhausen an die Constanzer Kirche zu der Synode vom Oct. 1105.

11*

Chronik, d. h. über ein halbes Jahrhundert ihren Anspruch verfolgten, zweitens Schaffhausen, dem es Urban II 1095 und das Urtheil eines königlichen Hofgerichts zu Mainz unter Heinrich V nebst einer Urkunde desselben Königs und zwar als ein „von Bischof Gebhard von Constanz widerrechtlich ihm entführtes Gut" bestätigten, dem ferner Calixt II und der Mainzer Erzbischof im Jahre 1120 zu seinem Rechte zu verhelfen suchten und das doch noch in der Mitte des 12. Jahrhunderts in einem Güterbeschrieb[541] nur die von Tuto bekommenen Güter in Basadingen, Schlatt und Dorf aufführen konnte, Wagenhausen dagegen nicht, drittens das dem zähringischen Einfluss unterworfene Stein am Rhein, von wo aus auch öfters Wagenhausen Noth zu leiden hatte[542], und viertens Bisthum Constanz mit Petershausen, die glücklicheren, wenn auch durchaus nicht ungestörten Inhaber, denen es noch durch Urkunde K. Friedrich's I vom 27. November 1155[543] in ganz genauem Güterbeschrieb bestätigt ward. Möglich, dass die zu unbekannter Zeit geschehene Schenkung Gebhard's von Besitz in Mauenheim[544] (BA. Engen) an Schaffhausen eine Art Entschädigung für das Verhalten des Bischofs in der Tutoangelegenheit war. Aber auch das mag immerhin eine mittelbare Folge der Tutoangelegenheit sein, wenn die hier durchblickende Spannung nicht die einzige zwischen der zähringischen Familie und dem Kloster Schaffhausen blieb[545].

Im Jahre 1091 nahm die Excommunication in Schwaben in einer für die Treubleibenden bedrohlichen Weise zu, wie Bernold[546] klagt; die lange aufgeregten Gemüther sehnten sich nach Frieden und man vermied nicht länger mit ängstlicher Scheu die Aussöhnung und den Verkehr mit den im Banne stehenden Gegnern. Herzog Welf bedachte, dass Papst Urban flüchtig in Unteritalien umher irrte, ebenda, wo Gregor einsam gestorben war, dass das Glück der Waffen mit Heinrich war, und dass sich sein eigener Sohn, der junge Welf (V) und Mathilde in arger Bedrängiss befanden. So war sein Entschluss bald gefasst: er ging über die Alpen und traf im August 1091 zu Verona mit dem siegenden Kaiser zusammen, dem er Versöhnung und Unterwerfung anbot, wenn Welf selber und sein Sohn nebst ihren Anhängern alles ihnen Entzogene zurückbekämen und wenn — was Bernold natürlich als erste Bedingung betont — über den von Wibert eingenommenen päpstlichen Stuhl „kanonisch verfügt werde". Aber Heinrich wäre auch wohl auf die eine Bedingung allein nicht eingegangen, den Welfen in Deutschland und Italien zugleich eine so grosse Machtstellung zu schaffen. Auch das war ungünstig

[541] QzSchwGesch. III 1, 134.
[542] Casus Petrish. 665.
[543] WUB II S. 96: *abbatia Wagenhusen.*
[544] QzSchwGesch. III 1, S. 115, 132.
[545] Vgl. unten die Anfänge Herzog Konrad's.
[546] S. 452. Ueber Welf ebenda und Augsb. Annalen zu 1091.

für Welf, dass sich bei dem Kaiser, abgesehen von anderen deutschen Partheigängern, gerade Friedrich von Staufen und sein Bruder Konrad, sowie ihr treuer Bundesgenosse, der bairische Pfalzgraf Ratpot aufhielten und an der Berathung theilnahmen[547]. Die Absicht des Herzogs misslang vollständig und auf das Höchste erbittert kehrte er nach Schwaben zurück. Nun bestand widerum seine einzige Aussicht in neuem und zwar kräftigerem Kampfe gegen Heinrich IV und so setzte er alle Hebel daran die Wahl eines neuen Gegenkönigs von Seiten der Schwaben, bei denen noch die einzige Aussicht dafür war, herbeizuführen. Aber nur Wenige vermochte er dazu wirklich anzustacheln; Lauheit bei den Einen, unverhülltes Bestreben nach Aussöhnung mit dem Kaiser bei den Anderen verhinderten den Fortgang und die Ausführung des weitgehenden Planes. Immerhin hatte Welf's Thätigkeit und die der zähringischen Brüder dadurch freieren Spielraum und Erleichterung, dass Friedrich von Staufen und die sonst vorhin Genannten, so auch der Strassburger Bischof noch in Italien verblieben. Die zahlreich besuchte Zusammenkunft der kirchlichen Parthei zu Stein am Rhein am 26. Februar 1092 hat schon oben[548] erwähnt werden müssen; höchst wahrscheinlich wird schon auf dieser Versammlung berathen worden sein, was als Ersatz der Gegenkönigswahl im Werke war und gewiss hauptsächlich als ein Erfolg der Bemühungen Welf's anzusehen ist: die öffentliche Erhebung Bertold's von Zähringen zum Herzog Schwabens, von dessen kaiserlichem Lehensträger, dem Herzog Friedrich, Welf ja gerade frische feindliche Eindrücke aus Verona mit sich genommen hatte. Zu Ulm, an der Stätte der bedeutendsten schwäbischen Landestage, wo zugleich so oft Wahlen stattgefunden hatten und über das Schicksal Schwabens — auch von den Königen — entschieden worden war, fand am 2. Mai 1092 eine Versammlung[549] statt, der Welf und Bertold, dazu die Grafen Otto und Hartmann von Kirchberg, Hartmann von Gerhausen, Hugo von Tübingen, Hugo von Krähenegg, Manegold von Altshausen[550], dann jener Konrad aus der Familie der Beutelsbacher freien Herren, der die Wirtemberg erbaute und seinen Namen nach ihr trug, ferner die von Rohrdorf, Stubersheim, Gögglingen, Heudorf und Ennabeuren beiwohnten. Was ausser einer Schenkung des Werner von Kirchheim an Kloster Allerheiligen in Schaffhausen, bei der eben jene Genannten in der mehr zufälligen Auswahl der Zeugen nam-

[547] St. 2913 u. 2914 vom 2. u. 21. Sept. 1091. Dazu Ann. Aug. 133.

[548] S. 159.

[549] Vgl. die Urk. WUB. I S. 296 = QzSchwGesch. III 1, S. 31 ff. Die Zusätze „der ältere" je zu den Namen Welf's und Bertold's sind spätere Nachträge, die erst 1116 oder nachher gemacht sein können, weil 1116 „die jüngeren" Welf und Bertold bei derselben Angelegenheit betheiligt wurden (vgl. ibid. S. 341, resp. 34).

[550] Ueber diese Grafen vgl. Chr. Fr. Stälin II 404 ff., 425 ff. und ergänzend, sowie z. Th. berichtigend P. Fr. Stälin I 405, 417, 421. Manegold wurde ja schon öfter genannt.

haft gemacht werden[551], auf dieser Versammlung geschah, wissen wir unmittelbar nicht. Wenn aber Bernold der Chronist die Erhebung Bertold's, ohne den Ort zu nennen, jedoch ungefähr auf dem ersten Viertel — ganz quantitativ betrachtet — seiner Mittheilungen zu 1092 und nach der zu Stein verhandelten Tuto-Angelegenheit berichtet, dabei den Wahltag Bertold's ausdrücklich auf eine neue Versammlung verlegend, so wird man sicher behaupten dürfen, Bertold wurde auf der erwähnten Frühlingszusammenkunft in dem hergebrachten Hauptort der Landesversammlungen, zu Ulm, gewählt[552]. Gebhard von Constanz und sonstige geistliche Herren waren nicht anwesend; auch der Abt von Schaffhausen nicht, dessen Kloster die erwähnte Schenkung des Werner bekam, denn statt seiner nahm sie der Graf Otto von Kirchberg — der nicht etwa der Vogt war — in Empfang. Auch sonst war es wohl keine sehr glänzende und ermuthigende Versammlung[553], auf der Bertold die bisher ererbten oder beanspruchten, aber inhaltsleeren Markgrafen- und Herzogstitel mit dem eines gegen den Staufer erwählten Herzogs der Schwaben vertauschte. Welf — so scheint es durchaus — hatte es so gewollt und gemacht: die anderen bisherigen eigentlichen schwäbischen Kämpfer gegen die Kaiserparthei aber waren dem Wahltage ferne geblieben. Umsomehr suchten die beiden Herzoge alsbald Anschluss an die Sachsen zu gewinnen und dort den Aufstand neu zu beleben; sie schlugen den sächsischen Grossen eine Zusammenkunft vor, die jedoch abgelehnt wurde, denn, wenn überhaupt in Sachsen ein Entgegenkommen dafür war, so wurde es doch in diesem Jahre durch die neben weitverbreitetem grossen Sterben dort herrschende Hungersnoth[554] völlig zurückgedrängt.

Inzwischen[555] war es Ulrich, der eppensteinische Patriarch von Aqui-

[551] Die Urk. unterscheidet ganz gut: *in presentia ducum Bertoldi senioris et Welfonis senioris et aliorum maiorum, qui ibi convenerant ad quoddam colloquium.* Welf und Bertold sind also die hervorragendsten Persönlichkeiten unter den überhaupt Anwesenden. Dann kehrt sie zu ihrer eigenen Angelegenheit zurück: *cuius rei testes sunt* und nennt nun die im Text aufgeführten Grafen und Herren, die also durchaus nicht die ganze Versammlung darstellen.

[552] Bernold's Nachricht steht S. 454. Dazu kommen Ann. Aug. S. 134, (Ann Marbac. 157 nach Bernold).

[553] Bernold's gewohntes *unanimiter* kommt hier, zumal gegen den gerade vorher von ihm selbst erzählten allgemeinen Abfall in Schwaben zu Heinrich nicht sehr in Betracht, besonders da er keine Namen zu nennen vermag. — Gebhard und sein Freund Adalbert von Worms gingen in derselben ersten Maihälfte nach Passau, wo Ersterer den neuen Bischof am 16. Mai einführte. Nehmen wir nun an, sie seien trotz der Nichtnennung in der Urkunde vom 2. Mai mit in Ulm gewesen, etwa etwas später eingetroffen, so ist doch noch auffällig, dass sie — sie würden doch Ulm und Passau auf derselben Reise besucht haben — erst so viele Tage später die Feierlichkeit in Passau vornahmen.

[554] Bernold 454. Ann. Wirzib. MGSS. II 246. Ann. Aug. 134, noch zu 1093.

[555] Das folgende nach Casus monast. Petrish. 656 und Cont. cas. S. Galli 85 ff., auch Bernold 455.

leja und Abt von St. Gallen gewesen, der Kaiser Heinrich auf die ganz besonders bedrohliche Tüchtigkeit Bischof Gebhard's aufmerksam gemacht und auf die vor allem wünschenswerthe Wiedergewinnung des so lange Zeit gut kaiserlichen Constanz hingewiesen hatte. So erhob denn Heinrich, als Ulrich ihm bei der Osterfeier (28. März) 1092 zu Mantua in längerer Berathung den St. Galler Mönch Arnold aus dem gräflichen Hause von Heiligenberg vorschlug, diesen zum Bischof von Constanz. Arnold, den sein Geschick in das kaiserlich gesinnte St. Gallen geführt hatte, gehörte einem Hause an, dessen Mitglieder sich bisher als treue Anhänger der kirchlichen Parthei erwiesen hatten[556]; man möchte meinen, eben darum sei die von Heinrich angenommene Wahl Ulrich's auf ihn gefallen: es habe gegolten, durch dieselbe und durch den Vortheil, die sie dem Hause Heiligenberg bot, eine Veränderung der Partheiverhältnisse in Schwaben gegen die Zähringer herbeizuführen und einem Gegenbischof mit eigenem Anhang im Lande desto eher den möglichen Erfolg zu sichern[557]. Ulrich hatte, ehe der Kaiser seine Zustimmung gab, so berichtet die Chronik von Petershausen, versprochen den Arnold ohne jede Schwierigkeit persönlich in das Bisthum einzuführen. Falls diese Chronik es mit Recht so darstellt, als habe Ulrich dem Kaiser die Zustimmung zu einer neuen Verfügung über Constanz förmlich erst abdringen müssen (und Bernold scheint es ähnlich aufzufassen), so könnte darin immerhin ein Zeichen erblickt werden, dass der Kaiser damals — es war nach den Verhandlungen mit Welf und zur Zeit des allgemeinen Ueberlaufens in Schwaben von der Kirche zum Kaiser und zugleich der selbst Gebhard's Verhältniss zu Urban ein wenig trübenden Häkeleien wegen Tuto's von Wagenhausen, ferner noch vor der Wahl Bertold's zum Schwabenherzog, der sich dann Gebhard selbst anscheinend fernhielt — eine Verständigung mit den Zähringern nicht für aus-

[556] Vgl. Meyer v. Knonau Anm. 230 zu der Cont. cas. S. Galli S. 85 und Fickler, Heiligenberg in Schwaben, Karlsruhe 1853.

[557] Wenn die Deutung Dümmler's NA. XI 408 u. Ladewig's Zs. f. Gesch. d. Oberrh. N. F. I S. 223 ff. richtig ist, so gab es nach dem Anf. 1086 gestorbenen kaiserlichen Bischof Otto von Constanz und vor Arnold Constanzer Gegenbischöfe gegen Gebhard, nämlich nacheinander Thietbald, Siegfried und Benno, schemenhafte Gestalten, die in kurzen Jahren rasch aufeinander folgen, gar nicht zur Weihe gelangen und ohne jede erschütternde Einwirkung auf Gebhard's Stellung sind. Letzterer Umstand eben würde dann dazu geführt haben, mit der Erhebung des Grafen von Heiligenberg einen neuen Versuch zu machen. — Immerhin stehen der Deutung die grössten Bedenken entgegen. Bertold, der schon für 1080—84 erhobene gregorianische Bischof stünde nach den für 1086—1092 von der Kaiserparthei eingesetzten Gegenbischöfen; gerade Arnold, der bedeutendste der Gegenbischöfe wird in jener Reihe nicht genannt; nirgendwo sonst erscheinen Namen aus der letzteren, auch nicht in den Augsb. Jahrbüchern, die — allerdings schon zu 1084, aber doch bis zu Arnold's Weihe vorgreifend — absichtlich einen Ueberblick über die beiderseitigen Bischöfe in Constanz geben; ihre rasche Aufeinanderfolge und anderes ist nicht minder auffällig.

geschlossen hielt und sie erst mit der Erhebung Arnold's seinem treuen Ulrich zu Liebe fahren liess, der von St. Gallen aus an der Erhebung Arnold's freilich ein grösseres Interesse als an der Aussöhnung des Kaisers mit dem Bischof von Constanz und dessen Bruder hatte. — Dass fünf Wochen danach (NB. wenn unsere Datirung stichhaltig ist) Bertold seine Wahl zum Schwabenherzog gestattete, kann vielleicht in zweiter Linie auch als eine Antwort an Ulrich aufgefasst werden[558].

Noch im Laufe des Jahres 1092 traf Ulrich wieder in seinem Jahre hindurch nicht besuchten Kloster St. Gallen ein und versuchte im December von hier aus sein Versprechen, Arnold in Constanz einzuführen, zur Verwirklichung zu bringen. Wenn er bei jener so siegesgewiss an Heinrich gegebenen Versicherung auf eine Erhebung der Bewohner der einst gut kaiserlichen Stadt zu seinen und des Heiligenbergers Gunsten gerechnet hatte, so ward er bitter enttäuscht: gerade die Bürger[559] waren es, die für Gebhard eintraten. Als Ulrich mit ziemlich starker Mannschaft herannahte und im Namen des Kaisers die Aufnahme Arnold's forderte, ergriffen sie die Waffen und eilten den Bischofsleuten an die Seite, verrammelten die Thore, besetzten die Mauern und verwundeten mit ihren Bolzen und Geschossen einige von den St. Gallischen, so dass der Abt-Patriarch unverrichteter Sache wieder abziehen musste. Nun drangen die kriegseifrig gewordenen Constanzer hinter ihm drein, verwüsteten weithin die Klosterdörfer mit Plünderung und Brandstiftung und schonten selbst die Kirchen nicht. Erst an der Thur traten ihnen die Klostermannen entgegen und es kam zum Treffen. Die Constanzer, so versichern die St. Galler, waren besser gewaffnet und mehr an der Zahl, zudem tapfere Leute, aber trotzdem hielten jene den ersten gefährlichen Anprall aus und trieben, nachdem sie etliche von den Constanzern erstochen, etliche gefangen hatten, die Uebrigen schliesslich in die Flucht.

Auch Bertold hatte sich geregt, sobald er von diesen Vorgängen erfuhr. Mochte es nun mehr brüderliche Gesinnung für Gebhard[560] oder mehr dem wieder im Lande erschienenen Ulrich von Eppenstein zu Leide[561] sein: er freute sich des Misserfolges, den die von St. Gallen erlitten hatten und fügte ihnen in seiner eigenen Nachbarschaft weiteren Schaden hinzu, wozu ja das besonders im Herzen Schwabens, zwischen Neckar und Donau so dicht belegene Gut genugsam Gelegenheit bot. „Den alten Jebusiter" nennt die St. Galler Chronik den Herzog Bertold, den Gott für den Patriarchen Ulrich

---

[558] Henking's Darstellung S. 47 setzt voraus, dass Arnold's Erhebung (an Ostern) der Wahl Bertold's II zeitlich nachgefolgt sei.

[559] *cives* Cont. cas. 87, *burger* Oehem S. 125, also schon die gemeinsame Quelle; auch Cas. mon. Petrish. 656: *cives*.

[560] So fasst es die Cont. cas. S. 88.

[561] So der deutsch schreibende Oehem S. 125.

(wie einst die Ueberreste jenes kananäischen Volkes für die Kinder Israel) zur Uebung der Demuth aufgespart habe, dass er in seinem Glück nicht übermüthig werde.

Mit der Vertreibung der Constanzer aus dem Thurgau hatte der Kampf allem Anschein nach sein Ende; jedenfalls musste Ulrich auf die Einführung Arnold's von Heiligenberg verzichten und Gebhard blieb vor der Hand im ungestörten Besitze des Bisthums. Arnold erlangte danach 1093 die Priesterweihe und dann auch die Ordination zum Bischofe durch den Gegenpapst Wibert; aber es sollten noch zehn Jahre nach jenem ersten Versuch auf Constanz vergehen, bis wir ihm in einer glücklicheren Erneuerung desselben wieder begegnen werden. Ulrich aber kehrte bald nach Italien zum Kaiser zurück [562].

Welf lag am Anfang des Jahres 1093 in Fehde um die Buchhorner Güter mit den Bregenzer Grafen, die er somit der Parthei entfremdete, die Heiligenberger waren auch abgefallen, immer mehr sahen sich die Treugebliebenen des hl. Petrus vereinzelt. Manche dachten schon daran, wie der Schaffhausener Abt, aus Schwaben zu wandern und das Land den Excommunicirten zu überlassen. Da war es denn eine um so frohere Botschaft, dass die Baiern von der Parthei Welf's siegreich in Augsburg eingedrungen waren, den Bischof Siegfried vertrieben und einen katholischen Geistlichen, den Kemptener Abt Eberhard an seiner Statt erhoben hatten [563]. Und dann aus Italien im gleichen Frühjahr 1093 die Kunde, Kaiser Heinrich's Sohn, der junge seit 1087 zum König gekrönte Konrad, sei von dem Vater abgefallen, habe Beziehungen mit dem jüngeren Welf und mit Mathilde angeknüpft und sei somit als ein neuer Gegenkönig erstanden.

Der ermattete Widerstand hatte abermals neues Leben erhalten. Und um so eifriger feuerte ihn Gebhard überall an. — Am 4. Mai 1090 war der früher auch hier mehrfach erwähnte Hermann von Metz gestorben; an seine Stelle war ein Trierer Domprobst Poppo berufen worden, ein eifriger Gregorianer, obwohl sein Bruder, der Pfalzgraf Heinrich, kaiserlich war, hatte jedoch zunächst Schwierigkeit durch einen Gegenbischof gefunden. Dann kündeten aber im Jahre 1093, als das Missgeschick über den in Italien weilenden Kaiser hereinzubrechen schien, auch die Bischöfe von Toul und Verdun dem Trierer Erzbischof die Obedienz auf und schlossen sich mit Poppo von Metz zusammen [564]: die Kirche Lothringens erhob sich für Papst Urban. Da zögerte auch Gebhard, der Vertreter des Papstes nicht, in eigener Person in dies Land der Hoffnung zu eilen. Poppo war noch nicht geweiht und diese Feier sollte jetzt geschehen; wahrscheinlich war es Gebhard's Absicht, sie als der

[562] Er war in der Osterzeit bei Heinrich IV, vgl. Giesebrecht 653.

[563] Bernold 456, Ann. Aug. zu 1093 S. 134.

[564] Bernold 456 u. Jaffé V 169.

dazu Berufene selber zu vollziehen[565]. Gegen die Fastenzeit traf der Constanzer in Metz ein, wo sich gleichzeitig auch der Erzbischof von Lyon mit den Bischöfen von Macon, Langres, Toul und Verdun zu der Feier einfand. Vor dem Erzbischof trat Gebhard trotz seiner Vollmacht zurück[566], zumal jenen der Metzer Klerus von sich aus zur Vornahme der Weihe berufen hatte, und so ward in der ersten Fastenwoche durch Hugo von Lyon die Ordination vollzogen.

Gebhard hat anscheinend die Reise nach Lothringen nicht weiter ausgedehnt, sondern ist nach Schwaben zurückgekehrt. Im Sommer lag er krank: er gestattete auf Ansuchen Abt Hugo's von Cluny, dass die Leiche des am 14. Juli gestorbenen Priors Ulrich von Zell (St. Ulrich im Schwarzwald, BA. Staufen), die zuerst im Bezirk der Klostermauern beerdigt war, im Raume des Betkirchleins begraben werde, musste aber eben jener Krankheit wegen die feierliche Uebertragung, zu deren Leitung Hugo ihn aufgefordert hatte, durch Vertreter vornehmen lassen[567].

Inzwischen aber war durch Herzog Bertold ein Gedanke, der ihn seit lange schon bewegt haben mochte, zur zukunftsreichen Ausführung gebracht worden. Einst hatte sein Vater das Klösterlein Weilheim gestiftet, das lag nun seit des alten Herzogs Todesjahr noch immer in Schutt und Trümmern und die dazu gehörigen Güter waren durch Gebhard an Hirsau gekommen. Unterdessen war an Bertold II die reiche Erbschaft der Rheinfeldner gefallen, er selbst war Herzog des Landes, sein Bruder längst der Diöcesanbischof geworden und er hatte immer noch nichts dafür gethan seines Vaters Absicht zu dieser Zeit eines vermehrten Könnens zu erneuern, während ringsum in Schwaben Klöster und Zellen durch frommen Schenkersinn emporgeblüht waren, fast jedes Grafen- und Herrenhaus sein Familienkloster auf eigenem Gut und Besitz begründet hatte, mit ihnen als ein besonders zukunftsreiches Kloster durch die Grafen von Achalm kürzlich im Jahre 1089 das auch wieder von Hirsau aus bevölkerte Zwiefalten entstanden war und das Herzogshaus der Welfen sein Kloster in der schwäbischen Heimath, Weingarten, die Erneuerung Altdorfs, mit stolzer Fürsorge hegte. So wollte denn

---

[565] So erkläre ich mir Bernold's positive, aber falsche Angabe S. 456, er habe es wirklich gethan. Er ist auch in seiner Datirung schon chronologisch unhaltbar und von dem hier vorzuziehenden Hugo von Flavigny (MGSS. VIII S. 472) abweichend. Vgl. auch Heuking S. 48 und zu dessen Ausführung noch das Chron. S. Huberti Andag. MGSS. VIII 604 f.

[566] Gebhard's päpstliches Vicariat erstreckte sich ja wörtlich nur auf Sachsen, Alamannien und die „benachbarten Gebiete", so konnte er um so eher einmal dem burgundischen Kirchenfürsten in dieser lothringischen Angelegenheit weichen, anstatt die Eintracht durch die Rechtsfrage zu stören.

[567] V. Udalrici MGSS. XII 253. Ueber Ulrich und seine Schöpfungen vgl. oben S. 105 u. 147.

nun auch Bertold II daran gehen, das Kloster seines Hauses neu zu begründen, tauschte deshalb die einstigen Güter der Weilheimer Propstei von Hirsau gegen Besitz zu Gilstein (OA. Herrenberg) wieder ein und wollte zunächst die Propstei selbst an ihrer alten Stelle erneuern und erweitern[568]. Indessen dazu gelangte er nicht; vielmehr übte auch hier auf die Wahl des Ortes der Gesichtspunct, den besonders auch Wilhelm von Hirsau vertreten hatte, seinen Einfluss aus. Wie Ulrich und seine Cluniacenser im Breisgau von Rimsingen, das ihnen zu geräuschvoll war, nach Grüningen und als auch hier noch andere Menschen vorbeikamen, in die stille Zelle des Thalkessels am Südabhang des Gerstenhalm geflüchtet waren, wie die Stiftung von Wald nach St. Georgen hatte übertragen werden müssen, so durfte auch Weilheim nicht wieder erbaut werden. Bertold II ward anderen Sinnes[569] und verlegte die neue Schöpfung auf den Schwarzwald und zwar in die Berge des Breisgau's[570], in eine Muldeneinsenkung des Hochlandes, das sich unter dem Kandel weithin südlich erstreckt und von dem die Bäche der Wagensteig und des Ibenthals nebst dem Eschbach in schmalen Thälern zu der Dreisamweitung hinabeilen, während nach Westen der Pfad durch das tief eingegrabene felsenreiche Thal der rauschenden Glotter zu den alten Hauptstätten des zähringischen Hauses im Breisgau und in die Nähe der Zähringer Burg führt, die in gleichem Abstand von der gemeinsamen Mündung des Elz- und Glotterthals nördlich und der Dreisamweitung südlich sich erhebt. Es war ein Punct gefunden, der mit der trefflichsten Ortskunde des Schwarzwaldes ausgesucht erscheint: nicht weit von dem grossen Uebergang vom Breisgau in das innere Schwaben, mit leichtem Abstieg zu der grossen Thalpforte der Dreisam, wie zu dem Westabhang des Gebirges, von den wichtigsten Puncten und Verkehrszügen rings umgeben und doch mitten darin still und weltvergessen gelegen, von dem Vorbeiziehenden ungesehen, nur von einzelnen höheren Berggipfeln aus überhaupt aus der Ferne bemerkbar. Nach einer Aufzeichnung des Klosters selbst waren es die des Schwarzwaldes in dieser Gegend besonders kundigen, weil nahe wohnenden zähringischen Ministerialen Kuno von Zähringen mit seinem Sohne und Giselbert und Hildebert von Weiler gewesen, welche im Auftrage des Herzogs den Platz ausgesucht hatten. Hier also war es, wo Bertold's Fürsorge auf seinem eigenen Grund und Boden durch die von ihm bestellten Arbeiter das neue Kloster des heiligen Petrus nebst Kirche emporsteigen liess[571].

[568] Cod. Hirsaug. 85. Auch das zähringische Gilstein hatte (vgl. ebenda) einen Markt, sowie auch ein Thor (ib. 87). Bertold gab an Hirsau 9 Huben, den halben Markt und die halbe Kirche.

[569] *mutata mente* Cod. Hirs. 85.

[570] *in comitatu Brisaquensi* Urk. Urban's II (J.-L. 5545) von 1095 März 10 im Rot. SPetrinus (s. folg. Anm.) S. 136.

[571] Bernold 456 (verkürzt übernommen in den Ann. Marbac. MGSS. XVII 157). Rotulus San-Petrinus ed. v. Weech Freib. Diöc.-Archiv XV 135 ff. Auch der späte liber

Im Jahre 1093 konnte die feierliche Weihe geschehen, für die der Festtag Petri, die Kettenfeier des Apostels — und gewiss nicht, ohne dass die Zähringer der immer noch währenden Bedrängniss der Kirche dabei gedacht hatten — abgewartet wurde. Der 1. August also sah die Brüder mit ihren Gefolgschaften auf der sommerlichen Halde des Schwarzwalds vereinigt, mit ihnen, wie wenigstens die erwähnte späte Aufzeichnung aus St. Peter widerum ganz glaublich zu berichten weiss, die Grafen Wilhelm von Burgund und Gottfried von Calw — die beide später Schwiegersöhne Herzog Bertold's II wurden —, die Aebte von Hirsau, Schaffhausen, Petershausen, Ettenheim, St. Blasien und St. Georgen auf dem Schwarzwalde, ferner „Priester, Suffragane, Pröpste und Decane der Kirchen von Constanz, Basel und Strassburg“. Gebhard vollzog die Weihe. So viele derartige Feiern an aufblühenden Stätten des neuen klösterlichen Lebens ihm sein bischöfliches Amt bereits zugeführt hatte, so froh und dankbar bewegt mochte er doch vielleicht noch nie die Segensworte gesprochen haben, als da er jetzt über das Werk des eigenen Hauses die weihende Hand erhob.

Noch bei derselben Feier trafen die Brüder die nothwendigen Bestimmungen. Mönche hatte Hirsau zu senden übernommen und nach der erwähnten Klosterüberlieferung waren sie schon am 1. Juli eingezogen; dem Abte der jungen Pflanzung, den man nun am 1. August auswählte — er hiess Adalbero — vertrauten die Gründer die Bestimmungen über die Brüder und die Einrichtung der klösterlichen Ordnung unter der Obwaltung des Hirsauer Abtes Gebhard an. Reliquien hatte besonders Allerheiligen in Schaffhausen gespendet, mit dem die Zähringer also jetzt zunächst wieder in gutem Verhältniss standen. Ferner wurde von den Stiftern bei der Weihe festgestellt, dass auch dieses ihr Kloster des hl. Petrus unmittelbar unter den apostolischen Stuhl gestellt sein solle. Das alles hat Papst Urban durch Bulle vom 10. März 1095 und ebenso die durch sie bekannten weiteren Bestimmungen bestätigt, dass der Abt vom Convente frei gewählt werden, der Vogt im Kloster selbst keine eingreifende Gewalt ausüben solle und dass kein Laie sich am Orte ansiedeln dürfe. Als Zeichen der unmittelbaren Stellung unter den Schutz des apostolischen Stuhles war von dem Kloster jährlich ein Goldbyzantiner an den Lateranpalast zu entrichten.

Wir besitzen kein gleichzeitiges schriftliches Zeugniss mehr — wenn es je eines gab — über die ersten Schenkungen, die Bertold bei der Gründung des Klosters für dessen Ausstattung bestimmt hat. Aber wir können sie aus

vitae St. Peters (hrsg. v. F. L. Baumann Freib. Diöc.-Arch. XIV 70 ff.), dessen zum Glück schonende Benützung alter Vorlagen der Hrsg. erweist, wurde mitbenützt, wenn auch mit jedesmaliger besonderer Andeutung. — Einzelne wichtige Hinweise auch über die Anfänge des Klosters giebt Gothein, Die Hofverfassung a. d. Schwarzwald, dargestellt an der Gesch. des Gebiets von St. Peter, Oberrh. Zs. N. F., I 257 ff.

den wenig späteren Rechtsaufzeichnungen (die St. Peter in seinem grossen Rotulus vereinigt bis auf unsere Tage überliefert hat) unter Herbeiziehung der kurzen Nachricht Bernold's erschliessen. Er gab die Güter, welche einst von seinem Vater der Weilheimer Stiftung überwiesen und von ihm selbst jetzt von Hirsau zurückerworben worden waren, gab ferner, um auch der Familie seiner Gemahlin im Kloster ein dankbares Angedenken gewidmet zu sehen, mit ihr zusammen alles, was der Kirche zu Buchsee (Herzogenbuchsee im Ct. Bern) von König Rudolf dem Rheinfeldner und vielleicht auch inzwischen von dessen Tochter, der Herzogin Agnes geschenkt worden war, d. h. den Hof Buchsee, die Kirchen zu Seberg und Huttwyl und mehrere Dörfer und damit, wenn dies verständlich werden soll, doch auch die Kirche von Buchsee selbst, der diese Güter zugetheilt waren. Es waren somit Liegenschaften in Burgund und andererseits im Neckargau, die das erste Gut des jungen Klosters bildeten[572]. Damit aber liess es Bertold genug sein; gerade der zum grössten Theil dem Zähringer selbst zuständige Grund und Boden in der nächsten Umgebung St. Peters blieb diesem vorerst noch vorenthalten, wie es verständlich genug ist, erstens bei der engsten und unmittelbarsten Verbindung zwischen Bertold und seinem Kloster, die zu erhalten im Plane des Ganzen lag, und zweitens, weil diese Berg- und Waldgründe von Einkünften, auf die es doch bei der leiblichen Sicherung der Mönche ankam, zunächst noch nichts zu tragen vermochten. Wie es selbstverständlich war, blieben Herzog Bertold und seine Nachkommen die Inhaber der Vogtei.

Ueberall wuchsen Pflegestätten der Hirsauer Regel in Schwaben empor. Schon im nächsten Monat nach der Feier zu St. Peter, also im September 1093, konnte Gebhard das von Graf Hartmann von Kirchberg und seinem Bruder auf ihrem Eigengut zu Wiblingen am Einfluss der Iller in die Donau gegrün-

[572] RSP. 139 f. Urk. v. 1111 Dec. 27 (die Randbemerkung 1112 berichtigt sich von selbst) und dazu F. r. Bern. I 362. Bernold 456. Er erwähnt (zu 1093) die Uebertragung der Weilheimer und noch anderer „vieler" Güter. Deshalb setze ich die Ueberweisung der Buchsee'er Besitzungen, für die kein Datum vorliegt, schon in das Gründungsjahr; denn anderweitige Schenkungen Bertold's II sind nicht bekannt und werden durch die vorhin erwähnte Urk. (RSP. 139 f.) auch ausgeschlossen. Es kommt als weiterer Grund für 1093 noch hinzu, dass im Jahre 1109 (ich komme später auf diese Angelegenheit) in einer Urkunde davon gesprochen wird, die Güter von Buchsee seien in Folge der Uebertragung durch Bertold II und seine Gemahlin vor 1109 zunächst ungestört bei St. Peter gewesen, „nach einigen Jahren" sei ein Dorf aus ihnen von Herzog Bertold an einen gewissen Grafen Diepold weggegeben worden, der dasselbe bis zu seinem Tode innegehabt habe, und dann erst „endlich" sei das Dorf dem Kloster durch den Herzog am Vorabend von Christi Himmelfahrt 1109 zurückgegeben worden. Die Summirung dieser Fristen lässt die Schenkung der Güter von Buchsee doch wohl bis 1093 hinaufrücken. — Die Ueberweisung der Buchsee'er Kirche selber wird in dem eng zusammengedrängten Text der Urk. RSP. 139 f. nicht erwähnt. — Die Schenkung eines Bechers an St. Peter durch Bertold II wird in dem Necrol. minus von St. Peter, MG. Necr. I 335 und zwar ohne Datirung beigefügt.

dete neue Martinskloster, sowie das von dem welfischen Ministerialen Konrad und seinen Brüdern (den Söhnen des Hatto von Wolpertsschwende) bedingungslos an die Abtei St. Blasien übergebene St.-Georgs-Priorat zu Ochsenhausen (Württemberg, östlich von Biberach) weihen, welche beide von St. Blasien aus eingerichtet wurden[573]. Gebhard selbst beschenkte das Wiblinger Kloster mit Rechten zu Kirchberg und Harthausen[574].

Das Jahr hatte frohere Tage gegeben, als sein Anfang es hatte erwarten lassen. Dazu kam nun noch, dass Welf, der ja seit der missglückten Fahrt zu Heinrich IV fast der allereifrigste im Widerstande geworden und dem der Neuaufschwung der Parthei zum guten Theil zu danken war, Gebhard sogar das Handgelübde als Dienstmann des Bischofs leistete[575]. So lautet der klare Ausdruck des Chronisten, der auch das bei Entgegennahme einer Huldigung rechtsförmliche Wort *accipere* von Gebhard gebraucht. Es war ein Act, der Welf dadurch näher gelegt und erleichtert wurde, dass auch Bertold, der nunmehrige Herzog von Schwaben, schon längst — wir wissen nicht seit wann; Bernold erwähnt es mit diesem „schon längst" zu 1093 — auf gleiche Weise des Bischofs Mann geworden war.

Wir erinnern uns des Schwures, den Papst Gregor von dem Gegenkönig Hermann hatte fordern lassen und dessen Schluss lautete[576]: ich werde, sobald ich zuerst den Papst sehen werde, in Treue mit meinen Händen der Dienstmann des hl. Petrus und des Papstes werden. Die Formel hatte damals — es war 1081 — Gregor an Wilhelm von Hirsau gesandt und von diesem hatte sie Gebhard, der Hirsauer Mönch, den Wilhelm selber zum Vorkämpfer der Kirche anserkor, unbedingt erfahren. Nun war eben das, was

---

[573] Zu Bernold 456 f. und den neueren Biographen Gebhard's vgl. man WUB I 386, P. Fr. Stälin I S. 342.

[574] Erwähnt in Urk. Coelestin's III von 1194 WUB. II S. 304: *decimam in Chirchberg et in Harthusen cum dote a. b. m. Gebehardo quondam Constantiensi episcopo et eius successoribus vobis concessam.* Also aus Bischofsgut, nicht aus eigenem. Ladewig (Reg. 567) wird Recht haben, dass diese Schenkung an die Weihefeier anzuschliessen sei. Zwar erwähnt die Urk. Urban's II von 1089 (WUB. I 308) Gebhard noch nicht mit derselben, aber das thut auch selbst die Bestätigung durch Honorius II von 1126 (ibid. 371) noch nicht.

[575] Bernold 457. Ein viel behandelter und missverstandener Vorgang. Zell 369 ff. beschränkt sich auf Eventualitäten und verwechselt Vater und Sohn Welf; Giesebrecht 658 lässt Gebhard als Legaten des Papstes den Eid für den hl. Petrus empfangen; Henking warnt mit Recht vor dem Gedanken an einen von Welf an Rom selbst durch Vermittlung Gebhard's geleisteten Treueid, aber entfernt sich viel weiter als Zell von dem Richtigen und glaubt an eine Belehnung mit Constanzer Gütern, wovon nirgends etwas gesagt ist oder sonst bekannt wird, was aber dann Ladewig (ausserdem mit falschem circa 1093) Reg. 560 als ganz erwiesen übernimmt. — Eine ferner aufgestellte Deutung: die Vögte der Klöster hätten als solche dem Diöcesanbischof zu schwören gehabt und so sei der für Welf und Bertold erwähnte Eid zu verstehen, sei nur kurz mitgenannt (Strelau).

[576] Jaffé II 473 ff.

Gregor von Hermann beanspruchte, von Bertold und Welf an Gebhard geleistet worden; sogar die Formelworte der päpstlichen Eidforderung klingen in dem Berichte des den Constanzer Dingen so nahestehenden Chronisten noch wieder. Gebhard hatte die Consequenz gezogen: in gleicher Form, wie sich des Papstes Herrlichkeit über dem Laienkönig erhebt und darin auch zur Anerkennung vor der Welt geführt werden soll, so erhebt sich über den Herzögen der Bischof im Lande. Den Bruder hatte er längst willig gefunden; nun hatte auch Welf, der kein auswärtiges Herzogthum mehr hatte, auf seiner Stellung in Schwaben fusste und wie seine mütterlichen Vorfahren sowohl, als auch seine Nachkommen (noch Heinrich der Löwe) daran festhielt, Schwabe zu sein, den von dem Bischof begehrten Schritt gethan. Ein grosser Tag der schwäbischen Kirchenparthei aber gab sodann Gebhard die Gelegenheit, die neuen Kräfte des Widerstandes, die in dem Allen lagen, in ihrer Entfaltung zu zeigen, sie zu vermehren und sie zugleich mit neuem Gedankeninhalt zu erfüllen.

Dieser grosse Partheitag fand im Spätherbst[577] 1093 zu Ulm, an der Stätte der wichtigsten schwäbischen Versammlungen, statt. Die einzelnen Theilnehmer kennen wir nicht alle, sondern erfahren nur von Gebhard, Bertold, Welf, sowie von Grafen und „Hohen wie Niederen". Die Hauptbeschlüsse galten einem festeren Zusammenhalten der Parthei und der Vermeidung von Fehden, wie sie z. B. Welf zum Schaden der gemeinsamen Sache mit den Bregenzern geführt hatte. An erster Stelle wurde festgestellt, „dass dem Constanzer Bischof auf alle Weise auf Grundlage der kanonischen Vorschriften zu gehorchen sei." Hinterdrein folgten die weltlichen Behörden: „dem Herzoge Bertold und den Grafen sei nach dem Alamannenrecht zu folgen"[578]. Darin lag die nochmalige öffentliche Anerkennung der im vorigen Jahre ohne Zuziehung geistlichen Rathes einseitig von Laien vollzogenen Wahl Bertold's zum Schwabenherzog. Aber es lag auch noch mehr in diesen Beschlüssen: dass weit über die Laiengewalten hinweg der Bischof nächst dem Papste der Herr sei. — In zweiter Linie sollte ein Landfrieden dazu dienen, die Einigkeit der Parthei zu bewahren: vom 25. November an bis zum nächsten Ostern über 2 Jahre, also bis Ostern 1096, sollte allen kirchlichen Personen der

[577] Das ergiebt die Stellung dieser Ereignisse in Bernold's Erzählungen (S. 457) zum Jahre 1093, sowie eine Beschlussfassung des Partheitages mit Giltigkeit vom 25. Nov. ab. Dass der Tag selbst (wie Const. Reg. 568 meint) am 25. Nov. gehalten wurde, ist nicht glaublich: man kann im Zeitalter der fusswandernden Boten keine Friedensgebote erlassen, die im Lande schon von dem Tage ab in Kraft sein sollen, an welchem sie beschlossen werden. Bernold hat ja deutlich genug (457): *se observaturos a 7. kal. decembris.*

[578] Bernold 457. Wenn die Abstufung: *obediretur* gegenüber Gebhard, *obsecundaretur* gegenüber dem Herzog und den Grafen auch wohl nicht von den Ulmer Beschliessenden, sondern nur von Bernold herrührt, so trägt sie doch mit zum Verständniss der Auffassungen des Kreises, in dem Bernold lebte, bei.

katholischen Obedienz, den Kirchen und ihrem Gut, den Kaufleuten — das war das Interesse der Marktinhaber — und allen, welche durch den Schwur, der sie für diesen Landfrieden verpflichtete, Theilnehmer desselben seien, Sicherheit verbürgt sein. Arnold von Heiligenberg, der „Bedränger“ von Constanz ward noch ausdrücklich ausgenommen. Diesen Landfrieden liessen die versammelten Fürsten, ein jeder nach seiner Amtsstellung[579] die Seinigen Mann für Mann beschwören. — Es liegt auch in diesen Beschlüssen der Schwaben zu Ulm, wie in manchem früheren Vorgang und Ausspruch, der Ausdruck davon, dass Alamannien, das treue Land des hl. Petrus, ein seit lange von aller Welt abgetrenntes, ganz alleinstehendes und auf sich selbst gewiesenes Land geworden war, das dieser Lage entsprechend für sich sich einrichten wollte.

Bald nach diesen Vorgängen sandten Gebhard und Bertold einen gemeinschaftlichen Boten an Papst Urban, der gewiss in erster Linie den Bericht von den Errungenschaften des Jahres, zumal den Ulmer Beschlüssen überbrachte. Sie hatten den Abt von St. Peter zu diesem Auftrage gewählt, der mit der Reise zugleich den eigenen Zweck verbinden mochte, die päpstliche Bestätigung der Stiftung von St. Peter heimzubringen. Am Anfang des Jahres 1094[580] kam aber die unangenehme Nachricht nach Constanz, dass die Wibertiner in Rom, welche den Thurm des Crescentius besetzt hielten, den Abt abgefangen hatten und zwar unmittelbar vor dem Ziel der langen Winterwanderung: gerade als er über die Engelsbrücke hinübergehen wollte.

Der Landfrieden der Schwaben fand Verbreitung und Nachahmung. Welf selber, der in Baiern auf eine grössere Parthei gestützt war und daselbst, soweit er konnte, als der Landesherzog schaltete, führte ihn dort erfolgreich ein[581], auch die deutschen Franken und die Elsässer vereinbarten ihn je für ihr eigenes Gebiet. „Am meisten aber galt der Friede in Alamannien, weil dessen Fürsten jeder für sich innerhalb ihrer Amtszuständigkeit unablässig die Rechtspflege[582] übten, was die übrigen Länder zu thun noch nicht be-

[579] Henking übersetzt das *per potestatem suam* mit „in den Gebieten.“ Ich glaube, Bernold betont das mit ganz anderem Bezug. Wahrscheinlich übte man schon bei dieser Gelegenheit die neugeschaffene Rangordnung, so dass den Schwur Bertold's und Welf's ihr Senior, Gebhard, abnahm. Ausserdem werden allerdings wahrscheinlich die dann Heimkehrenden, die selber schon geschworen hatten, auch ihre nächsten Untergebenen den Frieden haben beschwören lassen. — Vgl. noch die Erörterungen Giesebrecht's S. 1178 über den Landfrieden.

[580] Bernold 458.

[581] Bernold 458. Waitz, D. Vfg. VI 437 hält für wahrscheinlich, dass dieser süddeutsche Landfrieden 1097 zu einem Reichsfrieden erhoben sei. Aber für das *colloquium de pace* (Ekkeh. Uraug. 209), das Heinrich mit den Fürsten hielt, lag damals des Kaisers politischer Frieden mit den aufständischen Fürsten näher, der ja von da ab auch zu Stande kam.

[582] Bernold 458 . . . . . *iusticiam facere non cessaverit.* „Gerechtigkeit“ zu übersetzen gäbe einen sonderbaren Sinn.

schlossen hatten. Und besonders Herzog Bertold" — fährt Bernold fort — „hatte solchen Feuereifer in seinem Herzogthume das Recht zu handhaben, dass er fast alle seine Vorgänger darin übertroffen und Aller Mund davon mit verehrungsvollem Gerücht erfüllt hat." So stand denn also die Ausführung der Ulmer Beschlüsse doch wieder bei der herabgedrückten weltlichen Macht.

Unter anderen war das Kloster St. Georgen mehrfach in der Lage, den Schutz Bertold's anzurufen. Die Leute von Aseheim oder Aasen (BA. Donaueschingen) sahen mit Abgunst oder Besorgniss die Ausbreitung des klösterlichen Gutes; sie klagten, die Mönche drängen ihnen auf das eigene Gebiet, hätten einen ehemals gemeinschaftlichen Landstrich sich ganz allein angeeignet und würden in ihrer Gier nicht ruhen, so lange noch ein Fleckchen Wald oder Rasen übrig sei. Mehrfach gelang es dem Abte Theoger selber, die Aseheimer wieder zu beruhigen, mehrfach musste aber auch Herzog Bertold einschreiten. Danach rückten jene aber doch einmal mit allerhand Waffen und Geschirr, wie jeden sein Inventar ausgerüstet hatte, gegen das Kloster drohend heran; dieses sandte schleunigst zu Bertold und meldete seinen bevorstehenden Untergang. Bertold kann nicht fern gewesen sein; er fing die Leute noch rechtzeitig ab, ehe sie nach St. Georgen gelangten, verhörte sie, nahm ihnen ihr Gewaffen ab, liess nach dem bei Unfreien zweckdienstlichsten Verfahren jedem ein paar Schläge verabreichen und schickte sie besänftigt wieder nach Hause[583].

Schon bald nach dem Ulmer Tage, am 17. Januar 1094, fand auf's Neue eine sehr grosse Versammlung und Besprechung und zwar auf der Dingstätte eines zähringischen Gaues, zu Rottweil statt[584]. Es waren „Herzog Bertold und sehr viele Vornehme der Alamannen und Unzählige freien Standes" anwesend. Dort wurde durch Manegold von Altshausen St. Georgen noch einmal dem hl. Petrus „in der römischen Stadt" unterstellt und Hesso, der überlebende Stifter, ging selber nach Rom, um die unmittelbare Uebertragung vorzunehmen. Vielleicht lag darin eine kleine Spitze gegen Bischof Gebhard, der vorher das Kloster an den hl. Petrus genommen hatte. Ferner hielt man

[583] V. Theogeri MGSS. XII 455. Leider ist die Zeit nicht genauer zu bestimmen, als 1092 — gegen 1098. Die Darstellung der Vita ist übrigens ungewöhnlich hochmüthig. — Zum Schluss bringt, was Bertold's Ansehen nicht dauernd vermochte, die Heiligkeit Theoger's fertig: die Aseheimer werden zahm „und so kam es, dass auch ein Theil jenes Dorfes nebst einer nicht geringen Menge Aecker durch rechtmässige Schenkung an die Kirche von St. Georgen kam". Bertold II wird, natürlich von ihrem Gesichtswinkel aus, sonst aber zutreffend von der Vita als ein „zwar in weltlichen Geschäften steckender, aber ganz christlicher Mann, der den heiligen Mann [Theoger] und den heiligen Ort [St. Georgen] immer in frommer Neigung verehrte" characterisirt.

[584] Not. fund. S. Geo. 214. Ausser dem im Text Erzählten erfahren wir aus den Ereignissen der Versammlung nur noch von einer an demselben Tage vorgenommenen Schenkung an St. Georgen.

zu Aseheim am 21. Februar 1094 eine Zusammenkunft. Leider wissen wir auch hier über Theilnehmer und vorliegende Handlungen nur das folgende[585]: das Kloster St. Georgen hatte am vorhergehenden 25. Januar zu Wyhlen im Breisgau (nahe am Rhein oberhalb Basel) dem Ritter Bertold von Almut aus dem Schlüchtthale ein Gut zu Aulfingen (BA. Engen) zu Eigenthum tradiren lassen. Herzog Bertold hat der Handlung wohl nicht beigewohnt, er müsste sonst im Winter seit dem 17. Januar von Rottweil zum 25. Januar an den Rheinwinkel geeilt und dann wieder in die Baar zurückgereist sein; aber in seine Hand vertraute der Ritter von Almut den Tauschgegenstand für St. Georgen, nämlich Besitzungen zu Blansingen und Kleinkems (beide BA. Lörrach, am Isteiner Klotz), deren Uebergabe an den Vogt von St. Georgen dann Herzog Bertold — der hier nur Treuhänder[586] ist — an dem genannten Tage zu Aseheim über den Reliquien des hl. Georg, die das Kloster dazu hinabgesandt hatte, vollzog: „in Anwesenheit sehr Vieler, denn es wurde dort zu jener Zeit eine ungeheuer besuchte Versammlung und Besprechung abgehalten." Das Jahr begann schon als eines der regsten Thätigkeit der schwäbischen Kirchenparthei.

Am 25. September 1094, wie hier anschliessend vorweg erzählt sei, ward der soeben wieder erwähnte Vogt St. Georgens, Hermann, von Reichenauer Ministerialen beim Kirchgang erschlagen. Da hat denn das Kloster in der Folge Einen derer zum Vogt angenommen, mit denen es schon vielfältige Beziehung hatte und deren Fürsorge und mächtigen Schutz es mehrfach erprobt hatte, einen der Zähringer selbst. Freilich Bertold II bekleidete (am 7. December 1094) dies neue Amt wohl noch nicht, denn nur „in seiner Gegenwart" und der zweier seiner Ritter, Kuno von Sulz und Lampert, tradirte an jenem Tage der Ritter Eberhard von Klengen das ihm zu diesem Zweck von dem Aasener Freien Hermann aufgetragene Gütchen zu Stockburg an St. Georgen[587].

[585] Not. fund. S.Georgi 213f. Bert. v. Almut wird als *miles* bezeichnet. Ein von Almut mit demselben Vornamen ist 1150 (Neug. CD. II 82) freien Standes und steht auch in der Urk. H. Bertold's IV von 1177 (s. u.) unter freien Herren. Das passt zu dem Ergebniss Roth's von Schreckenstein, Ueber d. Not. fund. S.Geo. a. d. Schwarzw., Oberrh. Zs. XXXVII 374: „das Wort *miles* bezeichnet in der Notitia nicht sowohl den Geburts- als den Berufsstand". — Eine weitere Beobachtung von ihm (S. 376): „Freilich schliesst die Verschiedenheit der Wohnorte nicht aus, dass die Betreffenden Brüder sein könnten, denn um feste Familiennamen wird es sich noch nicht handeln, wie deutlich ersichtlich ist, wenn" u. s. w. wird durch die Familienverhältnisse der zähringischen Ministerialen (s. d. Abschn. über diese) selbst noch für das 12. Jahrhundert bestätigt.

[586] *in fidem et manum ducis Bertholdi . . . . rogans eum sub obtestatione fidei* u. s. w.

[587] Not. fund. S.Geo. 218. Des Hrsg.'s Lesung *Couro* verbessert Roth von Schreckenstein l. c. 369 nach der Hs. in *Couno*. — Hermann's Ermordung und Beisetzung in St. Georgen erzählt Bernold 460, vgl. auch Roth von Schreckenstein l. c. 367, Anm. 2. — Zu der Schenkung vom 7. Dec. selbst vgl. Anm. 583. Die Vita Theogeri spricht freilich, als ob

Nun an den Anfang des Jahres 1094 zurück. Am 5. März verlor der ältere Welf seine Gattin, welche der Tod von langem Siechthum erlöste[588]. Sie, die flandrische Judith, war es, welche dem Welf, als sie nach der Verstossung der Tochter Otto von Nordheim's seine zweite Gemahlin geworden, seine Söhne Welf V und Heinrich den Schwarzen geboren hatte. Ihrem Leichenbegängniss in der Weingartner Familiengruft gab die Anwesenheit Bischof Gebhard's eine höhere Feier, zu der auch Welf durch reiche Schenkungen an das Familienstift und dessen Lossprechung und Uebergabe an die unmittelbare Schutzgewalt des Stuhles Petri — ganz in der Art des zähringischen St. Peter — beitrug.

In der grossen Woche vor Ostern (dieses fiel 1094 auf den 9. Apr.) hielt der Bischof von Constanz in seiner Stadt eine grosse Synode[589], der die beiden Herzöge, die übrigen Fürsten Alamanniens und „zahllose" Aebte — darunter der Schaffhausener — und Kleriker beiwohnten. Er hielt also, wie auch die Verhandlungen zeigen, diese Synode als Diöcesan, nicht als Bevollmächtigter des Papstes. Die Verhandlung der Angelegenheit Tuto's auf dieser Versammlung ward schon in ihrem Zusammenhange (S. 163) erwähnt. In der Hauptsache bewegten sich die Beschlüsse auf kirchlichem Gebiet: man ging gegen die simonistischen und wider den Cölibat frevelnden Priester vor und bedrohte die Besucher der von ihnen geleiteten Amtshandlungen, legte ferner das Frühjahrsfasten bestimmt auf die erste Woche der Quadragesima und das Junifasten in die Pfingstwoche und setzte sowohl für Ostern als für Pfingsten drei Festtage an, während bisher die Constanzer Diöcese den alten Brauch bewahrt hatte, den auch noch einzelne andere Diöcesen festhielten, Ostern eine Woche lang und Pfingsten nur einen Tag zu feiern. Bernold fügt hinzu, zu dieser Massregel habe Gebhard die kanonische Befugniss sowohl als Diöcesan, wie auch kraft päpstlicher Vollmacht gehabt, „denn er war der Legat des apostolischen Stuhles überall im ganzen deutschen Lande." Wahrscheinlich erhielt der Chronist durch die Unzufriedenheit, die die Verkündigung dieser vorbildgebenden Anordnung erregte, Anlass zu dieser Bemerkung; auch die Augsburger Jahrbücher polemisiren gegen die Beschlussfassung der Synode. Dann gelangte eigenthümlicher Weise noch eine andere Angelegenheit vor diese geistliche Versammlung. Im Jahre 1089 hatte Kaiser

die von Bertold bestraften Assener Unfreie gewesen seien. Aber da lässt sich ja eine Vereinigung finden.

[588] Bernold 457 f. Er hat — und danach Henking und Ladewig — den 4. März als Todestag, während der Eintrag des Necrol. Weingartense (MG. Necrol. I 224) gewiss richtiger den 5. März ansetzt. Die Schenkungen ausführlicher an beiden genannten Orten. Ladewig Reg. 570 hat irrthümlich: „Judith, die Tochter Herzog Welf's".

[589] Bernold 458. Const. Reg. 571 zieht in Folge eines Leseversehens auch die Stelle Not. fund. S. Georgi S. 201 irrthümlich heran und schreibt Welf IV statt V. Henking schreibt irrthümlich (S. 52) „In der Osterwoche".

Heinrich, nachdem seine treue Gefährtin Berta am Ende des Jahres 1087 gestorben war, die junge Wittwe des Nordmarkgrafen, die Russin Praxedis, der man in Sachsen den gewohnteren Namen Adelheid beigelegt hatte und die er bei seinem dortigen Aufenthalte im Jahre 1088 kennen lernte, zu seiner Gemahlin erhoben. Es war ein schneller Entschluss voll übelster Folgen geworden[590]. Schliesslich war diese Kaiserin, als sie und Heinrich in Italien waren, zu Mathilde und Welf geflüchtet und aus den schamlosen Erzählungen, die sie unbekümmert um sich selber preisgab, schmiedeten Mathilde und ihr Gatte vergiftete Waffen wider den Kaiser. Nur in des jungen Welf's Hause kann Praxedis auf den Gedanken gebracht worden sein, auch der Synode der Schwaben den Schmutz des Lebens, das sie als Kaiserin geführt, — wohl brieflich[591] — zu enthüllen. Der Zweck ward erreicht: man empfand verzeihend mit der vielmaligen Ehebrecherin und wälzte mit ihr alle Schuld auf den Kaiser.

Vielleicht war es diese Synode Gebhard's, die auch einen Streit um die Vogtei des bischöflich constanzischen Ortes Pfrungen (OA Saulgau) entschied[592]. In diesem Falle würde auch der Graf Liutold von Achalm, nach dessen Gutachten der Beschluss erging, unter den Theilnehmern an der Synode mit Namen bekannt sein. Die Namen anderer Anwesenden nennt eine Urkunde, die für Allerheiligen am 4. Apr. 1094 zu Constanz ausgestellt wurde und ihm die Schenkung von Gütern in Urnau (BA. Ueberlingen) seitens einer gewissen Johanna verbriefte. Als erster der Zeugen steht „Bertold, Herzog der Schwaben" voran, ihm folgen Graf Burkard von Nellenburg, die Grafen von Altshausen und Frickingen und eine Anzahl anderer weltlicher Herren[593].

Von Gebhard's Diöcesanthätigkeit aus dem Jahre 1094 ist sonst noch eine (schon erwähnte) Altarweihe zu Petershausen am 7. Juli und eine Anwesenheit zusammen mit Abt Otto von St. Blasien bei einer Schenkung an St. Georgen bekannt, durch die letzteres am 20. August von dem Burgherrn Arnold von Kenzingen und seiner Gemahlin Ida drei Jauchert Reben zu Endingen am Kaiserstuhl (Nordseite) erhielt[594].

Es war eine deutliche Aeusserung des neubelebten Partheigeistes, dass die Tagfahrten fortfuhren sich förmlich zu drängen. Um den Gallustag

[590] Es wird schwer Giesebrecht (S. 627) beizustimmen, dass Heinrich diese Ehe aus politischen Gründen geschlossen habe. Um in Sachsen festeren Fuss zu fassen, würde Heinrich doch wohl eine andere Wahl haben treffen müssen.

[591] *querimonia Praxedis .... ad Constantiensem sinodum pervenit.*

[592] Vgl. Henking S. 53f.

[593] QzSchwGesch. III 1, 41f.

[594] Not. fund. S. Georgi S. 216f. Der Ort des Traditionsactes ist unbekannt; Henking (S. 54) verlegt letzteren nach Endingen selbst, was schon Ladewig Reg. 573 als unnöthig zurückweist; es ist um so unwahrscheinlicher, als die weiteren Zeugen des Actes keine Breisgauer, sondern aus der Baargegend sind.

(16. Oct.) 1094 fand in Augsburg „eine Besprechung der Schwaben" statt, die wir mit Sicherheit als eine solche der kirchlichen Parthei zu betrachten haben[595]. Ueber Theilnehmer und Gegenstand ist nichts bekannt. Wenn man aus dem Schweigen der nicht-augsburger Quellen vermuthen darf, so handelte es sich um die Neubesetzung des Augsburger Bischofsstuhls, denn Bischof Eberhard, der frühere Abt von Kempten, war in demselben Jahre auf einer Reise nach Italien zu dem jungen König Konrad, der ihm Augsburg bestätigen sollte, gestorben.

Am 16. Jan. 1095 weihte Gebhard das Oratorium des Klosters Alpirsbach, das Rotmann von Hausen, Adalbert von Zollern und Alwich von Sulz nach Verständigung mit ihm gegründet hatten und nahm es als päpstlicher Vicar vorläufig in apostolischen Schutz[596]. Dann aber machte er sich auf und zog im Winter über die Alpen, um an der grossen Fasten-Synode theilzunehmen, welche Papst Urban nach Piacenza einberufen hatte. Am 1. März ward diese gewaltige Versammlung der gregorianischen Welt eröffnet; auf 4000 Kleriker, 30 000 Laien schätzen die freudigen Berichte die Zahl der Anwesenden. Aus Deutschland waren neben Gebhard auch die ihm bekannten Thiemo von Salzburg, Ulrich von Passau und der Abt Ulrich von Reichenau, mit ihnen gewiss noch andere Geistliche der gregorianisch-hirsauischen Richtung erschienen. Es waren gerade diejenigen Puncte, mit welchen sich schon Gebhard's Diöcesansynoden beschäftigt hatten, die nun auf der oikumenischen Versammlung zu allgemeiner Beschlussfassung gelangten: die Frage der durch Simonie und Cölibatsvergehen befleckten Priester, sowie der unvermeidlichen Milde gegenüber den Excommunicirten und die Regelung der Fasten. Gewiss wird der eifrige Zähringer nicht stumm geblieben sein bei der Verhandlung dieser ihm so geläufigen Dinge, von denen er zwei da hinein spielende Fragen, die Behandlung der von schismatischen Bischöfen ordinirten Priester und der von Excommunicirten vorgenommenen Kindertaufe in aller Eile durch Bernold in Denkschriften für das Concil hatte bearbeiten lassen. Die erste Frage wurde von der Kirchenversammlung mit Anlehnung an Gebhard's und Bernold's Auffassung entschieden, die zweite anscheinend nicht zum Beschlusse gebracht.

Auch die Sache der Kaiserin Praxedis, die selber vor die versammelten Geistlichen trat, ward und zwar genau im Sinne der Constanzer Synode erörtert.

Bischof Gebhard hat auf dieser grossen Versammlung zu Piacenza auch die öffentliche erste Anregung zu der grossen Erhebung persönlich erlebt, die

[595] Sie wird zwar nur von den Ann. Aug. erwähnt. Aber Augsburg war damals zur Verfügung Welf's, von dem auch der bisherige Bischof eingeführt war, und die zornigen Begleitworte der Annalen zu der Thatsache der Versammlung geben weitere unbedingte Sicherheit, dass es keine Versammlung der Freunde des Kaisers war.

[596] Bei Schmid, Hohenzollern, II 60 ff. ist der Stoff vereinigt.

— einst der Traum Gregor's VII — nun bald durch die Worte von Papst Urban's Mund zu einem das ganze Abendland erregenden Sturme anschwellen und mehr als ein Jahrhundert hindurch die Geschichte beherrschen, in Jahrhunderten erst erlöschen und verhallen sollte: die Kreuzzugsbewegung: in ihren Anfängen der all' ihre Kraft entfaltende Triumphzug der auf der Höhe des Sieges stehenden Kirche, dann so bald ein bunt verstricktes Gemenge frommer, opferfreudiger und grosser Gesinnungen, tapferer Thaten und eigensüchtiger, ehrgeiziger und abenteuernder Hoffnungen, Pläne und Unterfangen, im Ganzen berufen, das Abendland auf- und durcheinander zu rütteln, die schläfrigen Augen des Laien weit, weit zu öffnen, ihn mit der Welt und ihrer Schönheit überall, mit Kenntnissen und Gedanken, Bildern, Farben, Traumgebilden und unerschöpflichen Phantasien zu erfüllen, in Lebenslust ihn sich tummeln und der Herrin, die vor dieser neuen Zeit war, der Kirche, bis auf einen Schatz einfacher Frömmigkeit im innersten Herzen und bis auf die Gewohnheit der Form und der alten Lebensart so fast völlig vergessen zu machen.

Nach dem Schluss der Synode (7. März) scheint Gebhard noch einige Zeit bei dem Papste, der noch ein paar Wochen in Piacenza blieb, verweilt zu haben. Am 8. März fertigte die päpstliche Canzlei die Bestätigung der Privilegien des in der Constanzer Diöcese gelegenen St. Georgen aus, an demselben Tage auch die für Hirsau. Dem letzteren ward dabei auch der Besitz von Gilstein (OA. Herrenberg) mitbestätigt[597], das ja in Austausch für die Güter der zähringischen Propstei Weilheim gegeben worden war. Am 10. März wurde ferner die Urkunde, welche auf Gebhard's Ersuchen[598] die Gründung von St. Peter bestätigte, erlassen und wohl ihm selber übergeben. Auch der neue Abt von Reichenau, Ulrich, der seit 1089 im Amte war, aber die Weihe noch nicht erhalten hatte, gelangte in Piacenza zu dieser, und zwar durch Urban's eigene Hand in Gegenwart Gebhard's. Wohl mit Recht ist darauf hingewiesen worden[599], dass Gebhard wegen des wieder erneuerten Streites des Bisthums mit dem Kloster über das Herrschaftsrecht über die Insel die Weihe bisher verweigert haben möge. Nun erhielt Ulrich die Weihe, aber zugleich verwies ihn Urban auf die schon 1089 geschehene Entscheidung jenes Streites. Trotzdem unterfing sich der Abt später von neuem die Herrschaft über die Insel zu beanspruchen und der Papst musste es ihm auf Gebhard's Klage durch ein abermaliges Breve untersagen.

Bei Gelegenheit dieser italienischen Reise hat Gebhard sich auch in Mailand aufgehalten, wo er zusammen mit seinen Amtsbrüdern von Salzburg

[597] WUB. I 305. Der Tausch ist dort in sehr verkürzter Form erwähnt, das Nähere giebt Cod. Hirsaug. 85.

[598] Liber vite mon. S. Petri Freib. Diöc.-Archiv XIV 71. Die Bestätigungsbulle selbst RSP. 136 f., s. oben S. 172.

[599] Henking S. 57. Vgl. dazu Bernold 463 und Oehem 124.

und Passau den Erzbischof Arnulf, der für die Annahme der Investitur durch den König Busse gethan hatte, im Auftrage des Papstes weihte. Wann er sich nach Deutschland aufgemacht hat, ist nicht genau ersichtlich; jedoch noch 1095, denn er vollzog in diesem Jahre noch[600] die Weihe des am 1. Mai erwählten neuen Abtes Ulrich von Zwiefalten.

Anerkannt und bewundert als einer der ersten Männer der Kirche und der tüchtigsten und erfolgreichsten Vorkämpfer des hl. Petrus kehrte Gebhard aus Italien nach Schwaben zurück. Aber gerade damals hatte hier das Fundament, auf welchem Gebhard's mächtige Kampfstellung beruhte, die Gefolgschaft der hohen Laien, schon wieder und zwar schlimmer als je zu zerbröckeln begonnen. Am Anfang des Jahres 1095 hatte sich der junge Welf von Mathilde getrennt und der Welt Versicherungen gegeben, durch welche er sich von dem peinlichen Gefühl befreien wollte, mit welchem durch diese Ehe seine Eitelkeit belastet worden war, welche aber nur alsbald von den Gegnern, die das auch verstanden, ausgebeutet wurden[601]. Arg erzürnt eilte der alte Welf über die Alpen zu dem Sohn, aber bloss wegen der durch dessen indiscrete Vorlautheit in ihrer letzten schwachen Rechtsverbindlichkeit hinfällig gewordenen Aussicht auf die Güter der Mathilde. Als seine Aussöhnungsversuche ohne Erfolg blieben, suchte er Annäherungen an Kaiser Heinrich und wollte Mathilde mit dessen Beistand zur Aufgabe ihrer Güter zwingen. Er war wieder ganz in seine alte Art zurückgefallen, um so mehr, als Gebhard ihn zu dieser Zeit nicht hatte überwachen können. Nach langen nutzlosen Verhandlungen ging er dann, seinen Sohn mit sich nehmend, nach Deutschland zurück und knüpfte hier an den verschiedensten Orten[602] Verhandlungen zu Gunsten Heinrich's an, wodurch er die eigene Sache in ihrer neuen Wendung am besten zu fördern meinte. Aber ohne Erfolg; die kirchlich gesinnten Kreise wollten nicht, die kaiserlichen sahen nur Welf's Eigennutz, dazu kamen so schwierige Fragen wie für jene die des schwäbischen, für diese die des bairischen Herzogthums. Im nächsten Jahre, 1096, kam aber wenigstens die Aussöhnung Welf's und des Kaisers, anscheinend vermittelt durch den uralten Vater des Ersteren, Azzo, zu Stande: der Herzog erhielt Baiern zurück[603]. Als im nächsten Jahre Azzo starb und Welf um die Hinterlassenschaft mit seinen Stiefbrüdern kämpfte, waren die Bundesgenossen, denen er seinen Erfolg verdankte, die Eppensteiner: Ulrich von Aquileja und St. Gallen, und Heinrich von Kärnthen. Welf's Söhne freilich

[600] Ladewig Reg. 579 Henking berichtigend.

[601] Bernold 461 z. 39, wonach z. 35 zu verstehen ist.

[602] Ann. Aug. 134. Bernold 463.

[603] Ekkehard Uraug. zu 1096 S. 208; über Azzo's wahrscheinlichen Antheil vgl. Giesebrecht 675 u. 1179. Der im Text folgende Satz nach Bernold's Nachrichten zu 1097 (S. 465), die Aussöhnung selbst verschweigt der St. Blasianer.

verschlossen sich dem Gedanken eines Partheiwechsels noch, bis dann am Anfang des Jahres 1098[604] auch ihre Aussöhnung mit dem Kaiser durch den Vater herbeigeführt und dabei dem älteren Sohne die Nachfolge in Baiern zugesagt wurde.

Schwerlich sind vor diesem Abfall auch der Söhne Welf's von der Parthei des hl. Petrus irgend welche ganz bestimmten Friedensgedanken an die Zähringer herangetreten. Immerhin scheint eine Annäherung schon darin zu liegen, wenn Bertold, der Vogt von Kloster Gengenbach (das zu den bambergischen Besitzungen in Schwaben gehörte, für die schon sein Vater die Vogtei hatte) 1096 die Zurückführung des schon im Jahre 1089 erwählten, aber ausgetriebenen Abtes Hugo zuliess. Er verfügte damals über den Ort „mit Gewalt", sagt der Berichterstatter[605], der wie das Stift Bamberg selbst auf Seite des Kaisers steht. Also geordnet waren die Verhältnisse im Jahre 1096 noch nicht. Am 1. Dec. 1097 fand dann ein Fürstentag zum Zweck des Friedens zu Mainz statt[606] und zu Weihnachten ging der Kaiser den Rhein bis Strassburg hinauf. Ein Schreiben[607], das der Kaiser höchst wahrscheinlich am Anfang 1098 erliess, spricht nur von „der Sache Herzog Welf's und seiner Söhne", die noch abgeschlossen werden solle, zugleich von erwarteten sächsischen Gesandten, nicht dagegen von den Schwaben und Herzog Bertold. Das könnte ja bedeuten, dass er sich mit diesen schon abgefunden hatte, wahrscheinlicher ist aber, dass sie vorläufig noch aus dem Spiele gelassen wurden. Jedenfalls aber hat auch Bertold II in dieser Zeit das Abkommen mit Heinrich IV und mit Friedrich dem Staufer getroffen, das den grossen Jahrzehnte währenden Kampf des Zähringerhauses gegen die Krone beigelegt hat; ohne viel Aufhebens[608] ist es geschehen, denn die uns bekannten zeitgenössischen Schriftsteller beider Partheien haben gänzlich unterlassen davon zu erzählen, erst Otto von Freising[609] und die Chronik von Petershausen geben von dem geschlossenen Vertrage Kunde, dessen Einzelheiten nur durch Rückschlüsse z. Th. noch vervollständigt werden können.

Otto berichtet, Friedrich I von Staufen sei es gewesen, der Bertold gezwungen habe, den Frieden zu ersehnen[610]. Das ist wohl glaublich, besonders

---

[604] Vgl. Giesebrecht 680 u. 1180 und auch Kilian 122.

[605] Ann. Gengenbac. MGSS. V 390.

[606] Ann. Rosenveld. MGSS. XVI 102: *de instituenda pace* und Ekkehard Uraug. 209.

[607] Jaffé V 176. Vgl. Giesebrecht l. c.

[608] Das spricht dafür, dass es keinen grossen Erfolg des Kaisers mehr darstellte, so lange er noch andere Feinde hatte, sondern mehr zusätzlich und nachträglich, also wohl 1098, geschah.

[609] g. Frid. c. 8f. (SS. XX 357 f. SA. 20). Otto erwähnt hier seine — anscheinend mündlichen — Quellen: *quidam . . . . . tradunt* und *ab antiquioribus de ipso dicitur*.

[610] Er setzt hinzu: *quod tamen quidam sub filio suo Friderico factum tradunt*. Also danach erst 1105 oder später, so dass Bertold überhaupt mit Heinrich IV nicht mehr

wenn Bertold die alten Waffengenossen schon verloren hatte. Aber deutlich ist, dass nicht sie beide allein bei dem Vertrag betheiligt waren, der nun zu Stande kam, sondern auch der Kaiser. Bertold II gab in feierlicher Handlung — Otto braucht das formelhafte Wort für Uebereignungen *exfestucare* — das Herzogthum Schwaben zu Gunsten Friedrich's auf, doch so, dass ihm Zürich, die wichtigste Stadt des Landes, von der Hand des Kaisers zu halten belassen wurde. Also als eine unmittelbar vom Reiche zu Lehen gehende Herrschaft. Dass auch die bisherigen Güter seines Hauses in Schwaben von der dortigen Herzogsgewalt ausgenommen worden seien[611], wird nirgends überliefert und ist um so weniger zuzugeben, als niemals, soviel wir wissen, aus einer etwaigen derartigen Bestimmung seitens der Zähringer Nutzen gezogen worden ist[612]. Trotzdem führte Bertold den Herzogstitel, der nun einmal an seine Person gekommen war, fort, wie es scheint, mit einer aus dem Friedensvertrag fliessenden Berechtigung. Aber Herzog von Schwaben konnte er sich fortan so wenig nennen, als etwa gar Herzog von Kärnthen, so hat er denn jetzt begonnen, sich nach einer seiner Burgen[613] zu nennen: im Jahre 1100 kommt zuerst der *dux de Zaringen* oder *Zeringen* in verschiedenen Urkunden vor

Frieden geschlossen hätte. Wenn das auch nicht richtig ist (vgl. den Fortgang des Textes, insb. den Tadel des Papstes 1103) so zeigt Otto's Zusatz doch, dass auch er den genauen Zeitpunct der Aussöhnung nicht anzugeben weiss. Der Vertrag selber zeigt auch, dass Bertold's Niederlegung der Waffen von der Kaiserpartei nicht eigentlich erkauft zu werden brauchte, er ward nur mässig abgefunden. Den Welfen hatte Heinrich noch, als er mit ihnen abschloss, mehr bieten müssen. So liegt auch wohl darum der Vertrag mit den Zähringern später. 1097 ist die landläufige Festsetzung, für 1098 ist aber auch schon der sonst über Bertold II so irrthumreiche Schöpflin, I 76.

[611] Darauf kommt Chr. Fr. Stälin ohne weiteren Beweis gerne zurück, insbes. II 280 u. 284. P. Fr. Stälin I 386 ist vorsichtiger.

[612] Auch als später Konrad, der Sohn Bertold's II Freiburg gründet, geschieht das ohne jegliche Rücksichtnahme auf seinen „regierenden" Bruder Herzog Bertold III; er war diesem staatsrechtlich in keiner Weise untergeordnet. — Ausdrücklich sagt Otto von Freising, der scharfe aber gerechte und nicht entstellende Kritiker der zähringischen Stellung: *omnes enim usque ad presentem diem duces dicti sunt, nullum ducatum habentes soloque nomine sine re participantes* (g. Frid. SA. 21) und er erwähnt vorher (S. 20) bei der Besprechung der Stellung Friedrich's von Schwaben keine derartige Einschränkung, wo wir sie sonst suchen dürften. Hätte ein derartiges immunes zähringisches Sondergebiet existirt, so hätte dasselbe ja auch als solches bei dem Aussterben des Hauses 1218 eine Rechtsfrage erzeugen müssen. Das ist nicht geschehen; es hat sich da lediglich um die Erbschaft von Grundbesitz und zwar in weiblicher Erbfolge gehandelt. — Der ausgesonderte Besitz hätte ja auch unter irgend einem Namen zusammengefasst werden müssen. Das ist nicht geschehen, insbesondere ein „Herzogthum Zähringen" hat es nie gegeben. Gerade schon die staatsrechtlichen Verlegenheiten gegenüber dem zähringischen Titel, die sich durch dies ganze Buch hindurchziehen werden, lassen jeden Gedanken an ein anerkanntes reichsfürstliches Sondergebiet zurückweisen.

[613] *(nomen) de castro Zaringen* sagt Otto Fris. g. Fr. I c. 7 (MGSS. XX 357 SA. 19). Nicht von einer Herrschaft.

und auch die Schriftsteller und Chronisten beginnen seit dieser Zeit, wenn sie von ihm selbst oder rückgreifend von seinem Vater berichten, von dem „Herzoge von Zähringen" zu sprechen[614].

Die Burg Zähringen liegt über dem breisgauischen Dorfe gleichen Namens, das schon 1008 als *Zaringen* erwähnt wird[615], auf der Spitze eines 480 m. ü. d. M., 220 m. über der Rheinebene sich erhebenden Bergkegels, so dass die Burg sich nach keiner Seite hin gegen eine überragende Bergwand durch Schildmauern zu schützen brauchte. Sehr grossen Raum kann sie nie geboten haben, wenn auch der heutige Besucher leicht übersieht, dass schon die innere Umfassungsmauer, welche südlich unter dem „Thurme" am meisten hervortritt, den ganzen Raum der Plattform einschliesst, welche man in neuerer Zeit — wahrscheinlich über Fundamenten und Gemäuer — unter den hochwipfligen Bäumen des Waldes geformt hat. Der erhaltene Bergfried steht also im südlichen Theile der Burggebäude; er ist rund und deutlichem Anschein nach jünger[615a] als die erwähnte Umfassungsmauer. Diese verläuft

[614] Urkk.: ZäUB I 135 von 1100; QzSchwGesch. III 1, 58f. von 1100, Febr. 27.

Der Chronist Bernold († 16. Sept. 1100) hat den Namen „von Zähringen" nicht mehr zur Anwendung gebracht, ebensowenig kennen ihn die sonst über die Mitglieder dieses Hauses berichtenden Annalen von Augsburg 973—1104, gelegentliche Notizen anderer Quellen des ausgehenden 11. Jahrhunderts, oder gar die Zeitgenossen Lambert's schon. Die Cont. casuum S.Galli (S. 93) giebt den Titel „von Zähringen" *de Zaringin* erst dem Sohne Bertold's II des „Markgrafen", den sie nie als Herzog anerkannt hat. — Dagegen erscheint der Name „von Zähringen" gelegentlich — er nennt Bertold I lieber nicht so, nur bei seinem Tode — schon bei Ekkehard von Aura, der 1099 die erste Bearbeitung seiner Weltchronik beendete, die er nach seiner Kreuzfahrt, im ersten Viertel des 12. Jahrhunderts noch wieder mehrfach umänderte. Ferner in den Ann. Einsiedl. MGSS. III 146: 1078 *D(eva)statio W(elf)hardi ducis Noricorum (duca)tus comitis Perhtolfi de (Ce)ringen.* Die Klammern schliessen Ergänzungen des Herausgebers ein. In Einsiedeln ist der Beisatz „von Zähringen" ja selbst in Notizen für das 10. Jahrhundert nachträglich eingefügt worden. — Es sei noch darauf hingewiesen, dass ähnlich für den lange Zeit landlosen Welf die Bezeichnung *dux de Altorf* und zwar in einer Urkunde (Gerbert, Hist. silvae nigrae, III S. 40) vorkommt.

[615] Trouillat I 150f.

Otto Frising. g. Fr. I c. 27 SA. 35 ist vielfach missverstanden worden. Nicht die Burg Zähringen ist die für unüberwindlich gehaltene. Man vgl. Otto's absichtliche Unterscheidung *castrum* für Zähringen und *arx* l. c. Dazu unten, zu 1146. — Eine theilweise unmöglich richtige Ansicht der Ruine im vorigen Jahrhundert in Kupfer bei Schöpflin I; ebenda auch eine Uebersicht der Lage Freiburgs und Zähringens (Nachstich aus Herrgott's Gen. Habsb.). Vgl. auch Abbildungen und Beschreibung bei J. Lampadius, Beiträge zur Vaterlandsgeschichte, Heidelb. 1811 und Näher u. Maurer, die altbadischen Burgen und Schlösser des Breisgaues. Emmendingen 1884. Dazu (Fridr. Pfaff), Zur Baugeschichte der Burg Zähringen, Breisg. Ztg. 22. Juni 1890, Nr. 143.

[615a] Der inzwischen erschienene erwähnte Aufsatz Pfaff's weist einleuchtend nach, dass er 1281 von den Freiburgern zur Strafe für die Niederlegung des älteren Thurms hat aufgebaut werden müssen. Ob dieser an derselben Stelle, nicht etwa in der Mitte stand, lässt der Vf. dahingestellt.

in geraden oder leicht geschwungenen Wänden mit nur stumpfen Biegungen; sie ist aus unbehauenen, nicht sehr grossen Gneisklötzen zusammengefügt, wie sie der Berg selber bot, jedoch so, dass die aufgeschichteten Steine zusammen eine gleiche Oberfläche boten, auch jetzt noch bieten trotz des an der Aussenfläche aus den Fugen herausgewaschenen Mörtels. An der Südseite führte eine Späh- und Vertheidigungsöffnung durch diese Mauer, an der Ostseite eine Treppe mit Ausgang von ihr herab. Kräftige Austiefung des Fels-Gesteins, zumal an der Südseite, hat um die Mauer einen starken Graben und steile natürliche Wälle gezogen. Ein zweiter, jetzt etwas undeutlich gewordener Graben umzieht das Ganze in weiterer Umfassung.

Man hat ganz richtig darauf hingewiesen, dass die Burg Zähringen niemals von der stattlichen Grösse und Schönheit gewesen sein kann, welche die in der Zeit der reichen Kreuzzugscultur erbauten Schlösser und Burgsitze grosser Geschlechter aufweisen. Aber damit ist die Thatsache doch nicht abgethan, wie man gewollt hat, dass sich das Geschlecht Herzog Bertold's gerade von diesem Besitze benannt hat. Die Burg Zähringen ist eben älter, als die der in der Kreuzzugszeit zu Ansehen gelangten Geschlechter. Entweder war die kleine Burg der alte Sitz seiner breisgauentstammten Ahnen, dass Bertold II sein Haus drum nach ihr fortbenennen wollte (während z. B. die Limburg, auf der Bertold I starb, in jüngerem, erheiratheten Besitz lag), oder er selbst hatte sie im Beginn seines eigenen selbständigen Auftretens zur Befestigung der im Breisgau wiedergewonnenen Herrschaft in wohlgewählter Lage ohne grossen Aufwand und vielleicht etwas eilig erbaut, aber sie später doch als seinen eigentlichen Sitz eingerichtet und bezogen. (Natürlich schloss das nicht aus, dass Bertold auch einen Ministerialen auf gerade diese Burg wies.) Jene dürften von den vielen möglichen Vermuthungen, bei denen man es bis auf Weiteres bewenden lassen muss, die beiden nächstliegenden sein. Das wird im Weiteren schon aus unseren spärlichen Quellen einleuchtend werden, dass Bertold II und seine Nachkommen bis gegen die Mitte des 12. Jahrhunderts mehrfach auf der Zähringer Burg sich aufgehalten haben.

Bertold's Stellung im Breisgau war, seit die Grafschaft sein Neffe hatte, die eines durch Allod daselbst begüterten Herrn; diese Güter selbst stellt ein anderer Abschnitt dieses Buches zusammen. Andere freie Herren, die im Breisgau begütert waren und zu denen trotz ihrer höchst wahrscheinlichen Verwandtschaft mit dem zähringischen Hause und ihres seit dieser Zeit angenommenen Grafentitels auch die von Nimburg zu stellen sind, kamen naturgemäss in vielfältige Berührungen zu den Herzogen, ohne darum von diesen abhängig zu sein, und werden bei solchen Beziehungen oder Zusammenkünften auch in diesem Buche berücksichtigt werden. Die Grafschaft wurde von Hermann II und seinen Nachkommen übrigens nicht mit allen den Regalien ausgeübt, die sonst gelegentlich mit diesem vom Reiche gehenden Amte verbunden sind: Wildbann und Bergwerke im Breisgau waren seit 1008 durch Heinrich II an das Hochstift Basel gekommen und waren, während jene Uebertragung dann in Vergessenheit gerieth, vielleicht schon früh, sicher in der späteren zähringischen Zeit im Besitz der Herzöge, die auch zu Freiburg, seit dies von ihnen gegründet war, die Münze üben durften; auch das Geleit, das durch die Gründung der breisgauischen Hauptstadt neue Bedeutung erhielt, wurde zum Theil ihnen zugestanden, im übrigen behielten es natürlich die Markgrafen [616]. Auch die Markgrafen, die Inhaber der Grafschaft, besassen von Anfang der Trennung an eine Anzahl breisgauischer Güter, die einst Bertold I innegehabt hatte. Ein Theil dieser Güter lag am gleichen Ort mit denen der Herzöge oder war mit ihnen gemeinsam, was auch mit Ministerialen der Fall war. Die Markgrafen haben diesen Besitz zu mehren verstanden, z. B. die Burg Hachberg, die einst ein Edelherrensitz war [617], erworben und besonders im Süden des Breisgau im Laufe der Zeit eine abgerundete Herrschaft zusammengebracht, die als das bekannte „Markgräflerland“ einen ansehnlichen Besitz des Hauses neben dem späteren Hauptlande der Markgrafen, ihren neu erworbenen und stets sich ausdehnenden Landen um Baden an der Oos bildete.

Im Thurgau, wo Bertold II den Kampf in der letzten Zeit des grossen Streites eingestellt hatte, war es inzwischen den Gegnern gelungen, das Grafenamt fest in andere Hände zu bringen; der 1094 auftretende Graf Hartmann ist ja schon öfter erwähnt worden. Auch auf diese Grafschaft hat der Herzog, wie auf das Herzogthum Schwaben selbst, bei seinem undiplomatischen Frieden endgiltig verzichten müssen. Sein Grafenamt in der Baar hat man ihm dagegen gelassen. Abgesehen davon war also die staatsrechtliche unmittel-

---

[616] Ueber „die Landgrafschaft im Breisgau“ veröffentlichte H. Maurer eine Programmbeilage der höh. Bürgerschule in Emmendingen 1881. Viel weniger glücklich als diese höchst verdienstliche Abhandlung ist die weitere in der Oberrh. Zs. IV 491 ff. Maurer folgert hier aus dem zähringischen Besitz von Münze, Bergwerken und Geleit („Dinge, welche zum Grafenrecht gehörten“) eine Verpfändung der Grafschaft im unteren, nördlichen Breisgau an die Herzöge. Eine Theilung der Grafschaft rührt jedoch erst aus dem Anfang des 14. Jahrhunderts her, wo thatsächlich die niedere Grafschaft verpfändet wurde und sich von der stets markgräflich gebliebenen im „Sausenhart“, im südlichen Breisgau schied. (S. 497 wird zwecks Ermöglichung jener Hypothese *comitia* in Grafschaft verdeutet, S. 502 wieder als „Geleit“ in Anspruch genommen.)

[617] Maurer in der Programmbeilage S. 12: „eine Dienstmannenfamilie“, ... „die sich nach dem Schlosse zubenannte“. Aber Erkenbold von Hachberg, an den dabei gedacht sein muss, steht RSP. 145 zwischen lauter als freien Herren bekannten Zeugen und der Eintrag selbst sagt: *presentibus . . . liberis hominibus, quorum nomina subscripta sunt.* (Der RSP. scheidet jederzeit Freie und Dienstmannen auf das Strengste.) Ferner stehen QzSchwGesch. III 1, 66 Konrad und sein Bruder Rudolf *de Haperch*, die Maurer aber schwerlich schon kennen konnte, ziemlich weit vorne in einer langen Reihe freier Herren. Auch in Kaiserurkk. kommen die von Hachberg als Zeugen vor.

bare Stellung Bertold's im Reiche auf die Herrschaft von Zürich eingeengt worden[618].

Hier waren eigenthümliche Verhältnisse. Es gab seit der Karolingerzeit in Zürich erstens ein königliches *castrum*, eine zu beiden Seiten der jetzigen Marktbrücke in der Altstadt sich erstreckende Befestigung, zu welcher auch aussenliegende Höfe und Güter gehörten sowie *fiscalini*, Königsleute, in Beziehung standen, die auch im 12. Jahrhundert in Zürich noch erwähnt werden: zweitens die unter besonderem königlichen Schutze stehende Grossmünsterpropstei mit ihrem Zubehör; drittens die ebenfalls mit Immunität begabte Abtei Fraumünster mit ihrem reichen, zumeist aus früherem Königsgut bestehenden Besitz. Alle drei Bestandtheile der *civitas* Zürich waren der Grafengewalt entzogen, hatten jedoch nicht etwa jeder einen einzelnen eigenen Vogt, sondern standen gemeinsam unter einem und demselben Vogte, während nur die freien Leute vom Zürichberg, die *liberi homines in Turego* oder die *homines de monte* ursprünglich unter dem Grafen standen, dann aber ebenfalls unter die Vogtei geriethen, so dass diese die Stadt als Ganzes in sich vereinigte. Diese Vogtei aber, in richterlicher Beziehung parallel neben dem Grafenamt hergehend, war königliche Reichsvogtei; ihr Inhaber wurde vom Könige, später höchst wahrscheinlich in Ausübung der königlichen Rechte vom Herzog von Alamannien bestellt. Die Herzöge selbst legten auf Zürich besonderen Werth; sie schlugen daselbst anfänglich Münzen; ein für sie ausgesonderter Hof, eine *familia ducis* in Zürich werden erwähnt, mehrfach greifen sie unmittelbar in Angelegenheiten der Stadtbestandtheile ein. Deutlich sind seit dem 10. Jahrhundert die Verhältnisse der öffentlichen Gewalt in Zürich von dem Herzogthum abhängig und darum eben wird dieses auch den Vogt eingesetzt haben[619].

Diese Gewalt, wie sie der Herzog von Schwaben in Ausübung königlicher Rechte in Zürich ausgeübt hatte, ist dasjenige, was dem Herzog Bertold II bei dem Ausgleiche in den neunziger Jahren vom Kaiser übertragen wurde[620]. Nicht die Vogtei selbst; das sagt auch Otto von Freising keines-

[618] Dafür, dass der Zürichgau zähringisch geworden sei, wie Zellweger und Andere meinten, fehlt jeder Anhalt.

[619] Diese Ausführungen folgen Fr. v. Wyss, Beitr. z. schweizerischen Rechtsgeschichte. I. Die Reichsvogtei Zürich. Zs. f. schweiz. Recht. XVII. 1872, S. 3—66. Für das Münzrecht kommt dagegen A. Escher, Schweizerische Münz- und Geldgeschichte, Bern 1881, in Betracht, wonach erkennbar zuletzt von Herzog Konrad 983—997 in Zürich Münzen geschlagen sind, sodass wahrscheinlich seit dieser Zeit die Aebtissin des Frauenmünsterstiftes angefangen hat, das ihr verliehene Münzrecht selbst auszunützen.

[620] Durch die Ausführungen Fr. v. Wyss' werden diejenigen Bluntschli's, Gesch. d. schweizerischen Bundesrechts, Zürich 1846, S. 18 und Aelterer hinfällig. Die beliebte Ansicht, dass durch den ca. 1098 erfolgten Ausgleich des Zähringers mit dem Kaiser und dem staufischen Herzog das Herzogthum Alamannien oder Schwaben auf die Lande rechts vom

wegs. Inhaber der Vogtei waren seit Jahrzehnten die Grafen von Lenzburg und sie blieben es bis zu ihrem Aussterben in den siebziger Jahren des 12. Jahrhunderts. Die Zähringer waren ihnen übergeordnet, aber sie respectirten freiwillig oder unfreiwillig die Stellung der Lenzburger und beliessen sie in der Vogtei, die sie selber nur im Namen des Reiches zu vergeben hatten. — Es lag freilich nahe, dass auch die Zähringer, die ja keine Landesherzöge waren, von Solchen, die sich klar machen wollten, was sie eigentlich seien, als eine andere Art Inhaber der Vogtei angesehen wurden oder werden konnten. Um nun keine wirkliche Doppelvogtei entstehen zu lassen, verbriefte K. Heinrich V den Zürichern in einer Urkunde vom 7. März 1114[621], in welcher Herzog Bertold III von Zähringen unter den Intervenienten war, „dass sie nur einen Vogt haben sollen, der, wenn er einen anderen Vogt unter sich einsetzt, selber dieses Amtes beraubt die Vogtei ganz und gar aufgiebt, während der von ihm eingesetzte Untervogt den Bann vom König oder Kaiser erhält." Damit blieb die Vogtei den Zähringern vorbehalten für den Fall, dass es keine Untervögte geben würde. Mag diese Verfügung von 1114 eine ad hoc entstandene, mag sie nur eine Bestätigung älterer sein, sie schliesst es aus, dass über den Lenzburgern auch die Zähringer selbst Vögte der Stadt waren. Sie sind zur Ausübung der Vogtei, wie wir später sehen werden, erst nach dem Erlöschen des genannten Grafenhauses (1172) gelangt.

Von den einst durch die Herzöge in Zürich geübten Rechten waren inzwischen wichtige in andere Hände gelangt. Das Münzrecht, sowie der Zoll und die Bestellung des Unterrichters zu Zürich waren und zwar, wie angenommen wird[622], die letzteren durch Heinrich III, an die Aebtissin des Frauenmünsters gelangt. So werden sich die Rechte der Zähringer zu Zürich auf ein paar Gefälle beschränkt haben, vielleicht sogar lediglich auf eine bei Inhaberwechseln in der Vogtei an sie als deren Verleiher zu entrichtende Gebühr. In der That hat schon einer der Söhne Bertold's II das zu bessern versucht. —

Rhein beschränkt und dass damals die jetzt schweizerischen Theile von Alamannien abgetrennt worden seien, die er selber in der Gesch. d. Abtei Zürich, Mitth. d. antiqu. Ges. in Zürich VIII, S. 39, noch getheilt hatte, wies G. v. Wyss, „das Herzogthum Alemannien oder Schwaben mit Bezug auf die Schweiz", Anz. f. Gesch. u. Alterthumskunde I, (1855—1860) mit urkundlichen Belegen zurück, welche die staufisch-schwäbische Herzogsgewalt auch im linksrheinisch(-schweizerisch)en Alamannien bezeugen. Trotzdem blieb in der neuen wohlfeilen Ausgabe von Bluntschli, Gesch. d. Republik Zürich, Zürich 1870, 3 Bde., I 66 der Satz erhalten: „Von da an [1097] gehört der Thurgau und der Zürichgau zu einem neugebildeten Fürstenthum, welches im Verfolg Herzogthum Zähringen genannt wurde".

[621] St. 3107. Jetzt auch ZüUB. I 143f.

[622] Fr. v. Wyss l. c. S. 40f. Das Münzrecht schon früher, vgl. Alb. Escher l. c.

Gebhard von Constanz hatte festgehalten an seinem Papste und an seinen Zielen. Aber das Waffenstrecken, das seinem Bruder, dem Herzog, näher gerückt war und schliesslich geschah, war ein starker Schlag für ihn und seine ganze Stellung: er blieb natürlich der päpstliche Stellvertreter für Deutschland, aber zu irgend welchen politischen Unternehmungen, selbst auf dem kleineren Gebiete in Schwaben, fehlte ihm, seit er des Armes seiner „Mannen“, Welf's und Bertold's, verlustig gegangen war, die Möglichkeit. — Am Beginn des Jahres 1096[623] kam zu Urban II der Bischof Einhard von Würzburg und trat in Reue von der Parthei der Schismatiker zum hl. Petrus über: ihn wies Urban an, auch die Verzeihung der päpstlichen Legaten in Deutschland (der Bischöfe von Constanz und derzeit des Abts von Göttweih) einzuholen. Das war für Gebhard ein freudiger Triumph; aber es blieb der einzige; kleine Diöcesanangelegenheiten sind dasjenige, was aus diesem und den nächsten Jahren sonst von ihm berichtet wird. Durch Breve vom 7. August 1096 beauftragte Urban den Bischof, da Mönche von Schaffhausen und von Raitenbuch über die Auslieferung eines Conventualen aus ersterem Kloster stritten, die letzteren durch kirchliche Zwangsmittel zum Nachgeben zu bringen. Wenn dem schon erwähnten Manuscript[624] Glauben zu schenken ist, wogegen eigentlich kein besonderer Grund vorliegt, so fällt in das Jahr 1096 auch die Weihe der Klöster Isny, Wagenhausen (das oben in der Tutoangelegenheit vorkam) und Grafenhausen. In den October 1097 fällt sodann die Weihe von Kloster Mehrerau bei Bregenz, dessen Platz von Gebhard selber, sowie von Dietrich von Petershausen, Abt Meinrad und dem Stifter, Graf Ulrich von Bregenz ausgewählt worden war, als letzterer die Zelle Andelsbuch verlegen wollte. Da, während man zu Mehrerau baute, Graf Ulrich selber starb, wartete man mit seiner Bestattung, bis die Weihe der Klosterkirche durch Gebhard hatte vollzogen werden können und am 27. October 1097 konnte dann sein Begräbniss an dem nunmehr geweihten Orte stattfinden[625]. Am 2. September[626] 1098 weihte Gebhard sodann die Pancratiuskirche in dem hoch über dem wilden Schlüchtthal im Schwarzwald schön gelegenen Berau, das als Nonnenkloster zu St. Blasien gehörte; er hatte vorher das berühmte Albthalkloster selber besucht und war mit den St. Blasianern zu der Feier nach dem nahen Berau hinübergezogen. Im nächsten Sommer führte den Bischof abermals eine Diöcesanangelegenheit den Rhein hinab: das Kloster

[623] Bernold 464. Von Henking nicht verwendet. Dass der Abt Hartmann von Göttweih als Nachfolger des Passauers Gebhard für die päpstliche Legation beigegeben wurde, erwähnt die V. Altmanni MGSS. XII 241. Darauf, dass es in der That 1096 schon etwas Geschehenes war, deutet das *a legatis papae in Teutonicis partibus*, das auch Bernold l. c. hat.

[624] Das Zell benutzt hat. Vgl. oben Anm. 519.

[625] Vgl. zu dem Ganzen die von Ladewig, Const. Reg. 585 aufgeführten Quellen.

[626] Ladewig, Reg. 586, Henking's Datum berichtigend und ihn ergänzend.

Schaffhausen (dessen innere Verhältnisse[627] dem Abt Gebhard sein Amt, das er seit dem 2. November 1096 führte, verleidet hatte, so dass er im Jahre 1098 abdankte und ins heilige Land zog) hatte in der Person Adalbert's, eines aus den an der Entfernung Abt Gebhard's am meisten Betheiligten, einen neuen Vorstand erhalten, welchen Bischof Gebhard nun, nach Prüfung seines Verhaltens in der Angelegenheit seines Vorgängers, am 24. Juni 1099 weihte. Zwei Monate später reiste er nach Alpirsbach, wo er schon 1095 das Bethäuslein des neugegründeten Klosters geweiht hatte: diesmal galt es die Weihe der inzwischen vollendeten Kirche des Klosters, die Gebhard in Gegenwart der Stifter am 28. August vornahm, bei welcher Gelegenheit er abermals als römischer Vicar die an Alpirsbach gemachten Stiftungen bestätigte, bis eine wirkliche päpstliche Bestätigung werde erlangt werden können[628].

Denn Papst Urban II war am 29. Juli 1099 gestorben und die am 13. August geschehene Wahl seines Nachfolgers war anscheinend diesseits der Alpen noch nicht bekannt geworden. Der Neugewählte war Paschalis II, ein Mann, der hinter einem Gregor und Urban an Bedeutung weit zurückstand, aber entschlossen war, die Wege seiner grossen Vorgänger zu gehen. Auch Gebhard war bedacht sich zu Paschalis dieselben Beziehungen, wie zu den bisherigen Päpsten, zu sichern; er richtete noch 1099 ein Schreiben an den neuen Nachfolger Petri, in welchem er geflissentlich als apostolischer Vertreter über das Augsburger Bisthum zu berichten Gelegenheit nahm und anfragte, wie es in einer Anzahl kirchenrechtlicher Fragen zu halten sei[629]. Er hatte den Erfolg, dass Paschalis ihm ausdrücklich bestätigend das Vicariat in Deutschland von neuem übertrug[630] und auf die Anfragen und Mittheilungen Gebhard's in verschiedenen Briefen einging, die seit Anfang 1100 an den Bischof abgesandt wurden[631]. Es waren Briefe, die zur Strenge und zum Ausharren mahnten und Anweisungen in dieser Richtung, insbesondere gegenüber den Excommunicirten, enthielten; sie konnten für Gebhard nur Lob und Zustimmung bedeuten.

Inzwischen hatte Gebhard zusammen mit Thiemo von Salzburg, der aus seinem Erzbisthum vertrieben sich in Gebhard's Nähe zu Petershausen im Kloster aufhielt[632], sich an der Einrichtung des St. Blasischen Priorats Ochsenhausen betheiligt, das er, wie erzählt, schon 1093 geweiht hatte und das jetzt

[627] Bernold 465 ff. Henking S. 61.

[628] WUB. I 315 f.

[629] Vgl. J.-L. 5817 u. 5825.

[630] Bernold 467. Die Uebertragung braucht nicht gerade am 25. Dec. (1099) geschehen zu sein.

[631] J.-L. 5817, 5825 und vielleicht auch 6252 (o. J., 6. Febr.) Ueber J.-L. 5917 (dort zu 2. Febr. 1104) vgl. Henking's Ausführungen S. 63 ff.

[632] Cas. mon. Petrish. 656.

unter seinem Rath und seiner Bestätigung durch Abt Uto von St. Blasien Statuten erhielt, die vom 31. December 1099 datirt sind[633]. Im Jahre 1101 war er ferner thätig[634] bei der Umwandlung des seit ungefähr 1030 bestehenden, aber zu keinem rechten Gedeihen gelangten Frauenklosters zu Donauwörth, wohin nunmehr zur Umwandlung mit Erlaubniss des Papstes 6 Mönche und 6 Conversen aus St. Blasien überführt wurden, von denen Gebhard den einen Mönch, Dietrich, zum Abt und zwar in seiner Stellung als apostolischer Vertreter weihte, wie ausdrücklich hinzuberichtet wird, da Donauwörth in der Augsburger Diöcese lag. — Der Aufenthalt Thiemo's von Salzburg im Constanzischen nahm in demselben Jahre sein Ende; der Erzbischof und ebenso Ulrich von Passau schlossen sich dem älteren Herzog Welf an, der am 1. April 1101 nach dem heiligen Lande aufbrach, aus welchem gewaltige, mächtig anfeuernde Nachrichten, von der Eroberung Jerusalems und der Errichtung christlicher Staaten, gekommen waren. Wie es bekannt ist, ging der alte Egoist, den nun auch der Herzenszug der Zeit noch gepackt hatte, einem recht ruhmlosen Geschick entgegen: er entrann kümmerlich dem Gemetzel, in welchem die Seldschucken südöstlich von Ankyra die Seinigen nebst den übrigen Deutschen und den Aquitaniern vernichteten und gelangte nach Antiochia, wo ihn Tancred aufnahm, aber die Fahrt nach Jerusalem musste er aufgeben und als er im Begriffe stand heimzukehren, ereilte ihn auf Cypern der Tod.

Die Zähringer waren trotz alles kirchlichen Eifers keine Kreuzfahrer; keiner aus der herzoglichen Linie des Geschlechtes hat eine Fahrt ins Morgenland gethan. Bertold II blieb ruhig zu Hause in Schwaben, als Welf mit den befreundeten geistlichen Herren aufbrach. Im Jahre 1099 oder 1100[635] finden wir ihn einmal zu Rottweil, wo vor ihm und mehreren „Fürsten des Reiches“, d. h. den Grafen von Sulz, Calw, Altshausen, und vielen Anderen — ich hebe die Herren von Toggenburg, Sulz, Seedorf, Thanegg, Zimmern und Wolfach hervor — Adalbert von Zollern an das Kloster Alpirsbach, dessen Mitstifter er war, zu seinen früheren Schenkungen an dasselbe noch allen Besitz fügte, den er in Füezen (bad. BA. Bonndorf), Geroldsdorf oder wie es jetzt heisst Gölsdorf (OA. Rottweil) und Sulz hatte, mit Ausnahme des dortigen Eigenbesitzes seiner Ministerialen. Hier amtirt also der Herzog als Graf auf der Rottweiler Dingstätte. Ferner war er am 27. Februar 1100 mit seinem Neffen Markgraf

[633] WUB. I 321 f. (Versehentlich zum 31. Dec. 1100.)

[634] Gerbert I 412. Neug. Ep. I 492 f. Henking (zu 1100) S. 66. J.-L. 7719. Const. Reg. 595.

[635] WUB. I 316. Die Urk. P. Paschalis' II von 1101 Apr. 12 (ibid. 327 ff.) bestätigt schon die zu Rottweil gemachte Schenkung mit, daher und nach dem Datum WUB. I S. 316 muss letztere in die Jahre 1099/1100 fallen. Vgl. auch WUB. I 363 f. und Schmid, Hohenzollern II 66 f.

Hermann II anwesend, als Graf Burkard von Nellenburg auf einer grossen Versammlung zu „Eschingen“ (wohl Riedeschingen BA. Donaueschingen) an die Stiftung seines Hauses, das Kloster Allerheiligen zu Schaffhausen noch einmal das Gut Hemmenthal (Cant. Schaffhausen) mit dem Randenwald schenkte[636]. Leider bleibt uns verborgen, womit diese grosse Versammlung, an der u. A. die Grafen von Stoffeln und Märstetten, die Vögte von Reichenau und Constanz, die Herren von Mammern, Thanegg und andere Edle, welche wiederholt mit dem Herzog zusammentrafen, theilnahmen, sich sonst beschäftigt haben mag, da sie schwerlich nur wegen des feierlichen Vollzugs jener allmählich nicht mehr interessanten Schenkung zusammengekommen war. Weiter war Herzog Bertold nebst dem Grafen Bertold von Nimburg und Anderen, Unbenannten zugegen, als im Jahre 1100 an unbekanntem Orte die Brüder Arnold, Heinrich und Erkinbold von Wart (im jetzigen Ct. Zürich) zu Gunsten des Klosters St. Blasien auf alles Eigenthumsrecht an der Kirche zu Weitenau oder Wittnau verzichteten[637].

Es wäre für die tiefere Kenntniss der Geschichte Bertold's II von höchster Wichtigkeit, gerade in der Zeit nach dem Ausgleich, in den ersten Jahren des 12. Jahrhunderts ihn sich etwas näher rücken, seine Gedanken und ihre Entwicklung erfahren zu können. Das wenigstens, dass er den hirsauischen Vereinigungen bald nicht mehr mit der alten freundschaftlichen Ergebenheit gegenüberstand, zeigt eine uns überlieferte Spannung gerade mit dem Kloster Allerheiligen, in dessen eine empfangene Urkunde er sich ja soeben noch als Zeuge hatte eintragen lassen. Mehr als 50 Jahre, so erzählt die Aufzeichnung, eine neue, sehr redselige aus dem Archiv dieses Klosters[638], war der 1050 zwischen Bertold's Vater als Vogt von Bamberg und dem Stifter Allerheiligens abgeschlossene Gütertausch in Kraft geblieben, bis Bertold II auf schlechten Zuspruch einiger der Seinen die Handlung seines Vaters zu Nichte zu machen unternahm. Sein Bruder Gebhard erfuhr davon und mahnte ihn zuerst durch freundlichen Zuspruch, dann durch Drohungen ab: wies hin auf den Frevel vor Gott und das Verbrechen nach menschlichem

---

[636] QzSchwGesch. III, 1, 58f. Vgl. über die Vergangenheit dieser Schenkung, bei der Bertold und Hermann schon früher betheiligt waren, oben S. 158.

[637] ZöGB. I 135. „Eher Wittnau im Ct. Aargau .... als Wittnau oder Weitenau im Badischen“. Anm. P. Schweizer's, der in dem aargauischen Wittnau noch für viel später Wart'sche Rechte nachweist. Andererseits war die Stiftung Weitenau im südlichen Schwarzwald thatsächlich von St. Blasien abhängig und es liegen dort Herren von Wart begraben. So ist es doch wohl die dortige Kirche. — Wollte doch einmal Jemand gleichnamige Orte im Umkreis Alamanniens auf ihre etwaigen engeren Beziehungen untersuchen! Auch bei den vielen gleichnamigen Orten einerseits in den Allgegenden, andererseits am Schwarzwald oder z. B. im Breisgau drängen sich mehrfach verknüpfende Ahnungen auf. Es liegen ja in der That genug beglaubigte Beispiele absichtlicher Namensübertragungen vor.

[638] QzSchwGesch. III 1, 65f. Vgl. dazu unten S. 250.

Recht, das in Bertold's Vorhaben liege. Daraufhin gab dieser endlich nach und erklärte vor einer grossen Versammlung von schwäbischen Edlen zu Schaffhausen, auf der das Kloster vor Bischof Gebhard seine Klage erhob, sein Unrecht, legte seine rechte Hand in die des Bischofs und versprach an Eidesstatt, den von seinem Vater vollzogenen Tausch nie mehr anfechten und verletzen zu wollen. Was Bertold im Einzelnen zu dem Vorgehen, dem er hier entsagte, gereizt haben mag, lässt sich nach dem vermuthen, was späterhin zu sagen sein wird, als einige Jahre nach seinem Tode sein heranwachsender Sohn Konrad das Vorgehen gegen Kloster Allerheiligen in stürmischer Weise erneuert.

Der Tag, an dem Bertold II sich zu jenem Verzicht bestimmen liess, war der 14. März 1102; von den damals mit ihm und Gebhard zu Schaffhausen anwesenden und in der Urkunde mit aufgeführten 32 schwäbischen Herren verdienen wegen etwas mehr hervortretender Beziehungen ihrer Familien zu dem zähringischen Hause ein wenig Aufmerksamkeit nur der Graf Bertold von Märstetten, Diethelm von Toggenburg, die Brüderpaare Ulrich und Adelgoz von Mammern, Konrad und Rudolf von Hachberg, Bertold und Rudolf von Gurtweil, und etwa noch Adalbert von Kaltenbach und Adelgoz von Böttstein.

Gebhard ist damals noch einige Zeit in Schaffhausen geblieben, falls man nicht annehmen will, dass er nach kurzer Zeit das Kloster abermals besucht habe oder dort durchgereist sei. Am 6. April 1102 nämlich vollzog daselbst vor der Kirche des Klosters der Vater des derzeitigen Abtes, Eberhard von Metzingen, eine Schenkung, der Gebhard beiwohnte. Sein Bruder Bertold war, wenn nach der Zeugenreihe zu schliessen ist, inzwischen abgereist, dagegen waren noch eine Anzahl der Zeugen von Bertold's Verzicht am 14. März bis in den April zurückgeblieben oder allenfalls auch auf's neue erschienen[639].

Bemerkenswerth ist es, dass in einer die staufische Stiftung Lorch betreffenden Urkunde Friedrich's des „Herzogs von Schwaben und Franken" vom 3. Mai 1102 in einer Aufzählung damals im Amte befindlicher schwäbischer und fränkischer Bischöfe, nämlich der von Augsburg, Constanz, Speyer und Würzburg als der rechtmässige Constanzer Bischof nicht etwa der Heiligenberger Arnold, sondern Gebhard namhaft gemacht ist[640]. Wenn man darin etwas anderes als die mehr oder minder bedachte Leistung eines Schreibers zu erblicken hat (und das scheint so, weil auch auf Hirsau und Zwiefalten in freundlicher und ehrender Weise Rücksicht genommen wird), so liegt darin ein Anzeichen der versöhnlichen Stimmung des Herzogs Friedrich und der Seinen gegen den noch abseits stehenden zähringischen Bischof.

639 QzSchwGesch. III 1, 67 f.
640 WUB. I 334 f.

13*

Aber gerade damals sollte Gebhard von gegnerischer Seite aus dem — allerdings wohl unfreiwilligen — Frieden der letzten Jahre aufgescheucht werden.

Es muss Ende 1102 geschehen sein, was uns als einzige Quelle die Peterhausener Chronik über den neuen Anschlag der Anhänger des Constanzer Gegenbischofs Arnold von Heiligenberg erzählt. Des letzteren Bruder, Graf Heinrich von Heiligenberg überfiel mit einer grösseren Anzahl Gewaffneter das Kloster Petershausen und setzte sich hier fest, wobei die für die Mönche aufgespeicherten Naturalien zum Unterhalte der heiligenbergschen Mannschaft höchst gelegen kamen[641]. Bischof Gebhard hielt sich in seiner Stadt nicht mehr für sicher und baute „auf einer Insel beim Ausflusse des Rheines", d. h. auf der späteren Dominicanerinsel eine Befestigung[642], in die er sich zurückzog. Seine Hoffnung beruhte auf seinem Bruder, denn das treue Ausharren Dietrich's von Petershausen mochte ihm wohlthun, aber nützte ihm nichts. Jedoch der Herzog Bertold ritt in dieser Zeit zum Kaiser, der Weihnacht 1102 zu Mainz feierte und am Epiphaniasfeste, am 6. Januar 1103 einen allgemeinen Reichsfrieden verkünden liess, den des Kaisers inzwischen zum König erhobener Sohn, der junge Heinrich (V), die Herzöge Welf V, Bertold und Friedrich von Schwaben, die drei letzteren mit der besonderen Zeitgrenze Pfingsten 1107, ferner viele Markgrafen, Grafen und Andere beschworen, während der Kaiser noch einmal feierlich Allen, die seine Gnade verloren hatten, verzieh und öffentlich seine Absicht kund that, das heilige Grab zu Jerusalem zu besuchen[643]. So hatte also Bertold den Bruder im Stich gelassen — „durch Geschenke bestochen wie fast alle Uebrigen" sagt gewiss mit Unrecht die Petershausener Chronik — und Gebhard musste in demselben Januar 1103 seine Stadt räumen. Die Gegner aber führten Arnold von Heiligenberg mit grossem Triumphe in die Stadt und setzten ihn am 2. Febr. 1103, am Tage Mariae Lichtmess, in die Constanzer Kirche als Bischof ein[644].

[641] Auch diese Nachricht der Cas. mon. Petrish. MGSS. XX 636 deutet darauf, dass der Ueberfall nach der Ernte (von 1102) geschah. Die Zimmern'sche Chronik I 77 hat ausführliche Nachrichten über die Theilnehmer des Zuges (z. B. auch Ulrich von Aquileja) und die Ereignisse vor Constanz selbst, scheint aber in Bezug auf Letztere nicht einwandfrei.

[642] 1128, nach der Fehde zwischen Graf Rudolf von Bregenz und Bischof Ulrich von Constanz, gehörte es zu den Friedensbedingungen, dass dies Castell Gebhard's III abgebrochen werde, Cas. mon. Petrish. l. IV c. 20.

[643] Vgl. MGLL. II 60; Siegbert Gembl. MGSS. VI 368: *in quadriennium*; Ann. Aug. 135; V. Heinrici IV S. 277; Ekkehard Uraug. zu 1103 S. 224 f. Bemerkenswerth ist, dass nach den Augsb. Ann. der Friede zunächst auf ein Jahr gesichert wurde; nach dem Text der Friedensconstitution beschwören ihn auf 4 Jahre ausdrücklich nur die ganz für sich aufgeführten Welf, Bertold und Friedrich. Es handelte sich da also wohl um ein besonderes Abkommen mit und unter den drei süddeutschen Herzogen.

[644] Vgl. auch Ann. Aug. 135.

Es mochte wohl so empfunden werden, als ob mit dem eifrigen apostolischen Vicar zu Constanz die letzte bedeutende Persönlichkeit, die zu der überall im Reiche zu Tage tretenden Versöhnlichkeit und Friedensfreude nicht passte, beseitigt sei; Niemand dachte daran, die Heiligenberger auf Grund des soeben verkündeten Reichsfriedens verantwortlich zu machen. Man hat gemeint, gerade in diesem Jahre, Anf. 1103 oder bald danach, sei auch die nicht datirte schwäbische Landfriedenseinigung abgeschlossen worden, welche Herzog Friedrich von Schwaben ausser mit den Bischöfen von Augsburg und Eichstädt mit schwäbischen und fränkischen Grossen auf ein Jahr eingegangen ist[615]. Dafür spricht allerdings mancherlei, und wenn es auffallen könnte, dass der neueingeführte Bischof Arnold von Constanz nicht hinzugezogen wurde, so lässt sich dagegen wieder sagen, dass es nur begreiflich ist, wenn man, zumal durch eine Friedenseinigung, für seine eroberte Stellung keine Gewähr leisten wollte. Arnold seinerseits begnügte sich nicht mit der Einnahme der Stadt und des Sitzes zu Constanz, er ging auch an die Eroberung der Diöcese und wandte sich mit Sengen und Brennen gegen Schaffhausen[616]. Da griff Paschalis ein, der ja zugleich in Bischof Gebhard seinen treuesten Anhänger und sein bestes Werkzeug zu schützen hatte. Im Februar 1104[617] ergingen aus der päpstlichen Canzlei drei Schreiben über die Constanzer Vorgänge. Das erste, vom 2. Februar, richtete sich im Allgemeinen an die Herzöge und Fürsten und alle Getreuen der Kirche in Baiern und Schwaben und beklagte die Vertreibung und Bedrängniss Gebhard's und die ähnliche des Bischofs Ulrich von Passau, sowie die Anschläge des Constanzer Eindringlings Arnold gegen Schaffhausen, der nebst seinen Gönnern, dem Kaiser Heinrich selbst und Heinrich von Heiligenberg als gebannt erklärt wurde. Die zwei weiteren Briefe vom 10. Februar bezeichneten ihre Adressaten genauer und waren daher mehr geeignet Gebhard wirkliche Hilfe zu verschaffen: der erste, an das Kloster Hirsau und die sonstigen katholischen Aebte und Mönche in Schwaben gerichtet, mahnte zum muthigen Ausharren und wies

[615] Sie steht MGLL. II 61. Für die Zeit gleich nach dem Mainzer Reichsfrieden sprechen sich Chr. Fr. Stälin II 35f., Giesebrecht 1184, P. Fr. Stälin I 254 aus. Vgl. auch die kurzen Worte Waitz', Vfg. VI 437f. Danach wäre es einfach die Eidabnahme für den Reichsfrieden durch Friedrich im Bezirk seines Herzogthums und Frankens gewesen. Das ist sehr einleuchtend. — Henking 78 Anm. 2 ist für „eine spätere Zeit" als 1103.

[616] Vgl. das erste der sogleich zu nennenden Schreiben und die Vita des hl. Eberhard III von Nellenburg b. Mone Quellens. I S. 98.

[617] J.-L. 5970 (gedr. QzSchwGesch. III 1, S. 69, Pflugk-Harttung Acta Pont. I Nr. 87), 5972 u. 5973 (letztere beiden gedr. b. Neugart Cod. Al. II 40 u. 41f.), alle drei ohne Jahr. Die beiden letzteren werden von Neugart und Henking S. 69 zu 1103 gesetzt, von Giesebrecht S. 1185 zu „wohl erst" 1104. Die Löwenfeld'sche Datirung, die alle drei Schreiben zu 1104 nimmt, hat bei zusammenfassender Betrachtung durchaus die meiste innere Wahrscheinlichkeit für sich.

auf die „flammende Leuchte“, Bischof Gebhard hin, an dem sie festhalten und den sie mit allen Kräften unterstützen sollten; der zweite wandte sich an die Herzöge Welf (V), seinen Bruder Heinrich, an Bertold und seinen Neffen Hermann und an die übrigen Fürsten Schwabens. Der Eingang des Briefes zeigt, dass es den Papst Ueberlegung gekostet hatte, sich noch einmal unmittelbar an die ungetreuen Söhne der Kirche, die mit dem Kaiser ihren Frieden gemacht hatten, zu wenden, und enthüllt damit, weshalb in dem 8 Tage vorher ausgefertigten Schreiben noch keine Namen in der Adresse genannt worden waren. „Obgleich ihr, hinter dem Rücken des Satans steckend, schon lange eures Heiles uneingedenk seid, können doch wir, durch schuldige Pflicht und Vollmacht des apostolischen Stuhles veranlasst, derselben nicht vergessen. Daher hielten wir es für angemessen, mit diesem Briefe euch zu euch selber zurückzuführen und vom Todesschlaf zu erwecken, wenn ihr gleich körperlich fern seid. Gottes Geduld erwartet euch zur Reue, ihr aber häufet Zorn auf für den Tag des Zornes. Seit lange schon habt ihr euch von den Gliedern der katholischen Kirche getrennt und euch an das falsche Haupt gehängt . . . . Die wir euch als Vertheidiger, als Liebende der Kirche gekannt haben . . . ., mit Freuden nimmt sie euch wieder auf und wird euch wieder in die Zahl ihrer Söhne einreihen. Ihr habt ja in eurer Nähe das Glied des höchsten Hauptes und das Auge der Kirche, unseren Bruder Gebhard den Bischof von Constanz, der euch über euer Heil zum mehreren unterrichten, aus der Finsterniss zum Licht zurückführen können wird; wer dessen Stimme hört, möge glauben Jenen zu hören, der da sagt: »Wer euch höret, der höret mich und wer euch verachtet, der verachtet mich«. Zu ihm also wendet euch wie zu einem Vater zurück, seinen Geboten gehorcht in allem gleich als wie denen des hl. Petrus und den unseren. Wenn ihr das thun werdet, werdet ihr von der Fessel des Fluches befreit sein. Ferner[648] wisset, dass der Eindringling der Constanzer Kirche, Arnold, aus der römischen Kirche excommunicirt und von der Gemeinschaft der katholischen Kirche als ein faules Glied abgeschnitten ist; diesen wie ein tödtliches Gift fliehet in allem und meidet auf jegliche Weise“.

Herzog Bertold und die übrigen Fürsten liessen sich auch durch diese eindrucksvolle Mahnung zu nichts bewegen. Arnold blieb zunächst im Besitze von Constanz und wandte sich auch das Kloster Petershausen zu, wo eine Anzahl der Mönche alsbald für ihn Parthei ergriffen hatte, während die Gebhard Treuen mit dem Abt Dietrich auszogen[649]. Der vertriebene zähringische Bischof fand unterdessen in der Diöcese, insbesondere in St. Blasien Aufnahme; hier und da konnte er auch eine Amtshandlung vollziehen. Er weihte während

[648] Diesen Schluss hat in wörtlicher Uebereinstimmung auch der eben erwähnte Brief an die Hirsauer und die anderen schwäbischen Klöster.

[649] S. das Weitere b. Henking S. 70f.

seines Exils[650] die neuerbaute Klosterkirche zu Schaffhausen, wonach der schon erwähnte Vorstoss Arnold's gegen Schaffhausen erfolgte, ferner am 4. Juli 1103 einen Altar zu Zwiefalten, dann (höchst wahrscheinlich 1104) zusammen mit dem Bischof Hezilo von Havelberg das neue Klostergebände zu St. Blasien, während in höchst bezeichnender Weise die Weihe eines Pancratiusaltars, die im Grossmünster zu Zürich, in der Herzog Bertold unterstellten Stadt am 20. Juni 1104[651] geschah, nicht durch den Bruder Bertold's, sondern durch den soeben genannten, damals in Schwaben weilenden Bischof von Havelberg vorgenommen wurde. Auch bei Werner von Kaltenbach, dem Stifter des Klosters Bürglen hielt sich der vertriebene Bischof von Constanz wiederholt auf und weihte dabei zu nicht genauer bekannter Zeit eine von Werner auf seinem Besitzthum erbaute St. Michaelskirche. Gebhard's treuer Begleiter in diesen Jahren der Bekümmerniss war der nachmals als Abt von St. Ulrich und Afra in Augsburg bekannter gewordene Egino, der aus dem kaiserlichen Augsburg nach St. Blasien geflüchtet war, wo Gebhard den Jüngling kennen lernte und völlig an sich zog. Er benutzte denselben auch öfters zu Botschaften an den Papst, die Egino in weltlicher Tracht geschickt und ohne Unfall erledigte[652]. Der spätere Augsburger Abt, der einen so hartnäckigen Kampf gegen den Bischof Hermann führte, mag die in ihm liegenden Keime kirchlichen Eifers gerade in diesen jungen Jahren entwickelt haben, die er in Gebhard's Umgebung, bis dessen Exil endete, verbrachte. Dieses Ende aber, die Erlösung Gebhard's kam von einer Seite her, von wo er sie nicht hatte erwarten können: aus der kaiserlichen Familie selber.

Um des Kaisers Sohn, den jungen König hatte sich eine Gruppe von Leuten gebildet, denen die Aufstachelung des Sohnes gegen den Vater für ihren Eigennutz aussichtsreiche Bahnen eröffnen konnte; sie lagen dem jungen Heinrich in den Ohren und nährten in ihm den Ehrgeiz, da er nun einmal König hiess, auch an die Regierung zu gelangen. Auch Heinrich war, wie früher sein (im Jahre 1101 gestorbener) Bruder Konrad, „lediglich ein Verführter", als er in der Nacht des 12. December 1104 heimlich aus dem Lager des nach Sachsen ziehenden Königs entwich und sich nach Baiern begab. Der Versuch, Anschluss an den Papst zu gewinnen stand für den verrätherischen Sohn sogleich fest; von Regensburg aus sandte er eine Botschaft an Paschalis, der ihn von dem am 6. Januar 1099 zu Aachen geschworenen Eide, niemals nach dem Leben oder der Sicherheit seines Vaters zu stehen noch nach dessen Ehren oder Gütern zu streben, entbinden sollte. Papst Paschalis aber bevollmächtigte mit seinen Aufträgen in dieser Sache Gebhard von Zähringen, an dem als seinem deutschen Vicar er festhielt, denn um die-

650 Vgl. Henking (u. Const. Reg.)

651 ZüUB. I 136.

652 Uodalscalcus de Eginone et Herimanno MGSS. XII 432f.

selbe Zeit theilte Paschalis dem in der Verbannung Lebenden auch mit, dass er dem schon von Urban II restituirten Erzbischof Ruthard von Mainz die bischöfliche Würde zugestanden habe. Als Heinrich im Februar 1105 von Baiern her gegen Schwaben hin zog, kam Gebhard ihm entgegen[653], überbrachte ihm den Segen des Papstes und die ewige Vergebung für seinen Treubruch, wenn er der lange bedrängten Kirche ein gerechter König und Verwalter sein werde. Heinrich versprach in Gebhard's Hand dem Papste Gehorsam und empfing nebst einer Anzahl der Seinen die Lösung von der Excommunication, welcher er mit diesen als bisheriger Anhänger des Kaisers noch verfallen war. Mit dieser Begegnung ward aber auch Gebhard die Frucht der neuen Wendung der Dinge zu Theil: die engste Bundesgenossenschaft des neuen Streiters der Kirche. Der König vertrieb Arnold von Heiligenberg aus Constanz (der, auch von Ulrich von Eppenstein aufgegeben, seither ganz verschwindet und nur noch 1112 einen vergeblichen Versuch macht, sich gegen Gebhard's Nachfolger wieder in den Besitz von Constanz zu setzen[654]) und führte Gebhard mit grossen Ehren in sein Bisthum zurück; den Abt Dietrich von Petershausen, dessen Gönner und dankbarer Freund Gebhard war und der inzwischen in Wessobrunn in Oberbaiern und in Castell in Franken gelebt hatte[655], rief der König nach Petershausen zurück, erwählte ihn sogar zu seinem Beichtvater und stattete ihn mit Mitteln zur geeigneten Wiederherrichtung des Klosters aus. Wahrscheinlich jetzt ging sogar der Bruder des soeben vertriebenen Arnold, Graf Heinrich von Heiligenberg zu Heinrich V über und söhnte sich zugleich mit Gebhard aus, in dessen Urkunden er später oft erscheint.

Es war eine Zeit neuer grosser Hoffnungen für die Sache Petri und für den päpstlichen Stellvertreter in Deutschland und Gebhard war denn auch nicht gesonnen die möglichst unmittelbare Einwirkung auf die Dinge, die jetzt bevorstanden, aus den Händen zu geben. Die Angelegenheiten der Constanzer Diöcese mussten zunächst völlig in den Hintergrund treten. Mit dem jungen König zog er durch Schwaben, Ostfranken und Thüringen nach Sachsen, wobei sich am Palmsonntag (2. April) in Erfurt der kaiserfeindliche und exilirte Erzbischof Ruthard von Mainz ihnen anschloss. Das Osterfest (9. April)

[653] Der Text folgt hier und im Folgenden, wenn auch nicht ohne Ergänzungen aus den Quellen und den Constanzer Regesten Ladewig's, im Ganzen eng der umsichtigen Darstellung Henking's S. 75 ff. Stillschweigend berichtigt H. auch die die Ereignisse chronologisch umgekehrt nehmende Anm. 235 Meyer von Knonau's Cont. cas. S.Galli S. 90, auf welche Const. Reg. 613 überflüssiger Weise anstatt auf Henking verweist.

[654] Const. Reg. 675.

[655] Gebhard hatte übrigens in dieser Zeit einmal seine Unzufriedenheit zu erkennen gegeben, dass Dietrich den unter Bischof Arnold in Petershausen an die Spitze der Mönche getretenen Werner, der reuig zu ihm nach Castell kam, zu Gnaden annahm. Vgl. Cas. mon. Petrish. 657.

feierte Gebhard nebst Ruthard zu Quedlinburg bei dem Könige, dem die Sachsen, welche schon seit einiger Zeit wieder im Aufstande gegen Kaiser Heinrich IV waren, überall als ihrem Herrn huldigend entgegenkamen. Die erste uns bekannte Handlung, die Gebhard als päpstlicher Bevollmächtigter in Sachsen vornahm, war, dass er den kaiserlichen Bischof Widelo von Minden aus apostolischer Autorität absetzte und durch den König und den Klerus einen Godschalk an seiner Stelle erhob. Nach Ostern hielt sodann Heinrich V einen Fürstentag zu Goslar, auf welchem, ausser Gebhard und Ruthard, fast alle Grossen Sachsens und Thüringens erschienen waren. Wir haben es durchaus als das Werk Gebhard's, des päpstlichen Legaten und Vertreters, dem Ruthard zur Seite stand[656], zu betrachten, wenn man, so brennend auch die politischen Fragen und Angelegenheiten erschienen, denen der Kirche den Vorzug gab: eine in der Woche vor Pfingsten (21.—27. Mai) abzuhaltende Synode sollte den kanonischen Zustand und die katholische Einheit der Kirche wieder herstellen. Nachdem inzwischen der König einen Vorstoss gegen die Bisthümer Halberstadt und Hildesheim, welche — gewiss unter Mitwirkung Gebhard's — im päpstlichen Sinne umgewandelt wurden, gemacht hatte, fand zur festgesetzten Zeit die Synode zu Nordhausen statt. Sehr zahlreich besucht und von Gebhard und Ruthard geleitet, gestaltete sie sich zu einem grossen Triumphe der Kirche und ihres ersten Vorkämpfers diesseits der Alpen. Der junge König war ganz Demuth; bei der Berathung kirchlicher Dinge enthielt er sich jeder Einwirkung und erschien nur auf besondere Aufforderung der Leiter zu den Verhandlungen. Vor der ganzen Synode nahm er den Herrn des Himmels und die himmlischen Heerschaaren zu Zeugen, dass nichts als das Wohl der Kirche, nicht Ehrgeiz und Herrschsucht ihn leite und dass er dem Vater völlig weichen werde, sobald sich dieser der Kirche unterwerfe. — Die Verhandlungen der Synode trugen im Uebrigen ganz das Gepräge von früheren Constanzer Synoden Gebhard's: man verdammte von neuem die Simonie und die Priesterehe, ordnete die Fastenbestimmungen nach derjenigen Weise, die in der Constanzer Diöcese eingeführt und darauf vom Concil zu Piacenza anerkannt worden war, bestimmte, dass die von Schismatikern geweihten Kleriker mittelst Handauflegung seitens eines katholischen Bischofs in die Kirche aufzunehmen seien, wie es schon Bernold's für Gebhard ausgearbeitetes Gutachten empfohlen hatte, und verkündete auch einen Gottesfrieden. Die bedrängten Bischöfe von Halberstadt und Hildesheim und der

---

[656] S. 77 Anm. 10 verbessert Henking mit Recht den Text von Scheffer-Boichorst's Paderborner Annalen: es darf in der Ergänzung des Textes nur Gebhard, nicht auch Ruthard als apostolischer Legat bezeichnet werden, was die benützten Hildesheimer Annalen selber durch eine andere Stelle (*visum est eidem Gebehardo apostolicae sedis legato et Ruothardo pontifici Mogontino* MGSS. III 108) klarstellen. *pontifi*ce bei Henking ist nur Druckfehler.

von Paderborn erschienen reuig vor der Synode, gelobten Ruthard als ihrem Metropoliten Gehorsam gegen Rom und wurden bis zu der eigenen Entscheidung des Papstes — hierin mag eine gewisse Eifersucht Ruthard's gegen den bevollmächtigten Vertreter des Papstes hervorblicken — ihres Amtes enthoben.

Nach der Synode trennte man sich. Ruthard war an den einen Orten, z. B. in Heiligenstadt, für die Kirche thätig; Gebhard dagegen ging nach Goslar, wo er am 27. Mai nach der soeben zum Beschluss gebrachten Weise von Schismatikern geweihte Priester in die Kirche aufnahm und am 3. Juni den längst zum Erzbischof von Magdeburg bestimmten Kleriker Heinrich zunächst zum Diaconus, am folgenden Tage zum Priester weihte. Ob Gebhard bei all diesen Fahrten um und durch den Harz wohl daran einmal dachte, dass einst durch diese Wälder auf der Flucht mit dem König Heinrich IV sein eigener Vater geschritten war, der sich so redlich gemüht hatte, die Sachsen vor der Rebellion und den König vor den Rebellen zu behüten? — Gegen Mitte Juni reiste der Bischof auf die von Heinrich V aus Merseburg an ihn gesandte Aufforderung hin nach Magdeburg selbst, um Heinrich dort nun auch zum Erzbischof zu weihen. So sah er die Stadt, für deren erzbischöflichen Stuhl ihn in seiner Jugend einst der grosse Gregor mit in Aussicht genommen hatte; und hier, umgeben von den Bischöfen der Magdeburger Kirchenprovinz vollzog der Hirsauer Mönch jener Zeit, der inzwischen und nur seines strengen Sinnes und seiner unermüdlichen Thatkraft wegen zum ersten Geistlichen Deutschlands aufgerückt war, am 14. Juni 1105 an dem neuen Erzbischof die Weihe, womit auch dieser wichtige geistliche Sitz als fortan der kaiserlichen Parthei verschlossen betrachtet werden konnte.

Inzwischen dachte Heinrich V daran, nach so grossen Erfolgen in Sachsen sich unmittelbar gegen den in Mainz weilenden Vater zu wenden. Zu diesem war um den Anfang April der Patriarch Ulrich, sein langjähriger treuer Berather und Vorkämpfer gekommen und hatte dem Kaiser als Ausweg aus seiner Bedrängniss Unterwerfung unter den Papst angerathen, die Heinrich jedoch mit voller Entschiedenheit abwies. Beide hatten darauf zusammen das Osterfest gefeiert, dann war Ulrich unter Beweisen der Dankbarkeit des Kaisers wieder abgereist. Merkwürdig wenig ist über Ulrich's letzte ganze Lebenszeit bekannt; doch lässt sich annehmen, dass er im Besitz St. Gallens wie schon lange auch fortan nicht mehr bedrängt worden ist. Der einstige Kriegsmann scheint in der ganzen späteren Zeit den Frieden vorgezogen und auch seinerseits mit den hauptsächlichsten Widersachern, den Zähringern, keine Reibungen mehr herbeigeführt zu haben. Im Jahre 1121 ist er dann, wahrscheinlich zu Aquileja, gestorben.

In der zweiten Hälfte des Juni 1105 rückte Heinrich V, begleitet von Ruthard, gegen Mainz heran. Aber der Kaiser hatte Vorkehrungen getroffen, die den Sohn nöthigten, doch wieder abzuziehen; so ging er nach Franken, wo er Würzburg, die gut kaiserliche Stadt, einnahm und darauf Nürnberg belagerte. Der Kaiser folgte ihm und nahm in Würzburg, das in anderer Gesinnung nun auch ihm die Thore öffnen konnte, Quartier, solange der König vor Nürnberg lag. Nach dessen ziemlich verzögerter Einnahme, etwa Anfang September, ging Heinrich V nach Regensburg, wohin ihm der Vater mit seinen mittlerweile zusammengebrachten oder vermehrten Truppen folgte. Drei Tage lang standen sich hier die Heere am Flusse Regen gegenüber, bis ganz plötzlich der Kaiser auf empfangene ungünstige Eindrücke hin verzagend sein Heer verliess und nach Böhmen floh. Von da aus gelangte er gegen Ende October wieder nach dem treuen Mainz. Aber auch der Sohn, dessen Ansehen und Anhang durch die verzagte Flucht des Kaisers sehr gestiegen war, zog in der Richtung zum Rheine heran und nahm am 31. October Speyer ein, wo er den ehrgeizigen Abt von Hirsau, Gebhard von Urach zum Bischof machte. Der berufene Vorkämpfer der gregorianischen Ideen und Erbe des grossen Abts Wilhelm nahm die Investitur aus des Königs Hand. Bald darauf verliess der Kaiser hoffnungslos Mainz und ging den Rhein hinab. Der König nahm die Stadt ein, in welche mit ihm nach achtjährigem Exil Erzbischof Ruthard einzog, und berief hierher auf Weihnachten einen allgemeinen Reichstag, welcher in Gegenwart der päpstlichen Legaten über die wichtigsten und dringendsten Fragen beschliessen solle. Dann eilte er ebenfalls den Rhein hinab und am 22. December hatte der Meister aller List den Vater in seiner Gewalt und liess ihn auf die Burg Böckelheim im Nahethal verbringen.

Die beiden zähringischen Brüder waren den unmittelbaren Vorgängen zwischen dem Vater und dem Sohne zunächst ferne geblieben. Bischof Gebhard scheint, da weitere Handlungen von ihm in Sachsen nicht berichtet werden, nach der Weihe des Magdeburger Erzbischofs, also zu derselben Zeit, da Heinrich V zuerst gegen den Rhein vorrückte (in der zweiten Hälfte des Juni) nach Schwaben zurückgegangen zu sein[657]. Jedenfalls war am 21. October Gebhard von Zähringen nicht bei dem Könige, sondern in seiner Bischofsstadt. An dem genannten Tage[658] errichtete er, der so lange sich nicht um die Angelegenheiten seiner Diöcese hatte kümmern können, auf einer

[657] Es ist unrichtig, wenn Trithemius Chron. Hirsaug. I 334 berichtet, am 1. Nov. sei die Weihe Gebhard's von Urach zum Speyerer Bischof durch Ruthard in Beisein Gebhard's von Constanz und des Hildesheimer Bischofs vorgenommen worden. Die Ann. Hildesh. MGSS. III 110 setzen die Weihe *in nativitate S. Johannis evangelistae.* Vgl. dazu Const. Reg. 628.

[658] Der Text des Landfriedens MGLL. II 61f. Gegen Pertz' Datirung (1103) die sehr überzeugende Darlegung Henking's S. 82. — Die in den Const. Reg. 624 u. 625, die ebenfalls auf den 21. Oct. 1105 datirt sind, steckenden Nachrichten sind schon oben (S. 163) bei der Tutoangelegenheit, jedoch zu 1094 wiedergegeben worden.

Synode in Gegenwart des von Paschalis für den Kronstreit im Reiche gesandten Legaten Richard, Cardinalbischofs von Albano und vieler Aebte, Kleriker und Laien einen Landfrieden, der bis zur künftigen Pfingsten in Kraft sein sollte und für dessen Hut kirchliche Belohnungen, für dessen Bruch aber die Strafe der Communionverweigerung in Aussicht gestellt wurden.

Mit Richard von Albano zusammen wird Gebhard dann bald danach zum Könige nach Mainz gezogen sein. Möglicherweise ging er den Rhein hinab, da aus dem Jahre 1105 die Weihe der Klosterkirche des hl. Augustinus zu Marbach durch Gebhard berichtet wird[659], die bei Gelegenheit dieser Reise geschehen sein könnte.

Auch Herzog Bertold II zog dem nach Mainz berufenen Reichstage zu, der die wichtigsten Beschlüsse über das Reich bringen musste. Uebrigens war der Landesherzog von Schwaben, Friedrich I von Staufen, im Sommer 1105 (vor dem 21. Juli) gestorben und sein älterer Sohn Friedrich II ihm nachgefolgt, ohne dass irgend welche Störungen dabei geschehen oder versucht worden wären. Auch der Staufer zog jetzt nach der rheinischen Erzbischofsstadt.

Ob Herzog Bertold von Zähringen schon damals im Herzen den Uebergang zu Heinrich V vollzogen hatte, wissen wir nicht; war es geschehen, so könnte es nicht verwundern. Der Anschluss an Heinrich V bedeutete für Bertold die innerliche Aussöhnung mit dem Papste und mit seinem eigenen Bruder Gebhard, d. h. mit der ganzen eigenen Vergangenheit; der Kaiser war ihm auch nach dem Ausgleich von 1098 persönlich nicht näher gerückt und die Bedingungen, unter welchen Bertold Frieden gemacht hatte, verpflichteten nicht zu Dankbarkeit. Falls Bertold den politischen Vortheil der Zukunft abwog — diesen konnte ihm nur der im Erfolg stehende junge König und der diesen anscheinend überragende Gebhard bringen.

Zweiundfünfzig deutsche Fürsten waren dem Rufe König Heinrich's V nach Mainz gefolgt, von bemerkenswerthen Persönlichkeiten fehlte nur der Herzog Magnus von Sachsen, dessen Lebenstage eben damals rasch zu Ende sich neigten. Mancher war gekommen, der bisher noch dem Kaiser treu anhing; denn Alle erwarteten ja von der Versammlung die gerechte Entscheidung des Streites, dem ausser dem weltlichen Inhalt zugleich in erster Linie ein kirchlicher Anstrich gegeben worden war. Die schlecht bemäntelte Gefangennahme des Kaisers, den man in Mainz gemäss Heinrich's IV eigener Absicht zu treffen vorausgesetzt hatte, war eine Kunde, die man erst bei der Ankunft auf dem Reichstage erhalten konnte. Nicht nur der Vater, sondern auch die Fürsten waren durch Heinrich V überlistet worden. — Manche freilich mochten

[659] Ann. Marbac. MGSS. XVII 158.

innerlich zufrieden sein; so gewiss die päpstlichen Legaten Gebhard und Cardinal Richard, die als die am meisten Respectirten im Vordergrunde der Versammelten standen. Ihr erstes war, die gegen Heinrich IV geschleuderten Bannbullen der drei Päpste zu verlesen und zu betonen, dass jener schon seit Jahren von der Kirchengemeinschaft ausgeschlossen sei. Wer noch an eine richterliche Entscheidung der Versammlung zwischen Vater und Sohn geglaubt, wer noch die Stimme für den gefangenen Kaiser zu erheben gedacht hatte, der musste jetzt eingeschüchtert verstummen.

Am 27. December erschien Heinrich's Kerkermeister, Gebhard von Urach, der neue Electus von Speyer und meldete, der Kaiser sei zur Abdankung bereit. Wir wissen aus des Kaisers eigenen Mittheilungen, besonders an den König von Frankreich[660], welche Mittel angewandt waren, um diese Zusage herbeizuführen. Der erwünschte Bote selber, Gebhard von Urach, ward an diesem Tage von seinem Metropoliten, Ruthard von Mainz, unter Assistenz Gebhard's von Constanz und Udo's von Hildesheim geweiht[661]. Ob auch dem neuen Bischof Robert von Würzburg, den Ruthard am gleichen Tage weihte, die Auszeichnung der Theilnahme des päpstlichen Legaten Gebhard zu Theil wurde, muss zweifelhaft bleiben. Dem Kaiser wurde die Aufforderung zur Auslieferung der Reichsinsignien übersandt und nach neuen Drohungen des Boten veranlasste der gebrochene Mann in der That die Uebermittlung der Kleinodien an seinen Sohn. Nun sollte er noch vor den Fürsten öffentlich abdanken, aber König Heinrich war vorsichtig genug, ihn auch jetzt noch nicht nach Mainz vor den Reichstag zu bringen, sondern liess den Kaiser am 31. December nach Ingelheim führen, wohin er selbst mit ganz zuverlässigen Auserwählten, darunter den beiden[662] päpstlichen Legaten, ging, angeblich um den Vater von da aus persönlich nach Mainz zu geleiten. Nur sichere Feinde sah sich der Kaiser in Ingelheim gegenüber; sie schienen ihm selbst sein Leben zu bedrohen. Das aber musste er erhalten, denn man enthielt ihm Priester, Beichte und Absolution vor und der entsetzliche Gedanke war mit all' seinen Schrecken vor seiner Seele emporgestiegen, ohne diese aus dem Leben fahren zu sollen. Darum hat er erklärt: was ihr befehlt, ich thue es. Damit aber hatten die Legaten noch nicht genug; sie verlangten das ausführliche Bekenntniss von der Ungerechtigkeit seiner Verfolgungen

[660] Jaffé V 241—246.

[661] Const. Reg. 628. Die Weihe Robert's von Würzburg durch Ruthard wird zusammen mit der Gebhard's von Speyer von den Ann. Hildesh. MGSS. III 110 erzählt, die in beiden Fällen von Gebhard von Constanz nichts erwähnen.

[662] Vgl. gegenüber denjenigen Berichten, die Gebhard in den Hintergrund treten lassen, die Ausführungen Henking's S. 84 und Ladewig's Const. Reg. 629. Die Petershausener Chronik wird auch hier auf der verlorenen Vita Bischof Gebhard's von Zähringen beruhen. Vgl. darüber in Henking's Excurs insbes. S. 117.

gegen die Kirche. Vergebens bat Heinrich sich in Gegenwart der Fürsten vertheidigen zu dürfen; die Legaten bestanden auf dem sofortigen Bekenntniss. So gab er es. Und sie erklärten dann, wie Ekkehard von Aura berichtet, sie könnten ihm die Communion oder das Mass der Busse ohne den Beschluss einer allgemeinen Synode und apostolischen Entscheid nicht bewilligen. Wie es nach der Petershausener Chronik und auch Heinrich's eigenen Briefen scheint, hatte der Kaiser zu Gebhard von Constanz noch etwas mehr Vertrauen als zu dem römischen Cardinal; vor jenem warf er sich als vor dem Vertreter des Papstes noch einmal zu Boden. Aber Gebhard blieb bei der Verweigerung der Absolution, „weil er fürchtete, dass, wenn er ihn etwa losgesprochen hätte, das Reich wieder an ihn übergehen könnte und nachher ein schlimmerer Fehler entstände, denn zuvor“ [663].

Der König und die Legaten, die nun Heinrich IV in Ingelheim zurückliessen und nach Mainz zurückeilten, hatten durchgeführt und erlangt, was sie nur irgend hatten planen und hoffen können. Der Reichsversammlung blieb nach der „Abdankung“ des Kaisers wenig mehr zu beschliessen; sie erkannte durch einen erneuten Wahlact den König noch einmal feierlich an. Am 5. Januar 1106 langten auch die Reichsinsignien an, die Ruthard dem Könige übergab. Die unpassenden Worte, die der Erzbischof dieser Handlung hinzufügte [664], zeigen deutlich, wie sicher auch er sich in der Ueberhebung über diesen bisher so demüthigen König fühlte. Die Legaten weihten dann Heinrich V durch Handauflegung und die versammelten Fürsten leisteten ihm durch Eidschwur ein neues Gelübde der Treue.

Auf das Eifrigste betrieben unterdessen die Legaten die Sache Roms und führten den einmüthigen Beschluss der Versammlung herbei, die Lage der Kirche zu bessern. Und zwar beschlossen der König und die Fürsten [665] zum Papste eine Gesandtschaft von so vielen und solchen Männern zu entsenden, welche über die Beschuldigungen richtig Rechenschaft ablegen, das Unsichere klug behandeln und in Allem für das Wohl der Kirche weise sorgen könnten. Dazu wurden auserwählt als weisheitsvoll und ausgezeichnet durch Stellung, Geburt und Feinheit oder Reichthum, keiner Verehrung nach kirchlicher oder weltlicher Seite hin unwürdig: von Lothringen Bruno von Trier, von Sachsen Heinrich von Magdeburg, von Franken Otto von Bamberg, von Baiern Eberhard von Eichstädt, von Alamannien Gebhard von Constanz, von Burgund Wido von Chur [666], dazu einige hochgestellte Laien von Seiten des Königs;

[663] Cas. mon. Petrishus. S. 657 (mit dem Irrthum, die Zusammenkunft habe in Mainz selbst stattgefunden).

[664] Ann. Hildesh. 110 *ita dicens: „si non iustus regni gubernator extitisset et aecclesiarum Dei defensator, ut ei sicut patri evenisset“*.

[665] Nach den Worten Ekkehard's Ursang. 233.

[666] Die Vertretung Burgunds durch Chur (in Rhätien) war ein Nothbehelf, da aus

vor allem sollten sie Paschalis' eigenes Kommen nach Deutschland zur Heilung der kirchlichen Schäden erwirken. Otto von Bamberg, der nachmals so berühmte Apostel der Pommern, damals — seit 1103 — erst designirter Bischof[667], aus schwäbischem Rittergeschlecht entsprossen, hatte bis zum Unterliegen Heinrich's IV auf dessen Seite gestanden; er schrieb in dieser Zeit (wie es scheint, von dem Mainzer Tage aus, kurz ehe die Gesandten nach Rom ernannt wurden) über seine Wandlung an den Papst: „Weil endlich, da Gott sich erbarmt und das Schiff seiner Kirche lenkt, nach dem Sturmgewölk der Irrungen das Licht heller Wahrheit wieder der abendländischen Kirche leuchtet, wünsche ich vor allem und über alles, dass deine Heiligkeit wisse: in allem habe ich, wie sich gebührte, deinem Legaten, dem Constanzer Bischof gehorcht und habe mit höchster Devotion alles, was er mir offenbart hat, zum Theil ausgeführt und will es zum anderen Theile ausführen, wenn mir das Leben gegeben wird". Dann bittet er inständigst um seine Weihe, die er von Ruthard nicht erlangen könne, weil es diesem dafür — was er mit vorsichtigen Worten behauptet — an geeigneter geistlicher Beihilfe fehle; wenn der Papst befehle, dass Otto nach Rom komme, werde er trotz seiner zur Zeit hart mitgenommenen Mittel kommen. Nun ward für den strebsamen Mann dazu bestens Rath durch seine Wahl in die Gesandtschaft an den Papst. Aber ein Element des Zurückhaltens in der Gesandtschaft gegenüber den Forderungen Roms, wie gemeint worden ist, konnte der nicht sein, der so mehr als unterwürfig oder bloss innig demüthig schrieb, wie das der weitere Wortlaut des Briefes an Paschalis erweist[668]. Dagegen ist mit Recht darauf hingewiesen worden, dass in Rom unumgänglich die Frage der Investitur zur Sprache kommen musste, welche auch von König Heinrich V bisher durchaus ausgeübt, aber von Paschalis erst in einem Briefe an Ruthard vom 11. November 1105 in Anschluss an Gregor's VII Investiturverbot von 1075 als die Wurzel alles Streites zwischen Kirche und Königthum bezeichnet worden war. Dass Gebhard von Constanz, obwohl Legat des Papstes, jetzt als Bevollmächtigter der Mainzer Reichsversammlung mit zu Paschalis reisen sollte, kann zunächst nicht so sehr Wunder nehmen: es handelte sich durchaus um eine Verständigung in gleichen Zielen und eben nicht — gerade das wird durch Gebhard's Beigabe bewiesen — um eine diplomatische Action der zu Mainz versammelten Fürsten bei dem und nöthigenfalls gegen den Papst. Immerhin aber konnte in der Annahme der Wahl durch Gebhard

Burgund selbst keiner der so entschieden kaiserlichen Bischöfe für die Theilnahme zu haben gewesen wäre.

[667] Ekkeh. Uraug. 233. Sein Brief bei Jaffé V 239 f. (vgl. auch 247 f. und in Herbord's Vita Ottonis MGSS. XII 829 f.

[668] Vgl. Jaffé V 240. Die erwähnte Meinung liegt in den Ausführungen Henking's S. 89. — Zu dem folgenden Satz vgl. das Nähere bei Henking 87 ff.

auch eine leise Kundgebung liegen: er sei nicht ausschliesslich der Mann des Papstes — der seine Vollmachten und Aufträge auch an andere hohe Geistliche auszutheilen begonnen hatte.

Die Gesandtschaft verunglückte. Als alle zu ihr Abgeordneten — mit Ausnahme Gebhard's — ihrer Verabredung nach zu Anfang Februar in Trient zusammengekommen waren, fing sie dort im Bunde mit den Bürgern Trients ein junger kaisertreuer Graf Adalbert und kerkerte sie ein, nur Otto von Bamberg behandelte Adalbert gelinde, da er von diesem Lehen trug. Zwar ward den Gefangenen, deren Schicksal von des Kaisers Spruch abhängig gemacht werden sollte, Hilfe durch Herzog Welf V, der sie nach Erstürmung der Klausen befreite und die Widersacher zur Busse zwang, aber immerhin war den geistlichen Herren die Sache verleidet worden, nur Otto von Bamberg setzte die Reise fort und gelangte zum Papste. — Bei diesem war unterdess auch Gebhard angekommen. Ob er nun sich ursprünglich für das verabredete Zusammentreffen verspätet hatte oder überhaupt nicht den Umweg über Trient hatte machen wollen, vielleicht absichtlich für sich blieb, er war mit den Seinen auf anderen Alpenwegen nach Italien gezogen und erschien unter dem Schutze der grossen Gräfin Mathilde, mit der er am 10. März zu Guastalla war[669], bei Paschalis. Höchst wahrscheinlich war er auch anwesend, als am 13. Mai zu Anagni Otto von Bamberg die ersehnte Weihe von des Papstes eigener Hand erhielt[670].

Natürlich besprach Gebhard mit dem Papste die deutschen Vorgänge und die der Gesandtschaft aufgetragenen Puncte. So erging denn schon am 31. März 1106 aus der päpstlichen Canzlei an Ruthard und die Bischöfe der Mainzer Provinz die Einladung zu einer am 15. October in Italien zu eröffnenden Synode. An König Heinrich V selbst[671] gab Paschalis das Versprechen nach Deutschland zu kommen — was ja die bischöfliche Gesandtschaft hauptsächlich hatte betreiben sollen —, schob aber die Reise hinaus. Gebhard ist, da aus dem Sommer 1106 keine Handlungen von ihm in Deutschland vorliegen, sicher sogleich bis zu dem ausgeschriebenen Concil, das am 21. October[672] zu Guastalla am Po eröffnet wurde, in Italien geblieben. Ausser ihm nahmen an dem lombardischen Concil von deutschen Prälaten die Bischöfe von Augs-

[669] Als „apostolischer Legat und Constanzer Bischof" unterzeichnet Gebhard eine an diesem Tage und Orte ausgestellte Urk. Mathilden's für Kl. St. Pierremont in der Metzer Diöcese. Const. Reg. 663.

[670] Vgl. Otto's von Freude und Genugthuung strahlendes Schreiben an sein Bamberger Domcapitel Jaffé V 247 f: *ceteris vero episcopis plurimis cooperantibus.*

[671] Gewiss mit Recht vertheilt Henking S. 91 den durch Petrus diaconus MGSS. VII 779 mitgetheilten Briefauszug auf verschiedene Schreiben und hebt so die Schwierigkeiten der Datirung.

[672] Const. Reg. 635 hat 22. Oct. Aus Ekkeh. Uraug. 240 geht die Eröffnung am 21. Oct. hervor.

burg, Bamberg und Chur, sowie Konrad von Salzburg und der durch Welf V im Februar gewaltsam eingesetzte Gebhard von Trient Theil, welche beide vor dem Concil vom Papste die Weihe empfingen. Ferner war eine Gesandtschaft König Heinrich's eingetroffen, an deren Spitze der Erzbischof Bruno von Trier stand und in der sich auch die Kleriker Reinhard und Adelgoz befanden. — Die Synode verhandelte und zwar in wieder ziemlich versöhnlicher Weise, wie es für Deutschland aus Vernunftrücksichten kaum anders möglich war, die Sache der von Schismatikern ordinirten Bischöfe und Kleriker, die nach Aufnahme in die Kirchengemeinschaft im Amte belassen werden sollten; d. h. soweit nicht Weiteres gegen sie vorläge, sie setzte z. B. den von Gebhard zu Nordhausen auf die päpstliche Entscheidung verwiesenen Friedrich von Halberstadt auf die Klagen seines Domcapitels hin ab, bestätigte auch die von Gebhard verhängte Absetzung Widelo's von Minden und bannte aufs neue den langjährigen Bedränger Gebhard's, Ulrich von Eppenstein, den Patriarchen von Aquileja und Abt von St. Gallen. Wenn die Investiturfrage zu Guastalla zur Besprechung gekommen ist, so ist über sie, worauf mit Recht hingewiesen worden ist, jedenfalls noch kein für Deutschland verbindlicher Beschluss veröffentlicht worden[673]. In einem Falle ist das Eingreifen Gebhard's, der natürlich im Ganzen auf der Synode eine sehr massgebende Stellung eingenommen haben muss, noch besonders überliefert: die Versammlung war auf Klage des Augsburger Domklerus bereit, den mit in Guastalla anwesenden Bischof Hermann von Augsburg abzusetzen, weil er sich ohne Wahl und Weihe in das Bisthum eingedrängt habe. Da war es Gebhard, der sich mit dieser Angelegenheit des Augsburger Bisthums, auf das er ja schon seit Jahren sein besonderes Augenmerk gerichtet hatte, zu Gunsten Hermann's befasste und entgegen dem Verlangen Richard's von Albano durchsetzte, dass Hermann nur suspendirt wurde, bis seine Sache in Anwesenheit des Papstes zu Augsburg selbst werde entschieden sein.

Denn die Reise Paschalis' nach Deutschland wurde bei allem vorausgesetzt; mit dem Versprechen, zu Weihnachten werde der Papst mit dem König und den Fürsten auf einem Mainzer Tage zusammentreffen, kehrten die deutschen Besucher der Synode über die Alpen heim. Aber schon sogleich nach dem Schluss der Synode ging Paschalis von Guastalla südwestwärts zurück und dann nach Frankreich, während ihn König Heinrich bis Weihnachten zu Regensburg vergebens erwartete. Den wirklichen Grund empfand schon Ekkehard von Aura, der mit in Guastalla gewesen war: „es hinter-

[673] Vgl. die Ausführungen Henking's S. 93 ff. Dass die Investitur aber schon Gegenstand irgendwelcher Verhandlungen war und ein Beschluss vielleicht nur hinausgeschoben wurde, scheint (abgesehen von der Mittheilung in der V. Paschalis II bei Watterich II S. 6 und im Registr. Paschalis ibid. 40) auch in der Stelle Ekkehard's von Aura S. 241 zu liegen.

brachten Einige dem Papste, dass unser Volk den Beschluss, der irgendwelche kirchliche Investitur aus Laienhänden anzunehmen verbietet, nicht leicht ertrage und dass auch der eifrige Sinn des jungen Königs sich dem Joche des Herrn noch nicht in allen Stücken gefügig erzeige". Eine solche Stimmung scheint schon über der Synode gelegen zu haben. Dazu kam vielleicht, wenn wir zunächst aus der einen Verhandlung über den Augsburger Bischof schon den Schluss ziehen dürfen: dass eine gewisse verhüllte Rivalität zwischen Gebhard von Constanz und Richard von Albano aufgekommen war, die sich ja genugsam durch ihr früheres Nebeneinander auf dem Mainzer Reichstage als päpstliche Legaten — der Eine Cardinal und der Höhere im Range, der Andere deutscher Kirchenfürst und weit verdienter um Heinrich V und dessen Erhebung — erklären würde. Gebhard gerade war es, der durch Herbeiführung des Beschlusses, der Papst solle den Bischof Hermann in Augsburg selbst richten, die Reise des Papstes nach Deutschland noch mehr zu sichern gesucht hatte. Nun kam Paschalis nicht. Und bald darauf hätte, wie wir sehen werden, der Papst den zähringischen Bischof beinahe vom Amte gehoben. Derjenige aber, der, wie Ekkehard berichtet, dem Papste ungünstige Eindrücke über die Gesinnung der Deutschen und den jungen König hinterbrachte, konnte Niemand so gut sein, wie der gerade aus Deutschland zurückgekehrte Cardinallegat und ihm in erster Linie mochte daran liegen, dem Bischof Gebhard keine erneute Gelegenheit zu persönlichem Verkehr mit dem Papste durch dessen Reise nach Deutschland entstehen zu lassen.

So oft erklärt mit grösserem Recht ein kleiner persönlicher, als ein wichtiger sachlicher Grund — nicht die grossen Streitfragen des geschichtlichen Lebens, aber — die politischen Verstimmungen. Ich möchte darum lieber dahingestellt sein lassen, ob wirklich dem Constanzer Bischof schon auf dem Concil von Guastalla die Ueberzeugung gekommen sei, dass der König, dem er sich angeschlossen hatte, das Investiturrecht nicht entbehren könne.

Der König fuhr fort, das Investiturrecht zu vielen Malen zu üben. Als er an die Stelle des abgesetzten Halberstädter Bischofs jenen Reinhard erhoben hatte, der mit in der Gesandtschaft nach Guastalla gewesen war und den also Gebhard schon kannte, richtete Ruthard von Mainz an Gebhard die etwas befehlende Aufforderung „anstatt aller entschuldigenden Absagen" zum 30. März 1107 zu der Weihe Reinhard's an dem erzbischöflichen Sitze zu erscheinen[674]. Wir wissen schon aus Otto's von Bamberg Brief an den Papst, dass Ruthard über den Mangel willig assistirender Bischöfe bei der Vornahme von Weihen zu klagen hatte und gehen schwerlich fehl, wenn wir annehmen, dass gerade Gebhard, der Legat und Vertreter des Papstes in deutschen Landen

---

[674] Martène et Durand Vet. script. coll. I S. 607 ff. Dort auch die weiteren Schreiben. Zu dem Datum im Briefe Reinhard's vgl. die Emendation Henking's S. 97.

lieber auswich, wenn sein Metropolit nicht ohne Absicht gerade ihn zu solchem Beistande heranzog. Diesmal bat auch Reinhard selber, Gebhard möge kommen. Er betonte seine Einsetzung durch den König: Beide wünschten, dass Gebhard, wenn er wirklich verhindert sei selber zu kommen, seine Zustimmung senden möge. Darin ist mit Recht ein Hineinziehen der Investiturfrage erblickt worden. Aber gleichzeitig erkennt man auch, dass diese nicht das Bestimmende für Gebhard war. Er ging nicht nach Mainz und entschuldigte sich mit Diöcesanpflichten und seinem Alter, aber seine Zustimmung und seinen erfreuten Glückwunsch zu der Einsetzung Reinhard's sprach er gerne und ausdrücklich aus.

Von Gebhard's gewiss sehr reger Thätigkeit für seine Diöcese in dieser Zeit nach so langer Vernachlässigung ist wenig genug bekannt. In das Jahr 1107 fällt die Weihe der Kirche und des Altars des Klosters Amtenhausen, sowie (am 18. August)[675] die der Krypta der Grossmünsterkirche in seines Bruders Bertold Stadt, in Zürich, wo noch vor wenigen Jahren ein Anderer statt seiner hatte amtiren müssen. Am 13. September desselben Jahres kam er dann abermals nach Zürich und weihte auch den Marienaltar im Chor derselben Kirche. —

Vielleicht sah er Herzog Bertold bei solcher Gelegenheit. Jedenfalls waren sie gemeinsam auf dem Mainzer Tage gewesen. Aber wir haben keinen Anhalt dafür, wie sich Herzog Bertold auf dem Mainzer Tage verhalten hat. Jedenfalls ist auch er, nachdem Heinrich V dort von allen Fürsten anerkannt worden, ihm ein treuer und sogar eifriger Anhänger gewesen. Er war bei dem Heere, das König Heinrich um den 1. Juli 1106 aus Oberdeutschland um Würzburg zusammengezogen hatte und das gegen das dem Kaiser treue Cöln marschirte[676]. Aus dem Lager vor Cöln, dessen Belagerung sich sehr in die Länge zog, wurden Verhandlungen, an denen auch die Fürsten Theil hatten, mit dem in Lüttich bei dem treuen Othert weilenden und Truppen sammelnden alten Kaiser angeknüpft. Dieser forderte eine Vereinbarung über Kirche und Reich und schrieb seinem Sohne unter bitteren Vorwürfen, da er, der Kaiser, wie schon zu Mainz, auch jetzt sich Rom unterwerfe, welcher Vorwand da noch erfunden werden könne gegen ihn vorzugehen; die Fürsten erinnerte er daran, dass ein grosser Theil von ihnen zu Mainz mit dem Vorgehen des Königs nicht einverstanden gewesen sei; er selber sei nach wie vor bereit, sich Rom zu unterwerfen und sich einer nach dem Willen der Fürsten geschehenden Vereinbarung über Kirche und Reich zu fügen; er fordere bei dem Gehorsam gegen die Kirche und dem Wohle des Reiches die Fürsten auf, ihm Ruhe vor den Waffen seines Sohnes zu verschaffen, auf dass eine der-

[675] ZüUB. I 139. Die folgende Notiz ibid. (fehlt bei Henking und Const. Reg.)

[676] Bertold's Theilnahme folgt aus der Stelle Chron. regia Coloniensis SA. 45 Recensio II: *mediante duce Bertolfo Karintie.*

11*

artige friedliche Vereinbarung ermöglicht werde. Beide Briefe liess der König den Fürsten verlesen und beschloss mit diesen die Antwort; sie wies die Klagen des Kaisers zurück und forderte ihn auf, sich dem Spruche einer erneuten Reichsversammlung zu stellen. Das aber war ganz etwas anderes, als der auf die Fürsten bezügliche Vorschlag des Kaisers. Die Boten, die diesen Bescheid überbrachten, fanden daher Heinrich IV nicht gewillt darauf einzugehen; dagegen vernahm man gleichzeitig im Lager vor Cöln, wo Nahrungsmangel und durch die Julihitze erzeugte Krankheiten herrschten, dass sich bei Lüttich um den Kaiser ein grösseres Heer zusammenziehe. So gab der König die Belagerung auf und rückte mit seinen Truppen unmittelbar gegen die Stellung des Kaisers. Letzteren forderte man auf, sich binnen 8 Tagen zu der besprochenen Vereinbarung in Aachen zu stellen; er anwortete, die Frist sei zu kurz, innerhalb so kurzer Zeit könnten verschiedene Fürsten, die er namhaft machte und deren Mitwirkung er für nothwendig erklärte, nicht zur Stelle sein. Es ist kaum nöthig festzustellen, dass Herzog Bertold, der ja schon im Heere des Königs war, dabei nicht mitgenannt wurde und dass auch Bischof Gebhard nicht zu denen gehörte, auf deren Entscheid der Kaiser seine Hoffnung stellte.

Kurze Tage danach, am 7. August 1106, erlöste den Kaiser Heinrich IV nach kurzer Leibeskrankheit ein sanfter Tod von aller Drangsal seines Erdenlebens. Nur auf sechsundfünfzig Jahre hat er dieses gebracht. Seine Bitte an den Sohn, ausgesprochen in der Stunde des Todes, lautete: ihn bei den Eltern in Speyer beisetzen zu lassen und allen ihm treu Gebliebenen zu verzeihen. Das Erstere wollte Heinrich thun, aber die Bischöfe, mildelos, jedoch gestützt auf die kanonische Bestimmung, vergönnten auch der Leiche die geweihte Stätte nicht; erst als später andere Tage in Reich und Kirche gekommen waren, im Jahre 1111, hat sie nach allem Hin und Her im Kaiserdom zu Speyer ihre Ruhe gefunden. Das Zweite wollte Heinrich selber nicht erfüllen; er verzieh nicht. Mit aller Macht ward Cöln belagert und bald in die äusserste Bedrängniss gebracht. Da war es dann Bertold von Zähringen, der — und zwar auf Veranlassung der Bürger, weil nachher von dem langen Zaudern des Königs berichtet wird — eine Vermittlung zu Stande brachte[677]: Cöln ergab sich und zahlte dem Kaiser für Schonung 5000 Mark. Das königliche Heer aber wurde aufgelöst und die Krieger gingen in ihre Heimath zurück.

Von dem Boden Frankreichs her hoffte Paschalis, der dort in vielversprechender Weise von König, Adel und Geistlichkeit aufgenommen worden war, die Deutschen unter sein Investiturverbot zu beugen. Zu der Synode,

[677] Chron. reg. Colon. SA. 45; Ann. Brunwilar. MGSS. XVI 726; Ann. Hildesh. 111 (hier 6000 Talente).

die er für Christi Himmelfahrtstag (23. Mai) nach Troyes zusammenberufen hatte, waren auch die deutschen Bischöfe eingefordert. Heinrich selbst war durch König Philipp Anfang Februar 1107 zu einer Zusammenkunft aufgefordert worden[678] und lehnte sicher nicht völlig ab, denn als er im Frühling von Sachsen her an den Rhein und nach dem oberen Lothringen zog, kam ihm der französische König nebst dem Papste bis an die Grenze entgegen. Aber zu guter letzt wich Heinrich einer persönlichen Begegnung doch aus und jene gingen eilig zurück. Der deutsche König sandte ihnen dann (Anfang Mai) eine Gesandtschaft nach und an dieser hat auch der Herzog Bertold von Zähringen theilgenommen. Wo sich der Herzog während des Winters aufgehalten hatte, ist nicht bekannt; schwerlich ist zu glauben, dass er nach der Aufhebung der Belagerung Cölns nicht nach Schwaben zurückgegangen sei, sondern mit dem König in Sachsen verweilt habe. Mit Bertold[679] in der Gesandtschaft waren der Erzbischof Bruno von Trier als ihr Sprecher und die Bischöfe Otto von Bamberg, Erlung von Würzburg, Reinhard von Halberstadt und Burchard von Münster, ferner Herzog Welf, die Grafen Hermann von Winzenburg und Wiprecht von Groitsch nebst einer Anzahl anderer Herren. Sie trafen den Papst mit König Philipp zusammen zu Châlons an der Marne. Bruno erklärte im Namen des Königs Heinrich, bei der Erledigung von Bisthümern gestehe dieser die kanonische Wahl und Weihe, nachdem der König vorher sein Einverständniss mit der Person des zu Wählenden kundgegeben habe, zu; nach der Weihe habe die Investitur durch den König mit Ring und Stab und die Huldigung des neuen Bischofs zu erfolgen: auf andere Weise könne dieser den weltlichen Besitz und die Regalien nicht empfangen. Das erklärte Paschalis für Knechtschaft der Kirche und nannte insbesondere eine Beschimpfung des geistlichen Standes, wenn die Kleriker die dem Sacrament des Altars geweihten Hände in die blutbefleckte des Laien legen sollten. So schied man von einander in gegenseitiger Erbitterung.

Auf dem Concil von Troyes, das nun Ende Mai tagte, fehlten — und mit ihnen Gebhard von Constanz — die eingeladenen deutschen Bischöfe, was natürlich der zuversichtlichen Stimmung auf dem Concil sehr Abbruch that. Die Versammlung fasste das Investiturverbot, das zur Verhandlung stand, daher in der vorsichtigeren Form, dass, „wer die bischöfliche Investitur oder irgend welche geistliche Würde hinfort von der Hand eines Laien empfangen werde, abzusetzen sei, sobald er geweiht sei und ebenso der Weihende“[680], wobei also der investirende Laie selbst aus dem Spiele gelassen war; den

[678] Chron. reg. Colon. SA. 46.

[679] Chron. reg. Colon. SA. 46, Rec. I, die Bertold abermals als *dux Sueviae* bezeichnet, während ihn S. 45 die Rec. II zu 1106 *dux Karintie* nennt. Vgl. auch Suger's Vita Ludovici VI b. Duchesne SS. IV 289.

[680] Ann. Saxo MGSS. VI 745 f.

deutschen Bischöfen wurde davon Mittheilung gemacht. Zugleich aber ging Paschalis mit Eifer gegen sie vor[681]: er suspendirte wegen unentschuldigten Fernbleibens den Cölner Erzbischof mit allen Suffraganen, ebenso Ruthard von Mainz, der ausserdem eigenmächtig in der Wiedereinsetzung des Hildesheimer Bischofs Udo verfahren sei, ebenfalls mit seinen Suffraganen ausser dem Bamberger Bischof und dem von Chur, die wenigstens in Guastalla erschienen waren. Und ausser Gebhard von Constanz, an den er in kurzen und strengen Wendungen, jedoch unter Beibehaltung des in Breven üblichen Grusses schrieb: „Deiner vielen Bemühungen wegen haben wir Schonung walten lassen in dem, was du verabsäumt hast. Denn trotz unseres abermaligen brieflichen Verbotes bist du bei der Weihe desjenigen, der die Investitur empfing, anwesend gewesen. Zum Concil berufen bist du nicht gekommen. Als desswegen bis zur Enthebung von deinem Amte das Schwert der Gerechtigkeit schon einschnitt, hat uns das Gedächtniss deiner früheren guten Thaten und die Bitte unserer Brüder zurückgehalten. So schonen wir dich nun unter folgender Voraussetzung, dass du fortan von solcher Anmassung ablässt und dich nicht solchen Vergehen hinzugesellst. Denn wir wollen nicht, dass du den guten Kampf deiner Jugend zur Zeit des Alters, was ferne sei, ausser Augen lassest“ [682]. Wie es scheint, antwortete Gebhard sogleich und verwandte sich auch für Ruthard. Denn diesem schrieb Paschalis, er habe die über ihn wegen des Ausbleibens auf dem Concil von Troyes und der Wiedereinsetzung des Hildesheimer Bischofs verhängte Amtsenthebung wieder zurückgenommen auf Bitten Bruno's von Trier, Gebhard's von Constanz, Otto's von Bamberg und des Abtes von Hirsau. Man erkennt, wie unsicher Paschalis gegenüber den einmüthig zu ihrem neuen König und seinem Investiturrecht stehenden deutschen Bischöfen war; gegenüber dem Halberstädter,

[681] Vgl. die Darstellung und Erörterungen Henking's S. 99 ff.

[682] Neugart CD. II. 42. Es folgt noch die oben schon benutzte Mittheilung über Ruthard und die Bischöfe der Mainzer Provinz. Man hat ohne klares Ergebniss erörtert, an welcher Weihe sich Gebhard betheiligt haben möge, vgl. Neugart a. a. O., Henking 100, Const. Reg. 645; möglicher Weise irrt auch der Papst. Die Paderborner Annalen S. 117 (vgl. auch Ann. Hildesh. S. 110) erklären sich die Sache durch die von Gebhard im Jahr 1105 zu Minden und Magdeburg vorgenommenen Weihen, schwerlich mit Recht, wie sie sich auch in Betreff Ruthard's irren, bei dem der Papst selbst die Wiedereinsetzung des Hildesheimers, der Paderborner Annalist dagegen die Weihe des Halberstädters angibt. Jedenfalls aber sind uns zwischen Paschalis und Gebhard gewechselte Briefe verloren gegangen. Mit Giesebrecht 781 (gegen Scheffer-Boichorst Ann. Patherb. 118 und Henking S. 101) lese ich aus dem päpstlichen Briefe keine wirklich vollzogene und erst dann wieder zurückgenommene Amtsenthebung Gebhard's heraus. Auch der Umstand, auf den Henking S. 101 f. hinweist, dass der Brief an Gebhard früher als der an Ruthard geschrieben sein muss, weil Ersterer in dem Briefe an Letzteren schon als Fürbitter erscheint, weist darauf hin, dass Gebhard nicht, wie Ruthard, eine Zeit lang sich in Suspension befand.

der in einer anderen Sache sich an ihn wandte, achtete er sogar selber nicht auf die über jenen verhängte Amtsentsetzung, und den neuen, vom König investirten Erzbischof von Magdeburg, Adelgoz — der übrigens wie der Halberstädter Reinhard in der Gesandtschaft Heinrich's V nach Guastalla im Jahre 1106 gewesen war — erkannte er, wenn auch schmerzlich betroffen, trotzdem an und forderte ihn nur auf sich zu gelegener Zeit in Rom zu rechtfertigen. Der Sturmlauf gegen das Investiturrecht des deutschen Königs war vorläufig abgeschlagen. Die Schuld davon aber lag bei Paschalis selber, denn weit davon entfernt die Fäden in seiner Hand zu halten, wie sie einst in Folge von Gregor's VII feiner Politik und nicht minder unter Urban noch von den Einzelnen her in Rom zusammenliefen, war er schneller im Befehlen und hitziger im Strafen, als Beide jemals gewesen waren. Eines noch, das hier näher in Betracht kommt, aber bisher von Niemand beachtet worden ist, geht auch aus allen diesen Dingen, aus Paschalis' Schreiben an Gebhard und aus seinem unmittelbaren Briefverkehr mit den übrigen deutschen geistlichen Fürsten hervor: das apostolische Vicariat Gebhard's für Deutschland, an dem er im März 1106 noch festgehalten hatte, war seit dieser Zeit in aller Stille erloschen.

Von Amtshandlungen Gebhard's in seiner Diöcese werden noch folgende überliefert: wohl am 5. December 1107 [653] weihte er das von einem Priester Heinrich gestiftete Priorat Cluniacenser Ordens Hettiswyl, am 28. December die Krypta zu Münster (Ct. Luzern), ein paar Tage später, am 1. Januar 1108 die Pfarrkirche in dem unfernen Rothenburg (Ct. Luzern). In das Jahr 1108 fällt die Weihe der neuen Kirche des Klosters St. Blasien [654] und in dasselbe, vielleicht auch in das folgende Jahr [655] die von Gebhard über den Abt Ruprecht von Muri (Ct. Aargau) nach zwölfjähriger Amtsdauer, wie die Quellen von Muri behaupten auf falsche Anklage hin wegen einer kümmerlichen Sache verhängte Amtsentsetzung. 1109 hielt der Bischof, als die Gebeine des Herzogs Welf IV von Cypern aus nach Kloster Weingarten verbracht worden waren, an der Familiengruft unter Theilnahme vieler Fürsten — etwa auch Bertold's II — und Herren den Trauergottesdienst und unter Thränen eine Grabrede auf den einstigen Verbündeten und Getreuen [656]. Im September besuchte er Zwiefalten, wo er am 9. des Monats in Gegenwart von 14 Aebten und gemein-

[653] Urk. (spätere Notitia) Font. rer. Bern. I 361. Das Datum bezieht sich zunächst nur auf eine Schenkung an Hettiswyl, in Anschluss an welche jedoch die Weihe durch Gebhard sogleich erwähnt wird. Für die folgenden Daten vgl., wo kein anderes Citat erfolgt, die Nachweise der Const. Regesten.

[654] Gerbert, Hist. n. s. I 369 (fehlt Const. Reg.)

[655] Acta fundationis mon. Murensis QzSchwGesch. III 3, 39. Ruprecht's Vorgänger starb am 31. Dec. 1096; er selber wurde abgesetzt, *cum per XII annos istum locum rexisset.*

[656] Zell 401 f.

schaftlich mit Wido von Chur das Kloster selbst und einen Altar, am folgenden einen weiteren und am 11. September noch drei Altäre weihte. Am 7. Januar 1110 weihte er eine Capelle des hl. Michael in *Tutheshusen* (jetzt nur noch Tilghäuslensmühle bei Leonberg in Württemberg).

Nicht für alle Amtshandlungen Gebhard's während seines Episcopats lässt sich die Zeit ihres Geschehens genau oder annähernd genau feststellen. Ganz unbekannt bleibt es, so lange nicht etwa weitere Anhaltspuncte gefunden werden, wann er das von einem seiner Amtsvorgänger, dem (im Jahre 1123 kanonisirten) Bischof Konrad (934—975) erbaute und inzwischen verfallene Hospiz zu Constanz nach Münsterlingen verlegte (bei welcher Gelegenheit die Gebeine Konrad's in das Münster übergeführt wurden) und wann er den Schwestern zu Berau[687] die dortige Kirche schenkte. Ferner gestattete er zu unbekannter Zeit auf Bitte Dietrich's von Petershausen dem Abt Kuno von Rheinau, der wegen Todtschlags seiner Würde und seines Priesterthums entkleidet war, wieder Messe zu lesen.

Am 12. November 1110 ist Gebhard von Zähringen gestorben[688]. Weithin im Reiche, auch im fernen Sachsen trug man den Tod des bedeutenden Mannes, der lange Zeit unter den Ersten in der Kirche und im Reiche gestanden hatte, in die Chroniken und in die Todtenbücher ein. In Constanz erhielten an den späteren Anniversarfeiern für Gebhard die Brüder und St. Konradspfründner 5 Solidi vom Gute Bankholzen; in St. Peter auf dem Schwarzwalde wurde sein Todestag jährlich durch ein Amt mit 5 Kerzen gefeiert; Hirsau gedachte seines einstigen Mönches am 27. August.

Von allen Zugehörigen des zähringischen Herzogshauses haben über Gebhard die Quellen am meisten mitgetheilt. Bis an die Tage seines Alters hat der Bischof mit einer Energie und einem Muth sonder Gleichen für die Reinheit und Macht der Kirche, so wie sich mit ihr in seinen Jugendtagen sein Herz erfüllt hatte, gerungen und gekämpft, und hat, wie kaum ähnlich ein Anderer, an der inneren Vernichtung Heinrich's IV und seines Herrscherthums gearbeitet. Weil er sodann in Heinrich V den gehorsamen Sohn der Kirche zu erkennen meinte, wandte er sich ihm zu, ist er zu ihm in seinen Anfängen in engere Beziehungen getreten als irgend sonst ein Fürst des Reiches. Und da nun hat der alternde Bischof, der niemals bisher mit einem

[687] Vgl. oben S. 191.

[688] Ortl. Zwief. Chron. MGSS. X 84. Necrol. Zwief. MGNecr. I 264; Necrol. Ottenb. ib. 116; Necr. Petersh. ib. 322; Const. Anniv. ib. 294; Necr. min. mon. S. Petri ib. 337; Calendarium necrol. Constant. b. Böhmer Fontes IV 139; Geschichtsfreund XIII 233; Liber Heremi 138; Necrol. Hildesh. b. Leibnitz I 767; Chron. S. Blasii b. Ussermann Prodr. II 439; Ann. Corbeienses b. Jaffé I 42; Ann. Saxo 748; Ann Zwief. MGSS. X 55; Ann. Rosenf. MGSS. XVI 103; Cas. mon. Petrish. 658; Chron. Elwac. MGSS. X 36 (dieses zu 1109). — Hist. Hirsaug. mon. MGSS. XIV 263 = Cod. Hirsaug. (Bibl. d. stuttg. litt. Ver. I) 21: *in profesto s. Augustini festive recolitur.*

weltlichen König in Berührung gekommen war, sich dem Inhalt und dem Hoheitsumfang des deutschen Königthums nicht verschlossen, hat innegehalten und ist auf der Bahn, auf der er sein Leben lang stürmisch vorgedrungen war, umgekehrt. Persönliche Verstimmung, so schien es uns, hat diese Wendung begünstigt. Aber sie kann einen Mann, wie ihn, nicht dauernd geleitet haben. Er wollte auch dem Könige geben, was des Königs sei und sah, die Krone könne bei der Habgier und der vom Zufall abhängigen Treue der weltlichen Fürsten der zuverlässigen Ergebenheit der Bischöfe, die einst die starke Stütze der Ottonen und selbst noch die Heinrich's IV gewesen waren, und drum ihres Rechtes der Investitur nicht entrathen. Und so, indem Gebhard zwar kein Vorkämpfer des königlichen Rechtes mehr wurde, aber die Sache des Papstes in diesem Puncte verliess, erklärte er sich am Ende seiner Tage für eine deutsche Aufgabe des geistlichen Fürstenthums innerhalb der weiteren Schranken der durch den Papst geleiteten einigen und unzerspaltenen Kirche.

Auch Herzog Bertold II hat sich den gregorianischen Eifer seiner jüngeren Jahre nicht bis an's Ende bewahrt. Das zeigt neben seiner Betheiligung an der Gesandtschaft Heinrich's V, die zu Chalons mit so bitteren Worten von Papst Paschalis schied, sein zum Theil schon besprochenes Verhalten gegen die schwäbischen Klöster der Hirsauer Regel. Dem eigenen Hauskloster, St. Peter auf dem Schwarzwalde, hat er seit dessen Ausstattung den Besitz nicht mehr gemehrt, ja vielmehr ihn zeitweise verkürzt. Eine Rechtsaufzeichnung aus St. Peter [689] erzählt nämlich folgendes: Nachdem das Kloster den von Bertold und seiner Gemahlin und unter Mitbitte Gebhard's überwiesenen Ort (Herzogen)buchsee nebst Zubehör mehrere Jahre besessen hatte, überliess Bertold, um einen seiner Ritter nicht zum Meineidigen in übernommener Verpflichtung werden zu lassen, auf dessen inständiges Bitten den zu Buchsee gehörigen Ort Huttwyl (Ct. Bern) an einen Grafen Diepold

[689] Notitia im RSP. S. 137 f. Ein Vidimus von ihr, von 1557, liegt im Staatsarchiv Bern, vgl. F. r. Bern. I 362 f. Die Angelegenheit selbst musste schon oben (Anm. 572) zu 1093 berührt werden. — Die Schenkung der Agnes vom Jahr 1108 F. r. Bern. I 362. — Ueber Huttwyl vgl. noch Solothurner Wochenblatt, Jahrgang 1829, 578 und Joh. Nyffeler, Heimathkunde von Huttwyl, Bern 1871, S. 7.

Bei Huber, Gesch. d. Stiftes Zurzach, Klingenau 1869 wird ein sagenhafter Bericht mitgetheilt, wie durch Herzog Burkard von Alamannien ein Diepold widerrechtlich Zurzach zu Lehen erhalten habe, bis Burkard durch ein Traumgesicht veranlasst diese Uebertragung rückgängig machte. Ich lasse es dahingestellt, ob beide Angelegenheiten zusammenhängen, gemeinsam ist ihnen ausser dem Hergang ja der Name des Lehensempfängers Diepold und das Auftreten des „Herzogs". (Darauf freilich, dass der Name beider Herzöge mit B. beginnt und in Schriftstücken oft, wie z. B. *dux B.*, abgekürzt wird, ist bei dieser Ueberlieferungsform kaum hinzuweisen.) Möglicher Weise liegt hier aber doch ein Beispiel von Ortsübertragung durch die Sage vor.

als Lehen. Als dieser Graf Diepold „endlich" gestorben war, erinnerte eine Abordnung der Brüder den Herzog an ihren Anspruch. Ich schiebe ein, dass sich St. Peter inzwischen, 1108, wenigstens einseitig von Agnes, der Gemahlin Herzog Bertold's die Schenkung des Hofes von Buchsee mit allem Zubehör, darunter ausdrücklich der Kirche in Huttwyl hatte erneuern lassen. Bertold selbst, so ist der Aufzeichnung aus St. Peter weiter zu entnehmen, gab nun nach Diepold's Tode nach und kam am Vorabend des Himmelfahrtstages 1109, d. h. am 2. Juni mit seinem Sohne Rudolf zum Besuch seines Klosters auf den Schwarzwald. Hier übernachtete er und am folgenden, dem Himmelfahrtstage, den er und sein Sohn mit dem Kloster feierten, gab er vor der Pforte der Kirche, dort wo die Linde steht, über den Reliquien der Heiligen in Gegenwart des Abtes Eppo, der Brüder, der edlen Herren Hugo von Thanegg, Walto von Pfohren, Markwart von Neidingen, Ernst von Stein, Harpert von Weilheim und Immo von „Insse", d. h. lauter Herren aus Schwaben östlich vom Schwarzwald, und viel herbeigekommenen Volkes das entfremdete Gut zurück, versprach, das Kloster hinfort weder in diesem noch in anderem Besitz zu beeinträchtigen und nahm Huttwyl selbst in seinen besonderen Schutz. In der That hat das Kloster fortan von seiner Propstei Herzogenbuchsee aus seine Güter zu Huttwyl und den Kirchensatz daselbst unvermindert bis zu der Kirchenänderung in der Schweiz innegehabt.

Es war wohl nicht bei dieser Anwesenheit Bertold's vom Anfang Juni 1109 in St. Peter, sondern bei einem abermaligen dortigen Besuche des Herzogs und seines Sohnes Rudolf oder auch selbst an anderem Orte, dass vor ihnen beiden und einer Anzahl Zeugen dem Kloster zuerst Konrad von Waldkirch sein Eigengut in Thiengen (BA. Freiburg) und dann Erkenbold von Kenzingen einen Mansus bei Schallsingen (BA. Müllheim) schenkten[690].

Im September 1108 begann König Heinrich den Zug gegen die Ungarn, von dem er so bald ruhmlos zurückkehren sollte. Mit vielen geistlichen und weltlichen Herren befanden sich auch die Herzöge Welf von Baiern und Friedrich von Schwaben bei diesem Heere, dagegen scheint Bertold an dem Zuge nicht theilgenommen zu haben[691].

Am 12. April 1111 ist Herzog Bertold II von Zähringen gestorben[692],

---

[690] Anm. RSP. 141. Keiner der hier in beiden Fällen genannten Mitanwesenden kommt in der Not. für den 3. Juni 1109 vor und umgekehrt.

[691] Vgl die Zeugen der Urkk. St. 3031 u 3032.

[692] Necrol minus mon. S. Petri in nigra silva MGNecr. I 335. Necrol. Zwiefalt. ibid. 249. Zum 11. April Necrol. Ottenburanum ibid. 105; ebenso der liber vite mon. S. Petri in n. s. im Karlsr. Arch., daraus F. r. Bern. 364. Zum 13. April Necrol. mon. Petrishusani MGNecr. I 669 und ein von Chr. Fr. Stälin II 284 erwähnter Salemer Necrol. auf der Heidelb. Bibliothek, der MGNecr. I fehlt. Zu 1111: RSP. 138f. Hier auch über das Begräbniss und über die Verfügungen für St. Peter an Bertold's Sarge. — Die Zähringergruft war im Schiff der alten Kirche von St. Peter und von einer Steinplatte mit dem ruhenden

wohl nicht an plötzlicher Krankheit, sondern wie sein Fernbleiben von des Königs letzten Heerfahrten und zumal dem grossen Römerzuge zeigt, nachdem er die Schwäche der höheren Jahre an sich erfahren hatte. Er hat seinen Bruder Gebhard um kaum ein halbes Jahr überlebt. Seine Leiche wurde nach dem von ihm gegründeten St. Peter gebracht, wohin sie Agnes, Bertold's Wittwe, nebst ihren beiden jüngeren Söhnen Rudolf und Konrad und einigen Ministerialen geleitete; der älteste Sohn, Bertold, war bei dem König in Italien abwesend, wo er das zähringische Aufgebot führte. Von Fürsten, die diesseits der Alpen geblieben waren, erschienen zu der Beisetzungsfeier Markgraf Hermann II der Neffe des entschlafenen Herzogs, und Graf Friedrich von Mömpelgard, zu dem ja durch die zweite Heirath Bertold's I eine Beziehung bestand, ferner nahmen Theil Graf Bertold von Nimburg, Erkenbold von Kenzingen, Erlewin von Entersbach, Adalbero von Grafenhausen, Heinrich von Hardtegg, Ulrich und sein Sohn Rudolf aus dem den Zähringern zu allen Zeiten nahestehenden burgundischen Hause von Belp, dann noch Ruprecht und Heinrich von Schallstadt und Bern von Hofweier. Als des Herzogs Sarg noch über der Erde stand, schenkte Agnes mit ihren beiden Söhnen zum Seelenheil ihres Gatten an St. Peter ihr Gut in Dorf und Gemarkung Schallstadt (BA. Freiburg) nebst den dort befindlichen Hörigen; einer der zähringischen Mannen, Namens Guntrammus, schenkte mit dem gleichen Zweck unter Zustimmung der Herrin an das Kloster all sein Gut im Bezirk *(pagus)* von Gundelfingen (BA. Freiburg) und auch eine Schwester dieses treuen Guntram, Namens Lincela, welche zu der Feier gekommen war, gab ein Höfchen und eine Wiese in dem gleichen Gundelfinger Bezirk. Danach zog unter den Trauerfeiern der Mönche der Herzog Bertold II als der erste in die weltentlegene Familiengruft auf dem Schwarzwalde ein. Am 12. April aber hat jährlich das Kloster mit 5 Kerzen das Gedächtnissamt seines Gründers gefeiert.

Dem Herzog Bertold II ist ein freundliches und warmes Andenken erhalten geblieben. Nicht nur bei den Mönchen von St. Peter, die ihn den Vater der Armen Christi in schwerer Zeit nannten[693], was um so mehr für den hilfreichen Eindruck seiner Persönlichkeit spricht, als er mit Schenkungen auch gegen St. Peter nicht allzu freigebig gewesen war und hier und da mit einem Kloster selbst eine vorübergehende Spannung gehabt hatte; auch der gegen die Zähringer im Allgemeinen so kühle Otto von Freising nennt Bertold II den tüchtigsten und tapfersten Mann und erzählt von ihm: „wenn ihm einmal ein Bote böse Nachricht zu bringen hatte und, wie es dann so ge-

Bilde Bertold's II bedeckt. Ueber das Schicksal der zähringischen Gebeine bei dem Brande der alten und der Erbauung der neuen Kirche 1727 vgl. die Festschrift „Festum cathedrae s. Petri" Rottweil 1738.

[693] RSP. 138. Danach ist die Wendung MGNecr. I 335 gemacht worden.

schieht, durch Zögern vorbereiten wollte, dann sagte der Herzog: »Sprich, sprich; ich weiss ja, dass Frohes Traurigem und Trauriges Frohem vorhergeht; so macht es mir nicht mehr aus, zuerst von Wolken zu hören, da ihnen nachher wieder Sonnenschein folgt, als wenn ich zuvor von Sonnenschein und dann von Wolken vernehmen soll«. Ein erhabenes Wort, fährt Otto von Freising fort, und würdig eines tapferen Mannes, der die Flüchtigkeit der irdischen Dinge ohne gelehrte Bildung mit natürlichem Verstande auffasste und sich weder in Tagen des Gelingens uneingedenk der unglücklichen überhob, noch in bösen Tagen der guten vergessend zusammenknickte“ [694].

Bertold's Wittwe, die Herzogin Agnes hat ihren Gemahl nicht lange überlebt, sie ist am 19. December des Jahres 1111 gestorben und in St. Peter begraben worden[695]. Mit ihr erlosch das aus dem Blute der burgundischen Könige entstammte rheinfeldische Geschlecht. Sie hat dem Herzog, so viel wir wissen, sieben Kinder geboren, drei Söhne und vier Töchter. Von ersteren werden uns zwei, Bertold III und Kourad, als Herzöge ausführlicher zu beschäftigen haben; der im Alter zwischen beiden stehende, Rudolf, der den Namen seines königlichen Grossvaters trug, derselbe, den sein Vater im Frühling 1109 mit nach St. Peter nahm und der zwei Jahre später an derselben Stelle mit an des Vaters Sarge stand, ist in seinem jungen Alter noch in dem gleichen Jahre 1111, im Herbst[696], gestorben und in St. Peter begraben. Auch von den Töchtern ist keine in den geistlichen Stand getreten. Agnes, nach der Mutter genannt, ward von dem Grafen Wilhelm III von Hochburgund heimgeführt, welche Heirath nach dem Aussterben dieses burgundischen Hauses für die Zähringer eine höchst folgenreiche Bedeutung erlangen sollte[697]. Petrissa ward die Gattin des Grafen Friedrich von Pfirt und

---

[694] Otto Frising. g. Frid. SA. 20.

[695] Den Todestag *XIV kal. ian.* geben der Necrol. von Zwiefalten MGNecr. I 267 u. der kl. Necr. von St. Peter a. d. Schwarzw. ibid. 338. An letzteres Kloster hatte sie, wie l. c. erwähnt wird, für ihren Gemahl noch ein *dorsale bissinam satis bonum* geschenkt. Das Jahr ihres Todes wird nicht überliefert, aber dass sie am 27. Dec. 1111 schon gestorben war, geht aus RSP. 142 hervor, wo die Söhne von ihren in St. Peter begrabenen *parentes* sprechen. So giebt denn das Todesjahr 1111 auch der auf den alten Quellen St. Peters beruhende Catalogus S. Petri Freib. Diöc.-Arch. XIV 84 = Genealogia Zaringorum MGSS. XIII 735.

[696] Nach RSP. 138 macht Rudolf im April 1111 mit dem hinter ihm genannten Bruder, Kourad, zusammen — der älteste Bruder war in Italien — eine Schenkung und am 11. Sept. 1111 kommt er noch als zu Klein-Basel anwesend vor, vgl. unten zu Anm. 706; schon seit dem Dec. 1111 aber sind bei den Familienschenkungen nur immer Bertold und Kourad betheiligt und Rudolf's Name ist ganz verschwunden. RSP. 139f., 141f., 154ff., 156f. u. s. w. Sein Begräbniss in St. Peter erwähnt der Catal. S. Petri l. c. 85, der auch seinen Tod *in adolescentia* noch ausdrücklich bestätigt.

[697] S. u. bei Herzog Kourad. — Die Heirath b. Otto Fris. g. Frid. II c. 48, SA. 124.

schenkte (wie es scheint, gegen oder um das Jahr 1130) mit Hand ihres Gemahls an St. Peter zu ihrem und aller ihrer Vorfahren Seelenheil ihr geerbtes Gut zu Wollbach (BA. Lörrach)[698]. Liutgart, nach der nellenburgischen mütterlichen Ahnfrau oder näher nach ihrer Tante, der verwittweten Markgräfin vom Nordgau geheissen, heirathete den jüngsten Sohn und alleinigen Erben des Grafen Adalbert von Calw, Gottfried, dem Heinrich V im Jahre 1113 die rheinische Pfalzgrafschaft anvertraute. Unter ihrem Heirathsgut befand sich die Veste Schauenburg in der Ortenau, über die es später zu einem zähringisch-welfischen Zerwürfniss kam, welches zugleich zeigt, dass Liutgart wahrscheinlich vor ihrem Manne († ca. 1131) starb und sicher 1133 schon gestorben war. Ihr Todestag war der 25. März[699]. Die vierte hiess, wie die Tante, die fromme Gemahlin Hermann's I, Judith und heirathete den Grafen Ulrich von Gamertingen. Sie starb an einem 5. August[700].

Von den Söhnen Bertold's II aber hatte der älteste, zu dessen Geschichte jetzt fortzuschreiten ist, noch bei des Vaters Lebzeiten die Gelegenheit an einer hochbedeutsamen Begebenheit Theil zu nehmen.

Ligurinus, l. V. Der herkömmliche Name Agnes ist heute nicht mehr durch Quellen zu belegen und ist vielleicht überhaupt nur nach dem der Mutter, der sonst bei vier Töchtern nicht vertreten wäre, vermuthet worden.

[698] RPS. 161 f. Die Zeitbestimmung nach den diese umgebenden Notitien und den durch sie zu gewinnenden Anhaltspuncten. Darf man aus dem Namen Petrissa schliessen, sie sei dem Herzog Bertold II zur Zeit seiner eifrigsten Devotion für die Kirche und des lebhaftesten Kampfes für die Sache des hl. Petrus geboren worden?

[699] Ueber Gottfried und seine Ehe mit Liutgart s. Chr. Fr. Stälin, II 367 ff. Ueber die Schauenburg vgl. den Abschnitt „Ä. u. B.". Von den beiden zähringischen Liutgarden im Necr. min. von St. Peter (MGNecr. I 335 u. 336) passt zu ihr besser die *comitissa* und *soror ducis* zum 23. März, als die *Liutgard filia ducis*, ohne Beisatz, zum 9. Aug. Vgl. oben Anm. 357ª. Erstere schenkte (l. c.) St. Peter eine prächtig mit Gold verzierte Stola und eine purpurne Casula. — Die Gräfin Liutgard auf S. 211 der MGNecrol. I ist eine ihrer zwei Töchter.

[700] Ortlieb de fund. Zwief. mon. MGSS. X 85. Ortlieb, der 1135 schrieb, erwähnt für diese seine Zeit schon eine längst erwachsene Tochter (Berta) von ihr. — Die Reihenfolge der Töchter Bertold's nach dem Alter ist nicht bekannt und soll nicht etwa durch die Anordnung des Textes ausgedrückt werden. — Judith's Pathin, die Markgräfin, starb 1091, aber erstere könnte auch nur zum Gedächtniss dieser so genannt, braucht also nicht vor 1091 geboren zu sein. Vgl. über ihre Heirath noch Chr. Fr. Stälin II 454 f. Anm. Ihr Todestag im Necrol. Zwiefalt. MGNecr. I 257; das Necrol. Ottenburan. ibid. 111 hat eine *Judinta comitissa* zum 2. August.

Bertold III.

Am 6. Januar 1110[791] erklärte Heinrich auf einem Regensburger Tage den ihn umgebenden Fürsten seine Absicht nach Italien zu ziehen, um dort die Herrschaft des Reiches neu zu befestigen und die Kaiserkrone zu gewinnen. Wer sich der Theilnahme entzogen hätte, sagt Ekkehard, wäre nicht für einen rechten Mann gehalten worden; mit einem bereitwillig geleisteten Eide, wie er früher nicht üblich gewesen war, ward die Folgepflicht der Anwesenden noch in besonderer Weise gesichert. Der König selbst betrieb in allen einzelnen Theilen des Reiches den Heerzug auf das eifrigste und da er mit Sold und Handgeld nicht kargte, so geschah das auch mit gutem Erfolge, obwohl die Erscheinung eines ungünstigen Kometen manche Herzen in der Zeit vor dem Aufbruch in Schrecken setzte. Auch Herzog Bertold II von Zähringen rief seine Mannen zur Theilnahme an der Romfahrt ein; doch übernahm nicht mehr er selber ihre Führung, sondern stellte sie unter seinen erstgeborenen Sohn Bertold. Gegen den Anfang August brachen die Heere von überall auf und zogen den Alpen zu; der eine Theil ging über den Brenner und durch das Tridentiner Thal; Andere schlossen sich dem Könige an, der am 16. noch Hoftag zu Speyer gehalten hatte und unmittelbar danach den Rhein hinaufzog, um durch Burgund, durch das Rhônethal und über den Jupitersberg (der später bekannter unter dem ihm nach dem Gründer des Hospizes gegebenen Namen, dem des grossen St. Bernhard wurde) nach Italien zu gelangen. Der junge Bertold ist sicherlich auf diesem ihm und den zähringischen Besitzungen und Leuten sehr viel näheren Wege mit dem Könige gezogen. Bald gelangte man nach Ivrea und nach der Einnahme Novara's und einiger sich feindlich erzeigender Burgen fand auf den roncalischen Feldern am Po, unweit Piacenza im October die Vereinigung der beiden deutschen Heeressäulen statt. 30000 wohlgerüstete Ritter zählte die Heerschau des Königs, zu denen sich stattliches Fussvolk und ein endloser Tross gesellten. Bei Piacenza lagerte der König drei Wochen, dann brach er im November von dort auf und kam über Parma und durch die Pässe des Apennin, wo der Marsch des Heeres durch regnerisches Winterwetter und durch Feindseligkeiten sehr gehemmt wurde, im December nach Pisa; Weihnachten feierte er mit den Fürsten und dem Heere in Florenz. Die erste Hälfte des Januar 1111 brachte man in Arezzo zu, wo der König durch den erbitterten Streit der Bürgerschaft mit dem

[791] Ekkeh. Uraug. 243.

Klerus aufgehalten wurde, von hier aus sandte er auch seine Gesandten an die Stadt Rom und an den Papst Paschalis.

Mit letzterem hatte Heinrich V schon längst versucht einen Ausgleich zu finden. Als Ruthard von Mainz im Jahre 1109 gestorben war, hatte Heinrich bei dem Nachfolger, seinem bisherigen Canzler Adalbert die Investitur unterlassen; noch kurz vor seiner Romfahrt hatte er diesen selben ihm ganz besonders vertrauten Mann nebst Bruno von Trier (dem Sprecher der früheren Gesandtschaft nach Châlons), Friedrich von Cöln und Anderen zu Paschalis gesandt, um die Romfahrt anzukündigen und einen Ausgleich zu vermitteln; man vermuthet, dass die Vorschläge der Schrift *De Investitura* den Zugeständnissen entsprachen, zu denen der König bereit war. Auch Paschalis hatte entgegenkommend geantwortet und um so überraschender war es dann gewesen, als verlautete, dass er auf der Lateransynode[702] im März 1110 nicht nur den Beschluss von Troyes erneuert, sondern auch weitergehend erklärt hatte: „Wenn ein Fürst oder ein sonstiger Laie die Verfügung oder Vergabungsgewalt über Güter und Besitzungen der Kirchen sich zurechnet, soll er als Heiligthumschänder angesehen werden. Kleriker aber und Mönche, welche sie aus der Verfügung jener annehmen, sollen der Excommunication verfallen. Es giebt auch solche, welche mittels Gewalt oder Begünstigung einer regelrechten Besetzung der Kirchen hinderlich sind; auch diese, beschliessen wir, sollen als Heiligthumschänder angesehen werden“. —

Auf die von Arezzo aus gesandte Botschaft antwortete Paschalis nun wieder versöhnlicher: nach Abschluss eines Vergleichs mit Bevollmächtigten des Königs sei er bereit die Krönung zu vollziehen. Zugleich ordneten die Römer ihre Vertreter an Heinrich ab, die Versicherungen der Ergebenheit überbrachten. Der König sandte dann an Paschalis den Canzler und erwählten Erzbischof Adalbert nebst vier Grafen, darunter Hermann von Winzenburg, der schon mit Bertold II und den anderen Gesandten nach Châlons gewesen war, und Gottfried von Calw. Ihnen gegenüber hat nun Paschalis, der vergeblich noch auf Normannenhilfe gehofft hatte, den überraschendsten, aber leicht begreiflichen Schritt gethan. Das Investiturrecht des Königs, das zu bekämpfen sein Lebensziel geworden war, wollte er um keinen Preis zugestehen; daneben erblickte er in den reichen weltlichen Gütern ganz mit Recht dasjenige, was die deutschen Bischöfe um den König schaarte und in ihnen ihm, dem Papste selber einen so einmüthigen Widerstand entgegengestellt hatte; so stellte er sich denn plötzlich ausschliesslich auf den Boden der Weltentsagung der Kirche und erklärte: „die Kirchen sollen mit ihren Zehnten und dem ihnen fromm Dargebrachten zufrieden sein; der König möge für sich und seine Nachfolger alle Güter und Regalien, die von Karl und Ludwig, Otto und Heinrich

[702] Vgl. die genauen Mittheilungen der Chron. reg. Colon. SA. 48.

und seinen anderen Vorgängern den Kirchen übertragen worden sind, zurücknehmen und behalten". Es war in Wahrheit ein Gedanke, der den Umsturz aller kirchlichen und auch der weltlichen Verhältnisse in Deutschland bedeutete. Die ganz unvorbereiteten Gesandten gaben eine fast erschrockene Antwort; schliesslich kamen sie trotz ihrer eigenen Zweifel an der Ausführbarkeit mit Paschalis überein, dass am Sonntag, dem 12. Februar, gemäss des Papstes Erklärung der Verzicht der Kirche auf die bisher der Investitur unterliegenden Güter und Rechte geschehen und zugleich die Kaiserkrönung Heinrich's stattfinden solle.

Hierauf schickte der Papst dem König Heinrich seine Gesandten entgegen, die ihn zu Sutri trafen. Vor ihnen schwor am 9. Februar Heinrich nach der weiter getroffenen Vereinbarung dem Papste im Falle der Krönung völlige Sicherheit; nach ihm schworen die zu Bürgen gestellten Fürsten, nämlich Herzog Friedrich, Markgraf Engelbert, Graf Hermann, Markgraf Theobald (Bertold's Vetter), Pfalzgraf Friedrich von Sachsen, der bairische Graf Beringar, Graf Gottfried (Bertold's Schwager), Friedrich aus Sachsen, Kuno, der Bruder Beringar's, Sigebot aus Baiern, Herzog Heinrich von Kärnthen, Bertold, der Sohn des Herzogs Bertold und der Canzler Adalbert folgendermassen[703]: „ich werde bei keiner That und keinem Rath sein, dass der Herr Papst Paschalis II das römische Papstthum verliert, noch Leben und Glieder verliert, noch in arger Gefangennahme *(mala captione)* gegriffen wird. Wenn der König obigen Schwur und das, was in der Vertragsurkunde steht, nicht innehält, werde ich mit meiner Ehre zu dem Herrn Papst und zu der römischen Kirche stehen: so werde ich es dem Herrn Papst ohne Arglist und hinterhältigen Sinn halten, wenn er dem Herrn unserem König am nächsten Sonntag erfüllt, was in der Vertragsurkunde steht."

Am 12. Februar in der Frühe zog der König mit den Fürsten und Kriegsvolk in die ewige Stadt ein und kam in die Kirche des Apostelfürsten, die er mit seinen Gewaffneten besetzen liess. Inmitten der Ceremonie begann man in der That die gegenseitigen Verzichtsurkunden, die des Papstes zuerst zu verlesen, obwohl Heinrich noch in einer nicht in dem Vertrage vorgesehenen Erklärung allen Antheil an dem Vorhaben Paschalis' von sich abgewälzt hatte.

[703] Ann. Romani MGSS. V 473 f. Bertold ist dabei bezeichnet: *Bertoldus filius ducis Bertoldi*, und auch seine Unterschrift S. 474 lautet *Ego Bertoldus filius ducis Bertoldi.* Das kann schon deswegen nicht auf Bertold II bezogen werden, weil Bertold in beiden Fällen als der Letzte seine Stelle hat, was eben seiner Jugend und unselbständigen Stellung wegen geschieht. Dass etwa Bertold II, weil er kein Landesherzog war, sich so nach dem verstorbenen Vater (auch ohne *quondam* oder *beate memorie!)* bezeichnet haben sollte, ist undenkbar und widerspricht seinem sonstigen Auftreten. Es geht ja auch aus Bertold's III Abwesenheit bei seines Vaters Beisetzung hervor, dass er mit in Italien war. — Das richtige Verhältniss ist nämlich, wo der Römerzug dargestellt wurde, vielfach übersehen worden, beachtet dagegen von G. v. Wyss, Allg. D. Biogr. unter Bertold III.

15*

Bei der Verlesung des Verzichtes der Kirche auf die kaiserlichen Schenkungen und die Regalien aber erhob sich, zumal Rom sich den eigenen Besitz dabei wahrte, ein ungeheurer Sturm in der Versammlung: die Bischöfe und andere geistlichen Herren sahen mit einem Schlage ihre ganze irdische Stellung zerflattern, die weltlichen Fürsten und Herren die Güter und Vogteirechte entschwinden, die sie von der Kirche trugen; sie alle drängten wirr nach vorne, riefen, die Urkunde sei ketzerisch und unmöglich; der arglistige König beeilte sich, sofort eigene Vorwürfe mit denen der Seinigen gegen Paschalis zu vereinigen und zog sich alsdann aus dem Tumult mit den Bischöfen und Fürsten in einen Seitenraum der Kirche zur Berathung zurück. Nachdem der Papst lange auf sie gewartet hatte, sandte er hinein und wollte den Vollzug des Vertrages und der Krönung. Aber man wollte von Beidem nichts mehr wissen; falls Heinrich nicht etwa schon von vornherein derartiges vorausgesetzt hatte, so war er doch jetzt entschlossen, die Lage, wie sie geworden war, auszunutzen und es zu keiner schnellen Friedenshandlung kommen zu lassen. Am Abend des Tages sah sich Paschalis als Gefangenen und in der Hut des Patriarchen von Aquileja. Gegen die Deutschen aber erhob sich auf die Kunde von den vorgekommenen Heiligthumsfreveln und Priesterverletzungen das römische Volk und brachte zuwege, dass nach mehrtägigen Kämpfen in der Stadt, an denen er selber und wahrscheinlich auch die Fürsten seiner Begleitung theilgenommen hatten, der König (in der Nacht vom 15. auf den 16. Februar) die Stadt räumte, jedoch nicht ohne den Papst und eine Anzahl Cardinäle mit sich fortzuführen. In dem Lager, das er am Anio unterhalb Tivoli bei der Lucanischen Brücke aufschlug, haben wir auch den jungen Bertold zu suchen. Nach einigen Wochen, am Anfang April gab dann der niedergedrückte und ermattete Papst das Investiturverbot auf und am 11. des Monats ward der Friede beschworen: von Seiten des Königs die Freigebung der Gefangenen und die Zurückerstattung des Gutes des römischen Stuhles, was 14 Fürsten mit ihm durch Eid bekräftigten. Bertold war diesmal nicht unter den mit dem König Schwörenden. Doch ist dies wohl nur ein Zufall, denn auch sonst waren jetzt einige der erstmaligen Eidesbürgen durch andere Persönlichkeiten ersetzt worden. Oder sollte der junge Herzogssohn nach den Vorgängen vom 12. Februar sein Gewissen belastet gefühlt haben, weil er in jenem ersten Eid geschworen hatte: *non erit in facto aut consilio ut dominus papa . . . capiatur mala captione?* Oder schliesslich — ich selber möchte aber daran nicht glauben[704] —: am Tage nach dem königlich-päpstlichen Friedensschluss am Ponte Mammolo, am 12. April, starb Herzog Bertold II; sollte eilende Botschaft vorher den Sohn an das Krankenlager des Herzogs in die schwäbische Heimath zurückgerufen haben? —

[704] Da seine Ankunft weder für die Beisetzung, noch selbst für die Schenkungen an St. Peter abgewartet wurde.

Am 13. April ward Heinrich V zum Kaiser gekrönt und brach dann sogleich zur Rückkehr nach Deutschland auf. Am 6. Mai hatte er eine Zusammenkunft zu Bianello mit der Grossgräfin Mathilde und verweilte drei Tage bei ihr[705], doch ist nicht ersichtlich, ob auch Bertold bei dieser Gelegenheit die ihm durch seines Grossvaters zweite Ehe verwandte berühmte Frau hat begrüssen können. Der Kaiser kehrte dann über den Brenner nach Deutschland zurück, während möglicherweise — trotzdem Oberitalien nicht überall günstig gesinnt war — Bertold und die zähringischen Mannschaften für einen ihnen näheren Weg beurlaubt wurden.

Als Bertold zurückkam zu Mutter und Geschwistern, war er selber inzwischen das Haupt des Geschlechtes und der Träger der zähringischen Rechte und Güter, die vom Reiche gingen, geworden. Ferner ist nicht nur die Vogtei von St. Peter, sondern auch die von St. Georgen auf dem Schwarzwalde danach Bertold III zugefallen. Zunächst kam er noch einmal, ohne schon Vogt zu sein, mit Angelegenheiten des letzteren Klosters in Berührung.

Schon im Jahre 1084 hatte Hezelo, der ofterwähnte Stifter St. Georgens, in Gedanken an das schon vorauszusehende Aussterben seines Hauses mit seinem einzigen kinderlosen Sohne Hermann die Erben, nämlich seine Cognaten Landold und Adalbert von Entringen nach Irslingen berufen und ihnen vor vielen Zeugen aufgetragen, falls das vorausgesetzte Aussterben des Hauses mit Hermann einträte, von der ganzen Hinterlassenschaft (von der er jedoch das Gut *Hugoldeshusen* [man meint: Oggelshausen am Federsee bei Buchau] ausnahm) die Hofleute (Ritter) selbst zu behalten, das Uebrige alles an St. Georgen zu übergeben. Dies Vermächtniss hatten dann die Söhne Landold's in der That zur Ausführung zu bringen, da Hermann 1094, ohne Erben zu hinterlassen, ermordet wurde. Der Jüngere von ihnen, Adalbert mit Namen wie sein Oheim, entledigte sich am 11. September 1111 zu Klein-Basel[706] seines Antheils an jener Pflicht vor dem Herzog Bertold und dessen Brüdern Rudolf und Konrad sowie Bertold von Nimburg, Friedrich und Arnold von Wolfach, Vogt Konrad von Waldkirch und anderen Herren; der andere Bruder, Landold, vollzog den an ihn vererbten Auftrag am 16. Januar 1112 bei Gelegenheit eines allgemeinen Schwabentages zu Ulm vor Herzog Friedrich und vielen Fürsten und freien Herren des Landes[707]. Als Vogt von St. Georgen auftretend aber wird Bertold III 1114 erscheinen. — Es ist schon berührt worden, wie noch in demselben Jahre 1111 das zähringische Haus von neuen Schicksalsschlägen schwer niegergebeugt wurde. durch den Tod des jungen

[705] Donizo V. Mathildis MGSS. XII 403.

[706] *In villa Basilea cis Renum.*

[707] Alles nach Not. fund. S. Georgii Zs. IX 207f. Zu den „Hofleuten", *curiales*, vgl. Roth v. Schreckenstein Oberrh. Zs. XXXVII 367.

Rudolf und dann am 19. December durch den der Mutter. Nun standen Bertold und Konrad mit den Schwestern in der Welt allein.

Eine völlige Theilung der Eigengüter hat zunächst zwischen Bertold und Konrad nicht stattgefunden[708]. Als sie die Mutter in St. Peter zur ewigen Ruhe bestatteten, schenkten sie im Beisein einer Anzahl schwäbischer Herren aus den Gegenden des zähringischen Grundbesitzes und ihrer eigenen Ministerialen Kuno von Blankenberg, Reginhard von Weiler, Berward von Vörstetten, Heinrich von Owen, Giselbert von Weiler und Anderer am 27. December 1111 gemeinsam[709] dem Kloster ihr Gut zu Benzhausen (BA. Freiburg, in der Ebene westlich am Mooswald) und die Schwarzwaldrodung Gottschalksgereute in nächster Nähe von St. Peter mit einem ausgedehnten Theil des Waldes selbst, der ihnen zustand und unmittelbar an diese Rodung stiess, zugleich bestätigten sie ihm die Güter, die ihre väterlichen und mütterlichen Vorfahren einst besessen hatten und die an St. Peter gekommen waren, in förmlichem Neuverzicht „nach Alamannenrecht", genehmigten im Voraus die Besitz-Uebertragungen seitens ihrer Hintersassen an das Kloster und schenkten diesem noch den neunten Theil all ihrer Zehnten. Und Bertold „noch glühend von frommem Eifer" fügte bald nach[710] jener Schenkung vom 27. December 1111 noch Weiteres hinzu: eine neue Rodung, welche östlich an die Klostergebäude heranreichte und an das Gottschalksgereute stiess. Der Vogt Konrad von Waldkirch, Erkenbold von Kenzingen und andere Breisgauer waren bei diesem Acte gegenwärtig; wohl in dieser Zeit und durch die zähringischen Schenkungen mit veranlasst schenkte ein anderer Edelherr von Kenzingen, Arnold, sicher ein Verwandter des Obigen, das Dörfchen Rohr bei St. Peter und sein Eigengut in dieser Schwarzwaldgegend an das Kloster, in welchem auch er die Grabstätte für seine Familie wünschte, und gleicher Weise schenkte Graf Erlewin von Nimburg seinen beträchtlichen Waldbesitz in der Nähe von St. Peter an dieses. So war erst jetzt das Kloster in den Besitz seiner nächsten

[708] Darüber Weiteres unten zu Herzog Konrad.

[709] RSP. 139 f. (Die Urk. hat natürlich 1112, da mit dem Weihnachtstag das neue Jahr begonnen war.) Ebendort sind die Zeugen aufgeführt. Ueber Gottschalksgereute vgl. die Berichtigung Gothein's gegen Baumann Oberrh. Zs. NF. I 260 Anm. 2: „eine einzelne Brennwirthschaft, wie diese im Schwarzwald überall der eigentlichen Colonisation vorangehen."

[710] RSP. 140. *His taliter digestis non post multum temporis.* Die beiden weiteren im Text aufgeführten Waldschenkungen RSP. 141. Gothein S. 260 u. Anm. meint „Schon am Ende des Jahres 1111" habe St. Peter diesen ganzen Waldbesitz gehabt. Aber die zweite Urk., S. 141 f., ist eben eine nachträgliche zusammenfassende Notitia, welche als Datum etwas willkürlich den Tag der Hauptschenkung (27. Dec. 1111) giebt und im einzelnen durch die ihr vorherstehenden nach dem 27. Dec. 1111 gemachten Aufzeichnungen, auf denen sie in der Hauptsache natürlich beruht, näher erläutert wird. Die Urk. RSP. 154 ff. ist eine als Notitia verfertigte noch wieder spätere und in der Grenzbezeichnung ausführlichere Zusammenfassung der obigen Schenkungen.

Umgebung gekommen und schon dadurch selbständiger geworden, als es unter Bertold II gewesen war. Es vereinigte nun diese Schenkungen zu einem abgerundeten Gebiet und fertigte eine nochmalige Aufzeichnung darüber an, die einen Grenzbeschrieb enthält, etwas schnellweg jedoch alles auf Bertold und Konrad und den Act vom 27. December 1111 zurückführt und daher selber noch wieder für den, der diese Notitia *scrupulose*, wie sie sagt, betrachten könnte, in ihrem Schluss den Sachverhalt wenigstens theilweise klarstellt.

Falls über die Vogtei von St. Peter am 27. December 1111 noch nicht entschieden gewesen sein sollte, so ist sie doch nahe darauf an Bertold III als den berufenen Erben seines Vaters gekommen[711]. Aber nun drängt sich die Frage heran: erbte er ohne weiteres auch seines Vaters herzoglichen Titel, konnte diesen Bertold II überhaupt dem Sohne hinterlassen? Es scheint, dass man im zähringischen Hause selbst zuerst schwankte, ob der verstorbene Herzog den Titel nur in Folge seiner Wahl zum Herzog von Schwaben geführt oder ob er sich im eigentlichen Sinne zu einem Herzog von Zähringen gewandelt habe und somit diesen Rang rechtmässig vererben könne. Als Bertold III und Konrad am 27. December 1111 ihre vorhin besprochene Schenkung an St. Peter machten, trugen die Mönche, denen schon aus juristischer Vorsicht gewiss nichts ferner lag, als die Stellung ihrer Wohlthäter herabzumindern, sie als *domnus Berhtoldus et frater eius Counradus, filii bone memorie Berhtoldi ducis* in ihre darüber gemachte Aufzeichnung ein und auch bei der etwas jüngeren Schenkung, die ihnen Bertold allein machte, war er ihnen nur „*supramemorati ducis filius, domnus Berhtoldus, advocatus noster*“[712]. Als aber später im Kloster die oben erwähnte neue Gesammtnotitia über den Erwerb der umliegenden Wälder und Rodungen gemacht wurde, die mit dem Grenzbeschrieb, und als die Mönche im Jahre 1113 über neue Schenkungen urkundliche Berichte niederschrieben, da bezeichneten sie Bertold III als Herzog und liessen das einfache Herr seinem Bruder. Ob diese Titelangelegenheit inzwischen zu irgend welchen Anfragen oder Verhandlungen Bertold's bei dem Kaiser und etwa auch dem Herzog von Schwaben geführt oder ob er einfach einige Zeit nach dem Tode des Vaters den herzoglichen Titel wieder aufgenommen hatte, ist nicht ersichtlich; jedenfalls

[711] *advocatus noster* RSP. 140; bei der gemeinsamen Schenkung der Brüder vom 27. Dec. 1111 ist er (S. 139) noch nicht so genannt.

[712] S. 139f. u. S. 140 des RSP. In ersterer Urkunde kommen zwar die Ritter *de domo ducis* vor, aber dieser *dux* ist Bertold II. Nur so ist es auch möglich, den letzteren ein paar Zeilen später (vgl. das Citat im Text) als *supramemoratus* zu bezeichnen. — Als *dux* bezeichnet ist Bertold III zuerst S. 141, 154 u. 157. — Dass die Not. fund. S. Georgii Zs. IX 207 schon zum 11. Sept. 1111 Bertold III als *dux* bezeichnet, beweist nicht viel, da diese Quelle die von ihr benützten Einzelbestandtheile sehr überarbeitet, während gerade der RSP. den ursprünglichen Wortlaut der verschiedenartigen alten Aufzeichnungen giebt und diese nur zusammenstellt.

war Bertold's Recht dazu kein geringeres, als das seines Vaters nach dem Ausgleich von 1098 gewesen war, und so nimmt denn weder die weitere urkundliche noch die chronistische Ueberlieferung irgendwie Anstand, auch ihn Herzog zu nennen.

Von den Reichsangelegenheiten hat sich Bertold anscheinend zunächst fern gehalten; was wir von ihm wissen — so unzulänglich es freilich im Vergleich mit dem Wirklichen sein wird — zeigt uns nur das Walten des Grundherrn in seinem Besitz, vor allem neue lebhafteste Fürsorge für das Hauskloster St. Peter. Von Bertold's III Zeit her datirt dessen grosser Aufschwung und Gebietszuwachs, zu dem nicht nur der Herzog selber und sein Haus, sondern auch sein Vetter Hermann, der Markgraf, und die beiderseitigen Ministerialen, sowie den Zähringern befreundete und ergebene Herren, unter denen die Nimburger Grafen mit in erster Linie stehen, auf das eifrigste beitrugen[713].

Der 30. September 1113 sah Herzog Bertold und seinen Bruder Konrad von neuem auf der Schwarzwaldhöhe von St. Peter und zugleich mit ihnen eine grosse Versammlung geistlicher und weltlicher Herren, denn es galt die Weihe des neugebauten Münsters feierlich zu begehen. Es war ein gleicher oder noch glänzenderer Tag für das Kloster, als derjenige gewesen war, an dem einst Gebhard die erste Weihe vollzogen hatte. Zwei Bischöfe waren erschienen, nämlich fernher aus Rhätien Wido von Chur und neben ihm der erwählte Nachfolger Gebhard's von Constanz, Ulrich aus dem Geschlecht der Grafen von Dillingen; dann die Aebte von Hirsau, St. Blasien, Schaffhausen, St. Georgen, Rheinau und St. Ulrich in Augsburg; von Laien der mit den Zähringern verschwägerte Graf Adalbert von Gamertingen und zahlreiche mit ihnen bekannte landsässige Herren, so die von Wolfach, Weilheim, Zimmern, Kenzingen, Zähringen, Buchheim, Regensberg, Tügerfelden und Gurtweil. — Da der Diöcesan, Ulrich von Constanz, noch nicht ordinirt war, vollzog Wido von Chur, der für ihn auch sonst bei solchen Handlungen einzutreten pflegte, im Auftrage des Papstes Paschalis die Weihehandlung; nach derselben schenkten Bertold und Konrad an St. Peter ihr Gut im Bezirk Gündlingen (BA. Alt-Breisach) und bestätigten von neuem alle früheren Vergabungen ihres Hauses vor den Bischöfen und der ganzen Menge der Anwesenden[714].

[713] Vgl. den RSP. Denselben hier auch in Bezug auf Schenkungen der letzteren Art ganz auszunutzen, würde zu weit führen, obwohl St. Peter das zähringische Hauskloster war; die geringsten Bezüge auf die Stifterfamilie und ihre Ministerialen sind hier verwendet, das Uebrige auch zu chronologischen Zwecken und sonst aushilfsweise herbeigezogen worden. Eine selbständige Durch- und Verarbeitung des RSP., die vor allem mit Hilfe der Namen und der erkennbaren Generationen die Einträge chronologisch zu ordnen hätte, würde für die Familien- und Localgeschichte des ganzen Gebietes und für die wirthschaftsgeschichtliche Kleinmalerei, auch für manche Fragen der Verfassungsgeschichte höchst ergiebig sein.

[714] Not. im RSP. 156f. *predium quoddam, quod habebant in pago, qui dicitur Gun-*

Weiterer Besitz ward dem Kloster anscheinend gerade in dieser Zeit durch den Herzog und seinen Bruder vermittelt: ersterer gab und zwar für seinen Ritter Adalbert von Staufen[115] einen Mansus bei Ebnet (BA. Freiburg) und sechs Lehen im Ibenthal und empfing in Tausch dafür für den Ritter das (durch Kauf erworbene) Klostergut in Steinenstadt (BA. Müllheim); beide Brüder gaben einen Mansus zu Nabern (OA. Kirchheim u. d. Teck) gegen Empfang eines Mansus zu Ochsenwang (OA. Kirchheim u. d. Teck), den St. Peter also aus der alten Ausstattung von Weilheim besass, und fügten die Kirche zu Nabern als Schenkung hinzu.

Ich stelle hieran anschliessend im folgenden die weiteren Beziehungen Bertold's III zu St. Peter zusammen, die nicht datirt sind und auch hier nur in muthmasslicher Reihenfolge gegeben werden können[116]. Als Markgraf Hermann II seine Gemahlin Judith durch den Tod verloren hatte, schenkte er bald darnach zu ihrem und seiner Vorfahren Gedächtniss im Beisein seines Vetters Herzog Bertold's an St. Peter sein Gut zu Ambringen (BA. Staufen) mit Kirche, Häusern und Höfen im Dorfe und nahm nur aus, was seine dortigen Leute von ihm durch frühere Vergabung zu Lehen trugen. Den Ambringer Besitz vervollständigte St. Peter durch Käufe und erhielt, möglicherweise auch erst in Folge der Schenkung des Markgrafen, von einem auch

delingen. Sollte *Gundelingen* Schreibfehler sein? RSP. S. 139 findet sich zweimal der *pagus Gundelvingen*. Oder ist dieses verschrieben? — Ueber die Amtshandlungen des Bischofs von Chur in der Constanzer Diöcese vgl. die Const. Regesten. — Die Gütertäusche RSP. 157 f.

[115] Dass Bertold hier nur für seinen Ministerialen handelt, geht erst aus dem Eintrag auf S. 160, ganz oben, klar hervor, aus demselben auch der Kauf des Gutes zu Steinenstadt.

[116] Nach dem RSP. — Die Sicherheit, dass der *dux Berhtoldus* in den nachstehenden Fällen überhaupt Bertold III ist, wurde aus der Stellung der Einträge im RSP. und noch sicherer aus einer umfassenden, hier nicht zu wiederholenden Vergleichung der jeweils mit ihm genannten Personen mit Einschluss der Stellen, wo diese selbständig im Rot. auftreten, gewonnen. — Vgl. RSP. 158, 143 u. 145: 145; 163 (*s. Rouperti*, die Erklärung als St. Trudpert in der Ausgabe v. Weech's; dass zwei Täusche Seefelden-Betberg vorliegen und der mit Waldkirch der frühere ist, geht daraus hervor, dass es bei diesem Tausch *partem predii ... apud Seveld* heisst, bei dem mit St. Trudpert nicht mehr); 163. — Der Ortszusatz bei den Namen im RSP. bedeutet noch nicht die Familie, sondern lediglich den Wohnsitz; von zwei Brüdern wird z. B. der eine „von Staufen“, der andere „von Falkenstein“ bezeichnet; *Razo de Riethusen* S. 140 erscheint bei etwas später gemachter nochmaliger Aufzeichnung derselben Zeugenreihe als *Ratzo de Stoffile* (S. 142 u. 155); weitere Beispiele bietet die Behandlung der Malterdinger auf S. 164 f. u. s. w. Dennoch lassen sich Einzelpersönlichkeiten festhalten und die Notitia fund. S. Georgii, die Schaffhausener Gesch.-Quellen, das FUB., WUB. und die übrigen Urkundenbücher geben über sie weiteres, soweit es zähringische Ministerialen betrifft, später zu verwerthendes Material. Auch unter den nur mit dem Vornamen bezeichneten, nicht durch den Wohnort bestimmten Zeugen der Baseler Tauschurkunde von 1087 (oben S. 147) sind anscheinend einige der älteren dieser den Zähringern nahestehenden Edelfreien wieder zu erkennen.

Hermann geheissenen Ambringer Manne des Letzteren sein dortiges Gut; ebenso übertrug Karl, ein Ambringer Ministerial Herzog Bertold's seine Eigengüter zu Ambringen und Ehrenstetten an St. Peter, welchem der dabei anwesende Herzog gleichzeitig die Lehen dieses Karl von Ambringen tradirte. Der Herzog selbst schenkte in dieser Staufener Gegend noch sein Gut zu Dottighofen nebst zwei dazu gehörigen Unfreien. Bei einer anderen Zusammenkunft Bertold's mit seinem Vetter Hermann II, an der diesmal auch Konrad theilnahm, fand in ihrer Gegenwart ein Tausch zwischen St. Peter und Kloster Waldkirch statt, bei dem die beiden Klöster durch ihre Vögte, Bertold III und Konrad von Waldkirch vertreten waren und St. Peter einen Theil seines Guts zu Seefelden (BA. Müllheim) gab und solches zu Betberg (ebenda) erhielt. Obgleich die Personen, die sonst bei dieser Zusammenkunft anwesend waren, zu einem Theil wieder dabei sind, muss es doch eine andere Gelegenheit sein, bei der Walter, ein Edelmann von Weilheim, mit seinen Söhnen vor Herzog Bertold III und dem Markgraf Hermann an das Kloster sein Gut zu *Riceswilare* (wohl abgegangener Ort im OA. Kirchheim u. d. Teck), einen Mansus zu *Pippindorf* (ebenso) und eine Wiese bei *Windibach* (ebenso) schenkte. An demselben Tage, da diese Schenkungen Walter's von Weilheim geschahen, und vor denselben Zeugen vollzog St. Peter mit St. Trudpert auf dessen Wunsch denselben Tausch, wie mit Waldkirch: gab sein noch vorhandenes Gut zu Seefelden und erhielt widerum zu Betberg. Ein andermal übertrug Adalbero von Kirchheim, ein zähringischer Dienstmann, im Beisein und mit Genehmigung Herzog Bertold's III an St. Peter sein Gut zu *Trutmanneswilare* (wohl abgegangener Ort im OA. Kirchheim u. d. Teck). Auch derjenige Herzog Bertold, welcher Herrenrecht über einen Priester Immo hatte und diesen vor sich die Schenkung eines Weinbergs zu Auggen an St. Peter vollziehen liess[717], scheint Bertold III zu sein. — Am häufigsten finden wir unter den edelfreien Leuten, die bei solchen Gelegenheiten mit dem Herzog zusammentreffen und dann als Zeugen aufgeführt sind, die folgenden Namen: Erkenbold von Kenzingen, Konrad von Waldkirch, Hugo von Thanegg, Friedrich und sein Sohn Arnold von Wolfach, Walter von Horwen, Erlewin von Entersbach, Harpert von Weilheim, Heinrich von Hardtegg, Ruprecht und Heinrich von Schallstadt, Gerold von Wittlekofen, Kraft von Optingen, Burchard von Gundelfingen und Burchard von Denzlingen, Heinrich von Dietfurt, Dietrich, Walter und Ulrich von Weilheim, von denen die elf erstgenannten schon bei Handlungen Bertold's II aus seinen letzten Jahren als Zeugen vorkommen.

Als Albgaugraf wird Bertold III am 22. April 1112 genannt. Wann dieses Grafenamt von den Zähringern zurückerworben war, bleibt im Dunkeln.

[717] RSP. 164.

Damals schenkte Bertold von Gmünd an Kloster Allerheiligen sein Gut zu *Wilare* (Weilerhof BA. Bonndorf) und setzte in der darüber gegebenen Urkunde[718] hinzu: „dies Gut aber liegt im Gau Albgau in der Grafschaft Bertold's“, dabei der Sitte folgend, die sich damals noch durchweg beobachten lässt, dieselbe Person nicht in zwei Aemtern oder Titeln zugleich zu bezeichnen.

Bei dem Kaiser erschien Herzog Bertold III eben so selten, als sein Vetter Hermann II ein häufiger Gast, ja fast ein ständiger Begleiter des Hofes war[719]. Er hatte schon unter den Fürsten gefehlt, die am 7. August 1111 um Heinrich V waren, als dieser zu Speyer unter prunkenden Feiern der Leiche seines kaiserlichen Vaters ein spätes würdiges Begräbniss gab, ferner blieb er selbst bei der glänzenden Hochzeit fern, die Heinrich Anfang Januar 1114 mit Mathilde von England zu Strassburg beging und zu der alle Reichsfürsten entboten und abgesehen von unzähligen kleineren Herren fünfunddreissig Erzbischöfe und Bischöfe, fünf Herzoge erschienen waren, welche letzteren die hohen Reichsämter bei dem Hochzeitsmahle versahen[720]. Sollte der „Herzog von Zähringen“ aus Fragen der Rangetiquette daheim geblieben sein? — Als aber der Kaiser sodann den Rhein heraufzog, fand sich auch Bertold bei ihm ein und unter den Fürbittern der Urkunde vom 7. März 1114, die Heinrich V von Basel aus der Propstei Zürich gab, findet sich neben den mitanwesenden Bischöfen von Münster, Basel, Chur, Constanz, Lausanne und dem Schwabenherzog Friedrich der „Herzog Bertold“ mit seinem Vetter Hermann und dem seinem Hause befreundeten Pfalzgrafen Gottfried, dem Calwer, der wohl schon damals sein Schwager war, ferner auch Arnulf von Lenzburg, dessen Anwesenheit von besonderem Bezug ist. Die Urkunde[721] bestätigt (in nicht mehr abzugrenzender Anlehnung an jetzt nicht vorhandene Vorurkunden) der Propstei die freie Propstwahl und den uneingeschränkten Genuss ihrer Güter und ebenso den königlichen Fiscalinen zu Zürich ihren herkömmlichen Rechtsstand, über die Vogtei zu Zürich giebt sie die schon oben (S. 190) herangezogene Bestimmung, in der das Abkommen liegt: die Zähringer verzichten auf Ausübung der Vogtei, ohne dass ihnen diese selbst auch rechtlich entzogen wird und überlassen sie dauernd den Grafen von Lenzburg, zunächst formell als Untervögten, die aber dadurch sogleich zu

---

[718] QzSchwGesch. III 1, 83 f. Vgl. dazu Anm. 782.

[719] Am übersichtlichsten bietet sich das in den noch ergänzbaren Regesten bei Chr. Fr. Stälin II S. 318 ff. dar. Eine eigenartige Auszeichnung Hermann's als Intervenienten findet sich in dem Orig. der Urk. für St. Georgen, Dümgé Reg. bad. S. 30.

[720] Die an Heinrich's Hochzeitsfeier teilnehmenden Herzoge ergeben sich aus Ekkeh. Uraug. 248 und St. 3100 u. 3101.

[721] St. 3107, jetzt auch ZüUB. I 143 f. Zur Erklärung Fr. v. Wyss Zs. f. schweiz. R. XVII. — Umfassend handelt über die Lenzburger die Arbeit von G. v. Mülinen, Schweizer. Geschichtsforscher, IV. Bern 1821, S. 1 ff.

einzigen Vögten werden und den Bann dementsprechend vom Kaiser erhalten. — Damit hatte sich Bertold III also einverstanden erklärt.

Nicht bloss am 7. März war Bertold bei dem Kaiser zu Basel, wenn das auch der erste ganz sicher beglaubigte Tag ist. Möglicherweise war er schon am 4. März dort, denn er steht mit als Zeuge in einer auf diesen Tag datirten Königsurkunde für Kloster Muri, die zwar gefälscht oder interpolirt ist, wie allgemein anerkannt wird, aber anscheinend ihr Datum und ihre Zeugenreihe — auch Graf Arnulf von Lenzburg und sein Bruder Rudolf sind genannt — nicht einfach aus der Luft gegriffen hat[722]. Jedenfalls aber verweilte Bertold noch bis zum 10. März in des Kaisers Umgebung, an welchem Tage sowohl er, als auch die Lenzburger in den Urkunden des Königs für Kloster Einsiedeln und Bisthum Basel aufgeführt werden[723]. Zu den schon vorhin aufgezählten Fürsten, denen Bertold zu Basel bei Heinrich begegnete, ist nun auch noch der anscheinend später eingetroffene Bischof von Novara hinzuzunennen. —

Schon während seiner Hochzeitsfestlichkeiten hatte der Kaiser für die zweite Woche nach Pfingsten ein Aufgebot zum Feldzug gegen die nach Unabhängigkeit gelüstenden Friesen ausgeschrieben und die anwesenden Fürsten in Pflicht der Theilnahme genommen. Als er nun an den oberen Rhein und nach Basel gekommen war, muss ihm auch Bertold die Heeresfolge gelobt haben und vielleicht hängt es damit zusammen, wenn sich der zähringische Herzog alsbald nach dem inneren Schwaben begab.

Nicht gut anders als in diese Frühjahrszeit kann nämlich, wenn wir die Verhinderung seiner hauptsächlichen Theilnehmer zu den anderen Zeiten des Jahres in Rechnung ziehen, ein Schwabentag von 1114 zu Rotenacker fallen, über den durch die Gründungsgeschichte von St. Georgen[724] Kunde überliefert wird. Sie erzählt zwar nur, dass dort zu Gunsten dieses Klosters eine von Bertold III verfolgte Angelegenheit zum Ende kam. Der elsässische Edelherr Ulrich von Hurningen nämlich hatte, während Hermann, Hezelo's Sohn, wie wir wissen, ohne Erben aus der Welt gegangen war, dessen Wittwe Helewida geehelicht und darauf einen Anspruch gegründet, der ihn veranlasste, die von den Brüdern von Entersbach im Jahre 1111 und 1112 nach dem

[722] St. 3106. Vgl. über die Echtheit Stumpf II S. 539, Waitz Vfg. V 140, Anm. 1. Ohne mit den Intervenienten von St. 3107—3109 in Widerspruch zu gerathen, weist ihre Zeugenreihe doch eine gewisse Selbständigkeit auf, was für sie spricht. Nicht stören kann, dass *Arnolfus de Linerburc* (St. 3107 u. 3108) in der anderen Urk. (St. 3106) *comes Arnolfus de Lenzburg* ist. (*Rudolfus frater eius* entspricht dem *Rodulfus de Dirstein.*) Vielleicht druckte Herrgott nicht nach dem Original, wie denn auch St. 3109, ein Druck nach Copie, den Arnolf bereits als Grafen hat.

[723] St. 3108 u. 3109.

[724] S. 208.

Willen Hezelo's und Hermann's an St. Georgen tradirten Güter des ausgestorbenen Hauses an sich zu reissen. (Vielleicht fand der Traditionsact durch die Entersbacher erst statt, als er sie schon hatte, denn er war nun schon seit „ein paar Jahren" in ihrem Besitz. Erst die Rechtsverwahrung, die Bertold III als Vogt[735] von St. Georgen erhoben hatte, nöthigte ihn, die Güter eben auf jenem „Versammlungstage Herzog Friedrichs" zu Rotenacker im Jahre 1114 zurückzugeben und das Kloster blieb danach etwa 8 Jahre, wie die Quelle weiter erzählt, im ungestörten Besitz. Das heisst mit anderen Worten: nur die Autorität Bertold's hatte Ulrich zur Rückgabe gezwungen und sobald er nach „etwa 8 Jahren" von Bertold's Tode vernahm, begann er seine Uebergriffe von neuem. Bei solcher Lage der Dinge aber liegt die Folgerung nahe, Bertold III, dessen Autorität Ulrich im Jahre 1114 wich, sei erst damals oder kurz vorher der Vogt des benöthigten St. Georgen geworden. — Den Tag des Schwabenherzogs zu Rotenacker aber, den Bertold besuchte und auf dem obiges nebenbei geschah, wird man doch wohl am besten mit den angesagten Rüstungen im Reiche zusammenbringen.

Am 16. Juni finden wir dann Bertold III und seinen Vetter Hermann II, sowie die Herzöge Friedrich von Schwaben und Lotar von Sachsen auf dem Marsche mit dem Kaiser. Dollendorf in der Eifel ist der zufällige Ort, an dem sie angetroffen werden[736]. Bedeutsam scheint es in die Zukunft zu deuten, wenn Bertold auf diesem Zuge in Verkehr mit dem Supplinburger tritt, der dereinst als deutscher König in Amt und Machtberuf das zähringische Haus über viele Fürstenhäuser des Reiches erhöhen sollte.

Kaum[737] hatte man nun Friesland erreicht, als der Cölner Zuzug im Heere des Kaisers nach einer von den Friesen erlittenen Schlappe, zu der Heinrich selber verrätherisch beigetragen zu haben verdächtigt wurde, in die Heimath umkehrte. Die Stadt Cöln sah in dieser angeblichen Hinterlist Heinrich's V eine Bestätigung der Befüchtungen, die sie immer noch (seit dem im Jahre 1106 von Herzog Bertold II von Zähringen vermittelten Frieden her) vor ihm hegte, sie rüstete sich zur Gegenwehr und sowohl ihr Erzbischof, als eine Anzahl lothringischer und auch westfälischer Herren sagten ihr Beistand zu. Der Kaiser gab daraufhin den Friesenfeldzug auf und zog mit dem Heere — mit Alamannen, Baiern und Sachsen, geben die Cölner genauer an — gegen die voreilige Stadt. Aber seinen Angriff auf Dentz, dessen Eroberung der Stadt die Zufuhr vom rechten Ufer und auf dem Strome abschneiden sollte, schlugen die Bürger glücklich ab und da gleichzeitig auch die westfälischen Verstärkungen der Aufständischen herankamen, ging der

---

[735] l. c.

[736] St. 3114.

[737] Das Folgende zumeist nach Ekkeh. Uraug. 248 und Chron. regia Colon. Rec. II SA. 52 ff.

Kaiser zurück und begnügte sich damit bis Jülich und bis nach Bonn hin das Land ringsum zu verwüsten.

Ueberall in Niederlothringen und im westlichen Sachsen standen Kaiserliche und Aufständische gegen einander in Waffen und durch das glückliche weitere Vordringen der Aufständischen wurde Heinrich sogar veranlasst, auch diesen Verwüstungskrieg zeitweilig aufzugeben, um neue Streitkräfte aufzubieten; er ging nach Thüringen, wo er am 26. August zu Erfurt urkundete und Markgraf Hermann bei ihm war, Herzog Bertold, „der Getreueste des Kaisers“, jedoch nicht[728]; so war dieser also entweder bei dem Reichsheere geblieben, oder etwa, um auch seinerseits Verstärkungen aufzubringen, nach Alamannien geeilt. Fast scheint es, als ob das Heer überhaupt beurlaubt war, da die Cölner weiterhin im August und September auf keinen Widerstand stiessen.

Ende September[729] setzte sich dann das neue Aufgebot des Kaisers in Bewegung: Sachsen, Franken, Alamannen, Baiern und burgundische Reiter. Sie zogen verwüstend und Schrecken verbreitend durch Westfalen und trafen am Rheine angelangt auf die Cölner und ihre Bundesgenossen, welche inzwischen gemeinschaftlich mit derselben Schonungslosigkeit gegen das Königsgut und die Parthei Heinrich's sowohl aufwärts am Strom, als auch ihrerseits in Westfalen gewüthet hatten. Bei Andernach kam es zum Schlagen; Heinrich selbst nahm nicht am Kampfe Theil, er erwartete in der Nähe den Ausgang und hatte den Befehl über die Truppen an die Herzöge übertragen[730]. Die Cölner und ihre Bundesgenossen waren, wie wenigstens von ihrer Seite überliefert wird, an Zahl unterlegen und zuerst schien das Kriegsglück auch gegen sie entscheiden zu wollen, Heinrich von Limburg, der frühere Herzog von Lothringen, einer ihrer ersten Verbündeten, musste bis in das cölnische Lager zurückweichen und nur mit wenig Hoffnung setzte man den Kampf noch fort. Da aber brach plötzlich eine Schaar der edelsten Jugend Cölns, die sich in dem erbitterten Schwur zu siegen oder zu sterben verbunden hatte, aus den Reihen hervor und brachte in schonungslosem Gemetzel die kaiserlichen Truppen in Verwirrung; so schwankte die Waage des Sieges zurück und Graf Dietrich von Ahr, als gewaltiger Kriegsmann weithin bekannt, machte dann mit den Seinen die Niederlage der Kaiserlichen vollkommen. Eine Anzahl von diesen sah sich gefangen, unter ihnen der Herzog Bertold selber[731].

---

[728] St. 3116. — *imperatori fidissimus* heisst Bertold Chron. reg. Colon. Rec. II SA. 55 (zu 1114), ibid. Rec. I und II zu 1122, SA. 61.

[729] Um St. Moritz'tag (22. Sept.) Chron. reg. Col. Rec. I SA. 55. Um den 1. October Ekkeh. Uraug. 248.

[730] *imperator per suos duces pugnaturus* Chron. reg. Col. Rec. II SA. 55.

[731] Die Chron. reg. Col. Rec. II SA. 53 nennt selbst ihn noch *dux Karinthiorum*, wie sie SA. 45 auch Bertold II als *dux Karintie* bezeichnet. Vgl. darüber unten zu Anm. 891.

Er hat aber wohl bis an die letzte Entscheidung mitkämpfen können, denn gerade Dietrich von Ahr war es, der den vornehmen Gefangenen beanspruchte und ihn in der That in seinen Gewahrsam bekam. Wie es aber doch scheint, hielt Graf Dietrich ihn nicht auf einer Burg in Haft, sondern Bertold lebte, wenn auch als Dietrich's Gefangener, in Cöln und in Verkehr mit den Cölnern; denn in der Stadt hat man auch fernerhin an seinem Geschick Antheil genommen, ihn als einen vortrefflichen jungen Fürsten geschätzt und insbesondere das Andenken seiner eifrigen Treue gegen den Kaiser bewahrt[732].

Heinrich V vermochte den Kampf gegen Cöln nicht fortzusetzen. Wie sich im Bunde mit der Stadt der lothringische Adel schon erhoben hatte, stand während des Winters das ganze Sachsenland auf, am 11. Februar 1115 erlagen auch hier, am Welfesholze unter dem Südostabhange des Harz, die Kaiserlichen den Schwertern der Rebellen, und was mehr war: jetzt hatte auch die Kirche den Zeitpunct zur Erhebung wider den Kaiser gefunden: am 28. März 1115 zu Reims und am Ostermontag abermals, in der Stadt Cöln in St. Gereons Kirche, bald darauf auch inmitten der Sachsen sprach der Cardinallegat Kuno, allerdings noch, um die günstigste Frist zu nützen, ohne schon eingeholte Zustimmung des Papstes die Excommunication über Heinrich V aus. Der Aufstand hatte Einheit, Führung und rechtliche Deckung bekommen.

Wann die Städter oder vielmehr Dietrich von Ahr den Herzog Bertold aus der Haft entlassen haben, ist nicht bekannt. Aber als Heinrich, ohne etwas gegen den Aufstand erreicht zu haben und doch durch den Tod der Gräfin Mathilde veranlasst nach Italien zu gehen, auf den 1. November 1115 zur Ordnung der Reichsangelegenheiten einen Fürstentag nach Mainz beschied, da war es Graf Dietrich von Ahr, der von dem Regensburger Bischof begleitet in des Kaisers Namen zu den Sachsen ging und bei ihnen für die von Heinrich gewünschte Zusammenkunft Stimmung zu machen unternahm[733]. Der sächsische Annalist, der das aufbewahrt oder vielmehr übernommen hat, nennt Dietrich einen dem allgemeinen Wohle nützlichen und bei jenem Auftrag recht zu lobenden ritterlichen Herrn, er wusste aber schwerlich von der persönlichen Schwenkung, die Dietrich damit vollzogen hatte und dass es der Vorkämpfer Cölns war, der sich innerhalb so kurzer Zeit zum Friedensboten des Kaisers gewandelt hatte. Die Sinnesänderung des Grafen ist in der That überraschend; ist es da nun bei dem Mangel anderer Erklärungsgründe allzukühn, ihren Förderer und vielleicht gar ihren Urheber in Dietrich's hohem Gefangenen, dem jungen Herzog Bertold, dessen eifrige Treue für den Kaiser gerade die Cölner so sehr bemerkten, zu vermuthen? — Es bleibt jedoch unbekannt, wann

---

[732] Vgl. die Worte der Chron. reg. Colon. zu 1122, SA. 61.

[733] Ann. Saxo 751.

Bertold aus der Haft entlassen wurde[734]. Im Kampfe der Aufständischen und Kaiserlichen war Bertold III, unseres Wissens wenigstens, nicht mehr selbständig betheiligt, wie es z. B. der Schwabenherzog und Bertold's Schwager Pfalzgraf Gottfried, der Calwer, waren, welche Heinrich mit der Obhut des Reiches betraut hatte, als er anfangs 1116 über die Alpen zog, um die Mathildischen Güter einzuziehen, auf die die letzten Verfügungen der Gräfin ihm das Recht beliessen, und um in Rom selbst die Streitfage der Investitur zu lösen; auch unter den Theilnehmern dieser Romfahrt finden wir Bertold nicht. Andererseits berührte es diesen nicht, dass der hauptsächlich von Sachsen aus vertretene Widerstreit gegen den Kaiser mehr und mehr die alte gregorianische Färbung annahm, gegen die Heinrich IV gerungen hatte; der Enkel Bertold's I verblieb wie zuvor auf der Seite des Kaisers. Gerade mit dessen Vorkämpfer und Vertreter, mit Friedrich von Schwaben, trifft er bei seinem erstmaligen Wiedererscheinen seit der Cölner Gefangenschaft, nämlich im Jahre 1116 zu Rotenacker zusammen. Es liegt auch über diesen Tag wieder einmal — und wir müssen dafür noch dankbar sein, da sonst diese Tagfahrt überhaupt mit wer weiss wie vielen im dunklen Reiche der Vergessenheit verbliebe — nur eine Urkunde vor, eine, die nichts als den Vollzug der von Werner von Kirchheim im Jahre 1092 an Kloster Schaffhausen gemachten Schenkung berichtet. Dass die Versammlung bloss dieser Formalhandlung wegen stattgefunden habe, ist natürlich auch hier, schon wegen der Bedeutung und Anzahl der Theilnehmer, ausgeschlossen, denn es waren ausser den genannten beiden Herzogen auch der jüngere Welf (dessen Bruder Heinrich mit dem Kaiser nach Italien gezogen war), sieben schwäbische Grafen, z. Th. mit Söhnen oder Brüdern, unter ihnen Rudolf von Bregenz, der Vetter des Herzogs Bertold und Graf Ulrich von Gamertingen, sein Schwager, sowie eine grosse Anzahl freier Herren anwesend, darunter Bertold von Nimburg, der hier nicht als Graf bezeichnet wird, die von (Hohen-)Gundelfingen, Thanegg, Steusslingen und Razo von Rietheim, die alle auch bei anderer Gelegenheit, so auf Tagfahrten, an denen für St. Peter geurkundet wird, in der Umgebung des zähringischen Herzogs erscheinen[735]. Da nun für den Schwabenherzog in diesem

[734] Nach einer urkundlichen Nachricht für „ungefähr 1115“ wäre Herzog Bertold damals auf freiem Fuss und dabei anwesend gewesen, als das von dem hl. Ulrich gestiftete Nonnenkloster zu Bollschweil noch ein wenig weiter vom Verkehr zurück nach Sölden verlegt wurde. Darin liegt jedoch ein Irrthum, den Verschiedene aus Mabillon's Ann. Ord. S. Bened. V 694 entnommen haben, auch Chr. Fr. Stälin, II 320. Die Urk. ist nach einem Copialbuch Cluny's gedruckt bei Neugart, CD. II 43 und nennt gar nicht den Herzog, vielmehr ***Bertoldus comes***, d. h. den Nimburger Grafen. Die Nimburger waren ja überhaupt seit Alters die Vögte der Stiftungen Ulrich's.

[735] WUB. I 341 f. — QzSchwGesch. III 1, 32 ff. — ***Razo de Rietheim*** dieser Urk. und ***Razo de Riethusen*** des RSP. 140 (vgl. auch Anm. 716) zu identificiren ist wohl erlaubt. Es wäre etwa, da beide Quellen auf Abschrift beruhen, an einer Stelle ***Rieth.*** falsch aufgelöst

Jahre kaum etwas wichtiger war, als der während des Sommers am Mittelrhein gegen die norddeutschen Aufständischen glückhaft geführte Kampf, so liegt es nahe, die Landesversammlung zu Rotenacker mit diesem in Verbindung zu bringen, wenn auch etwa nur insoweit, dass Friedrich dort den Schwaben den Besuch des auf Michaelis von den Aufständischen nach Frankfurt angesagten allgemeinen Fürstentages widerrieth [736]. Dass Herzog Bertold III irgendwie in Action getreten sei, ist durch nichts bedingt.

Wir wissen über sein Thun und Lassen für mehrere Jahre gar nichts. Sein Bruder Konrad zog gegen das Kloster Schaffhausen und gründete auf seinem breisgauischen Eigen die Stadt Freiburg, aber des Herzogs Antheil oder Nichtantheil an solchen Ereignissen könnte man nur vermuthen wollen. Die Zeit Bertold's III ist überhaupt die stillste und am meisten kleindynastische der gesammten zähringischen Geschichte: jener eine unglückliche Zug mit gegen die Cölner, im Uebrigen fluthet der Strom der Weltbegebenheiten, in welchem einst Bertold I und II kraftvoll gerungen, breit an dem Hause der Söhne vorüber. Am 2. August 1121 [737] finden wir Bertold III dann einmal wieder: bei einem Grenzvergleich zwischen St. Peter und St. Märgen, dem er als Vogt des erstgenannten Klosters beiwohnte, wodurch er zugleich mit seinem Vetter, dem Markgrafen Hermann, ferner mit Bischof Ulrich von Constanz, Dompropst Bruno aus Strassburg, dem Gründer von St. Märgen, einem Zoller [737a], ferner mit Friedrich von Wolfach und dem freien Herrn Konrad von Zähringen, Schwiegersohn des Grafen Bertold [von Nimburg] zusammentraf. Diese Begegnung Bertold's III mit dem Bischof Ulrich, der noch vor ein paar Monaten, als Heinrich V nach Ostern Constanz besuchte, gegen den von Rom gebannten Kaiser demonstrirt hatte, lässt immerhin so viel schliessen, dass der Herzog von Zähringen zu jener Zeit in Schwaben eine mehr vermittelnde Stellung zwischen der Anhängerschaft Heinrich's V und den Gegnern einnahm und jedenfalls kein lauter und offener Kämpfer gegen die letzteren war.

Am 3. März 1122 haben drei Gebrüder von Eichstetten die Tradition einer Schenkung an das Kloster St. Blasien vorgenommen und zwar zu Zäh-

---

worden. Das Falsche aber ist sicher *Riethusen*, da *Rietheim* ausser in obiger Urk. auch im RSP. selbst, S. 152, vorkommt und Orte des Namens bekannt sind, während Riethausen verschwunden sein müsste. — Ueber Rudolf's von Bregenz Kampf gegen die Grafen von Kirchberg und über die Betheiligung seiner Mutter Berta von Rheinfelden, der Tante Herzog Bertold's, an diesem Kampfe vgl. Chr. Fr. Stälin II 42, P. Fr. Stälin I 255.

[736] Das würde eine Vermuthung Giesebrecht's III⁴ 886, die er ohne Beachtung des Tages von Rotenacker aus anderweitigem Grund ausspricht, stützen.

[737] Schöpflin V 61 f. Dazu eine Textberichtigung bei Dümgé 31, Anm. 4. Ueber den Grenzvergleich selbst vgl. Gothein a. a. O. — Das Constanzer Regest 788 (zu 1136) beruht auf einem Missverstehen der damaligen Erneuerung des Spruches von 1125.

[737a] Ueber ihn und St. Märgen s. Schmid, Hohenzollern II 71 ff.

ringen, die ganz kurze Notiz darüber[738] sagt nicht, ob Burg oder Dorf gemeint ist. Möglicher Weise sind sie damit dorthin gekommen, weil von ihnen etwa Bertold III zum Treuhänder ausersehen war, denn — und das erlaubte es, hier eine blosse Vermuthung aufzunehmen — kurze Zeit danach hat sich ein wichtiges Verhältniss der Zähringer zu St. Blasien ausgestaltet, zu dem auch von St. Blasien aus die einleitenden Schritte im Jahre 1122 schon gethan worden waren.

Dann aber begegnet doch noch einmal Herzog Bertold's Name in den allgemeinen Angelegenheiten und bei einem Ereigniss von weltgeschichtlicher Bedeutung, in welchem er, wenn auch keiner der Handelnden und Beschliessenden, so doch Zeuge und Willegeber gewesen ist: bei der Beschwichtigung des Investiturstreits, die das Jahr 1122 brachte. Auf den 8. September hatte der Bevollmächtigte des neuen Papstes Guido von Vienne, oder wie er als Oberhirte der römischen Kirche jetzt hiess, Calixts II, der Cardinal Lambert von Ostia ein Concil nach Mainz zur Berathung und Herstellung des kirchlichen und allgemeinen Friedens einberufen und dazu sowohl den Kaiser, wie alle Fürsten des Reiches und auch Frankreichs nebst allen Klerikern und Getreuen eingeladen. Der Ton der Einladung war versöhnlich und Heinrich V liess sich bereit finden; es war dann eine Rücksichtnahme ihm gegenüber, wenn die Synode nicht in Mainz, sondern in oder vielmehr bei dem allzeit gut kaiserlichen Worms zusammentrat. Zu ihr war nun auch Herzog Bertold und zwar mit seinem Bruder Konrad erschienen, ferner waren unter anderen weltlichen Fürsten der Herzog Heinrich der Schwarze von Baiern (Bertold's Schwiegervater), die Herzöge Friedrich von Schwaben (Bertold's Schwager) und Simon von Lothringen, die Markgrafen Diepold von Vohburg (Bertold's Vetter) und Engelbert von Istrien, sowie der Pfalzgraf Gottfried von Calw (Bertold's Schwager), unter den Bischöfen auch der Constanzer anwesend[739].

Langsam führten die Verhandlungen zu ihrem Ziel. Am 23. September konnte man die Vertragsurkunden austauschen: Heinrich empfing, wie bekannt genug ist, das Zugeständniss des Theilnahmerechts an der Wahl der deutschen Bischöfe und Reichsäbte und das weitere, sie und zwar durch das Scepter mit den Regalien vor der Weihe zu belehnen, während in anderen Reichstheilen der Gewählte erst binnen 6 Wochen nach der Weihe in gleicher Weise die Regalien empfangen sollte; er verzichtete dafür auf die Investitur mit Stab und Ring und gestattete die Wahlen, versprach auch die Zurückgabe aller während seiner und seines Vaters Regierung dem römischen Stuhle,

[738] In einer bischöfl. constanzischen Urk. von 1168 bei Gerbert, Historia silvae nigrae, III 96.

[739] Vgl. die Zeugen in St. 3181 (jetzt auch Lichtdruckwiedergabe der Urk. in den MJÖG. VI. 1885.) und St. 3182.

den kirchlichen Corporationen und den geistlichen wie auch weltlichen Fürsten entzogenen Besitzungen, und nicht nur, soweit er diese selbst in der Hand hatte, er verpflichtete sich auch, im anderen Falle für deren Rückerstattung getreulich zu sorgen. Das letzte war eine Bestimmung dieses allgemeinen Friedensvertrages nach langem und wirren Streit, auf die unter Umständen auch die Nachkommen Herzog Bertold's I noch eine immerhin sehr unsichere und erschwerte Hoffnung setzen mochten.

Inmitten der Fürsten, mit deren „Zustimmung und Rath" Kaiser Heinrich seine Zusicherungen gab, ist in der kaiserlichen Urkunde als letzter der vier Herzöge *Pertolfus dux* unterschrieben. Sein Bruder Konrad war begreiflicher Weise nicht zugezogen worden; dagegen steht er als Zeuge und zwar neben seinem herzoglichen Bruder in einer anderen Verbriefung, die eben kein Staatsvertrag von weltgeschichtlicher Bedeutung war, in dem damals im Lager auf den Lobwiesen bei Worms ausgestellten Privileg Heinrich's V für das westfälische Kloster Kappenberg.

Falls Bertold III sich wirklich Hoffnung machen konnte, auf Grund des Punctes im Wormser Vertrage, der die Wiederherstellung des Besitzstandes vor dem grossen Kampfe festsetzte, mit einigem Erfolg Ansprüche auf das Herzogthum Kärnthen oder auf irgend welche Entschädigung zu erheben, so sollte er doch nicht mehr zur Verfolgung dieser Angelegenheit gelangen. Im Winter 1022 auf 1023 zog er dem Grafen Hugo von Dagsburg im unteren Elsass zu, um ihm Hilfe gegen Aufrührer zu bringen und fand in dieser Fehde seinen Tod. Die Cölner Chronik sagt, er fiel durch unvorsichtigen Versuch, die Stadt Molsheim einzunehmen, was mit der Nachricht der zähringischen Genealogie aus St. Peter zur Noth zu vereinigen ist: „er zog mit Graf Hugo von Dagsburg vor den elsässischen Ort Molsheim hinab und nahm dort gewaltsames Einlager. Die Bürger aber drangen vor, zerstreuten seine Genossen und Bertold kam in unwürdigem Tode um." Die Freiburger Chronik des 16. Jahrhunderts erzählt ähnlich: er ward von den Molsheimern „freventlich in Kriegsleuffen uberfallen unnd mit graff Hugo von Dagspurg gefangen und unwirdigen todts jemerlich verderbt"[716]. Aber der Herzog ist nicht etwa in diesem Volksauflauf selbst zufällig erschlagen worden; lässt

[716] Chron. reg. Colon. Rec. I SA. 61. Catal. S. Petri Freib. Diöc.-Archiv XIV 84 f. — Geneal. Zaring. MGSS. XIII 736. Sie hat nicht etwa aus den älteren uns auch vorliegenden Nachrichten nur combinirt, denn dann müsste sie sich auch mit dem Strassburger Bischof beschäftigen, sondern hat selbständige Quellen gehabt. Freiburger Chronik im Anhang zu Schilters Ausgabe des Königshofen, Strassb. 1698, S. 16 f. — Bertold's Tod auch Ann. Argent. MGSS. XVII 88, Ann Marbac. ib. 158, Ann. Maurimonast. ib. 181; Ann. S. Blasii ib. 278; Not. fund. S. Georgii Zs. IX 208; Ann. Saxo MGSS. VI 744. (Im Jahr 1659 verzeichnete man zu St. Peter: *occisus Molshemii in Alsatia a civibus*. Kolb, hist.-stat.-topogr. Lexicon des Grossh. Baden III. S. 150. Doch das ist wohl dort nur erklärend vermuthet worden.)

schon der „unwürdige Tod" an Anderes denken, so erfahren wir weiter aus dem sächsischen Annalisten, dass der Strassburger Bischof Kuno seines Bisthums entsetzt ward, „weil er seine Zustimmung zu der Tödtung des Herzogs Bertold's gab"[741]. Bertold III muss also in irgendwie vorbereiteter Weise, am wahrscheinlichsten nach summarischem Gerichtsverfahren um's Leben gebracht worden sein.

Die Leiche des Herzogs ward seinen Leuten zugestellt und die Getreuen brachten sie (in einem ausgehöhlten Baumstamme, weiss die erwähnte Freiburger Chronik noch hinzuzusetzen) nach St. Peter; hier in dem von ihm selber so sehr geförderten Kloster seines Hauses, wo Vater und Mutter seit 11 Jahren ruhten, fand — und zwar im Capitelsaal vor des Abtes Stuhl[742] — nun auch der in der Blüthe der Jahre hinweggeraffte Bertold III die Grabstätte.

Das nicht ganz zu lichtende Dunkel, das über Bertold's Tod gelagert ist, überschattet auch den Tag, das Datum seines Ablebens. Die Necrologien machen unmögliche Angaben; es ist für uns massgebend, dass Bertold III noch dem grossen Wormser Tage im September 1122 beigewohnt hat, aber andererseits schon um Weihnachten 1122 sein Bruder Konrad Herzog und Vertreter des zähringischen Hauses ist, wie unten gezeigt werden wird. Das legt nahe Bertold's III Tod in den December 1122 zu setzen und dazu stimmt es auch, wenn die meisten annalistischen Quellen ihn noch zu 1122 melden, eine andere aber meint, er falle schon in das Jahr 1123, und wenn ein ähnliches Schwanken, das sich ebenfalls durch den während der Verbreitung der Nachricht geschehenen Jahreswechsel erklären muss, bezüglich der Absetzung des Bischofs Kuno stattfindet. Den Tag ganz genau bestimmen zu wollen, ist gewagt, aber eine Spur führt doch mit einer gewissen Wahrscheinlichkeit auf den 8. December. — Möglicher Weise fand erst am 19. Februar 1123 Bertold's Beisetzung in St. Peter statt[743].

---

[741] Ann. Saxo zu 1123; zu demselben Jahre die Thatsache der Absetzung auch in den Ann. Argent. l. c. und den Marbac. l. c., zu 1122 Ann. Disibod. MGSS. XVII 23. — Die Nachricht des sächsischen Annalisten bekommt dadurch Bestand, dass Molsheim in der That ein bischöflicher Ort war, vgl. unten zu 1198.

[742] Cat. S. Petri l. c. 85 = MGSS. XIII 736. Freib. Chron. b. Schilter S. 16f. — Im Necrol. von St. Peter (MGNecrol. I 335) zu Bertold: *officium cum 5 candelis.*

[743] Nur zwei schwäbische Necrologien haben Bertold's III Todestag, zwei solche, die ursprünglich gut über ihn hätten unterrichtet sein können: das trotzdem und auch sonst vielfach fehlerhafte Necr. minus von St. Peter hat den 19. Febr., das Necrol. Zwiefalt. (MGNecr. I 251) zum 3. Mai: *Berhtoldus dux*, was trotz des Widerspruches gegen alles andere nicht gut anders als auf Bertold III zu deuten ist. Der 3. Mai 1122, an den der ältere Stälin denkt (II 286), ist durch St. 3181 u. 3182 ganz ausgeschlossen, eben so ist es der 3. Mai 1123. Die Möglichkeit einer Lösung durch die auf irgend welche Weise geschehene Vertauschung von *kal. iun.* und *kal. ian.* ist doch wohl aufzugeben. — In den December, auf den durch das Thatsächliche hingewiesen wird, führt aus ganz anderer

Gegen zwölf Jahre nur hatte Bertold III an der Spitze seines Hauses gestanden, als ihn ein Tod, der schon durch die begleitenden kleinen Ereignisse und engen Verhältnisse traurig berührt, in der jugendlichen Vollkraft des Kriegsmannes hinwegriss. Er kam allerhöchstens in die vierziger Lebensjahre eben eingetreten sein, da sich ja sein Vater (sehr jung) im Jahre 1079 vermählte, war aber wahrscheinlich jünger, als diese Rechnung ergiebt, da er nicht vor seines Vaters letztem Lebensjahre an die Oeffentlichkeit tritt und überhaupt sich jederzeit seine Jugend in den Quellen bemerkt findet. Eifrig im Feldzug und tapfer im Kampfe, freigebig gegen St. Peter, nachgiebig in der Züricher Vogteisache hat er vor uns dagestanden; über seine eigentliche und wesentliche Art und Beanlagung aber kann aus dem Umfang des heutigen Wissens von ihm heraus nicht mehr geurtheilt werden. Ein Schöneres jedoch, als wir zu sagen wagen würden und Sichereres, als wir zu vermuthen vermöchten, das ruft über Bertold III aus dem 12. Jahrhundert die alte Chronik der Cölner herüber, Worte wie für des Herzogs Grabstein geschrieben:

iuvenis egregius, imperatori fidissimus.

Bertold III hinterliess eine Gemahlin, doch keine Kinder[744]. So mochte sie ihm vielleicht erst kurz vorher angetraut worden sein, als des Herzogs Tod sie schon zur Wittwe machte. Sie war[745] die zweite Tochter Heinrich's des Schwarzen (aus dem den Zähringern so lange Zeit verbündeten welfischen Hause) und seiner sächsischen Gemahlin Wulfhild und war Sophia geheissen; ihre ältere Schwester Judith war die Gattin Friedrich's II, des Staufers von Schwaben, der also dadurch Bertold's III Schwager war, die jüngere, Wulfhild, war die Gemahlin Rudolf's aus dem mit den Zähringern schon durch die Rheinfeldner verschwägerten Bregenzer Grafenhause. Als Mitgift waren Sophie Güter aus der Achalmer Erbschaft der Welfen zugewiesen worden und Bertold III bestätigte daher — zu leider unbekannter Zeit —, ebenso wie sein Schwiegervater es gethan hatte, dem Kloster Zwiefalten bereitwillig

Richtung auch Giesebrecht's Vorschlag III[4] 1225; in der von Chr. Fr. Stälin II 296 Anm. 1 citirten Urk., wo der 8. Dec. als Anniversartag Bertold's IV steht, durch die Conjectur *fratris sui* anstatt *mei* aus Bertold IV Bertold III zu machen. Dann wäre zugleich die weitere Schwierigkeit entwirrt, die darin liegt, dass für Bertold IV sonst schon der 8. Sept. genannt wird. Der 8. Dec. als Todestag für Bertold III würde in der That alles aufs beste lösen. — Die oben genannten annalistischen Quellen haben alle 1122, nur die Ann. S. Blasii 1123.

[744] Die Anm. 357 a besprochene Liutgard ist wohl noch eher als Bertold's IV Tochter aufzufassen, denn als eine solche Bertold's III, da bei letzterem, der keinen Erben hatte, das Schweigen der Quellen über eine etwa vorhandene oder vorhanden gewesene Tochter auffälliger wäre, als bei einer Liutgard unter Bertold's IV sonstigen Kindern.

[745] Ann. Saxo 744. Bert. Zwief. MGSS. X 106. Hist. Welf. Weingart. c. 15. MGSS. XXI 463. SA. 24. Catal. S. Petri 85 = Geneal. Zaringorum MGSS. XIII 736.

alle von dessen Achalmischen Stiftern gemachten Schenkungen aus dem Gute dieser Familie[746].

Nach seinem Tode hat die Frühverwittwete dem Markgrafen Liupold dem Tapferen von Steiermark die Hand zu einem zweiten Ehebunde gereicht[747]. Sie muss eine zuverlässige Frau gewesen sein; denn als sie, damals zum zweiten Male verwittwet, im Jahre 1129 mit einem Geleite von 800 Gepanzerten in die Heimath zurückkehrte, vertraute ihr ihr Bruder, Herzog Heinrich der Stolze, der längere Zeit vergeblich die feste Burg Falkenstein in der Nähe von Regensburg umschlossen hatte und nun genöthigt war, dem König Lotar zum Beistand nach Speyer zu eilen, die Fortsetzung der Belagerung an[748]. Sophie ist danach in der Heimath geblieben und an einem 11. Juli gestorben; sie wurde in dem welfischen Kloster Weingarten bestattet, das ihrer Freigebigkeit ein purpurnes Pallium, eine Dalmatica und einen Becher verdankte[749].

[746] Bert. Zwief. l. c. Ueber die Achalmer Erbschaft Chr. Fr. Stälin II 268.

[747] Ann. Saxo 744; Hist. Welf. Weing. l. c.; Catal. S. Petri (Geneal. Zaring.) l. c.

[748] Hist. Welf. Weing. c. 17. SA. 25 f.

[749] Necrol. Weing. MGNecrol. I 227; damit übereinstimmend Necrol. Diessense ibid. 22.

Konrad.

Bei allem persönlichen Lobe, das Bertold III sich errungen hat, scheint dieser Herzog nicht haben hindern zu können, dass das Haus der Bertolde mehr und mehr in die Art eines kleinen gräflichen Dynastengeschlechts zurücksank. Da hat die Vorsehung rechtzeitig einen Fürsten berufen, der sein Geschlecht unter deutlichen anfänglichen Schwierigkeiten doch wieder aufwärts und bald hoch empor getragen hat. — Konrad ist, wie schon erwähnt wurde, der jüngste der uns bekannten Söhne Bertold's II; er kann nach dem über Bertold III Gesagten erst ein jüngerer Mann gewesen sein, als die Blutthat von Molsheim ihn an die Spitze des Zähringerhauses stellte; ein bald zu besprechender Brief, der ihn erwähnt, lässt ihn sogar sehr jung erscheinen. Das Geburtsjahr zu bestimmen ist auch bei ihm nicht möglich.

So lange Bertold III lebte, der wenn auch kein Herzogthum, so doch Titel, Grafenamt und Vogteienbesitz voraus hatte, war „Herr Konrad“ [750] ein blosser Grundherr. Dies war er, weil eine Ausscheidung von Hausgütern für ihn thatsächlich geschehen war; denn nur in der allerfrühesten Zeit treten die Brüder als gemeinschaftliche Geber für St. Peter auf, später sorgt für dieses nur noch Bertold, selbständig und allein, und es wird sich ferner herausstellen, dass der jüngere, nach Rudolf's frühem Tode einzige Bruder des Herzogs noch bei dessen Lebzeiten als Eigengut zum mindesten die Gegend zwischen den Dörfern Herdern und Adelhausen-Wiehre besessen hat. Wann aber diese Theilung erfolgt ist, wird nicht ganz klar: am 13. September 1113 nehmen die Brüder noch eine gemeinsame Schenkung vor [751], andererseits melden die St. Petriner, Bertold (allein) habe ihnen bald nach dem 27. December 1111 in seinem noch frischen Eifer für das Kloster den Besitz vergrössert [752].

[750] *domnus Counradus* RSP. 141. 148. 154. 157. 158. 167. QzSchwGesch. III 1, 93. Dass RSP. 156 von den *duces* Bertold III und Konrad die Rede ist, erklärt sich einfach aus der späten Aufzeichnung dieser gemeinschaftlichen Schenkungen. — Das Datum 1108 in der Aufzeichnung RSP. 166 ist unrichtig, denn der 23. März des angegebenen Jahres war kein Freitag, Konrad damals nicht Vogt von St. Peter, u. s. w. Dagegen stimmen die Angaben der Urk. für 1128.

[751] RSP. 157. Der Eintrag auf S. 158 (ganz oben) fällt inhaltlich sicher nur kurz nach dem 30. Sept. 1113, vielleicht gar früher, da die Zeugen (Konrad von Waldkirch, Erkenbold von Kenzingen u. s. w.) alte Genossen Bertold's II sind. Der dazwischen stehende Eintrag S. 157, ganz unten, hat mit dem zähringischen Gut nichts zu thun, vgl. oben Anm. 715 und RSP. 160.

[752] RSP. 140: *non post multum temporis.*

So bleiben denn für die Erklärung verschiedene Möglichkeiten: 1) durch dieses bald sei in der Eile einer stilistischen Anknüpfung an das vorhergehende immerhin ein Zeitraum von nahezu 2 Jahren oder mehr ausgedrückt worden, 2) Konrad sei in der kurzen Notitia mit dem „bald" als der minder wichtige und wenn auch zustimmende, so doch abwesende Geber nur übergangen worden, 3) wenn 1) und 2) unzulässig sind, die Brüder hätten wenigstens bis 1113 einige Güter zu gemeinsamem Besitz behalten. — Eine dauernde Trennung ist ja überhaupt nicht eingetreten; durch das kinderlose Ableben Bertold's fiel doch wieder alles an Konrad.

Dieser hatte an der Ausstattung von St. Peter nur in der ersten Zeit, während des gemeinschaftlichen Besitzes der Hausgüter, Antheil gehabt, später hatte er, der gewiss viel ärmere, so lange Bertold lebte, das diesem überlassen, der ja auch der Vogt von St. Peter war, und war nur hier und da als blosser Begleiter des Herzogs zu Rechtshandlungen, die sich auf das Kloster bezogen, erschienen. Nur als einmal ein Gut aus der Gegend, in der sein eigenes Allod lag, nämlich zu Adelhausen, durch einen Bewohner dieses Dorfes mit Namen Adalbero an St. Peter geschenkt wurde, da war bei der Uebergabe auch „der Herr Konrad, Bruder des Herzogs Bertold" ohne den Letzteren zugegen, und zwar zugleich mit Erkenbold von Hachberg, Konrad von Waldkirch, Konrad von Buchheim, Erkenbold von Forchheim, Heinrich von Dietfurt und Walter von Weilheim[753].

Das früheste datirte selbständige Auftreten Konrad's fällt in den Anfang des Jahres 1120, wo er einen hitzigen Angriff auf das Kloster Schaffhausen richtet. Die Ursache, die ihn dazu bewog, hat der Abt, der sich klagend an Papst Calixt II wandte und damit auch uns die einzige Nachricht giebt, nicht miterzählt, man muss also versuchen sie anderweitig zu finden und etwa aus den sonstigen damaligen Umständen und Vorgängen zu erkennen. Dass die alte Tutoangelegenheit, der Streit um Wagenhausen, obwohl sie gerade in den ersten Tagen von 1120 wieder auf das Lebhafteste zwischen Constanz und Schaffhausen spielt, nicht den eigentlichen Grund gegeben hat, geht daraus hervor, dass sie über dem plötzlichen Zug Konrad's zunächst eher vergessen worden ist, sie kann also höchstens bei anderen wirklichen Ursachen den äusseren Anstoss mit gegeben haben. Dagegen findet sich, dass sich das Kloster Allerheiligen unmittelbar seit jenem Vorfalle mit Konrad und bis ins Jahr 1122 hinein auf das Eifrigste vom Papste, vom Kaiser und auch von dem Bischofe von Bamberg wiederholte Bestätigungen seines Besitzes verschafft hat. So üblich Bestätigungen und Neuverbriefungen nun auch sind, muss es doch auffallen, dass gerade der alte Gütertausch mit Bamberg, der für Schaffhausen im Jahre 1050 mit Bertold I als Vogt ge-

---

[753] RSP. 148.

schehen war, durch die päpstlichen und kaiserlichen Besitzbestätigungen nicht für genügend gesichert erachtet wurde, dass man sich ohne eine sonst ersichtliche Veranlassung an Bamberg selber wandte und dass die Bestätigung des Tausches nicht in der Form der Erneuerung älterer Urkunden, sondern durch ganz neu abgefasste Schriftstücke geschah. Dass ausserdem noch im Jahr 1102 Gebhard von Constanz seinen Bruder Bertold II zur Anerkennung eben jenes Tausches hatte nöthigen müssen, ist schon erzählt worden. Unter diesen Umständen ist nicht daran zu zweifeln, dass dieser im Jahr 1102 noch einmal beschwichtigte Streitpunct jetzt zum Austrag gebracht werden sollte. Und sucht man den Kern desselben: es taucht jetzt als im Jahr 1050 von bambergischer und zähringischer Seite im Tausche gegeben plötzlich auch ein Gut in der Nähe von Hilzingen (BA. Engen) auf, von dem weder die Urkunde von 1050 noch die von 1102 etwas weiss[754], und so ist anzunehmen, dass die zähringischen Brüder oder Konrad, falls er hierauf bei der Abtheilung verwiesen war, hinsichtlich dieses Gutes bei Hilzingen ihr Interesse verletzt sahen.

Am Tage vor St. Mathias[755] 1120, also am 24. Februar rückte, wie der Beschwerdebrief erzählt, „ein gewisser adlicher Herr Namens Konrad, ein ganz junger Mann *(puer adolescens)*, der Sohn des Herzogs Bertold, mit gewaffneter Mannschaft vor den Ort des heiligen Erlösers und kam zu sehr heftigem Kampf mit den Ortsinsassen von Schaffhausen, ohne jedoch, nachdem der Kampf sich vom Mittag bis in die tiefe Nacht hineingezogen hatte, den Eintritt erzwingen zu können. Vielmehr musste er, nachdem er am Abend und in der Nacht auf den Feiertag den Ort zum grössten Theile verbrannt hatte, mit vielen Verwundeten zurückgehen, aber in der Absicht am anderen Tage von neuem anzugreifen und den ganzen Ort mit den Einwohnern völlig auszurotten. Als ich [der Abt Adalbert] das erkannte und sah, dass sich die unbewaffneten und unkriegerischen Leute gegen bewaffnete und kriegsgewohnte Mannschaft nicht lange würden halten können, hielt ich mit den Vertrauteren Rath und begab mich aus freien Stücken unter dem Geleit seiner Ritter zu dem genannten Fürsten, dem ich mich mit dem Orte und den Einwohnern ohne jede Bedingung in die Gewalt gab, dass er, wie es ihm Gott verstatte, mit uns verfahre. Aber auch so konnte ich seinen Zorn nicht besänftigen, denn er verwüstete und plünderte trotzdem die Umgebung, führte nach seinem

[754] QzSchwGesch. 106 zu 1122: *quorum prediorum unum quidem infra Skafhusense cenobium, alterum vero inter ipsum locum et villam que dicitur Hiltisingen situm est.* Dagegen 1050, ibid. S. 6: *Eberhardus .... econtra a duce suscepit, que in loco Scephusen ad prefatum episcopatum pertinebant*, und 1102, ibid. S. 65: *dans duci .... pro quodam parvo predio in villa Scafhusen sito.*

[755] QzSchwGesch. III 1 S. 93f. 1120 als im Schaltjahr fiel Mathias auf den 25. Febr., Baumann irrt sich also in der Datirung um 1 Tag.

Belieben Gefangene fort und legte ausserdem dem Orte eine hohe vor Ostern an ihn zu zahlende Geldsumme auf." Eben mit dem Briefe, der dies erzählt, riefen nun Abt und Kloster, offenbar aber erst nach Konrad's Abzug, den Schutz des Papstes, in welchem Allerheiligen unmittelbar stand, an und baten darum, durch den Constanzer Bischof die Theilnehmer an jenem Angriff bei allen Klerikern und Mönchen der Diöcese von der Beichte ausschliessen zu lassen, bis Gott, dem hl. Petrus und dem Kloster Genugthuung geschehen sei. Ein Einschreiten sei um so nothwendiger, als überhaupt viele Klöster und Kirchen mehr und mehr Schaden zu erleiden hätten.

Ueber ein unmittelbares Eingehen Calixt's auf diese Beschwerde liegt nichts vor. Dagegen liegen neue Bestätigungen der Freiheiten und Besitzungen von Allerheiligen von Calixt wie von Heinrich V vor, obwohl Beide solche schon in längerer oder kürzerer Frist vorher gegeben hatten, und an demselben Tage, an dem der Kaiser die zweite Neubestätigung gab, am 11. November 1122, auf einem Tage zu Bamberg, verbriefte und erneuerte auch Bischof Otto von Bamberg den alten Gütertausch von 1050 und schloss dabei das Gut bei Hilzingen in den von Schaffhausen eingetauschten Besitz mit ein. Dabei wurden den in Bamberg erschienenen Vertretern Schaffhausens die Tauschgüter noch einmal und zwar durch die Hand des Bamberger Vogtes Ratpot feierlich tradirt[756]. So hatte also Schaffhausen von Seite Bambergs Recht erhalten und es drängt sich zur Erklärung der Angriffe Bertold's II und nunmehr Konrad's gegen dies Kloster die Muthmassung auf, sie seien etwa bloss desswegen erfolgt, weil Beide in den — uns noch vorliegenden — in der Bezeichnung ungenauen älteren Beurkundungen des von Bertold I vorgenommenen Tausches nichts von dem Gute bei Hilzingen gesagt fanden. Im Uebrigen lässt sich über diesen Vorfall nur noch feststellen, dass das Gut bei Hilzingen in die nachfolgenden Güterbeschriebe und Besitzbestätigungen Allerheiligens doch widerum nicht aufgenommen worden ist[757].

In demselben Jahre dieses Zuges gegen Schaffhausen, also noch bei Bertold's III Lebzeiten vollbrachte ein friedlicherer Thatendrang Konrad's eine der in der Folge bedeutendsten Stadtgründungen des zähringischen Hauses, das durch alle seine Zeiten hindurch wie kaum eines und mit am frühesten daran gearbeitet hat, seine Lande aus einem Gebiet nur bäuerlichen Wirthschaftslebens zum Handel und Gewerbe und zur Bürgerkraft der Städte zu fördern. Diese Schöpfung Konrad's aber ist Freiburg im Breisgau am Ausgang des Dreisamthales.

Eine durch günstiges Geschick erhaltene Urkunde bietet die Möglichkeit eine Vorstellung rückzuerschliessen, wie es in der Gegend und an dem

[756] QzSchwGesch. III 1, 106f. — Die Bestätigungen Heinrich's V ib. 95ff., 103ff.

[757] Vgl. die Urkk. QzSchwGesch. III 1, insbes. S. 113ff. 118ff. 125ff.

Orte, wo Konrad seine Stadt gründete, in den Zeiten vor 1120 aussah[758]. Auf der ganzen Strecke vom Schönberg über Adelhausen und Wiehre und weiter über Herdern und Zähringen bis Gundeltingen hin dehnte sich der Mooswald ganz nahe an den Fuss der Berge heran. Die aus dem Gebirge austretende Dreisam durchfloss in vielfach verästeltem, oft wechselndem Laufe den tiefen und schwarzen, moorigen Waldboden, der erst in einiger Entfernung von ihrem rechten Ufer, und zwar am westlichen Fusse des späteren Schlossbergs in leichter Hebung von Süden her anstieg und hier einen trockneren geräumigen und ebenen Platz bildete. Zum mindesten dieser gehörte zu dem Eigenthum[759] Konrad's, der ihn nun zur Stätte der beabsichtigten Stadtgründung ganz ohne Anknüpfung, lediglich wegen seiner geeigneten Lage bestimmte.

Konrad gründete aber seine Stadt, indem er eine Stätte des Marktverkehrs schuf. Es ist nun neuerdings unter erstmaliger nachdrücklicher Unter-

---

[758] Urk. K. Heinrich's II von 1008, St. 1059, die dem Hochstift Basel den Wildbann verleiht „*per illas silvas hiis terminis ac finibus succinctas: a villa Togingun* (Thiengen) *usque ad villam Ofhusen* (Uffhausen) *et ad Adelenhusun* (Adelhausen) *et inde Worin* (Wiehre), *inde vero usque ad Harderen* (Herdern) *et inde ad Zaringen* (Zähringen) *et inde ad Gondalcingen* [so möchte ich lesen statt *Gondalinngen*; gemeint ist Gundelfingen] *et inde ad Werstetten* (Vörstetten) *et de illo loco ad Thiermondingen* (abg. Ort) *inde vero ad Ruthin* (Reuthe) *ac postea ad Beseingen* (nach Bötzingen hinüber) *et inde per ascensum Treisame fluminis* (das alte Dreisambett aufwärts) *usque ad locum ubi Bamelaha fluvius intrat in Treisama et inde per ascensum Bamelahae usque ad prescriptam villam Togingun*" (zurück; das Gewässer ist als „Landwasser" dort noch vorhanden, aber den Namen Bamlach vermochte ich bisher nicht mehr zu finden). Hier interessirt insbesondere, dass im Jahre 1008 zwischen Adelhausen-Wiehre und Herdern keine Wohnstätte war, an die die Grenzbeschreibung des Mooswaldes hätte anknüpfen können. Allerdings ist es seit älterer Zeit bis in die allerjüngste üblich, Freiburg lieber aus einer schon vorhanden gewesenen dürftigen Bauernansiedlung, mit oder ohne eine Burg (auch Jagdhaus) auf dem vorderen Ausläufer des Rosskopfs, dem unteren „Schlossberg", entstehen oder erweitert werden anstatt neu gegründet werden zu lassen. Aber ausser ihrer Zähigkeit im Vererben hat diese Aufstellung nichts aufzuweisen. Es fehlt erstens jeder geschichtliche Anhalt, dass nach 1008, wo also die Gegend sicher unbebaut war, eine weitere Bauernansiedlung zwischen Adelhausen, Wiehre und Herdern noch hineingedrängt worden sei; zweitens könnte eine solche nicht wohl „Freiburg" geheissen haben und wenn sie einen anderen Namen trug, so ist es sehr befremdlich, dass in der Gründungsurkunde der Stadt nicht dieser, wie es z. B. bei Allensbach und Radolfzell und sonstigen Orten geschah, kurzweg zur Bezeichnung des gewählten Platzes anstatt einer unbestimmten Umschreibung sollte verwandt worden sein, wenn man es im übrigen auch erklärlich finden will, dass dieser uns ganz verschollene Name verändert wurde und die Stadt einen ganz neuen Namen erhielt. — Das *in loco proprii iuris* kann also nimmermehr heissen: „an einem Ansiedlungsorte, der zu meinem Grundrecht stand."

[759] Nach der Urk. Konrad's. Ueber diese und die anderen Quellen vgl. die Ausführungen „Gründer und Gründungsjahr von Freiburg i. B.", die die Einzelheiten des folgenden Textes zu begründen unternehmen.

scheidung dieser Begriffe mit Recht betont worden, dass Wochenmärkte und nicht die Jahrmärkte es sind, die das Aufblühen ihrer Sitze veranlassen. Diese Bemerkung wird auch durch die Entstehungsgeschichte Freiburgs bestätigt, denn der Markt, aus welchem die Stadt emporgewachsen ist, sollte von Anfang an kein nur in grösseren Pausen wiederkehrender, sondern ein bei kleinen Terminen gewissermassen ständiger sein. Das geht schon daraus hervor, dass der Stifter der Stadt den Handelsleuten vor allen Dingen feste Wohn- und Geschäftsstätten zur Verfügung stellte.

Natürlich darf man sich nur möglichst wenig an den heute bei ganz anderen Formen des Handelsverkehrs völlig veränderten Begriff eines Wochenmarktes anlehnen. Es handelte sich darum, für ein grosses und bedeutendes Gebiet einen Mittelpunct zu schaffen, an welchem der Absatz der Früchte des ländlichen Fleisses mit Einschluss der Viehzucht sich begegnen könne mit dem Einkauf der durch den Handel aus der Ferne mitgeführten und bald auch an dem Marktort selbst hervorgebrachten gewerblichen Erzeugnisse, danach auch sonstiger fremder Waaren, überhaupt für einen Austausch im weitesten Sinne [760].

Ganz vortrefflich war der Ort gewählt: er bildete den natürlichen Vereinigungspunct am Rande der weitesten Ausladung, die die rechtsrheinische Ebene überhaupt hat und beherrschte die fruchtbaren Gegenden vom Kaiserstuhl und vom Strome herüber um so mehr, als er den wichtigsten breisgauischen Schwarzwaldthälern gleich geschickt gelegen war und zu dem Weg über das Gebirge den Schlüssel bildete. Für die Zähringer selbst kam noch das als besonders günstig in Betracht, dass ihre Stammburg und ebenso ihr Hauskloster St. Peter benachbart lagen und dass es eben zähringische Gebiete waren, die durch den grossen Verkehrsweg vom Breisgau an Freiburg vorbei durch das Dreisamthal und die Wagensteig nach der Baar mit einander verbunden wurden.

Es war im Jahre 1120, als Konrad [ich übersetze einfach die ältesten Theile seiner Urkunde] von überall her durch seinen Aufruf Handelsleute versammelte und nach besonderer Vereinbarung mit ihnen daran ging den Marktort nunmehr thatsächlich einzurichten. Er liess vermessen und theilte jedem der auf die Vereinbarung eingegangenen Handelsleute an der Marktstätte ein Grundstück von 100 Fuss Länge und 50 Fuss Breite mit der Bestimmung zu, dass die von ihnen darauf zu errichtenden Gebäude den Inhabern zu Eigenthumsrecht zustehen sollten, jedoch von jedem Grundstück ein jähr-

[760] Man wolle sich ein Bild verschaffen durch den Zolltarif im sog. Freiburger Stadtrotel bei Schreiber, UB. d. Stadt Freiburg i. B., 1828, I S. 5 ff. Die Zollbestimmungen selbst haben sich, wie natürlich ist, (bis dahin) im Laufe der Zeit seit 1120 verändert, sehr wenig aber, wie man dem Tarif ansieht, die umzusetzenden Producte und Waaren.

licher Zins in der Höhe eines Solidus an Konrad und seine Nachfolger zu zahlen sei. Damit war die äussere Gründung des Marktes schon geschehen. Als die Versammelten sodann Konrad baten, die ihnen zu gewährenden Freiheiten zu bezeichnen, ging er nicht nur alsbald auf deren Feststellung ein, sondern liess sie auch sogleich zur Sicherung für die Zukunft aufzeichnen. Sie lauteten: „Ich verspreche innerhalb meines Besitzes und Machtbezirks allen Besuchern meines Marktes Frieden und Geleit. Wenn Jemand von ihnen innerhalb dieses Gebietes beraubt wird, werde ich, falls er den Plünderer nennt, entweder für Rückerstattung sorgen oder selber Ersatz zahlen“. Die hierauf folgende Bestimmung verbürgte freies Erbrecht, wir besitzen sie jedoch nicht mehr ganz in der anfänglichen Form, sondern in einer bald danach geschehenen Erweiterung. — Weiter: „Allen Kaufleuten erlasse ich den Zoll. Niemals werde ich meinen Bürgern einen Vogt, noch einen Priester ohne ihre vorherige Wahl setzen, sondern die sie zu solchen erwählen, sollen sie mit meiner Bestätigung haben. Wenn Streit oder Klage unter meinen Bürgern entsteht, soll nicht nach meinem Ermessen oder dem ihres Vorstandes verfahren werden, sondern die Sache verhandelt werden nach dem gewohnheitsmässigen und giltigen Recht aller Kaufleute, vornehmlich aber nach Cölner Spruch“. Das ist die Stelle, aus der schon frühzeitig fälschlich gefolgert ist, Konrad habe nach Freiburg das Stadtrecht von Cöln übertragen. Thatsächlich heisst jenes nur „nach Marktrecht“ und es liegt darin nur noch eine besondere Achtung vor dem Cölner Handelsbürgerthum, mit dem ja Bertold III und schon dessen und Konrad's Vater in nahe persönliche Berührung gekommen waren und über das Bertold III wahrscheinlich seinem Bruder Mittheilungen voll hoher Anerkennung gemacht hatte [761], die aber, wie wir schon wissen, einem Sohne des Zähringerhauses nicht mehr die eigentliche und erste Anregung zur Städtebegründung geben konnten. — Die Verleihung dieser Freiheiten aber, von denen die Veränderungen der Folgezeit im Ganzen nur herabgemindert haben, schloss Konrad: „Damit nun meine Bürger den genannten Zusicherungen volles Vertrauen entgegenbringen, habe ich mit meinen zwölf namhaftesten Ministerialen, die es auf die Heiligthümer der Heiligen

[761] Auf Bertold's Bekanntschaft mit Cöln durfte hingewiesen werden, aber zugleich wird vor ihrer Ueberschätzung zu warnen sein. — E. Huber ist es, der (Zs. f. schweiz. Recht, XXII 1882) die Unhaltbarkeit der alten Annahme von der Uebertragung Cölner Rechts nach Freiburg darlegt; er erklärt sich ibid. S 21: Es „genügt die Thatsache, dass im 11. Jahrhundert die cölnischen Kaufleute mit ihrem Namen bereits die Rheinroute und den deutschen Markt in London beherrschten, um begreiflich zu machen, dass es als das wirksamste Mittel zur Gründung der Stadt und Herbeilockung einer Bürgerschaft erscheinen musste, wenn der zähringische Herzog erklärte, dass er Freiburg nach Cölner Recht zur Stadt erheben wolle.“ „Ohne wirkliche Rechtsübertragung wurde mithin Cöln als Oberhof bezeichnet:“ dass und weshalb Cöln als solcher nie in Wirksamkeit trat, führt Huber l. c. noch kurz aus.

beschwören, Sicherheit gegeben, dass ich und meine Nachfolger das obgesagte allzeit erfüllen werden. Und dass ich diesen Eid nicht etwa aus irgend einer Nöthigung breche, habe ich mit meiner rechten Hand dem freien Manne [762] und den Geschworenen des Marktes [763] die Zusicherung dessen unverbrüchlich gegeben. Amen."

Von Marktfrieden, Marktgericht, Geleit, Zoll sprechen schon diese ersten Bestimmungen Konrad's und dass die Zähringer auch das Münzrecht zu Freiburg besessen haben, wird bei der Aufzählung ihrer Güter und Rechte späterhin zu erweisen sein. Das waren also lauter Regalien, die der Gründer der Stadt sich vom Könige übertragen lassen musste. Es hat den Anschein und auch die ersten von ihm verliehenen Freiheiten sind so abgefasst, als sei Konrad vertrauensvoll zunächst selbständig vorgegangen und erst nachträglich die Bestätigung erfolgt. Dass wirklich die Genehmigung, die „Bestätigung" durch Heinrich V gegeben ist, ist ausdrücklich von einer Quelle [764] aufbewahrt; die besondere Zustimmung des Landesherzogs, deren in ähnlichen Fällen gerne gedacht wird, erwähnt sie nicht, aber diese kommt vielleicht darin zu einem begreiflicherweise verhüllten Ausdruck, wenn immerhin der Zustimmung „der Fürsten des Königs" zu dem Werke des Zähringers zu gedenken nicht vergessen wird.

Der Schöpfung Konrad's ist ein reicheres Emporgedeihen beschieden gewesen, als der eines seiner Ahnen, dem freundlichen Villingen. Das macht, die Vorbedingungen waren für jene unendlich viel günstigere, als für den Ort auf der Baar. Eine Stätte des Wochenmarktverkehrs ist Freiburg bis auf den heutigen Tag in eigenartiger Weise geblieben, wohl keine sonst entsprechende Stadt hat ein solches Treiben aufzuweisen, wie es sich am Samstag in der Dreisamstadt um das herrliche Gotteshaus herum auf dem Münsterplatz abspielt, ein solches buntes Marktgedränge, wie dort die Massen der unschönen aber farbenfreudigen Trachten vom Schwarzwald und vom Kaiserstuhl vollführen. Dass aber die „freie Burg", wie Konrad seine Schöpfung nannte, auch ihre grösseren Zwecke erfüllt hat und in schnellem Erblühen eine Stadt ortseingesessenen kräftigen, wohlhabenden Bürgerthums geworden ist, das wird uns noch zu ihres Gründers Lebzeiten, in gerade eines Vierteljahrhunderts Frist deutlich vor Augen treten.

Wie Konrad mit seinem Bruder im September 1122 zu den Verhandlungen von Worms ritt, ist schon berichtet worden. Und dann war bald der jähe Tod des Herzogs erfolgt, der eben deswegen noch in dieses Jahr zu

---

[762] Ich nehme das collectivisch, da kein „*uni*" oder „*cuidam*" bei *libero homini* steht.

[763] *coniuratoribus fori.* Entspricht das nur erst dem *coniuratione facta* am Eingang der Urkunde: den Mitvereinbarern, oder schon der späteren, aus 24 bestehenden Behörde desselben Namens?

[764] Dem sog. Stadtrotel; vgl. über ihn die Anm. 759 erwähnten Ausführungen.

setzen ist, weil am 26. December 1122 schon Konrad als Vertreter des zähringischen Hauses und als Herzog auftritt. Nämlich in einer Sache des zähringischen Klosters St. Peter[765].

Ein herzoglicher Dienstmann Namens Rüdinger hatte sich in der letzten Krankheit von den Seinen nach St. Peter bringen lassen, wo er sein Seelenheil in der Angst des Todes suchend Mönch geworden war und all sein Gut im Dorfe Schwandorf (OA. Nagold) nebst einem Theil seiner beweglichen Habe dem Kloster geschenkt hatte. Aber als er nun ein paar Tage nach Anlegung des Mönchsgewandes gestorben war, machten die Erben Schwierigkeiten; ein Theil zwar wollte das Vermächtniss anerkennen, der andere jedoch kam mit Sätzen des weltlichen Rechtes: der Testator sei schon zu nahe dem Tode gewesen, er könne seine Rechtsnachfolger nicht völlig enterben, er habe die Uebertragung seines Besitzes auch nicht ohne Erlaubniss seines Herrn, des Herzogs, machen dürfen. In dem letzteren Puncte freilich irrten die Anfechter des Testamentes, denn die fragliche Erlaubniss war für Schenkungen an St. Peter den zähringischen Ministerialen ein für alle Male gegeben worden. — So nahm nun Herzog Konrad den Streitfall auf und brachte ihn an dem genannten Tage, am 26. December 1122 auf der Burg Baden an der Oos[766], die ja auch für die Erben des Schwandorfers bequem gelegen war, zur Entscheidung. Sie lautete: St. Peter solle diesmal die Erbschaft herausgeben[767]. Um aber auch den Abt mit den Seinen, die erschienen waren, nicht unzufrieden von dannen gehen zu lassen, schenkte er ihnen gleichzeitig zum Ersatz zwei Mansen im Bezirk Sulz und erneuerte für die Zukunft die erwähnte ständige Erlaubniss für Schenkungen seiner Ministerialen an St. Peter, und zwar fortab selbst für Fälle, da der Geber dem Tode nahe und sterbend sei und für jeglichen Umfang der Schenkung.

---

[765] Schannat Vindem. coll. I 161 aus dem Copb. 725 S. 119 im Karlsr. Archiv. Das *duces* in z. 18 des Abdrucks ist, wenn es Sinn geben soll, in *heredes* zu verbessern. — In dem Copb. ist der Urk. eine Bemerkung in Schrift des 16./17. Jahrhunderts vorausgeschickt: *Integri ms. codicis membranacei qui olim ad hanc O. S. B. abbatiam pertinuit, tristes hae sunt reliquiae, quae et ipsae periissent, nisi casu superveniens eas ex ignorantis manibus redemissem: conducunt plurimum ad pleniorem fundationis notitiam, quae splendidam suam originem debet Bertholdo Zaringie duci et coniugi suae Agneti ad annum MXCIII.* (Freundl. Mitthlg. v. Dr. A. Krieger in Karlsruhe.)

[766] Chr. Fr. Stälin II 321, Schreiber, Geschichte der Stadt Freiburg, I 43 und die übrigen beziehen das *in castro . . . Badin* auf das allerdings damals zähringische und auch so geheissene Badenweiler. Dagegen spricht aber das, was der Text weiter zu bringen hat. In dem: *in castro quod vulgari lingua Badin nuncupant* steckt möglicher Weise ein gewisser Eindruck, den der alte Römerort doch noch auf die anwesenden St. Petriner gemacht hatte.

[767] Die St. Petriner drücken sich über den etwas peinlichen Bescheid aus: *quod haeredes praefati viri iure propinquitatis deberent exequi haereditatem sibi debitam.* Dabei an blosse Pflichttheile zu denken, verbietet das völlige Fehlen Schwandorf's im RSP.

Mitanwesend waren ausser den Partheien auch die freien Herren von Neuenstein, Steinstadt, Hardtegg, Wart, Buchheim, Brandegg, Hausen und Gundelfingen, von Ministerialen des Herzogs Bertold von Meisenheim und seine Söhne Rudolf und Bertold, Egilolf von Blankenberg, Werner von Altikon und sein Bruder Hugo von Müllheim und Bivo von Epfenhofen. — Mit ihnen hatte also Konrad auf der Burg seines Vetters, des Markgrafen, das Weihnachtsfest begangen; dass er auf der Fahrt zum Kaiser begriffen war und Hermann in Baden nur abholte, geht daraus hervor, dass beide schon zwei Tage später, am 28. December 1122, Intervenienten in einer von Heinrich V an St. Blasien verliehenen Urkunde sind. Auch hier wird der Zähringer an diesem Datum als „Herzog Konrad" bezeichnet[768].

Mit Konrad und seinem Vetter zugleich befanden sich damals zu Speyer bei dem Kaiser der Cardinalbischof Lambert von Ostia, die Bischöfe von Speyer, Regensburg, Metz, Verdun, Eichstädt, Pfalzgraf Gottfried von Calw, Konrad's Schwager, ferner Herzog Simon von Oberlothringen, die Grafen Berengar von Sulzbach, Konrad von Wirtemberg und die weiteren Grafen Friedrich, Hartmann und Otto. Es war nach langem Kampfe die Zeit des jungen Friedens und so schien es damals, als ob nur eine einzige Quelle der Besorgniss für den Kaiser übrig geblieben sei, die ablehnende und unversöhnte Haltung des Herzogs Lotar ferne im Norden, in Sachsen.

Konrad ist damals einige Zeit in der Nähe des Kaisers verblieben oder wenigstens bald wieder mit ihm zusammen getroffen. Denn auch in Urkunden, die der Kaiser am 23. und 24. Januar in Strassburg für die Klöster Alpirsbach, die Stiftung der Zollern, und Waldkirch ausgestellt hat, erscheint er als Zeuge und Fürbitter und zwar widerum mit dem Herzogstitel, dem in der ersteren Urkunde noch „von Zähringen" hinzugesetzt ist[769]. Von Personen, die Konrad nicht schon in Speyer gesehen hatte, waren hier noch anwesend der Basler Bischof Bertold[770], der Abt Bertold von Murbach, ferner ein Vetter seines Schwagers Gottfried von Calw, der Graf Adalbert von Löwenstein, dann der Graf Hugo von Dagsburg, in dessen Fehde Bertold III den Tod gefunden hatte, die Grafen Folmar von Huneburg, Wilhelm von Lützelburg, Adalbero von Aarburg und dessen Bruder Hermann, Friedrich von Saarburg, Konrad von Horburg und andere Grafen, Burggraf, Schultheiss und Zöllner zu Strassburg und neben diesen allen und einer Anzahl unterelsässischer freier Herren die Mitglieder einiger mit dem zähringischen Hause in häufigerem Verkehr stehender Häuser, wie von Entersbach, Windschläg, Hof-

---

[768] *Counradus dux.* St. 3185, die Datirung ist WUB. I 356 f. irrthümlich als 1123, Dec. 28. verstanden. Ueber die Urk. selbst s. unten S. 265.

[769] St. 3186, *de Zeringen*; und St. 3187.

[770] Ueber dessen Abstammung W. Gisi im Anz. f. schweiz. Gesch. 1886 S. 79 ff. handelt.

weiler, Köndringen, Hilsbach, Eschach, und Thanegg. Was nun aber Konrad hier zu Strassburg im Verein mit Hugo von Dagsburg und so vielen Freunden beider Häuser bei dem Kaiser nachgesucht hat, wird durch die Umstände unzweifelhaft klar: eben in diesen Januartagen muss auch die Amtsentsetzung des in Bertold's III Tod verwickelten Bischofs Kuno von Strassburg geschehen sein, also die Vorgänge von Molsheim sind damals zum Austrag gekommen. Auch darin, dass Heinrich nachher sogleich wieder rheinabwärts gezogen, nicht weiter den Strom hinauf gegangen ist[771], zeigt sich, dass ihn nur eine bestimmte Angelegenheit nach Strassburg geführt hatte. Leider ist aber ausser der Entbebung des Bischofs über das Verfahren und ergangene Urtheil durch die Ueberlieferung gar nichts festgehalten worden.

Fraglich ist, ob eine zweite Handlung der kaiserlichen Antheilnahme an den Angelegenheiten des zähringischen Hauses zu diesem Zusammentreffen Konrad's mit König Heinrich V in Beziehung zu setzen ist. Der Träger der Krone hat ja zu einer nicht angegebenen Zeit die Gründung der Stadt Freiburg durch Konrad bestätigt und zwar, wie schon gesagt wurde, allem Anschein nach nachträglich[772], und die Fürsten haben dieser Bestätigung zugestimmt. Das könnte nun aber eben so gut schon im Jahre vorher während der Concordatsverhandlungen zu Worms geschehen sein, wo noch mehr und vor allem viel bedeutendere Fürsten anwesend waren, als 1123 zu Strassburg, könnte ferner, falls man eine lange Verschleppung nicht bedenklich finden will, sogar erst um den Anfang 1125 geschehen sein, wo Heinrich V noch einmal nach Strassburg gekommen ist, von dort aus allerlei Verfügungen für alamannische Orte getroffen und darunter auch gerade eine zähringische Angelegenheit beurkundet hat, und könnte schliesslich auch erst unter Lotar geschehen sein, wofür sogar eine gewisse Wahrscheinlichkeit darin liegt, dass die Quelle von der Bestätigung durch den „König", nicht den Kaiser spricht, wie es Heinrich V lange vor 1120 schon geworden war.

Das auf ihn vererbte gute Verhältniss zu Kaiser Heinrich kam dem Herzog Konrad zu statten, als er in diesen Jahren den ersten Versuch des zähringischen Hauses machte, bei dem Kloster St. Gallen, das sein Vater Bertold II so inständig bekriegt hatte, eine einflussreiche Schutzstellung zu gewinnen[773]. Patriarch Ulrich von Aquileja, der ja immer noch der Abt des

[771] Vgl. St. 3188 ff.

[772] *Conradus Friburcum in Brisgaw construxit ac libertate donavit . . . . . . Henrico imperatore confirmante et cunctis principibus corone Romani imperii qui aderant consentientibus.* Urk. Friedrich's II von 1218, April 15. für Bern. (Vgl. über sie die Anm. 759 erwähnten Ausführungen.) Aber richtiger als es das oben herausgenommene, etwas künstliche Citat thut, wird in der Urk. Friedrich's die Bestätigung auf Heinrich VI und auf Bern zu beziehen sein. — Nun erwähnt noch der Stadtrotel (über diesen ibid.) *consensum ac decreta regis et principum* ohne Namenszusatz.

[773] Das Folgende stofflich nach Cont. cas. S. Galli S. 90 ff. und nach den Ausführungen

Klosters war, war gestorben (wie es scheint, am 13. December 1121) und zu seinem Nachfolger von einem Theil der Mönche aus ihrer Mitte heraus ein Mitglied des Edelgeschlechts[774] von Twiel, Namens Heinrich gewählt. Sie präsentirten ihn dem Kaiser als Electus und baten um seine Investitur mit dem königlichen Scepter, die Heinrich an dem Gewählten auch vollzog. Die ausdrückliche Hervorhebung der Scepterinvestitur durch die Quelle[775] beweist, dass die kaiserliche Bestätigung dieses neuen Abtes erst erledigt wurde, nachdem das Concordat von Worms die bisherigen Streitfragen entschieden und insbesondere für die Uebertragung der Regalien den erwähnten Modus festgesetzt hatte. — Aber wie gesagt, die Wahl dieses Heinrich von Twiel war nur durch einen Theil der Mönche geschehen; nach einiger Zeit ermannte sich die Widerparthei zu Gegenmassregeln, setzte im Einverständniss mit Herzog Konrad von Zähringen und nach dessen Rath heimlich einen Tag zur Erhebung eines neuen Abtes an, lud zu diesem den Herzog in das Kloster und verzichtete sogar auf ihr eigenes Wahlrecht zu Gunsten seiner freien Ernennung eines Abtes. Wir würden in dieser Sache noch klarer sehen, wenn über jenes Geschlecht von Twiel Genaueres bekannt und über ihre Rechte an der berühmten Burg mehr als die Möglichkeit einer Vermuthung zu erreichen wäre. Immerhin drängt sich aus dem ganzen Zusammenhange die Annahme auf, Herzog Konrad, der hier mit so grossem Eifer in Action trat, nachdem einmal jenes Geschlecht von Twiel in eine gewisse Verwicklung gerathen war, habe, indem er der gegnerischen Parthei im Kloster zum Siege verhalf, auf dieser Grundlage eine Bestimmung des in jeder Beziehung so ungünstigen Friedens von 1098 rückgängig machen zu können gehofft. Nur das würde es auch erklärlich machen, dass er das Bedenken hintenansetzte gegen einen von Heinrich V schon investirten Abt vorzugehen. Davon abgesehen, mag, da Konrad Ende 1122 überhaupt erst Herzog wurde, bei seinem Eingreifen schon einige Zeit seit der Wahl des Twielers vergangen gewesen sein; das könnte dann schliessen lassen, dass die Gegenparthei einer gewissen Aufmunterung bedurfte. Wie sehr auf jeden Fall Konrad die ganze Sachlage

Meyer's von Knonau zu dem Texte, unter Berücksichtigung von E. Bernheim, Zur Geschichte des Wormser Concordates, Gött. 1878, S. 32, 38 ff. u. 65.

[774] 1185 stehen Eberhard und sein Bruder Adalbero von *Trielo* unter freien Herren, QzSchwGesch. III 1, 113; im Jahre 1152 Eberhard von *Twiela* unter *nobiles viri* Schöpflin V 94. Dem gegenüber ist die Vermuthung: „wahrscheinlich Ministerialen" in der Oberamtsbeschreibung von Tuttlingen S. 563 nicht gut zu halten, abgesehen davon, was schon M. v. Kn. bemerkt, dass St. Gallen kaum einen nicht edelfrei geborenen zum Abt geduldet haben würde. — So ist das wahrscheinlichste: der Twiel war seit den Kämpfen Bertold's II nicht wieder zähringisch geworden und St. Gallen hatte mit ihm dasjenige Geschlecht belehnt, das bei dem Aufkommen der Familiennamen sich den seinigen nach ihm gab.

[775] *regali sceptro sublimari petierunt.*

beherrschte, zeigt sich darin, dass die Gruppe der Mönche, die sich mit ihm verständigte, sogar die Person des neu zu wählenden Abtes ganz und gar von seiner Bestimmung abhängig machte. — An dem festgesetzten Tage nahte nun Konrad mit dem sehr stattlichen Heergefolge von 600 Reisigen den Mauern von St. Gallen, den Abt, den er erheben wollte, einen jungen St. Galler Mönch Manegold aus dem Edelgeschlecht von Mammern[776] dabei mit sich führend. Vor dem Kloster machte er Halt und sandte einen Boten hinein, durch den die Gesammtheit der Brüder erfuhr, sie hätten den angekommenen Electus mit schuldiger Ehrerbietung aufzunehmen und ihm mit schleunigster Eile entgegenzuziehen. Da die Mönche von Konrad's Parthei im Kloster ein vortreffliches Schweigen bewahrt hatten, wurden die Gegner durch des Herzogs Botschaft völlig überrascht und wussten keinen Ausweg, als mit ihrem Abte, dem Twieler, über den See zu fliehen, um sich dann im Schlosse Zeil, das auf einem steilen, weitschauenden Bergvorsprung aus der Leutkircher Ebene aufragt, festzusetzen. Also der Abt Heinrich zog doch vor, mit den Seinen nicht auf den Twiel zu flüchten, was vielleicht von ihm eine kluge Rücksicht auf seine Familie war. Nachdem der Herzog somit ungehindert in St. Gallen eingezogen war, ward der von den zurückgebliebenen Mönchen mit Ehrenbezeugungen aufgenommene Manegold von Mammern alsbald zum Abte erhoben und da er nicht allein durch Konrad, sondern auch durch tüchtige eigene Macht seines Hauses[777] unterstützt war, so unterwarf er sich mühelos vom Kloster aus zunächst die Stadt St. Gallen und die Umgebung, setzte dann über den See und nahm auch dort die Klosterbesitzungen ein, zu deren Behauptung und Schutz gegen Heinrich von Twiel und seine Freunde er die Burg Prassberg erbaute.

Indessen ward es Zeit, dass diese Geschehnisse vor den Kaiser kamen. Manegold selber ging, als er seine Stellung genug gesichert sah, an Heinrich's Hoflager und führte dort seine nachträglichen Wähler als Zeugen einer kanonischen Wahl vor; der andere Abt, so legte man dem Kaiser dar, ohne dass das heute noch geprüft oder mit Bestimmtheit aufgehellt werden könnte, sei noch bei Lebzeiten des Patriarchen Ulrich auf ein gefälschtes Abdankungsschreiben desselben hin erhoben worden, dagegen Manegold selber in kanonischer Weise nach Ulrich's Ableben[778]. Höchst eigenthümlich ist nun das Verhalten Kaiser Heinrich's: er war ja bereits entschlossen, über die Rechte

[776] Dasselbe sass in der Gegend von Stein a. Rh., dessen Vogt Konrad war. Das Verhältniss der Familien von Mammern und von Böttstein zu einander bleibt für die daran näher betheiligte Forschung noch festzustellen.

[777] Cont. cas. 100; dann wieder nach S. 96 ff.

[778] Es scheint, als sei diese Darlegung nachträglich für das Ohr des Kaisers zurechtgemacht worden, nachdem sich ein vorgekommener Irrthum über Ulrich's Tod aufgeklärt hatte. — Für einen solchen könnte auch der doppelt überlieferte Kalendertag seines Todes sprechen, vgl. Meyer von Knonau Anm. 237.

hinüberzugreifen, die ihm das Concordat zugestand. Nach diesem wären es der Erzbischof und die Bischöfe der Mainzer Provinz gewesen, die über die streitige Abtswahl in St. Gallen zunächst zu befinden gehabt hätten; statt ihrer hörte der Kaiser die Ausführungen beider Partheien und befragte sein Hofgericht. Dieses gab den Spruch: keine der beiden Partheien in St. Gallen könne dem Recht des Kaisers im Wege stehen, die streitige Würde frei, wem er wolle, zu übertragen. Daraufhin stellte sich dann Heinrich V aus eigenem Entschluss auf die Seite Konrad's von Zähringen und erhob den von diesem empfohlenen Manegold. So hatte das kühne Vorgehen des Herzogs und das ihm dabei zu Statten kommende Verhältniss zu Heinrich V dem Interesse seines Hauses, das einst so heftig von dem kaiserlichen St. Gallen bekämpft worden war, nunmehr gerade in dem kaiserlichen Abte des Klosters eine Stütze und einen verpflichteten Verbündeten gegeben. Heinrich von Twiel, der schwerlich als der von einer etwaigen päpstlich-hirsauischen Parthei im Kloster in Gegensatz zu der Haltung Ulrich's VII von Eppenstein Erhobene zu betrachten ist, aber der durch sein Unterliegen naturgemäss zeitweilig zu jener Richtung hinüber gedrängt wurde, ging auf Versuche zum Widerstand oder zur Rache verzichtend in das Kloster Zwiefalten, wo er verweilte, so lange Manegold Abt war, und erlebte es noch, dass sich nach dessen Tode für ihn eine Gelegenheit ergab, als Propst nach St. Gallen zurückzukehren. — Von Manegold aber meldet die Klostergeschichte, er habe das von beiden Partheien im Abtsstreite schlimm verthane Gut nach Kräften gesammelt und wieder beigebracht. Ob bei diesem anfänglichen Verthun und etwa auch dem späteren Wiedererlangen das Interesse Herzog Konrad's in Betracht kam, erwähnt sie leider nicht. Ueberhaupt ist nicht unmittelbar zu ersehen, was dem Herzog Konrad sein siegreiches Eingreifen eingetragen hat. Die einzige Spur, nach der man die Zähringer für ein späteres Jahr in Bezug zum Twiel hat setzen wollen[779], hat anderen Bezug. In der kommenden Zeit ist dagegen, was die Zähringer in St. Gallen anstreben, die Vogtei. Und da darf man es nun sicher mit obigen Ereignissen zusammenbringen, wenn wenigstens der Graf Ulrich von Gamertingen, der Konrad's Schwester, Judith, als Gemahlin heimführte, nach dieser Zeit als Vogt von St. Gallen erscheint[780]. Als dieser Graf dann — erst nach Konrad's Tode — zwischen 1156 und 1167 starb und auch sein und der Judith junger Sohn vom Tode rasch hinweggerafft

---

[779] Vgl. unten zu 1175. *Gillum* ist Chillon. Der hohe Twiel bleibt bei den von Twiel und Klingen.

[780] Cont. cas. 103f. Auch der Hrsg. bringt sein Vogtamt mit Herzog Konrad und Manegold's Erhebung zusammen. — Judith, die möglicher Weise die jüngste Schwester Herzog Konrad's war, hat (vgl. Ortlieb MGSS. X 85) i. J. 1135 eine schon erwachsene Tochter, während ihr (nach dem Wortlaut der Cont. cas. nicht vor dem Vater, allerfrühestens 1156 verstorbener) Sohn bei seinem Tode *adhuc puer* war.

wurde, so dass den Grafen nur Töchter beerbten, wurde die Vogtei einem Pfullendorfer Grafen gegen Zahlung von 300 Mark Silbers durch die sonst unbeeinflusste Entscheidung des Abtes übertragen.

Mitten in jenen Abteistreit zeitlich hinein fällt eine grosse Festfeier, die man zu Constanz beging und an der auch Konrad persönlich theilnahm: die Erhebung der Gebeine des hl. Konrad[761], welche Gebhard III mit Zurathen seines Vitzthums Heinrich in den bischöflichen St. Mariendom übertragen und dort, eingehüllt in seidenes Gewand, hinter dem hl. Kreuzes-Altar beigesetzt hatte. Am 16. März 1123 war in Erfüllung der frommen Bitte der Constanzer die Kanonisation des so hoch verehrten Bischofs auf dem grossen römischen Concil Calixt's II geschehen und dann für die Constanzer Feier selbst der wiederkehrende Todestag des Heiligen ausgewählt worden. Nachdem Bischof Ulrich vor einer ungeheueren Menschenmenge unter Ertheilung eines allgemeinen Ablasses die Aufnahme Konrad's in die Zahl der Heiligen und den 26. November als jährlich wiederkehrenden Festtag für die ganze Diöcese verkündet hatte, ward der Leib des Heiligen im Umzug durch die Stadt getragen und schliesslich wieder an dem von Gebhard ausgewählten Ruheorte bestattet; nur den rechten Arm behielt man für die Verehrung zurück und stellte die Reliquie im Gotteshause auf. Von den der Feier Beiwohnenden sind besonders die Vorsteher von vierundzwanzig Klöstern zu nennen, neben denen eine gewaltige Menge von Priestern, Diakonen und anderen Klerikern erschienen war; unter den weltlichen Theilnehmern ragten drei Herzöge hervor, nämlich ausser Konrad von Zähringen Friedrich von Schwaben und Heinrich der Schwarze. Natürlich ward die Zusammenkunft auch zum rechtskräftigen Abschluss von privaten Abmachungen benutzt; daher datirt von dem nämlichen 26. November die Urkunde eines Tausches zwischen Reichenau und St. Georgen[762]: Abt Werner von St. Georgen gab durch sie mit der Hand des Vogtes seines Klosters, Konrad's von Zähringen, das Gut St. Georgens im Gau Albenesbaar in der Grafschaft Konrad's [von Zähringen], nämlich zu Deggingen (BA. Donaueschingen) und zu Hausen (vor Wald, in demselben BA.) und empfing dafür von dem Reichenauer Abt Ulrich und durch dessen Vogt Herzog Heinrich den Schwarzen von Baiern das Reichenauer Gut in demselben Gau und Comitat zu Friedenweiler und Löffingen (beide BA. Neustadt). Diesem Rechtsgeschäfte wohnten von den Theilnehmern der

[761] Transl. S. Counradi MGSS. IV 444 ff. Const. Reg. 720—723, auch 656.

[762] FUB. V 51. Bemerkenswerth ist, dass Konrad als Vogt nicht mit weiterem Titel *dux*, sondern einfach *advocatus Cuonradus de Zaringen* genannt wird. Eben so wenig heisst es bei der Erwähnung der zähringischen Baargrafschaft *ducis*, sondern nur *in comitatu Cunradi*. Zu diesen beiden gesellen sich viele andere Fälle, die die Beobachtung hervorbringen: dass man zu dieser Zeit, in der das Hinzusetzen der Titel (abgesehen von den allerhöchsten) überhaupt noch ziemlich jung war, eine Häufung der Amtstitel durchaus vermied.

grossen Feier auch Herzog Friedrich, sieben Grafen, darunter Ulrich von Gamertingen, und eine Anzahl freier Herren bei. —

In der Weihnachtszeit von 1124 hielt sich Konrad, wie zwei Jahre zuvor auch, bei dem am Oberrhein weilenden Kaiser auf. Am 28. December 1124 steht „Herzog Konrad" in der aus Strassburg datirten Urkunde[763] Heinrich's V für das Kloster Engelberg, deren Originalität in der überlieferten Form allerdings nach dem von der Kritik über sie Beigebrachten nicht aufrecht erhalten werden kann. Dass Konrad jedoch wirklich um jene Zeit schon bei dem Kaiser in Strassburg war, wird anderweitig gesichert, dadurch, dass am 31. December das Königsgericht in einer von Konrad als Vogt von St. Georgen mitbetriebenen Sache entschied. Man erinnert sich, dass die letzte Schenkung, die Hezelo, der Stifter von St. Georgen, und sein Sohn Hermann ihrem Kloster durch ihre Verwandten, die von Entringen zugewiesen hatten, dem Kloster durch Ulrich von Hurningen entrissen war, es musste auch schon erwähnt werden, dass Ulrich nach Bertold's III, des Vogtes Tode jene Güter abermals in Beschlag nahm. Daraufhin nun klagte jetzt zu Strassburg Abt Werner bei dem Kaiser und erlangte unterstützt von der Kaiserin Mathilde und den Herzögen Friedrich von Schwaben und Konrad von Zähringen am 31. December 1124 einen Bescheid des Hofgerichts, der den jüngeren Ulrich, den Sohn des mittlerweile verstorbenen Bedrängers St. Georgens zwang, vor dem Kaiser in die Hand Herzog Konrad's als Vogts des Klosters die Güter zurückzulegen[764]. Die besondere Vogtei dieses Theiles des St. Georgener Klostergutes hatte übrigens Heinrich von Schweinhausen in Folge einer vorhergegangenen Uebertragung durch den Abt inne; ihm wurde daher von Strassburg aus eine kurze Benachrichtigung durch kaiserliches Mandat zugestellt[765].

Am 7. Januar 1125 wird Konrad in einer Kaiserurkunde als Zeuge erwähnt, durch die Heinrich V dem Bischof von Constanz die Neuerrichtung und Ausstattung des Hospitals zu Kreuzlingen bestätigte[766]. Am Tage darauf aber ward durch kaiserliche Verbriefung eine Angelegenheit abgeschlossen, die für den Machtzuwachs des Herzogs Konrad und seine Stellung in Schwaben von erheblicher Wichtigkeit war.

Seit Jahren arbeitete das Kloster St. Blasien an seiner Befreiung von Basel, dessen Bischof bei dem Schwarzwaldkloster in der Constanzer Diöcese sowohl den Abt durch den Stab bestätigte, als auch den Vogt einfach einsetzte. Schon hatte darüber ein Schiedsspruch stattgefunden[767] und das

---

[763] *Chonradus dux.* St.* 3202.

[764] Not. fund. S. Georg. Zs. IX 208. (St. 3202a.)

[765] l. c. S. 209. (St. 3202b.)

[766] St. 3203. Gerbert H. s. n. III 54f.

[767] Trouillat I 239.

Kloster sowohl von dem Kaiser wie von dem Papst das Recht, den Vogt frei zu wählen und ihn bei Untauglichkeit abzusetzen, verbrieft bekommen[768]. Dasselbe auf's neue hatte sich St. Blasien am 28. December 1122, als auch Konrad von Zähringen zu Strassburg bei dem Kaiser weilte, von dem letzteren mit dem weiteren Zusatz bestätigen lassen, dass der vom Abt mit Rath der Brüder erwählte Vogt nach des Abtes Ersuchen den Bann unmittelbar vom König empfangen solle[769]. Diesen Errungenschaften des Klosters aber hatte sich das Hochstift einfach nicht gefügt und der von ihm eingesetzte Vogt Adelgoz hatte fortgefahren, sein Amt zur vielfachen Bedrückung und Vergewaltigung, wie es wenigstens St. Blasien empfand, auszuüben. So waren Abt Rusten und die Brüder von neuem bei dem Kaiser vorstellig geworden und dieser hatte, als er bei der Belagerung von Worms (im Spätjahr 1124) zu Neuhausen Quartier genommen hatte, die Angelegenheit wieder aufgenommen und in Gegenwart der drei Erzbischöfe und anderer Bischöfe und Fürsten des Rheines, darunter auch des Baselers, die St. Blasianer ihre Klage begründen lassen. Daraufhin hatte der Bischof Bertold vor der ganzen Versammlung die Antwort gegeben: um dieser Sache willen und sich ihretwegen zu rechtfertigen, sei er wahrlich nicht an das Hoflager gekommen, ausserdem seien die Getreuen der Baseler Kirche nicht anwesend und auch die Urkunde, die das Recht Basels über jene Abtei enthalte, habe er nicht bei sich. Der König hatte die dreiste Rede hingehen lassen und ruhig den Bischof mit seiner Urkunde auf Weihnachten nach Strassburg beschieden. Dorthin kam seinerseits auch wieder Rusten mit Begleitern aus dem Kloster und auf diesem Hoftage ward nun der Inhalt der bisher nicht wirksam gewordenen Urkunden zur vollen Durchführung gebracht. Zuerst entschied schon an Weihnachten ein von dem Constanzer Bischof Ulrich im Auftrage des Königs gefälltes Urtheil, dem die anwesenden Bischöfe und Fürsten beitraten, dass St. Blasien ausschliesslich unter kaiserlichem Schutz und Schirm stehe, danach ward noch einmal unter ausführlicher Begründung und mit erzählender Darlegung die Verbriefung des Kaisers bestätigt, die dem Abt und den Brüdern die Wahl und etwaige Absetzung des Vogtes freigab, woraufhin Abt Rusten mit dem Rathe der Brüder den Adelgoz als Verächter der Rechte von St. Blasien nach dem Urtheil der Fürsten absetzte und der Kaiser selbst, unbeschadet der neubestätigten Freiheit des Klosters, als dessen erwählten Vogt nach seinem und der Brüder Entschluss „Konrad, den Sohn des Herzogs Bertold“ erhob und ihm den Bann aus kaiserlicher Verleihung übertrug. So war auf Kosten Basels die Angelegenheit im gemeinsamen Interesse des Kaisers, des Klosters und des von ihnen herangezogenen Zähringers geordnet und eine am 8. Januar 1125

[768] Gerbert H. s. n. III 48 ff.

[769] St. 3185.

ausgestellte Urkunde gab darüber eine ausführliche Verbriefung[790], in der auch die Antwort nicht fehlte, die der Baseler Bischof zu Neuhausen gegeben hatte. — „Konrad, den Sohn des Herzogs Bertold“ so nennt die Canzlei hier den Zähringer! Und auch in der Zeugenreihe dieser Urkunde, wo gemäss der Sitte für jeden Aufgeführten nur ein Titel gewählt ist, aber es ganz gut angegangen wäre, ihn nunmehr anders zu bezeichnen, ist nur von „Konrad, dem Vogt jener Kirche“ die Rede, so dass er also in der Urkunde überhaupt nicht als Herzog vorkommt, übrigens ohne dass ihm damals sein gewohnter Platz in der Zeugenliste zwischen Herzog Friedrich und Pfalzgraf Gottfried schon verkümmert worden wäre. In der zweiten an demselben Tage für St. Blasien ausgestellten Kaiserurkunde, die diesem die Schenkung von Schluchsee und anderen Gütern bestätigt[791] und nur die wichtigsten Zeugen aus der Liste der ersteren Urkunde herausgreift, werden zu Vertretern der weltlichen sogar nur Friedrich und Gottfried gewählt und Konrad verschwindet unter den „übrigen Fürsten“, obgleich ein Vorfahre von ihm in der Urkunde selber eine Rolle spielt. Freilich erscheint er dann in der ebenfalls am 8. Januar 1125 ausgestellten Bestätigungsurkunde[792] des Kaisers für das neugegründete Kloster Lützel bei Basel wieder als „der Zähringerherzog Konrad“, aber in diesem Falle fehlte eben die Möglichkeit, sich, wie in jenem, hinter einen Nebentitel zu bergen. Jedenfalls durften schon diese ersten Anzeichen hier nicht unbeachtet bleiben, denn es wird späterhin noch deutlicher werden, dass der Herzogtitel des Zähringers, vielleicht nur um desto mehr, als Konrad der Krone soeben auf andere Weise zu Dank verpflichtet worden war, Gefahr lief, nicht mehr gleichmässig und rückhaltlos, zum mindesten bei den Gewalten der Königscanzlei nicht, anerkannt zu werden. Und darin darf gewiss eine nunmehr eintretende Wirkung der engen Verhältnisse erblickt werden, aus denen sich das zähringische Haus unter Bertold III nicht emporzuheben vermocht hatte.

Manchen älteren Bekannten sah Herzog Konrad in diesen Strassburger Tagen wieder. Die Urkunden nennen als dort anwesend den Erzbischof Anserich von Besançon, die Bischöfe von Lausanne, Genf[793], Constanz, Metz, Speyer, Strassburg, Basel, die Aebte von St. Gallen (Manegold), Murbach,

[790] St. 3204. Der wohl absichtlich nicht in ganz klaren Ausdrücken gehaltene Satz der Urk. über die Erhebung des Vogtes ist möglichst getreu wiedergegeben.

[791] St. 3205. *Praesentes autem fuerunt .... Anserinus Bisuntinus archiepiscopus, Uodalricus Constantiensis episcopus cum ceteris episcopis, dux quoque Fridericus et Godefridus comes Palatinus aliique principes qui interfuerunt, dum aliud privilegium Rusteno abbati ...... porreximus.* — Der Inhalt der Urk. ist schon in Anm. 421 besprochen worden.

[792] St. 3206. *Conradus dux Zäringin.*

[793] *Hubertus Genuensis ep.* im Abdruck von St. 3203 (bei Gerbert III 55) ist natürlich Humbert von Genf.

St. Georgen, St. Walpurga, Stein, Ettenheim, den Herzog Friedrich von Schwaben, den Pfalzgrafen Gottfried, den Grafen Wilhelm von Burgund (beide des Zähringers Schwäger), ferner die Grafen von Lenzburg, Habsburg, Froburg, Homberg, Mömpelgard, Huneburg, Burkard von Zollern und dessen Vetter Wezel von Haigerloch, ferner von Mitgliedern solcher Familien, die mit den Zähringern in häufigere Berührung kamen, Herren von Steusslingen, Toggenburg, Mammern, Böttstein und den Breisgauer Erkenbold von Hachberg.

Von Strassburg zog der Kaiser wieder rheinabwärts und Konrad von Zähringen war ihm zum letzten Male begegnet. Am 7. Mai fand sich Heinrich zu Duisburg durch die Klagen des Abts von St. Maximin in Trier bewogen, gegen seinen vielleicht ergebensten Anhänger, den Gemahl der Zähringerin Liutgard, Pfalzgrafen Gottfried vorzugehen und das von ihm dem Kloster entzogene Gut diesem wieder zuzusprechen[794]; das ist die letzte wenigstens uns bekannte Verfügung dieses Kaisers, der, schon erkrankt, vor dem bleichen Antlitz des Todes in dieser Urkunde reuig über sein eigenes Verhalten gegen das Kirchengut spricht und diejenigen, die ihm selber gefolgt waren, zu den Kirchenräubern zählt. Am 17. Mai vertraute er seine Gemahlin nebst seinen Gütern dem herbeigeeilten Erben, seinem staufischen Neffen Friedrich II, und dann beschloss er durch seinen Tod am 23. Mai 1125 das salische Königsgeschlecht, das seit den Tagen jenes tapferen Konrad her, den Otto der Grosse zu seinem Eidam erhob, in der Geschichte der Deutschen vorangestanden hatte. Gewiss zählt Heinrich V, nachdem er sie einmal erlangt hatte, nicht zu denjenigen Trägern der Krone, deren Regierungsführung die Geschichte der deutschen Königsmacht an sich zu beklagen hat; aber Liebe und auch nur aufrichtige Achtung hat diesem Manne versagt bleiben müssen. Keine Stimme voll herzlicher Trauer hat sich um Heinrich V erhoben, wie so tiefergreifend um den durch ihn in's Elend gedrängten, im Banne gestorbenen Vater. An manchem der Fürsten hat Heinrich V Freundliches gethan, und doch fanden die zu seinem Leichenbegängniss in Speyer „mit der erforderlichen Ehrfurcht“ Versammelten über sein Regiment in Kirche und Reich nur ein gemeinsames hartes Urtheil, von dessen Kundgabe selbst Friedrich von Staufen und Pfalzgraf Gottfried ihre Namen nicht ausgeschlossen haben. Herzog Konrad von Zähringen war zu Heinrich's Bestattung nicht erschienen[795].

Er fehlte auch auf dem Tage der Königswahl zu Mainz, der zu der Erhebung Lotar's von Sachsen führte und die Aussichten des Staufers vernichtete. Ganz gewiss hat gerade Konrad diese Hoffnung des schwäbischen

[794] St. 3212.

[795] Er dürfte sonst seines Ranges wegen, trotz der Bedenken, denen sein Herzogstitel begegnete, unter den namentlich aufgezählten Absendern des Briefes bei Jaffé Bibl. V 396 f. nicht fehlen.

Herzogs gekannt, aber es wäre vorschnell zu behaupten, dass sein Fortbleiben damit zusammenhing; man wird auch daran zu denken haben, dass ihn gegenüber einer grossen Reichsversammlung das Eigenartige seiner staatsrechtlichen Stellung bedrücken mochte.

Der erwählte König zog nach Regensburg, wo er den unvermeidlichen Kampf gegen die Staufer schon vorbereitete. Danach zog er durch Schwaben bis Strassburg. Hier war dann Konrad bei ihm; er erscheint in zwei Urkunden Lotar's. Aber sie nennen ihn beide nur „Konrad, den Sohn des Herzogs Bertold“ und stellen ihn sogar in der Reihenfolge hinter den Pfalzgrafen Gottfried, was die Canzlei Heinrich's V bis zuletzt nicht gethan hatte. Der Einfluss, der sich gegen die dauernde Vererbung des zähringischen Herzogstitels wandte und in Heinrich's V letzten Urkunden noch bemäntelt worden war, trat in denen des Sachsen ohne Schonung hervor. Darum aber auch kann er nicht etwa von Friedrich von Schwaben ausgegangen sein, sondern wird wahrscheinlich ganz unpolitisch aufzufassen und bei der Canzlei selber zu suchen sein.

Die Urkunden selbst waren für Konrad günstig, die eine [796] wahrte dem Kloster St. Blasien gegenüber dem Baseler Bisthum und dessen bisher und auch fernerhin nicht aufgegebenen Ansprüchen bestätigend das vor einem Jahre von Heinrich V empfangene Recht der freien Wahl des Vogtes, durch die es der Zähringer geworden war; die andere [797] bestätigte demselben Kloster den Besitz des Klosters Ochsenhausen und der Zellen zu Berau, Weitenau, Bürglen und Wislikofen.

Neben Konrad von Zähringen waren zu Strassburg bei dem Könige anwesend: die Kirchenfürsten von Mainz, Speyer, Constanz und Metz, die Aebte der schwäbischen Klöster Reichenau, St. Gallen, Murbach und St. Blasien, sowie der von Fulda, der Herzog Simon von Oberlothringen, des Königs Halbbruder, dann Pfalzgraf Gottfried und Markgraf Hermann von Baden, beide schon des vorigen Herrschers häufige Begleiter, weiter die Grafen von Lützelburg, Mousson und Werd. Ein damals abgehaltenes Gericht dieser Fürsten verurtheilte Friedrich von Staufen als Verschwörer gegen den König. Also mitten in Schwaben sammelte Lotar die Kämpfer gegen den Herzog und verpflichtete sie durch ihren eigenen Spruch. Am

[796] St. 3232. Für die Regelung dieser Sache durch Lotar, der sich dem von Heinrich's V Hofgericht gegebenen Entscheid anschloss, suchten der König selbst, der Mainzer Erzbischof, der Bischof von Speyer und Herzog Heinrich von Baiern die Bestätigung des Papstes nach, die am 28. März 1126 auch erfolgte, vgl. Trouillat I 251—255. Ich kann die vier Briefe an den Papst nicht mit Bernhardi, Jahrbücher Lotar's, S. 62 Anm. als St. Blasische Stilübungen ansehen; alle von Bernhardi beigebrachten Puncte erklären sich — ganz abgesehen von der wirklich erfolgten Bestätigung Honorius' II — viel natürlicher, als durch die Annahme der Unechtheit.

[797] St. 3231.

wenigsten kann man dabei glauben, dass gerade der Zähringer versucht hätte sich in Strassburg für den ihm übergeordneten Schwabenherzog einzusetzen, denn dass der König ihm selber den Herzogstitel nicht gelten liess darf zu nichts verleiten. Man muss darauf verzichten, zu sagen mit welchen Gedanken in jenen Tagen, als der Herzog Schwabens abgesetzt wurde, der König und der landlose Zähringerherzog auf einander blickten.

Von Strassburg eilte der König nach Sachsen, wo ein gutbesuchter Fürstentag zu Goslar seine Absicht, nach Pfingsten gegen Friedrich zu ziehen, einstimmig gutliess. Im Juni zog er den Oberrhein hinauf und verweilte auf's neue zu Strassburg, aber seine ohnehin durch einen inzwischen nach Böhmen gemachten Feldzug geschwächten Heereskräfte waren zu gering, um den Gegner, der sich in seinen festen Burgen hielt, zu bezwingen und so ging er unverrichteter Sache wieder stromabwärts. Auch ein Unternehmen im Jahre 1127 gegen das von den Staufern gehaltene Nürnberg schlug fehl, obgleich der König hierbei die Unterstützung seines eifrigen jungen Schwiegersohnes, Heinrich's des Stolzen hatte. Lotar bedurfte einer Machtverstärkung seiner Anhänger im Süden und diese zu erlangen bot sich noch in dem gleichen Jahre eine Gelegenheit, die unmittelbar gerade dem Zähringerhause zu Gute kam und dem in die Stille zurückgetretenen Geschlechte eine neue grosse und verheissungsreiche Aufgabe zuwies.

Am Anfang des Jahres 1127 war der junge hochburgundische Graf Wilhelm von seinen eigenen Untergebenen ermordet worden[794]. Er stammte

[794] Ann. Patherburn. S. 150 *noctu in cubiculo suo.* Ann. S. Disibodi MGSS. XVII 23 *a suis occiditur.* Anselm. Gemblacensis MGSS. VI 380 zum 1. März 1127 (danach Ann. Fossenses MGSS. IV 30 zu 1128) *gladiis confodiunt . . . ante altare orantem.* Grabschrift der Herren von Glane im Lib. antiq. donat. Alteripe, F. r. Bern. I 398 f. Nach ihr wäre (den Annunciationsstil beachtet) der Todestag der 9. Febr. 1127. Ueber die abweichenden Angaben und verbleibenden Unsicherheiten vgl. Wurstemberger, Gesch. d. alten Landschaft Bern, Bern 1862, II 229 ff., auch Bernhardi, Lotar, 133 Anm. 38. Ueber die verwandtschaftlichen Verhältnisse Wilhelm's vgl. dieselben S. 231 f. resp. 823 ff. Keines Nachweises bedarf, dass Agnes die Mutter Wilhelm's IV war, vgl. Otto Fris. g. Fr. SA. 124; Ligurinus L. V, v. 285 ff. Ich gebe die Grundzüge der Stammtafel (vgl. W. Gisi, Anz. f. schweiz. Gesch. XVII, 1886 S. 73 ff.)

Otto Wilhelm.
|
Rainald I.
|
Wilhelm II † 1067.

Rainald II † 1097 (?).	Stephan † 1102.		Guido, Erzb. v. Vienne = Papst Calixt II † 1124.
Wilhelm III, lebt noch 8. Jan. 1125. Gem. Agnes von Zähringen	Rainald III † 1156. Gem. Agathe, Tochter Simon's von Oberlothringen.	Wilhelm von Macon.	
Wilhelm IV *Puer* † 1127.	Beatrix.		

ab von jenem Otto Wilhelm, der zu den Zeiten König Rudolf's III eine überlegene und gefährliche Macht neben der burgundischen Krone innegehabt hatte, und war der Sohn des Grafen Wilhelm III, der als der Gemahl der Agnes von Zähringen, der Tochter Bertold's II, also Schwester Herzog Konrad's [799], schon genannt worden ist. Der Erbe des ermordeten Wilhelm „des Knaben", welchen Beinamen Otto von Freising aufbewahrt hat, war als Agnat der Vetter seines Vaters, Rainald III, der Sohn Stephan's, des Bruders von Wilhelm's IV Grossvater Rainald II. Ein Erbrecht Konrad's von Zähringen konnte neben dem des wenn auch nicht ganz nahestehenden Agnaten zunächst keinesfalls in Betracht kommen. Rainald hatte einen Theil der Güter des grossen hochburgundischen Hauses schon inne; er trat nun die Erbschaft auch der wohl noch bedeutenderen Güter der erloschenen Linie an.

Es ist nur zum Theil möglich, die Besitzungen dieses Hauses einzeln zu nennen. Abgesehen von den Rückschlüssen aus viel späteren Verhältnissen liegen folgende Angaben vor: Wilhelm II, der letzte gemeinschaftliche Ahn hatte sehr ausgedehnte und blühende Besitzungen in der Gegend von Besançon gehabt [800]. Ferner hatte das Gesammthaus Besitzungen in der Diöcese von Lausanne [801], Wilhelm II war Vogt von Romainmotier [802]. Rainald III hat seine Hauptmacht im Westen des Jura gehabt; wir werden sehen, dass er in dieser Stellung auch durch das Auftreten der Zähringer in Burgund nicht gestört wurde. 1139 spricht eine Urkunde K. Konrad's III von der Abtei Lieu-Croissant „im Erzbisthum Besançon, in der Grafschaft des Grafen Rainald" [803]. Aber er entbehrte auch vielleicht der Besitzungen im ost- oder transjuranischen Burgund nicht, denn seine Lehenshoheit über den Meier von Orbe (Waadland), die zwischen 1132 und 1139 nachweisbar ist [804], kann ebensowohl auf sein altes Recht als auf seine Ansprüche auf die Erbschaft Wilhelm's IV zurückgehen. Sein Bruder Wilhelm war Inhaber der französischen Herrschaft Macon, jedoch nicht ohne dass ein massgebendes Mitherrschaftsrecht seines Bruders, des Grafen Rainald III, aufrechterhalten wurde [805].

Andererseits führt wieder die andere Linie auch westjuranische Titel. In einer Urkunde von 1107 [806] nennt sich Wilhelm III Graf von Burgund und

[799] (Giesebrecht IV⁴ 27 versehentlich: Konrad .... Schwestersohn Wilhelm's.)

[800] Lambert SA. 250 zu 1077 (Weihnachten 1076). Auch Hidber 1424, 1435, 1555 weisen auf die Stellung der Grafen in der Franche-Comté.

[801] Hidber 1439 u. 1503.

[802] Hidber 1422.

[803] St. 3390.

[804] MDSR. I 158.

[805] Vgl. R. Kallmann, Die Beziehungen des Königreichs Burgund zu Kaiser und Reich von Heinrich III bis auf die Zeit Friedrich's I. Jahrb. f. schweiz. Gesch. XIV 1889 S. 94.

[806] Neu hrsg. F. r. Bern. I 395f.; vgl. Bernhardi's Nachweis, Lotar, Exc. III S. 823,

von Macon. Aus unbekannter Zeit liegt ferner von ihm eine Urkunde vor, die zu Salins (Franche-Comté, Dép. du Jura) ausgestellt ist und die Stadt Macon streift[807]. Noch sein Sohn wird mit seinem Haupttitel Graf von Vienne und daneben Herr von Salins genannt[808]. Aber schon zu Wilhelm's III Zeit lag der Schwerpunct der Besitzungen dieser Linie im ostjuranischen Burgund. Hier sprach man deutsch, und er selber führte den Beinamen *Allemannus*[809]. In der Urkunde von 1107 fügt er zu der Bestätigung der Schenkungen seiner Vorfahren an Cluny sein Erbgut zu Belmund im Lausanner Bisthum (bei Nidau am Bieler See) und „die nahe Insel, die man die Grafeninsel nennt", d. h. die Petersinsel im See hinzu. Auch sind unter den Zeugen dabei Ostjuraner[810]. (Solche waren insbesondere die Herren von Glane aus dem Üchtländischen, von denen Peter unter jenen Zeugen vorkommt; dieser hat mit seinem Bruder Wilhelm das Schicksal des 1127 ermordeten Grafen Wilhelm IV getheilt und sein Sohn, der auch Wilhelm hiess, ist dann der Stifter des Klosters Altenryff oder Hauterive, das weiterhin öfter begegnen wird, geworden[811]. Weiter geht die ostjuranische Stellung dieser Linie aus dem Nebentitel des Grafen von Solothurn hervor, den Wilhelm IV führt und womit höchst wahrscheinlich sein Grafenamt im Bargengau bezeichnet wird[812]; auch daraus, dass der Ort, an dem der Graf und zwar von seinen eigenen Leuten ermordet wurde, das im Ostjuranischen, an der grossen Strasse von Lausanne nach Basel gelegene Päterlingen (Payerne) ist. Unter den ostjuranischen Besitzungen befanden sich die der früheren Grafen von Oltingen, die durch Regine, die Tochter des letzten Oltingers, an Rainald II, ihren Gemahl, und somit an Wilhelm III und IV, ihren Sohn und Enkel gekommen waren[813]. Ein Versehen aber ist es wohl, wenn Wilhelm IV auch noch als Graf von Sitten genannt wird[814].

---

dass der Aussteller nur Wilhelm III sein kann. *Wilhelmus Burgundionum comes et Mathiscensium.*

[807] F. r. Bern. I 360f.

[808] In der erwähnten Grabschrift der von Glane F. r. Bern. I 398f. *cum illustri viro Guillelmo comite Viennensi qui etiam fuit comes Solodorensis et dominus Salinensis.*

[809] In der schon erwähnten, auf seinen Namen ausgestellten undatirten Urkunde (Notitia) F. r. Bern. I 360f. Ich möchte nicht der älteren Deutung folgen, dass er im deutschen Sprachgebiet erzogen sei.

[810] F. r. Bern. I 369f.

[811] Vgl. die Grabschrift F. r. Bern. I 398f.

[812] ibid., vgl. Anm. 808. Dazu Gisi l. c.

[813] W. Gisi, Comitatus Burgundiae in der Schweiz, Anz. f. schweiz. Gesch. N. F. XVII, 1886, S. 73 ff. beseitigt die auf einem Missverständniss beruhenden Bedenken Wurstemberger's gegen das Festhalten an obiger verwandtschaftlicher Beziehung.

[814] Anselm Gemblac. 380 *comitem Sedunensium* (und danach Ann. Fossenses MGSS. IV 30). Kallmann, der übrigens Anselm mit dem längst gestorbenen Siegbert von Gembloux verwechselt, bezweifelt S. 92 Anm. 6 diese Angabe und wohl mit Recht, obwohl die

Graf Wilhelm II hatte zu Weihnachten 1076 den von aller Welt verlassenen König Heinrich IV ehrenvoll aufgenommen und die freundlichen Beziehungen nach Deutschland hin hatte wenigstens die uns besonders beschäftigende Linie seiner Nachkommen fortgesetzt. Wilhelm III sind wir bei der Weihe St. Peters auf dem Schwarzwalde schon begegnet[815]; 1106 gehörte er zu denjenigen Fürsten, auf die Heinrich IV seine letzte Hoffnung setzte[816]. Wilhelm III unterhielt also Beziehungen zum deutschen Hofe, auch führte er urkundend den Namen des Königs in der Datirung[817] auf; sein letztes Auftreten in den Quellen ist seine Anwesenheit am 8. Januar 1125 bei Heinrich V zu Strassburg[818]. Die deutsche Canzlei nannte ihn, während das Haus in der Heimath selbst, wie wir sahen, auch eine Anzahl engere Titel führte, einfach „Graf von Burgund“ [819] und stellte ihn anderen Grafen voran. Man wusste, dass er — wie später sein Sohn — in jener Gegend „die Hauptsache“ [820] besass; man sprach auch wohl ohne Weiteres von dem „Fürsten“ und dem „Fürstenthum“ Burgunds[821].

Als nun Wilhelm IV erschlagen war, trat Rainald III das erledigte Erbe seines Vettersohnes an und dagegen konnte zunächst nichts eingewandt werden[822]. Aber Rainald beleidigte den König, indem er sich um diesen bei der Uebernahme der erledigten Lande, obwohl ein Theil Lehen und Amt von der Krone war, in keiner Weise zu kümmern nöthig zu haben glaubte, während doch der frühere Inhaber Wilhelm III der Krone verhältnissmässig nahe gestanden hatte. Vielleicht wähnte er, mit dem Erlöschen des salischen Hauses habe auch die Verbindung Burgunds mit der deutschen Krone ihr Ende gefunden; zu dem neuen Wahltage war ja in der That kein Burgunder erschienen (denn der Baseler Bischof kann als solcher nicht betrachtet werden), noch war man seither von Burgund aus in irgend welche Beziehungen zu Lotar, dem nur von Deutschen erwählten, getreten.

Beweisführung selbst nicht vollkommen unanfechtbar ist. Die Verwechselung *Sedunensium* statt *Salinensium* konnte leicht geschehen.

[815] S. 172. Dass sein Vater Rainald II damals wohl noch lebte, stört nicht.

[816] Heinrich's Schreiben b. Giesebrecht III[4], 1252 f.

[817] F. r. Bern. 359 f.

[818] S. oben S. 267.

[819] *comes Burgundiae* in dem Schreiben bei Giesebrecht III[4] 1252 f.; ferner Trouillat I 245; so auch Ann. Patherbrun. zu 1127 und Otto Fris. g. Fr. SA. 21 von seinem Sohne.

[820] Otto Fris. g. Fr. SA. 124: *factum est ut Gwilhelmus ... rerum summam, dum adviveret, illa in provincia haberet*; ib. 21 giebt er auch die Möglichkeit zu, die Grafschaft einen *ducatus* zu nennen.

[821] So die Ann. Disibod. l. c. *princeps*; *principatus*.

[822] Otto Fris. g. Fr. SA. 124: *Reginaldo comiti iure hereditario dominium cessit.* (Auch das Folgende beruht auf Otto von Freising.) Ligurinus, l. V:

proximus agnatus comitis Reinaldus et heres
legitimus.

Lotar betrachtete, wie aus seinen Handlungen hervorgeht, die Hinterlassenschaft Wilhelm's IV als zunächst heimgefallen; der Gedanke einer Freigabe Burgunds war ihm selbstverständlich nicht in den Sinn gekommen. Ob ihm die grosse Machtsteigerung Rainald's durch die ostjuranische Erbschaft von vornherein bedenklich war, wissen wir nicht. Jedenfalls durfte er Rainald's Huldigung und Gesuch um Investitur erwarten. Diese aber erfolgten nicht; Rainald beruhigte sich völlig bei seinem Erbrecht [823] und kümmerte sich auch, als ihn Lotar dann mahnte, um nichts [824]. Ob des Königs Unwille [825] über diesen Verlauf der Angelegenheit noch durch bestimmte Aeusserungen des Grafen, etwaige ablehnende Antworten mit beeinflusst wurde, ist nicht zu erkennen. Jedenfalls hielt Lotar es nicht für angebracht längere Zeit zu warten und traf noch im Jahre 1127 [826] seine Verfügung. Das geschah auf einem Hoftage zu Speyer, an dem auch eine Anzahl vornehmer Burgunder anwesend war und der wohl im September des Jahres gehalten worden ist [827]. An ein Lehengericht, das dort über Rainald gehalten worden wäre, ist aus mannigfaltigen Gründen nicht zu glauben. Vielmehr wurde die Angelegenheit in dem Sinne behandelt, dass Rainald gar nicht als Inhaber oder berechtigter Ansprecher der erledigten Grafschaft betrachtet wurde.

Vom 27. August 1127 ist ein königlicher Gesetzeserlass datirt, der bestimmt, dass wenn ein Vasall im Falle der nothwendigen Erneuerung ohne Dolus innerhalb der Frist von Jahr und Tag die Investitur nicht nachsucht, er das betreffende Lehen noch nicht verwirkt hat. „Ein Dolus liegt nicht vor, wenn er durch eine gerechte Sache gehindert gesäumt hat“ [828]. Die Verkündigung dieses Gesetzes geht also gerade der Entscheidung der burgundischen Angelegenheit vorher. Zwar ist die Echtheit des Erlasses nicht unbestritten, indessen giebt wohl der Zusammenhang, der sich hier für ihn erschliesst, nämlich dass er so kurz gerade vor dem September 1127, in dem Lotar Rainald das burgundische Erbe absprach, gegeben wurde, einen neuen Punct zu seinen

---

[823] *nimis iusticiae suae confisus* u. s. w. Otto Fris.

[824] *Teuthonicos reges edictaque sepe vocatus*
Sprevit. Ligurinus.

[825] *indignatio* Otto Fris.

[826] Das Jahr geben die Ann. S. Disibod. MGSS. XVII 23; sie haben auch die Angabe Speyer und die Anwesenheit von Burgundern.

[827] Darüber vgl. Bernhardi, Lotar, 135 Anm. 41. Die Ann. S. Disibod. bringen es zwischen ihrer Nachricht zu Ostern und der zu Pfingsten; aber um Ostern war der König in Goslar, Bernhardi 119 und St. 3233 c., und Pfingsten in Merseburg, Bernhardi 121, Anm. 10. Es scheint daher, als sei der Satz in der Hs. verstellt worden und habe sich ursprünglich an die unmittelbar vor der Osterangabe erzählte Ermordung Wilhelm's anschliessen sollen.

[828] MGLL. II 80. Als Fälschung erklärt von Giesebrecht IV² 409 u. 422. Bei Stumpf (3235) auch im Nachtrag ohne den ominösen Stern weitergeführt.

Gunsten. Er könnte zur völligen Beruhigung der übrigen grossen Fürsten verkündet worden sein.

Der König erkannte nun als Erben der Hinterlassenschaft Wilhelm's Konrad von Zähringen an[819]. Dieser war als mütterlicher Oheim mit dem Verstorbenen nahe verwandt und stand ohnedies schon durch das von seiner rheinfeldischen Mutter her an sein Haus gefallene Gut innerhalb der burgundischen Dinge. Politische Gesichtspuncte aber waren für Lotar natürlich am meisten bestimmend, die Verwandtschaft gab nur die Anknüpfung. — Was Rainald's bisherigen Besitz betrifft, so verhielt sich die Krone jederzeit, als sei dieser ihm ungestört belassen worden; dass jedoch auch hierhin die Zähringer Ansprüche erstreckten, geht daraus hervor, dass im Jahre 1152 der Sohn Herzog Konrad's von dem König forderte, dass er ihm wegen der Lande Rainald's Recht schaffe. Das Wahrscheinlichste ist, dass hierüber im Jahre 1127 nichts festgesetzt wurde und die Zähringer jenen Anspruch nur darauf gründeten, dass Rainald gegen sie Krieg führte und damit ein strafwürdiger Rebell gegen eine Verfügung der Krone und gegen deren Vertreter wurde.

Offenbar machte es nicht geringe Schwierigkeiten festzusetzen, welche öffentliche Stellung Konrad mit dem burgundischen Erbe fortan einnehmen solle. Wir wissen, Lotar hatte ihn bisher als Herzog nicht anerkannt. Sollte der Zähringer fortan ein Graf von Burgund heissen, so wie man es amtlich mit Wilhelm III gehalten hatte? Dass etwas derartiges in Frage stand, lässt sich hindurchfühlen; es klingt selbst noch, wenn auch auf den Sohn bezogen, aus dem Ligurinusgedicht wieder:

Maluit Allobrogum Bertoldus rector haberi
Quam comes.

Wenn Lotar überhaupt durch eine Bevorzugung Konrad's sich desselben dauernd versichern wollte, so durfte er diese Absicht nicht dadurch vereiteln, dass er dabei doch noch einen Stachel zurückliess. Und so wurde denn von dieser Zeit an Konrad's Herzogstitel wieder aufgenommen und auch in den königlichen Urkunden anerkannt, zugleich aber wurde Sorge getragen diesem Titel einen Inhalt zu geben, wenn es auch nicht möglich war, ein wirkliches Herzogthum für den Zähringer zu schaffen.

Das Grafenamt des ausgestorbenen Hauses bestand fort[820], kam aber

[819] Otto Fris. g. Fr. 21 u. 124; Ann. S. Disibodi l. c. Dass die Zähringer mit den Lehen auch das Allod der burgund. Grafenfamilie und zwar als Eigenthum überkamen, wird ferner ohne weiteres dadurch bewiesen, dass sie es bei ihrem Aussterben an ihre Verwandten in weiblicher Linie vererbten.

[820] Interlaken im *comitatus Burgundiae* St. 3287 vom 8. Nov. 1133. Ich vermag die Gründe für die Unechtheit, die die F. r. Bern. I 405 bringen, nicht als solche anzusehen. Der erste Bd. der Berner Fontes ist überhaupt der Ort, wo die kritische Urkundenbeschau den Schritt *du sublime au ridicule* thut. — Ueber die nun folgenden Inhaber der Grafschaften Gisi l. c. —

anscheinend damals an inländische Familien. Dagegen erhielt Konrad — abgesehen von dem Allod seines Neffen — eine Befugniss in Burgund, die, wenn eine Urkunde für Frienisberg echt ist, im Lande selbst gelegentlich als Herzogthum aufgefasst wurde[831]. An anderer Stelle wird von seinem Primat in Burgund gesprochen[832]. Die kaiserliche Canzlei kannte natürlich kein Herzogthum Burgund und so musste an Konrad's Gleichstellung mit den Herzögen des Reiches doch noch etwas Unvollständiges haften bleiben, das erst König Konrad der Staufer zu gewissen Zeiten hinweggewischt hat; sie nennt ihrerseits zu den Jahren 1131 und 1133 Konrad „Rector von Burgund“[833], ohne dass anzunehmen wäre, es sei eine Veränderung der Abmachungen von 1127 inzwischen eingetreten. Meine Meinung nach dem allem und dem weiteren ist, Lotar habe sogleich 1127, anstatt Konrad nur als Erben der Aemter und Güter Wilhelm's IV zu bestätigen, ihn unter anderweitiger Vergabung des von den Wilhelmen geübten Grafenamtes mit der Wahrnehmung der königlichen Rechte in Hochburgund, also mit der Stellung eines über den Grafen und Dynasten und zwischen ihnen und der Krone stehenden Rectors, d. h. Statthalters betraut[834]. Burgundische Privaturkunden nehmen fortan auf dieses Amt Rücksicht und nennen dasselbe nach Pontificat und Kaiserjahr in der Schlussformel[835]. Der Rectortitel war ein Nothbehelf, Konrad's eigentlicher und ihm werthvollerer Titel blieb der von seinem Vater und Bruder schon geführte aber Konrad selber gerade jetzt erst bestätigte eines Herzogs von Zähringen. Denn dieselbe Urkunde Lotar's, die wo es das Amt gilt, den Rector von Burgund erwähnt, nennt ihn in der Zeugenreihe, wo nur die Person bezeichnet werden soll, Herzog und von Zähringen[836].

---

[831] *ducatus*. Urk. F. r. Bern. I 403 f., nach ihrer eigenen Angabe und Indiction von 1131 (warum „circa 1131“?). Hidber sagt bloss (Reg. 1680) „unächt“. Die Gründe freilich, aus denen dann auch der Hrsg. der F. r. Bern. ihre Echtheit anficht, sind nicht allzu bedenkenerregend.

[832] *primatus*. Urk. F. r. Bern. I 421. Die Datirung wird auch beanstandet, vgl. Const. Reg. 821.

[833] St. 3359 (die ich als echt in's Jahr 1131 setze, vgl. unten zu 1131) und St. 3287 von 1133, vgl. oben Anm. 830. F. r. Bern. I 406: „Der Kaiserbrief Lotar's gedenkt nämlich eines »Rectors« der Burgunder, den bekanntlich erst sein zweiter Nachfolger, Friedrich I, geschaffen hat, und das genügt, wenigstens uns, zur Verwerfung des Briefes als einer Machenschaft aus späterer Zeit.“ Eine mit „bekanntlich“ verbrämte kritiklose Privatansicht sollte eigentlich nicht zur Beseitigung einer Quelle genügen. Auch St. 3521 für Interlaken vom 21. Juli 1146 hat das Rectoramt für Burgund und wird deswegen F. r. Bern. I 422 kurzweg für untergeschoben erklärt.

[834] Wären die Zähringer mit dem blossen leeren Titel Rector in den Allodien Wilhelm's gefolgt, weshalb dann die bis ans Ende dauernden „Aufstände“ der benachbarten Dynasten gegen sie?

[835] Eben die von *ducatus* u. *primatus* redenden, oben erwähnten Datirungen.

[836] St. 3287.

Der Ausdruck Rector ist nun an sich durchaus nicht ungewöhnlich, er wird sowohl in Verbindung mit dem Grafenamte gebraucht[837], als auch für den König in den Wahlformeln mit angewendet, wobei dann in ihm ein Theil der königlichen Befugnisse liegt[838]. Er bewegte sich also zwischen den weitesten Grenzen und war noch von keinem besonderen weltlichen Amte bisher einseitig mit Beschlag belegt worden. Wir können ihn durch „Regent" uns näher und durch „Statthalter" am ehesten in's Deutsche bringen. Wie gesagt, es war zunächst ein — aber ein sehr geschickt gewählter — Verlegenheitstitel, und während der ersten 25 Jahre der zähringischen Befugniss in Burgund ist er eigentlich immer gerne vermieden und nur, wenn man nicht darumhin konnte, angewendet worden[839].

Für die Amtsgewalt, die der Rector als solcher, also abgesehen von seiner Grundherrlichkeit in den vormaligen Besitzungen Wilhelm's IV hatte, würde man eine Stelle des Ligurinus, welche davon spricht, dass das burgundische Amt Konrad *nomine fisci*, also in Vertretung der Krone auszuüben übertragen worden sei, nicht ohne weiteres herbeiziehen dürfen, da sie an sich eher die Auffassung zur Zeit Friedrich's I wiedergeben möchte[840] (die nun freilich keine abweichende gewesen zu sein braucht), wenn nicht aus anderen Quellen dieselbe Auffassung hervorginge. In der mehrfach erwähnten Urkunde Lotar's für Interlaken nämlich wird der Rector von Burgund geradezu als Vertreter des Königs in dem von diesem übernommenen Schirm des Klosters bezeichnet[841].

---

[837] *rector pagi* von Karl dem Dicken als Breisgaugraf gebraucht Wartmann, UB. der Abtei St. Gallen, II 169; vgl. ferner für *provinciarum rectores, dux vel comes vel quilibet rector* und *comes, rector, iudex provinciae* die Belege bei Waitz, D. Vfgesch. VII 4 Anm. 2. Uebrigens kommt schon 1043 der Titel *Robertus dux et rector inferioris Burgundiae* vor, vgl. Hüffer S. 16 Anm. 3, ohne dass darin jedoch ein Anknüpfungspunct für die spätere Titelwahl zu sehen sein wird.

[838] Wipo SA. 14 zu 1024. Bertoldi Ann. S. 292 zu 1077.

[839] Auch für Otto Fris. g. Fr. kommt der Rectortitel nicht in Betracht. Konrad selbst betonte den Herzogstitel und der Freisinger Bischof bemerkt SA. 21 dazu etwas ironisch, dass man das Herzogthum eben in der Grafschaft Wilhelm's IV suchen müsse. SA. 124 giebt auch er der lässigeren allgemeinen Auffassung etwas nach: die Grundlage des üblichen Herzogstitels der Zähringer sei ihre Stellung in Burgund. — Im Siegel hat Konrad vielleicht auch den Rectortitel mit geführt, vgl. die im Anhang folgende Besprechung der zähringischen Siegel.

[840] Ligurinus L. V v. 290 ff. Die Stelle ist mit ein Beweis dafür, dass der Dichter des Ligurinus kein später Uebersetzer der Gesta war, da er in diesen den sehr bemerkenswerthen Ausdruck *nomine fisci* nicht fand. Uebrigens könnte der Ausdruck an sich auch nur besagen „als Lehn". Vgl. Waitz Vfgesch. VI 97 f. Dem widerspricht aber hier alles andere.

[841] St. 3287. Der König übernimmt *tuicionis mundiburdium*, und wenn der Vogt des Klosters, der mit dem Königsbann investirt wird, dieses verletzt, so hat der Rector von Burgund mit den Mönchen Sorge zu tragen, dass es der Vogt in 40 Tagen büsst.

Eben so zeigt ihn eine Urkunde von 1146 zur Verfügung über Königsgut in Burgund an des Königs Statt wenigstens in dem bestimmten Falle dieser Urkunde berechtigt[842]. In der später noch zu besprechenden Urkunde für das Kloster Trub von 1131 weist Lotar einen Theil der Strafsumme für Verletzung des Klosters dem Rector von Burgund zu, der demnach, wenn auch nicht etwa durch sein Amt ganz und gar, so doch für diesen Theil an die Stelle des königlichen Fiscus getreten war[843].

Nicht sicher lässt sich erkennen, ob man bei der Einrichtung dieses Rectorats Hochburgund noch wieder zerlegte, das Amt Konrad's etwa auf Ostjuranien beschränkte. Sichere Spuren, dass auch Rainald ebenso wie die ostjuranischen Grafen dem Rectorat unterstellt sein sollte, finden sich nicht; aber dieses Fehlen kann bei der grossen Dürftigkeit, die die Ueberlieferung in Folge der sehr beschränkten Ausübung des Statthalteramtes überhaupt aufweist, an sich nicht stören. Otto von Freising bezeichnet als das Gebiet, um welches die Zähringer und Rainald rangen, die *provincia* von Mömpelgard bis zur Isère[844]. Das lässt doch annehmen, dass erstere ihre Amtsgewalt nach Westjuranien ausdehnen wollten. Auch der Vertrag, der 1152 geschlossen wurde, scheint doch von der Basis eines bisherigen Rectorats über ganz Hochburgund auszugehen. Ueber dieses aber noch hinaus erstreckte sich das Rectorat von 1127 nicht[845]. — Ob übrigens, wie bei der späteren Erweiterung des Vertrages über Burgund, schon 1127 die königlichen Rechte in den Bisthümern (Regalieninvestitur u. s. w.) der Krone selbst vorbehalten wurden, ist nicht direct erkennbar; der Rückschluss spricht dafür.

So hatte also Lotar sich einen ihm bedeutend verpflichteten und in seiner Macht verstärkten Anhänger in Konrad gesichert und doch zugleich

[842] St. 3521 F. r. Bern. I 421 f.: *si quis fratribus prefate ecclesie* [Interlaken] *aliquid agrorum, vinearum, silvarum, alpium, pratorum seu aliarum rerum ad honorem regni pertinentium et absque tributo manentium donaverit, a nobis in Domino Jhesu Christo eorum religio dono datum habebit.* Der Zusammenhang lässt dies nur auf Konrad, resp. spätere *rectores Burgundiorum* beziehen.

[843] St. 3359 (dort 1127—1130 angesetzt), F. r. Bern. I 400 ff., nur in deutscher Uebersetzung erhalten. Die Gründe gegen die Echtheit sind widerum ohne rechten Belang, zumal ihre Strenge gegen eine späte Uebersetzung gekehrt wird. — Es scheint, als ob gemeint ist: 20 Pfund Silber dem Fiscal, 10 dem verletzten Kloster, 10 dem Rector, d. h. im Ganzen 40. Dem Urkundenstil entspräche das freilich weniger, als eine Theilung der zuerst genannten Summe, also: 20 im Ganzen, davon 10 dem königl. Fiscal und dem Kloster, 10 dem Rector.

[844] Otto Fris. g. Fr. 125.

[845] Dass nicht ganz Burgund gemeint war, geht schon hervor aus Lotar's Schreiben an den Erzb. v. Arles von 1136 St. 3329, das von der *potestas Romani imperii* in Niederburgund in einer das Rectorat ausschliessenden Weise spricht, und doch auch aus Lotar's im Nov. 1136 von Turin aus gemachten Feldzuge gegen den Grafen von Maurienne, vgl. Bernhardi 663 f.

eine Einrichtung getroffen, die eher dazu zu führen versprach, Burgund am Reiche zu erhalten, als dies bei der alleinigen Fürsorge des in Niederdeutschland, in Sachsen wurzelnden und zudem so schwer schon um die Behauptung seiner deutschen Krone ringenden Königs geschehen konnte. Damit aber, dass zwischen den König und die burgundischen Kronlande nunmehr der Rector getreten war, wird es wohl auch zusammenzubringen sein, dass Lotar die gesonderte burgundische Canzlei, wie sie die Salier gehabt hatten, hat eingehen lassen, so dass man einer solchen unter ihm und seinem Nachfolger K. Konrad III nicht begegnet[545a]. —

Statt fortab jenseits des Rheines, finden wir den zähringischen Herzog bei seinem nächsten Begegnen nach jenen bedeutungsvollen Speyerer Septembertagen in ruhiger Fürsorge um das Kloster seines Hauses, St. Peter, begriffen. Und zwar auf der Burg Zähringen selbst, die hier zum ersten Male als solche genannt wird; am 23. März 1128[546]. Ein Ritter Herzog Konrad's, Namens Hugo von Castell Cella (Zell unter Aichelberg, OA. Kirchheim) hatte früher an St. Peter ein Gut von zwei Mansen bei Stetten (OA. Tuttlingen) tradirt, damit es das nach seinem Tode besitze; sein Bruder Reginboto hatte dem Kloster ein Gut zu Mietersheim (BA. Lahr) geschenkt. Auf dieser Grundlage geschah nun an dem genannten Tage auf der Zähringer Burg ein Tausch, durch den Hugo jene Güter seiner Familie von St. Peter zurückerhielt und diesem dafür alles gab, was ihm im Dorf Thuningen (OA. Tuttlingen) sein Herr, der Herzog, überwiesen hatte. Herzog Konrad hiess in seiner doppelten Eigenschaft als Herr des Ritters und als Vogt des Klosters den Tausch gut und machte ihn rechtskräftig. Die edeln Herren Adalbert von Steusslingen und Heinrich und Werner von Hardtegg, sowie eine Anzahl Gefolgsleute des Herzogs waren mit auf der Burg und wohnten dem Acte bei.

Ich stelle hier sogleich alle sonstigen erkennbaren Beziehungen Herzog Konrad's zu St. Peter zusammen. Mit dem Abte Eppo, also vor 1132, in welchem Jahre Eppo am 1. Januar starb, schloss Konrad zwei verschiedene

[545a] Bresslau, Hb. d. Urkundenlehre I, Leipzig 1889, S. 355 schwächt zwar die bisherige Meinung ab: „ob es einen burgundischen Erzkanzler Lothar's gegeben hat, muss dahingestellt bleiben, da recognoscierte Urkunden aus seiner Regierungszeit für das burgundische Reich überhaupt nicht vorliegen.“ Vielleicht darf man aber dafür sagen: sie wurden eben deswegen nicht recognoscirt, weil es keinen Erzcanzler für Burgund gab.

[546] RSP. 166. Die Ausgabe hat das MCVIII der Hs. nicht beseitigt trotz aller dieser Zahl begegnenden Widersprüche. Auf die Emendation MCXXVIII weist die Tagesangabe *X. kalendas Aprilis, die Veneris* hin, die für 1128, aber nicht für 1108, 1118, 1138, 1148 stimmt, welch' beiden ersteren zudem der *dux* und Vogt von St. Peter Konrad im Wege steht. — Der Bruder des Ritters Hugo, Reginboto kommt nebst seiner Gemahlin Gisela RSP. 148 als *Reginboto de Scopfheim* (also in der Ortenau) vor; er schenkt l. c. einen Mansus bei dem Dorfe Vörstetten (BA. Emmendingen) durch die Hand seines Vogtes Erkenbold an St. Peter. Im Anschluss daran wird auch die einige Zeit darauf erfolgte Schenkung zu Mietersheim erwähnt.

Täusche ab [847]. Einmal überliess er nebst seiner Gemahlin und seinen Söhnen Konrad und Bertold dem Kloster all sein Eigengut, Kirche, Hof und Liegenschaften zu *Amindon* und empfing dafür das an St. Peter von Gerold von Scherzingen geschenkte Gut zu Zähringen. Diese Handlung vollzog im Auftrage Konrad's Heinrich von Rheinfelden im Beisein der Herren von Gamertingen, Twiel — mit denen also jetzt gutes Einvernehmen war —, Belp, Wehr und einer grossen Anzahl zähringischer Leute. Der zweite Tausch führt nach Villingen; der Herzog, von einigen Ministerialen begleitet, gab einen Hof zu Villingen an das Kloster und erhielt dafür einen Acker in dem nahen Bützenthal, der früher Eigenthum eines Freien gewesen war.

Sehr viel Besitz und Angelegenheiten [848] hatte das Kloster in Jesingen (OA. Kirchheim unter Teck), gewiss schon aus der alten Weilheimer Ausstattung her. Dahin gehört nun auch der Eintrag: Herzog Konrad übertrug uns sein Allod im Dorfe Jesingen für den Preis der 47½ Mark Silbers, die er uns wegen des Allods zu *Ossingen* (Jesingen selbst?) und des Vadimoniums bei Staufen zahlen musste. Der burgundische Ulrich von Belp mit seinem Sohne Burchard, der oft in Konrad's Nähe vorkommt, auch die ebenfalls burgundischen Liutold von Rümmlingen und Hupold von Laupen, dann Egino von Neifen, Bertold von Buchheim und Konrad von Gamertingen waren damals bei Konrad. — An anderer Stelle aber heisst es in den Aufzeichnungen der Mönche: Nach einiger Zeit schenkte der genannte Herzog Konrad zu seinem Seelenheile all' sein Allod in demselben Dorfe Jesingen an St. Peter und seine Mönche.

Als Vogt zugleich von St. Peter und Kloster Stein a. Rh. amtete Konrad bei der Schenkung eines gewissen Adalbert, der 4 Mansen in seinem Wohnorte Schlatt (BA. Staufen) an St. Peter schenkte. Ein Theil dieses Gutes war zu Zins an Stein a. Rh. pflichtig und diesen löste jener Adalbert zur Vervollkommnung der Schenkung durch Zuweisung eines Ackers an das letztgenannte Kloster ab. Ausser durch den Herzog als seinen Vogt war Stein dabei durch einen seiner Zinsmeister, Hartmann von Krotzingen, vertreten [849].

Der Ritter Werner von Roggenbach erhielt durch den Herzog die Erlaubniss ein seiner Schwester um 30 Pfund abgekauftes Gut zu Hondingen (BA. Donaueschingen) an das Kloster zu schenken [850].

Wohl in Konrad's spätere Zeit gehört die Handlung, in welcher Ulrich von Alzenach vor dem Herzog als seinem Herrn und vor einer Anzahl von

[847] RSP. 160 f. 166.

[848] Vgl. RSP. 170 f. Die auf Konrad bezüglichen Stellen S. 160 u. eine versprengte (wie das *in eadem villa Ousingen* zeigt) auch S. 158.

[849] RSP. 151 f.

[850] RSP. 150.

Herren und zähringischen Dienstleuten sein Allod zu Hausen an St. Peter schenkte. Nachdem Herzog Konrad gestorben war und auch des Schenkers Neffe oder Enkel Ulrich auf der Jerusalemfahrt umgekommen war, brachte der ältere Ulrich zusammen mit dem überlebenden Bruder des jüngeren Ulrich, Konrad, vor der Herzogswittwe Clementia die früher gemachte Schenkung zur Ausführung[851].

Zum Schlusse sei erwähnt, dass der Klosterrotel eine Aufzählung gekaufter Güter und des gezahlten Preises mit dem jeder weiteren Beigabe entbehrenden Eintrag[852] abschliesst: An Herzog Konrad drei Mark Silbers.

Seit Herzog Konrad Rector von Burgund geworden war, hatte inzwischen der Kampf der staufischen Brüder gegen das Königthum Lotar's durch die Erhebung des jüngeren Bruders, Konrad, zum Gegenkönige noch mehr Inhalt und Umfang bekommen. Der Zähringer ist jedoch, soviel wir erkennen können, auch nach 1127 nicht für Lotar, dem seine Neutralität anscheinend genügte, in diesen Kampf eingetreten; des Supplinburgers Kämpfer war vielmehr Heinrich der Stolze von Baiern, dessen sich Friedrich von Schwaben selbständig zu erwehren hatte, da sein Bruder nach Oberitalien gezogen war.

Am 28. December 1129 nahm Lotar das von der staufischen Parthei gehaltene Speyer ein und ging sodann den Rhein aufwärts. Zu Strassburg führte er wahrscheinlich persönlich den Bischof Bruno wieder ein, der einst von Heinrich V, der dadurch Bertold's III von Zähringen Tod sühnte, dort eingesetzt, aber seit 1126 durch einen Gegenbischof Eberhard bedrängt und vertrieben worden und auch seit dessen Tode (1127) noch nicht wieder in sein Bisthum zurückgelangt war[853]. Von Strassburg zog der König mit dem dortigen und dem Halberstädter Bischof weiter nach Basel, wo in den ersten Februartagen eine grosse Anzahl schwäbischer Fürsten und Herren sich um ihn versammelte. Herzog Konrad von Zähringen war erschienen; ferner der burgundische Erzbischof Anserich von Besançon, dann die Bischöfe von Constanz und Basel, die Aebte von Reichenau, Pfäffers, Dissentis und Murbach, Konrad's Schwager Pfalzgraf Gottfried und ebenso sein Vetter, Hermann von Baden, die Grafen Rudolf und Ulrich von Lenzburg, Siegbert von Elsass, Hutherich von Hegenheim, Volmar von Hünenburg (beide ebenfalls Elsässer), Bertold von Nimburg und Werner von Tierstein. Die Lenzburger brachten von diesem Verweilen bei dem König für die Propstei Zürich eine am 6. Februar vollzogene Bestätigung[854] der ihr am 7. März 1114 von Hein-

[851] RSP. 149 f. Natürlich ist S. 150 z. 17 statt *Counr[adi]* zu ergänzen: *Counr[ado]*.

[852] RSP. 166.

[853] Vgl. die Belege und Ausführungen bei Bernhardi S. 144 u. 252 f. — Das im Text Folgende weicht mannigfach von Bernhardi ab, weil ich St. 3359 anders datire.

[854] St. 3248, seitdem ZüUB. I 167 f. Nachbildung in Sybel's u. Sickel's KUrkk. in Abb. VI 5.

rich V verliehenen Urkunde mit heim, durch die also Lotar auch die damalige Vereinbarung über die zähringische und lenzburgische Vogtei von Zürich mit anerkannte. Konrad von Zähringen selbst war unter den Fürbittern der Urkunde, gerade wie es 1114 Bertold III gewesen war.

Zu Basel ward auch eine Angelegenheit abgeschlossen, die Konrad als Vogt von St. Blasien mit anging. Zu Bürgeln, dessen kleinem Gotteshause vorher ein einzelner Kleriker vorgestanden hatte, hatte der Abt Bertold von St. Blasien durch Entsendung von Mönchen eine Stätte klösterlichen Lebens begründet. Diese Umwandlung hatte Unzufriedenheit erregt und nachdem eine Beschwerde darüber bereits dem 1127 verstorbenen Bischof Ulrich I von Constanz vorgelegen, beraumte dessen Nachfolger endlich einen Vergleichstag zu Liel an, auf welchem im Sinne einer Weisung des Mainzer Erzbischofs die Angelegenheit dahin geschlichtet wurde, dass die Mönchsansiedlung zugelassen, aber zugleich das Weiteramtiren des Weltgeistlichen angeordnet wurde. Zu der auf Grund dieses Vergleichs erfolgenden Vertheilung der Güter des alten Bürglener Gotteshauses an das dortige Kloster und an das Weltpriesteramt, für das eine Capelle zu Eggenen auf altem Gebiet der Kirche von Bürgeln erbaut wurde, entsandte auch Herzog Konrad als Vogt St. Blasiens einen Vertreter nach Eggenen, nämlich Rudolf von Baden, den sein Bruder Bertold begleitete. In Basel, wo Konrad selber anwesend war, fertigte dann Bischof Ulrich II von Constanz über die ganze Angelegenheit eine Verbriefung aus[855]. Der neuen Capelle bei Bürgeln aber, die in der Folge den Namen Johannis des Täufers trug, hat Herzog Konrad zu unbestimmbarer Zeit ein Gütchen in Schalsingen (BA. Müllheim) geschenkt[856].

Der König ging von Basel aus nach Franken zurück, ohne dass Konrad ihm auf dem Wege begleitete[857]. Es war nicht nur für Lotar von grossem Werthe, sondern konnte auch zur Freiheit der Entschlüsse Konrad's beitragen, dass der Strassburger Bischof, zu dem er sicher noch immer in freundlichem Verhältniss stand, zu jener Zeit einen guten Theil des Elsass bei der königlichen Sache hielt und ihr neue Anhänger gewann[858].

Im Spätjahr 1130 traf den Herzog eine Trauernachricht: sein Vetter Hermann II, mit dem er in häufiger und unseres Wissens ungetrübter Be-

[855] Schöpflin V 69 ff. Die Urk. dort hat *Eckinheim* und *Eckingen*. Auch *Eckingen* muss Eggenen sein, vgl. die dies sichernde Urk. Gerbert, Hist. S. N. III 66 f. — Dass Adalbert von Mainz mit in Basel war, folgert Bernhardi S. 253 Anm. 2 aus dieser Urkunde mit Unrecht. — Vgl. dazu auch die Anm. 856 genannte Chronik.

[856] Chron. Burglense bei R. Heer, Anonymus Murensis denudatus, Freib. 1755, S. 382. *unam scopozam in villa Scalsingen.*

[857] Unter den (nach WUB. I 381 ff.) am 17. Febr. 1130 zusammen in Strassburg weilenden Fürsten ist Herzog Konrad nicht, dagegen sein von Basel zurückkehrender Schwager Gottfried, dessen Eidam Welf und andere.

[858] Siehe Bruno's Brief an den König b. Jaffé V 433 f.

ziehung gestanden hatte, war am 7. October, als etwa sechzigjähriger Mann gestorben[859]. Ihm folgte sein gleichnamiger Sohn in den markgräflichen Hoheitsrechten und Gütern nach.

Zu Pfingsten des nächsten Jahres (7. Juni) kam Lotar wieder nach Strassburg, wo auch für den 24. Juni seine Anwesenheit bezeugt ist[860]. In diesen Aufenthalt ist wohl auch eine Königsurkunde zu setzen, die nur noch in späterer deutscher Uebersetzung erhalten ist und bei dieser Umgestaltung die Schlussformeln mit der Datirung verloren hat[861]. Ein Edelfreier, Thüring von Lützelflüe, hatte auf seinem Erbgut zu Trub (Ct. Bern, nahe dem Berg Napf über dem Entlibuch) im Constanzer Bisthum und Land Burgund eine Zelle gegründet und sie dem Kloster St. Blasien unter Bedingungen über ihre Besetzung unterworfen. Der Abt des schwarzwäldischen Klosters hatte sich um diese Bedingungen nicht gekümmert, so dass Trub immer noch, fast zwei Jahre schon ganz verlassen stand. Thüring wandte sich mit Beschwerden nach Constanz an den Bischof, nach Speyer und nach Mainz und erlangte ein von dem Mainzer Erzbischof und einer Anzahl Bischöfe und Aebte zu Speyer gefälltes Urtheil zu seinen Gunsten, an das sich jedoch St. Blasien nicht hielt. So ging Thüring nunmehr mit mehrmaligem Ersuchen an den König und daraufhin kam die Sache zu Strassburg, wo auch der Abt von St. Blasien mit Mönchen von dort und Herzog Konrad von Zähringen, der St. Blasische Vogt — als Kastvogt bezeichnet ihn die übersetzte Urkunde —, erschienen waren, vor's Hofgericht. Dieses entschied, St. Blasien habe entweder die übernommenen Bedingungen vollkommen zu erfüllen oder Trub freizugeben. Es wählte das letztere, worauf Lotar die durch die Hand Herzog Konrad's als Vogts für immer geschehene Freigabe bestätigte und Trub in königlichen Schirm nahm. Als Vogt der nunmehr selbständigen Zelle ward Thüring's Bruder Diepold mit der Bestimmung eingesetzt, dass auch die weiteren Vögte aus dem Hause Thüring's sein sollten. Von der Strafsumme aber, die für die Uebertretung dieser königlichen Verfügung zu zahlen sein würde, sollte der Rector von Burgund als solcher zehn Mark Silbers empfangen. — Durch die Zeugenreihe der Urkunde erfahren wir — falls ihre

---

[859] Chr. Fr. Stälin II 304. Dazu vgl. noch d. Necrol. s. Michaelis Bamberg. posterius b. Jaffé V 576 zu *non. oct.*

[860] Bernhardi S. 374.

[861] St. 3359. Zur Zeitbestimmung: Lotar ist noch König, Konrad schon Rector von Burgund, Pfalzgraf Gottfried lebt noch und Bischof Bertold von Basel ist noch im Amte. Als Ort ergiebt sich aus der Urk. selbst Strassburg. Sie mit in den Febr. 1130 nach Basel zu setzen, wie Bernhardi 253 f. will, hat nicht nur durch diese unnöthige Ortsveränderung, sondern besonders auch dadurch seine Bedenken, weil die jeweiligen Zeugenreihen der Urkk. vom Febr. 1130 und von St. 3359 doch zu verschiedenartig zusammengesetzt sind. Dass Bertold von Basel dagegen im Juni 1131 in Strassburg war, legt St. 3265 nahe.

hier gegebene Datirung richtig ist —, dass ausser den schon Genannten im Juni 1131 bei dem Könige in Strassburg waren: Bischof Bertold von Basel, Pfalzgraf Gottfried, die Grafen Siegfried von Boineburg, Florenz von Holland, Bertold „von Norinc", Rudolf von Lenzburg mit zweien seiner Söhne, nämlich Humprecht und Ulrich, von denen letzterer noch oft wieder begegnen wird, sodann Werner von Habsburg und sein Vetter Rudolf von Homberg, Werner von Baden, Graf Liupold von Laupen und sein Sohn Rudolf, Hugo von Buchegg, Kuno von Bechberg; ferner Werner von Thun und zwei seiner Brüder, Heinrich von Haseuburg mit Söhnen und Brüdern, Burchard von Belp (der so oft in Herzog Konrad's Nähe begegnet), Walter von Rodenburg, Ulrich von Rapperschwyl, Walfried von Sumiswald, Lütold von Regensberg, Imer von Gerenstein, Diethelm von Worb und zwei seiner Brüder, Werner von Signau und sein Bruder und andere mehr. Also eine Versammlung, bei der hervorragend das jetzt schweizerische Alamannien und Burgund vertreten waren.

Ein Strassburger Bischof wird unter den Zeugen nicht genannt. Bruno's Stellung war gerade damals auf's Neue erschüttert worden; seine Gegner beklagten sich über Gewaltthätigkeiten und bemängelten auch die Art seiner Einsetzung durch Heinrich V, leider ohne uns hierin helleres Licht zu schaffen. Lotar seinerseits war nicht gesonnen ihn zu halten; auf einem Concil zu Mainz, wohin er sich selber begab, ward über Bruno verhandelt, der noch, ehe es zu dem Spruch seiner Amtsbrüder kam, in die Hände des Mainzer Erzbischofs abdankte. Sein Nachfolger wurde danach Gebhard von Urach, der die den Staufern Widerstand leistende Politik Bruno's fortsetzte und sogar mit Herzog Friedrich bei Gugenheim zur offenen Feldschlacht kam[862].

Die Stiftung eines Klosters in Burgund im Jahre 1131 lenkte Konrad's Augenmerk auf's Neue dorthin. Graf Udelhard von Seedorf bestimmte sein Gut Frienisberg (zwischen Aarberg und Bern) im Constanzer Bisthum und Lande Burgund zur Gründung einer Cistercienserabtei, der er ausser dem Recht zu Rodungen auch den See von Seedorf frei übergab. Die Datirung seiner Urkunde nahm auf Konrad als Regenten Burgunds Bezug; von den Zeugen interessiren die auch bei den Zähringern öfter erscheinenden von Grenchen, Jegenstorf, Delsberg und Lyss[863].

Bis hierher hören wir nicht, dass Konrad selber seine Stellung in Burgund befestigt oder auch nur die Regierung angetreten und die Huldigung empfangen habe. Nun lässt sich jedoch aus Otto von Freising ersehen, dass Rainald III

[862] Ueber Bruno vgl. Bernhardi 374 ff., über Gebhard die ausgehobenen Quellensätze FUB. I 56 ff.

[863] F. r. Bern. I 403 f. Die hinzugefügte Anmerkung legt den Wunsch nach einer sachverständigen Prüfung und Bestimmung der Stiftungsurkunde (St.-A. Bern) nahe. — *ducatum Burgundie nobiliter regente duce Conhrado.*

seine Ansprüche auf die Erbschaft seines Vettersohnes keineswegs aufgab, und seinerseits Konrad sich nach Westjuranien hinüber ausdehnen wollte[864], dass daher zwischen beiden beständiger Streit war und sie auch in offenem Gefecht im Felde an einander geriethen. Für diesen Krieg lässt sich eine ungefähre Datirung, die in die Jahre nach 1131 führt, gewinnen und zwar in Anknüpfung an Bundesgenossen, die Rainald fand.

Die Grafen von Genf, die man richtiger als Grafen des Genevois bezeichnet[865], hatten am Anfang des 12. Jahrhunderts mit den Bischöfen von Genf um die Ausdehnung der beiderseitigen Rechte gerungen, bis im Jahre 1124 der zwischen dem Bischof Humbert von Grandmont und dem Grafen Aymon geschlossene Vertrag von Seyssel die Rechte des Grafen begrenzte, nämlich den Bischof als Herrn der Stadt und Inhaber der Regalien sowie als Lehnsherrn des Grafen anerkannte und von diesem Treuverhältniss nur den Kaiser ausnahm, während in den dem Grafen zugestandenen Befugnissen in der Hauptsache die Ausübung der bischöflichen Vogtei zu erblicken ist[866]. Ein neues in der Zeit bald nach 1124 zwischen Humbert und Graf Aymon geschlossenes Abkommen bestätigte den Vertrag von Seyssel und beseitigte die Streitpuncte einer neu entstandenen Spannung[867]. Aymon's Gattin Ida aber war eine Schwester Wilhelm's, des Sohnes des mit Wilhelm IV 1127 zu Päterlingen ermordeten Peter von Glane; sie brachte, da das Haus Glane mit Wilhelm im Jahre 1142 ausstarb, den Genfer Grafen als ihren Theil an der Erbschaft (sie hatte noch 3 Schwestern) Güter um den Mont Pélerin im Jorat zu[868].

Nun treffen wir noch vor dieser Zeit ihren und Aymon's Sohn, Amedeus I auf der Seite des Widerstandes gegen den zähringischen Rector. Möglicherweise hatte ihn gerade die Verwandtschaft mit den Glane's auf die Seite des alten Lehnsherrnhauses dieser, also Rainald's III getrieben; von anderer Seite ist darauf hingewiesen worden, dass der Graf von Genf durch die Einengung seiner Machtstellung seit dem Vertrag von Seyssel dazu werde veranlasst worden sein, Freunde zu suchen, die es mit ihm gegen den Bischof, der als ein Vertreter des Reiches und der Krone zu betrachten ist, und damit denn auch zugleich gegen den Rector hielten[869].

---

[864] g. Fr. SA. 124 f. Er sagt kürzer: *ut . . . uterque ricina sibi vendicaret loca.*

[865] Ueber sie Spon, hist. de Genève. Neue Ausg. Genf 1730. Lévrier, chronologie historique des comtes de Genevois. Orléans 1787. 2 Bde. Mallet, du pouvoir que la maison de Savoie a exercé dans Genève (Mém. et doc. de la soc. d'hist. et d'archéologie à Genève. [MDG.] Genf. VII. 1849) 177 ff. Vgl. auch die mit besonderer Vorsicht zu benutzende Abhandlung von Fr. de Gingins-La-Sarra, Hist. de la cité et du canton des Équestres. MDSR. XX. 1865.

[866] Der Vertrag bei Spon, T. I der preuves, zu 1124.

[867] Cibrario und Promis l. c. S. 40, undatirt.

[868] de Gingins, MDSR. I 61.

[869] Dass von dem Rectoratsbezirk auch das gräfliche Gebiet und die allodialen Be-

Nun erfahren wir durch das erhaltene Bruchstück einer Lausanner Chronik das Folgende[870]: Im Jahre der Fleischwerdung des Herrn 1127 wurde getödtet in dem Dorfe Päterlingen Graf Wilhelm und P. von Glane. Im sechsten Jahre darnach geschah bei demselben Päterlingen wegen der Ermordung[871] des genannten Grafen ein grosses Treffen zwischen dem Herzog Konrad und seinen Deutschen und dem Grafen Amedeus von Genf und den Romanen; dabei wurde der Graf in die Flucht geschlagen. Viele wurden getödtet, viele Edle gefangen, die übrigen flohen oder wurden zersprengt. Damit stimmt die ganz kurze Aufzeichnung seitens des Bischofs von Lausanne Amedeus über das Treffen überein, der in des Grafen Niederlage eine göttliche Strafe dafür erkennt, dass dieser kurz vorher das auf dem Allod des Lausanner Bisthums gelegene Schloss Locens (Ct. Waadt) zerstört und ein anderes im Machtbezirk des Bisthums diesem zum Trutz errichtet hatte.

Es ist für uns das Wichtigste, dass die Gegner Konrad's doch bis in die Gegend von Päterlingen, also bis südlich vom Neuenburger See hatte vordringen können. Konrad's Sieg aber war entscheidend: auch Rainald wagte nicht mehr einzugreifen und von dem Tage von Päterlingen an, sagt die Lausanner Chronik, hatten die Deutschen die Oberhand gegen die Romanen[872]. Fast will es aus diesen Worten klingen, als ob dem alamannischen Rector manche Freunde in Transjuranien schon ein in der Sprache gefühlter Gegensatz gegen die wälschen Theile zugeführt habe.

Konrad konnte in diesem wichtigen und glücklichen Zeitpunct seinen Sieg nicht verfolgen; ein Besitzstreit rief ihn nach Deutschland zurück. Pfalzgraf Gottfried, Konrad's Schwager, war am 6. Februar (wohl 1133) gestorben[873],

sitzungen der Grafen von Genf noch erreicht wurden, geht hervor aus Ed. Mallet, Preuve diplomatique que Genève a fait partie du royaume de Bourgogne transjurane dès Rodolphe I en 899. MDG. IX. 1855. S. 454 ff. — Ob das Bisthum mit der Stadt von dem Rectorate eximirt war, ist eine Sache für sich.

[870] *Hec est copia cronice scripte in sancto Mario* [St. Maire] *Lausanne.* Das Bruchstück steht auf der Rückseite einer Urkundencopie aus dem 16. Jahrhundert im St.-A. Freiburg i. Ü.; seine Auffindung ist das Verdienst Schneuwly's, und gedruckt ist es Anz. f. schweiz. Gesch. II, 1866 in einem Aufsatze von G. v. Wyss, das Treffen bei Peterlingen im Jahre 1133, danach auch F. r. Bern. I 406. — Mémorial de Fribourg I 185, Hisely, mém. de l'Inst. nat. genevois II 22, F. r. Bern. I 407. Die Glane'sche Erbschaft im Jorat kann Graf Amedeus damals ganz wol wenigstens z. Th. schon in der Hand gehabt haben. Fraglich bleibt, ob die Beschwerdepuncte des Lausanner Bischofs in directem Zusammenhang mit Konrad's Feldzug gegen den Grafen standen.

[871] *pro occisione.* Das soll wohl kaum mehr heissen, als dass die Ermordung Wilhelm's die Ursache aller der Neuerungen in Burgund wurde.

[872] *ex illa die Theotonici invaluerunt contra Romanos.*

[873] Necr. Zwifalt. MGNecr. I 244. Sein Sohn Gottfried starb bei Lebzeiten des Vaters, ib. 211 (Necr. Sindelfing.) Ueber das Weitere vgl. man zunächst die Quellen-Zusammenstellungen bei Chr. Fr. Stälin II 370 ff. u. Bernhardi 504 ff.

ein gleichnamiger Sohn war schon vor ihm in's Grab gesunken und es blieben nur seine und der Liutgard von Zähringen Töchter zurück, Uta, die auf Betreiben Heinrich's des Stolzen dessen Bruder Welf die Hand gereicht hatte, und Liutgard, die aber zu einer nicht standesmässigen Ehe mit einem Ritter Namens Verli aus der rauhen Alb gezwungen worden und mit den Ihrigen — ihr Sohn Philipp wurde später Propst zu Sindelfingen — von der Erbberechtigung ausgeschlossen war. Welf trat die Erbschaft aller Lehen und Güter des verstorbenen Calwers an.

Da aber erhob gegen den Tochtermann des verstorbenen Pfalzgrafen ein Agnat Einsprache: Albert, der Sohn von Gottfried's 1094 verstorbenen Bruder Albert, der die Grafschaft Löwenstein innehatte. Er hatte bei dem Tode des Pfalzgrafen grosse Hoffnung gehabt, nun sah er sich durch den mächtigen Welfen Alles entzogen. Wenigstens die Hälfte des Calwer Gutes glaubte er doch beanspruchen und auch erlangen zu können und so erhob er Fehde. Er nahm die alte Stammburg seines Hauses, Calw, ein und legte Mannschaft hinein, überfiel rasch danach die Ritter Welf's bei nächtlicher Ruhe zu Sindelfingen, fing einige davon, verjagte die anderen, steckte den Ort an und brachte Fang und Beute auf seine Burg Wartenberg, vor die nun Welf zog, der inzwischen Mannschaften gesammelt hatte und jetzt eine regelrechte Belagerung mit Kriegsmaschinen begann. Albert widerum gewann die Hilfe der staufischen Brüder, deren eigenes Interesse gegen den welfischen Partheigänger König Lotar's er noch durch die Abtretung eines Dorfes mit Ministerialen und Zubehör steigerte; aber ehe diese Hilfe herankam, brachte Welf durch einen von der Thätigkeit der Kriegsgeräthe unterstützten, alle Schwierigkeiten überwindenden Sturmlauf der Seinen den Wartenberg in seine Gewalt, gewann seine gefangenen Leute und die Beute zurück und steckte die Burg in Brand.

Unterdessen aber hatte schon die Fehde noch weiter um sich gegriffen. Herzog Konrad war nicht gewillt, die Mitgift seiner an den Pfalzgrafen vermählten Schwester ohne weiteres einem Erben zufallen zu lassen, der sein Recht nur erheirathet hatte. Er zog heran, vielleicht geradeswegs aus Burgund, und lagerte sich noch während der Belagerung des Wartenberg vor die von Welf ebenfalls besetzte Schauenburg[874] in der Ortenau, in der eben darum ein Mitgiftsgut der Liutgard zu sehen ist. In diesem Augenblick also stand der Zähringer auf der gleichen Seite mit den Staufern und leicht genug konnte dauernd eine bedeutende Verschiebung der Partheiverhältnisse in Süddeutschland eintreten. Da aber griff auch schon der hierdurch bedrohte Kaiser — Lotar hatte am 4. Juni 1132 in Rom die Kaiserkrone erhalten — ein und veranlasste Konrad die Belagerung aufzuheben[875]. Es muss dann, obwohl er nicht berichtet wird,

[874] Hist. Welf. MGSS. XXI 465, SA. 29.

[875] l. c.

ein Vergleich geschlossen sein, der die Ansprüche der Welfen einschränkte. Denn Uta, die Nichte Konrad's von Zähringen, lebte lange Jahrzehnte, von ihrem Gemahl Welf, der sie fast noch als ein Knabe geheirathet hatte und der Liebe zu ihr über anderen Frauen vergass, getrennt auf jener Burg, nach der man sie die Herzogin von Schauenburg nannte [876], und nachdem sie ganz hochbetagt — noch 1196 kommt sie urkundend vor — gestorben war, ist die Schauenburg nebst Zubehör wieder in das zähringische Gut zurückgebracht worden.

Der Kampf zwischen Welf und Albert war nicht unterbrochen worden, hier war es nicht in gleichem Masse für Lotar wichtig die Gegner zu trennen. Welf nahm in der Zeit nach Konrad's Abzug von der Schauenburg die Veste Löwenstein ein und die dortige Besatzung gefangen und wandte sich dann gegen die Burg Calw, in die Albert selber sich geworfen hatte. Dieser musste seine Sache jetzt verloren geben und verglich sich mit Welf, der ihm die Stammburg und eine Anzahl Dörfer zugestand, aber, wie die Welfenchronik berichtet, nur als Lehen.

Inzwischen hatte, als Lotar Ende October 1133 zu Mainz Hof hielt, auch Herzog Konrad sich dort eingefunden. Die besondere Veranlassung, die den Herzog eine solche immerhin weitere Reise hat machen und ihn etwas verspätet eintreffen lassen, wird man am Besten in der calwischen Angelegenheit selbst zu suchen haben. Konrad traf zu Mainz bei dem Kaiser die geistlichen Fürsten von Mainz, Magdeburg (Norbert), Bamberg (Otto), Worms, Speier, Eichstädt, Prag, Havelberg, Fulda und Hersfeld, die Grafen von Los, Veldenz und Schwalenberg und den Vitzthum von Hildesheim [877]; von den welfischen Brüdern Niemand, da Welf seinen Kampf gegen Albert damals noch nicht zu Ende geführt und Heinrich die Staufer zu beobachten hatte.

Der Kaiser ging sodann den Rhein herauf nach Basel und Konrad begleitete ihn; ferner hatten sich Norbert von Magdeburg und der Bischof von Havelberg angeschlossen. Am 8. November befanden sich zu Basel bei Lotar ausserdem noch Erzbischof Anserich von Besançon, Gebhard von Strassburg, Ulrich II von Constanz, Konrad von Chur, Herzog Simon von Oberlothringen (der Schwiegervater Graf Rainald's III von Burgund), die Aebte von Reichenau und Murbach, die Grafen Friedrich von Zollern, von Pfirt, Hupold von Laupen und ein Udelhard, doch wohl der von Seedorf, der Gründer von Frienisberg; aus ritterlichem Stande Ulrich von Thun und sein Bruder Werner,

[876] Vgl. Chr. Fr. Stälin II 370.

[877] St. 3286. Die Urk. Adalbert's von Mainz vom 21. Oct. 1133 (Wenck Hess. LGesch. II 81) zeigt, dass die Zeugen von St. 3286 mit Ausnahme von Konrad von Zähringen, Lotar und der sonstige Hoftag am 18. Oct. schon beisammen waren, also Konrad damals erst erwartet wurde; vor dem 23. Oct. (St. 3286) traf er dann ein.

Ulrich von Erlenbach (im Simmenthal) und sein Bruder Constantin, Egelolf von Steffisburg und Adalbert von Murselden. Die letzteren waren sicher anlässlich des in ihrer Nachbarschaft entstandenen Augustiner-Klosters zwischen dem Thuner und Brienzer See mit gekommen, das Seliger von Oberhofen mit Anderer Beihilfe in der Diöcese Lausanne und Grafschaft Burgund auf dem „Matten" genannten Orte zwischen den Seen (wonach es bald nur noch Interlaken genannt wurde) zu Ehren der Gottesmutter Maria gestiftet hatte. Denn dieses nahm auf sein Ersuchen der Kaiser zu Basel in seinen Schirm und befreite es von Investitur und Steuer, auch gab er ihm das freie Wahlrecht des Propstes und des Vogtes mit der Bestimmung, dass die Vogtei nicht erblich sei und dass der vom Propst investirte, mit dem königlichen Bann beliehene Vogt seiner Stellung verlustig gehe, wenn er ein dem Kloster zugefügtes Unrecht nicht binnen 40 Tagen zur Befriedigung des letzteren und des Rectors von Burgund gebüsst habe. An der Busse anderer Verletzer dieser kaiserlichen Bestätigung wurde der Rector hier nicht betheiligt, nur die königliche Kammer und das Kloster[878].

Ein Baseler Bischof fehlt unter den Zeugen dieser Urkunde. Bertold von Neuenburg hatte nämlich abgedankt und der erwählte Nachfolger war vom Papste verworfen worden. Nun verhalf Lotar, der wohl hauptsächlich deswegen überhaupt gekommen war, einem Sachsen Albero, dem bisherigen Abte von Nienburg, unter Berücksichtigung der Concordatsbestimmungen zu dem Bischofssitze von Basel[879]. Danach ging er wieder den Rhein hinab und zwar bis Cöln, wohin ihn niederrheinische Fehden riefen. Dabei zog Herzog Konrad abermals mit ihm[880], dasselbe thaten Norbert und der neueingesetzte Bischof Albero und zu Cöln sah Konrad dann noch den dortigen Erzbischof Bruno und die Bischöfe von Münster, Lüttich und Minden, ferner Heinrich von Limburg, den Sohn des niederlothringischen Herzogs Walram, den Landgrafen Ludwig von Thüringen und die Grafen von Ballenstedt und Lützelburg.

Was mag Konrad in diesem mehr als zweimonatlichen Verweilen bei dem Kaiser gesucht haben? Sowohl die calwische wie die burgundische Angelegenheit bieten sich dem Errathen dar. Und wenn man da an sich eher vermuthen möchte, es habe sich darum gehandelt von Lotar eine kraftvolle Action zu Gunsten des in Burgund auf dem Siegeswege befindlichen Rectors zu erlangen, so wird das noch dadurch unterstützt, dass gerade nach Basel

[878] St. 3287. F. r. Bern. I 405 f.

[879] Vgl. Bernhardi 510 f.

[880] Am 1. Jan. 1134 war er nach St. 3288 mit zu Cöln. Wegen der ununterbrochenen Anwesenheit Konrad's bei Lotar seit dem Ende Oct. 1133 habe ich seinen burgundischen Feldzug in die frühere Zeit dieses Jahres, vor die von Lotar unterbrochene Fehde gegen Welf setzen müssen.

statt vorher nach dem ihm doch näheren Mainz der Schwiegervater des gefährdeten Rainald III nachgeeilt war. Ein Ergebniss haben übrigens diese vermuthlichen Bemühungen Konrad's wenigstens in ersichtlicher Weise nicht erzielt.

Der Herzog von Zähringen griff dann auch nicht in den Kampf ein, der von Lotar gemeinsam mit Heinrich dem Stolzen im Sommer 1134 im Lande Schwaben selbst gegen die Staufer geführt ward und der die Brüder zur Unterwerfung zwang, der im Laufe des Jahres 1135 auch eine Aussöhnung folgte. Weder in den Tagen von Weihnachten 1135 und Neujahr 1136, da Lotar zu Speyer mit den Fürsten über seinen neuen Romzug berieth, noch auf dem zu Ostern in Aachen gehaltenen Hoftage unter der den Kaiser umgebenden Fürstenmenge[881] ist der Zähringer nachzuweisen. Auf dem grossen Hoftage zu Würzburg, der dann am 15. August 1136 die Kaiserfahrt nach Italien einleitete und der von fast allen hervorragenden weltlichen und geistlichen Reichsfürsten besucht war, war Konrad ebenfalls nicht anwesend[882]. Auch aus Burgund war Niemand erschienen, denn Albero von Basel darf nicht dahin gerechnet werden. Vergebens durchsucht man die Annalen, die über den Romzug vorliegen, und die in Italien damals ausgestellten Urkunden: weder Konrad, noch irgend Jemand von Denjenigen, die als Freunde oder Gegner seine Aufmerksamkeit beschäftigten, treten mit irgend einer Spur als Theilnehmer daran hervor. Dazu sind wir auch ohne Kunde, was sie in der Heimath gethan haben mögen. Dass Schwaben nicht in Frieden blieb, wird berichtet: Herzog Friedrich gerieth in Fehde mit Gebhard von Strassburg und kämpfte mit dessen Truppen bei Dunzenheim zwischen Brumath und Zabern[883]. Aber über dem Rectoratsbezirk lagert ein völliges Dunkel.

Ende 1137 eilte der Kaiser todtkrank aus Italien zurück; zu Breitenwang im heutigen Tirol, im Gebiete seines Schwiegersohnes Heinrich, beschloss er am 4. December seine Tage. Wie einst Heinrich V auf die Friedrich's von Schwaben, so hatte Lotar auf dem Sterbebette auf die Nachfolge Heinrich's, des Erben seiner sächsischen Güter gedeutet, dem noch einmal zugleich die Nachfolge im Herzogthum Sachsen zugesichert worden war. —

Kaiser Lotar hat dem Zähringer, der sich ihm frühzeitig anschloss, die Grafenlande in Burgund zuerkannt und das Rectorat übertragen, aber er

[881] *multitudo principum.* Gesta epp. Camerac. MGSS. VII 507. — Zwar die nicht unverdächtige St. 3316 hat als Zeugen die Herzöge Walram und Konrad, aber unser Konrad hat in Lotar's Urkk. ganz regelmässig den hier fehlenden Zusatz „von Zähringen", vielleicht in absichtlicher Unterscheidung von dem Staufer, an den also hier viel eher zu denken sein wird (falls die Urk. überhaupt echt ist), zumal das einfache *Conradus dux* für ihn auch sonst vorkommt.

[882] Vgl. die Zusammenstellung der Erschienenen bei Bernhardi 604 f.

[883] Ann. Arg. MGSS. XVII 88.

hat es ihm auch allein überlassen Herr seiner Aufgabe zu werden. Konrad seinerseits ist nie von der Treue gegen den Mann, der ihn zuerst nicht Herzog nennen wollte und ihn dann erhöhte, gewichen, aber auch nie ein Kämpfer für Lotar gewesen. Das Verhältniss zwischen dem sächsischen Supplinburger und dem schwäbischen Zähringer hat die Grundlage des gegenseitig gebotenen Vortheils gehabt, weiter sind beide nicht miteinander gelangt. Mehr durch Zufall mag es bei jenem Verhältniss geblieben sein, denn wenigstens Konrad, wie wir bald erfahren werden, war nicht immer nur ein vorsichtiger Rechner, sondern konnte eher zu sehr von unmittelbarer Lebhaftigkeit und dem Eifer der Dankbarkeit sein. —

Am 7. März 1138 wählten zu Coblenz einige rheinische Fürsten zum König den Staufer Konrad, den ein paar Jahre vorher des Gegners Sieg gezwungen hatte die schon erhobene Krone vor dessen Füsse zu legen. Am Ostertag (3. April) hielt der neue König prächtig Hof zu Cöln, wohin weitere Fürsten gekommen waren, ihm zu huldigen; der soeben noch stolz emporsteigende Stern des mächtigen Welfen begann sich mehr und mehr zu neigen. Als der König die Fürsten des Reiches auf Pfingsten (22. Mai) nach Bamberg rief, erwartete er, dass Niemand fehlen werde, der ihm noch nicht gehuldigt und seine Lehen aus des neuen Königs Hand empfangen habe.

Konrad von Zähringen ist so wenig an der Wahl von 1138, wie an der von 1125 betheiligt gewesen. Er hatte den Staufern nie nahe gestanden, aber war auch nicht ihr Feind geworden. Nun folgte er dem Rufe des vom Erfolge getragenen Königs und ging nach Bamberg[484]. Dort traf er auch die Erzbischöfe von Mainz, Trier und Bremen, die Bischöfe von Bamberg, Regensburg, Speyer, Worms, Utrecht, Münster, Osnabrück, Paderborn, Eichstädt, Zeitz, den Pfalzgrafen Wilhelm, die Herzöge Ulrich von Böhmen, Friedrich von Schwaben und Ulrich von Kärnthen, dessen Familie einst der seinigen so trotzig entgegengestanden hatte, ferner die Markgrafen Leopold von Oestreich, Albrecht von der Nordmark, Engelbert von Istrien und Konrad von Wettin, die Grafen Gebhard von Sulzbach und Poppo von Andechs, dazu viele andere; vor allen auch die Wittwe Lotar's, die Kaiserin Richenza. Heinrich der Stolze aber war nicht bei dem erwählten Könige erschienen.

König Konrad bestätigte zu Bamberg dem Kloster St. Blasien die ihm von den beiden letzten Herrschern verliehenen Freiheiten, auf welchen ja auch die sanctblasische Vogtei des Zähringerherzogs beruhte[485]. Aber es geschah noch ein anderes zu dessen Gunsten: weniger auf staatsrechtliche Bedenklichkeiten gebend als der verstorbene Sachsenkaiser machte der Schwabe allen Deuteleien über die Stellung des Zähringers im Reichslande Burgund kurz-

[484] Er ist Zeuge in St. 3378. *Cuonradus dux Burgundiae.*

[485] St. 3378. Vgl. über sie die Anm. Bernhardi's, Konrad III, Leipzig 1883, S. 46 f.

weg — allzu kurzweg — ein Ende und ermächtigte die Canzlei ihn in der Urkunde für St. Blasien „Herzog Konrad von Burgund“ zu nennen.

Der Zähringer, der seine unter Lotar beobachtete Zurückhaltung bisher nicht aufgegeben hatte, ist hier, nun er endlich auf vollkommen gleichen Rang mit den ersten weltlichen Fürsten des Reiches gestellt war, mit einem Schlage des Königs eifrigster Anhänger geworden. Er ging mit ihm nach Regensburg, mitten in das Welfengebiet. Dorthin war zum Peter- und Paulstage (29. Juni) noch einmal der Erzbischof Konrad von Salzburg berufen worden, ein hochangesehener Herr, dessen Anschluss, wie man wusste, den Sieg König Konrad's in ganz Baiern bedeuten würde und um den man sich daher von königlicher Seite eifrig bemühte [486], der sich aber zur Mannschaftsleistung an den König, die er auch Lotar verweigert hatte, nicht herbeilassen wollte. Als er nun zu Regensburg wenigstens erschien, entfuhr es Konrad von Zähringen ihm in Gegenwart des Königs und der Fürsten zu sagen, er müsse dem Könige seinem Herrn den Homagialeid leisten. Der Erzbischof antwortete ruhig: „Ich sehe, Herr Herzog, wenn Ihr der Wagen wäret, Ihr würdet ohne Zögern vor den Ochsen daherlaufen wollen. Was die Sache zwischen mir und dem Könige unserem Herrn angeht, die wird so geordnet werden, dass Ihr merken werdet, nicht nöthig zu haben Euch Sorge darum zu machen“. Der König in Furcht, der Erzbischof könne zu noch unfreundlicheren Worten fortgerissen werden und alles verdorben werden, legte dem Zähringer die verwandte Hand auf den Mund und verhinderte ihn irgend etwas zu erwidern, indem er zugleich beschwichtigend sagte, er selber verlange nichts weiter von dem Erzbischof, als dessen gute Gesinnung [487]. Damit war denn auch der Zwischenfall zu Ende gebracht.

Wie selten aber begegnet in der ganzen Geschichte der Zähringerherzöge eine solche wie die hier wiedergegebene Nachricht, in der Einer von ihnen im lebhaften, unmittelbaren Thun und Wesen geschildert wird!

Konrad war damals offenbar derjenige Fürst, der dem König in dem jungen gegenseitigen Eifer ihrer freundschaftlichen Vereinigung am nächsten stand. Denn als einen „sehr hervorragenden Mann“ bezeichnet ihn die Salzburger Aufzeichnung, die die kleine Begebenheit von Regensburg zu erzählen für werth hält und in dieser selbst einen ganz besonderen Muth des Erzbischofes erkennt.

Im Angesicht der Erfolge des Staufers beugte sich jetzt auch Heinrich der Stolze, er lieferte den Gesandten des Königs die Reichsinsignien aus. Aber die beiden Herzogthümer gedachte er trotz der Bedenken, die der König dagegen hatte, zu behalten und darüber verlief eine festgesetzte Zusammenkunft

[486] Vgl. die Briefe Jaffé V 528—531.

[487] Gesta archiepiscoporum Salisburgensium MGSS. XI 66.

19*

zu Augsburg[588] — wohin Herzog Konrad, um so mehr, als es ihm auf dem Rückwege lag, den König begleitet haben wird — ergebnisslos: der Herzog Heinrich vermied es überhaupt, vor das Antlitz des Königs zu treten, er blieb, während dieser in der schwäbischen Stadt weilte, in seinem Lager auf dem rechten Lechufer, also auf bairischem Gebiet und unterhandelte von dort aus, und der König brach dann, als es endgiltig klar wurde, dass der Welfe weder auf Sachsen noch auf Baiern verzichten werde, plötzlich auf und ritt in der Richtung von Würzburg davon. In der Stadt am Main ward über den trotzenden Fürsten die Acht des Reiches verhängt.

Der Zähringer ist — wenn nicht etwa schon früher — von Augsburg aus in seine Lande zurückgekehrt. Er scheint durch die Bodenseegegenden seinen Weg fortgesetzt zu haben, denn das Kloster Reichenau suchte bald nach dieser Zeit die päpstliche Bestätigung für eine Schenkung Herzog Konrad's nach, durch die ihm dieser den vierten Theil des Dorfes Oehningen (BA. Radolfzell), den er als Erbgut besass, übertrug[589]. Es war das wohl ein Versuch des Herzogs ähnlich wie früher in St. Gallen, so jetzt in Reichenau bei einem Schisma durch Unterstützung des einen Abtes Einfluss zu erlangen, denn gegen Abt Frideloh (von Hardtegg) war um Anfang 1137 Otto von Bötstein als Gegenabt aufgestellt worden und erhielt seine Ansprüche noch aufrecht. —

Eine Spur, dass Konrad die nächste Zeit seinen Erblanden widmete, erhalten wir auch durch die Nachricht, dass mit seiner Erlaubniss am Ostertag (23. April) 1139 einer seiner Ministerialen, Konrad von Rundsthal an das Kloster St. Georgen einen Theil des Wäldchens Schönbrunnen, das man zwischen St. Georgen und Rundsthal vermuthet, übertrug[590].

Als aber der König, der inzwischen in Sachsen und Franken geweilt hatte, dann Ende Mai 1139 nach Strassburg kam, suchte der zähringische Herzog ihn von Neuem dort auf[591]. Er fand ausserdem Adelbero von Trier und den hochburgundischen Metropoliten Humbert von Besançon, ferner

[588] Hist. Welf. MGSS. XXI 467. SA. 32. Welche Fürsten mit in Augsburg waren, ist an sich nicht bekannt; es spricht also nichts dagegen, dass der Zähringer den König noch begleitete.

[589] Die päpstliche Urk. (Herrgott Gen. Habsb. II 160, J.-L. 8076) ward am 17. Febr. 1140 ausgefertigt. Sie hebt hervor: *cum omni iure, quam ipse* [Konrad] *successione hereditaria inibi habebat*. — Ueber die beiden Aebte vgl. Abbat. Mon. Aug. MGSS. II 38 und Bernhardi, Konrad III, 87.

[590] Not. fund. mon. S. Georgii Zs. IX 229, *eodem die* (= 1139 *ipso die s. paschae qui erat VIII* [rectius VIIII] *kal. maii*). — „*Sconibrunnen*".

[591] Er ist Zeuge in St. 3386—3392, vom 28. Mai, soweit sie datirt sind. Dieselben ergeben die sonstigen Anwesenden, vgl. auch St. 3385. Bernhardi legt S. 82 das Pfingstfest aus Verwechslung mit 1138 auf den 22. Mai; es fiel 1139 auf den 11. Juni. — St. 3388 für Kl. Lützel wird als unecht betrachtet, auch von Scheffer-Boichorst, während Ficker sie milder beurtheilt und die Zeugenreihe „entsprechend" findet, vgl. seine Beitr. z. Urkdl. § 164 (I 290).

die Bischöfe von Worms, Würzburg, Lüttich, Münster, Havelberg, Brandenburg, Toul, Metz und Ortlieb von Basel, dann von Aebten Fridelo von Reichenau, Herzog Konrad's Schützling, der jetzt in der That die Bestätigung und Anerkennung des Königs erhielt, und die von Selz, Einsiedeln, Pfäffers und den von Stablo, den gewandten und fast ständig in des Königs Umgebung weilenden Wibald; von weltlichen Fürsten des Königs Bruder Herzog Friedrich und Herzog Matthäus von Oberlothringen, den Sohn des vor kurzem im Kloster Stürzelbronn verstorbenen Herzogs Simon, den Markgrafen Hermann von Baden, die Grafen Albert von Löwenstein, Friedrich von Pfirt des Zähringers Schwager, und seinen Bruder Rainald Grafen von Bar, auch die Grafen Bertold von Nimburg und die von Sulz, Tübingen und Frankenburg. Kuno von Köndringen, der ebenfalls als Zeuge einer der zu Strassburg ausgestellten Urkunden vorkommt, war wohl mit Herzog Konrad gekommen, Erlewin und Dietrich von Nimburg wohl mit dem Grafen Bertold [892].

Herzog Konrad wird in allen erhaltenen Urkunden, die die königliche Canzlei auf dem Strassburger Tage ausgefertigt hat — die datirten nennen den 28. Mai — als Zeuge geführt. Aber höchst bemerkenswerth ist es, dass die Canzlei den Titel des „Herzogs von Burgund", den sie Konrad zu Bamberg vergönnt hatte, aber der in der That ein zu grosses Hinwegsetzen über das Bestehende bedeutete, jetzt wieder vermeidet: sie macht entweder gar keinen Zusatz oder spricht in alter Weise vom „Herzog von Zähringen" oder gar noch „von Kärnthen" [893].

Dass man, wenn man nicht „von Burgund" sagen konnte, den Titel „von Zähringen" brauchte, ist ganz verständlich, aber wie kam man jetzt noch wieder auf Kärnthen, und wie kam es, dass selbst ein Chronist dieser Zeit das letztere noch für den Titel der zähringischen Herzöge herbeizog [894]? Es bieten sich für die Erklärung zwei Möglichkeiten dar, von denen die erste, hier zunächst folgende doch als die ernsthaftere erscheint: man hatte wieder einmal staatsrechtliche Bedenken gegen den ganzen Titel, konnte aber den einst in der ersten Zeit Lotar's betretenen Ausweg nicht wohl mehr ein-

---

[892] St. 3391. *presente .... comitibus quoque Bertulfo nostri* (im Sinne der Empfänger, die hier in der Kaiserurkunde mitarbeiten) *cenobii advocato*, sieben andere Namen, dann: *Erlewino de Nuenburch*, *Theoderico de eodem castro* u. s. w. Das hat viele Irrthümer veranlasst. Es handelt sich hier um die Cluniacenserzelle St. Peter und Paul, später St. Ulrich und den oben S. 147 f. erwähnten Tausch, nicht um das Kloster St. Peter, wie noch Bernhardi S. 87 meint. Daher ist auch der „Graf Bertold" der bekannte Vogt der cluniacensischen Stiftung, eben der Nimburger, und nicht Herzog Konrad's Sohn, der spätere Bertold IV (die Deutung rührt von Chr. Fr. Stälin II 292). Damit kommen eine ganze Anzahl über diesen gemachter Folgerungen („Graf", Vogt von St. Peter u. a.) fortan in Wegfall.

[893] Einfach *dux* haben St. 3386, *3388, 3389, 3390, 3391, *dux Ceringe* 3392, *dux Carinthiae* 3387.

[894] Vgl. oben Anm. 393 u. 731.

schlagen zu sagen: „Konrad, der Sohn des einstigen Herzogs Bertold", man konnte an dem Herzogstitel des inzwischen noch mächtiger gewordenen Zähringer Herrn, der ausserdem auch der Statthalter von Burgund war, nicht mehr rütteln. Andererseits hatte das Rectorat selber bisher noch keinen Titel für seinen Inhaber ausgebildet. Gegen „Herzog von Zähringen" lag das besondere Bedenken für strenge Canzleiherren vor, dass das deutsche Reich ein solches Herzogthum nicht kannte; höchst ungern nur hatte man jederzeit diese Bezeichnung angewandt. Lieber ging man in der Geschichte des Hauses suchend zurück; da begegnete zunächst Bertold's II Gegenherzogthum von Schwaben — daran anzuknüpfen war unmöglich; aber dann Bertold's I kärnthnische Herzogswürde, die zwar nicht thatsächlich ausgeübt worden, aber doch vom Reiche verliehen und anerkannt gewesen war. Auf diese griff man wieder zurück, da nun doch einmal sie den Herzogsrang in das zähringische Haus gebracht hatte — Herzog Ulrich von Kärnthen, der darüber wohl etwas verwundert hätte sein dürfen, war ja zu Strassburg nicht anwesend, wie er es 1138 zu Bamberg gewesen war, wo man aber, wie wir wissen, den dort mit Ulrich zusammentreffenden Konrad als „Herzog von Burgund" geführt hatte.' — Die zweite Erklärungsmöglichkeit ist einfacher, aber unwahrscheinlicher und wohl höchstens etwa für die Cölner Chronik zulässig: dass man die schlimme, aber — exempla docent — darum doch wol lockende Etymologie begangen habe, *Carinthia* zur sprachlichen Grundlage eines an sich gar nicht berechtigten *Zaringia* zu machen[895].

Die Urkunden, für welche Konrad unter den Zeugen steht, betreffen die Abteien Pfäffers, Einsiedeln, Lieu-Croissant, Selz und St. Maximin oder vielmehr das Erzstift Trier, die eine führt in den Breisgau: der König bestätigte den Tausch von 1087 zwischen dem hl. Ulrich und dem Bischof Burkard von Basel, der es möglich gemacht hatte, die von Ulrich geleitete cluniacensische Zelle von Grüningen nach dem Orte des späteren „St. Ulrich" im Schwarzwald zu verlegen.

Zu Strassburg beschworen auf des Königs Geheiss die Fürsten, die anwesend waren, gegen die — als Anhänger Heinrich's des Stolzen — das Reich in Aufruhr bringenden Sachsen einen Heerzug[896], der auch den übrigen Fürsten brieflich angesagt wurde; um selber zu rüsten eilte der König sogleich nach Schluss des Hoftages nach Franken, wo wir — in Würzburg — ihn schon

[895] Graphisch ist der Sache nicht beizukommen. Bernhardi Konrad III, 219 will in St. 3428 — und zwar unnöthiger Weise; der Titel „von Kärnthen" ist ja auch sonst gesichert — *Caringie* für *Carinthie* emendiren. Aber die Quellen haben wohl einmal *Ce* —, aber nie *Ca* —, sondern dann nur *Za*(ringen). *Caringie* würde *Karingie* lauten.

[896] *Eo tempore iubente rege principes qui aderant expeditionem contra Saxones regnum commoventes iuraverunt* Schlusssatz der eben erwähnten St. 3391. Ueber die eigenthümliche Inhaltsüberschreitung der Urk. vgl. Ficker, Beitr. z. Urkl. § 164 und 218.

am 3. Juni wieder treffen. Herzog Konrad ging nicht mit ihm, aber nicht etwa seiner Rüstungen wegen, denn er fand sich nicht in Hersfeld ein, das auf den 25. Juli zum Sammelplatze der gegen die Sachsen zu führenden Truppen bestimmt war. Er ist nicht der einzige von denen, die sich zu Strassburg verpflichtet hatten, der ausblieb; auf Grund welcher Umstände er sich aber der Pflicht der Heerfahrt entzogen hat oder von ihr entbunden worden ist, wie überhaupt der König sich dazu gestellt hat, ist nicht zu erkennen. Immerhin ist das Verhalten einer im Lager zu Hersfeld ausgefertigten Urkunde [497] bemerkenswerth. Der König bestätigt durch sie auf Fürbitte des Baseler Bischofs Ortlieb — der nicht mit in Hersfeld war und also wohl schon in Strassburg die Anregung zu diesem Privileg gegeben hatte, das dann wegen des schnellen Aufbruchs von Strassburg nicht mehr dortselbst von der Canzlei hätte fertiggestellt werden können — dem Kloster Trub die Besitzungen und das Vogtswahlrecht, wie schon Kaiser Lotar diese genehmigt hatte, wich aber insofern von der Verleihung seines Vorgängers ab, als er in seiner eigenen Urkunde des Rectors von Burgund gar nicht gedachte und den Strafantheil von 10 Mark Silbers aufhob, den bei Verletzung der königlichen Urkunde nach Lotar's Bestimmung der Rector einziehen sollte; die Strafsumme im Betrage von 30 Mark wurde diesmal nur dem Kloster selbst und der königlichen Kammer zu gleichen Theilen zugewiesen. Nicht ganz ausser Acht bleiben darf es auch, dass unter den in Hersfeld anwesenden (Datirungs-)Zeugen dieser Urkunde sich Graf Ulrich von Lenzburg findet, der doch wohl nicht ganz ohne Sorgen vor dem Zähringer sein mochte, auf dessen Kosten sein Haus die Vogtei über Zürich ausübte und der vielleicht gerade deshalb mit sich zu allen Zeiten so eng an die Staufer gehalten hat. —

Am 20. October 1139 raffte Heinrich den Stolzen, ehe es zum Entscheidungskampfe zwischen dem König und ihm gekommen war, im fünfunddreissigsten Jahre seines Lebens zu Quedlinburg eine schnelle Krankheit hinweg. Der König wollte nunmehr auf einem Reichstage zu Worms am 2. Februar die Zukunft Sachsens ordnen, aber so zahlreich sich auch die Fürsten des Reiches dort einfanden, die sächsischen Laienfürsten und auch einige Bischöfe fehlten unter ihnen: es musste ihnen ein neuer Tag anberaumt werden, der auf den 21. April nach Frankfurt a. M. ausgeschrieben wurde. Dorthin ritt nun auch Herzog Konrad [498]; er fand in der glänzenden Versammlung die Erzbischöfe von Mainz, Cöln und Trier, die Bischöfe von Würzburg, Worms, Speyer, Paderborn, Passau und Otto von Freising, des Königs Halbbruder, den scharfblickenden und tiefsinnigen grossen Geschichtsschreiber, dessen sorgfältige Aufmerksamkeit auf die zähringischen halben Freunde und

[497] St. 3400. F. r. Bern. I 412 f. ohne genügende Begründung verdächtigt.

[498] St. 3410—3412. Die übrigen Theilnehmer aus St. 3410—3414 nebst 3414 a u. 3414 b = 3426 a.

halben Rivalen seiner schwäbisch-staufischen Verwandten schon hervorgehoben wurde; von Aebten den ihm näher bekannten Fridelo von Reichenau, dazu Wibald von Stablo, die von Fulda und Siegburg und den Reichspropst von Kaiserswerth; ferner die Herzöge Friedrich von Schwaben, den mit Sachsen belehnten berühmten Gegner der Welfen Albrecht den Bären, und den Babenberger Heinrich, Markgraf Hermann von Baden, den unermüdlichen Begleiter des Königs und Besucher seiner Hoftage, die weiteren Markgrafen von Istrien und Meissen, den Landgrafen Ludwig von Thüringen, dann Ulrich von Lenzburg, Heinrich von Namur seinen Schwager und noch eine Anzahl anderer Grafen, abgesehen von den freien Herren und den mitgekommenen Ministerialen des Königs und der Fürsten. Von den Sachsen aber war widerum ausser dem schon genannten Konrad von Meissen Niemand erschienen. So war der Hauptzweck auch dieses Reichstages verfehlt und es kam unseres Wissens hauptsächlich nur noch zu einer Anzahl königlicher Beurkundungen, in denen sich die Canzlei für die Zeugenreihen dahin entschied, Konrad wieder einfach als Herzog von Zähringen zu führen. — Vielleicht hat dieser Frankfurt frühzeitig verlassen, denn wir finden ihn in den vom 28. April bis 3. Mai, aber nicht mehr in den am 7. Mai dort ausgestellten Urkunden.

In dem in die zweite Hälfte des Jahres 1140 fallenden Feldzuge gegen den in Süddeutschland erfolgreich kämpfenden Welf, dieser durch die Einnahme von Weinsberg und die daran geknüpften Erzählungen besonders bekannt gewordenen Fehde hatte der König den zähringischen Herzog nicht an seiner Seite, dagegen dessen Verwandte Hermann von Baden und Diepold von Vohburg, sowie Albert von Löwenstein und andererseits die getreuen Grafen Ulrich von Lenzburg und Werner von Baden. Den Herzog treffen wir dagegen in diesem Jahre, freilich zu sonst unbekannter Zeit auf der Baar zu Schwenningen (OA. Rottweil, nahe bei dem badischen Villingen).

Die Freien Erlewin und seine Frau Berta hatten ihr Gut zu Eschach (BA. Villingen) mit der Kirche daselbst und anderem Zubehör zur Schenkung für das Kloster Gengenbach bestimmt. Die erste Uebereignung war auf der Weibelshube zu Ascheim vor dem Grafen Alwich von Sulz und dem üblichen Umstand geschehen, die zweite zu Eschach selber auf dem zu dem Schenkungsgute gehörigen Hofe widerum vor vielen Zeugen. Die dritte und endgiltige Uebergabe geschah nun zu Schwenningen vor dem Herzog Konrad, den Grafen Alwich von Sulz, Burkard von Zollern und Egeno von Urach, den Edelherren Gottfried von Zimmern, Bertold von Thanegg, Bertold von Lupfen und Anderen; auch Herzog Konrad's Sohn Bertold war anwesend, ohne indess als ein vollmündiger Zeuge behandelt zu werden, ausserdem Ministerialen. Nachdem der Traditionsact geschehen war, entrichtete Erlewin den Zins, den er damit schon zum vierten Male an Gengenbach bezahlte (er hatte sich das Gut noch als Zinslehen für seine und seiner Frau Lebenszeit vorbehalten) an den anwesenden Abt Gottfried von Gengenbach, der die Münze zu Zeugniss und Bestätigung in die Hand Herzog Konrad's legte. Was diesen bei der Schenkung besonders anging, war die Bestimmung Erlewin's, dass das Kloster für dieses Gut den Vogt frei wählen und absetzen solle, ohne Einspruch der Vögte von Gengenbach.

Ueber den Hergang der ganzen Angelegenheit und über die näheren Ausführungsbestimmungen wurde dann eine umfassende Urkunde[899] aufgesetzt, an die Herzog Konrad und der Abt von Gengenbach ihre Siegel hingen. Das ist das erste zähringische Siegel, das erhalten ist und zugleich das erste, von welchem wir überhaupt wissen.

Um Ostern[900] (30. März) 1141 erschien König Konrad als Sieger über Welf zu Strassburg, wo er bis in den April hinein weilte. Eine Anzahl Reichsfürsten umgab ihn hier, vor allem in grosser Vollständigkeit der hohe Adel des Oberrheins, an der Spitze der Herzog Friedrich von Schwaben und Herzog Konrad von Zähringen, beide mit ihren Söhnen und Nachfolgern, der Staufer mit Friedrich, dem späteren mächtig waltenden Kaiser Barbarossa, und der Zähringer mit Bertold, dem es gleichfalls vom Geschick bestimmt war, der thatenreichste und um das Reich am meisten verdiente Fürst seines Geschlechts zu werden. Zu ihnen gesellten sich die geistlichen Fürsten von Trier, Münster, Würzburg, Metz, Strassburg und Ortlieb von Basel mit Vertretern seines Domcapitels und anderen Klerikern auch Laien von Basel und mit dem Baseler Vogt Graf Werner[901], ferner die Aebte Bertold von St. Blasien mit dortigen Mönchen, die von Ettenheim und St. Leonhard, der Propst von Moutiers-Grandval und andere Geistliche; die Herzöge Albrecht der Bär von Sachsen und Matthäus von Oberlothringen, der neue Pfalzgraf bei Rhein Heinrich von Babenberg, Markgraf Hermann von Baden und nicht minder Ulrich von Lenzburg mit seinem Bruder Arnold, von weiteren Grafen Friedrich von Pfirt, des Zähringer's Schwager, sein Bruder Rainald von Bar und Mousson[902] und die von Huneburg, Falkenstein, Froburg, Ramsberg, Alwich

[899] Eine Notitia, die durch das Siegel Konrad's zur öffentlichen Urkunde gemacht wird (denn der Abt ist ja Empfänger). Sie ist gedruckt bei H. Schreiber, die älteste Verfassungsurk. der Stadt Freiburg, Freib. Univ.-Progr. 1833/34, S. 44 ff. Ueber das Siegel vgl. den Anhang.

[900] *in diebus paschae* in St. 3425.

[901] Als dieser gilt Graf Werner von Homberg. Aber da dieser in der Quelle jener Präsenzliste, St. 3425, nicht vorkommt, muss der damalige Vogt von Basel, Werner, von dem im Texte der Urk. gesprochen wird, der dort unter den Zeugen genannte Graf Werner von Habsburg sein. Kann sich so aufhellen, wenn Schulte, Habsb. Studien MJÖG. VIII 534 sagt: „Auf welche Weise die Habsburger zu diesem Besitze [eines Baseler Wildbanns] gelangten, ist ganz unklar. Durch Jahrhunderte finden wir keine Nachrichten über Beziehungen zwichen den Habsburgern und dem Bisthum"?

[902] Ueber Rainald's Fehden mit dem Bisthum Lüttich und dessen Bundesgenossen Heinrich von Namur, wo also zwei Schwäger Herzog Konrad's von Zähringen gegen ein-

von Sulz, die Zollern Graf Wezel von Haigerloch und sein Sohn Adalbert, Ulrich von Egisheim, Bertold von Nimburg, Ludwig von Wirtemberg, Hugo von Tübingen, zu denen fast allen die Zähringer diese oder jene Beziehung schon hatten; ausser diesen Grafen die Edelherren Hesso von Usenberg, Kuno von Köndringen, Heinrich von Küssachberg, die von Hasenburg, Oltingen, Geroldseck und eine ganze Anzahl anderer, ferner die Ministerialen und Beamten des Königs und der vornehmeren Anwesenden. Auch des Königs Gemahlin Gertrud und der Gesandte des Papstes, Cardinal Dietwin, hatten den Herrscher nach Strassburg begleitet[903].

Nicht ohne Grund waren Basel und St. Blasien in so ungemein stattlicher Vertretung erschienen. Noch immer war trotz der Hofgerichtsentscheidungen und Verfügungen unter Heinrich V, Lotar und auch schon Konrad III selber der alte Streit beider Stifte um die Vogtei von St. Blasien nicht zur Ruhe gekommen und so hofften sie nun zu Strassburg von dem Könige die endgiltige Beilegung. Diese geschah dort in der That nach Berathung des Königs mit den Fürsten und zwar unter Abänderung des früheren Entscheids, so dass man meinen möchte, die Dreistigkeit des Baseler Bischofs habe damals seinem Bisthum allzu sehr bei den Richtern geschadet. Der neue Spruch lautete: St. Blasien überlässt an Basel die vier Höfe Sierentz (im Sundgau), Laufen, Oltingen und Vilnachern (Ct. Aargau), wofür das Hochstift die Ansprüche auf die Unterordnung St. Blasiens und auf die dortige Vogtbestellung für immer fallen lässt. Dieser Entscheid kam sogleich zur Ausführung: vor dem Könige und der ganzen Versammlung übergab Herzog Konrad als Vogt von St. Blasien mit Zustimmung des Abtes und der Brüder die vier Höfe zu Handen des Baseler Vogts Werner an das Bisthum und für dieses leisteten Vogt, Bischof und die erschienenen Baseler Kleriker den Verzicht, indem sie zugleich die von ihnen bisher gegen St. Blasien benutzten Urkunden und Schriftstücke in die Hände des Königs legten. Dieser liess (am 10. April) die ganze Handlung weitläufig beurkunden und durch die ungewöhnliche Anzahl von 76 Zeugen möglichst bekräftigen[904]. Erst fortab also hielt

---

ander fochten, da dieser des Namurers Schwester zur Gemahlin hatte, vgl. Bernhardi 237 ff.

[903] St. 3424—3426. Abt Werner von „Ebenheim" bei Bernhardi S. 206 (Trouillat I 284 in St. 3425 hat sogar *Stenheim*) ist der von Ettenheim.

[904] Vgl. über die Angelegenheit oben S. 264 f. St. Blasien hatte inzwischen bei dem Papst eine vom 21. Januar 1140 datirte neue päpstliche Bestätigung seiner Freiheiten erlangt, J.-L. 8075, die gewiss 1141 auch mit berücksichtigt wurde. Ueber diesen Strassburger Entscheid vgl. St. 3425 (Trouillat I 282, nach dem Orig. Bresslau, Dipl. C, 119 ff. Trouillat folgte einem Baseler Copialbuch, das einen [gewiss tendenziösen] Zusatz über die Unveräusserlichkeit von Sierentz und Laufen enthält). Ueber Sierentz vgl. Trouillat I 126 f., wonach der Ort selbst im Jahre 916 von dem Bischof von Basel als ein Erbgut an Einsiedeln gegeben worden war, das in der That noch 1892 anderweitig darüber verfügte. Von dem Ort oder der Herrschaft (vgl. Trouillat's Anm. 1) ist also der Hof zu unterscheiden.

Konrad von Zähringen die Vogtei von St. Blasien in ganz ungestörtem Besitz, um so mehr, als der Strassburger Spruch auch durch ein päpstliches Breve vom 6. December 1141 bekräftigt wurde[905].

Der König ging und zwar sehr wahrscheinlich von Strassburg aus nach Metz[906] und Herzog Konrad begleitete ihn dorthin, was auch von Seiten der Trierer und Metzer Kirchenfürsten, der Herzöge von Schwaben und Oberlothringen und des Schwagers Konrad's, Rainald's von Bar, geschah. Zu Metz trafen sie noch mit den inmitten ihres Klerus und ihrer Ministerialen erschienenen Bischöfen von Toul und Verdun zusammen. Vielleicht war auch Herzog Konrad einer von den Fürsten, die allda unter dem Vorsitz des Königs einen vorläufigen Vergleich zwischen dem Herzog Matthäus von Oberlothringen und dem von ihm mit Steuern bedrängten Frauenkloster Remiremont am Westabhange der Vogesen zu Stande brachten.

Noch länger blieb Herzog Konrad um den König; er folgte ihm auch nach Würzburg, wohin auf Pfingsten (18. Mai) ein grosser Reichstag ausgeschrieben war, auf dem der staufische König im Glanze seines süddeutschen Erfolges auch die Sachsen zum völligen Gehorsam zu bringen hoffte. Ausser Herzog Konrad waren zu Würzburg anwesend die geistlichen Fürsten von Mainz, Cöln, Trier und Bremen, von Bamberg, Würzburg, Hildesheim, Halberstadt, Münster, Regensburg und Freising und der Abt von Hersfeld, die Herzöge Friedrich von Schwaben, Albrecht der Bär, der Pfalzgraf Heinrich bei Rhein, die Markgrafen Hermann von Baden und Diepold von Vohburg, der Landgraf Ludwig von Thüringen mit seinem Bruder Heinrich, Albert von Löwenstein und eine Anzahl anderer Grafen, dazu dann freie Herren und Ministerialen[907]. Wieder, wie vor 2 Jahren, wird Konrad als „Herzog von Kärnthen" von der königlichen Canzlei geführt.

Da die Sachsen auch jetzt sich weigerten Albrecht den Bären als Herzog anzunehmen, so erging über sie ein Beschluss der versammelten Fürsten, der sie zu Feinden des Reiches erklärte und ward auch sogleich eine Heerfahrt gegen sie in's Auge gefasst. Herzog Konrad kehrte zunächst nach Hause zurück.

---

[905] J.-L. 8162.

[906] Stumpf (3423) setzt diesen Aufenthalt vor den Strassburger. Vgl. dagegen Bernhardi S. 211 f.; dort auch näheres über diese (uns das Verbleiben Konrad's bei dem Könige verbürgende) Urkunde, die den Vergleich zwischen Matthäus von Oberlothringen und Kloster Remiremont enthält.

[907] St. 3427, 3428; in letzterer *Conradus dux Carinthiae*. Bemerkenswerth ist immerhin, dass Konrad nicht Zeuge in der Urk. des Bischofs von Halberstadt St. 3427 ist, in die sich der König und eine Anzahl gerade der vornehmsten Fürsten als Zeugen eintragen liessen. Verschmähte er es (auch seine Verwandten Hermann und Diepold fehlen in dieser Urk.), überging man ihn oder stand sein immer noch Schwierigkeiten machender Titel auch bei dieser Canzlei im Wege?

Auch diesmal unterblieb der Sachsenkrieg: schon am 10. Juni 1141 starb die Kaiserwittwe Richenza, die Seele des Widerstandes, und am 17. Juli folgte ihr der Mainzer Erzbischof nach, der soeben begonnen hatte, mit den Sachsen verrätherische Verbindungen anzuknüpfen. Solchen hatte nun aber auch Burkard von Strassburg nicht ferne gestanden und diesen packte der König: er unterwarf des Bischofs Burgen und sogar seine Stadt. Da aber inzwischen Welf im Rücken des Königs dessen Besitzungen überfallen hatte, wandte er sich auch gegen diesen und zwang ihn nieder. Wohl im August müssen diese raschen Kämpfe[908] geschehen sein, ob aber Herzog Konrad, in dessen Nähe sie sich ja abspielten, in sie mit hineingezogen wurde, muss bei der Dürftigkeit der Nachrichten dahingestellt bleiben.

Das alles waren günstige Ereignisse für den König gewesen. Da aber traf auch ihn ein harter Schlag: am 18. October starb sein Halbbruder Leopold, dem er die Herzogsfahne von Baiern verliehen hatte. Er eilte selbst nach Baiern, wo er bis in den Februar (1142) blieb, und behielt das Herzog thum vorläufig in eigener Hand. Als er dann im März über Ulm nach den Bodenseegegenden kam, zog ihm der zähringische Herzog nach Constanz entgegen. Dort sah er bei dem König eine Anzahl Fürsten, mit denen er meistens auf den letzten Hoftagen schon zusammengetroffen war: den Cardinal Dietwin, die Bischöfe Embrico von Würzburg, Otto von Freising, Hermann von Constanz, Konrad von Chur, die Aebte Fridelo von Reichenau und Werner von St. Gallen, den Nachfolger seines 1133 verstorbenen Schützlings Manegold, die Herzöge Friedrich von Schwaben mit seinem Sohne Friedrich, und Matthäus von Oberlothringen, den Markgrafen Hermann von Baden und die Grafen Rudolf von Bregenz, Friedrich von Zollern mit seinem Bruder Burchard, Markward von Vehringen, Eberhard von Kirchberg, Werner von Habsburg und Rudolf von Ramsberg[909]. Auch Guntram von Adelsreut, dessen Freigebigkeit im Jahre 1137 das Kloster Salem oder Salmansweiler in's Leben gerufen hatte, war mit dem Abte der jungen Stiftung, Frowin, zu Constanz vor dem Könige erschienen, der unter dem 19. März diese in seinen Schutz nahm. Nicht unwichtig mochte es auch für Herzog Konrad, den Inhaber mannigfacher Klostervogteien, sein das scharfe Vorgehen des Königs gegen den Vogt von Einsiedeln, Grafen Rudolf von Rapperswyl, zu beobachten (der einen Einfluss auf die Abtsneuwahlen in Einsiedeln beansprucht hatte[910]), falls, wie allerdings zweifelhaft bleibt, Herzog Konrad so lange in Constanz

[908] Bernhardi 229 f.

[909] Zeugen in St. 3441 für Salem, (nur die beiden Aebte von Reichenau und St. Gallen in der sonst auf derselben Urk. fussende Liste in der Hist. mon. Salem. MGSS. XXIV 640.) Konrad wird in den Zeugenreihen (zum ersten Male wieder seit 1138) wenn auch nicht *dux Burgundiae*, so doch *Burgundiorum dux* genannt.

[910] Das Nähere Ann. Einsidl. MGSS. III 147.

verweilte, wo der von Graf Rudolf beanstandete neue Abt Rudolf (spätestens) zum 10. April eintraf, an welchem Tage ihn der König selber vor den Fürsten mit den Regalien belehnte.

Wohl nicht ohne Absicht hielt sich der König so lange in der Nähe Welf's in den Bodenseegegenden auf, indess zu einer Verständigung mit diesem kam es nicht. Gegen Ostern zog der König ab und ging über Würzburg, begleitet u. A. von Ulrich von Lenzburg, nach Frankfurt am Main, wohin zum 3. Mai ein allgemeiner Reichstag ausgeschrieben war. Herzog Konrad nahm an diesem wohl nicht Theil[911]. Die Hauptereignisse des Frankfurter Tages waren, dass der junge Sohn Heinrich's des Stolzen, Heinrich der Löwe, mit Sachsen belehnt ward, während seine verwittwete Mutter Gertrud dem früheren Pfalzgrafen bei Rhein, nunmehrigen Markgrafen Heinrich von Oesterreich, dem der König, sein Halbbruder, jetzt nach Leopold's Tode Baiern schon zugedacht hatte, als Gemahlin die Hand reichte. Des Königs Nachgiebigkeit, jubelnd begrüsst, schien damals eine dauernde Versöhnung zwischen Welfen und Staufern nebst Babenbergern begründet zu haben, um so mehr, als bald danach Heinrich der Löwe ausdrücklich auf Baiern verzichtete, woraufhin es sein Stiefvater erhielt.

Aber Welf VI war nicht versöhnt. Sobald er seine eigenen Ansprüche auf seines verstorbenen Bruders bairisches Herzogthum, die höchstens hinter denen Heinrich's des Löwen zurückstehen konnten, scheitern sah, schlug er los und überzog die schwäbischen Güter des Königs mit wilder Plünderung. Und sogar der eigene Neffe König Konrad's, der Herzogssohn von Schwaben, Friedrich, der sich durch die starke Bevorzugung der Babenberger verletzt fühlte, verband sich mit Welf. Es war dieselbe Partheibildung, für die man ein paar Jahre später auch die Zähringer zu gewinnen suchte. Als Welf dann auch in Baiern einbrach, brachte ihn der drohende Anmarsch König Konrad's zum Rückzug.

Diese Ereignisse fallen schon in's Jahr 1143. In der ersten Hälfte des Juli dieses Jahres hielt der König einen von den Schwaben zahlreich besuchten Hoftag zu Strassburg ab, den auch der zähringische Herzog wieder besuchte. Die Mitanwesenden waren die Bischöfe von Würzburg, Speyer, Strassburg und der endlich versöhnte Ortlieb von Basel, die Aebte von Murbach, Selz, Wibald von Stablo, Fridelo von Reichenau und der im vorigen Jahre zu Constanz bestätigte Rudolf von Einsiedeln; ferner Herzog Friedrich von Schwaben, der diesmal ohne seinen noch blossgestellten Sohn kam, der

[911] Wir kennen nur wenige Theilnehmer aus St. 3444. *convenerunt omnes pene principes Theutonicii regni* sagen nun zwar die Ann. S. Disibod. MGSS. XVII 26. Aber der Herzog hatte ja soeben erst den König in Constanz aufgesucht und würde auch wohl, falls er doch nach Frankfurt gehen wollte, mit dem Könige gezogen sein. Das aber geschah nicht, vgl. die Zeugen der auf der Reise des Königs zu Würzburg ausgestellten St. 3443.

sicher zu erwartende Markgraf Hermann von Baden, die Grafen Ulrich von Gamertingen, Gemahl der Zähringerin Judith, Ulrich von Lenzburg, Dietrich von Mömpelgard, der in der Sache der Einsiedler Abtswahl gemassregelte Rudolf von Rapperswyl, Bertold von Nimburg und die weiteren Herzog Konrad zum Theil auch von früher bekannten Grafen von Egisheim, Frankenburg, Froburg, Kirchberg, Saarbrücken, Speyer und Berg, wie eine Anzahl Herren und Ritter, darunter Konrad von Schwarzenberg, Bertold von Thanegg, Heinrich von Rheinfelden, Konrad von Krenkingen und Heinrich von Küssachberg[912].

Alle Anwesenden wurden von dem König zu einer Entscheidung zwischen dem Kloster Einsiedeln und dem Grafen von Lenzburg zugezogen, der in Gemeinschaft mit der Gemeinde Schwyz dem Kloster einen Wald streitig machte, obwohl er diesem schon von Heinrich V zugesprochen worden war. Auch hier wieder entschied der Hoftag gegen Ulrich von Lenzburg und seinen Anhang[913]. Die übrigen königlichen Verfügungen, in denen der Zähringer als Zeuge aufgeführt wird, liegen dessen eigenem Interessenkreise sehr ferne.

Am 4. September weilte der König, der inzwischen die Moselgegenden besucht hatte, im schwäbischen Ulm. Dort fand sich im Gefolge seines Vaters auch der jüngere Friedrich von Schwaben ein, so dass eine zu dieser Zeit abgeschlossene Versöhnung zwischen dem König und ihm anzunehmen ist; ferner u. A. die Grafen Rudolf von Bregenz, Albert von Löwenstein, Rudolf von Lenzburg. Der zähringische Herzog war diesmal nicht wieder erschienen[914].

Dagegen besuchte er den König bei der Osterfeier (26. März) 1144 zu Würzburg. Er fand in der Stadt am Main ausser dem dortigen Bischof und der Geistlichkeit bei dem König die Bischöfe Bucco von Worms und Otto von Freising und mehrere Aebte, die beiden staufischen Friedriche, den Landgrafen Ludwig von Thüringen mit seinem Bruder Heinrich, die Söhne des Markgrafen von Meissen und eine Anzahl z. Th. mitteldeutscher Grafen und Herren, ausser ihnen noch den Fürsten Robert von Capua, der nebst drei süditalienischen Grafen in Unfrieden die Heimath verlassen hatte. Herzog Konrad war Zeuge in einer Königsschenkung[915] für das thüringische Kloster Paulinzelle, dessen Name ihm vielleicht die einstigen innigen Beziehungen seiner Väter zu dem Kloster Hirsau und dessen Tochterstiftungen, zu denen auch das thüringische Kloster zählte, erwecken mochte.

Von Würzburg brach der König nach Bamberg auf, wo er auch das Pfingstfest beging. Ein Theil der Fürsten begleitete ihn dorthin noch und

[912] St. 3456—3459 vom 8.—11. Juli. Herzog Konrad kommt in allen vier Urkk. vor und zwar dreimal als Herzog Konrad und einmal (3457) mit dem Zusatz „von Zähringen".

[913] St. 3456.

[914] St. 3463, vgl. dazu Bernhardi 343.

[915] St. 3466 vom 25. März, ob 1144, darüber vgl. Bernhardi 371 Anm. 4. -- *Conradus dux de Ceringe.* Die übrigen Anwesenden nach dieser Urk. und St. 3467.

auch Ulrich von Lenzburg fand sich in Bamberg ein, Herzog Konrad jedoch kehrte von Würzburg nach Hause zurück.

Als darauf im Frühling 1145 den König seine Fahrt durchs Reich nach Worms führte, zogen ausser den staufischen Friedrichen, ausser Hermann von Baden, den Grafen von Löwenstein, Lenzburg, Baden und vielen anderen auch der neuerwählte Bischof Amedeus von Lausanne und der Abt Adalbert von Allerheiligen in Schaffhausen dorthin. Wenn Herzog Konrad, da doch bei der Anwesenheit der Genannten seine eigenen Angelegenheiten und Interessen voraussichtlich gestreift werden mussten, nicht auch an den Hof ging, so werden es besondere Gründe gewesen sein, die ihn zurückgehalten haben. Der König bestätigte dem burgundischen Bischof die Schenkung rheinfeldischer Güter, die einst Heinrich IV an Lausanne gegeben hatte und deren etwaiger Rückerwerb durch den zähringischen Erben der Rheinfeldner damit aufs Neue ausgeschlossen wurde, und nahm das Bisthum in seinen besonderen Schutz[916]. Auch die Freiheiten und Besitzungen des einst von Konrad bekriegten Klosters Schaffhausen liess er neu beurkunden[917].

Wahrscheinlich widmete sich der zähringische Herzog gerade in dieser Zeit vornehmlich dem südlichen Theile seines Machtbereiches. Er brachte sich auch den Zürichern in Erinnerung: als am 5. October 1145 der Züricher Otto vom Neumarkte der dortigen Frauenabtei einen Weinberg zu Zollikon schenkte, brachte er in der Datirung sowohl das burgundische Rectorat des Herzogs nebst seiner Oberstellung im alamannischen Zürich, wie auch die thatsächliche dortige Vogtei der Lenzburger zum Ausdruck, nämlich folgendermassen: „diese Schenkung ward gemacht, als regierte König Konrad und Rectoren Alamanniens und Burgunds Herzog Konrad von Zähringen und der gesetzte Vogt Werner von Baden waren“[918]. Unklar

[916] St. 3491, MDSR. VII· 13.

[917] St. 3493 als „jedenfalls interpoliert“, was auch S. 343 aufrecht erhalten wird, nachdem inzwischen Baumann's Ausgabe (QzSchwGesch. III, 1, 113ff.) die Urk. vertheidigt hat.

[918] ZüUB. I 174 f. *rectoribus Alamannie et Burgundie duci* [sic] *Chounrado de Zaringen et advocato prefecto Wernhero de Baden.* Ueber die Lenzburger und ihre Vogtei vgl. Fr. v. Wyss, Zs. f. schweiz. Recht XVII, 44. Dazu die ältere treffliche Geschichte des Geschlechtes von G. von Mülinen, Schweiz. Geschf. IV, S. 1ff. und auch Neugart Episc. Const. II ed. Mone S. 68. Hier eine Uebersicht:

Ulrich von Lenzburg † 1084.

Rudolf — 1136 lenzburgisch(aargauische) Linie				Arnold — 1127 lenzb.-baden'sche Linie				
Ulrich † 1172.	Humbert.	Rudolf.	Judenta Gem. Graf Alb. v. Habsburg.	Ulrich † 1139.	Werner † 1159.	Kuno 1167.	Arnold † 1172.	Richenza Gem. Hartmann von Kyburg.

In einer Urk. vom 29. Oct. 1145 wird Werner als *comes*, doch *in fisco Tureginsis aule* bei einem Rechtsacte *praesidens* erwähnt. Herrgott, Gen. Habsb. II 172.

zwar und ungenau, aber gerade damit bezeichnend für das Verhältniss der Zeitgenossen gegenüber den so schwer ganz scharf zu bezeichnenden zähringischen Reichsämtern und Würden.

Hatte Herzog Konrad einen Versuch gemacht seiner zürcherischen Stellung wieder eine thatsächliche und fruchtbringende Unterlage zu geben und die Lenzburger zu beschränken? Oder etwa — hatte er sich in dieser südschwäbischen Stadt wirklich das Ansehen eines „Rectors von Alamannien“ zu geben gesucht? Wir wissen es nicht, was es gewesen, das zu dieser Zeit die Staufer gegen ihn so sehr in Harnisch gebracht hat, aber werden nicht fehl gehen, wenn wir die Veranlassung in Zürich suchen, zumal die Lenzburger auf den beiden Hoftagen zu Bamberg und Worms anwesend gewesen waren. Im Jahre 1146[219], und zwar allem Anschein nach in der ersten Hälfte des Jahres, liess der junge Friedrich von Schwaben dem Herzog Konrad Fehde künden.

Unablässiger Thatendrang erfüllte den jungen Staufer und seine Feldzüge führte er mit der Geschwindigkeit des Blitzes. Gerade kehrte er aus Bayern von einem glücklichen Zuge gegen einen Grafen zurück. Die neueren Geschichtsschreiber nun, welche ihr Augenmerk der sofort sich anschliessenden Zähringerfehde zugewandt haben, setzen z. Th. ein nur „persönliches Zerwürfniss“ zwischen Friedrich und Konrad voraus. Aber man wird sehen, dass auch der Herzog von Schwaben und König Konrad sich beleidigt fühlten. Der junge Friedrich handelte in Uebereinstimmung mit ihnen, vollzog, was auch jene guthiessen.

Er wandte sich zuerst gegen Zürich, nahm es ein und legte eine Besatzung hinein. Erst, nachdem er solchergestalt gerade diese Stadt gegen den Zähringer gesichert hatte, ging er zum eigenen Angriff vor: er zog, verstärkt durch bairische Edelherren, mit grosser Mannschaft in das heimische Gebiet seines Gegners bis vor dessen Burg Zähringen. Widerstand fand er auch hier nicht. Bald darnach eroberte er eine Veste des Herzogs, die auch zu der Zeit, da Otto von Freising Friedrich's Thaten schrieb, noch Jeden, der sie sah, uneinnehmbar bedünkte.

Es war nun eine rechte Flüchtigkeit gegenüber dem Text des Freisinger Bischofs, diese Veste mit der Burg Zähringen zu verwechseln[220]. Aber welche war es denn?

---

[219] Otto Fris. g. Fr. SA. 35, vgl. auch 88. Die Datirung 1146 ergiebt sich schon aus Otto's Text. Wurstemberger II 240 will die Fehde freilich 1147—1149 setzen. Aber sie ward noch bei Lebzeiten Friedrich's II von Schwaben beendigt, der seit Ende 1146 krank lag und am 6. April 1147 starb; Wurstemberger's Grund: dass Herzog Konrad bis an den Kreuzzug des Königs in dessen Urkk. vorkommt, ist nicht stichhaltig, da diese Reihe breite Lücken lässt, in denen die Fehde Raum hat. Vgl. den Text. —

[220] Wie Schöpflin I 115, Giesebrecht IV⁴ 220 und alle ihre Nachschreiber thun, sowie auch Bernhardi 485. Man vergleiche doch: *ad Zaringen usque, eiusdem ducis*

Nach Otto's Worten ist der äusserste Punct, bis zu dem Friedrich auf dem Marsche von Zürich her vordrang, die Gegend der Burg Zähringen. Die nachher eroberte Veste kann also weder nördlich noch westlich von jener gelegen haben. Eigenthümlich ist, dass Otto von Freising nicht auch die zweite Burg, für die er doch weit mehr Aufmerksamkeit als für die Burg Zähringen hat und die ihn auch noch für seine eigene Zeit interessirt, mit ihrem Namen nennt. Ihm stand also wohl trotz genauerer Kunde über sie ein Name nicht zur Verfügung. Und so möchte ich glauben: es war der Herzogsbau auf dem Schlossberg über Freiburg gemeint, den Otto eben nicht mit dem Marktnamen „Freiburg" nennen mochte, obwohl dieser mit der Zeit doch zur Bezeichnung des Schlosses dienen musste. Wir haben noch eine Spur, dass dieses 1146 schon bestand: das Leben des hl. Bernhard von Clairvaux [921] erwähnt zu eben diesem Jahre die „Burg Freiburg".

Aufragend über der von ihm geschaffenen und gehüteten Stadt, auf dem unteren Grat des Berges, hatte also Herzog Konrad einen festen Sitz erbaut, so wie das Zeitalter der Kreuzzüge in einer neuen schöneren und verbesserten Technik seine Burgen baute, jedem Angriffe, wie man gemeint hatte, gewachsen. Anstatt der dürftigen Stammburg, auf der wir ihn i. J. 1128 trafen, sollte hier ein neues wahrhaftes Herzogsschloss entstehen, von dem aus des Herrn Blicke über die Gassen seiner aufblühenden Stadt hinweg bis zu den schönen, sanften Linien des Kaiserstuhls und bis zu der Mauer Alamanniens, der blauen Kette der Vogesen schweiften. Wir können denken, die neue, feste Burg muss ihm, nicht minder als die Stadt, eine mit Vorliebe gehegte Schöpfung gewesen sein. Einen sondernden Namen aber hatte er dem jungen Schlossbau anscheinend nicht gegeben, als diesen der Staufer stürmte und so die am meisten beachtete und glänzendste That seines Feldzuges vollbrachte.

Sie war darum auch die letzte und entscheidende. Gegen Vieler Vermuthung, sagt Otto von Freising, hatte er den sehr tapferen und sehr begüterten Herzog so scharf niedergeschlagen, dass er ihn zwang, zu seinem (Friedrich's) Vater und Oheim als Flehender zu kommen und um Frieden zu bitten.

Wenn wir uns umsehen, wann wir wohl die beiden staufischen Brüder beisammen und bei ihnen den um Frieden kommenden Zähringer, in dessen Landen noch sein junger siegreicher Gegner stand, finden, bietet sich eine im

castrum, pervenit, nullo sibi obviante vel resistere valente. Non multo post etiam arcem ipsius quandam .... cepit u. s. w.

[921] auct. Gaufrido MGSS. XXVI 116. Freilich mag der Vf. die Bezeichnung *castrum* auch ohne viel Bedacht gewählt haben; er erzählt l. c. nur die Heilung eines Blinden durch Bernhard *prope castrum Frieburg.*

schwäbischen Ulm am 21. Juli ausgestellte Urkunde des Königs dar, in der in der That der Herzog von Schwaben (als Zeuge) und Konrad von Zähringen (im Text) vorkommen und in vortrefflich passender Weise der junge Friedrich noch nicht erscheint. Die Urkunde[922] enthält ein Abkommen mit dem Herzog von Zähringen, welcher aber wohl recht schnell, vor dem 21. Juli, den königlichen Hof wieder verlassen hatte, denn er steht nicht mehr unter den bei der Beurkundung eingetragenen Zeugen, obwohl der sonstige Inhalt dies sogar erwünscht gemacht hätte.

Diese königliche Verbriefung nämlich wurde zu Gunsten von Interlaken erlassen. Der König knüpfte an die Urkunde Lothar's für das burgundische Kloster an und nahm es ebenfalls in seinen Schirm. „Unter demselben Schutze der königlichen Autorität", wie betont wurde, schenkte der König ferner „in unlöslicher Weise" dem Kloster den Grund und Boden „in Grindelwald von der Schönegg bis [hinüber] nach Alpiglen (unter der Wergisthal-Alp) und bis an den unteren Gletscher, dazu den vierten Theil des Grundes in Iseltwald (am Südufer des Brienzer See's), Güter, die früher dem Königreiche gehörten und die wir von dem Herzog Konrad frei gemacht haben, der zu der Verfügung des Königs seine Zustimmung gab". Herzog Konrad war damals selber Vogt von Interlaken, wie eben diese Urkunde mittheilt und auch gerade für dies Amt gab der König dem Kloster in besonderer Absicht Freiheiten. Niemand solle die Vogtei, die zur Zeit der Herzog innehabe[923], hinfort bekommen, als der von dem Uebereinkommen der Mönche Erwählte, und der jeweilige Inhaber solle sie verlieren, wenn er ein ihnen zugefügtes Unrecht nicht binnen 40 Tagen nach ihrem und des Rectors von Burgund Willen büsse. Sie solle nicht erblich sein, sondern jedesmal der von dem Propste nach der Wahl mit ihr Investirte vom König mit dem königlichen Banne beliehen werden. Das alles stand schon in Lothar's Urkunde und ward von König Konrad bestätigt, aber in seiner Urkunde waren die Sätze anders eingefügt, man besann sich also vorsichtig bei der Abfassung, statt einfach zu übernehmen, und neu hinzugesetzt war: „und wie Alles über den früheren Vogt vorgeschrieben ist, so soll es auch bei dem sein", nämlich dem in Zu-

---

[922] St. 3521; willkürlicher Auszug F. r. Bern. I 421, (wie dort üblich, „nach hierseitiger Ansicht" als untergeschoben erklärt). — Dieser Urk. wegen und weil der ältere Friedrich am Ende des Jahres 1146 in Frankreich erkrankte (Otto Fris. g. Fr. SA. 48) wurde oben die Fehde mit Friedrich in die erste Hälfte des Jahres 1146 verlegt. Damit stimmt auch das im Text noch Darzulegende, so chronologisch unzulänglich an sich diese weiteren Anhaltspunkte sind, überein. — Giesebrecht IV[4] 219 f., der die Fehde zeitlich hinter die Urk. vom 21. Juli setzt, leitet aus König Konrad's Eingreifen in Niederburgund eine Verstimmung zwischen ihm und dem Zähringer ab. Aber diesen ging damals Niederburgund gar nichts an. — Bernhardi 485 dagegen kommt den im Text gegebenen Ausführungen sehr nahe.

[923] *advocatiam a prefato duce retentam.*

kunft neu Erwählten. Ersichtlich war eine kommende Veränderung in der Vogtei besprochen worden: diese sollte dem Zähringerhause bei Gelegenheit wieder genommen werden.

Gerade 1146 hat sich Herzog Konrad im Rectoratsgebiete aufgehalten. Etwas vor dieser Zeit hatte der Laie Egelolf von *Opelingen* (Ebligen am Brienzer See) zu seinem und all seiner Vorfahren Seelenheil sein Eigengut Namens Königsfeld (Champreyé) im *Nugerols*[924] und zu Wavre (Ct. Neuenburg, zwischen Cornaux und St. Blaise an der „Zihlbrück“) an das Kloster Frienisberg geschenkt. Ein Theil dieser von Egelolf geschenkten Güter hatte eigentlich seinem Bruder Diethelm und dessen Gattin gehört und er ihnen dafür 2 Eigengüter, Raren im Wallis und Brienz (Ct. Bern), gegeben, die ihnen durch ihre Träger, nämlich Rudolf von Belp in der Burg von dessen Bruder Konrad, Montenach, und Werner von Siegnau zu Hochstetten frei überantwortet worden waren. Da das nun aber nicht genügte, wurde eine Weiterung nöthig, und diese kam zu Worb (Ct. Bern, nahe der späteren Stadt Bern) zum Vollzuge, „in Gegenwart Herzog Konrad's, der dort zu Gerichte sass“; nämlich Diethelm empfing gemäss eines Vertrages mit dem Abte Hesso noch 6 Pfund Solothurner Währung[925]. Zeugen waren Rudolf von Wyl, Adelbert von Rüderswyl und Otto von Gerenstein, die jenes Schenkungsgut bisher inne hatten; sie gaben es jetzt dem Herzog Konrad auf und darauf empfingen es des Herzogs Söhne Bertold und Adalbert als Inhaber. Dabei widerum gegenwärtig waren, ausser dem Herzog und seinen Söhnen, Werner von Thun, Burchard von Heimberg, Ulrich und Burchard von Siegnau, Anselm von Worb und sein Bruder Diethelm, der Priester Werner von Münsingen, Hesso von Affoltern, Konrad von Stettlen und Hupold von Gerenstein[926].

Die in dieser Urkunde erwähnten kleinen burgundischen Herren gehören grossentheils Familien an, denen wir fortan in Beziehungen zu dem Rector begegnen werden. Einem freundlichen Verhältniss zu den Besuchern des Gerichtstages von Worb entspricht auch wohl der Vortheil, den Konrad (für seine Söhne) dort erlangte. In dem Gericht selber aber ist, auch Angesichts der Besucher und der vorgenommenen Handlungen kein anderes zu sehen, als dasjenige, welches Konrad in der Statt eines Königsgerichts als Rector hielt.

Canzleibeamte führte Konrad damals nicht bei sich. Denn sonst würde

---

[924] Nugerol wird herkömmlich in der Nähe von Landeron am Bieler See gesucht.

[925] F. r. Bern. I 420 f.: *suscepit VI libris Solodriensium.* Der Abdruck im Solothurner Wochenblatt 1820 S. 156 liest: *sex libras Solodorensium.*

[926] Ueber Egelolf, seine Familie und deren Güter vgl. Wurstemberger II 383, wodurch die (jüngere) Anmerkung 4. F. r. Bern. I 420 verbessert wird; über die als Zeugen Genannten ibid. passim, insb. S. 366.

er Egelolf kaum die subjective Fertigstellung einer – recht unklar ausgefallenen — Carta für den Abt über die zu Worb endlich abgeschlossenen Vorgänge überlassen haben.

Die Carta häuft die Jahresbestimmungen in der Datirung durch Indiction[917], Epacten und Concurrenten und nennt nach einander den derzeit regierenden Papst, König, Constanzer Bischof und Landesherrn[918], aber sie nennt kein Tagesdatum. Zu welcher Zeit des Jahres 1146 aber mag Konrad mit seinen Söhnen in Burgund geweilt haben? Hielt er ruhig zu Worb Gericht und übernahm burgundischen Güterbesitz, während der Staufer das Gebiet seiner Vorfahren siegreich durchzog?

Ich möchte am liebsten glauben, dass er nach den peinlichen Vorgängen mit den Staufern nach Burgund ging, um so mehr als er in den Ulmer Tagen hatte erfahren müssen, dass seine Stellung auch dort nicht im vollen Umfange unbedroht sei. So war er denn etwa gerade auf der Rückkehr von diesem Aufenthalt in Burgund begriffen, als er am 8. Dec. 1146 zu Säckingen mit dem hl. Bernhard von Clairvaux zusammentraf.

Der grosse Prediger kam von Frankfurt, wo er Ende November den ersten, vergeblichen Versuch gemacht hatte, König Konrad zum Kreuzzuge zu bewegen. Auch der Bischof Hermann von Constanz war dort anwesend gewesen und hatte Bernhard, der auf einem zu Weihnachten nach Speyer ausgeschriebenen Reichstage abermals für den Kreuzzug zu wirken gedachte, eingeladen, inzwischen die Constanzer Diöcese zu besuchen, was der Abt angenommen hatte. Am 1. Dec. trafen die beiden hohen Geistlichen, die natürlich schon des Winters wegen nicht über den Schwarzwald gingen, mit ihren Begleitern in Kenzingen als dem ersten Orte des Breisgau's und zugleich der Diöcese ein und nahmen am Abend des nächsten Tages in Freiburg Quartier[919]. Am Tage darauf sah sich Bernhard in der Stadt, die seinen von dieser Reise erzählenden Begleitern schon einen recht ansehnlichen Eindruck gemacht haben muss, um und fand nach deren Bericht, dass die Armen der Stadt sich drängten das Kreuz zu empfangen, die vielen Wohlhabenden dagegen in der vorsichtigen Selbstsucht ihres wohlgegründeten Lebens und Besitzes sich ferne hielten. Aber der Armen williges Mitlaufen konnte der Kreuzfahrt wenig frommen, es handelte sich um leistungsfähige, wohl bewaffnete und ausgerüstete Streiter. So liess denn Bernhard zur Predigt rufen und zu den Freiburgern reden von der herben Noth und den

---

[917] Die Indiction (9) muss doch wohl nicht gerade die beda'ische gewesen sein, wie F. r. Bern. l. c. in der Ueberschrift vorausgesetzt wird. Ueber ihre Geltung in den Diöcesen der jetzigen Schweiz vgl. P. Schweizer's Einltg. zum ZüUB I, XXIII.

[918] *primatum Burgundie obtinente duce Chounrado.*

[919] V. S. Bernh. MGSS. XXVI 123. Vgl. auch F. Kästle, Des hl. Bernh. v. Cl. Reise u. Aufenthalt in der Diöcese Constanz Freib. D.-A. III 272 ff.

Drangsalen im hl. Lande, von der dringlichen rettenden Hilfe, von der neuen grossen Heerfahrt, zu der das ganze Abendland mit seinen Fürsten rüste, von der Verblendung und Verstocktheit der sich Weigernden, von deren verhärteten Herzen Gott selbst die Hülle hinwegziehen möge. Mächtig drangen die ernsten Worte auf die Zuhörer ein, sie beugten sich in Scham und reuigem Eifer und empfingen, nun auch die reichen Bürger unter die Armen der elendesten Viertel der Stadt gemengt, willig auf ihre Schultern das Kreuz der Heerfahrt. Am 4. Dec. zogen Bernhard und seine Begleiter, nachdem sie am frühen Morgen noch die Messe in dem Freiburger Kirchlein[930] besucht hatten, wieder davon und kamen über Krozingen, Heitersheim, Schliengen, Basel und Rheinfelden am 7. Dec. bei anbrechender Nacht nach Säckingen, wo sie am nächsten Tage, Sonntag, Rast hielten und Abends den in die Stadt einreitenden Herzog Konrad begrüssen konnten. Dass dann gar bald die Unterhaltung zwischen diesem und den geistlichen Herren den überraschenden Erfolg der Kreuzpredigt bei den unlustigen Freiburgern froh berührt habe, das kann, wenn es auch natürlich nicht besonders erzählt wird, doch als glaublich wohl erscheinen.

Vom 12.—14. Dec. weilte Bernhard von Clairvaux in der Bischofsstadt am Bodensee, dann ging er, von Bischof Hermann wieder geleitet, diesmal durch die linksrheinischen Gebiete der Diöcese und durch das Elsass zurück und traf am hl. Abend in Speyer ein. Dort traf er auch den Herzog Konrad wieder, mit dem der König — auch der jüngere Friedrich war anwesend, während sein Vater, der Herzog von Schwaben, schon schwer erkrankt lag — wohl damals das alte Verhältniss wiederherstellte. Dem und zugleich auch dem eben vorhergegangenen Verweilen und Eingreifen des Zähringers im Rectoratsbezirke kann es zugeschrieben werden, wenn die königliche Canzlei Konrad nach längerer Frist und zum ersten Male überhaupt wieder seit 1138 in einer grösseren Reichsversammlung als „Herzog von Burgund" bezeichnete[931]. An dieser nahmen ferner Theil der Erzbischof von Trier, die Bischöfe Ortlieb von Basel und Amedeus von Lausanne, dem hier zu begegnen für Herzog Konrad gerade jetzt in seiner neu gefestigten Stellung nicht ohne Werth gewesen sein wird, obwohl ihm der Bischof keineswegs unterstehen sollte, sondern nur gewissermassen sein Nachbar war, ferner die von Strassburg, Worms, Speyer und Havelberg, von Aebten Konrad's alter Bekannter Fridelo von Reichenau und die von Murbach und Weissenburg,

---

[930] l. c. — *Oratorium eiusdem civitatis* (*Friburg*) wird im Stadtrecht (Zs. NF. I 194) in einer verhältnissmässig frühen Umgestaltung des zu den ältesten Theilen des Stadtrechts zählenden § 2 erwähnt.

[931] Vgl. St. 3525. *duces . . . . Cuonradus Burgundiorum*. Dort werden auch die übrigen Anwesenden genannt. Ueber die Friedriche von Schwaben vgl. Chr. Fr. Stälin II 78 u. 87 und Bernhardi 529 Anm. 55 u. 536 Anm. 4.

auch eine Anzahl Pröpste, sodann Hermann von Stahleck, Pfalzgraf bei Rheine, die Grafen Heinrich von Namur, Bruder der Gemahlin des Zähringers, und die von Limburg, Speyer, Kirchberg, Veldenz, Mainz, Leiningen, Lurenburg und Saarbrücken, vor allem auch Ulrich von Lenzburg und sein Vetter Werner, der Züricher Vogt, zwischen welchem und Konrad ja die Ereignisse des verflossenen Jahres lagen; dann eine Anzahl anderer Herren und zu ihnen allen noch eine fremdartige Gestalt aus dem Osten, der Gesandte des stolzen Kaiserhofes von Byzanz.

Graf Heinrich von Namur hatte sieben Jahre hindurch in grimmiger Fehde mit Adelbero von Trier um gewisse Rechte gelegen, die er als Vogt der Abtei St. Maximin beanspruchte[932]. Hier auf dem Reichstage that er nun Verzicht und empfing die Verzeihung der Kirche und des Königs. Sein Schwager, Herzog Konrad, war unter den Zeugen der königlichen Urkunde vom 4. Januar 1147 über diesen Ausgleich, der mit zu den wichtigsten Ereignissen des Reichstages gehörte.

Das im Ganzen Bedeutsamste aber war, dass es dem hl. Bernhard hier gelungen war, den in Sorgen um die innere und äussere Wohlfahrt seines Reiches bangenden König nun doch zur Kreuzfahrt zu bestimmen. Gewiss hat auch der Herzog von Zähringen in jener Messe am 27. Dec. gesessen, in der sich der Abt von Clairvaux zu unerwarteter Predigt erhob und des Königs Herz so gewaltig erschütterte, dass er unter Thränen die Fahrt gelobte. Mit König Konrad haben bekanntlich auf der Stelle sein Neffe, der rasche Friedrich, und eine Anzahl Fürsten das Kreuz genommen; von dem Herzog von Zähringen aber schweigt die Kunde noch, sein ernstes Alter muss an jenem Tage der so plötzlich aufgeflammten Begeisterung ausgewichen sein[933].

Dann gelobten in den nächsten Wochen überall in Deutschland Fürsten und Volk die Kreuzfahrt. Der König berief einen allgemeinen Tag auf die Mitte des März nach Frankfurt, damit er das Reich bestelle, ehe er die weite Fahrt antrete. Auch Herzog Konrad, der in der Zwischenzeit nicht in den Königsurkunden erscheint und demnach daheim gewesen war, zog auf's Neue den Rhein hinab; am 13. März[934] finden wir ihn in der Umgebung des Königs, auf dessen Hoftage er jetzt nicht hätte fehlen dürfen. Ausser ihm

[932] Vgl. Bernhardi l. c. passim. Die Versöhnung in St. 3525. Herzog Konrad war auch Richter und Zeuge mit gewesen bei der früheren Uebertragung St. Maximins an Trier, vgl. oben S. 294.

[933] Auch Helmold, der doch bald von Konrad von Zähringen genug zu erzählen bekam, nennt SA. 119 diesen nicht unter den hervorragenden ersten Kreuzempfängern, sondern nur den König, Friedrich und Welf.

[934] St. 3538. (F. r. Bern. I 422 f. als unecht abgedruckt und auch von Thommen NA. XII 175 verworfen. Ihre Echtheit erweist Scheffer-Boichorst MJÖG IX 199 ff.) — Die neben Konrad Anwesenden in dieser und der bei St. folgenden Urk. (3539).

gekommen waren der aus Frankreich zurückgekehrte Bernhard von Clairvaux, die Erzbischöfe von Mainz, Trier und Cöln, die Bischöfe von Strassburg, Speyer, Worms, Würzburg, Bamberg, Lüttich, Münster und Havelberg, der junge Friedrich von Staufen als Vertreter der schwäbischen Herzogsfahne, der Welfe Heinrich der Löwe von Sachsen, die Pfalzgrafen bei Rheine und in Sachsen, die Markgrafen Albrecht der Bär mit seinen Söhnen, der von Meissen und Hermann von Baden, der vielleicht auch diesmal durch seinen herzoglichen Vetter auf der Herfahrt abgeholt worden war, der Landgraf Ludwig von Thüringen, die Grafen Ulrich von Lenzburg und Werner von Baden, die weiteren von Katzenellenbogen, Mömpelgard, Horning, Scharzfeld und aus Holstein der berühmte Adolf von Schauenburg.

Die glänzende Versammlung wählte auf den Wunsch des Königs seinen zehnjährigen Sohn Heinrich zum König und stimmte zu, dass dieser unter der Leitung des Mainzers fortan die Krone vertrete. Ein allgemeiner Landfrieden ward für das ganze Reich verkündet, nachdem die Einzelfehden schon vielfach unter der Begeisterung für die Kreuzfahrt und der moralischen Wirkung, die sie auch auf die Nichttheilnehmer übte, erloschen waren.

In solchem Zeitpunkte forderte der ungestüme Heinrich der Löwe von König Konrad das Herzogthum Baiern. Dann liess er sich jedoch wieder, bis der König aus dem Morgenlande zurückkehre, beschwichtigen.

Den sächsischen Kreuzempfängern war schon vorher[935] der Gedanke gekommen, statt gegen den Islam ihre Schwerter gegen die viel näheren Heiden, ihre wendischen Nachbaren zu richten. Der Reichstag nun erkannte die Ausführung dieses Planes wirklich als eine Erfüllung des Gelübdes an und nach des Königs und der Fürsten Wunsch rief Bernhard von Clairvaux jetzt auch zum Slawenkreuzzug auf; überall hin sollte auch dieser Aufruf verbreitet werden, der den Theilnehmern denselben Ablass, wie den Jerusalemfahrern, verhiess.

Und jetzt entschloss sich auch der Herzog Konrad von Zähringen[936]. Die vielfältige Begegnung mit dem grossen Prediger, das Beispiel seiner eigenen Freiburger mochten schwerwiegend auf ihn eingewirkt haben; vielleicht aber drängten ihn auch der König und Friedrich von Staufen, die den soeben gedemüthigten Obervogt von Zürich wohl noch nicht gerne in dem obhutlosen Schwaben zurückbleiben sahen. Indessen nur zu der Slawenfahrt gesellte sich der Herzog und empfing deren Zeichen, ein auf einem Kreise aufgerichtetes Kreuz[937]. Zu Peter und Paul (29. Juni) wollten diese Kreuzfahrer, denen Bernhard noch Einfachheit in Kleidung und Rüstung empfahl,

---

935 Das folgt aus Otto Fris. g. Fr. SA. 49.

936 Cas. mon. Petrish. MGSS. XX 674. Sie rechnen ihn wohl mit unter die, *quibus illud iter [Jerosolymitanum] laboriorum visum est.*

937 Otto Fris. l. c., Ann. Stad. MGSS. XVI 327: ♁.

in Magdeburg versammelt sein. Herzog Konrad verliess sogleich, schon vor dem 15. März, in Begleitung Hermann's von Baden die Stadt am Main[938], doch wohl nur, um den eigenartigen Feldzug, zu welchem er den weitesten Marsch zu machen hatte, auf der Stelle vorzubereiten. Der König blieb noch bis mindestens zum 23. März in Frankfurt.

Danach billigte auch Papst Eugen III durch Bulle vom 11. April 1147 den Wendenfahrern denselben Ablass wie den nach Jerusalem Ziehenden zu und ernannte ihnen zugleich als begleitenden päpstlichen Legaten, der für Einigkeit und Frieden im Heere zu sorgen habe, den Bischof Anselm von Havelberg, den ihm König Konrad von Frankfurt aus mit Aufträgen nach Rom gesandt hatte.

Den letzten Reichstag, den der König an St. Georgen Tage (23. April) zu Nürnberg noch hielt, besuchte Herzog Konrad wieder[939]. Dort traf er zumal viele geistliche Fürsten, die von Mainz, Magdeburg, Bremen, Worms, Würzburg, Strassburg, Eichstädt, Bamberg, Olmütz, Merseburg, Halberstadt, Verden, Münster, Brandenburg und den aus Rom zurückgekehrten Anselm von Havelberg, auch die von Corvey, Fulda und Hersfeld; von weltlichen Herren Friedrich, der mit des Vaters Tode der Herzog von Schwaben geworden war, Heinrich von Sachsen, die Markgrafen Albrecht den Bären und den Meissner, den Pfalzgrafen von Sachsen, den Landgrafen von Thüringen und eine Anzahl Grafen. Gewiss erschien Herzog Konrad in Nürnberg schon mit seinen Rittern und Heerleuten, andernfalls wäre er wohl nicht so früh von dem Frankfurter Tage weg in die Heimath geeilt; er kam wohl nur nach Nürnberg noch, weil es ihm fast auf dem Wege nach dem festgesetzten Sammelplatze lag. Hier in der fränkischen Stadt verabschiedete er sich auch von König Konrad, der weiter nach Regensburg ging und von dort aus im Mai endgiltig aufbrach. Mit dem König die Frühlingsufer der Donau hinab zogen neben Friedrich und Welf unter den Uebrigen auch Markgraf Hermann von Baden und die beiden Lenzburger Werner von Baden und Ulrich in das ferne Wunderland. Herzog Konrad ritt von Nürnberg nach Norden; wohl in Begleitung der heimkehrenden Sachsen, aber im Grunde doch ein einsam gelassener Mann. Er hatte es ja so gewollt.

Die Sachsen hielten eine Versammlung am Anfang des Juni und traten wahrscheinlich schon damals mit den Dänen, ihren Bundesgenossen im nachfolgenden Feldzuge, in Verbindung[940]. Aber auch die Wenden wurden aufmerksam und Niklot, der Obotritenfürst, begann Massregeln der Abwehr[941].

---

[938] Ihre beiden Namen fehlen unter den vielen Zeugen in St. 3359 vom 15. März.

[939] St. 3547 vom 24. April 1147.

[940] Vgl. darüber F. Winter, Zur Gesch. d. Wendenkreuzzuges 1147, Forsch. z. d. Gesch. XII 625 ff. u. Bernhardi 565.

[941] Vgl. über ihn das prächtige Buch von Ludwig Giesebrecht, Wendische

Dieser tapfere und bedeutende Fürst, dessen Herrschaft sich auch schon nach Osten über die Kessiner (an der Warnow) und Circipaner und nach Süden über den Theil des Polabenlandes um Schwerin ausgedehnt hatte und der der letzte Heide unter den Ahnen des regierenden mecklenburgischen Hauses ist, er ist der Träger des festen Widerstandes, den der deutsche Wendenkreuzzug fand. Zunächst sandte Niklot an Adolf von Holstein, seinen befreundeten und verbündeten Nachbar und bat um eine Zusammenkunft oder doch um Rath; aber der Schauenburger, dem man ja oben unter den Versammelten von Frankfurt begegnet ist, konnte unmöglich auch nur Neutralität offen verheissen und wies dementsprechend die Boten des Wenden auf die Rücksicht gegen die christlichen Fürsten hin, die ihm nicht verstatte „unvorsichtig" zu sein[941]. In demselben Sinne liess er dann seinerseits noch bei Niklot unterhandeln.

Als dieser den sächsischen Einmarsch als unvermeidlich erkannte, sah er das letzte ihm gebliebene Mittel im Schrecken: nothdürftig sorgte er für die an Adolf versprochene vorherige Ansage etwaiger Feindseligkeiten und fiel in das von diesem mit Friesen und Westfalen besiedelte Wagrien ein. Es war am 26. Juni in der Frühe, als seine Flotte in der Travemündung die wendischen Schaaren an's Land setzte, die nun Lübeck überfielen und das ganze Wagrien mit Morden und Sengen durchschweiften. Inzwischen hatte der Fürst die Burg Dobin ausgebaut, die seinem Volke eine feste Zuflucht in der kommenden Noth zu bieten bestimmt war: eine echte Wendenburg, in vortrefflich ausgewählter Lage am nördlichen Theile des Schweriner See's, und zwar an dessen Ostufer auf der Landenge zwischen dem grossen und einem kleinen Nachbarsee (der noch „die Döpe" heisst), so dass die Burg an zwei Seiten von Wasser geschützt war und zu Lande nur auf schmalem, leicht zu vertheidigenden Boden angegriffen werden konnte[942].

Geschichten, 3 Bde., Berlin 1843, dann auch Fr. Wigger, Stammtafeln des grossherzogl. Hauses von Mecklenburg, Jahrbb. u. Jahresber. des Ver. für meckl. Gesch. u. Alterthumsk. (cit. meckl. Jahrbb.) L. Schwerin 1885, S. 131 f.

[941] Helmold SA. 122 ff.

[942] Vgl. die Ausführungen (mit Karte) von Lisch über den Ort Dobin's in den meckl. Jahrbb. V. 123 ff. — Bernhardi 566 Anm. 8 will mit Lappenberg's Anmerkung zu Helmold SA. 122 Dobin an die Wismar'sche Bucht verlegen. Aber nach Helmold SA. 126 lag später zwischen dem Kreuzfahrerlager und dem Kampfplatze vor der Veste das *stagnum* und wer die Gegend selbst und die Rohr- und Sumpfufer dieser Landseen kennt, wird keine Zweifel hegen, dass die Erzählung der zuletzt erwähnten Helmoldstelle nur dann passt, wenn Dobin wirklich an der von Lisch mit sonstiger Begründung angewiesenen Stelle lag. Selbst wollte man das *interiaciens stagnum* als den feuchten, schnelles Gehen hindernden Ufersand des Meeres mühsam deuten, so passt wieder dazu nicht das „gedüngte Erdreich" Helmold's l. c. Es darf auch nicht übersehen werden, dass die später noch zu erzählenden Kämpfe vor Dobin und an der Küste ohne jegliche militärische Verbindung mit einander sind.

Während dessen sonderten sich die Kreuzfahrer an der Elbe in zwei mächtige Heeresabtheilungen. Die kleinere davon, die auf 40 000 Mann geschätzt wurde, scheint mehr unterhalb am Strome aufgestellt worden zu sein; bei ihr befanden sich Herzog Konrad von Zähringen, dem es seine frühe Ankunft erlaubte, sich auf diesem nördlicheren Sammelpunkte anzureihen, Herzog Heinrich der Löwe, der Erzbischof Adalbero von Bremen, der dortige Dompropst Hartwich und der Bischof Dietmar von Verden[944]. Wie das Konrad sein Leben hindurch erfahren musste: man wusste nicht ganz bestimmt, auf welche Weise man ihn als Herzog richtiger bezeichne; „von Burgund" nannten ihn die Einen, „von Zähringen" die Anderen. Wie aber Konrad selber unter den Kreuzfahrern sich nannte oder doch von seinen eigenen Leuten sich nennen liess, das verräth sich uns in eigenthümlicher Weise: Herzog von Zähringen. Denn anders, als in Folge einer Verleitung durch sprechenden schwäbischen Mund hätte der niederdeutsche Helmold schwerlich darauf verfallen können, jenes Wort, wenn er es bringt, „Zähringe" zu schreiben[945].

Das andere Heer, bei dem die grosse Mehrzahl der höheren Fürsten sich befand, wird sogar auf 60000 Mann geschätzt; mit ihm war auch Anselm von Havelberg, der päpstliche Legat. Diese Abtheilung zog in langsamem Zuge gegen Demmin an der Peene im Pommerngebiet; die kleinere, bei welcher als der militärische Leiter wohl der erfahrene Zähringerherzog zu betrachten ist, brach um den Anfang August[946] direct gegen Niklot's Burg Dobin auf. In deren Nähe angelangt schlugen die Deutschen an dem westlichen und nördlichen Uferrande des äussersten nördlichen Seeendes, an den Hügeln in der Nähe des heutigen Dorfes Hohen-Viecheln und der Bahnstation Kleinen, ihr Lager auf[947] und begannen die Einschliessung der Wendenburg. — Als später die schwäbischen Truppentheile, die Herzog Konrad mit sich geführt hatte, in ihre Heimath zurückgelangt waren, haben sie vor allen Dingen davon erzählt, wie unwegsam dieses Obotritenland gewesen sei und wie durchsetzt mit Gewässern und Sümpfen, so dass denn dieser Eindruck auch in die

---

[944] Ann. Magdeburgenses MGSS. XVI 188 *Conradus dux Burgundie*; die Heerestheilung auch bei Helmold SA. 126.

[945] Helmold S. 122 *Conradus dux de Zaringe* u. S. 133 dux *de Zeringge*. —
Im Text wird hier wie stets das Wort „Schwaben", „schwäbisch" u. s. w. in der durch Baumann festgestellten Bedeutung und nicht gemäss der spätmittelalterlichen (und neueren) landläufigen Auffassung, die Schwaben (Württemberger) und Alamannen (Südbadener und Schweizer) unterscheiden will, gebraucht.

[946] Ann. Magdeb. 188: *circa festum s. Petri* [i. e. *in vinculis*] von dem Gesammtheere.

[947] Das war der beste und unmittelbar am Ufer einzig mögliche Platz für ihr Lager, der ausserdem durch das schon besprochene *interiaciens stagnum* des Helmold erfordert wird. — Aus Helmold SA. 126 *Danorum exercitus . . additus est . . crevit obsidio* ist zu entnehmen, dass sie vor den Dänen eintrafen.

Klostergeschichte von Petershausen am Bodensee Eingang gefunden hat[948]; zu der Zeit aber, als an den Höhen gegenüber Dobin ihr Lager stand, da mag auch wohl ihnen eine Versöhnung mit dem Lande der hohen Wälder, der blauen Seen und der weiten leichtgewellten, damals sommerlichen Flächen gekommen sein.

Niklot hatte sein Volk so viel nur möglich war nach Dobin zusammengezogen; nur mit Mühe hatten hier und da die Kreuzfahrer auf ihrem Marsche bis dort wendische Landleute, auf deren Anblick besonders die Süddeutschen gespannt waren, an verstreuten und versteckten Anbaustätten aufgestöbert[949]. Bald nach den deutschen Kreuzfahrern langten die dänischen Verbündeten an. Zuerst kamen Schleswiger und Jüten, geführt von den jetzt versöhnten Kronbewerbern Sven und Knut, danach auch Seeländer und Krieger aus Schonen[950]. Ein Theil der Dänen blieb zur Hut der Flotte in der Wismarer Bucht zurück, die Uebrigen vervollständigten die Einschliessung Dobins. Sie scheinen es umgangen und die Südostseite umschlossen zu haben, jedenfalls aber gaben sie den Belagerten die Gelegenheit, zu erkennen, dass sie ihr Werk unaufmerksam und lässig trieben, so dass jene die Dänen durch plötzlichen Ausfall überraschten und viele von ihnen erschlugen; denn die Deutschen konnten ihren Verbündeten nicht rasch genug helfen, weil der See dazwischen lag[951].

Bald kam weitere böse Kunde, diesmal von der Küste. Niklot zu Hilfe waren plötzlich die Ranen von Rügen zu Schiffe vor der Wismarer Bucht erschienen, in der die dänischen Schiffe lagen. Der Bischof Asker von Roeskild war mit der Obacht über die schleswigsche Abtheilung betraut: er ergriff die Flucht, so lange es noch einen Ausweg seewärts gab. Auch die Jüten thaten aus Parteihass nichts, den Schonen zu helfen, gegen die sich der Angriff gerichtet hatte. Vergeblich seilten die Schonen ihre Schiffe zu einer Phalanx eng aneinander: sie wurden besiegt und kamen durch das Schwert oder in den Wellen um. Der andere, unversehrt gebliebene Theil der dänischen Flotte vermochte sich danach doch gegen die Ranen zu halten[952].

Die Schlappe vor Dobin hatte anfänglich ein Aufraffen des Heeres zu kräftigerem Kriegführen hervorgebracht. Mit der Zeit aber gab es Leute, welche bedenklich wurden: bei den Belagerern waren sowohl Hintersassen Heinrich's des Löwen als Albrecht's des Bären und sie begannen um das

[948] Cas. mon. Petrish. 674.

[949] Cas. mon. Petrish. l. c.

[950] Saxo Grammaticus ed. Holder, Strassburg 1886, S. 454. Von der Lage Dobins hat Saxo keine klare Vorstellung.

[951] Helmold SA. 126. Man vgl. die Karte bei Lisch a. a. O.

[952] Saxo Gramm. 454 f.

Obotritenland für ihre Herren zu streiten, ehe sie's hatten. Da wünschte man keinen Erfolg mehr, weil er vielleicht doch nur dem Rivalen zu Gute kommen würde, da bedauerte man die Leiden, die das Wendengebiet zu ertragen habe, als ob man schon im Lande der eigenen Unterthanen sei[953]. Man begann von den einzelnen Unternehmungen fortzubleiben, gestaltete die Belagerung durch häufige Waffenruhen schwächlich, verhinderte, wenn bei einem Gefecht die Wenden flohen, die Verfolgung, damit nur ja nicht etwa die Burg vorzeitig eingenommen werde — kurz, Unlust und Widerwille ergriffen zuletzt auch die Ehrlichen und Partheilosen und man machte Frieden mit Niklot. Die Obotriten sollten die Taufe empfangen und die gefangenen Dänen herausgeben. Beides wurde hernach schlecht genug erfüllt. Einst hatten die Wendenfahrer gelobt die Volksmenge der Slawen zu bekehren oder sie vom Erdboden hinwegzutilgen und keinen Vertrag mit ihnen zu machen, der ihren Aberglauben bestehen lasse. Jetzt war es eine bewusste Heuchelei der Kreuzfahrer, Niklot den Uebertritt der Seinen versprechen zu lassen. „So schloss dieser grossartige Zug mit kümmerlichem Gewinn“, sind die Worte des Priesters Helmold über solchen Ausgang. Was mag wohl Herzog Konrad von Zähringen bei dem Allen empfunden haben?

Und gerade so ohne Ruhm, ohne Befriedigung kam die zweite grosse Heeresmasse über die Elbe zurück[954]). —

Ein Anderes aber war in jenen Tagen, da man vor Dobin lag, entstanden. Wie schon erwähnt ist, war von weltlichen Reichsfürsten bei Herzog Konrad nur noch der junge Heinrich von Sachsen, der Welfe, der soeben erst vor dem Könige sein Erbrecht auf Baiern betont hatte. Des Zähringers bisherige Freunde wie seine Gegner waren mit König Konrad in's Morgenland gezogen, er wusste sie bei einander, mochte sie im argwöhnenden Geiste schon als unter einander Verbündete, als Freunde geworden sehen. Um ihn selbst war Vereinsamung, und in naher Vergangenheit hinter ihm lag noch das Unterliegen von 1146.

So wagen wir es uns in die Stimmungen Herzog Konrad's zu der Zeit zu versetzen, da er und Herzog Heinrich sich nahe traten und dieser um des Zähringers Tochter warb. Ende 1147 oder 1148 führte Heinrich der Löwe Clementia heim[955], der der Vater als Heirathsgut das Schloss zu Baden-

[953] Helmold SA. 126. Ganz falsch verstanden Bernhardi S. 574.

[954] Am Anfang Sept. scheinen beide Feldzüge schon beendigt gewesen zu sein. Ann. S. Jacob. Leod. MGSS. XVI 641: *circa augustum . . . male pugnatum*. Vgl. Bernhardi 578 über das Ende der Unternehmung der grösseren (Ost-)colonne.

[955] Helmold SA. 133 (die im Text gegebene Zeitbestimmung folgt aus Helmold's *in diebus illis*), dazu Chron. mon. S. Michaelis Luneb. MGSS. XXIII 396; auch Ann. Palid. MGSS. XVI 86 u. Gisleb. Chron. Hanon. SA. 69 wird die welfisch-zähringische Familienverbindung erwähnt.

weiler nebst 100 Dienstleuten und 500 Mansen gab[956]. Neue Dinge wollten sich vorbereiten. Und im Jahre 1147 kam auch die Nachricht zu Konrad, dass Graf Rainald gestorben sei[957]. Nun durfte er hoffen, bei entschiedener Haltung in Burgund noch fester und breiter Fuss fassen zu können.

Schon galt der Herzog von Zähringen als der Vertrauensmann der Welfen. Ende 1148 befand sich Graf Welf auf dem Heimwege nach Deutschland. Auf sicilischem Schiffe hatte er von Accon aus das Morgenland verlassen, war sodann längere Zeit Gast König Roger's II gewesen und hatte Pläne mit ihm geschmiedet, die auf nichts anderes ausgingen, als des deutschen Königs Stellung durch einen festen Bund aller Gegner zu brechen. Welf nannte dem Normannenkönige die Namen Herzog Friedrich's von Schwaben — dessen Thatendrang man wohl durch Hinweise auf die ihm für die Zukunft entgangene deutsche Krone für sich auszunutzen gedachte, besonders da Friedrich schon einmal die Gegner des Königs unterstützt hatte —, dann Heinrich den Löwen, ferner den jungen Bertold, den Sohn Herzog Konrad's von Zähringen — der sich offenbar besonders eng an seinen welfischen Schwager angeschlossen hatte — und schliesslich Herzog Konrad selbst[958]. An alle diese schrieb Roger Briefe: sie möchten doch, bäte auch er, auf dasjenige eingehen, was Welf ihnen zu ihrem eigenen Vortheil auseinandersetzen werde[959]. Welf sollte selbst der Bote dieser zu seiner Empfehlung abgefassten Schreiben sein und reiste mit ihnen ab. Dabei kam er für seine Person ungehindert durch Rom, aber seine Leute wurden mit seinem Gepäck, in dem die Briefe waren, von der Stadtbehörde gefasst, die sofort an Bevollmächtigte König Konrad's berichtete. So mochten für die Umgebung des Königs der Herzog von Zähringen und sein Sohn mit schwerem Verdachte belastet sein, ehe sie selber wohl auch nur im Entferntesten schon an irgendwelche offene Aufsässigkeit oder planvolle Umtriebe gedacht hatten. Wir wissen übrigens dann nur, dass Welf, nach Deutschland zurückgelangt, in der That „einige Ungetreue von bisher nicht geringer Geltung bei Uns und nicht geringem Namen“[960] (nach des Königs Ausdruck) für sich gewann und mit ihnen im Bunde die Güter der Söhne des Königs überfiel.

Bei Einem mindestens wären Roger's Mahnungen und Welf's Worte auf unfruchtbaren Boden gefallen: bei Herzog Friedrich. Im April 1149 war

---

956 Orig. Guelficae III 466 = St. 3792; vgl. unten zu 1158.

957 Albericus Tresfont. MGSS XXIII 839.

958 Diese Reihenfolge in dem Briefe Jaffé I 228f. (*Conradus dux „de Cebering“* schreibt der römische Notar. Also auch in Rom oder zwischen Roger u. Welf war Konrad nicht als Herzog von Burgund, sondern von Zähringen bezeichnet worden). Vgl. über die Bündnisspläne ferner Jaffé I S. 364; Hist. Welf. MGSS. XXI 468 u. die entstellten Nachrichten der Ann. Herbipol. MGSS. XVI 7.

959 Jaffé I (Wibaldi epp.) S. 229, z. 4 f.

960 ib. 364 in K. Konrad's Brief an seine Tochter Irene.

dieser, da ihn der König voraufgesandt hatte, um im Reiche nach dem Rechten zu sehen, schon in seinem Herzogthum und schritt zunächst hier als strenger Richter ein; sogar von seinen Ministerialen musste er einige schimpflich am Galgen büssen lassen[961]. Danach blieb es denn vorläufig überall ruhig. Wie ihn der König und die Seinen vertrauend schätzten, so fürchteten die Gegner diesen geschwinden Sieger; wir dürfen es wohl aussprechen, dass es vor allem die Fehde von 1146 mit dem Zähringerherzog gewesen sein wird, über die der junge Rothbart zu solch niederzwingendem Ansehen und später denn auch zur deutschen Krone aufgestiegen ist.

Am 29. Mai traf dann auch der König in Regensburg ein, wo ihn, wie vorher schon in Friesach und Salzburg, eine Anzahl Fürsten begrüssten[962]. Herzog Konrad war nicht unter denen, die ihm so weit entgegengezogen waren. Ortlieb von Basel war im Gefolge des heimkehrenden Königs, ebenso Markgraf Hermann, der in allen Urkunden des Heimweges bei ihm erscheint. Dem oben genannten Bischof, dem Nachbarn Herzog Konrad's, verlieh der König zu Regensburg werthvolle Rechte und lobte in warmen Worten dabei seine ergebene Treue und stete Sorgfalt um des Reiches Ehre und des Königs persönliches Wohl[963].

Ueber Forchheim zog der Heimkehrende nach Würzburg, wo er am 25. Juli Hoftag hielt. Herzog Konrad und sein Schwiegersohn erschienen hier nicht, wohl aber war des Letzteren Rivale, Albrecht der Bär, anwesend. Jene Beiden fehlten dann auch wieder auf dem zum 15. August nach Frankfurt einberufenen und sonst gut besuchten Reichstage[964]. Auf die Lichtmess Mariae (2. Febr.) 1150 berief dann der König, der in diesem Herbst und Winter übrigens anhaltend kränkelte, von Neuem und zwar nach Speyer. Es erschienen dort unter Anderen die Bischöfe von Basel und Constanz, der Herzog Friedrich, Markgraf Hermann, Ulrich von Lenzburg, Werner von Habsburg. Herzog Konrad aber und Heinrich der Löwe widerum nicht[965]; dagegen kam, während die Versammlung sich aufzulösen begann, die Nachricht, dass Welf am 8. Februar die Burg Flochberg (bei Bopfingen) überfallen habe, jedoch von dem jungen König, Heinrich, vollständig geschlagen, selber knapp entronnen sei. Sofort brachte König Konrad seinen Entschluss vor, den Sieg zur völligen Niederwerfung Welf's durch eine allgemeine Heerfahrt auszunutzen[966].

---

[961] Otto Fris. g. Fr. SA. 72.

[962] Vgl. die Urkk. St. 3556—3561.

[963] St. 3561.

[964] Vgl. über die bei dem König auf diesen Tagen erscheinenden Fürsten die Urkk. St. 3563 - 3566.

[965] s. die Zeugenreihen von St. 3567 u. 3568.

[966] Bernhardi 796 ff.

Dem entgegen erhob sich freilich mancherlei Widerspruch, wie man denn überhaupt ohne den Sieg bei Flochberg doch noch ernstere Unruhen im Reiche, den Erfolg der sicilianischen Ränke zu erwarten gehabt hätte[967]. Gegen des Königs Ansage erhob sich „jener ergraute Achitofel", wie ein Brief Wibald's von Stablo bezeichnet[968]; dieser Redner konnte seinen grossen Kummer über Welf's Niederlage kaum verbergen und betonte nun die Bedenken, die die kommende Fastenzeit dem Feldzuge in den Weg lege; überhaupt sei Welf, den Gott selber schon gerichtet habe, lediglich mit processbräuchlichen Fristen und Vorforderungen zum Rechten zu bringen; er heischte auch besondere Milde für die Gefangenen. Die Rede des alten Mannes *(senis)* machte viel Eindruck und war zudem der menschlichen Trägheit und Lässigkeit derjenigen Anwesenden, die ohne Hintergedanken waren, genehm. Der Abt Wibald nebst des Königs Freunden widersprach, aber jene Rede des Laien *(armati)* trug den Sieg über die des Geistlichen *(inermis)* davon; die Heerfahrt wurde aufgegeben.

Nun wird jener alte Laie, dem Wibald und der Constanzer Bischof unter sich den Namen von Absalom's Helfer zum Aufruhr verliehen hatten, seit lange für Herzog Konrad von Zähringen erklärt[969]. Wir müssen jedoch darauf verzichten, Konrad auf dem Speyerer Tage eine so ausschlaggebende Stellung einnehmen zu lassen: er war, wie gesagt, dort nicht anwesend, was man bei jener Deutung stets übersehen hat. Wer aber jener Redner gewesen sei, bleibt dahingestellt; vielleicht ist er gar nicht unter den Fürsten zu suchen, denn von seinem Range sagt Wibald nichts, und Ahitophel gehörte, was bei jener Erklärung anscheinend auch nicht beachtet wurde, zu den Räthen am Hofe des biblischen Königs.

Mit dieser Ablehnung sei aber über eine etwa freundlichere damalige Haltung Herzog Konrad's gegenüber dem König noch nichts ausgesprochen. Wir wissen, dass er dessen Hoftage zu dieser Zeit nicht besuchte, und aus dem fernen Sachsen, welches ihn seit 1147 und durch seine Verwandtschaft mit Heinrich dem Löwen kannte, meldet mit Bestimmtheit eine annalistische Bemerkung, dass der Zähringer sich geraume Zeit in Widerspruch gegen Konrad III befunden habe[970].

Gegen Welf wurde danach nicht einmal ein Rechtsverfahren eröffnet. Herzog Friedrich übernahm die Vermittlung und brachte ihm völlige Ver-

---

[967] Brief Wibald's Jaffé I 345.

[968] ibid. 353 f. an Hermann von Constanz.

[969] So Orig. Guelf. II 366; F. W. Behrends, Herzog Welf VI, Braunschweig 1829; Giesebrecht IV [3] 489; Salo Adler, Herzog Welf VI, Theil I, Gött. Diss. 1881 S. 29; Bernhardi 799 („vermuthlich").

[970] Ann. Palid. MGSS. XVI 86: *post diuturnam, quam adversus regem habuerat contradictionem, cum ipso federatus, post paululum rebus humanis exceratus est.*

zeihung nebst einigen Einkünften aus Königsgut obendrein[971]. Der so Begnadigte hielt fortan wirklich Ruhe. Aber was vermochte diese Befriedigung dem König Konrad, der in derselben Zeit seinen tapferen Knaben, Heinrich, der schon den Königsnamen führte, eben den Sieger von Flochberg, verlor!

Dem Herzog Konrad, der somit durch die erfolgreiche Energie und Mässigung der Staufer zuerst den Plan des normannisch-welfischen Bündnisses hatte hinfallen und danach auch Welf sich beruhigen sehen, begegnet man im Sommer 1150 zunächst bei einer Ausübung seines Vogtamtes für St. Blasien. Dieses und das Kloster Schaffhausen nämlich lagen schon geraume Zeit in Streit um den Berg Staufen (Hohstaufen südlich vom Schluchsee) und hatten ihre Sache auch schon mehrfach vor den König gebracht, der sie schliesslich zur sachkundigen Entscheidung an das zuständige Gaugericht verwies. In diesem, das unter Rudolf von Lenzburg als Grafen des westlichen Albgau's und in Gegenwart der beiderseitigen Klostervögte, Herzog Konrad's und des Grafen Eberhard von Nellenburg abgehalten wurde, wies dann Schwur und Zeugniss freier Männer den umstrittenen Berg dem Kloster St. Blasien zu. Von den 31 sonst genannten Anwesenden bei diesem durch seine Theilnehmer wie durch seinen Auftrag ausgezeichneten Gerichtstage haben für uns wegen öfterer Beziehungen zu den Zähringern ein gewisses Interesse Konrad von Krenkingen (BA. Bonndorf), Liutold von Regensberg (Ct. Zürich), Liutold von Dägerfelden (Ct. Aargau), Heinrich von Küssenberg (BA. Waldshut), Bertold von Steinegg (BA. Säckingen), Bertold von Allmut (BA. Bonndorf), Adelbero und Eberhard von Gurtweil (BA. Waldshut); ein Theil von ihnen war möglicherweise mit Konrad gekommen. Die Entscheidung selbst wurde vom König angenommen und dem Kloster auch von seiner Canzlei verbrieft, als er am 20. August 1150 zu Rothenburg a. d. Tauber weilte. Der Vogt von St. Blasien, Herzog Konrad, war aber nicht unter denen, die damals um den König waren und sich in die Urkunde als Zeugen eintragen liessen[972].

Als dann jedoch der König am 24. September nach Langenau bei Ulm kam, fand sich auch Herzog Konrad bei ihm ein, zum ersten Male, so viel wenigstens wir wissen können, seit der König von der Kreuzfahrt zurückgekehrt war. Freilich hatten den König seitdem seine Fahrten noch nicht in dem Grade in die eigene Nähe des Zähringers gebracht. Ausser diesem kamen nach Langenau der Bischof von Constanz, die Aebte Fridelo von Reichenau und die von St. Gallen, Kempten und Waiblingen, dann Herzog Friedrich nebst seinem gleichnamigen Bruder, die Markgrafen Hermann von Baden und Diepold von Vohburg, die Grafen von Ramsperg, Kirchberg, Zollern,

[971] Hist. Welf. MGSS. XXI 468. SA. 35 f.

[972] St. 3573. QzSchwGesch. III 1, 121 ff.

Veringen, Sulz, Berg und Ulrich von Lenzburg, unter den Uebrigen auch Ulrich von Dägerfelden und Konrad von Köndringen, der schon so viele Male mit dem Zähringerherzog zu Hof gezogen war. Sie werden genannt in der Urkunde über einen Gütertausch, den König Konrad selbst und der Zähringerherzog als die Vögte der Klöster Elchingen und St. Blasien durch ihre Hände vollzogen[973].

Das war, wie diese Urkunde selbst angiebt, eine Nebenangelegenheit; der König war gekommen, um „eine Unterredung mit Reichsfürsten“ zu haben. In erster Linie wird dafür Hermann von Constanz in Betracht kommen, der als Gesandter nach Italien gehen sollte. Aber auch an Konrad von Zähringen kann der König nicht stumm vorübergegangen sein; es war unvermeidlich, dass sie von Heinrich dem Löwen sprachen. — Der König ging danach wieder nach Franken zurück.

Gerade in dieser Zeit erhob sich Heinrich. Er liess seine Gemahlin, die Zähringerin Clementia, zu Lüneburg als Regentin zurück und vertraute dem Grafen Adolf die Wacht über die Wenden und Nordalbinger. Adolf war hochangesehen im Hause des Herzogs und in dieser Zeit besonders eifrig im treuen Dienste der Herzogin; er war der Vater eines jeglichen Rathschlusses[974]. In dieser Zeit, da Heinrich abwesend war, erschien zu Lüneburg der Obotritenfürst Niklot und klagte vor dem Angesicht der Herzogin Clementia und den Getreuen des Herzogs, dass die Kessiner und Circipaner ihm aufsässig geworden seien und den Tribut weigerten. Clementia wies auf dies Begehren Adolf an, mit den Stormarn und Holsten dem Obotriten zu helfen, was zu einem volkommen erfolgreichen Feldzuge führte. So dehnte die tüchtige Frau Ansehen und Macht ihres Gemahls noch weiter hin in den wendischen Nordosten aus.

Heinrich der Löwe selbst war inzwischen im Winter 1150 auf 1151 in Süddeutschland erschienen. Zum 11. Januar 1151 hatte der König ihn „auf Rath und Bitten der Fürsten“[975] — das war doch vielleicht ein Gespräch von Langenau? — nach Ulm vorgeladen, um mit ihm über seine bisher verschleppte Forderung Baierns zu verhandeln. Wann der Herzog die Ladung erhalten hatte, wissen wir nicht; es steht dem nichts im Wege, dass gerade sie es war, die erst seinen Aufbruch aus Sachsen zunächst veranlasst hat. Aber nun erschien er nicht zu Ulm; statt dessen schickte er sich an, mit gesammelter Mannschaft in Baiern einzubrechen. Zum Kampfe kam es nicht; der König, ebenso nachgiebig, wie er zuletzt gegen Welf gewesen war und vielleicht durch ähnliche Rücksichten gezwungen, setzte ihm einen neuen Tag auf Barnabas (11. Juni) nach Regensburg an — das freilich für den Zähringer-

[973] St. 3574, Gerbert III 76 ff.

[974] Helmold SA. 139. Das Folgende ausführlicher ibid. 140f.

[975] Konrad's Brief an Wibald Jaffé I 449.

herzog, falls dieser sich mit der Absicht trug, um Heinrich's willen zu kommen, weiter entfernt war. Der König versprach Heinrich für dort einen günstigen Ausgleich[976] und Heinrich selbst hoffte jetzt auf einen solchen und warb sich freundliche Gesinnung[977].

Dann erschien er doch wieder in Regensburg nicht; vielleicht weil seine kriegerischen Hoffnungen dadurch neu belebt waren, dass sich in Baiern für ihn die Söhne des Pfalzgrafen Otto von Wittelsbach erhoben hatten[978]. Auch sein Schwiegervater blieb dem Hoftage fern[979], ebenso Welf. Der König ging jetzt scharf gegen die bairischen Friedbrecher vor und lud ausserdem zu neuer Tagfahrt auf den 15. September nach Würzburg[980].

Der Würzburger Tag war sehr gut besucht, unter den Anwesenden auch der Pfalzgraf Otto von Wittelsbach und ferner des Sachsenherzogs natürlicher Gegner, Albrecht der Bär. Herzog Heinrich aber fehlte auch diesmal — es war für ihn der dritte Termin —, desgleichen hielten sich Herzog Konrad und Welf abermals fern und sogar der Markgraf Hermann[981]. Wohl die Anwesenheit Albrecht's hat in dem König nunmehr den Beschluss mit reifen lassen, Heinrich den Löwen in Sachsen selbst zu packen. Das Nähere besprach er noch am Anfang November mit einer Anzahl Fürsten, unter denen sich auch Sachsen, besonders Geistliche und zumal wieder Markgraf Albrecht von Brandenburg mit seinen Söhnen, ausserdem der jetzt sehr willige Pfalzgraf Otto von Wittelsbach befanden. Die Absicht des Königs war es dabei wenigstens zu dieser Zeit nicht, Heinrich selber vor allem aus Süddeutschland weg nach Sachsen zu locken; vielleicht war es den sächsischen Gegnern des Löwen zu Liebe, dass er diesen in Schwaben von Nachrichten aus dem Norden abzuschliessen versuchte. Der Welfe erfuhr jedoch genug, um sich gegen Ende des Jahres durch die Linien der Spüher zu schleichen und unvermuthet in seinem sächsischen Herzogthum zu erscheinen, das ihm seine Gemahlin Clementia gehütet hatte. Für den Herzog Konrad von Zähringen wurde dadurch der jetzt ausbrechende Kampf wieder fernab gerückt.

Der König überliess diesen seinen Anhängern; er selber eilte vielmehr von Goslar nach Schwaben, um hier vorsorgen zu können und war um die

---

976 ibid.

977 Sein Brief ibid. Er nennt sich aber auch in diesem *dux Bawariae et Saxoniae*.

978 Bernhardi 884 f.

979 Konrad fehlt in St. 3582 unter den Zeugen. Der unermüdliche Markgraf Hermann war in Regensburg.

980 Jaffé I 466.

981 Vgl. über die Theilnehmer St. 3577 (über ihre chronologische Zugehörigkeit Bernhardi 888 Anm. 12), St. 3585—89 und Jaffé I 476. Heinrich's Ausbleiben erwähnen auch die Ann. Stad. MGSS. XVI 327.

Jahreswende in Basel. Dort sah er Herzog Konrad bei sich[962], mit dem er sich völlig verständigte[963]; ferner Friedrich von Schwaben, Bischof Ortlieb von Basel, den Markgrafen Hermann und Ulrich von Lenzburg.

Von da aus brach der König auf nach Constanz und der betagte Zähringerherzog begnügte sich nicht, den König in Basel empfangen, vielleicht schon dorthin geleitet zu haben, sondern zog mit hinauf an den See. Mit ihnen zogen ferner alle diejenigen, die als sonst zu Basel anwesend schon erwähnt worden sind; ausserdem fanden sich zu Constanz ein — vielleicht wurden einige von ihnen in der Urkunde aus Basel nur noch nicht genannt — Herzog Konrad's Sohn Bertold, dazu Welf, dann die Lenzburger Werner von Baden und Humbert, Ulrich's Bruder, weiter die Grafen Eberhard von Nellenburg, Rudolf von Pfullendorf, Albert von Dillingen, von geistlichen Herren die Bischöfe von Constanz und Chur, die Aebte Fridelo von Reichenau, Werner von St. Gallen, Albert von St. Peter auf dem Schwarzwalde, Manegold von St. Ulrich und der von Murbach. Mit ihnen allen zusammen steht Konrad von Zähringen unter den Zeugen einer am 7. Jan. für die Zelle Detzeln (BA. Waldshut) ausgestellten Königsurkunde[964] und zwar mit dem ihm regelmässig nach frischen Annäherungen, also doch nicht ohne Zuthun des Königs, von der Canzlei gegönnten burgundischen Herzogstitel.

Am nächsten Tage, am 8. Jan. 1152, ist der Herzog gestorben[965]. Inmitten der Versammlung, in der er noch einmal fast alle hervorragenden Persönlichkeiten, mit denen er im Leben in engere Berührung als Freund

---

[962] St. 3597 (schon von Giesebrecht IV[3] 495 [aber mit Druckfehler 3579] vor St. 3596 [bei G. verdruckt zu 3597] vom 7. Jan. gesetzt. Eine etwaige, Stumpf's Ansatz rechtfertigende Erklärung durch Baseler Nachbeurkundung einer Constanzer Handlung stösst auf den Einwand, warum dann dasselbe Recht als Zeuge genannt zu werden nicht den übrigen Constanzer Anwesenden zugestanden wurde, wie dem inzwischen verstorbenen Herzog Konrad). Mit Ausstellungsort *Hasilien*; die Zeugen deuten nach Basel, allenfalls, wie schon Stumpf andeutet, nach Hasel bei Schopfheim.

[963] Ann. Palid. MGSS. XVI 86: der Herzog starb, *cum ipso* [rege] *federatus, post paululum.*

[964] St. 3596, Gerbert H. s. n. III 79 ff. *Conradus dux Burgundiae.* — Das Klösterlein zu Detzeln kam später nach Riedern.

[965] Den Todestag haben Necr. S. Petri MGNecr. I 334; Necr. Zwifalt. ib. 242 (*Cuonradus dux de Zaeringin*); Necrol. mon. Hermetisvillani (Muri) ib. 424: *Cunradus dux ob.*; „das im 17. Jahrh. angefertigte Muri-Necrolog fügte *benefactor noster* bei (Herrgott Gen. III 835)", Anm. 3 zu S. 135 der Ausgabe desselben Necrologs von P. M. Kiem O. S. B. in den QzSchwGesch. III 2[b]. Den dortigen Nachsatz über die Hand des Eintrags widerlegt der Hrsg. selbst ibid. S. 181. — Das Jahr: Otto Fris. de duabus civitatibus (Chronicon) l. VII, cont. I, SA. S. 352; Ann. Engelberg. MGSS. XVII 279; Ann. Isingr. (Ottobur.) maj. MGSS. XVII 313; Ann. Neresh. MGSS. X 21; Ann. Admunt. MGSS. IX 581. Ann. Palid MGSS. XVI 86; irrig zu 1151 Ann. Scheftlar. maj. MGSS. XVII 336.

und Wohlthäter oder auch als Gegner gekommen war, hatte begrüssen und sich nahe erblicken können. —

Mit Herzog Konrad schied ein Mann aus der Geschichte des Reiches, dessen Mässigung dieses zu verdanken hat, dass ihm nicht viel Unruhe, Partheiung, Fehde hinzu erwachsen ist. Um sein eigenes Haus hat dieser Herzog sich grössere Verdienste erworben als irgend einer seiner Vorgänger und Nachfolger: er hat den fast verlorenen Reichsfürstenstand der Zähringer gerettet, eigentlich auf's Neue begründet, und hat dem vierten und fünften Bertold die neugeschaffene Grundlage für eine bedeutende Stellung hinterlassen. Von diesen beiden ist ihm der Enkel viel ähnlicher als der Sohn geworden: dieser, Bertold IV, ist derjenige, der am ehesten nach der Grossthat sich sehnt, sich in den allgemeinen Dingen tummelt und sein Handeln nach raschen Eingebungen und nach seinen Wünschen lenkt, er ist zugleich der leicht hoffende und der leicht versöhnte. Wir kennen auch bei Konrad diese Anwandlungen: wie ein Mal ein sich überlegen wissender geistlicher Herr das voreilige Wort zu harter Abfertigung ausnutzen konnte, zu welchem Konrad die Dankbarkeit hingerissen hatte — aber hätte der Salzburger den Herzog genauer gekannt, so würde auch er erfahren haben, wie gerade dieser Mann es gelernt hatte, den lebhaften Bethätigungsdrang durch Ueberlegung und Selbstbeherrschung zu zügeln. Und eben damit stellt am meisten gerade Konrad, mehr noch als Bertold I, für den die Dinge, die Entscheidung stets einfacher lagen, den Gesammtsinn des zähringischen Hauses dar. — Jene Lebhaftigkeit, die sie unterdrücken mussten, sie ist wie etwas von staufischer Art, und auch in ihren Adern rollte ja noch das Blut einer Stauferin. Voll innerlichen Herzenswunsches, zusammen mit den Staufern gehen zu können, von der Klugheit darin zurückgehalten, dann doch durch bestimmte Hoffnung wieder gelockt und schliesslich jedesmal bitter enttäuscht, so gehen die drei letzten Zähringer neben dem glänzendsten Hause der schwäbischen Geschichte her. Fast muthet es an, als hätten, ganz frei, die Zähringer eine andere Richtung genommen, als sie es gethan haben, als seien es erst die Staufer gewesen, die eine auch bei Jenen keimend innewohnende verwandte Eigenart durch das Nebeneinander überragend niedergedrückt haben. Und so bleibt denn als das Deutlichere doch der Gegensatz übrig: hier der schwäbische Herzogs- und Königshof, wo aller Cultus des Grossen, des Heldenhaften und Hochgesinnten und wo mit der Freude alter germanischer prunkender Formen zugleich das neue Treiben kreuzzugserwachsenen Ritterspiels und Frauenlobes mehr und mehr ihre fröhliche, klangreiche Heimstätte aufschlagen, während dort das zweite schwäbische Haus — bei aller wo es gilt bewiesenen Tüchtigkeit im Felde — in der Hauptsache in friedesuchender haushälterischer Verwaltung, im Erwerb reicher Vogteien an Klöstern und Städten und in einer schöpferischen, nutzbaren Bürgerfreundlichkeit mit nicht minder weit vorausschauendem Blick, aber unter Vermeidung jegliches Abenteuerlichen und unter möglichster Beseitigung aller starken Gegnerschaft in fast nüchterner und duldender Mässigung seinen klug gewählten Mittelweg zieht.

Die Kirche verlor in Herzog Konrad keinen Vorkämpfer, aber einen freundlichen Geber. Seine Gutthaten für St. Peter, seines Hauses Stiftung, für Reichenau, für St. Johann in Bürgeln wurden schon erwähnt; auch Muri nannte ihn seinen Wohlthäter. Sie haben, wie die zum Theil erhaltenen Todtenbücher zeigen, seines Todestages noch ferner in dankbarem Erinnern gedacht, St. Peter auf dem Schwarzwald durch ein Amt mit 5 Kerzen, wie die Mönche es ebenso seinen Vorgängern widmeten.

Auch die Jahrbücher der klösterlichen Geschichtschreiber vergassen seiner nicht. Nicht nur schwäbische, bairische, salzburgische Annalisten zeichneten die Kunde, die von Herzog Konrad's Tode durch das Reich getragen wurde, in ihre Bücher ein; der Annalist von Kloster Poehlde ferne am Harz, dessen Blick sich nur selten aus Sachsen heraus verliert, fügte sogar, wie schon berührt wurde, der Nachricht eine kurze Zusammenfassung der letzten politischen Stellungnahme des Zähringers hinzu.

Der staufische König ehrte in ganz besonderer Weise den mächtigen Mann, der so kurz vor seinem Dahinscheiden eine Brücke für den Frieden beider Familien neu erbaut hatte; er brach sofort von Constanz auf und zog den Weg, den auch die Leiche des Herzogs von den Seinen geführt wurde, dem winterlichen St. Peter auf dem Schwarzwalde zu. Hier in der Gruft vor dem Kreuze — dem Triumphkreuz des Laienaltars — fand bei seinen Eltern und nahe dem so früh gestorbenen Bruder auch Herzog Konrad die letzte Ruhestatt[986]. Zu ihres Gatten Gedenken schenkte die verwittwete Herzogin Clementia an der offenen Gruft dem Kloster ein Gut zu Röthenbach (BA. Neustadt) und eine purpurne Casula[987] und bestätigte auf des Bischofs Hermann von Constanz Mahnung dem Kloster sofort auch seine bisherigen Freiheiten[988].

St. Peter hat nie eine so glänzende Versammlung gesehen, als diejenige war, welche dem Herzog die letzte Ehre erwies. Am 12. Jan. finden wir dieses Trauergeleite in Konrad's Stadt, zu Freiburg, beisammen, von wo aus

[986] Geneal. Zar. Freib. Diöc.-Arch. XIV 84 = MGSS. XIII 736 *ante crucem in sepulcro parentum suorum*; Theuenbacher Urbar bei Leichtlen, die Zähringer S. 92. Vgl. auch den Befund der Gruft aus dem 17. Jahrh. bei Kolb III 150: *est autem hac tumba in medio templi parochialis sive exterioris ante crucem.*

[987] MGNecrol. I 334.

[988] Schannat Vind. I p. 162f. u. danach Schöpflin V 97f. Mit Zustimmung der Söhne ausser der des Nachfolgers, Bertold's, der sich wohl eine eigene Beurkundung vorbehielt; vgl. unten S. 338.

— vielleicht an eben jenem Tage — der kurze Ritt auf die winterliche Schwarzwaldhöhe am natürlichsten gemacht wurde. Es waren ausser dem König der Herzog Friedrich von Schwaben, einst Sieger über den Zähringer mit den Waffen, und neben ihm sein Bruder Konrad, die Bischöfe Ortlieb von Basel, den auch mancherlei Erinnerung an den Verstorbenen band, und Hermann von Constanz nebst dem dortigen Propste Rainald, ferner vor allen der treue Markgraf Hermann von Baden, der mit seinem gleichnamigen Sohne, dem späteren Hermann IV, herbeigeeilt war, dann Konrad von Schwarzenberg und seine Söhne Konrad und Werner, Kuno von Horben, Konrad von Krenkingen, Liutold von Regensberg, Liutold von Dägerfelden, welche alle der Herzog gar wohl gekannt hatte, Hiltebolt von Steinegg (BA. Säckingen), sowie noch Albert von Trüdingen, Giso von Hildenburg, Reginbot von Röckingen und Burkard von Ellerbach, alle vier bairische Herren. Von der Familie Herzog Konrad's erwähnt die Urkunde, die Jene nennt und gewiss Manchen noch übergeht, nur die beiden Söhne Bertold und Adalbert[989], doch stimmten auch Rudolf und Hugo der Beurkundung zu, die ihre Mutter bei Konrad's Beisetzung gab. —

Der Herzog kann höchstens in den sechziger Jahren seines Lebens gestanden haben, als er starb, da sein Vater, Bertold II, 1079 geheirathet hatte und Konrad erst der dritte der Söhne, zu denen noch die vier Töchter in Betracht zu ziehen sind, war. Legt man sein muthmassliches Alter und dazu das erste datirte Auftreten seiner Kinder einer ungefähren Berechnung zu Grunde, so ist anzunehmen, dass er seine Gemahlin Clementia ungefähr zu der Zeit heimgeführt hat, da er durch seines Bruders jähen Tod selber zur Leitung des zähringischen Hauses berufen wurde. Sie war die älteste Tochter des Grafen Gottfried von Namur von dessen zweiter Gemahlin[990] Hermensende Gräfin von Lützelburg, und also eine Schwester jenes un-

[989] St. 3598 WUB II 57 f. *Horwe* ist wohl eher Horben bei Freiburg als das im BA. Bonndorf. — Des Königs Quartiernehmen: *hospitatus est in civitate Friburgensi* erwähnt auch die St. Blasische Fortsetzung der Chronik Otto von Freisings (SA. 423) zu 1152.

[990] Gisleb. Chron. Hanon. SA. 67 f u. 145. Er giebt folgende Uebersicht:

Gottfried von Namur.
Gem. 1. Sibylla — 2. Hermensende von Lützelburg.

(1) (Elisabeth) (1) (Flandrina) (2) Heinrich (2) Albert (2) Clementia Gem. Konrad v. Zähringen (2) Beatrix (2) Alidis Gem. Balduin von Hennegau

Kinder der Clementia: Bertold Rudolf Hugo Clementia Gem. Heinr. v. Sachsen.

Vgl. auch Alberich von Troisfont. MGSS. XXIII 851 (*ducissa Cyringie*), Rainer Leod. MGSS. XVI 676 und die Anm. 993 genannten Aufzeichnungen: *Clementia de nobilissima progenie Francorum, de castro videlicet Nammecensi.*

ruhigen Heinrich von Namur und Lützelburg, dessen Fehde der Regierung König Konrad's so viel zu schaffen machte. Wie der Herzog diese seine Gemahlin kennen gelernt hat, lässt sich nicht bestimmen: möglicherweise ist Bertold III, den ja seine Verbindung mit Heinrich V in die niederrheinischen Gegenden führte, der Vermittler gewesen. Clementia war von den Ihrigen für den Verzicht auf spätere Erbfolge in Namur und Lützelburg aus dem Erbgut mit zwei Burgen nebst dem dazu gehörigen Gebiet ausgestattet worden, die für ihre neue Heimath so günstig als möglich gelegen ausgewählt waren und sie verwaltete diesen Besitz, ohne ihn aus den Händen zu geben, wie es ihre zwei Stiefschwestern thaten, die ihrem Schwager, dem Grafen Balduin von Hennegau, dem Erben von Namur und Lützelburg, auch ihr persönliches Erbe abtraten[991]. — Dem Kloster St. Peter blieb sie auch als Wittwe eine Gönnerin; schon oben (S. 280) ward erwähnt, wie vor ihr eine noch zu Konrad's Lebzeiten eingeleitete Schenkung zur Ausführung kam und nach den Zeugen zu schliessen war es an dem gleichen Tage, als vor der von zähringischen Ministerialen umgebenen Herzogswittwe ebenfalls ein zähringischer Dienstmann, Kuno von Opfingen, für den Fall, dass er keinen rechtmässigen Sohn mehr erhalte, dem Kloster ein Gut zu Bikkensohl (BA. Altbreisach) vermachte. Auch zwei Dorsalien hat sie St. Peter geschenkt. — Am 28. Dec. 1158 ist sie, also fast sieben Jahre nach ihrem Gemahl, gestorben[992] und neben ihm in der Familiengruft zur Ruhe bestattet worden[993].

Der erste Sohn unseres Wissens, den sie dem Herzog geboren hatte, führte dessen Namen[994]; dieser junge Konrad wird mit (und zwar vor) seinem Bruder Bertold in einem Vertrage mit St. Peter erwähnt, den noch der 1132 gestorbene Abt Eppo abschloss. Zur Nachfolge im Herzogthum aber sollte er nicht gelangen. Als sein Vater Herzog Konrad 1146 zu Worb im Gericht sass, waren, wie wir gesehen haben, nur seine Söhne Bertold und Adalbert bei ihm und diese beiden erscheinen dort als die zunächst berufenen und handelnden jüngeren Vertreter des zähringischen Hauses. Aber auch schon vorher, 1140 zu Schwenningen war Bertold mit dem Vater und im April 1141 war widerum er derjenige Sohn, den Herzog Konrad mit sich auf den Hoftag des Königs nach Strassburg nahm[995], Konrad war also wohl

---

[991] Vgl. Gisleb. l. c. Ueber Balduin's Sohn Balduin V, den thatsächlichen Erben, vgl. unten zu 1184.

[992] MGNecrol. I 338, des Tagesdatums wegen dort schon zu 1159 (ich nehme an, dass nicht etwa die späte Redaction des Todtenbuches schon eine Aenderung des Jahresdatums vorgenommen hat). Die Dorsalien ibid.

[993] Catal. S. Petri und Thenenbacher Urbar Freib. Diöc.-Archiv XIV 85.

[994] *princeps cum uxore sua, domna Clementia, et filiis suis Counrado et Berhtoldo* RSP. 161. Er ist auch erwähnt Alberic. tresfont. l. c. u. b. Aegidius Aureavall. MGSS. XXV 108.

[995] s. o. S. 297.

schon 1140 nicht mehr unter den Lebenden. Der Tag, an welchem er starb, ist überliefert: ein 4. Januar [996], und man begrub ihn zu St. Peter [997].

So ward es denn dem zweiten Sohne beschieden, den alten Namen, der diesem Hause besonders eigen war und der vom Grossvater oder Oheim her auch der seine war, von Neuem in die Reihe der Herzöge einzuführen. Bertold's IV ereignissreiche Regierung wird uns nunmehr zu beschäftigen haben und dabei auch der dritte [998] Sohn, Rudolf, der sich dem geistlichen Stande widmete, öfters zu nennen sein. Ebenso wird man der einzigen Tochter Herzog Konrad's, von der Nachricht vorliegt — und ich möchte glauben, dass die Ueberlieferung St. Peters keines seiner Kinder hat in Vergessenheit versinken lassen — Clementia, die den Namen ihrer Mutter trug und am Anfang 1148 Heinrich's des Löwen Gemahlin geworden war, sowie den auf Rudolf in der Reihe der Söhne folgenden, jedoch im weltlichen Stande verbleibenden Adalbert und Hugo noch späterhin begegnen.

---

[996] MGNecrol. I 334 (St. Peter); *ob. Cuonradus filius ducis Cunradi.*

[997] Vgl. die Anm. 998 genannte Geschlechtstafel aus St. Peter und den Gruftbefund bei Kolb III 150.

[998] Die Urk. v. 1152, Juni 2 bei Schannat Vind. I 168 und danach Schöpflin V 97 f. giebt die Reihenfolge Bertold, Rudolf, Adalbert, Hugo. Wie Clementia dabei einzureihen ist, lässt sich nicht genau bestimmen, sondern nur nach der Zeit ihrer ersten Heirath und den Daten über erstes Hervortreten und Hinscheiden ihrer Brüder ungefähr muthmassen.

Bertold IV.

König Konrad zögerte nicht, den jungen Fürsten, der am 8. Jan. 1152 an dem Sterbelager seines Vaters stand, in allen Stücken als den Nachfolger des zähringischen Herzogs anzuerkennen. Die Urkunde, die der König am 12. Jan. zu Freiburg für das Kloster St. Blasien ausstellte[999], führte Bertold als Zeugen unmittelbar nach Herzog Friedrich (vor dessen Bruder) auf und nannte ihn Herzog von Burgund. So war denn auch das mit den dortigen Besitzungen der Zähringer verbundene Rectorat in Burgund, das jetzt zum ersten Male erledigt worden war und das sehr wohl als ein rein persönliches Amt des Verstorbenen hätte hingestellt werden können, von ihm ohne Einspruch der Krongewalt auf Bertold mit übergegangen, welcher deshalb um so dankbarer der Aussöhnung des Vaters mit König Konrad gedenken mochte, die wie ein Vermächtniss über das Grab hinaus ihm selber ihre Früchte trug. Er gedachte, sich fortan eng an die Staufer zu schliessen.

Nur der Beisetzung Herzog Konrad's wegen hatte der König den Weg von Constanz in den Breisgau gemacht. Denn auf den 2. Febr. hatte er einen Hoftag nach Bamberg angesetzt; dahin begab er sich von Freiburg aus, während Bertold, was ja erklärlich genug ist, zurückblieb. Aber als Kranker kam er zu Bamberg an und dort ist König Konrad III am 15. Febr. gestorben, einen Monat, nachdem er den Herzog bestattet hatte, der mit ihm den gleichen Namen trug. So ging die alte Zeit vollständig zu Ende; neue, junge Kräfte traten auf den Plan, dort Bertold, hier Friedrich.

Denn sterbend hatte König Konrad ausgesprochen, nur sein Neffe, der Rothbart, nicht sein eigener Knabe, Friedrich, dürfe sein Nachfolger im Reiche sein; ihm in die Hände hatte er die Insignien gelegt. Sieger über das Haus Zähringen und doch wieder völlig mit ihm versöhnt, mehrfach als Vermittler bewährt, nahe verwandt mit dem streitbaren Welfen in Sachsen — das waren die Puncte, die an Herzog Friedrich am meisten in's Auge fallen mussten, als bei den Fürsten die thatsächliche Wahlentscheidung stand. Und sie haben das Reich in seine Hände gelegt, zu Frankfurt, schon am 5. März.

Es ist überliefert, dass es eine glänzende Versammlung war[1000], die Friedrich kor, wenn auch eine Liste der hervorragenderen Theilnehmer

---

[999] St. 3598.

[1000] Otto Fris. g. Fr. SA. 82.

nicht mehr aufgestellt werden kann. Wie sollte der neue Zähringerherzog gefehlt haben, dessen Verstand nicht nur, nein, dem vor allem das Sohnesherz den ritterlichen Staufern zu so jungem Dank verpflichtet worden war? Freilich hat ihn der Zufall übergangen, der nur einzelne Namen von dem Frankfurter Tage unmittelbar aufbewahrt hat, dennoch aber lässt sich, dass Bertold bei der Wahl zugegen gewesen sein muss, erweisen und zwar mit Hilfe des denkwürdigsten Actenstückes der zähringischen Geschichte[1001]. Es lautet Wort für Wort:

„Das ist der Vertrag zwischen dem Herrn König Friedrich und Herzog Bertold.

Der Herr König wird dem Herzog das Gebiet Burgunds und der Provence geben und wird mit ihm in diese Lande einrücken und ihm helfen, sie zu unterwerfen, in guter Treue, nach dem Rath der bei dieser Heerfahrt befindlichen Fürsten. Für das Gebiet, das zur Zeit der Graf Wilhelm von Macon an Statt seiner Nichte hat, wird der König dem Herzoge Recht schaffen, entweder nach dem Rath oder nach dem Urtheilsspruch der Fürsten. Herrschaft und Verwaltung beider Länder wird der König haben, so lange er in ihrem Umkreis weilt. Nach des Königs Abzug aber wird der Herzog beide Länder in Herrschaft und Verwaltung haben, ausser den Erzbisthümern und Bisthümern, welche gesondert zur Hand des Herrn Königs stehen. Wenn aber der Graf Wilhelm oder andere Fürsten des Gebiets etwelche Bischöfe investirt haben, so soll auch der Herzog diese investiren.

Dass dieser Vertrag von dem Könige gehalten werden wird, haben verbürgt: Herzog Heinrich von Sachsen, der Herr Welf, der Canzler Arnold, Graf Ulrich von Lenzburg, Graf Egeno, Graf Ulrich von Herrlingen, Markward von Grumbach, Arnold von Biberach, Pfalzgraf Otto von Wittelsbach, Truchsess Walter, Schenk Hildebrand, Konrad Kolbo und sein Bruder Siegfried.

Herzog Bertold wird bei dem König tausend gepanzerte Reiter halten, so lange der König in jenen Ländern ist. Auf dem italischen Zuge wird der Herzog bei dem König, so lange er sich in dieser Heerfahrt befindet, 500 gepanzerte Reiter und 50 Bogenschützen führen. Und dass der Herzog dies alles ohne Vorbehalt und Trug erfüllen wird, wird er dem König zum Pfand sein Eigengut setzen, die Burg Teck nämlich mit allen zugehörigen Ministerialen und Gütern, Oethlingen, Wellingen und Erstein mit allem ihrem Zugehör. Und dass der Herzog dies alles erfüllen wird, haben seine Leute, Burchard und Werner, beschworen.

Der König wird zu der Heerfahrt in die beiden Länder aufbrechen von den nächsten Kalenden des Juni, die in der 15. Indiction liegen, an gerechnet innerhalb eines Jahres."

[1001] Jaffé I 514f.; WUB II 60 f.; Zeerleder I 89f.; F. r. Bern. I 428f.

Diese Bestimmungen sagen zunächst, dass — wie schon zum Jahr 1127 vorweg bemerkt wurde — das Gebiet des verstorbenen Rainald bisher dem Herzog von Zähringen nicht hatte unterworfen werden können, dass aber dieser die Herrschaft auch dort jetzt wohl als Rechtsnachfolger Wilhelm's IV und nicht nur als Rector beanspruchte; und sie bestätigen, dass das eigene Gebiet Wilhelm's von Macon, als bei der Krone Frankreichs erworben, ausserhalb der für den Herzog denkbaren Machtsphäre stand, ferner, dass die Bisthümer bisher von dem Rectorat ausgenommen gewesen waren, denn sie sollten es ja selbst bei dessen beabsichtigter grosser Erweiterung bleiben. Dazu aber erfährt man auf diese Weise, dass trotz der nunmehr ein Viertel Jahrhundert währenden Dauer des Rectorats und der Nachfolge der Zähringer in Graf Wilhelm's Landen sie doch so wenig vertraut noch waren in burgundischen Dingen, dass man gar nicht einmal von einer genaueren Kenntniss darüber ausgehen konnte, wie weit — nicht nur andere Dynasten Burgunds, sondern selbst — die Grafen von Hochburgund, im Besonderen Wilhelm III und IV das Investiturrecht über Bischöfe geübt hatten. Sie hatten in der That ein solches nicht besessen; Vienne bekam noch 1153 die Reichsunmittelbarkeit bestätigt[1002], auch die ihm unterstellten Bisthümer waren frei; Besançon erhielt sich nicht minder unabhängig von der Macht der Hochburgunder, ebenso Genf, Lausanne und Sitten, und Tarentaise nebst Aosta, Maurienne und Belley unterstanden den Grafen von Savoyen[1002a]. Derartige fürstliche Investiturrechte, welche man also mit mehr Recht nur im südlicheren Burgund voraussetzen konnte, sollten nun aber von 1152 ab an den Rector als solchen übergehen, denn Bertold sollte sie üben, „wenn der Graf Wilhelm oder andere Fürsten des Gebiets otwelche Bischöfe investirt haben"; die bisher reichsunmittelbaren Bisthümer sollten auch fortan nicht herabgemindert werden.

Der Vertrag weist fernerhin noch aus, dass für Herzog Konrad's jüngeren Sohn Adalbert noch nicht sogleich bei des Vaters Tode die Herrschaft Teck ausgeschieden worden war.

Wann ward nun aber dieser Vertrag geschlossen? Er selbst giebt nur an: 1152, denn das war das Jahr der 15. Indiction, und: vor dem 1. Juni[1003]. Von Frankfurt aus ging der König nach Aachen und zwar ohne dass Bertold

[1002] Vgl. die Göttinger Dissertation von R. Reese, d. staatsrechtliche Stellung der Bischöfe Burgunds u. Italiens unter K. Friedrich I, Gött. 1885, passim. Kallmann scheint ohne Kenntniss von dieser sehr tüchtigen Abhandlung gearbeitet zu haben.

[1002a] Hüffer, Reese und Kallmann a. a. O. passim.

[1003] Der Monat „Mai 1152" als Ausstellungszeit ist nur des 1. Juni wegen von dem frühesten Benutzer auf's Gerathewohl angesetzt, aber dann immer wieder in Urkundenbüchern und Darstellungen übernommen worden. Dadurch ist dann wieder die Behauptung entstanden, Friedrich habe sich von Sachsen aus mit dem Zähringer verständigt („ausgesöhnt").

unter seinen (uns bekannten) Begleitern gewesen wäre; von Aachen aus nach Sachsen, wo er bis über jenen ersten Juni hinaus verweilte. Auch dort war Bertold nicht bei ihm. So schrumpfen die Möglichkeiten von selber bis auf den Frankfurter Wahltag ein und dort finden wir zur Bestätigung auch die beiden vornehmsten Fürsten anwesend, die Bürgen des Vertrages wurden: Herzog Heinrich und seinen Oheim Welf[1004], ferner den mit zugezogenen Canzler Arnold.

Auch aus diesem Grunde also konnte schon oben die Meinung aufgestellt werden, dass Herzog Bertold zu den Reichsfürsten gehörte, die am 5. März 1152 den hochstrebenden Staufer mit schliesslicher Einstimmigkeit[1005] zum König der Deutschen erhoben. Und sogleich danach ist der Vertrag geschlossen worden, der den Zähringer zum stellvertretenden Herrn der weiten Lande ganz Burgunds und der Provence zu machen versprach und ihm zur Erlangung dieser Herrschaft des Königs eigenen Beistand zusagte, der dem Herzog Konrad fühlbar gefehlt und den dieser vergeblich von Lothar gehofft hatte. Zum stellvertretenden Herrn, zum Rector, wie auf dem kleineren Gebiete bisher Herzog Konrad; denn der König hatte nicht versäumt sich ausdrücklich vorzubehalten, wenn er selber im Lande sei, alle Befugniss des Statthalters wieder an sich zu nehmen. Bertold's Gegenleistung bestand in der Unterstützung der Romfahrtpläne, die das stolze Herz des kühnen Staufers sogleich bewegten. Der Vertrag liegt also nicht nur formell, sondern auch inhaltlich, mit Leistung und Gegenleistung in jeder Beziehung schon nach, wenn auch unmittelbar nach der Königswahl, er ist nicht für die Wahl geschlossen worden. Dass mündliche Besprechungen vorhergegangen sein mögen, die Bertold's Eifer für Friedrich's Wahl befeuert, ihn vielleicht auch zum Unterhändler bei seinem Schwager Heinrich gemacht haben, soll darum wenigstens nicht ausgeschlossen sein.

Während der neue König mit Welf, Albrecht dem Bären, Matthäus von Lothringen und einigen geistlichen Fürsten, auch dem getreuen Ulrich von Lenzburg zur Krönung nach Karl's des Grossen Stadt eilte[1006], ritt Bertold, wie schon gestreift wurde, von Frankfurt aus heim. Vor ihm im Süden lag, was sein Herz in Freude bewegte und erwartungsvoll hoffen liess, sein weites, weites Land: von den lieblichen Hängen der Ortenau und der schwäbischen Alb, die bald im Grün und Blüthenschnee des Frühlings prangen sollten, bis an das ferne Gestade des tyrrhenischen Meeres hinab.

[1004] Vgl. darüber H. Prutz, Heinrich der Löwe, Lpz. 1865, S. 101 u. H. Prutz, Kaiser Friedrich I, Danzig 1871—1874, I 29.

[1005] Jaffé I 499.

[1006] Otto Fris. g. Fr. 83 *cum paucis, quos ad hoc ydoneos iudicavit, caeteris in pace dimissis.* Die im Text genannten Namen ergeben St. 3615, 3617, 3618, auch noch 3623 u. 3624 für Welf.

Wo war ein Reich wie dieses, so reich und blühend in Land und in Städten, wo eines von so wunderbarer und von so mannigfacher Schönheit? Freilich noch war er nicht der anerkannte Herr. Aber des hochgemuthen Friedrich's junge Königsmacht und er selber wollten es gemeinsam erkämpfen. Wer waren die, die wagen sollten, ihnen zu widerstehen?

Graf Wilhelm von Macon zunächst, der die Hinterlassenschaft Rainald's in Händen hielt, stand ohnehin bei dem Reiche noch in Klage. Das hochburgundische Haus hatte seit Alters in der Stadt Vienne Besitzungen[1007], die mit an die Linie Stephan's übergegangen waren, der eigentliche Stadtherr aber war der Erzbischof, der sich in spärlichen Beziehungen zu der Krone hielt. Da überfiel, wohl im Jahre 1145, der Graf Wilhelm noch bei Lebzeiten seines Bruders Rainald die Stadt Vienne und nahm sie und ebenso ihre Burg Pivet in völligen Besitz. Erzbischof Humbert wandte sich an König Konrad III, der sich aber bescheiden musste durch ein am 6. Jan. 1146 aus Aachen an den Erzbischof nebst seinen Suffraganen und an die Fürsten Burgunds und der Provence erlassenes Schreiben[1008] zu betonen, dass Stadt und Burg Vienne Eigenthum des Reiches seien und nur der Erzbischof zu dessen Vertretung befugt sein könne; dieser solle mit Ausschluss jeder weltlichen Gewalt die Stadt nebst der Burg und der königlichen Pfalz verwalten und zur Erlangung dessen hätten ihm die Fürsten ihren Beistand zu leihen. Hiermit hatte diese Sache bisher anscheinend ihr Bewenden.

Die Grafen von Mömpelgard sind wohl überhaupt nicht zu den burgundischen Grafen mehr zu zählen[1009]. Sie hatten mit diesen keine Gemeinsamkeit und waren ihrer lothringischen Hauptbesitzungen wegen Lehnsträger der deutschen Krone auch ohne Beziehung auf Burgund. Mit den Zähringern waren sie zwiefach verwandt: durch Bertold's I zweite Gemahlin und durch Petrissa's Vermählung mit einem Grafen von Pfirt.

Die Bisthümer Genf, Lausanne und Sitten werden später gesondert zu besprechen sein.

Das Gebiet der Grafen von Savoyen erstreckte sich auch über die Grafschaften Belley, Maurienne (und Aosta). Graf Amedeus hatte mit Heinrich V in guten Beziehungen gestanden, so war es denn vielleicht nicht einmal eine Aenderung seines Verhaltens, wenn er zu Lothar kein Verhältniss hatte und sogar einen Feldzug dieses Kaisers gegen sich (von Italien aus 1136) hervorrief[1010]. Bei dem zweiten Kreuzzuge hielt sich der Graf zu dem

[1007] Hüffer S. 84 f.

[1008] St. 3511.

[1009] Vgl. Kallmann l. c. 98. Otto von Freising braucht darum doch nicht Unrecht zu haben, wenn er Burgund sich geographisch bis zum *Mons Biliardi* erstrecken lässt (SA. 115).

[1010] Vgl. Bernhardi, Lothar S. 664.

König von Frankreich, ward jedoch in Folge eines Vertrages beider Könige auf dem Marsche in Kleinasien nebst seinem Bruder, dem Markgrafen von Montferrat, auch dem Grafen Rainald von Bar, dessen Bruder dem Bischof von Metz und Anderen dem Heere Konrad's III zugetheilt [1011]. Amedeus starb auf dem Kreuzzuge. Ein Versuch, die Zugehörigkeit Savoyens seinem Nachfolger gegenüber energischer zu betonen, ist von Konrad III nicht mehr unternommen worden. — Das Erzbisthum Tarentaise und die gleichnamigen Bisthümer der genannten drei Grafschaften unterstanden den Grafen, wenn auch Belley erkennbare Bemühungen machte, sich dieser Hoheit zu entziehen.

Die Burgund umschliessende Reichsgrenze lief nicht genau die Rhone hinab [1012], sondern bezog auch das Lyonnais, den am rechten Ufer belegenen Theil des Delphinats und das Vivarois ein. Das Lyonnais war unter den letzten Saliern gut kaiserlich; auch der Erzbischof von Lyon datirte nach dem Wormser Vertrage wieder nach der Regierung des Kaisers, und nicht nur die Abtei Savigny unterhielt Beziehungen zu den deutschen Herrschern [1013], sondern auch die gräflichen Rivalen der Erzbischöfe, die von Forez hatten in Heinrich IV ihren Herrn erkannt.

In der Dauphiné lagen die Grafschaften Viennois mit dem Erzbisthum Vienne, Grenoble mit dem Bisthum, Diois mit Bisthum Die und Valentinois mit Valence. Auf das Erzbisthum Vienne wurden wir schon vorhin geführt. Die Delphine von Vienne oder Albon waren auch im Nachbargebiete von Grenoble mächtig, von wo ihre Stellung ausgegangen war; zu ihren Lehnsträgern im Viennois gehörte auch der Herr von Clerieux, bis dieser 1151 durch Konrad III die Reichsmittelbarkeit erlangte, welche er freilich nicht lange zu behaupten vermochte [1014].

Die Bischöfe von Grenoble stellten sich feindlich gegen die deutsche Königsmacht. Ihre Besitzungen wurden fortwährend durch Uebergriffe der Delphine geschmälert, die seit dem Anfang des 12. Jahrhunderts auch Antheil an der Stadtherrschaft von Grenoble erlangten.

In Die gingen die dortigen Grafen bei dem Bischof zu Lehen. Bemerkenswerth ist, dass 1145 ein Edler des Gebietes in der Datirung einer Urkunde des deutschen Königs gedachte.

In Valence besass der Bischof auch die Grafschaft.

Mit Die und Valence sind wir bereits in das Gebiet des alten Niederburgund eingetreten. Hier hatte sich, wie auch der staufisch-zähringische

---

[1011] Bernhardi, Konrad III S. 645.

[1012] Hüffer S. 8.

[1013] St. 2888. Sie hatte Besitz im Waadtlande.

[1014] Vgl. Hüffer 70 u. 23 und Kallmann 54 mit einer eigenthümlichen Selbstberichtigung.

Vertrag von 1152 zeigt, inzwischen der Landesname der Provence eingebürgert, unter welchem die Grafschaft Provence wieder ein Sondergebiet (den Süden von der westlichen Rhônemündung an bis hart vor Monaco) bezeichnete. In diesen Gegenden war gar selten einmal von einem deutschen königlichen Herrn die Rede gewesen, vergeblich hatte Lotar versucht, in Arles anknüpfend, die Herrschaft des Reiches hier zu betonen und auch Konrad III war nicht über einen Versuch hinausgekommen[1015].

Niederburgund oder das Land Provence wurde gemeinsam regiert von der in eine „arelatische" und eine „tolosanische" Linie zerspaltenen alten Markgrafenfamilie. Der arelatische Markgraf war es, der 1081 sich der Oberlehnsherrschaft der päpstlichen Curie unterstellte, die nun auch über den provençalischen Antheil des bekannten Raimund von St. Gilles aus der tolosanischen Linie dasselbe Recht zu erlangen unternahm. 1112 starben die Arelaten aus und ihr Besitzrecht kam an die mit ihnen verschwägerten Grafen von Barcelona, welche nach längerem Streit mit den Tolosanern mit diesen i. J. 1125 ein Abkommen trafen, wonach die Grafen von Barcelona für sich die engere Grafschaft Provence, das Land zwischen dem Meere, der Rhône und der Durance, die Tolosaner das Gebiet zwischen der Durance und der Isère regieren sollten. Die Theilenden meinten dabei, andere Hoheitsrechte neben den ihrigen (auch solche von Bisthümern) in diesen Gebieten nicht in Betracht zu ziehen zu brauchen. Allem Anschein nach aber wahrte die Grafschaft Forcalquier, welche zuerst unter besonderen, von der arelatischen Markgrafenlinie abgezweigten Grafen gestanden hatte und durch weibliche Erbschaft an die Grafen von Urgel aus der spanischen Mark gekommen war, auch nach 1125 ihre Selbständigkeit weiter. In ihren Urkunden wurde doch zuweilen Konrad III als König erwähnt. — An Konrad III wandte sich i. J. 1145 der Herr von Baux, Raimund, der eine schwierigere Lage des barcelonischen Hauses ausnützen wollte, um auf Grund von gleichfalls erheiratheten Erbansprüchen das arelatische Erbe zu gewinnen. Er kam selber nach Würzburg, wo Konrad III den Mittelweg einschlug, Raimund die Provence in einer verhüllten Form zuzusprechen und ihm das Münzregal für das gleiche Gebiet zu verleihen. Auf diesem Wege ward es begreiflicherweise nicht möglich, die Hoheit des Reiches zur Anerkennung zu bringen und nach Raimund's Tode verzichteten i. J. 1150 seine Erben gegenüber den Markgrafen des Hauses Barcelona auf alle ihre Ansprüche[1015a].

Die geistlichen Stifte Niederburgunds endlich waren zum guten Theile

---

[1015] Vgl. unten, über Raimund von Baux. — Die drei Urkk. Konrad's St. 3526—28 für die geistlichen Herren von Viviers, Embrun und Arles werden sehr verdächtigt durch die Mittheilung W. Arndts in Stumpf's Nachtrag und Bernhardi's Anm. 65 zu S. 533. Kallmann S. 6 f. nimmt sie einfach hin.

[1015a] Bernhardi 422 ff., Kallmann S. 17 ff.

unter die Landesherrschaften gerathen[1016]; sie waren also dem Geschicke schon unterlegen, mit welchem einige der Hochburgundischen kämpften.

Das war nach der zugänglichen Kenntniss in grossen Zügen die Lage, der sich der zum Reichsstatthalter von ganz Burgund ausersehene und zur Uebernahme landesherrlicher Investiturrechte befugte Herzog von Zähringen und der zu seiner Förderung verpflichtete Träger der deutschen Krongewalt i. J. 1152 gegenüber befanden.

Wir wissen, der König weilte im Norden des Reiches. Herzog Bertold dagegen treffen wir am 2. Juni 1152 auf der Höhe von St. Peter. Zum ersten Male seit Herzog Konrad's Begräbniss besuchte Bertold das Hauskloster; das lassen die Wendungen der damals aufgesetzten Urkunde schliessen[1017]. In dieser bestätigte Bertold alle Rechte St. Peters und versprach insbesondere keinen Untervogt neben sich zu haben, ferner brauche bei Schenkungen an das Kloster von Ministerialen, auch solchen, die noch in der Sterbestunde Conversen zu St. Peter würden, des Herzogs Genehmigung nicht nachgesucht zu werden. Das hatten auch alle Vorgänger Bertold's IV, so fügte der Verfasser der Urkunde eifrig hinzu, und bei Herzog Konrad's Bestattung Clementia mit ihren anderen Söhnen dem Kloster gewährt. — Mit Herzog Bertold waren eine Anzahl seiner Dienstmannen gekommen, nämlich Ulrich von Elznach, Werner von Roggenbach, Werner von Rheinfelden der Truchsess und sein Bruder Gerhard, Walter von Dachswangen, Kuno von Blankenegg; auch einige freie Herren, wie Konrad von Löwenstein, Bertold von Bergen, Konrad von Schwarzenberg, Liutold von Dägerfelden, Egelolf von Haslach, Werner von Uffhausen, Adalbero von Balm waren mit anwesend.

Bald hiernach machte Bertold sich auf und zog den Bodenseegegenden zu. Am 4. Juli befand er sich zugleich mit seiner Mutter in Ueberlingen, wo er jene Verbriefungen für St. Peter noch einmal bestätigte. In des Herzogs Begleitung befanden sich Markgraf Hermann, Graf Alwich (von Sulz), Konrad der Sohn des (Waldkircher) Vogts von Schwarzenberg und sein Bruder Werner, Rudolf von Windschläg, Walter von Horben, Bertold von Steinegg, Heinrich von Thiengen und andere, sowie eine sehr grosse Anzahl jedoch nicht genannter Gefolgsleute[1018].

Der stattliche Zug wollte offenbar schon den von Norden her durch Baiern nach Schwaben ziehenden König begrüssen. Von Ende Juli und Anfang August haben wir Urkunden Friedrich's aus Ulm[1019], die zugleich die Anwesenheit Bertold's beweisen. Ausser ihm waren in Ulm die Bischöfe

---

[1016] Ficker, Reichsfürstenstand, S. 302 ff., Reese S. 40 ff.

[1017] Schannat Vindem. I 162 f. (b. Schöpflin V 97 f. ein Auszug). *Oudalricus de Alcmar* wird richtiger *Alcinah* sein. Vgl. den Abschn. „Ministerialen".

[1018] ibid. S. 163.

[1019] St. 3635—3640.

Hermann von Constanz, Ortlieb von Basel, Konrad von Worms und Arducius von Como, der Herzog Welf, Markgraf Ottokar von Steyer, Graf Ulrich von Lenzburg [1020] und Graf Werner von Baden. Bertold wird in den Urkunden, die ihn als Zeugen nennen (für St. Alban in Basel, für Kloster Beinwyl am Hallwyler See und für Rüggisberg), nachdrücklich als Herzog von Burgund bezeichnet, welcher Titel also auch jetzt noch die soeben erst ganz zweifellos ausgesprochene statthalterliche Befugniss des Zähringers zu decken vermochte. Hermann, nebenbei bemerkt, wurde in der Verleihung für Rüggisberg [1021] als Markgraf vom Breisgau bezeichnet, was ja auch seiner Stellung reichlich so gut entsprach, wie das „von Baden“. Von den Vorgängen zu Ulm ist noch überliefert, dass daselbst ein Landfriede für Schwaben aufgerichtet wurde und von den Laien der Beschluss durchgebracht wurde, dass Räuber und Brandstifter von Kirchengut nicht eher als für rechtmässig excommunicirt betrachtet werden sollten, bevor sie nicht von einem weltlichen Gerichte verurtheilt seien, ein Beschluss, gegen den der Papst alsbald die dringendste Einsprache erhob [1022].

Mit einigen der zu Ulm gewesenen Fürsten ging sodann der König über Speyer [1023] nach Franken, wo er Mitte October einen grossen Hoftag hielt. Den Herzog Bertold finden wir seit Ulm nicht mehr in der Nähe des Königs und er konnte auch dem Würzburger Tage fernbleiben, auf dem die Angelegenheit des für Heinrich den Löwen bestimmten Herzogthums Baiern versöhnend auch mit dem bisherigen Inhaber, Heinrich von Oesterreich, abgeschlossen werden sollte. Es kam nicht dazu, da von den beiden Heinrichen nur der Welfe erschienen war und der Babenberger auf's Neue geladen werden musste. Vor allem aber wurde in Würzburg wieder die Romfahrt des Königs in's Auge gefasst, die spätestens innerhalb zweier Jahre angetreten werden sollte.

Vorher aber wollte Friedrich gemäss seinem Vertrage mit Bertold den Zug nach Burgund vollbringen. Mit Arnold von Cöln, Burchard von Strassburg, Wibald von Corvey, Heinrich dem Löwen von Sachsen, Markgraf Hermann von Sachsen, Pfalzgraf Otto von Wittelsbach, den Grafen Werner von Baden, Emicho von Leiningen und Anderen kam er in der zweiten Hälfte des Januar 1153 am linken Rheinufer heraufgezogen [1024] und traf am 30. Jan. zu Colmar mit Herzog Bertold zusammen [1025]. Dort waren ausser den haupt-

[1020] Dieser, dazu Graf Rudolf von Ramsperg und Eberhard von Bodman erscheinen in Wezel's Brief an den König (Jaffé I 543) als dessen ganz besondere Vertraute.

[1021] St. 3638 (*Bertoldo duce Burgundie*). *Hermanno marchione de Priscowe.*

[1022] Vgl. den Brief Jaffé I 538.

[1023] St. 3642 u. 3643.

[1024] Vgl. die aus Hohenburg vom 27. Jan. datirte St. 3658.

[1025] Vgl. St. 3659, Herrgott II 177 f.: *Bertoldus dux Burgundiae.* — Nicht erst in Mülhausen, wie Giesebrecht V 23 angiebt.

sächlichsten soeben Genannten mit anwesend der Bischof Ortlieb von Basel, der Abt Egelolf von Murbach, und die Grafen Sibert von Frankenburg und Hugo von Egisheim, welch' letzterem der König die Rechte des von seinem Vorfahren Eberhard gegründeten Hausklosters Altdorf und seines Marktes bestätigte. Am 4. Febr. finden wir den König und die sonst genannten Fürsten, auch Welf, in Mülhausen[1026], Bertold jedoch muss schon vorher umgekehrt sein. So überschritt der König mit seiner sehr kleinen Heerschaar[1027] die burgundische Grenze ohne ihn und auch auf Friedrich's Hoftag zu Besançon am 15. Febr. finden wir den zähringischen Herzog nicht wieder[1028].

Ob Bertold die in dem Vertrage von 1152 festgesetzten 1000 Panzerreiter etwa nicht aufgebracht hatte, ob er deswegen umkehrte, ob andere Veranlassungen vorlagen, das alles bleibt in den Quellen dunkel. Da aber diejenigen Königsurkunden, in welchen Bertold nach des Königs Rückkehr wieder als Zeuge auftritt, ihn nicht mehr, wie 1152 so bereitwillig geschehen war, „Herzog von Burgund“ nennen, sondern nach anderen Titeln suchen, und da ferner überhaupt sich feststellen lässt, dass der Zug nach Burgund den staufischen König von dem Vertrage, den er ein Jahr zuvor mit dem Zähringer geschlossen hatte, abwendig gemacht hat, so darf man wohl auch annehmen, dass Bertold schon in Colmar oder Mülhausen die ersten Anzeichen dessen zu spüren bekommen hat. Es wäre unnütz, die sittliche Seite dieser Wendung mit grösserer Bestimmtheit erörtern zu wollen, so lange nicht bekannt ist, wie weit der Zähringer sich im Stande zeigte die Verpflichtung zu erfüllen, zu der er seinerseits sich erboten hatte.

In Besançon begrüssten den König noch der dortige Erzbischof Humbert, der Bischof von Lausanne, der Graf Amedeus I von Genf, den Bertold's Vater einst auf's Haupt geschlagen hatte, und sogar Graf Wilhelm von Macon, der — auch ein Anzeichen für die eingetretene Wandlung — eben so wie jene in die dort ausgestellten Urkunden des Königs[1029] als Zeuge Aufnahme fand. Wie es der Vertrag ja ausbedungen hatte, waltete der im burgundischen Lande anwesende König als dessen unmittelbarer Regent ohne jegliche Rücksichtnahme auf seinen Statthalter, so, indem er dem Kloster Päterlingen Rechte verlieh. Auch dem Domcapitel des Erzbisthums Besançon, das ja freilich auf jeden Fall unmittelbar bleiben sollte, wandte er Gnadenbeweise zu. Noch an demselben Tage (15. Febr.)[1030] ging er zurück und rastete mit

[1026] St. 3660.
[1027] Ann. Laubienses MGSS. IV 23.
[1028] Vgl. St. 3661 u. 3662, auch 3663.
[1029] St. 3661 u. 3662; vgl. auch 3663.
[1030] St. 3663. Die Datirung hat XV. *kal. Febr.*, das wird die bekannte Verwechslung, hier anstatt *kal. Mart.* sein. Die XV etwa in XII zu ändern, wie Stumpf will, sehe

Wilhelm von Macon an dessen Grenze zu Beaume-les-Dames, von wo er noch für ein geistliches Stift zu Besançon urkundete. Abmachungen zwischen Friedrich und Graf Wilhelm werden nicht überliefert, wir können höchstens auf Grund des sogleich zu Erwähnenden vermuthen, dass die Begegnung schon den ersten Grund zu den späteren Ereignissen legte; das ist auch ohnehin sicher, dass des Zähringers Aussichten nicht mehr betrieben und vertreten wurden. Friedrich kehrte alsbald nach Deutschland zurück, „ganz unverrichteter Sache", wie es Uneingeweihte ansahen[1031], immerhin wohl nicht allzu unzufrieden. Graf Wilhelm war in seiner Machtstellung verblieben[1032].

Der König ging nach Constanz, wo er mindestens vom 4. bis zum 23. März verweilte[1033]. Ob er auf dem Wege dorthin oder in Constanz selbst den Herzog Bertold sah, bleibt bei der grossen Dürftigkeit der Nachrichten in Zweifel. In Constanz schloss Friedrich das Bündniss mit der schutzbedürftigen römischen Curie ab, das die günstigste Einleitung zu seinem Romzuge bilden musste. Zugleich ermöglichte ihm dasselbe die Scheidung von seiner kinderlosen Gemahlin Adelheid, der Markgrafentochter von Vohburg, unter Benutzung dessen, dass beide Gatten im fünften Gliede dieselben Ahnen besassen, welches ja die mit Namen nicht bekannten Eltern des ältestbekannten Büreners Friedrich und seiner Schwester Bertha, der Mutter Bezelin's von Villingen waren[1034]. Wenn auch Friedrich später noch über anderweitige Heirathspläne wenigstens verhandelt hat[1035], so ist es doch schwerlich ganz zufällig, dass er die Scheidung gerade damals betrieb, als er aus dem westlichen Hochburgund zurückkehrte, dessen reiche Landerbin des verstorbenen Grafen Rainald junge Tochter war. Solche Gedanken blieben damals den Zeitgenossen noch verdeckt, um so mehr, als Friedrich selber noch nicht endgiltig mit sich einig sein mochte; aber auch schon die Scheidung an sich musste einen Stachel für das Zähringerhaus bergen, da Adelheid die Enkelin der Zähringerin Liutgard war und zumal als sich an die Trennung,

---

ich bei der grossen Nähe von Besançon und Beaume-les-Dames noch keinen Grund. — Ficker, Beitr. z. Urkl. I 216 geht auf diesen Fall nicht ein. — Dass St. 3663 an letzterem Orte schon auf dem Rückwege gegeben wurde, ist doch wohl darin erkennbar, dass sie die Verbriefung einer nach Besançon bestimmten Verleihung enthält.

1031 Ann. Laubienses l. c.

1032 Sigeberti auctar. Affighem. MGSS. VI 403 erzählt seine weiteren Unternehmungen.

1033 Vgl. Prutz I 47 f.

1034 Vgl. die zu dem Zweck aufgestellte *Tabula consanguinitatis* in Wibald's Sammlung, Jaffé I 547. Oben S. 10.

1035 Undatirte Briefe an Kaiser Manuel b. Jaffé I 548 ff.; die Griechen hatten aber bald zu klagen, wie wenig ernst es Friedrich mit diesen Absichten sei, vgl. Raumer, Hohenstaufen II 58.

die doch nur unter Hinweis auf die zu nahe Verwandtschaft vorgenommen worden war, sehr bald nach der Art der Leute Gerüchte hefteten, die die Vohburgerin befleckten. Eine unbekümmerte Frau scheint Adelheid freilich gewesen zu sein; denn sie reichte danach einem einfachen welfischen Ritter die Hand, der keine Scheu trug, sich später unter die staufischen Ministerialen einreihen zu lassen.

Bertold von Zähringen gab die Hoffnung auf den König nicht auf; in den Pfingsttagen weilte er bei ihm in Worms, wo er auch die geistlichen Fürsten von Cöln, Strassburg, Speyer, Worms, Augsburg und Havelberg, seinen Schwager Herzog Heinrich den Löwen, den Herzog Heinrich von Babenberg, den Pfalzgrafen Hermann bei Rheine, die Grafen von Limburg, Holland und Namur — der letztere war ja sein Oheim — und den Grafen Hugo aus dem mit dem seinen befreundeten Hause Dagsburg, sowie eine Anzahl höher stehender Kleriker traf. Auch diesmal liess es Heinrich von Oesterreich, obwohl er wenigstens erschienen war, zu einem Ausgleiche über Baiern nicht kommen.

Höchst bezeichnend ist es, auf welche Weise die königliche Canzlei den Herzog Bertold in den Zeugenreihen, in welche er sich eintragen liess, betitelte. In der Verleihung einer unmittelbaren burgundischen Abtei an das Kloster Cluny, vom 11. Juni [1036], nannte sie ihn mit dem alten Titel eines Herzogs von Kärnthen; in einer Verbriefung für den Cölner Dompropst, vom 14. Juni [1037], sprach sie von dem Herzog von Zähringen und in einer Urkunde für das hochburgundische Erzbisthum Vienne, die diesem von Neuem die Stadt Vienne zuwies, war von dem Rector Burgunds gar nur als von dem „Breisgauherzog“ die Rede [1038]. Darin musste die Absicht liegen, Bertold's Stellung öffentlich als eine für Burgund gar nicht in Betracht kommende hinzustellen; anders wäre dieser staatsrechtliche Nonsens schwerlich zu erklären. Dass aber in der That an solchen Titulaturen auch die Politik ihren Antheil hatte und sie nicht gleichgiltig und zufällig waren, zeigt aus derselben Zeit ein anderes Beispiel: der Bischof Wichmann von Naumburg war zum Erzbischof von Magdeburg erwählt worden; da jedoch von päpstlicher Seite gegen seine Wahl vorgegangen werden sollte, vermied es Friedrich, ihm die Bezeichnung Electus von Magdeburg geben zu lassen und die Canzlei betitelte ihn immer nur als Bischof von Naumburg.

Nach Weihnachten erschien zu Speyer bei dem König der Bischof Arducius von Genf und erhielt die Regalien seines Bisthums in Gegenwart des Erzbischofs von Besançon, des Bischofs von Lausanne und des Grafen

---

[1036] St. 3671. *Bertoldus dux Karinthiae.*

[1037] St. 3673. *Bertholdus dux de Zeringen.* St. 3672 für das Erzbisthum Cöln hebt nur die beiden Heinriche heraus und fügt hinzu *et multi principes.*

[1038] St. 3674. *dux Bertoldus Brisgoaudiae.*

von Mömpelgard[1039]; auch dem Erzbischof von Arles konnte Friedrich die Rechte seines Hochstifts in dieser Zeit bestätigen[1040]. Ferner wurde dem Herrn von Clerieux seine Erhebung erneuert[1041]. Auch der Wormser Tag am 3. Mai 1154 sah vier Bischöfe der Provence bei dem Kaiser anwesend, dazu den Herzog Bertold selbst und den Burgunder Guigo von Albon, die geistlichen Fürsten von Mainz, Halberstadt, Strassburg, Speyer, Worms und Augsburg, Heinrich den Löwen, Welf, den Pfalzgrafen Hermann, den Markgrafen Hermann von Baden, den Landgrafen Ludwig von Thüringen, den Grafen Ulrich von Lenzburg und Andere[1041a].

Einige Wochen später gelang die endliche Erledigung der bairischen Sache; das Herzogthum wurde nach Spruch der Fürsten Heinrich dem Löwen übergeben. Diese Sache hatte den König um so mehr gedrängt, als er jetzt vor dem Beginn der Romfahrt stand. Am Anfang October sammelte er die Truppen auf dem Lechfelde[1042]. Bertold von Zähringen, auf den die Rückgabe Baierns an seinen Schwager einen widerum günstigen Eindruck gemacht haben mochte, war unter den wenigen Fürsten, die in Friedrich's kleinem Heere die Fahrt mitmachten, und war somit wenigstens bestrebt, in dieser Richtung seinen Antheil an dem Vertrage von 1152 zu erfüllen; es waren ausser ihm von weltlichen Fürsten und Herren nur noch des Königs Bruder Konrad, Heinrich der Löwe, Heinrich von Kärnthen, der vertriebene Boleslaw von Polen, Ottokar von Steyer, des Königs treuer Begleiter Hermann von Baden, der Pfalzgraf Otto von Wittelsbach und die Grafen Werner von Habsburg, Ulrich von Lenzburg, Werner von Baden, Bertold von Andechs und Ernst von Hohenburg, die neben den geistlichen Herren von Cöln, Trier, Bamberg, Worms, Basel, Constanz, Fulda und Wibald von Corvey an dem Zuge Theil nahmen. Der Bischof von Lüttich und einige Grafen kamen später zur Verstärkung nach. 1800 Ritter zählte das Heer[1043]; da ist es allerdings schon an sich schwer glaublich — und auch 1158 wird sich ein solcher Zweifel begründen —, dass 500 davon allein von Herzog Bertold zugeführt sein sollten, ohne dass es die Ueberlieferung ausdrücklich vermerkt hat. Bertold hatte nicht nur des Königs Wollen, sondern auch das eigene Können in jeder Weise überschätzt, als er 1152 den Vertrag über Burgund abschloss. Immerhin hat er dem Könige in Italien die wichtigsten Dienste zu leisten vermocht. Dass Bertold keinen besonderen Weg durch Burgund zu nehmen versuchte,

---

[1039] St. 3678 vom 17. Jan. 1154. Hüffer 31.

[1040] St. 3679.

[1041] St. 3680, in den „Zusätzen und Berichtigungen" ist der Unechtheitsstern fortgelassen. Vgl. auch Hüffer 70.

[1041a] St. 3685. *Bertholdus dux Burgundie.*

[1042] Otto Fris. g. Fr. SA. 90.

[1043] Otto Fris. g. Fr. SA. 4 (nach eigener Mittheilung des Königs).

sondern mit dem Heere des Königs über den Brenner ging — auch das spricht gegen eine grössere eigene Begleitmannschaft —, erfahren wir daraus, dass er am 19. Nov. 1154 in einer bei Brixen ausgestellten Urkunde des Bamberger Bischofs als Zeuge erscheint[1044].

Am 29. Nov. war das Heer im Gebiete von Lodi, von wo es die roncalische Ebene betrat. Hier hielt der Rothbart nach der Sitte der romfahrenden Könige die Heerschau ab[1045]. An hoher Stange ward der Heerschild aufgehangen und der Herold des königlichen Hofes rief zur Nachtwache auf. Diesen Ehrendienst übten vor dem Königszelte die ersten Vasallen der Krone, sie selber riefen widerum zur Nachtwache vor ihren Zelten die Namen der eigenen Lehnsträger durch Herolde auf, und so verfuhr man weiter herab. Am nächsten Morgen wurden diejenigen, die bei der Nachtwache gefehlt hatten, noch einmal vor ihre Lehnsherren gefordert. Auf diese Weise stellte man fest, wer sich der Gefolgspflicht entzogen hatte, und wer dazu der besonderen lehnsherrlichen Erlaubniss entbehrte, der wurde seiner Lehen verlustig erklärt. Bei der Heerschau von 1154 mussten nicht nur einigen Laien ihre Reichslehen, sondern auch den Prälaten von Bremen und Halberstadt ihre Regalien abgesprochen werden.

Fünf Tage weilte der König auf der Ebene und sass nach der Sitte der früheren Herrscher zu Gericht. Viele Italiener sah Herzog Bertold hier, die zur Huldigung entboten waren oder zum Gerichte erschienen: den Markgrafen Wilhelm von Montferrat, den Grafen Guido von Biandrate, die Gesandten von Genua, unter denen der berühmte Annalist Cafarus war, welche Löwen, Strausse, Papageien und ähnliche Wunder überbrachten, die die muthige Seefahrerstadt erbeutet hatte, ferner von Pisa, Mailand, Lodi, Como und anderen Städten. Der Herzog von Zähringen wurde (mit diesem Titel) in die Urkunden eingetragen, welche der König zu Roncaglia ausgab und von denen eine vom 3. Dec. für die Camaldulenserklöster[1046] und eine für Kloster Disentis[1047] in Churrätien erhalten sind. Bertold wird auch nicht etwa zufällig gefehlt haben, als der König am 5. Dec. alle Bischöfe, Herzöge, Markgrafen, Pfalzgrafen, Grafen und sonstige Edlen zur Berathung versammelte, das Verbot Lotar's Lehen ohne Einwilligung der Lehnsherren irgendwie zu veräussern nachdrücklich erneute und dabei noch einmal für Italien und Deutschland den Verlust der Lehen seitens derjenigen verkün-

[1044] Für Kloster Reichersberg. Mon. Boica III 426 ff. *Perthtoldus dux Zaringe.* Die Verbesserung des Datums (statt 16. Nov.) wird St. 3696 (wohl nach dem mir unzugänglichen Abdr. im UB. d. L. ob der Enns) gegeben. — Auch St. 3698 vom 28. Nov. aus Bergamo nennt *Bertoldus dux de Ceringa* als Zeugen.

[1045] Otto Fris. g. Fr. SA. 91. Vgl. Weiland, Forsch. z. d. Gesch. VII 167 ff.

[1046] St. 3699.

[1047] St. 3701. *dux de Daringa.*

dete, die sich dem Rufe ihres jeweiligen Lehnsherrn zur Krönungsfahrt des Königs entzogen hätten und entziehen würden [1048].

Unter Führung der mailändischen Gesandtschaft brach man am Tage danach auf. Aber bald wurde die Böswilligkeit dieser Führer offenkundig: das Heer litt immer grösseren Mangel in den durch die vorhergegangenen Städtefehden Mailands gänzlich verödeten Gegenden, in die es sich gerathen sah, und ward dazu noch von nachhaltigen kalten Regengüssen, die auch die Wege verdarben, bedrängt. So kam es denn, dass man aus Rosate die mailändische Besatzung wies, mit den dortigen Vorräthen der dringenden Noth abhalf und die Festung selbst noch in der Wuth niederbrannte.

Danach zog das Heer ganz in westlicher Richtung weiter. Als der König nach Ueberschreitung des Ticino bei dem gastlicheren Grafen von Biandrate weilte, erschienen mailändische Gesandte, die der Stadt die Herrschaft über Lodi und Como sichern sollten, worüber zu Roncaglia noch nicht endgiltig entschieden war. Ohne Bedingungen forderte jetzt der erzürnte König die Freigabe der Städte, und als diese unterblieb und die daraufhin mehrfach vor das Königsgericht beschiedenen Mailänder vor diesem nicht erschienen, sprach er über sie wegen der Vergewaltigung der Städte nach dem Urtheil der Fürsten den Bann aus. Die Zerstörung der mailändischen Burgen Galliate, Torre di Morno und Trecate gab zunächst dem Spruch Nachdruck.

Bald danach im Januar — das Weihnachtsfest war inzwischen im Lager vor Galliate begangen worden — tauchte mitten in diesen italienischen Wirren zwischen dem König und dem Herzog Bertold die burgundische Frage unmittelbar auf, da der Delphin Guigo, Graf von Albon nach Rivarolo Botschaft sandte und Vergünstigungen nachsuchte. Weder Friedrich noch Bertold konnte in diesem Augenblicke die Zuspitzung der offenen Fragen über die Competenz in Burgund lieb sein: so trafen sie (nachdem Bertold schon in der Zeugenreihe einer für das Bisthum Novara am 3. Jan. 1155 zu Casale ausgestellten Königsurkunde wieder als Herzog Burgunds bezeichnet worden war [1049]) den eigenthümlichen und dem Vertrage von 1152 nicht mehr entsprechenden Ausweg, Burgund völlig wie ein Reichsherzogthum zu behandeln: der König vollzog am 13. Jan. die Belehnung Guigo's mit Regalien, nämlich den Silberbergwerken zu Rama im Erzbisthum Embrun und dem Rechte in Sesana Münzen zu schlagen [1050]; dem Herzog von Zähringen dagegen liess er, obwohl er dessen Statthalterrecht durch sein eigenes Hinübergreifen — ohne in Burgund zu sein! — bei Seite gesetzt hatte, die landesherrliche Stellung im vollen Umfange. So konnte denn Bertold an den

---

[1048] MGLL. II 96. Zu dem zweiten Theil vgl. Otto Fris. l. c.

[1049] St. 3703. *dux Burgundie.*

[1050] St. 3704. *Bertholdus dux de Thuringia* [= *Tharingia*].

Delphin folgendermassen schreiben[1051]: „Bertold, durch Gunst göttlicher Gnade Herzog von Burgund, seinem lieben Guigo, dem Delphin, Grafen von Albon, Gruss. Da Nichts der natürlichen Billigkeit so entspricht, als den Willen seines Herrn, der sein Eigenthum anderweitig überträgt, zu befolgen, darf ich von deiner Zuneigung in Treue hinsichtlich deiner Gesinnung und deiner thatsächlichen Kräfte in Allem das Höchste erwarten. Was ich an Recht durch die Erbschaft meiner Vorgänger oder königliche Verleihung in der Stadt Vienne habe, habe ich dir und deinen Erben geschenkt und für immer zu haben zugestanden. Ich habe auch fest abgemacht, dass ich mit Graf Wilhelm, falls er dich hierin irgendwie zu verletzen versuchen sollte, so lange Krieg führen werde, bis ich vollbracht habe, dass du die Stadt in Frieden frei und völlig besitzest. Du aber hast, mir die Mannschaft leistend, umgekehrt versprochen, dass du mich in die Stadt Vienne geziemend aufnimmst, so oft ich dazu veranlasst bin. — Diese Schenkung ist geschehen zu Rivarolo vor Herrn Friedrich römischem König und vor seinen Fürsten unter seiner Zustimmung und Bestätigung. Zeugen der Schenkung waren: Ortlieb Bischof von Basel, Hermann Bischof von Constanz, Eberhard Bischof von Bamberg, Wibald Abt von Stablo und Corvey, Albert Primicerius von Verdun, Petrus Propst zu Metz, Guigo de Domina, Guillelmus Rusticelli, Boso de Arenis, Radulfus de Sala, Alamannus Paganus und Guigo sein Bruder, Guigo Garini und sein Bruder Chabert, Petrus Gaufredi, Eustachius Almandi de Riva, Chabertus de Curara. Ausserdem war Herzog Heinrich von Sachsen anwesend und Markgraf Ottokar von Steyer hiess diese Schenkung gut. Geschehen ist dies im Jahre der Fleischwerdung des Herrn 1155, in der dritten Indiction, unter der Regierung des Herrn Friedrich des ruhmwürdigen Königs der Römer, im dritten Jahre seiner Herrschaft."

So war denn unter des Königs Augen mit dem von Konrad III und Friedrich selbst (i. J. 1153) festgehaltenen Grundsatze völlig gebrochen worden, Vienne als eine Stadt zu betrachten, die ihr Erzbischof unmittelbar vom Reiche habe. Wir werden hieraus eben nur zu erkennen[1052] haben, wie schwankend und selbst planlos — je nachdem, wen man sich gegenüber hatte — man im Ganzen in den dem unmittelbaren Eingreifen weiter entrückten burgundischen Angelegenheiten verfuhr. Diesmal hatte es eben gegolten, Bertold nicht zu erzürnen und zugleich den Delphin zu gewinnen und lediglich danach war verfahren worden. Die Aufgabe übrigens, die Ber-

---

[1051] (Valbonais) Histoire de Dauphiné et des princes qui ont porté le nom de Dauphins. Genf 1722. 2 Bde. Fol. II 255, Anm. b. Daraus auch F. r. Bern. I 433 f. Die Namen sind von der Ueberlieferung übel zugerichtet und im Text oben möglichst berichtigt worden.

[1052] Valbonais l. c. 256 macht etwas unbestimmte Erklärungsversuche. Auch Hüffer 91 f. vermag keine Lösung zu finden.

told diesem gegenüber auf sich genommen hatte, verblieb ihm in der That, denn die Grafen von Macon fuhren fort, sich als Grafen auch von Vienne zu betrachten und zu bezeichnen[1053].

Nach jenen Ereignissen setzten der König und die Fürsten mit dem Heere von Rivarolo aus den Marsch fort. Auch Chieri und Asti wurden wegen ihres Verhaltens gegen den Markgrafen von Montferrat geächtet und eingenommen, nachdem die Bewohner geflüchtet waren. Ehe das Heer von Asti weiter zog, berieth sich der König mit den Verständigsten seiner Umgebung, wie den vielen Lagerhändeln vorzubeugen sei und erliess eine Verordnung, auf die Vornehme und Geringe verpflichtet wurden, wonach bei Verlust der Hand und unter Umständen selbst des Kopfes es verboten war, im Umkreis des Lagers einem Genossen zu Leide das Schwert zu tragen.

In Treue gegen Mailand trotzte Tortona dem heranrückenden König und verfiel gleichfalls der Acht. Von Bosco, wo das Heer lagerte, sandte Friedrich zur Erkundschaftung der Stadt und ihrer Umgebung seinen Bruder Konrad, dazu Bertold, den selbst Otto von Freising gerade in diesem Zeitpunkt den Herzog der Burgunder nennt, und den Pfalzgrafen von Wittelsbach mit einer Anzahl Ritter voraus[1054]. Sie setzten über den Fluss — es kann nur die Scrivia gemeint sein[1055] —, gingen bis ganz nahe an die Stadt vor, erspähten alles und schlugen dann am Flusse selbst unweit der Stadt ihr Lager auf. Am dritten Tage danach erschien auch der ihnen folgende König, musste aber auf dem anderen Ufer bleiben und konnte sich nicht mit ihnen vereinigen, da der Fluss in Folge plötzlicher Regenmengen hochgeschwellt dahinschoss. Nachdem dann etwas später einiges Fallen der strömenden Wasser den Uebergang ermöglicht hatte, rückte das Heer gegen Tortona vor und nahm dessen Unterstadt im ersten stürmenden Anlauf ein. Desto länger aber, noch wochenlang mussten die Deutschen vor der festen Burg der Stadt liegen. Während der Belagerung zeichnete der König auf's Neue Bertold von Zähringen und Otto von Wittelsbach durch einen besonders schwierigen Auftrag aus: sie leiteten eine Unternehmung besonders ausgesuchter tüchtigster Ritter gegen ein nahe gelegenes mailändisches Castell, dessen Namen Otto von Freising nicht erfuhr. Man hatte noch im Lager Leitern zur Ersteigung des durch Natur und Kunst gleich sehr befestigten Platzes angefertigt und führte diese zu nächtlicher Unternehmung an die Mauern heran. In der That glückte die Ersteigung und man drang schon in das Castell ein, als durch vorzeitigen Lärm die Insassen aus dem Schlummer geweckt wurden, zuerst fliehen wollten, dann aber erkannten, dass sie noch im Vortheil seien, zu den Waffen

[1053] Vgl. Hüffer 93.

[1054] Otto Fris. g. Fr. SA. 98. Ligurinus II v. 412 ff.

[1055] Den Tanaro bringt nur die Weisheit eines Schreibers in den Text einer einzelnen Hs. des Otto von Freising hinein.

eilten und den Versuch der Königlichen vereitelten [1056]. Erst in der dritten Woche nach Ostern (10.—16. April) [1057] oder wohl richtiger am 18. April [1058] ergab sich dann Tortona dem Barbarossa.

Noch vor dieser Stadt, die nach Abzug der Bewohner geplündert und zerstört wurde, bestätigte Friedrich am 20. April die Besitzungen eines Paveser Klosters, wobei unter den Zeugen auch Bertold (als Herzog Burgunds) aufgeführt wurde [1059]. Dann ging er mit dem Heere nach Pavia, wo er am 24. April [1060] seine Krönung vollziehen liess und durch sich anschliessende dreitägige Festlichkeiten beging. Hierauf setzte er den Marsch über Castelnuovo, dessen Gebiet verwüstet wurde, und über Parma, Reggio, Modena auf der grossen Heerstrasse fort, nunmehr unaufgehalten, nachdem die ergangenen Strafgerichte heilsamen Schrecken verursacht hatten, und lagerte sich in den Tagen vor Pfingsten am Reno im Gebiet von Bologna. In diesem Lager wurde das Fest (15. Mai) begangen, während die Bologneser zur Begrüssung des Königs herauszogen [1061], mit ihnen die Doctoren und Schüler der hohen Schule, welche von Friedrich auf das Freundlichste aufgenommen und auf eine mit unterlaufende Beschwerde hin nach Berathung mit den im Heere anwesenden Fürsten mit einem Privileg bedacht wurden, dass sie gegen Bedrängung durch die Geschäftsleute der Stadt und insbesondere gegen Verfolgungen wegen Schulden sichern sollte, die nicht sie selbst, sondern ihre Mitstudirenden gemacht hatten.

Von da zogen der König und das Heer über den Apennin in's Arnothal und über Siena südwärts. Bei S. Quirico urkundete Friedrich am 2. Juni für das Bisthum Pistoja, wobei Bertold, diesmal wieder als Herzog von Zähringen, mit den Zeugen aufgeführt wurde [1062]. Hier war es auch, wo die von Papst Hadrian IV dem König entgegengesandten drei Cardinäle diesem begegneten. Auch von da ging der Marsch, obwohl die Verhandlungen mit der Curie sich nicht sogleich erledigten, rüstig vorwärts; am 4. Juni war man bei dem Castell Tintignano an der Orcia, wo der Herzog von Zähringen wieder mit in einer Urkunde [1062a] genannt wird, bald bei Viterbo. An diesem Orte kam der Vertrag zwischen den beiden Häuptern der Christenheit zu Stande, in welchem der König gegen das Versprechen der Krönung und einer Zusammenkunft dem

[1056] Otto Fris. g. Fr. 100 f.

[1057] Otto Fris. g. Fr. 105.

[1058] Ann. Mediol. MGSS. XVIII 361.

[1059] St. 3705. *Bertoldus dux Burgundie.* Die Daten der Ereignisse sind in Prutz' Darstellung hier (S. 64) falsch, dazu kommen störende Druckfehler ib. u. S. 432.

[1060] Otto Fris. g. Fr. 105 hat zwar den Sonntag Jubilate (17. April), doch wird schon in der Ausgabe (SA.) die Emendation „Cantate" (24. April) begründet.

[1061] Giesebrecht V 52.

[1062] St. 3710.

[1062a] St. 3711. *Bertoldus dux Zaringie.*

Papste unbedingten Schutz für seine Person und die päpstlichen Rechte und Güter zusagte. Ein Vasall Friedrich's beschwor in feierlichem Eide diese Verpflichtung des Königs[1063], ähnlich wie i. J. 1111 Heinrich's V Vertrag durch die Fürsten seines Heeres beschworen worden war. Wir wissen nicht, wer dieser für Friedrich Schwörende war; nach dem Range müsste es eher Heinrich der Löwe und selbst Heinrich von Kärnthen gewesen sein als Bertold, der in den Zeugenreihen der königlichen Urkunden seine Stelle nach jenen beiden hat.

Daraufhin erfolgte die Begegnung zwischen Hadrian und Friedrich, bei der eine Störung dadurch entstand, dass Friedrich sich nicht dazu verstehen mochte, dem geistlichen Haupte Zügel und Steigbügel zu halten und der grösste Theil des Gefolges mit lauten Worten dagegen eiferte (ob auch Bertold?), bis einige ältere Fürsten durch ihr Eintreten für die Ceremonie diese selbst und damit die Verständigung zwischen Kaiser und Papst ermöglichten. Die Stadt Rom selbst wiegte sich damals in Folge des Wirkens Arnold's von Brescia in antik-republicanischen Träumen und Stimmungen und war dem Papste aufsässig, nur die Leostadt befand sich in Hadrian's Gehorsam. In diese führte am Abend des 17. Juni ein Cardinal gegen tausend erlesene junge deutsche Ritter hinein, welche die auf den nächsten Tag, einen Samstag, angesetzte Krönungsfeier vor einer Ueberrumpelung schützen sollten; das übrige Heer lagerte auf den Neronischen Wiesen.

Dann geschah am Morgen des 18. Juni die Kaiserkrönung, die das stolze Herz des Rothbarts so unablässig seit seiner Königswahl vor drei Jahren ersehnt hatte. Auch Bertold war unter den Begleitern, mit denen Friedrich in die Leostadt eingeritten war[1063a], nahm also gewiss an der Feier Theil und begrüsste mit all' den deutschen Anwesenden den gesalbten Kaiser durch den jubelnden Zuruf, der donnernd in St. Peters Kirche widerhallte. Nach der Feier zog, allein beritten, von den Seinen zu Fusse umgeben, der neue Kaiser aus der „goldenen Pforte" der Leostadt in das Lager zurück.

Unterdessen erfuhr das seltsame Volk der Römer, dass die Krönung, welche man in der Stadt erst für den folgenden Tag, den Sonntag, vermuthet hatte, schon geschehen sei, und stürmte in blinder Wuth ob seiner völligen Vernachlässigung über die Tiberbrücke bis zu St. Peter, wo es seinem Rachedurst in brutaler Weise Luft machte. Auf die Kunde davon eilten der Kaiser und die Seinen zurück, um den Papst und die Geistlichen zu schützen und trieben nach blutigem Kampfe, dem erst die Nacht ein Ziel setzte, die angreifende Menge zurück. Unter den Fürsten wird die Tapferkeit Heinrich's des Löwen

---

[1063] Vita Hadriani b. Watterich II 325 ff.

[1063a] *Bertoldus dux de Ceringa* steht als Zeuge in der zu Rom ausgestellten St. 3713.

besonders gerühmt[1064], doch werden auch wohl Bertold und die Seinen unter den Kämpfern nicht gefehlt haben.

Am anderen Tage verliess der Kaiser zusammen mit dem Papst die Nähe Roms und gönnte dem von Marsch, Kampf und Hitze ermatteten Heere einige Wochen der Erholung in den Gegenden am Anio und später auf den Höhen des Apennin. Eine Urkunde, die nach ihrer Datirung am 1. Juli am Berge Soracte (für die Grafen von Treviso) ausgestellt ist, nennt auch Bertold als Zeugen[1065], ebenso das in diesen Tagen für Lucca erlassene kaiserliche Münzprivileg[1066] und endlich die vom 7. Juli aus Frascati datirte abermalige Verleihung der schon zu Rivarolo ihm zugesprochenen Regalien an den Delphin Guigo[1067], die Friedrich wohl nicht ohne Absicht als nunmehriger Kaiser wiederholte, wie um so mehr zu vermuthen ist, als Bertold auch gerade in dieser Urkunde (womit man seit den leichteren Erfolgen Friedrich's ja überhaupt wieder begonnen hatte) nur Herzog von Zähringen betitelt wurde.

Ende Juli[1068] marschierte das Heer gegen Spoleto, weil dieses das Fodrum verweigert und dann an der Zahlung und Strafe betrogen hatte, und erstürmte die Stadt. Von da führte es der Kaiser an die adriatische Küste in die Nähe von Ancona, wo ihn die Gesandtschaft des griechischen Kaisers traf, an ihrer Spitze vornehmste Männer, Michael Palaiologos und Johannes Dukas. Um den griechischen Kaiser, Manuel, seinerseits zu begrüssen, sandte Friedrich nach Berathung mit den Fürsten seiner Umgebung[1069] den Abt Wibald ab.

Die Botschaft der Griechen zielte darauf hin, den deutschen Kaiser für ein gemeinsames Vorgehen gegen die Normannen Unteritaliens zu gewinnen und Friedrich's eigener hochplanender Geist war gerne genug zu einer so hoffnungsreichen Bethätigung seiner Kaisermacht bereit. Aber er scheiterte an dem Widerspruche der vorsichtigeren Fürsten. Lange mühte er sich in der erneuten Berathung, der er mit den Fürsten und Vornehmeren des deutschen Heeres pflog, sie auf seine Seite zu ziehen[1070]; nur der Erzbischof von Cöln nebst Hermann von Constanz und Einigen[1071], die zu nennen nicht wichtig

[1064] Nicht nur von Helmold (SA. 158), den ja Heinrich am meisten interessirt, sondern auch von dem römischen Dichter, dessen Werk E. Monaci, il Barbarossa e Arnaldo da Brescia in Roma, Rom 1878 (SA. aus dem Archivio della soc. Rom. di storia patria I) zum Theil herausgegeben hat (S. 11 des SA.).

[1065] St. 3714. Wahrscheinlich ist die Urk., wie bereits Stumpf bemerkt, schon unmittelbar nach dem Abmarsch von Rom beim Passiren des Soracte ausgestellt worden und nur die Ziffer vor *kal. iulii* ausgefallen.

[1066] St. 3718. *Bertoldus dux de Ceringen.*

[1067] St. 3715. *Bertholdus dux Ceringie.*

[1068] Vgl. St. 3720 zu Otto Fris. g. Fr. 114.

[1069] Otto Fris. g. Fr. SA. 116.

[1070] ibid.

[1071] Otto Fris. Chron. cont. SBlas. 425 f.

war, riethen mit zu dem Zuge nach Apulien, die Uebrigen verharrten unter Hinweis auf die Erschöpfung des Heeres durch Hitze und Verluste an Mannschaft in ihrem Widerstande. So wurde Friedrich, da nun ein weiteres Verweilen in Italien gegenstandslos war, gezwungen, „nicht ohne Bitterkeit des Herzens“ [1072] nach Deutschland aufzubrechen.

Einige Fürsten beurlaubten sich sogleich von dem Kaiser und eilten mit dessen Erlaubniss voraus in die Heimath, theils zu Schiffe durch das adriatische Meer, theils über den grossen Bernhard, theils durch die burgundische Grafschaft Maurienne über den Mont Cenis. Herzog Bertold [1073] harrte mit Heinrich dem Löwen, Markgraf Hermann, Pfalzgraf Otto und der Mehrzahl der Bischöfe bei dem Kaiser aus. Sie zogen mit ihm durch die Gebiete von Sinigaglia und Fano nach Norden, erreichten bei Rimini die grosse Heerstrasse, die den Apennin begleitet und die sie auf dem Herwege schon theilweise benutzt hatten, und lagerten am 25. August bei Faenza. Dann zogen sie durch die Gegend von Bologna an den Po, überschritten ihn bei S. Benedetto mit Kähnen und rasteten (Anf. September) bei Castell d'Azzano südlich von Verona. Hier war es, wo der Kaiser nach dem Spruche, den die Fürsten, deutsche und italienische, unter ihnen auch Bertold, in feierlicher Curie fällten, die Mailänder wegen ihrer gegen andere Städte verübten Gewaltthätigkeiten und ihrer Weigerung, sich dem Spruche des Kaisers zu stellen, mit dem kaiserlichen Banne belegte und ihnen alle Regalien, insonderheit den Zoll und das Münzrecht entzog, mit welch' letzterem er nunmehr Cremona — auch Pisa erhielt es hier — privilegirte [1074]. Freilich, um solchem Gerichtsbeschlusse auch die strafende That folgen zu lassen, dazu war das Heer Friedrich's und seiner ihm gebliebenen Begleiter jetzt noch weit mehr zu schwach, als auf dem Vorbeimarsche von Norden her im verflossenen Frühjahr.

Desto kecker wurden die Städter. Es bestand eine Uebung, wonach die Veroneser für die auf der Romfahrt vorbeipassirenden deutschen Heere etwas oberhalb ihrer Stadt eine Schiffbrücke zu zimmern hatten. Das hatten sie auch jetzt gethan, dabei jedoch das auf den Kähnen liegende Holzwerk möglichst schwach und unsolide hergerichtet, in der listigen Absicht, wenn

[1072] Otto Fris. g. Fr. SA. 116.

[1073] Man darf nicht etwa bei dem *Berhtolfus comes*, den Otto Fris. g. Fr. 116, dabei diesen Namen vor die des Kärnthnerherzogs und des Steyrer Markgrafen stellend, als voraus heimgekehrt nennt, an unseren Bertold denken. Jener ist der Graf von Andechs und daher der Zähringer mit Unrecht im Register der SA. der Gesta Friderici zu S. 116 in Betracht gezogen worden.

[1074] Vgl. die Urkk. St. 3723 (nebst den Berichtigungen auf S. 545) u. 3724 und die Zeugenreihe von 3723: Hermann von Constanz, Ortlieb von Basel, Konrad von Worms, Markward von Fulda, Heinrich von Sachsen, *Bertolfus dux Ceringiae*, Otto von Wittelsbach und Ulrich von Lenzburg nebst anderen Grafen.

ein Theil des Heeres über die Brücke gezogen sei, diese durch Hinabschwemmen starker Flösse zu zerreissen und die so getrennten Heerestheile zu vernichten. Nur durch ihre schlechte Berechnung missglückte der Plan: die deutschen Ritter und Truppen gelangten, wenn auch schon mit Gefahr, gerade noch alle an das linke Ufer, als die Flösse die stark strömende Etsch herabflutheten und die Kähne losrissen, auf denen die Brücke ruhte. Vielmehr büssten nun einige der Feinde, die in toller Verwegenheit dem deutschen Heere über die Brücke unmittelbar nachgesetzt und so von den Ihrigen abgeschnitten worden waren, mit dem Tode der Verräther die Feigheit des Planes und ihrer Genossen. Sehr ermüdet lagerte sich das Heer für die Nacht noch vor dem eigentlichen Eintritt in das Gebirge; nur ein kleiner Theil zog noch etwas weiter.

Dieser trat in die als Berner oder Veroneser Klause berühmte Enge ein, wo die Felswände mit jähem Abfall an die wild herabbrausende Etsch herantreten. Ein Weg so schmal nur, wie ein Fusspfad, bot sich den Kriegern mit ihren Rossen und ihrem Gepäck dar; dazu lag an einer Stelle noch eine Burg, die den Vorbeimarsch völlig beherrschte und von einigen hundert verwegenen Kerlen, die der Veroneser Ritter Alberich zusammengebracht hatte, besetzt war. Allerdings liessen diese die deutsche Vorhut ihren mühseligen Weg ruhig vorbeiziehen, jedoch bloss in der nämlichen Absicht, der man schon bei der mit der Brücke versuchten List gefolgt war: es galt die Deutschen zu theilen; erst, wenn der Hauptheil mit dem Kaiser herangekommen wäre, wollten sie diesen abfangen.

Als Barbarossa am anderen Tage herannahte, fand er also den Weg versperrt. Er führte in seiner Begleitung noch zwei angesehene Veronesen mit, die sandte er mit seinem Befehlswort und zu privaten Mahnungen an die Wegelagerer ab; aber sie wurden durch einen Hagel von Steinen zurückgejagt und zugleich richteten sich diese Geschosse der Kriegführung im Gebirge schon gegen das Heer selbst. Patrioten übrigens waren die Gegner weniger als Strauchdiebe: wenn jeder Ritter ihnen einen Panzer oder ein Pferd gäbe und der Kaiser überdies noch tüchtig zahle, so wollten sie, liessen sie wenigstens zunächst sagen, den Weg frei geben. Zu dergleichen sollte sich ein Kaiser verstehen. Uebel genug war Friedrich's Lage freilich: über die Etsch auf das andere Ufer zu gehen, war ausgeschlossen, und im Rücken, flussab, hatten die Veroneser inzwischen eine ähnliche Verengung besetzt. Er liess zunächst absatteln und lagern und suchte die Seinen durch Scherze über ihre Lage und durch Zuspruch bei Laune zu halten.

Da machten ihn die beiden ortskundigen Veronesen auf eine immerhin bestehende Möglichkeit aufmerksam. Ueber der gegnerischen Befestigung ragte ein Fels empor, der als unbesteigbar erschien und darum nicht besetzt worden war. Wenn es gelang, diesen zu erklimmen, war der Vortheil der

Feinde dahin. Es war ein verzweifelter, aber der einzige Ausweg und so übernahm denn Otto von Wittelsbach, des Kaisers Bannerträger, mit 200 ausgesuchten jungen Leuten das Wagniss. Abhänge empor, durch Gestrüpp, über Blöcke und Risse hinweg ging's, bis sie sich zu dem Felsen selbst durcharbeiteten, der sich dann zwar in Wirklichkeit so glatt, wie mit dem Eisen abgeschnitten darstellte. Schliesslich aber gelangten sie auch da hinauf. Einer auf des Anderen Schulter, die Lanzen zur Hilfe, auf lebendiger Leiter; plötzlich stand Otto droben und liess des Kaisers Banner flattern, das er, ohne dass man es wusste, versteckt mit sich genommen hatte. Das machte unermesslichen Jubel und Siegessang droben und unten am Flusse erschallen; hier stürmten die Ritter vor, während Otto und die Seinen nun an der einzigen ungedeckten Seite gegen die Burg vordrangen. In völligem Siege; die Insassen kamen bis auf zwei alle um, durch das Schwert, durch den Sprung herab an der erbarmungslosen Felswand, zwölf Gefangene — gerade dies fast alles Leute ritterlichen Standes — nebst Alberich selber, dem Führer, am Galgen. So war der Weg der Deutschen frei geworden[1075].

Noch am Abend des Tages erreichte das Heer Tridentiner Gebiet. In der Bischofsstadt stellte Friedrich am 7. Sept. eine Urkunde[1076] für das Stift Lüttich aus, in der auch der Herzog von Zähringen als Zeuge genannt wird. Von Bozen aus eilten die Uebrigen auf schnelleren Wegen in ihre Heimath[1077] und Herzog Bertold blieb allein von den Fürsten, die mit in Italien gewesen waren, bei dem Kaiser zurück, der über Brixen und den Brenner die bairische Hochebene erreichte; in einer Urkunde, die Friedrich

[1075] Otto Fris. g. Fr. 117 ff. (Otto Sanbl. 306); Helmold SA. 159; Ann. Palid. MGSS. XVI 89; Ann. Isingrim. mai. MGSS. XVII 314; Ann. Herbipol. MGSS. XVI 8 f.; Gotifr. Viterb. SA. 9 f. (v. 235 ff.) (Vincent. Prag. MGSS. XVII 665. Vgl. ib. Anm. 46.) Ich bin, wenn auch nicht ganz so ausführlich wie Otto von Freising, auf das Abenteuer näher eingegangen, weil in den Ann. Herbipol. l. c. der Held desselben nicht Otto von Wittelsbach, sondern Bertold von Zähringen ist. Auch Heinrich der Löwe wird genannt, bezeichnender Weise nicht von Helmold, sondern nur den Ann. Isingrim. — Ich möchte durchaus mit dem in allen Einzelheiten unterrichteten Otto von Freising, dem böswillige Lüge nicht zuzutrauen ist, an dem Wittelsbacher als dem Veranstalter festhalten und als ausgeschlossen betrachten, dass Bertold in seiner höheren Stellung das Wagniss der *iuvenes* mitmachte. So viel zeigt die Abweichung der Quellen, dass man sich, wohl weniger nach der Stammeszugehörigkeit der ersten Ueberbringer als in Folge mündlicher Wandlungen, das Ereigniss im Reiche verschieden erzählte. — Vgl. noch Ficker, Rainald von Dassel, Cöln 1850, S. 22; Heigel u. Riezler, d. Herzogthum Bayern zur Zeit Heinrich's d. Löwen u. O. v. Wittelsb., Münch. 1867, S. 81 ff.

[1076] St. 3725, *Bertoldus dux de Cerinke.*

[1077] Otto Fris. g. Fr. 120. *multis se ad propria dispergentibus domicilia.* Eine Vergleichung von St. 3725 mit 3727 ergiebt, dass es die geistlichen Herren von Constanz, Basel, Worms und Fulda, Heinrich der Löwe, Hermann von Baden und der Lenzburger Ulrich, also alle Vornehmeren ausser Bertold waren.

am 20. Sept. in Welf's Residenz zu Peiting (nahe am Lech unfern der Alpen) für Kloster Wessobrunn ausstellte[1078], begegnet er noch. Es mochte der Dinge genug geben, die Bertold besprochen wünschte, ehe er den Kaiser verliess. In den nächsten Urkunden finden wir dann aber auch ihn nicht mehr, er ging also von den Lechgegenden aus in die Heimath. —

Während Bertold solchergestalt mit Friedrich auf der Heerfahrt in Italien war, hatte seine Schwester Clementia, die in Sachsen die Regierung führte, Gelegenheit erhalten, nicht nur ihrem Gemahl Heinrich dem Löwen, sondern auch zugleich dem Kaiser selbst den wichtigsten Dienst zu leisten[1079]. Im Böhmerwalde kamen Ende 1154 der gekränkte Markgraf Albrecht der Bär und Heinrich's des Löwen zweiter missgünstiger Nachbar Hartwig von Bremen mit dem über Baierns Verlust grollenden Heinrich von Oesterreich und dem Böhmenherzoge Wladislaw II zusammen und beschlossen Feindseligkeiten gegen den abwesenden Welfen. Als dann aber Hartwig, der schon seine gegen das welfische Gebiet gelegenen Grenzburgen hatte in Stand setzen lassen, zur Ausführung jener Verabredungen nach Bremen zurückkehren wollte, schnitt ihm die Lüneburger Regierung den Zugang ab, so dass Hartwig danach fast ein Jahr in Ostsachsen (also bei Albrecht dem Bären) in thatsächlicher Verbannung bleiben musste; auch Heinrich selber erhielt durch die Seinen Nachricht, die ihn bei der Belagerung von Tortona traf, und somit natürlich auch der König und Bertold. — Nach seiner Rückkehr nach Deutschland gelang es Friedrich, den Bund völlig zu zersprengen und Heinrich von Oesterreich völlig zu isoliren, mit dem er dann durch Otto von Freising, seinen und zumal Heinrich's nahen Verwandten die Verhandlungen fortführen liess. Heinrich den Löwen aber setzte er selber in Regensburg, der alten bairischen Herzogsstadt, in den wirklichen Besitz Baierns, dessen Vornehme dort dem Herzoge huldigten. Dieser eilte darauf sogleich nach Sachsen, wo er nach so langer Abwesenheit seine treue Gemahlin wiedersah.

Nach schnellem Zuge an den Main und Niederrhein kam der Kaiser noch im Spätherbste desselben Jahres nach Schwaben. Am 27. Nov. war er zu Constanz; dort waren bei ihm Herzog Bertold, Welf, Friedrich's Bruder Konrad, Hermann von Baden, die Grafen Rudolf von Ramsperg, Humbert und Ulrich von Lenzburg, Eberhard von Nellenburg, Markward von Veringen mit seinen Söhnen, Rudolf von Pfullendorf, Hartmann von Kyburg mit seinem Bruder, und Adalbert von Dillingen nebst einer Anzahl

---

[1078] St. 3727. *Bertoldus dux de Zaringen.* Die sonst genannten Anwesenden sind Bischof Konrad von Augsburg, Welf, Graf (Pfalzgraf) Hugo von Tübingen, Graf Gottfried von Zollern, Graf Gottfried von Ramsperg und Graf Albert von Löwenstein.

[1079] Das Folgende nach Helmold SA. 153f., auch Otto Fris. g. Fr. 120f., dazu Prutz, Friedrich I 85 (u. Prutz, Heinrich 129).

Anderer. Zu diesen Laien kamen noch die geistlichen Herren von Augsburg, Worms und natürlich Constanz, ferner Frideloh von Reichenau, dem Bertold's Vater so oft begegnet war, und seine Amtsbrüder von St. Gallen und Kempten.

Der Kaiser bestätigte unter genauer Angabe der Diöcesangrenze alle Rechte und Besitzungen des Constanzer Bisthums, unter die seine Verbriefung auch die zu Wagenhausen, das zu Gebhard's III Zeiten eine so grosse Rolle gespielt hatte, gegründete Abtei zählte, und nahm ferner die nahe Abtei Salem mit ihrem Besitz in seinen Schutz [1060]. Bertold war in beiden Urkunden Zeuge und ward dabei wieder als Herzog von Burgund anerkannt, woran ihm möglicherweise um so eher gelegen war, als er hier mit so vielen seiner Nachbarn in Schwaben zusammengetroffen war.

Danach unternahm Friedrich jenen neuen Zug den Rhein hinab, der durch seine rücksichtslose Strenge gegen die Friedebrecher gross und klein die nunmehr so mächtig gefestete Stellung des Staufers bekundete und überall bei den unruhigen Kräften im Reiche den Schrecken des kaiserlichen Namens begründete. Bertold von Zähringen traf mit Friedrich erst wieder zusammen, als dieser zurückkehrend gegen Ende Januar 1156 nach Strassburg kam; er wird, und zwar auch jetzt noch als Herzog von Burgund, in der Urkunde genannt, die der Kaiser dort am 25. Jan. für die Dienstleute der Strassburger geistlichen Stifte ausstellte [1061], zusammen mit Welf, Matthäus von Lothringen, des Kaisers Bruder Konrad, dem Markgrafen Hermann von Baden, dem Pfalzgrafen Friedrich von Wittelsbach, den Grafen von Pfullendorf, Andechs, Dagsburg und Frankenburg, dazu den Bischöfen von Strassburg, Basel, Constanz und Metz und einer Anzahl Strassburger Kleriker und Laien. Auch der Erzbischof Humbert von Besançon war erschienen, was ohne Frage schon mit der neuen Wendung der burgundischen Angelegenheit zusammenhing, die bald der Welt kund werden sollte.

Um so mehr ist es verständlich, wenn Bertold jetzt nicht von des Kaisers Seite wich. In den Tagen um den 20. Febr. war er mit ihm zu Frankfurt, wo er auch die Erzbischöfe von Mainz, Cöln und Bremen, die Bischöfe von Bamberg, Lüttich, Würzburg, Speyer, Strassburg und Worms, seinen Schwager Heinrich den Löwen, des Kaisers Bruder Konrad, den Herzog Friedrich von Schwaben, den Landgrafen Ludwig von Thüringen, den Pfalzgrafen Otto von Wittelsbach und unter einer Anzahl Grafen und Herren auch wieder den Grafen Hugo von Dagsburg sah. Bertold war — immer noch als Herzog Burgunds — Zeuge in Friedrich's Urkunde [1062] für den Grafen

---

[1060] St. 3730 u. 3731. Stumpf (3731 a im Nachtrag) zieht auch die Urk. Hermann's von Constanz v. 1162 (Wartmann SGUB. III 44 f) hierher, aber unrichtigerweise, denn die Zeugen stimmen thatsächlich nicht mit denen von St. 3730 f. überein.

[1061] St. 3735. *Bertolfus dux Burgundie.*

[1062] St. 3736. *Bertholfus dux Burgundie.* Nach dem 20. Febr. scheint Bertold sich

Guido von Biandrate, den ja auch er vor einem Jahre in Italien kennen gelernt hatte. Auch an den Niederrhein, nach Utrecht, ging Bertold mit und dann nach Sachsen, wo er sicherlich Gelegenheit hatte, seine Schwester zu begrüssen. Am 10. Mai war er mit dem Kaiser, dessen Bruder Konrad, Herzog Friedrich von Schwaben, seinem Schwager Heinrich von Baiern und Sachsen, Bertold von Andechs und einer Anzahl anderer Grafen in der Kaiserpfalz zu Boyneburg an der Werra und wurde in eine Urkunde für das Kloster Hilwartshausen mit eingetragen[1050]. Hier trennte sich der Kaiser von den Fürsten und ging — während Bertold noch bei Heinrich in Sachsen verweilen oder in sein Land zurückkehren mochte, das ihn über der burgundischen Angelegenheit schon so lange Zeit hatte entbehren müssen — nach Baiern, wo er bei dem verdienten Otto von Wittelsbach in der Stille das Pfingstfest feierte und kurz darauf in Regensburg mit Heinrich von Oesterreich eine endlich erfolgreiche Besprechung hatte.

Was Friedrich so lange schon im Sinne und Bertold zu fürchten gehabt hatte, war unterdessen zum Abschluss gelangt.

Die Erbin Rainald's in Hochburgund, seine Tochter Beatrix, hatte bis vor kurzem nicht nur unter der Vormundschaft ihres Oheims Wilhelm gestanden, sondern war sogar von ihm in habsüchtiger Absicht auf einem festen Schlosse in enger Gefangenschaft gehalten worden[1051]. Nun war Wilhelm vor kurzem gestorben und damit, falls nicht etwa doch schon in mittelbarer oder unmittelbarer Folge von Friedrich's Burgunderfahrt i. J. 1153, hatte Beatrix ihre Freiheit zurückerlangt. Sie war nicht allein die Erbin, sondern sie war vor allen Dingen jung, schön und wohlunterrichtet, dabei von freundlichem und bescheidenem Wesen. Nun gab sie der Anfrage des mächtigsten und hochgemuthesten Herrn in der Welt Gehör und ward die Seine; zu Würzburg, wohin Friedrich von Regensburg eilte, beging man in der zweiten Woche nach Pfingsten (10.—16. Juni) die Hochzeit des Kaisers. Der Erzbischof Humbert von Besançon, der schon oben als Vertrauter in dieser Sache vermuthet wurde, und der neue Graf von Macon, Wilhelm's Sohn Stephan, ihr Vetter, hatten die Kaiserbraut nach Deutschland geleitet; mit ihnen wohnten zahlreiche deutsche Bischöfe und Fürsten, unter ihnen Beatricens Oheim Matthäus von Lothringen und beide Welfen, dazu auch einige italische Herren den Festlichkeiten bei[1052]. Man kann es Herzog Bertold nicht verübeln, wenn er nicht unter den munteren Gästen war.

---

auf eine Weile von dem Kaiser entfernt zu haben, da er in St. 3737 (vom 21. Febr.) nicht mit genannt ist. (Auch die unechte Urk.*St. 3738 nennt ihn nicht als Zeugen.)

1050 St. 3740. *Bertoldus dux de Ceringen.*

1051 Sigeberti auctar. Afflighem. MGSS. VI 403. Vgl. auch oben S. 332.

1052 Vgl. zu Otto Fris. g. Fr. 124 St. 3742—3746. Stephan wird als *comes Burgundiae* bezeichnet.

An sich brauchte freilich durch diese Heirath noch nichts geändert zu sein. Aber würde der Kaiser es ertragen, für seiner Gemahlin Besitzungen unter seinem eigenen Statthalter zu stehen? Würde er nicht bald versuchen, das Rectorat über ganz Burgund und die Provence wieder rückgängig zu machen, ebenso gut, als er seine Canzlei längst gewöhnt hatte, dem Zähringer nur in ganz besonderen Umständen wie zur Belohnung oder in anderen Fällen zur Beruhigung ausnahmsweise den Titel von Burgund zu gönnen? Es ist höchst bezeichnend, wenn ein den Dingen so nahe stehender Chronist, wie Otto von Freising, schon bei der Hochzeit Friedrich's sagt, er habe von da an nicht nur Burgund, sondern auch die Provence, die beiden dem Reiche so lange entfremdeten Lande, ausgehend von dem Rechte seiner Gattin — die doch nur als Herrin von Grafengütern einen Theil von Hochburgund geerbt hatte! — *familiariter* zu besitzen begonnen. Dem entsprach es auch schon, wenn Friedrich sogleich wieder in Würzburg für drei westjuranische Klöster urkundete, während doch nur die Bisthümer dem Rector nicht unterstehen sollten.

Was konnte Bertold thun? Sah er sich nach Bundesgenossen um — Heinrich von Oesterreich war just soeben durch neue Hoffnungen versöhnt worden, Albrecht der Bär und Wladislaw von Böhmen hatten allen Groll aufgegeben und sich unter den Hochzeitsgästen getummelt, ebenso Hermann von Stahleck, der kurz vorher den strafenden Zorn des Kaisers erduldet hatte; des Zähringers eigener Schwager, Heinrich der Löwe, war mit dem Staufer eng verbunden, auch mit dem Grafen von Macon war jede Verständigung ausgeschlossen. Der Kaiser hatte den Zeitpunct abgewartet, da Niemand an seiner Stärke zu rütteln wagen konnte. Bertold blieb gar nichts übrig, als sich vorläufig ruhig zu verhalten und sich zurückzuziehen. Friedrich kam im Sommer nach Schwaben, hielt in Ulm Hoftag und war am 17. Aug. zu Colmar[1066], aber aus dem zähringischen Hause begrüsste ihn nur Hermann von Baden an letzterem Orte, der Herzog nicht. Vielleicht zog der Kaiser von da aus auch auf der Rückkehr wieder durch das Gebiet, in dem die zähringischen Besitzungen lagen, denn er ging nach Regensburg, wo er am 17. Sept. durch die Erhebung Oesterreichs zu einem selbständigen Herzogthume seinen und Heinrich's des Löwen völligen Ausgleich mit Heinrich von Babenberg zu Stande brachte.

Nichts mehr konnte damals den Rothbart bedrücken, ausser der noch fehlenden Aussöhnung mit Bertold. Und selbst diese scheint unter der Wucht der Verhältnisse in der nun nächstkommenden Zeit erfolgt zu sein. Otto von Freising, der am 21. Sept. 1158 starb, hat das Abkommen mit dem Zähringerherzog noch in sein Werk aufgenommen[1067], während er Friedrich's Fahrt

[1066] St. 3749 u. 3751.
[1067] G. Fr. SA. 124.

nach Burgund i. J. 1157 nicht mehr erzählt. Und Rahewin beginnt seine Fortzetzung des Werkes des grossen Geschichtsschreibers damit [1088], wie nach der in Schwaben geschehenen klugen Ordnung der Dinge das Reich i. J. 1157 sich eines vollkommenen, längst nicht mehr gekannten Friedens erfreute und der Kaiser völlige Ruhe und durchaus freie Hand hatte. Friedrich selbst schrieb unmittelbar nach dem Weihnachtsfeste 1156 an Wibald [1089], dass in der Zeit vorher seine burgundische Angelegenheit herrlich beigelegt worden sei. Dies war also nach Ausweis der Worte Rahewin's auf einer Zusammenkunft in Schwaben geschehen, die stattgefunden haben muss, ehe Friedrich zur Weihnachtsfeier nach Speyer ging.

Im Wortlaut haben wir den Vertrag nicht, kennen diesen aber aus zwei Quellen [1090]. Der Herzog von Zähringen gab das Königreich Burgund nebst dem Arelat, welches er nach der bezeichnenden Bemerkung eines jener Chronisten „ohne Erfolg für das Reich nur in der Ehre des Titels vom Reiche zu Lehen gehabt hatte", auf und erhielt zur Entschädigung, während bisher gerade die noch unmittelbaren Bisthümer von seiner Gewalt hatten ausgenommen sein sollen, die Reichsvogtei über die Bisthümer Genf, Lausanne und Sitten mit dem Rechte der dortigen Regalieninvestitur.

Diese Wandlung erlitt also jetzt der Vertrag von 1152 Die i. J. 1127 geschehene Einsetzung Herzog Konrad's in das Erbe Wilhelm's des Kindes von Burgund und die damals mitverliehene Gewalt wurden dadurch nicht berührt; die Zähringer blieben thatsächlich Herren in Transjuranien, ohne dass das in dem Vertrage von 1156 anerkannt zu werden brauchte.

Sie blieben also mit ihren alten grundherrlichen und statthalterlichen und neuen Vogtei-Rechten auch fortan „Rectoren". Gerade im Anschluss an den Ausgleich von 1156 stellte Bertold seinen Titel fest, um wenigstens seinerseits das leidige Hin und Her zwischen dem „Herzog von Burgund" und dem

---

[1088] Rahewini gesta Friderici SA. 133.

[1089] Jaffé I 579f. Ich beziehe das *compositis in Burgundia magnifice nostris negotiis* so: *compositis . . . negotiis in Burgundia.* Friedrich ging nicht etwa selber, wozu auch die Zeit kaum gereicht hätte, schon nach Burgund, wie Prutz I 102 u. Giesebrecht V 99, freilich mit einer gewissen verdeckten Unsicherheit, glauben angeben zu müssen. Eine solche Fahrt müsste (in erzählenden Quellen und Urkunden) mehr Spuren hinterlassen haben, als jene paar Worte des Kaisers selbst, die sich, wie gesagt, auch ohne eine Burgunderfahrt verstehen lassen.

[1090] (Ottonis SBlasiani) Cont. chron. Ott. Fris. SA. 445 *advocatia trium episcopatuum cum investitura regalium*, übrigens in späterem Zusammenhang und in der Zeitbestimmung nicht richtig, auch mit ungenauem *duces de Zaringin.* — Otto von Freising selbst g. Fr. SA. 124 giebt die Entschädigung etwas anders gewendet (und unrichtig): *tres civitates inter Jurum et montem Jovis, Losannam, Gebennam et N.* Der Kaiser selbst betrachtete, wie aus seiner unten zu behandelnden Urk. St. 3968 hervorgeht, Bertold's Befugniss in den Bisthümern als Reichsvicariat. Reese, insbes. S. 33, gelangt nicht dazu, Reichsvogtei (Reichsvicariat) und Bisthumsvogtei zu unterscheiden.

„Herzog von Zähringen“ zu beseitigen. Hinfort begegnet in den massgebendsten, unter Betheiligung der Zähringer selbst ausgegebenen Schriftstücken und auf den Siegeln der Titel des „Herzogs und Rectors von Burgund“ oder, wie Bertold V, aber wohl nur in Verdeutlichung der väterlichen Absicht sich genannt hat, des „Herzogs von Zähringen und Rectors von Burgund“. Die Kaisercanzlei dagegen liess es seitdem bei dem einfachen „Herzog von Zähringen“ bewenden, was auch zu jeder Zeit die geläufige und allgemeine Benennung dieser Fürsten bei ihren Zeitgenossen und Späteren geblieben ist.

Wie es fortan den Zähringer nicht mehr zu kümmern brauchte, was in Westjuranien und Niederburgund geschah, so muss spätestens jetzt, mit der Lösung des Vertrages von 1152, wenn es nicht etwa schon nach dem Römerzuge geschehen war, die Freigabe der Burgen und Güter an der schwäbischen Alb erfolgt sein, die Bertold vor vier Jahren Friedrich zum Pfande gesetzt hatte. Wir finden sie dementsprechend nach dieser Zeit in der Hand des zähringischen Hauses.

So war nun endlich mit Aussicht auf Dauer und Erfolg eine den Zähringern entsprechende Stellung erreicht worden. Erst jetzt beginnt die eigentliche Thätigkeit des so lange mit seiner ganzen Aufmerksamkeit unablässig auf den Träger der Krone gerichteten Bertold's IV für seine Lande, insbesondere auch für deren burgundischen, heutzutage schweizerischen Theil.

Er verlor nun keine Zeit mehr. Nur noch eine Zusammenkunft hatte er mit Friedrich, als dieser zu Mariae Lichtmess 1157 nach Ulm kam. Ausser ihnen waren dort anwesend die Bischöfe Hermann von Constanz und die von Augsburg, Worms und Trient, der Abt von Ellwangen, die Herzöge Welf und Friedrich von Schwaben, Pfalzgraf Otto von Wittelsbach, Markgraf Bertold von Vohburg und eine Anzahl Grafen und Herren. Bertold nahm hier an der am 5. Febr. stattfindenden Verbriefung eines schon früher ergangenen Rechtsspruches über die Vererbung der Regensburger Stiftslehen Theil[1091]. Auf den sonst zahlreich besuchten weiteren Hoftagen des Kaisers im Frühjahr und Sommer 1157 finden wir dagegen den Herzog nicht mehr, der statt dessen in diesem Jahre eine Begegnung mit Bischof Amedeus von Lausanne hatte, der mit dem Lausanner Kanonikus Ulrich de Font, dem Decan Otto von Crissier und seinem Vogte Emmo aus dem uns schon bekannten Hause von Gerenstein dazu erschien[1092].

Der Sprengel Lausanne's grenzte an der Aar und am Thuner und Brienzer See an den von Constanz[1093]. Kloster Interlaken lag, wie wir wissen,

---

1091 St. 3762. *Berhdolfus dux de Zeringen.*

1092 Vgl. die sogleich zu nennenden Urkk. H. Bertold's. — Das folgende nach dem am Anfang des 13. Jahrh. angelegten Chartular von Lausanne auf der Berner Staats-Bibliothek, veröffentlicht v. F. de Gingins MDSR. VI Lausanne 1851.

1093 Vgl. St. 3730, oben S. 355.

schon im Lausanner Sprengel. Die Grenze lief dann weiter bis zum Titlis, erreichte, auf der Höhe der Alpen entlang laufend, den Genfer See bei dem östlichen Thore von Villeneuve, verliess ihn wieder an der Aubonne, um diese hinaufbegleitend den Jura zu überschreiten, zwischen diesem und dem Doubs, danach an diesem selbst entlang zu laufen, abbiegend den Jura abermals zu überschreiten und nordöstlich von Solothurn am Einfluss der Siggeren bei Attiswyl an die Aar zurückzukehren[1094].

Als Regalien des Lausanner Bischofs werden ausdrücklich genannt[1095]: Strassen, Wegzölle, Verkaufszölle, Münze, Markt, Mass, alte oder nach gemeinsamem Rath aufgestellte Bänne, Wasserläufe, offenkundige Wucherer, Diebe, Räuber. Von dem Vogt der Lausanner Kirche heisst es[1096]: „Der Vogt hat vom Bischof die Vogtei ausserhalb der Mauern der Stadt [Lausanne] und in den Höfen des Bischofs Avenches, Bulle, Courtille, wofür er des Bischofs Lehnsmann ist. Zum Vogteirecht gehört der dritte Theil der Bänne in dem burgus Lausanne und in den drei genannten Höfen; in *Escheitis* hat der Vogt keinen Theil." — Das ist die bischöfliche Vogtei, die Emmo von Gerenstein inne hatte und er auch unter dem zähringischen Reichsvogt behielt, während sie von seiner Familie später an Herzog Bertold IV verkauft worden ist[1097].

Bischof von Lausanne war zu der Zeit, da Bertold die Reichsvogtei über die drei ostburgundischen Bisthümer erhielt, der am 21. Jan. 1145 erwählte Amedeus von Clermont und Hauterive, der vorher Mönch in des hl. Bernhard Schöpfung Clairvaux gewesen war, das Bisthum bis zu seinem Todestage am 27. Aug. 1159 regierte und der Nachwelt den Ruf eines der tüchtigsten und frömmsten Kirchenfürsten hinterliess. Ihm nun und zugleich für seine Nachfolger schwor Herzog Bertold[1098] bei jener Zusammenkunft: freie

[1094] Grösstentheils nach MDSR. VI S. XXXI, vgl. auch die dortige Karte neben der etwas abweichenden Spruner-Menke'schen Nr. 42.

[1095] Chart. Laus. MDSR. VI 426.

[1096] ib. 427.

[1097] Chart. Laus. S. 48. Von Otto und Wilhelm von Gerenstein zu Bischof Landrichs (1159—1177) Zeit, gegen dieses mit Bertold sonst in gutem Einvernehmen stehenden Bischofs Willen.

[1098] ib. 434. In älterer resp. correcterer Form ist der Vertrag inserirt in die Bulle Alexander's III von 1179, Oct. 17, Anagni, J.-L. 13475 (bei Schöpflin V 120 ff. zu 1178, was durch Indiction und Pontificatsjahr richtig gestellt wird). — Forel, Gingins' Mitarbeiter, setzt MDSR. VI, S. LXVI den Vertrag in die Jahre 1152—58. Davon müssen, wie wir wissen, die Jahre 1152—1156 ausser Betracht bleiben, 1158 passt nicht. Für 1157 ist die Zusammenkunft mit Amedeus von Lausanne durch H. Bertold's beide Urkk. bezeugt. — Für das *quae ab episcopo* (im Chartular: *a manu episcopi*) *tenebantur* giebt Reese S. 23 die richtige passivische Deutung auf Lausanner Kirchenlehen; dagegen beziehe ich in dem Satze über die Mutationsgebühr das *sicut et alia regalia* nicht zu *sine omni datione*, sondern zu *reciperet*.

Wahl im Bisthum zuzulassen; nichts von dem, was von dem Bischof zu Lehen gehe, an sich zu bringen; für Chexbres und Lutry keine Gebühr bei Bischofswechseln zu fordern, sondern sie ohne Abgabe dem neuen Bischof wie die anderen Regalien zu überweisen; in guter Treue zu helfen, das wiederzuerobern, was die Lausanner Kirche verloren hatte oder ihr seit langer Zeit entfremdet war; nicht zu dulden, dass seine Leute auf die Dörfer der Kirche zu Waidezwecken und anderen Bedürfnissen zögen; nicht selbst dort Quartier zu nehmen, auch nicht in der Pfalz des Bischofs noch in den Häusern der Kleriker oder bischöflichen Ritter gegen deren Willen einzulagern und sich von dort nichts mit Gewalt anzueignen.

Bei derselben Zusammenkunft mit Amedeus erliess Herzog Bertold wesentliche Gnadenacte für Klöster des Lausanner Sprengels, die zugleich in dem ihm gebliebenen transjuranischen Gebiete lagen. Dem Kloster Hauterive an der Saane unter dem Abte Girardus liess er jede Art Abgaben innerhalb seiner gesammten Herrschaft nach und befreite die Mönche nebst allen ihren Ordensbrüdern (den Cisterciensern) von allem Wegzoll und allem Marktzoll[1099]. Genau dasselbe verbriefte er dem Cisterciencerkloster Hautcrét[1100]. Der Bischof Amedeus und seine Begleiter ehrten diese Verfügungen des ihnen vom Kaiser bestellten Schirmherrn, indem sie sich als Zeugen eintragen liessen. Des Kaisers wurde in der Datirung gedacht.

So war Bertold's Stellung im Lausanner Gebiet allseitig in freundlicher und befriedigender Weise begründet worden. Zu einer ähnlichen Verständigung mit den Bisthümern Genf und Sitten scheint es damals noch nicht gekommen zu sein; ihr widersprechen sowohl der Mangel an Nachrichten als auch die ein paar Jahre später liegenden Ereignisse. Leider wissen wir nicht, in welcher Zeit des Jahres 1157 die Zusammenkunft mit Amedeus von Lausanne statt hatte. In Lausanne selbst geschah sie offenbar nicht; dann würden ihr mehr Lausanner Kanoniker beigewohnt haben und als Zeugen in Bertold's Urkunden stehen. Es ist ja auch sehr begreiflich, wenn der Bischof es vorgezogen hatte, mit den Vornehmsten aus seiner Umgebung dem Herzog entgegenzugehen, ähnlich wie die Päpste ihre Verträge abzuschliessen pflegten, ehe die Thore der Stadt Rom den deutschen Herrschern geöffnet wurden.

Im October kam der Kaiser mit seiner Gemahlin nach Burgund und hielt in Besançon Hof[1101]. Hier erschienen bei ihm ausser den aus Deutschland mitgekommenen Matthäus von Lothringen und Pfalzgraf Otto von Wittels-

---

[1099] Bisher gedruckt bei Schöpflin V 106; Mémorial de Fribourg 1857 S. 95; MDSR. VII 17; Zeerleder I 101; F. r. Bern. I 442 f. Ich benutze die Texte der von den Herzogen erlassenen, noch überlieferten Urkk. in Abschriften, die ich von den Originalen oder den an Stelle solcher erhaltenen Copien genommen habe.

[1100] MDSR. XII pars II 13; F. r. Bern. I 448.

[1101] Rahewin SA. 138 ff.

bach neben anderen Burgundern die Erzbischöfe von Vienne, Tarantaise und Lyon, die Bischöfe von Valence und Avignon, sowie der schon genannte Herr von Clerieux. Der Erzbischof von Arles und die übrigen am Kommen gehinderten geistlichen und weltlichen Herren sandten huldigende Botschaften. Auch Italiener, wie Wilhelm von Montferrat, Guido von Biandrate, die Bischöfe von Novara, Trient und Treviso waren anwesend, dazu Gesandte aus England, Frankreich und Spanien, was seinen Eindruck auf die Burgunder nicht verfehlt haben wird. Eine noch herzlichere Genugthuung aber mochte der Kaiser über die Anwesenheit Bertold's von Zähringen empfinden. In einer aus Besançon vom 24. Oct. datirten Urkunde, in der er Bertold als Intervenienten mit nennt[1102], spricht er in seiner Freude von „seinen vielsüssen Fürsten“.

Ganz Burgund lag zu des Kaisers Füssen; die Grossen alle aus Westjuranien und von da bis zum Meere hinab leisteten Gehorsam und Treue und empfingen die Gnadenbeweise ihres unmittelbaren Herrn, der hier seine Herrschaft in dem nun erst fest und ungehindert gewonnenen Königreiche[1103] einrichtete. Der Rector aus Transjuranien stand neben dem Throne und der Herr des Reiches vermied es, den dem Zähringer verbliebenen Theil bei seinen Massnahmen einzubegreifen.

Auch Gesandte des Papstes Hadrian waren erschienen, der Canzler Roland und ein weiterer Cardinal, die eine Beschwerde wegen eines räuberischen Ueberfalls, den der Erzbischof von Lund in Deutschland erlitten hatte, und wegen des bisherigen Verhaltens des Kaisers in dieser Sache überbrachten. Der Brief wurde in der Fürstenversammlung — in der auch Bertold nur zufällig etwa abwesend gewesen sein könnte — verlesen und erregte hier grossen Anstoss, weil mit grosser Deutlichkeit alle Würden Friedrich's als ein Lehen aus des Papstes Hand bezeichnet waren und man sich dadurch zugleich an allerlei noch weitergehendes Gerede der Römer und an sonstige römische Erlebnisse erinnert fühlte; ja, als Roland fragte: „von wem hat er denn, wenn nicht von dem Herrn Papste, das Kaiserthum?“ brach der Unwille in laute Empörung aus und der Pfalzgraf Otto von Wittelsbach liess sich hinreissen mit dem Schwerte auf den Legaten einzudringen. Der Kaiser selbst schützte die Gesandten, sorgte aber für ihre Abreise.

[1102] St. 3779, für das Stift St. Dié in den westlichen Vogesen. *mediantibus dulcissimis principibus nostris . . . duce Bertholdo de Ceringen.* In St. 3780 wird Bertold dem Herzog Matthäus von Lothringen vorangestellt.

[1103] Vgl. St. 3780 für Erzstift und Erzbischof zu Vienne. *duces Bertolfus de Ceringen* u. s. w. — Der Text scheidet in Zukunft der Einfachheit wegen das „Königreich“ Burgund d. h. Westjuranien und von da bis zum Meere hinab, also diejenigen Theile, in denen Friedrich nach seiner Heirath mit der Erbin von Hochburgund und dem Abkommen von 1156 die neue Herrschaft der deutschen Krone so mächtig aufrichtete, von dem zähringischen Rectoratsbezirk Burgund (Transjuranien).

Zu dieser Zeit zog der König Ludwig von Frankreich gegen die Grenze Burgunds heran; man wusste nicht genau, ob in freundschaftlicher oder hinterlistiger Absicht. Ihm ging der Kaiser entgegen und war am 3. und 4. Nov. in Dôle, in seiner Begleitung befand sich Herzog Bertold[1104]. Zu einer Begegnung kam es jedoch nicht; der Kaiser sandte zur Begrüssung aus seinem Gefolge den deutschen Canzler Rainald von Dassel und daneben den Grafen Ulrich von Lenzburg, der sich nicht minder seines fortdauernden Vertrauens erfreute. Nach ihrer Rückkehr zog er über Montbarrey ab, bis Arbois in südöstlicher Richtung, immer noch von Herzog Bertold begleitet[1105], der ihn dann aber vor Besançon verliess[1106], wo der Kaiser zum 23. Nov. eintraf und von wo er sehr bald nach Deutschland weitergezogen sein muss, da er das Weihnachtsfest in dem fernen Magdeburg beging.

Ob Friedrich sich das Erscheinen Bertold's auf dem October-Hoftage zu Besançon besonders ausgebeten hatte oder ob ihn der Zähringer aus freiem Antrieb in dem abgetretenen Lande begrüsste, was ferner ihn dann plötzlich aus dem Gefolge des Kaisers scheiden liess, ist nicht mehr in Erfahrung zu bringen. Dagegen steht fest, dass den Herzog am Anfang des Jahres 1158 eine Nachricht erreichte, die ihm schwerlich angenehm klingen konnte: auf einer Zusammenkunft mit Friedrich zu Goslar hatte am 1. Jan. Herzog Heinrich der Löwe gegen Besitzungen am Harz das Heirathsgut seiner Gemahlin Clementia von Zähringen, die Herrschaft Badenweiler[1107], an den Kaiser vertauscht[1108] und damit war ein schönes Stück alten Zähringerlandes, das Herzog Konrad schwerlich einem anderen Eidam als Heinrich dem Löwen geopfert hätte, an die Staufer gekommen, die dadurch mitten im Breisgau sicheren Fuss fassten.

Dessenungeachtet begrüsste Bertold den Kaiser, als dieser wieder an

---

[1104] St. 3783 f. Bisthum Treviso vom 3. Nov. u. 3784 f. d. Dominicaner von Besançon vom 4. Nov. *Bartholdus dux de Ceringo.*

[1105] Dieser ist Zeuge in St. 3785 u. 3786 vom 14. Nov. aus Montbarrey für Liebold von Beauffremont und für die Abtei Lure u. in St. 3787 u. 3788 vom 18. Nov. aus Arbois für d. Erzb. v. Lyon u. f. Kl. Beaume-les-Moins. *Bertolfus dux de Ceringhen.* Das *Bertolphus dux de Cenuga* in St. 3787 (Abdruck der Gallia christiana IV 17) verbessert sich von selbst in *Ceringa.* Dass Friedrich die Rückkehr der Gesandten abgewartet hatte, zeigt Ulrich's von Lenzburg Nennung als Zeuge in St. 3785 ff. Die sonstigen Begleiter auf dem Rückweg des Kaisers sind Humbert von Besançon, Matthäus von Lothringen, Graf Hugo von Dagsburg u. Andere; auch Graf Stephan von Burgund oder Macon stellte sich zu Besançon wieder ein. Vgl. St. 3785—3791.

[1106] In St. 3789—3791 vom 23. und 24. Nov. aus Besançon ist Bertold nicht mehr genannt.

[1107] s. o. S. 316 f.

[1108] St. 3792. *hereditatem uxoris sue Clementie* u. s. w. Die Güter am Harz waren Reichsgut, wogegen Friedrich einen angemessenen Theil staufischen Gutes an das Reich abtrat.

den Oberrhein kam. Er war mit ihm am 3. März 1158 zu Strassburg und nahm nebst dem dortigen Bischof Burkhard, dem staufischen Pfalzgrafen Konrad bei Rheine und Hermann von Baden an einer kaiserlichen Beurkundung für Sindelsberg Theil[1109].

Schon im Frühjahr 1157 war eine neue Heerfahrt Friedrich's nach Italien, die sich in erster Linie gegen das in Trotz verharrende Mailand wenden sollte, beschlossen und zu Fulda am 24. März 1157 ihr Aufbruch auf den achten Tag nach Pfingsten 1158 (15. Juni) angesetzt worden. Nach einer nachfolgenden Umbestimmung sollte dieser von Augsburg aus geschehen, wo Friedrich auf dem Lechfelde von Pfingsten an die Fürsten mit ihren Truppen erwartete.

Herzog Bertold hat auch an dieser Heerfahrt Theil genommen. Doch erschien er wohl nicht mit auf dem Lechfelde oder wenigstens nicht schon mit all seiner Mannschaft; denn er erhielt vom Kaiser, zu welchem verschiedene Fürsten mit solchen Anfragen gesandt hatten[1110], die Weisung, mit den Lothringern zu ziehen und den Weg über den grossen St. Bernhard zu nehmen.

So grosse Truppenmassen standen für die Heerfahrt zu erwarten, dass selbst eine Vertheilung auf die benutzbaren Alpenpässe dem Kaiser und seinen Berathern die Schwierigkeiten nicht ganz zu beseitigen schien. Die Rheinländer, Franken und ein Theil der Schwaben sollten über den Splügen und über Cläven nach dem Comersee ziehen; der Kaiser selbst, in seinem Gefolge den neu erhöhten König Wladislaw von Böhmen, Friedrich von Schwaben (König Konrad's Sohn), den Pfalzgrafen Konrad bei Rheine, die drei rheinischen Erzbischöfe, die Bischöfe von Eichstädt, Prag, Verden, Würzburg und die Aebte von Fulda und Reichenau, dazu die zahlreichen Markgrafen — unter ihnen Hermann von Baden[1111] — und Grafen, wollte über den Brenner gehen; beiden Heinrichen, dem neuen Herzog von Oesterreich nämlich nebst dem von Kärnthen, sowie den ungarischen Bogenschützen sandte er Befehl, den Weg nach Friaul und der Veroneser Mark einzuschlagen. — Noch ehe Friedrich von Augsburg aufbrach, trafen ihn päpst-

---

[1109] Die Urk. fehlt noch bei Stumpf; sie ist v. Scheffer-Boichorst MJÖG. X 299 f. mitgetheilt worden.

[1110] Rahewin SA. 158. Bertold wird dort *dux Bertholfus de Zaringen vel potius Burgundiae* genannt, wodurch das allgemeine Verhalten der Privaten gegen seinen Titel vortrefflich ausgedrückt ist. In der Cölner Chron. reg. SA. 97 wird Bertold, dessen Theilnahme an dem Romzug erwähnt wird, in der Recensio I als *dux Alsatiae* bezeichnet, in der Recensio II aber mit Heinrich von Kärnthen ausgetauscht, was die Annahme verstärkt, dass ihr Ueberarbeiter in dem Herzog von Zähringen wirklich einen Kärnthner Fürsten sucht. Vgl. oben S. 236 u. 294.

[1111] St. 3812. Das Uebrige nach Rahewin l. c.

liche Gesandte, deren Aufgabe es war, die Vorfälle zu Besançon vergessen zu machen. In Frieden mit der römischen Curie begann der Kaiser die Heerfahrt.

Wo die das Thal der Dora Baltea hinabziehenden Truppen Bertold's und Lothringer sich mit dem Kaiser vereinigt haben, lässt sich nicht bestimmen; schwerlich ostwärts der Adda, deren Brücken — bis auf eine von den Mailändischen besetzte — zerstört waren und über die die von dem Kaiser geführten Truppen ihrerseits den Uebergang (23.—25. Juli) erzwangen. Am 6. August begann dann der Angriff auf Mailand. Das Heer war in sieben Schaaren getheilt; die nach ihrem alten Recht auf den Vorankampf aus Schwaben bestehende erste befehligte Pfalzgraf Konrad, die zweite aus Schwaben, Franken und Lombarden der junge Friedrich von Schwaben, die dritte war die des Böhmen, die vierte bildete Heinrich von Oesterreich mit den übrigen Südostdeutschen und den Ungarn, die fünfte der Kaiser mit einer aus dem ganzen Heere erlesenen Ritterschaft, die sechste die Baiern unter Otto von Wittelsbach, die siebente der Erzbischof von Cöln mit verschiedenen deutschen, zumal den rheinischen, und dazu weiteren lombardischen Mannschaften [1112]. Die über den grossen St. Bernhard gezogenen lothringischen und zähringischen Truppen und der Herzog Bertold finden also bei dieser Aufzählung in den Quellen keine Stelle.

Die Mailänder wagten keinen offenen Kampf gegen das dergestalt heranrückende Heer, so dass man dazu überging in weitem Bogen um die Stadt die Lager aufzustellen. Erst danach griffen am Abend jene die beiden ersten, nun äussersten Schaaren an, die die rasche Hilfe der Böhmen fanden und mit ihnen die Städter zurücktreiben konnten. Vom 7. August an begann nun eine von hitzigen Theilgefechten unterbrochene Belagerung, die einen vollen Monat später, am 7. Sept. zu einem Unterwerfungsvertrage der Mailänder führte, der in den vorausgehenden Verhandlungen durch eine Anzahl Fürsten — unter denen nun auch Bertold genannt wird [1113] — gefördert worden war. Tags darauf, am Feste Mariae Geburt erfolgte die demüthige Uebergabe der sonst so trotzigen Stadt.

Schon am 9. Sept. verliess der Kaiser das Lager vor der zurückerkämpften lombardischen Hauptstadt und ging über Bolgiano nach Monza,

---

[1112] Vincent. Prag. 672. Rahewin SA. 167.

[1113] Nicht ausdrücklich von dem ausführlicheren Rahewin (SA. 176), aber — wobei denn Bertold unter Rahewin's *alii principes* zu verstehen wäre — von Otto SBlas. SA. 430 nebst Herzog Friedrich, dem Böhmenkönig und (dem nicht anwesenden!) Herzog Heinrich dem Löwen. Das Chron. Ursperg. nennt (SA. 29) Wladislaw, Leopold (statt Heinrich) von Oesterreich, Friedrich von Cöln, Emhard von Bamberg, den Canzler Rainald und den Pfalzgrafen Otto. War nun der den Zähringern näher stehende St. Blasianer besser unterrichtet oder — gerade deswegen versehentlich auf Bertold geführt worden?

wo er nochmals die eiserne Krone nahm [1114]. Hier beurlaubten sich von dem Könige, der nach Erreichung der Hauptabsicht des Feldzuges keinen Versuch machte sie zu halten, der König von Böhmen, der Herzog von Oesterreich nebst den Ungarn, der Erzbischof von Mainz und ausser einer Anzahl Markgrafen — Hermann von Baden blieb noch bei dem Kaiser — Grafen und Herren gerade auch Herzog Bertold von Zähringen [1115]. Er zog höchst wahrscheinlich denselben Weg zurück, den er gekommen war.

Dabei musste er von Neuem die Diöcese von Sitten berühren, ebenso wie er es auf dem Hinwege gemusst, den er ja nach ausdrücklicher Angabe über den Gr. Bernhard genommen hatte. Trotzdem bleibt für uns das Verhältniss Bertold's zu diesem ihm unterstellten Bisthum im Dunklen.

Der Herzog war wohl nur zurückgekehrt, um Truppen zu sammeln, an denen er anscheinend bisher Mangel litt. Denn vor Crema, das sich gewaltsam empört und die kaiserlichen Gesandten verjagt hatte, finden wir ihn wieder [1116] und zwar von jetzt an im Stande, auch militärisch eine bedeutendere Rolle zu spielen. Der Kaiser hatte den auf Crema erbitterten Cremonesen die Vollstreckung der Bannstrafe gegen die widerzähmige Stadt übertragen und ihren 400 Rittern den Herzog Bertold, den Pfalzgrafen Konrad und den Grafen Robert von Bassavilla, einen Verwandten König Wilhelm's, der ihn aus Apulien vertrieben hatte, beigegeben. Sie rückten am 2. Juli gegen Crema vor und begegneten schon auf dem Wege den von den Mailändern und Brescianern unterstützten Bürgern, die sie erst nach heissem Kampfe zurücktrieben. Danach begannen sie die Stadt zum Theil einzuschliessen, indem die Cremonesen vor dem einen Thore, die Fürsten vor dem anderen lagerten.

Die unvollständige Einschliessung ermöglichte es den schon wieder in offenem Aufstande befindlichen Mailändern, der Bundesgenossin Hilfe zu bringen. Mit einer Ritterschaar und 400 Fusskämpfern gelangte einer ihrer Consuln in die Stadt. Bald danach erschien aber auch der Kaiser, der sich noch auf einem Zuge durch das Mailänder Gebiet verweilt hatte, in eigener Person vor der Stadt.

Herzog Bertold war es, der Friedrich einen schnellen Handstreich gegen Mailand rieth und sich dem Unternehmen selber anschloss. Mit Bertold und 300 deutschen Rittern kam der Kaiser am Abend des 13. Juli

---

[1114] Rahewin 180. *aput Modoicum, sedem regni Italici, coronatur.* Giesebrecht V 189 denkt unrichtig an die Kaiserkrone, in der er sich hier „zeigte". — Vgl. über die Ansprüche Monza's, die Krönungsstadt der Lombardei zu sein, die von K. Heinrich VII angestellte Untersuchung und ihren Befund bei Nicolaus von Butrinto ed. Heyck (Innsbruck 1888) S. 12.

[1115] Rahewin 181.

[1116] Das Folgende nach Chron. Ursperg. SA. 33 ff. Dazu Rahewin 228 ff. Ann Mediol. MGSS. XVIII 367 (*dux Bertholdus de Zarengo*), Otto Morena MGSS. XVIII 610 ff.; Vincent. Prag. 677.

plötzlich vor Lodi an, nahm auch dessen Ritterschaft mit sich und ritt mit dieser Begleitung in der Sommernacht bis Landriano. Die Pavesen hatte er angewiesen in der Nähe dieses Ortes, bei Cavagnara zu ihm zu stossen; nur 100 ihrer Ritter sollten auf Mailand zu reiten und durch das voraussichtlich entstehende Gefecht die Mailänder nach Landriano locken. Am 15. Juli war alles demgemäss vorbereitet. Dennoch scheiterte der Plan: die hundert pavesischen Ritter vermochten ihre Aufgabe nicht zu erfüllen, sie wurden von dem Wege nach Landriano abgedrängt und unter grossen Verlusten zersprengt.

Trotzdem versuchte Friedrich dieselbe List noch einmal, und diesmal gelang sie. Er sandte auch die übrigen Pavesen vor und blieb mit den Deutschen und Lodesen in einem neuen Hinterhalt bei Siziano. Wieder jagten die Pavesen vor den andringenden Mailändern davon, aber als diesmal die vermeintlichen Sieger von der ausgedehnten Verfolgung zurückkehrten, stürmten über sie die Kaiserlichen daher, voran Herzog Bertold von Zähringen, der hier des Reiches Fahne trug. Ueber 100 Mailänder wurden erschlagen, 300 gefangen. — Falls es damals nöthig war, so mochten, wenn irgend etwas, solche gemeinsamen Tage geeignet sein, den Kaiser und den offensinnigen Herzog eng an einander zu ketten.

Kurz nachdem Friedrich und Bertold als Sieger auf das Feld vor Crema zurückgekehrt waren, traf — am 20. Juli — die Kaiserin Beatrix geleitend mit über 1200 eigenen und Rittern der Kaiserin der Herzog Heinrich der Löwe aus Deutschland ein und nahm sein Lager vor dem Nordthore der Stadt. In Heinrich's Zelt fand am 18. Sept. eine Fürstenversammlung statt, mit deren Zustimmung der Kaiser die inzwischen vergeblich zur Uebergabe aufgeforderte Stadt noch einmal ächtete[1117]. Später, am Anfang October, langten auch Welf und Rainald von Dassel mit je 300 Rittern an.

Noch einmal unternahm Friedrich einen Streifzug in das Mailänder Gebiet, wobei er von Heinrich dem Löwen und anscheinend auch von Bertold wieder begleitet wurde, der wenigstens unter den vor Crema Zurückgelassenen nicht mitgenannt wird[1118]. Anscheinend kehrte er nicht mit einem gleich eindrucksvollen Erfolge, wie das erste Mal, von Crema zurück.

Die Städter hielten sich mit mannhaftestem Trotze. Keines der Gefechte erschütterte sie; die grausamen Hinrichtungen von Gefangenen, mit denen der ungeduldige Kaiser schliesslich drohte, liessen sie vollziehen und vergalten sie gleichmässig an ihren Gefangenen; den Belagerungsbauten und Sturm-

---

[1117] St. 3866.

[1118] Chron. Ursperg. SA. 35. —

Am 30. Dec. sind Zeugen in einer Urk. des Kaisers (St. 3876) für einen Cremoneser Nobile: Heinrich der Löwe, Pfalzgraf Konrad bei Rhein, Herzog Heinrich von Kärnthen, *Bertaldus dux de Ceringa*, Graf Hugo von Dagsburg und eine Anzahl anderer Grafen.

arbeiten der Kaiserlichen setzten sie eine zerstörende Heftigkeit der Abwehr entgegen. Auch den wohl vorbereiteten allgemeinen Sturm der Belagerer am 21. Jan. 1160 schlugen sie noch einmal ab.

Damit freilich war der Widerstand der zusammengeschrumpften und ermatteten Vertheidigerzahl doch gebrochen. Sie beschlossen die Uebergabe und verhandelten durch den Patriarchen von Aquileja und Heinrich den Löwen. Der Kaiser berief seine Fürsten[1119]; der Beschluss lautete auf Zerstörung der Stadt, freien Abzug der Mailänder und Brescianer, doch ohne Waffen und Pferde, Abzug der Cremasken mit so viel Habe, als ein Jeder tragen könne. Sie nahmen es an, denn sie hatten mehr nicht hoffen können. Am 27. Jan. wurde Crema von seinen Vertheidigern verlassen, die dabei im Einzelnen vielfache Milde, auch vom Kaiser persönlich, erfuhren. Danach ging die Stadt, noch während der Plünderung, in Flammen auf.

Inzwischen war am 1. Sept. 1159 Papst Hadrian gestorben, am 6. Sept. danach die zwiespältige Erhebung Roland's als Alexander III und des kaiserlich gesinnten Cardinals Octavian als Victor IV erfolgt und der Kaiser hatte Beide und dazu den Klerus von Deutschland, Italien und Burgund sowie die höhere Geistlichkeit der anderen Nationen durch deren Könige zu einer grossen und allgemeinen Synode geladen, die nun nach dem Falle von Crema am 5. Febr. 1160 im Dome von Pavia eröffnet wurde. Auch Herzog Bertold[1120] war zwischen den Anwesenden, unter denen sich gegen 50 Bischöfe und die hauptsächlichsten deutschen Laienfürsten befanden. Von den streitenden Päpsten war Victor anwesend, Alexander gar nicht vertreten. Nach langen Verhandlungen ward am 11. Febr. Victor von der Synode, danach von dem in die Versammlung eintretenden Kaiser und den Fürsten anerkannt, am Tage darauf feierlich nach der Domkirche geleitet und empfing den Fusskuss von dem Kaiser, den geistlichen Fürsten, danach von den weltlichen Fürsten und den weiteren Laien. Am 13. Febr. wurde die Synode geschlossen. Ihr folgte noch eine eigenthümliche Feier. Da Friedrich für die nächste Zeit keine militärischen Unternehmungen plante, versammelte er die Fürsten seines Heeres nebst den hervorragenderen Herren und Rittern um sich, dankte ihnen mit anerkennenden und lobenden Worten und nannte einzeln die Namen der durch besondere Tapferkeit oder Leistung Ausgezeichneten[1121], unter denen der Name Bertold's von Zähringen den gerechtesten Anspruch hatte, mit in erster Linie zu stehen. Er beschenkte sie reichlich und gab ihnen dann Urlaub in die Heimath. Nur Friedrich's nächste Verwandte und Otto von Wittelsbach blieben noch bei ihm; unter denen, die zurückkehrten, waren Heinrich

[1119] Die Vermittler *curiae perferunt*, Rahewin 252.

[1120] Otto Morena MGSS. XVIII 621 (*dux Bertoldus de Zaringia*, andere Hss. *Aringia* und [verlesen] *Arcigia*); MGLL. II 125—127 (*dux Zaringiae*).

[1121] Rahewin 273.

der Löwe und Bertold [1122]. Dieser wird auch jetzt wohl wieder durch die Diöcesen Sitten und Lausanne gezogen sein.

Denn in keinen Zeitpunct besser, als in diesen, passt eine Urkunde ohne Datum, die er für Hautcrêt erliess [1123] und in der er das Kloster mit allen seinen Besitzungen in Schutz nahm, sowie allen ihm selber Unterstellten gebot, dem Kloster sicheren Frieden zu halten, auch unter dem frischen Eindruck der Synode von Pavia hinzufügte, dass Niemand das Schisma zum Anlass eines Vorgehens gegen Hautcrêt machen solle, er selber mit kaiserlicher Befugniss [1124], d. h. als Reichsvertreter, Rector, entlaste das Kloster von jeder Beunruhigung darüber und verbürge ihm Frieden für die ganze Dauer des Schisma's.

In diesen Tagen und auf dieser Fahrt, meine ich, suchte Bertold auch seine Stellung im Bisthum Genf [1125] zu begründen.

Erst am 24. Febr. 1155, also kurz ehe Genf dem Zähringerherzog zugewiesen wurde, hatte der Bischof Arducius aus dem Hause der Herren von Faucigny nach mancherlei Uebergriffen der Grafen mit dem Genevois-Grafen Amedeus I zu St. Sigismund bei Grésy einen Vertrag [1126] abgeschlossen, der den Vertrag von Seyssel [1127] erneuerte, den i. J. 1124 der Bischof Humbert mit Amedeus' Vater Aymon II eingegangen war und der bisher die rechtliche, aber durch die erwähnten Gewaltthätigkeiten der Grafen durchbrochene Grundlage des beiderseitigen Verhältnisses gewesen war. Jener Vertrag von Seyssel unterstellte den Grafen als Lehnsmann dem Bischofe, während dieser dem Grafen die Stadt überliess und sich daselbst den Bann, die verschiedenen Regalien und die Gerichtsbarkeit vorbehielt, jedoch in Criminalfällen die Bestraften an den Grafen zur Vollstreckung übergeben sollte; die Kirchen, die der Graf damals in seiner Gewalt hielt, erhielt das Bisthum zurück, ebenso ein Drittel der kirchlichen Zehnten, während der Bischof vorbehaltlich der Rechtsprechung des Papstes es leiden wollte, dass zwei Drittel derselben dem Grafen verblieben. Das alles wurde zu St. Sigismund bestätigt und ausführlicher festgestellt und der Graf dabei ausdrücklich als Vogt unter dem

---

[1122] Otto Morena 621; in St. 3692 vom 15. Febr. ist *Bertholdus dux de Zaringa* noch genannt, in der undatirten St. 3886 nicht mehr.

[1123] Schöpflin V 107; MDSR. XII 2, S. 141. Die Urk. steht im Chartular von Hautcrêt (St.-A. Lausanne), aus dem sie allein bekannt ist, unmittelbar nach der Urk. Bertold's von 1157; andererseits bestimmt sich ihre Zeit durch die Erwähnung des Schisma's und die in Betracht kommenden Anwesenheiten Bertold's in seinem Burgund.

[1124] *ex parte domni imperatoris.*

[1125] Vgl. in erster Linie Spon, histoire de Genève, Genf 1730 (neue Ausgabe) 2 Bde. 4°, dazu die sonst Anm. 865 genannten Werke. Eine Stammtafel der Grafen des Genevois MDSR. XII.

[1126] Spon II Nr. 3.

[1127] ib. Nr. 1.

Bischof bezeichnet; die Leute und Gebiete der Kirche sollten durch eine neue Grenztheilung von denen des Grafen geschieden, die von den Grafen auf zu Unrecht besetztem Gebiete angelegten Schlösser geschleift werden. Die übrigen einzelnen Puncte des sehr umfangreichen Vertrages kommen hier um so weniger in Betracht, als sie in der Hauptsache nur einzelne Uebergriffe des Grafen gutzumachen bestimmt waren. Im Ganzen ergiebt sich, dass der Bischof auch von Seite des Grafen den Fortbesitz der Regalien zugestanden erhielt, die ihm der Kaiser am 17. Jan. 1154 zu Speyer feierlich verliehen hatte [1128], und dass der Graf Lehnsmann und Vogt des Bisthums war. Papst Hadrian IV bekräftigte am 21. Mai 1157 den Vertrag von St. Sigismund durch eine Bulle, in die er die Puncte desselben aufnahm [1129].

Inzwischen war durch den Kaiser Bertold von Zähringen mit der Wahrnehmung der kaiserlichen Rechte und der Regalien**verleihung** im Genfer Bisthum betraut worden. Das stand an sich nicht in Widerspruch mit jener Regalienertheilung von Speyer, vielmehr war gerade durch diese das Ertheilungsrecht der Krone, also in dubio auch eines von ihr bevollmächtigten Stellvertreters für die Zukunft gewahrt worden. Etwas Unerhörtes war ja in Burgund das Mittelbarwerden von Bisthümern, selbst ohne Verzicht der Krone, durchaus nicht. Daneben sah sich Bertold dem bischöflich-gräflichen Vertrage von 1155 gegenüber. Auch dieser wäre in jeder Hinsicht mit der Befugniss des Zähringers vereinbar gewesen; die letztere stand ausserhalb oder vielmehr über den Bestimmungen des Abkommens.

Trotzdem entschloss sich nun Bertold, sich mit einem der Vertragsgegner besonders zu verständigen und dazu wählte er nicht den Bischof, sondern dessen Vogt, den ehrgeizigen Grafen, der einst gegen seinen Vater, Herzog Konrad, zu Felde gestanden hatte. So verfuhr er hier unkluger Weise gerade entgegengesetzt, als für Lausanne, und stieg dazu um eine Stufe herab. Er trat die ganze ihm von dem Kaiser zugestandene Befugniss als Reichsvicar im Genfer Bisthum an den Grafen Amedeus persönlich ab [1130]. Die Gegenleistung des Grafen kennen wir nicht. Allzu viel war es ja nicht, was Bertold somit zeitweilig weg gab, denn da der Bischof im Genusse der Regalien war und bleiben sollte, konnte, abgesehen von etwaigen Ehrenrechten, die Gewalt des Reichsvicars nur bei einem Bischofswechsel wirksam werden und nur dann auch einen materiellen Gewinn bringen. Dass ein solcher

[1128] St. 3678 (s. o. S. 342); diese Ertheilung der *ad regale ius pertinentia* wurde durch Hadrian IV am 21. Mai 1157 bestätigt, J.-L. 10278, Spon II Nr. 5.

[1129] Zweite Urk. Hadrian's von diesem Datum: J.-L. 10277; Spon l. c. Nr. 4. Die päpstl. Bestätigung weicht in einem unwichtigeren Puncte (40 Pfund Vergütung für eine bestimmte Schädigung anstatt 60 Pfund; vielleicht nur Schreib- oder Lesefehler) von der Vertragsurk. ab.

[1130] Vgl. die (später ausführlicher zu behandelnden) Urkk. St. 3967 u. 3968.

wenigstens für diesen Fall mit in Betracht kam, ist anzunehmen, denn nur so konnte der Vertrag mit dem Grafen Zweck und Inhalt haben.

Graf Amedeus aber wollte nun auf jene Uebertragung hin sich alsbald eine weitgehende Nutzung verschaffen. Er legte die Hand auf die Regalien des Bisthums und eignete sich zugleich wieder andere von dessen Gütern an. Das alles muss sehr bald nach Bertold's Rückkehr von der Paveser Synode geschehen sein, denn schon am 1. April ging Victor IV auf die Klage des Bischofs mit Mahnung und Drohung gegen Amedeus vor [1181]. Herzog Bertold ist Amedeus' Thun offenbar fern geblieben und hat sich auch sonst zunächst im Hintergrunde gehalten, so dass er zu dieser Zeit in der ganzen Angelegenheit noch nicht erwähnt wird. Im weiteren Verlaufe aber mag sich Amedeus auf ihn bezogen haben und so die Sache auch auf den weltlichen Rechtsweg gebracht worden sein, denn damit könnte es möglicherweise in Verbindung stehen, dass im Sommer 1160 Bertold, was aus anderen Quellen bekannt wird, im kaiserlichen Lager in der Lombardei erschien, nicht als Führer von Hilfsvölkern, sondern von nur wenigen Rittern begleitet „irgend einer Angelegenheit wegen" [1182]. —

Ehe diese Genfer Angelegenheit weiter verfolgt wird, ist ein kurzer Blick auf Lausanne zu werfen. Hier war der Bischof Amedeus am 27. Sept. 1159 [1183] gestorben und in der Neuwahl, die nach dem Abkommen gänzlich frei von dem Einflusse des reichsvertretenden Herzogs sein sollte, Landerich von Durnach, bisher Decan zu Besançon, erhoben worden, dessen Politik zu allen Zeiten dahin ging, mit dem Rector in gutem Einvernehmen zu stehen und seine im Namen des Reiches geübte Obervogtei anzuerkennen [1184], so dass während seiner Amtsführung Bertold's Stellung in Lausanne nicht angefochten worden ist. Um so mehr ist anzunehmen, dass der Herzog, als er im Frühling 1160 aus Italien zurückkehrte — zu jener Zeit, da er mit dem Genfer Grafen abschloss und für Hautcrêt urkundete — die Stadt Lausanne besucht hat. So hätte denn damals für die Bewohner die Frage des Empfangs des Herzogs in ihren Mauern zur Regelung gestanden Werden wir für die Daten auf Schlüsse und Vermuthungen angewiesen, so sind desto sicherer das Ceremoniell und die Leistungen bei dem Empfange Bertold's IV in Lausanne durch eine Aufzeichnung bekannt: die ganze Geistlichkeit, also die der

---

[1181] Vgl. die Benachrichtigung Victor's an den Bischof und seine Geistlichkeit bei Spon l. c. Nr. 6 (bei J.-L. 14478 zu „1160—1163").

[1182] Otto Morena 626 (*dux Bertoldus de Zaringo*). Die andere Erklärung des *cuiusdam negotii* siehe unten S. 372 f.

[1183] So nach dem Chron. Chart. Laus., über abweichende Daten Reese S. 24, Anm. 3. 1158 behauptet das Sommaire chronologique MDSR. VI.

[1184] 1165 datirt Landerich: *factum est regnante Friderico imperatore, Bertulfo rectore Burgundie* (MDSR. XII. Cartul. de Hauteret S. 24 f.).

Kathedralkirche St. Marien voran, holte ihn nach gemeinsamem Beschluss des Klerus, der Ritter und der Bürger in feierlichem Aufzuge ein und die Bürger gaben ihm während seines Aufenthaltes die beiden Procurationen [1135]. —

Bertold traf, als er aus Burgund kommend im Sommer 1160 sich zum Kaiser begab, diesen am Südfusse der Alpen; er hatte soeben das die flüchtigen Brescianer bergende Iseo zerstört und musste zur Zeit Carcano am Alserio-See, unfern des Comersee's, gegen die Mailänder Hilfe bringen. Zur Verfügung hatte er Ritter und Fussvolk von Novara, Vercelli und Como, dazu einige Mannschaften von Pavia und aus den Grafschaften südlich am Comersee, Seprio und Martesana, ausserdem waren Wilhelm von Montferrat, Guido von Biandrate und der böhmische Herzog Dietbold, Bruder des Königs Wladislaw, bei ihm, zu denen nunmehr auch Herzog Bertold mit seinen wenigen Begleitern kam [1136]. In der Sommerpracht dieser wunderbaren Gegenden lagerten am 8. August die Mailänder und die Kaiserlichen, die jenen den Rückweg versperrten, ganz nahe bei einander. Am Morgen des anderen Tages versuchten die Mailänder die bedrohende Stellung zu durchbrechen und rückten vor. Der Kaiser und die Seinen jagten nun zwar die Feinde vor sich zurück und erbeuteten auch den mailändischen Carroccio, von dem die berühmte Fahne des hl. Ambrosius flatterte, dagegen wurden die italienischen Contingente des Kaisers von den besten Truppen der Gegner geworfen und damit sah sich der schon des Sieges frohe Kaiser fast ganz umzingelt. Er hatte nur ungefähr 200 von Kampf und Hitze ermüdete Ritter in seiner Nähe, so folgte er den Bitten seiner angesehensten Begleiter und zog in der Richtung nach Como ab, so lange es — überhaupt mehr durch Zufälligkeiten — noch möglich war.

Wir wissen nicht, wie lange Bertold diesmal in Italien verweilt hat. Schwerlich lange, da er ohne Truppen dem Kaiser nicht viel nützen konnte und wie gesagt nur einer persönlichen Angelegenheit wegen kam. Als diese ist nun aber neben der Genfer mit noch grösserem Belang die Angelegenheit seines Bruders Rudolf zu vermuthen.

Am 24. Juni 1159 war der Erzbischof Arnold von Mainz von seinen

[1135] Chartular. Lausannense MDSR. VI 412 nach einer zur Zeit Bertold's V, wohl für eine ähnliche Gelegenheit, gemachten Aussage eines Augenzeugen des Empfanges Bertold's IV. Der ibid. genannte Canonicus W. de Orsonens weist freilich mehr in die Zeit des Bischofs Rogers als Landerichs, vgl. MDSR. VI 428. — Einiges Genauere, jedenfalls auch auf den Rector rückzubeziehen, giebt noch die später gemachte Feststellung (ib. 426), wie der König, wenn er in Angelegenheiten des Bisthums oder der Stadt käme, zu empfangen sei: die Procurationen wurden jeweils Abends und Morgens geliefert, zwei Bischofsleute und zwei Bürger kauften sie ein; zu weiteren Ansprüchen hatte der König kein Recht, aber „in anderen Dingen hat der Bischof in für den König geziemender Weise aufzuwarten".

[1136] So Otto Morena l. c. Vgl. über die Ereignisse auch Friedrich's Brief St. 3897. Chron. Ursperg. SA. 41

Städtern erschlagen worden. Damit hatte ein lange schon dauernder Aufstand sein wildes Ende erreicht; nun fürchteten sie die Rache des strafgewaltigen Kaisers. Gerade die Führer der aufständischen Laien, die durch die Blutthat am meisten Befleckten waren es, die den Mainzer Domklerus zu einer neuen schnellen Wahl zwangen, durch die sie sich eine mächtige Bundesgenossenschaft zu erwerben gedachten; nach ihrem Plane wurde von dem vergewaltigten Klerus zum Erzbischofe von Mainz Rudolf von Zähringen erwählt [1137]. Rudolf hat diese Wahl obwohl aus so befleckter Hand angenommen und es auf sich nehmen wollen, der Führer des ganz herabgekommenen Erzstiftes zu werden; auch Bertold, sein Bruder, ist anscheinend für diese Absicht eingetreten, denn eben so wird die erwähnte Angelegenheit am richtigsten zu verstehen sein, die ihn zum Anfang August nach Italien und zu Friedrich führte.

Unterdessen war am 25. Juli von den zu Erfurt in Reichsangelegenheiten versammelten Erzbischöfen und Bischöfen der Kirchenbann über Mainz verhängt worden, und der Kaiser verweigerte seinerseits die Investitur Rudolf's, was noch um so näher für ihn lag, als die Mainzer ihm erst i. J. 1157 versprochen hatten, keine Neuwahl ohne seine Betheiligung vorzunehmen [1138]. Am 29. Oct. 1160 aber wurde von einigen Mainzer Domherren, die von einer Anzahl Fürsten in Verbindung mit den Bischöfen der Mainzer Provinz dazu veranlasst worden waren, insbesondere von Pfalzgraf Konrad und Landgraf Ludwig von Thüringen, welche von Mainz Lehen trugen, ein anderer Erzbischof in der Person des Merseburger Propstes Christian erwählt. Noch einen Versuch, sich zu behaupten, machte Rudolf, indem er am Anfang des Jahres 1161 in eigener Person den Kaiser in der Lombardei aufsuchte, was er übrigens nur dadurch ermöglichte, dass er die kostbarsten Stücke des Kirchenschatzes in klingende Münze umsetzte [1138a]; indessen er erreichte gar nichts, vielmehr verhängte die Synode Papst Victor's zu Lodi (19.—22. Juni 1161), die die Mörder Arnold's bannte, auch gegen Rudolf eine kirchliche

---

[1137] Ann. S. Disibod. MGSS. XVII 29 *frater ducis de Zeringen*; Gisleberti Chron. Hanon. SA. 69; Chron. Sampetrinum Erphord. (Geschqu. d. Prov. Sachsen I) S. 31; Christiani aep. lib. de calam. eccl. Mogunt. MGSS XVII 244 *frater ducis Ceringie; erat enim idem Rudolfus vir potens in armis.* ibid. 245: *Rudolfus Cloubelauch.* Ich fasse diesen Uebernamen als „Lauchspalter" (: der Kleinliche; entsprechend dem heutzutage am Rheine volksthümlichen „Kümmelspalter"), wobei denn eine active und passive Bedeutung des Wortes neben einander anzunehmen wären. Herr Prof. Bernh. v. Simson machte mich bei einer Unterhaltung hierüber freundlichst auf die entsprechende Benennung des Gegenkönigs Hermann bei Helmold SA. 63 *Hermannum quendam cognomento Clufloch* und in den Ann. Palid. MGSS. XVI 70 *Heremannus cognomento allium* aufmerksam, welcher letzteren zugesetzte Erklärung *pro eo quod electus Isleven, ubi allium habundat* schon Giesebrecht III⁴ 1158 mit Recht ablehnte. *Klobloch* auch Strassburger Familie.

[1138] Ann. Disib. l. c.

[1138a] Ann. S. Disib. 30, dazu 29; Christ. aep. lib. 244 f.

Strafe. Der erwählte Gegenerzbischof Christian wurde zwar von Friedrich, der abermals nicht zugezogen gewesen war, ebenfalls nicht bestätigt, aber danach wurde in des Kaisers Gegenwart von einem Theil des Capitels der Wittelsbacher Konrad erwählt und sogleich investirt, womit diese grosse, jedoch so schlecht eingeleitete Hoffnung Rudolf's von Zähringen so gut wie an's Ende gelangt war. Statt ihrer aber war eine starke Verstimmung Herzog Bertold's gegen den Kaiser übrig geblieben. Manches hatte der Herzog bis dahin geduldig hingenommen; nun hatte er einmal auf eine entschädigende Gunst für sein Haus um so sicherer gehofft, als sie den Staufer nichts kostete, und auch hier sah er sich völlig enttäuscht und abgewiesen. Er wollte sich nicht zu dem Troste verstehen, dass der Kaiser gerade diesmal nicht anders handeln konnte.

Bertold war nicht unter den zahlreichen Fürsten, die in der ersten Hälfte des Jahres 1161 nach dem strengen Gebot des Kaisers ihre Schaaren gegen Mailand heranführten. Und bald wandte er sich an König Ludwig von Frankreich, der seit der Synode von Toulouse (1160) als der Schützer Alexander's III der Mittelpunct alles europäischen Widerstandes gegen den Kaiser und die deutsche Krone war. Er schrieb ihm [1139]:

„Dem ruhmvollsten und siegreichsten König der Franken von Gottes Gnaden Ludwig entbietet Bertold Herzog Burgunds mit eifrigergebenstem Dienst treueste Hinneigung. Eurer erprobten und unermüdlichen Fürsorge und Güte, die ihr Allen, nicht minder Fremden wie Verwandten in königlicher Freigebigkeit zu spenden gewohnt seid, hegen auch wir das Vertrauen nicht untheilhaftig zu sein, deswegen weil wir, mit eurem Verlaub, von demselben Blute stammen. Auch sind wir in Allem, wie es euer Wille uns auferlege, euch zu dienen und zu gehorsamen ohne jede Ausnahme bereit. Was nun das anlangt, dass unser Kaiser, ein eifriger Zerstörer der Kirchen und der Gesetze, euch und eurem Reiche in der Ueberhebung seiner Gedanken so drohenden Schrecken einzuflössen sucht, so soll eure Majestät, für den Fall, dass er je, was ferne sei, seine Drohungen zur Wirklichkeit zu machen sich anschickt, erkennen und auf das Sicherste wissen, dass wir mit allen unseren Freunden und Getreuen und mit einigen gerade von den grösseren Fürsten Deutschlands, von denen wir einzelne um unserer Liebe willen oder aus Pflicht der Verwandtschaft, andere aus gleichem Hasse gegen den Kaiser zu Verbündeten haben, eurer Sache mit Rath und Hilfe, wie ihr es anordnen

[1139] Bouquet, Rec. des hist. des Gaules et de la France, Paris, Bd. XVI 1813, S. 34 f. Da Rudolf's Sache zu der Zeit, da der Brief geschrieben wurde, ersichtlich noch nicht veraltet war, darf man das Schreiben nicht mit Giesebrecht V 345 *erst* nach dem Sept. 1162 setzen, sondern hat es möglichst hinaufzurücken. „*B. dux Burgundiae.*“ Dass Bertold in diesem Augenblicke von dem immerhin einen Verzicht bedeutenden Titel des „Herzogs (von Zähringen) und Rectors von Burgund“ zu Gunsten desjenigen, der ihn ausserhalb des engeren, deutschen Reiches zu stellen schien, absah, ist begreiflich.

werdet, ganz ergeben und gerne bereit sein werden. Bei dieser günstigen Gelegenheit empfehlen wir euch unseren geliebtesten Bruder Radulf, der nicht etwa bloss durch irgendwas, sondern durch die canonische Wahl, wie euch wohl nicht verborgen sein wird, in dem Erzbisthume Mainz erhoben worden, aber vom Kaiser, der aus Hass gegen unser Geschlecht einen Anderen aufgedrängt hat, sehr beleidigt worden ist: ihn senden wir und empfehlen wir eurer Gnade ihn zu stützen, eindringlich bittend, dass ihr ihm in seiner ganzen Angelegenheit, auch bei dem Herrn Papst Alexander und sonst behilflich sein wollet, damit, sobald er durch eure und die apostolische Autorität wieder eingesetzt und befestigt ist, wir und er selber mit allen unseren Verwandten und Freunden euch auf so viel Freundlichkeit würdige Gegenleistung thun können und zwar um so viel ergebener, je gütiger ihr euch ihm in Hilfe erzeigen werdet. Was im Uebrigen unser Bruder euch über uns in mündlichem Gespräch erzählen wird, das wollet mit uns ohne jede Zweideutigkeit als gutgeheissen und sicher aufnehmen."

Der schlimme Brief ist in recht gutem und fliessendem Latein geschrieben; ich möchte seinen Verfasser daher im geistlichen Gewande und in der möglichsten Nähe desjenigen suchen, für den er in erster Linie geschrieben und der auch der Ueberbringer war, Rudolf's. Auf die Mainzer Kathedra ist Rudolf dann auch durch Ludwig und Alexander nicht gelangt. In bemerkenswerther Weise lässt der Brief erkennen, dass Bertold und Rudolf das Vorgehen des Kaisers nicht als eine einzelne ungünstige Massregel empfanden, sondern auf einen tieferen staufischen Gegensatz gegen das zähringische Haus zurückführten, wie er aus dem Verhalten des Otto von Freising und überhaupt aus dem gesammten geschichtlichen Nebeneinander dieser beiden grossen schwäbischen Familien auch von uns abzuleiten war. —

Herzog Bertold hat sich einen Theil dieser Jahre in seinen alamannischen Landen aufgehalten, wovon eine einzelne Spur erhalten geblieben ist. Aus dem burgundischen Cistercienserkloster Frienisberg kamen i. J. 1161, offenbar von dem Herzog veranlasst oder doch berathen, der Abt Hesso und zwölf Mönche in den Breisgau und schlossen unter Vermittlung Bertold's einen Vertrag [1140], wonach ihnen der Edelfreie Kuno von Horben gegen 30 Mark Silbers und ein Maulthier den Thenenbach genannten Ort in einem Seitenthälchen des Brettenthals nebst den anliegenden Gütern Labern, Brettenhart und Mutterstegen und die beiden Lehen Mussbach mit allem Zubehör und dem unbeschränkten Holzungsrechte in dem zu Mussbach gehörigen Walde

[1140] Schöpflin V 108f. Vgl. die Berichtigung zu dem Siegelvermerk bei Dümgé 50. — *Labirn* ist als Laberhof erhalten, *Brettenhart* nicht Waldung, Hart, geblieben, sondern längst Brettenthal geworden, *Mutirstegin* noch 1798 als Lehenhof Thenenbachs vorhanden gewesen, aber vor 1808 verschwunden. — Nachtr. Vorzuziehen ist ein anderer, von H. Maurer gegebener Abdruck der Urk. in der Oberrh. Zs. NF. IV 494.

Mutterstegen überliess. Bertold selbst war bei Abschluss des Vertrages gegenwärtig und bekräftigte ihn durch sein Siegel. Der formellen Uebergabe der Güter dagegen wohnte er nicht bei, sie geschah vor dem Breisgaugrafen, Markgraf Hermann, und zwar auf dem inzwischen in markgräflichen Besitz übergegangenen Schlosse Hachberg in Mitanwesenheit des Grafen von Nimburg, der Herren von Uesenberg und Schwarzenberg und einer Anzahl sowohl herzoglicher wie markgräflicher Ministerialen. —

Am Anfang März 1162 fiel Mailand in des zornigen Kaisers Gewalt und auf den 29. August konnte die Zusammenkunft Friedrich's, der nun endlich freiere Hand hatte, mit Ludwig von Frankreich verabredet werden, die als ein grosses Concilium der weltlichen und geistlichen Würdenträger der Christenheit gedacht war und ausser dem grossen Streit der zerspaltenen Kirche auch den weltlichen Hader zu schlichten bestimmt war. Elf Erzbischöfe, zahlreiche Bischöfe, die bedeutendsten weltlichen Reichsfürsten waren um Friedrich versammelt, als er zu der angesagten Zeit an der Saône, bei St. Jean-de-Losne Quartier nahm, auch der Papst Victor, der König Waldemar von Dänemark mit dem Bischof Absalom von Roeskilde und der Bruder des Böhmenkönigs, ein häufiger Gast bei Friedrich, befanden sich im deutschen Lager; ähnlich von den geistlichen und weltlichen Herren Frankreichs umgeben weilte König Ludwig gegenüber auf seinem Grenzgebiete. Indessen diese ganze grosse Zurüstung blieb vergebens gethan; das Misstrauen und die kaum verhüllte Verschiedenheit der Tendenzen liessen es nicht zu einer Begegnung der beiden Herrscher kommen, und so vereinigte der Kaiser endlich im September wenigstens die Versammelten seiner Reiche zu einer Synode, die abermals Victor IV anerkannte.

So mochte wohl Bertold von Zähringen, der nach allem Anschein nicht mit an der Saône gewesen war [1141], froh werden, als er erfuhr, dass eine Begegnung und Verständigung Friedrich's und Ludwig's nicht stattgefunden habe. Indessen seine Abwesenheit ersparte dem seinem Kaiser entfremdeten und blossgestellten Herzoge eine neue Demüthigung, durch anderen Anlass nicht.

Vor Friedrich erschien im Hoftage Bischof Arducius von Genf und erhob Klage über das Abkommen zwischen dem Herzog Bertold von Zäh-

[1141] Er fehlt unter den Zeugen von St. 3965 (bei Besson, Mémoires sur l'hist. ecclesiastique des diocèses de Genève, Tarantaise, Aoste et Maurienne et du décanat de Savoye. Nancy 1759. 4°. S. 361 f. und nicht S. 352, wie Stumpf hat). Seine Abwesenheit scheint mir auch aus den Urkk. St. 3967–3969 hervorzugehen, auf denen — insbes. auf 3967 — die im Text folgenden Ausführungen beruhen. Ich halte vorläufig fest an der Echtheit von St. 3968 und auch an den bei Spon l. c. (Nr. 7—9) gegebenen, gegenüber den Stumpf'schen gerade umgekehrten Daten: St. 3967 vom 8., nicht vom 7. Sept., St. 3968 vom 7., nicht vom 8. Sept. Vgl. zur Erklärung von St. 3968 und über das gegenseitige Verhältniss der Urkk. unten S. 378 f.

ringen und dem Grafen Amedeus von Genf, der auf dasselbe hin in das Bisthum eingedrungen sei und alle Regalien an sich gerissen habe; mit drängenden Bitten forderte er, wie die kaiserlichen Urkunden geflissentlich hervorheben, möglichst schleunige Justiz und Abhilfe. Ob nach Anhörung der Klage Bertold und Graf Amedeus überhaupt vor den Hoftag gefordert worden sind, ist zweifelhaft; nur die spätest ausgefertigte der hierüber erlassenen Urkunden [1142] behauptet es, gleitet aber sehr schnell über diese Ladung hinweg. Jedenfalls ging der Kaiser in der Sache selbst mit bedenklicher Bereitwilligkeit auf Arducius' Ausführungen ein: dass Bertold kein Recht zu einem solchen Abkommen mit dem Grafen gehabt habe, da er gar nicht im rechtmässigen Besitze der Hoheit gewesen sei, denn schon von Friedrich's Vorgängern sei die Reichsunmittelbarkeit der Genfer Kirche verbrieft worden und Friedrich selber habe die volle Gewalt der Krone in seinem Privileg vom 17. Jan. 1154 dem Bischof zur Ausübung übertragen. Das alles hatte ja auch den Schein der Richtigkeit, nur dass dabei die Inhaberschaft der Regalien mit dem Rechte der Regalienverleihung durch einander geworfen wurde, welches durch den Vertrag von 1156 dem Zähringer übertragen worden war. Denn das Bisthum war doch durch die Regalienertheilung von 1154 keineswegs völlig und dauernd vom Reiche freigegeben worden, und was ständig des Reiches Recht blieb, in erster Linie die Neuinvestituren mit den Regalien, das eben sollte der Zähringer ausüben. Nur auf die bis 1156 ungeminderte Reichsunmittelbarkeit seines Bisthums durfte sich Arducius immerhin berufen, nicht auf diejenige Vertretung der Krongewalt, die er selber als Inhaber der Regalien ausübe. Aber Bertold selber hatte den Fehler gemacht, durch sein Abkommen mit Graf Amedeus — hier bleibt Unklarheit — veranlasst oder doch ermöglicht zu haben, dass der Graf in Vermengung des Ertheilungsrechtes mit der Inhaberschaft die Regalien, die der Bischof wirklich zu Recht besass, an sich riss; insofern trägt auch er eine Mitschuld an jener Verwischung des Sachverhaltes, der für die Versammlung zu St. Jean-de-Losne bestimmend blieb. Denn der aus dem besonders genannten Bischof Heinrich von Würzburg und einigen der vornehmsten geistlichen und weltlichen Fürsten bestehende Ausschuss, den der Kaiser über die Frage berief, gab das Gutachten ab, der Kaiser habe die Regalien im Genfer Bisthum an Bertold zu Unrecht verliehen, nachdem er einmal den Bischof mit ihnen investirt hätte, die Verleihung an den Herzog sei also völlig hinfällig. Hierauf wurde diese, da der gutachtliche Spruch auf Umfrage des Kaisers die Zustimmung Aller fand, einfach aufgehoben und die Unmittelbarkeit des Bisthums bestätigt. Weiter drängte der Bischof auf die thatsächliche Rückerstattung der in Amedeus' Gewalt befindlichen Regalien; der Kaiser forderte den

[1142] St. 3968. Das Folgende nach St. 3967.

Markgrafen Albrecht den Bären zur Aeusserung hierüber auf und auch dessen Spruch fand — dieser mit Recht — allgemeine Zustimmung, dass die Rückerstattung unverzüglich und vollkommen zu geschehen habe und Herzog Bertold nebst Amedeus zur Rückgabe anzuhalten und vor weiteren Uebergriffen zu warnen seien. Dementsprechend wurde dem Herzog und dem Grafen Mittheilung gemacht und Beiden ein Termin zur Rückgabe angesetzt. Ueber das Ganze erhielt der in sein Bisthum zurückkehrende Bischof eine kaiserliche Verbriefung in Gestalt einer Benachrichtigung an den Klerus und die Ritter, Bürger und sonstigen Laien von Bisthum und Stadt Genf, die jedoch die Theilnehmer der ganzen grossen Versammlung als Zeugen aufführte und am 8. Sept. ausgestellt wurde, und ausser dieser noch ein ganz kurzes kaiserliches Mandat an Klerus und Volk von Genf, welches Arducius vielleicht zuerst erhalten und das ihm nicht genügt, sondern ihn veranlasst hatte, sich noch jene ausführlichere und durch Zeugen verstärkte Benachrichtigung mitgeben zu lassen.

Auf diese Weise ging dem Herzog Bertold die Reichsvogtei in Genf verloren. Sein Schwager Heinrich der Löwe war in der Versammlung, die den Spruch fällte und hat ihn auch als Zeuge mit anerkannt. Auf die Dauer konnte es allerdings nicht unerkannt bleiben, dass der Beschluss gegen Bertold, so sehr auch der Herzog compromittirt erscheinen mochte, doch vorschnell gefasst war, dass ein Richterspruch ergangen war, der nicht ganz auf der Grundlage des Rechtes stand. Das wurde klar, noch ehe Arducius, dem ja bisher nur jene beiden urkundlichen Benachrichtigungen mitgegeben worden waren, ein eigentliches neues Privileg erhielt. Und darum wohl hat er ein solches gar nicht erhalten, sondern nur noch ein weiteres, später ausgefertigtes, freilich auf den Tag des Urtheilsspruches (7. Sept.) zurückdatirtes feierliches Mandat [1143], das sich widerum nicht in der sonstigen Weise kaiserlicher Urkunden an „alle gegenwärtigen und zukünftigen Hörer und Leser", sondern, obwohl es eine Goldbulle trug, mit einer gewissen Verschämtheit nur an die Bisthumsangehörigen wandte. In diesem Mandat war der wunde Punct des Urtheilsspruches ganz umgangen, d. h. die Regalien waren aus dem Text ganz fortgelassen und statt ihrer etwas vage die bisherige *superioritas* des Herzogs in den verbreiteten Wortlaut eingesetzt. Sein Ehrenrecht als Oberhaupt und Schutzherr wahrte sich der Kaiser; alle sonstige Hoheit überliess er jenes Urtheils vom 7. Sept. wegen und, wie er fast naiv zugesteht, noch aus vielen anderen hierzu veranlassenden Gründen dem Bischof. Mit dieser neuen Formulirung wurde weder für ihn noch für den Bischof noch für Bertold etwas Eigentliches an der nach der Entscheidung vom 7. Sept. entstandenen Sachlage geändert [1144]. Auf die hier angegebene

[1143] St. 3968.

[1144] Für den Bischof und insbesondere für sein Regalienrecht gegenüber den An-

Weise aber ist die bisher für unecht angesehene nochmalige Verbriefung, die mit der Goldbulle, als eine echte richtig zu verstehen [1145].

Eines erfahren wir noch aus ihr: dass Bertold auf jeden Widerstand verzichtete; der Kaiser konnte in dieser letzten Verbriefung schon mittheilen, dass sowohl der Herzog von Zähringen wie der Graf von Genf sich mit dem Spruche zufrieden gegeben und in Gegenwart Friedrich's um dessen Verzeihung gebeten hätten. Das könnte etwa auch von Seite Bertold's auf burgundischem Gebiet, wo der Kaiser noch am 24. Sept. weilte [1146], aber auch überhaupt erst später geschehen sein. In ersterem Falle würde Bertold seine Stimmung gegen den Kaiser und seine Hoffnungen auf eine offene Erhebung dabei geheim gehalten und geflissentlich verdeckt haben. Wirklich gab Graf Amedeus, Obigem entsprechend, in Gegenwart einer Anzahl burgundischer Bischöfe, Kleriker und Ritter die Regalien unmittelbar in die Hand des Bischofs Arducius zurück [1147].

Als Kaiser Friedrich im October aus Burgund nach Deutschland heimkehrte, fand er schon eine zähringische Kampfpartei vor. Herzog Bertold hatte die enge Verbindung seiner Vorfahren mit dem elsässischen Hause Dachsburg neu geknüpft und mit dem Grafen Hugo, den er schon durch die gemeinsame Theilnahme an den italienischen Kämpfen von 1159/60 genauer kannte [1147a], ein Bündniss abgeschlossen, auf Grund dessen er zunächst seinerseits den Dachsburger in seinen Fehden unterstützte [1148], und auch den Bischof Stephan von Metz, einen eifrigen Anhänger Alexander's III [1149], zum Eintritt in dies Bündniss bereit gefunden. So kam es, dass die Bewegungen des elsässischen Grafen dem Kaiser von grösster Wichtigkeit wurden. Er selber, von Italien kommend, zog vor Hugo's grosse Burg Girbaden (südwestlich von Molsheim, über dem Breusch- und Mageltbal), nahm sie ein und legte sie in Trümmer [1150]. Bei der Niederwerfung des Grafen liess er es bewenden; den Zähringer gedachte er vor allen Dingen von jeder Beziehung zu den

sprüchen der Grafen behielt die frühere Urk. (St. 3967) nach wie vor unmittelbareren practischen Werth. So ist es verständlich, wenn 1184 bei dem Schiedsspruch von Aix zwischen dem Bischof und dem Grafen von Genf St. 3967 und nicht St. 3968 zu Grunde gelegt wurde, und auch daraus also eine Verdächtigung der letzteren nicht zu folgern.

[1145] In einem neueren Jahrhundert hat man sich dagegen im Interesse der städtischen Hoheit an die Fälschung von St. 3967 gemacht und abgesehen von anderen Veränderungen auch die Stelle über die Oberhoheit der Krone ausradirt, vgl. MDGenève V 347.

[1146] St. 3970.

[1147] Vgl. das darüber aufgenommene Chirograph Spon l. c. Nr. 10, ohne Datirung.

[1147a] Sie stehen als Zeugen neben einander in St. 3876 vom 30. Dec. 1159 (vor Crema).

[1148] Notiz aus Neuburg MGSS. XVII 69, Anm. 41.

[1149] Gesta epp. Mett. MGSS. X 545.

[1150] Ann. Argent. MGSS. XVII 89; Ann. Marbac. MGSS. XVII 161; Ann. Maurimonast. 181.

Welfen zu trennen, auf deren Verwandtschaft sich Jener verlassen zu können glaubte.

Als Friedrich über Ulm kommend am Ende November in Constanz Hoftag hielt, war wieder Heinrich der Löwe an seiner Seite. Nie sind der Kaiser und der mächtigste Herzog des Reiches inniger mit einander verbunden gewesen, als in diesen Jahren. Jetzt sprach der Kaiser den Wunsch aus [1151], dass Heinrich sich von seiner zähringischen Gemahlin scheide. Heinrich aber ist darauf eingegangen; vielleicht insofern mit weniger schwerem Herzen, als er noch keinen Nachfolger besass. Denn von Clementia war ihm ausser einer Tochter nur ein Sohn geboren worden und dieser, Heinrich mit Namen, war als kleines Kind in der herzoglichen Residenz zu Lüneburg durch einen unglücklichen Fall vom Tisch um's Leben gekommen [1152]. Das alles waren freilich keine Gründe, auf welche hin die Kirche eine Scheidung genehmigen konnte und diese erfolgte daher auf Grund zu naher Verwandtschaft [1153]. Am 23. Nov. 1162 trennte sich Heinrich von der Gemahlin, die ihm durch 15 Jahre treu und hilfreich zur Seite gestanden hatte. Die Tochter Heinrich's aus dieser nun gelösten Ehe, Gertrud, ist dann i. J. 1166 die Gemahlin des Schwabenherzogs Friedrich „von Rothenburg", des Sohnes K. Konrad's III, und nach dessen frühem Tode (Aug. 1167) Kanud's, des Sohnes des Dänenkönigs Waldemar geworden [1154]. Als Königin auf dem Throne Dänemark's ist die Tochter der Zähringerin i. J. 1196 gestorben.

Clementia weilte nach der zu Constanz vollzogenen Scheidung zunächst aller Wahrscheinlichkeit nach bei ihrem Bruder. Von einer Rückgabe ihres Heirathsgutes, das Heinrich ja an den Kaiser vertauscht hatte [1155], oder von einer Entschädigung verlautet gar nichts, was höchst bezeichnend für das Einverständniss Friedrich's und Heinrich's und die Isolirung Bertold's ist. Clementia ist danach noch einmal eine Ehe eingegangen; sie ward die Gemahlin des Grafen Humbert III von Maurienne [1156] und sehr wahrscheinlich hat man

[1151] Gislebert Chron. Hanon. SA. 69. Chron. Ursperg. SA. 46.

[1152] Chron. mon. S. Michaelis Luneb. MGSS. XXIII 396, auch ibid. Anm. 40.

[1153] Helmold SA. 212. Chron. reg. Colon. SA. 123. Vgl. über die Scheidung ausser diesen und den in Anm. 1151 Genannten noch die Ann. Weing. Welf. MGSS. XVII 309 und Ann. Reichersperg. MGSS. XVII 466.

[1154] Nach Chr. Fr. Stälin II 292 u. 102.

[1155] Mehrfach erwähnt Heinrich in der zunächst folgenden Zeit (vgl. die Origg. Guelf. an versch. O.) die Zustimmung seiner und der Clementia Tochter Gertrud bei Besitzübertragungen. Dabei aber Gertrud als die Erbin des Witthums ihrer Mutter oder einer Entschädigung für das Heirathsgut zu betrachten, verbütet der Zusatz: „unsere Erbin".

[1156] Radulfus de Diceto MGSS. XXVII 264 zu 1173; Gesta Heinrici II et Richardi I ibid. 85—87; danach Roger de Hoveden ibid. 142; nach Radulf: Roger de Wendover MGSS. XXVIII 33. Obwohl hier Clementia ausdrücklich als die verlassene Frau Heinrich's des Löwen charakterisirt wird, suchen Guichenon, Schöpflin, Gingins u. Andere in der Gemahlin Humbert's eine andere Zähringerin, die sie Anna nennen. —

Recht, wenn man diese verwandtschaftliche Verbindung der Häuser Zähringen und Savoyen in Beziehung damit gesetzt hat, dass sich hernach der Graf im Besitze des Regalienverleihungsrechtes im Bisthum Sitten findet[1157], welches somit Bertold IV auf ähnliche Weise an seinen Schwager abgetreten haben würde, wie früher das für Genf an den dortigen Grafen, nur dass es in Sitten nicht missbraucht wurde und daher bis zu der aus anderweitigen Ursachen geschehenen Aechtung des Grafen (i. J. 1184) in Rechtskraft blieb. Nach der Beilegung dieser Angelegenheit i. J. 1189 wurde es freilich nicht wieder mit zurückerstattet, so dass Sitten seitdem reichsunmittelbar blieb. Eine Tochter aus dieser zweiten Ehe Clementia's wurde i. J. 1173 mit dem damals vierzehnjährigen englischen Königssohne Johann, dem späteren König Johann ohne Land, verlobt, starb aber schon vor der Vermählung i. J. 1174.

Es ist sehr schwer zu verstehen, wenn wir nach all' diesen Vorgängen den Herzog Bertold am 8. Juli 1163 am kaiserlichen Hoflager zu Selz und in einer daselbst ausgestellten Kaiserurkunde als Zeugen finden[1158]. So viel ist trotz dieser Begegnung und trotzdem ihm der Kaiser hier absichtlich, ganz in der alten Art, wieder einmal den Titel von Burgund gönnte, sicher, dass Friedrich den einst so treuen und eifrigen Freund noch nicht zurück gewann und dass sich die abseits gedrängte starke Empfindung und Thatenlust des Herzogs in der nächsten Zeit noch in Bahnen bewegten, welche die des Staufers kreuzten. Um so freier, als der Kaiser im Herbst 1163 abermals nach Italien zog.

In Schwaben ging der Zündstoff auf, den die Jahre unumschränkten kaiserlichen Schaltens aufgehäuft hatten. Hier glimmte ausserdem noch der Funke eines älteren Zwistes; es bedurfte nur des Anfachens, um sofort zwei grosse Partheien in Waffen stehen zu lassen[1159]. Der Pfalzgraf Hugo von Tübingen nämlich hatte einen welfischen Mann hängen lassen und Herzog Welf VI es vorläufig bei der auf seine Beschwerde gegebenen Antwort Hugo's, der übrigens Lehen von ihm trug, bewenden lassen. Nun griff aber der junge Welf (VII), als er einige Zeit nach diesem Vorfall aus Italien zurückkehrte[1160], wohin dafür der Vater ging, die Sache wieder auf und forderte ein Mal über das andere von dem Pfalzgrafen Genugthuung, bis dieser im Einvernehmen

---

[1157] Vgl. die Urk. König Heinrich's VI von 1189 Mai 7. St. 4644. Die im Text erwähnte Vermuthung rührt von Joh. v. Müller her.

[1158] St. 3982. *Bertoldus dux Burgundionum*. Zusammen mit dem Bischof von Strassburg und anderen Klerikern, dem Pfalzgrafen Konrad, Graf Wetzel von Eberstein, Ulrich von Herrlingen und Otto von Geroldseck.

[1159] Die Quellen sind: Otto SBlas. SA. 437 f., Hist. Welf. SA. 37 ff. (Chron. Ursperg. SA. 46 f. aus der Hist. Welf.); Ann. Zwiefalt. mai. MGSS. X 56; Flores temporum MGSS. XXIV 238.

[1160] Vgl. über ihn Chr. Fr. Stälin II an versch. Orten. Er starb schon 1167, seines Vaters einziges Kind.

mit Herzog Friedrich von Rothenburg einen scharfen Bescheid gab. Das meldete Welf seinen Freunden und Verwandten und diese waren in Folge der schon erwähnten allgemeinen Spannung auf das Eifrigste bereit, mit ihm in's Feld zu ziehen; so stand alsbald ein grosser rheinisch-schwäbischer Bund in Waffen, in welchem Herzog Bertold, Welf und die Bischöfe von Augsburg, Speyer und Worms neben den den Zähringern verwandten Markgrafen Hermann von Baden und Bertold von Vohburg und den Grafen von Pfullendorf, Habsburg, Calw, Berg, Ronsberg, Kirchberg, Veringen und Heiligenberg die hauptsächlichsten Theilnehmer waren. Herzog Bertold nahm dabei eine so hervorstechende Stellung ein, dass Otto von St. Blasien ihn allein als Verbündeten Welf's nennt. Sie zogen sogleich mit 2200 Gewaffneten gegen die Veste Tübingen und schlugen in deren Nähe am Samstag Abend, den 5. Sept. 1164[1181] ihr Lager auf. In der Veste lagen Hugo und seine Verbündeten, der Herzog Friedrich mit so viel Mannschaft, als er irgend hatte auftreiben können, die Zollern, die auch nach möglichsten Kräften Leute aufgebracht hatten, und andere nicht einzeln Genannte. Das war keine Fehde wegen eines umgekommenen Mannes mehr; es waren die grossen Gegensätze in Reich und Kirche, die auch hier zum Austrag kommen wollten.

Den Sonntag wollten die Belagerer nicht entweihen, aber für den 7. Sept. war ihr Sturmangriff beschlossen. Da waren es schlecht disciplinirte und neugierige Theile des zähringisch-welfischen Heerhaufens, die schon am Mittag des Sonntags mit einigen Burginsassen gleichen Schlages unterhalb der Burg in Kampf geriethen und damit die beiderseitigen Truppen aus der Ruhe aufscheuchten. Den Pfalzgräflichen gelang es, eine überlegene Stellung an der steilen Böschung des Neckarufers zu gewinnen und den feindlichen Zuzug abzuschneiden, so dass von der noch am Besten geordneten Hauptmasse der hier und da zum Kampfe eilenden Belagerer, welche unter dem von Graf Heinrich von Veringen getragenen Feldzeichen heranstürmte, nur Wenige zu dem eigentlichen Kampfplatz durchzukommen vermochten. Auf diesem wurde zwei Stunden lang gekämpft, wobei in Folge des Mangels geeigneter Waffen bei den so unvermuthet in's Gefecht Verwickelten fast Niemand schwer getroffen, sondern nur Gefangene gemacht wurden; da unterdessen die am Flussübergang Verhinderten ohne rechten Grund das Feld räumten, unterlagen die von ihrer Seite an jenem Orte Kämpfenden, denen sie Hilfe bringen wollten, und schliesslich befand auch jene vom Flussufer zurückgewichene Hauptschaar sich in wilder Flucht vor den siegreichen Belagerern, die im Ganzen 900 Gefangene machten. Welf selbst gelangte mit nur drei Gefährten auf die Burg Achalm; in Wäldern und Bergen,

[1181] 1164 ist durch die anderen Quellen bezeugt; das Datum Samstag d. 6. Sept. in der Hist. Welf. SA. 38 ist nicht nur für 1164, sondern auch für die benachbarten Jahre unmöglich, beruht also auf Versehen.

auch in benachbarten Burgen suchten seine zersprengten Bundesgenossen Zuflucht.

Indessen kehrte der ältere Welf aus Italien zurück[1162] und sorgte für Frieden. Aber nach einem Jahre brach die Fehde wieder los. Vereint mit Herzog Bertold und dessen Ritterschaft ging diesmal auch der ältere Welf gegen den Pfalzgrafen vor, verwüstete sein Gebiet und belagerte seine Burg Kelmünz an der Iller, die nach wenigen Tagen erobert und zerstört wurde; dasselbe Schicksal durch die Verbündeten erlitten die Burg Hildrishausen (bei Herrenberg) und die auf einst zähringischem Boden erbaute Kirche zu Gültstein, deren Thürme als Befestigung gedient hatten. Nachdem auch noch (Pfalzgrafen-) Weiler nach etwas längerer Umschliessung erobert und zerstört und inzwischen fortwährend das Gebiet Hugo's verwüstet worden war, trennten sich Bertold und Welf und gingen in ihre Besitzungen zurück. Hugo's einzige Zuflucht war Herzog Friedrich gewesen, der sich inzwischen böhmische Mannschaften verschafft hatte und jetzt mit diesen Horden hinter Welf drein eilte, den er nach Ravensburg hineindrängte und durch Verwüstung des welfischen Besitzes vergeltend schädigte. Dieser Rachezug fällt in die Zeit zwischen Epiphanias (6. Jan.) und Mariae Lichtmess (2. Febr.) 1166. Zur gleichen Zeit setzte Kaiser Friedrich der wüsten Fehde ein Ende und berief ihre Theilnehmer auf einen Fastenreichstag nach Ulm. Dort stellten sich die beiden Welfen, auch Herzog Bertold[1163], die Grafen Rudolf von Pfullendorf, Bertold und Ulrich von Berg, Eberhard von Kirchberg mit seinen Söhnen, von der Gegenparthei Herzog Friedrich und Pfalzgraf Hugo; ferner waren der Erzbischof Wichmann von Magdeburg mit seinem Dompropst Otto, die Bischöfe von Speyer, Chur und Otto von Constanz, Herzog Heinrich der Löwe, Pfalzgraf Otto von Wittelsbach, Graf Albert von Dillingen und Andere anwesend[1164]. Wieder stand Herzog Bertold inmitten Derer, die einst mit ihm als befreundete Genossen das Schwert gegen die Feinde des Kaisers in Italien geschwungen hatten, nunmehr er selber ein Helfer wider den Frieden des Reiches.

Der Kaiser mochte würdigen, was in der Seele des tapferen Herzogs vorging. Der Urtheilsspruch, den er am 7. März fällte, überrascht trotzdem; die Quellen, denen wir folgen mussten, scheinen, obwohl den Welfen und Zähringern nahe stehend, demnach die Verschuldung Hugo's doch etwas bemäntelt zu haben. Von Friedrich auf das Freundlichste aufgenommen,

---

[1162] Was auch durch seine Anwesenheit zu Memmingen am 15. Nov. 1164 (WUB. II 149) mit bestimmt wird.

[1163] Die Urk. St. 4065 vom 1. Nov. 1164, nach der Bertold auch damals bei dem Kaiser gewesen wäre, wozu dann dasselbe, wie S. 381 zu sagen wäre, bedarf trotz Ficker, Forsch. z. R.- u. Rgesch. Italiens II 180, Anm. 26 noch der Aufklärung.

[1164] Vgl. St. 4066 u. 4067 vom 8. März 1166. Dazu Otto SBlas. 438 f.

gingen die Welfen und Bertold ganz ohne Rüge aus; dem Pfalzgrafen wurde auferlegt, sich in Welf's Gewalt zu geben oder das Reichsgebiet hinfort zu verlassen. Hugo wählte das Erstere. Vergeblich warf er sich Welf zu Füssen; dieser beharrte in der Rolle des entrüsteten Lehnsherrn. Erst nach dem dritten Fussfall des Tübingers lenkte er ein, sandte ihn aber als Gefangenen auf seine Veste Neunburg in Rhätien[1165].

Von da an war Bertold's leichtbewegliches gutes Herz dem Kaiser wieder zugeneigt, obwohl dieser Nichts von dem zurücknahm, was er dem Zähringerhause zugefügt hatte. Vielleicht wurde auch für Bertold eine gewisse Begütigung dadurch mit herbeigeführt, dass in dieser Zeit, wie schon erwähnt, Bertold's Nichte Gertrud, die Tochter Heinrich's des Löwen und der verstossenen Clementia, die Gemahlin Friedrich's des Rothenburgers wurde und man dieser Verbindung etwa eine für die Zähringer freundliche Seite zu geben wusste.

Bertold verliess nach dem Ulmer Tage das Hoflager des Kaisers wieder. Aber an dem neuen Römerzuge, der wegen der andauernden italischen Wirren für den Herbst desselben Jahres (1166) beschlossen war, beabsichtigte er Theil zu nehmen.

Inzwischen hatte er Veranlassung als Vogt von St. Blasien zu amten. Schon lange lag das Kloster mit der Pfarrkirche zu Tegernau in Streit über einige Zehnten zu Schönau. Jetzt endlich wurde die Sache auf öffentlichem Schiedstag zu Fahrnau vor Herzog Bertold als dem Vogt der einen Parthei und dem Tegernauer Vogt Heinrich im Beisein des Priesters Guntram und einer Menge Volkes dahin geschlichtet, dass St. Blasien als Entschädigung für die Zehnten ein Gut zu *Ledinchorin* (das bisher nicht nachgewiesen werden konnte) und 8 Pfund Baseler Münze an Tegernau gab[1166].

Im October sammelten sich die deutschen Truppen bei Augsburg auf dem Lechfelde; ihre fürstlichen Führer unter dem Kaiser waren Friedrich von Schwaben, Bertold von Zähringen, die Brüder des Böhmenkönigs, Diethold und Ulrich, mit denen der Prager Bischof Daniel kam, Markgraf Dietrich von Meissen der Sohn Albrecht's des Bären, der neue Erzbischof Christian von Mainz, die Bischöfe von Basel, Strassburg, Speyer, Augsburg, Regensburg, Zeitz, Halberstadt, Verden und Lüttich und aus Burgund Heribert von Besançon. Am 31. Oct. hatte das Heer den Brenner schon überschritten und stand bei Trient[1167].

[1165] Otto SBlas. l. c.

[1166] WUB. II 153f. ZüUB. I 198f. Bestätigung des Fahrnauer Abkommens und anderer Rechte St. Blasiens durch den Constanzer Bischof, vom 1. Nov. 1166 aus St. Blasien, also nach Bertold's Abmarsch, der denn auch nicht mit als zu St. Blasien anwesend genannt wird.

[1167] St. 4078.

Der Marsch führte durch das Gebiet von Brescia nach Lodi, wo alle anwesenden deutschen und italischen Grossen auf Betreiben Christian's von Mainz die Beschlüsse des Würzburger Reichstages von 1165, des Inhalts dem nach Victor's IV Tode (1164) erwählten Paschalis III (Guido von Cremona) zum Siege über Alexander III zu verhelfen, beschworen und die Absicht des Kaisers guthiessen sofort auf Rom zu ziehen. Auch Vertreter Genua's und Pisa's waren unter den vielen italischen Fürsten und Gesandtschaften auf dem Tage von Lodi erschienen, der zur Schlichtung des Städtestreites die Sendung des Cölner Erzbischofs, Rainald's von Dassel nach Genua und Christian's von Mainz nach Pisa in Aussicht nahm. Nachdem das Weihnachtsfest im Lager zu Bagnolo (wohin der Kaiser aus Misstrauen gegen Brescia das Heer zurückgeführt hatte) gefeiert worden war, brach man am 11. Jan. 1167 von hier auf und zog nach Ueberschreiten des Po durch das Gebiet von Piacenza. Am 27. Jan. war das Heer in Parma, am 1. Febr. in Reggio und zog bei andauernd kaltem Winterwetter und Schneefällen durch das modenesische Gebiet in das von Bologna, wo es am 10. Febr. bei Borgo Panigale lagerte. Bologna war dem Kaiser verdächtig, erwies sich aber ganz willig, als Friedrich's Truppen verwüstend bis an seine Mauern drangen. Bis an's Ende des Monats wurde hier gerastet, dann zog man über Imola (4. März) in der Richtung auf Faenza weiter und lagerte bei S. Procolo.

Von dieser Gegend aus sandte Friedrich Theile des Heeres unter den Erzbischöfen Rainald und Christian nach Ligurien und Tuscien, um jene Beschlüsse von Lodi über Genua und Pisa in nachdrücklicher Weise zur Ausführung zu bringen. Bertold blieb bei dem Kaiser, der langsam an das Meer vorrückte; er ist Zeuge in einer am 23. April im Gebiete von Rimini für die Markgrafen von Tuscien ausgestellten Urkunde[1168]. Am Anfang Mai begann die Belagerung Ancona's, das sich unter das byzantinische Reich gestellt hatte und dem deutschen offen widerspenstig war.

Während man noch bei Ancona lag, das schliesslich die deutsche Hoheit wieder anerkennen musste, waren die beiden Erzbischöfe von Tuscien her bis vor das gegnerische Rom gelangt und hatten bei Tusculum die Ihrigen, mit der Fahne selber voranstürmend, zu einem bedeutenden Siege über die mit grosser Uebermacht ausgerückten Städter geführt. Nun brach auch der Kaiser auf und gelangte nach einem Umweg durch die Abruzzen, wo er die mit Alexander verbündeten Normannen von einigen ihm treuen Burgen abwehrte, und selbst durch Apulien, um die Mitte des Juli in die Nähe Roms. Hierher führte ihm der junge Welf, aus Schwaben kommend, zahlreiche Ritterschaft zu und blieb bei dem Heere, in welchem sich ja auch sein vertrauterer Bundesgenosse, Herzog Bertold, befand.

1168 St. 4085. *dux Bertholfus de Zeringa.*

Am 24. Juli drangen die Deutschen unter des Kaisers eigener Führung nach heissem, kurzem Kampfe in die Leostadt ein. Zwölf ereignissvolle Jahre waren vergangen, seit Bertold zum ersten Male, damals mit dem zur Kaiserkrönung reitenden königlichen Freunde, hier eingezogen war. Diesmal galt es ein längeres Verweilen, als an jenem Junitage der Festfeier und des blutigen Gemetzels, denn die Engelsburg und die Peterskirche wurden von den Treuen Alexander's III Tage lang gehalten. Erst am Peter- und Paulstage ward die Kirche des Apostelfürsten eingenommen, so dass am folgenden Tage, einem Sonntag, der Papst Paschalis in ihr inthronisirt werden konnte, wie es die Fürsten zu Würzburg und zu Lodi beschworen hatten. Am zweitfolgenden Tage danach, an Petri Kettenfeier (1. Aug.) hallte der Dom von noch grösserem Jubel der Deutschen wieder: der Papst krönte die Kaiserin Beatrix, mit der zugleich ihr Gemahl noch einmal das strahlende Diadem empfing. Friedrich wählte den festlichen Tag zu einer besonderen Auszeichnung für den tapferen Cölner Erzbischof und die Zeugenreihe dieser Schenkungsurkunde[1169] giebt eine ausdrückliche Bestätigung der Anwesenheit Bertold's. Auch das linkstiberinische Rom unterwarf sich jetzt und ging auf die von Friedrich in den Unterhandlungen aufgestellten Forderungen ein. Papst Alexander war als Pilger verkleidet einsam geflohen.

Da traf den Kaiser und sein Heer mitten im Siegeslaufe ein entsetzliches Unglück. Ein Wolkenbruch am 2. Aug., dem sogleich wieder grell brennender Sonnenschein folgte, erzeugte aus seinen Dünsten eine tödtliche Fieberpest, die rasend um sich griff und den Kaiser zwang, unter Zurücklassung vieler kranken Krieger am 6. Aug. das Lager vor Rom zu verlassen. Um so mehr aber, als das Heer voll Treue die nur einigermassen Transportfähigen mitschleppte, blieb die Krankheit trotz des Aufbruchs seine stete Begleiterin. Noch unterwegs wurden die Bischöfe von Prag, Lüttich, Verden, Regensburg, am 14. Aug. auch Rainald von Cöln, die Bischöfe von Cambrai, Amiens, Senlis, Noyon und Konrad von Augsburg dahingerafft, von den hervorragenden Laien ausser einer Anzahl Grafen Dietbold von Böhmen, am 19. Aug. Friedrich der Rothenburger von Schwaben, der junge Gemahl der Nichte Bertold's, und am 12. Sept. der gezwungen in Siena zurückgelassene jüngere Welf. Auf 20000 hat man die nur auf dem Marsche gefallenen Opfer geschätzt, von den Schwaben, Franken und Rheinländern verschlang die Krankheit allein ritterlichen Standes zwei Tausend. Als ein Wunder mochte es Bertold dankend empfinden, dass er überlebend blieb. Möglicherweise verschonte ihn wenigstens ein bösartigerer Anfall, denn er konnte am Tage des Aufbruchs, am 6. Aug., als Zeuge in einer Beurkundung zugezogen werden[1170]

[1169] St. 4086. Vgl. über das Datum Stumpf's Nachtrag. *dux Bertoldus de Zarengen.*

[1170] St. 4088, Monte Mario bei Rom. *Bertholfus dux de Zeringa.* Neben ihm Herzog Friedrich von Schwaben, der jüngere Welf und eine Anzahl geistlicher Herren.

traf mit dem Kaiser Ende August in dem treuen Pisa ein und ward in einer dort ausgestellten Urkunde für das Kloster S. Maria de Serena [1171] als Zeuge geführt.

Aber zu alle dem Elend gesellte sich noch die Kriegsnoth. Der Bund der lombardischen Städte, der geschlossen worden war, während Friedrich in der Romagna lag und nach Rom zog, sperrte dem zusammengeschmolzenen und siechen Heere mit genügender Macht den Apennin, dass die gebräuchliche grosse Heerstrasse nach der Lombardei zu erzwingen unmöglich war. So versuchte es Friedrich im Westen, das Thal der Magra hinauf und kam bis Pontremoli, wo Bertold wieder in einer am 4. Sept. für die Herren von Buggiano gegebenen Urkunde als Zeuge [1172] erscheint. Wenn wir nach der Zeugenreihe allein schliessen dürfen, hielten sich von den deutschen Herren neben dem Kaiser nur noch Herzog Bertold, der Erzbischof von Mainz und der Burgvogt von Magdeburg aufrecht. Im Frühling hatte Pontremoli von dem Kaiser grosse Vergünstigungen erhalten, jetzt überfielen seine Bewohner im Einverständnisse mit den Lombarden das kaiserliche Heer, das gerade Mittagsrast hielt. Sie hatten die Höhen ringsum besetzt und überschütteten die Lagernden mit einem Regen von Pfeilen, die die Kranken und ihre barmherzigen Helfer trafen; kaum deckte die Kaiserin Beatrix ihr Haupt durch ein Dach von zwei Schilden. Trotz alle dem schlugen sich die Tapferen unter des Kaisers eigener Führung heraus; aber den Pass selbst zu überschreiten, mussten sie auch hier aufgeben und gelangten nur auf steilen und engen Fusspfaden unter der Führung des hier auf seinen Burgen ansässigen Markgrafen Obizo Malaspina über das Gebirge. Nach diesen Gefahren erreichte man Tortona und am 12. Sept., an dem gleichen Tage, da fern in Siena Bertold's Kampfgenosse Welf VII verschied, das treue Pavia, wo endlich die Kranken angemessene Pflege und Ruhe finden konnten.

Die Alpenpässe im Norden waren durch die Lombarden gesperrt, der über den Mont Cenis durch den mit Friedrich verfeindeten Grafen Humbert III von Maurienne [1173]. Vielleicht dachte der Kaiser ohnedies und trotz aller Verluste nicht an die sofortige Rückkehr nach Deutschland. Er blieb den Winter hindurch im Kampfe mit den Städten auf dem Boden der Lombardei.

Aber Bertold von Zähringen ging nach Deutschland und wird durch das ihm offen stehende Gebiet seines Schwagers Humbert gereist sein. Ihn und Christian von Mainz nämlich sandte ihr Kaiser von Pavia aus, wo er am 21. Sept. die abtrünnigen Städte ächtete. Die beiden Fürsten hatten den Auftrag, Sachsen zur Ruhe zu bringen, wo Heinrich der Löwe durch seine

---

[1171] St. 4090. *Bertoldus [dux] de Zeringa.*

[1172] St. 4091. *dux Bertholdus.*

[1173] Prutz II 97 u. Giesebrecht V 594.

25*

alten Gegner Albrecht den Bären und Erzbischof Wichmann von Magdeburg, zu denen der Landgraf Ludwig von Thüringen, der Graf Christian von Oldenburg, eine Anzahl anderer Grafen und Dynasten und die Cölner, später auch der Erzbischof Hartwig von Bremen hielten, seit 1166 bedrängt wurde. Dem Kaiser Friedrich musste um so mehr daran liegen, seinem Freunde Frieden zu stiften, als er deutschen Zuzuges dringend benöthigt war. In der That gelang es Bertold im Verein mit Christian, zwischen seinem vormaligen Schwager und dessen Gegnern im Namen des Kaisers einen Frieden zu vermitteln[1174].

Ein Waffenstillstand blieb es freilich nur, denn nicht lange nach der Abreise der kaiserlichen Bevollmächtigten entbrannte der Kampf von Neuem. Auch Truppen erhielt der Kaiser trotz der zeitweiligen Ruhe nicht. Falls Bertold dem Kaiser selber in Italien Bericht erstattet hat[1174a], muss er doch noch vor Ende des Jahres 1167 wieder nach Deutschland zurückgekehrt sein. Denn andernfalls müsste eine Handlung, bei der der Herzog betheiligt war, auf seiner Durchreise von oder nach Sachsen vorgenommen worden sein.

Wir finden ihn nämlich in demselben Jahre[1175] sich zu Steinbach aufhaltend, aller Wahrscheinlichkeit nach doch in dem der Ortenau (BA. Bühl). Hier legte auf Grund einer Tauschübereinkunft mit Abt Rupert von Hirsau der Edelfreie Werner von Ortenberg seine Güter zu Endingen und Forchheim im Breisgau (BA. Kenzingen) in die Hand Herzog Bertold's zur Uebergabe an Hirsau, wofür dieses an Werner seine elsässischen Besitzungen Scherweiler und Ebersheim gab, für die Werner sich noch zu einer weiteren Zahlung von 60 Mark verpflichtete, die später auch geleistet wurde. Ausser Bertold waren mit anwesend Bischof Gottfried von Speyer[1176], der alte nun kinderlose Welf, der Hirsauer Vogt Graf Bertold und sein Bruder Konrad, ausser Werner von Ortenberg selbst sein Bruder Konrad, Richard von Kappel, Adalbert von Waldeck, Reginhard von Calw, Eberhard und Friedrich von Schauenburg und Andere.

Im März 1168 kam der Kaiser nach Abschluss eines Abkommens mit Humbert von Maurienne flüchtig nach Burgund und gelangte über Genf, das ihn dankbar empfing, zum 15. März[1177] nach Basel. Hier traf, falls nicht etwa schon vorher, Herzog Bertold, begleitet von einem Gefolge schwäbischer Herren und Ministerialen mit dem vereinsamten Herrscher zusammen. Wir

---

1174 Ann. Palid. MGSS. XVI 93. (*Bertoldo duce de Zaringe.*)

1174a Wie Giesebrecht V 612 angiebt.

1175 WUB. II 154 f.

1176 Den Ort seines Todes (28. Jan. 1168) sucht Giesebrecht V 559; Prutz II 88 lässt ihn fälschlich mit Otto SBlas. SA. 443 schon auf dem Marsche von Rom sterben.

1177 Nicht am 16., wie versehentlich der Nachtrag bei Stumpf, 4063a, und danach Giesebrecht's kurze Nachricht V 597 hat.

erfahren das aus der gelegentlichen Bemerkung einer Urkunde, die über eine zu Basel vorgenommene Handlung, an der Bertold als Vogt der Klöster Stein und St. Blasien betheiligt war, aufgesetzt wurde. Der Abt Bertold von Stein gestand hier zur Erledigung eines alten Zinsanspruches das Gut seines Klosters zu Gupf bei Tannenkirch (BA. Lörrach) der St. Blasischen Zelle Weitenau als Zinslehn zu, die den veralteten Zins hinfort in Gestalt von 6 Pfennigen zu leisten hatte. Ausser Herzog Bertold als Vogt nahmen an der Handlung Graf Bertold von Nimburg, Konrad von Krenkingen, Lutold von Regensberg, Heinrich von Küssaberg, Arnold von Wart, Ulrich und sein Bruder Eppo von Neufra, Heinrich von Rheinfelden, Werner von Roggenbach und Konrad von Baden Theil [1178].

Während Bertold mit dem Kaiser in Basel weilte, war ein von eben dort gegen ihn veranlasstes kirchliches Verfahren schon in Betrieb. Das Baseler St.Albanskloster hatte sich wegen zahlreicher, von verschiedenen Seiten her erlittener Schädigungen durch den Abt seines Mutterklosters Cluny an den Papst Alexander gewandt. Von Herzog Bertold klagte es, er habe die seit 60 Jahren unverbrüchlich an St.Alban gehörige Kirche zu Hägendorff (Ct. Solothurn) mit Zehnten, Hof und Leuten an sich gerissen, so dass in ihr jetzt von dem Prior St. Alban's nicht zugelassene Geistliche, Heinrich, der Sohn Friso's und seine Gehilfen das geistliche Amt versähen. Unter den vielen anderen Beklagten finden sich der Graf von Froburg und aus solchen Familien, die wenigstens gelegentliche Beziehungen zu den Herzögen von Zähringen haben, noch die von Ramstein. Papst Alexander beauftragte daraufhin durch Breve vom 14. März 1168 den Bischof von Basel, die Beklagten zu excommuniciren, jedoch mit alleiniger persönlicher Ausnahme des Herzogs von Zähringen, aber nichtsdestominder die in dessen Herzogthum belegene Kirche zu Hägendorff mit dem Interdict — ausser für Taufe und Sterbesacrament — zu belegen und gegen die dortigen Geistlichen vorzugehen, sowie für die Rückerstattung der St.Alban entrissenen Güter Sorge zu tragen, für welchen Zweck Alexander den Bischof mit der höchsten geistlichen Gerichtsgewalt betraute. Wir wissen nicht, ob Bertold die Hägendorffer Kirche herausgab; auf keinen Fall war für ihn damals eine Weisung Alexander's III, der für ihn der Gegenpapst war, an sich massgebend. Der Baseler Bischof selber, Ludwig, hat höchst wahrscheinlich zu keiner Zeit seit seiner Wahl bis zum Frieden von Venedig den Papst Alexander anerkannt [1179].

Im Spätjahr 1169 beschäftigte den Herzog von Neuem das Kloster Stein, dessen Vogt er war. Einige Freie in Kirchen (BA. Lörrach) hatten

[1178] Gerbert. H. s. n. III 98 f. *cum etiam imperator esset Basileae .... idibus Martii.*

[1179] Vgl. Trouillat I 343—360.

das Gründungs- (d. h. Patronats-)recht der Kirchen zu Kirchen, Eimeldingen und Märkt in Besitz, während das Kloster behauptete, dieses Recht stehe seit Alters ihm selber zu. Die Sache kam vor Bertold's Gericht, vor welchem der mit Bertold gemeinschaftlich die Angelegenheit betreibende Abt Burkard die Klage führte. Die Kirchener, Adelgot und Luipold, waren mit ihren Genossen zugegen und wurden nach Rede und Widerrede zum Beweis angehalten. Sie führten ihn mit 7 geeigneten Zeugen, die aussagten, dass sie seit langer Zeit die Inhaber des streitigen Rechtes seien. So musste Bertold trotz seines nicht verhehlten persönlichen Widerstrebens die Klage Steins abweisen, worüber er dem Adelgot und Luipold eine Urkunde gab, welche als anwesend auch den Decan und Mönche von Stein und andererseits eine Anzahl Leute aus der Kirchener Gegend, dazu den Edelherrn Heinrich von Larga und ein paar zähringische Ministerialen nennt. Die Malstätte selbst bleibt unbekannt[1180].

Im nächsten Jahre 1170 traf Bertold wieder mit dem Kaiser zusammen, und zwar in Mengen, wo Friedrich am 15. Mai für den Bischof von Chur urkundete. Auch Hugo von Tübingen, der welfischen Haft entledigt, war anwesend und ausserdem Bertold's Bruder Rudolf, der in der Zwischenzeit (1168) in Folge der Bemühungen der Namur'schen Verwandten auf den Lütticher Stuhl gelangt war und für die verlorenen Mainzer Hoffnungen damit wenigstens theilweisen Ersatz gefunden hatte. Auch diese Zusammenkunft von Mengen stellt eine weitere Befestigung der längst begonnenen Wiederaussöhnung der Staufer und Zähringer dar[1181]. Ausser den beiden Brüdern und Hugo waren auch die Grafen Rudolf von Pfullendorf, Ulrich von Lenzburg, Hartmann von Kirchberg, Manegold von Veringen und Burkard von Zollern, sowie Konrad von Schussenrieth, Gottfried von Gundelfingen, Egelolf von Urslingen, Swicher und Ulrich von Aspremont[1182], Heinrich und Ulrich von *Medesen* anwesend.

[1180] Urk. Bertold's, Schöpflin V 112f. Die Urk. selbst giebt die Jahreszahl 1169, der Zusatz Epacte I giebt die genauere Bestimmung Sept. 1.—Dec. 24. Die Concurrenten (2) stimmen zu 1169; die Indiction 1 passt nur zu 1168, ist also falsch. — Die Entscheidung wurde von dem Constanzer Bischofe und 1190 auch von Papst Clemens III bestätigt, der jedoch den Herzog von Zähringen nicht mit erwähnt. Vgl. die Urk. Schöpflin V 130f.

[1181] St. 4113. *Rudolfus Leodiensis episcopus. Bertoldus dux de Ceringe.* Bischof Rudolf's Geschichte muss — wenn sie von Neuem bearbeitet werden soll — eine gesonderte Darstellung finden, da sie mit der der Herzöge bei weitem nicht so eng verwachsen ist, als diejenige Gebhard's von Constanz. Immerhin wird sie auch hier gelegentlich zu streifen sein. Sie ist in tüchtiger Weise behandelt worden von Karl Zell, Rudolph von Zäringen, Bischof von Lüttich, Freib. Diöc.-Arch. VII 107 ff. (Unbedeutend ist Ring, Notice sur Rodolphe de Zaehringen, évêque de Liège. Gent 1841, übers. v. M. Trefzer, Freib. Unterhaltungsblatt 1841 und SA. Freib. 1841. In der Allg. deutschen Biographie fehlt der Bischof).

[1182] Dep. Hautes-Alpes? oder aus des Lütticher Bischofs Nähe?

Eine Freundlichkeit des Kaisers führte den Herzog Bertold im Jahre darauf (1171) in die niederrheinischen Gegenden. Er vereinigte sich mit Kaiser Friedrich, mit dem er am Johannistage (24. Juni) in der Stadt Cöln war, deren Name für sein Geschlecht so erinnerungsvoll war. Abgesehen von ihm umgaben den Kaiser daselbst die Erzbischöfe Philipp von Cöln und Arnold von Trier, Bischof Gottfried von Utrecht, verschiedene Cölner Stiftspröpste, der Graf Emicho von Leiningen und Andere[1183]; auch eine griechische Gesandtschaft erreichte zu Cöln den Kaiser. Wahrscheinlich wurde schon hier die Verabredung dessen mit Erzbischof Arnold von Trier eingeleitet, was später zu Nimwegen[1184] zur Beurkundung kam. Auf Fürbitte Friedrich's und mit Zustimmung des Grafen Heinrich von Namur, des Oheims Bertold's, übertrug der Erzbischof die Trierer Stiftslehen, welche bisher der Graf inne hatte, an den Herzog Bertold und dessen noch minderjährigen Sohn Bertold zu Lehnrecht (mit Ausnahme einer von Graf Heinrich zu Afterlehen ausgethanen Vogtei, die jedoch die Herzöge durch die Gunst des Erzbischofs etwa später auch sollten erlangen können und noch einer geringfügigen Einschränkung). Dafür wurde ausbedungen, dass bei dem Tode des Grafen Heinrich, offenbar aus dessen Hinterlassenschaft als Erbe der Herzog Bertold innerhalb fünfzehn Wochen 350 Mark Silbers an den Erzbischof zahlen solle, wofür, wenn der Herzog inzwischen gestorben sein sollte, Rudolf von Lüttich als Vormund seines Neffen — man nahm an, Bertold V werde auch in dem Falle noch minderjährig sein — zu sorgen habe. Für diese Zahlung verbürgten sich der Kaiser und Rudolf von Lüttich durch Aussetzung je eines Hofes, auf die der Erzbischof von dem Tode des Grafen an pfandherrlichen Anspruch haben solle. Der Herzog, sein Sohn und Rudolf von Lüttich als geborener Vormund versprachen auch, den Lehnsträger jener ausgenommenen Vogtei, Konrad von Malberch, nicht zu beunruhigen. — Der grösste Werth dieses Abkommens lag darin, dass der Kaiser die Zähringer damit thatsächlich als Erben des Namurer Grafen im Voraus anerkannt hatte; die Uebertragung der Lehen von Heinrich auf seinen Neffen war ja an sich auch nur eine theilweise Vorausnahme des Antrittes der Erbschaft.

Die Handlung geschah vor vielen vornehmen Fürsten, die den Kaiser und den Lütticher Bischof als Bürgen anerkannten. Desshalb wohl eben nicht zu Nimwegen, dem Orte der Beurkundung, da an dieser nur wenige Zeugen und zwar minder ansehnlichen Standes Theil nahmen. Zu Cöln selbst war der eigentliche Abschluss aber wohl noch nicht erfolgt, da auch Rudolf von Lüttich als persönlich anwesend gedacht werden muss.

[1183] St. 4125. *Bertoldus dux de Ceringen.*

[1184] St. 4127. *Bertholdo duci de Ceringa et filio suo Bertholdo.* Vgl. Ficker, Beitr. I 163.

Bertold kehrte somit verhältnissmässig bald, wohl noch in der Mitte des Jahres in die Heimath zurück[1185], während Friedrich vom August bis October hauptsächlich in Aachen verweilte und dazwischen Ende September auch Lüttich besuchte, von wo ihn Bischof Rudolf nach Aachen zurückgeleitete.

Vielleicht war Bertold IV bei jener Reise begleitet von seinem gleichnamigen Sohne, an den wenigstens die Uebertragung der Trierer Stiftslehen mit geschah. Der junge Bertold, der später als Herzog das Geschlecht beschloss, wird hier, i. J. 1171, zum ersten Male erwähnt.

Zu Anfang des Jahres 1173 führte ein Ereigniss, das für Herzog Bertold in hohem Grade wichtig war, auch den Kaiser nach dem südlichen Alamannien; das Aussterben des lenzburgischen Hauses.

Graf Werner hatte seit 1145[1186] seine Züricher Vogtei, ohne sich irgendwie um den Herzog von Zähringen zu kümmern und ungestört bis zu seinem Tode, den er 1159 bei Crema fand, ausgeübt. Ihm folgte sein Bruder Kuno, und nach dessen Verschwinden aus den Quellen erscheint ein zweiter Bruder, Arnold, der nach 1172 nicht mehr vorkommt[1187]. Auch der alte Freund der staufischen Herrscher, Graf Ulrich, war kürzlich, am 8. Oct. 1172, gestorben[1188]. Die Lehen des Geschlechtes fielen an den staufischen Kaiser zurück, der zugleich einen Theil der reichen Allodialgüter erbte[1189], aus welchen, neben reichen Schenkungen für die Kirche, auch die Kyburger erbten. Die Grafschaft im Zürichgau, welche die Lenzburger auch gehabt hatten[1190], wurde nunmehr, vielleicht schon damals mit Ueberlassung eines Theils östlich des See's und der Limmat an die Grafen von Kyburg, vom Kaiser an Graf Albrecht III von Habsburg gegeben[1191]. Die Vogtei über Zürich aber, welche die Zähringer nach dem Abkommen von 1098 in nomineller Obergewalt, die Lenzburger thatsächlich allein innegehabt hatten, fiel nun ganz von selber, sogar ohne eine — wenigstens ohne eine erhaltene — kaiserliche Bestätigung in ihrem vollen Umfange an das Zähringerhaus; von jetzt an übte dieses die Vogtei über Zürich wirklich aus. Dem entspricht der Umstand,

---

1185 Vgl. St. 4127—4129.

1186 Vgl. oben S. 303 ff.

1187 Vgl. ausser v. Mülinen, die Grafen von Lenzburg, Schweiz. Geschf. IV 1 ff. G. v. Wyss, Abtei Zürich, S. 18 f. u. 22, u. Fr. v. Wyss, Zs. f. schweiz. R. XVII 44 f.

1188 *„proxime" vivens* Urk. St. 4142 vom 4. März 1173. Ebenda wird Ulrich als *praedives* bezeichnet. Den Todestag bietet das jetzt vermisste Todtenbuch von Beromünster, vgl. F. r. Bern. I 450.

1189 Otto SBlas. SA. 445.

1190 G. v. Wyss l. c. S. 22, Anm. 96. Fr. v. Wyss l. c. 47 (auch Kopp, Gesch. d. eidgenöss. Bünde III 1, S. 455, 460).

1191 Otto SBlas. SA. 445. Kurze Erwähnung, die sich der Auffassung Kopp's, Welti's und Fr. v. Wyss' über die Verkleinerung der Grafschaft anschliesst, in A. Schulte's Habsb. Studien MJÖG. VIII 578 (die Buchausgabe ist mir unzugänglich).

dass die Herzöge in den von jetzt an im Laufe der Zeit für Zürich gegebenen Urkunden, die später im Einzelnen zu behandeln sein werden, gerade darauf hinweisen, dass sie die ausübenden, die Kastvögte — wie es die Lenzburger gewesen waren — seien, wobei sie freilich nicht verfehlten zugleich zu betonen, dass ihr Recht fortfahre unmittelbar vom Reiche zu gehen. Aus der 1098 so eigenthümlich getheilten Vogtei war nun eine einzige und vollkommene geworden.

Am 20. Febr. 1173 war Friedrich auf der Lenzburg, umgeben von Herzog Bertold, Graf Rudolf von Pfullendorf, Graf Hartmann von Kyburg und seinem Bruder Ulrich, Walter von Eschenbach, Walter von Iberg, Walter von Hunberg, dem Bischof Ludwig von Basel und den Aebten Diethelm von Reichenau und Konrad von Murbach. Er stellte daselbst das Kloster Interlaken in seinen Schutz und übernahm dabei einfach die Sätze der Urkunde Konrad's III über den Herzog von Zähringen als Rector Burgunds[1192]. So waren also auf der Stammburg des erloschenen Geschlechtes alle, die an ihrer Hinterlassenschaft betheiligt waren, versammelt, mit Ausnahme nur des Grafen von Habsburg und des Vertreters des Klosters Beromünster im Aargau, an welches Ulrich bedeutendere Schenkungen vermacht hatte. Diese bestätigte der Kaiser dem Kloster nebst seinen sonstigen Besitzungen am 4. März in Basel, wohin Bertold und der Baseler Bischof mit ihm gegangen waren und wo wir auch den Grafen Rudolf von Pfullendorf und Ulrich und Hartmann von Kyburg wieder, ebenso den Herzog Matthäus von Lothringen, die Grafen Werner und Friedrich von Homberg, Arnold von Rottenburg, Ulrich von Eschenbach und Johannes von Bütikon finden[1193].

Der Kaiser ging zu Ostern (8. April) nach Worms, wo er das Fest mit einer grossen Anzahl von Fürsten beging[1194]. Ob Bertold ihn soweit begleitete, wissen wir nicht. Jedenfalls konnte es der Herzog mit Genugthuung empfinden, dass ihm diesmal sein Recht, der Zurückfall Zürichs, durch den überlegenen staufischen Herrscher nicht verkümmert worden war.

Trotzdem werden wir es verstehen, wenn Bertold, als der Kaiser Ende 1174 wieder über die Alpen ging, ihm seine Truppenkräfte noch nicht zur Verfügung stellte. War auch er selber i. J. 1167 mit der blossen Krankheitsgefahr und den Nöthen des Rückzuges, die er theilte, davon gekommen, so hatte doch die entsetzliche Krankheit unter seinen Mannen damals in

[1192] St. 4141. *Bertholdus dux de Zaringuen.* Der Abdruck F. r. Bern. I 450f. (der auch an die Echtheit dieser Urk. für Interlaken nicht glauben will) lässt übrigens in der Zeugenreihe (entgegen dem Schöpflin'schen) eher abtheilen: „Hartmann Graf von Kyburg, Ulrich und sein Bruder Walter von Eschenbach". Es gab sowohl Ulrich von Kyburg, wie Ulrich von Eschenbach.

[1193] St. 4142. *Berchtoldus dux de Zeringe.*

[1194] Chron. reg. Colon. SA. 123.

gewiss gleichem Grade wie unter den übrigen gewüthet und die zähringische Streitmacht zusammenschmelzen lassen. Ausserdem beschäftigten Bertold wichtige landesherrliche Aufgaben in den noch wenig an die Herrschaft seines Hauses gewöhnten Gebieten. So theilte er die allgemeine Unlust der deutschen Laienfürsten die neue Romfahrt mitzumachen und der Kaiser konnte gerade ihm das um so weniger verübeln, als Bertold ihm schon so oft ein werthvoller Waffengefährte gewesen war und als gerade jetzt der Bruder des Herzogs, Rudolf von Lüttich, ihm 1000 Mark Silbers für seine Heerfahrt vorstreckte [1195].

Dennoch finden wir den Herzog Bertold dann innerhalb des nächsten Jahres 1175 am Genfer See auf der in's obere Rhônethal und zum St. Bernhard führenden Strasse. Wir wissen das, weil ihn hier ein grosses Unglück traf, das ein Annalist aufgezeichnet hat: in der Nähe des Schlosses Chillon verlor er durch einen Bergsturz eine grössere Anzahl seiner Ritter [1196]. Falls der Herzog, wie zu vermuthen nahe liegt, damals doch dem Kaiser, der des Zuzuges wirklich sehr bedürftig war, seine Truppen zuführen wollte, so war dies Ereigniss gewiss geeignet, ihm Halt zu gebieten.

Gerade in diesem Jahre 1175, am 6. Oct., finden wir den Herzog mit seinem Bruder Hugo und seinem Sohne Bertold auf einer grossen Versammlung unter den ihm unterstellten Grossen Burgunds. Diese sind der Bischof Landerich von Lausanne, die Edelherren Konrad von Belp und sein Sohn Rudolf, Ulrich von Neuenburg, Graf Hupold von Laupen und sein Bruder Ulrich, Lutold der Vogt von Rüggersberg, Werner von Oberhofen und Burchard, beide aus Thun, Heinrich, Werner und Burchard nebst seinen Söhnen von Heimberg, Burchard, Ulrich und Rudolf von Simmenthal, Wilhelm, sein Neffe Ulrich und Rudolf von Weissenburg, Heinrich von Kien, Heinrich von Strättlingen, Burchard von Belp, Ernald von Buchegg, Hesso von Grenchen, Werner von Siegnau, Rudolf von Weiler. Von den zähringischen Ministerialen werden der Marschall Gottfried von Staufen, der Truchsess Werner von Rheinfelden, Hugo von Jegensdorf, Albert vom Thor *(de Porta)* aus Burgdorf, der junge Anselm, und die von Utzenstorf, Heinrich und seine

---

1195 St. 4557.

1196 Ann. SGeorgii in nigra silva MGSS. XVII 296. Man hat auch an den Twiel gedacht. Aber der grösseren Nähe der Lage oder einer sich erst anschliessenden Combination wegen darf man doch nicht *castellum Gillum* mit Burg Twiel übersetzen. Die Strasse zwischen dem See und den Bergen bei Chillon ist geeignet genug für den Schauplatz eines solchen Unglücks, dessen Kunde von da eben so gut als vom Twiel aus zu den mit Herzog Bertold als ihrem Schirmvogt und zu seinen Leuten in nahen Beziehungen stehenden Brüdern von St. Georgen kam. — Chillon kommt ausserdem ganz ähnlich wie *Gillum*: *Chillun, Chy(l)lun, Chillon, Quilon* wirklich in verschiedenen Bänden der MDSR. vor.

Die oben im weiteren Text erwähnte Vermuthung rührt von Wurstemberger l. c. II 277 her.

Söhne Heinrich und Konrad genannt. In ihrer aller Gegenwart schenkte Herzog Bertold an das Kloster Rüggisberg auf die Bitten seines Propstes Kuno von Crissach die Schübelenmatte an der Galtern, einem Nebenfluss der Saane. Dieses Landstück hatte bisher der edelbürtige Werner von Sulgen von Herzog Bertold zu Lehen getragen und nunmehr auf dasselbe zu Gunsten des Klosters verzichten wollen, was durch Bertold's entgegenkommende Verfügung vervollständigt wurde[1197].

Wo dieser grosse Burgundertag stattfand, wissen wir nicht; jedenfalls nicht in Lausanne selbst, da unter den Zeugen kein Domkleriker von da genannt wird und aus sogleich zu erörternden Gründen. Das „Herzog von Burgund", mit dem sich Bertold gegen die Uebung der letzten Jahre wieder bezeichnet, dürfen wir, wenn es nicht etwa auf Rechnung eines ungenauen Canzlisten zu setzen ist, vielleicht dem gehobenen Gefühl zuschreiben, mit dem den Herzog der stattliche Besuch dieses Tages erfüllen konnte[1198].

An dieser Stelle sei wieder ein Blick auf Lausanne geworfen. Lausanne war das einzige Bisthum, in welchem dem Herzog Bertold die Ausübung der Reichsvogtei erhalten geblieben war. Ausserdem erwarb Bertold IV zu Bischof Landerich's Zeit von Otto und Wilhelm, Herren von Gerenstein, die eigentliche Bisthumsvogtei von Lausanne, was Landerich anfänglich durch Einspruch hindern wollte, wozu ihm der Eid des Herzogs von 1157 genug Berechtigung gab, jedoch geschehen lassen musste, obwohl Bertold die Verletzung seines Eides durch eine zweite Ungebühr verdecken wollte, nämlich dadurch, dass er davon absah, den Bischof als Lehnsherrn dieser Vogtei anzuerkennen und ihm den Mannschaftseid zu leisten[1199]. Spuren eines erheblich getrübten Verhältnisses zwischen Bertold und Landerich finden sich jedoch nicht; schon flüchtig berührt ist eine Urkunde des Bischofs aus dem Jahre 1165, die mit der Datirung „zur Zeit des Kaisers Friedrich und Bertold's des Rectors von Burgund" schliesst[1200]. Dass wir aber nunmehr nach 10 Jahren denselben Bischof bei Bertold treffen, mochte die unmittelbare Folge von besonderen Vorgängen der Zwischenzeit sein.

Bischof Landerich hatte seine Regierung ehrlich benutzt sein Bisthum möglichst zu fördern[1201]. Er war ein Herr, der ihm eine Anzahl Besitzungen

[1197] Urk. F. r. Bern. I 454f. Der unter den Zeugen genannte edelfreie Burchard aus Thun kommt auch als Burchard von Uspunnen vor. Vgl. Schweiz. Geschichtsforscher VII 2.

[1198] *dux Burgundie*. Das Letztere ist viel wahrscheinlicher; auch gerade in dem planenden Trotzgefühl von 1161 hatte sich Bertold ja mit diesem sonst aufgegebenen Titel bezeichnet.

[1199] So ist dies Unterlassen näher zu verstehen, das MDSR. VI 48 u. 523 berichtet wird. Leider lässt sich die Zeit nicht genauer bestimmen.

[1200] MDSR. I 196f.

[1201] Dies und die folgenden Einzelheiten nach der Chronik des Chart. von Lausanne

zurückerwarb, das Landleben und die Landwirthschaft liebte, und mit solchem Sinne militärische Neigungen Hand in Hand gehen liess. Er verstärkte, soweit ersichtlich ist ohne damit eine Spitze gegen den Reichsvogt zu kehren, die Befestigung seiner Stadt am Quartier Couvaloup, baute den Thurm am Seeufer bei Lausanne (d. h. zu Ouchy), dazu die Befestigungen von Courtilles, wo er gerne residirte, und von Puidoux und Lobsingen (Lucens) und war, wie die Lausanner Bisthumschronik sagt und wozu auch wohl diese Befestigungen dienen sollten, ständig um den Landfrieden im ganzen Bisthum bemüht. — Es war unnöthig zu folgern, dass er die „unaufhörlichen Räubereien der Herzogsleute" abzuwehren hatte.

An Gegnern fehlte es ihm darum nicht. Sie verklagten ihn wegen unzulänglicher Amtserfüllung und Mangel an kirchlicher Zucht bei dem Papste und zwar bei Papst Alexander. Herzog Bertold IV liess hinsichtlich des Schisma's dem Lausanner Klerus zunächst anscheinend freie Hand, wie es der 1157 geschehenen Abgrenzung seiner Gewalt und seiner Urkunde für Hautcrêt von 1159 entsprach. Ich möchte die spärlich überkommenen Nachrichten und Urkundendaten zusammenfassend[1202] so deuten: Von der alexandrinischen Kirchenparthei und einer sich bildenden ihr anhängenden Gruppe in Lausanne ging der Wunsch aus, den von dem schismatischen Papste Victor IV ordinirten Landerich zu verdrängen und durch einen Mann ihres Vertrauens zu ersetzen. Als solcher war wohl schon frühzeitig, anscheinend seit 1172 der Toscaner Roger, apostolischer Legat in der Provinz Besançon, in Aussicht genommen. Landerich's Stellung scheint sich auch in Lausanne selbst mehr und mehr verschlechtert zu haben, denn befremdlich einsam erscheint er auf dem Burgundertage Bertold's am 6. Oct. 1175. Der Herzog, der nach der kurzen Schwenkung am Anfang der sechziger Jahre schon durch sein neues Verhältniss zu Kaiser Friedrich wieder auf die gegenpäpstliche Seite gestellt war, hat Landerich in der Urkunde für Rüggisberg natürlich uneingeschränkt als rechtmässigen Bischof bezeichnet. Möglicherweise hing auch der Heereszug Bertold's im Lausanner Gebiet, der 1175 durch das Unglück von Chillon betroffen wurde, mit der Unterstützung Landerich's zusammen, der sich zunächst anscheinend wieder befestigte und bis in das Jahr 1177 hinein als Bischof urkundete[1203], dann jedoch in den Umschwung der grossen Politik verflochten wurde und spätestens 1178 nach einem vergeblichen Versuche seine Sache persönlich bei Alexander zu führen diesem

MDSR. VI 44 f.; vgl. auch Gingins, Rectorat, MDSR. I 82 f., beides vielfach zu berichtigen nach dem Répertoire chron. de docc. rel. à l'hist. de la Suisse Romande par F. Forel, MDSR. XIX.

[1202] MDSR. I. VI. XIX passim, dazu die Urkk. Papst Alexander's vom 4. Mai 1177 und vom 17. Oct. 1179 (s. u. Anm. 1224).

[1203] MDSR. XIX Reg. 638, 643, 649 f. Dann aber vgl die Urkk. MDSR. XII 2 S. 42 ff.

gegenüber Verzicht ablegte und an einem 7. Dec. in Lausanne, wo man ihm zu verbleiben gestattete, starb. Nach dem Frieden von Venedig hatte also Bertold mit Bischof Roger, dem ersten Kämpfer gegen seine Reichsvogtei im Bisthum Lausanne, zu rechnen.

Noch in demselben Jahre, da jener Hoftag stattfand, 1175 [1204], bekriegte Bertold die Zollern und nahm die Burg Fürstenberg ein. Die Ursache der Fehde bleibt, wie alle näheren Umstände, in Dunkel; es ginge wohl kaum an, hier darauf hinzuweisen, dass Zähringen und Zollern sich schon vor 11 Jahren in der Tübinger Fehde in Waffen gegenüber befunden hatten. Da auf der Baar zähringisches und Zollerngut durch einander lagen, konnte eine neue Spannung leicht aus gelegentlicher Veranlassung entstehen. Nur eines lässt sich aus späterem Wissen der annalistischen Nachricht noch hinzufügen: dass die eroberte Burg im Besitze des zähringischen Hauses verblieb.

Der Zollernkrieg unterbrach anscheinend nur auf kurze Zeit die in diese Jahre fallende besondere Aufmerksamkeit Bertold's IV für seine burgundischen Lande. Die Aufstellung, welche den Herzog im Jahre 1176 bei dem deutschen Heere in Italien finden will, ist abzuweisen. Zwar nennt ein Brief jener Zeit [1205] unter den in der grossen Niederlage von Legnano am 29. Mai 1176 Gefangenen an erster Stelle einen Herzog Bertold. Aber das muss die irrthümliche Rangbezeichnung eines der bei dem Heere anwesenden drei Bertolde, des Markgrafen von Istrien oder Görz, seines Sohnes Bertold's von Andechs, oder des Markgrafen von Vohburg sein.

Vielmehr beschäftigte den Herzog von Zähringen in dieser Zeit eine ganz andere Angelegenheit, der Bau einer Stadt inmitten Burgunds. Er hatte die alte bürgerfreundliche Politik seines Hauses wiederaufgenommen; wie sein Vater Konrad, wollte auch er ein „Freiburg" gründen. Aber in den jüngeren Gebieten des zähringischen Scepters. Wenn auch gerade der Tag

[1204] Ann. SGeorgii in nigra silva MGSS. XVII 296: *Bellum inter ducem Bertholdum et Zolrenses. Dux occupavit Fürstenberc.* Sie stellen diese Fehde zu derselben Jahreszahl zeitlich hinter den Bergsturz bei Chillon, was möglicherweise nicht massgeblich ist. — Schmid, Hohenzollern II 178ff. zieht auch *Gillum* als Twiel in seine Ausführungen über die Zollernfehde mit hinein. Schon der Wortlaut der St. Georgener Nachricht verbietet, einen Zusammenhang zu erkünsteln, beide Ereignisse werden ohne innere Verbindung lediglich zu demselben Jahre neben einander gereiht und nur die Person Bertold's ist ihnen gemeinsam.

[1205] Bei Radulf von Diceto MGSS. XXVII 268. Bertold von Zähringen kann es nicht sein, da er 1) nach den Urkk. vor und bis zu der Schlacht von Legnano nicht im Heere Friedrich's erscheint, 2) auch keine erzählende Quelle ihn an dem Feldzuge theilnehmen lässt, 3) er bald danach in der Lage ist, dem Kaiser von Burgund aus zu helfen und 4) schon vor dem Frieden von Venedig in Zürich urkundet.

Auf Bertold von Zähringen beziehen die Notiz Savioli, Ann. Bologn. II a 62, Giulini, Mem. della città ... di Milano, VI 475, Raumer, Hohenstaufen II[2] 255, Chr. Fr. Stälin II 294, Giesebrecht V 790.

vom 6. Oct. 1175 ihm bewiesen hatte, dass er die Grossen Burgunds an seiner Seite finde, und er nicht minder danach ihr anerkannter Herr blieb, so konnte das doch nicht hindern, auch dem Bürgerthum dort eine Stätte zu gründen. Er mochte noch im Sinne tragen, wie der Ruhm desjenigen Burgunds, das er verloren hatte, ehe er es recht besass, von Westjuranien bis zum tyrrhenischen Meere hinab, seine herrlichen und blühenden Städte waren; gerade über eine von ihnen, Vienne, hatte er einmal eine Verfügung erlassen können. Wenn ferner gerade jetzt Zürich wieder sein geworden war, so konnte der Blick auf diese bedeutendste Stadt Alamanniens nur noch mehr darauf führen, auch dem städteermangelnden Transjuranien ein kräftiges Bürgerthum unter zähringischer Hoheit zu schaffen.

Er wählte im Uechtland (an der Saane) eine Baustätte, die ganz derjenigen glich, auf der sich an der Emme der bisherige zähringische Hauptort in Burgund, Burgdorf, erhob und die auch derjenigen ihm wohlbekannter schwäbischer Burgen am oberen Neckar entsprach. Bern ist später von seinem Sohne, der schon die Gründung Freiburgs mit angesehen hat, in ganz ähnlicher topographischer Lage gegründet worden. Der tief in den felsigen Boden eingegrabene Fluss umgiebt durch eine Schlinge, eine fast vollkommene Biegung eine Plattform, deren Ebene in der Höhe des Gesammtgeländes liegt und nach 3 Seiten steil zu dem sich herumschmiegenden Wasser abfällt. So sind drei ihrer Seiten schon durch die Natur befestigt, nur die vierte ist gegen das Land hin offen, aber an dieser verhältnissmässig schmalen Seite durch eine Befestigung von Uferhang zu Uferhang hinüber leicht abzusperren.

Der Bau der Stadt Freiburg muss etwa von 1176 ab im Werke gewesen sein, denn schon i. J. 1178 gab es den Ort mit dem Namen Freiburg, gab es eine Kirche und Häuser daselbst und *Friburgenses*[1294].

Der vierte Theil des Grund und Bodens der Baustätte war, was von dem Herzoge entweder zunächst nicht beachtet oder späterer Regelung vorbehalten worden war, Eigenthum des Klosters Päterlingen (Payerne). Gerade auf diesem Theil erhob sich die von Bertold zu Ehren des Handelspatrons erbaute Kirche, die Vorläuferin des heutigen, i. J. 1283 begonnenen schönen gothischen St. Nikolausdoms. Wir dürfen wohl auch daraus, dass der ältere Bau,

---

[1294] Urk. Guichenon, Bibl. Sebusiana, Lyon 1660. Cent. II Nr. 83, S. 313f. aus dem Turiner Archiv. Soloth. Wbl. 1812 S. 343. Recueil dipl. du ct. de Fribourg I (1839) 1, daraus F. r. Bern. I 458. Das Vidimus von 1300, das i. J. 1660 in Turin war (nicht Original, wie die F. r. Bern. angeben) habe ich nicht kennen gelernt. Die Abschrift im Freiburger Cantonsarchiv hat auch, wie Guichenon's Druck nach jenem Vidimus, die Jahreszahl 1178, nicht 1177, wie der Abdruck des Recueil hat. Da der Annunciationsstil der Lausanner Diöcese zu berücksichtigen ist, ist die Urk. zwischen dem 25. März 1178 u. 24. März 1179 gegeben worden. —

Die Gründung Freiburgs ist behandelt von Berchtold, hist. du ct. de Fribourg, Fribourg-en-Suisse 1841, I, S. 30ff.

derjenige Bertold's, ein Jahrhundert nicht überdauert hat, auf bescheidene Verhältnisse dieser ersten Nikolauskirche schliessen.

Als die Kirche nebst ihrem Friedhof fertig gestellt war, kam i. J. 1178 oder Anfang 1179 Petrus, der Prior von Päterlingen mit dortigen Mönchen zu Herzog Bertold und forderte mit vielfältigen Bitten und Berufungen auf Bertold's und seiner Ahnen Seelenheil die überbauten Päterlinger Grundstücke zurück. Bertold berieth mit seinen Leuten und entschloss sich unter Zustimmung seines Sohnes, dem geschädigten Kloster sein Eigengut mit dem, was nun einmal darauf stand, wieder zu geben. So erhielt Päterlingen die Nicolauskirche nebst dem Friedhof und noch zwei Hofstätten zur Erbauung von Mönchsgebäuden. Die Zeugen dieser Handlung edelmüthigster Rechtsschonung waren Otto von Balm, der Propst von Solothurn Nantelm von Rougemont, Graf Amedeus von Genf, der Sohn von Bertold's früherem, 1167 verstorbenen Vertragsgenossen, ferner Ulrich von Neuenburg, Walcher von Blonay, Rudolf von Montenach (Montagny), Kuno von Stäfis (Estavayer; ein älterer Geschlechtsgenosse des Lausanner Propstes gleichen Namens, der am Anfang des 13. Jahrhunderts das unschätzbare Chartular von Lausanne anlegte), Werner von Siegnau, Hugo von Jegensdorf, und eine Anzahl nicht mit Namen genannter Freiburger.

Auch das Kloster Altenryf (Hauterive) besass von Anfang an in Freiburg i/Ü. ein Haus, für das es der Herzog von jedem Zins und allem weltlichen Gericht befreite und für das nebst allem dazu gehörigen Besitze er das Kloster mit seinem eigenen Hoheitsrecht investirte[1207]. Ein solches Haus in der Stadt Freiburg war mindestens noch 1827 im Besitz Altenryfs und stand auf der Burg daselbst neben der Krämerzunft.

Der Herzog als Stadtherr hatte in Freiburg ein Schloss und zwar an dem wichtigsten Puncte der Stadt. Es hiess noch lange nach dem Erlöschen des Geschlechtes die Seigneurie und ist i. J. 1464 abgebrochen worden, damit an seiner Stelle das jetzige Stadthaus entstehe. Vor dem Herzogshause stand der Lindenbaum; indessen der jetzige Stamm mächtigen Umfangs reicht, obwohl ihm steinerne Pfeiler die Last der Aeste abnehmen müssen, nicht mehr in die Zeit hinauf, da die zähringischen Herzöge zu Freiburg Einkehr hielten, wie man es wohl behauptet hat; er ist nach besseren Nachrichten erst i. J. 1480 an der Stelle des älteren gepflanzt worden.

Auch edle Geschlechter Burgunds siedelten sich in der Stadt des Herzogs an. 1182 wird von den *barones de Friburch* gesprochen[1208]. Das Haus der Herren von Thierstein stand an der Stelle (nahe der jetzigen

[1207] Vgl. die unten zu besprechende Urk. im Soloth. Wbl. 1827 S. 456f. (wo auch die Bemerkung über die weitere Geschichte des Altenryfer [Hauterive'r] Hauses).

[1208] Urk. im Rec. dipl. du ct. de Fribourg I S. 4f.

Hängebrücke über die Saane), wo bis in jüngere Zeit[1209] ein „Zähringer Gasthof" der dankbaren Erinnerung in der Stadt an das Geschlecht, das ihr den Ursprung gab, einen modernen Ausdruck verlieh.

An der Spitze der Stadtverwaltung stand von Anfang an der Schultheiss[1207]. Der Name des ersten Schultheissen ist nur in der Abkürzung T. erhalten; aus dem Jahre 1182 ist dann ein Heinrich von Utzenstorf bekannt. Der Priester zu Freiburg wird das erste Mal[1207] H. bezeichnet; das ist gewiss der aus dem Jahre 1182 und sonst bekannte Hugo[1210].

Die Stelle des Schultheissen, der mit dem herzoglichen Vogt zu identificiren ist, war im Einklang mit den rechtlichen Einrichtungen, die Bertold IV seiner Stadt überhaupt gab. Er übertrug auf sie einfach das Stadtrecht, das sich im breisgauischen Freiburg bis zu der Zeit dieser Uebertragung[1211] aus den alten Privilegien Herzog Konrad's entwickelt hatte[1212]. Sein Grund- und Herrenrecht wahrte der Herzog dem entsprechend auch hier; noch über ein Menschenalter nach dem Aussterben des Zähringerhauses besassen seine Erben in Freiburg i/Ü. bestimmenden Einfluss auf die Besetzung des Schultheissen- und des Zöllneramtes, konnten die Bürger, wenn auch in beschränkter Ausdehnung zur Heerfahrt entbieten und hatten das Recht von den Handwerktreibenden bei Heerfahrten mit dem König über die Alpen bestimmte zur Ausrüstung dienende gewerbliche Erzeugnisse zu empfangen. — Aber die Aufzeichnung des von Bertold IV übertragenen Rechtes, des üchtländischen Freiburg ältestes Stadtrecht ist uns nicht unmittelbar erhalten; es kann nur ungefähr noch erschlossen werden aus den Stadt- und Ortsrechten, die wieder von ihm selber abgeleitet worden sind und aus Freiburgs i/Ü. eigener kyburgischer Handfeste von 1249[1213]. Denn durch jene Rechtsübertragung vom

---

[1209] Oder besteht das „Hôtel de Zähringen" noch? 1837—1865 finde ich es in den verschiedensten Reisehandbüchern genannt, habe es aber nicht selber gesehen.

[1210] Urk. Rec. dipl. du ct. de Fribourg I S. 4 f. *Hugo sacerdos*. Als *Hugo sacerdos de Friborc* wird er in einer undatirten Urk. im Chartular von Hauterêt MDSR. XII (b) S. 195 genannt. Es besteht gar keine Ursache diese letztere Urk. zeitlich über 1077 hinaufzurücken. Daher fällt auch die bei zu frühem Ansatz dem Priester Hugo zu Liebe aufgestellte und willig verbreitete Annahme, Freiburg sei schon vor der „Erhebung zur Stadt" durch Herzog Bertold, ein Oertchen mit einer Kirche gewesen. Vgl. auch die S. 253 gegen die analoge Annahme bei Freiburg im Breisgau vorgebrachten Gründe.

[1211] Herkömmlich und gewiss ungefähr richtig ist der in Anknüpfung an die in Anm. 1206 genannte Urk. gemachte Ansatz 1178.

[1212] *Bertoldus dux de Zeringen et rector Burgundie iura quae in praesenti volumine sunt scripta burgensibus suis de Friburgo in Burgundia et eidem ville contulit in initio fundationis ville supradicte*, Handfeste Freiburgs i/Ü. von 1249.

[1213] Letztere abgedruckt bei Gaupp. II 82. Vgl. im übrigen über das Recht Freiburgs i/Ü. die Darlegung „Gründer und Gründungsjahr von Freiburg i B." und die dort angeführten Abhandlungen. Dazu auch das Prachtwerk von Ernest Lehr, la Handfeste de Fribourg dans l'Uechtland de l'an MCCXLIX. Lausanne 1880.

Breisgau nach Freiburg i/Ü. hat der zähringische Herzog den Grund gelegt, dass das in einer deutschen Stadt ausgebildete Stadtrecht sich weithin über die Städte und Flecken des jetzt schweizerischen Burgund und sogar bis in die Alpenthäler Savoyens hinein verbreitet hat.

Am 6. Juni 1182 ist die schon 1178 als erbaut bezeichnete St. Nicolauskirche Freiburgs feierlich von Bischof Roger von Lausanne geweiht worden. An demselben Tage gab der Bischof auf Antrag der „Barone von Freiburg" mit Rath und Zustimmung Hugo's, des Priesters und Decans von Freiburg allen Freiburgern das Recht, ihre Grabstätten auch in den Klöstern Altenryf (Hauterive), Humilimont oder Päterlingen (Payerne) zu wählen[1214]. Die Geschlechter mochten vielleicht noch nicht auf eine Gepflogenheit ihrer Vorfahren zu Gunsten einer jungen Stadt verzichten wollen, in der sie erst heimisch werden sollten, und es ist verständlich genug, wenn diese Frage bei der kirchlichen Weihe des neuen Freiburger Gotteshauses zur Sprache kam. Der Gründer der üchtländischen Stadt war bei der Weihe der von ihm erbauten Kirche nicht zugegen[1215], dagegen der Vertreter Päterlingens, welchem ja seit 1178 die Kirche gehörte, Prior Peter, ferner Domherren von Lausanne, drei Priester und eine Anzahl vornehmerer Laien.

Wir sind den allgemeinen Ereignissen der zähringischen Geschichte schon vorausgeeilt. Während die Stadt Freiburg noch aus dem Baugrund entstand, weilte Bertold am 2. Juli 1177 zu Zürich, umgeben von den Edlen des Gebietes, seinen Ministerialen und Züricher Bürgern, und urkundete in der nahe bei dem Frauenmünster gelegenen Nicolauscapelle, aber nicht für jenes, sondern für das Chorherrenstift des Grossmünsters, das zugleich Leutkirche (für alles Volk zwischen der Limmat und der Glatt[1216]) war. Er hatte hier den Leutpriester eingesetzt und glaubte es nach seinem Rechte gethan zu haben; das hatte einen Streit zwischen ihm und den Chorherren gegeben, dem er nun ein Ende machte, indem er nach Einholung des Rathes angesehener Züricher Kleriker und Laien für sich und seine Nachfolger auf die Besetzung verzichtete und die Wahl des Leutpriesters dem Stift freigab. Die anwesenden Zeugen der Urkunde sind: Werner, der Propst des Grossmünsterstifts und die Chorherren, Arnold der Leutpriester an St. Peter, Rudolf der Leutpriester der Abtei, Graf Heinrich von Küssaberg, Konrad von Krenkingen, Lutold von Regensberg, Adalbert von Balm, Bertold von Almut, Rudolf von Rapperschwyl und sein Bruder, und Walter von Eschen-

---

[1214] Urk. Roger's von Lausanne (Soloth. Wbl. S. 1827, 359 f. u. Rec. dipl. du ct. de Fribourg I S. 4 f.) vom 6. Juni 1182 und mit dem Zusatz *in die dedicationis basilice de Friburch.*

[1215] Was durch die unten darzustellenden Lausanner Beziehungen des Herzogs (zu 1179 u. 1182) seine Begründung findet. Es liegt am nächsten anzunehmen, dass der Bischof Roger durch die Päterlinger zur Vornahme der Feier veranlasst worden war.

[1216] S. Vögelin, das alte Zürich, S. 140.

bach; Werner von Roggenbach, Gottfried von Staufen, Bernger von Turbenthal und Burchard Wyss (anscheinend der herzogliche Amman in Zürich) als Ministerialen; der Meier Ulrich, Rudolf Madalla, Hugo der Müllner, Konrad Blume *(Flos)*, Rudolf Dietelo's Sohn, Rudolf Marcius, Friedrich und sein Bruder, Friedrich Schecho, und Rudolf Martin's Sohn[1217].

Erst im nächsten Jahre versetzte den Herzog der Ruf seines Kaisers wieder in die Ereignisse der grossen Politik hinein. Mit dem Papste hatte Friedrich seinen Frieden gemacht, mit den Lombarden eingeleitet. Im Sommer 1178 wollte er nun durch Burgund nach Deutschland zurückkehren, und um auf alle Fälle ungefährdet über die Alpen zu gelangen, ersuchte er, so versichert der St. Blasische Fortsetzer des Otto von Freising[1218], durch Boten den Herzog Bertold von Zähringen ihn mit einem Heere in Italien abzuholen. Freilich darin irrt der Chronist zum mindesten, wenn er Bertold den Kaiser über den Gr. St. Bernhard heimgeleiten lässt, denn am 14. Juli 1178[1219] befand sich Friedrich zu Briançon im obersten Durancethal am Fuss des Mont Genèvre, über welchen er demnach seinen Weg genommen hatte. Vielleicht kam Bertold überhaupt zu spät oder kehrte sofort, nachdem Friedrich in Burgund angelangt war, nach Hause zurück, denn bei der grossen, an Regierungshandlungen reichen Rundfahrt, durch die Friedrich bis in den October in Burgund zurückgehalten wurde, vor allem bei der glänzenden burgundischen Krönungsfeier zu Arles in den letzten Tagen des Juli verstärkte er das Gefolge des Herrschers nicht. Man kann es dem enthobenen Rector von Ganz-Burgund nicht verdenken.

Als dann aber Friedrich, nach Deutschland zurückgelangt, für die Mitte des Januar 1179 den Reichstag nach Worms ausschrieb, auf welchen Herzog Heinrich der Löwe geladen war, der dem ihm einst so nahe stehenden Kaiser in harter Selbstsucht die Hilfe für den letzten Romzug verweigert hatte und nun vor Friedrich auch von den sächsischen Fürsten schwer beschuldigt war, da machte sich auch Herzog Bertold auf und ritt den Rhein hinab. Er traf

---

[1217] Die früheren Abdrücke ersetzt jetzt der im ZüUB. I 206f. P. Schweizer, der Hrsg., bestätigt die hergebrachte Lesung des *minist* (nach *Burchardus Albus*) als *minister*. Es passt in der That gut, dass er als zähringischer Amman zwischen den Rittern und Bürgern steht. Andererseits rechtfertigt sich auch sachlich wie m. E. paläographisch die Lesung *ministeriales*. In der Urk. Bertold's von 1185 (ZüUB. I 215 f.), wo ganz ebenso wie in der von 1177 die herzoglichen Mannen den Edelfreien ohne Unterbrechung angereiht sind, folgt dann ebenfalls die Bezeichnung *ministeriales* nach.

[1218] Otto SBlas. SA. 450.

[1219] St. 4254. Vielleicht entstand der Irrthum Otto's von St. Blasien dadurch, dass Friedrich von Burgund aus zunächst nach Ulm ging. Vgl. Ann. SGeorgii in nigra silva MGSS. XVII 296 zu 1178. Ob sich Bertold IV mit zu Ulm befand, bleibt eine offene Frage.

in Worms ausser dem Kaiser die Erzbischöfe Philipp von Cöln, Arnold von Trier, Bertold von Bremen, Wichmann von Magdeburg, die Bischöfe Ulrich von Halberstadt, Ulrich von Speyer und Konrad von Worms, den alten Herzog Welf, den Markgrafen Dietrich von der Lausitz mit seinen Brüdern Friedrich und Dedo, des Tübinger Pfalzgrafen Sohn Rudolf, die Grafen Florenz von Holland, Heinrich von Dietz, Hartmann von Kirchberg mit seinem Bruder Otto und Bertold von Berg nebst seinem Bruder Ulrich, dazu den Goslarer Vogt Volkmar Struze. Diese nahmen mit Bertold an der Urkunde[1220] des Königs für Kloster Roth in Schwaben Theil. Heinrich der Löwe aber war nicht erschienen, nur seine Gegner. So wurde er auf einen neuen Gerichtstag zu Johannis (24. Juni) nach Magdeburg geladen.

Sechs Wochen später, am 4. März, befand sich Bertold IV auf der Burg der Roggenbacher[1221] zu Riegel im Breisgau. Bei ihm waren sein Sohn Bertold, die Aebte von Salem und von Thenenbach mit Thenenbacher Mönchen, ferner Egelolf von Urslingen, der kurz vorher in bitterer Fehde mit Graf Kuno von Horburg gelegen hatte und ihm bei Lagelnheim (bei Neubreisach) ein blutiges Treffen geliefert hatte[1222], Heinrich von Lahr und Konrad von Wartenberg; dazu seine Ministerialen Werner von Roggenbach mit seinen Söhnen, die Brüder Gottfried, Liutfried, Gottfried und Werner von Marchthal, Heinrich von Dietingen, Nibelung von Köndringen und Otto, Liutfried von Herbolzheim, Walter, Konrad von Vörstetten, Eberhard von Achdorf, Konrad Osunc von Burkheim, die Brüder Heinrich und Konrad von Zähringen und Rudolf, Helferich, Liutold und Hermann von Riegel.

Der erstgenannte dieser zähringischen Mannen, Werner von Roggenbach, hatte vor schon langer Zeit mit Zustimmung Herzog Bertold's IV Besitzungen zu Roggenbach, Villingen, Aasen und Dauchingen an das Kloster Thenenbach übertragen. Vor einigen Jahren hatte freilich Bertold selbst — zwischen den Zeilen ist zu lesen: als Herr im Einverständnisse mit Werner als seinem Hintersassen — dieselben Güter bedingungsweise und ohne Zustimmung der Söhne Werner's an St. Georgen auf dem Schwarzwalde geschenkt, hatte danach aber diese Schenkung wieder rückgängig machen müssen, indem er selber als Vogt des Klosters auf Antrag des Abtes von St. Georgen eine Tauschhandlung vollzog, in der St. Georgen für jene

[1220] St. 4272 vom 22. Jan. *Bertoldus dux de Zaringe.*

[1221] *Rudolfus Heremitarum abbas cum fratribus suis et Perholfus de Zaringa princeps Burgundie pro munitione in Riegol posita convenerunt, tali videlicet pacto a predicto abbate Werinher[us] de Roggenbach solam munitionem quam ipse edificiis occupaverat non feodali sed pactiali iure concedi impetrarit.* Mohr, Schweiz. Register. Einsiedeln Nr. 32 aus einer Hs., von Mohr „ca. 1100" angesetzt.

[1222] Ann. Argentinenses MGSS. XVII 89 (zu 1177), danach Ann. Marbac. MGSS. XVII 161, aber zu 1178; auch angedeutet Ann. SGeorgii in nigra silva MGSS. XVII 296 (zu 1177).

Schenkung durch ein Gut zu Klengen (BA. Villingen) entschädigt wurde. Das war vor einer Anzahl Edlen und Ministerialen in der Abteikirche zu St. Georgen geschehen; wenn über den Zeitpunct zu muthmassen erlaubt ist, etwa i. J. 1175 bei Gelegenheit der Zollernfehde, die St. Georgen in seine Annalen eintrug. Werner von Roggenbach hatte damals seine Güter durch Bertold zurückempfangen und bisher ohne jegliche Störung in Besitz gehabt. Nun brachte er i. J. 1179 das alte Versprechen an Thenenbach im Einverständniss mit seinen Söhnen zur Ausführung und Herzog Bertold nebst seinem Sohne war es, der in Werner's und der Söhne Namen als ihr Herr die Schenkung widerum vollzog und die vorhin genannten Güter in die Hände des Salemer und Thenenbacher Abtes für das Kloster des letzteren tradirte. Der Herzog selber liess auch die geschehene Handlung beurkunden, erklärte alle anderen Verfügungen über die Roggenbachischen Schenkungsgüter für hinfällig und verzichtete in seiner Eigenschaft als Vogt von St. Georgen auf jeden Einspruch[1223].

Um diese Zeit begann der Bischof Roger gegen Bertold vorzugehen. Zunächst liess er den 1157 geleisteten Eid des Herzogs in eine Bestätigung der Lausanner Rechte durch den Papst Alexander aufnehmen, die am 17. Oct. 1179[1224] zu Anagni ausgefertigt wurde. Worauf es Roger ankam, war das Anathem, das Bertold im Falle einer Verletzung dieses Eides bedrohte, als welcher jener den Erwerb der Bisthumsvogtei durch den Herzog auffasste. Dementsprechend war auch ein päpstliches Verbot an die Lausanner Bischöfe in die Bulle aufgenommen, je Bisthumsgüter zu veräussern und insbesondere die „Meierstelle"[1225] von Lausanne zu Lehn auszuthun. Der Ausdruck Vogtei wurde absichtlich vermieden, um die Deutung gerade auf die Bisthumsvogtei einzuschränken. Die Verleihungen Landerich's aber wurden ausdrücklich und tadelnd aufgehoben, mit ihnen also auch seine Nachsicht gegen den Erwerb der Bisthumsvogtei durch Bertold verworfen.

Zu unbekannter Zeit, aber nicht vor 1181[1226], und an unbekanntem Orte[1227] ist dann Roger, wie ich hier gleich anschliesse, auch bei den Reichs-

---

[1223] Urk. FUB. V 68f. Der nachgetragene Schlusssatz wird dort für unecht erklärt, weil er der Urkunde selbst widerspreche. Für mich macht er sie vielmehr erst vollkommen verständlich.

[1224] Schöpflin V 120ff., unrichtig zu 1178; Indiction und Pontificatsjahr fordern 1179.

[1225] *maioria.*

[1226] Schöpflin V 117f., der das Actenstück abdruckt, setzt es 1174. Das ist in vielen Hinsichten unmöglich; wegen des mitgenannten Bischofs Heinrich von Strassburg kann es erst 1181 oder später ausgestellt sein.

[1227] Dass Bischof Heinrich beginnt: *Residentibus nobis* deutet nicht nothwendig auf Strassburg; so braucht man also nicht einen der bekannten Strassburger Aufenthalte Kaiser Friedrich's herbeizuziehen. Reese, der dies S. 24f. thut, setzt an: 1184, aber die

instanzen klagbar geworden, um auch für Lausanne durchzuführen, was Arducius von Genf gelungen war. Eigenthümlich ist, wie er vorging. Er beschwerte sich vor Bischof Heinrich von Strassburg, der in dieser Sache der Leiter des Verfahrens wurde, und einer Anzahl anderer Bischöfe, in Gegenwart verschiedener edler Herren. Diese anderen Bischöfe waren, wie sich erweist, der Metropolit von Besançon, der gut alexandrinische Ulrich von Speyer, und die von Genf und Basel. Von ihnen war der Baseler Bischof durch die grosse Lateransynode von 1179, die gerade auch Roger von Lausanne besuchte [1228], in's Amt gelangt [1229]. So hatte sich ein hochkirchlicher Gerichtshof gebildet, auf den aber die Bezeichnung „Hofgericht" [1230] nicht ohne Weiteres zutreffend sein würde. Die Beschwerde Roger's lautete: Lausanne habe von jeher die Regalien unmittelbar vom Reiche gehabt, trotzdem habe der Kaiser das Regalienverleihungsrecht für Lausanne an Herzog Bertold abgetreten, sogar ohne den damaligen Bischof Amedeus darüber zu hören oder dessen irgendwie geartete Zustimmung aufweisen zu können. Zu dieser Rechtsfrage an sich komme hinzu, dass Bertold sich sehr viele Bedrückung und Ungerechtigkeit gegen Lausanne habe zu Schulden kommen lassen.

Der Kaiser antwortete auf die Anklage. Er habe in der That Bertold jenes Recht übertragen. Da der Herzog es somit inne habe, könne er nur in dessen Gegenwart darüber weiter verhandeln. Er befragte die Versammlung und aus dieser entschied zuerst der Strassburger Bischof: erstlich, in der Klage Roger's, soweit sie sich gegen den Kaiser richte, habe dieser trotz Bertold's Abwesenheit dem Bischof Gerechtigkeit widerfahren zu lassen; in Roger's Sache gegen den Herzog sei nach Rechtsbrauch dieser vorzuladen und dann zu urtheilen. Dies war auch die von dem Erzbischof von Besançon, dem Genfer und dem Speyerer Bischof vertretene Meinung. Der Baseler dagegen sagte: der Kaiser hätte allerdings das Recht der Regalieninvestitur nicht an Bertold übertragen dürfen. Da es nun aber einmal geschehen sei, dürfe die ganze Sache nur verhandelt werden, nachdem Bertold geladen worden sei, und erst nachher könne nöthigenfalls ein Contumacialverfahren eintreten. Dem pflichtete auch die Mehrzahl der anwesenden Laien bei.

Das Bisthum Roger's, das das über diesen vorläufigen Abschluss ausgefertigte Protocoll sorgsam im Original bewahrt hat, scheint über dieselbe Streitfrage keine andere Beurkundung mehr bekommen zu haben. Die beiden

bei dem Verfahren genannten geistlichen Persönlichkeiten passen nicht zu den Zeugen der Urk. St. 4369, die eben eine solche Anwesenheit Friedrich's zu Strassburg für 1184 verbürgt.

[1228] D'Achéry, Spicil. I 638. Von Prutz und Giesebrecht übersehen.

[1229] Trouillat I 377.

[1230] So Reese S. 25, Anm. 2.

Lausanner Vogteien aber, sowohl die hohe im Namen des Reiches, wie die eigentliche Bisthumsvogtei finden sich auch fortan in den Händen Bertold's IV und später seines ihm nachfolgenden Sohnes.

Herzog Bertold, dem wir zuletzt im März 1179 zu Riegel begegnet waren, traf noch in diesem selben Jahre nebst seinem Sohne mit dem Kaiser zusammen, als dieser Ende Mai in Constanz weilte. Ausser ihnen waren der Erzbischof Arnold von Trier, der Constanzer Bischof Bertold, Herzog Welf, Herzog Friedrich von Schwaben, Markgraf Hermann von Baden, die Grafen Rudolf von Pfullendorf, Hartmann von Kirchberg und sein Bruder Otto, Manegold von Veringen mit seinem Bruder Heinrich und seinen Söhnen, Hartmann von Kyburg, Burkard von Hohenberg und sein Bruder Friedrich, Bertold von Zollern und Friedrich, Bertold und Ulrich von Berg, der Constanzer Vogt Diethelm von Toggenburg und Andere zu Constanz anwesend[1231]. Vielleicht kam hier zwischen dem Kaiser und dem Herzog das Gespräch auch auf Bischof Roger, dessen gegnerische Haltung ja von vornherein unverhohlen war, so dass etwa eine Verständigung erzielt wurde, die Friedrich dann mit bestimmte, in der eben vorhin erzählten Weise eine andere Haltung, als einst gegenüber dem freilich bescheidener auftretenden und sich an des Kaisers eigene Rechtsobrigkeit wendenden Genfer Bischof einnehmen zu lassen.

Möglicherweise spielte sich diese ganze Angelegenheit in ihren Anfängen auch noch auf einem anderen Felde ab. In einem Briefe[1232], der nur in diese Zeit hineinpasst, sendet Herzog Bertold seinen Freiburgern im Lausanner Sprengel seinen Gruss und den Wunsch des „Sieges über die Feinde“. Die Stadt war angefeindet worden, denn der Brief spricht von Hilfsvölkern, die sie herbeigezogen hatte. Wenn diese Feindseligkeit gegen Bertold's junge Stadt etwa irgendwie von Bischof Roger ausging, würde sich auch desto besser erklären, warum die Freiburger St. Nicolauskirche, obwohl sie dem neutralen Kloster Päterlingen gehörte, erst so spät, erst 1182 von dem Diöcesan geweiht werden konnte.

Die Freiburger Stadtbehörden hatten zu den Soldkosten jener Hilfstruppen auch das Kloster Altenryf, insofern als es in Freiburg ein Haus besass, herangezogen. Auf erhobene Beschwerde entschied der Herzog, diese Beitragserhebung sei unzulässig, weil er das Altenryfer Haus von allem Zins und jeder weltlichen Gerichtsbarkeit befreit habe und mahnte eben in jenem

[1231] St. 4281 *dux Bertholdus de Zaringa et filius suus*. Die Beurkundung geschah für Uhldingen (BA. Ueberlingen), nicht Ueberlingen, wie Dümgé S. 146 und danach Stumpf hat. Vgl. FUB. V 67f.

[1232] Schöpflin V 124, Soloth. Wbl. 1827, 455f., Rec. dipl. du ct. de Fribourg I 3f. Herkömmlich „1179“ und „ca. 1179“ angesetzt. Dazu berechtigen die Nennung des Priesters H(ugo) und des Schultheissen T., dem 1182 schon ein anderer im Amt gefolgt ist.

(an Priester, Schultheiss und vornehme und geringe Bürger adressirten) Briefe von einem derartigen Vorgehen gegen das Kloster in Freundlichkeit ab.

Von Constanz ging der Kaiser über Eger zu dem angesagten Hoftage nach Magdeburg. Bertold von Zähringen hat ihn auf diesem Zuge nach und durch Sachsen nicht begleitet und hat sich überhaupt von dem Strafgericht, das sich immer näher über seinem einstigen Schwager, dem zu glücklich gewesenen Heinrich dem Löwen zusammenzog, fern gehalten.

Ob dagegen des Welfen Gedanken auch zu Bertold mit zurückflogen, als er nur auf schwäbischer Erde von Schwaben gerichtet werden wollte?[1233]

Als der Kaiser zu Mitte September wieder nach Schwaben, nach Augsburg kam, stellte sich Bertold wieder bei ihm ein, ausser ihm der Erzbischof von Salzburg und die Bischöfe von Passau, Brixen, Regensburg, Bamberg und Augsburg, die Herzoge Leopold von Oesterreich und Heinrich von Kärnthen, sowie die Wittelsbacher Pfalzgrafen. Der Herzog von Zähringen nahm mit diesen an dem Spruche Theil, der am 15. Sept. gegen das Bisthum Gurk gefällt wurde, das sich der Salzburger Hoheit entziehen wollte[1234].

Dem Reichstag zu Würzburg, der in der Mitte des Januar 1180 den Herzog Heinrich endgiltig ächtete, blieb Bertold, obwohl sein Bruder Rudolf dort erschien, getreu seiner vorherigen Haltung wieder fern. Ebenso bei der Verfügung über die für heimgefallen erklärten Herzogthümer und Reichslehen des Welfen, die am Anfang des April in der Pfalz zu Gelnhausen geschah, und bei dem darauf folgenden Kriegszug nach Sachsen. Im Uebrigen bleibt Bertold's Aufenthalt und Thun i. J. 1180 unbekannt. Es sei nebenbei erwähnt, dass der Bischof Bertold von Constanz in diesem Jahre seines Rectorats gedachte. Das geschah in einer Urkunde über Schenkungen des Edlen Kuno von Buchsee, der ja im burgundischen Rectoratsgebiet des Constanzer Sprengels wohnte; in ihrer Datirung nennt der Bischof den Kaiser, den Herzog Friedrich von Schwaben, „Bertold den Rector Burgunds“ und den Gaugrafen Arnold[1235].

Auch Roger von Lausanne urkundete in demselben Jahre für einen Ort des Rectoratsgebietes und zwar für Interlaken, indessen er vermied es sorgfältig des Rectors, dessen die kaiserlichen Urkunden gerade für Interlaken immer gedacht hatten, im Text oder in der Datirung zu erwähnen. Die letztere lautete: „Geschehen bei der Marienkirche zu Interlaken, 1180,

[1233] Darüber Chr. Fr. Stälin II 112 u. 251.

[1234] St. 4291. Unter den nichtfürstlichen Anwesenden war Graf Rudolf von Pfullendorf.

[1235] Schöpflin V 125 f., F. r. Bern. 464 f. — Const. Reg. 1051 mit dem unschlüssigen Zusatz „Echt?“

zur Zeit des Herrn Papstes Alexander's III und der Regierung Kaiser Friedrich's"[1236].

Ungefähr in diese Zeit fällt die Vermählung von Bertold's älterer Tochter Agnes mit dem Grafen Egeno IV, dem Bärtigen, von Urach. Darauf deuten die Altersverhältnisse der dieser Ehe entsprungenen Kinder, sowie auch der Umstand hin, dass Egeno i. J. 1181 mit Herzog Bertold und dessen Brüdern bei einer burgundischen (Solothurner) Angelegenheit mit anwesend war[1237]. Es war für das Uracherhaus und Egeno, obwohl sie viel bei dem Kaiser waren und sich in den Reichsangelegenheiten bewegten, auch schon in Schwaben sehr ansehnlich geworden waren, eine glänzende Verbindung. Aber Niemand konnte zur Zeit der Hochzeitsfeier ahnen, zu welcher Gütermacht dieses Uracherhaus einmal durch seine zähringische Heirath aufsteigen werde.

Während Kaiser Friedrich 1181 den Krieg in Sachsen fortsetzte, also im späteren Verlauf dieses Jahres[1238], finden wir Herzog Bertold mit seinen Brüdern Adalbert und Hugo und seinem soeben erwähnten Schwiegersohne in Burgund, und zwar in Solothurn. Von dem dortigen St. Ursusstift erhielt der Edelherr Ulrich von Neuenburg drei Hufen, Mühle und Wald zu Selzach und zu Bettlach 70 Juchart, acht Hofstätten, 24 Fuder Heu und den Zehnten von zwölf Hufen zu Erbzinslehen, unter der Bedingung, dass dies Lehen zurückfalle, wenn Ulrich und seine Erben den Zins von 25 Schillingen Solothurner Münze nicht in der vorgeschriebenen Weise zahlen und auch die Strafsumme und weiteren Termine verfallen lassen würden. An die darüber von Seiten des Stifts aufgesetzte Urkunde aber hing „Herzog Bertold, der Rector des Landes" zum Vollzug sein Siegel. Anwesend waren dabei ausser den schon Genannten und dem Solothurner Propste Burchard und den Chorherren die Edlen Burchard von Uesenberg, Hesso von Grenchen, sein Vetter Ulrich von Strassberg, Werner von Uffhausen, Heinrich von Kien, Graf Heinrich und sein Bruder Ulrich von Bechberg, die herzoglichen Ministerialen Adalbert vom Thor (aus Burgdorf), Hugo von Jegenstorf, Heinrich von Krauchthal, Kuno von Ersingen und sein Bruder Rudolf, Rudolf von Koppingen, Ulrich und sein Bruder Bertold von Utzenstorf. Dazu einige mit Vornamen genannte Bürger (zum Theil Brüder des Propstes) und eine Anzahl neuenburgischer Ministerialen[1239].

[1236] F. r. Bern. I 466f. Der dort hervorgehobene „fatale Umstand" erledigt sich durch die Vornahme folgender Interpunction im Texte: *Romanorum pontificum, felicis memorie videlicet Adriani* | *et Alexandri privilegiis* etc.

[1237] Vgl. die FUB. I 67 ff. zusammengestellten Materialien und Riezler, Gesch. d. fürstl. Hauses Fürstenberg, Tüb. 1883, S. 37. Ueber die Solothurner Angelegenheit s. sogleich unten.

[1238] Am 18. Mai wenigstens war Egeno von Urach, der ja mit Bertold war, noch bei dem Kaiser in Esslingen, vgl. St. 4321.

[1239] Herrgott II 194, Soloth. Wbl. 1812 S. 345, Zeerleder I 121, Oberrh. Zs.

Herzog Bertold blieb damals wohl einige Zeit in Solothurn. Wenigstens lässt er sich dort i. J. 1182 wieder finden, zwar ohne seine Brüder und den Uracher, aber sonst ungefähr noch in derselben Umgebung, wobei denn ja zwischen den beiden (unbekannten) Tagesdaten kein grosser Zeitraum zu liegen braucht. Der schon genannte Propst Burchard vermachte nämlich 1182 vor Herzog Bertold an sein, d. h. das St. Ursusstift seine Güter zu Gumenkofen oder Guuzgen und zu Dotzingen, doch unter der Bedingung, dass er sie sich selber und seinem Sohne, der Chorherr in demselben Stift war, für ihre beiderseitige Lebenszeit und so lange der Sohn nicht etwa aus dem Chorherrenstande ausscheide, vorbehielt. Die darüber aufgenommene Urkunde besiegelte Herzog Bertold wieder und als Zeugen wurden die Stiftsherren, ferner Ulrich von Neuenburg, Graf Heinrich [von Bechburg], Ulrich von Strassberg, die herzoglichen Ministerialen Hugo von Jegenstorf, Heinrich von Krauchthal, Rudolf von Koppingen, Ulrich und sein Bruder von Utzenstorf (auch unter den Stiftsherren ist ein Utzenstorfer Namens Werner), von den Bürgern die Brüder des Propstes, Bruno und Liuprand und Andere eingetragen [1240].

Der gleichen Zeugen wegen fällt in dieselbe Zeit, um die Wende der Annunciationsjahre 1181 u. 1182, eine weitere vor Herzog Bertold geschehene undatirte Handlung. Zur Zeit eines früheren Solothurner Propstes Rudolf hatte einer der Chorherren, Peter, vom Stift ein Gut im Dorfe Wädenschweil (?) als Zinslehen, aber nur auf Lebenszeit empfangen. Dennoch hatte er es dem Solothurner Bürger Gottfried überlassen, der es dann sterbend dem Stift wieder zurückstellen liess. Trotz alledem hatte dessen Schwestersohn Nicolaus ein Erbrecht auf das Lehengut zu haben geglaubt und dies Recht für 20 Pfund an den causidicus Albert verkauft, der bei seinem Tode reuig Verzicht leistete. Dann kam aber noch sein Verwandter Nantwig: ihm habe Albert das Gut schon bei Anfang seiner tödtlichen Krankheit übergeben. Diesen Stand der Streitfrage brachte nun das Stift vor Herzog Bertold und der entschied nach Anhörung der Partheien in vermittelndem Sinne: eine Hufe solle das Stift sogleich zurückempfangen, das übrige dem Nantwig persönlich auf Lebenszeit lassen. Die von dem Herzog besiegelte Urkunde hierüber nennt unter den Zeugen die Ministerialen Hugo von Jegenstorf, Heinrich von Krauchthal und Rudolf von Koppingen, dazu eine grössere Anzahl Bürger [1241].

XIII 170 f., F. r. Bern. I 467 f. Das Jahr 1181 ist wohl als Annunciationsjahr zu nehmen, reicht also in 1182 hinüber; der Ort der Handlung ist nicht genannt, aber sie selbst und die als Zeugen aufgenommenen 6 *burgenses* deuten mit Sicherheit auf Solothurn. Ueber die darunter befindlichen Brüder des Propstes Burchard s. die nächstfolgende Urk.

[1240] Soloth. Wbl. 1831, S. 189, Zeerleder I 124, Oberrh. Zs. XIII 171 f., F. r. Bern. I 469 f.

[1241] Soloth. Wbl. 1824, S. 415, Zeerleder I 132, Oberrh. Zs. XIII S. 172 f., F. r. Bern. I S. 470 f. [Fortsetzung der Anm. umstehend.]

Noch sei erwähnt, dass in einer auch 1182 aufgesetzten Vertragsurkunde zwischen Kloster Frienisberg und Ulrich von Neuenburg die Datirung nach einander den Papst Lucius, den Bischof Roger, den Kaiser Friedrich und den „Herzog Bertold Rector Burgunds" nennt [1242].

Wir wissen, dass i. J. 1182 die Nicolauskirche zu Freiburg i/Ü. geweiht wurde. War Bertold, als er mit seinen Brüdern und seinem Schwiegersohne 1181 oder Anfang 1182 nach Solothurn kam, etwa auf dem Wege, um an dieser ersten freudigen Feier in seiner jungen Stadt theilzunehmen und gab er den Besuch dann irgendwie um des Bischofs Roger willen auf, der am 6. Juni die Weihe in Abwesenheit Bertold's vollzog? Eine solche Vermuthung könnte es nur erklären, wenn aus den nach einander behandelten Urkunden des Solothurner Aufenthaltes ersichtlich wurde, dass der dort zurückbleibende Herzog seine Brüder, den Grafen von Urach und einen Theil des Gefolges wieder entliess.

Herzog Bertold von Zähringen war in allen diesen Jahren fast ein Fremder in den Angelegenheiten des Reiches geworden. Als dann aber die Johanniszeit 1183 herankam, in welcher der lange verhandelte Friede mit den Lombarden endgiltig abgeschlossen werden sollte, zog auch er dem Kaiser nach Constanz zu. Dort fand er, nach dem 20. Juni eintreffend [1243], des Kaisers Söhne, König Heinrich und Herzog Friedrich von Schwaben, die Herzöge Welf, Otto von Wittelsbach, der durch Heinrich's des Löwen Fall der Herr Baierns geworden war, Konrad von Spoleto und Bertold von Andechs, die Markgrafen Bertold von Istrien und Hermann von Baden, die Grafen Heinrich von Dietz, Diepold von Lechsgemünd, Konrad von Berg, Ludwig von Sigmaringen, Burkard von Hohenberg und seinen Bruder Friedrich, Ludwig von Helfenstein, Ulrich von Kyburg, Friedrich und Bertold von Zollern, Hartmann von Kirchberg, Ludwig von Pfirt, Hermann von Froburg, Werner von Homberg und seinen Bruder Friedrich, den Edlen Burchard von Uesenberg und andere Laien; von geistlichen Herren die Bischöfe von Metz, Münster, Chur, Augsburg und Constanz nebst dem Reichenauer Abte [1244]; zu diesen allen die päpstlichen Legaten und die zahlreichen Vertreter der lombardischen Städte. Unter den aus jedem Rang und Stand ausgesuchten Männern, die am 25. Juni das grosse Friedenswerk beschworen, war auch Bertold [1245].

Nantelm steht auch unter den Bürgern der vorigen Urkk. als Zeuge.

villa Wedelswile. Kann es Wölflisweil im Ct. Aargau sein? Hidber Reg. 2484 weist sogar fragend nach Wädenswil am Züricher See.

[1242] F. r. Bern. I 468 f.

[1243] Denn Bertold fehlt in der stattlichen Fürsten-Zeugenreihe von St. 4389 vom 20. Juni.

[1244] Zusammengestellt aus St. 4359—4364. *Bertoldus dux de Zaeringen.*

[1245] MGLL. II 179. *Bertoldus dux de Zaringen.* Seine Wahl unter die Schwörenden war schon zu Piacenza festgesetzt worden, vgl. MGLL. II 167 ff. (*dux de Zarengo*).

Es kann nicht verwundern, wenn er im Uebrigen nicht in allen damals erlassenen Kaiserurkunden als Zeuge auftritt, zumal die Zeugenreihen der einzelnen jedesmal nur einen Theil der vielen Anwesenden nennen.

Die besondere Zustimmung Bertold's IV hob aber Kaiser Friedrich hervor, als er am 25. Juni dem Kloster Interlaken ebenfalls den Besitz des halben Forstes Iseltwald bestätigte, den einst Konrad III aus der zähringischen Gewalt gelöst und dem Kloster geschenkt hatte [1246].

In dem gleichen Jahre, da auf diesem grossen Hoftage der Constanzer Friede unter Mitwirkung Bertold's geschlossen wurde, vollzog der Herzog die Verlobung seines einzigen Sohnes. Nämlich der Graf Matthäus, welcher durch die Hand der Agnes von Boulogne diese Grafschaft erheirathet hatte, hatte zwei Töchter, von denen die ältere, Ida, die voraussichtliche Erbin der Grafschaft war. Diese Ida war verheirathet oder wahrscheinlicher nur verlobt gewesen mit dem Grafen Gerhard von Geldern, ehe ihr Oheim, der Graf Philipp von Flandern und Vermandois (übrigens gegen seinen dem König Heinrich von England geleisteten Schwur: seine beiden Nichten nicht ohne jenen hinzuzuziehen zu vergeben) ihr die neue Verbindung mit dem Sohne Herzog Bertold's, dessen Familie ja mancherlei Beziehungen in diese Lande durch ihre Namur'schen Verwandten und auch durch Rudolf von Lüttich hatte, vermittelte. Auch sie hatte keinen Bestand. Ida wird von den Berichten als ein unruhiges und leichtfertiges Weib geschildert und so geschah es, dass die Verbindung von Bertold wieder rückgängig gemacht wurde [1247]. Die Erbin von Boulogne hat danach verschiedene Ehemänner und Liebhaber gehabt, Bertold V aber erst in viel späteren Tagen, als alternder Mann eine neue Verbindung gewagt. So ist die Leichtfertigkeit dieser Boulognerin nicht ohne eine Schuld daran, dass der mächtige zähringische Herzogsstamm mit Bertold V erloschen ist.

[1246] St. 4362.

[1247] Nachrichten haben Lambert von Ardre Hist. comit. Ghisnensium MGSS. XXIV 605, Gisleb. chron. Hanon. SA. 87. Roger von Hoveden MGSS. XXVII 144 (zu 1177; nach den Gesta Heinrici II MGSS. XXVII 102 war die erste Verbindung, mit dem Grafen von Geldern [† 1183] erst 1180. Hat etwa Roger den Venediger mit dem Constanzer Frieden verwechselt?), Radulf von Coggeshale MGSS. XXVII 345 (der Bertold V als dritten Mann der Ida nennt). Ich wage nicht sicher zu entscheiden, ob das Verlöbniss auch zur vollzogenen Vermählung führte. Letzteres nehmen die Berichte anscheinend an (*nupsit* Gislebert a. a. O.), nur aus dem vertrauenswürdigen Bericht Lambert's von Ardre kann man auch das blosse Verlöbniss entnehmen; für die Heirath könnten auch die so späte zweite Ehe Bertold's V und dessen in so grossem Dunkel verbleibender Sohn Bertold (s. u.), falls dieser nicht nach 1198 u. 1208, sondern vor beiden Daten lebte und starb, sprechen. Andererseits macht Bedenken, dass Ida nie als wirkliche Gattin in Urkk. oder sonst neben Bertold erscheint, und dazu denn ja auch an sich die Schwierigkeit der mittelalterlichen Scheidung und die spätere Verheirathung beider Theile mit Anderen.

Schon zur Zeit des Constanzer Friedens hatte Kaiser Friedrich auf Pfingsten 1184 nach Mainz eingeladen, wo die Schwertleite seiner beiden älteren Söhne stattfinden sollte. Als nun das liebliche Fest herannahte, da ritt auch der alte Herzog Bertold in die hölzerne Feststadt ein, die in der fröhlichen Ebene zwischen Taunus, Rhein und Main für die Fürsten, ihr Gefolge und die erwarteten ungeheuren Volksmengen errichtet stand. Er selber kam nicht mit absichtlich prunkvoller, von den Chronisten besonders geschilderter Mannschaft, wie der prahlende Böhmenherzog mit allein 2000 Rittern, wie Philipp von Cöln, Konrad von Mainz, der Bruder Otto's von Baiern, wie der Pfalzgraf Konrad bei Rheine, der Landgraf von Thüringen und neben diesen auch der Erzbischof von Magdeburg, der neue Herzog Bernhard von Sachsen, der Herzog Leopold von Oesterreich und der Abt von Fulda. Neben diesen allen erscheinen weiter noch, abgesehen von der ganzen kaiserlichen Familie, die Erzbischöfe von Bremen, Trier und Besançon, die Bischöfe Rudolf der Zähringer von Lüttich, die von Utrecht, Cambrai, Metz, Toul, Verdun, Worms, Speyer, Strassburg, Basel, Constanz, Chur, Würzburg, Bamberg, Regensburg, Münster, Hildesheim und Meissen, die Reichsäbte, die Herzoge Welf, Otto von Baiern und der Brabanter, die Markgrafen Otto von Brandenburg Albrecht des Bären Sohn, Otto von Meissen, Ottokar von Steyermark und Hermann von Baden, die Pfalzgrafen von Baiern und von Tübingen, der Graf Gerhard von Macon, Oheim der Kaiserin Beatrix, der Graf Balduin von Hennegau und viele andere Grafen, unter diesen auch Boppo von Laufen aus der Gegend des mittleren Neckar [1248].

Dazu unzählige edle Herren und Ritter; diese allein schätzte man auf 70 000; ohne die vielen vielen Kleriker, die Spielleute und Fahrenden und das herbeigeströmte Volk. Man erinnerte keine Versammlung, wie diese, und Heinrich von Veldeke, der des Aeneas und der Dido Hochzeitsfest mit den Wundern des Mainzer Tages ausstattete, meinte voll Ueberzeugung, noch bis an den jüngsten Tag werde man von diesem Feste nicht aufhören zu singen und zu sagen.

Herzog Bertold wird an den Feierlichkeiten (20.—22. Mai) Theil genommen haben, tritt aber nicht besonders darin hervor. Dagegen ist hier zu erzählen, wie gerade in diesen Tagen der Kaiser noch einmal den Vortheil desjenigen Fürsten verkümmert hat, der ihm fast alle seine Zeit der uneigennützigste Helfer und Freund gewesen ist.

Der alte Graf Heinrich von Namur und Lützelburg [1249] ging seit lange ohne Kinder dem Grabe entgegen. Die Erbansprüche standen ursprünglich in erster Linie bei Herzog Bertold von Zähringen als dem Sohne der älteren

[1248] Nach Gislebert chron. Hanon. SA. 142 ff. und den Urkk. St. 4373 u. 4374.

[1249] Ueber das Folgende Gisleb. chron. Hanon. SA. 144 ff. u. St. 4374. S. oben S. 391.

Schwester Clementia, danach bei dem Grafen Balduin V von Hennegau, dem Sohne der jüngeren, Alice. Bertold's Mutter war zwar schon früher durch zwei Burgen aus dem Allod abgefunden worden, aber doch wohl nicht in völlig klarer Weise oder wie an sich wahrscheinlich ist, nicht so, dass sie auch bei dem Erlöschen des Mannesstammes allen Anspruch verlor, denn ihr Sohn Bertold hatte sich schon i. J. 1171, wie wir wissen, auf Erbansprüche eingerichtet, die der Kaiser damals anerkannt hatte und die höchst wahrscheinlich auch bei der Verlobung seines Sohnes mit der Erbin von Boulogne nicht ausserhalb seines Planes gewesen waren. Auch Balduin hatte dies Erbrecht Bertold's insofern anerkannt, als er ihm angeboten hatte des Herzogs Verzicht mit 1600 Mark reinen Silbers in Cölner Gewicht zu erkaufen, die er innerhalb 8 Monaten zahlen wollte.

Zu Mainz war nun Balduin mit viel Gold und Silber erschienen und hatte sogleich Eindruck auf den Kaiser gemacht, der den bisher am Hofe nicht gesehenen Mann, der nicht fürstlichen Standes geachtet wurde[1250], bei dem feierlichen Zuge am ersten Pfingstfeiertage das kaiserliche Schwert tragen liess und ihn eng an sich heranzog. Und als Friedrich das Anerbieten erfuhr, das Graf Balduin seinem herzoglichen Vetter gemacht hatte, rieth er ihm unverzüglich ab, mit dem Hinzufügen, der leibesschwach gewordene Herzog werde ja wahrscheinlich noch eher sterben, als der Graf von Namur selber. Auf diesen Rath hin liess Balduin die Verhandlungen fallen. Die Hälfte des Geldes, das er somit an Bertold gespart hatte, wanderte dafür in die Kammer des Kaisers, der am 22. Mai mit Balduin einen geheimen Vertrag abschloss, wonach das namur-lützelburgische Hausgut bei Heinrich's Tode dem Namen nach an den Kaiser fallen und dann mit den heimfallenden Reichslehen zusammen als untheilbares Reichsfürstenthum an Balduin vergeben werden sollte. In der That starb Bertold vor seinem Oheim Heinrich und der Mainzer Vertrag gelangte für Balduin zur Ausführung.

Ein Tausch, den Bertold auf dem Mainzer Tage zu dessen Beginn mit dem Grafen Boppo von Laufen vornahm, ist noch überliefert[1251]. Der Graf hatte von Herzog Bertold den Berg Rothenberg bei Gleismuthshausen zu Lehen, den er jetzt mit anderen Schenkungen, die seine Familie machte, an das Kloster Schönau im Odenwald übergeben wollte. Das Gut, das er dem Herzog als Tauschgegenstand bot, wurde angenommen, worauf Bertold den Berg zu freiem Eigen an Boppo, den von dem Wormser Bischof beauftragten Ocger von Wiesloch und Hugo von Bruch als Bevollmächtigten des

1250 Vgl. Ficker, Reichsfürstenstand S. 108ff. (§ 72).

1251 Guden, Sylloge I variorum diplomatariorum, Frankf. 1728, S. 33ff. Urkunde des Pfalzgrafen bei Rheine. *Bertholdo de Zaringen. Glismutehusen*, nach Förstemann, altd. Namenbuch, Ortsnamen. II 585 Gleismuthshausen im Grabfeldgau bei Sessbach sw. von Koburg. Vgl. den Anhang über die zähr. Besitzungen.

rheinischen Pfalzgrafen tradirte und die Uebergabe durch diese an Schönau erfolgen konnte. Dafür wurden Rebgärten zu Zimmern gegeben, doch ist aus dem Wortlaut nicht ganz klar ersichtlich, ob Boppo diese von dem Kloster empfing oder ob etwa sie der Tauschgegenstand waren, den Boppo und die beiden Treuhänder an Bertold tradirten.

Am 10. April 1185 weilte Herzog Bertold in Zürich, wo er als Kastvogt der Züricher Grossmünster-Propstei, wie er widerum das engere Recht ausdrücklich betont, die Entscheidung eines Streites zwischen dem Stift und dem Leutpriester Lutold von Schwenningen auf der Baar zur Beurkundung brachte. Es handelte sich um die Zehnten von Salland und einige Liegenschaften, die Eigenthum der Züricher Propstei waren. Dies Eigenthumsrecht war in Bertold's schon vorhergegangenem Schiedsspruch anerkannt, dagegen bestimmt worden, dass Lutold auf Lebenszeit Inhaber sein solle, aber als Hälfte der Zehnten jährlich 10 Scheffel Waizen Villinger Masses und ein Schwein an die Propstei liefern solle. Damit hatte sich Lutold vor Herzog Bertold und einer grossen Zahl Kleriker und Laien einverstanden erklärt, und ebenso der Vogt der Schwenninger Kirche Hugo von Kürnach den Zins gewährleistet. Diesen Schiedsspruch verkündete nun Bertold auch zu Zürich in Gegenwart des Propstes Walter, des Leutpriesters Konrad und ihrer Brüder (von der Grossmünster-Propstei), der Edelherren Egelolf von Urslingen, Rudolf von Rapperschwyl und seines Bruders Heinrich, Walter's von Eschenbach, Lutold's von Regensberg und Konrad's von Krenkingen, dann Werner's von Roggenbach, Ludwig's von Rötteln, Gerhard's von Rheinfelden und anderer herzoglicher Ministerialen und einer Anzahl Züricher Bürger[1252].

Dieser Züricher Aufenthalt ist das letzte Datum über den lebenden Herzog. Im Juli 1185 kam der junge König Heinrich VI nach Basel, wo ihn jedoch der alte Herzog nicht begrüsste. Der Zweck des Königsbesuches in Basel war dafür auch wenig geeignet. Heinrich erlangte dort von dem Bischofe die Hälfte des Breisacher Berges und des Eckhardsberges zu Lehen. Lieber hätte er wohl dem Bischof den von Basel so geschätzten Besitz[1252a] ganz abgedrungen. Immerhin einigte man sich auf gemeinsame Verwaltung des Ganzen und gemeinsame Verstärkung und Benützung der Befestigungen, wobei bezeichnender Weise schon eine eintretende Störung dieser Pläne von dritter Seite mit in Betracht gezogen wurde. Das waren Abmachungen, mit denen Heinrich schon weiter kommen konnte. Dem Uesenberger Herrn

---

[1252] ZüUB. I 215 f.

[1252a] Vgl. über das baselische Breisach und die dortigen bischöflichen Anlagen Trouillat I 275 u. 295 ff., auch P. Rosmann, Gesch. der Stadt Breisach, Freiburg 1851, S. 120 f. u. 141 f., wo freilich sehr kühne Aufstellungen mit unterlaufen und das Abkommen von 1185 gar nicht verstanden wird.

übrigens wurde sein Sitz zu Breisach vorbehalten. Markgraf Hermann von Baden (der Breisgaugraf) und eine Anzahl von Freunden des zähringischen Hauses unterschrieben als Zeugen diese Urkunde [1253], die doch die Grundlage zu der Errichtung eines bedrohlichen Bollwerkes der Staufer an einem der wichtigsten breisgauischen und oberrheinischen Puncte werden sollte. Das Stauferhaus hatte die Politik wieder aufgenommen, die es einst mit dem Eintausch der Herrschaft Badenweiler verfolgt hatte: eine Brücke zu seinen elsässischen Gütern [1253a] hinüber zu schlagen, aber damit zugleich auch mitten im Zähringergebiete eine sichere Stellung zu nehmen. Schon in demselben Jahre 1185 stiegen auf den beiden vom Rheine bespülten Felsklötzen die von dem staufischen König in's Werk gesetzten Befestigungen empor [1254].

Das waren, widerum von staufischer Seite ausgehend, die letzten Eindrücke, unter denen der schon seit Jahren sieche Herzog Bertold IV starb. Sein Todestag ist der 8. Sept. oder der 8. Dec. 1186 [1255]. Zu St. Peter vor dem Kreuze ward er bei seinen Ahnen zur Gruft bestattet [1256] und die Mönche begingen die Wiederkehr auch seines Sterbetages durch Anniversare mit 5 Kerzen.

Bertold IV ist anscheinend nicht in dem Masse ein Wohlthäter St. Peters gewesen, wie die Herzöge vor ihm. Der St. Petriner Rotulus berichtet Folgendes über ihn. Das Kloster hatte von Bertold von Rietheim dessen Gut zu Hausen gegen Hufen zu Aasen und Villingen eingetauscht; zu Villingen geschah der Abschluss dieses Vertrages, wobei für die denselben brechende Parthei 20 Talente als an Herzog Bertold zu erlegende Strafsumme festgesetzt wurden. Den Tausch selbst vollzog der Herzog, zugleich als Vogt des Klosters und als Herr des Ritters von Rietheim, und zwar zu Freiburg im Beisein Adalbert's des Bruders des Herzogs, Bertold's von Löwenstein, Werner's von Hornberg und Dietrich's von Rötteln, sowie der Herzogsleute Werner von Roggenbach, Konrad von Staufen,

[1253] St. 4575.

[1253a] Vgl. über diese Al. Meister, d. Hohenstaufen im Elsass. Strassb. 1890.

[1254] Ann. Argent. MGSS. XVII 89. *1185 castrum Brisache a rege Heinrico initiatur.* Dazu die in St. 4575 enthaltenen Beabredungen: *in monte Eggehartberc uterque nostrum domum sibi faciet* u. s. w.

[1255] Das Jahr geben die Ann. SGeorgii in N. S. MGSS. XVII 297, den 8. Sept. das Todtenbuch von St. Peter MGNecrol. I 337, Rudolf von Lüttich dagegen bezeichnet als den Tag des Anniversars seines Bruders in einer Urk. von 1187 (b. Outremann, Constantinopolis belgica 582) den 8. Dec. Das ist angesichts der vielen Versehen des St. Petriner Necrologs höchst beachtenswerth. Andererseits vgl. die in Anm. 743 enthaltene Vermuthung. — Schöpflin I 147 hat ohne Beleg den 13. Sept., er hat wohl das *VI.* vor *idibus sept.* übersehen.

[1256] Cat. St. Petri, Freib. D.-A. XIV 85.

Burchard von Thunsel, Konrad und seines Bruders Gerhard von Rheinfelden und Anderer [1257].

Weitere Begünstigungen Bertold's für St. Peter liegen im Rotulus des Klosters nicht vor. Aber, wie gesagt, damit ist seine Thätigkeit für dasselbe vielleicht nur anscheinend erschöpft. Es darf nicht übersehen werden, dass unterdessen eine Veränderung im Urkundenwesen vor sich gegangen war. Das frühere 12. Jahrhundert hatte die Aufzeichnung von Traditionsacten noch den Empfängern überlassen; aus deren Einträgen entstanden Traditionsbücher und Roteln, wie der von St. Peter und die Notitia von St. Georgen. In der zweiten Hälfte des Jahrhunderts treten schon allgemein an die Stelle solcher Empfängervermerke die selbständigen Urkunden der Fürsten, wenn diese die Tradenten sind. So lernten wir denn in der That schon den Gnadenbeweis Bertold's IV aus seinem ersten Regierungsjahre (1152) für St. Peter nicht aus dem Rotulus, sondern durch eine Urkunde kennen. Andere können verloren gegangen sein.

Der Zustimmung Herzog Bertold's, des Vogtes von St. Blasien, wird gedacht bei einem Gütertausch zwischen den beiderseits zu St. Blasien gehörigen Kirchen zu Weitenau und Fahrnau. Der Prior des Klösterleins in Weitenau gab an Fahrnau Güter zu Fahrnau selbst, Wiechs, Schweigmatt und Gündenhausen und empfing durch den Pfarrer von Fahrnau eine Hufe zu „Wehuingen“. Auch der Constanzer Bischof und der Weitenauer Vogt, ein Herr von Wart stimmten dem Tausche zu, der von dem St. Blasischen Abt Dietbert beurkundet wurde [1258] und den genannten Personen nach in die Jahre 1183—1186 fallen muss.

Im Ganzen ist Herzog Bertold IV nur als ein recht sparsamer Gönner der Klöster in seinem schwäbischen und burgundischen Machtbezirk zu bezeichnen. Und den grossen kirchlichen Ereignissen seiner Zeit gegenüber fanden wir ihn überhaupt passiv. Den Abstand, der in dieser Beziehung zwischen Herzog Bertold I und Bertold II wenigstens in seinen früheren Jahren und andererseits Konrad schon hervorgetreten war, hat Bertold IV noch vergrössert. Und Bertold's IV Sohn ist sogar als ein von kirchlichen Instituten als schlimmer Feind betrachteter Mann gestorben.

Bertold IV war vor allem ein weltlich denkender Fürst und ein Mehrer seiner Lande. Er hat die Trierer Stiftslehen des Hauses Namur, die Reichs- und die Bisthumsvogtei in Lausanne und die wirkliche Macht in Zürich zu dem Bereiche seines Vaters hinzu erworben. Noch viel weiter hat er nach Süden und Norden die Hand gestreckt; hier freilich ist er gescheitert, in den beiden grossen Gelegenheiten an den Staufern, denen er so wenig gewachsen

[1257] RSP. 152. Dass Bertold IV gemeint ist, wird durch die Nennung seines Bruders Adalbert gewiss.

[1258] Herrgott Gen. Habsb. II 201.

war, wie den Aufgaben selbst, die sie ihm nahmen, und auch von dem besser gesicherten Erwerb, den er hätte festhalten können, hat er, nicht ohne seine Schuld, verloren.

Immer hat er, mit einer kurzen Unterbrechung, festhalten wollen an dem hochgemuthen und glänzenden staufischen Herrn, mit dem er gleichzeitig zur Regierung kam und dessen Leben das seinige bis fast an den Ausgang hat begleiten können. Was ihn solche Stellung hat nehmen lassen, ist seine schon oben einmal charakterisirte, stets wieder durchbrechende Freude und Thatlust, am Grossen und Allgemeinen, an der Wohlfahrt und dem Glanz des Reiches und seines Kaisers mitzuwirken, sein lebendiger und einfacher Sinn, der ihn Enttäuschungen verschmerzen und gerechte Bitterkeit doch wieder von sich weisen liess. Im Felde mit dem Rothbart ist Bertold von Zähringen dessen eifrigster und tapferster Helfer gewesen, auch für schwierige politische Vermittlungsaufgaben hat der Kaiser gerade an ihn vertrauend sich wenden dürfen [1259]. Wir gehen seine Geschichte durch und finden in ihr keinen besonderen menschlichen Fehler überliefert, keine grausame Handlung von ihm aus dieser mit Krieg und Verwüstung gesättigten Zeit aufbewahrt und dagegen der Milde gedacht, mit der er sich 1158 für Mailand verwandte. Und „die Weltgeschichte verschweigt die menschlichen Unthaten weniger, als deren Unterlassung“. So fehlt ihm Härte eben so sehr, wie starre Entschlossenheit. Als eine vermittelnde Natur erwiesen ihn auch alle die einzelnen Schiedssprüche, die er als Landesherr und Vertreter der öffentlichen Gewalt gethan hat. Darin mag es mit begründet liegen, aber doch nur, weil auch die Ansehen verleihende Kraft des Landesherrn ihm nicht gefehlt hat, dass seine Regierung nicht nur in den schwäbischen Besitzungen, sondern auch in dem viel schwierigeren burgundischen Grafenerbe eine von Aufruhr freie und anscheinend gerne ertragene gewesen ist. Hoch entwickeltes Gerechtigkeitsgefühl begleitet sein ganzes Leben und alle seine Handlungen und lässt sich, wo es ihn für sich fordern lässt, nur durch baldige Versöhnlichkeit, wo er richtet, nur durch Milde trüben. Und auch „Gerechtigkeit ist Macht“. —

Nur eine Lebensgefährtin Bertold's IV wird genannt und diese tritt in der Geschichte gänzlich zurück. Es scheint, dass sie eine Tochter des Grafen Hermann von Froburg war [1260]; die späte Arbeit aus St. Peter ist in der Lage, ihren Namen Heilwig zu übermitteln und setzt sie unter die Wohl-

[1259] Die Stelle des Ligurinus, II v. 411 ist von Verschiedenen falsch auf Bertold bezogen worden. Das *virum magnis spectatum sepe periclis* geht noch auf Otto.

[1260] Albericus Tresfont. MGSS. XXIII 851 *duxit filiam comitis Hermanni de Frieburch*. Darin muss ein Missverständniss liegen, dessen Lösung durch *Froburch* schon Chr. Fr. Stälin II 296 bietet.

thäter dieses Klosters[1261], in welchem sie jedoch ihre Ruhestätte nicht gefunden hat. Sie gebar dem Herzog einen Sohn und zwei Töchter. Doch ehe von diesen zu sprechen sein wird, ist noch der Brüder Bertold's IV ausser Konrad und Rudolf zu gedenken.

Adalbert sind wir zu Bertold's IV Lebzeiten öfter begegnet, doch nie unter einem anderen Titel als dem eines Bruders des Herzogs. In seinem Namen mochte, wenn auch nicht ungetrübt, eine Erinnerung an den der älteren Familiengeschichte angehörigen Namen Adalbero bewahrt werden sollen. Seine und seiner Nachkommen Geschichte soll von dieser Arbeit ausgeschlossen sein; seine neben Bertold unselbständige Stellung muss jedoch auch hier betont und noch ergänzend hinzugefügt werden, dass er zum ersten Mal i. J. 1187 als Herzog von Teck auftritt[1262], also erst nach seines Bruders Tode. Er hat diesen Namen mit etwa eben so viel Recht angenommen, als Bertold II und dessen Söhne im Anfange ihrer Regierungen oder als man den Sohn Welf's IV Herzog hiess, aber er und sein Geschlecht sind darum nicht unter die Reichsfürsten gerechnet worden, sie behaupteten trotz ihres Titels nur den Rang angesehener Edelherren[1263]. Die Veranlassung zur Annahme irgend eines Titels — und etwa den eines Grafen aufzunehmen lag kein besseres Recht vor — wird es gegeben haben, dass nach Bertold's IV Tode oder noch in Folge letztwilliger Bestimmungen des Herzogs dessen beide im weltlichen Stande gebliebenen Brüder sich mit ihrem Neffen Bertold V über eine Theilung des Hausbesitzes vereinigen konnten. Es entspricht dem Allem, wenn in den Anfängen von Bertold's IV Regierungszeit die Güter um Teck, die später Adalbert hatte, noch zur Verfügung des regierenden Herzogs gefunden werden und auch während dessen ganzer späterer Lebenszeit Adalbert noch nirgends unter den selbständigen Landherren in Schwaben, die doch sonst alle so häufig in erzählenden Quellen und Urkunden begegnen, hervortritt. Welche Güter aber Adalbert bei dieser Theilung von 1186 oder 1187 erhielt, sucht ein anderer Theil dieses Buches auseinanderzulegen.

Für den jüngsten Bruder, Hugo, gilt ähnliches. Auch er hiess bei Bertold's IV Lebzeiten nur dessen Bruder; später aber kannte man ihn als „Herzog von Ulmburg"[1264], wonach er also auf der Ulmburg bei Oberkirch residirt hat. Dem entspricht auch die Nachricht, dass er [bei der Theilung nach seines Bruders Tode] mit nicht geringen Gütern und Lehen im Breisgau und in der Ortenau ausgestattet worden sei[1265]. Welche Besitzungen

[1261] Freib. D.-A. XIV 82. Im Uebrigen fehlt sie in den zähringischen Genealogien aus St. Peter und Thenenbach, in den Necrologien und auf den Begräbnisstafeln aus St. Peter.

[1262] Mon. Boica XXIII 4.

[1263] Ficker, Reichsfürstenstand, S. 190f. § 140.

[1264] Auszug einer Urk. Innocenz' III vom 5. Febr. 1203 b. Hess, Mon. Guelf. 20.

[1265] Thenenb. Urbar Freib. D.-A. XIV 86. Danach auch das Folgende.

dies im Einzelnen waren, ist an sich schwierig zu erkennen, denn er starb ohne Söhne und von seinem Erbe fielen die Lehen an Bertold V, die Eigengüter an Adalbert; immerhin werden noch einige Fingerzeige hierüber gegeben werden können. Er war neben seiner Base, der Herzogin Uta von Schauenburg, Stifter von Kloster Allerheiligen im Schwarzwald und beschenkte diese Propstei neben ihr und unter Zuziehung Herzog Bertold's mit Gütern im Renchthal und dem vierten Theil der Fischerei im Busterich [1266]. Wann er gestorben ist, ist unbekannt; bei seinen Ahnen und Brüdern hat man ihn zu St. Peter begraben [1267].

[1266] Urk. Innocenz' III (s. Anm. 1264). Auch Welf, Uta's einstiger Gemahl und *Berchtoldus dux de Zaringen*, das Haupt der Familie, werden dabei als *fundatores eiusdem loci* genannt, der letztere aber erst an vierter Stelle, so dass Beide — dass Welf seiner Frau vorausgestellt ist, ist natürlich — nur zur Genehmigung beigezogen sein werden. Der Name Busterich hat sein Gegenstück in dem Zinken Busterbach (BA. Achern).

[1267] Thenenb. Urb. l. c. Die späteren Gruftbefunde wissen davon Nichts.

27*

Bertold V.

Wie alt Herzog Bertold V war, als ihn der Tod des Vaters zur Regierung berief, ist wenigstens annähernd zu bestimmen. Im Jahre 1171 war bei der Uebernahme der Trierer Stiftslehen des jüngeren Bertold's Minderjährigkeit noch für einige Frist in Betracht gezogen worden, 1175 dagegen wird der Sohn als Mitvergaber für Rüggisberg genannt, muss also damals mindestens ein zwölfjähriger gewesen sein. So ist er denn bei Uebernahme der Regierung ungefähr fünfundzwanzig Jahre alt gewesen. Er hat sein Leben hindurch eine härter angelegte und mehr auf sich selbst zurückgezogene Natur erwiesen, als die seines Vaters war, und das mag es mit veranlasst haben, dass bei Bertold's IV Tode, vielleicht noch auf dessen Bestimmung hin, die nördlicher und nordöstlich gelegenen Besitzungen des zähringischen Hauses zu eigenem Besitz für die Oheime Bertold's V ausgeschieden, diese endlich selbständig gemacht wurden. So regierte Bertold V nur noch den grössten Theil der Zähringerlande. Und um so natürlicher ist es, dass er den Schwerpunct seiner Regententhätigkeit noch mehr, als es Bertold IV gethan hatte, in das burgundische Land verlegte.

In Burgund war das der zähringischen Reichsvogtei noch unterstehende Bisthum Lausanne das einzige Theilgebiet, von dem aus bisher ein ernstlicher Widerstand gegen die zähringische Herrschaft versucht worden war. Aber auch Lausanne war sich bewusst, dass es, als Bertold IV starb, in dessen Nachfolger seinen neuen Herrn habe. So hat man sich denn im dortigen Domcapitel auf den Einzug des neuen Herzogs vorbereitet und durch einen Augenzeugen des Einzugs Bertold's IV — er wird als R. bezeichnet — zu Protocoll geben lassen, in welcher Weise der Herzog damals empfangen worden und zu welchen Leistungen man ihm gegenüber verpflichtet gewesen sei[1268].

Mit in seine Regierung hinein brachte Bertold V die Mitbetheiligung an einem Streite zwischen den Klöstern Thenenbach und St. Georgen, der aus der früher erzählten Uebereignungshandlung, die sein Vater am 4. März 1179 zu Riegel vorgenommen hatte, entstanden war. Sobald nämlich Werner von Roggenbach gestorben war, wollten auf die von ihm und durch Herzog Bertold's IV Hand das eine Mal an St. Georgen, das andere Mal an

[1268] Chart. Lausann. MDSR. VI 412: *Ego R . . . . . . interfui recognitioni que facta fuit duci B. patri istius ducis* u. s. w. Schon oben S. 371 f. benutzt.

Thenenbach tradirten Güter beide Klöster die Hand legen; St. Georgen erklärte dabei, von der Riegeler Handlung bisher überhaupt nichts gewusst zu haben. Beide Theile wandten sich alsbald, und zwar noch bei Lebzeiten[1269] Bertold's IV an den Papst Lucius III (1181—1185), der mit dieser Streitangelegenheit zwei Cardinäle betraute, die zur Beibringung bindender Gutachten den Abt Konrad von Lützel und den Strassburger Domcustos E. aufforderten. Diese citirten auf einen bestimmten Tag mündlich (wohl bei dessen Rückreise von Rom) den Thenenbacher Abt und brieflich den St. Georgener. Als aber der Thenenbacher nach Hause kam, fand er dort schon eine andere Citation von dem Constanzer Bischof und dem St. Gallener Abte vor, die inzwischen auf Betreiben des St. Georgener Abtes für das entscheidende Gutachten bestellt worden waren. Darauf zog sich, worüber ausführlicher an den Papst selbst berichtet wurde, die Sache in Botschaften, Reisen, versuchten Schiedstagen und fruchtlosen Entscheidungen längere Zeit hin. Die ersternannten Schiedsrichter standen von vornherein auf Seite Thenenbachs, die anderen ebenso entschieden auf der St. Georgens. Auch die Zähringer als Vögte des letzteren Klosters wurden nun hineingezogen; gerade einen Tag, nachdem die zu Thenenbach neigenden ersten Schiedsrichter St. Georgen kraft päpstlicher Vollmacht zum zweiten Male ermahnt hatten, die Thenenbacher nicht länger zu beunruhigen, trieb der jüngere Bertold V, damals noch der Herzogssohn, diese von den umstrittenen Besitzungen. Darauf hin excommunicirten der Lützeler Abt und der Strassburger Custos den St. Georgener Abt als Veranlasser dieses Vorgehens. So stand die Sache zur Zeit einer ausführlicheren Darlegung an den Papst Lucius.

Dieser gab durch Breve vom 28. Febr. 1185 ihnen Recht und stellte sich somit auf den Boden der Riegeler Handlung Bertold's IV, gegen welche inzwischen dessen eigener Sohn hatte auftreten dürfen. Und am 4. März desselben Jahres[1270] schloss Lucius III in einer Bestätigung der Güter Thenenbachs auch jene strittigen ein. Unter Papst Urban wurde dann ein neues Schiedsgericht, bestehend aus dem Strassburger Bischof Heinrich, dem Constanzer Bischof Hermann und dem Abt Christian von Salem eingesetzt, das also eine Vereinigung der beiden Schiedsrichterpartheien darstellte. Diesen stellten sich daher endlich beide Gegner und nun wurde die Sache mit päpstlicher Vollmacht in der Weise entschieden, dass das Roggenbacher Gut das Eigenthum St. Georgens sein, aber die Thenenbacher es von ihm gegen einen Jahreszins von 12 Pfennigen Breisgauer Münze ohne besondere

[1269] Vgl. zunächst die Urkk. FUB. V 72ff.

[1270] Neugart Episc. Const. II 295ff.; nach der Indiction und den Pontificatsjahren weder von 1184, wie der Hrsg. (Mone), noch selbstverständlich von 1187, wie FUB. V 75, 3 a [durch Druckversehn] angiebt.

Investitur innehaben, übrigens ohne Bewilligung St. Georgens nichts darauf sollten bauen dürfen als etwa eine Capelle, dass der Besitz zu Klengen (das früher von Bertold IV an St. Georgen als Tauschobject in dieser Sache gegeben worden war) frei bei St. Georgen bleiben solle, ebenso die Güter zu Villingen und Aasen bei Thenenbach, und dass endlich das letztere an St. Georgen 15 Pfund Silber Strassburger Gewichts zahle. Zu diesem Urtheil gab Herzog Bertold V als Vogt von St. Georgen und Herr des verstorbenen Roggenbacher Schenkers seine Zustimmung und hing an die Urtheilsurkunde[1371] sein Siegel neben die der Bischöfe. Zeugen des Urtheils waren noch eine Anzahl Strassburger und Breisgauer Geistliche, Egelolf von Urslingen, Graf Bertold von Nimburg und Markward von Ramstein.

Die Angelegenheiten der Roggenbacher Ministerialen gegenüber geistlichen Stiftern beschäftigten Herzog Bertold V in dem gleichen Jahre 1187, in welchem der durch ihre Willkür verschuldete Streit zwischen St. Georgen und Thenenbach zu Ende kam, noch ein weiteres Mal. In früherer Zeit hatte der Priester Werner von „Heindingen" [Hondingen?] an das Constanzer Domcapitel einen zum grösseren Theil in Ebringen, zum kleineren in Wolfenweiler gelegenen Besitz geschenkt, dessen jeweiliger Inhaber das Gut nur vererben, nicht verkaufen durfte und jährlich zwei Fuhren Wein nach Constanz zu liefern hatte, statt dessen später bestimmt wurde, dass der Inhaber an den mit der Verwaltung des Constanzer Gutes in dieser Gegend beauftragten Domherrn jährlich eine Mark Silbers zahlen und der Domherr dafür jeweils am Tage Mariae Geburt das Capitel versorgen solle. Nun war aber von einem Inhaber jenes Weingutes, dem Priester Bertold, dasselbe doch verkauft worden und zwar an den älteren verstorbenen Werner von Roggenbach (der bald nach 1179 starb). Gegen ihn und den Priester ging der Constanzer Kanonicus Hesso, der in diesen Gegenden die Verwaltung der Constanzer Besitzungen hatte, gerichtlich vor und erlangte von dem Priester die Herausgabe der Kaufsumme, aber nicht den Verzicht Werner's von Roggenbach, den er desshalb nebst seinem gleichnamigen Sohne excommuniciren liess. Auch nach des älteren Werner's Tode gab der Sohn das Gut nicht heraus. Da legte sich Herzog Bertold V, als er zur Regierung gekommen war, in's Mittel und veranlasste, als Bischof Hermann von Constanz i. J. 1187 (auf der Reise von oder nach Strassburg zu dem vorhin erwähnten Schiedsgericht?) in den Breisgau kam und Hesso vor ihm auf's Neue Klage erhob, dass Werner von Roggenbach das Gut in die Hand des Herzogs zur Rückerstattung legte.

[1371] Schriften der Alterthums- und Geschichtsvereine zu Baden und Donaueschingen II 193f. Sie ist in zwei Ausfertigungen erhalten, die beide an Thenenbach (wie die Rückvermerke zeigen) gesandt wurden. Das eine ist die vorläufige, das zweite eine in grösserer Schrift und überhaupt feierlicher ausgestattete Ausfertigung.

Nun waren aber noch zwei dem Herzog hörige Frauenspersonen, die ein altes Recht auf die Bewirthschaftung des Weingutes vorbrachten und sich, als ihr Recht sich unzulänglich erwies, auf's Bitten verlegten. Für sie verwandte sich Herzog Bertold und erlangte, dass ihnen das Gut als unveräusserlich und gegen den Jahreszins an den betreffenden Domherrn überlassen wurde, nur wurde die Mark Silbers um 5 Schillinge, die auf den Wolfenweilerer Theil gerechnet wurden, erhöht. Ferner kamen der Bischof und der Herzog überein, dass das Gut auch in Zukunft, wie bisher, keinen Vogt haben, sondern frei sein solle. Als es zur Beurkundung kam, bestand der Herzog, der an der Verfügung so grossen Antheil hatte, auf seiner Mitbesiegelung, die der Bischof auch zugab. Ausser Constanzer Domgeistlichen und Beamten wohnten der Leutpriester Hugo von Freiburg Erzpriester im Breisgau, der Leutpriester Werner von Zarten, Graf Bertold von Nimburg, Markward von Ramstein und die herzoglichen Ministerialen Reinhard und Walter von Falkenstein, Gottfried von Staufen und Heinrich von Dietingen dieser Handlung bei, die wohl in Freiburg selbst stattgefunden hat[1872].

Fast möchte ich meinen, dass die Theilnahme Bertold's an dieser Constanzer Angelegenheit zeitlich der in dasselbe Jahr fallenden endgiltigen Schlichtung des Roggenbacher Güterstreites der beiden Klöster noch vorangeht. Schon in jener greift der Herzog sehr bestimmend ein, aber der Bischof darf noch sagen: „wir haben das Siegel des Herzogs zugelassen.“ In der Entscheidurkunde des Klosterstreites spricht der sie ausstellende Strassburger Bischof aber von der Zustimmung des zähringischen Herzogs zu dem Schiedsspruch, der ehemalige Güter seines Ministerialen betraf, und dann weiter von dem Siegel des Herzogs und erst danach auch von dem des verehrungswürdigen Bischofs von Constanz. Und an der Plica des Pergaments hängt voran das Siegel des Laienfürsten und zuletzt, rechts, das des Bischofs von Constanz. Die Bischöfe lernten empfinden, wie dieser energische junge Fürst seine Würde nach der Befugniss im Namen des Reiches, die er mehrfach ausübte, bemass, wie er denn schon in diesen Siegeln von 1187 im Schilde seines Reiterbildes den Adler des Reiches führt[1873]. Einer so

[1872] Urk. Dümgé 147 f.

[1873] Weitere Spuren eines zähringischen Wappens giebt es nicht. Den „zähringischen Löwen“ mit allem, was über ihn vorgebracht und geschrieben worden ist, haben die Mönche von Altenryf auf dem Gewissen. Schöpflin hatte (I 136) die Urk. von 1157 aus ihrem Copiebuch und eben daher auch seine Kenntniss (I 195) von einem Löwensiegel bezogen (*leo aureus in area rubra, a dextra ad sinistram saliens.* Wie soll ein Siegel zu Farben kommen oder in jener Zeit sie auch nur andeuten?). Das jetzt im St.-Arch. Freiburg i/Ü. aufbewahrte Copialbuch, das die Jahreszahl 1772 trägt (während Schöpflin's erster Band 1763 erschien) ist die Abschrift eines früheren. Es bringt ebenfalls Siegelabbildungen und giebt das Siegel der Urk. von 1157 in einem Dreieckschild (!) mit dem

bestimmten und consequenten Natur entsprach es auch, dass sie den zähringischen Titel vielleicht enger, jedenfalls genauer fasste: Bertold V nennt sich im Siegel und in seinen Urkunden: „Herzog von Zähringen, Rector von Burgund". Er erst hat dem deutelbaren blossen „Herzog" seiner beiden Vorgänger, die Herzöge von Burgund heissen wollten und Herzöge von Zähringen genannt wurden, ein Ende gemacht, indem er genau und sicher das betonte, was er nach der geschichtlichen Entwicklung wirklich war und verfassungsrechtlich nur sein konnte.

Noch mehr tritt das Gleiche im besonderen Fall hervor, als Bertold im August desselben Jahres (1187) nach Zürich kommt. Hier war es angebracht, auch die örtliche Befugniss fest zu bestimmen und so setzt er dem Herzogs- und Rectortitel noch hinzu: „durch göttliche und kaiserliche Gewalt Vogt im Orte Zürich, was man heisst Kastvogt". Damit schliesst er die hohe und niedere Gewalt zugleich ein, die sein Haus seit Ende 1172 vereinigte.

Die damals am 29. August ausgestellte Urkunde Bertold's V erzählt folgendermassen. In Zürich sei die Pfarrei der Grossmünster-Propstei von Anfang an bis an diese Zeit von den Chorherren selbst versehen worden. Allmählich aber sei der Wunsch der Eingepfarrten immer dringender geworden einen besonderen, einzelnen Leutpriester zu erhalten und so seien die Chorherren zusammengetreten, hätten unter Mitwirkung des Constanzer Bischofs und Zustimmung des Reichsvogtes einen aus ihrer Mitte zum Leutpriester gewählt und genauere Bestimmungen über die spätere Besetzung dieses Amtes, über die Unterstützung des Inhabers durch beigeordnete Priester und über seine Einkünfte gegeben. Als nun Bertold V nach Zürich gekommen, sei er um eine urkundliche Bestätigung gebeten worden, woraufhin er die freie Wahl des Priesters durch die Chorherren und das Recht des Propstes den Gewählten mit seinen Einkünften zu investiren „kraft der Vollmacht des Reiches, die er in dieser Vogtei vertrete", auf alle Zeiten verbriefe, auch die Erlaubniss zur Einholung kaiserlicher und apostolischer Bestätigungen gewähre[1274].

Bilde eines nach links (wie bei Schöpflin) gewandten grimmenden Löwen wieder. Nun löste ich aber in Freiburg i/Ü. die Bruchstücke des Originalsiegels der Urk. von 1157, das die Vorlage jener Zeichnung sein müsste, aus der alten Einnähung und fand nach der Zusammensetzung als Siegelbild die stehende Figur eines Mannes mit Fahne und Schild, ähnlich dem Siegel Konrad's von 1140. Das Fahnenende auf einem dieser Bruchstücke und der eine Fuss des stehenden Herzogs haben dazu dienen müssen als Löwenpranken gesehen zu werden und den übrigen Löwen hat die Phantasie des Zeichners dazu gegeben.

Spener, Operis herald. p. spec. l. II S. 380 erfuhr von einem rothen, goldkronigen Löwen in Silber und bezog ihn auf die Altenryfer Urk. von 1179, die weder im Original ein erhaltenes Siegel hat, noch im Copialbuch der Mönche mit einem solchen ausgestattet ist.

[1274] ZüUB. I 219 ff. — Diese inzwischen erschienene Ausgabe, die die älteren Drucke

Ich habe den Inhalt der Urkunde absichtlich wieder gegeben, um einen Vergleich mit der Herzog Bertold's IV vom 2. Juli 1177 zu ermöglichen, die dem Chorherrenstift schon dasselbe Recht verbürgte. Bertold V hätte ja einfach diese bestätigen können. Aber sie enthielt einen Verzicht des Herzogs und das Eingeständniss eines Unrechts. In solcher Weise zu urkunden, lag nicht in der Art des jetzt regierenden Herrn. Daher behandelte er einfach die Urkunde seines Vaters als gar nicht vorhanden und gab ein völlig neues Privileg.

Ein stattliches Gefolge südalamannischer Edlen umgab den Herzog bei seinem Züricher Besuch. Die eben erwähnte Urkunde nennt als Zeugen ausser der Züricher Geistlichkeit die freien Herren Lutold von Regensberg, Rudolf von Rapperschwyl, Konrad von Krenkingen, Walter von Eschenbach, Konrad von Wartenberg, Dietrich von Rötteln und Walter von Dägerfelden, sowie eine Anzahl angesehener Züricher Bürger, im Ganzen dieselben, welche auch die Züricher Urkunden Bertold's IV nennen: Rudolf Madalla, Rudolf Dietelo's Sohn, Hugo der Müllner, Friedrich am Steg, Ulrich der Meier, Konrad von Stadelhofen, Konrad Blum, Friedrich *de domo*. Seine eigenen Ministerialen nahm der Herzog nicht unter die Zeugen dieser Urkunde auf.

Ich schliesse hier einen undatirten Brief Herzog Bertold's V[1375] an. „Dem Abt und Convent von Cluny entbietet Bertold Herzog von Zähringen und Rector Burgunds seinen Gruss mit treuem Gehorsam. Wir theilen eurer Heiligkeit mit, dass euer Klösterlein Rüggisberg, das wir unter unseren Schutz genommen haben, Schaden an verschiedenen weltlichen Dingen erleidet von dem Herrn Hugo her, der jene Propstei zu leiten von euch empfing. In den meisten Beziehungen nämlich hat er geschadet, dagegen in keiner genützt, weil er mit langwieriger Krankheit beschwert weder ihr Ver-

hinfällig macht, erklärt sich (S. 220 Anm. 2) ganz ähnlich über die Urk. wie der oben im Text dieses Buches weiter folgende Absatz. — Die päpstliche Bestätigung (jetzt ZüUB. I 223 ff.) nimmt keinen ausdrücklichen Bezug auf die Verbriefungen Bertold's IV u. V.

1375 Dieser Brief wurde bisher stets Bertold IV zugeschrieben. Aber der Titel, den der Herzog für sich braucht, weist ihn dem Sohne zu; Bertold IV müsste sonst ein einziges Mal sich desjenigen Titels bedient haben, den erst sein Sohn und zwar dieser regelmässig führt. Die Aelteren, wie Guichenon, Bibl. Sebus. Cent. II Nr. 64, und danach noch Chr. Fr. Stälin II 329, Forel, Rép. chron. de docc. rel. à l'hist. de la Suisse Romande MDSR. XIX Nr. 585 setzen den Brief „um 1157“, doch wohl nur, weil eben damals die burgundische Befugniss der Zähringer endgiltig abgegrenzt wurde; Zeerleder I 101 f. rückt ihn wenigstens in die Zeit „um 1170“ (in der Anm. 1 heisst es „vielleicht 1175“), die F. r. Bern. I 455 (mit irreleitender Begründung) „nach 1175“. So lange nicht etwa noch Rüggisberger Quellen genauer sehen lassen, hat man für den Brief nur die Datirung 1186—1218.

Zu den Drucken an den genannten Orten muss später der im Rec. des chartes de l'abbaye de Cluny in den Docc. inédits sur l'histoire de France kommen.

seher noch ihr Vorseher [1275a] zu sein vermochte. Ich hörte daher und nahm es wohl auf, dass er nunmehr fürsichtig uns die Propstei zurückstellte und so ist dieselbe in geistlichen und weltlichen Dingen verwaist. Wir geben bittend eurer Erhabenheit anheim, sie keinem Landfremden zu übertragen, sondern sie einem bestimmten, der in dem Kloster selbst Decan ist, einem ehrenwerthen und in jeder Beziehung in guten Sitten wandelnden Manne, den dort Alle selbst wünschen, auf unsere Fürbitte hin zu verleihen. Denn ich vertraue, dass durch Diesen alle Schäden gebessert werden können." —

Gegen Ende des Jahres 1187 wird des Herzogs Bertold auch als Vogts von St. Blasien gedacht. Das Kloster hatte schon seit 40 Jahren Streit mit den Nonnen zu Sulzburg wegen eines Zahlungsanspruches. Im November oder December des genannten Jahres trafen nun Abt Manegold von St. Blasien und der Abt Kuno von Erlach (am Bieler See) als Visitator Sulzburgs zusammen und kamen überein, den alten Streit einfach fallen zu lassen und die Freundschaft der Klöster wieder herzustellen; den St. Blasiern sollte nicht verwehrt sein, die im Besitze Sulzburgs befindlichen Güter, für die sie die Zahlung forderten, auch fortan in ihre Schriften und in die Bestätigungs-Urkunden ihres Besitzes als ihr eigenes Gut eintragen zu lassen. Das geschah mit Zustimmung der beiderseitigen Vögte, die aber anscheinend bei Abschluss jenes Vertrages nicht anwesend waren [1276].

Für die folgenden Jahre fehlen Nachrichten über den Herzog. Vergebens sucht man ihn am Hofe des Kaisers oder des jungen Königs. Er mochte das hingebende Verhältniss seines Vaters zu den Staufern als eine Schwäche betrachten, die von diesen nur ausgenutzt worden war. Um so mehr, als der Kaiser und sein Sohn gemeinschaftlich am 18. Mai 1188 dem Grafen Balduin von Hennegau noch einmal das Namurer Erbe zusicherten [1277] und als sich im Breisgau selbst, jetzt wohl vollendet und von der Schlosshöhe zu Freiburg sichtbar, die neuen Befestigungen auf dem trotzigen Felsen zu Breisach erhoben.

Merkwürdigerweise ist aber auch keine Regierungshandlung Bertold's V in seinen Landen aus diesen Jahren in Nachricht erhalten. Man hat gemeint, er sei mit dem deutschen Kreuzheere gezogen, das der alte Kaiser am 11. Mai 1189 von Regensburg aus in das Morgenland führte. Aber das ist eine Verwechselung mit Graf Bertold von Nimburg, die sich schon früh die

[1275a] *non preesse poterat nec prodesse.*

[1276] Urk. v. 1187 Neugart Cod. II 112. Die nähere Datirung ergiebt sich daraus, dass als damaliger Papst Gregor VIII von den Urkundenden erwähnt wird, der am 21. Oct. desselben Jahres gewählt war (und am 17. Dec. schon starb). — Vgl. auch Martini, Sulzburg, S. 16.

[1277] Gislebert chron. Hanon. SA. 185 f.; St. 4628.

erzählenden Schriftsteller und danach die neueren und neuesten Darsteller haben zu Schulden kommen lassen[1278].

In diese Zeit fällt der grosse Burgunderaufstand gegen Bertold V, über welchen wir in der eigenthümlichen Lage sind aus guten alten Quellen so gut wie gar nichts, aus neueren Erzählern recht viel zu erfahren. Bertold schlug den Aufstand nieder und setzte zum Gedenken dessen an das Thor, das er in seiner burgundischen Residenz zu Burgdorf beim Eingang zum späteren „alten“ Markte baute, eine Steininschrift, die in der besten Ueberlieferung lautet:

Berchtoldus dux Zeringie qui vicit Burgundiones fecit hanc portam[1279].

Es stützt sich schon auf einen jüngeren, aber mit gutem Quellenstoff versehenen Chronisten, auf den Berner Stadtschreiber um die Wende des 14. und 15. Jahrhunderts, Konrad Justinger, wenn wir den Aufstand und seine Niederwerfung in das Jahr 1190 setzen und als die Aufständischen die Edelherren des Landes betrachten[1280]. Ganz zufällig erfährt man noch, dass durch diesen Krieg das Stift Ansoltingen völlig verödete und alle seine Urkunden umkamen; erst nach 20 Jahren kamen dorthin wieder Chorherren zurück[1281]. Unwillkürlich aber wendet sich bei dieser Gelegenheit der Gedanke auch zu Bischof Roger hinüber und Folgendes wenigstens vermag über ihn die Lausanner Chronik zu bieten: „er hielt viele Kriege aus für die Freiheit der [Lausanner] Kirche und befestigte die [schon von Landerich erbaute] Burg zu Lobsingen (oder Lucens, bei Moudon, noch jetzt mit altem Schlosse), die aber im Kriege verbrannt wurde, und stellte den Thurm am See-Ufer wieder her, den Graf Thomas von Savoyen zerstört hatte.“ Die erstgenannte Befestigung war, wie deutlich genug ist, gegen den Rector gerichtet: sie liegt inmitten der zu zähringischem Hausbesitz gewordenen alten Grafschaft der Hochburgunder. Und ferner scheint es, dass Thomas von Savoyen den Thurm zu Ouchy in der Eigenschaft als Bundesgenosse

---

1278 Noch Riezler, d. Kreuzz. Friedrich's I, Forsch. z. d. Gesch. X (1870) S. 31. Auch Röhricht, Beiträge II, obwohl er S. 340 f. weiss, dass mit Bertold von Nimburg der Herzog von Zähringen verwechselt wurde, führt S. 351 f. den letzteren mit „soll“ auf. G. v. Wyss, in der Allg. D. Biographie unter Bertold V, S. 542 erhebt gegen die Kreuzfahrt Einspruch.

1279 Vgl. F. r. Bern. I 485: nicht die erste, schon verkünstelte, sondern die zweite Form, mit der Konrad Justinger, Berner Chronik, hrsg. v. G. Studer. Bern 1871, S. 5 genau übereinstimmt. Die Inschrift ist nach Gruner's Deliciae urb. Bernae erst einige Zeit vor 1732 zu Grunde gegangen. Iselin, der sie 1726 noch kennen will, scheint nur dem Justinger gefolgt zu sein, der den Standort des Thores giebt.

1280 Justinger S. 5 f. Er giebt keine weiteren Einzelheiten.

1281 So sagte wenigstens um 1317 der damalige Custos zu Ansoltingen aus, vgl. F. r. Bern I 484 f. *tempore prelii, quod Ceringe habuit contra Burgundiam et dominos eiusdem.*

des Herzogs i. J. 1190 zerstörte, denn hätte Thomas diesen Thurm der Lausanner in seinem späteren Kriege (1211), der wohl gegen den Herzog gerichtet war, zerstört, was an sich unwahrscheinlicher ist, so hätte Roger, der nach darüber zwischen Rom und Lausanne und sonst gepflogener Verhandlung endgiltig am 9. Jan. 1212 resignirte [1262], schwerlich noch günstige Zeit zu dem Neubau — dieser steht als Ruine noch — gehabt. Dieser Bund Bertold's und Thomas' wäre insofern noch verständlicher, als sich durch die von Heinrich VI am 7. Mai 1189 zu Basel vorgenommene Uebertragung der Regalien an den Bischof von Sitten und die ausdrückliche und mehrfache Betonung der unverbrüchlichen Reichsunmittelbarkeit dieses einst zur zähringischen Statthalterschaft gehörigen Bisthums in gleicher Weise der Herzog wie sein Vetter, Graf Thomas, an dessen Vater einst Bertold IV sein Regalienverleihungsrecht weiter übertragen hatte, beleidigt oder wenigstens verstimmt fühlen konnten, wenn auch immerhin der Zustimmung des jüngeren Grafen, Thomas', bei jener Verfügung gedacht wurde [1263].

Ein solches Bündniss der beiden Fürsten gegen die Bisthümer und ihren Anhang würde aber eines in vortreffliche Beleuchtung rücken, das Justinger noch erzählt: Bertold V habe in der der Gründung Berns (1191) vorangehenden Zeit grosse Kriege mit denen im Rhônethal gehabt, wobei der Herzog mit Heeresmacht und Gewalt über die Grimsel, was bis dahin ganz unerhört war, in's obere Wallis gezogen sei. Ein derartiger Marsch, im Einverständniss mit dem Savoyer unternommen, konnte das Geeignetste erscheinen das zwischen zwei Fronten gebrachte Bisthum Sitten völlig abzuschneiden und wehrlos zu machen [1264].

Trotzdem scheint der Erfolg kein grosser gewesen zu sein; wie Justinger versichert, that Bertold den Wallisern grossen Schaden, hatte aber selber Verluste. — Im nächsten Jahre 1191 hatte er in der That von Neuem den Aufruhr niederzuschlagen, dessen Hauptschauplatz diesmal das bernisch-üchtländische Oberland war; durch seine Heerfahrt nach Grindelwald am Charfreitag brachte er ihn zu Ende.

Ganz anders, reich an Einzelheiten, wissen die Geschichtsschreiber jüngerer Zeit den Krieg zu erzählen. Und es ist allerdings fraglich, ob sie darin ihrer blossen Phantasie folgen. Eine so bedeutende Fehde muss,

---

[1262] Chron. Chart. Laus. 46 und Chart. Laus. 424f. Das Datum giebt (bei Berücksichtigung des Annunciationsstiles) die Luna I und bestätigt der Vermerk S. 425: *in octava epiphanie feria VI*ᵃ. Vgl. über die Umstände weiter unten (zu 1211).

[1263] St. 4644. Eine solche Zustimmung hatte ja auch der noch lange Zeit grollende und feindselige Bertold IV 1162 in der Genfer Sache abgegeben. Oben S. 379.

[1264] Zumal nur bei solchem Marsch die thal- und pässebeherrschende Gestelenburg (Châtillon) im oberen Wallis, der Sitz der Sittener bischöflichen Vögte (darüber Gallia Christ. XII Instr. 492f., Urk. v. 1177) eingenommen oder eingeschlossen werden konnte.

kann man wohl behaupten, in einem reich entwickelten, mit Klöstern und Städten begabten Lande hier und da geschichtliche Aufzeichnungen veranlasst haben, von denen etwa nur durch leidigen Zufall so sehr spärliche Bruchstücke von hier und da auf uns gekommen sind und die jenen Geschichtsschreibern sehr wohl noch als reichlichere Quellen fliessen konnten. Dazu gewinnt deren Erzählung gerade bei argwöhnisch-genauer Betrachtung. Woher sollte z. B. Tschudi[1285], wenn er etwa erfand oder Erfundenes weitergab, dabei einmal das bestimmte und in sich kalendarisch vollkommen richtige Datum Charfreitag d. 12. April 1191 haben oder warum es sich mühsam in einer Zeit, da man Unbeglaubigtes durchaus unbefangen erzählte, verschaffen? Immerhin wollte ich ihren Bericht von jenen verlässlicheren Angaben trennen. Er lautet kurz zusammengefasst und möglichst gereinigt dahin:

Im Breisgau zog Bertold bei der Nachricht von dem grossen Aufstande Wälsch-Burgunds i. J. 1190 seine Truppen zusammen, eilte dann zur Aufnahme der ihm von dem Grafen von Habsburg zugeführten Verstärkungen in den Zürichgau und drang sodann zunächst bis Burgdorf vor.

Ueber die Aare ging er bei Aarberg und wandte sich gegen Wiflisburg [das lausannisch war!]. Jenseits Wiflisburg, nach Päterlingen zu, standen die Aufrührer und als es hier zum Kampfe kam, wurden sie völlig auf's Haupt geschlagen.

So waren die wälschen Theile vorläufig niedergezwungen. Aber die unterlegenen führenden Dynasten wussten dem Herzog andere Ungehorsame zu schaffen: sie rührten i. J. 1191 alles üchtländische Oberland und die Nachbarschaft auf; Unterseen, Thun, Simmenthal und was aufwärts lag, waren im vollen Aufstande; auch die Walliser schlossen sich an[1286]. Aber Bertold zog mit seiner Macht hinauf, zwang Thun zum Gehorsam und brachte die aufständischen Haufen am Charfreitage, den 12. April, im Thale Grindelwald zum Kampfe, in welchem auch sie vollkommen unterlagen[1287]. —

[1285] Hrsg. v. Iselin, Basel 1734, Bd. I S. 94. Justinger S. 12 giebt den Charfreitag ohne bestimmteren Datumszusatz.

[1286] Das Gedenkkreuz bei St. Ulrichen im Wallis, von dem S. Furrer, Gesch. von Wallis, Bd. III (Quellen) zu 1211 beklagt, dass es nur hölzern sei und das daher überhaupt schwerlich ein besonders hohes Alter hat, wird herkömmlich zu 1211 bezogen. — Die Theilnahme der Walliser ist der wundeste Punct der obenstehenden Erzählungen.

[1287] An einen nochmaligen Zug in's Wallis in diesem Jahre ist sehr schwer zu glauben. Wäre etwa 1191 die sagenausgeschmückte schwere Niederlage Bertold's durch die Walliser geschehen, die von Anderen mit den Ereignissen von 1211 in Verbindung gebracht wird, so hätte der Herzog sich nicht so, wie er es that, seiner Niederwerfung der Burgunder rühmen können.

Im Jahre 1191 [1288] gründete Bertold V die Stadt Bern. Ihren Platz hatte er an und über der Aare in ganz ähnlicher Lage gewählt, wie Freiburg i/Ü. gelegen war; es kümmerte ihn jetzt nicht, dass der Grund und Boden Reichsgrund [1289] war, d. h. im transjuranischen Statthaltergebiet, nicht auf dem zähringischen Erbgut lag. Gerade an der Pforte des Oberlandes der Aar, das ein Hauptgebiet des Aufstandes war, brauchte er eine feste Stellung. Aus diesem Grunde veranlasste er ihm ergebene deutsche Geschlechter aus dem Zürichgau, sich in diesen Gegenden sesshaft zu machen; so kamen die von Wediswyl nach Uspunnen und die von Eschenbach nach Oberhofen [1290]. Und in der Nähe davon erhob sich in stürmischer Zeit nun auch die neue Stadt.

Ueber das wie aber fehlen gleichzeitige Nachrichten und darum möge gestattet sein, aus des Berner Stadtschreibers Darstellung das Glaubwürdigste wenigstens hierher zu setzen. Bertold's Entschluss, wie Grossvater und Vater eine Stadt zu gründen, reifte nach Justinger gerade durch die Burgunderfehde zur Ausführung: die Stadt sollte friedlichen Leuten eine neue Zuflucht hinter ihren Mauern gewähren. So berieth er mit „seinen Jägern und Jägermeistern" über einen günstigen Platz zur Anlage — oben (S. 171) hiess es, dass Bertold II den Platz für das Kloster St. Peter durch ortskundige Ministerialen aussuchen liess —, sie riethen am meisten zu der Hofstätte „im Sack", wo die Burg Nideck lag. Die Bezeichnung „im Sack" passt in der That vortrefflich auf die nur an einer Seite sich öffnende, von oben gesehen beutelartige Plattform, welche der Umschwang der Aare bei Bern umspült. Bertold besichtigte die angegebene Stätte, die damals mit Eichen bestanden war [Eichen auf einem wasserarmen Sandstein-Hochboden?] und liess den Baugrund abstecken, womit er einen von Bubenberg beauftragte.

[1288] Cronica de Berno Böhmer Fontes IV S. 1, auch als Ann. Bern. MGSS. XVII 271. In jener Ausgabe auch der (wohl verdorbene) Vers:

Anno milleno centeno cum primo nonageno
Bernam fundasse dux Berchtoldus recitatur.

Vgl. auch ib. zu 1218, ferner Justinger S. 12: Freiburg i/Ü. wurde 12 Jahre vor Bern gestiftet (er hält sich also für ersteres an den S. 406 besprochenen Brief von „1179") und des Zürichers Eberh. Müller Chronik (s. F. r. Bern. I 486), die als Gründungstag den neunten Tag nach St. Valentin giebt, also den 23. Febr.

[1289] Handfeste der Stadt Bern von 1218 (abgedruckt u. a. bei Schreiber, Freib. UB. I 25 ff.; Gaupp II 38 ff.; F. r. Bern. II 2 ff.) Art. 1 u. 3. Ich glaube der, wie sie vorliegt, als unecht erklärten Urk. (vgl. B.-F. 935) doch dasjenige entnehmen zu dürfen, was den auch sonst durch den Bd. II der Font. rer. Bern. verbürgten Verhältnissen entspricht. Auch Winkelmann, Jahrbb. Friedrich's II S. 4, Anm. 5 vermuthet eine echte Theilvorlage. — Aehnlich, wie Bertold V auf Reichsgut baute, hatte einst sein Vater bei der Anlage von Freiburg i/Ü. eine Stätte gewählt, die nur zu ³/₄ ihm, zu ¹/₄ dem Kl. Päterlingen gehörte.

[1290] Vgl. über das Vorkommen und Auftreten dieser freien Geschlechter in diesen Gegenden die Urkk. im Soloth. Wbl., Jahrg. 1827—1831 und F. r. Bern. II passim.

Nun meinten zu Justinger's Zeit, als wahrscheinlich der Bürgerstolz schon Einiges zur Ausmalung beigesteuert hatte, einige Erzähler, der Herzog habe angewiesen: [von der östlichen Aarbiegung bei der Nideckbrücke] bis an die Stätte des damaligen alten Spitals, andere meinten: bis an die Kreuzgasse; der Bubenberger ging jedenfalls über des Herzogs Befehl hinaus und nahm die Grenze der Stadt nach Westen an der Stätte des Zeitglockenthurms. Diesen Raum hegte man mit Mauern und Graben ein [und einem alten Bern in diesen Grenzen entspricht ja noch heute die deutlich eine Stadtmauer begleitende Anlage der Brunngasse und des Zwiebelngässli]. Herzog Bertold wurde gar zornig, als er diese Eigenmächtigkeit erfuhr, aber der von Bubenberg beschwichtigte ihn durch den Hinweis, dass sich die von ihm eingehegte grössere Stätte alsbald im vollen Umfange mit Häusern bedecken werde, auch durch das Erbieten, sollte es daran fehlen, so wolle er die leer bleibenden Theile auf seine Kosten überbauen. In der That kamen so viele Ansiedler, dass man die einzelnen Baustätten doch verhältnissmässig eng und klein austheilen musste. — Immerhin hatten sie 100 Fuss in die Länge und 60 Fuss in die Breite [1291].

Dem Herzog lag vor allem daran, angesehene und tüchtige Familien in die Stadt zu bringen, so führte er zwei Geschlechter dahin, die hiessen die Münzer, die einen von Zürich [1292], die anderen von Freiburg im Breisgau, überdies kamen aus letzterem Orte die Statz [1293] und überhaupt noch andere frumme und nothfeste Leute, wie sie der Herzog wünschte. Anfangs [und zwar wohl noch bis ein paar Jahre nach Bertold's V Tode] gehörte die junge Stadt in das Kirchspiel des benachbarten Könitz [westlich von Bern, an der landoffenen Seite], aber als das danach beschwerlich wurde, baute man in der Stadt selbst eine den damaligen Einwohnerverhältnissen entsprechende Kirche [1294] und weihte sie dem hl. Vincentius. Der Bischof von Lausanne gab seine Zustimmung zu der kirchlichen Selbständigmachung Berns und empfing von der Pfarre und Leutpriesterei zu Bern einen Jahreszins von 22 Mark Silbers [1295]. [Schon in dem Chartular (etwa 1228) erscheint Bern

---

[1291] Handfeste der Stadt Bern Art. 1. In Freiburg i/B. war das Verhältniss nur 100 × 50 Fuss.

[1292] Die jedoch in Zürich fehlen, denn die Teloneari (Zoller) darf man doch kaum herbeiziehen. — Für Freiburg vgl. FUB. I 100 f.

[1293] Ein in der Geschichte von Freiburg i/B. wohlbekanntes Geschlecht. Vgl. über den Freiburger Adel Maurer, Oberrh. Zs. N. F. V (1890) 474 ff.

[1294] Sie wird zuerst 1224 (F. r. Bern. II 44: *ante fores aquilonares ecclesie eiusdem civitatis* [*Bernae*]) genannt. F. r. Bern. II 36, etwa i. J. 1222 schreiben noch *prepositus Cunicensis et universi cives de Berno* an den Papst, und Leutpriester von Bern erscheinen in den Berner Urkk. dieser Jahre noch nicht.

[1295] Das hat nur Justinger.

mit Kirche und Spital als Sitz eines Lausanner Decanats, dem u. a. auch die Propstei und Pfarre zu Könitz unterstellt sind [1296]].

Bertold übertrug nach Bern, wie sein Vater nach Freiburg im Uechtland, das Recht der breisgauischen Zähringerstadt und suchte dafür die Bestätigung Heinrich's VI nach, der sie mit Zustimmung der bei ihm anwesenden Fürsten gab [1297]. Wie die Freiburger Ansiedler, zahlten die Berner von jeder Hofstätte 12 Pfennig Jahreszins an den Herzog, der mit den anderen Regalien auch das Münzrecht ausübte [1298], und waren ihm auch zu weiteren Diensten verpflichtet, die z. Th. 1218 bei dem Uebergang der Stadt an das Reich aufgehoben wurden. Der Geschichtsschreiber Berns müsste diese Pflichten aus der Freiburger Urkunde selber ersehen, denn die für Bern gegebene hat man nach der grossen Veränderung von 1218 als werthlos zu Grunde gehen lassen.

Als seinen Beamten zu Bern setzte Bertold einen *causidicus* ein, dem er damit denselben Titel gab, den er zu Zürich anwandte; wenigstens kommt zu Bern ein *causidicus* Rudolf aus dem zähringischen Ministerialengeschlecht der von Krauchthal noch in den Jahren 1223 u. 1224 vor [1299].

Sich selber liess der Herzog in Bern ein Haus erbauen [1300]. Es stand auf dem Grundstück der später darüber gebauten Nideckcapelle. —

Holtz, las dich houwen gern,
Die stat muß heißen Bern

so lautete ein Reim, der im alten Bern im Schwange war und an den Wald erinnerte, der auf diesem Grund und Boden bis zu der Gründung der Stadt gestanden haben sollte. — Was den Namen der Stadt betrifft, so begegnet auch hier die weitverbreitete Sage von dem ersten Thiere, das dem Gründer der Stadt an deren Stätte begegnet sei; nach Justinger hat der Herzog Bertold der Stadt den Bären auch schon in's Wappen gesetzt.

Besser als diese Volksetymologie möchte eine andere Deutung passen. Herzog Bertold war ein Herr, der ritterliche Thaten und ihre Kunde hoch hielt und liebte und den man insbesondere als Förderer deutscher epischer Dichtung literargeschichtlich kennt. Nun war es ja aber gerade seine, durch die Kreuzzüge und durch die Thaten der Staufer und ihrer Paladine be-

[1296] MDSR. VI 25.

[1297] Handfeste Art. 1 u. 54; Justinger S. 10 c. 13. In einem Rotel wurde das Freiburger Recht nach Bern gebracht, vgl. Handfeste Art. 16 u. 54.

[1298] Alb. Escher, Schweiz. Münz- und Geldgesch., S. 167.

[1299] F. r. Bern. II 42, 45, dazu Soloth. Wbl. 1828, 316. Dass er ein auf Zeit eingesetzter Beamte war, geht aus dem: *qui tunc fuit causidicus* (Soloth. Wbl. l. c.) hervor.

[1300] Handfeste Art. 8. — Vgl. den Aufsatz: „Das Herzogshaus oder die Reichsburg zu Bern“ im schweiz. Geschichtsforscher XIV (1852).

wegte Zeit, die mit den anderen Helden der alten Sage auch die Reckengestalt des Dietrich von Bern, die dem Gedächtnisse des Volkes nie entschwunden war, durch den neuen Kunstgesang in den Burgen der Edelherren und Ritter und in den Hallen der Fürsten heimisch gemacht, ihr ein neues glänzendes Bild gegeben hatte. Und gerade für den Zähringerherzog lag in diesem Namen ein eigenthümliches Gedenken. Schon längst nannten sich seines Hauses markgräfliche Vettern wieder Markgrafen von Verona, obwohl sie es nicht minder verloren hatten, als die Herzogslinie, deren besonderer Ahnherr, Bertold II, selber ebensogut wie Hermann I ein Markgraf von Verona geheissen hatte [1301]. Lag es da dem Herzoge, der eine Benennung der Stadt frei zu finden hatte, so ferne, dem ruhmbedeckten Namen eine neue Stätte zu geben und das Bern, von dem die Lieder und Sagen kündeten, seinem Hause, das ein näheres Recht daran hatte, in übertragener Weise zurückzugewinnen? Verona nannten die Lateinschreiber die ferne italische Stadt, das kam für ihn nicht in Betracht; er nannte sie, wie sie das Lied und der deutsche Mund allein kannten, Berne, und er wollte wohl, dass der deutschen Stadt in Burgund nur der deutsche Name gehöre, nur die Gründung eines neuen zähringischen „Berne" durch die Welt berichtet und bekannt werde [1302].

Während dies alles durch Bertold V geschehen war, war inzwischen das Steuer des Reiches gänzlich in die kraftvolle jüngere Hand übergegangen, die schon mit seiner Führung betraut gewesen war. Am 20. Juni 1190 hatte der grosse Kaiser den Tod gefunden, den Tod des germanischen Kriegers der mythischen Vorzeit, der im Ungestüm eingeht in Walhall; Ende September 1190 erscholl die erschütternde Kunde davon durch die deutsche Heimath. Und bald danach kamen auch schon die Augenzeugen zurück, die Kreuzfahrer, die mit dem Kaiser ausgezogen waren und als er ihnen genommen war, gebrochenen Muthes umkehrten. Mit ihnen Bischof Rudolf von Lüttich. Er hatte auf dem Marsche und in den Kämpfen in Kleinasien das Fürstenblut bewährt, das in ihm in gleichem Drange wie in seinem verstorbenen Bruder wallte; wie dieser in den Kämpfen der Lombardei, so hatte auch Rudolf, der das Banner der schwäbischen Schaar im Kreuzheere trug, in tapferen Thaten geglänzt, eine Gestalt, kleiner an Ruhm und Verdienst, aber darum doch vergleichend anzulehnen an die

---

[1301] Oben S. 114.

[1302] Die älteste Schreibung ist *Berne* (F. r. Bern. I 501, aus dem Jahre 1208) und neben dieser deutschen Form etwas später vorkommend die lateinische Wandlung mit vollerer Endsilbe: *Berna* und dann auch das Neutrum *Bernum* mit *Berno*, nirgends *Verona*. Vgl. MDSR. VI 24 f., 66; Handfeste von 1218 und Urkk. F. r. Bern. I u. II; Siegelumschrift von 1224 ibid. II 45; Ann. Bern. MGSS. XVII 271 ff. — Verbindungen mit dem Bären der Volksetymologie kommen weder lateinisch noch erkennbar deutsch vor.

der kriegsgewaltigen bischöflichen Herren dieser Zeiten, eines Christian von Mainz und Rainald von Dassel von Cöln. Nun wollte er auf der Rückkehr die schwäbische Heimath wiedersehen und dort in Ruhe Erholung erwerben, aber statt der Genesung ward ihm schlimmere Krankheit und so ging er hier in die ewige Heimath ein. Er starb in dem Dorfe Herdern im Breisgau, das aus dem Hausbesitz ihm zugefallen war, in nächster Nähe bei seines Vaters mächtig aufgeblühter Schöpfung, bei Freiburg, und der Tag seines Todes scheint der 8. August 1191 gewesen zu sein[1303]. So konnte man ihn in St. Peter bestatten, vor dem Kreuze für sich allein, links von der Grabstätte seines Vaters, Herzog Konrad's[1304]. Die Stadt Freiburg verdankt dem Umstande, dass Rudolf in der Heimath starb, ein geschätztes Vermächtniss. Um auf der Kreuzfahrt unter ihrem Schutze zu ziehen und zu kämpfen, hatte der Bischof ein Bruchstück der Reliquien des hl. Lambert von Lüttich, nämlich einen Theil des Hauptes mit sich geführt. Dieser gelangte nun nicht wieder nach Lüttich zurück, sondern ward nach Rudolf's Tode auf die Zähringerburg über Freiburg gebracht, von wo er später in das Münster transferirt worden ist[1305]. So ist mittelbar durch Rudolf von Zähringen St. Lambertus der erste Schutzpatron der Stadt Freiburg geworden.

Herdern aber und Rudolf's etwaige sonstige Besitzungen aus dem Zähringergut fielen, da nichts anderes berichtet und erkennbar ist, damals an das Haupt des Hauses, an seinen Neffen Bertold V zurück. —

Herzog Bertold hatte sich auch weiterhin fern gehalten von König Heinrich VI, der am Ostermorgen des Jahres 1191 auch schon zum römischen Kaiser in St. Peters Dom gekrönt worden war. Wir haben diese Haltung des seine Macht und sein Ansehen so hoch stellenden Herzogs immer noch allein aus den früheren Vorgängen und ihren noch andauernden Nachwirkungen zu verstehen, denn neuer Grund zur Spannung wird wenigstens nicht überliefert. Und als nun im Jahre 1192 aus dem Norden die Kunde

---

1303 Das Datum 8. Aug. MGNecr. I 336, Todtenbuch von St. Peter. Es hat, wie auch die Genealogie aus St. Peter das Jahr 1190; dagegen haben 1191 die Ann. Marbac. MGSS. XVII 165 (*in Brisaugia*) und die Chron. reg. Colon. SA. 153. Auch Gislebert chron. Hanon. SA. 227 hat das Jahr 1191: *ibidem* [*in Suevia*] *morari et requiescere cepit ..... infirmitate oppressus decessit*. Das widerlegt zugleich die spätere Fabel von seiner Vergiftung. Für 1191 spricht auch der Tag der Lütticher Neuwahl, der 8. Sept. 1191 (Toeche, Jahrbb. Heinrich's VI, S. 219). — *In villa sua Herdra* (Herdern) Geneal. Zar. Catal. St. Petri Freib. Diöc.-Arch. XIV 86 und Thenenb. Urb. Freib. Diöc.-Arch. ib.

1304 Geneal. Zar. St. Petr. Freib. Diöc.-Arch. l. c. Kolb III 150 u. 154.

1305 Vgl. Zell im Freib. Diöc.-Arch. VII 119ff. Unwahrscheinlicher ist es, dass Rudolf die Reliquie nach dem Brande der Lütticher St. Lambertskirche (1185) nach Freiburg schenkte. Dann wäre sie wohl nicht erst auf die Burg gekommen und wäre der Heilige schon früher in Freiburg verehrt worden, als es thatsächlich geschah.

an Bertold übermittelt wurde, dass die welfische und staufcrfeindliche Parthei in Sachsen und die Fürsten des Rheines, die Stellung und Rechte der Fürsten, vornehmlich der weltlichen, gegen die Gewalt der kaiserlichen Hand zu wahren, zum Bündnisse zusammengetreten seien[1306], da schloss auch der Herzog von Zähringen als ein besonders wichtiger Theilnehmer sich diesem Bunde an[1307], dem sich von anderen nicht niederdeutschen Fürsten auch Ottokar von Böhmen hinzugesellt hatte. Die Zeiten Heinrich's IV schienen zurückgekommen; wie damals Rudolf von Schwaben gedachte jetzt Heinrich von Brabant getragen von der Hilfe des Bundes die deutsche Krone auf das eigene Haupt zu setzen. Bertold V freilich war kein Mann, der wie sein Ahne Bertold I aus reiner Hingabe und Ueberzeugungstreue half: ihm musste ein Gelingen die weitesten Vortheile in Schwaben und Burgund mit der Rückgewinnung so manches Verlorenen oder Aufgegebenen bringen. Der Kaiser eilte nach Sachsen, trat den dortigen Häuptern des Bundes persönlich gegenüber, einem Bernhard von Sachsen, Otto von Brandenburg, Ludwig von Thüringen, doch ohne dass etwas von einem Erfolge vernommen wurde. Dies war am Ausgange des Jahres 1192 gewesen; spätestens für den neuen Frühling war der Kampf, den die Fürsten rüsteten, unvermeidlich. Da aber spielte ein unberechenbarer Zufall den Schützer und Bundesgenossen der Welfen und ihres Anhangs, den König Richard von England in die Hände des Herzogs von Oesterreich und alsbald in die des fast vereinsamten Kaisers: am 14. Febr. 1193 schloss Leopold von Oesterreich zu Würzburg mit Heinrich VI den Vertrag über die Auslieferung des gefangenen Königs ab.

Unter den verbündeten Gegnern des Staufers hatte die Gefangennahme Richard's die grösste Bestürzung erregt; sogleich hatten bei Leopold verschiedene Fürsten angefragt, ob denn die Kunde wirklich wahr, wirklich zu glauben sei. Bald genug riss der Wankelmuth empfindliche Lücken in ihre Reihen, der Thüringer Landgraf, der Markgraf von Meissen söhnten sich zuerst mit Heinrich VI aus, bei den übrigen verhandelten seine unermüdlich hin- und hergehenden Botschaften. Als der Frühling kam, fand sich Einer nach dem Andern, sogar der Herzog von Brabant bei dem Kaiser ein. Und als dieser nun gar den Plan einer Zusammenkunft mit Philipp von Frankreich enthüllte, da eilten die letzten rheinischen Herren, getrieben von der eigenen Gefahr und den Bitten des plötzlich auf's Höchste benötheten englischen Königs, der auf der Reichsburg Trifels in sonst fröhlichem Gewahrsam weilte, mit Heinrich ihren Frieden zu machen. Heinrich der Löwe, Ottokar von Böhmen und Bertold von Zähringen waren damit im Stich gelassen. Den Böhmen setzte

[1306] Vgl. Toeche 238ff. u. 552ff. Aber auf die Verschwägerung Bertold's V mit Heinrich von Brabant wird nach dem oben (S. 411) über Ida von Boulogne Gesagten kein Werth zu legen sein.

[1307] Gislebert chron. Hanon. SA. 248.

der Kaiser ab, Heinrich den Löwen hoffte er vermittels seines Gefangenen unschädlich zu machen, den Herzog Bertold, der seinerseits anscheinend zu irgendwelchen Thaten gegen den Kaiser nicht vorgegangen war, zog er vor ganz aus dem Spiele zu lassen. Bei den abschliessenden Verhandlungen des Kaisers über die Freilassung des Richard Löwenherz, die vom 25. Juni 1193 an zu Worms stattfanden und an denen gerade die verschworen gewesenen Fürsten Theil nahmen, war Bertold von Zähringen nicht anwesend.

Zum ersten Male finden wir am 6. Dec. 1195 den Herzog Bertold auf einem Reichstage Heinrich's VI, auf demjenigen von Worms, der das schon Ende October desselben Jahres zu Gelnhausen begonnene Werk eines neuen Kreuzzuges vorzubereiten berufen war. Mit Bertold zugleich waren anwesend die Herzöge Konrad von Schwaben (der dritte Sohn K. Friedrich's I) und Heinrich von Limburg, der Markgraf Otto von Brandenburg und die Grafen Albert von Dagsburg, von Veldenz, Sayn, Nassau, Spanheim, Kefernburg, Querfurt, Leiningen, Wertheim, Geldern und Holland, ausser ihnen die geistlichen Herren von Mainz, Verden, Halberstadt, Münster, Merseburg, Naumburg, Bamberg, Worms und Speyer, von Fulda, Hersfeld, Corvey, Paulinzelle, Lorsch und Ellwangen [1308]. Auch der Cardinalpriester Petrus von Piacenza, päpstlicher Legat für die Vorbereitung des Kreuzzuges in Westdeutschland war erschienen und hielt am Feste des hl. Nicolaus die Predigt vor dem Kaiser und den versammelten Fürsten. Eine ganze Woche hindurch sassen der Kaiser und neben ihm der Legat stundenlang auf dem Thronsessel, der in der noch jetzt als herrliches Denkmal der romanischen Kunst erhaltenen Domkirche aufgeschlagen worden war, und empfingen in ihre Hände die Gelübde der sich zur Kreuzfahrt Meldenden; der Herzog Bertold jedoch hat diesen frommen Eifer gesehen, ohne selber das Kreuz auf seine Schultern zu empfangen, er hat sich auch weiterhin, da überall im Reiche die wandernden Priester zu dem neuen Kampfe um die heiligen Stätten des Morgenlandes aufriefen, nicht zur Theilnahme entschlossen [1309]. Auch Keiner der angeseheneren Herren im Umkreise des zähringischen Gebietes war unter den diesmaligen Kreuzempfängern.

Es konnte einer der entscheidendsten Tage des Reiches werden, zu dem Herzog Bertold geeilt war. Der Kaiser betrieb die Erblichkeit der Krone in seinem Hause, frei von der Wahl der Fürsten, und die dadurch

[1308] St. 4978—4980. *Berchtoldus dux de Zeringen.* Die Bezeichnung des Dagsburgers als Markgraf ist wohl nur ein Canzleiversehen, im Jan. 1196 in der Hagenauer Pfalz (s. u. S. 441) ist er wieder Graf.

[1309] Roger von Hoveden (MGSS. XXVII 175) meint zwar, auch der *dux de Saringes* sei unter den Kreuzempfängern gewesen. Das ist jedoch eine Verwechselung von Zähringen und Thüringen. Vgl. darüber O. Abel, König Philipp der Hohenstaufe. Berlin 1852, S. 321.

möglich und vortheilhaft werdende Aufnahme seines erheiratheten normannischen Königthums in das Reich. Für die verbürgte dynastische Erbfolge des staufischen Geschlechtes in der einheitlichen Monarchie bot er den Fürsten die Erblichkeit ihrer Reichsleben, nicht nur in männlicher, sondern auch in weiblicher Linie und bei dem Mangel directer Erben auch in der seitlichen Verwandtschaft.

Was konnte nun für Bertold V eine solche Umwälzung in der Verfassung des Reiches bedeuten? Wir dürfen zunächst wohl sagen, er selber hat nie ernstlich nach der Krone gestrebt; als sie ihm später geboten wurde, überraschte ihn das Anerbieten und nach kurzem Eingehen darauf zog er vor zurückzutreten. Für ihn, den Herzog von Zähringen, war ein starkes, freies Staufergeschlecht im Herzogthume Schwaben vielleicht gefährlicher, als eines, das zugleich die Krone trug. Denn das erstere konnte die zähringische Stellung in Alamannien unter Umständen verschlingen; so lange es aber die Krone trug, fand der Zähringer im ganzen weiten Reiche Helfer genug gegen etwaige derartige Vergrösserungs- und Machtgelüste. Dazu war Bertold's V ganze Regierung, viel mehr als die seines in den Reichsunternehmungen stehenden Vaters, ausschliesslich auf seine eigenen Lande gerichtet, fand er in ihnen sein Ziel. Seine vom Reiche gehenden Lehen und Befugnisse waren so mannigfacher, zum Theil schwieriger Art, dass durch die verbürgte Erblichkeit derselben die Befestigung und der so sehr mangelnde einheitliche Ausbau der zähringischen landesherrlichen Gewalt nur gewinnen konnten. Sein Erbe würde der Sohn sein, den er, wie wir sehen werden, besessen hat; andere konnte er erhoffen. Aus den Quellen freilich kennen wir solche Gedanken nicht, können aber immerhin feststellen, dass der Vorschlag des Kaisers für ihn nicht ohne lockende Seiten zu sein brauchte.

Zu Worms am 6. Dec. 1195 trat Heinrich VI zum ersten Male ganz offen mit seinen Plänen hervor und legte sie den versammelten Fürsten dar. Nicht zur Berathung; der herrische Kaiser, der vor Kurzem das widerspenstige Normannenland mit unerbittlicher Gewalt niedergezwungen hatte, forderte die Zustimmung der Versammelten unter Drohungen. Nur das allgemeine Verhalten der Fürsten ist bekannt, nicht das des Zähringers im Besonderen und ob er sich irgendwie mit dem Kaiser verständigt hatte. Die anwesenden Fürsten erreichten einen Aufschub und verpflichteten sich dafür, den Vorschlag des Kaisers auf einem neuen Reichstage zu Würzburg bei der Gesammtheit der Fürsten des Reiches zu vertreten[1810].

Herzog Bertold blieb damals in der Nähe des Kaisers, was immerhin auf eine gewisse Annäherung zwischen Beiden zu schliessen erlaubt. Am

[1810] Ann. Reinhardsbrunnenses ed. Wegele, Thüringische Geschqu. I. Jena 1854, 328 ff. Ann. Marbac. MGSS. XVII 167.

8. Jan. 1196 war er mit dem Kaiser in der staufischen Pfalz zu Hagenau, wo Heinrich für das Kloster Herrenalb im nördlichen Schwarzwalde urkundete[1311]. Mit ihnen waren dort zugegen Bischof Konrad von Strassburg und sein Bruder Heinrich von Huneburg, Bischof Otto von Speyer, Lupold, der Erwählte von Worms, Graf Albert von Dagsburg, Rudolf von Kisslau aus dem Kraichgau, Truchsess Markward (von Annweiler), Kuno von Minzenberg, Marschall Heinrich von Kalden oder Kalentin, aus der Reichsgeschichte — gleich Markward — wohlbekannt und Ahnherr der von Pappenheim, Hugo von Worms, Bertold von Mörsch, Friedrich von Schauenburg und Andere.

Um den Anfang April (1195) fand jener Reichstag zu Würzburg statt. Bertold V war, damit auch der eingegangenen Verpflichtung getreu, anwesend, ferner waren die geistlichen Fürsten Hartwig von Bremen, Rudolf von Verden, Otto von Bamberg, Bertram von Metz, Bertold von Zeitz, Helmbert von Havelberg, Heinrich von Fulda, von weltlichen Herren der Welfe Heinrich Pfalzgraf bei Rheine, die Herzöge Ludwig von Baiern, Bernhard von Sachsen, Bertold von Meran, Landgraf Hermann von Thüringen, die Markgrafen Otto von Brandenburg und Konrad von Landsberg, der Graf von Querfurt, der Burggraf von Magdeburg und Andere erschienen[1312]. Sie alle gaben dem Kaiser, theils sofort eingeschüchtert, theils durch Zureden und Drohungen überwunden ihre Zustimmung und bekräftigten sie durch ihre Siegel.

Noch einmal flammte nach der Kunde dieser Beschlüsse die Opposition im Reiche empor und schaarte sich um den neuen Erzbischof Adolf von Cöln, aber diesmal blieb sie auf die Gebiete des Niederrheins beschränkt und gerade der Herzog von Zähringen wurde nicht mehr in der Verbindung zum Widerstande genannt.

Bald danach aber brachte Bertold V den Schwabenherzog gegen sich auf. Wodurch im Einzelnen, ist unbekannt; vielleicht glaubte er nach dem grossen Zugeständnisse von Worms und Würzburg etwas freiere Hand in Schwaben haben zu dürfen. Freilich giebt schon eine der alten Quellen diejenige Deutung, die sich aufdrängt: der Herzog von Schwaben sei im Auftrage des Kaisers gegen Bertold vorgegangen. Aber das ist doch eben nur eine Quelle unter mehreren gleich schätzenswerthen; diese übrigen betrachten die Sache nur als Fehde der Herzöge unter sich[1313]. Jedenfalls sammelte Konrad

[1311] St. 4983. *Bertholdus dux de Zeringen*. Die Urk. St. 4984 vom 21. Jan. weist einen wesentlich veränderten Fürsten- und Herrenbesuch auf.

[1312] St. 4987—4989 vom 28. März bis 10. April, für niederdeutsche Stifte. *Bertoldus de Zeringen* ohne *dux* St. 4988. Das weitere nach den genannten Annalen.

[1313] *de voluntate imperatoris* Chron. Ursperg. SA. 69. Die übrigen sind: Hugonis cont. chron. Weingart. SA. (Mon. Welfor.) 66, Ann. STrudperti MGSS. XVII 292: *Cuonradus . . . . Bertoldum ducem de Zeringen bello appetens minus rationabili . . . . .* Chounrad. Schirensis MGSS. XVII 631; Chron. Admunt. MGSS. IX 588 (zu 1196)

ein Heer und zog nördlich um den Schwarzwald herum durch das Pfinzthal in die Rheinebene, um von der Ortenau her den Zähringer anzugreifen, was, wie der welfische Chronist angiebt, den Herzog Bertold in grosse Bestürzung versetzte und weithin im Reiche das grösste Aufsehen hervorrief. Indessen Konrad kam nicht weit auf seinem Marsche; in der Stadt Durlach ward der tapfere, aber zügellose Mann das Opfer eines Abenteuers und endete am 15. August sein Leben. Und damit hatte die Fehde ihren Abschluss; weder der Kaiser, der auf dem Wege nach Rom in der Lombardei die böse Nachricht erhielt, noch Philipp, sein jüngster Bruder, den er sogleich von da aus als Herzog nach Schwaben entsandte, fühlten sich berufen das Vorhaben ihres Bruders Konrad zur Ausführung zu bringen oder bringen zu lassen.

Kaiser Heinrich VI selber sollte nicht mehr nach Deutschland zurückkehren. Am 28. Sept. 1197 raffte tückische Krankheit in Sicilien den stolzesten und rücksichtslosesten, gebietendsten Kaiser dahin, den die Geschichte kennt. Er hatte eine seiner grössten Aufgaben nicht vollenden können: die Durchführung der erblichen Monarchie. Von Italien aus hatte er mit den Fürsten weiter unterhandelt, aber auf einem Fürstentage zu Erfurt im October 1196 war die Verfassungsänderung, zu der sich die Theilnehmer des Würzburger Tages schon einzeln verpflichtet hatten, mit Entschiedenheit abgelehnt worden. Heinrich erreichte nur, dass am Ausgang des Jahres sein zweijähriger Sohn, damals noch Constantin genannt, zum Nachfolger gewählt wurde, nachdem er den Fürsten, also auch Bertold von Zähringen die zu Würzburg übernommene urkundliche Verpflichtung zurückgegeben hatte. Ob Bertold unter Denen war, die die Wahl zu Frankfurt vollzogen, muss dahingestellt bleiben.

Nun war der starke Kaiser todt, der erwählte König, dessen einstige Regierung man in weiter Ferne gewähnt hatte, ein kleines Kind, das in einem normannischen Städtlein aufwuchs, Herzog Philipp bei seines Bruders Tode gerade unterwegs, um diesen jungen Friedrich, wie er seit seiner Taufe hiess — denn Friedrich II ist eher zum König erwählt als getauft worden — zur Krönung nach Deutschland zu führen. Es war eine Zeit, wohl geeignet, allen Zündstoff im Reiche zu wilder Brandfackel emporflammen zu lassen.

Zu diesem Zündstoff aber hatte einer der Staufer schon mehr denn zu viel hinzugethan. Das war Otto, dem sein Vater K. Friedrich I i. J. 1189 das Erbe der Kaiserin Beatrix, das hochburgundische Eigengut innerhalb des Königreiches Burgund zugewiesen hatte[1313a] und der sich daher Pfalz-

---

MGNecrol. I 204, 228, 236, 258. Necrol. mon. Wilthinensis (bei Innsbruck) b. Hess, Mon. Guelf. II, S. 292.

[1313a] St. 4516. Zu Stumpf's Nachweisen ist ergänzend nachzutragen: auch bei C. D[uvernoy] de Montbéliard, Mouvance du comté de Bourgogne envers l'empire Germanique. Besançon 1849. Preuves p. 45.

graf von Burgund nannte, übrigens auch über einen Theil der elsässischen Besitzungen des Hauses verfügte. Ein wilder und gewaltthätiger Mann, der von seinen eigenen Brüdern, obwohl er älter wie Philipp und vielleicht auch älter als der i. J. 1196 gestorbene Konrad[1314] war, längst nicht mehr als ein eigentlicher Vertreter ihres die Krone tragenden Geschlechtes betrachtet wurde. Im Jahre 1195 hatte Otto den Grafen von Mömpelgard erschlagen, am 27. Sept. 1197 den Grafen Ulrich von Pfirt, den Nachkommen einer Zähringerin heimtückisch bei einer Unterredung, zu der er ihn gelockt hatte, ermordet. Das war also geschehen, kurz ehe die Nachricht vom Tode des Kaisers nach Deutschland kam. Schon seit 1196 lag Otto „Ohneland"[1315] auch mit dem Bischof Konrad von Strassburg, dessen Bruder er im Kampfe bei Huneburg getödtet hatte, in einer Fehde, die nun plötzlich durch jene beiden gleichzeitigen Ereignisse zu einem grossen oberrheinischen Kriege emporwuchs. Herzog Bertold von Zähringen trat in ein Bündniss mit Konrad von Strassburg, dem auch Albert, der „Falke", wie man die stolzen und angesehenen Grafen nannte, von Dagsburg zur Seite stand — mit ihm, wie mit dem Strassburger Bischof, war Bertold ja schon früher zusammengetroffen und die Dagsburger waren ohnehin alte Freunde der Zähringer, der Graf Albert mit einer Markgräfin von Baden vermählt —, der Bischof Lutold von Basel und eine Anzahl Grafen schlossen sich an; sie fielen in Otto's Gebiet ein und besetzten sein Vogteigebiet, das St. Gregorienthal hinter Colmar, das für unerzwingbar galt, und fügten ihm anderen Schaden zu, aber sie schonten auch das verwaiste Reichsgut nicht und übten die Herrschaft ihrer Willkür, wie der Marbacher Annalist erzählt[1316], in Colmar, Schlettstadt, Enheim, Rosheim und in vielen anderen Orten und Dörfern. Auch die Burg zu Breisach stand dem Pfalzgrafen Otto zu[1317], dieser Umstand wird Bertold wesentlich mit zu der Gegnerschaft gegen ihn gereizt haben, doch zu einem Angriffe Bertold's oder der Verbündeten auf diese so begünstigte Befestigung kam es nicht.

Herzog Philipp kehrte zurück und brachte noch 1197[1318] einen Waffenstillstand zwischen dem Strassburger Bischof nebst seinen Verbündeten und seinem Bruder Otto zu Stande. Derjenige, mit dem er sich hauptsächlich in's Benehmen setzte, war nicht Bertold, sondern der Bischof. Ihn suchte

---

[1314] Vgl. Abel, K. Philipp, S. 40 u. 321, dessen Ausführung Winkelmann, Philipp von Schwaben und Otto IV von Braunschweig, Jahrbb. d. d. Gesch., Lpz. I 1873, S. 13 billigt.

[1315] *dictus de Anelant* Chron. Ebersheim. MGSS. XXIII 448. Kaiserchronik, v. 17430: *sich selben hiez er âne lant.*

[1316] MGSS. XVII 168. Dazu Chron. Ebersheim. MGSS. XXIII 448.

[1317] s. u. S. 448 u. 451.

[1318] Die Angabe der Marbac. „1198" berichtigt Winkelmann 46, Anm. 1.

er auch für seine Auffassung der Gestaltung der Reichsgeschicke: dass der junge Friedrich König sein solle unter vorläufiger vormundschaftlicher Regierung des dazu durch Recht und Pflicht berufenen Schwabenherzogs, zu gewinnen. Schon hier bei dieser Verhandlung beginnt die Verschleuderung des staufischen Gutes um Anhängerschaft; Philipp bot viel: alles staufische Gut in der Strassburger Diöcese. Vielleicht hoffte er durch den Bischof auch seine Verbündeten mit zu gewinnen.

Zu Weihnachten 1197 war Philipp mit den Seinen und einigen nicht der Namensnennung für wichtig genug geachteten „Fürsten" und Edelherren zu Hagenau versammelt. Derjenige aber, der hier hauptsächlich erwartet wurde, erschien nicht [1819], der Bischof. Er war inzwischen auf die brieflichen Aufforderungen der Erzbischöfe von Cöln und Trier eingegangen, von denen der erstere, Adolf von Altena, sich schon offen an die Spitze der nordwestdeutschen Empörung gestellt hatte, die als Folge der Würzburger Verfassungsbeschlüsse vom Frühling 1196 ausbrach; diese beiden, Johann von Trier in schwächlicher Abhängigkeit von dem Cölner, wollten eine neue Königswahl trotz des erwählten jungen Staufers, dem ihre Treue verpflichtet war. In Andernach [1820] kamen die drei geistlichen Fürsten gegen Weihnachten zusammen, mit ihnen Herzog Bernhard von Sachsen und eine Anzahl Grafen und Herren. Es scheint, dass Anfangs zum König Herzog Bernhard ausersehen war [1821], der aber wenig zur Annahme der bedenklichen Wahl geneigt früh abreiste. Ob nun aber Bernhard vor Bertold von Zähringen in Betracht gezogen wurde oder nicht, auf jeden Fall wies der Strassburger Bischof schon zu Andernach auf seinen tapferen Bundesgenossen in der Pfalzgrafenfehde hin; wie denn das Gerücht, dass Bischof Konrad dem Herzog Bertold zur Wahl zu verhelfen beabsichtige, damals sogar schon in weitere Kreise gedrungen war [1822]. Man kam überein, der Cölner solle — der Mainzer Erzbischof war auf der Kreuzfahrt — auf die Mittfastenzeit (Anfang März) einen allgemeinen Wahltag nach Cöln ausschreiben, auch den Gönner der Welfen, den König von England als Reichsfürsten (wegen der Heinrich VI geleisteten Huldigung) dorthin laden, und man verpflichtete Konrad von Strassburg zu sorgen, dass der Herzog von Zähringen mit ihm komme.

[1819] Böhmer, Regesta imperii, 1198—1272, hrsg. v. J. Ficker I. Innsbr. 1881 (cit. B.-F.) Reg. 14 c u. d.

[1820] Die Ann. Marbac. haben: in Cöln. Vgl. dagegen die selbständige Nachricht der Chron. reg. Colon. cont. SA. 162.

[1821] Winkelmann l. c. I 56, Anm. 1. Seine entgegen mehrfachen Schwierigkeiten geführte Darlegung, dass Bernhard nicht erst auf einem späteren Tage in Aussicht genommen wurde, würde nur dann hinfällig sein, wenn etwa Bernhard's baldige Schwenkung zu Philipp hinüber von der cölnischen Parthei unterschätzt wurde oder sie ihn wieder umzustimmen hoffte.

[1822] Ann. Marbac. 168.

Herzog Bertold liess sich in der That bestimmen, die Reise zu unternehmen[1823]. So klang denn von Neuem in die zähringischen Geschicke der Name dieser Stadt, der auch für Bertold's Vorfahren mehrfach so bedeutsam gewesen war, inhaltsschwer hinein. Der Herzog fand zu Cöln eine verhältnissmässig kleine Versammlung[1824]; ausser den drei die Wahl betreibenden Fürsten werden nur Graf Albert von Dagsburg, Hermann von Münster und ansehnliche „Männer" (nicht Fürsten?) genannt; ferner waren Gesandte des englischen Königs, die Bischöfe von Durham, Angers und Evreux, vielleicht auch der von Ely, mit dem Grafen Albemarle Balduin von Bethune und einigen Baronen gekommen, versuchten aber für die Wahl des welfischen Pfalzgrafen bei Rheine, Heinrich, Stimmung zu machen, durch dessen Wahl die eigene, gegen Frankreich gerichtete Politik des Königs am ehesten gewinnen musste, da Heinrich sein Neffe, der Sohn seiner Schwester Mathilde war[1825]. Bertold von Zähringen musste, wenn auch der Pfalzgraf im hl. Lande abwesend war und daher thatsächlich kaum gewählt werden konnte, erkennen, dass er selber im Falle seiner Einwilligung von England her schwerlich eine getreue Unterstützung werde erwarten dürfen.

Die Verhandlungen zogen sich lange hin. Auch Philipp hatte, mit sächsischen Fürsten zusammen, im Februar einen Aufruf zur Wahl erlassen. Darin lag ein grosses Zugeständniss: auch Mancher, der dagegen war, dass der junge Friedrich ohne Weiteres nachfolge, mochte eine solche Wahl gutheissen. Zur ungefähr gleichen Zeit, da Bertold Cöln zuritt, zogen Philipp, die Erzbischöfe von Salzburg und Magdeburg, die Bischöfe von Worms, Merseburg, Bamberg und Eichstädt, vielleicht auch der Constanzer Bischof, dem auf Philipp's Geneigtheit, sich selber wählen zu lassen, ein besonderer Einfluss zugeschrieben wird[1826], ferner der Abt von Fulda, die Herzöge Ludwig von Baiern und Bernhard von Sachsen, der die Cölner Parthei ganz aufgegeben hatte, der Graf von Orlamünde und Andere zu dem Wahltage, der in Thüringen stattfinden sollte. Am 6. März wählten sie Philipp zum Reichsvormund und da er selbst die Unmöglichkeit einsah, wenn auch ungerne zugab, das Königthum seines dreijährigen Neffen Friedrich zu halten, am zweiten Tage darauf, dem Sonntag Lätare, zum König[1827]. Inzwischen

[1823] Ann. Marbac. l. c.

[1824] *ad quam curiam cum pauci occurrerent* . . . . . Chron. reg. Colon. cont. rec. II SA. 162. *inferiores principes* Ann. Marbac. l. c. — Hermann von Münster und die *honorati viri* werden in der Cölner Chronik l. c. genannt, der Dagsburger im Laufe der Erzählung von den Marbacher Ann. —

[1825] Winkelmann 67; vgl. auch ib. Anm. 2 über den Bischof von Ely.

[1826] von Conr. de Fabaria (ed. Meyer v. Knonau, Mitth. z. vaterl. Gesch. v. St. Gallen, N. F. VII) 151.

[1827] Vgl. fortlaufend Winkelmann, Philipp und Otto, insbesondere S. 500 ff., und dazu B.-F. Regesta imp.

hatten auch die Cölner von den günstigen Aussichten des Staufers erfahren und den Bischof Hermann von Münster mit Begleitern zu den in Thüringen (zu Ichtershausen bei Arnstadt, später zu Mühlhausen) Versammelten geschickt, um dort den Gedanken zu vertreten, die Fürsten der Cölner Parthei nicht von der Wahl auszuschliessen und ihnen zu einem neu anzusetzenden Wahltermine entgegen zu ziehen. Aber diese Vorschläge, wenn sie überhaupt ernst gemeint waren und nicht bloss Jene aufzuhalten bezweckten, kamen zu spät; als Hermann anlangte, war Philipp zum König gewählt. Mit dieser Nachricht zurückkehrend, brachte er grosse Aufregung unter die in Cöln Harrenden; sie wurden ihres Einwandes nicht müde, dass bisher niemals auf sächsischem Boden (wie es von Philipp's Anhängern geschehen war) und „von solchen Fürsten“, d. h. in Abwesenheit der drei rheinischen Erzbischöfe und des Rheinpfalzgrafen, der König gewählt worden sei[1328] und hatten es eilig, nun auch ihren König zu wählen. Aber sie wollten nicht leer dabei ausgehen, denn von Philipp von Schwaben wurde schon erzählt, wie reiche Geschenke seine Anhänger an ihn ketteten; so sollte denn auch der König, den die beiden Erzbischöfe wollten und brauchten, von ihnen gleichzeitig ausgebeutet werden. Sie forderten, sobald Bertold auf den Gedanken seiner Wahl einzugehen begann, von ihm 1700 Mark Silbers. Bertold's Eifer König zu werden war gering und als diese Forderung an ihn gebracht wurde, wollte er mit der ganzen Angelegenheit nichts mehr zu schaffen haben und gab zur Antwort, er habe keine Lust, das Königthum zu kaufen. So freilich liessen sie ihn nicht davon; unablässiges Zureden der Versammelten, geschickt eingeflochtene Drohungen der ihm gegen den staufischen Pfalzgrafen Verbündeten, des Bischofs von Strassburg und des Grafen von Dagsburg wurden seiner Herr; er versprach sogar die Summe zu zahlen und verpflichtete sich daheim unverzüglich ein Heer zu sammeln und mit diesem zu einem angesetzten Tage nach Andernach zu kommen, wo dann die eigentliche Wahl stattfinden sollte. Das alles musste er nicht nur feierlich geloben, sondern auch durch Geisseln verbürgen[1329]. Er wählte als solche zwei seiner Neffen,

[1328] Chron. reg. Colon. cont. rec. II (auch I) SA. 162 f. Die Stelle *ab his principibus* u. s. w. wird noch deutlicher durch Honor. chron. cont. Weingartensis SA. (Mon. Welf.) 61.

[1329] Ann. Marbac. u. Chron. reg. Col. l. c. Die letzteren erwähnen den Geldhandel nicht, aber doch die Geisseln, die sich also auf die ganze Abmachung bezogen. Das *iuravit* der Cölner wird durch die Marbacher Ann. nicht bestätigt. Die Ursperger Chronik (SA. 74 ff.) und Otto von St. Blasien (SA. 481 ff.) treten hinter jenen an Werth zurück. Die Cölner Vorgänge flüchtig berührt auch Chron. Ebersheimense MGSS. XXIII 448; der dortige Zusatz *qui eo tempore Burgundiones expugnaverat* gedenkt entweder in dieser allgemeinen Weise noch des Krieges am Anfang des Jahrzehnts oder bezieht sich auf die Fehde gegen den Pfalzgrafen Otto. Gesta Treverorum cont. MGSS. XXIV 390; Ann. Einsiedl. Geschichtsfreund I 144 mit dem falschen Jahr 1199 und der ebenso

der Söhne seiner an Egeno von Urach vermählten Schwester, beide Träger zähringischer Namen, Konrad und Bertold, von denen der Erstere in diesen seinen jungen Jahren schon eine Domherrnstelle in dem Bisthum seines verstorbenen Grossoheims, in Lüttich hatte[1330]. Sie wurden alsbald nach Cöln geführt; Bertold V dagegen zog den Rhein hinauf und der Heimath zu.

Ein zukünftiger König, der Geisseln hatte geben müssen, dass er es überhaupt werden wolle. Und die Vorsicht war nöthig genug gewesen; sobald der Herzog den geistlichen Herren persönlich entrückt war und mit den Seinen allein seines Weges zog, da kam er zu sich selbst zurück und gab den überstimmten Bedenken wieder Gehör. Freilich hat er noch einen Brief an den Papst gesandt, der den Aussichten des „Herzogs von Schwaben“ aber nur noch unschlüssig entgegenarbeitete[1331]. Mehr und mehr ward er inne, wie gross und bedeutend doch des Staufers Anhang im Reiche sei. Dazu kam eines noch. Bertold war ein Fürst, der in besonderer Weise über flüssige Mittel verfügte und auch eben deshalb mit von seinen Wählern in Beschlag genommen worden war[1332]. Zu den 1700 Mark an die beiden Erzbischöfe, zu denen er in Cöln schliesslich überredet worden war, kamen in kürzester Frist 6000 Mark, die ihn seine Anhänger kosteten[1333]. Bertold sagte sich, dass sein Gegenkönigthum gegen den an Hausgut so reichen Staufer ihn grössere Opfer kosten müsse, als er sich und dem Erbe seiner Väter zumuthen dürfe. So war es ein sehr natürlicher Gedankengang, wenn er sich entschloss, höchstens noch eine etwaige einstimmige Wahl durch alle Fürsten, die also Philipp ohne allen Anhang lassen würde, annehmen zu wollen[1334]. Ernstlich war daran freilich nicht zu denken; es war nur eine Ausflucht gegenüber den ihm abgerungenen Verpflichtungen.

In dieser Stimmung trafen den Herzog Bertold die Verhandlungen, welche in erster Linie der Bischof von Constanz und Abt von Reichenau, Diethelm von Krenkingen, den schon die Abkunft aus einem den Zähringern

---

unhaltbaren Angabe, Innocenz III habe Bertold's Wahl veranlasst; Reiner Leod. MGSS. XVI 653 f. Alberti Ann. Stad. MGSS. XVI 353: *ducem Zaringiae, qui noluit acceptare.*

1330 Ueber ihre Vergeisselung Chron. Ursperg. SA. 75. Vgl. über sie FUB. I 71 ff.; Riezler, Gesch. d. f. H. Fürstenberg 69 ff.

1331 Der Brief ist nur aus einer Erwähnung Innocenz' III bekannt, Reg. de neg. imp. S. 707; über den Zeitpunct vgl. Winkelmann S. 72, Anm. 1. Innocenz III kehrt (vgl. unten den Brief zu Anm. 1366) die Absicht des Herzogs gerade um

1332 Chron. Ursperg. SA. 74. Es braucht das Wort *pecuniosus.*

1333 So konnte wenigstens K. Philipp im Jahre 1206 dem Papste erzählen. Reg. de negot. imperii I 746, Nr. 136.

1334 So die gut unterrichteten Ann. Marbac. 169. Die Scheu vor den Kosten erwähnen auch das Chron. Ursperg. SA. 75 und das Chron. Ebersheim. S. 21 f. der Böhmerschen Ausgabe (MGSS. XXIII 448): *secum de gravi labore et expensa discutit.*

befreundeten Geschlechte zum geeigneten Vermittler machte, und der Pfalzgraf Rudolf von Tübingen im Sinne Philipp's bei ihm anknüpften [1335]. Durch sie herbeigeführt kam ein Vertrag des Herzogs mit Philipp zu Stande. Bertold verzichtete auf die Wahl und trat durch Huldigungseid und Beistandversprechen auf Philipp's Seite; dafür empfing er zu Lehn, was in Schaffhausen Reichsgut war nebst der dortigen Vogtei, und Philipp's Zusicherung, dass Breisach, welches dem Pfalzgrafen Otto zugetheilt war, entweder geschleift werden oder als Pfandgegenstand, lösbar mit 3000 Mark, an Bertold übergehen solle [1336]. Was Bertold somit zur Bedingung der Annäherung gemacht und zugestanden erhalten hatte, war also nur eine nicht allzu bedeutende Vergrösserung, eine neue Reichsvogtei, der Züricher ähnlich, in Schwaben und zwar an einer Stelle, wo auch schon sein Grossvater Konrad Gewalt zu gewinnen versucht hatte, und dazu die für ihn nothwendige Beseitigung der drohenden Stellung, die die Staufer durch die Befestigungen zu Breisach am breisgauischen Rheinufer eingenommen hatten. Das Gerücht freilich vergrösserte Bertold's Forderungen in gewaltiger Weise und die Fürsten der Cölner Parthei erfuhren den Vertrag in der Form, dass Bertold von Philipp 11000 Mark Silbers und „das Herzogthum“ [gemeint war doch wohl das in Schwaben] empfangen habe [1337]. Diese entstellte Nachricht, die von jenen Fürsten, die Bertold schon ganz in der Hand zu haben gedacht, natürlich zunächst geglaubt und in entrüsteter Weise, unter bösen Worten von Habsucht und Feigheit [1338] besprochen wurde, mag wohl den hauptsächlichsten Grund mit zu dem Gerede von dem „äusserst geizigen Herzog“ gelegt haben, als der Bertold V schon einem Theile der Mitlebenden erschienen und in der geschichtlichen Darstellung seitdem im Ganzen immer aufgefasst worden ist [1339].

[1335] Ann. Marbac. l. c.

[1336] So die Ann. Marbac. l. c. *regnum et advocatiam*. Verlockend ist es, an das grosse Dorf Königs-Schaffhausen am Kaiserstuhl (BA. Endingen) zu denken, zumal Ober-Schaffhausen zähringisch war. Aber die hergebrachte Deutung des „Königs-“ durch den Besitz seitens der Habsburger ist doch wohl der auf jenes *regnum* vorzuziehen. — Das bekanntere Schaffhausen (nahe dem Rheinfall) wird in St. 4734 als Reichskloster bezeichnet und dieses umfasst nach St. 4518 von 1189 den Ort Schaffhausen. Bei A. Pfaff, das Staatsrecht der alten Eidgenossenschaft, Schaffh. 1870, S. 90 und Joh. Meyer, Gesch. d. schweiz. Bundesrechtes I 438 wird nur die Reichshoheit gestreift, die Ueberweisung an Bertold V übergangen.

[1337] Chron. reg. Colon. SA. 163. Auch hier doch nur als *rumor*. Das Chron. Ursperg. SA. 75 spricht im Allgemeinen von *beneficia*, die Bertold von Philipp empfing, nicht von einer Zahlung; ferner bestätigt es den von den Marbacher Ann. gemeldeten Mannschaftseid Bertold's gegenüber Philipp.

[1338] Chron. reg. Colon. SA. 163.

[1339] Chron. Ursperg. (aus dem zweiten Jahrzehnt des 13. Jahrh.) SA. 74: *cum esset avarissimus*. Dazu vgl. unten zu seinem Todesjahre.

Die Anhänger Adolf's von Cöln waren nämlich gerade in Andernach zur Vornahme ihrer Königswahl versammelt, als statt des erwarteten Herzogs diese Kunde über ihn zu ihnen drang. Ihre Gegnerschaft gegen den Staufer aufzugeben waren sie allerdings auch nach diesem neuen schweren Schlage nicht gesonnen. So wandten sie ihre Augen von Neuem auf das Welfenhaus und wählten zwar nicht den noch abwesenden Pfalzgrafen, aber einen jüngeren Sohn Heinrich's des Löwen, Otto, der in Folge seiner mütterlichen Abkunft durch seinen königlichen Oheim Graf von Poitou geworden war, zu ihrem König [1340].

Für seine beiden nach Cöln vergeisselten Neffen hatte Bertold noch nichts thun können, sie befanden sich in der Gewalt des Erzbischofs Adolf. Jung, wie sie waren, und so plötzlich in die schweren Ungewitter mit verwickelt, die für den Fürstenstand heraufzogen, glaubten sie sich in allen Nöthen der Gefangenschaft und thaten mit einander ein Gelübde, ihr Leben dem mönchischen Wandel zu widmen, falls Gott sie aus dieser Fährlichkeit erlöse. Bald darauf kamen sie frei, übrigens nachdem man sich wirklich an ihnen für den Verlust des zahlungsfähigen Candidaten, ihres Oheims, schadlos gehalten hatte [1341]. Beide wurden Cistercienser; Bertold werden wir noch in der Geschichte des Herzogs als Abt von Thenenbach wieder begegnen, Konrad [1342] trat in das brabantische Kloster Villers an der Dyle, wurde i. J. 1209 dessen Abt, sodann 1214 Abt der berühmten Schöpfung des hl. Bernhard, von Clairvaux und 1217 von Citeaux und damit zugleich General dieses Ordens und nach dieser glänzenden Laufbahn schon 1219 Cardinalbischof von Porto und Sancta Rufina. Als solcher war er Legat gegen die Waldenser, Kreuzzugsprediger in Deutschland und nur an Konrad's eigenem Verzicht lag es, wenn er i. J. 1227 nicht selber den Stuhl des hl. Petrus bestieg.

Während die Namen der beiden gewählten Könige das Reich sich spalten machten, regte sich auch der Pfalzgraf Otto wieder und henkte einen Bruder des Strassburger Bischofs, den er in seine Gewalt gebracht hatte. In die neu entbrennende Fehde griff auch der König Philipp selber ein, der es am geschicktesten fand, zunächst an dieser Stelle einen Theil der eifrigsten Gegner seiner Wahl und seines Hauses, den Strassburger Bischof und den

---

1340 Vgl. die Zusammenstellung der Nachrichten bei Winkelmann S. 73 f.; B.-F. 198 a.

1341 Das Chron. Ursp. SA. 75 f., das allein über sie ausführlicher berichtet, fasst es so: Bertold, der sie für seine Zahlung verpfändet hatte, löste die Neffen nicht aus, *qui oppido compulsi se ipsos quam plurimi absolverunt.* Otto SBlas. SA. 481: Als Bertold nicht nach Andernach kam, zwangen die Fürsten *pecuniam, quam sub conditione promiserat, obsides dare.*

1342 Ueber ihn vgl. den Abschnitt bei Riezler, Gesch. d. f. H. Fürstenberg.

Grafen von Dagsburg zu packen[1343]. Er warf sich auf die bei Strassburg in der Ebene gelegene, durch Gräben und Bauten wohlbefestigte Haldenburg, eroberte und zerstörte sie, verbrannte Molsheim, nahm den zur Befestigung umgewandelten Friedhof von Epfich ein und verwüstete weithin die erntereifen Felder. So wurden die Gegner gezwungen, das von ihnen besetzte Hagenau aufzugeben. Danach liess er ihnen ein Jahr lang Ruhe, weil es galt, drunten am Niederrhein dem König Otto selber entgegenzutreten; dann, im Juli 1199, brach er wiederum durch das Oberelsass, wo er Rufach einnahm und zerstörte, gegen Bischof Konrad und den Dagsburger vor und war schon am 10. Juli in der Belagerung Strassburgs begriffen. Auf König Otto, der vergeblich versucht hatte, bis in's Elsass den Rhein hinauf zu gelangen, konnte der Bischof nicht hoffen und seine Bürger drangen nach Erstürmung der Vorstädte durch die Belagerer in ihn, sie vor den Leiden weiteren Widerstandes zu bewahren.

Anscheinend war Herzog Bertold zunächst nicht in dem Heere des Königs. Er hat, so viel wir aus dem Mangel an Nachrichten und dem Nichterscheinen Bertold's in den Zeugenreihen der Urkunden ersehen, Philipp innerhalb dieses ersten Jahres nicht begleitet oder aufgesucht. Aber an seinem Vertrage mit ihm hielt er fest und als am 28. Mai 1199 die hauptsächlichsten Anhänger Philipp's in dessen Gegenwart von Speyer aus eine Erklärung an den Papst erliessen, die ihn aufforderte Philipp anzuerkennen, den sie nächstens zur Kaiserkrönung nach Rom geleiten würden, und die Rechte des Reiches zu achten, besassen sie dazu auch die ausdrückliche Einwilligung und Ermächtigung des abwesenden Herzogs von Zähringen[1344]. Auch vor Strassburg war er zunächst abwesend, denn eine dort von Philipp am 10. Juli ausgestellte Urkunde nennt ihn nicht als Zeugen. Dann aber rief man ihn zur Vermittlung herbei; Bertold musste als der geeignetste Wortführer zwischen Philipp, dem er nun anhing, und den alten Waffengenossen erscheinen. Er fand im Lager vor Strassburg auch die Bischöfe von Regensburg und Constanz, den zum Herzog von Spoleto aufgerückten Konrad von Urslingen und eine Anzahl Grafen und Herren, mit ihnen den Reichsmarschall Heinrich von Kalden und den Truchsess Konrad von Waldburg. Begleitet von Einigen von ihnen führte er die Verhandlung mit dem

---

[1343] *consilio censuit primum eos, qui viciniores erant, bellis atterere,* Chron. Ursperg. SA. 77. Vgl. im Uebrigen über die Fehde die Cölner Königschronik, die Marb. Ann. und die Strassb. Ann. MGSS. XVII 89; dazu Winkelmann's Darstellung. Auf diese gestützt erzählt auch C. Frey, die Schicksale des königlichen Gutes in Deutschland unter den letzten Staufern seit K. Philipp (Berliner Diss. 1881) S. 19 ff. die Wahl Bertold's V zum König und die sich anschliessenden Ereignisse.

[1344] B.-F. 27, wo die Datirung auf 1199 mit Scheffer-Boichorst gegen die Ausführungen Winkelmann's (Excurs IX in Bd. I) [„1200"] vertheidigt wird.

Bischofe und erwirkte dessen Unterwerfung unter Philipp, der Konrad dafür die Lehen aufliess, die die Staufer (jetzt Otto) von dem Bisthum Strassburg trugen [1345]. So mochte sich Bischof Konrad daneben auch mit dem Herzoge aussöhnen, der ihn einst zu Andernach im Stiche gelassen hatte, ihm aber nun ein so gütiger Vermittler geworden war. Albert von Dagsburg, scheint es, gab sich ebenfalls zufrieden.

Bei einer dieser beiden Anwesenheiten Philipp's am Oberrhein, 1198 oder 1199, wird auch die Ausführung des Vertragspunctes zwischen ihm und Bertold, der Breisach betraf, geregelt sein. Seinen Bruder Otto, dem er Hilfe brachte, konnte Philipp zur Herausgabe an ihn selber bewegen. Nun hören wir aber nicht, dass Breisachs Mauern gebrochen worden seien, dagegen dass es Festung blieb [1346], und sogar von neuen Befestigungen, die dort Herzog Bertold anlegen liess. So ist also Breisach in der That als Pfand für eine Ansatzsumme von 3000 Mark Silbers, wie es in dem Vertrag für den Fall vorgesehen war, dass es nicht geschleift werde, in den Besitz, wenn auch nicht in das Eigenthum des zähringischen Herzogs übergegangen [1347]. Wie er sich mit dem Baseler Bischof abfand, bleibt im Dunklen [1348]. Er baute zu Breisach einen viereckigen Quaderthurm, der noch im vorigen Jahrhundert eine Inschrift trug, die der an dem Thore zu Burgdorf inhaltlich entspricht und nochmals die Niederwerfung des Burgunderaufstandes rühmt:

Hunc dux Bertholdus struxisse notatur
A quo pro fraude Burgundia depopulatur [1349].

Zur Zeit als Schöpflin den Thurm und die Inschrift aufnahm (1763), war der erstere oben zerbröckelt und bis zum Grunde durch einen Riss zer-

---

[1345] Ann. Marbac. l. c. Chron. Ursperg. SA. 78. Auch Chron. Ebersh. S. 22 der Böhmer'schen Ausgabe = MGSS. XXIII 448; Braunschweiger Rheimchronik MGDeutsche Chron. II, v. 5242 ff. — Nachtr. Vgl. auch Al. Meister, l. c. S. 90 ff.

[1346] *castrum nomine Brisacum* Chron. Ursperg. SA. 101 zu 1212.

[1347] Die abweichenden Aufstellungen Frey's beruhen auf ungenügender Kenntniss der Nachrichten. Bei Rosmann sind alle diese wichtigen Veränderungen mit Breisach ganz übersehen.

[1348] K. Friedrich II hatte, wenigstens in späterer Zeit, die Breisacher Befestigung wieder von Basel zu Lehn (Trouillat I 585) und bestätigte schon am 12. Sept. 1218, also erst und zwar bald nach Bertold's V Tode, das Recht des Hochstifts an Breisach, wie es zu Heinrich's VI Zeit bestanden hatte (ibid. 473). Inzwischen war aber Breisach wahrscheinlich auch schon bei König Otto, also durch diesen dem Zähringer zeitweilig enteignet gewesen. Vgl. unten Anm. 1391 u. 1412.

[1349] Inschrift und Abbildung des Thurms bei Schöpflin I 127, wo aber Bertold IV der Bau zugeschrieben wird. Auf der Kupfertafel steht einmal „*porta*“ *Brisacensis*, doch sucht man auf der Abbildung vergeblich die Möglichkeit eines Thordurchganges. Dazu mit ein wenig Hyperinterpretation J. Bader, Meine Fahrten und Wanderungen im Heimathlande, Freib. 1856, II 125. — Bei Seb. Münster lautet die zweite Zeile: *A quo*

spalten; seine Schmalseiten standen gegen Norden und Süden, die Breitseiten nach Morgen und Abend, nur kleine romanische Fensterlein in der starren Mauerfläche verstatteten dem Innern ein spärliches Licht und über dem einen davon an der Südseite war der verhältnissmässig kleine Stein, der jene Inschrift trug, eingefügt. Im heutigen Breisach sucht man ihn vergebens, i. J. 1770 haben ihn die Oesterreicher abgetragen und aus seinen Quadern ihre Kasernen gebaut[1350]. Was von dem alten Breisacher Schlosse selbst noch übrig blieb, ist mit zu Grunde gegangen, als die groben Geschütze der Franzosen im September 1793 fast die ganze Stadt in einen wüsten Schutthaufen verwandelten, aus dem sie nicht wieder ganz emporgewachsen ist, so dass der heutige Besucher der oberen, auf dem Felsen gelegenen Stadt durch die Reste alter Häuserfronten und ihre Thüren unmittelbar in die über den Trümmern der Wohnstätten angelegten Weingärten tritt.

In einer Breisacher Inschrift aus der Mitte des 13. Jahrhunderts aber wurde der Hofburg gedacht, die sich der Herzog erbaute[1351]. So spricht denn Alles dafür, dass Bertold V diesen ihm verpfändeten Sitz sich dauernd erhalten zu können glaubte und vielleicht auch bei seinem Tode besass[1348].

Nach seinem Einzuge in die unterworfene Bischofsstadt, bei welchem Philipp zum ersten Male die aufstrebende Strassburger Bürgerschaft kennen lernte, die er bald danach, indem er den Grund zu ihrer städtischen Unmittelbarkeit legte, als Gegenpart gegen den der Beobachtung bedürftigen Bischof zu benützen wusste, nach diesem Einzuge, bei welchem sicherlich auch der Herzog von Zähringen noch anwesend war, ging der König nach Thüringen, dessen Landgrafen Hermann er durch Spenden von Reichsgut für sich gewann. Nicht anzunehmen ist, dass Bertold, nachdem er die elsässischen Angelegenheiten vor und zu Strassburg hatte schlichten helfen, den König noch weiter begleitet habe, denn schon damals war er nur auf besonderes Ersuchen erschienen. Und er fehlt in den Zeugenreihen der (spärlichen) Urkunden aus der zweiten Hälfte des Jahres 1199, wie in den Nachrichten der erzählenden Schriftsteller. Für den Anfang des Jahres 1200 gestatten es die Nachrichten, bestimmter zu sagen, dass Bertold nicht bei dem Könige war.

Als aber König Philipp am Beginn des April wieder nach Strassburg kam, erschien der Herzog Bertold; ausser ihm Erzbischof Konrad von Mainz, die Bischöfe Konrad von Speyer, Lupold von Worms, Diethelm von Constanz,

---

pro fraude Burgundiae gens populatur. „Ein Schloss, das ist lang zerbrochen gewesen und neuwlich wiederumb erbauwen, darinn fast ein wehrlicher und starcker Thurm, den hat etwan Hertzog Berthold von Zäringen der 3. bauwen lassen . . .".

[1350] Ed. Martini, *Zs.* des (Geschichts)-Vereins u. s. w. von Freiburg. III. Freib. 1874, S. 278.

[1351] Kolb, Lexicon I 154, Trouillat I 585: *Bertholdus* [von Basel] *tenet hanc, quam dux sibi straxerat aulam.*

Graf Ulrich von Kyburg, Graf Hartmann von Wirtemberg, Reichsmarschall Heinrich von Kalden, Marschall Ulrich von Rehberg, ferner, wie es scheint, ebenfalls persönlich Bischof Bertram von Metz, Graf Ludwig von Saarwerden und Graf Albert von Dagsburg. Dass letzterer spätestens damals seinen Frieden mit dem König gemacht hat, bezeugt eine von diesem am 7. April über ihn ausgestellte Urkunde[1352].

Dieser Strassburger Hoftag von Ostern 1200, den Bertold V besuchte, war ein Vermittlungstag. Erzbischof Konrad von Mainz, inzwischen von seiner Kreuzfahrt zurückgekehrt, hatte von seiner Abwesenheit aus Deutschland ein verspätetes Festhalten an Friedrich, dem schon erwählten jungen Sohne Heinrich's VI mitgebracht, das durchkreuzt und mit beeinflusst wurde von dem Wunsche eines möglichst baldigen Friedens in Deutschland, der ihm erlaube, eine neue Kreuzfahrt anzutreten und sein Erzbisthum wie das Reich daheim in Ruhe und Obhut zu wissen. Dazu kam die von seinem Aufenthalte in Rom her ihm wohl bewusste Abneigung des Papstes gegen das deutsche Königthum des normannischen Erben, wie gegen den Sieg Philipp's. Alles das liess Konrad nicht entschlossen Stellung nehmen; er schlug Stillstand, Aufschub und Schiedsgericht vor, und darüber sollte nun in Strassburg verhandelt werden.

Konrad erlangte einen Waffenstillstand, der bis Martini (11. Nov.) unter den rheinischen Fürsten gelten, aber Sachsen nicht mit einschliessen sollte. In diesem Beschlusse war also das Interesse der siegreichen staufischen Parthei gewahrt worden, desto weniger geschah das aber bei der Annahme des zweiten Vorschlages: dass innerhalb der Waffenstillstandszeit am Freitag nach Jacobi (also am 28. Juli) zwischen Andernach und Coblenz ein das ganze Reich bindendes Fürstenschiedsgericht zusammentreten und durch seinen Mehrheitsbeschluss den Träger der deutschen Krone bestimmen sollte. Den Vorsitz wollte Konrad von Mainz führen, jeder der streitenden Könige sollte durch 8 Fürsten vertreten sein, Philipp durch die Erzbischöfe von Salzburg und Trier, die Bischöfe von Freising, Basel und Strassburg, die beiden Herzöge Bertold (von Meran und von Zähringen) und den Markgrafen Konrad von Landsberg, Otto durch den Erzbischof von Cöln, die Bischöfe von Münster, Lüttich, Utrecht und Paderborn, den Abt von Corvey, den Herzog von Brabant und den Grafen von Flandern. Wenn für die stärkere Parthei schon die der anderen zugestandene Gleichberechtigung der Vertretung und ausserdem der gewichtige Einfluss des vorsitzenden Erzbischofes bedenklich waren, so kam hinzu, dass gerade für sie nicht einmal die Aussicht, mindestens

[1352] B.-F. 45. *comes Albertus de Dasborg* verzichtet zu des Bischofs von Metz Gunsten auf sein Patronatsrecht über die Kirche des hl. Kreuzes in Metz und eine von ihr abhängige Capelle. — *Bertholdus dux Ceringie.*

Stimmengleichheit zu erzielen, ganz gesichert war; denn unter ihren Vertretern waren Fürsten wie die geistlichen Herren von Trier und Strassburg und der Herzog von Zähringen, die von dem König erst hatten auf seine Seite gebracht werden müssen und bei denen immerhin an die Möglichkeit gedacht werden musste, dass sie Philipp, wenn es in ihrer Gewalt stand, einfach fallen lassen konnten. So ist es sehr leicht zu verstehen, wenn das Schiedsgericht trotz oder vielmehr wegen jener schon gefassten näheren Beschlüsse einfach unterblieb [1353].

Mit und zwar unmittelbar neben Herzog Bertold wird unter den Anwesenden zu Strassburg als Erster unter den Grafen Ulrich von Kyburg genannt. Er war, wie wir nach den Altersverhältnissen und nach jener Bevorzugung annehmen müssen, längst der Schwager Bertold's V, dessen Schwester Anna seine Gemahlin war [1354].

Am 29. Oct. 1200 war Bertold zu Freiburg i/B. anwesend und wurde hier als Vogt St. Peters von dessen Abte und einigen diesen begleitenden Mönchen aufgesucht. Nämlich Kuno von Falkenstein hatte mit seiner Gemahlin Heilwida einen Hof und eine Schuhmacherei in Gundelfingen (gegen Uebernahme von Almosen und Jahreszeiten und gegen die Zusicherung von jährlich ein paar Nachtschuhen bis an sein Lebensende) an St. Peter geschenkt; das Kloster hatte dann das geschenkte Gut mit 12 Mark aus theilweiser Pfandschaft gelöst. Das alles bestätigte ihnen Herzog Bertold an dem genannten Tage in Beisein von Walter von Falkenstein, dem Bruder Kuno's, und ihrer Verwandten Konrad und Gottfried von Buchheim [1355].

Zu anderer, unbekannter Zeit im Jahre 1200 besuchte Bertold V abermals seine Stadt Zürich. Von hier aus beurkundete er dem Kloster St. Blasien, dass sein, des Herzogs Bürger zu Zürich Heinrich mit dem Beinamen der Kistler von dem Kloster ein Gut im Dorfe Affoltern unter der Bedingung erworben habe, dass er selber und seine Gemahlin Adelheid es auf Lebenszeit besitzen sollten, während es bei dem Tode des zuletzt Sterbenden der beiden Gatten, selbst falls sie noch Kinder erzielten, an St. Blasien zurückfallen sollte, das dafür ihre Jahreszeit zu feiern habe. Die Zeugen dieser Urkunde waren: Lutold von Regensberg, der auch diesmal den in Zürich weilenden Herzog aufgesucht hatte, Adalbert von

[1353] Vgl. über diese Angelegenheit Winkelmann 172ff. B.-F. 45a. — Nur hier und kurz erwähnt sei, dass Philipp am 9. April 1200, also während der Anwesenheit Bertold's V auch für das von der Herzogin Uta von Schauenburg, der Tochter Liutgard's von Zähringen, gestiftete Kloster Allerheiligen im Schwarzwald (s. o. S. 416f.) urkundete (B.-F. 46).

[1354] Vgl. F. E. Pipitz, die Grafen von Kyburg, Lpz. 1839; über Ulrich insbesondere ibid. S. 46ff. Bei Winkelmann, S. 71, sind Agnes und Anna von Zähringen verwechselt.

[1355] RSP. 153f.

Balm (der auch 1177 in Zürich mit genannt wird) als Inhaber der Vogtei über das Gut zu Affoltern, des Herzogs Richter *(causidicus)* Rudolf, Heinrich Bruno's Sohn, Arnold von Hottingen und sein Sohn, H[ugo] der Müllner und seine Söhne, R[udolf] Dietelo's Sohn und Andere[1356].

Einem herzoglichen Richter mit diesem Titel sind wir in den früheren zähringischen Urkunden für Zürich nicht begegnet, wenn auch i. J. 1177 wohl einem „Ammann" Burchard Wyss. Ueberhaupt ist es Bertold V, der auf den Besitz Zürichs ganz besonderen Werth gelegt und die Stadt fester an sich gezogen hat. So sei an dieser Stelle, bei Gelegenheit der Erwähnung des herzoglichen Richters, ein neuer Ueberblick gestattet.

Stadt und Bürger waren des Herzogs, der so oft betonte, seine Gewalt über „ganz Zürich" zu üben. „Unseren Bürger" nannte er den Heinrich Cistilare. Diese Bürger müssen aus den freien Leuten und den Königsleuten der alten Zeit verschmolzen sein. Der Herzog zog als Vertreter der Reichsgewalt die Reichssteuern ein, von denen die Leute der beiden Stifte aber befreit waren[1357]. Diese hatten darum natürlich auch nicht aufgehört, unter der zähringischen Vogtei zu stehen; 1210 giebt Bertold V Bestimmungen für „seine" Abtei. Ebenso macht er Satzungen für die Bürger rechtskräftig[1358]. Ausdrücklich wird später hervorgehoben, alle Gewalt über Zürich, die 1218 Friedrich II an das Reich nahm, habe auch der Herzog gehabt[1359]. So können wir aus der Verwaltung Zürichs nach 1218 auf die vorherige zurückschliessen. Und da möchte ich den nach 1218 bestellten kaiserlichen Vogt mit dem Beamten Bertold's, dem „Richter" gleichsetzen. Denn dass Bertold für seinen Beamten den Titel Vogt vermied, ist verständlich genug; die Urkunde Heinrich's V von 1114, dass, wenn der Reichsvogt einen anderen Vogt bestelle, er sich selber der Vogtei begebe und der von ihm bestellte den Bann vom Reiche habe, war ja nicht ausser Kraft getreten, es wurde schon oben

[1356] Die Urk. Bertold's V jetzt ZüUB. I 239 f.; dort auch die Darlegung, weshalb eher an Affoltern bei Höngg, als an das am Albis zu denken ist. *Cistilare* = Kistler = Schreiner. Ueber *causidicus* vgl. Waitz, Vfgesch. passim. In der sog. Urk. Konrad's für Freiburg i/B. ist in dem später mit hinzugefügten § 24 der *causidicus* an die Stelle des herzoglichen *advocatus* des § 4 (nach H. Maurer's Zählung) getreten; fraglich ist höchstens, ob er auch mit dem *scultetus* des § 35 identisch ist. — Weiterhin (zu 1210) kommt der *causidicus* in Zürich auch als *judex publicus* vor und zwar mit Amtssiegel.

[1357] Vgl. den zürcherischen Richtebrief ed. Ott (Archiv f. Schweizer Gesch. V, 1847) S. 220.

[1358] ibid. 231. *Alle keiser und künge hant der stat Zürich ir recht, ir gericht und alle ire guoten gewonheit bestetet. Aber vor allen rechten da wart under herzogen Berchtold von Zeringen, der keyser Friedrich's vollen gewalt hatte, daz recht ernüwert: Wo ein burger [zu] Zürich etliche kint hat, si sin süne oder töchtern, und stirbet der dekeines ane eliche liperben, die soll der vatter erben und sol dü muoter noch die andern geschwistergit bi des vatters lebenne enkein recht zuo dem erbe han.*

[1359] s. die vorige Anmerkung.

hervorgehoben und begreiflich gemacht, dass Bertold Werth darauf legte, seine Gewalt als die Vereinigung der Reichsvogtei und der Kastvogtei zusammenzufassen. Für den Kaiser fielen diese Gründe hinweg.

Friedrich II handelte folgerichtig, wenn er, als er 1218 in Zürich die durch Bertold V erledigte Gewalt, die in der Ausübung der Reichsgewalt bestand, selbst antrat, selber der Vogt der beiden Stifte wurde, ohne ihnen einen anderen Vogt zu setzen [1360]: sie blieben, wie früher unter dem Herzog, jetzt unter dem Kaiser unmittelbar. Dagegen bedurfte er, wie vor ihm der Herzog, eines Beamten für die Stadt, die Bürger zu Zürich, über die sich die an ihn heimgefallene Reichsvogtei auch erstreckte. Diesen konnte, wie gesagt, er, was Bertold nicht gekonnt katte, seinen Vogt nennen. Sehr beachtenswerth ist, dass dieser Beamte nur auf Zeit bestellt wurde [1361], wodurch noch deutlicher wird, dass dieser Vogt kein Lehnsträger, kein Inhaber von Hoheiten, sondern eben ein Beamter war. Auch Alles, was wir über diesen Vogt der kaiserlichen oder königlichen Zeit sonst erfahren, würde vortrefflich für den Richter, den der Herzog hielt, passen. Er wurde bis auf K. Rudolf's I Zeit aus den in der Stadt verbürgerten Personen ritterlichen Standes genommen und entsprach mit seiner Stellung den Landrichtern, welchen die Grafen die Ausübung ihrer Gerichtsbarkeit zu übertragen pflegten. Wie schon in der Urkunde von 1200 der Richter an der Spitze der Bürger steht, wird der Vogt nach 1218 in häufiger Verbindung mit den Bürgern („Vogt und alle Bürger von Zürich") genannt [1362]. Ihm treten in dieser Zeit sehr früh (1220 oder 1221) Rathmannen an die Seite, für die aber aus der zähringischen Zeit eine Nennung wenigstens nicht vorliegt [1362].

Der Meier oder *villicus* (Ulrich) dagegen, der in den älteren zähringischen Urkunden für Zürich (1177, 1187) erscheint, wird nicht als herzoglicher Beamte bezeichnet, auch von den Ministerialen des Herzogs scharf getrennt und steht in den Urkunden mitten unter den Bürgern, nur einmal (1185) an

---

[1360] G. v. Wyss, Abtei Zürich, Urk. S. 55f. Vgl. auch Fr. v. Wyss, Zs. f. schweiz. Recht XVII 47ff.

[1361] Die Namen wechseln schnell, zuweilen kehrt der frühere wieder. Vgl. die Zusammenstellung bei Fr. v. Wyss l. c. 50, Anm. 2. *advocatus duobus annis solum regere debet civitatem Turicensem* (G. v. Wyss, Abtei Zürich, Urkk. S. 214) wird 1273, unter Vorbehalt späterer Wiederernennung verordnet.

[1362] Alles mit Benützung der Abhandlung Fr. v. Wyss' S. 50ff. Ibid. S. 51: „Möglich ist, was den Uebergang leichter erklären würde, dass schon unter den Herzögen von Zähringen ein solches Verhältniss [wie nach 1218 das des Vogts zum Kaiser oder König] bestand und städtische Ministerialen schon damals als herzogliche Beamte eine ähnliche Stellung hatten." Das würde sicher bestimmter lauten, wenn Fr. v. Wyss den *causidicus* nicht anders verstanden hätte. — Nachtr. Weitere Ausführungen von Fr. v. Wyss im zweiten Bande des Vögelin'schen Alten Zürich, Zürich 1890, S. 108ff., wo er S. 184 *tribunus*, *minister*, *causidicus* und Schultheiss gleichmässig als Unterrichter und zwar als einen wahrscheinlich von der Aebtissin ernannten Beamten nimmt.

ihrer Spitze; ein Träger dieses Amtes fehlt sogar — und das kann nicht auffallen, wenn er keine besondere Beziehung zu dem Herzog hatte — ganz in der Urkunde von 1200. Er war vielmehr Meier der Abtei, die deren in der Stadt, wie auf den Landbesitzungen hatte [1363].

Für die Bischofsstadt Lausanne kennen wir die Förmlichkeiten und Gaben bei dem Einzuge des die Reichsvogtei ausübenden Herzogs. Für Zürich wissen wir nur, dass einer bestimmten zu den Besitzungen der Züricher Kirche St. Peter gehörigen Schüppos bei Ankunft des Herzogs besondere Leistungen auferlegt waren [1364].

In Bern entstand noch bei Lebzeiten Bertold's V ein Spital; doch ist es nicht ohne weiteres sicher, dass er selber es gebaut hat. Freilich in der doch schon lange bestehenden und blühenden Stadt Zürich ist, das wissen wir bestimmt, gerade erst der so gerne und oft als unmilde geschilderte Herzog Bertold V der Gründer des Spitals geworden. Es lag ursprünglich auf dem schmalen Gelände „unterhalb der Mauer des Predigerklosters zwischen dem Wolfbach und der Niederdorfstrasse". Seit 1293 ist seine frühere Benennung als Armenspital in die: Heiliggeistspital umgewandelt worden [1365]. —

Wir verlassen den Boden der freundlichen Stadt am See und an der Limmat wieder, um Bertold V in das grosse Streitgetriebe des Reiches zurückzugeleiten. Am Ende des Februar 1201 entschloss sich Papst Innocenz zur alleinigen Anerkennung Otto's IV, des Welfen. Er kannte auf das Genaueste die bisherige Stellungnahme und den grösseren oder geringeren Partheieifer der deutschen Fürsten; ihnen allen schrieb er vom 1. März 1201 in Briefen, deren Abfassung auf den einzelnen zugeschnitten war, die getroffene Entscheidung. Das Schreiben, das für Herzog Bertold aufgesetzt wurde und dieser doch wohl früher oder später empfing, hatte in der Hauptsache diesen Wortlaut [1366]: „Wir erinnern uns vor Zeiten einen Brief von dir empfangen zu haben, in welchem du ergebenst und dringend anheimgabst, dass wir dem Schwabenherzog Philipp unsere Zustimmung für das Reich verweigern möchten, da sein Geschlecht die Kirche wie die Fürsten vielfältig verfolgt habe. Wir haben dich darin so verstanden, dass du ihm, wenn auch vielleicht seiner Macht, der Nachbarschaft wegen und aus anderen Gründen scheinbar wohlgeneigt warst, im Herzen doch nicht zuneigtest. Da nun wir .... aus Gründen, die wir durch allgemeine Schreiben bekannt geben, den Herzog Philipp verwerfen, wie du in deinem Briefe mahntest, so bitten, mahnen und fordern wir dich auf, dass du ohne Achtung des Eides, den du jenem Herzog etwa wegen

[1363] Vgl. G. v. Wyss, Abtei Zürich, S. 53, S. 54 ff.

[1364] ZüUB. I 269. *de ea in adventu ducis culcite comportari debent.*

[1365] Urk. Innocenz' III vom 13. Mai 1205, Potthast 2206; S. Vögelin, das alte Zürich, 2. Aufl. bes. v. Nüscheler u. F. S. Vögelin, Zür. 1878, I S. 440.

[1366] Reg. de negot. imp. ed. Baluze, Brief 43, S. 707.

des Reiches geleistet hast, ... dem König Otto .... treu und beständig anhangest und seine Sache mannhaft und machtvoll begünstigest .... Wenn du aber anders verfahren wirst, was wir jedoch nicht glauben, so hast du uns anders geschrieben als du dachtest und unser gespottet, worüber wir unsere Verachtung nicht würden verbergend überwinden können."

Gleichzeitig machte sich ein päpstlicher Legat auf die Reise, Cardinalbischof Guido von Praeneste, der mit dem König Otto, nachdem dieser am 8. Juni zu Neuss der römischen Kirche, ihren Besitzungen mit Einschluss der in Italien wiederzuerwerbenden, und dem Papste Gehorsam verbürgt hatte, zu Aachen zusammentraf und mit ihm am 29. Juni zu Cöln einzog, wo der Cardinal die Briefe des Papstes an den König und die Fürsten übergab, Otto zum rechtmässigen König ausrief und den Bann über alle seine ferneren Widersacher aussprach[1367]. Bertold von Zähringen war auf die von dem Legaten unterwegs an die Fürsten gerichtete Einladung nicht erschienen; er blieb auch fortan auf der Seite des in Deutschland siegreichen Staufers, während Albert von Dagsburg, sein einstiger Genosse, wieder zu Otto übergetreten war und auch der Strassburger Bischof zu diesem im Geheimen neigte[1368], obwohl er gerade in dieser Zeit und weiterhin an Philipp's Hofe zu Hagenau erschien[1369]. Einen thätigen Eifer für den Staufer einzusetzen war aber Herzog Bertold weit entfernt und obgleich Philipp in diesem Jahre mehrfach an den Oberrhein kam, suchte er ihn nicht auf[1370].

Dagegen versagte sich Bertold der staufischen Parthei nicht, als diese am Anfang des Jahres 1202 seines Namens bedurfte. Schon auf einem Hoftage zu Bamberg und dann in der zweiten Hälfte des Januar, als die Fürsten zu Halle um Philipp versammelt waren, wurde beschlossen, Einspruch gegen das Vorgehen des Papstes zu erheben, der Otto IV als einzig rechtmässigen König verkündet hatte. Es liegt kein Grund vor, anzunehmen, Herzog Bertold sei in eigener Person in Halle anwesend gewesen; vielmehr spricht sein Fehlen in einer dort am 22. Januar ausgestellten, an Zeugen sehr reichen Urkunde desto deutlicher für seine Abwesenheit[1371]. Es galt jedoch, die ganze Stärke der Parthei dem Papste in den Namen der Protestirenden aufweisen zu können und so hat man denn die Zustimmung Bertold's, der nicht der einzige auf dem Tage zu Halle abwesende Theilnehmer an der Erklärung war[1372], offenbar durch Boten eingeholt. Die damaligen Anhänger Philipp's aber, die hier geschlossen auftraten und denen sich Bertold zuschreiben liess, seien aufgezählt,

---

[1367] Winkelmann 219; B.-F. 217 mit a—c.

[1368] Winkelmann 207 u. 210.

[1369] B.-F. 55, 63.

[1370] Vgl. die Zeugenreihen bei B.-F.

[1371] B.-F. 64.

[1372] Vgl. Winkelmann 255, Anm. 1 (dazu die Berichtigung im Nachtrag).

da ihre Namen hier einmal bei einander stehen; es sind die Erzbischöfe von Magdeburg und Bremen, die Bischöfe von Worms — Konrad von Strassburg fehlt —, Passau, Regensburg, Constanz, Augsburg, Eichstädt, Havelberg, Brandenburg, Meissen und Naumburg nebst dem Electus von Bamberg, die Aebte von Fulda, Hersfeld und Kempten, der König von Böhmen, die Herzöge Bertold von Zähringen — er steht voran —, dann die von Sachsen, Oesterreich und Meran, der Landgraf von Thüringen, die Markgrafen von Mähren, der Ostmark, Meissen und Brandenburg, die Grafen von Orlamünde, Somerschenburg, Brehna und Wettin. Sie erklärten nun, bei den Fürsten stehe es allein, den König durch Wahl zu erheben und bei Wahlstreit sich über den rechtmässigen König zu einigen; aber den Muth fanden die Verfasser des Protestes nicht, die Einmischung, die sie damit abwehren wollten, in Innocenz selber zurückzuweisen, in schwächlicher, thörichter Klügelei sprachen sie von der Anmassung des Legaten und gaben sich den Anschein, dessen Bestrafung fordern zu können [1373]. Das Schreiben wurde durch den Salzburger Erzbischof, den Markgrafen der Ostmark und den Abt Eberhard von Salem nach Rom überbracht, wo es erklärlicherweise ohne jede Wirkung blieb. Philipp war vom Papste verworfen und seinen Anhängern blieb der Bann, den der Legat ihnen angedroht hatte.

Bertold blieb seinem bisherigen Verhalten getreu. Den Böhmenfürsten und den Thüringer Landgrafen gelang es dem Papste, von der Stauferparthei loszureissen; aber an Bertold von Zähringen musste er, wie an die Herzoge von Sachsen, Meran, Oesterreich, Baiern und den Ostmarkgrafen am 13. Dec. 1203 angesichts der Erfolge Otto's von Neuem die dringende Aufforderung richten, nicht bis zur zwölften Stunde mit dem Anschluss an diesen zu warten, damit nicht etwa ihnen, wie den thörichten Jungfrauen des Gleichnisses, ein „ich kenne euch nicht“ zur Antwort ertöne [1374].

Wenn so Herzog Bertold in den Reichsangelegenheiten in der Hauptsache nur eine passive Rolle spielt, so suchen wir auch in seinen Landen vergeblich nach literarischen Spuren seiner Thätigkeit. Es scheint, dass Bertold V, der mehr als jeder seiner Vorfahren Werth darauf legte, Territorialherr zu sein und gerade als solcher in fürsorglicher und durchgreifender Thätigkeit seine Befriedigung fand, derjenige Herzog, der so Vieles geschaffen, so Vieles eingerichtet hat, wobei seine Urheberschaft doch immer nur mittelbar, ja zufällig bekannt wird, und der die Mitlebenden und die Nachwelt mehr wie irgend Einer seines Hauses hat von sich reden machen — es scheint, dass dieser Herzog es mehr liebte, durch kurzes Wort zu regieren, als durch die Hände der Schreiber. Wie wenige Schriftstücke im Verhältniss sind von

[1373] B.-F. 65. Vgl. die Darlegung Winkelmann's 254 f.

[1374] Reg. de negot. imp. Nr. 98, S. 703.

ihm erhalten gegenüber der zurückliegenden Zeit seines Vaters! Ein Schriftstück (an Cluny; keine Urkunde, sondern einen auffordernden Brief) theilte erst dieses Buch ihm zu; sonst sind von ihm erhalten eine Verfügung für St. Blasien, aber nicht etwa dort ausgestellt, sondern von Zürich hinübergesandt (1200), eine andere für Zürich (1210), aber aus Burgdorf gesandt. Dazu eine einzige Urkunde, von 1187, also ganz vom Anfange seines Regimentes, die an Ort und Stelle für den Empfänger (die Propstei in Zürich) ausgefertigt ist.

Angesichts dieser Beobachtung gewinnen solche Nachrichten, die von Bertold's Massregeln berichten, ohne dass diese einen unmittelbaren urkundlichen Niederschlag hinterlassen haben, immerhin eine etwas erhöhte Glaubwürdigkeit. So besteht eine Ueberlieferung, Bertold habe um das Jahr 1202 dem Grafen Ulrich III von Neuenburg die Verbindung seines Sohnes mit einer Nichte des Herzogs, Jolanthe von Urach vorgeschlagen. Für die Glaubwürdigkeit dessen könnte auch die anderweitig bekannte treue Anhänglichkeit der Neuenburger an Bertold IV und ihr mehrfaches und andauerndes Verweilen bei diesem, das wir kennen lernten, sprechen. Weiter heisst es in diesem Zusammenhange, Bertold V habe den Gemahl seiner Nichte, Ulrich IV, mit denjenigen burgundischen Landschaften belehnt, die in der Folge die Grafschaft Aarberg bildeten[1375]. Dieser Nachricht entspricht es ferner, dass die spätere neuenburgische Grafschaft Aarberg völlig eingekeilt in das hochburgundische Grafenerbe der Zähringer liegt. Ebenfalls nur mittelbar, aus einer Urkunde von 1301, erfährt man, Herzog Bertold habe am 4. April 1208 die drei Herren von Aubonne (vom Genfer See), Guerric, Jacob und Peter, mit dem Jura-Gebiet (im Ct. Waadt) vom Marchairuz bis zur Orbe belehnt[1376].

Vergeblich wäre der Versuch, Bertold in eine auch nur etwaige, mit dem „möglicherweise" construirte Beziehung zu den Reichsereignissen der nach 1202 folgenden Jahre setzen, auch nur den Einfluss, den sie auf ihn üben mussten, erkennen oder muthmassen zu wollen. Sie rauschen ohne ihn vorüber und hinterlassen in der zähringischen Geschichte keine Spur. Am 30. Juli 1205 finden wir einmal Bertold's Neffen, den jüngeren Egeno (V) von Urach zu Augsburg bei König Philipp[1377]. Das ist das Einzige. Wahrscheinlich —

[1375] Was als Ueberlieferung beizubringen ist und darüber gesagt werden könnte, ist schon FUB. I 75 zusammengestellt.

[1376] MDSR. I 209 ff. Unrichtig ist und durch Auswege der Chronologie nicht zu erklären die Angabe: *1208 et le jeudi quatriesme apvril.* Es könnte aber ein Versehen der Urk. von 1301 oder ihrer Vidimanten sein. Die Festzeit selbst (Ostern 1208 am 6. April) spricht als gute Gelegenheit für eine Zusammenkunft und Belehnung. — Die Belehnung wird auch 1430 noch erwähnt MDSR. XXII (Hisely, Mon. de l'hist. du comté de Gruyère) S. 389.

[1377] B.-F. 119.

das sei erlaubt auszusprechen — hielt sich Bertold in dieser Zeit hauptsächlich in Burgund auf, so dass es ihm auf diese Weise leichter wurde, sich dem Hofe des Königs zu entziehen, wenn dieser an den Oberrhein (nach Strassburg, Colmar) oder nach Schwaben kam[1375]. Er blieb unverändert auf Philipp's Seite, aber als ein gar kühler Freund, der in den Stürmen der Zeit die Ruhe seiner Lande und die Sorge für diese ausschliesslich verfolgte.

Nur im Mai 1207, als König Philipp von Frankfurt aus den Rhein hinaufzog, begrüsste ihn in den letzten Tagen dieses Monats zu Basel auch der Herzog von Zähringen. Philipp kam offenbar desshalb in die Nähe Burgunds, um einer Verfügung von 1202 Nachdruck zu geben, durch die er die Töchter des verstorbenen Pfalzgrafen Otto, Johanna und Beatrix, als Erbinnen ihres Vaters und somit des westjuranischen Grafenerbes anerkannt und ihre Mutter, Margarethe von Blois, zur Regentin bestellt hatte. Die beiden Frauen (Johanna scheint früh gestorben zu sein) waren danach in arge Bedrängniss durch ihre Nachbarn gebracht worden, die sich jedoch, als Philipp nun nach Basel kam, dort gehorsam einstellten: Graf Stephan von Auxonne, seine Neffen Graf Wilhelm von Vienne und Macon und Galcher von Salins, Graf Richard von Mömpelgard, des Auxonners Schwager, und Friedrich, der Graf von Pfirt, des von Pfalzgraf Otto erschlagenen Ulrich Nachfolger. Ausser ihnen traf Bertold — von dem es sehr fraglich ist, ob er schon damals der Schwiegersohn Stephan's von Auxonne war — zu Basel den Erzbischof Amedeus von Besançon, die Bischöfe von Basel, Speyer und Strassburg (den Nachfolger Konrad's, Heinrich) und auch wohl den Abt von St. Gallen, Ulrich von Sax[1379], mit dem er bald in wichtige Verhandlungen treten sollte; von weltlichen Herren seinen Vetter den Grafen Thomas von Savoyen, den Markgrafen Friedrich von Baden, die Grafen Rudolf von Habsburg, Friedrich von Zollern, und die weiteren von Werd, Froburg, Veringen und Leiningen, dann die Brüder von Horburg, Konrad den Vogt von Schwarzenberg, Walter von Diersburg und Rudolf von Uesenberg (seinen Nachbarn von Breisach und dem nördlichen Breisgau), Hermann von Marchdorf, Friedrich von Schauenburg, den staufischen Kuno von Minzenberg, Heinrich den Truchsess von Waldburg und Heinrich von Scharfenberg; auch sein eigener und bevorzugter Ministeriale Werner von Roggenbach fand Aufnahme in die Zeugen-

[1378] Pfingsten 1202 war Philipp in Besançon, wohin ihn die Ordnung der Hinterlassenschaft seines Bruders Otto († 1200) rief (vgl. Winkelmann 261). Es ist, da uns die Liste der Mitanwesenden fehlt, wenigstens nicht ausgeschlossen, dass der Rector von Transjuranien ihn dort begrüsste.

[1379] Obwohl dieser in den Zeugenreihen fehlt. Vgl. über ihn Konrad v. Pfäffers ed. Meyer v. Knonau l. c. 144 und Anm. 35. Auch der wahrscheinlich anwesende Thennenbacher Abt, Bertold's V Neffe Bertold von Urach, fehlt in den Zeugenreihen; man hat sie vielleicht aus formellen Rücksichten, um sie den anwesenden Laienfürsten weder vor- noch nachzustellen, weggelassen.

reihe einer der bei dieser Gelegenheit ausgegebenen königlichen Urkunden. Vertreter von Thenenbach waren anwesend und empfingen am 28. Mai aus des Königs Hand den von dem Johannitermeister in Deutschland Heinrich von Heimbach an das Kloster verkauften Hof zu Mundingen (BA. Emmendingen)[1379a]. Hierbei wie bei einem am gleichen Tage ausgefertigten Privileg für den Johanniterorden wird Bertold von Zähringen genannt, nach diesem Tage aber scheint er abgereist zu sein, denn am 1. Juni, da Graf Thomas von Savoyen die Reichslehen seiner Vorfahren mit drei Fahnen und weitere Lehen vom Könige empfing, werden weder der Herzog noch die ihm näher stehenden Friedrich von Baden, Konrad von Schwarzenberg und Rudolf von Uesenberg, auch nicht sein Roggenbacher Ministeriale unter den Zeugen mehr aufgeführt[1380]. So begleitet der Zähringer denn auch nicht, wie eine Anzahl der Baseler Versammelten, den König auf seinem Rückwege, den er über Strassburg nahm[1381].

Im Dec. 1207 kam der König von seiner Fahrt durch Sachsen nach Schwaben zurück, nach Augsburg, und am Anfang 1208 auch wieder nach Strassburg. Für Herzog Bertold aber verblieb jene kurze Begegnung von Basel die letzte. Am Ende des Juni 1208 war es, da die entsetzliche Nachricht erscholl, der staufische König, im Begriffe zum letzten Entscheidungskampfe gegen den unterliegenden welfischen Gegner zu ziehen, sei der persönlichen Rache Otto's von Wittelsbach gefallen, dessen Mordstahl sich der treue Truchsess von Waldburg — auch damals zu Basel Philipp's Begleiter — vergeblich entgegengeworfen hatte. Nun konnte Otto von Braunschweig König sein.

Für Herzog Bertold hatte der jähe Umschwung noch eine Wichtigkeit, die er als die ihm und seiner Denkart nähere in's Auge fasste. Schwaben hatte keinen Herrn, da der letzte Staufer dahin geschieden war, denn an den Knaben in Apulien dachte damals Niemand, noch an die trostlose Wittwe, das arme Griechenkind Irene, dessen zartes Leben am 28. Aug. 1208 erlosch, und an die verwaisten Töchter. Das schwäbische Land schien eine offene Beute; gerade Egeno von Urach, Bertold's V Schwager, hat damals vielen voran seinen Namen mit der Schande des Räubers und Plünderers bedeckt[1382].

Der Herzog von Zähringen hielt sich von Vorwurf frei und dachte auch nicht etwa die Herzogsfahne Schwabens zu gewinnen. Aber er, der Realpolitiker seines Hauses, wusste aus dessen Erfahrung, dass vor allem einträgliche Vogteien zu schätzen seien und oft werthvoller als Landgebiet. Bei den Staufern aber war seit 1180 als ein Theil des Pfullendorfer Grafenerbes die

[1379a] Oberrh. Zs. XI (1860) S. 20. *Bertholdus dux Ceringie.*

[1380] Vgl. zu dem Baseler Tage die Urkk. B.-F. 146—149; Winkelmann 418f.

[1381] B.-F. 150f.

[1382] FUB. I 75f. Dazu die Citate Chr. Fr. Stälin II 152.

Vogtei von St. Gallen gewesen[1383], und diese wollte Bertold sich gewinnen. Auch in St. Gallen zweifelte man nicht, dass die Vogtei und die anderen Lehen, welche die anscheinend ausgestorbenen Staufer von St. Gallen getragen hatten, heimgefallen seien und war dieser Fügung froh[1384], besonders der Abt, Ulrich von Sax, der die Vogtei seinem Bruder Heinrich zuzuwenden hoffte. Da freilich erhielt diese Freude einen bitteren Zusatz: der mächtigste und reichste Nachbar liess dem Kloster sein Gebot melden. Viertausend Mark Silbers wollte Bertold dem Convent geben, vierhundert den mitberathenden St. Galler Dienstmannen, wenn man ihm das Heimgefallene erblich übertrage. Im Jahre 1170 hatte Graf Rudolf von Pfullendorf für die Vogtei nur 300 Mark Silbers gezahlt; wenn jetzt der Zähringer eine so sehr viel höhere Summe bot, so werden eben, wie schon von anderer Seite bemerkt worden ist, die anderen heimgefallenen Lehen, zu denen man auch die Burg Rheinegg rechnete, beträchtlich mit in Rechnung gekommen sein. Immerhin war das Anerbieten des Herzogs gewiss sehr günstig, und als der Abt Rath hielt, waren die Stimmen der massgebenden Conventualen für die Annahme. Nur bei den zugezogenen Ministerialen des Klosters fand Ulrich eine Stimmung, die seinen Wünschen entsprach, denn trotz der Summe, die der kluge Herzog auch diesen in Aussicht gestellt hatte, überwogen bei ihnen eigene Besorgnisse vor der übergrossen Macht des herrischen Mannes. Abt Ulrich verzögerte es dann, die Entscheidung auszuführen und blieb im Geheimen der Gegner der Uebertragung an Bertold.

Inzwischen kam von anderer Seite Bedrängniss. Das Schloss Rheinegg und der Hof Thal mit ihrem Zubehör waren längst mit der pfullendorfisch-staufischen Hinterlassenschaft verschmolzen und man glaubte sie daher mit dieser an St. Gallen heimgefallen, obwohl gerade jene beiden einstigen Besitzungen der Pfullendorfer ursprünglich keine St. Galler, sondern bischöflich Constanzische Lehen waren. Desshalb liess sie jetzt der Bischof durch Ministerialen besetzen, während St. Gallen sie sich erhalten wollte, zumal Burg Rheinegg an einer für das Geschlecht des Abtes, die von Sax, besonders wichtigen Stelle lag. Es kam zum Kampfe und da mochte freilich der zeitgenössische St. Galler Chronist, der von Anfang an durchscheinen lässt, dass nach seinem Sinne die Annahme von Herzog Bertold's Vorschlag gewesen

[1383] Vgl. Meyer von Knonau St. Galler Mitth. XVII S. 105 ff., Anm. 262 u. S. 154, Anm. 69. Sie war sicher aus dem Pfullendorfer Erbe, um so mehr, als sie im Weiteren keineswegs als Reichsvogtei behandelt, wenn auch wohl ihrer bisherigen Inhaber wegen obenhin so angesehen wird.

[1384] Dies und das Folgende nach Konrad von Pfäffers ed. Meyer von Knonau l. c. 154 f. Vgl. auch die Anmerkungen des Hrsg. (das kleine Versehen am Ende der Anm. 82 mit Anna von Zähringen berichtigt sich von selbst) und Roth von Schreckenstein, die Burg Rheinegg als Zankapfel u. s. w. Oberrh. Zs. XXVII 218 ff.

wäre, mit Nachdruck die Klage erheben: „nun gab es keinen Vogt, der seine Vogtei zu schützen und zu vertheidigen gehabt hätte!“ Aber Herzog Bertold griff in diesen Kampf doch wenigstens mittelbar, freilich in anderem Sinne ein.

Derselbe St. Galler Chronist bemerkt bei Gelegenheit des Vogteikauferbietens: Bertold hatte damals keinen Sohn. Auch die Vergeisselung seiner Neffen i. J. 1198 liess darauf schliessen, dass er auch damals keinen eigenen Sohn hatte; letzteres nicht zwingend, denn ein solcher könnte damals zu jung gewesen sein, um nach Cöln verbracht zu werden. Jedenfalls hat Bertold zu irgend einer Zeit einen Sohn Bertold besessen, der frühestens etwas nach 1191 gestorben ist, da man für einen solchen am 1. Jan. in der St. Vincentius-Leutkirche zu Bern die Jahreszeit hielt[1885]. Er muss also zwischen 1191 und 1208 gestorben oder überhaupt erst nach 1208 geboren sein. 1208, wie gesagt, lebte kein Sohn Bertold's, und wenn er auch die Möglichkeit offen halten wollte, dass ein später geborener Sohn sein Erbe sei — mit um so mehr Recht, als er seine Ehe mit Clementia jedenfalls erst nach 1200 geschlossen hat —, in welchem Falle dieser in der erstrebten Vogtei nachfolgen sollte, war doch dies nicht mehr der einzige Zukunftsblick, der sich ihm bot: nur für den Fall, dass er einen Sohn bekäme, wollte er beeidigen, sie keinem Anderen zu hinterlassen[1886], sonst also doch. Dieser andere Erbe aber musste dann von seinen Verwandten die verschwägerte kyburgische Familie sein, die gleiche Rechte an das Gesammterbe hatte, wie die urachische, und mit allen ihren Interessen den Dingen um St. Gallen näher stand. Es liegt ein wehmüthig-freundlicher Zug darin, den kinderlosen Herzog, wie vorhin für die Ausstattung der Uracherin, hier für die Familie seiner anderen Schwester so eifrig und liebevoll sorgen zu sehen.

In diesem Zusammenhange ist es zu verstehen, wenn Graf Ulrich von Kyburg, Bertold's Schwager, in den Streit der beiden Stifte eingriff, und zwar, obwohl er Lehen von St. Gallen hatte, auf Seite der Constanzer. Als auf dem Breitfeld bei Kräzern die Constanzischen und die Klosterleute blutig aufeinandertrafen und schon die letzteren des Sieges froh zu werden glaubten, erschien plötzlich mit frischer Mannschaft Graf Ulrich auf dem Schlachtfelde und führte eine völlige Niederlage der St. Gallischen herbei[1887]. Aber ehe der Streit selber und die Vogteiangelegenheit zu Ende kamen, wurden sie durch das Dazwischentreten des Königs abgeschnitten.

Herzog Bertold war gegen Otto kühl geblieben, als dieser zum allgemein

---

[1885] Jahrzeitbuch dieser Kirche saec. XIV incunt. F. r. Bern. I 523: *Berchtoldus filius ducis Zerengie.*

[1886] Konrad von Pfäffers l. c. 154 z. 7 f.

[1887] Konrad von Pfäffers S. 162. Ausführlicheres bietet Vadian ed. Götzinger I S. 251 f.

anerkannten Herrn des Reiches aufstieg, und auch nicht auf dem stark besuchten grossen Hoftage zu Frankfurt, der Otto's gesichertes Königthum über jeden Zweifel feststellte, am 11. Nov. 1208 erschienen[1387]. Er gedachte die bisherige fruchtbare Politik als Landesherr, der sich um den Träger der Krone nicht mehr, als irgend nothwendig wurde, kümmerte, trotz der neuen Mahnung, ja der Versprechen des Papstes[1388] fortzusetzen.

Aber Otto zwang ihn, sich um ihn zu kümmern. Auf dem Frankfurter Reichstage hatte er sich mit der ältesten Tochter des gemordeten Königs, mit der zehnjährigen Beatrix verlobt und als ihr und ihrer Schwester[1389] Vormund schickte er sich an, die Hinterlassenschaft Philipp's, das staufische Hausgut in seine Hand zu nehmen. Schon von Frankfurt aus ging er den Rhein bis Strassburg hinauf, und auch nachdem ihn besondere Vorgänge von dort wieder abwärts nach Cöln gerufen hatten, kehrte er am Anfang 1209 zurück, hielt von Epiphanias (6. Jan.) ab in Augsburg Hof und verweilte den ganzen Januar in Schwaben (Weingarten, Ulm), wo er mit eiserner Hand den Landfrieden wiederherstellte. Freilich ohne Dank und Liebe gewinnen zu können. Und hier erklärte er in dieser Zeit, weil sie zu dem Staufergut gehörte, im Namen seiner Verlobten auch die Vogtei über St. Gallen mit ihrem Zubehör an sich zu nehmen. Der Abt hatte einen Theil der Vogtei inzwischen wirklich an seinen Bruder übertragen, diesen entschädigte Otto durch die Verpfändung der Vogtei über Pfäffers gegen 300 Mark. Mit der Burg Rheinegg und ihrem Zubehör, die ja unter den staufischen Lehen in strittiger Zuständigkeit war, liess er sich von beiden Ansprüche erhebenden Partheien, dem Bischof und dem Abte, belehnen[1390]. So war Abt Ulrich's

[1387] B.-F. 240 d ff. Winkelmann II 122 ff. u. Erläuterungen V.

[1388] Reg. de neg. imp. S. 757 f. vom 5. Dec. *„Credimus enim quod [Otto] erga te taliter se habebit quod merito sibi poteris esse devotus et nos, quorum sanis consiliis deviaturus ipse non creditur, ad tui dilectionem eum efficaciter inducemus."*

[1389] Vgl. Winkelmann II 127 ff. — Als Vormund der Beatrix konnte er zunächst höchstens auf das unmittelbare Erbe ihres Vaters, das Hausgut, die Hand legen, eigentlich auf das Herzogthum nicht, denn im Lehen ging Friedrich jedenfalls vor. Aber dieser wurde ganz übergangen.

[1390] Konrad von Pfäffers S. 169 f. *ea que Philippo attinebant, iure sibi proprietatis usurpabat, advocaciam eciam huius ecclesie, quasi hereditario ad se iure transmissam coniugis, quam acceperat, filie videlicet Philippi, ad se iure transmissam.* Diese Worte des Miterlebenden sprechen doch (mit allem Anderen) deutlich genug gegen eine Reichsvogtei, an der der Hrsg. mit nicht begründeter Zähigkeit festhält. Ueber die Bestellung eines Untervogtes durch Otto vgl. Meyer von Knonau ibid. Anm. 104. Ueber die Zeit (Jan. 1209) vgl. Roth von Schreckenstein l. c. S. 223; Meyer von Knonau Anm. 136, Ladewig Const. Reg. 1226. Otto kam zwar auch im März noch einmal durch Schwaben, doch nur auf der Reise von Rothenburg nach Hagenau durch das nördliche Land (Esslingen); an diesen Monat ist also schon desswegen und wegen des fast gleichzeitigen Auftretens eines anderen Constanzer Bischofs (Electus) nicht zu denken. Vgl. die Regesten B.-F.'s und Ladewig's. Ueber die Belehnung mit Rheinegg Konrad von Pfäffers, S. 184 f.

Familienplan gescheitert, dem Herzog Bertold dagegen, der auch verzichten musste, sein Geld und zugleich ein Zusammenstoss mit dem mit unbehinderten Händen und hier mit günstigem Rechtsgrund schaltenden Könige erspart geblieben.

Auch Breisach nahm Otto vielleicht wieder an sich, als zum Staufergut gehörig [1391]; dann am wahrscheinlichsten auf dem Wege, dass er die Pfandsumme von 3000 Mark Silbers erlegte.

Man hatte an Otto's Hofe keinen Grund, Bertold als einen offenen Gegner des Königs zu betrachten. Das ergiebt sich daraus, dass in dem Schreiben des Königs Johann von England, der der Hilfe Otto's gegen Frankreich sicher sein konnte und nun auch die Fürsten des Reiches und damit dieses für ein solches Bündniss gewinnen wollte, der Herzog von Zähringen unter den Briefempfängern nicht übergangen wurde [1392].

Im Gegentheil, der sächsische König begann dem Herzog Bertold Eindruck zu machen. Als Otto auf dem Wege nach Italien, wo er die Kaiserkrone empfangen wollte, am 24. Mai 1209 in der mit Maienlaub geschmückten Stadt Würzburg Hoftag hielt, da stellte endlich auch der Zähringer sich ein. Es war eine ungemein stattliche Fürstenversammlung, die Bertold antraf: die Erzbischöfe von Mainz, Trier und Salzburg, die Bischöfe von Strassburg, Basel, Constanz, Augsburg, Freising, Passau, Regensburg, Hildesheim, Verden, Halberstadt und Havelberg, die Aebte von Ellwangen, Fulda, Hersfeld, Prüm und Weissenburg, der König von Böhmen und sein Bruder der Markgraf von Mähren, die Herzöge von Oesterreich, Sachsen, Baiern, Lothringen und Brabant, die Markgrafen von Meissen, Landsberg und Brandenburg, sowie der Pfalzgraf Heinrich bei Rhein [1393]. Ferner, soweit sie nicht etwa theilweise erst nach Bertold's Wiederabreise Theil nahmen, die Bischöfe von Würzburg und Speyer, die Grafen von Leiningen, Henneberg und Wirtemberg, Ludwig von Oettingen, die von Rossewag und Kislau, Marschall Heinrich von Kalden, Kuno von Minzenberg, Schenk Walter von Rottingen und der Truchsess Heinrich von Waldburg [1394]. Ausser ihnen zwei päpstliche Legaten, Cardinalbischof Hugo von Ostia und Velletri und der Cardinalpriester Leo. Herzog Bertold selbst scheint vor dem 31. Mai wieder abgereist zu sein [1394].

Vielleicht weil sich der König gar nicht besonders entgegenkommend für diejenigen zeigte, die bisher sich nicht offen zu ihm bekannt oder gar ihm

---

[1391] *Brisacum, quod in potestate sua habebat* Chron. Ursp. SA. 101 zu 1212. Vgl. aber unten Anm. 1412. — Dass Heinrich VI die Breisacher Stellung nicht für das Reich, sondern für die Staufer gewonnen hatte, beweist der Uebergang der Veste an seinen Bruder, den Pfalzgrafen Otto.

[1392] Winkelmann II 154, Anm. 3.

[1393] Soweit die nicht ganz unbedenkliche Liste bei Arnold Lubec. MGSS. XXI 247 (*dux Bertoldus de Ceringe*). Vgl. darüber Winkelmann II 156 ff. u. B.-F. 280 b.

[1394] Urkk. vom 31. Mai B.-F. 281 f., vom 2. Juni B.-F. 283.

entgegengearbeitet hatten. Denjenigen wenigstens, der Letzteres gethan hatte, Heinrich von Brabant, wusste er empfindlich zu treffen [1395].

Im Kreise der Anwesenden fürstlichen Ranges und der Legaten erneuerte Otto, für den inzwischen der Verwandtschaftsdispens des Papstes eingetroffen war, seine Verlobung mit der staufischen Beatrix, die auf seine Frage von den Versammelten nach geheimer Berathung unter sich gutgeheissen war [1396]. Damit aber war im Stillen auch gutgeheissen und durch die Fürsten verbürgt, was Otto in Zurücknahme des staufischen Gutes bisher vollbracht hatte. Weitere Beschlüsse des Hoftages betrafen die Romfahrt, für die widerum das Lechfeld zum Sammelplatz und als Tag des Aufbruchs St. Jacob (der 25. Juli) festgesetzt wurden. Wer von den Fürsten die Erlaubniss erhielt, in Deutschland zurückzubleiben, musste doch zu den Kosten beitragen [1397]. Bertold gehörte zu denen, die zurückblieben.

Am 27. März 1210 sass Bertold auf seinem Schlosse zu Burgdorf im Burgunderland, von wo aus er Angelegenheiten der Fraumünsterabtei zu Zürich ordnete, deren Ministerialen vor ihm erschienen. Absichtlich umständlich und gewissenhaft ist, um Eindruck zu machen, auch diesmal wieder in der ausgegebenen Urkunde sein auf Zürich sich beziehender Titel: „durch Gottes und der Kaiser und Könige Verleihung gesetzter Richter und Vogt zu Zürich, mit gewöhnlicher Bezeichnung Kastvogt, das will sagen: der über das ganze Zürich die kaiserliche Gewalt innehat“ und ähnlich spricht er an anderer Stelle von der „kaiserlichen Autorität, mit welcher über das ganze Zürich wir und andere Nachfolger aus unserer Sippe durch Gottes und der Kaiser und Könige Verleihung begabt sind“. Auch hierin vielleicht ein Bedacht auf die Seitenverwandten als Erben! Vielleicht verdient auch Beachtung, dass diesmal der „Rector von Burgund“ im Titel fehlte.

Die Verfügung an sich ist nicht von grossem Belang; Bertold stellt nach Einblick in die alten Verleihungen K. Ludwig's des Deutschen und in die weiteren ihm vorgelegten Schriftstücke, sowie nach Anhörung der Darlegungen jener Abteiministerialen die Einlieferungstage für die Einkünfte der Abtei von ihren Gütern fest [1398]. Von einem besonderen Interesse ist, dass er hinzufügte, dass wenn die Abtei je, was er an sich nicht gutheisse, Güter zu veräussern oder zu vertauschen für geboten halte, dies nur nach besonnener

[1395] B.-F. 284, dazu Winkelmann II 157. Auch das darf beachtet werden, dass in Arnold's von Lübeck Liste gerade die Herzöge von Zähringen, Lothringen und Brabant an's Ende der Herzogsreihe gestellt sind.

[1396] Arnold Lubec. l. c. Otto SBlas. SA. 490f.

[1397] Arnold Lubec. 248. Dass Bertold hier irrthümlich als aufgeboten zur Theilnahme an der Romfahrt genannt ist, hebt schon Winkelmann II 161, Anm. 4 hervor. Er müsste denn zu den nachträglich davon Entbundenen gehören.

[1398] ZüUB. I 246f. Die *imperialis auctoritas* kann ja in speciellem Bezug auf Otto IV gedacht sein, denn Otto war zu dieser Zeit schon (seit dem 4. Oct. 1209) Kaiser.

Berathung und mit dem Eide ehrenwerther Persönlichkeiten auf die Nützlichkeit dieser Handlung geschehen solle; über diese selbst aber sei dann eine Urkunde aufzusetzen und mit dem Siegel der hl. Märtyrer Felix und Regula (d. h. dem Abteisiegel) und dem des öffentlichen Richters [1399] zu bekräftigen. In diesem ist natürlich Niemand anders als jener Richter [1400] von 1200 wiederzuerkennen, für welchen Amtsnamen eine lateinische Form offenbar noch nicht fest geworden war.

Die Aebtissin hatte sich übrigens jene Urkunde Bertold's erbeten, weil sie derselben in einem Streit mit dem Meier zu Horgen bedurfte. Am 20. Juli 1210 tagten zu Zürich die vom erzbischöflichen Stuhle zu Mainz bestellten Schiedsrichter, die Aebte von Einsiedeln und Rheinau, und ihnen legte die Aebtissin ausser widerum den alten Urkunden König Ludwig's des Deutschen nun auch die neue, die ihr der Herzog hatte ausfertigen lassen, vor [1401].

Vielleicht, wenn man aus dem Titel seiner zu Burgdorf am 27. März 1210 gegebenen Urkunde schliessen darf, legte Bertold V, der sich anfänglich so sorgfältig „Herzog von Zähringen und Rector von Burgund" genannt hatte, jetzt, wie sein Vater und Grossvater, weniger Werth darauf, auch den Rectortitel zu betonen. Es war in der That auch etwas anderes, unter dem auf der Höhe seines Ruhmes stehenden Barbarossa ein Statthalter des Reiches in Burgund zu heissen, als unter den Königen des Thronstreites, von etwaigen neuen Beschwerden ganz abgesehen. Doch wohl nicht ganz ohne weitere Gedanken ist es hinzunehmen, dass Bertold V am 4. April 1208 einen Theil des zähringisch-burgundischen Hausgutes dahingegeben hatte, um damit die am Genfer See zwischen Lausanne und Genf ansässigen Herren von Aubonne [1401a] zu belehnen und — an sich zu ketten. Und ebenso, wenn es im gleichen Jahre in einer Urkunde für Frienisberg in der Datirung geheissen hatte: „zur Zeit, da Herzog Bertold das Herzogthum Burgund mächtig regierte", und zwar ohne dass auch des Königs in dieser Datirung gedacht wurde [1402].

[1399] *publici iudicis.*

[1400] *causidicus.*

[1401] ZüUB. I 250. — Mohr, Reg. Einsiedl. 47 versteht den Text falsch, wenn er im Regest. von einem *duce generali Bertoldo* spricht. Das *generali* gehört zu *assertione.* — Im ZüUB. ist unnöthig die Erwähnung der Bestätigung Bertold's V als ein („einziger") Beweis für die Anwesenheit des Herzogs in Zürich aufgefasst.

[1401a] Vgl. oben S. 460. Ueber sie in MDSR. XXVI: Charrière, les dynastes d'Aubonne; über die Belehnung und die beachtenswerthe Uebergehung des lebenden Vaters S. 159.

[1402] Neugart CD II 128; Zeerleder I 170 f.; F. r. Bern. I 500. Dem im Text Gesagten steht natürlich nicht entgegen, wenn in einer Tauschurkunde der Abteien Erlach und Frienisberg aus dem gleichen Jahre es in alter Weise heisst: *rectore terre duce Bertoldo.* Soloth. Wbl. 1830, S. 424; Zeerleder I 171 f.; F. r. Bern. I 499.

So weit muss man es freilich bei Andeutungen, die nicht einmal Vermuthungen sein dürfen, belassen. Dann aber erfolgte der Bruch zwischen dem Kaiser Otto und dem Papste, der am 18. Nov. 1210 den Bann über ihn sprach und am Anfang 1211 die deutschen Fürsten zur Erhebung aufrief. Und i. J. 1211 finden wir Bertold kriegführend in Burgund.

Auf eine Darstellung dieser Fehde aber muss verzichtet werden. Nur zwei Stellen des Lausanner Chartulars geben über sie eine gesicherte und unmittelbare, jedoch ungenügende Auskunft: „Der Troncus genannte Hain [im Gebiete von Warens] war unbestelltes Land, auf dem Vieh weidete. Während des Krieges des Herzogs Bertold und des Grafen Thomas von Savoyen wuchs der Hain auf, da die Genannten verhinderten, dass Andere die Stätte betraten.“ Und: „1211, am 18. Oct., wurden Herzog Bertold und Graf Thomas von Maurienne bei dem Kloster Hautcrêt zum Frieden gebracht“ [1403]. Diese beiden Stellen würden noch nicht einmal beweisen, dass die beiden Fürsten gegen einander Krieg führten, hätte man nicht auch die am 14. Oct. 1211, also ein paar Tage vor dem Frieden von Hautcrêt, zwischen dem Bischof von Genf und dem Grafen Thomas zu Lugrins getroffene Vereinbarung [1403a], in der der Graf verspricht, die Genfer Regalien nicht zum Gegenstande des Friedens zu machen und sie auch, wenn sie ihm geboten würden, nicht anzunehmen, da er sie als rechtlich dem Genfer Bischof zustehend anerkenne. Diese Vorsorge Genfs lässt Niemand anders, als eben den Herzog in Demjenigen erblicken, mit welchem Thomas sich anschickte, den Frieden abzuschliessen.

Seit Alters wird die Entzweiung der beiden einst verbündeten Vettern darauf zurückgeführt, dass Thomas i. J. 1207 zu Basel von König Philipp mit u. a. der Burg Milden (Moudon) belehnt worden war, mit der der Savoyer die erste Stellung nördlich vom Genfer See und innerhalb des eigentlichsten Interessengebietes seines herzoglichen Vetters gewann. Behauptet doch die Ueberlieferung sogar, Bertold selber habe Milden nach dem Siege von Päterlingen 1190 zur Abwehr befestigt. Es passt zu jener Annahme, wenn schon oben hervorgehoben wurde, dass Bertold an jener Verfügung Philipp's nicht als Zeuge theilnahm und vielleicht vorher von Basel abgereist war; ferner passt dazu die Belehnung der Brüder von Aubonne und die schwankende, Missstimmung zeigende Führung des Rectortitels. Was aber den endlichen Anlass zu dem Kriege der Vettern gegeben hat, bleibt im Dunklen. Durchaus sagenüberwuchert ist auch Alles, was über die Ereignisse des Krieges [1404] und

[1403] S. 411 u. 421. *pacificati sunt.*

[1403a] Spon, preuves, Nr. 19, dazu die Textverbesserung bei Mallet, du pouvoir que la maison de Savoie a exercé dans Genève (MDGenève VII) S. 191, Anm. 29.

[1404] Im Dienste des Grafen Wilhelm II von Vienne und Macon starb bei Orbe und wurde zu Romainmotier begraben Gaucher, Sohn Rudolf's, Herrn von Monnet; für ihn

zumal Bertold's Niederlage im Wallis erzählt wird. Aber er muss doch längere Zeit gedauert haben, wenn unter der Zeit ein Hain emporwuchs.

Eine angenehme Nachricht war es für Herzog Bertold, dass am Anfang Januar 1212 sein alter Widersacher, Bischof Roger, in die Hände päpstlicher Bevollmächtigter, des Abts von Hauterêt und des Priors zu St. Marien abdankte und am 13. desselben Monats ein Mitglied des Neuenburger Hauses und Bruder des mit Bertold's Nichte vermählten Ulrich, der Thesaurar Bertold auf den bischöflichen Sitz durch einstimmige Wahl erhoben wurde[1405].

Kann nun nicht der unter den Augen des Abts von Hauterêt geschlossene Friede vom Oct. 1211 hiermit in Verbindung stehen? Wurde nicht etwa Roger zur Abdankung gezwungen[1406] dem Herzog zu Gefallen, der an sich gegenüber diesem alten Widersacher im Recht befindlich sein mochte und den es galt, gegen Kaiser Otto für Rom, für den von Innocenz geschützten neuen Bewerber um die Krone zu gewinnen?

Die gegen Otto gerichtete Erhebung im Reiche hatte sich nämlich zunächst ohne einen Antheil Bertold's vollzogen. Er war nicht unter den Fürsten gewesen, die im Sept. 1211 zu Nürnberg beschlossen, den Sohn Heinrich's VI zum König zu wählen[1407]. Es hatte eine Zeit gegeben, in der

---

machte der Graf Wilhelm i. J. 1218 eine Seelenstiftung. MDSR. I 126f. Aber ein Bezug hieraus auf die Fehde von 1211 ist gar zu unsicher. — Die Ueberlieferung ist am sorglichsten behandelt von Wurstemberger, Landschaft Bern, II 312ff., doch nicht ohne Versehen; daneben vgl. man auch die Zusammenstellung der F. r. Bern. I 507. Ein sicherer Weg durch das Gestrüpp der Sage findet sich um so schwerer, als in der ganzen Ueberlieferung die Ereignisse von 1190/91 u. 1211 durcheinandergehen.

[1405] Chart. Laus. MDSR. VI 424f. *infra octavam Epiphanie* 1211. Das ist also 1212. Die Giltigkeit des Annunciationsstils in der Lausanner Diöcese wird recht offenbar ib. 421, wo auf eine Nachricht vom 18. Oct. 1211 eine vom 6. Jan. „1211" folgt. Auch diese Stelle giebt Auskunft über die Vorgänge vor der Wahl und über Bertold von Neuenburg. Die Familienverhältnisse werden klar durch die Ministerialentheilung von 1214 F. r. Bern. I 514f.

[1406] Chron. chart. Laus. MDSR. VI 45 heisst es allerdings, er dankte wegen Alters und Schwäche ab. Ein solcher Anstrich konnte der Sache ja auch gegeben worden sein. Immerhin überlebte Roger seinen herzoglichen Gegner und vollzog noch mancherlei Rechtsgeschäfte, während er nach seiner Abdankung als Lausanner Domherr lebte; er starb am 5. März 1219 Chron. chart. Laus. ib. Das beweist aber denn auch deutlich genug, dass mit jener angeblichen Altersschwäche von 1212 etwas Anderes verdeckt wurde. Man kann sich schwer entschliessen, den Bischof Roger in der Fehde von 1211 auf der Seite des Herzogs von Zähringen zu suchen, wie Wurstemberger II S. 311 meint. Schon oben (zu Anm. 1282) ward hervorgehoben, dass Thomas von Savoyen schwerlich in dieser Fehde dem Bischof den Thurm von Ouchy zerstörte. Andererseits hatte freilich auch Lausanne Rechte zu Milden, die Graf Thomas am 3. Juli 1219 als Nachfolger der Genfer Grafen in der Inhaberschaft von dem damaligen Bischof Bertold zu Lehen nahm, Cibrario, Storia . . . di Savoia, I 261f.

[1407] Winkelmann II 279f., Erläuterungen IX. Zu den dortigen Citaten und Ausführungen, die es trotz Guilermus Brito wahrscheinlich machen, dass Bertold nicht auf dem

Niemand an diesen apulischen Friedrich mehr gedacht hatte, der doch in der Wiege schon einmal von den Deutschen zum König erwählt worden war; jetzt plötzlich füllte der Name „Staufer“ mit hellem wiedererwachten Zauberklange das Reich.

Auch nach jenem Beschlusse und nach dem Frieden von Hautcrêt vermied es Bertold, eine Stellung zu ergreifen. Er blieb in ruhigem Abwarten, wahrscheinlich ohne Burgund zu verlassen. —

In einem burgundische Verhältnisse berührenden Streitfalle trug er im Jahre 1212 zur Entscheidung bei. Der Abt Heinrich von Beinwil und der Graf von Thierstein als Vogt lagen in Streit mit einander wegen Klosterleute und brachten die Sache vor den Diöcesan, Bischof Lutold von Basel, und andere Vermittler. Der Bischof wandte sich nun um Auskunft an Bertold in zwei Puncten, die wir aus der Antwort des Herzogs erschliessen: der Graf müsse die Leute des Klosters Beinwil anhalten, dem Abte den Treueid zu leisten, und zweitens: dem Abte stehe nach der Gewohnheit anderer Klöster, wenn jemand von den Klosterleuten sterbe, der Todfall zu. So werde es, stellte Bertold fest, in beiden Puncten in St. Blasien (wo ja er selber Vogt war) gehalten. — Mit Hilfe dieses Entscheids brachte dann der Bischof diese und auch die übrigen der Ordnung bedürftigen Puncte, die sich hauptsächlich um den Aufnahmeanspruch des gräflichen Vogtes im Kloster und um die Theilung der Meiergefälle drehten, zu Ende[1408].

Kaiser Otto IV kam nach Deutschland zurück und die Nachrichten, die Bertold empfing, konnten ihn nicht zweifeln lassen, dass der Widerstand gegen ihn erlahme. Dann aber kamen ungefähr gleichzeitig neue Meldungen, dass der junge Friedrich sich auf dem Wege nach Deutschland befinde und dass am 11. Aug. (1212) die junge Beatrix, Otto's erkorene Gemahlin, gestorben sei. Damit war Otto's Recht auf die staufischen Güter erloschen. Bestimmter aber, als es Otto gethan hatte, konnte auch Friedrich selber, wenn er Erfolg hatte, das Recht des staufischen Hauses in Schwaben nicht für sich aufrechterhalten.

Nach gefahrvoller Reise durch Italien und auf der Brennerstrasse, von wo er plötzlich nach Rhätien in's Rheinthal hinüberbog, erschien Friedrich im September zu Constanz, auf schwäbischer Erde. Otto stand in Ueber-

---

Nürnberger Tage war, kommt als weiterer Grund hinzu, dass es für ihn nur ein paar Wochen später in Hautcrêt Frieden zu schliessen gab, er also zur Zeit jener Besprechung in Burgund in Fehde lag.

[1408] Herrgott Gen. Habsb. II 215f. Gerbert H. s. n. III 121f., Soloth. Wbl. 1824, S. 276f; in diesen Drucken mit der Datirung: *datum Basileae anno mccxii.* Ohne diese, dagegen mit Zeugen der Entscheidung des Baseler Bischofs und statt des einen (Bertold nicht vorgelegten) Entscheidungspunctes einen ganz anderen (Heimfallsrecht) bringend, aus einer Vidimation von 1229 bei Trouillat I 460f. — Der Todtenzins ist *valla* bezeichnet.

lingen[1409]. Vorsichtig wandte sich das Zähringerhaus dem neu aufgehenden Sterne des staufischen Namens, mit dem seine eigene Geschichte so eng verschmolzen war, zu: nicht Bertold selbst trat in Verbindung mit dem jungen erwählten König, aber Ulrich von Kyburg begrüsste diesen und empfing als Lohn des Erscheinens die verbürgte Zutheilung reicher Besitzungen aus Königs- und Staufergut. Friedrich hatte erkannt, was ihm der Kyburger werth sei; die Herren von Sax, Heinrich und sein fürsorglicher Bruder, der Abt von St. Gallen, die mit Friedrich in Constanz eingeritten waren, sahen sich vorläufig überflügelt. Von Ulrich von Kyburg und Anderen geleitet, zog Friedrich den Rhein hinab und fand fast überall Anerkennung[1410]. Zu Basel ward ihm ein froher Empfang und die Huldigung weiterer Fürsten; als er am 26. Sept. Hoftag hielt, umgaben ihn der Erzbischof von Bari, die Bischöfe von Trient, Chur und Constanz, die schon mit ihm gezogen waren, und Lutold von Basel, die Aebte von St. Gallen, Reichenau und Weissenburg, Ulrich von Kyburg, an den ersten Platz unter den Grafen gestellt, aus deren Stande noch Rudolf von Habsburg, Ludwig und Hermann von Froburg und Werner von Hohenburg anwesend waren, ferner die Herren von Wart, Rapperschwyl, Ramsperg und Andere. Herzog Bertold selber, nach beiden Seiten hin gleich berechnend, war nicht erschienen.

Wie äusserst vorsichtig des Zähringers Politik war, zeigt der Umstand, dass Otto in diesen Gegenden gerade auf ihn allein noch sein Vertrauen setzte[1411]. Während Friedrich nach Basel zog und dort weilte, zog nun Otto, von Bertold's Leuten beim Durchzug nicht behindert, dem festen Breisach zu, das in seiner Hand war[1412] und das in seiner vortrefflichen Lage inmitten der Rheinebene ihm die Möglichkeit geben konnte, dem Weitereilen des Staufers Halt zu gebieten.

Ob bei der Einwohnerschaft Breisachs staufische oder etwa sonstige, zähringische Stimmungen zur Abwehr waren, bleibt im Unklaren. Jedenfalls kam es zum Aufruhr in unmittelbarer Folge von abscheulichen Ausschreitungen der kaiserlichen Truppen gegen die weibliche Einwohnerschaft, deren Rächer, so viele sie nur konnten, von jenen erschlugen. Der Kaiser sass mit dem Herrn von Uesenberg in einem Hause der oberen Stadt (auf dem Felsen) — offenbar dem Burchard von Uesenberg in dem Baseler Vertrage von 1185 vorbehaltenen Quartiere auf dem Breisacher Berg —; als dem Uesenberger

[1409] Vgl. vor allem die Ausführungen Meyer's von Knonau zu Konrad von Pfäffers, Anm. 116 ff.

[1410] Alles dieses nach dem Chron. Ursperg. SA. 101.

[1411] *adhuc tamen habens fiduciam in solo duce de Zeringen*. Ann. Marbac. 178.

[1412] Chron. Ursperg. SA. 101. Falls man nicht etwa aus den Worten der an sich kundigeren Marbacher Annalen doch entnehmen will, dass Otto sich in dem zähringischen Breisach festsetzen wollte.

die Nachricht von dem Tumulte gebracht wurde und er dem Kaiser meldete, bat ihn dieser, ihn vorsichtig wegzuführen. Ein Pförtchen führte sie in's Freie, dann ging's den Felsabhang hinab und auf den Uesenberg, der mit knapper Noth glücklich erreicht wurde. Hier von der sicheren Burg aus mochte Otto nach den Trümmern seiner Begleitmannschaft forschen; mit ihnen zog er darauf, von dem treu gebliebenen Markgraf von Baden (dem Grafen im Breisgau) weiter geleitet, den Rhein hinab[1413].

Dieser Abzug muss noch in den September fallen, denn in den ersten Tagen des October konnte Friedrich, von Colmar her kommend, schon in Hagenau, der Lieblingspfalz der Staufer, einziehen[1414], wo noch eine Besatzung Otto's gelegen hatte, die aber durch den Herzog von Lothringen, Friedrich's Vetter, ausgetrieben war.

Nach diesen Vorgängen entschied sich auch Bertold V offen für Friedrich. Er ritt zu dem Wahltage, der nach Frankfurt ausgeschrieben war und traf vielleicht schon zu Worms, wo Friedrich am 3. Dec. von Westen her kommend war, mit diesem zusammen[1415]. Ausserdem trafen in Frankfurt ein die Herzöge Ludwig von Baiern, Friedrich von Lothringen, Landgraf Hermann von Thüringen, die Erzbischöfe Siegfried von Mainz, Adolf von Cöln, Dietrich von Trier und der von Bari, der Bischof von Worms und viele Andere, die unbekannt bleiben, auch Legaten des Papstes und Gesandte des aus Interesse gegen England und die Welfen mit Friedrich verbündeten französischen Königs. Am 5. Dec. (1212) erwählten jene Fürsten Friedrich zum König, dann zog man nach Mainz, wo Siegfried am Sonntag den 9. Dec. die Krönung vollzog. In der Begleitung des Königs und der vorhin genannten Fürsten, auch des neuen Reichsmarschalls, des Schwaben Anselm von Justingen und Anderer zog Bertold mit den Rhein herauf und wurde,

[1413] Ann. Marbac. 173, Konrad von Pfäffers S. 179, Chron. Ursperg. 101 f., Chron. Ebersheim. MGSS. XXIII 450, Willelmus Britto MGSS. XXVI 303, Richerius Senonensis b. Böhmer Fontes III 38, letzterer am ausführlichsten, aber durch zutreffende Nachrichten über Oertlichkeit und Verhältnisse vertrauenswürdig. Dazu die Sächs. Weltchronik MGDeutsche Chroniken II S. 239.

[1414] B.-F. 673 a. b. (674 ff.) Winkelmann 327.

[1415] Die in Frankfurt anwesenden Fürsten, deren grosse Menge die erzählenden Quellen in allgemeinen Ausdrücken hervorheben, werden mit Namen meist erst aus der Urk. B.-F. 683 bekannt, die Friedrich nach der Wahl, von Frankfurt und Mainz aus mit den Fürsten den Rhein wieder heraufziehend, zu Speyer ausgestellt hat; hier wird auch Bertold (*Bertoldus dux Ciringie*) genannt, der doch gewiss nicht bloss nach Speyer zur Begrüssung gekommen war. Vgl. im Uebrigen Winkelmann 333 ff. — Friedrich am 3. Dec. zu Worms nach B.-F. 680.

Das Chron. Sampetrinum von Erfurt (Geschqu. d. Prov. Sachsen I) S. 56 meldet Bertold's Anschluss an Friedrich zu Anf. 1213, legt aber (S. 55) den Termin des Frankfurter Hoftages ebenfalls zu spät (um den 6. Jan. 1213). Es sagt etwas kühn, dass Bertold V und Herzog Leopold von Oesterreich beide sehr gegen Otto erregt wurden.

als man zu Speyer rastete, in eine dort ausgestellte Urkunde Friedrich's für den Erzbischof von Bari als Zeuge mit eingetragen. Dann blieb der König in Hagenau, während Bertold weiter zog. Mit der Theilnahme an der Wahl Friedrich's hatte er gethan, was er für ihn zu thun nöthig hielt; fortan schwindet er wieder aus der Reichsgeschichte[1416].

Die Belohnung, die Bertold von Friedrich mit oder ohne Anspruch darauf erhielt oder nicht erhielt, bleibt im Dunklen. Den einzigen allerdings recht negativ klingenden Hinweis, dass eine Verleihung möglicherweise in Frage stand oder erledigt war, giebt Friedrich's Versicherung an das Kloster Salem, dass er das von Konrad von Schwarzenberg an ihn übergegangene, dem Kloster schon 1210 von Sicilien aus und 1213 zu Constanz zugewiesene Gut Runsthal (ehem. Ort zwischen Villingen und Pfaffenweiler) ihm abermals bestätige und es an keine andere geistliche oder weltliche Person, insbesondere nicht an den Herzog von Zähringen gegeben habe noch dies thun werde[1417]. Diese Zusicherung geschah am 26. Juni 1214 auf einem Tage zu Ulm, wo — ohne Bertold selber — die zähringischen Verwandten, Markgraf Friedrich von Baden, die Herzöge von Teck, Graf Ulrich von Kyburg und die Grafen Egeno und Bertold von Urach bei dem Könige erschienen waren[1418].

Andererseits spielt in die Frage der Stellungnahme gegenüber Bertold auch ein Streit hinein, den Bertold zu dieser Zeit mit Bischof Heinrich von Strassburg hatte. Heinrich's Vorgänger, der oben mehrfach genannte Konrad, hatte von Graf Bertold von Nimburg die Vogteien zu Vilmarzell (d. h. St. Ulrich) und Sölden und die Höfe Riegel und Herbolzheim nebst sonstigen Gütern und Vogteien gekauft, während dieselben Güter in einer Schenkung des Grafen auch K. Heinrich VI zugestanden waren.

Auf diesen Anspruch verzichtete Friedrich am 21. Nov. 1215 auf einem damals zu Basel für Burgund gehaltenen Hoftage, auf dem weder Bertold, noch einer seiner Verwandten, dagegen der Strassburger Bischof anwesend war, und zwar ausdrücklich und mit kaiserlicher Bestätigung für

---

[1416] Er ist nicht mehr Zeuge in B.-F. 686 vom 2. Jan. 1213, Hagenau, und kommt seitdem zunächst bei Friedrich nicht vor. Ulrich von Kyburg besuchte dagegen mit seinen Söhnen Werner und Hartmann (Bertold's Neffen) Friedrich's Hof Ende März 1213 zu Constanz (vgl. B.-F. 698—702), wohin am 1. April auch Egeno von Urach kam (B.-F. 703), dann Ulrich wieder zu Ueberlingen am 1. Sept. 1213 (B.-F. 711) und zu Rottweil am 7. März 1214, B.-F. 724). Bemerkenswerth ist auch, dass Friedrich i. J. 1214 den Neffen Bertold's V, Bertold von Urach, den Abt zu Thenenbach, seinen Blutsverwandten nennt, B.-F. 725 (fehlt FUB. I).

[1417] B.-F. 736, jetzt auch b. v. Weech., Cod. Salemitanus I 127 f.

[1418] B.-F. 736, 737. — Die Markgrafen hatten die alte Verwandtschaft nicht vergessen und nannten z. B. den Abt Bertold von Thenenbach ihren Blutsverwandten. Egeno IV u. V waren am 20. Juni 1215 abermals zu Ulm bei Friedrich. B.-F. 804. Schöpflin V 142. —

immer zu dessen Gunsten, obwohl es am Eingange der Urkunde heisst, dass sein Verzicht die Freundschaft zwischen dem Bischofe und dem Herzog Bertold von Zähringen, der also auch Ansprüche erhob, wieder herzustellen und Beider Streit aus der Welt zu schaffen ermöglichen solle[1419]. Die Urkunde vermeidet es zu sagen, worauf sich die Ansprüche Bertold's stützten, und um so mehr möchte ich glauben, dass hier ein gutes, auf alte Verwandtschaft gestütztes Erbrecht vorlag, das man durch Verkauf und Uebertragung eigennützig umgehen wollte.

Zu jener Zeit (im Nov. 1215) hielt Innocenz III im Lateran das gewaltige Concil, das die Hierarchie des ganzen katholischen Erdkreises in Rom vereinigte und über den gesammten Umfang der kirchlichen Interessen berieth. Zu dieser Versammlung war, wie mehr denn achthundert seiner Amtsbrüder, auch Bertold von Thenenbach gezogen, der 1198 Geissel seines Oheims und seit 1207 Abt des breisgauischen Cistercienserklosters war. Bei dieser Gelegenheit erzählt nun eine Thenenbacher Aufzeichnung[1420] Folgendes über den Herzog Bertold:

Auf dem Lateranconcil wurde Herzog Bertold von verschiedenen Seiten wegen seiner boshaften Gewaltthätigkeit und wegen seines Unglaubens angeklagt. Als nun nach Schluss des Concils der Thenenbacher Abt froh der errungenen Privilegien, aber Bitterkeit über seinen Oheim im Herzen seinem Kloster wieder zustrebte, hielt ihn Herzog Bertold, der auf dem Schlosse zu Freiburg sass, unterwegs auf und liess ihn zu sich entbieten. Denn Bertold V, obwohl er sich äusserlich wie ein brüllender Löwe geberdete, war im Innern doch nur ein furchtsamer Hase und hatte Angst vor dem Schwerte der Kirche, dem Excommunicationsspruche; voll Unruhe wartete er auf Nachrichten über das Concil. Der Abt folgte ungerne genug, ohne jede Liebe zu einem solchen Oheim, aber um sein Kloster nicht in Schaden zu bringen. Als er in das Freiburger Bergschloss eintrat, fand er den Herzog mit seinen Mannen und Rittern in ungetrübter Heiterkeit

---

[1419] Huillard-Bréholles I 322 f., Oberrh. Zs. XI 182. — Vgl. über den Hoftag B.-F. 752—766.

Zu den etwaigen Erbansprüchen des Herzogs vgl. Anm. 531. Auf jeden Fall waren diese Ansprüche so gut, dass sie seine Erben, die Freiburger Grafen, und zwar mit Erfolg wiederaufnahmen; auch die Mitbetheiligung der Markgrafen von Baden an diesen Ansprüchen weist sehr darauf hin, dass es Erbansprüche aus alter Verwandtschaft waren. Vgl. über den Fortgang der Angelegenheit unten S. 495 f. — Wenn der (wohl um Geld für seine Kreuzfahrt benöthete) Graf auch die Stadt Neuenburg a. Rh. an Strassburg verkauft haben soll, vgl. Ann. Marbac. MGSS. XVII zu 1200, so liegt schon hier die übliche Verwechslung mit Nimburg vor.

[1420] Schöpflin V 142 ff. Ein offenbarer Irrthum ist es, wenn die fürstenbergische Chronik des 17. Jahrh. den Herzog Bertold auf dem Lateranconcil in den Bann verfallen lässt (FUB. I 80).

und fröhlichem Treiben; manche spielten und würfelten, andere übten Reigentänze und sangen die Freude der Welt zum Orgelspiel in fröhlichen Liedern. Es lässt sich nachempfinden, wie schmerzlich den noch ganz unter den Concilseindrücken stehenden ernsten Cistercienser dies Treiben um den Herzog her berührt, an welchem widerum Andere ihre Freude haben werden. Flüchtige Begrüssung, dann geht Bertold dem Neffen mit hastigen Fragen nach den Dingen in Rom zu Leibe, vor allem ob dort günstig oder ungünstig über ihn gesprochen worden sei, denn er wisse wohl, dass in Deutschland und auch in wälschen Gebieten übles Gerede über ihn gehe. Den Abt drängt es, wieder hinauszukommen; denn seinem Sinne ist die weltliche Pfalz das Gefängniss und die Einsamkeit das Paradies, so fasst er sich kurz und sagt muthvoll dem Herzoge rund heraus: ich würde lieber wünschen, auf die Frage nicht antworten zu brauchen, denn, wenn ich euch die Wahrheit sage, kann ich kein Bote guter Nachricht sein. Der Herzog geräth in Grimm und fährt ihn an: was denn das sei, über was er nicht reden wolle? So antwortet denn der Abt: Herr, ihr werdet des Makels des Unglaubens und tyrannischer Wuth bezichtigt, womit ihr lange Zeit und weithin Streit führt und Böses durch Unterdrückung schuldloser Wittwen und Waisen begeht. Als der Herzog das hört, holt er in grösster Wuth alle Anwesenden heran und ruft: „Sagt doch, der Abt von Thenenbach ist der schlimmste Häretiker", damit jagt er ihn aus seinen Augen und versichert den Zurückbleibenden, wenn's nicht der Sohn seiner Schwester wäre, hätte er ihn vom Burgfelsen werfen lassen.

Von hier an aber sann der Herzog darauf, das Kloster Thenenbach auszutilgen. Seine Leute schleppten die feinbehauenen Quadersteine weg, die für den Bau der [von Abt Bertold doch vollendeten] Kirche bereit lagen und schlugen den Mönchen bei der Weinlese die grossen Kelterfässer entzwei. So war wenigstens des Herzogs Befehl, aber seine Leute hatten Gottesfurcht und zerschlugen nur ein einziges leeres Fass, während sie die weingefüllten verschonten, so dass die Mönche sie an sicherem Orte bergen konnten. Zu Weiterem kam es nicht, denn der Tod, der Bertold abberief, hinderte ihn, das Kloster noch weiter zu vertilgen. — So viel aus der Thenenbacher Aufzeichnung, in der noch einige Betrachtungen folgen.

Um den Anfang des Jahres 1216 wandte sich K. Friedrich in einer Reichsangelegenheit an Bertold. Der König hatte nämlich mit dem Bischof von Regensburg am 22. Dec. 1215 zu Eger einen Tausch vollzogen, durch den das Reich die Stadt Nördlingen sowie Propstei und Dorf Orngau erhielt und dafür die unmittelbaren Abteien Ober- und Niedermünster in Regensburg an das Bisthum übertrug. Freilich besass Friedrich zu dieser Veränderung im Reichsgut die Zustimmung der gerade anwesenden Fürsten[1421],

[1421] B.-F. 840.

aber er wünschte auch die anderer und von Herzog Bertold von Zähringen und Leopold von Oesterreich ist der übersandte Willebrief aufbewahrt[1422], der ihre mit der Begründung gegebene Zustimmung enthält, dass der Vertrag dem Reiche noch nützlicher als dem Bisthum scheine. Uebrigens war Bertold hier in einer Sache zugezogen worden und hatte ihr zugestimmt, die nicht nach dem Sinne der Geistlichkeit des Reiches war; denn nach dem Spruche, der durch sie am 15. Mai 1216 herbeigeführt wurde, musste der Tausch wieder rückgängig gemacht werden[1423].

Mit dem neuen Bischof von Lausanne, Bertold von Neuenburg, treffen wir den Herzog in gutem Vernehmen. Am Martinstag (11. Nov.) 1216 halfen beide gemeinschaftlich eine Entschädigungsangelegenheit für Frienisberg zu Ende bringen. Ein neuenburgischer Ritter, dessen Familie bei der Abtheilung der neuenburgischen Ministerialen dem Bischofe zugetheilt war[1424], Kuno von Pheit, hatte jenem Kloster Rinder und Pferde entführt und sonstigen Schaden zugefügt, zu dessen Ersatz er ihm nunmehr durch die Hand des Herzogs Bertold sein Eigengut Weingarten mit allem Zubehör als freies Geschenk überwies. An die darüber aufgenommene Urkunde hingen beide Bertolde, Bischof und Herzog, der letztere hier wieder mit dem Titel eines „Herzogs und Rectors von Burgund" ihre Siegel; von sonstigen Anwesenden werden der Pleban von Spiez, die neuenburgischen[1425] Ritter Burchard von Moringen, Heinrich von Winterstetten und Peter von Werd; Ulrich Seili, Johannes von Pizingen, Ulrich Dietegen und sein Bruder Imo, der Caplan Kuno von „Burgulon" und Andere von dort [so war Bürglen (an der Zihl) wohl der Ort der Handlung], Peter von Schüpfen und der Meier Peter von Affoltern genannt[1426].

Am Anfang des April 1217 ritt Bertold noch einmal zum König, bei welchem er jedoch in der letzten Zeit gewissermassen vertreten gewesen war durch die vielfach am Hofe erscheinenden und den König begleitenden

[1422] Th. Ried, Cod. episcopatus Ratisbon. Regensb. 1816. I 309 ff. *In nomine Domini. Ego Berhtoldus Dei gracia dux Zaeringie. Noverint . . . . . . Assensum nostrum adhibemus, ratum ipsum habentes et assensum nostrum presenti scripto et sigillo nostro publice protestamur.* Die Urk. ist nach ganz derselben Vorlage, wie die Leopold's, entworfen.

[1423] Winkelmann II 435; B.-F. 863.

[1424] Vgl. F. r. Bern. I 574 zu 1214: *Ulricus de Pheit.* Nur durch dessen Aufführung in der Theilungsliste erfährt man, dass die Pheit, also auch der im Text vorkommende Kuno, neuenb. Ministerialen waren.

[1425] Vgl. ibid.

[1426] Soloth. Wbl. 1828, S. 502; Zeerleder I 179 f.; F. r. Bern. I 516. — Wenn Gingins MDSR. I 129 den Ritter als *vassal du Recteur* bezeichnet, so kann das wenigstens nicht für Weingarten sein, das ausdrücklich als *allodium* bezeichnet wird. Bertold V greift hier vielmehr als Landesherr, Rector, schlichtend ein. Gingins übersah wohl das neuenburgische Verhältniss der Pheit. — Herzog Bertold's Siegel fehlt an der Urk. —

Kyburger, insbesondere durch Hartmann, den Neffen des Herzogs. In Hagenau fand die Begegnung statt; sowohl in einer am 6. April (für Rivalta bei Tortona) gegebenen, wie in einer am 10. April ausgestellten (Regalientausch in Schlettstadt betreffenden) Urkunde ist Bertold als Zeuge genannt; neben ihm (also gleichfalls anwesend) der Bischof Konrad von Metz und Speyer (der Hofcanzler), der Pfalzgraf bei Rheine und Herzog von Baiern Ludwig von Wittelsbach, der Markgraf Hermann von Baden, der Pfalzgraf Rudolf von Tübingen, die Grafen von Dietz und Werd, der Edle Heinrich von Neifen, der Reichsmarschall Anselm von Justingen, die Brüder Werner und Philipp von Bolanden und Friedrich von Schauenburg[1427]. Vergeblich aber sucht man von Seite Friedrich's II aus dessen Angelegenheiten und Thun zu jener Zeit etwas herauszufinden, was diesen Besuch Bertold's in Hagenau wünschenswerth gemacht haben könnte; man möchte doch nicht etwa die am 13. Juli 1216 beurkundete königliche Bestätigung von Thenenbacher Gütern, oder die um den Anfang des Jahres 1217 geschehene Einsetzung von Friedrich's Sohne Heinrich in Schwaben oder auch irgendwie die Kreuzzugsangelegenheit als Veranlassung heranziehen. Möglicherweise war es aber eine eigene Angelegenheit des Herzogs, entweder die Nimburger Erbschaft oder etwa auch ein mit Basel schwebender Streit.

Nachdem nämlich am 16. Jan. 1213 der Bischof von Basel, Lutold von Rötteln, gestorben war, mit dem, wie oben hervortrat, Bertold anscheinend freundschaftliche Beziehungen unterhielt, war ein anderer Röttler, Werner, zum Nachfolger erwählt worden, der jedoch in Folge anfechtbarer Vorgänge bei seiner Wahl von vornherein eine schwere Stellung gehabt und darum desto leichter sich dazu herbeigelassen hatte, dem Herzog Bertold einige Besitzungen der Baseler Kirche als Lehen zu überlassen. Er hatte sich nicht halten können und war 1215 abgesetzt worden. Sein Nachfolger Heinrich hatte einen körperlichen Eid gethan, jene Besitzungen wieder an das Bisthum zurückzubringen, sah sich dann aber doch genöthigt, um das Bisthum nicht in Schaden und Gefahren zu stürzen, sich mit dem Herzog auf ein Schiedsgericht, in welchem der Baseler Domdechant und Dompropst und Andere sitzen sollten, vorbehaltlich der Erlaubniss des Papstes, zu einigen. Diese Erlaubniss ertheilte der Papst in der That und beruhigte damit den Bischof über seinen geleisteten Eid; bemerkenswerth ist es für uns, dass der Papst Honorius dem von manchen Geistlichen so übel verschrienen Herzog die Bezeichnung des *dilectus filius* nicht vorenthält. Freilich als dies päpstliche Breve am 13. März 1218 ausgefertigt wurde[1428], war Herzog Bertold nicht

[1427] B.-F. 899, 901.

[1428] Schöpflin V 145 f., Trouillat I 469 f., beide versehentlich zu 1217; mit richtigem Datum MG Epp. I 39 f. Vgl. sonst zu der Angelegenheit Trouillat I 465 ff.; Ann. Marbac. 173; Winkelmann II 453 f.

mehr unter den Lebenden; am 18. Febr. 1218[1429] war der letzte der Herzöge von Zähringen in das Grab gesunken.

Wo Bertold V gestorben ist, ist unbekannt, aber anscheinend im Breisgau, den er überhaupt in seinen letzten Lebensjahren bevorzugt zu haben scheint[1430], und wohl[1430a] im Schlosse zu Freiburg. Denn zu Freiburg im Münster begrub man ihn[1431]. Nicht bei seinen Ahnen in der klösterlichen Stille auf dem Schwarzwald ruht der fünfte Bertold, sondern unterhalb seiner Burg auf dem Schlossberg, inmitten des weltlichen Getriebes, in welchem er selber sein Wirken gefunden hatte, der Städtegründer und Städtebeschützer in der Kirche auf dem bürgerlichen Stadtmarkt des ersten bedeutsameren zähringischen Gründungswerkes. Aber auch St. Peter, ob es ihm gleich wenig zu verdanken hatte, ehrte das Andenken des letzten seiner herzoglichen Schutzherrn, dessen Jahreszeit es, wie die seiner Vorfahren, mit 5 Kerzen beging, und die Bürger zu Bern, wo Bertold V das Andenken hinterliess, dass er „die Stadt gar schön und löblich beherrschte und alle ihre Sachen richtete, dass die Stadt in gutem Frieden war"[1432], haben seine Jahreszeit bei den Brüdern des Deutschherrnhauses, bei den Minderbrüdern und Predigern, wie in dem unteren Spital, im Heiliggeistspital und bei den Gutleuten in stattlichster Weise feiern lassen[1433]. So gedachte also das dankbare Bern seines Gründers bei jeder neuen frommen Stiftung in seinen Mauern. Und so immer auf's Neue bis auf die jüngste Zeit. Im Jahre 1600 hat die Stadt in ihrem neuen spätgothischen Münster (erbaut 1421—1573) eine Wappentafel

---

[1429] Der Tag Ann. SGeorgii in s. n. MGSS. XVII 297; Geneal. Zaring. a. d. Thenenb. Urbar Freib. Diöc.-Arch. XIV 86. — St. Peters spätes Todtenbuch hat zum 8. Dec. *depositio Berchtoldi quinti ducis de Zaeringen, officium cum 5 candelis;* Justinger c. 18 u. die Freiburger Chronik bei Königshofen-Schilter S. 23 den 14. Febr. — Das Jahr Ann. STrudperti MGSS. XVII 293; Ann. Zwiefalt. MGSS. X 59 z. 3 u. 15; Ann. Marbac. MGSS. XVII 174. (Ann. Colmar. MGSS. XVII 189); Reiner Leod. MGSS. XVI 676 (*dux Burgundie*). Ann. Bernenses MGSS. XVII 271. Albericus Tresfont. MGSS. XXIII 907. (Ann. Seldentalenses Böhmer Font. III zu 1218: *Perchtoldus comes obiit.* Das ist doch wohl ein Anderer, wirklich ein Graf.) — Liber Heremi Notae variae, Geschfr. I 152 zum 19. Aug. 1214.

[1430] Vielleicht daher nennt ihn die Geneal. Zar. im Thenenb. Urb. l. c.: *ducem Ber., rectorem Brisgaudie et Burgundie.*

[1430a] Vgl. auch Anm. 1447.

[1431] Geneal. Zar. l. c.

[1432] Justinger c. 18.

[1433] Justinger ed. Studer, Anhang S. 295 ff. (Cronica de Berno). Auch Böhmer Font. IV 1. Die fratres domus Theutonice erhielten dafür jährlich 1 Pfund Pfennige, die Minoriten (die 1255 nach Bern kamen), die Prediger (seit 1269) und das untere Spital je 10 Solidi, das hospitale s. Spiritus (gegründet 1233) 6 und das Leprosenhaus 4 Solidi.

Noch im 18. Jahrh. verherrlichte der Pfarrer Bridel zu Basel Bertold V als den Gründer Berns in einer französischen Epopöe, vgl. Schweizerisches Museum. Zürich, Jahrg. VI 1790, S. 874.

zu Ehren ihres Erbauers aufgehängt, bis gegen das Ende des 17. Jahrhunderts hat sie in ihren Münzen durch deren Umschrift den Stifter geehrt[1434], am Zeitglockenthurm durch eine Inschrift seiner 1770 widerum gedacht[1435]. Die neueste Zeit baut eigene Burgen, aber versucht doch auch in ihnen noch pietätvoll zu sein; so künden denn zu Bern, wie zu Freiburg im Breisgau und bis in jüngere Zeit auch im üchtländischen Freiburg die Lettern eines „Zähringerhofes" den noch immer selbst der Alltagserinnerung nicht erloschenen Namen des städtegründenden und bürgerfreundlichen Geschlechtes[1435a]. Und auf der herrlichen Münsterterrasse zu Bern erhebt sich des Herzogs eherne Figur, den fabelhaften Bären zur Seite.

Ein anderes ist das Gedenken, das Bertold V einzelnen geistlichen Stiftungen hinterlassen hat. Den „grausamsten Herzog" naunten ihn die Thenenbacher[1436]; auch der Bischof von Lausanne, Bertold von Neuenburg, sprach es 1220 aus, dass der Herzog im Bisthum Lausanne „Rauben und Sengen, Morden, Schädigen am Leibe und Verstümmeln der Glieder nicht allein an Laien, sondern auch an Klerikern und Priestern" geübt habe[1437]. Alberich von Troisfontaines erfuhr schreckliche Dinge, die über sein Ende und seine Verdammniss erzählt wurden[1438]. Und auch in des Caesarius von Heisterbach unerschöpfliches Mirakelbuch[1439] sind diese durch das Reich

---

[1434] *Berchtoldus dux Zaeringiae conditor* (oder *fundator*). Vgl. Wurstemberger II 333.

[1435] *Berchtoldus dux Zaering. rector Burgund. urbis conditor turrim et portam fecit anno MCXCI. et renovata MDCCLXX.*

[1435a] Wie viel an der Ueberlieferung Wahres ist, die auch Burgdorf, Murten, Thun, Aarberg, Laupen, Gümminen, Büren, Ifferten (Yverdon), Morsee und Milden (Moudon) durch Bertold IV u. V zu Städten gemacht werden lässt, kann vielleicht eine grosse und umfassende Untersuchung der von Freiburg i/B. in weiter Verzweigung übertragenen Stadtrechte noch einmal herausbringen. Dierauer, Gesch. d. schweiz. Eidgenossenschaft (in Heeren u. Ukert's Sammlung) Gotha 1887, I S. 59f. meint: „sicher ist nur", dass Bertold V diese Städte begünstigte und förderte. Vgl. auch „Aemter u. Besitzungen".

[1436] Freib. Diöc.-Arch. XIV 86: *crudelissimum.*

[1437] Schöpflin I 159. MDSR. VII 31. F. r. Bern. II 18.

[1438] Albericus MGSS. XXIII 907. *de cuius interitu et damnatione multa referebantur auditu horribilia.*

[1439] Dialogus miraculorum ed. Strange II 325, vgl. auch II 236. Caesarius war wie Alberich Cistercienser, so dass vielleicht anzunehmen ist, dass diese Erzählungen irgendwie von den am ärgsten klagenden Thenenbachern herrührten und ihre Verbreitung sich in der Hauptsache doch auf die Cistercienserwelt beschränkte. Vgl. auch die folgenden Anmerkungen. — Oberrheinische Chronik (ed. Grieshaber, Rastatt 1850) S. XIIf.: *der wunderlich herzog von Zeringen.* — Auch J. Baechtold, der letzte Zähringer, Anzeiger f. schweiz. Gesch. N. F. II berichtet über diese Sagen. — Die Sage „der versteinerte Herzog" bei H. Schreiber, die Volkssagen der Stadt Freiburg i/B. und ihrer Umgegend. Freiburg 1867. (Gedicht von Schnetzler.) — Nachtr.: Vgl. auch E. Krüger, eine Ehrenrettung Berchtold's V, des letzten Zähringers, in der Badischen Landeszeitung 1890, ein Feuilleton, das sich gegen die in den Zwiefaltener Annalen des P. Arsenius Colger (1692,

von Mund zu Mund der geistlichen Leute fortgepflanzten Erzählungen gelangt und dort aufbewahrt geblieben; was er bringt, möge der Vollständigkeit wegen auch hier ein Plätzchen finden:

Als einige Leute zu jener Zeit am Berge Gyber sich ergingen, hörten sie eine starke Stimme rufen: „Rüste den Ofen!" Nach kurzer Zeit rief's ebenso. Als die Stimme zum dritten Male rief: „Rüste den grossen Ofen!" scholl es zurück: „Für wen soll ich's thun?" Darauf: „Unser lieber Freund kommt hierher, der Herzog von Zähringen, der so viel für uns gethan hat." — Jene merkten sich Tag und Stunde und schrieben an den König Friedrich mit der Frage, ob etwa in dessen Reiche ein Herzog von Zähringen gestorben sei. Darauf erfuhr man, dass zu derselben Stunde und an demselben Tage der Herzog Bertold von Zähringen gestorben sei. Es war aber jener Herzog ein entsetzlicher Tyrann[1440], Ausbeuter des Erbes von Edlen wie Geringen, und Einer, der vom katholischen Glauben gewichen war. Da er keine Nachkommen hatte, war es nur das Laster des Geizes, das ihn Massen von Geld aufhäufen liess[1441]. Als er aber an's Sterben kam, bat er seine Vertrauten, alle seine Schätze in einen Haufen zu bringen. Gefragt warum, antwortete er: „Ich weiss, dass meine Verwandten, die sich auf meinen Tod freuen, sich meine Schätze theilen werden. Wenn sie aber auf einen Haufen gebracht sind, werden sie sich gegenseitig umbringen." Siehst du, welche Abgunst? Das ist mir von zwei Aebten erzählt worden, von denen der eine aus dem Herzogthum Zähringen war [Caesarius lebte 1199 bis ungefähr 1240 und schrieb 1221 und 1222[1442]], der andere versicherte, ihm sei dasselbe von einem Abte erzählt worden, der den vorhin erwähnten Brief bei König Friedrich vorlesen hörte. — Der Gyber aber ist wie der Vulcan (Vesuv) und Aetna ein unmittelbarer Mund der Hölle; kein zum Fegefeuer Erlesener, sondern nur die gänzlich Verdammten werden in ihn verwiesen.

Wäre Bertold V ein vorsichtiger Mann gewesen, hätte er von dem Erbe, das an die Verwandten fiel, auch an den Uracher Neffen in Thenenbach und dessen Kloster bei Zeiten ein Theilchen vermacht und so die Erinnerung an manche in der That wohl gerechtfertigte Beschwerde ausgelöscht.

---

gedruckt 1698) enthaltene Behauptung der Vorliebe Bertold's V für Menschenfleisch wendet.

[1440] *tyrannus*; derselbe Ausdruck mehrfach in dem zu 1215 (oben S. 475 f.) benutzten Thenenbacher Bericht.

[1441] Vgl. dazu *avarissimus et omni iniquitate plenus* Chron. Ursperg. SA. 74. Der (praemonstratensische) Chronist von Ursberg ist der einzige, der sich (zu 1198) genauer mit den beiden Uracher Neffen Bertold's V, den Cisterciensern Konrad und Bertold, dem Abt von Thenenbach beschäftigt, vgl. ibid. 75 f. und oben S. 449.

„Sehr reich und geizig (‚vast gitig')" hat dann auch der späte Vadian, ed. E. Götzinger, St. Gallen 1875 ff., Bd. I 249 [gitig = gütig würde nicht in den Zusammenhang passen].

[1442] Daher der Beginn seiner Erzählung: *circa hoc triennium*: 1218.

Die Zeitgenossen sahen in des Herzogs kinderlosem Tode eine das Gerücht bestätigende Strafe seiner Sünden[1443]. In der That war das Ereigniss des Erlöschens dieses in mächtigem Aufschwunge stehenden Reichsfürstenhauses geeignet, die grösste Aufmerksamkeit auch bei den weniger Betheiligten auf sich zu ziehen und noch weiterhin auf lange Zeit, insbesondere dort, wo das Ereigniss umwälzende Veränderungen im Gefolge hatte, die Gemüther zu beschäftigen.

Weder die sich freundlich verhaltenden Zeitgenossen, noch die feindlichen Gerneerzähler wissen davon, dass Bertold V zwei Kinder gehabt und unter verbrecherischen Umständen verloren habe. Dass er einen Sohn hatte, dessen Angedenken in Bern fortgesetzt wurde und der vielleicht dort begraben liegt, wurde schon erwähnt. Dann ist es Justinger[1444], der berichtet, in der Zeit der Erbauung Berns habe der feindliche burgundische Adel zwei Söhne des Herzogs durch Gift aus der Welt geräumt. Später ist die Herzogin selbst des Mordes ihrer Kinder bezichtigt worden und zwar weil sie sie habe beerben wollen. So lockte das Gerede von Bertold's V grossen Schätzen die Sage auch hierhin und liess sie geradezu unsinnig werden, denn gerade die kinderlose Wittwe musste ja alles den Verwandten überlassen; daher ist dann nachher kluger Weise die Mörderin, übrigens allgemein als Kyburgerin aufgefasst, wieder zur Stiefmutter gemacht worden u. s. w. Zugleich localisirten sich alle diese Sagen früh in Solothurn, wo man dann im 16. Jahrhundert die ausgegrabenen Gebeine der Kinder gesehen haben wollte[1445].

Zu Solothurn im Wandelgange der Bibliothek ist mit anderen Alterthümern ein undeutlich gewordener Stein eingemauert, den man von der vermeintlichen zähringischen Gruft abgehoben hat und der die Brustbilder zweier Kinder und darunter das Lamm mit dem Kreuze zeigt. Diese Darstellung, die wahrscheinlich ursprünglich der Heiligengeschichte angehört oder etwa auch nur eine private Gruft schmückte, jedenfalls später unerklärbar

---

1443 Thenenbacher Geneal. Freib. Diöc.-Arch. XIV 86 (durch die Aneinanderstellung; so vielleicht auch der Lausanner Bischof l. c.).

1444 c. 12 f.

1445 Justinger S. 9 f., der als die Mörder der Kinder noch den burgundischen Adel ansieht, verlegt schon ihre Grabstätte nach Solothurn. Die dortigen Grabbefunde haben Stumpf II fol. 232, Seb. Münster, Cosmographia l. III, danach Spätere. Auch sahen Spätere die von Neuem geöffnete Gruft und das Kästchen mit den Gebeinen, ferner auch das Haupt der hingerichteten Mutter u. s. w. Schöpflin konnte in Solothurn Nichts in Erfahrung bringen. — Vgl. hierzu Gottlob Walther, krit. Ausführung der Gesch. von Ausrottung des zähringischen Stammes u. s. w. Bern 1765, dazu die Ausführungen Wurstemberger's II 327 ff. Th. Scherer, Der Zähringergrabstein zu Solothurn (mit Abb.). Anz. f. schweiz. Gesch. u. Alterthumsk. 1858. R. v. Wallier, der Zähringersarg in Solothurn (ibid.).

wurde, wird die Sage nach Solothurn gezogen, ja vielleicht selber überhaupt erst aus dem einen Knaben deren zwei gemacht haben. — —

Fast scheint es, als ob für Bertold V die immer erneuten Erfahrungen seines Vaters die Veranlassung gewesen seien, die ihn selber andere Wege einschlagen liess. Wenn Jener sich fortwährend und stets auf's Neue vertrauend in die Reichsangelegenheiten wirft und Rath, Thatkraft und Tapferkeit in erster Linie für sie einsetzt, beschränkt sich der Sohn in vorsichtiger, zögernder Weise auf das Unvermeidliche. Daher unter ihm die nach Aussen gleichförmige, in sich befriedigte Fortentwicklung der eigenen Landesherrschaft gegenüber dem ungeheuren Hin- und Herschwanken unter Bertold IV. Als Herzog führt Bertold V ein straffes, umsichtiges Regiment, dessen gefürchtete Strenge wohl zuweilen nicht ohne Härten gewesen ist; den Aufstand am Anfange seiner Regierung wirft er mit Kraft nieder und verhehlt seinen Stolz über den Sieg der Mit- und Nachwelt nicht. Seinen Besitz und seine Einnahmen zu mehren ist er wohlbedacht, hält jedoch nicht ängstlich an sich und giebt schon bei Lebzeiten an seine Verwandten dahin, von denen ihm die Uracher vielleicht nicht allzeit Freude bereitet haben. Zu dem Bilde des in Freude an weltlichem Sang und Lied auf dem Freiburger Schlosse Hof haltenden Herzogs, das der Thenenbacher erschaut, passt es vortrefflich, wenn wir ihn den Namen der Stadt des Recken Dietrich, seinem eigenen Geschlechte so erinnerungsvoll, den Namen Berns, von dem der Dichtermund der Zeitgenossen sang, erneuern sehen, wenn wir ferner erfahren, dass in seinem Auftrage Bertold von Herbolzheim[1446] ein — uns verschollenes — Lied von den Thaten des grossen Alexander gedichtet hat, dessen der bekannte Verfasser eines späteren Alexanderliedes, Rudolf von Hohen-Ems, mit den Worten gedenkt:

Dem edeln Zeringære
Dicht' es durch siner hulden solt
Von Herbolzheim her Berhtolt.

So hat die nach dem Schlummer des elften Jahrhunderts im zwölften zu reichem neuem Leben erblühende Lust an weltlicher That und höfischem Treiben, an fürstlichem Ruhm und ritterlichem Sang am meisten Bertold V, der hier Alles übt, was sonst den Hof des scheinbar niedergegangenen Stauferhauses belebt hatte, aus dem Gedankenkreise herausgeführt, in welchem einst der erste Herzog seine Aufgaben gefunden hatte. Er hat in dieser Beziehung die Entwicklung abgeschlossen, die die Zähringergeschichte seit Bertold I langsam, aber stetig durchgemacht hat. Wir aber, die sein Thun in den Hauptzügen kennen, sollen nicht mit dem Eindruck desjenigen Bildes

[1446] Ueber ihn eine kurze Klarlegung von Fr. Pfaff im Literaturblatt für germ. u. roman. Philologie 1884, S. 6. — Vgl. unten „Ministerialen".

von ihm scheiden, das er den Cisterciensern hinterlassen hat und das in deren einseitiger Ausmalung, bis heute im Grossen und Ganzen unbestritten, das geschichtliche Andenken Bertold's V beherrscht hat.

Ueber das Aeussere Herzog Bertold's V hat keine Quelle etwas bewahrt. Neuere Darsteller sprechen von seinem hohen Wuchs, seinem strengen Antlitz. Aber es zeigt sich sogleich, dass dieses Bild aus der Betrachtung der im Freiburger Münster befindlichen überlebensgrossen Statue, die auf dem Sargdeckel in Ganzrelief ruhte, und aus der Schilderung der Cistercienser von seinem harten Wesen zusammengeflossen ist. Der böse Herzog aber biegt auf dieser Grabdarstellung die Hände zu stillem Gebet.

Der ursprüngliche Begräbnissort des Herzogs scheint sich im Chor der alten romanischen Freiburger Kirche befunden zu haben. Etwas ganz Gesichertes und Genaues wird wohl nie über den Antheil der Zähringer an der Baugeschichte des Gotteshauses gesagt werden können. Dass unter Herzog Konrad, dem Gründer Freiburgs, schon ein Bethaus zu Freiburg stand, erfuhren wir aus zweierlei Berichten; und ihm hat die Ueberlieferung den Bau der Kirche ja auch belassen, obwohl sie die Gründung der Stadt selbst auf seinen Bruder übertragen hat. Dass Konrad als der Erbauer der Kirche oder vielmehr sogar des gothischen Münsters in der Tradition dasteht, mag er dem Umstande verdanken, dass sich dieser spätere Münsterbau geschichtlich an den Grafen Konrad knüpft; denn die Ueberlieferung hat die in Freiburg regierenden Herzöge und Grafen auch sonst vielfach durch einander geworfen. Auf jeden Fall ist der jetzige herrliche Bau, soweit er gothisch ist, d. h. mit Ausnahme des (niedrigeren) romanischen Querschiffs, nachzähringisch. Und desshalb haben auch die Gebeine Herzog Bertold's V beim Umbau des Chors, d. h. verhältnissmässig spät, ihre Ruhestätte verlassen müssen; man hat die Gruftdecke zu einer Altarplatte verwandt und die ursprünglich darauf liegende Statue des Herzogs, in der die Grafenzeit sein Andenken fortbewahrte, im südlichen Seitenschiffe des damals längst vollendeten neuen Langhauses stehend aufgerichtet[1447].

Bertold's V Gemahlin war Clementia, die Tochter des Grafen Stephan von Auxonne und der Beatrix von Chalon[1448]. Wann die Ehe geschlossen

---

[1447] Eine Abbildung (Linienstich) bei Schöpflin I neben S. 160, sowie (in Holzschnitt) bei Ed. v. Rhodt, Bernische Stadtgeschichte, Bern 1886. — Simler hat den altzeitgenössisch klingenden Gedenkvers:

Dum bis sexcentis ter senus iungitur annus
In Friburg moritur Berchtoldus dux Alemannus.

— Ueber die Gruft und den Münsterbau vgl. das Münster selbst und die Zusammenstellungen und Ausführungen von J. Marmon, Unserer lieben Frauen Münster zu Freiburg im Breisgau. Freiburg 1878, S. 150 ff. und König im Freib. D.-A. XV 247 ff.

[1448] Diese Abkunft stellt die Urk. K. Heinrich's (VII) vom 28. Dec. 1224 B.-F. 3953 und ferner B.-F. 2101 von 1235 fest. Ueber Clementia's Mutter vgl. Chifflet, Lettre

wurde, bleibt ungewiss, jedenfalls erst geraume Zeit nach der Lösung des Verlöbnisses mit Ida von Boulogne[1449]. Die Quellen finden während ihrer ganzen Ehe mit Bertold keine Gelegenheit, sie zu erwähnen, die alten Genealogien des Zähringerhauses und die Wohlthäterlisten der Klöster schweigen von ihr, und kein schwäbisches Todtenbuch hat ihren späteren Tod verzeichnet.

Erst nach ihres mächtigen Gemahls Tode hat ihr trauriges Geschick die Herzogswittwe in die Oeffentlichkeit gerückt. Der Herzog hatte ihr als Morgengabe das Schloss Burgdorf und andere Güter zugesichert, die nun ihr Wittwengut wurden. Möglicherweise war unter diesen anderen, nicht genannten Gütern Rheinfelden, denn eine Notiz besagt, sie habe i. J. 1219 und zwar als Gemahlin des Grafen Eberhard von Kirchberg ihre von dem Herzog herrührenden Morgengabgüter Burgdorf und Rheinfelden an Graf Egeno (V) von Urach für 1500 Mark Silbers überlassen[1450]. Wenn das richtig ist, muss diese sonderbare Ehe (ein Eberhard von Kirchberg tritt wenigstens erst in den Jahren 1254—1268 hervor[1451], so dass er 1219 ganz jung gewesen sein oder ein sonst unbekannter Kirchberger dieses Namens in Frage stehen müsste) bald aufgelöst sein, da Clementia danach ohne den Titel einer Gräfin von Kirchberg nur als „vormalige Herzogin von Zähringen" erscheint und ihr Vater ihr Mundwalt ist; andererseits hatte Egeno, wie wir ferner sehen werden, Burgdorf und Zubehör nach 1219 nicht in Besitz.

---

touchant Beatrix comtesse de Chalon [an der Saône] Dijon 1656. 4°. Die *uxores fabulosae* Bertold's V, Gräfinnen von Vohburg und Kyburg, weist schon Schöpflin I 161 ff. mit Recht zurück, zweifelt aber auch die Verbindung mit Ida von Boulogne an, mit der Bertold mindestens verlobt war, was Schöpflin wegen Nichtbeachtung der oben S. 411 herbeigezogenen Quellen nicht wissen konnte.

[1449] Denn 1235 ist (B.-F. 2101) ihr Vater Stephan noch ein Mann von Reisefähigkeit, also anscheinend befriedigender Rüstigkeit, so dass der Altersverhältnisse wegen die Heirathsfähigkeit Clementia's nicht gut über den Beginn des 13. Jahrh. hinaufgerückt werden kann. Sonst sind nur die Anhaltspuncte noch, dass Bertold's V Sohn Bertold 1208 nicht vorhanden, auch 1198 nicht in einem Alter am Leben war, dass er hätte vergeisselt werden können, und ferner die zweifelhafte Nachricht, dass Clementia 1219 eine neue Ehe geschlossen habe.

[1450] Als Innsbrucker Archivnotiz mitgetheilt von Kopp, Geschichtsblätter aus der Schweiz, 2 Bde. 1854—56, I 64 (danach auch FUB. I 89). Die Urk. selbst fand Kopp weder in Innsbruck noch in Wien und fragte vergeblich bei Mone und Stälin an. Es könnte für die Richtigkeit sprechen, was bisher, soviel ich sehe, in diesem Zusammenhange übersehen wurde, dass die Grafen von Kirchberg in der That in der Nähe von Innsbruck begütert waren, vgl. Chr. Fr. Stälin II 411 zu Mon. Boica XXX 336, also in der That leicht irgend ein Actenstück nach Innsbruck gelangen konnte. — Ferner muss beachtet werden, dass die Grafen von Kirchberg nicht bloss in den Ostgegenden begütert waren, sondern noch im 14. Jahrhundert auch bei Schaffhausen Interessen hatten, vgl. Fickler, Quellen und Forschungen S. 104.

[1451] Chr. Fr. Stälin II 411 f.

Nun könnte aber gerade ein solcher, dann nicht vollzogener Verkauf das Weitere erklären. Denn in den ersten zwanziger Jahren wurde Clementia gefangen gehalten[1452]. Vom wem, ist nicht gesagt; da aber derjenige, der sie später[1453] gefangen hält, Graf Egeno, ihres Gemahls Neffe ist, möchte man angesichts des Obigen schon jetzt an ihn denken. Dem steht nicht ohne Weiteres entgegen, dass die von Kyburg, die anderen Neffen und Erben Bertold's V, sich i. J. 1224, am 31. März[1454] und dann i. J. 1229 in Burgdorf aufhalten und dort urkunden[1455]; das deutet nur möglicherweise auf irgend ein Eingreifen Werner's von Kyburg in die Angelegenheit, weniger wahrscheinlich in Clementia's, als vielleicht im eigenen Interesse, wodurch also Egeno erst recht bewogen sein würde, sich der Herzogin versichert zu halten. Die Sache kam vor den jungen König Heinrich, der in einem zu Bern gegebenen Rechtsspruch Clementia sogleich in Freiheit zu setzen befahl, am 28. Dec. 1224 ebenfalls zu Bern das weitere Erkenntniss beurkundete, sie selbst oder an ihrer Statt ihr Vater Graf Stephan als ihr Vogt sei in den Besitz des Schlosses Burgdorf und der übrigen Wittwengüter einzusetzen, und damit also die Güter beiden, wenn obige Vermuthung richtig ist, um sie streitenden Partheien entzog.

Drängen sich nicht unwillkürlich die bitteren Worte auf, die der sterbende Bertold V nach dem zweiten Theile der Erzählung, die Caesarius von Heisterbach von seinen Gewährsmännern hörte, über seine Erben gesagt haben soll?

Die arme Clementia wurde trotzdem nicht frei gelassen oder wurde auf's Neue gefangen gesetzt. So wurde die Sache, die der junge Heinrich vergeblich in die Hand genommen hatte, vor den Kaiser selbst gebracht. Auf dem grossen Reichstage zu Mainz seit der Mitte des Aug. 1235, der zur Wiederherstellung des Rechtszustandes im Reiche berufen war, erschien auch der greise Graf Stephan von Auxonne (oder Burgund, wie ihn die Canzlei bezeichnete) und erhob Klage um seine Tochter. Darauf verfügte Rechtsentscheidung der Fürsten, die vor dem Kaiser gegeben und von ihm beurkundet wurde, dass die von Graf Egeno von Urach gewaltsam und unrechtmässig gefangen gehaltene Herzogswittwe freizulassen und in den Besitz der Wittwengüter, die ihr [nunmehr] Graf Egeno vorenthalte, nämlich des Schlosses Burgdorf und der anderen Güter wieder einzusetzen sei. Die Fürsten, die für Clementia dies Urtheil erlassen haben, sind die geistlichen Herren von Mainz, Cöln, Trier, Besançon, Bamberg, Regensburg, Basel, Hildesheim, Lüttich und Cambray, der grosse Deutschordensmeister Her-

[1452] Dies und das weitere nach B.-F. 3953.

[1453] B.-F. 2101.

[1454] Schweiz. Geschf. I 354 Anm., Urk. Hartmann's von K. für Rüegsau.

[1455] Neugart Ep. II 191. Urk. Werner's von K.

mann von Salza, und die Herzöge von Baiern, Brabant und Kärnthen[1456]. Diese Rechtssprüche, wenn anders ihr Gegenstand mit jenem Verkauf von 1219 überhaupt in Verbindung zu setzen ist, haben diesen Verkauf also jedenfalls hinfällig gemacht. Bestimmtere Anhaltspuncte aber über den ganzen Handel waren nicht ausfindig zu machen.

Und mit jenem Entscheid für sie von 1235 schwindet Clementia, die letzte, die den zähringischen Namen zu tragen berufen war, völlig aus der Geschichte. Ihr ferneres Leben ist unbekannt, wie der Ort und die Zeit ihres Todes. Das ihr zurückgegebene Burgdorf aber war später der burgundische Hauptsitz der Kyburger Grafen.

[1456] B.-F. 2101.

Die Aemter, Besitzungen und Rechte des zähringischen Hauses und deren Schicksale.

Uebersicht.

Je nach dem Charakter der zähringischen Besitzungen erhoben sich bei dem Tode des letzten Herzogs verschiedene Erben und Ansprecher. Zunächst das Reich, das den Heimfall der von ihm herrührenden älteren und jüngeren Lehen und Aemter des ausgestorbenen Hauses geltend machte. Mit um so grösserer Energie geltend machte, als der Vertreter des Reiches, König Friedrich II gesonnen war, das Ereigniss von 1218 in jeder Richtung für die eigene Macht auszunutzen; aus welchem Grunde er anscheinend sogar eigene, staufische Erbansprüche hervorsuchte (Winkelmann, Jahrbb. Friedrich's II, I 4 zu Rain. Leod. MGSS. XVI 676, Alberic. Tresf. MGSS. XXIII 851; sie erklären sich doch wohl einzig aus einer unklar gewordenen oder absichtlich verhüllten Kenntniss der uralten Verwandtschaft durch Bertha von Büren [vgl. oben S. 10], wegen der die Staufer auch stets die Consanguinität mit den Urachern zu betonen sich herbeilassen [vgl. FUB. I passim]) und alsbald zu denen des Reiches und zur Verstärkung der seinen weitere Ansprüche hinzukaufte, nämlich diejenigen, welche die Herzöge von Teck als Agnaten irgendwie erheben konnten (*totam partem hereditatis . . . quam . . . de pecunia nostra a nobilibus viris ducibus de Teki compararimus*, B.-F. 1056), woneben er aus demselben Grunde auch einen Theil schon im Teck'schen Besitz befindlicher zähringischer Güter erwarb (*totam partem . . . bonorum . . . que de pecunia nostra a nobilibus viris ducibus de Teki compararimus*, ibid.). Letzteres müssen diejenigen zähringischen Eigengüter sein, welche nach dem Tode Hugo's von Ulmburg an seinen Bruder Adalbert gefallen waren (oben S. 418 f.), während die zähringischen Lehen, die an Hugo abgetheilt worden waren, an Bertold V gekommen waren. Dem entspricht es, wenn das Haus Teck nach 1218 im Breisgau und in der Ortenau, wo Hugo's Besitzungen lagen (*predia non parva et beneficia in Brisgaudia et Mortunagia*, Cat. S. Petri, Freib. Diöc.-Arch. XIV 86), nicht mehr begütert erscheint.

Ferner betrachteten die geistlichen Lehnsherren Bertold's V (Bamberg, Basel, Strassburg) die zähringischen Kirchenlehen als erledigt.

Auch die Markgrafen dachten daran, als — obwohl längst abgezweigte —

agnatische Linie des Gesammthauses bei dem Erlöschen der jüngeren einzelne Ansprüche (auf Mannlehen) geltend machen zu können, vielleicht desswegen um so mehr, als die den letzten Herzögen näher stehende agnatische Linie (von Teck) auf die eigene Vertretung ihrer Erbrechte verzichtete.

Die Allodialerbinnen waren Bertold's V Schwestern Agnes und Anna; die erstere vertrat ihr Sohn Egeno V von Urach (vgl. über das Zurückstehen Egeno's IV Winkelmann, l. c. 9, Anm. 7), Anna ihr Gemahl Ulrich von Kyburg. Diese beiden Familien (vgl. auch Mathias von Neuenburg, Böhmer Font. IV 153) scheinen (abgesehen etwa von dem Witthum der Herzogin Clementia) über die mit einander vorzunehmende Theilung des Erbes: in der Richtung, dass im Ganzen die Uracher die rechtsrheinischen Theile, die Kyburger die linksrheinischen Theile an sich ziehen sollten, von vornherein einig gewesen zu sein. Aber während Ulrich von Kyburg ungestört sogar über die zähringischen Allodien hinaus auf Aemter und Lehen Bertold's V die Hand zu legen vermochte, befand sich Urach der Abgeneigtheit der geistlichen Herren die zähringischen Kirchenlehen neu auszuthun und dem staufischen Kaiser gegenüber, dessen Absichten nicht nur in dem Lehn, sondern auch im Allod gegen dieses Haus — und aus territorialen Gründen gerade gegen dieses, nicht gegen Kyburg — gerichtet waren.

Mit eindringlicher Umsicht ist Friedrich's Politik und der äussere Verlauf dieser Angelegenheit zuletzt von Winkelmann in den Jahrbb. Friedrich's II S. 4 ff. dargelegt worden. Eine erste Schlichtung geschah auf dem Hoftage, der Mitte Sept. 1218 zu Ulm stattfand und auf dem auch die meisten an der zähringischen Besitzangelegenheit interessirten Herren, die Bischöfe von Basel und Lausanne, Abt Ulrich von St. Gallen, Markgraf Hermann von Baden und die Grafen von Kyburg und Wälschneuenburg anwesend waren. Die Uracher Grafen fehlen beide, wie schon Winkelmann hervorhebt, unter den Zeugen der zu Ulm ausgegebenen Urkunden; vielleicht aber darf man in dem mitanwesenden Heinrich von Neifen (B.-F. 949 u. 951), dem Schwager Egeno's V (Riezler 46), dessen Vertreter erblicken. Wir kennen die Ulmer Abmachung nur aus einer späteren Erwähnung (in B.-F. 1056) und müssen annehmen, dass sie Egeno — ob er nun durch Heinrich von Neifen vertreten gewesen war, oder nicht — nicht zusagte, da er sich bald danach gegen den König erhob.

Nach der Ulmer Vereinbarung finden wir am 23. Nov. 1218 Friedrich auf dem Schlosse Mahlberg (s. u. zu diesem Namen), wo nun e r die zähringische Ministerialenfamilie von Roggenbach „seine Getreuen" nennt und deren früher unter Betheiligung Bertold's V geschehene Schenkung in der Villinger Gegend an Kl. Thenenbach neu verbrieft (B.-F. 962).

Am 21. März 1219 (B.-F. 999) erklärt er sich ferner zum Rechtsnachfolger bei einem Zins, der dem Herzog Bertold von einer Mühle der Thenenbacher zu Villingen zugestanden hatte, und schenkt dem Kloster die „Herzogswiese“ *(pratum ducis)* bei dessen Besitz zu Roggenbach (BA. Villingen, bei Unterkirnach). Einer der beiden Egeno von Urach selber steht als Zeuge unter dieser zu Hagenau ausgegebenen Urkunde, die sich also auf dem Boden des Ulmer Vertrages bewegen muss.

Wahrscheinlich hat der Uracher hier zu Hagenau, wo er auch noch am 26. und 28. März verweilte (B.-F. 1003 u. 1006), Entschädigungen gesucht, die ihm nicht in gehofftem Maasse wurden. Denn im Sommer des Jahres erhob er sich in offener Fehde gegen den König. Ob ihm sein Kyburgischer Schwager beistand, ist unerkennbar und könnte nur daraus geschlossen werden, dass eine Urkunde (B.-F. 1048) erhalten ist, in welcher Friedrich die Stadt Freiburg i/Ü. am gleichen Tage wieder zu Gnaden annimmt (am 6. Sept. 1219), wie den Egeno selber. Für letzteren hatte die Fehde, die sonst ganz im Dunklen bleibt, den Nachtheil mit sich gebracht, dass (vgl. B.-F. 1047) aus der Stadt Freiburg und anderen Orten Egeno's seine und seiner Ministerialen Leute in empfindlicher Anzahl in die königlichen Städte ausgewandert waren. Also hatte schon der Ulmer Vertrag die Uracher in dem breisgauischen Allod als Herren belassen, da Freiburg genannt ist und die königlichen Städte, an die — abgesehen von Villingen — in erster Linie zu denken ist, Breisach, Colmar, vielleicht auch Neuenburg a/Rh. (s. unter diesen Namen bei den Einzelorten) in dieselbe Richtung weisen. Dem König lag zur Zeit wegen seiner Romfahrt daran, in Deutschland möglichst bald Ordnung und Ruhe zu haben (vgl. Winkelmann 27) und so war er jetzt, nachdem eine Annäherung herbeigeführt war, zu Abtretungen an Egeno bereit. Möglicherweise ist diese Annäherung durch den Cardinal Konrad von Urach, Egeno's V Bruder, mit herbeigeführt worden, da der Cardinal sich am 7. Aug. 1219 bei Papst Honorius III in Rieti befand (FUB. I 91) und Friedrich später schrieb (in B.-F. 1143), er habe dem Papste zu Gefallen Egeno verziehen, der dafür Verpflichtungen auf sich nahm, in welche sich der Cardinal Konrad später auch einmischte. Nachdem am 6. Sept. dem dringlichsten Uebelstande, der Auswanderung der Urach'schen Leute in die königlichen Städte gesteuert und ihre Rückgängigmachung angeordnet war (B.-F. 1047), kam dann, nachdem auch Heinrich von Neifen (B.-F. 1050, 1052, 1053, 1055, 1057) und Graf Ulrich von Kyburg (ib. 1052), auch der schon als grosser Herr im Breisgau, wenn nicht anders, mit interessirte Herr von Uesenberg (ib. 1052), mit dem Friedrich am 23. Nov. 1218 auf Mahlberg zusammengekommen war, in Hagenau eingetroffen waren, dort am 18. Sept. der Abschluss (B.-F. 1056) zu Stande. Der König trat die von ihm den Herzögen von Teck abgekauften Erbrechte u n d Güter an Egeno zu Eigenthum ab. (Der Uracher mochte wohl, worauf es freilch jetzt nicht mehr ankam, inzwischen gegen diese Teck'schen Erbrechte Richtigstellungen vorgebracht haben, da Friedrich's Urkunde den

Zusatz machte: *quod ipsi* [die Tecker] *de iure nobis rendere et dare potuerunt.*) Was der König aus jenen abgetretenen Rechten ihrer Natur nach nicht zu Eigenthum geben konnte, Leute und anderen Besitz, übertrug er dem Grafen zu rechtem und dauerndem Lehn. Im Uebrigen — also abgesehen von der Teck'schen Uebertragung — sollten Friedrich und Egeno behalten, was jeder in Folge des Ulmer Vertrages aus dem zähringischen Erbe zur Zeit besitze. Das waren also auf Seiten Friedrich's die im Namen des Reiches (und etwa noch auf Grund anfänglich erhobener staufischer Ansprüche) beschlagnahmten Besitzungen und einzelne der Kirchenlehen. Dabei wurde aber ausdrücklich mit beurkundet, dass Egeno auf diese Güter nicht endgiltig verzichte und Friedrich sich Verfügungen über sie zu Egeno's Gunsten vorbehalte.

Die Gegenleistung Egeno's ist nicht in die Vertragsurkunde aufgenommen und steht wohl formell überhaupt ausserhalb desselben. Ueber sie, die die Natur der zähringischen Hinterlassenschaftsgüter nicht berührt, vgl. Riezler S. 42 f. und Winkelmann S. 28.

Die Aussichten der Uracher auf die i. J. 1219 von Friedrich zurückbehaltenen einst zähringischen Besitzungen, bei denen kaum je festzustellen sein wird, was davon Friedrich als Reichsgut, was als etwaiges eigenes „Erbe" innehatte, blieben ohne eigentliche Verwirklichung. Diese Königsgüter wurden hineingezogen in die wechselvollen Besitzstreitigkeiten und Besitzverträge, die Friedrich II und sein Sohn Heinrich mit dem Bisthum Strassburg hatten, und mit dem Ausgang der staufischen Macht endgiltig in den Besitz des Bisthums übergeführt (vgl. den Gang des Streites bei Joh. Fritz, das Territorium des Bisthums Strassburg um die Mitte des 14. Jahrh. und seine Geschichte. Strassb. Diss. 1885). Egeno V von Urach hörte darum nicht auf, auch diese Güter anzusprechen, stand Jahre lang mit Kaiser Friedrich II bis zu einem Vertrage (1224 mit dem jungen K. Heinrich und 1226 mit dessen Vater dem Kaiser, FUB. I 146, dazu Winkelmann I 393) auf gespanntem Fusse und nahm dann an der Empörung des Kaisersohnes Theil (Riezler S. 50 ff.), kämpfte inzwischen widerum im Verein mit dem Grafen von Pfirt gegen denjenigen Strassburger Bischof, der der Hauptträger der Erwerbspolitik des Bisthums ist, den klugen und energischen Bertold von Teck, einen Enkel des ersten Herzogs von Teck und dadurch Urenkel Herzog Konrad's von Zähringen (das Nähere über die Fehde Ann. Marbac. MGSS. XVII 175 zu 1228), erreichte aber Nichts, als dass ihm aus den einst zähringischen Regalien die Flüsse des Breisgau, der Ortenau und der Baar i. J. 1234 als königliche Lehen von Heinrich (VII) übertragen wurden (FUB. I 166 f., s. u. zu den Namen). Ein Versprechen über Neuenburg und Güter, die zu den (später zu besprechenden) Bamberger Lehen der Zähringer gehörten, das seinem Sohne, dem Grafen Konrad von Freiburg der Gegenkönig Heinrich Raspe und Wilhelm von Holland gaben (Schöpflin V 220, dazu ergänzend die Bestätigung durch P. Innocenz IV bei Schöpflin V 214, vgl. dazu Zs. IX 328), blieb ebenfalls belanglos. Die Uracher beider Linien sahen es schliesslich als das Nutzbarste an, sich in Lehnsverhältniss zu Strassburg zu begeben. —

Die gegenüber den Uracher Grafen auf Zähringer Erbe erhobenen Ansprüche der Markgrafenlinie gehen hervor aus dem Satze einer Urkunde: *das guot, das der herzoge Berhtolt von Zeringen und grave Egen* [V] *brahton uns an ir tot und darumbe si* [die Uracher] *mit des marcgraven Heinrich vatter* [Mgr. Heinrich I] *gescheiden wurden.* Nach diesem Vergleiche, der vor 1231 († Heinrich I) fallen muss, entstand neue Fehde der Uracher und der Markgrafen, die jetzt aber einstige Liegenschaften Herzog Bertold's V nicht mehr betroffen haben kann, denn bei dem endgiltigen Entscheid sollte das *Zeringer guot* ausser Betracht bleiben. Es handelte sich vielmehr um einen besonderen Streit (vgl. bei den Namen unter „Freiamt") und um Regalien im Breisgau (s. Breisgau und Baseler Kirchenlehen), sowie um Fragen der gräflichen Gerechtsame der Markgrafen auf den Besitzungen Freiburger Bürger. Vgl. zu diesen markgräflichen Ansprüchen FUB. I 218ff. —

Obwohl nicht mehr in den Besitz Bertold's V gekommen, sei wegen der S. 475 erwähnten Wahrscheinlichkeit noch das Nimburger Erbe übersichtlich besprochen. Die Uracher hielten auch hier die zähringischen Rechte als Erbansprüche im vollen Umfange aufrecht. Der Verzicht Friedrich's II, der sich auf eine von dem letzten Nimburger an K. Heinrich VI gemachte Schenkung stützte, zu Gunsten des Strassburger Bischofs, dem er sogleich 1212 sehr verpflichtet worden war (vgl. B.-F. 670h), wurde schon (S. 474f.) erwähnt. Die Nimburger Güter blieben in der That bei Strassburg und wurden erst 1236 in Folge des Molsheimer Streites von dem Bisthum an Friedrich II als Kirchenlehen wieder abgetreten (Fritz S. 78 u. 164). Um ein Jahrzehnt später, in der grossen Wendung gegen die Staufer, wurden sie von Strassburg zurückerobert und auch nach dem Untergang des grossen schwäbischen Hauses behauptet (Fritz S. 165). Für die alte Verwandtschaft der Grafen von Nimburg und der Herzöge und also dafür, dass Bertold's V Ansprüche auf die Nimburgische Hinterlassenschaft Erbansprüche waren, ist wohl der stärkste Beweis der, dass auch die ältere Linie des zähringischen Gesammthauses, die markgräfliche, auf das Nimburger Gut Ansprüche machte und um sie, wie um andere, an anderem Orte zu erwähnende mit den Urachern zu einer Zeit (und zwar vor 1231) stritt, da das Nimburger Gut bei Strassburg war. Anscheinend ebenfalls schon vor 1231, d. h. noch zu Lebzeiten des Markgrafen Heinrich I, wurden diese Ansprüche zu Gunsten der Grafen vertragsweise aufgegeben; wenigstens konnte man darauf bei der neuen Schlichtung der markgräflich-gräflichen Streitigkeiten i. J. 1265 fussen (FUB. I 218). Auch hier gab sich schliesslich das Urachische Haus (die Grafen von Freiburg) damit zufrieden, für Nimburgische Güter und Vogteien Lehnsbesitz resp. Pfandschaft von dem Bisthum zu erlangen. (Vgl. auch H. Maurer, Zur Gesch. d. Grafen von Neuenburg, Zs. d. Ges. u. s. w. von Freiburg, dem Breisgau u. s. w. VI. [1883—87] S. 464). Die Einzelbelege werden unten, soweit möglich, zu den Einzelorten gegeben, wodurch sich Fritz' Bem. S. 165, es entziehe sich der genauen Kenntniss, wie weit die Nimburgisch-strassburgischen Besitzungen direct vom Bischof besessen oder ausgethan waren — er übersieht die Wiedererlangung durch die Grafen von Freiburg ganz —, für einen Theil erledigt. Auch die v. Staufen (vgl. Ministerialen) erhielten von diesen Strassburgischen Erwerbungen einige Lehen, die dann 1278 ebenfalls den Grafen von Freiburg zugesagt wurden, Zs. IX 469.

Besonderer Theil.

A.

Die Reichsämter

(in zeitlicher Aufeinanderfolge).

Die Grafenämter.

(Eine systematische Geschichte und Geographie der Gaue im Umkreis des Grossherzogthums Baden nach Analogie des von F. L. Baumann für Württemberg Geleisteten wäre eine höchst wünschenswerthe Arbeit. Tüchtige Vorarbeiten liegen ja schon seit Neugart vor. Hier kommen nur die erkennbaren Beziehungen der Zähringer zu einzelnen dieser Gaue in Betracht.)

Im **Breisgau**: Vgl. oben S. 3—18, 31, 81f., 83f., 100ff., 106, 120f., 188. Die Markgrafenlinie wurde im Besitze dieser Grafschaft, welche schon im 11. Jahrh. auf sie überging, durch das Ereigniss von 1218 natürlich nicht gestört. Von Regalien im Breisgau entbehrten die Markgrafen die Bergwerke und die Wildbänne (s. über beides unter den Kirchenlehen, Basel), die Flüsse (s. S. 494 und insbesondere unter „Dreisam" bei den Einzelnamen), das Münzrecht zu Freiburg, auf das sie dann nach dem Aussterben der herzoglichen Stadtherren Rechte geltend machten (FUB. I 218), und einen Theil des Geleits (vgl. die Verfassungs-Urk. H. Konrad's f. Freiburg, Zs. N. F. I 193ff.), wie auch ihre gräfliche Gerichtsbarkeit von herzoglicher Seite her durch die von der Krone bestätigten Sonderverhältnisse Freiburgs (s. d.) und ebenso schon Neuenburgs a/Rh. (s. d.) durchkreuzt wurde.

Dingstätten im Breisgau sind zu *Perolteshol*t [oben S. 102; ist etwa aus „Holz" „Feld", aus *Perolteshol*t Berchtelsfeld (s. d. bei den Einzelorten) geworden? immerhin stehen dem Bedenken entgegen], ferner zu Altenkeppenbach, Bahlingen, Theningen, Burkheim, Waldkirch, Offnadingen, Schliengen, Tannenkirch, Brombach und Rötteln (Zusammenstellung bei Maurer, Landgrafschaft 19).

Im **Thurgau**. Vgl. S. 7, 15—18, 31, 119f., 128f., 141f., 147, 188.

In der **Ortenau**. Vgl. S. 10ff., 18, 31.

Im **Albgau**. Vgl. S. 18, 31, 234f.

Auf der Baar. Vgl. S. 8, 19, (31), 137, 160, 188, 193, 263. Vgl. Baumann, Gaugrafschaften im wirt. Schwaben, S. 159 ff. und bei Riezler 210 f. u. 494 f. Dazu kommt die Albenesbaar von oben S. 263 (zu 1123) in Betracht. Ich wüsste sonst nur noch zu bemerken, dass die i. J. 851 (Wartmann II 34, FUB. V 21) erwähnte *Albunespara* ebenso wie die Albenesbaar von 1123 in den Umkreis der später (seit 1283) fürstenbergischen Gesammt-Landgrafschaft Baar und zudem in den Umkreis des zähringischen Hausbesitzes auf der Baar fällt. — Vgl. noch die Nachträge.

Die Reichsvogtei über Zürich

in ihrer wechselvollen und ungleichmässigen Ausübung durch die Herzöge von Zähringen musste schon oben S. 185, 189 ff., 199, 235, 303 f., 392 f., 401 f., 414, 427 f., 454—457, 467 f. besprochen werden. Nach Bertold's V Tode nahm K. Friedrich II diese Reichsvogtei sofort, ohne dem verstorbenen Herzog einen Nachfolger in demselben Sinne zu bestellen, unmittelbar an das Reich zurück (vgl. die klärende Anm. 2 P. Schweizer's im ZüUB. I 271; ferner, wie auch für die Weiterentwicklung Zürichs die Darstellung von Fr. v. Wyss, Zs. f. schweiz. Recht XVII 47 ff.).

Das Rectorat über Burgund.

Vgl. oben von S. 275 an durch das ganze Buch hindurch. Auch dieses Amt wurde in derselben Art nicht mehr erneuert; das spätere Rectoramt des jungen Königs Heinrich (VII) und die diesem unterstehenden Procuratien (Winkelmann S. 11) auf dem Boden Transjuraniens sind nur Titel und Formen der unmittelbaren Verwaltung durch die Krone. (Nur die Auflösung des alten Rectorats und ihre neue Bedeutung ermöglicht es auch diesen neuen burgundischen Beamten, daneben Zürich und Schaffhausen mit einzuschliessen; F. r. Bern. II 312). Diesem Verhältniss entspricht auch das Entstehen von Reichsstädten (s. u. zu den Namen) und das Auftreten von reichsunmittelbaren Grafen, Herren und auch Reichsdienstmannen (vgl. Wattenwyl, Gesch. d. Stadt u. Landschaft Bern, Bern 1867, I 28 f. Dierauer S. 62 ff.) in den Gegenden, wo einst der Zähringer mit wenn auch statthalterlicher, so doch selbständiger Befugniss und Macht zwischen die Krone und das Land gestellt gewesen war.

Wenn auch mit zum Rectorat gerechnet und desshalb nie durch einen eigenen Titel ihres Inhabers vertreten, bildete doch einen gesonderten Theil desselben die

Reichsvogtei über die Bisthümer Genf, Lausanne und Sitten.

Ueber sie vgl. oben S. 358 ff., 366, 369 ff., 376 ff., 395 ff., 404 ff., 423, 431, 469 ff., 477, wonach nur Lausanne bis 1218 unter der zähringischen

Reichsvogtei verblieb. Das in deren Ausübung hier von Bertold IV u. V besessene Recht der Regalieninvestitur fiel bei Bertold's V Tode dem Reiche anheim, ohne dass sich Versuche der zähringischen Allodialerben erkennen lassen, eine Nachfolge in jenem Rechte zu erlangen oder auf Grund einer solchen irgendwelche Einkünfte u. s. w. zu gewinnen. (Ueber die Bisthumsvogtei und die Grafen von Kyburg vgl. dagegen unten bei den Kirchenlehen). Eine Neuveräusserung des Rechtes der Regalieninvestitur in Lausanne durch das Reich findet sich auch nicht.

Die Reichsvogtei zu Schaffhausen.

Vgl. oben S. 448 (auch die zähringische Politik gegen Sch. S. 251). Für die Uebertragung dieser Reichsvogtei durch K. Philipp an H. Bertold V kommt in Betracht, dass vorher Heinrich VI in St. 4734 das Allerheiligenkloster, das den Ort selbst besitzt (s. o. S. 251 u. Fickler, Qu. u. Forsch. S. 65), *monasterium nostrum* nennt. Die von A. Pfaff, das Staatsrecht der alten Eidgenossenschaft, Schaffh. 1870, S. 90 erwähnte Urk., nach der Heinrich VI i. J. 1190 erklärt, Kloster und Stadt Sch. nie vom Reiche veräussern zu wollen, finde ich nirgends. Jedenfalls ist Pfaff's Folgerung, dass Schaffhausen vor 1218 eine Reichsstadt gewesen sei, schon insofern unrichtig, als zwischen dieser Versicherung Heinrich's und 1218 die zähringische Reichsvogtei liegt, die Pfaff übersieht. — Geht es etwa auf dieses Reichsamt der Zähringer zurück, wenn ihre Urachisch-Fürstenbergischen Erben noch 1363 die Herren der Fischereien im Rhein zwischen dem oberen und niederen Laufen (Stromschnelle und Rheinfall) bei Schaffhausen sind (FUB. II 254)?

Vom Reiche zu Lehn gehende Güter.

Die Besitzungen der Zähringer aus Reichslehn sind unten bei den Einzelnamen verzeichnet.

B.

Kirchenlehen.

Die zähringische Vogtei schwäbischer Güter des Hochstifts

Bamberg

(vgl. S. 18, 21 f., 33f., 55, 159, 194f., 250ff., ferner bei den Einzelorten), ihnen sicher von Heinrich II (ob. S. 14) zugewandt, bezog sich auch auf die Klöster

Stein a/Rh. (S. 164, 279, 389f.)

Gengenbach. (Vgl. S. 185, 296f., 388.)

(Schuttern gehörte Bamberg, doch kann keine Ausübung der zähringischen Vogtei nachgewiesen werden). — Dass nicht alle Bambergischen

32*

Besitzungen in den schwäbischen Gauen des Bereichs der Zähringer zu deren Vogtei gehörten, beweist ferner schon St. 3032 vom Jahre 1108, wonach Vischbach in der Ortenau Bambergisches Lehn der v. Schauenburg ist, worin sie der Kaiser bestätigt.

Diese 1218 heimgefallenen Bamberger Lehen suchte alsbald K. Friedrich II für sein Haus zu erwerben; darauf darf ich wohl beziehen, wenn der König schon am 23. Nov. 1218 auf der Burg Mahlberg (s. d.) urkundet (B.-F. 962). Im August 1225 belieh ihn dann der Bamberger Bischof mit den vormals zähringischen Stiftslehen, soweit sie in der Ortenau gelegen waren (B.-F. 1576; für Gengenbach besonders erwähnt es noch der Brief des Bamberger Bischofs bei Schulte, Acta Gengenbacensia Zs. N. F. IV 112). Auch diesen staufischen Besitz eroberte in der Folge, zunächst 1232 oder gegen 1232 (FUB. I 160), dann 1247 (Fritz S. 81f.) der Strassburger Bischof. Die Uracher erhoben auch in dieser Richtung (als von den Zähringern ererbt) Ansprüche, die ihnen Heinrich Raspe und P. Innocenz IV gewährleisteten (FUB. I 193), bis es schliesslich die Fürstenbergischen Uracher vorzogen, unter Verzicht auf die Haupttheile Einiges davon von Strassburg als Lehn zu erhalten (FUB. I 195f., unten zu den Einzelorten).

Hochstift Basel.

Der Wildbann im Breisgauischen Mooswald war 1008 (St. 1509, oben S. 13) an den wahrscheinlich dem zähringischen Hause angehörigen Bischof Adalbero von Basel, das weitere Regal der Silbergruben im Breisgau 1028 von K. Konrad II an seinen Nachfolger Ulrich (St. 1984) übertragen worden, was letzteres Heinrich IV i. J. 1073 (St. 2760) und Lotar 1131 (St. 3265) erneuerten. 1139 bestätigte P. Innocenz II dem Hochstift Beides: *in comitatu Brisigaudie cunctas venationes et argenti fodinas, sive sint invente, sive inveniantur* (Trouillat I 275). Das Baseler Anrecht bezog sich also auf alle, sogar künftig einzurichtende: auf das Gesammtregal, worauf es auch der verleihende König bezogen wissen wollte. „Fortan aber blieben Wildbann und Bergregal hier in ihren Schicksalen verbunden“ (Gothein, Bergbau im Schwarzwald, Zs. N. F. II, S. 387, vgl. d. F.).

Die Herzöge von Zähringen waren danach im Besitze des vereinigten Regals, wie denn noch 1284 eine Silbergrube bei Suggenthal *„des herzogen berg“* hiess (Zs. XIX 78, dort unnatürlich auf den österreichischen Herzog gedeutet). Ob sie es regelmässig von Basel zu Lehn nahmen, muss dahingestellt bleiben; schwerlich bezieht sich Bertold's V Streit mit der Baseler Kirche in seinen letzten Tagen (S. 478) auf dasselbe, schon weil nach dieses Herzogs Tode eine Baseler Lehnsherrlichkeit bei den Erben vollkommen in Vergessenheit gerathen war. Die Ansprüche, um die die Markgrafenlinie mit den Urachern stritt, sind schon S. 495 berührt worden; unter ihnen befand sich auch das Bergwerksregal, um das Hermann von Baden [wohl nicht für sich, sondern für des 1231 † Heinrich minderjährigen Sohn] Egeno ansprach. Am Anfang 1234 (vgl. FUB. I 164; Trouillat I 530 u. Zs. IV 223 haben 1233, daher diese Zahl auch bei Gothein l. c.) kam der Streit [vielleicht der ganze, aber nur dieser Punct liess sich erledigen] vor K. Heinrich (VII) in Frankfurt zum Austrag. Noch lässt die darüber gegebene Urkunde (FUB. I 163f.) den verblüffenden Eindruck erkennen, den es machte, als plötzlich der Baseler Bischof „*surgens e medio*" durch ausreichendes Zeugniss seiner Urkunden und anderer [also doch noch lebender!] Zeugen darthat, dass die genannten Silbergruben und Bergwerke der Baseler Kirche aus den Verleihungen von Kaisern und Königen mit vollem Rechte zuständen und es derart erwies, dass auch die Streitenden widerspruchslos waren und der Bischof das Object zugesprochen, auch sofort durch eine (obige) Urkunde vom 1. Febr. verbürgt erhielt. Bis zum 15. Febr. entwickelte sich dann die Angelegenheit derart weiter, dass auch der Wildbann wieder mit dem Bergwerksregal ausdrücklich verbunden und als dem Bischofe zuständig erklärt wurde, und dass dieser, unter den streitenden Erben den Grafen von Urach bevorzugend, diesem Wildbann und Bergwerke von der Baseler Kirche als Lehen zu tragen übergab (FUB. I 165). Im Jahre 1387 wurden die Markgrafen von den Freiburger Urachern zu Theilhabern dieser Lehen gemacht (Riezler S. 168).

Eine weitergehende unmittelbare Verleihung der Bergwerke (mit den Goldwäschereien der Flüsse und diesen selbst, s. o. S. 494) durch K. Heinrich (VII) (FUB. I 166f.) an Graf Egeno geschah in der Zeit (1234), da der König Anhänger zur Empörung sammelte — von denen der Uracher einer der treuesten war (Riezler 51f.) —, und wurde wohl von Egeno seinerseits als ein theoretischer Schritt in der erstrebten Rückerlangung der zähringischen Reichslehen geschätzt.

Die Wildbänne werden danach im Besitz der Urachischen Grafen von Freiburg erwähnt Zs. XIX 231f., 236ff., 375ff.

Bergwerke im Breisgau:

B a d e n w e i l e r, BA. Müllheim; St. 1509. Ausführlich über die dortigen Gruben Ed. M a r t i n i, Sulzburg, S. 150ff.

Birchberg am Hünersedel; Zs. V 372.

Britznachthal, beim Spielweg im Münsterthal, BA. Staufen; Zs. XXI 379. Im Besitze der zähringischen Ministerialen von Staufen (s. d.), aber vielleicht erst in nachzähringischer Zeit angebaut. Vgl. Gothein l. c. 395ff.

(D i o s s e l m u t h am Erzkasten, BA. Freiburg; 1372. Vgl. Gothein l. c. 394).

G l o t t e r t h a l, BA. Waldkirch; Zs. XXI 100.

Kropbach b. Grunern, BA. Staufen; St. 1509.
Lausberg b. Badenweiler; St. 1509.
Leinbach; Zs. V 372.

Luperchеimhaha } St. 1509; nach Gothein's (S. 387) Beobachtung, dass die dortige Aufzählung sonst von Norden nach Süden geht, als die nördlichsten der 1028 benannten Bergwerke im Breisgau zu betrachten.
Moseberch

Oberrieder Thal; Zs. XIII 106f., XIX 227 f.
Steinbrunnen (abgeg.) b. St. Trudpert, BA. Staufen; St. 1509.
Suggenthal, BA. Waldkirch; Zs. XIX 78. *Des herzogen berg* ibid. (zu 1284). Die Baseler Lehnsherrlichkeit ibid. ff.
Sulzburg, BA. Müllheim; St. 1509. Vgl. Martini l. c.
Todtnau, Thal u. Berg, BA. Schönau; Zs. XIX 93ff., 222ff., 227. In Anbau genommen wohl erst in nachzähringischer Zeit. Vgl. über sie Gothein l. c.

(Verlassene Gruben befinden sich auch im Brettenthal. Doch ist wohl kaum erlaubt, gerade an diese schon desswegen zu denken, weil 1310 einer der in dieser Gegend ansässigen Ritter von Keppenbach (s. d. unter „Ministerialen") von dem Grafen von Freiburg ein Recht „von den Silberbergen, und von dem Hofe, der unter der Burg zu Freiburg liegt" erwirbt; Zs. XII 75). —

Die S. 478 erwähnten Baseler Stiftslehen H. Bertold's V hängen schwerlich mit den besprochenen Regalien zusammen.

Hochstift Strassburg.

Vgl. bei den Einzelorten zu „Ulmburg".

Erzbisthum Trier.

Ueber die Trierer Stiftslehen der Zähringer vgl. S. 391.

Die bischöfliche Vogtei von Lausanne.

Vgl. oben S. 360, 395, 404ff. Der Lausanner Bischof, Bertold von Neuenburg, beabsichtigte diese Vogtei nach dem kinderlosen Tode Bertold's V, der wie sein Vater den Lehnseid dafür nicht hatte leisten mögen, als heimgefallen zu erklären, was er am 22. Jan. 1220 (Schöpflin V 150f.; Gallia christ. XV, Urkk. 161; MDSR. VII 31; F. r. Bern. II 18) zugleich mit dem Beschlusse beurkundete, sie nicht wieder zu Lehn auszugeben, sondern der Lausanner Kirche selbst vorzubehalten, „damit nicht ein neuer Vogt an seines Vorgängers Bertold's V Gewaltthätigkeit ein schlimmes Beispiel habe". Der Bischof hebt den versäumten Lehnseid des Zähringers hervor, aber gründet doch nicht darauf, sondern auf den Umstand, dass Bertold weder Sohn noch Tochter hinterlassen habe, die Heimfallserklärung. Aber die Erben auch aus der um einen Grad ferner stehenden weiblichen Verwandtschaft, die Kyburger, gegen die sich jenes in erster Linie richtete, gaben ihren Anspruch nicht auf. Ob sie die Vogtei in diesen Jahren auszuüben vermochten, ob es versucht wurde einen Gerichtsspruch herbeizuführen, was in der Urkunde des Bischofs wenigstens als ungünstige Möglichkeit vorbehalten wird, entzieht sich der Kenntniss. Danach verkauften im Jahre 1225 zu Oltingen die beiden Kyburger Grafen die Vogtei von Lausanne um 330 Mark Silbers an Aymon, Herrn von Faucigny, der damit — wenn man den Widerstand des Bischofs und Domcapitels und die zweifelhafte Behauptung des Anrechtes in Rücksicht zieht — schwerlich diejenige Summe gezahlt hat, welche diese Vogtei den Zähringern einst werth gewesen war. Um schliesslich die beurkundete Verpflichtung Bischof Bertold's zu erfüllen, hat dann sein zweiter Nachfolger, Wilhelm, am 18. Juni 1226 die Vogtei durch Rückerstattung jener 330 Mark von Aymon von Faucigny gekauft und so der Lausanner Kirche zurück gewonnen. (Vgl. hierüber MDSR. I 207; MDSR. VI S. 48 [die 320 Mark werden richtig gestellt durch] S. 523f.; Hist. Patr. Mon. Chart. I 1291. Auch F. r. Bern. II 71, 73f.)

(St. Ursus in Solothurn.)

In verschiedenen Werken findet sich die Annahme, das Solothurner Chorherrenstift habe die Zähringer zu Vögten gehabt, so dass 1218 diese Vogtei an das Reich gefallen sei. Die oben S. 408ff. besprochenen Urkunden zeigen, dass wenigstens 1181 u. 1182 der Herzog nur und gerade als Rector Burgunds in Solothurn für das Stift urkundete.

Klostervogteien.

St. Peter auf dem Schwarzwalde.

Vgl. S. 173 und durch das ganze Buch hindurch (man benutze das Register). Nach 1218 dachte man im Kloster daran, sich dieser Vogtei zu entziehen, welche jedoch von Egeno V seinerseits in Beschlag genommen wurde. Vor 1230, *quamvis idem comes ius eiusdem advocatie in monasterio et in aliis locis nostris hereditatis titulo sibi vendicarit*, erfolgte aber *prehabito diligenti tractatu* die Uebertragung seitens des Klosters an Egeno: „wir haben ihn erwählt zum Vogt und Schirmherrn hauptsächlich unseres Klosters und weiter aller Güter, die von Rechtswegen zu diesem Kloster gehören, beweglicher und unbeweglicher, der Leute, der bebauten und unbebauten Liegenschaften, die in der Nähe, wie in irgendwelchen entfernten Orten und Gebieten gelegen sind, wie der erlauchte Fürst seligen Angedenkens Herzog Bertold von Zähringen und Rector Burgunds, dem der genannte Graf im

Breisgau nach Erbrecht gefolgt ist, sie durch die Vogtei innegehabt oder Anderen zu schirmen übertragen hatte.“ Aus Egeno's Nachkommen solle der jeweilige Erbe von Burg und Stadt Freiburg diese Vogtei übertragen erhalten. FUB. I 155 f., zur Zeitbestimmung ib. 157 Anm. 1.

St. Georgen auf dem Schwarzwalde.

Vgl. S. 178, 229, 236 f., 263 f., 403 f., 423 ff. Nach 1218 nahm K. Friedrich II die zähringische Vogtei an das Reich und belieh danach mit ihr die Freiherren von Falkenstein. Vgl. die Casus mon. Villingani in den klostergeschichtlichen Collectaneen des P. Gallus Mezler im Freib. Diöc.-Arch. XV 243.

St. Blasien.

Vgl. S. 265, 281 f., 298 f., 320 f., 384, 389, 416, 429. Auch diese Vogtei wurde in derselben Weise 1218 vom Reiche eingezogen. Vgl. über das Weitere übersichtlich A. Schulte, Habsburger Studien, MJÖG. VIII 538 ff.

Die St. Blasische Untervogtei zu Todtnau und Schönau im Wiesenthal verdankten die von Staufen, Ministerialen der Zähringer, sicher zunächst diesen. Nach 1218 erhielten sie sie dementsprechend vom Reiche zu Lehn, vgl. Zs. I 200 ff.

Die Markgrafen waren im 13./14. Jahrhundert Inhaber St. Blasischer Untervogteien im Breisgau, doch ohne dass eine Vermittlung der Herzöge dafür nahe läge.

Interlaken.

Vgl. S. 306, 393, 411. Die S. 393 erwähnte St. 4141 von 1173 übernimmt die Worte von 1146: *advocatiam a prefato duce retentam*, ohne den unmittelbaren Bezug auf den Herzog Konrad durch die Erwähnung Bertold's IV, der bei der Verleihung der Urkunde anwesend war, richtig zu stellen. St. 4362 von 1183 für Interlaken nennt Bertold IV zweimal als zu Gunsten des Klosters zustimmend (s. u. zu „Iseltwald“), unterlässt es aber, ihn als dessen Vogt zu bezeichnen. Dann die zwei Jahre nach Bertold's Tode verliehene Urk. Friedrich's II, B.-F. 1090, nennt keinen Inhaber der Vogtei und erneuert nur mit den alten Wendungen das freie Besetzungsrecht der Vogtei ohne Vererbungsrechte des Inhabers. 1223 bekannte Walter von Eschenbach, auf die Vogtei lediglich durch Verleihung K. Friedrich's II ein Recht zu haben. Ein Jahr später gelang dem Kloster, diese Vogteiansprüche ganz abzuschütteln und unter den Schutz Berns gestellt zu werden (F. r. Bern. II 42 und 43 f.) Auch noch 1226 nährten die Klosterinsassen trübe Erinnerungen. Bertold von Eschenbach, der Sohn des Walter von Eschenbach und Ida's, der Letzten aus dem Geschlecht der von Oberhofen, hatte damals inständigst bei dem von seinen mütterlichen Vorfahren begründeten Kloster darum nachgesucht, dass es ihn selbst zum

Vogt *(defensor)* vom Könige erbitte, der ja nach obigen Privilegien und wie das Kloster hier auch seinerseits betont, keinen Vogt, als den von dem Convente selbst gewählten, mit den zugehörigen Regalien investiren konnte. Bertold von Eschenbach versicherte dabei, kein Recht auf die Vogtei beanspruchen zu wollen, als das seiner etwaigen Wahl durch den Convent. Aber das war noch nicht genug. „Wir, gegen die Anmasslichkeit der Vögte sehr eingenommen *(aborrentes insolentiam advocatorum)*“, erzählt die Urk. des Convents (F. r. Bern. II 76), „setzten ihm zunächst auseinander, was an Recht der Vogt an unserer Kirche haben darf, den dritten Theil der Emende, die Busse an Diebstahl und blutrünstiger Gewaltthat; ferner, wenn er für eine Angelegenheit unserer Kirche herbeigerufen wird, die Verpflegung für ihn und die seinet- und unseretwegen nöthigen Begleiter, aber weiter hat er von uns irgendwas zu fordern kein Recht. Danach ertheilten wir ihm den Bescheid, dass, wenn er hiermit zufrieden sein wolle, wir seine Bitte genehmigen wollten.“ Da Bertold von Eschenbach das bejahte, wurde er dem Könige präsentirt. Alles deutet darauf hin, dass die Herzöge von Zähringen als einstige Inhaber der Vogtei weniger gefügig gewesen waren. Aus dem nächsten Jahre, 1227, (F. r. Bern. II 82f.) wird überliefert, dass der neue Vogt und seine Mutter an Interlaken ein Gut im Eisboden zu Grindelwald schenkten, dessen Gegenstück *(consortem)* schon viel früher *(olim)* sein Vater Walter von Eschenbach unter Vorbehalt der Vogtei für beide Güter geschenkt hatte. Von der zähringischen Klostervogtei ist also mindestens hierfür eine Oberhofen-Eschenbachische Untervogtei zu unterscheiden.

Radolfzell.

Die Vogtei der (Reichenauischen) Propstei Radolfzell war Teckisch und von den Herzögen an Friedrich von Friedingen übertragen; 1215 [dieses Datums wegen kann die Vogtei wohl als schon von den zähringischen Herzögen ererbt betrachtet werden] kaufte sie der Reichenauer Abt zurück und übertrug statt ihrer dem Herzog von Teck und seinen Söhnen die Vogtei zu *Richlishusen*. Württ. Jahrbb. 1846, S. 95. Vgl. dazu (bei den Einzelorten) „Schienen, BA. Radolfzell“.

St. Gallen.

(Vgl. auch S. 463ff.) Die Herzöge von Teck besassen (im heutigen Baden und Württemberg) Orte, die als Lehen von St. Gallen zum Schenkenamt des Klosters gehörig waren. Vgl. K. Pfaff, Gesch. d. Herzöge von Teck, Württ. Jahrbb. f. vaterländische Gesch. u. s. w., Jahrg. 1846, S. 93ff. Bis eine selbständige Erwerbung dieser Lehen nachgewiesen wird, dürfen auch sie als zähringisches Erbe betrachtet werden, das desswegen 1218 nicht eingezogen wurde, weil sie schon vorher an die von Teck abgetheilt waren. Sie sind unten einzeln aufgeführt.

St. Trudpert
im Obermünsterthal, BA. Staufen.

Hier war die Vogtei in den Händen der zähringischen Ministerialen von Staufen. Darüber, dass diese sie nicht von den Habsburgern zu Lehn hatten, vgl. die die Untersuchungen v. Weech's über die St. Trudperter Urkundenfälschungen fortsetzenden Darlegungen A. Schulte's, Habsb. Studien MJÖG. VIII 538ff.

C.

Einzelne Orte und Oertlichkeiten.

1. Korinther 13, v. 9.

Die Aufführung eines Ortes ohne Klammern drückt aus, dass er dem zähringischen Besitz — nicht der blossen hohen Gerichtsbarkeit — ganz oder theilweise (auch nur durch zähringische Rechte, Eigenleute daselbst u. s. w.) für die Gesammtdauer des geschichtlichen Blühens des Herzogshauses oder einen Theil dieser Zeit zuzuweisen ist. Die öfters unmittelbar hinzugefügten Zahlen beziehen sich als Seitenzahlen auf dies Buch. Z. heisst Zähringer, zähringisch; U. bedeutet den nachweisbaren Uebergang an die Urachischen Erben des 1218 gestorbenen Herzogs, oder dass der betr. Ort von den Urachern nicht erweisbar oder auch nur wahrscheinlich anders als aus der zähringischen Herrschaft erworben war; UFr. bedeutet Uebergang zähringisch-urachischen Gutes bei der nachfolgenden Spaltung des Uracherhauses an die Grafen von Freiburg; UF. das Entsprechende für die Grafen von Fürstenberg; U. für die Zeit nach dieser Spaltung bedeutet gemeinsamen Besitz beider Linien; Ky. bedeutet für die Grafen von Kyburg, was U. für die von Urach; T. bedeutet die Zutheilung zähringischen Gutes an die [nach 1186] selbständig abgezweigten Herzöge von Teck, resp. Teck'schen Besitz unter analogem Ausschluss anderweitigen Erwerbs; Mgr.: dass der betr. Besitz (in dubio unter Bertold I) aus altzähringischem Gut an den älteren Sohn Bertold's I, Hermann, und dessen markgräfliche Nachkommen gekommen sein muss. —

Klammern bei U., Fr., F., T., Mgr. Orten bedeuten, dass die Herkunft des Besitzrechtes von den Z. immerhin fraglich ist. — Ohne Klammern mit aufgenommen sind diejenigen (durch Nimb. bezeichneten) Güter der Nimburgischen Hinterlassenschaft, auf die Bertold V und die UFr. Erbansprüche erhoben und letztere in anderer Form verwirklichten. Mit Klammern und Nimb. beigefügt ist sonst nachweisbarer, vorher anderweitig vergabter Besitz des Nimburgischen Hauses. — Ferner werden bei (meist) ohnehin aufzuführenden Orten anderweitige Mitbesitzer in kürzester Form dann erwähnt, wenn dadurch entweder auf die Wahrscheinlichkeit hingewiesen werden kann, dass auch diese fremden Rechte ursprünglich von den Zähringern veräussert worden seien, oder wenn die begründete Annahme vorliegt, dass diese hinzugefügten Hinweise zur Aufhellung der ältesten Verwandtschaftsverhältnisse des zähringischen Hauses oder zu Aufschlüssen über die ursprüngliche Natur des betr. zähringischen Bezitzes (Reichsgut, Lehnsbeziehungen activer und passiver Natur) mitbenutzt zu werden geeignet seien.

I.

Grossherzogthum Baden.

Aasen, BA. Donaueschingen. Oben S. 142. — UF. FUB. I 339 f.; II 198. — Min. v. Roggenbach, oben S. 403, 423.

Achdorf, BA. Bonndorf. s. Ministerialen von Achdorf.

(Achkarren, BA. Breisach. Dort Bes. von St. Ulrich unter Vogtei der Grafen von Nimburg, Dümgé 137 u. 136. — Dort Bes. m. Burg Höhingen d. H. v. Uesenberg, Zs. d. Freib. hist. Ver. 318 f., Oberrh. Zs. N. F. II 357. — Dort B. Baselische Ansprüche mit Uesenb. Vogtei, Dümgé 57 u. ö. — Dort althabsburgischer Bes. (an Kl. Muri u. Kl. Ottmarsheim übertragen, Schulte MJÖG. VII 7.) — Dort Reichsgut u. Reichsleute 1330, Schöpflin I 472.)

Adelhausen, BA. Schopfheim. 1302 dort eine vom Reiche zu Lehn gehende Vogtei; Abgaben davon an die Burg Rheinfelden (s. d., Schweiz.) Zs. d. Freib. hist. Ver. VI. 404.

Allerheiligen, BA. Oberkirch. Die Stätte des Klosters wird diesem unter Genehmigung d. K. Heinrich VI von Uta Herzogin von Schauenburg, Herzog Hugo von Ulmburg und Herzog Bertold V geschenkt. Dümgé 64 (Grenzbeschreibung). Zs. XXXIX 105.

Almendshofen, BA. Donaueschingen. UF. FUB. I 196 f. (Der Lehensauftrag gegenüber B. Strassburg bedeutet in diesem Falle keine Anerkennung Strassburger Rechte.) ibid. 275 ein F. Lehnsträger, Ritter von A., mit freiem Eigen in A.

Alzenach, abgeg. b. Gündlingen, BA. Breisach. UFr. Zs. X 103. — Vgl. Min. von A.

Ambringen b. Kirchhofen, BA. Staufen. 233, 234. Mgr. — Dort Mgr. neben Z Ministerialen (s. d.). — Dort Nimburger Bes. Vgl. die Anm. 512 gen. Urkk.

Amindon, s. u. Ohmden, Kgr. Württemberg.

Ander Matten (Oppenauer Thal, s. d., 1303). UF. Fritz S. 149.

An der niedern Matten (Oppenauer Thal, s. d., 1303). UF. Fritz S. 149.

Autogast, BA. Oberkirch. UFr. (Lehnsh., s. Ebersweier). Zs. XIII 206.

Appenweier, BA. Offenburg. S. Min. v. A.

Asp, abg. Ort bei Thalheim, OA. Tuttlingen. UF. (Aus Versehen hierher, st. nach Württ.)

Au, obere (Freiburg), Gericht, das., UFr. Freib. UB. I 1, 166.

Auggen, BA. Müllheim. 234 (Min.). — Min. v. Baden: Zs. d. Freib. hist. Ver. VI 412. — UFr. R. 114. — Mgr. Maurer Landgr. 19. — Dort Uesenberg: Neugart CD. II 170 f.

Bachzimmern, BA. Donaueschingen. UF. FUB. II 295.

Baden, BA. Stadt. K. Otto III schenkt an Graf Manegold von Nellenburg *nostrae proprietatis praedium, quod habuimus in loco Baden nuncupato in pago Ufgowe* mit allem Zubehör. *in proprium tradidimus . . . possideat ac quod sibi libuerit inde faciat* u. s. w. Fickler hat das Verdienst, Qu. u. F. 10 f. auf diese Urk. (St. 910) hingewiesen zu haben, um den [Z. u.] Mgr. Bes. der Stadt durch Nellenburgische Erbschaft zu erklären. Bestätigend findet sich, dass Baden in Z.-Mgr. Zeit nicht mehr im Nellenb. Bes. erscheint, vgl. die Nellenb. Regesten Zs. I 72 ff. — Oben 257.

Badenweiler, BA. Müllheim. Burg, Ort, Herrschaft (257) 316 f., 363. — Später wieder Fr. geworden (Zs. IX—XX passim). — Ueber Zubehör dieser Zeit R. 167 f., Grenzbeschr. Schöpflin VI 164. [Eine Scheidung, welche Orte in der Nähe von B. mit an Heinrich den Löwen, durch ihn an die Staufer und somit erst in UFr. Zeit wieder an die Erben der Z. kamen, und welche auch nach 1148 den Z. geblieben waren, war nicht durchzuführen. Nur wo die auf den Text verweisende Zahl oder die Verhältnisse der Ministerialen Aufschlüsse gaben, liess sich bisher Thatsächliches beibringen.]

Bächlehof b. Herzthal, BA. Oberkirch. U. (Fr. u. F.) Zs. XII 243 f.

Bärenbach, BA. Wolfach. Mgr. R. 362. — Dort Uesenberg. Lehnshoheit FUB. V 411 f.

Bahlingen, BA. Emmendingen. UFr. Zs. XII 95 f. (die Lehnszuständigkeit des Koler s. aus Zs. XII 85 f.) (Mgr. erwerben dort).

Nimb. Bes. das. QzSchw. Gesch. III 1, 39 (an Kl. Allerheiligen in Schaffhausen). — Dort Uesenb. Bes., Schreiber, Gesch. v. Freiburg II 116. — Altes Reichsgut das., Zs. XXXIV 122 ff. — Guntramnisches, St. 1386.

Bamlach, BA. Müllheim. Mgr. Zs. d. Freib. hist. Ver. VI 431. UFr. Zs. IX 339 (: Min. v. Thunsel, ib. 335).

Bargen, BA. Engen. UF.

Beckhofen, BA. Villingen. UF. FUB. II 97 f.

Bechtoldsbach b. Maisach, BA. Oberkirch. UFr. Zs. XIII 96 f.

Benzhausen, BA. Freiburg. 230.

(Berchtelsfeld, abg. zwischen Niederemmendingen u. Theningen, BA. Emmendingen. Nimb. Bes. (Min.). Maurer, Zs. d. Freib. hist. Ver. VI 455 a. d. Thenenb. Urbar fol. 15 b. — Vgl. auch oben S. 496.)

Bestenbach (Oppenauer Thal, s. d., 1303). UF. Fritz S. 149.

Bettberg, BA. Müllheim. UFr. R. 167.

Biberach, BA. Offenburg. UF. nimmt B. 1250 unter Aufgabe seiner eigenen Ansprüche von B. Strassburg zu Lehn. FUB. I 195 f.

Bickensohl, BA. Breisach. 327 (Min. v. Opfingen) — UFr. Zs. XII 365. v. Falkenstein (s. Min.). Zs. XII 251 f., 365. — Dort B. Baseler Bes. (Trouillat I 275) mit Uesenberg. Vogtei (Dümgé 57), vgl. auch für Uesenb. Zs. XII 251.

Biengen, BA. Staufen. U. (Min. v. Staufen). Zs. IX 448 f.

Biesendorf, BA. Engen. UF.

Bildstein, Hofgut im oberen Brettenthal (Freiamt) BA. Emmendingen. UFr. s. Freiamt.

Bilenstein, Burg, BA. Offenburg. UF. FUB. II 290.

(Birchtelkirch, abg. Ort (vgl. Zs. N. F. II 336 f.) bei Mengen, BA. Freiburg. „Wahrscheinlich von Birchtilo, Grafen im Breisgau, begründet und benannt“, eine naheliegende, schon Zs. IX 353 ausgesprochene Muthmassung.)

Bischoffingen, BA. Breisach. 11, 13. — Mgr. Maurer Lgr. 13. — Baselischer Dinghof (Trouillat I 275) mit Uesenberg. Vogtei (Maurer Lgr. 13). Uesenb.: Zs. XXXIV 234. — Reichsgut ibid. 1330 Schöpflin I 472.

Blausingen, BA. Lörrach. Mgr. Schöpflin V 268.

Bleich (Grenzfluss von Breisgau und Ortenau). Zwei Mühlen an der Bl. UF. Ansprüche. FUB. II 209. — Mgr. Bes. (ibid.), aber wohl in Rechtsnachfolge der Uesenberger, welche Bleichheim, BA. Kenzingen bes. (Zs. XXI 220 ff.).

Blumberg, BA. Donaueschingen. U. (Min.) FUB. I 232.

Bötzingen, BA. Emmendingen (S. 101). UFr. Zs. XIII 439 f. XX 349.

Bollenbach b. Steinach, BA. Wolfach. UF. FUB. II 285, 299, 312. Mit Haslach (s. d.) v. B. Strassb. lehnbar. R. 356.

Bottenau, BA. Oberkirch. UFr. (Lehnh., s. Eberswelr). Zs. XIII 206.

Bottingen, Böttingen. BA. Emmendingen. Verw. der Nimb., Lib. Her. Jb. f. schweiz. Gesch. X 356; unten Anhang I. Ob. Anm. 335 wird bestätigt durch d. hinzukommende *Böttikoven*. — Nimb. selbst: UFr. Zs. XIX 372. [aus der Nimb. Erbschaft als B. Strassburg. (darüber Fritz S. 141, 159, 162) Lehn.]

Bräunlingen, BA. Donaueschingen. UF. FUB. I 296, 315; R. 225, 283, 363. — Vgl. Min. v. Br.

Breg, Fluss. Unter den i. J. 1234 von K. Heinrich (VII) U. wieder zugestandenen Reichslehen. FUB. I 166 f.

Bregenbach, BA. Neustadt. UF. (FUB. II 266, 282 f.)

Bregthal, das. UF. R. 337.

Breisach, BA. Stadt. (Basel, Reich, Uesenberg; oben S. 414 f., 448, 472 f.) Z. 451 f., 466. Anspr. der Fr. gegen das Reich 1280, und zwar Erbansprüche, da in Verbindung mit Neuenburg u. Zähringen, Zs. IX 473 f.

Breitebnet [früher zum Freiamt (s. d.) jetzt] BA. Haslach. Mgr. (Lehnsh.) Schö. V 141.

Breitenberg b. Griesbach, BA. Oberkirch. UFr. (Lehnsh., s. Eberswelr) Zs. XIII 206.

Breitenberg b. Griesbach, BA. Oberkirch. UF. Fritz S. 149 (s. Oppenauer Thal, 1303).

Bremgarten, BA. Staufen. UFr. Min. v. Staufen, Zs. XXI 442. Min. v. Thunsel Zs. IX 339, 335.

heiligen unter Genehmigung Heinrich's VI geschenkt, Ruppert, Urk. Honorius' III von 1216 Freib. Diöc.-Arch. XXI (1890). — B. Strassburger Lehnshoheit, Fritz S. 141, wo *Aleswilr* nicht Orschweier, sondern E. ist. U. FUB. I 154 f.

Emmendingen, BA. Stadt. Mgr. Maurer Lgr. 20. — U. (Min.) FUB. I 96 f. — Dort Nimburger Bes. (QzSchwG. III 1, 39 (an Kl. Schaffhausen), ferner Freib. Diöc.-Arch. X 81, Zs. d. Freib. hist. Ver. VI 453, Fritz S. 159). — Die Deutung *Amindon* (schon bei Kolb, dann Stälin II 326 u. ö.) auf E. beherrscht dessen ält. Geschichte; Maurer Lgr. 16 bestreitet sie, weist aber noch unmöglicher auf Immendingen; RSP. 175 auf Amoltern; es ist Ohmden, s. d. unter Kgr. Württemberg.

Endenburg, BA. Schopfheim. UFr. Zs. XVI 200 f.

Ersch b. Neidingen, BA. Donaueschingen. UF. R. 403.

Ertingen, OA. Riedlingen. Mgr. Zs. XXXI 137, XXXV 98 (Min. mit Bes. in Owingen s. d.).

Eschach, BA. Bonndorf. UF. FUB. I 320, II 19; R. 232.

Eschach (Ober-, Nieder-), BA. Villingen. UF. R. 301. — Kl. Gengenbach. Bes. Dümgé 130 = WUB. II 8.

Eschau, BA. Wolfach. UF. FUB. I 329, II 342.

Eschbach, BA. Staufen. UFr. Zs. IX 339 (Min. v. Thunsel, ib. 335). Vgl. a. „Min."

Eschbach, BA. Freiburg. UFr. Zs. XIII 325 f. R. 168 (neben St. Peter, Zs. l. c.).

Esslingen, BA. Donaueschingen. UF. (Min.) FUB. I 128. Eigenleute FUB. II 259 f.

Falkenstein, Burg im Höllenthal, BA. Freiburg, s. Ministerialen. UFr.

Feuerbach, BA. Müllheim. UFr. (Min. v. Staufen). Zs. XXI 442.

Fildorhardt, BA. Oberkirch. UFr. (Lehnsh. s. Ebersweier). Zs. XIII 96, 206.

(Fischbach b. Neuhäuser, BA. Freiburg? Schwerlich. *Fiusipach*, QzSchwG. III 1, 55, dort schon als Fisibachs Ct. Zürich erklärt. Vgl. auch ibid. 136, ZüUB. I 136 u. unten Anh. I. — Nimb. Bes., an Kl. Allerheiligen in Schaffhausen).

Fischbach, BA. Villingen. UF.

Föhrenbächle, BA. Triberg. UF. FUB. II 109, 234.

Forchheim, BA. Kenzingen UFr. Zs. XVIII 346 (vgl. auch XIII 219 f.). — Dort Uesenberger Bes., Zs. d. Freib. hist. Ver. V 318. — Dort Nimburgisch = B. Strassburg. Bes., Fritz S. 159, 162. — Ausserdem dort ortenbergischer Besitz, vgl. ob. S. 388, wodurch die B. Strassburg. Lehnshoheit (Fritz S. 140) mit zu erklären sein mag.

Freiamt, vielmehr die dazu gehörigen — einzeln verzeichneten — Orte, BA. Emmendingen. Mgr. Zs. XII 76 ff. Vgl. ferner die Z., Mgr. u. UFr. Min. von Keppenbach, auch Maurer, Zs. d. Freib. hist. Ver. IV 267 ff. — Benachbarter Bes. der v. Uesenberg, Zs. d. Freib. h. Ver. V 319, Maurer Lgr. 20, auch Anm. — Vgl. auch Mussbach.

Freiburg, BA. Stadt. Vgl. 185, 252 ff., 305, 308 f., 454. Burg 305 (wenn die dortige Auseinandersetzung richtig ist, danach Zs. N. F. II 348 f. zu ergänzen), 475; St. Lambertscapelle der Burg: Zs. IX 323 f. — Herrenrechte d. Z. zu F. zu ersehen a. d. Urk. Zs. N. F. I 190 (vgl. dazu den Anhang dieses Buches über Freiburg). Weil auf Z. Eigengut (252 ff.), schon 1219 unbestritten U. (B.-F. 1047). — UFr. FUB. I u. Zs. IX u. ff. Bde. passim. — Münzrecht UFr., von Mgr. beansprucht, FUB. I 218, oben S. 497; dazu die *Monetarii* FUB. I 100 f. — Ueber den Hofstättenzins in U. Zeit FUB. I 173—176, Freib. UB. I 50. — Münsterbau oben S. 309, FUB. I 182 f., König im Freib. Diöc.-Arch. XV 247 ff. R. 110 f. — Gelände der späteren Freiburger Vorstadt vor dem Norsinger (Breisacher) Thore UFr., dorthin erst 1303 Recht u. Freiheit der Stadt ausgedehnt, Freib. UB. I 173. — Die Juden zu Freiburg 1230 königlich, von U. gefangen (also in der Zeit des Kampfes um die Wiedererlangung der Reichslehen, Regalien u. s. w.) FUB. I 157. Später UFr. Zs. XI 464, Zs. XII (81) 233, XIII 107 f., 221 f.

Frowenberge (Renchthal) UF. Fritz S. 149, wie Fürsteneck, s. d. (1303).

Fürstenberg, Neu-, Burg b. Hammereisenbach, BA. Neustadt. R. 269, 337. Von F. auf UF. Boden erbaut.

Fürstenberg, Burg u. Ort, BA. Donaueschingen. 397. Der Z. Bes. von Fürstenberg wird i. J. 1278 von K Rudolf I erwähnt, Schöpflin V 270 = FUB. I 256. UF. FUB. I 216 u. s. f. — FUB. I 256 zwingt nicht anzunehmen, dass Fürstenberg auch schon zu zähringischer Zeit mit Freiheiten (Immunität von den Grafengerichten) begabt gewesen sei.

Fürsteneck, Burg, sw. von Oberkirch (BA. Stadt). UF. FUB. I 242 (zu 1275). — Mgr. Reichslehn 1286, dem Reiche aufgetragen u. an F. wieder verliehen FUB. I 292. Von F. 1303 an B. Strassb. verkauft unter Zustimmung des Reiches, Fritz S. 148 f.

Gassen s. **In der Gassen**.

Geldengrunt (Renchthal) UF. Fritz S. 149, wie Fürsteneck, s. d. (1303).

Gengenbach, BA. Stadt. Der Ort gehörte dem Kl. G. (Dümgé 130), also zur Bamberg. Vogtei (s. d.) der Z. 1225 von B. Bamberg mit an den Kaiser zu Lehn gegeben. Vorübergehend um 1232 (FUB. I 160), dann seit 1247 B. Strassburgisch. Fritz S. 81, 139, 146. Danach wieder ans Reich gezogen, ibid. 153 f., von B. Strassburg 1351 zurückgekauft, ib. 154 f. — U. Ansprüche, von UF. 1250 B. Strassb. gegenüber aufgegeben, FUB. I 195, 196. Ueber das Weitere vgl. Ortenberg (am Ende, „Herrschaft").

Gerolsberg, abg., zu Freiamt (s. d.), BA Emmendingen. Zs. XII 77 ff.

Gerwinsberge (Oppenauer Thal, s. d., 1303). UF. Fritz S. 149.

Goyersnest b. St. Ulrich, BA. Staufen. UFr. Zs. XVII 70.

Glasbach, Thal, BA. Villingen. UF. FUB II 97.

Glashausen, jetzt Glasig (Freiamt, s. d.), BA. Emmendingen.

Glotterthal (Ober-, Unter-), BA. Waldkirch. UFr. Zs. XII 233. Zs. XXI 100, 101 f (s. a. Min. v. Falkenstein). — Dort Nimb. — Strassb. Bes., Fritz S. 162. — Ein Hof im Gl. gehört zu dem aus Guntramnischem Bes. an B. Constanz durch St. 301 geschenkten Maurach, vgl. Zs. XX 353 ff.

Gölinshof in der Au (Freiburg i. B.) UFr. Zs. XII 232 ff.

Göschweiler, BA Neustadt. UF. FUB. II 54, 192 (Lehnsh; vgl auch Franck S. 82).

Gossingen, abg., b. Neidingen, BA. Donaueschingen. UF. FUB. II 126.

Gottschalksgereute b. St. Peter (BA. Freiburg) 230. Weitere Waldgründe in der Nachbarschaft von G. in Z. und Nimb. Bes. 230.

Gretzenhausen, BA. Breisach. Mgr. Schö. V 332 (neben Uesenb. Zs. d. Freib. hist. Ver. VI 401; u. St. Ulrich, Zs. IX 255).

Griesbach, BA. Oberkirch. UFr. Zs. XIII 96 f.

Griessheim, BA. Staufen. Mgr. Schöpflin V 332. — Dort Bes. d. Z. Min. v. Staufen, Zs. XII 99.

Grünburg, Burg b. Undingen, BA. Donaueschingen. UF. FUB. II (304) 370.

(**Grüningen**, abg., b. Ober-Rimsingen, BA. Breisach. Dort stiftet 1072 Hesso die später nach St. Ulrich verlegte Cluniacenserzelle. Vgl. S. 148 u. die dort erwähnten Urkk. Nach Anhang I: Vorfahr d. Nimb.).

Grüningen, BA. Villingen. UF. FUB. II 97.

Gündlingen, BA. Breisach. 232. Mgr. Schöpflin I 357. — Vgl. auch (U.) Min. v. Alzenach.

Gundelfingen, BA. Freiburg. 219. (Vgl. auch Min. v. Falkenstein.) Vom Reiche 1218 eingezogen u. danach an den Grafen von Spitzenberg (über diese Stälin II) verpfändet; als Pfandschaft angekauft von Fr. Zs. XII 457, wiederverkauft 1327 (ibid. 456 ff.).

Gutenrode, abg., zu Freiamt (s. d.), BA. Emmendingen. Zs. XII 77 ff.

(**Hachberg**, Burg, BA. Emmendingen, **nicht** altzähringisch, vgl. S. 188, aber auch Anh. I.)

Hammereisenbach, BA. Neustadt. UF.

Hardern b. Weisweil, BA. Kenzingen. U. (Min.) FUB. I 264 (Zs. I 411).

Harmersbach (Ober-, Unter-), BA. Gengenbach. Zu Kl. Gengenbach, Dümgé 130. Unter den Bamberg. Kirchenlehen der Z., daher nach 1218 beim Reiche; nicht an B. Strassburg gekommen (falls es, Fritz S. 139: „Zell und eine Anzahl kleinerer Orte des Kintzigthals", nicht etwa doch unter letzteren mitgemeint ist, was auch aus der

Karte des Buches nicht ersichtlich wird); 1330 vom Reiche an F. verpfändet. FUB. II 110.

(Hartheim, BA. Staufen. In Hesso's Besitz, S. 102, dementsprechend im Bes. v. St. Ulrich. Dümgé 58, 137. — Dort auch Bes. v. St. Trudpert, Dümgé 58.)

Haslach, BA. Freiburg. Neben oder aus [ehemals Guntramnischem] Reichsgut, wie solches dort i. J. 1006 verschenkt wird, St. 1427 —: U. (Min.) FUB. I 105. UFr. Zs. XII 75. Freib. UB. I, 1, 148.

Haslach, BA. Wolfach. Im Z. Bes. 1278 v. K. Rudolf erwähnt, Schöpflin V 270 = FUB. I 256. Die Stelle zwingt nicht zu der Annahme, dass gerade auch schon H. in zähringischer Zeit durch die Könige vom Grafengerichte eximirt und dementsprechend von den Z. zur Stadt erhoben sei. UF. nimmt H. 1250 unter Aufgabe der bisherigen Ansprüche von B. Strassburg zu Lehn. FUB. I 195 f. Später nach längerem Rechtsstreit vom Reiche als Lehn empfangen (1283), vgl. FUB. I 278, 279, 283, 331 f. Die B. Strassburg. Ansprüche wieder erneuert 1386, R. 296 f. Gleichzeitig Mgr. Ansprüche, ibid. — Nach allem hatten es die Z. vom Reiche, nicht (vgl. noch Dümgé 130) von Bamberg.

Hattingen, BA. Engen. UF. (? Lehnsherren) FUB. I 392 f. — (*Berhtoldes guot bi der Eich*, habsburg. Urbar ed. Pfeiffer S. 290.)

Hausach, BA. Wolfach. UFr. FUB. I 231. Franck 78. R. 110.

Hausen, BA. Donaueschingen. 415 (Min.).

Hausen (Nieder-, Ober-), BA. Ettenheim. U. (Min. v. Keppenbach). FUB. I 207 f.

Hausen, BA. Staufen. 280 (Min. v. Alzenach).

Hecklingen, BA. Kenzingen. UFr. Zs. XVII 326—329. Schreiber, Gesch II 172. — Dort Bes. v. St. Ulrich Zs. IX 355.

Heidburg, Burg b. Hofstetten, BA. Wolfach. UF. FUB. II 180 ff., 216, 217, 218, 228, 273.

Heidenbach(höfe), BA. Achern. U. Zs. X 231 ff.

Heitersheim, BA. Staufen. Vgl. auch Min. — UFr. Zs. XX 101 f. — Mgr. Rechte neben der hohen Gerichtsbarkeit, Schö. I 344, V 306 f. — Min. von Staufen (s. d.) Zs. XII 99. — Dort althabsburgischer Bes., Schulte MJÖG. VII 7.

Herbolzheim, BA. Kenzingen. Vgl. Min. v. H. — Dort Nimb. Bes. B.-F. 752 (an B. Strassburg) Fritz S. 159, 162. Von B. Strassb. nicht mit an UFr. zu Lehn gegeben; dagegen im 14. Jahrh. von UF. als B. Strassb. Lehn erworben. FUB. II 205 ff. u. ö. — Uesenb. Bes. dort, Zs. d. Freib. hist. Ver. V 200. — Bes. v. St. Ulrich, Dümgé 59.

Herdern, BA. Freiburg. 437. Unklar, an wen von Rudolf vererbt, etwa an T. u. so an K. Friedrich u. B. Strassburg? Oder altes Reichsgut? — U. 1239 von B. Strassb. zu Lehn, FUB. I 178, Zs. X 109 ff., XIX 88 f., vgl. Zs. XII 93 ff.

Hertingen, BA. Lörrach. Mgr. Schöpflin V 361. — Dort althabsb. Bes. Schulte MJÖG. VII 7.

(Herzogenhorn, Berg im ehem. St. Blasischen Waldamt, Zs. VI 97. Ist er nach den Z. genannt? In der auf 983 zurechtgemachten Grenzbeschreibung (*St. 844) u. also deren Vorlage findet sich der Name noch nicht; 1328: *des herzogen horne*, Zs. VI 98.)

Herzogenweiler, BA. Villingen. U. FUB. I 186 f. (Ein Drittel gehörte Salem aus Schwarzenbergischer Schenkung. UF. FUB. II 97.

Hesselbach, BA. Oberkirch. Unter Genehmigung K. Heinrich's VI 1 Hufe zu H. von d. Herzogin Uta von Schauenburg, Herzog Hugo von Ulmburg u. Herzog Bertold V an Kl. Allerheiligen im Schwarzw. gesch. (Freib. Diöc.-Arch. XXI 311 ff.).

Heuweiler, BA. Waldkirch. UFr. Zs. XI 449. Maurer Lgr. 18.

Hilzingen, BA. Engen. 20, 251. Von B. Bamberg noch 1277 lehnbar: Zs. I 77. In Verb. mit Twiel u. Stein a/Rh., daher später Hohenkling. Bes. R. 365.

(Hintschingen, BA. Engen. F. Wohl aus dem Wartenb. Erbe, vgl 295.)

Hirzig b. Lierbach, BA. Oberkirch (Oppenauer Thal). UFr. Zs. XIII 96 f.

Hochdorf, BA. Freiburg. — Dort Bes. v. St. Ulrich, Dümgé 59, 137. Dementsprechend

H. auch unter dem Nimb.-Strassb. Bes., Fritz S. 140, 162. (Auf der Karte b. R. ist auch H. UFr. bez., aber letzteres braucht wenigstens aus Zs. XI 452ff. nicht zu folgen. — Strassb. belieh mit H. die Pfalzgr. v. Tübingen).

Hochemmingen, BA. Donaueschingen. UF. FUB. I 291. (Die Hauptsache dort von F. wohl mit Wartenberg erlangt, vgl. Freib. D.-A. XI 158, 178 u. FUB. II; R. 277.)

Hochstetten, BA. Breisach. U. (Min. v. Alzenach) Zs. IX 447f. — Dort B. Baselischer Bes. (Trouillat I 275) mit Uesenb. Vogtei (Maurer Lgr. 18). — Dort Reichsleute u. Reichsgut 1330, Schöpflin I 462.

Hofstetten, BA. Wolfach. UF. FUB. II 194.

Hohenstetten, abg., b. Nordstetten, BA. Villingen. UF. vgl. FUB. I 222f.

Hohenthengen, BA. Jestetten. T. WJbb. 1846, 105, 130.

Holdenthal (abgek. Name), Thal bei Gundelfingen; Schicksale mit Gundelfingen (s. d.) — ausserdem Zs. XII 448 (= UFr. 1306).

Holzhausen, BA. Emmendingen. Mgr. Kolb II 197 unter Landeck. — UFr. (Min. v. Falkenstein) Zs. X 249.

Hondingen, BA. Donaueschingen. 279. UF. FUB. I 312f. R. 224f., 229, 275, 337.

Hügelheim, BA. Müllheim. (s. Min. v. H.) — UFr. Zs. XX 111. — Dort Uesenb. Bes., Schöpflin V 217. Zs. IX 327.

(Hugstetten, BA. Freiburg. (?) UFr. Nach Maurer Lgr. 17.)

Ibach, BA. Oberkirch (Oppenauer Thal, s. d., 1303) UF. Fritz S. 149.

Ibenthal, BA. Freiburg. UFr. R. 168. — Dort Nimb.-Strassb. Bes., Fritz S. 162.

Ichenheim, BA. Lahr. Gengenbachisch, Dümgé 130; später zur Herrschaft Mahlberg (auch M. war B. Bambergisch) gehörig, vgl. Kolb II 102. Ob gemeinsch. Schicksale mit Mahlberg (vgl. dieses)?

Jechtingen, BA. Breisach. Mgr. Schöpflin V 281, 332ff.

(Ihringen, BA. Breisach. Guntramnisch, St. 301. — St. Ulrich, Dümgé 137. — Uesenberg Schöpflin V 326. — B. Strassb. *Iringesberge* (Fritz S. 140) hierher u. zum Nimb. B. zu ziehen? — Reichsleute in J. 1330, Schöpflin I 472.)

Immenthal, Thal nö. von Freiburg (BA.) bei Herdern. *vites in Wimarstal*, U. (an Kl. Thenenbach gesch.). Schö. V. 194f.; ibid. über einen Zins aus diesen Rebgütern. Die Deutung auf J. Zs. IX 245.

In dem Springe (Oppenauer Thal, s. d., 1303) UF. Fritz S. 149. Dort schon vorher B. Strassb. Bes. (zu Ulmburg), Fritz l. c.

In der Gassen (Oppenauer Thal, s. d., 1303) UF. Fritz S. 149.

In der Sulz b. Nesselried, BA. Offenburg. UFr. (Lehnsh., s. Eberswèier). Zs. XIII 206.

Kenzingen, BA. Stadt. U. FUB. I 185 (Min. v. Weisweil). Auch die zähr. u. U. Min. v. Falkenstein (s. d.) haben Bes. in K., vgl. Zs. VIII 486. — K. aus Reichsgut der Karolingerzeit stift-andlauisch, vgl. Maurer Zs. XXXIV 122ff., u. in dieser Verb. Uesenbergisch. — Dort Guntramnisches Gut, St. 1386. — Althabsb. Gut bei K., an die Uesenberger verliehen. Schulte MJÖG. VIII 563.

Keppenbach, BA. Emmendingen. Vgl. Min. v. K.

Kippenheimweiler, BA. Ettenheim. UF.

Kirchzarten, BA. Freiburg. UFr. Zs. XIX 89f. (Lehnsh.), vgl. auch Zarten.

Kirnach (Ober-, Unter-), BA. Villingen. UF. FUB. I 187. Thal zu Kirnach, ibid. 314f.

Kirnbach, BA. Wolfach. (Oder mit d. Herrschaft Wolfach?) UF.

Kirneck, Burg, BA. Villingen. UF. (Min., FUB. I passim).

Kissenegg, Burg. T. (zum St. Galler Schenkenamt). WJbb. 1846, 129.

Klengen, BA. Villingen. 404, 495. UF. FUB. II 97.

(Korben, abg., zw. Wöpplinsberg u. Mahlbeck, BA. Emmendingen. Nimb. (Min. v. Königsberg.) Maurer Lgr. 11 aus dem Thenenb. Urbar.)

Kork, BA. Kehl. U. FUB. I 249. — Ueber B. Strassb. Lehnshoheit in K. vgl. Fritz S. 140.

Krotzingen, BA. Staufen (Min. v. Staufen, s. d.).

Kürnburg, Burg, BA. Donaueschingen. UF. FUB. I 195. (1250 B. Strassb. aus Eigengut zu Lehn aufgetragen, vgl. die Unterscheidungen der cit. Urk.).

Langenbach, Thal, BA. Villingen. UF. FUB. II 97. R. 247, 313, 332, 337.

Langenordnach, BA. Neustadt. UF. FUB. II 298.

Langenschiltach, BA. Triberg. UF. FUB. II 109, 191, 234.

Langenstein, Burg, BA. Stockach. UF. (FUB. I 275, II 20).

Laufen, BA. Müllheim. UFr. R. 167. Zs. XX 101 f.

Lehen, BA. Freiburg. 1218 vom Reiche eingezogen u. mit Zähringen (s. d.) verpfändet, im Pfandbesitz der Fr., 1310 daraus verkauft, Zs. XII 70 f.

Lenzkirch, die spätere Herrschaft, 1491 von F. angekauft, wurde wohl auf Z. Waldgebiet von ursprünglichen Ministerialen der U. (vgl. R. 125 f., dazu FUB. I 176) durch Besiedelung begründet.

Lichteneck, Burg, BA. Kenzingen. UFr. Zs. XII 230. Zs. XIII 350, 353. R. 147, 149. UFr. Herrschaft (mit Hecklingen, Forchheim, Schelingen und einigen Leuten zu Malterdingen 1368). Schreiber, Gesch. II 172. Zs. XIII 220, Anm. 7. (Riegel wurde erst von den Tübinger Pfalzgrafen dazu gekauft).

Liehenbach, BA. Bühl. UF. FUB. I 342.

Lierbach, BA. Oberkirch. UF.

(Limburg, Burg, BA. Breisach. S. 92. UFr. haben dort sehr wahrscheinlich gar keine ererbten Z., sondern nur später erworbene Rechte. — Althabsb., Schulte MJÖG. VII 9 ff.)

Linach, Thal, BA. Villingen. UF. FUB. II 97.

Lipburg, BA. Müllheim. UFr.

Löffingen, BA. Neustadt. UF. FUB. I 197 f. Franck 76. R. 216, 301, 337, 374.

Löhern (Löcherberg b. Ibach. Oppenauer Thal, s. d., 1303). UF. Fritz S. 149.

Lützelhard, BA. Lahr. Vgl. Min. v. Lützelhard.

Mahlberg, BA. Ettenheim. B. Bamberg. Lehn (Stälin II 238, wo aber angenommen ist: schon Friedrich's II Vorfahren Bamb. Lehnsträger für M., was durch die U. Ansprüche widerlegt wird). Vgl. für 1218 oben S. 492. 1232 oder gegen 1232 von B. Strassburg besetzt, FUB. I 160; dann wieder bei den Staufern, Zs. N. F. IV 105; 1247 abermals erobert, Fritz S. 81, 164. Aber 1265 von Konradin an Geroldseck verkauft, Stälin II 238. 1298 vom Reiche an UFr. nominell (so legt der Wortlaut nahe) als Pfandschaft lösbar mit 1000 Mark Silbers übertragen, Schöpflin V 311 f.

Malterdingen, BA. Emmendingen. UFr. Vgl. Lichteneck. — Mgr. Schö. V 282. Zuwachs: ibid. 310 f. — Reichsgut St. 1664.

Mauenheim, BA. Engen 164.

Meienbachwald b. Freiburg (BA.) UFr. Zs. IX 329 f.

Meisach, BA. Oberkirch (Oppenauer Thal, s. d., 1303). UF. Fritz S. 149 (s. *Meisahe*).

Meisenheim, BA. Lahr. Vgl. Min. v. M.

Mengen, BA. Freiburg. UFr. Zs. XII 246. Zs. XX 101 f. (neben Reichsgut, Zs. XI 458 f.).

Mietersheim, BA. Lahr 278 (Min.).

Mistelbrunn, BA. Donaueschingen. UF. (FUB. II 41).

Mördingen, BA. Breisach. U. (Min. v. Falkenstein). Zs. IX 246.

Mühlenbach, BA. Wolfach. UF. FUB. I 296 (Reichslehen).

(Müllen, BA. Offenburg [vgl. Min. v. Müllheim]. UFr. nach der Karte bei Riezler.)

Müllheim, BA. Stadt (vgl. Min. v. M.) UFr. Zs. IX 443. X 238 f. XX 111. — Min. v. Baden, vgl. d., Zs. IX 441 f. — Althabsb. Bes., Schulte MJÖG. VII 8.

Münster, frühere Stadt im Münsterthal. UFr. Freib. UB. I 1, 58 (Min. v. Staufen).

Münsterthal (Ober-, Unter-) (Min. v. Staufen in UFr. Zeit).

Mundenhofen, BA. Freiburg. Freib. UB. I 1, 185.

Mussbach, BA. Breisach. Mgr. Schö. V 180.

Mussbach (Freiamt, s. auch dieses), BA. Emmendingen. Nimburg. = B. Strassburgisch, Fritz S. 141 u. 159, vgl. dazu seine Karte. (Daneben seit 1161 Kl. Thenenbach, Dümgé 50, 54, 58).

Muttikofen, abg. (vgl. Zs. N. F. II 451) im BA. Staufen zwischen Thunsel, Krotzingen u. Schmidhofen. UFr. Zs. IX 349 (: Min. v. Thunsel, ib. 335).

33*

Neidingen, BA. Donaueschingen. UF. FUB. I 284, 309, 335 f.

Neuenburg a/Rh., BA. Müllheim. Nach d. Thenenb. Urbar (Auszug darüber Zs. N. F. I 98) war der Grund und Boden Z., wurde von H. Bertold (IV, weil P. Alexander erwähnt wird) an Kl. Thenenbach verkauft. Ein Jahrzehnt später vertrieb der Herzog die Mönche und erbaute die Stadt. Das muss zwischen 1171 u. 1181 geschehen sein; denn 1161 war Thenenbach selbst erst gegründet worden und 1181 starb Alexander, der auf die Klage des Klosters eine Vereinbarung zwischen diesem und dem Herzog herstellte (also wohl erst nach 1177), dass ersteres seinen Besitz ausserhalb der Mauern der neuen Stadt behalten und das Patronatsrecht der dortigen Kirche haben solle. Auch darin erhielt das Kloster (nach obiger Aufzeichnung von 1341) nie sein volles Recht. — Der von Bertold verkaufte und dann wieder benutzte Baugrund muss Reichsgut gewesen sein, so dass Friedrich die Stadt 1218 ans Reich nehmen konnte. An N. wird schon mit zu denken sein, wenn Egeno 1219 durch die Auswanderung in die königlichen Städte in Folge der Fehde Leute verlor, FUB. I 92. U. erhielt Ansprüche auf N. aufrecht, die von Heinrich Raspe und 1248 von P. Innocenz IV (FUB. I 193) anerkannt wurden, ebenso von K. Wilhelm 1251 (Schöpflin V 220). 1265 war N. wohl bei UFr., da der dortige Schultheiss Rudolf von Auggen in dem Entscheid FUB. I 218 herangezogen wird. Ueber die Neuenburger Fehde von 1272 f. vgl. Huggle, Gesch. d. Stadt N., Freib. 1876, S. 22 ff. Bei der Theilung von 1272 im UFr. Hause wurde N. der Badenweiler Linie zugetheilt, FUB. I 231 ff. In Folge der Fehde ging die Stadt den UFr. wieder verloren und blieb seit 1274 Reichsstadt. — Ueber ihr Stadtrecht Schulte, Zs. N. F. I 97 ff.

Neuenstein, BA. Oberkirch, vgl. Min. v. N.

Neuershausen, BA. Freiburg. UFr. Zs. IX 468 (Min.). — Dort Gegenbachischer Bes., Dümgé 130.

Neustadt, BA. Stadt (genannt 1275; das Gelände Z. und) UF. FUB. II 41, 143 u. ö.; R. 213, 339.

Niederbach, Thal, BA. Wolfach. UF. FUB. I 290 (Reichslehen).

Nimburg, BA. Emmendingen (159, 474). Stammsitz der Gr. v. Nimburg; an B. Strassburg verkauft (wenn auch in R.-F. 752 nicht genannt: der Graf hatte wohl N. selbst an K. Heinrich VI nicht mit versprochen); vgl. Fritz 162 u. ob. 475. An Friedrich II abgetreten 1236 Fritz S. 78; danach wieder bei B. Strassburg, ib. 164, 159. Bestätigungen für B. Strassburg durch das Reich nach dem Interregnum: ibid. 91 ff. u. 165. — Von Fr. zu Lehn erlangt, Zs. XII 232, XIX 372 f. Zs. d. Freib. hist. Ver. VI 464. Zs. XIII 350, 353. Freib. Diöc.-A. X 81.

Norbrechtsberg, zu Freiamt (s. d.), BA. Emmendingen. Zs. XII 77 ff.

Nordstetten, BA. Villingen. UF.

Nordwasser (Oppenauer Thal, s. d., 1303). UF. Fritz S. 149.

Nussbach, BA. Oberkirch. Uta, Herzogin von Schauenburg giebt Güter und Leute (Schöpflin V 212) und Patronatsrecht zu N. (Zs. IX 257) an Kl. Allerheiligen (s. a. oben S. 419). Mgr. beanspruchen in Betr. dieser Schenkung die Vogtei und Leute zu N. (Schö. V 212), 1246 abgewiesen; das Patronatsrecht ist 1226 unter B. Strassb. Lehnshoheit, Zs. IX 237, dazu FUB. I 142; wird 1275 von U. (F. u. Fr.) beansprucht (FUB. I 241 ff). Ferner hat U. Güter zu N., die 1239 an Kl. Allerheiligen verkauft werden (FUB. I 181—185). Aus ihnen erhält sich U. 1275 (FUB. I 241 ff.) durch Rückkauf den niederen Hof mit Patronatsrecht, verzichtet auf den oberen Hof, wie auf den Rebhof mit Zubehör (in dem Lochen, Hungerberg, Volmarsberg, d. Wald am Schwalenstein, Vogelsang). — Der U. Verkauf 1239 geschieht unter Genehmigung *(auctoritate qua fungimur)* d. B. Strassburg (Zs. IX 252). — Reichsgut das. i. J. 994 (St. 1029). (K. Heinrich VI bestätigt die Ausstattung von Kl. Allerheiligen, vgl. Freib.-Diöc.-Arch. XXI S. 311 ff.) — — 1365: Kirche zu N. in iure dominii vel quasi (U. Fr. u. F.). Mit damaligem

Zugehör, Capellen in Oberkirch, Oberndorf, Oppenau und Eberswoier (s. diese) an Kl. Allerheiligen gesch. FUB. II 260. — Ein Nussbach Zubehör zu Eberswoier (s. d. UFr.) Zs. XIII 206.

Oberbergen, BA. Breisach. UFr. Zs. XI 448. — Mgr. Schöpflin I 379. — Dort 1136 Bes. v. Min. des (Bamberg.) Kl. Schuttern, Dümgé 37. — Dort im 14. Jahrh. B. Strassb. Bes., Fritz S. 141: „Bergen", vgl. dazu die Karte bei Fritz. — 1330 Reichsgut das., Schöpflin I 472.

Oberdorf, BA. Oberkirch. UF. 1271 halb O. dem B. Strassb. zu Lehn aufgetragen. FUB. I 230.

Oberhof, zu Sinzenhofen, wie dieses.

Oberkirch, BA. Stadt. UF. FUB. I 154 f. — Mgr. Inhaber des Reichslehns zu O., das von ihnen 1286 dem Reiche aufgegeben und an UF. wieder verliehen wird. FUB. I 292. (1303 von F. mit Zustimmung des Reiches an B. Strassburg verkauft. Fritz S. 148.) — Patronatsrecht der Capelle zu O. der Herzogin Uta von Schauenburg zuständig; 1226 unter B. Strassburg. Lehnshoheit Zs. IX 237. FUB. 142, vgl. auch ib. 241.

Oberried, BA. Freiburg. UFr. Zs. XIII 106.

(Oberweiler b. Durbach, BA. Offenburg. UFr? — Dort althabsb. Bes., Schulte MJÖG. VII 12.)

Oedsbach, BA. Oberkirch. UFr. Zs. XIII 96 f., 256 ff.

Oehningen, BA. Radolfzell. 292. Aus der Rheinfeldischen Erbschaft; vgl. die Untersuchungen Gisi's Anz. f. schweiz. Gesch 1887, 25 ff. — Dort auch Staufischer Bes., vgl. St. 4077.

Offenburg, BA. Stadt. Kl. Gengenbachischer Bes. („Kinzigdorf") Dümgé 130. Nach 1218 von B. Strassburg und K. Friedrich II (1225 die Bamberg. Lehen!) beansprucht, von B. Strassburg 1224 aufgegeben, Als. dipl. I 352; 1236 nimmt es der Kaiser v. B. Strassburg zu Lehn, B.-F. 2143. 1247 von dem Bischof zurückerobert, Fritz S. 81, 139, 146. — U. Ansprüche von Heinrich Raspe und P. Innocenz IV anerkannt FUB. I 193; 1250 verzichtet UF. gegenüber B. Strassburg, FUB. I 195 f. Ueber das Weitere vgl. Ortenberg (am Ende, „Herrschaft").

Ofnadingen, BA. Staufen. Vgl. Min. v. O.

Opferdingen b. Fürstenberg. BA. Bonndorf. UF. R. 232.

Opfingen, BA. Freiburg. 13. — Vgl. Min. v. O. — UFr. Zs. XIII 350. R. 167. Zs. XX 101 f.

Oppenau, BA. Oberkirch. *alles das guot, daz vns an höret in dem tal zu Noppenowe,* 1298. UF. FUB. I 333 (i. J. 1303 mit Zustimmung des Reiches an B. Strassburg verkauft, Fritz S. 148 f. — Zubehör einzeln verzeichnet). (Reichsleute im Oppenauer Thal 1316 an B. Strassburg durch K. Friedrich überlassen, Fritz S. 150.) — Patronatsrecht zu O. der Herzogin Uta von Schauenburg zuständig, Zs. IX 237, 1226 unter B. Strassburg. Lehnshoheit, ibid., dazu FUB. I 142.

Ortenberg, BA. Offenburg. Zu den B. Bamberger Lehen; ob zu Gengenbach (Dümgé 130 ist O. nicht mitverzeichnet)? Dazu Text S. 388. K. Friedrich II, dem in den B. Bamberg. Lehen in der Ortenau den Z. seit 1225 nachgefolgten, 1232 oder gegen 1232 von B. Strassburg entrissen, FUB. I 160; für die nächste Zeit vgl. auch die Acta Gengenbacensia Zs. N. F. I; 1247 von B. Strassb. abermals erobert, Fritz S. 81, 146. — U. Ansprüche, von Heinrich Raspe u. P. Innocenz IV anerkannt, FUB. I 193; 1250 von UF. gegenüber B. Strassburg aufgegeben FUB. I 195, 196. Nach dem Interregnum Herrschaft O. an's Reich zurückgenommen u. an Mgr. verpfändet, diesen als Pfandschaft unter Zustimmung des Kaisers von B. Strassburg abgekauft, Fritz S. 154 ff., weitere Schicksale ib. 156, Anm. 1.

Owingen, BA. Ueberlingen. Mgr. (1207) Zs. I 326 f., 344. Zs. XXXI 69. Cod. Sal. Zs. XXXV 97, s. a. Min. v. O

Pfaffenweiler, BA. Staufen. Vgl. bei Min.: *Hericheswilare.*

Pfaffenweiler, BA. Villingen. *cum sub duce Bertholdo talis census* [in den dortigen

Forsten] *non exigeretur*. UF. FUB. I 179f. R. 341, Anm. 2.

Pfohren, BA. Donaueschingen. UF. FUB. I 290, 339.

Ramsbach, BA. Oberkirch. U. UFr. (Lehnsh., s. Ebersweier). Zs. XIII 206. — UF., 1271 an B. Strassburg zu Lehn aufgetragen, FUB. I 230. Vgl. auch Fritz S. 149.

Reichenbach (Freiamt, s. d.), BA. Emmendingen. — Dort Nimb. Verw. Bes., an Kl. Allerheiligen in Schaffhausen, QzSchwG. III 1, 39.

Reichenbach, BA. Oberkirch (Oppenauer Thal, s. d., 1303). UF. Fritz 149. — v. Schauenburg als Reichslehn 1227. Zs. XXXIX 106.

Reiselfingen, BA. Bonndorf. FUB. I 88. (Min. v. Roggenbach). U. FUB. 266 (Min.) R. 337.

Rench, Fluss. U. FUB. I 166 f. (Reichslehn).

Renchen, BA. Oberkirch. Unter Genehmigung K. Heinrich's VI schenken Herzogin Uta, Herzog Hugo von Ulmburg u. Herzog Bertold V eine Hufe zu R. an Kl. Allerheiligen im Schwarzw., Freib. Diöc.-Arch. XXI 311 ff. — Vgl. auch FUB. I 154. (U.?) — 1241 B. Strassburgisch. Zs. IV 275. — Reichsleute zu R., 1316 an B. Strassburg überlassen. Fritz S. 150. — UFr. Zs. XIII 456.

Renchthal, 13. — Mgr. Bes. daselbst Zs. XXXVII 386, s. a. Fürsteneck u. Oberkirch. — U. (einzeln verzeichnet).

Reuthe (Nieder-, Ober-), BA. Emmendingen. 6, 11. UFr. Zs. XXI 94f.

Riegel, BA. Kenzingen. — Guntrammisch, MGDipl. II 24 u. St. 1386; an Kl. Einsiedeln, vgl. auch Liber Heremi u. Zs. IV 252 (Zinsregister des Kl. Einsiedeln. Danach giebt auch *Dux* einen Zins, aber es fehlt der Zusatz *dominus*). Uesenb. Bes. ib. 253, Schöpflin V 206, Zs. XXXVI 125ff. — Z. Min. v. Roggenbach, ob. S. 403; vgl. Min. — St. Ulrich Bes. das., Dümgé 59. Nimb. Bes. das. (QzSchwG. III 1, 39, Verw., ferner) oben S. 474; B. Strassb., Fritz S. 159.

Rietheim, BA. Villingen. UF. R. 341, Anm. 2.

Rimsingen (Ober-, Nieder-), BA. Breisach. 6, 11, 102. Sulzburger Vogtei Uesenb., Trouillat I 331. Schöpflin I 464. — St. Ulrich Dümgé 58, 137. Zs. XII 451 f. — Reichsgut das., 1330, Schöpflin I 472.

Ringelbach, BA. Oberkirch. UF. Fritz S. 149 wie Fürsteneck, s. d. (1303). (Schon vorher B. Strassb. Bes. das. (zu Ulmburg), vgl. Fritz l. c. u. 148.)

(Rinken, Rinchosteinenstadt, Steinenstadt, BA. Müllheim. Vgl. 6, 9, 11. — Uesenberger Bes. (lehnbar von Basel). Zs. XVIII 484 f. — St. Ulrich Dümgé 137. (1157 schon nur *Steinenstat*). — Althabsb. Bes., Schulte MJÖG. VII 7. — (Die Zerlegung von *Rinchosteinenstal* (1064) in 2 Orte, die Maurer Zs. N. F. IV 480 vornimmt, ist wohl eine unhaltbare Aushilfe). — Mgr. Bes. in St., Zs. d. Freib. hist. Ver. VI 431 = Freib. D.-A. VI 172. (wenn nicht von Rötteln her, wofür Schöpflin I 447 zu sprechen scheint.)

Röthenbach, BA. Neustadt. 325. UF. R. 226, 337.

Roggenbach, Burg b. Unterkirnach, BA. Villingen. (403 f., 423 ff. Min. v. Roggenbach). *pratum ducis*. FUB. I 154. — UF.

Rohr b. St. Peter, BA. Freiburg. UFr. R. 167. (Von St. Peter her, vgl. RSP. 141.)

Rohrwiesen, die, zw. Fürstenberg und Sumpfohren. UF. R. 225.

Rothenberg, Berg bei Gleismuthshausen (? im Grabfeldgau, u. wäre dann wohl Bambergisches Lehn. Aber) Bertold IV vergiebt den Berg zu freiem Eigen. So ist er doch wohl im Odenwald bei Kl. Schönau, das ihn erwirbt, zu suchen. S. 418. — Stälin II 417 meint auch: „wahrscheinlich nördlich bei Hirschhorn".

Rothenfels b. Allerheiligen, BA. Oberkirch. UF. FUB. I 308. *(mero iure dominii et proprietatis ad nos pert.)*.

Rothweil (Nieder-) am Kaiserstuhl, BA. Breisach. Mgr. Schöpflin I 379. — Althabsb. Bes. (in den Händen von Kl. Ottmarsheim u. v. Kl. Muri) Schulte, Habsb. Studien MJÖG. VII 7.

Rotschier (Oppenauer Thal, s. d., 1303). UF. Fritz S. 149.

Rudenberg, BA. Neustadt. UF.

Rüti under der burg ze Zeringen (s. d.) UFr. Zs. XII 456ff., schwerlich Ober-, Nieder-Reuthe, BA. Emmendingen, wie ibid. 459 gemeint ist.

Runsthal b. Villingen, BA. Villingen. 474. (Vgl. Ministerialen.) UF. (Daneben Kl. Salem.)

Ruprechtsbühele (Oppenauer Thal, s. d., 1303). UF. Fritz S 149.

(Sasbach, BA. Breisach. Fr. nach der Karte bei R. [Ob UFr.? vgl. Limburg].)

Sausenberg, der, im Sausenhardt, BA. Lörrach. Mgr. (überl. Ansprüche) Schö. V 182ff.

Schaffhausen (Ober-), BA. Emmendingen. UFr. Zs. XIII 439f. XX 349. — Dort die Familie Hesso's, des Stifters von St. Georgen, beg. Not. fund. 214 u. Anh. I. — Dort St. Ulrich Dümgé 137. — Dort althabsb. Bes. MJÖG. VII 7, VIII 583. — Dort Reichsgut (995 an Kl. Waldkirch) St. 1034. [Oder ist es in beiden Fällen Königsschaffhausen? Oder war althabsb. Bes. in beiden Sch.?]

Schallsingen, BA. Müllheim. (218). 281. — Mgr. Schöpflin V 271, 274.

Schallstadt, BA. Freiburg. 219. UFr. Zs. XX 101f. — Dort Bes. v. St. Ulrich Dümgé 137.

Scharfenstein, Burg, BA. Staufen UFr. (Min. v. Staufen.) Zs. XXI 432ff.

Schauenburg, Burg, BA. Oberkirch. 221, 286f. — Patronatsrecht der Capelle das. d. Herzogin Uta zuständig, an Kl. Allerheiligen gegeben. FUB. I 241. Wohl aus Reichsgut, daher auch das Verhältniss der Ritter v. Schauenburg (Zs. XXXIX 83ff.) zum Reiche; aber doch wohl bis 1218 Z., da Bertold V die Schenkungen der Herzogin Uta von Sch. (auch obiges Patronatsrecht kommt mit Nussbach durch sie an Kl. Allerheiligen) mit vollzieht. Desshalb auch die UFr. Ansprüche, die sich erst durch FUB. I 241 erledigen.

Schelingen, BA. Breisach. UFr. Schreiber, Gesch. II 173. (Zur Herrschaft Lichteneck.)

(Schenkenzell, BA. Wolfach. Vgl. Min. v. Sch.)

Schienen, BA. Radolfzell. 1215 dortige Vogtei: *ecclesiae solius et atrii et beneficiorum claustralium* Teck'sches Lehn [Zur Vogtei Radolfzell, s. d.] der von Friedingen. Freundl. Mittheilung F. L. Baumann's aus Karlsr. Hs. IVe 312 fol. 208f. — Sch. 1343 Nellenburgisches Lehn von Reichenau (wozu Radolfzell gehörte), Zs. I 82.

Schiltach, BA. Wolfach. (St. Galler Lehn). T. WJbb. 1846, 117, 129.

Schlatt, BA. Staufen. Vgl. Min. v. Schl. — UFr. Min. v. Staufen. Kirche zu Schl. mit Patronatsrecht 1277 (*ab antiquo*). Zs. N. F. I 462ff.; Hof zu Schl. Zs. XXI 442

(Schliengen, BA. Müllheim. Mgr. Zs. d. Freib. hist. Ver. VI 431 [aber wie Steinenstadt, s. d.]. — Wohl althabsb. Bes. das., Schulte MJÖG. VII 8. — Dort B. Baselischer Bes., Zs. XV 225ff., Uesenb. Maurer Lgr. 18.)

Schnellingen, Burg, BA. Wolfach. UF.

Schönbrunnen, Wäldchen b. St. Georgen, BA. Villingen 292 (Min. v. Runsthal).

Schönenbach, Thal u. Ort, BA. Villingen. UF. R. 247, 262, 337, 403.

Schönenbrunnen, abg., zu Freiamt (s. d.), BA. Emmendingen. Zs. XII 77 ff.

Schollach, Thal, BA. Neustadt. UF. R. 262.

Schopfheim, BA. Lahr. Vgl. Min. v. Sch.

Schupfholz, BA. Emmendingen. UFr. Zs. X 101.

Seefelden, BA. Müllheim. 11, 13, 234. UFr. Zs. XX 101f. — Min. v. Staufen. Zs. XII 99. — Dort althabsb. Bes. MJÖG. VII 8.

Seppenhofen, BA. Neustadt. Vgl. Min. v. *Heppehoven*. — UF. R. 337.

Sigmannesgassen (Oppenauer Thal, s. d., 1303). UF. Fritz S. 149.

Sinkingen, BA. Villingen. UF. R. 247.

Sinzenhofen, abg., bei Oberkirch. UFr. Zs. XIII 456ff.

Sölden, Kloster, BA. Freiburg. 240. Vogtei im Bes. der Nimb., an K. Heinrich VI zugesagt, an Strassburg verkauft, von Z. beansprucht, S. 474f., 1236 von B. Strassburg an den K. Friedrich II verliehen, Fritz S. 78, nach dem Interregnum wieder B. Strassburgisch. — UFr. Ansprüche, besitzen die Vogtei danach (Zs. IX 346ff. Zs. X 246) als Pfandgut (Zs. XII 233). Und zwar als B. Strassburgisches Pfand, vgl. Freib. Diöc.-A. X 81 für 1344

Sonnenziel, abg., zu Freiamt (s. d.), BA. Emmendingen. Zs. XII 77ff.

Sponeck, Burg, BA. Breisach. Mgr. (Lehnsherren). Schö. V 320ff.

Springe, s. In dem Springe.

Stahleck, Burg b. Löffingen, BA. Neustadt. UF. FUB. I 205 (Min.).

Staufen, Burg b. d. BA. Stadt. (Vgl. Minist. von St.) UFr. FUB. I 191. Zs. XIII 453ff. — Bader Zs. XXI 436: „Ich erinnere mich bestimmt, in den Archivalien über Staufen gelesen zu haben, die Veste sei ursprünglich ein Uesenbergisches Lehn gewesen." [Bei Sachs, I 609 etwa?]

Stauffenberg, BA. Offenburg. Vgl. Min. v. St.

Steinach, BA. Wolfach. Gengenbachisch, Dümgé 130. Also wie Gengenbach. Dementsprechend 1250 bei dem UF. Verzicht auf U. Erbansprüche von B. Strassburg F. als Lehn belassen. FUB. I 195f. Nach dem Interregnum 1288 als Reichslehn betrachtet, von U. dem Reiche gegenüber aufgegeben. FUB. I 296.

Steinenstadt, s. Rinken.

St. Ilgen, BA. Müllheim. UFr. Zs. XX 101f.

St. Peter, Kl., BA. Freiburg. Grund u. Boden des 1093 gegründeten Klosters u. die Umgebung sind Z. u. Nimb. Bes., vgl. S. 171, 173, RSP. 139—141.

St. Ulrich, BA. Staufen. S. 147f. Vogtei im Bes. d. Nimb., Freib. Diöc.-Archiv X 74. Bes. St. Ulrichs i. J. 1147 b. Dümgé 137. — Beim Ausgang der Nimb. wie Sölden, s. d. (1205 St. U. dem B. Strassburg vom Papste bestätigt, Neugart Ep. Const. II 182). — Vgl. ausser den bei Sölden Urkk. auch Zs. XVII.

Sulz, s. In der Sulz.

Sulzbach b. Lautenbach, BA. Oberkirch. UFr. (Lehnsh., s. Ebersweier) Zs. XIII 206.

Sulzburg, BA. Müllheim. 6, 9—11, 13.

Sumpfohren, BA. Donaueschingen. UF. R. 349. (FUB. I 314.)

Sutershof bei Pfohren, BA. Donaueschingen. UF. R. 275.

Thannheim, BA. Donaueschingen. UF. R. 247, 264, 337.

Theningen, BA. Emmendingen. Dort Nimb. Bes.; vgl. insbes. noch Zs. d. Freib. hist. Ver. VI 443. Bes. von St. Ulrich das., Dümgé 59. Im Uebrigen u. über die Schicksale des Nimb. Bes. in Th. s. unter „Nimburg". Dazu noch (für UFr. Inhaberschaft) Zs. XI 448. — Daneben in Th. Bes. von St. Peter unter UFr. Vogtei, Zs. XII 244f.

Thunsel, BA. Staufen. — Min. v. Thunsel s. d. — U. (Min.) Zs. IX 335f., 338ff. Thunsel selbst wurde 1256 von den Min. an UFr. u. von diesen unter Zustimmung von UF. an St. Trudpert verkauft, l. c.

Titisee, der (im Schwarzwald). UF. FUB. II 93f. Gemeinsam mit Johanniterstift Lenzkirch. (1111 zu Kl. Schaffhausen, QzSchwG. III 1, 81, 136: die Hälfte des T.).

Ueberbecken, Hof bei Wolterdingen (s. d.) UF. R. 283.

Ulmburg, Burg b. Thiergarten, BA. Oberkirch. 418f. Ulmburg war schon seit 1070 B. Strassburgisch, Als. dipl. I 174, Fritz S. 143, so dass anzunehmen ist, Z. u. insbesondere Hugo habe es als bischöflich Strassburgisches Lehn innegehabt. Dem entspricht auch das oben zu Anm. 1265 Gesagte. Hugo's Eigengüter fielen an T., die Lehen an Bertold V. Vielleicht wird gerade desshalb dieser bei den Schenkungen Uta's u. Hugo's an Allerheiligen immer miterwähnt. Dass Renchen schon vor 1218 mit zu Ulmburg gehörte, wonach Fritz S. 143 fragt, ist wohl abzuweisen; Renchen (s. d.) erscheint vielmehr durchaus als vom Reiche gehend. Anderes Zubehör dagegen, bei Fritz l. c. genannt: Springe, *Swende*, Ringelbach (s. d.), *Walhulme* [Ulm], Thiergarten, Stadelhofen, Nussmorsbach, Gangelsbach. — 1218 wohl eingezogen, da 1228 zur Verfügung B. Strassburgs, d. h. an Mgr. verpfändet (in Folge der Dagsburger Erbschaftsangelegenheit, aber etwa doch mit in Z.-Erbfolgegedanken?) Vgl. weiter Fritz S. 144. — 1271 wird der UF.-Graf B. Strassburgischer Burgmann zu Ulmburg. FUB. I 230f. Vgl. auch Zs. IV 290f.

Unadingen, BA. Donaueschingen. UF. (Lehnsh.) R. 275.

Urach b. Lenzkirch, BA. Neustadt ist wohl von Z. an U. ererbtes Gelände. Vgl. dazu R. 125f.

Urach, Nebenthal der Breg, BA. Neustadt. UF. FUB. II 39, 97 u. ö.

Urloffen, BA. Offenburg. UFr. Zs. XIII 456ff.

Villingen, BA. Stadt. 8ff., 160, 256, 279, 403f., 423ff. Die schwankenden Angaben der späten Chroniken (Zs. IX 106ff. u. Mone, Quellens. I 82) über die Gründung Villingens im 12. Jahrh. sind wohl nur an die Gründung von Freiburg i. B. willkürlich angelehnte Fabeleien, weil das Datum 999 vergessen war. Die Verlegung von der „Altstadt" nach der jetzigen kann schon 999 geschehen sein, was des zu errichtenden Marktes wegen sogar wahrscheinlich ist. — Die Einziehung an's Reich 1218 überrascht gegenüber St. 1176; noch 1225 ist in V. ein königlicher Beamte (Cod. Sal. Zs. XXXV 176ff.; das *regis, qui diebus illis eam* [i. e. *civitatem*] *tenuit* ist wohl Zusatz der Copie). Auch die Umgegend muss 1218 an's Reich gezogen sein, vgl. für 1218 u. 1219 FUB. I 88f. 90f. Durch den Kl. Gengenbachischen Besitz in V. (Dümgé 130) ist die Einziehung an's Reich schwerlich zu erklären. — Verhältnisse *sub duce Bertoldo* erwähnt Zs. XXXV 177. Zins Herzog Bertold's V aus einer Thenenbacher Mühle zu V., darin der Kaiser Rechtsnachfolger FUB. I 90f. — Kaiserlich bestätigte Z. Freiheiten (Gerichtsexemtion) für V. erw. FUB. I 256; auch die Urk. v. 1225 Zs. XXXV 176f. verbürgt eine Freiburg i. B. nach(?)gebildete Verfassung. — 1236 U. Allod in V. FUB. I 171. Für 1249 vgl. die päpstliche Weisung FUB. V 105 (die Villinger *fautores* Friedrich's II). — Im Interregnum erscheint die Stadt mehrfach unter U. Herrschaft und wird bei der Theilung UF. zugetheilt; Mai 1278 betrachtet sie K. Rudolf als Reichsstadt, worüber eine Urk. nach V. kam; im Aug. 1278 aber steht die Stadt in einer neuen Verbriefung für UF. diesem zu. Vgl. die Mittheilung R.'s S. 208, u. FUB. I 256. — Vgl. auch Min. v. Roggenbach.

Vockenhausen, abg. Ort b. Mönchweiler, BA. Villingen. UF. (FUB. I 226; II 388 zu 1274).

Vöhrenbach, BA. Villingen. U. FUB. I 186f. (Stadtgründung 1244; zu Z. Zeit nur ein *praedium Vernbach* mit Hörigen.) UF. R. 230, 337.

Vörstetten, BA. Emmendingen. 6, 11. — 278. Vgl. auch Min. v. V.

Volgersweiler, Gelände zwischen Villingen und Vöhrenbach; einst *Volkenswiler*, abg. Ort. UF. FUB. II 44.

(Wagenstadt, BA. Kenzingen. Möglicherweise ein Zubehör der Nimb. Hinterlassenschaft, weil später B. Strassburgisch und mit den Nimb. Gütern vereinigt. Fritz S. 162.)

Waldau, BA. Neustadt. UF. FUB. II 97.

Waldhausen, abg. Ort am Eingang des Kirnachthales, BA. Villingen. UB. FUB. I 201.

Waldhausen, BA. Donaueschingen. UF. FUB. II 180. R. 216.

Waltershofen, BA. Freiburg. UFr. Zs. X 239.

Warenberg, Burg, b. Villingen (BA. Stadt). UF. R. 247.

Warmbach, BA. Lörrach. UFr. (Min. v. Staufen). Zs. XXI 442.

Watterdingen, BA. Engen. UF. R. 275. — Dort Nellenb. Bes. QzSchwGesch. III 1, 9.

Weiler (Ober-, Nieder-), BA. Müllheim. 6, 11. — Anderer Z. Besitz mit Schicksalen wie Badenweiler? — Gräflich Freiburgischer Bes. Zs. XX 111.

Weiler, BA. Villingen. UF. R. 337.

Weiler, Burg, BA. Wolfach. UF. FUB. I 329.

Weiler (Zartener Thal). Vgl. Min. v. W.

Weilerhof, BA. Offenburg. UFr. (Lehnsh., s. Eberweier). Zs. XIII 206.

Weinstetten, BA. Staufen. UFr. Min. v. Staufen. Zs. XXI 442.

W e i s w e i l, BA. Emmendingen. U. FUB. I 165, 264 (Min.). — B. Strassb. Bes. daselbst (Fritz 141 u. Karte) aus Nimb. Hinterlassenschaft zu erklären.

W e l c h e n f e l d, abg. b. St. Georgen, BA. Villingen. Waideberg bei W. gemeinschaftliches Eigengut Herzog Bertold's II mit einem freien Nito, der seinen Antheil an St. Georgen schenkt. Not. fund. SGeorgii S. 210 f. Vgl. zur Ortsbestimmung auch Zs. IX 476 Anm. QzSchwGesch. III 1, 162. — (Welchenfeld selbst aus Nellenburgischer Schenkung an Kl. Schaffhausen. Not. fund. SGeorgii S. 203.)

W e l l i n g e n, abg., BA. Kenzingen. UFr. (Lehnsh.) Zs. N. F. II 475 (ebenso u. Mgr.: Zs. XII 85.) — (Guntramnisches) Reichsgut das., St. 571, dazu Zs. N. F. II 474.

W e s t r e n c h = Wilderench, BA. Oberkirch. UFr. Zs. XIII 96 f.

W i e h r e, BA. Freiburg. UFr. Freib. UB. I 1, 148 (neben St. Gallen).

Wiehs, s. Wiesen, Ct. Schaffhausen.

W i e s e, Fluss. U. FUB. I 166 f. (Reichslehn).

W i l d t h a l, BA. Freiburg. UFr. Zs. XI 448, XII 456 ff. (Reichspfandschaft mit Gundelfingen, s. d.).

(W i n d e n r e u t h e, BA. Emmendingen. Nimb. Verw. Bes., an Kl. Allerheiligen in Schaffhausen, QzSchwGesch. III 1, 39.)

W i n t e r b a c h, BA. Oberkirch. Nach 1218 vom Reiche ausgethan, Schöpflin Als. dipl. I 360, ibid. Zubehör aufgezählt.

W o l b a c h, BA. Lörrach. 221.

W o l f e n w e i l e r, BA. Freiburg. Erwerbung das. seitens der Min. v. Roggenbach. Hörige Herzog Bertold's IV das. 425 f.

W o l s p a c h, abg, BA. Oberkirch. UFr. (Lehnsh., s. Ebersweier). Zs. XIII 206.

W o l t e r d i n g e n, BA. Donaueschingen. UF. R. 264, 275, 337.

Z ä h r i n g e n, BA. Freiburg, Burg und Ort. 185 ff., 241, 278 f., 304. Vgl. auch Min. v. Z. — Z. kam an die Herzöge von Teck; unklar ob direct oder aus den Eigengütern Hugo's von Ulmburg (s S. 418 f.). Noch 1280: *das guot, das ze Zeringen hoeret, das der herzogen was von Teche*, Zs IX 474. Also 1218 von Friedrich II mitangekauft. Aber 1219 nicht, wie die sonstigen Teckschen Käufe, U. als Eigenthum überwiesen. War also Z. etwa seit Alters Reichsgut? — 1281 Reichsburg bezeichnet. Freib. UB. I 1, 91. (1278 zerstört durch die Freiburger Bürger im Kampfe für die UFr. Ansprüche; Z in solchen 1280 Zs. IX 473; dem Reiche wiederzuerbauen Freib. UB. I 91). Später, vor 1310, seitens UFr. als Pfandschaft des Reiches von dem Grafen von Spitzenberg erworben: Burg und Zubehör und Dorf, Zs. XII 457; 1327 als solche wiederverkauft, Zs. XII 456 f. — Zu dieser Reichspfandschaft gehörte auch Lehen (s. d.), schon 1310 wieder verkauft. — [Mone, der Zs. X 487 den Namen Z. als „gezischte schwäbische Aussprache" von *Carinthia* erklären will, denkt nicht daran, dass Z. schon 1008 als Dorf vorkommt, St. 1509.]

(Z a i s m a t t e b. Maleck, BA. Emmendingen. — Nimb. Verw. Bes., 1094 an Kl. Allerh. in Schaffhausen, QzSchwGesch. III 1, 39.)

Z a r t e n e r (Dreisam-)Thal. Rechte das., UFr. Zs. X 318 f.

Z e l l am Harmersbach, BA. Gegenbach. — Zu Kl. Gengenbach, Dümgé 130. — 1218 heimgefallen. 1225 als B. Bamberg. Lehn an Friedrich II, später B. Strassburgisch, nach dem Interregnum an's Reich genommen, 1334 an Mgr. als Reichspfandschaft, von B. Strassburg 1351 gekauft. Fritz S. 155, 139.

Z i m m e r n b. Urloffen, BA. Offenburg. UFr. Zs. XIII 456 ff.

Z i n d e l s t e i n, Burg und Ort an der Breg, BA. Donaueschingen. U. FUB. I 128, 158, 161, 197, 338.

II.
Königreich Württemberg.

A a c h, OA. Freudenstadt. B. Bamberg. Lehn: *pertinet ad Babenberc, a duce Berhtoldo* [IV] *in beneficium sus*[c]*epit* [*Egeno III comes de Ura*] WUB. II 418. Aus U. an UF.

A g l i s h a r t, OA. Urach. T. WJbb. 1846,

128. (Der Urachische Bes. daselbst ist alturachisch, was nur in diesem einen von mehreren analogen Fällen besonders bemerkt sei.)

(Aichhalden, OA. Oberndorf. T. (?) OA-Beschr. 303.)

Aichstetten, OA. Münsingen. T. WJbb. 1846, 140. Nach frdl. Mittheilung Dr. Baumann's giebt auch Zwiefalt. Copb. saec. XV in Stuttgart, fol. 90 v. den Beleg für die WJbb. l. c. angezogene Stelle von Sulger's Ann. Zwief. (I, 257). Vgl. auch OA. Beschr. 114.

Aisteig, Burg, OA. Sulz. T. WJbb. 1846, 109, 129, 143. F. hat die Burg später als wirtemb. Pfandschaft, FUB. II 149, nachdem ein grosser Theil der T. Besitzungen an Wirtemberg verkauft worden.

Altheim, OA. Biberach. T. WJbb. 1846, 131. Stälin II 345.

Baiersbronn, OA. Freudenstadt. UF. FUB. I 311.

Baltmannsweiler, OA. Schorndorf. T. WJbb. 1846, 130, 147.

Beffendorf, OA. Oberndorf. T. unter den Lehen von St. Gallen (s. o. S. 505). WJbb. 1846, 129. — Kl. Gegenbacher Bes. zu B. mit F. (UF?) Kastvogtei, Archiv der Stadt Rottweil, „Stiftungen", Lade 1, fasc. 5 (Urk. v. 1536), vgl. auch Lade 14.

„Berg, der", Bezirk (wo?). T. WJbb. 1846, 103f., 139.

Bergfelden, OA. Sulz. T. WJbb. 1846, 129, 142.

Berlisbach, Güter am, OA. Oberndorf. T. WJbb. 1846, 147. Dazu OABeschr. 303.

Bern(burg) bei Rottweil (OA.). UF. FUB. II 125, 201. Vgl. auch Min. v. B. — Da diese Burg erst später (vgl. Min. v. B.) den Z. und UF. zuständig war, hielten erstere hier schwerlich, wie seit 1191 in der burgundischen Stadt, die Erinnerung an Verona fest, obwohl auch die Mgr. Beziehungen zu diesen Min. v. B. (s. d.) pflegten. Seit dem 13. Jahrh. nehmen die Ritter von B. unter ihre Namen dann den des Dietrich auf, vgl. FUB. II 125 und unten „Min. v. B."

Betzgenrieth, OA. Göppingen. T. WJbb. 1846, 147. OABeschr. 157 u. 150.

Betzingen, OA. Reutlingen. T. WJbb. 1846, 132.

Beuren, Burg, OA. Sulz. T. WJbb. 1846, 109, 129, 143, 144. — UF. FUB. (I 215?) II 150.

Bickelsberg, OA. Sulz. T. WJbb. 1846, 129, 140, 144 (neben St. Georgen WUB. II 199).

Birchach, Wald (bei Steinbach, OA. Esslingen? Birka, OA. Stuttgart?) T. WJbb. 1846, 139.

Bissingen mit Hinterburg, OA. Kirchheim. Vgl. Min. (Adalbero und Min. v. B.). — T. WJbb. 1846, 128, 136. OABeschr. 170 ff.

Bochingen, OA. Oberndorf. T. (unter den St. Galler Lehen). WJbb. 1846, 129, 147.

Bodelshofen (? Bodelshausen, OA. Rottenburg.) T. WJbb. 1846, 133.

Boihingen, OA. Nürtingen. T. WJbb. 1846, 129.

Boll, OA. Göppingen, Ort und Amt. T. WJbb. 1846, 109, 145, 148.

Brandeck, Burg, OA. Sulz. T. (unter den St. Galler Lehen) WJbb. 1846, 129. OA.-Beschr. 174.

Brie (? OA. Canstatt). T. WJbb. 1846, 135.

Brucken, OA. Kirchheim. T. WJbb. 1846, 128. OABeschr. 244.

Buchwag, Mühle b. Hedelfingen, OA. Canstatt. T. WJbb. 1846, 140.

Dabechenhalde, s. Tabechenhalde.

Dätzingen, OA. Böblingen. UF. FUB. I 216.

Deisslingen, OA. Rottweil. Vogtei, Lehn von Reichenau. UF. FUB. I 233, 234, 286. FUB. II 208 (dazu vgl. ib. 210).

Dettingen, OA. Kirchheim. T. WJbb. 1846, 128. OABeschr. 179.

Diepoldsburg, Burg, OA. Kirchheim. T. WJbb. 1846, 105, 128.

Dietingen, OA. Rottweil. Vgl. Min. v. D. — UF.

Dornstetten, OA. Freudenstadt. B. Bambergisch (OABeschr. 219 u. 218, nur wird hier das Verhältniss der Z. zu Bamberg übersehen; also nicht auch „altzähringischer Boden", sondern) Lehn der Z. — UF. (FUB. I 201, 252, 256 u. ö.) — Die Verleihung von Stadtrechten (Gerichtsexcemtion) an D. zu Z. Zeit (auch WJbb. 1854, 182 erwähnt) braucht nicht nothwendig aus der Urk. K. Rudolf's I FUB. I 256f. entnommen zu werden.

Dotternhausen, OA. Rottweil. U. FUB. I 153 (Min.).

Dürnau, OA. Göppingen. T. WJbb. 1846, 128.

Dunningen, OA. Rottweil. Hierher möchte ich schon wegen der Mitnennung von Seedorf das FUB. I 326 als F. genannte *Tunningen* und zwar als Z. UF. ziehen (im Reg. des FUB. I = Thuningen, OA. Tuttlingen). — In D. hatten die T. die [schwerlich später erst erworbene] Lehnshoheit über das Patronatsrecht der Kirche, vgl. OABeschr. 398. — Kl. Gengenbach. Bes. dort mit F. (UF.?) Kastvogtei, 1536 verkauft, Archiv der Stadt Rottweil, „Stiftungen", Lade 1, Fasc. 5.

Ebersbach, OA. Göppingen. T. WJbb. 1846, 103f., 130. OABeschr. 160.

(Eichsteegen, OA. Saulgau. F. FUB. II 175. Die Vererbung an F. von Z. her ist um so unwahrscheinlicher, als sie sich für die benachbarten F. Orte Milpishaus und Schwarzenbach widerlegte.)

Enant Lindach, s. Lindach.

(Eppsach. T. WJbb. 1846, 126.)

Ergenzingen, OA. Rottenburg. UF FUB. II 130f., 138f.

Erstein (abg., OA. Kirchheim? ob überhaupt aus dem Gebiet des heutigen Württemberg? das elsässische??) 332, 359.

Fils, Bischerei in der. T. WJbb. 1846, 139.

Flötzlingen, OA. Rottweil. UB. OABeschr. 409 (neben St. Georgen, WUB. II 12).

Fluorn, OA. Oberndorf. T. WJbb. 1846, 129, 147.

Freitagshof, s. Steinbach.

Gammelshausen, OA. Göppingen. T. WJbb. 1846, 128. OABeschr. 196.

Gilstein, s. Gültstein.

Göppingen, OA. Stadt. T. WJbb. 1846 128. OABeschr. 135.

Gösslingen, OA. Rottweil. T. WJbb. 1846, 112, 129, 147, 148; FUB. II 159 f. F. Ansprüche und Verzicht FUB. II 133.

Göttelbach, OA. Oberndorf. T. WJbb. 1846, 147.

Gültstein, OA. Herrenberg. 170, 182, 383. *Bertholdus* [II] *dux in Gilesten novem hubas et dimidiam ecclesiam et dimidium mercatum in concambio pro predio in Wilheim dedit ... Postea in eadem loco addidit predictus dux V hubas.* Codex Hirsaugiensis ed. Schneider. Württ. Geschqu. hrsg. v. statistischen Landesamt. I. Stuttg. 1887, S. 25. *curtim Bertoldi ducis* ibid. 51.

Gunningen, OA. Tuttlingen. UF. FUB. III 73. OABeschr. 322 (neben St. Georgen WUB. II 199).

Gutenberg, Burg und Stadt, OA. Kirchheim. T. WJbb. 1846, 116, 120, 128, 139, 143, 150, 152, 153. OABeschr. 168 ff.

Häringen, zu Weilheim, s. d.

Hagenenhof b. Hedelfingen, OA. Canstatt. WJbb. 1846, 136, 140.

Hahnenkamm, Burg, OA. Kirchheim. T. WJbb. 1846, 105, 128.

Haiterbach, OA. Nagold. U. Zs. III 111f. (Min.) UF. FUB. I 215 (Min. gemeinsch. mit Gr. v. Tübingen und Hohenberg).

Hedelfingen, OA. Canstatt. T. WJbb. 1846, 105, 129, 140.

Heiningen, Burg u. Ort, OA. Göppingen, T. WJbb. 1846, 100, 106, 107, 109, 141, 143, 145, 146, 148, 152. OABeschr. 221 ff.

Herren-Zimmern, s. Zimmern.

(Heisterkirch, OA. Waldsee. *Beneficium Bezzelini comitis ad .... Heistinikirche*, Stälin I 602 aus den Traditiones Wizenburgenses.)

Heuberg, der, bei Rosenfeld, OA. Sulz. T. WJbb. 1846, 109, 129, 141, 143, 144. (F. erst als wirtemb. Pfand FUB. II 149.)

Hohentwiel, s. Twiel.

Holzmaden, OA. Kirchheim. T. WJbb 1846, 128, 137. OABeschr. 199.

Horgen, OA. Rottweil. UF. FUB. II 154. R. 267. OABeschr. 458.

Horgenloch, abg. Ort, OA. Urach. T. WJbb. 1846, 128; ibid. II 188.

Ichenhausen, abg. Ort, OA. Urach. T. WJbb. 1846, 128, 135, 137, 140, ibid. II 188.

Jesingen, OA. Kirchheim. 279. T. WJbb. 1846, 128. OABeschr. 202.

Ifflingen (Ober-), OA. Freudenstadt. Dem Kloster Stein a/Rh. gehörig (WUB.

I 241, vgl. dazu OABeschr. 279 u. 280), also mittelbar zu den B. Bamberg. Lehen. Im 16. ff. Jahrh. daselbst F. Lehushoheit (vgl. OABeschr. 260), doch wohl als ererbt von den Z., also UF. aufzufassen.

Ingerkingen, OA. Biberach. T. WJbb. 1846, 131.

Irslingen, OA. Rottweil. — Kl. Gengenbachischer Bes. dort, Dümgé 130, OABeschr. 464f.; 1536 (noch?) mit F. (UF.?) Kastvogtei, damals verkauft, Archiv der Stadt Rottweil, „Stiftungen", Lade 1, Fasc. 5; vgl. auch für 1427 ibid. Lade 14, Fasc. 1, Gengenb. Lehn eines Irslingers Heinrich Bepfendorf. — Vgl. zu Zs. IX 207 Anh. I.

Isingen, OA. Sulz. T. (unter den St. Galler Lehen). WJbb. 1846, 129, 140, 144. OABeschr. 197.

Kaltenbronn (etwa richtiger Kälberbronn bei Herzogenweiler, OA. Freudenstadt ?). T. WJbb. 1846, 143.

Kirchberg, OA. Marbach. T. WJbb. 1846, 129.

Kirchheim, OA. Stadt. Vgl. Min. v. K. — T. WJbb. 1846, 97ff, 128f., 134f, 137—139, 142—150, 152. (Das Münzrecht zu K. wird 1059 durch St. 2581 an die Nellenburger gegeben.)

Kirnbach, OA. Oberndorf. T. WJbb. 1846, 129, 135.

Kisseneck, Burg, T. (unter den St. Galler Lehen). WJbb. 1846, 129.

Kniebis, OA. Freudenstadt. Bamberger *feodum perpetuum*. UF. FUB. I 221f., 223, 228f., 258 u. ö. Vgl. über die frommen Gründungen auf dem K. in der UF. Zeit auch die OABeschr. 166ff.

Köngen, OA. Esslingen. T. WJbb. 1846, 128.

Krebsstein, OA. Kirchheim. T. WJbb. 1846, 128.

Laichingen, OA. Münsingen. T. WJbb. 1846, 142.

Laufen, OA. Besigheim. T. WJbb. 1846, 129. Sind diese etwas abseits gelegenen Besitzungen der Herzöge von T. etwa, falls die oben S. 414 erwähnte andere Möglichkeit abzuweisen ist, die durch Bertold IV 1184 von dem nach diesem L. benannten Gr. Poppo von Laufen eingetauschten Güter? — (Mgr. erlangen daselbst 1220 Pfandbesitz von K. Friedrich II, WJbb. 1854, 168.)

Lauffen a/N., OA. Rottweil. U. FUB I. 192. OABeschr. 478.

Lauterbach, OA. Oberndorf. T. WJbb. 1846, 147.

Leidringen, OA. Sulz. — s. Min. v. L. (U.) — T. WJbb. 1846, 129, 140, 144.

Lenningen (Ober-, Unter-), OA. Kirchheim. T. WJbb. 1846, 128, 137. OABeschr. 226.

Lenninger Thal, OA. Kirchheim. T. WJbb. 1846, 116, 151f.

Liebenberg, OA. Oberndorf. T. WJbb. 1846, 147. OABeschr. 303.

Limburg, Burg, OA. Kirchheim. 92, 187. T. WJbb. 1846, 128. OABeschr. 290ff.

Lindach, Enant-, abg., b. Kirchheim(OA.) T. WJbb. 1846, 152. Vgl. über die Oertlichkeit die OABeschr. 165f.

Lindorf, OA. Kirchheim. T. WJbb. 1846, 128.

Lothenberg, OA. Göppingen. T. WJbb. 1846, 128, 145, 146, 152. OABeschr. 186.

Marbach, OA. Stadt. Aus Reichsgut Z. und T. WJbb. 1846, 105, 129, 141; ib. 1854, 193.

Marchthal (Ober-, Unter-), OA. Ehingen. Vgl. Min. v. M. — T. OABeschr. 199.

Mühlbach, der, OA. Sulz. T. WJbb. 1846, 109, 129, 143. (F. hat den M. erst aus wirtemb. Pfandschaft, vgl. FUB. II 149.)

Murr, OA. Marbach. T. WJbb. 1846, 129, 141 (neben Kl. Backnang, Stä. II 745).

Naborn, OA. Kirchheim 233. T. WJbb. 1846, 128. OABeschr. 207f.

Neckarweihingen, OA. Ludwigsburg. T. WJbb. 1846, 129.

Neidlingen, OA. Kirchheim. T. WJbb. 1846, 128.

Nendingen, OA. Tuttlingen. U. FUB. II 347; wohl UF., da der F. Besitz zu N. mit dem dortigen Wartenberger Gut nicht zusammenzubringen ist. — (Um 1000 Reichenauer Lehn der Nellenburger. OABeschr. 397.)

Notzingen, OA. Kirchheim. T. WJbb. 1846, 128.

Nürtingen, OA. Stadt. Der F. Besitz zu N. ist alturachisch, vgl. FUB. I 71 mit 203. — Aber T. hat zu N. Bes. gegen Wirtemberg zu vertheidigen, WJbb. 1846, 103f., 139 (u. 128); ist auch bei FUB. I 71 anwesend. — Nun ist N. nach WUB. II 117, dazu Stälin II 238 altsalisches Gut; so scheint der dortige T. Antheil doch zum Erbe der Herzogin Richwara mit zu rechnen zu sein.

Oberndorf, OA. Stadt. T. (unter den St. Galler Lehen). WJbb. 1846, 105. 110, 117, 129; 1854, 145. OABeschr. 158ff. — Kl. Gengenbach Bes. dort mit F. (UF.?) Kastvogtei, 1536 verkauft, Arch. d. Stadt Rottweil, „Stiftungen", Lade 1, Fasc. 5.

Ochsenwang, OA. Kirchheim. 283. T. WJbb. 1846, 128.

Oethlingen, OA. Kirchheim. 332, 359. T. WJbb. 1846, 128, 142. OABeschr. 233.

Ohmden, OA. Kirchheim. T. WJbb. 1846, 128, 136. Da O. i. J. 1291 als *Amdun* vorkommt u. *Amindon* auch an sich sprachlich wohl geeignet ist Ohmden zu werden, ist das im Text S. 279 Mitgetheilte hierher zu beziehen. In der That ist St. Peter in O. begütert (OABeschr. 236) u. T. hat nur noch gewisse Vogteirechte zu O.

Ostdorf, OA. Balingen. T. WJbb. 1846, 129, 140. OABeschr. 476.

Owen, OA. Kirchheim. Vgl. Min. v. O. — T. WJbb. 1846, 109, 115f., 120, 128, 134, 143, 146, 147, 151--154. OABeschr. 244.

Peterzell, OA. Oberndorf. T. WJbb. 1846, 129, 147. Vgl. dazu OABeschr. 267, auch FUB. II 159f. u. R. 303.

Pfundhardt, zu Weilheim, s. d.

Plienshach, OA. Kirchheim. T. (neben St. Georgen u. a.). WJbb. 1846, 128, 151. OABeschr. 298.

Plochingen, OA. Esslingen. T. WJbb. 1846, 103f., 128, 139.

Reichenbach, OA. Göppingen. T. WJbb. 1846, 103f., 128.

Reuthin (b. Bondorf), OA. Herrenberg. UF. FUB. I 215 (Min. mit Gr. v. Tübingen u. Hohenberg).

Rexingen, OA. Horb. Dort B. Bamberg. = Kl. Stein Bes., Stälin II 750. — T. OABeschr. Rottenburg 165. Vgl. auch OABeschr. Horb 232.

Römlensdorf, OA. Oberndorf. Dort B. Bamberg. = Kl. Gengenbach. Bes., Dümgé 130. — T. WJbb. 1846, 129, 147.

Rohrdorf, OA. Horb. UF. FUB. II 143, 371. OABeschr. 237.

Rommelshausen, OA. Canstatt. T. WJbb. 1846, 104, 129.

Rosenfeld, OA. Sulz. T. WJbb. 1846, 109, 129, 141, 143f; 1854, 175. (F. erst aus wirtemb. Pfandschaft. FUB. II 149).

Rosswälden, OA. Kirchheim. T. WJbb. 1846, 128, 134, 138. OABeschr. 265.

Rothenzimmern, OA. Sulz. Nach Not. fund. mon. SGeorgii 217 Bes. d. v. Leidringen. (Vgl. Ministerialen v. L.).

Rottweil, OA. Stadt. (Dingstätte der Z. Grafschaft auf der Baar.) T. verkauft aus diesen Grafschaftsrechten Zoll u. Gerichtsbarkeit zu R. u. den Wildbann, die „Rottweiler freie Pürsch", OABeschr. 305. Vgl. hierüber u. über die Entwicklung des königlichen Hofgerichts zu R. aus dem Z. Grafschaftsgericht Baumann, Gaugrafschaften, S. 164ff. — (Kyburgisch-habsburgischer Bes. in der Altstadt (sö. von R), OABeschr. 312; ob aus Z. Erbschaft?? Vgl. hierzu, dass sonst habsburg. Besitz im OA. Rottweil u. OA. Balingen im 11. Jahrh. bekannt ist, St. 2642a, Schulte MJÖG. VII 14). — Gengenbacher Güter zu R., Archiv d. Stadt Rottweil, „Stiftungen", Lade 14, zu 1427 u. 1536.

Rudersberg, OA. Welzheim. T. WJbb. 1846, 130, 141 (neben Kl. Backnang, Stä. II 715).

(Schernbach b. Hochdorf, OA. Freudenstadt. B. Bamberger Besitzrechte, aber 1249 an Gr. v. Hohenberg verliehen, Stälin II 408. — Der B. Strassburgische Bes. zu Sch. (Stälin II 752) rührt von den Tübinger Pfalzgr. her, OABeschr. 254. — So bleibt es zweifelhaft, ob sich die B. Bamberger Lehen der Z. auf Sch. miterstreckten.)

Schiltach, Güter an der, wohl auf ihrem Wege im OA. Oberndorf. T. WJbb. 1846, 147.

natürlich nicht in Widerspruch mit den damaligen überlieferten Thatsachen]. Dazu Vetter in der Zs. d. Ver. f. Gesch. d. Bodensees XIII 1 ff.). Die Cas. mon. Petrish. (MGSS. XX 637 u. 640) erzählen von Verlusten des Klosters (daher entstand *St. 1412), heben aber ausdrücklich hervor, dass Heinrich II an B. Bamberg alles einstige Gut, das er aus Herzog Burchard's u. der Hadewig Hinterlassenschaft erlangt, u. an anderer Stelle, dass er Kl. Stein u. alles, was dieses noch hatte und was ihm entfremdet worden war, also in jedem Falle den Twiel mit geschenkt habe. Auch Hilzingen am Fusse des Tw. war ja bambergisch u. den Z. besonders wichtig, vgl. ob. S. 251 f. [wodurch sich auch in dieser Beziehung *St. 1412 (*Hütesinga*) bestätigt]. Die OABeschr. 562 f. combinirt durch einen maskirten Uebergang beide Hypothesen, die einfache, dass der Tw. mit als B. Bamberger Lehn Z. war, und die, dass er vom Königsgut durch die Rheinfeldner hindurch Z. wurde, zu einer ganz unhaltbaren Darlegung. Dass es nicht verwundern kann, wenn sich die Rheinfeldische Schwiegermutter Bertold's II v. Z. auf dessen Burg Twiel flüchtete — und sie ging doch auch auf andere Burgen *iuxta Rhenum*, d. h. auf die wirklich Rheinfeldischen — hebt schon Fickler Qu. u. F. S. 15 hervor. Noch lässt sich einwerfen, wenn der Tw. rheinfeldisch war, warum dann der Graf von Bregenz als Schwiegersohn Rudolf's von Rheinfelden und Miterbe des Hauses nicht etwa diesen für ihn mindestens eben so nahe gelegenen Punct überwiesen erhielt, anstatt des ohnehin so sehr bevorzugten, in den ihm näher gelegenen Rheinf. Gebieten reich ausgestatteten Z.? — Fraglich ist aber, wie der Tw. endgiltig aus dem Z. Besitz kam. Bei der S. 279 besprochenen Handlung kommt bei Herzog Konrad der *nobilis Eberhardus de Twiela vor*; zwischen 1146 u. 1172 (vgl. Vetter l. c. 16, 32) erkennt auch B. Bamberg selbst als den Vogt Kl. Steins wenigstens in dessen Umgebung und für den Tw. einen der von Klingen an. Vgl. auch noch OABeschr. 563.

(Villingen, OA. Rottweil. Hier Kl. Gengenbachischer Bes. mit F. (UF?) Kastvogtei, 1536 verkauft. Archiv der Stadt Rottweil, „Stiftungen", Lade 1, Fasc. 5, auch Lade 14.)

Virstenberg, Güter am (? OA. Oberndorf). T. WJbb. 1846, 147.

Waldmössingen, OA. Oberndorf. T. (unter den St. Galler Lehen). WJbb. 1846, 129, 148, 150.

(Waldsee, OA. Stadt. *Beneficium Bezzelini comitis ad Walahse*, Stälin II 602 aus den Traditiones Wizenburgenses.)

Wasseneck, Burg, OA. Oberndorf. T. (unter den St. Galler Lehen). Zs. XI 354. Vgl. auch OABeschr. 157.

„Weibingen" (? Wehingen, OA. Spaichingen. Oder Vaihingen?) T. WJbb. 1846, 141.

Weiler (b. Rosswälden), OA. Kirchheim. T. WJbb. 1846, 128.

Weilheim, OA. Kirchheim. 91, 95, 113, 170. (Die Citate aus dem Cod. Hirsaug. entsprechen in der Schneider'schen AusgabeS. 25 u. 49.) Vgl. auch Min. v. W. — T. WJbb. 1846, 128; 1854, 154. OABeschr. 280 ff.

Wellendingen, OA. Rottweil. Vgl. Min. v. Schilteck.

Wellingen, OA. Kirchheim. 332, 359. — T. WJbb. 1846, 128.

Wildeck, Burg, OA. Rottweil. UF. FUB. I 261 (Min., gem. m. Hohenberg).

Willmandingen, OA. Reutlingen. T. WJbb. 1846, 129.

Willstetten. T. WJbb. 1846, 136.

Winzeln, OA. Oberndorf. T. (unter den St. Galler Lehen). WJbb. 1846, 129, 148. OABeschr. 334.

Wittershausen, OA. Sulz. T. OABeschr. 275, dadurch bestätigt, dass Kl. Gengenbach in W. Bes. hatte, Dümgé 130.

Zazzenhausen, OA. Canstatt. T. WJbb. 1846, 133.

(Zimmern (Herren-), OA. Rottweil. Dort Kl. Gengenbach Bes., mit F. (UF.?) Kastvogtei, 1536 verkauft, Archiv der Stadt Rottweil, „Stiftungen", Lade 1, Fasc. 5.)

(Zimmern, welches? dort Bes. aus gräfl. Laufen'schem Bes. an (?) H. Bertold IV.

Vgl. S. 414. Es passt wohl besser, wenn an das hessische Zimmern (Gross-, Klein-) am nördlichen Odenwalde gedacht und der Bes. zu Z. als von Kl. Schönau an Poppo von Laufen gegeben betrachtet wird. Vgl. über die Grafen von Laufen und die Lage ihrer Besitzungen Stälin II 416f.)

Zuffenhausen, OA. Ludwigsburg. T. WJbb. 1846, 134 (neben Kl. Backnang Stä. II 745).

III.
Königreich Preussen.
(Fürstenthum Hohenzollern.)

(Empfingen, Amt Haigerloch. Auf der Karte bei Riezler zu den nach 1218 geerbten Besitzungen gewiesen. Aber schon c. 1188 kommt der Min. Heinr. v. Empfingen bei dem Grafen Egeno vor (FUB. I 71) und auch später (FUB. I 153, 205) weisen die Beziehungen dieser v. E. immer nach Alt-Urach. Auch die Möglichkeit den ca. 1188 erscheinenden v. E. als einen Min. des mitanwesenden Adalbert von Teck zu betrachten, ist durch die weiteren Erwähnungen der Familie ausgeschlossen.)

Igelswies, Amt Wald. UF. WJbb. 1836, II 96; FUB. I 261.

IV.
Deutsche Reichslande Elsass-Lothringen.

Froschbach. *castrum Froshbach per comitem* (Fr.) *edificatum iuxta Renum prope Banzenheim, ubi tunc alveus Reni fuerat.* Matthias Nuewenburgensis Böhmer F. IV 155. Vor dem Kriege von 1272 erbaut, also auf Z. UFr. Boden, und wenn selbst etwa Bantzenheim gegenüber auf der Neuenburger Seite, doch in Gemässheit der erwähnten Stromverhältnisse sicher auf dem durch die Rheincorrection endgiltig linksrheinisch gewordenen Boden. — Mgr. Schöpflin V 332.

(*Gernek castrum*, UFr., mit Froschbach (s. d.) erwähnt, aber die Lage auf jetzt elsässischem Boden ist sehr zweifelhaft. Grüneck (vgl. auch Poinsignon Zs. N.F. II 352f.) liegt wohl schon etwas weiter ab, aber wenn man bei Matthias Nuewenb. interpunctirt *duo fortalicia, in Oughein* [Auggen] *et castrum Gernek, item unum, castrum Froshbach* u. s. w., so wird doch wahrscheinlich, dass Matthias in der That das von Schallsingen aufwärts am Blauen gelegene Grüneck nur falsch Gernek bezeichnet habe.) [Hierher gesetzt, weil vom Leser am ehesten bei Froschbach gesucht.]

V.
Schweiz.

(Nur bei besonderem Anlass sind solche Orte erwähnt, welche Reichsgut waren oder auf Reichsgut standen und insofern der statthalterlichen Befugniss der Herzöge von Z. in Burgund unterworfen waren. Die Beschränkung auf die Z. Besitzungen ist auch insofern geboten, als alle im Rectoratslande durch das Ereigniss von 1218 entstehenden Verhältnisse schon in dem vortrefflichen Buche v. Wattenwyl's (W.) ganz klargelegt sind. — W. führt auch aus, dass die (hier aufzuzählenden) Z.-Ky. Eigengüter von der Grafengewalt frei waren, vgl. insbes. 286f.)

Aarberg (Ct. Bern), Herrschaft. 460.

Aarwangen, Ct. Bern. — Vgl. Min. v A.

Aebnit, Ct. Bern, Amt Signau. — Ky. Amt i. d. Emme, Urb. 536.

Aefligen, Ct. Bern, Amt Burgdorf. — Ky. Amt Utzenstorf, Urb. 539.

Aeschi, Ct. Solothurn. — Ky. Amt Gütisberg, Urb. 536.

Affoltern (Gross-), Ct. Bern, Amt Aarberg. — Vgl. Min. v. A. — Ky. Amt Jegenstorf, Urb. 537. Ky. Amt Oltigen, Urb. 539.

Affoltern (Moos-, bei Deisswyl), Ct. Bern, Amt Aarberg. — Ky., Zeerl. II 154; Sol. Wbl. 1827, 46 ff.

Alchistorf, Ct. Bern, Amt Burgdorf. — Ky. Amt Gütisberg, Urb. 536.

Altikon, Ct. Zürich. — s. Min. v. A.

Ammannsegg, Ct. Solothurn. — Ky. Amt Utzenstorf, Urb. 538.

Ammerzwyl b. Lyss, Ct. Bern, Amt Aarberg. — Ky. Amt Oltigen, Urb. 539.

Balmegg, Ct. Bern, Amt Fraubrunnen. — s. Min. v. Balmegg.

Baltiinpero, Ky. Amt links der Emme, Urb. 536.

Bangerten, Ct. Bern, Amt Fraubrunnen. — (Min. v. Rüti, s. d.), Zeerl. II 246.

Barziberg, Ky. Amt links der Emme, Urb. 536.

Batterkinden, Ct. Bern. — Ky. Amt Utzenstorf, Urb. 538.

Beringen, Ct. Schaffhausen. — UF. FUB. I 265f. — Nellenburgischer Bes. dort folgt aus QzSchwG. III 1, 13f.

(Bern, Ct. Hauptstadt. 433 ff., 457, 479f Zu der Erörterung über den Namen kommt noch der schon von Mone (Zs. X 487) gegebene Hinweis auf die der Veronas ganz ähnliche Lage Berns (inmitten einer Flusskrümmung). — Ueber die Lage B.'s auf Reichsgut und alle besonderen Verhältnisse der Stadt vgl. ausser dem Obigen das Buch v. Wattenwyl's [wo aber S. 315 über dem Hl.-Geistspital das ältere Spital, F. r. B. II 92, übersehen ist].)

Bickigen oder Bütighofen, Ct. Bern, Amt Burgdorf. — Ky. Amt Gütisberg, Urb. 535.

Biglen, Ct. Bern, Amt Konolfingen. — Ky. Amt l. d. Emme, Urb. 536.

Birchi, im, Ct. u. Amt Bern, Pfarrei Wohlen. — Min. v. Bremgarten (s. d.), F. r. B. II 296.

Bittwyl b. Rapperswyl, Ct. Bern, Amt Aarberg. — Ky., Sol. Wbl. 1827, 46 ff.

Blasen, Berg b. Höchstetten, Ct Bern, Amt Konolfingen. — Ky. Amt l. d. Emme, Urb. 537.

Bottigen (Ober-, Nieder-), Ct. Bern, Amt Bern. — Min. Fries (s. d.), F. r. B. II 402.

Bremgarten, Ct. u. Amt Bern. — s. Min. v. Br.

Brügg, Ct. Bern, Amt Nidau. — Ky. Amt Oltigen, Urb. 539.

Bubenberg, Burg, Ct. u. Amt Bern. — s. Min. v. B.

Buchholterberg, Ct. Bern, Amt Konolfingen. — Ky. Amt Thun, Urb. 539.

Buchsee (Herzogen-), Ct. Bern, Amt Wangen. 178, 217. Aus dem Rheinfeldischen Besitz. — Ky. Amt Gütisberg, Urb. 536; F. r. B. II 373.

(Buchsiten, Ct. Solothurn. — s. Min.: Buchsiten.)

Büetigen, Ct. Bern, Amt Büren. — Ky. Amt Oltigen, Urb. 539, 540. — Min. v. B. (s. d.), F. r. B II 530.

Bühl ö. vom Bieler See, Ct. Bern. — Ky. Amt Oltigen, Urb. 539.

Büren, zum Hoof, Ct. Bern, Amt Fraubrunnen. — Ky., Mohr Reg., Fraubrunnen Nr. 18. — Min. v. Balmegg (s. d.) Sol. Wbl. 1827, 129.

Burgdorf. Ct. Bern. Ida von Elsthorpe aus dem Oehninger Grafenhause wird b. Alb. Stad. MGSS., XVI 310 *de Suevia nata*, in St. 3205 *de Saxonia et de Birctorf* genannt. Letzteres ist bisher nicht erklärt; kann es B. (*Burctorf*) sein? Nicht sie, nur ihre Familie braucht damit als von B. bezeichnet zu sein. *Birctorf* steht in Gegensatz zu *Saxonia* und soll ihre Oehningensche Herkunft ausdrücken; dass Albert von Stade sie „aus Schwaben" nennt, macht, obwohl B. in Burgund liegt, jener Combination gegenüber Nichts aus, da eine Verwechselung nicht einmal angenommen zu werden braucht; der Oehningische Hauptbesitz liegt ja thatsächlich in Schwaben. So könnten, wie das Gut zu Oehningen (s. d.), die Besitzungen des (ursprünglich um Freiburg i/Ü. und von da nach Genf zu begüterten) Rheinfeldischen Hauses in Burgdorf und etwa auch im Ky. Amte Gütisberg (s. d.) von ihm erheirathet sein (über diese Heirath vgl. Gisi, Anz. f. schweiz. Gesch. 1887, 25 ff.). Auch nach

Rheinfelden (s. d.) kam das Haus erst durch Uebersiedlung. — Ueber das Z. Burgdorf s. oben S. 430, 432, 467, 485 ff.; danach Ky., F. r. B. II, besonders 89, 166 u. 373 f., Urbar 537 (zum Ky. Amte l. d. Emme), u. W. 290 ff. — Gewiss ist ein Z. der *primus fundator*, der *iura ... apud Burcdorf instituit* (Zeerl. I 647, F. r. B. II 687), d. h. das Burg-dorf zur Stadt gemacht hat; der wälsche Name lautet ja sogar Berthoud. Da anscheinend keine geschriebenen Freiheiten gegeben waren (vgl. W. 291), mag es Bertold V gewesen sein (vgl. oben S. 459 f.), der dort ja auch oft residirte und den Ort seiner Gemahlin als Witthum zuwandte.

Busswyl, Ct. Bern, Amt Burgdorf. — Ky. Amt Jegenstorf, Urb. 537.

Chelimmannes. Ky. Amt Gütisberg, Urb. 535.

Deisswyl, Ct. u. Amt Bern. — Min. Fries (s. d.) Zeerl. I 92.

Dettigen, über der Aare, Ct. u. Amt Bern. Min. v. Bremgarten (s. d.), F. r. B. II 296.

Diemerswyl, Ct. Bern, Amt Fraubrunnen. — Min. Kerren (s. d.), F. r. B. II 458.

Diessbach (Ober-), Ct. Bern, Amt Konolfingen. — Ky., F. r. B. II 12; Urb. 539. In Folge des Burgunderaufstandes 1190/91 Z. geworden, vgl. W. 274, 280 f.

Dieterswyl, Ct. Bern, Amt Aarberg. — Ky. Amt Jegenstorf, Urb. 537. Sol. Wbl. 1827, 46 ff. — Ky. Min. v. Kerren (s. d.) W. 344.

Duppenthal b. Herzogenbuchsee, Ct. Bern, Amt Wangen. — Min. v. Stein (s. d.), F. r. B. II 355.

Eichholz, auf der Grenze des Ct. Solothurn u. d. bern. Amtes Fraubrunnen. — *In dem Eiche:* Ky. Amt Jegenstorf, Urb. 537. Nach der Urk. Sol. Wbl. 1827, 46 ff. bei Bittwyl, also wohl Eichholz.

Ellenberc. Ky., F. r. B. II 273.

Elssenwyl, Ct. u. Amt Freiburg. — Min. v. Rheinfelden. F. r. B. II 498.

Emme, links der. Ky. Amt. (Die Orte sind einzeln verzeichnet). Urb. 536 f.

Eriswyl, Ct. Bern, Amt Trachselwald. — Vgl. Min. v. E.

Ersigen, Ct. Bern, Amt Burgdorf. — Vgl. Min. v. E.

Eschile. Ky. Amt Oltigen, Urb. 540.

Ferrenberg (Klein-) b. Wynigen, Ct. Bern. — Ky. Amt Gütisberg, Urb. 536. — Min. Fries (s. d.), F. r. B. II 402.

(Fisibachs, Ct. Zürich, Amt Regensberg. — Nimb. QzSchwGesch. III 1, 54 f., vgl. auch ZüUB. I 136, Anm. 5 und Anh. I).

Fraubrunnen, Ct. Bern, Amtsort. — 1246 von Ky. auf ihrem Gute *Mulinon* gestiftet. F. r. B. II 274 f. — Als *Mulinon* Ky. Amt Utzenstorf noch Urb. 538.

Frauchwyl b. Rapperswyl, Ct. Bern, Amt Aarberg. — Min. v. Bremgarten (s. d.), F. r. B. II 296.

Freiburg, Ct.-Hauptstadt, 397 ff. Auf Z. Eigengut (wie Freiburg i/B.) gegründet, daher nach 1218 Ky. (F. r. B. II 12 u. 5.); ein Theil des Bodens gehörte jedoch dem Kl. Päterlingen, oben S. 406. — Vielleicht war dieser Z. Bes. ursprünglich Rheinfeldisch, wie denn gerade die Min. v. Rheinfelden (s. d.) Bes. in der nächsten Umgebung haben. Dies wäre dann die südwestlichste Gegend des Z. gewordenen Rheinfeldner Gutes gewesen, da dessen noch weiter sw. gelegenen Theile (vgl. oben S. 116) an B. Lausanne kamen und bei ihm blieben. Dem entspricht eine cartographische Darstellung der Z.-Ky. Güter und der Umstand, dass die auf Ky. Besitz gerichteten Savoyer Interessen nach 1218 sogleich schon in diesen Gegenden beginnen, ja über sie östlich vordringen, während sich der Westen mit dem Gebiete Lausanne's, dem 1207 aus Reichsgut erworbenen Besitz Savoyens und den Herrschaften der ebenfalls nur der statthalterlichen Befugniss der Z. unterstellten zahlreichen kleinen Dynasten füllt, die 1218 oberhauptlos geworden, ihre neue Reichsunmittelbarkeit alsbald einer nach dem anderen Savoyen opfern müssen. — Bei dem Verkauf der Herrschaft Freiburg i. J. 1277 durch die Ky. zahlte Rudolf von Habsburg für sie 3040 Mark Silbers, während der — durch die politischen Rücksichten ausgeschlossene — Savoyer gerne 9000 Mark bezahlt haben würde, Anm.

34*

Colmar. MGSS. XVII 201. Der damalige wirkliche Werth liegt wohl in der Mitte. Leider fehlen über die Freiburger Herrschaft Ky. Urbaraufzeichnungen.

Frenschon. Min. v. Jegeustorf (s. d.). F. r. B. II 187.

F r i e s w y l, Ct. Bern, Amt Aarberg. — Ky. Amt Oltigen, Urb. 540.

Fronholz (wohl Vorimholz b. Gross-Affoltern, da auch Frauchwyl genannt ist), Ct. Bern. — Min. v. Bremgarten (s. d.), F. r. B. II 296.

Frutinbach. Ky. Amt l. d. Emme, Urb. 536.

F u h r e n, auf der, Ct. Bern, Amt Emmenthal. — Ky. Amt l. d. Emme, Urb. 536.

G a l m i t z (an dem grossen Moos gelegen), Ct. Freiburg, Amt Murten. — Min. Moser (s. d.), F. r. B. II 235ff.

Gentberch. Ky. Amt Oltigen, Urb. 539.

G o l d b a c h (Nieder-), Ct. Bern, Amt Burgdorf. — Ky., Mohr Reg., Fraubrunnen Nr. 18.

G o l d s w y l, Ct. Bern, Amt Thun. — Ky., F. r. B. II 219; Sol. Wbl. 1828, 348; W. 267, 289.

G o m e r k i n d e n, Ct. Bern, Amt Burgdorf. — Ky. Amt l. d. Emme, Urb. 537.

G r a f e n r i e d, Ct. Bern, Amt Fraubrunnen. — *Reide.* Ky. Amt Jegenstorf, Urb. 538.

(G r a s b u r g, Burg, Ct. Bern, Amt Schwarzenburg. — Reichsgut 1027 u. 1076, Zeerl. I 29 u. 37, dazu W. 244: daher auch nach 1218. Die Z. sind wohl Erbauer der hochragenden schönen Burg, die zu ihrer Befestigungskette in Burgund gehörte. Vgl. über Gr. W. 70 u. 244ff.)

G r a s s w y l (Nieder-, Ober-), Ct. Bern, Amt Wangen. — Ky. Amt Gütisberg, Urb. 536.

(G r i n d e l w a l d, Ct. Bern, Amt Interlaken. — Schon oben S. 306 zeigte sich, dass Gr. Reichsgut war und nur der Rectorbefugniss unterstand; bloss auf diese bezieht sich das *a Chuonrado duce deliberatos* u. ä. der kgl. Urkk. bei der Schenkung an Kl. Interlaken. — Dementsprechend haben auch die v. Wädiswyl (vgl. S. 433) ihr Gut in Gr. vom Reiche, vgl. Sol. Wbl. 1828, 317.)

Gruben. Ky. Amt l. d. Emme, Urb. 537.

G r ü t t b. Ziegelried unweit Schüpfen, Ct. Bern. — Ky. Amt Oltigen, Urb. 540.

(G ü m m i n e n, an der Saane, Ct. Bern, Amt Laupen. — Reichsgut, Zeerl. I 525 u. 5, W. 81 u. 240f. Burg daselbst im 13. Jahrh., jedenfalls schon aus Z. Zeit, vgl. W. 240. G. gehört zu den Orten, die von den Z. als Stadt begründet sein sollen.)

Gütisberg, Ky. Amt zwischen der Emme von Rüegsau abwärts, der Roth und der Aesch (Orte einzeln verzeichnet), Urb. 535f. — Weil in diesem Ky. Amte Buchsee (s. d.) liegt und die ebenfalls ursprünglich Rheinfeldischen Seeberg, Huttwyl und Wynau (s. d.) in den Umkreis dieses Ky. Amtes fallen, ja noch das sw. gelegene Burgdorf Erbe von den Rheinfeldnern gewesen zu sein scheint (s. Burgdorf), wird das Amt Gütisberg als in der Hauptsache aus Rheinfeld. Gut Z. geworden zu betrachten sein.

G ü t i s b e r g zw. Burgdorf u. Wynigen, Ct. Bern. — Ky. Amt Gütisberg, Urb. 535.

Guirzinowe. Ky. Amt Utzenstorf, Urb 538.

G u m m e n, Ct. Bern, Amt Trachselwald. — Ky. Amt Utzenstorf, Urb. 538.

H ä g e n d o r f f, Ct. Solothurn. Vgl. S. 389.

H ä s l i b. Biglen, Ct. Bern. — Ky. Amt l. d. Emme, Urb. 536.

H ä s l i a. d. Emme, Ct. Bern, Amt Burgdorf. — Ky. Amt l. d. Emme, Urb. 537.

H a l t e n, Ct. Solothurn. — Vgl. Min. v. H.

H a r d e r e n b. Lyss, Ct. Bern, Amt Aarberg. — Ky. Amt Oltigen, Urb. 539.

Heidenswandon. Ky. Amt Oltigen, Urb. 540.

H e i m b e r g, Ct. Bern, Amt Thun. — Wohl in Folge des Burgunderaufstandes 1190/91 Z. geworden und wieder vergeben, vgl. W. 280. s. dazu auch F. r. B. II 489f.

H e i m e n h a u s e n, Ct. Bern, Amt Wangen. — Ky, Sol. Wbl. 1827, 483ff.

H e i m i s w y l, Ct. Bern, Amt Burgdorf. — Ky. Amt Gütisberg, Urb. 535.

Hennolsmatte. Ky. Amt Gütisberg, Urb. 536.

Herzogenbuchsee, s. B u c h s e e.

H e t t i s w y l, Ct. Bern, Amt Burgdorf. — Min Fries (s. d.), F. r. B. II 402.

H e u t l i g e n, Ct. Bern, Amt Konolfingen. — Min. v. Obernburg u. v. Buchsee (s. d.) F. r. B. II 202. Vgl. auch Min. v. H.

Hindelbank, Ct. Bern, Amt Burgdorf. — Ky. Amt Jegenstorf, Urb. 537.

Höchstetten (Gross-), Ct. Bern, Amt Konolfingen. — Ky. Amt Thun., Urb. 539. Wohl seit 1190/91 Z., vgl. W. 274.

Höchstetten (Klein-), Ct. Bern, Amt Konolfingen. — *Lusilinstetten*, nach *Honstetten*. Ky. Amt Thun, Urb. 539. Wohl seit 1190/91 Z., vgl. W. 274.

Homberg b. Gross-Affoltern, Ct. Bern. — Ky. Amt Oltigen, Urb. 539.

Honvarte. Ky. Amt Gütisberg, Urb. 536.

Horiwyl, Ct. Solothurn. — Ky., Sol. Wbl. 1827, 483ff.

Hornbach(graben), Thal, Ct. Bern, Amt Trachselwald. — Ky. Amt l. d. Emme, Urb. 536.

Hütligen, s. Heutligen.

Hunninchon. Ky. Amt Gütisberg, Urb. 536.

Huttwyl, Ct. Bern, Amt Trachselwald. 173, 217. Zu dem Rheinf. Gut gehörig.

Jegenstorf. Ky. Amt, von J. bis zum Limpach u. Eschbach, Urb. 537 f.

Jegenstorf. Ct. Bern, Amt Fraubrunnen. — Vgl. Min v. J. — Ky., F. r. B. II 12. Urb. 537. — Min Fries (s. d.), F. r. B. II 402.

Jetzikofen b. Kirchlindach, Ct. Bern. Min. v. Bremgarten (s. d.), F. r. B. II 296.

(Iferten (Yverdon), Ct. Waadt. Der auf die Römerzeit zurückgehende Ort soll von den Z. als Stadt begründet worden sein. — Eigener Z. Bes. zu J. tritt nicht hervor.)

Ifinbeustzerit. Ky. Amt Oltigen, Urb. 539.

Iseltwald (am Brienzer See), Ct. Bern, Amt Interlaken. — 306, Reichsgut, s. Grindelwald, auch F. r. B. I 474f. — (Ky. Vogteirecht, W. 267).

(Juragebiet (im Ct. Waadt) vom Marchairuz bis zur Orbe. Oben S. 460, von Bertold V zu Lehn ausgethan. Es könnte aus dem Burgundischen Grafenerbe der Z. sein, vgl. S. 270 (wo aber die Urk. Hidber 1439 trotz Hidber's Datum 1087—1105 später zu setzen und zu der Anm. 804 zu stellen ist). Trotz des gräfl. Burgundischen Besitzes in Orbe (S. 270) aber mag dieses entlegene Gebiet auch nur, ob es nun als Reichslehn der Grafen von Burgund betrachtet wurde oder ob es etwa erst 1156 dem Rector von Transjuranien besonders zugewiesen wurde, nur dessen statthalterlicher Befugniss unterstanden haben, um so mehr, als die Geltendmachung Ky. Lehnshoheit nach 1218 nicht hervortritt.)

Kaiserstuhl a/Rh., Ct. Aargau. T. (wie in dem nahen bad. Hohenthengen, BA. Jestetten, s. oben unter Grossherzogthum Baden), WJbb. 1846, 106, 130, 142.

Kaltenbrünnen b. Wengi, Ct. Bern. Ky. Amt Oltigen, Urb. 539.

Kappelen (Nieder-, Ober-), Ct. Bern, Amt Burgdorf. — Ky., Mohr Reg., Fraubrunnen Nr. 18.

Kienberg, Ct. Solothurn. — Vgl. Min. v. K.

Kirchberg, Ct. Bern, Amt Burgdorf. — Ky., 1283 eine „neue Befestigung" genannt, Sol. Wbl. 1827, 179f. Welches ist der Zusammenhang dieses K. mit dem S. 485 besprochenen zweiten Gemahl der Herzogin Clementia, deren Witthum Burgdorf war?

Koppigen, Ct. Bern, Amt Burgdorf. — s. Min. v. K.

Kosthofen am Lyssbach, Ct. Bern. — Ky. Amt Oltigen, Urb. 539. Sol. Wbl. 1827, 46 ff.

Krailigen (unterh. Utzenstorf), Ct. Bern. — Ky. Amt Utzenstorf, Urb. 538; Mohr Reg., Fraubrunnen Nr. 18.

Krauchthal, am Fusse der Burg Thorberg, Ct. Bern, Amt Burgdorf. — s. Min. v. Kr.

Krayigen, Ct. u. Amt Bern. — Min. v. Obernburg u. v. Buchsee (s. d.), F. r. B. II 202f.

Landerswyl, Langerswyl, Ct. Bern, Amt Aarberg. — Ky. Amt Oltigen, Urb. 540.

Landshut, Burg b. Utzenstorf (s. d.) — Ky., F. r. B. II 373. Sol. Wbl. 1831, 637.

Laugenthal, Ct. Bern, Amt Aarwangen. — Anspr. eines Ky. Min F. r. B. II 433, 460.

Langnau, Ct. Bern, Amt Signau. — Vgl. Min. v. L.

(Laupen, Ct. Bern; mit Burg. — Reichsbes., von Ky. widerrechtlich besetzt, W. 242.

Gehört zu den Orten, die von den Z. als Stadt begründet sein sollen.)

Liegerz (Gleresse), Ct. Bern, Amt Nidau. — Ky. Amt Oltigen, Urb. 539. — Min. v. Jegenstorf (s. d.), F. r. B. II 168.

Löhningen, Ct. Schaffhausen. UF. FUB. I 233. — Nellenb. Bes. das. folgt aus QzSchwG. III 1, 13f.

Lohn, Ct. Solothurn. — Ky. Amt Utzenstorf, 538. — Vgl. auch Min. v. L.

Lotzwoil, Ct. Bern, Amt Aarwangen. — Min. v. Rüti (s. d.) W. 346.

Lyssach, Ct. Bern, Amt Fraubrunnen. — Ky., Mohr Reg., Fraubrunnen Nr. 18.

Madiswyl, Ct. Bern, Amt Aarwangen. — Ky. Amt Gütisberg, Urb. 536.

Mattstetten, Ct. Bern, Amt Fraubrunnen. — Vgl. Min. v. M.

Meinhartsperg. Ky. Amt I. d. Emme, Urb. 537.

Merzligen, Ct. Bern, Amt Nidau. — Ky. Amt Oltigen, Urb. 539.

Messen, Ct. Solothurn. Ky. Amt Jegenstorf, Urb. 538.

Mettlen, Ct. u. Amt Freiburg. — Min. v. Rheinfelden, F. r. B. II 498.

(Milden, Moudon, Ct. Waadt. 469, 470: 1207 über die statthalterliche Befugniss des Rectors hinweg (etwa zugleich als Theil des Erbes der Kaiserin Beatrix?) von K. Philipp an den Gr. v Savoyen gegeben. Nach der Ueberlieferung ist das Schloss von H. Konrad erbaut („1105“!) und der Ort 1190 von Bertold V befestigt worden, soll auch von den Z. als Stadt begründet worden sein. Auf jeden Fall gehörte M. nur zu statthalterlicher Befugniss der Z. — B. Lausanner Bes. das., oben S. 470, ob aus Rheinfeldischem?)

Möriswyl, Ct. Bern, Amt Aarberg. — Min. v. Schüpfen (s. d.), F. r. B. II 165.

(Mons, Maus, bei Gümminen, Ct. Bern, Amt Laupen. — Ky. oder Reichsgut? 1284 im Bes. Rudolf's von Habsburg, der gleichzeitig über die Fähre von Gümminen verfügt. Sol. Wbl. 1827, 428f.)

Morinsegge, wohl Moosegg, Ct. Bern, Amt Signau. — Ky. Amt I. d. Emme, Urb. 536.

Mühledorf, Ct. Solothurn. — Ky. Amt Utzenstorf, Urb. 538.

Münchringen, Ct. Bern, Amt Fraubrunnen. — Ky. Amt Jegenstorf, Urb. 537.

Münsingen, Ct. Bern, Amt Konolfingen. — Ky. F. r. B. II 12. W. 290. — Vgl. auch Min. v. M.

Mulinon, seit 1246 Kl. Fraubrunnen, s. d.

Muri, Ct. u. Amt Bern. — Min. v. Oberburg u. v. Buchsee (s. d.), F. r. B. II 202f.

(Murten, Ct. Freiburg. Obwohl M. schon vor Errichtung des Rectorats als befestigter Platz vorkommt, wird doch in dem nach-Z. Stadtrotel (Gaupp II 152f.) gesagt, Herzog Bertold habe nach der *villa* M. das darin enthaltene [Freiburger] Recht *in sui fundatione* übertragen, entsprechend dem Ausdruck der Ky. Urk. für Freiburg i/Ü. Das heisst also hier: bei der Gründung der Stadt durch Verleihung von Marktrecht an den schon bestehenden Ort, und zwar durch einen der Herzöge Bertold, an welcher Angabe zu zweifeln kein Grund vorliegt. Die §§ 1—10 des Stadtrotels machen den Eindruck eines Weisthums, so dass es scheint, dass nur die § 11ff. in schriftlicher Form nach M. gebracht wurden, dagegen das Verhältniss des Herzogs zu der Stadt bei deren Erhebung zu einer solchen nicht schriftlich festgestellt wurde. Dies und der § 5: *dux villam istam suam cameram voluit nominari* weisen am ehesten auf Bertold V. — M. gehörte zu den Reichsorten, wie seine Schicksale von 1218 zeigen, stand also nur unter der Rectoratsgewalt der Z.)

Murzelen ö. von Oltigen, Ct. Bern, Amt Aarberg. — Ky. Amt Oltigen, Urb. 540.

Nüwenswanden. Ky. Amt Oltigen, Urb. 540.

Nugerol b. Landeron am Bieler See. 307. — Min. v. Kroehthal (s. d.), F. r. B. II 319.

Oberburg, Ct. Bern, Amt Burgdorf. — Ky. Amt I. d. Emme, Urb. 537. — Vgl. auch Min. v. O.

Oenz (Ober-, Unter-), Ct. Bern, Amt Wangen. — Ky. Amt Utzenstorf, Urb. 538. Sol. Wbl 1827, 483ff. — Min. v. O. (s. d.).

Oetersperg. Ky. Amt I. d. Emme, Urb. 537.

Oetkingen, Ct. Solothurn. — Ky. Amt Utzenstorf, Urb. 539.

Oleyres, Ct. Waadt, Distr. Avenches. — *Oleicis*, Burg, Ky., F. r. B. II 12.

Oltigen, Ky. Amt (die Orte sind einzeln verzeichnet), Urb. 539 f. — Diese Herrschaft Oltigen kam von den früheren Dynasten und Grafen von O. an die burgundischen Grafen und so 1127 an die Z., vgl. oben S. 271; über den Uebergang an die Ky. und weitere Schicksale vgl. W. 237 f. — Da einzelne Orte des Ky. Amtes O., z. B. Affoltern und Schnottswyl, zugleich in anderen Ky. Aemtern für andere Leistungen verzeichnet sind, ist anzunehmen, dass die alte Herrschaft ohne durchgreifende Verwaltungsänderungen durch die Z. hindurch bis in die Ky. Zeit geblieben ist.

Oltigen, Ct. Bern, Amt Aarberg. — Ky. Amt Oltigen. Burg, mit Dienstmannen. F. r. B. II 12, 373. Dorf, Urb. 540. — Vgl. auch Min. v. O.

Ortschwaben, Ct. Bern, Amt Aarberg. — Min. v. Schüpfen (s. d.), F. r. B. II 314

Oschwand (b Häsli a. d. Emme), Ct. Bern. — Ky. Amt l. d. Emme, Urb. 537.

Ottiswyl, Ct. Bern, Amt Aarberg. — Ky. Amt Jegenstorf, Urb. 537.

Owze. Ky. Amt Gütisberg, Urb. 536.

Port (am Aarekanal b. Nidau), Ct. Bern. — Ky. Amt Oltigen, Urb. 539.

Radelfingen b. Utzigen u. Sinnerigen, Ct. u. Amt Bern. — Ky. Amt l. d. Emme, Urb. 537.

Ramlon. Ky. Amt Oltigen, Urb. 540.

Ramstein (Hohen-), Burg b. Eriswyl im Emmenthal, Ct. Bern. — Vgl. Min. v. R.

Rapperswyl, Ct. Bern, Amt Aarberg. — Ky. Amt Jegenstorf, Urb. 537. Sol. Wbl. 1827, 46 ff. — Min. v. Halten (s. d.), F. r. B. II 505.

Ratzwiler. Ky. Amt Utzenstorf, Urb. 538.

Reichenbach b. Zollikofen, Ct. Bern. — Min. v. Bremgarten (s. d.), F. r. B. II 296.

Rheinfelden, Ct. Aargau. Erst der Erwerb der Sisgaugrafschaft (vgl. Gisi, Anz. f. schweiz. Gesch. 1887, 37 f.) zog die später v. Rheinfelden genannte burgundische Familie hierher an den Rhein; Rh. selbst war Reichslehn (so schon Burckhardt, Basler hist. Beitr. XI 18, obwohl er die Homberger als die Belehnten nimmt; Gisi l. c.). Dementsprechend kam Rh. als Reichslehn an die Z. und fiel 1218 an das Reich, wie aus U.-F. 1575 u. Herrgott II 209 für das Jahr 1225 ff. hervorgeht. — Die überlieferte Verfügung von Bertold's V Wittwe über Rh. (vgl. oben 485) aus einer immerhin möglichen Vergabung Rh.'s zu ihrem Witthum durch Bertold V war also nicht ohne Weiteres zulässig und wurde, falls sie wirklich geschah, vom Reiche aufgehoben. — Herzog Konrad schenkte Gut in Rh. an Kl. Muri, vgl. QzSchwGesch. III 2b (Acta Murensia ed. Kiem) S. 90. (Die Vermuthung der Anm. 2 auf Konrad von Z. wird gesichert durch oben S. 323 u. 325). — Wahrscheinlich war das Recht des Reiches in der Z. Zeit vergessen und ward erst nach 1218 wieder geltend gemacht. — Vgl. auch Min. v. Rheinfelden.

Ried (wohl das in der Pfarrei Worb), Ct. Bern. — Ky. Amt l. d. Emme, Urb. 536.

Ried (? Weissen-), Ct. Bern, Amt Aarwangen. — *Reide*. Ky. Amt Utzenstorf, Urb. 538.

Riedwyl, Ct. Bern, Amt Wangen. — Ky. Amt Gütisberg, Urb. 536.

Rinderbach. Ky. Amt Oltigen, Urb. 540.

Ringgenberg, Ct. Bern, Amt Interlaken. — Ky., F. r. B. II 219 u. ö.; W. 267, 289, Anm. 1. *Ringenwile*.

Ripolcens, Burg. Ky., F. r. B. II 12. Ueber der Saane, zwischen Laupen und Gümminen in der Mitte liegt Ripplisried. Hat die Burg, die ohnehin im westlicheren Ky.-Erbe zu suchen ist, etwa in der Nähe dieses mit —ried zusammengesetzten Ortes gestanden?

Rodrichstein, abg., Ct. Schaffhausen, 20. (Zu den Bamberger Lehen erworben.)

Röthenbach, Ct. Bern, Amt Wangen. — Ky. Amt Gütisberg, Urb. 536. Sol. Wbl. 1827, 483 ff. — Auch Min. v. Halten, F. r. B. II 57.

Rohrmoos, Ct. Bern, Amt Burgdorf. — Vgl. Min. v. R.

Rüderswyl, Emmenthal, Ct. Bern, Amt Signau. — Ky., F. r. B. II 99.

Rüdligen a. d. Emme. Ct. Bern, Amt Burgdorf. — Ky. Amt l. d. Emme, Urb. 537; Mohr, Reg., Fraubrunnen Nr 18.

Rüegsau, Ct. Bern, Amt Trachselwald. — Ky. Amt Gütisberg, Urb. 536.

Rüegsbach, Ct. Bern, Amt Trachselwald. — Ky. Amt Gütisberg, Urb. 536

Rüfenacht, Ct. Bern, Amt Konolfingen. — Min. v. Oberburg u. v. Buchsee (s. d.), F. r. B. II 202f.

Rüthi, Ct. Bern, Amt Büren. — Vgl. Min. v. R.

Rumendingen b. Wynigen, Ct. Bern, Amt Burgdorf. — Ky. Amt Gütisberg, Urb. 536.

Runtigen (Ober-, Nieder-), Ct. Bern, Amt Aarberg. — Ky. Amt Oltigen, Urb. 540.

Säriswyl, Ct. u. Amt Bern. — Ky. Amt Oltigen, Urb. 540. Das *Gereswile* Sol. Wbl. 1827, 46ff. ist aus *Sereswile* verlesen, wie F. r. B. II 571 zeigt. — Min. v. Schüpfen (s. d.), F. r. B. II 474.

Schafhausen im Bigleuthal, Ct. Bern, Amt Burgdorf. — Ky. Amt l. d. Emme, Urb. 536f.

Schalunen a. d. Emme, Ct. Bern, Amt Fraubrunnen. — Min. v. Rheinfelden (s. d.), F. r. B. II 312f. — Der romanische Name (1249 *Chaluna*) deutet auf die eigentliche Heimath des Rheinfeldner Hauses nördlich vom Genfer See.

Scheidegge. Ky. Amt Oltigen, Urb. 540.

Scherzligen b. Thun, Ct. Bern. — T. WJbb. 1846, 133. W. 278. Vgl. oben S. 307 über Anwesenheit u. Besitzerwerb des ersten Herzogs von T. in Burgund.

Scheuren, Ct. Bern, Amt Büren. Min. v. Bremgarten (s. d.), F. r. B. II 296.

Schnottwyl, Ct. Solothurn. — Ky. Amt Jegenstorf, Urb 537. Ky. Amt Oltigen, Urb. 539.

(Schönenwerth, Ct. Solothurn. — Vgl. Min. v. Sch.)

Schübelenmatte, die, an der Galtern, Ct. Freiburg. 395.

Schüpfen, Ct. Bern, Amt Aarberg. — Vgl. Min. v. Sch. — F. r. B. II 417, dazu 491f.

Schüppbach, Ct. Bern, Amt Signau. — Von den Vorfahren der v. Tann dem Herzog Bertold (V?) zu Lehn aufgetragen und diesem danach ganz angefallen, F. r. B. II 323.

Schuppach. Ky. Amt Oltigen, Urb. 540.

Schwanden, Ct. Bern, Amt Burgdorf. — Ky. Amt Gütisberg, Urb. 536. — Min. v. Schwanden (s. d.), F. r. B. II 454f., W. 344.

Schwanden (welches?). Ky. Amt Oltigen, Urb. 540. — *aliud Swandon*, ebenso.

Schweikholz, Wald. Ky., F. r. B. II 297.

Seeberg, Ct. Bern, Amt Wangen. 173. Aus dem Rheinfeldischen Bes.

Seedorf, Ct. Bern, Amt Aarberg. — Ky. (Min. Moser). F. r. B. II 235, 428f., 450f. Vgl. auch Min. v. Seedorf.

Sigriswyl am Thuner See, Ct. Bern. — Ky, W. 274. Danach in Folge des Burgunderaufstandes 1190/91 Z. geworden. — Auch Min. von Bremgarten (s d.), vgl. W. 279.

Siselen, Ct. Bern, Amt Erlach. — Min. v. Jegenstorf (s. d.), F. r. B. II 167f.

Sollberg b. Wynigen, Ct. Bern. — Ky. Amt Gütisberg, Urb. 536.

Spiez am Thuner See, Ct. Bern. (477). Ky. W. 254, 269.

Stampbach, Ct. Bern, Amt Aarwangen. — Ky. Amt Gütisberg, Urb. 536.

Steffisburg b. Thun, Ct. Bern. Vielleicht durch den Burgunderaufstand 1190/91 an die Z. gekommen und von ihnen an die Edlen von Rüti gegeben, vgl. W. 278, dazu 274.

Stein, Ct. Aargau, Bez. Rheinfelden. — Vgl. Min. v. St.

Steinbrunnen, Ct. Bern, Amt Schwarzenburg. — Vgl Min. v. St.

Stubche b. Kosthofen, Ct. Bern. — Ky. B. r. B. II 571, Sol. Wbl. 1827, 46ff.

Sumiswald, Ct. Bern, Amt Trachselwald — Vgl. Min. v. S.

Thörigen, Ct. Bern, Amt Wangen. — Vgl. Min. v. Th.

Thorberg, Burg, Ct. Bern, Amt Burgdorf. — Vgl. Min.: Burgdorf.

Thun, Ct. Bern. Ky. Amt mit den Thälern der Rothachen u. Kiesen. (Orte einzeln verzeichnet). Urb. 539.

Thun, Ct. Bern. (432.) Nach W. 274f. seit 1190/91 Z. — Vorfahren der v. Tann, Eigenthümer des halben Bodens der Burg und von Eigenleuten zu Th. tragen an H. Bertold [V?] zu Lehn diese Güter auf, die ihm danach ganz anfallen, F. r. B. II 322f. — Ky. Amt Thun, Urb. 539; W. 275ff. — Vgl. auch Min. v. Thun. — Ky. Zoll zu Thun: Sol. Wbl. 1828, 115f., Patronatsrecht und Vogtei der Kirche, Sol. Wbl. 1827, 406ff., dazu ibid. 1828, 47.

Thurnen, Notre-Dame de Tours, Ct. Waadt, Amt Montenach. — s. Min. v. Th.

Tubstigon (es giebt einen Toppwald b. Diessbach). — Ky. Amt Thun, Urb. 539 Wohl seit 1190/91 Z., vgl. W. 539.

Turbenthal, Ct. Zürich, Amt Winterthur. — s. Min. v. T.

Uetligen, Ct. u. Amt Bern. — Min. v. Schüpfen (s. d.), F. r. B. II 452f., 454.

Urtenen, Ct. Bern, Amt Fraubrunnen. — Ky. Amt Jegenstorf, Urb. 537. — Min. Senn (s. d.) v. Münsingen Zeerl. II 508. F. r. B. II 473. — Min. Moser (s. d.) Zeerl. II 188.

Utzenstorf. Ky. Amt, auf beiden Ufern der Emme von Burgdorf abwärts. (Die Orte sind einzeln verzeichnet). Urb. 538f. — Nach dem zum Ky. Amte Gütisberg und zu Burgdorf Bemerkten wird der Z. Besitz im Amte U. mit reichlich so viel Recht als ursprünglich Rheinfeldisch zu betrachten sein, als gräflich Burgundisch. Utzenstorf selbst war Malstätte des alten grossen Oberaargau, daher *comitatus Uzanestorfus* Hidber 1226 zu 1009. Dieser Comitat U. liegt als selbständig gewordene Grafschaft zwischen der gräfl. Burgundisch gewordenen Grafschaft Oltigen und der Rheinfeldischen Grafschaft Siegau. Welche Familie für die Grafenwürde in U. in Anspruch zu nehmen ist, bleibt ungewiss. Immerhin könnte der Z. Besitz in seinen Grenzen aus gräfl. Burgundischen Zumischungen zu dortigem Rheinfeldischem Gut verschmolzen sein.

Utzenstorf, Ct. Bern, Amt Fraubrunnen. — Vgl. Min. v. U. — Ky. Amt Utzenstorf, Urb. 538; F. r. B. II 373.

Utzigen b. Sinnerigen, Ct. Bern. Ky. Amt l. d. Emme, Urb. 537.

Valche. Ky. Amt Gütisberg, Urb. 536.

Vilbringen, Ct Bern, Amt Konolfingen. — Ky. Amt Thun, Urb. 539. Wohl seit 1190/91 Z., vgl. W. 274.

Vivers, Ct. u. Amt Freiburg. — Vgl. Min. v. V.

Wäckerschwend, Ct. Bern, Amt Wangen. — Ky. Amt Gütisberg, Urb. 536.

Waltrigen, Ct. Bern, Amt Trachselwald. — Ky. Amt Gütisberg, Urb. 536.

Wangen, Ct. Bern, Amtsort. — Ky., Sol. Wbl. 1827, 483ff. — Vgl. auch Min. v. W.

Wanzwyl, Ct. Bern, Amt Wangen. — Ky., Sol. Wbl. 1827, 483ff.

Wattenwyl b. Worb, Ct. Bern, Amt Konolfingen. — Ky. Amt Thun, Urb. 539. Wohl seit 1190/91 Z., vgl. W. 274.

Wavre, Ct. Neuenburg. 307.

Wengi, Ct. Bern, Amt Büren. — Ky. Amt Jegenstorf, Urb. 537. Sol. Wbl. 1827, 46ff. F. r. B. II 571.

Wichtrach (Ober-, Nieder-), Ct. Bern, Amt Konolfingen. — Min. Fries (s. d.), F. r. B. II 402.

Wierezwyl b. Gross-Affoltern, Ct. Bern. — Min. v. Schüpfen (s. d.), F. r. B. II 313.

Wiesen, abg. Feldort bei Unter-Hallau, Ct. Schaffhausen. — 10. *villa . . . Wiessa in Cleccowe.* QzSchwG. III 1, 9 als Wieche (BA. Engen) erklärt [wozu sich noch gut fügen würde, dass in *Wichse*, Wiechs, auch Nellenb. Bes. war, Zs. I 77], wogegen aber Dr. Wanner, Anz. f. schw. Gesch. 1890, S. 35 überzeugend auf Wiesen hinweist, dessen Name noch in dem Weiler Oberwiesen erhalten ist. — Ebenda zeigt Wanner, dass das (Nellenburgische) Kloster Allerheiligen in Schaffhausen Grundzinsgerechtigkeit in Wiesen hatte.

Wiggiswyl, Ct. Bern, Amt Fraubrunnen. — Min. v. Callnach (s. d.), F. r. B. II 733f.

Wimmis, Ct. Bern, Amt Nieder-Simmenthal. — Ky. Ansprüche, W. 256, 289.

Worb, Ct. Bern. — Ky. Herrschaft aus Z. Erbschaft. Darüber und weshalb sie nicht mehr im Urb. verzeichnet werden konnte, vgl. W. 292. — Vgl. auch Min. v. W. (und oben S. 307).

Wyl (Ct. Bern, Amt Konolfingen), Herrschaft. Von Z. erworben; Ky.; dann Ky. Minist. Senn. W. 285, 292.

Wyler, unterhalb Utzenstorf, Ct. Bern. — Ky. Amt Utzenstorf, Urb. 538.

Wyler, Wyleroltingen, Ct. Bern. — Min. v. Callnach (s. d.), W. 344.

Wynau, Ct. Bern, Amt Aarwangen. Dort Rechte der St. Peter gehörenden Propstei Herzogen-Buchsee (s. d.), W. 342; also zum Rheinfeldner Gute gehörig.

Wynigen, Ct. Be n, Amt Burgdorf. — Ky. Amt Gütisberg, Urb. 536.

Ziegelried, unweit Schüpfen, Ct. Bern, Amt Aarberg. — Min. v. Schüpfen (s. d.), F. r. B. II 314. (*Ried*, aber näher bestimmt durch Bundkofen).

Zuzwyl, Ct. Bern, Amt Fraubrunnen. — Ky. Amt Jegenstorf, Urb. 537.

D.

Ministerialen.

[In dem weiteren Sinne, der dann im 13. Jahrhundert die Unterscheidung in *miles et ministerialis* und *servus et ministerialis* (z. B. F. r. B. II 355) veranlasst. — Zum Nutzen der Uebersichtlichkeit ist gegenüber den anderen in diesem Abschnitt von der Cursive ein beschränkterer Gebrauch gemacht worden. — Für die Zeit nach 1218 sind, um Raum zu sparen, die Bände der Oberrh. Zs., das FUB. und Bd. II der F. r. B. dann gelegentlich ohne Seitenzahl citirt worden, wenn ihr Register mühelos die Einzelbelege ergiebt. — Auf die Burgen bei den Sitzen der Ministerialen ist auch dann hingewiesen worden, wenn sie auch nur durch archivalische Nachrichten bekannt werden; Flurnamen haben ja in dieser Beziehung den Stein vielfach um Jahrhunderte überdauert. Für den Breisgau sei ein für alle Mal verwiesen auf die vortreffliche und nachahmenswerthe Arbeit Poinsignon's, Oedungen und Wüstungen im Breisgau, Zs. N. F. II 322 ff.]

Aarwangen (Burg u. Amtsort, Ct. Bern), von. Ky. Min., F. r. B. II 335 (mit dem Namen Bertold).

Achdorf (BA. Bonndorf), *Ahtdorf*, Eberhard von. Zwischen Min. in der Urk. Bertold's IV von 1179, FUB. V 68f.

Adalbero de familia ducis RSP. 145, anscheinend zur Zeit Bertold's III. Mit Bes. in Bissingen OA. Kirchheim, wovon er an Kl. St. Peter schenkt. [In den Quellen über Schenkungen von Z. Min. an St. Peter kann nicht auffallen, wenn der Zustimmung des Herzogs im besonderen Falle nicht gedacht wird; diese war ja für solche Uebertragungen ein für alle Mal gegeben und wiederholt. Vgl. oben S. 338.] Vielleicht gehörte Adalbero zu der Familie von Bissingen (s. d.).

Affoltern (Burg u. Ort, Ct. Bern, Amt Trachselwald), von. — (Peter, Meier v. A. oben S. 477 nach einem Z. Min. genannt gehört wohl nach Gross-Affoltern im Amte Aarberg). — Nach 1218 in den Freienstand übergegangen, vgl. darüber W. 28 u. 301; Erwähnungen, auch mit den Ky. zusammen, F. r. B. II passim.

Albus (Wyss), Burchard, zu Zürich. ZüUB. I 207, vgl. oben S. 402 zu 1177.

Alcinah, s. Alzenach.

Almendshofen (Burg u. Ort, BA. Donaueschingen), von. UF. FUB. I 211f., 217, 223, 268 u. ö., möglicherweise anfänglich noch gemeinsam mit UFr.

Altikon (Burg u. Ort an der Thur, Ct. Zürich; das Ortsverz. zum RSP. meint: A. im Ct. Aargau), von. *Altinchoren*, von. Wernher und sein Bruder, ex familia ducis [Konrad's 1123], Schannat, Vind. I 161. — Rudolf, ex hominibus ducis [Konrad's] RSP. 150.

Alzenach (abg. Burg u. Ort b. Gündlingen, BA. Breisach), von. *Alcinah, Alzina. Alzena.* RSP. 149—151; F. r. B. I 430 zu 1152 (wo aus „Alcinah“ „Alcmar“ geworden ist); Schöpflin V 109. — De domo ducis; de clientibus ducis; der Herzog ihr dominus; min. marchionis.

Zu H. Konrad's Zeit vor 1146 als dessen Min.:

Alzenach.

Ulrich erwähnt noch zwischen 1152 u. 1158.	Kuno (wohl schon † zur Zeit der Erwähnung.)	
	Konrad noch zw. 1152 u. 1158. (1161 ?)	Ulrich, † auf dem Kreuzzuge K. Konrad's III

Sie haben Bes. in Hausen, BA. Staufen, RSP. 149 f. — Konrad von A. ist [wenn es der oben genannte ist: zugleich] Min. der Mgr., da das „ministeriales marchionis“ [Zs. N. F. IV 494] die vorhergehenden herzoglichen von den Mgr. Min. trennt. Er steht dort neben einem der v. Keppenbach (s. d.), mit welchen sich die v. A. danach im 13. Jahrhundert verschwägerten. — Bertha von A. (erw. zw. 1220 u. 1236 und noch 1255 u. 1267), eben die, welche an einen von Keppenbach verheirathet war, war U. Fr. u. F. Min.; sie hatte ererbten Bes. in Hausen (s. o.) und Hochstetten (BA. Breisach), Zs. IX 332 f. u. 447 f. [während sie in Emmendingen („Emnetingen“, FUB. I 96 f. aus d. Thenenb. Urbar, im Register des FUB. nicht erklärt) den von ihr vergabten Hof erst von zwei U. Min. v. Emmendingen (s. d.) gekauft.] Nach weiteren Mittheilungen des Thenenb. Urb. (daraus Zs. XII 79 f.) hat Bertha v. A. auch verschiedene Güter in Reichenbach (im Freiamt, BA. Emmendingen), und in Norprechtsberg (ebenda; dort haben auch die Nimb. Min. Bes.). Obwohl dort auch die v. Keppenbach Bes. haben, kann Bertha v. A. jene Güter nicht wohl als Wittwe des Wilhelm v. Keppenbach aus dessen Hinterlassenschaft an Thenenbach vergabt haben, zumal keinerlei Genehmigungen der v. K. erwähnt werden; sie wird also auch diese Besitzungen im Freiamt von ihren Vorfahren ererbt haben, an die sie nicht ohne Bezug auf das Min.-Verhältniss Konrad's zu den Mgr. gekommen sein werden.

Ambringen (Burg u. Ort; Ober-, Unter-, BA. Staufen), von. *Amp(u)ringen.* Karl, dessen dominus H. Bertold [III], mit Gütern und Lehen zu Ambringen und Ehrenstetten, RSP. 145. — Hugo, ex hominibus ducis [Konrad's], RSP. 150. — Ein „Hugo miles de Emperingen“ steht als Zeuge in der Urk. des Constanzer Bischofs von 1215 (bei Schöpflin V 139 f.) über die Kirchener Patronatsangelegenheit, mit der sich schon H. Bertold IV (vgl. S. 390) befasst hatte. Da die Z. Min. v. Baden und v. Müllheim mitgenannt sind, ist auch jener Hugo von E. als Z. Min. und zwar als Ambringer aufzufassen und das „ministeriales ecclesiae nostrae" nur auf die in der Zeugenreihe zuletzt Genannten zu beziehen. Er wird der auch RSP. 173 genannte Hugo von A. sein. — Hermann v. A., zur Familie des Mgr. Hermann II gehörig, mit Bes. zu A., RSP. 143. — Nach 1218 U. Min.: FUB. I 179, Zs. IX passim.

„Anselmus iuvenis", de familia ducis, 1175 in Burgund. Oben S. 394.

Appenweier (BA. Offenburg). *Appenwilre.* Sarnagel von A. de domo ducis 1148 mit anderen Ortenauern zu Offenburg anwesend, RSP. 169.

Au (Burg u. Ort, BA. Freiburg), von. *Owa, Owen, Owon.* Heinrich, de domo ducis 1111 (RSP. 142 = 155) und zur Zeit Bertold's III (ib. 167, z. 6 u. z. 29); mit Bes. in Uffhausen u. Schallstadt (l. c.). — Liutfried von O. mit Bes. in Uffhausen zur Zeit Bertold's IV, RSP. 153. — Möglicherweise ein von dem Z. T. Owen OA. Kirchheim herübergekommenes Geschlecht.

Baden, Badenweiler (Burg u. Ort, BA. Müllheim), von. *Baden, Badin.* Rudolf und sein Bruder Bertold, um 1130, Schöpflin V 69 ff., oben S. 281. — Heinrich, ex hominibus ducis [Konrad's] RSP. 150 (vgl. auch 152). — Adalbert, de domo ducis 1148 [im Jahre der Ausstattung Clementia's mit der Herrschaft Badenweiler!] zu Offenburg anwesend, RSP. 169. — Konrad, 1168 mit H. Bertold IV in Basel, am Ende der Z. Min. in der Zeugenreihe stehend, Gerbert H. s. n. III 99. — Gottfried miles de Badin 1215 (Schöpflin V 140), vgl. „Ambringen". — Später UFr. Min., Zs. XXXIV 310; mit Bes. in Müllheim u. „Adilboltshoven" bei Sitzenkirch (BA. Müllheim). Zs. IX 441 ff.

Baldingen (BA. Donaueschingen), von. UF. Min., FUB. I 271, 313, 324 f.

Balmegg (Ct. Bern, Amt Fraubrunnen), von. Ky. Min., W. 292, F. r. B. II 225—228. Sol. Wbl. 1827, 129.

Beringen (Ct. Schaffhausen), von. UF. Min. mit dem Namen Bertold. FUB. I 271.

Bern(burg) (Burg, OA. Rottweil), von. *Berno, Berna.* (Burchard v. B. in den späteren Jahren H. Bertold's II steht als bei diesem anwesend, aber als liber homo und unter bekannten Edelfreien RSP. 141, und auch zur Zeit Bertold's IV ist ein Burchard v. B. frei, RSP. 152), aber in U. Zeit kommen die v. B. als U. Min. (FUB. I 208, 269, 271 u. ö.) vor [den Zusammenhang der Familien verbürgt der auch hier wiederkehrende Name Burchard], nennen übrigens auch Mgr. (Hachberg) ihren Herrn. Vgl. oben S. 523 unter Bernburg und das Weitere OABeschr. Rottweil S. 315. Demnach hat der Ortsname Bern zunächst mit Verona nichts zu thun und das bis in Bertold's IV Zeit freie Geschlecht trat später unter die Min., worauf dann im 13. Jahrh. durch den Namen Dietrich auch dieses „Bern“ in Beziehung zu Verona-Bern gesetzt wurde, nachdem der Herzog Bertold V selber i. J. 1191 alle Welt auf diese Erinnerungen hingedeutet hatte. — (Burchard v. B. zur Zeit Bertold's IV hat Besitz in Feldkirch (BA. Staufen) durch seine Gemahlin Judinta, deren Sohn [wohl Burchard's Stiefsohn] Bertold von Rietheim mit Bes. in Hausen [demnach dem im BA. Staufen] und der Nachfolge in Feldkirch ist, RSP. 152.)

Bertold der Marschall. Als letzter der Z. Min. in d. Urk. v. 1161 Schöpflin V 109 = Zs. N. F. IV 494. Es bleibt fraglich, welchem Geschlechte er angehört. Später hatten die v. Staufen das Marschallamt inne. (In der gleichen Urk. steht aber ohnehin ein v. Staufen als Zeuge.)

Bissingen (mit Burg Hahnenkamm, OA. Kirchheim), von. miles Roudolfus de Bisingen mit Bes. in Aldingen (OA. Spaichingen) RSP. 174, nicht als Z. Min. bezeichnet. — Wernherus de Bisingin steht in der Urk. Egeno's von Urach von ca. 1188 im FUB. I 71 und wird in dessen Register mit einem ? zu Biesingen BA. Donaueschingen gezogen. Dieses ? erscheint um so berechtigter, als Egeno zu jener Zeit in der Donaueschinger Gegend noch nicht Grundherr war und auch keiner der mitgenannten Zeugen daselbst ansässig ist; um so mehr ist Werner als ein Min. des gleichfalls anwesenden Herzogs von Teck aus der unmittelbarsten Nähe von dessen Herrschaftssitz, eben aus Bissingen im OA. Kirchheim u/T. aufzufassen, wie denn T.'sche Min. v. Bissingen auch später bekannt sind (WJbb. 1846, 130). — Vgl. auch oben „Adalbero“.

Blankenberg, von. Wegen der ausschliesslich breisgauischen Beziehungen dieses Hauses schwerlich, wie Neugart-Mone Ep. II 28 will, aus Blankenburg im Simmenthal (Ct. Bern); vgl. auch Poinsignon Zs. N. F II 337. RSP. 142, 143, 145, 149f., 155, 162, 167; Schannat Vind. I 160 u. 161. de domo, ex hominibus, de familia ducis. Bes. in Gundelfingen u. Uffhausen BA. Freiburg, Gündlingen BA. Breisach, Oberried BA. Freiburg, Marbach BA. Villingen, abgesehen von dem an ihre Abzweigung „v. Staufen“ gekommenen Gute.

Zu H. Bertold's III Zeit:

Kuno von Blankenberg seit 1111. Bes. in Uffhausen, Gundelfingen, Gündlingen.	(Erbauer der St. Paulskirche zu St. Peter mit)	Adalbert von Staufen (s. d.) Bes. in Ebnet, Ibenthal, Ballrechten, Wollbach.

Egilolf. auch 1123 u. gegen 1146. Bes. in Uffhausen.	Burchard. † vor Egilolf, Bes. in Uffhausen.	Salecho. Bes. in Marbach.	Ulrich. Bes. Gundelfingen.	Hartwig. Bes. in Gundelfingen u. Oberrieth.	Ida. Gem. v. Falkenstein, s. d.
			(Juno?)		Egilolf.

Blanckenegk, Kuno von. de clientibus ducis. 1152, Schannat Vind. I 163. Ist etwa Blankenberg zu lesen? Oder war seit 1123 letzteres zu einer Burg Blankeneck geworden? Kuno etwa der C[uno] von Blankenberg?

Blumberg (BA. Donaueschingen), von. U. Min., FUB. passim, insbes. I 232.

Boll (Burg Landseer u. Ort, OA. Göppingen), von. T. Min. WJbb. 1846, 130.

Bonndorf (BA. Stadt), von. U. Min., FUB. I 181, 187.

Bräunlingen (BA. Donaueschingen), von. (Liutfried, mit Gütern in Bräunlingen, Aasen u. Gündlingen, zur Zeit Bertold's III, nicht Min. bezeichnet, mit nur Min.: de domo ducis domesticis suis auftretend, RSP. 147). — Reginhard, ex hominibus ducis [Konrad's]. RSP. 150.

Bremgarten (Burg u. Ort, Ct. Bern), von. 1218 frei geworden, doch in „engen Beziehungen und theilweiser Abhängigkeit" zu Ky. Vgl. W. 28, 297, 299 f., auch Wurstemberger II 371.

· **Bubenberg** (abg. Burg, Ct. Bern), von. 433 f. — Ky. Min., F. r. B. II 314. — Ueber die (in Bern burglehnpflichtigen) v. B. vgl. W. 20.

Buchheim (BA. Freiburg; die Burghalde zu B. wird noch 1446 erwähnt, Zs. VIII 390, vgl. auch Zs. N. F. II 340). — Z. Min. von B. (neben Freien v. B.), RSP. 173 u. 154. Konrad u. Gottfried, amitini der von Falkenstein (s. d.). — Die von B. führen bald (s. u. zu „v. Nimburg") und später als U. (Fr. u. F.) Min. unter ihren Namen den auch bei den v. Falkenstein beliebten: Walter (FUB. I 266 f.), wie sich denn gerade dieser Walter auch das Siegel eines v. Falkenstein erbittet (FUB. l. c.).

Buchholtern (Ct. Bern), von. Ky. Min., W. 292, F. r. B. II passim.

Buchsee (Ct. Bern), von. Ky. Min., F. r. B. II 202 u. ö., Sol. Wbl. passim, W. 292.

Buchsiten (Ct. Solothurn). Manegold nomine de *Buhsita*, clericus de familia ducis [wohl Bertold's III] mit Bes. zu Niederweiler (BA. Müllheim); hat Söhne Heinrich u. Rudolf. RSP. 148.

Büetigen (Amt Büren, Ct. Bern), von. Ky. Min., F. r. B. II passim, insb. 433, 444; W. 292.

Burgberg (Burg u. Ort, BA. Villingen), von. UF. Min., Zs. X 111 (112); FUB. I, II passim.

Burgdorf (Ct. Bern). Anselm de *Burcdorf* min. ducis, 1201, F. r. B. I 498. — Ky. Min. v. B. F. r. B. II passim.

De *Burtorf* Albertus de *Porta*, de familia ducis, 1175, F. r. B. I 454; Adalbertus de *Tore* 1181 als Z. Min., F. r. B. I 468, zwar zu Solothurn anwesend, aber hierherzuziehen schon wegen des Vornamens, den auch die Ky. Min. von *Tore* oder *Toreberch* (F. r. B. II 275 u. ö.) zu Burgdorf (ibid. 335) beibehalten. — [de Porta (zum Thor) auch in Zürich.]

Burgdorf (Burg b. Königsfeld, BA. Villingen), von. UF. Min. FUB. I 211.

Burkheim (BA. Breisach). Konrad *Osunc de Burcheim,* unter Z. Min. 1179 bei H. Bertold IV zu Riegel, FUB. V 69.

Callnach (Burg u. Ort, Ct. Bern, Amt Aarberg), von. Ky. Min., führen den Namen Bertold; F. r. B. II passim, insb. 655, W. 292. Ein von C. wird Fries genannt (s. auch Fries) F. r. B. II 444.

Castello Cella, de, s. Zell.

Chilcheim, s. Kirchheim.

Chopingen, s. Koppingen.

Chunringen, s. Köndringen.

Crouchtal, Chrohtal, s. Krauchthal.

Dachswangen (abg. Burg zw. Gottenheim u. Waltershofen, BA. Freiburg), von. *Tahswanc* u. ä. — de domo ducis. de clientibus ducis. — Ulrich zw. 1122 u. 1132, RSP. 166. — Walter 1152 F. r. B. I 430; zw. 1152 u. 1158 RSP. 150.

Dettingen (OA. Kirchheim), von. T. Min., WJbb. 1846, 130f. Ueber die verschiedenen Burgen bei D. vgl. die OABeschr. 182 ff.

Dietingen (mit Burg; OA. Rottweil), von. Heinrich, FUB. V 69, in der Urk. Bertold's IV 1179 zwischen Z. Min. stehend; ders. in Begleitung Bertold's V 1187, Dümgé 147 f.

. **Dittishausen** (BA. Neustadt). Gerunc de *Tittinhusen,* de domo ducis, RSP. 150, 151, zwischen 1152 u. 1158. — UF. FUB. I 328, 330.

Dotternhausen (mit Burg; OA. Rottweil), von. *Toterenhusen.* U. Min., FUB. I 153.

D o t t i g h o f e n (BA. Staufen). Azelin u. Reginward, dortige Hörige H. Bertold's [III], RSP. 145.

Egistor, s. Jegenstorf.

(**Ehrenstetten** (mit Burg; BA. Staufen), von. Fr. Min., wenn nicht Hintersassen der von Staufen. Zs. N. F. I 468.)

Emmendingen (mit Burgen; BA. Stadt), von. U. Min. bald nach 1218, Hugo u. Bertold von *Immindingen,* mit Bes. in *Emuetingen* (jedenfalls auch E.) FUB. I 96 f.; s. a. v. Alzenach. — (Nimb. Min. v. *Emuetingen,* Zs. XII 79.)

Eriswyl (Ct. Bern, Amt Trachselwald), von. Ky. Min., F. r. B. II; W. 292.

Ersigen (Ct. Bern, Amt Burgdorf), von. *Ergisingen, Ergesingen, Hergesingen;* ganz ähnliche Schreibungen nach 1218: F. r. B. II. — RSP. 143, 162; Soloth. Urk. v. 1181, F. r. B. I 468; ib. 498 zu 1201. — ministeriales ducis. — Besitz in Loch (Ct. Bern, Amt Wangen, zur Pfarrei des St. Peterschen Ortes Seeberg gehörig) und *Rieda* (am ehesten Weissen-Ried im bern. Amt Aarwangen, wo auch Z. Besitz), an St. Peter übertragen, RSP. 143,

162 (das Register daselbst erklärt Ersingen und Donauried, beide OA. Ehingen). — Rudolf und sein Sohn Constantin, zur Zeit Bertold's III. — Rudolf 1181, sein Bruder Kuno 1181 u. 1201. — Diese Min. sind also durch die Rheinfeldner, nicht die gräfl. Burgundische Erbschaft an die Z. gekommen, was die oben S. 530 ausgesprochene Behauptung, der Z. Bes. in der Burgdorfer Gegend sei von den Rheinfeldnern ererbt, stützt. — Nach 1218 Ky. Min., F. r. B. II, insbes. 522.

Ertingen (OA. Riedlingen), von. Mgr. Min., Cod. Sal. Zs. XXXV 98 u. ö. Auch mit den Namen A[da]lbero u. A[da]lbert.

Eschbach (mit Burg; BA. Staufen), von. Wohl Z. Min., wenn auch in U. Zeit 1234 als Zeuge der U. als nobilis bezeichnet, FUB. I 163, u. i. J. 1265 freie Edelherren, vgl. ib. 217 ff. Die Urk. für 1220, wo sie miles sind, Zs. IX 233, ist als Fälschung erwiesen, doch können die Fälscher eine richtige Kenntniss über die E. besessen haben. In ähnlichem Verhältniss, wie es hier für die E. vermuthet wird, frei, aber den U. noch gewissermassen zugewandt, stehen zu den Ky. die v. Bremgarten, v. Jegenstorf (s. d.) u. A.

Falkenstein (sagenberühmte Burg des Höllenthals, BA. Freiburg), von. RSP. 148—151, 153, 173; Zs. N. F. IV 494; Dümgé 147 f. de domo ducis u. s. w.

[Walter?]

N. N. von Endingen. — [Walter] von Falkenstein.

Hugo (Sohn des N. N. von Endingen)

Kinder des [Walter] von Falkenstein:
- Walter (zur Zeit Bertold's III) Bes. in Weiler u. Berlachen (abg.) (beide BA. Freiburg).
- Kuno überlebt Walter; erwähnt zw. 1137 und 1154. Bes. in Gundelfingen, Nordweil und Mördingen. Gem. Ida [von Blankenberg.]
- Lauzilin
- Bertold clericus.

Kinder des Kuno:
- Reginhard zw. 1152 u. 1158, (1161), 1187, † vor 1200.
  - Kuno 1200. Bes. in Gundelfingen. Gem. Heilwida.
  - Walter 1200.
- Walter (1161). 1187.
  - Heinrich 1219 u. ö.
    - Walter.
- Tochter Gem. v. Buchheim.
  - Konrad v. B.
  - Gottfried v. B.

Der Ansatz des Namens Walter für den ersten v. F. stützt sich darauf, dass sie (s. a. v. Buchheim) diesen Namen fortführen. Der ältere Kuno v. F. hat zum Neffen Egilolf von Blankenberg; eine Schwester von ihm könnte also auch einen von Bl. geheirathet haben. Da aber die von Bl. (s. d.) den älteren Besitz in Gundelfingen haben, ist das oben Angegebene wahrscheinlicher. — Die Besitzverhältnisse der v. F. in U. Zeit liegen schön klar; hier sei nur auf die älteren Bde. der Oberrh. Zs. (Urkk. zur Gesch. d. Gr. v. Freiburg) verwiesen. — Die v. F. waren (wie seit 1219 öfters, z. B. Zs. IX 230, hervortritt) zugleich Lehusleute der Herren von Uesenberg. Nun führen die ebenfalls zu den U. und den Herren von Uesenberg in Beziehung stehenden Koler von Endingen — wo ein Theil des v. F.'schen Lehns von den Uesenbergern lag — mit besonderer Vorliebe den Namen Walter (vgl. Zs., insb. VIII 483). Ich möchte daher diese Familie als Nachkommen des aus RSP. 149 hervorgehenden N. N. de Endingen, Vater Hugo's betrachten. Der vermuthete Name des gemeinsamen Ahnen, Walter, stützt sich auf die Vorliebe der Koler von Endingen für ihn, in Anbetracht der Wahrscheinlichkeit, dass schon der älteste von Falkenstein den Namen führte, also der Vater Hugo's von Endingen ihn nicht gut tragen konnte.

Freiburg i. B. (BA. Stadt). Burgolt de *Friburc*, de domo ducis (Konrad's) u. vor 1132. RSP. 166.

F r i e s. Ky. Min., F. r. B. II; W. 292; vgl. auch Anz. f. schweiz. Gesch. N. F. V 7 f. Verwandt mit den v. Rohrmoos (s. d.).

Geisingen (BA. Donaueschingen), von. UF. Min. mit dem Namen Bertold. FUB. I 328, 330.

G u n t r a m n u s, miles, de familia ducis, 1111, mit Bes. in Gundelfingen, wie ebenso seine Schwester Liucela. RSP. 139.

Haiterbach (mit Burg; OA. Nagold), von. U. u. UF. Min., FUB. I 153, 215. Mit dem Namen Bertold (wie sie gleichzeitig durch den Namen Albert ihr Verhältniss zu den Grafen von Hohenberg ehrten).

Halten (Burg auf dem Oeschberg, Ct. Solothurn), von. Nogger v. H. unter den ministeriales ducis 1201 F. r. B. I 498. — Ky. Min., F. r. B. II, Sol. Wbl. 1827, 160 f., 505 f., mit Eigengut in Rappcrswyl (Ct. Bern). Unter ihren Namen: Konrad.

Haslach (BA. Freiburg), von. U. Min. 1221, FUB. I 105.

Heiningen (mit Burg; OA. Göppingen), von. T. Min., WJbb. 1846, 131.

Heitersheim (BA. Staufen). Bernardus de H., de domo ducis [Bertold's III oder Konrad's], RSP. 146. [1277 sind Ritter von H. Lehnsträger der v. Staufen (s. d.), Zs. IX 464 f.]

Heppehoven (Epfenhofen, BA. Bonndorf? im Register zu Neugart Episc. II 28 wird vermuthet Seppenhofen, BA. Neustadt). Bivo de H., de familia ducis 1123. Schannat Vind. I 161.

Herbolzheim (BA. Kenzingen), von. *Her(i)bol(h)sheim*. Diepold, de domo ducis domesticus, RSP. 147. — Liutfried, 1179, FUB. V 68 f. — Hierher gehört, unbeschadet der Bezeichnung „Herr" durch den späteren Kunstgenossen, auch Bertold von H., der für Herzog Bertold V um seiner Hulden Sold ein Alexanderlied dichtete, vgl. S. 483.

Hericheswilare (nach QzSchwGesch. III 1, 131, Anm. 9, wahrscheinlich der alte Name von Pfaffenweiler, BA. Staufen). Bernhere de H., de domo ducis, zwischen 1152 u. 1158. RSP. 150.

Heutligen (Ct. Bern, Amt Konolfingen), von. Ky. Min., F. r. B. II 203.

Hornberg (BA. Triberg), von. Die Brüder Bruno u. Werner begleiten Egeno von Urach, als er am 16. Nov. 1219, offenbar in der Angelegenheit des Z. Erbes, vgl. auch S. 493, mit Rudolf von Uesenberg auf der Kürnburg eine Zusammenkunft (colloquium) hat, Zs. IX 231; B[run] ist danach 1234 U. Min., FUB. I 163.

Hüfingen (BA. Donaueschingen), von. U. Min., auch mit den Namen Bertold u. Konrad, FUB. I 234 u. ö. Bes. auch in Aasen.

Hügelheim (BA. Müllheim), von. de domo ducis [Bertold's III], RSP. 146.

Hugo von H.

Rudolf — Ruthard — Lancilius von Müllheim.

s. auch v. Müllheim.

Jegenstorf (Burg u. Ort, Ct. Bern, Amt Fraubrunnen), von. *Jegistorf, Igistorf, Egestor, Eigistorf* (nach meinen Abschriften). Hugo, de familia ducis, Urk. Bertold's von 1175; ministerialis ducis in den drei Solothurner Urkk. 1181/82; derselbe in der Urk. Bertold's IV von 1178 für Päterlingen, nicht als Min. bezeichnet, am Ende der Reihe der mit Namen genannten Zeugen. — (Otto u. Kuno von J. ca. 1131 als Zeugen der Urk. F. r. B. I 403 f. neben freien Herren. — Ulrich, miles de Egestor in der Urk. der Herren von Neuenburg, 1192, F. r. B. I 488, deutlich nicht ihr Min., wie der weiterhin genannte Conradus ministerialis.) — Zu Ky. in demselben Verhältniss, wie die v. Bremgarten (s. d.), vgl. W. 28, 57 f., 297, 298. Dass alle oben genannten einer Familie angehören, beweisen die noch in der Ky. Zeit bei den v. J. gebräuchlichen Namen.

Immo presbiter, dessen dominus H. Bertold [III?] ist, mit Besitz in Auggen (BA. Müllheim), RSP. 164.

Kallnach, s. Callnach.

Keppenbach (Burg u. Ort im Brettenthal, BA. Emmendingen), von. Hartmut, Mgr. Min., 1161, Zs. N. F. IV 494. Vgl. auch unten zu „v. Lahr" die Lehnshoheit der Mgr. in der Keppenbacher Gegend. Aber die v. K. müssen auch Min. der jüngeren Herzöge gewesen sein, weil sie — möglicherweise eine andere Linie, da der Name Hartmut nicht mehr vorkommt — nach 1218 U. Min. sind (FUB. I 162 f., 178 f., 207 f., 223). — Die ausgedehnten Waldthäler und Höhen, in die sich ihr Besitz dehnte, haben sie im Wetteifer mit dem Stift Andlau, dem auch von ihnen selbst begabten Kloster Thenenbach und mit Z. und Nimburgischen Ministerialen von der Mgr. oder Z. Lehnburg K. aus durch Rodung und Anbau nach einander an sich genommen. Angebahnt ist die Forschung über die in mehrfacher Hinsicht interessanten Vorgänge in ihrem Gebiet von H. Maurer, Das Freiamt und die Herren von

35*

Keppenbach, Zs. d. Freib. hist. Ver. IV 287; dort auch Besprechung und Deutung der einzelnen Liegenschaften, vgl. dazu die Mittheilungen aus dem Thenenb. Urbar Zs. XII 79 f. Die sehr ansehnliche Stellung der v. K. mehr neben den U. u. Mgr. geht besonders aus FUB. I 208 f. hervor. Ihre Streitigkeiten (1265, Zs. IX 440 f. u. öfter danach, vgl. Maurer) mit den Mgr. als Inhabern der Grafschaft wegen der auf K. Gütern sitzenden und dahin eingewanderten freien Leuten legten den eigentlichen Grund zu der Entwicklung des späteren und heutigen „Freiamts", BA. Emmendingen, das die K. Bes. einschliesst.

Korre. Ky. Min., F. r. B. II, bes. 203, 293; W. 292.

Kienberg (Ct. Solothurn), von. Ky. Min., F. r. B. II 225 ff., 444.

Kirchheim (u/T., OA. Stadt). Adalbero de *Chilcheim* vergabt Bes. zu *Trutmanneswilare* mit Erlaubniss seines Herrn, H. Bertold's III, RSP. 163. — T. haben verschiedene Min.-Familien von K., vgl. W.Jbb. 1846, 131.

Kirneck (Burg im Kirnachthal, BA. Villingen), von. UF. Min., FUB. I 205, 217, 313 u. ö.

Köndringen (BA. Emmendingen), von. Vielleicht doch von den freien Herren v. K. (s. das Register) zu trennen, die den Namen bevorzugen, nach welchem der Ortsname selbst gebildet ist: Konrad. — Nibelung u. Otto von *Chunringin*, in Bertold's IV Urk. von 1179 für Thenenbach (FUB. V 68 f.) zwischen Z. Min. stehend. Otto v. K. wird aber um 1161 als Nimburgischer Min. bezeichnet, Mittheilung Maurer's a. d. Thenenb. Urb. Fol. 219 b, Zs. d. Freib. hist. Ver. VI 453. So möchten er und Nibelung etwa nur als Min. der den Z. verwandten Nimburger und als Gönner Thenenbachs (l. c.) die Tagfahrt des Herzogs in dem ihnen so nahen Riegel besucht haben. Auch falls sie Abkömmlinge der im 12. Jahrhundert verschwindenden freien Herren v. K. sind, erklärt es sich, obwohl diese so oft die Herzoge von Z. begleiten, aus manchen Hinsichten, wenn die jüngeren beim Uebertritt in den Dienstadel es vermeiden, sich an den Herzog zu wenden. Bei der Unsicherheit ihrer Familienzugehörigkeit bleibt auch ihre Beziehung zu der Burg bei K. (über sie Poinsignon, Zs. N. F. II 362 f.) zweifelhaft.

(Königsberg, von. *Kunigesberge*. Nimb. Min., Zs. d. Freib. hist. Ver. VI 454 a. d. Thenenb. Urb.; mit Bes. in Korben, abg., BA. Emmendingen.)

Koler (s. v. Falkenstein). U. Min. FUB. I (179), 232 f., 264 (auch 333), Zs. IX 471; Lehnsleute der Herren von Uesenberg, vgl. Zs., insbes. VIII 483 ff.

Koppigen (Burg u. Ort, Ct. Bern, Amt Burgdorf). Rudolf von Chopingen, ministerialis ducis, in den drei Solothurner Urkk. Bertold's IV, 1181/82.

Krauchthal (Ort am Fusse der Burg Thorberg (s. d.), Ct. Bern, Amt Burgdorf), von. *Chrohtal, Crouchtal.* Burchard, de domo ducis domesticus [zur Zeit Bertold's III] RSP. 147. — Heinrich, ministerialis ducis 1181/82 in den drei Solothurner Urkunden. — Rudolf von Kr. ist 1223 u. 1224 causidicus in Bern, der erste bekannte und wahrscheinlich noch von H. Bertold V dafür ausersehen. — Nach 1218 Ky. Min. (F. r. B. II 319, mit Bes. im Thale Nugerol); einige von Kr. erscheinen als Mitglieder der geistlichen Stifte in Solothurn u. Interlaken und des Johanniterhauses in Buchsee; andere als Bürger u. Rathmannen in Bern. — Die von Kr. gehören zum Rheinfeldischen Erbe der Z.

Krozingen (BA. Staufen), von. U. u. UFr. Min., Zs. IX passim, FUB. I 100 f., Zs. N. F. I 468.

Lahr (BA. Stadt), von. miles Henricus de *Lare,* fidelis der Mgr.; hat von ihnen Lehen in Spitzenbach (Breitebnet), Schöpflin V 141 f.

Lampertus, miles ducis, 1094, Not. fund. mon. SGeorgii 218.

Langnau (im Emmenthal, Ct. Bern, Amt Siegnau), von. Ky. Min., F. r. B. II 273, 293 u. ö.

Leidringen (OA. Sulz), von. U. Min. (FUB. I 158 u. 163) mit dem Namen Bertold. Vgl. auch Not. fund. SGeorgii 217, 224.

Lohn (Ct. Solothurn), von. Ky. Min., F. r. B. II 293, 417, 444.

Lützelhard (Burg b. Seelbach, BA. Lahr). Konrad von *Lucilnhart,* de domo ducis domesticus, RSP. 147 [zur Zeit Bertold's III].

Mahlberg (Burg u. Ort, BA. Ettenheim). Z. Min. mit dem Namen Konrad, 1218 von Friedrich II (vgl. S. 492 u. 515) in seinen Dienst genommen, FUB. I 88.

Marchthal (OA. Ehingen), von. *Marhtela, Marhtil.* Gottfried, ex hominibus ducis [Konrad's], RSP. 150. — Gottfried, Liutfried, Gottfried u. Werner, fratres de M., unter Z. Min. stehend in der Urk. H. Bertold's IV 1179, FUB. V 68f. s. a. Anhang I S. 580.

Mattstetten (Ct. Bern, Amt Fraubrunnen), von. *Mahtstetten.* Kuno, ministerialis ducis, 1201, F. r. B. I 498. — Ky. Min., F. r. B. II; mit den v. Schüpfen (s. d.) verschwägert. F. r. B. II 452, Sol. Wbl. 1827, 405.

Meisenheim (BA. Lahr), von. *Musinheim.* de familia ducis. Schannat Vind. I 161, zu 1123. Nimmt man *Musinheim* als aus *Mulinheim* verlesen, würden sich die l. c. genannten

Bertold
Rudolf — Bertold

mühelos bei den de *Mulenheim,* Müllheim einordnen.

Meize. 1161 (Zs. N. F. IV 494) erscheint als Mgr. Min. *Hermann Mice.* 1245 aber ist *H. dictus Meize de Ceringen* U. Min., Zs. IX 323 f. Mice u. Meize sind ja im alamannischen Munde eines. Da auch der 1245 Genannte

Hermann geheissen haben kann, so drängt sich hier die Vermuthung auf, dass nach 1161 diese Dienstmannenfamilie von den Mgr. (deren Namen Hermann sie auch trug) an die Z. übergegangen sei, und ebenso dann auch die Alzenach u. Keppenbach und dass somit eine gewisse Ausdrängung der Mgr. aus dem Breisgau durch die letzten Herzöge stattgefunden habe.

Modelheim, s. Müllheim.

Möhringen (BA. Engen), Stöckeli von. UF. Min. mit dem Namen Bertold. FUB. 271, 328, 329, 330.

Mördingen (BA. Breisach), von. *Merdingen*. U. Min. FUB. I 163, Zs. IX 350.

Moser, *Mosarius, Mosere*. Ky. Min. mit dem Namen Bertold; besitzen Galmitz (nicht Galmis im Gruyère-Thal, sondern Galmitz im Amte Murten, beide Ct. Freiburg) und Seedorf (nicht das im Ct. Freiburg, sondern das im bern. Amt Aarberg; das beweisen für beide Orte das nahe „grosse Moos“ [norddeutsch Moor] und die Beziehungen der M. zu dem Kloster auf der St. Petersinsel im Bieler See) und nennen sich auch „von Seedorf“. Vgl. über Alles F. r. B. II.

Müllheim (mit Burg, BA. Stadt), von.

1) *Mulenheim*. de domo ducis, zur Zeit Bertold's III u. Konrad's, RSP. 146, 149, 166. Man möchte zum Unterschiede von *Modelheim* an Müllen, BA. Offenburg, denken (Burg daselbst Zs. VIII 391), hätten nicht die l. c. erwähnten v. M. gemeinsamen Besitz in Hach bei Auggen, BA. Müllheim.

Bertold, Gem. Gertrud — Reginold, Gem Touta.

Rudolf Bertold Heinrich Konrad N. N.

nepos ipsorum (der 4 Brüder).

2a) *Mulenheim*. de domo ducis, RSP. 146, von den obigen in der Aufzählung durch die Zuordnung zu den von Hügelheim (s. d.) getrennt: Rutbard u. Lancilius von M., Söhne des Hugo von Hügelheim.

2b) Hugo de *Modelheim*, 1123 ex familia ducis, Schannat Vind. I 161. Es würde (auch zeitlich und örtlich) vortrefflich passen, ihn mit Hugo von Hügelheim, dem Vater der beiden von Müllheim, zu identificiren. —

Beiden Familien von M. (1 u. 2) wäre dann der Name Rudolf gemeinsam (s. dazu oben bei v. Hügelheim). Sind sie vielleicht doch stammverwandt?

3) 1215 wird Friedrich miles de *Mulnhain* (b. Schöpflin V 140) erwähnt, der wegen des oben zu den v. Ambringen und v. Baden Bemerkten, mit denen er genannt ist, als Z. Min. zu betrachten ist.

Münsingen (mit zwei Burgen, Ct Bern, Amt Konolfingen), von. Z. Min., nach 1218 frei, vgl. W. 292f.

(**Neckarburg** (bei Rottweil, OA. Stadt). Hugo von, FUB. I 326. Ob UF. Min., würde erst der vollständige Text der Urk. möglicherweise ersehen lassen. — RSP. 166 sind ohne jeden näheren Anhalt für ihren Stand Adalbero und sein Bruder Wolverad von N. genannt.)

Neuenstein (Burg b. Oppenau, BA. Oberkirch), von. U. u. Mgr. Min., über sie Ruppert, Zs. XXXVII 385, wo aber Regest 1 (für 1123) in Fortfall kommen muss.

(Nimburg (BA. Emmendingen), von. Nimb. Min., vgl. Zs. d. Freib. hist. Ver. VI 454: Hezelo v. N., Schwiegersohn des Ritters Walter von Buchheim (s. d.). Die Zeit geht aus dieser Mittheilung aus dem Thenenbacher Urbar nicht hervor; da die Grafen von Nimburg selbst dabei nicht erwähnt sind, und die v. Buchheim den Namen Walter im 13. Jahrhundert (von den v. Falkenstein her) bevorzugen, ist Hezelo selbst wohl erst in diese nachgräfliche Zeit zu setzen. — Die um 1100 und bald danach neben den Grafen in Urkunden auftretenden v. N. sind dagegen als Mitglieder des gräflichen Hauses zu betrachten.)

Oberburg (Ct. Bern, Amt Burgdorf), von. Ky. Min. mit Bes. in Kräygen, Rüfenacht, Heutligen und dem bernischen Muri; F. r. B. II.

Oenz (Ct. Bern, Amt Wangen, bei Herzogenbuchsee). Ky. Min., F. r. B. II; mit den v. Rheinfelden (s. d.) verschwägert, ib. 312f.

Ofnadingen (BA. Staufen), von. *Ofmaningen, Hofmaningen, Ophimenningen.* ex hominibus ducis, de domo ducis. Reginbot und sein Bruder Konrad, zur Zeit H. Konrad's vor 1146, RSP. 150; Reginbot zwischen 1152 u. 1158, RSP. 150f. — (Ludwig von O. in etwas früherer Zeit mit Besitz in Schallstadt, RSP. 161, scheint [noch?] ein Freier). — Nach 1218 U. Min., mit dem Namen Re(g)inbot, FUB. I 100, 101, 163.

Olti(n)gen (an der Aar, Ct. Bern, Amt Aarberg oder wahrscheinlicher Wyler-Oltingen mit Burg, Ct. Bern, Amt Laupen), von. Ky. Min., F. r. B. II.

Opfingen (mit Burg, Zs. VIII 390, BA. Freiburg), von. (Wipert u. Craft v. O., Brüder, Freie, um 1100, QzSchwGesch. III 1, 30 u. 131; Craft als Freier RSP. 149, 157, 162f.: 1123 und etwas danach; Güter in Amoltern u. Eichstetten). Kuno von O. de domo ducis, miles de familia ducis, zwischen 1152 u. 1158, RSP. 150 zweimal. Mit Bes. in Bickensohl.

Owa, Owen, Owon, s. Au.

Owingen (BA. Ueberlingen), von. Mgr. Min. 1207, mit dem Namen Hermann, Cod. Salem. Zs. XXXV 97f. u. ö., vgl. noch 340.

Ramstein (Burg b. Eriswyl, Ct. Bern, Emmenthal), von. Ky. Min., F. r. B. II 203, 566 u. ö. — (Zu unterscheiden von verschiedenen anderen Familien von R., insbesondere den Edelherren v. R. bei Bretzweil, Ct. Basel-Land. Dagegen scheinen auf eine Z. Min.-Familie zurückzugehen die)

Ramstein (BA. Triberg), von. UF. Min., FUB. I 344, II passim; mit den Namen Konrad und besonders Bertold.

Rheinfelden (Ct. Aargau), von. *Rinvelt, R(e)invelden*. Gerbert H. s. n. III 62; RSP. 150, 151, 152; F. r. B. 430; Urkk. Bertold's IV von 1175 u. 1185. de clientibus, de domo, de familia ducis. — dapifer.

Kuno, Truchsess von Rh., miles
1128.

Werner, Truchsess. 1152. 1175.	Konrad. zw. 1152 u. 1158.	Gerhard. 1152, zw. 1152 u. 1158, u. 1185.

(Zwischen 1122 u. 1132 wird ein nobilis vir Heinrich von Rh. als Treuhänder Herzog Konrad's erwähnt, RSP. 161. Er muss aber doch zu der [späteren?] Min.-Familie gehören, da nach 1218 gerade der Name Heinrich bei den von Rh. und zwar den Truchsessen von Rh. vorkommt, F. r. B II 197, 202, 253). — Nach 1218 schwerlich Ky. Min., aber verschwägert mit den Ky. Min. von Oenz, F. r. B. II 313, mit Bes. in Schalunen (ib. 313) und in der Gegend von Freiburg i/Ü., den sie erweitern (ib. 498, dazu 247); in dieser Zeit mit den Rheinfeld. u. Z. Frauennamen Bertha und Anna.

(*Richerwiler*. Ulrich v. R. steht i. J. 1248 unter Ky. (das heisst hier immer Z.-Ky.) Min., F. r. B. II 293. Als Z. ererbt nimmt ihn W. 292: „bei Burgdorf ... die Richerswiler". Die mir zugänglichen Hilfsmittel lassen mich keinen geeigneten Ort finden, abgesehen von etwa Richterwyl im Ct. u. Amt Freiburg. Der Name Ulrich des 1248 Bürgschaft leistenden Ritters weist eher auf eine alt-kyburgische Min.-Familie. An Richterswyl (Ct. Zürich, südlich am See, mit Burg) ist auch in dem Falle schwerlich zu denken.)

(**Riegel** (BA. Kenzinzen). In der Urk. Bertold's IV, gegeben 1179 (FUB. V 68f.) in castro Riegol [der v. Roggenbach, s. d.] stehen am Ende der Reihe der [vielleicht nicht ausschliesslich (s. v. Köndringen) Z.] Min.: Rudolf, Helferich, Liutold und Hermann von Riegel. Es sind kaum Z. Min., eher, wenn nicht Freileute, Hintersassen der von Roggenbach. — Ferner erscheinen im Einsiedler Zinsverzeichniss für Riegel (Zs. IV 252f., ins 12. Jahrhundert gesetzt, vielleicht doch später) und seit 1219 in Urkk. (Zs. IX 231, 325, 345, VIII 484ff.) Truchsesse, dapiferi, in R. mit den Namen Walter u. Bertold. Maurer Zs. XXXVI 126f. nimmt sie als Z. Min. bis 1218, die Truchsesse der Herzöge gewesen seien. Aber Truchsesse der Z. waren die v. Rheinfelden. Wenn nicht eher, standen sie 1219ff. zu den Uesenbergern, bei denen sie in den citirten Urkunden erscheinen, in Dienstverhältniss. Sie könnten, falls ein Uebertritt stattfand, ihrer Namen wegen vielleicht von den erloschenen Grafen von Nimburg zu den Uesenbergern übergetreten sein (s. aber unten zu v. Roggenbach); die Grafen von Nimburg hatten wie die v. Uesenberg in R. Vogteibesitz. — Es gab auch Marschälle zu Riegel, Zs. IV 253, die auch auf die Herren v. Uesenberg oder die Grafen von Nimburg zu beziehen sind. Sie führen den Namen Albert, den später die „Räuber von Riegel“ (über sie Maurer l. c.) bevorzugen und sind nach 1218 ebenfalls Uesenbergische Vasallen).

Riggisberg (mit Burg, südlich von Bern, bern. Amt Seftigen), von. Treten nach 1218 als Bürger in Freiburg i/Ü. und Bern hervor und führen den Namen Bertold, daneben Kuno und Hugo. F. r. B. II, Sol. Wbl. passim, Chartular von Hauterêt MDSR. XII 2, 275f.

Rötteln (BA. Lörrach), von. Ludwig v. *Rotenleim*, ministerialis, in der Züricher Urk. Bertold's IV 1185, ZüUB. I 216, zwischen Werner von Roggenbach und Gerhard von Rheinfelden aufgeführt. (1187 ist mit Bertold V widerum in Zürich (ZüUB. I 120) Dietrich von *Rotenleim*, dieser sicher aus dem den Namen Dietrich bevorzugenden bekannten Edelherrengeschlechte. Welches ist hier der Zusammenhang?)

Roggenbach (abg. Burg bei Kirnach, BA. Villingen), von. Die mit am häufigsten genannten (als solche bezeichneten) und bevorzugtesten Z. Min. — RSP. 150—152; Schannat Vind. I 162f.; Zs N. F. IV 494; 1177 ZüUB. I 207; Urk. Bertold's IV 1179, FUB. V 68f.; Wartmann III 748; Urk. von 1185, ZüUB. I 216; 1185—1187, Düngé 147f., Schriften der Alterthums- und Geschichtsvereine zu Baden und Donaueschingen II 193ff. FUB. V 72ff.; 1218 FUB. I 88f.; nach 1218 ZüUB. I 368. Vgl. auch oben 403 u. 423ff.

Werner (zur Zeit Konrad's vor 1146; zw. 1137 u. 1154; 1152; nach 1152; 1161; 1175; 1179. Gem. Ida, mit Bes. in Amoltern.	Walter 1161.	N. N. (Tochter) Bes. in Hondingen.

filii sui, darunter — Werner 1185; 1187; † vor 1218.

N. N. (Tochter), Bes. in Fislisbach.

Besitz in Roggenbach, Villingen, Aasen, Dauchingen, Reiselfingen, Klengen; in Riegel; Einkünfte von dem St. Galler Kelnhof zu Kirchdorf, BA. Villingen; die Frauen in Hondingen und Fislisbach (Ct. Aargau). Wahrscheinlich gehört auch der Düngé 147f. genannte Priester mit dem Namen Werner von Hondingen der Familie an. — Anscheinend führte sie des älteren Werner Heirath nach Riegel. Nicht ausgeschlossen ist es immerhin, dass die Riegeler (s. d.) Truchsesse mit den Namen Walter und Bertold die Familie des 1161 genannten Walter von R. sind, der so auffällig aus den Quellen verschwindet, zumal auch die Riegeler Burg und Besitzungen der Roggenbacher als solche keine weitere Kunde von sich hinterlassen. Das würde das Verhältniss der Riegeler Truchsesse zu den Uesenbergern eher erklären, als ein Uebertritt von den Nimburger Grafen zu jenen; denn der Riegeler Besitz der v. R. war ursprünglich Kl. Einsiedlisch und die Uesenberger waren die Einsiedler Vögte zu Riegel; diese Deutung würde auch die beiden Namen Walter und Bertold der Riegeler Truchsesse ohne Weiteres erklären, während es die Nimburger Möglichkeit nur für den einen vermag. — 1218 nennt K. Friedrich II die Linie Werner's von R. seine Getreuen und danach erscheint diese schon in späterer Z. Zeit oft als nobilis bezeichnete Familie als frei.

Rohrmoos (mit Burg; Ct. Bern, Amt Burgdorf), von. Ky. Min., F. r. B. II 444 u. ö., Sol. Wbl. 1827, 398.

Rothweil (Nieder-, BA. Breisach; Oberrothweil ist der aus Uebersiedlung von jenem aus entstandene jüngere Ort). Gottfried von *Rôtwila*, de domo ducis, zwischen 1152 u. 1158, RSP. 150f.

Rüdinger, miles ex clientela ducis, mit Bes. in Schwandorf (OA. Nagold), vgl. oben S. 257.

Rüti (Ct. Bern, Amt Burgdorf), von. Z. Min., seit 1218 frei, aber „in engen Beziehungen und theilweiser Abhängigkeit von der Grafschaft Kyburg". s. W. 297f. Mit den Namen Bertold und Kuno, vgl. F. r. B. II.

Runsthal (abg., BA. Villingen), von. (Erchanger, 1111 mit Herzog Bertold III und dessen beiden Brüdern zu Basel anwesend, neben ihnen und Freien als Zeuge in der Notitia fund. SGeorgii S. 208 genannt). Konrad, dessen Herr Herzog Konrad ist, beschenkt mit dessen Erlaubniss 1139 St. Georgen mit einem Waldantheil zu Schönenbrunn, ib. 223, oben 292.

Schenkenzell (BA. Wolfach), von. *Celle, Zella, Schenkencell.* U. Min. (*Schenk, pincerna;* FUB. I passim, Zs. IX 254, 332ff.); sie mit den unten genannten von Zell zu identificiren, hindert auch die Verschiedenheit der Vornamen. Vgl. zu ihnen noch Riezler S. 400ff.

Schlatt (BA. Staufen), von. *Slatta.* Reginbot, de domo ducis, zw. 1152 u. 1158, RSP. 150, 151. — (Quidam homo de Slatta Adelbertus, ib. 151, der, für ein Malterdinger Gut an Kl. Stein a/Rh. zinspflichtig, damit St. Peter im Beisein H. Konrad's, „des Vogtes beider Klöster" beschenkt, ist wohl ein Freier, wie Luithard, liber homo de Slatta RSP. 151, und etwa derselbe oder blutsverwandt mit dem Const. Reg. 1053 i. J. 1180 genannten Adalbert von Schlatt.)

Schönenwerth (Ct. Solothurn), von. Ky. Min., F. r. B. II 222 bis 228, 444.

Schopfheim (BA. Offenburg), von. de domo ducis. RSP. 148, 169, 150f., 166, Zs. N. F. IV 494, WUB II 408f., FUB. I 88f.

Reginbot von Sch., Bes. in Vörstetten u. Mietersheim. Gem. Gisela mit Bes. in Dettingen (s. d.) — Hugo von Zell (s. d.) Gem. Guta

Kinder Reginbots: A(da)lbert auch 1148. — Hugo.

Sohn Hugos von Zell: Hugo.

Heinrich, zwischen 1152 u. 1158. Gottfried 1161. — 1218 Albert und Heinrich bei K. Friedrich auf Mahlberg anwesend, als ministeriales, FUB. I 88f. Das

Verhältniss der v. Sch. zu den Z. gründete sich also auf deren Bamberger Lehen, um so mehr, als Kl. Gengenbach in Sch. Besitz hatte (Dümgé 130).

Schüpfen (Ct. Bern, Amt Aarberg), von. Ky. Min., vgl. W. 121 u. 292. Unter ihren Namen (vgl. F. r. B. II) Ber[told], Rudolf, Bertha, Anna.

Schwanden (welches im Ct. Bern?), von. Z. Min., 1218 frei (wie die von Bremgarten, Jegenstorf u. A.). W. 297, 300f.

Schwandorf, s. Rüdinger.

Seedorf, von, s. Moser.

Senn. Ky. Min., zwischen Bern und Thun ansässig; von Münsingen nennen sich die Senn von Münsingen, die von den älteren von Münsingen zu unterscheiden sind. Vgl. F. r. B. II u. W. 292, 293.

(Sperberseck, von. Die Sp. sind oder werden T. Min.; in Z. Zeit begegnen nur Freie dieses Namens.)

Staufen (BA. Stadt mit Burg), von. de familia, de clientibus, miles ducis u. s. w. Adalbert, zur Zeit Bertold's III, mit seinem Bruder Kuno von Blankenberg Erbauer der St. Paulskirche zu St. Peter, mit Besitz in Ebnet und Ibenthal, den er für solchen in Steinenstadt vertauscht, ferner zu Ballrechten und Wollbach, RSP. 145, 157, 160, 161f. — Gottfried, RSP. 146, 150, 153, Zs. N. F. IV 494, F. r. B. I 454, kommt mit angekauftem Bes. in Wendlingen seit der früheren Zeit H. Konrad's bis 1175 vor, wo er als Marschall aufgeführt ist, was er nach 1161 geworden sein muss, vgl. Zs. N. F. IV 494; der ZüUB. I 207 und Dümgé 148 erwähnte (nicht Marschall genannte) Gottfried ist wohl schon sein Sohn. — Konrad [der Name Kuno bei den von Blankenberg] kommt in H. Bertold's IV Begleitung RSP. 152 vor. — Nach 1218 mit dem anfangs fortdauernden Marschalltitel U. Min. (Zs. IX 247, 249: ministerialis noster, 1239, Zs. IX 464: 1277; danach Gothein, Zs. N. F. II 397 zu berichtigen: „nach dem Aussterben der Zähringer scheinen sie sofort von der Ministerialität in den Adel übergegangen zu sein“) und oft in den Bänden der Zs. und im FUB. genannt. Ihre Besitzungen scheinen sie aus der ursprünglichen Gegend — die ersten Nachrichten weisen sie wie die v. Blankenberg in die Freiburger Umgebung — nach dem Beziehen der Burg auf dem Berge Staufen alsbald durch Kauf und Tausch (s. o., vgl. dazu auch RSP. 159, Abs. 9 mit RSP. 158, Abs. 3, sowie ib. 160) weiter südlich verlegt zu haben. Eine weitere Abhandlung über ihren in der U. Zeit aus mannigfachen Nachrichten bekannten Besitz, zu dem u. a. die Vogtei über die St. Blasischen Thäler Schönau und Todtnau und manches früher Erwähnte (S. 508ff.) gehörten, würde hier zu weit führen. Ueber ihre Betheiligung an den (Nimb.-)Strassburgischen Lehen, Zs. IX 468f.

Stauffenberg (Burg b. Durbach, BA. Offenburg), von. 1132 wird ein Heinrich v. St., militaris homo, libertate nobilis [nur eine Wortspielerei]

Mönch in St. Georgen (Notitia SGeorgii 222) und beschenkt das Kloster in Jesingen, Owingen, Beckhofen, Mimmenhausen, Steingarten, Bräunlingen, Klengen und Ueberauchen [also in Z. Gegenden]. Zeugen dabei sind Herren von Wolfach und Hornberg, also aus den westlicheren Gegenden, wo die folgenden angetroffen werden: — Adalbert und Gottfried, Brüder, de domo ducis, RSP. 169; ebenso, aber von ihnen getrennt Burchard; alle drei 1148 zu Offenburg anwesend. — 1218 zieht sie K. Friedrich an sich: ministeriales: . . . . . Friedrich Burgmann (capitaneus) von St., FUB. I 88f., 1218, Nov. 23, zu Mahlberg; ähnlich 1219 Rudolf v. St., FUB. I 91. Die Rückerwerbungen der U. in der Ortenau führen ihnen auch die v. St. wieder zu, vgl. FUB. I 294, 301. —

Im Cod. Hirs. (ed. Schneider) erscheinen sie um 1100 S. 25f., 35, 37 mit Besitz in Forchheim u. Endingen (Breisgau), Oppenau, Achern, Fautenbach, Müllenbach, Steinbach, Ortenau, Kuppenheim, Rastatt, Eberstein, Forchheim (Ufgau), Pforzheim; Runsberg, *Rumfelt*, Altnuifra (OA. Nagold) u. Weil[derstadt] (OA. Leonberg); das und das Vorkommen der Namen Adalbert, Bertold, Hermann (neben Burchard, Alwich u. Anselm) bei diesen älteren beweisen die Familieneinheit des St. Georgener Conversen und der drei zum Jahre 1148 genannten v. St. und zugleich dann auch ihre gemeinsame schon alte Verbindung mit den Zähringern. Burchard wird im Cod. Hirs. S. 25 u. 26 comes, 37 domnus genannt. Man möchte das, schon in Anbetracht der Namen dieser Familie, eher so deuten, dass die v. St. ein von H. Bertold I, dem Gönner Hirsau's, sehr gefördertes Vasallengeschlecht der Z., als dass sie ein ursprünglich sehr ansehnliches, dann aber zum Eintritt unter die Z. Min. veranlasstes Geschlecht waren. Vor allem wichtig ist das über dies Geschlecht Bekannte für die Frage, welcher Art die Z.-Mgr. Anfänge im Ufgau und der Nachbarschaft waren. Die Namen Alwich u. Burchard reihen sich mit besonderem Nachdruck zu der Beobachtung, dass so manche Min. der Z. gemeinschaftlich mit den Grafen von Sulz und denen von Zollern-Hohenberg waren, und zu der Frage der Z.-Sulz'schen Grafschaftswechsel.

Stein (Ct. Aargau, Kreis Rheinfelden), von. [Auch die Burg zu Rheinfelden hiess der Stein]. Heinrich de *Steine*, ministerialis ducis, 1201, F. r. B. I 498. — Ky. Min. (de Lapide latinisirt), mit dem bevorzugten Namen Heinrich, F. r. B. II, insbes. 275, 355.

Steinbrunnen (Ct. Bern, Amt Schwarzenburg), von. Ky. Min. F. r. B. II.

Sturmere, Werner. 1161 Mgr. Min., Zs. N. F. IV 494.

(Sulgen [Sulgenbach b. Bern?]. Werner von, vir militaris et nobilis, Lehnsträger Bertold's IV im Galternthale vor 1175, F. r. B. I 454.)

Sulz (wohl das am Neckar). Couno de villa *Sulsin*, 1094 in H. Bertold's II Begleitung, miles suus. Not. fund. SGeorgii 218, vgl. dazu oben Anm. 587.

Sumiswald (mit Burg; Ct. Bern, Amt Trachselwald), von. Kyburgische Min., ob schon Z.? Ueber sie, die von den im 13. Jahrh. erloschenen Edelherren von S. zu unterscheiden sind, W. 292, 297.

Tahswanc, s. Dachswangen.

Thörigen, (Ct. Bern, Amt Wangen), von. Ky. Min., W. 292.

Thorberg (Burg im Krauchthal, Ct. Bern, Amt Burgdorf), von. s. Burgdorf.

Thun (Ct. Bern), von. Ky. Min., W. 292 u. 251.

Thunsel (BA. Staufen), von. *Tonsola, Tonsul.* ex hominibus, de clientibus ducis u. s. w. Wolfhelm, dessen Herr H. Bertold III ist, mit Bes. in Schallstadt, RSP. 161. — Sein Sohn Hildebrand, zur gleichen Zeit, ib. 161 (dort falsch ergänzt Hilti[bert]) und dann in H. Konrad's späteren Jahren, ib. 150. — Burchard, Min. H. Bertold's IV, RSP. 152, u. Mgr. Min. 1161, Zs. N. F. IV 494. (Der Mgr., damals Hermann II, ist auch bei dem Verkauf des Schallstädter Bes. Wolfhelms an St. Peter anwesend, RSP. 161.

Thurnen (Notre Dame de Tours, Ct. Freiburg, Amt Montenach. Oder ist es doch Th. im bern. Amt Seftigen, am Fuss der Anhöhe von Riggisberg (s. d.)?), von. Rudolf von *Thornon*, ministeriales ducis, 1201. F. r. B. I 498.

Toterenhusen, s. Dotternhausen, von.

Turbenthal (Ct. Zürich, Amt Winterthur). Bernger von *Turbatun* (ähnlich begegnet Langatun, Langeten u. s. w. für ursprüngliches und auch für noch heutiges Langenthal). 1177 in der Urk. Bertold's IV, ZüUB. I 207 (dazu im Register „vielleicht das spätere Geschlecht von Landenberg?").

Utzenstorf (Ct. Bern, Amt Fraubrunnen), von. *Usanstorf, Usonstorf* [in den Drucken auch *Uhonstorf*.] F. r. B. I 454 u. 467—471. de familia ducis, ministeriales ducis.

Heinrich 1175.

Heinrich 1175.	Konrad 1175.	Ulrich 1181/82.	Bertold 1181/82.

(Werner v. U., F. r. B. I 470, Chorherr zu Solothurn). Der erste mit Namen bekannte herzogliche Schultheiss von Freiburg i/Ü., Heinrich von *Ducenstorf*, 1182, Rec. dipl. du ct. de Fribourg I, 4 f., ist natürlich einer der beiden oben genannten Heinrich v. U., daher schon oben im Text, S. 400, so benannt worden. (Aehnlich findet sich das bei dem Schreiber festgewordene Präfix *de* in „Doutedenges" = Oltingen F. r. B. II 12 vertreten).

Veltheim, von. *Veltheim, Veltheim.* U. Min., Schöpflin, V 202. Zs. IX 254, 325, 351, X 97. Mit dem Namen Hugo. [In der Schweiz, Ct. Aargau u. Zürich, giebt es verschiedene V.; vielleicht sind sie von dort in den Breisgau (Zs. IX 351) und nach Freiburg i/B. (Schreiber, Gesch., II 56) übergesiedelt].

Villingen (BA. Stadt). *Vilingen*. Heinrich v. V., de domo ducis, zwischen 1122 u. 1132. RSP. 166.

Vivers, Vivier (mit Burg, Ct. u. Amt Freiburg), von. Ky. Min., F. r. B. II; mit den Namen Bertold u. Konrad.

Vörstetten (BA. Emmendingen), von. *Ver(i)stat*. de domo, ex hominibus ducis. Berward, 1111, RSP. 142 = 155. — Bertold u. sein (†) Sohn Brunward, mit Bes. in Malterdingen, zur Zeit Bertold's III oder Konrad's, RSP. 167. — Reginhard, zur Zeit H. Konrad's vor 1146, RSP. 150. — Walter u. Konrad, 1179, FUB. V 68f.

Wangen (Ct. Bern), von. Ky. Min., W. 292.

Weiler (vgl. Zs. N. F. II 341f. unter „Burg"), von. *Willer, Wilare*. 1093 Giselbert u. Hiltebert, oben S. 171. — Re(g)inhard, 1111, RSP. 142 = 155, zur Zeit Bertold's III, ib. 162 u. 167, mit Bes. in Malterdingen, Theningen, Zarten und dem halben Feldbergsee; seine Gemahlin „S." — Gisilbert, 1111 RSP. 142 = 155. — 1183 (Gerbert H. s. n. III 108 f.) wird ein Tausch zwischen den Klöstern St. Blasien u. Petershausen vorgenommen, bei dem die Zustimmung der Vögte erwähnt wird. H. Bertold IV ist jedoch nicht selbst anwesend, dagegen Bertold u. Konrad von *Wilare*. Darf man etwa in ihnen Z. Min., die Vertreter des Herzogs sehen? Sie brauchen natürlich auch so nicht zu jener aus dem Zartener Thal stammenden Familie v. W. zu gehören.

Weiler („wahrscheinlich BA. Lahr"), von. *Wilre*. Heinrich und sein Sohn Erkenbold gen. *Mulner* [doch wohl kaum von Müllen BA. Lahr] U. (Fr. u. F.) Min., FUB. I 249.

Weilheim (OA. Kirchheim), von. Bertold, zur Zeit H. Konrad's, miles [im Gegensatz zu häufig genannten Freien v. W.], RSP. 170.

Weisweil (BA. Kenzingen), von. U. Min., Zs., insb. VIII 483. Auch mit dem Namen Hermann.

Wolpoto, Mgr. Min. 1161, auf Hachberg anwesend, Schöpflin V 109, Zs. N. F. IV 494. Auch 1215 auf Hachberg ein Mgr. Min. Wolpoto (nach Maurer, ib. 495; in dem Auszug bei Schöpflin V 141, den M. citirt, steht freilich Nichts davon. Kannte M. die Urk. selbst oder liegt eine Verwechslung mit dem Fall von 1161 vor?). „Es sind wahrscheinlich die Vorfahren der später in der Stadt Freiburg ansässigen adeligen Familie Waldbot" (Maurer l. c.).

Worb (mit Burg, Ct. Bern, Amt Konolfingen), von. Ky. Min., F. r. B. II; vgl. über sie W. 292. Mit dem Namen Kuno.

Zähringen (Burg u. Dorf, BA. Freiburg), von. [Neben Edelfreien v. Z., die den Namen Konrad auch bevorzugen] de domo, ex hominibus ducis: Konrad, zur Zeit H. Konrad's vor 1146, und zwischen 1152 u. 1158, RSP. 150 u. 151. — 1179 (FUB. V 68f.) Heinrich u. Konrad, Gebrüder. — Auch in der U. Zeit, vgl. die Bände der Zs., bevorzugen sie den Namen Konrad, daneben Heinrich.

Vgl. auch M e i z e von Zähringen.

Zell (a/H., BA Gengenbach). Hugo dictus de *Castello Cella*, 1128. RSP. 166. Er ist der Bruder des Reginbot von Schopfheim (s. d.) und mit desshalb am ehesten auf das auch Kl. Gengenbachische Zell a/H. zu beziehen; hat eine Gemahlin Guta und einen Sohn Hugo; Bes. in Stetten und herzogliche Lehen in Thuningen, vertauscht Beides gegen den früheren Bes. seines Bruders in Mietersheim.

H u g o , capellanus ducis [Bertold's IV], RSP. 153.

Anhang.

I.

Ein wenig Genealogie.

Recht ungerne bekenne ich, in dieses Gebiet hinüberzugreifen, das den Einen die hohe Schule aller Forschung scheint, während Andere von ihrem Standpunct des geschichtlich Wichtigen aus darin kaum mehr als ein Steckenpferd erblicken. Es geschieht, um die Aufhellungen, die sich mir nach mehreren Seiten hin boten, als ich das über die Herkunft der Zähringer in Quellen möglicherweise Benutzbare und in Abhandlungen Behauptete nicht ausser Acht zu lassen für Pflicht hielt, vorzulegen und mit einem Theile davon zugleich die Forschungen eines Mannes zu Ehren zu bringen, dessen staunenswerthe Gelehrsamkeit und Geistesschärfe an das Unbegreifliche streift, wenn man weiss, welches Leiden diesen Geschichtsforscher zwang, ausschliesslich mit dem Gedächtnisse zu arbeiten, ich meine Wilhelm Gisi in Solothurn, zugleich aber ihm gegenüber in einem Puncte — und gerade dieser Punct ist der für die Zähringerabstammung wichtige — meine abweichende Ansicht zu wahren und zu begründen. Von denjenigen, die auf diese Auseinandersetzungen selbständig eingehen wollen, darf ich voraussetzen, dass sie sich auch ohne eine neue Gesammtübersicht über alles bisher Aufgestellte zurecht zu finden wissen und die Literatur entweder schon kennen oder auch bei Gisi, der stets auf die Geschichte der in Betracht kommenden Hypothesen eingeht, die etwa nöthigen Hinweise entnehmen werden; so lasse ich denn die schon endgiltig abgethanen genealogischen Systeme vorsichtig unberührt, damit nicht der veraltete Staub der Hypothesengelehrsamkeit im Schwall aufwirble, die Augen trübe, die sonst klar und frei liegenden geschichtlichen Thatsachen mit Grau umhülle und um hinweggeschwemmt zu werden, eine eigene umfängliche wässerige Monographie erfordere. Von Gisi's Arbeiten über andere fürstliche Häuser als das zähringische halte ich seine Aufstellung über die Abkunft der Grafen von Nimburg für verfehlt (so werthvoll das sonst von ihm über das neuenburgische Haus [in der Schweiz], mit dem jene stammeseines sein sollen, Beigebrachte sein mag), dagegen verdankt die Geschichte der Zähringer gar mancherlei seinen Darlegungen über die Abkunft der Häuser Savoyen, Rheinfelden und Habsburg und über das hochburgundische Grafenhaus. Sie finden sich alle in den Jahrgängen des „Anzeigers für schweizerische Geschichte" seit 1886. Auf seine Zähringertheorie kann nun aber nicht eingegangen werden, ohne die vielbehandelte Guntramfrage zu berühren, denn Gisi hält Guntram für einen Ahnen des zähringischen Hauses im Mannesstamme.

In den Forschungen zur deutschen Geschichte, XXVI 297 ff. „Guntramnus comes" erwies Gisi den unter Otto I wegen Hochverraths verurtheilten Grafen Guntram als den Sohn des Nordgaugrafen im Elsass, Hugo (über dessen Familie er zugleich weitere Aufklärungen brachte, namentlich über seine anderen, die Egisheimer Nachkommen). In dem

36*

Aufsatze „Der Ursprung der Häuser Zähringen und Habsburg“ (Anz. 1888, S. 265 ff.) verfocht er sodann die früher von den Genealogen stets angenommene, aber nie mit tüchtigen Beweisen gestützte und dann neuerdings bestrittene Identität des Grafen Guntram mit Guntram „dem Reichen“, der in der Genealogie aus Muri (hrsg. im Bd. III 2 b der QzSchwGesch. von P. Martin Kiem) als Stammvater des Hauses Habsburg überliefert ist, mit welchem sich kurz vorher Al. Schulte's „Habsburger Studien“ beschäftigt hatten. Gleichzeitig mit Gisi eröffnete E. Krüger, Zur Herkunft der Habsburger, Jahrb. f. schweiz. Gesch. XIII, durch seine eigene, unabhängig von Gisi gefundene, für die Identität der beiden Guntramne eintretende Beweisführung und durch seine weiteren Darlegungen für die Nachkommen dieses zweieinigen Guntram eine zu dem altelsässischen Herzogshause hinaufführende weite und lockende genealogische Aussicht. Schulte wandte sich darauf gegen diese von ihm selber aus dem Spiele gelassene Identität in einem Aufsatze „Zur Herkunft der Habsburger“ MJÖG. X 208 ff. Er hob mit Recht hervor — ich darf wohl als Zeugniss der in genealogischen Fragen so wichtigen Unvoreingenommenheit erwähnen, dass ich den von Schulte gefundenen Einwand auch sogleich bei mir erhoben hatte und dies Schulte gegenüber noch vor dem Erscheinen seiner Abwehr äusserte —, dass dem verurtheilten Guntram nicht nur seine Lehen, sondern auch, was Krüger S. 516 zum Bedarf seiner Darlegung in Abrede gestellt hatte, seine Eigengüter entzogen waren. Diese Gegenausführungen, die hier nicht ausführlicher wiedergegeben werden sollen, sind eindrücklich und schwerwiegend genug. Und doch — um das zu sagen, wurde oben jene persönliche Bemerkung gemacht —: ich halte es trotz der Widerlegung eines Hauptbeweises für wahrscheinlich, dass, wer noch einmal auf Krüger's und zumal Gisi's in so Vielem berechtigte und im Gesammteindruck gefangen nehmende Darlegungen zurückkommen wird, gerade mit der durch Schulte veranlassten grösseren Vorsicht eine stichhaltige Lösung doch im Sinne der von jenen Beiden allerdings etwas zu sanguinisch begründeten Theorie finden wird. Die Dürftigkeit der Nachrichten über Personen, Familien und Besitzverhältnisse des 10. Jahrhunderts mahnt gewiss in erster Linie von übereilten Vermuthungen über solche ab. Aber sie lässt es auch wieder zu oder fordert es sogar, hier und da einmal zu bedenken, dass Dinge geschehen sein können, geeignet, die in einem Puncte vorliegende Anstössigkeit einer sonst allseitig gefälligen Gedankenverbindung zu heben, Dinge, über die dann eben zufällig auch keine Kunde auf uns überliefert worden ist. Kam doch (in Parallele zu der Guntramfrage) auch das Haus der Burkarde in Schwaben nach der völligen Niederlage und Verarmung i. J. 911 rasch wieder empor. Ja, den ersten practisch brauchbaren Hinweis zur weiteren Lösung der Guntramfrage im Sinne der Identität giebt Niemand anders als Schulte selber, l. c. 214 f. Im Ganzen genommen, liest sich die Kritik, die dieser sorgfältige Historiker erhebt, nicht eigentlich wie Opposition, sondern eher wie Resignation.

Der aus der Genealogie von Muri gewonnene, von Kiem und Schulte behandelte Stammbaum hat als älteste Glieder, worüber kein Streit ist:

Guntram der Reiche
|
Lanzelin I

Lanzelin II (bisher ohne erwiesene Nachkommen).	Radbot, Stammvater der Habsburger.	Rudolf, Stifter von Ottmarsheim.	Werner, B. v. Strassburg.

Nun identificirte Gisi l. c. 284 ff. Lanzelin I mit dem von den Einsiedler Aufzeichnungen (vgl. auch oben S. 7 u. 15 f.) erwähnten Thurgaugrafen Landold, worin sich auch Krüger (in einem Feuilleton in der Badischen Landeszeitung, Anfang Febr. 1891) anschloss. An diese Beweisführung von weittragendster Wichtigkeit aber knüpft sich auch Gisi's Irrthum an. Er sieht in Landold-Lanzelin I, oder wie ich fortan kurz sage, in Landold I den Vorfahren der Bertolde von Zähringen im Mannesstamme (Krüger mit). Daraus entsteht nun lauter Zwang: die schwierige Unterbringung der älteren Bertolde (der Zähringerahnen), die Nothwendigkeit der Annahme weiterer nicht von den Quellen genannten Söhne Landold's I u. s. w. So wurde denn schon oben (S. 15 f.) eine andere Deutung gegeben, die nur eine Enkelin des Landold zur Mutter Herzog Bertold's I macht, Landold I also nur als Ahnen mütterlicherseits nimmt. Oben geschah das zunächst aus negativen Rücksichten, weil diese Deutung jenen Schwierigkeiten nicht begegnet; jetzt soll sie aber noch positiv verstärkt werden.

Ludwig Schmid, Hohenzollern, I 206 hat das Verdienst, die Stifterfamilie von St. Georgen mit dem Thurgaugrafen Landold (I) zusammengebracht zu haben. Freilich sogleich in zwiefach irreführender Hinsicht: auch er macht jenen Landold, der bei ihm der Gemahl der Bertha von Büren ist [das wäre, mit Hinzurechnung der beiden von Gisi geforderten, seine dritte Frau], zum Ahnen der Zähringer im Mannesstamme, und nimmt ferner den in der Notitia fund. mon. SGeorgii, Zs. IX 205 genannten Landold, den proavus Hezelo's, als identisch mit dem Thurgaugrafen. Das geht (abgesehen von den verschiedenen Frauen, die für diese beiden Landolde gesichert sind) desswegen nicht, weil Landold, der proavus Hezelo's, just nach des Thurgaugrafen Tode (991) die Vogtei von Reichenau erhält (Zs. IX 205). Er ist vielmehr (als ein Landold II) des Thurgaugrafen Landold's I Sohn. Der von Gisi identificirte Landold-Lanzelin I hat ja schon einen Sohn des Namens Landold, nämlich (vgl. die obige Tafel) Lanzelin II. Der ist eben Niemand anders als jener Landold geheissene proavus Hezelo's. Nun weiss man endlich, was sowohl aus dem so vernachlässigten Lanzelin II der habsburgischen Ahnentafel wird, wie auch, wohin überhaupt der Name kommt, der auffälligerweise sowohl in der Form Landold, wie in dem Deminutiv Lanzelin ohne jede Wiederkehr bei den bisher bekannten Nachkommen Landold's I verschwindet. Die Stammtafel, wie ich sie daraufhin entwerfe (und sogleich für die Landolde weiter führe, ohne Alles im Einzelnen zu besprechen) bringt dann noch weiteren Aufschluss, den für uns wichtigsten: wer denn eigentlich der in der zähringischen Ahnenreihe nothwendige, aber oben S. 15 f. noch namenlose Sohn Landold's I (der Schwiegervater des 1024 † Bertold's) war.

Guntram.

Landold (Lanzelin) I, Thurgaugraf, † 991.
Gem. Liutgard von Nellenburg (vgl. oben S. 15).

- Landold (Lanzelin) II. 992 Vogt von Reichenau, † 1000. Gem. Bertha.
  - N. N. Tochter. Gem. Graf Bertold, † 1024, (Bezelin v. Villingen.)
    - Herzog Bertold I. Haus Zähringen.
  - Landold III. Vogt von Reichenau, † 1024 oder ein wenig früher. Gem. Gisela.
    - Landold von Winzeln. 1050 (QzSchwG. III 1, 7) mit seinem Vetter (Herzog) Bertold I u. dem Nellenburger zusammen. 1085 noch nicht †.
      - N.N. Tochter. Gem. Hartmann v. Thalhausen. Zs. IX 220.
      - Hugo. Nachkommen: die Landolde von Winzeln.
      - Irmengard. † vor 1085.
        - Irmengard. Bes. in Bickelsberg.
      - Ulrich. Bes. in Leidringen.
      - Erkenfried. Bes. in Bickelsberg u. Leidringen.
    - Ulrich. 1030 Vogt von Reichenau, † 1050. Gem. Adelheid.
      - Adalbert. † vor 1083. Ohne Söhne, da sein Erbtheil in Degernau und Ingedingen an Hezelo kommt.
      - Landold, 1056 QzSchw. Gesch. III 1, 10; † vor 1085.
      - Hezelo (Hermann). Vogt von Reichenau, Gründer von St. Georgen, † 1088. Gem. Bertha.
        - Hermann. Gem. Helewida, ihr zweiter Gem. Ulrich von Hurningen.
      - Willebirg, † 1094. Bes. in Schaffhausen im Breisgau, und insb. an der Dreisam. Gem. Gerunc.
    - Adalbert von Entringen. 1075. WUB. I 279; † vor 1085.
      - N. N. Sohn. Landold. Adalbert.
        - Landold. Adalbert.
- Radbot. Stammvater der Habsburger.
- Rudolf. Stifter von Ottmarsheim.
- Werner. B. von Strassburg.

Landold III hinterliess seine Söhne wohl als unmündige, so dass deswegen die Vogtei von Reichenau zeitweilig, bis 1030 [dem Todesjahre Manegold's, der im Kampfe gegen Ernst von Schwaben fiel] in die Hände des Nellenburgers Manegold kam. Dass gerade die Nellenburger eintraten, ist nunmehr erklärlich genug. Ebenso rücken in helleres Licht die gemeinsamen Beziehungen der Landoldinger (wie sich nach anerkannten Mustern die Familie Hezelo's bezeichnen liesse), der Nellenburger und der Zähringer zu Kloster Reichenau: es ist eben der Vogt von Reichenau, für den sein Enkel Herzog Bertold I dies Kloster beschenkt (oben S. 19), wie es der Nellenburger Eberhard bei der Aufzählung seiner eigenen Spenden an Reichenau i. J. 1056 erwähnt; ferner das oftmalige Erscheinen der Landoldinger bei Beurkundungen für das Nellenburgische Kl. Schaffhausen, die häufigen Zusammenkünfte der Mitglieder aller drei Familien, und ganz besonders: dass alle drei Häuser (und die Habsburger dazu) da, wo ihr Besitz nicht geschlossen liegt, sondern aus versprengten Gütern besteht, sich darin jeweils eng mit einander berühren, anders gesagt, dass ein Theil des Gutes aller vier Familien wie aus einer Hand umhergestreut liegt. Was dabei auf eigenes Erbgut des ersten Landold kommt, wie weit sich dieser mit an Nellenburger Gut — erholt hat (so möchte man mit Hinblick auf seinen Vater Guntram nach obiger Hypothese sagen), würde eine besondere Untersuchung wohl ziemlich klar legen können. So viel will mir nach einigen Zusammenstellungen darüber jetzt schon scheinen, dass zwar durch Landold I väterliches Gut nicht bloss an die Habsburger, sondern zum Theil auch auf die andere Linie vererbt worden sei, dass aber gerade die letztere, das sind die Landoldinger und ihre zähringischen Vettern, von ihm her wohl noch mehr altnellenburgisches Gut empfangen habe. Das würde, ohne direct schon eine Bestätigung der Identification des reichen mit dem Grafen Guntram zu sein, sowohl zu Krüger's Darlegung, dass Guntram's Gemahlin die Erbin von Windisch war [der man also ihr Gut nicht genommen hätte, so dass es unbehelligt an Landold I und zum grössten Theil an die Habsburger kam], wie auch damit zugleich zu derjenigen Möglichkeit gut passen, die auch Schulte (MJÖG. X 214 f.) zugeben will. Seit aber durch die jetzige Auffindung eines dem gleichnamigen Sohne Lanzelin's I, Lanzelin II, entsprechenden Sohnes Landold's I, des Landold II, Gisi's bahnbrechende Identification von Landold I und Lanzelin I in glücklichster Weise bestätigt ist, ist doch auch seine (und Krüger's) weitere Guntramhypothese als dadurch innerlich gekräftigt zu betrachten. Graf Guntram hatte Thurgaubesitz; des reichen Guntram Sohn Landold I auch und wurde nicht etwa sogleich, sondern zwei Jahrzehnte nach der Katastrophe des Grafen Guntram Thurgaugraf als Nachfolger der Nellenburger; und da er der Schwiegersohn eines der am sächsischen Hofe so beliebten (und schliesslich mit den sächsischen Kaisern verschwägerten) Nellenburger geworden war, kann es in der That nicht mehr befremden, wenn er, obwol ein Sohn des Grafen Guntram, nach Jahrzehnten wieder Gnade fand; ja ich möchte sagen: dass man ihm auf Kosten der Nellenburger den Thurgau übergab, erklärt sich leichter auf jene Weise (wenn etwas wieder gut gemacht werden sollte), als wenn er bloss der glückliche Sohn eines nie in seinem Besitz eingeengten „reichen" Guntram war. Wenn dann Landold oder seine Erben nicht ruhten, bis auch im Elsass und ebenso wohl im Breisgau ein Theil des einstigen Gutes des Grafen Guntram zurückerworben war, so wird ihnen die nellenburgische Verwandtschaft auch da zu Statten gekommen sein und später nicht minder die Freundschaft Heinrich's II mit (vgl. die obige Tafel) Bischof Werner von Strassburg.

Seit die Zähringer nicht mehr als directe Abkömmlinge Guntram's zu betrachten sind, ist die Erklärung für eine weitere Thatsache, die sich ebenfalls aufdrängte, nur einfacher geworden: dafür, dass gerade dasjenige Gut, welches die Zähringer im Breisgau als Reichslehn besassen, so eng benachbart mit dem für das Reich eingezogenen gräflich Guntrammischen (so weit solches eben aus königlichen Wiedervergabungen an geistliche Stifte theilweise bekannt ist) liegt. Die Zähringer sind hier nicht Erben, sondern Antheilhaber an der Beute. Und ähnlich werden sie, falls K. Otto's I Sohn etwa gerade in Folge des Vorfalles mit Graf Guntram Breisgaugraf wurde, dadurch, dass sie in diesem Amte auf Liudolf folgten (s. oben S. 4), dem Guntram mittelbar auch im Grafenamte des Breisgau's nachgefolgt sein. Im Breisgau lag wohl Eigengut des Grafen Guntram, aber das eigentliche Land seines Allods war doch seine Heimath, das Elsass, wie die Guntramurkk. der Könige zeigen [das Gut um Windisch ist als erheirathet aus dem Spiele zu lassen], anderes Eigen des Grafen lag auch im Thurgau; im Breisgau hatte er dagegen vorzugsweise Reichslehen (*in sua investitura*, St. 1386 und natürlich ebenso in der von Otto I gegebenen Vorurkunde), und sein Eigengut daselbst (St. 301) sieht in der That wie durch geschickte Ankäufe erworben aus, entweder weil die betreffenden Orte den Lehnorten (vgl. St. 1386, dazu die Einsiedler Aufzeichnungen, Geschfr. I u. Jahrb. f. schweiz. Gesch. X, auch Oberrh. Zs IV 252 f.) bequem gelegen waren, oder wegen ihrer besonderen Vorzüge, oder aus beiden Gründen (Ihringen). Kam aber der reiche Elsässer — und reich war er auch ohne dass er mit *Guntramnus dives* identisch zu sein brauchte — in den Breisgau erst als Graf, so würde das das Mehrhervortreten dortiger Reichslehen gegenüber dortigem Eigen Guntram's vortrefflich erklären. (Der Breisgau braucht darum nicht seine einzige Grafschaft gewesen zu sein.) Platz ist genug für ihn in der breisgauischen Grafenreihe: zwischen 926 und dem Beginne von Liudolf's Grafenamt, ein viertel Jahrhundert. Dass der noch junge Guntram schon zur Zeit, als noch Adalbero Breisgaugraf war (926), den Breisgau besuchte, ist oben S. 4, Anm. 2 bereits erwähnt worden und trotz der Schwächen der zu Grunde gelegten Urkunde glaublich. Nun könnte er die Familie dieses Adalbero oder ihn selber ausgedrängt haben. Und da Grund vorliegt, Adalbero für einen Ahnen der Zähringer zu halten, erklärt sich so auf das Natürlichste, dass, wenn auch noch nicht sogleich nach der Krisis, doch nach Liudolf, der neben dem Herzogthume selbst gerade den gewiss aufgeregten Breisgau übernommen hatte, die Zähringer die Grafschaft zurückerhielten und, wie vorhin vermuthet werden durfte, in den Reichslehen, die sie dort neu empfingen, auch manches vorher Guntrammische Besitzstück mit bekamen. — Was in diesem Absatze steht, sind, wie ich zugebe, Möglichkeiten, denen nicht beigepflichtet zu werden braucht; nur würde, wie dazu bemerkt sei, ein solcher Zweifel das ausserhalb dieses Absatzes Stehende an sich noch nicht mit berühren. War es so, wie hier gemeint ist, so sah die Tochter Landold's II, die den Zähringer heirathete, durch diese Heirath manches Gut als Herrin wieder, das ihrem Urgrossvater genommen worden war: auch das wäre (unter K. Heinrich II!) ein Schritt der längst eingeleiteten Versöhnung gewesen.

Um kein Missverständniss zu ermöglichen, muss betont werden: die Thurgaugrafschaft erheiratheten die Zähringer nicht mit: Landold II hat sie gar nicht mehr von seinem Vater ererbt, sie kam schon nach Landold's I Tode an die Zähringer. Deren Haus war ja selbst das fortwährende Schoosskind der späteren Sachsenkaiser (verdankte es doch noch, als Heinrich II das Bamberger Bisthum stiftete und ausstattete, diesem Kaiser, der den Sohn des ersten zähringischen Thurgaugrafen so nahe an sich zog, dass die kaiserlichen

Schenkungen an Bamberg, soweit sie im Umkreis des zähringischen Interesses lagen — und wohl noch manches Guntramgut mit darunter — ihnen zu Lehn überlassen wurden). Jenes Wiederzurücktreten der Landolde macht es aber um desto wahrscheinlicher, dass Landold's I Grafenamt im Thurgau eine erste vorläufige Entschädigung war, und dass, als er starb, sein in 4 Söhnen fortlebendes Haus inzwischen andere reichliche Gnaden von den Sachsenkaisern empfangen hatte (deren reale Stätte eben in der alten Heimath Guntram's und, wie es scheint, auch im Breisgau zu suchen ist; möglicherweise haben die Zähringer selber ein wenig dazu thun müssen, jenen das Aufgeben des Thurgau's zu erleichtern). Hier freilich ist alles Vermuthung; man könnte eben so gut ohne [oder widerum mit] Anknüpfung an erstere Deutung sagen: die Altersverhältnisse ermöglichen die Annahme, dass die Heirath des Zähringers mit der Enkelin Landold's I noch bei dessen Lebzeiten verabredet worden sei und Landold II, der dann schon 1000 ins Grab sank, zu Gunsten des jungen Schwiegersohnes auf das Grafenamt verzichtet habe, so dass dieser, als Landold I 991 starb, sein unmittelbarer Nachfolger werden konnte.

So lange es sich nur um die Habsburger allein handelte, konnte man sich über die Thatsache, dass ihr Gut vielfach mit einst gräflich Guntramnischen zusammenfiel, noch hinweghelfen. Nun kommt aber in Bestätigung des über Rückerwerbungen der Familie Graf Guntram's Gesagten noch eine Parallelerscheinung da hinzu. Vorhin (S. 567) wurde bemerkt, aus dem ererbten, nicht erheiratheten, Gute Landold's I — also aus dem was ihm bewahrt worden war oder was er und die Seinen aus des Vaters Gut zurückerwarben — entstand in der Hauptsache der Habsburgische Besitz [eigentlich ist es jetzt incorrect, Rudolf den Stifter von Ottmarsheim zu den Habsburgern, der Linie seines einen Bruders, zu stellen. Er steht den Habsburgern nicht näher als dem zweiten Landold und dessen Familie, und sein Gut im Breisgau ist bei seinen Lebzeiten nicht mehr habsburgisch, als das der jüngeren Landolde auch], ein Theil kam aber auch an die Landoldlinie. Dahin gehört es, wenn der im fernen (Königseck)wald und um Hosskirch herum, d. h. ein wenig nördlich vom Bodensee an der heutigen badisch-württembergischen Grenze ansässige Landoldinger Hezelo auch zu Endingen und Gottenheim im Breisgau Besitz hat (vgl. die Notitia von St. Georgen, Zs. IX 200). Gerade in Endingen hatte auch Graf Guntram Besitz (St. 1386) gehabt und so viel schon unser Zufallswissen ergiebt, auch wenigstens in der Nachbarschaft von Gottenheim, in Ihringen und Betzenhausen. [Auf *Baldingen*, wo Hezelo auch Besitz hatte, während Guntram *Baldinga* besass, ist kein Werth zu legen, denn ersteres (vgl. Zs. l. c.) ist, obwohl mit Endingen genannt, sicher Baldingen auf dem Schwarzwalde, BA. Donaueschingen, das Guntramnische dagegen Bahlingen, BA. Emmendingen. Höchstens könnte man — aber das wage ich doch (ich möchte sagen: noch) nicht — in der jedenfalls jüngeren und zunächst gleichnamigen Ansiedlung auf dem Walde eine *nova Salamis* der Guntramnischen Familie erblicken.] Freilich Guntram's Endinger Besitz, so weit er Lehn war und zu Riegel gehörte, war an Kl. Einsiedeln gekommen und bei diesem geblieben. (Die Auskunft, die St. 1386 giebt, dass die mit dem Hofe zu Riegel an Einsiedeln gekommenen Ortsbesitztheile Lehen Guntram's gewesen seien, bestätigt sich dadurch, dass das Stift Andlau gerade auch an einigen jener Orte seit der Karolingerzeit seinen Besitz aus Reichsgut hatte, nämlich zu Endingen, Kenzingen und Bahlingen.) Aber kann Guntram nicht noch anderen Besitz neben jenem in Endingen gehabt haben, entweder eigenen oder auch Lehn, das aber nicht dem Königshofe Riegel zugetheilt war? Solches könnte längere Zeit bei der königlichen Kammer geblieben sein, bis es dann schliesslich die Nachkommen Guntram's wieder erhielten. Ich habe oben im Besitzverzeichniss einigen Reichsbesitz in Kaiserstuhlorten mit erwähnt, der, obwohl bis an's 14. Jahrhundert als solcher erhalten, doch ganz wohl auf die Confiscation des Guntramgutes zurückgehen kann. Hat doch auch nach ganz sicherer Kenntniss Otto I von dem Guntramnischen Eigen im Breisgau (gerade vom Eigen) drei Orte zehn Jahre lang an sich gehalten und dann vergabt. Wenn also das confiscirte Gut nach dieser doch nur zufällig erhaltenen Nachricht überhaupt nicht sofort weiter vergeben worden war, kann sehr wohl ein Theil auch noch weit über jene gerade bekannten zehn Jahre hinaus beim Königsgut geblieben und dann an die begnadigten Nachkommen gegeben sein.

Dies ist nur ein Beispiel und nicht einmal das bestgewählte; Endingen sollte genannt werden, um zugleich zu erwähnen, dass dort wie in dem nahen Forchheim auch die Familie von Stauffenberg Besitz hatte, und zwar sowohl der als Graf bezeichnete Burkard (Zs. IX 212), wie sein Bruder Bertold (Cod. Hirs. ed. Schneider S. 26). In der St. Georgener Quelle (Zs. l. c.) wird Burkard: *comes de castro Stoupha* genannt (im Cod. Hirs. immer von Stauffenberg) und man hat nicht ohne Weiteres das Recht zu sagen, *castrum Stoupha* soll auch nur Stauffenberg in der Ortenau bezeichnen, zumal desswegen nicht, weil nach unserem Wissen erst im 12. Jahrhundert von den Zähringern ein Ministeriale aus dem Zartener Thal, der Bruder des ältest bekannten von Blankenberg, auf der Burg, die auf dem prächtigen Bergstauf im Breisgau thront, seinen Sitz neu angewiesen erhielt (s. Min. v. Staufen). Wie kommt nun dieser von Stauffenberg, sonst der freigebige Gutthäter Hirsau's, auch zu Schenkungen an St. Georgen (Zs. IX 217)? Weshalb geht ein Stauffenberger später als Converse ins Kloster St. Georgen (ibid. 222)? Ja, wie erklärt sich, dass gewissem Anschein nach Burkard von Stauffenberg und die Landoldinger einen gemeinsamen Vasallen, den Rum von Eschach, haben (vgl. Zs. 212, 217, 219)? Ich wollte diesen Hinweis auf einen möglichen Zusammenhang der Landoldinger mit den Stauffenbergern nicht unterlassen, denn die letzteren werden ohnehin ein Hauptobject weiterer, bei glücklichen Ergebnissen höchst aufschlussreicher Untersuchungen sein müssen. Vielleicht auch für die politische Geschichte, falls nämlich Burkard † 1092 etwa ein (während des Kampfes gegen Heinrich IV und seine Parteigänger) aus einer zu den Zähringern zugleich in weitläufiger Verschwägerung und in Treuverhältniss stehenden Familie erhobener Gegengraf, möglicherweise in der Ortenau, war. Die Untersuchung wird trotz der Irrthümer Bader's (Anm. zu Zs. IX 213, s. auch oben S. 590, „Staufen") die Herren von Uesenberg wohl nicht aus dem Spiele lassen können.

Was nun diese anbelangt, so ist ihre Verwandtschaft mit den Grafen von Nimburg schon früher aufgestellt, freilich danach (und das ist das letzte) wieder bestritten worden. Indessen erstere Aufstellung, früher mehr empfunden, als bewiesen, wird durch die so wichtigen Urkunden von Kl. Schaffhausen und Anderes beträchtlich unterstützt. Ich möchte, widerum nicht alle Einzelheiten besprechend, eine Stammtafel vorlegen, die sich — abgesehen von ausführlicheren Besitzzusammenstellungen für den Breisgau, die aber noch auf archivalischem Wege vervollständigt werden müssten — auf folgende Puncte stützt: 1) Verwendung des Namen Dietrich, 2) Uesenberger und Nimburger in Beziehungen a) zu Kl. Schaffhausen, b) zu den cluniacensischen Gründungen des hl. Ulrich, 3) der eine Uesenberger mit Besitz in Nimburg (und Bötzingen), ein anderer in nächster Nähe von Nimburg, in Böttingen, 4) überhaupt in einander eingekeilter Besitz, der als Summe ein einheitliches

Ganzes giebt. Quellen: Liber Heremi, Geschfr. I, Jahrb. f. schweiz. Gesch. X 348 (351), 355, 356; (Werkmann's Regesten, Freib. Diöc.-Arch. X 78 ff; in den ersten Nummern mit Vorsicht zu behandeln); oben S. 101 f.; QzSchwGesch. III 1, 55; ib. III 2 b. 40. Die von Eichstetten insbes.: Gerbert H. s. n. III 96; RSP. 151, 157, 162. Die von Nimburg insbes. (abgesehen von Maurer's Arbeiten): QzSchwG. III 1, 16ff., 34, 41, 64f. 131, 136; RSP. 141, 189; Zs. IX 208; WUB. I 329, 345; II 404; ZüUB. I 135; Zs. N. F. V 120; Neugart CD. II 43; Schöpflin V 61, 83 ff.; St. 3248 u. 3248a, 3391, 3425; oben S. 293, 329. — Die letzten Nimburger sind absichtlich kurz behandelt, um der nothwendigen klaren Auseinandersetzung über sie nicht mit unzureichendem Material vorzugreifen.

[Weiter S. 573.]

[Das leere Papier benutze ich noch zu einer ergänzenden Bemerkung für S. 568. Es geschieht doch eigentlich gegen alle Uebung derartiger Häuser, wenn weder das Haus der Landoldinger, noch das der Habsburger (noch auch irgend eines der mit ihnen verschwägerten) des in der Erinnerung doch fortlebenden und desshalb dem Genealogen von Muri bekannten gemeinsamen Stammvaters „Guntram des Reichen" jemals wieder durch die Zutheilung des Namens Guntram an eines der jüngeren Familienglieder pietätvoll gedenkt. Erklärt sich nicht auch das am Besten dadurch, wenn oben Guntram der Reiche der verurtheilte Graf Guntram war? Und war das nicht in der That eine um so mehr gebotene Rücksicht, wenn, wie oben aus anderen Gründen aufgestellt wurde, die Nachkommen des verurtheilten Guntram von den Kaisern nach einiger Zeit wieder zu Gnaden angenommen worden waren?]

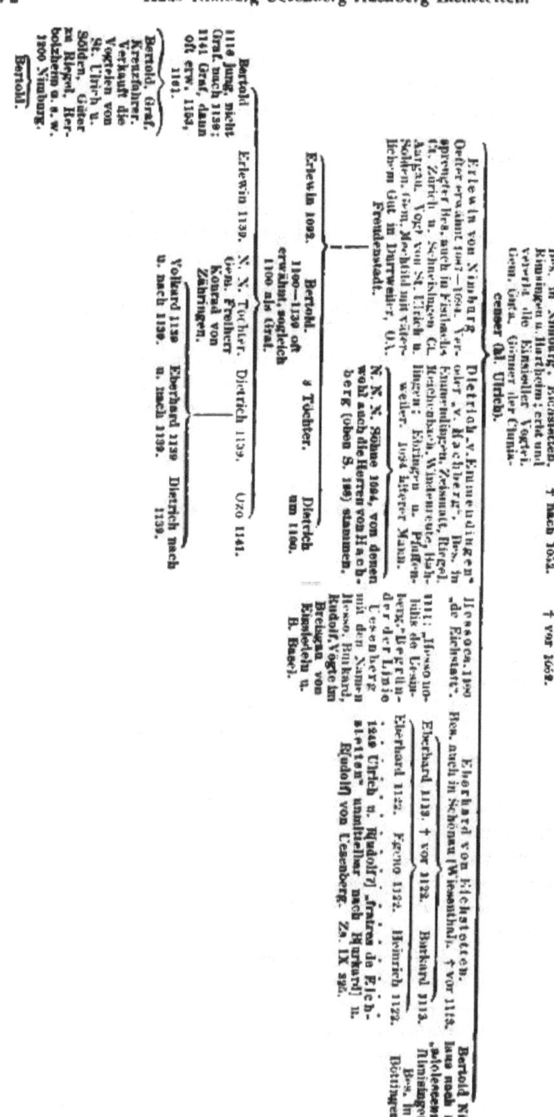
Dietrich.
Breisgauer Vogt von Einsiedeln.
Hesso. Ebenso.
Hesso, vor 1052. 1072. Bes. in Nimburg, Eichstetten, Rimsingen u. Hartheim; erbt und vererbt die Einsiedler Vogtei. Gem. Guta. Gönner der Cluniacenser (hl. Ulrich).
Lambert † nach 1052.
Rudolf † vor 1052.
Erlewin von Nimburg Oefter erwähnt 1087—1094. Versprengter Bes. auch in Fisibachs Ct. Zürich u. Schneisingen Ct. Aargau. Vogt von St. Ulrich u. Sölden. Gem. Mechtild mit väterlichem Gut in Durrweiler, O.A. Freudenstadt.
Dietrich „v. Emmendingen“ oder „v. Hachberg“. Bes. in Emmendingen, Zeismatt, Riegel, Reichenbach, Windenreute, Bahlingen; Ebringen u. Pfaffenweiler. 1094 älterer Mann.
N. N. N. Söhne 1094, von denen wohl auch die Herren von Hachberg (oben S. 198) stammen.
Hesso ca. 1090 „de Eichstatt“. 1111: „Hesso nobilis de Uesinberg.“ Begründer der Linie Uesenberg mit den Namen Hesso, Burkard, Rudolf, Vögte im Breisgau von Einsiedeln u. B. Basel.
Eberhard von Eichstetten. Bes. auch in Schönau (Wiesenthal). † vor 1113.
Eberhard 1113. † vor 1122.
Burkard 1113.
Eberhard 1122.
Egeno 1122.
Heinrich 1122.
1249 Ulrich u. R[udolf?] „fratres de Eichstetten“ unmittelbar nach B[urkard] u. R[udolf] von Uesenberg. Zs. IX 325.
Bertold Nicolaus nach 1052 „adolescens de Rimisingen“. Bes. in Böttingen.
Erlewin 1092.
Bertold. 1100—1139 oft erwähnt, sogleich 1100 als Graf.
3 Töchter.
Dietrich um 1100.
Bertold 1116 jung, nicht Graf, nach 1130; 1141 Graf, dann oft erw. 1153, 1161.
Erlewin 1139.
N. N. Tochter. Gem. Freiherr Konrad von Zähringen.
Dietrich 1139.
Uzo 1141.
Volkard 1139 u. nach 1139.
Eberhard 1139 u. nach 1139.
Dietrich nach 1139.
Bertold, Graf, Kreuzfahrer. Verkauft die Vogteien von St. Ulrich u. Sölden, Güter zu Riegel, Herbolzheim u. s. w. 1200 Nimburg.
Bertold.

Hierzu sind noch einige Bemerkungen nöthig. *Hesso vir religiosus* 1072 braucht nicht gerade, wie ich oben S. 108 meinte, Converse geworden zu sein. (In Rimsingen hat er, der Vogt von Einsiedeln, auch Eigengut, Jahrb. f. schweiz. Gesch. X 355, eben daselbst Baseler Vogteigut. Dass das Einsiedler und Baseler Vogteigut in der Hauptsache mit den Orten des Allods des Gesammthauses zusammenfallen [warum, darüber später] erschwert die von dem Besitz ausgehende Untersuchung erheblich.) Es fällt sehr schwer, Hesso nicht auch als denjenigen zu nehmen, der die Stiftung der Zelle Grüningen ermöglichte, die nach St. Ulrich kam. (Oben S. 101 f. unterliess ich's; der Grund dafür war, dass Vögte von St. Ulrich die Nimburger wurden, die ich mich lange sträubte an Hesso anzuknüpfen.) Aber die Rimsinger Capelle, wie die Zelle in dem ganz nahen Grüningen sind Cluniacensische Gründungen; so spricht alles für die Identität der beiden zu gleicher Zeit und fast am gleichen Orte handelnden Hesso. Eine Zweitheilung: Hesso in Eichstetten und Hesso in Rimsingen scheiterte auch, zumal daran, dass dann der den Nimburgern verwandtschaftlich ferner stehende, örtlich benachbarte Eichstettener in Nimburg selbst Besitz gehabt hätte, alles Gut ihres Vorfahren dagegen am südlichen Tuniberg läge; diese Deutung hätte alles ins gerade Gegentheil des Natürlichen verkehrt. Die Nimburger an Bertold Nicolaus als einen Bruder statt Sohn des älteren Hesso (des von 1072) anzuknüpfen, wird durch den Namen befürwortet, der bei den Nimburgern wiederkehrt, verbot sich aber (trotz aller angestellten Versuche) durch die Nimburger Vogtei, und durch das Altersverhältniss des Bertold Nicolaus. Ueber ihn heisst es im Liber Heremi: *Berchtoldus Nicolaus adolescens de Rimisingen, frater Hessonis, dedit* . . . Das Nicolaus könnte man ja für ein Versehen, einen Lesefehler jener so trübe überlieferten Einsiedler Aufzeichnung halten. Freilich auch die Conjectur *nobilis adolescens* passt schlecht zu der Ausdrucksweise der alten Aufzeichnungstheile. So muss man sich trotz des im 11. Jahrhundert höchst auffälligen Doppelnamens [übrigens gab es schon vorher Otto Wilhelm in Burgund!] wohl damit trösten, dass Bertold den Beinamen zu Ehren des hl. Nicolaus führte, dem Hesso [sein Vater nach Obigem, was durch diese Deutung nur bestätigt wird] auch eine Capelle stiftete. Einer Erklärung möchte ich noch vorbeugen, die den Uebergang der Vogtei von St. Ulrich auf die Nimburger möglicherweise könnte anders als durch Erbschaft erklären wollen; es geht nicht an, etwa sagen zu wollen: als der jüngere Hesso 1111 den Habsburger Otto erschlug, nahmen ihm die Cluniacenser, strenger als Basel und Einsiedeln, ihre Vogtei. Schon desswegen nicht, weil letztere bereits 1087 im Besitz Erlewin's war.

Die Erlewine von Wolfenweiler, im RSP. und Schöpflin V 83 ff. vorkommend und in engsten Beziehungen zu den Nimburgern stehend, hätte ich gerne an einen der ohne Erben bleibenden Erlewine des Nimburger Hauses angeknüpft, etwa an den von 1092. QzSchwG. III 1, 38, kommen aber schon 1094 Hermann und Erlewin von Wolfenweiler vor. Die Söhne des Erlewin von 1092 (QzSchwGesch. III 1, 16) können sie nicht gewesen sein, dafür ist dieser zu jung; Erlewin von 1092 und den Wolfenweilerer von 1094 zu identificiren, macht der vorangestellte Bruder Hermann schwierig, auch durch seinen Namen, [man darf nicht etwa darin den Namen Hesso wiederfinden!]. Immerhin ist das eine Möglichkeit. Aber dann müsste doch die Urk. von 1139 über die Wolfenweilerer b. Schöpflin V 83 ff. Bezüge auf eine so nahe Verwandtschaft zu den darin so viel genannten Nimburgern enthalten. Ansprechender ist es also, anzunehmen, der Name Erlewin selbst sei in die Uesenberger-Nimburger Familie durch eine ältere Verschwägerung mit den Erlewinen von Wolfenweiler gekommen, die ihrerseits — worauf nicht weiter einzugehen; ich erwähne von

Mancherlei als weniger leicht in die Augen fallend und nebensächlicher nur den Besitz der Uesenberger in Hügelheim (*Zs.* IX 327) und den der v. Honstetten in *Hugensheim* im Breisgau (QzSchwGesch. III 1, 61, 63) — der Familie von Honstetten nicht ferne gestanden zu haben scheinen. — Den Erlewinen von Entersbach eine bestimmte Stelle in der Nimburger Verwandtschaft anzuweisen, ist vorläufig auch noch zu wenig unterstützt.

Bei den vermuthlichen Nachkommen des Dietrich von Emmendingen oder Hachberg (von dem Söhne erwähnt werden), den Herren von Hachberg (man vgl. auch ihre Beziehungen zu Kl. Schaffhausen QzSchwGesch. III 1, 66: Konrad und Rudolf, Brüder, schon 1102, also wohl Söhne Dietrich's) findet sich der Name Erkenbold, den auch die Herren von Kenzingen bevorzugen. Da auf dem Schwarzwalde bei St. Peter Nimburger und Kenzinger Gut innig benachbart liegen (RSP. 141), ist an eine Verschwägerung dieser Nimburgerverwandten von Hachberg mit den Kenzingern wohl zu denken; Stammeseinheit passt nicht gut. — Ueber die [Linie?] von Emmendingen, bei denen der Name Ulrich (RSP. 157) vorkommt, fehlt mir Material. —

Nun handelt es sich noch um Hesso, den Mitstifter von St. Georgen. Zunächst eine enge Verwandtschaft Hesso's und des Landoldingers Hezelo ist eher unwahrscheinlich, als wahrscheinlich. Die späten Fabeleien der St. Georgener Tradition, dass sie Brüder gewesen seien, fallen vor den alten Nachrichten von selbst dahin. Diese wissen vielmehr nicht einmal von einer *Consanguinitas* und führen die Verbindung Beider auf ihre gleiche Denkart zurück. Der beiderseitige Besitz könnte die Stätte, von der sich ihre Bekanntschaft herschrieb, schon auf dem Schwarzwalde suchen lassen. Aber da Hezelo wie Hesso Beide auch im Breisgau Besitz hatten, steht dem wenigstens ihre Bekanntschaft nicht entgegen, Hesso für einen Verwandten seines frommen Eichstettener und Rimsinger Namensvetters zu halten. Um so mehr als sich der Uesenberger Besitz bis in die Gegend von des St. Georgener Hesso's Gut (Klein-Kems am Isteiner Klotz, Zs. IX 202), ja noch weiter in diese Gegend (vgl. die von Eichstetten) erstreckte.

Im Liber Heremi, Jahrb. f. schweiz. Gesch. X 355 erscheinen nun ein Gerung und sein Bruder Hesso von Blansingen. Blansingen aber liegt in unmittelbarster Nachbarschaft mit Klein-Kems. Das wäre eine Spur. Jene Brüder haben ein Gut in Stetten (l. c.). Daselbst aber hat auch der St. Georgener Hesso Besitz (Zs. IX 202). Das wäre die zweite Spur. Die Identität jenes Hesso von Blansingen und des St. Georgeners soll darum durchaus nicht verfochten werden; der erstere kann zudem leicht (vgl. den Liber Heremi) der viel ältere sein. Er giebt mit Gerung zusammen zwei Hufen in Stetten an Kl. Einsiedeln. Der St. Georgener schenkt seinem Kloster das ganze Dorf Stetten mit Ausnahme eines Mansus, den er nicht besass. Das liesse sich zur Noth vereinigen. Noch eine Spur: eine Vetterstochter Hezelo's, Willebirg (Zs. IX 214) hatte zum Gemahl einen Gerung, der für ihr Seelenheil Besitz im Breisgau zu Schaffhausen und in Hagenbuch (abg., unbek.) an der Dreisam an St. Georgen gab. Auch Gerung selber wurde später in St. Georgen begraben. Das führt doch auch wieder auf Hesso. Willebirg starb 1094; ihres Mannes Gerung Todesjahr ist unbekannt. Hesso starb 1114. Jener Gerung könnte — wenn nicht sein Bruder — sein Vetter oder Oheim gewesen sein.

Die hier aufgedeckte ist die einzige deutlichere Spur einer Verknüpfung zwischen Hezelo und Hesso, weitläufig genug, um zu erklären, dass sie von den St. Georgenern nicht als Verwandte (*consanguinei* waren sie ja dadurch nicht) bezeichnet werden. Also gerade das Erwünschte. — Nun passt aber auch Alles zu der Uesenberger Familiengruppe herüber:

dass die Blansinger Einsiedeln beschenken, dass ihre Mutter Gisela in Einsiedeln begraben liegt (Lib. Her. l. c.) und dass der Besitz des oder der Gerung sich mit dem Uesenbergischen oder vorsichtiger gesagt dem des Dietrichshauses nicht nur in der Wiesenthalgegend, sondern auch am Kaiserstuhl (Schaffhausen) und an der Dreisam berührt. Das sind ganz bedeutende Verstärkungen für die sich aufdrängende Empfindung, die Hesso in der Verwandtschaft der Uesenberger suchen möchte. Wo da freilich seine bestimmte Stelle ist, bleibt noch verhüllt; er oder [sein Vorfahr, sein Vater?] Hesso von Blansingen und Gerung dazu müssen doch wohl schon seitlich an den ersten bekannten Vogt von Einsiedeln Dietrich angegliedert, statt unter seine Nachkommen gesetzt werden.

Nun aber die Hauptfrage: besteht kein anderer Zusammenhang der Häuser Zähringen und Nimburg-Uesenberg als durch die Landoldinger und ihr weitläufiges Cognatenverhältniss mit den Blansingern hindurch? Darauf finde ich bis jetzt keine bestimmte Antwort. Gegen eine Stammesgemeinsamkeit spricht ausser allem Sonstigen auch auf Grund des Neugefundenen Eines: dass der Mitstifter von St. Georgen, Hesso, wenn man ihn als von den Ahnen der Nimburg-Uesenberger herstammend nehmen will, nirgends in der Notitia von St. Georgen (bei mancherlei Gelegenheit dazu) als ein Verwandter der die Stiftung und Entwicklung dieses Klosters begünstigenden und beeinflussenden Zähringer bezeichnet wird. (Das geschieht ja auch bei Hezelo, dem Landoldinger nicht; aber wir prüfen hier jetzt eben auf eine Verwandtschaft hin, die stärker wäre, als jene, eine *Consanguinitas* der Zähringer und Uesenberger.) Und dabei muss man es wohl zunächst bewenden lassen. Ferner spricht die neue Zutheilung des St. Georgener Hesso gegen noch eines: gegen Guntramnische Abkunft des Dietrich- und Hesso-Hauses. Denn dann müsste die *Consanguinitas* Hezelo's und Hesso's hervortreten, was auch nicht geschieht. Dann wäre auch wohl der Verwandtenmord als solcher in den Quellen betont worden, als Hesso von Uesenberg 1111 den Habsburger erschlug. Nehmen wir den reichen Guntram als den Grafen — wofür ja genug schon gesagt ist —, so ist mit obiger Negation zugleich ausgesprochen, dass das Dietrich- und Hesso-Haus, dessen Besitz fast überall mit gräflich Guntramnischem Berührungen hat, nicht von Guntram geerbt hat, nicht aus den Zurückgaben des Guntramgutes an die Nachkommen bereichert worden ist, sondern dass es zu den Beuteempfängern gehört. — Sucht man nun, woher sie kommen mochten, als sie auf dem Guntramsgute ansässig wurden, so springt der Nimburgische Besitz in den so benachbarten Orten Fisibachs Ct. Zürich und Schneisingen Ct. Aargau in die Augen. Das ist, südlich vom Kaiserstuhl am Rhein, eine nördlichere Gegend des Zürichgaues. Sollten sie etwa nach Guntram's Falle von dort (etwa begünstigt von den ihnen benachbarten — wie sich noch mehr zeigen wird —, kaiserbefreundeten Nellenburgern?) in den Breisgau ausgewandert sein, um neben der Einsiedler Vogtei daselbst eigenen [den Vogteigütern möglichst geschickt gelegenen], durch königliche Schenkung ihnen zugetheilten Besitz zu übernehmen, und danach, je mehr Basels Erwerb aus Königsgut im Breisgau anwuchs, auch als dessen Vögte zu weiterer Macht zu gelangen? Das ist ja eine Vermuthung. Aber auf sie führte mehrerlei: 1) dass das Dietrich'sche Gesammthaus das (Nellenburgische) Schaffhausen, das ihrer Heimath nach jener Annahme so nahe lag, fördern geholfen hat, man die Mitglieder von dreien seiner Zweige in Schaffhausener Urkunden als Schenker oder als Zeugen bei Schenkungen Anderer häufig genug antrifft, 2) dass in derselben Geschlechtsfolge, in der das Haus nach mindestens zwei Zwischengliedern den Namen Dietrich wieder aufweist, auch der Nellenburgische Hauptname Eberhard auftaucht und der betreffenden Linie bleibt (für diesen Punct aber unten auch eine andere Lösung), 3) dass die Muttter Gerung's und Hesso's von Blansingen in Einsiedeln selbst begraben liegt. Auch dass ein solches eingewandertes Geschlecht sich eine „Neuburg", Nimburg baut, passt ganz gut: bewiesen wird damit freilich Nichts. — Wenn ich noch etwas bei diesem Gegenstande verweile, ist auch hier die Absicht nicht das, was Schulte MJÖG. X 208 so vortrefflich „bei dichtem Nebel sein Bauwerk mit den kühnsten Constructionen ausführen" bezeichnet; aber zu ein paar noch herbeigeschleppten Bauklötzen fand sich mühelos der Schlussstein und so seien sie doch mitgetheilt. QzSchwGesch. III 1, 81 kommt ein von Gerung her an Schaffhausen (widerum an dieses, von der Einsiedler Vogteifamilie so begünstigte Kloster!) gekommenes Gut in Weizen BA. Bonndorf vor. Ein wenig die Wutach aufwärts von Weizen liegt Fuezen, wo der St. Georgener Mitstifter Hesso Besitz hatte (Zs. IX 199 u. 202). So findet sich — das steht auch ohne jenen neuen Gerung fest — die Familie in diesen Gegenden auch nördlich vom Rhein, und zwar unmittelbar an oder auf der Grenze des Klettgaus. 1067 aber giebt es einen Klettgaugrafen Gerung (St. 2706), der sicher mit dem (QzSchwGesch. III 1, 16 genannten) Grafen Gerung von Rüdlingen (Ct. Schaffhausen) aus dem Klettgau zusammenhängt. Mit ihm sind [aus seinem Hause, denn mehrere edle Familien von Rüdlingen gab's doch wohl nicht] Liutold und Lampert von Rüdlingen anwesend. Denselben nicht allzu häufigen Namen Lambert führte aber auch der Bruder des frommen Eichstettener Hesso (oben S. 101), so dass hier ein Zusammentreffen vorliegt, das den Grafen Gerung und seine nächsten Angehörigen noch wahrscheinlicher zu dem Blansinger Gerung und Hesso in Verbindung zieht. [Stetten giebt es nun auch gerade hier, bei Hohenthengen (BA. Jestetten)] — Ferner erscheint 1094 (QzSchwGesch. III 1, 38) Hesso *de Slate*. Das passt am ehesten zu Schlatt (Ober- und Unter-) im Ct. Zürich, Amt Winterthur (worin auch Fisibachs liegt), das auch Ruinen von zweierlei Burgen hat. Das breisgauische Schlatt BA. Staufen sei nur erwähnt; es liegt etwas südlich von Rimsingen. Dieser Hesso von Schlatt aber trifft zu der angegebenen Zeit im Kl. Allerheiligen zu Schaffhausen u. A. mit Hezelo's Sohn Hermann und mit Herzog Bertold II von Zähringen zusammen (auch mit den von Wolfenweiler und den von Honstetten). [Unmöglich wäre durchaus nicht, dass er mehr als ein blosses nicht interessirendes Familienglied, nämlich der St. Georgener Mitstifter († 1114) selber ist.] — Immerhin also zeigt sich die Gerung-Hesso Familie schon viel ansehnlicher, hat auch das Klettgauer Grafenamt zeitweilig inne. Und nun noch ein Schlussstein des Ganzen: im Liber Heremi, Jahrb. f. schweiz. Gesch. X 346 werden *Comes Hesso et Gisla de Baccanasich uxor eius* genannt. Gisela aber hiess die in Kl. Einsiedeln ruhende Mutter Gerung's und Hesso's von Blansingen; und der Graf Hesso kann jetzt nicht mehr stören, nachdem wir auch den Grafen Gerung kennen gelernt haben. — Der Liber Heremi ergiebt noch Nellenburgische Beziehungen für ein Schlatt und für eine Willebirg, unter der nach G. v. Wyss, Jahrb. l. c. 318 schwer eine andere Edelfrau zu sehen ist, „als jene Freiin von Wülflingen, Willebirg, welche ihrem Gemahl, Graf Lütold von Mömpelgard († 1043) die Herrschaft Wülflingen und Embrach zubrachte". Den Namen Lütold aber hatten wir auch oben im Hause der Gerunge von Rüdlingen etwa zwei Menschenalter später, zum Jahre 1067 (QzSchwGesch. III 1, 16), während eine ebenfalls jüngere Willebirg († 1094) zu den Landoldingern gehört. — Ferner (S. 349) noch andere, vielleicht wichtigere Spuren: *Comes Hesso, maritus dominae Hiltgardae occisus est.* — Und: (S. 351) Gerung gab einen Theil *patrimonii sui in villa Meilis et in villa Mediolani.* In diesem Orte Meilen (Ct. Zürich) aber gaben auch Graf Landold I und seine Gemahlin Liutgard (von Nellenburg)

2 Hufen an Kl. Einsiedeln (l. c. 858) und Landold gab noch weiteres Gut zum Eintausch (Rücktausch?) von Meilen (l. c. 349). So treten also aufs Neue Nellenburgische Bezüge ein. Leider fehlt mir Material, um zu sehen, ob und wie man allen diesen Fäden nachgehen kann.

Wo war Hesso Graf? Ich finde (auch nicht in der Schweiz) nichts besser Passendes, als den Sülichgau (Baumann, Gaugrafschaften S. 129ff.), wo 888 Eberhard, 1007 Hessinus (WUB. I 129), 1057 Hesso Grafen waren. In diesen Gau gehört auch der Stammsitz der von Entringen, zu deren Familie auch die († 1094) Willebirg gehörte, die (vgl. die Landoldingertafel) einen Gerung heirathete. — Wenn der Sülichgaugraf Eberhard ein Vorfahr der Hesso's war, so würde das das Vorkommen dieses Namens bei der Eichstettener Linie des Dietrich-Hesso-Hauses leichter erklären, als ein Nellenburgischer Bezug. —

Umrisse der eigentlichen Ergebnisse: von einer um Kaiserstuhl a/Rh. herum begüterten edlen Familie, der auch ein Graf Hesso angehört, stammen her als dessen und seiner Gemahlin Gisela Söhne Hesso von Blansingen und Gerung, die auch im Breisgau Besitz haben. Hesso's Nachkomme ist der Mitstifter von St. Georgen [er heisst vielleicht Hesso von Schlatt]; Gerung's Familie, aus der einer 1067 Klettgaugraf ist, nennt sich am Ende des 11. Jahrhundert (schon 1087) nach Rüdlingen. — Derselben Familie gehören die Nachkommen Dietrich's an, die Uesenberger und Nimburger. Das Besitzverhältniss liegt so, dass die Nachkommen Dietrich's wenig Besitz in der Heimath behalten, ihr Hauptgut um den Kaiserstuhl (die Gebirgsinsel im breisgauischen Rheinthal) erst erlangen, während die Gruppe mit den Gerungen und mit Hesso von Blansingen und Hesso (dem St. Georgener) [von Schlatt?] im Breisgau wenig, die grösseren Liegenschaften am oberen Rhein, um den Ort Kaiserstuhl herum, besitzt.

Wenn eine gewisse Uebersiedlung geschah, muss sie (wegen der Betheiligung des ganzen bekannten Hauses daran) früh, noch vor Dietrich geschehen sein, fällt also am besten in die Zeit nach Guntram's Sturz.

Der Name Dietrich kann vielleicht noch zu weiterer Auskunft führen. Bei den jüngeren Nellenburgern (Dietrich von Bürglen oder von Nellenburg) kommt er vor.

Dass die Nimburger seit 1100 ständig, die Uesenberger einmal gelegentlich den Grafentitel in Anspruch nehmen, passt zu ihrer Abkunft, mag aber durch anderen, neuen Anlass befördert sein.

Ein blosser Versuch ist die nebenstehende Uebersichtstafel der wichtigeren Genannten, die den Altersverhältnissen allerdings gerecht würde:

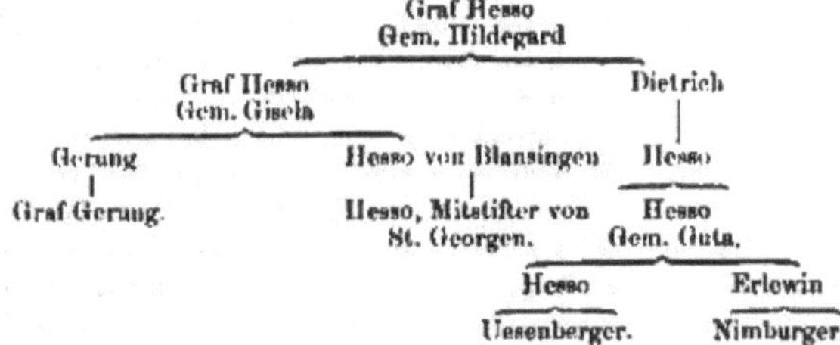

— Von den Zähringern führen also diese Ergebnisse noch immer weiter ab. Aber auch das ist wichtig, dass sie nicht stammeseines mit den Uesenberg-Nimburgern waren.

Desshalb nahm ich schon oben (S. 159, Anm. 581) nur eine Verschwägerung mit ihnen an. Sie muss dann sehr früh fallen, denn von Bertold I an kennen wir doch wohl (mit Ausnahme etwa in ganz zarter Jugend gestorbener Kinder) die Mitglieder des Hauses. Sie müsste spätestens in die Generation „Hesso Gem. Guta“ fallen. Das würde zugleich zu dem Namen von dieses Hesso Sohn Bertold Nicolaus passen, der ohne bekannte Erben bleibt (der Einsiedler Eintrag, oben citirt, bedeutet doch wohl: er starb als *adolescens*) und dessen Hauptname mit der folgenden Generation von den Nimburgern energisch fortgesetzt wird. In dieser Frage bleibt freilich noch genug Dunkel. — Bedenken entstehen noch: wesshalb beanspruchten die Uesenberger das verkaufte Nimburger Erbe nicht? Vielleicht that es der Herzog nur, weil es die Uesenberger nicht thaten. Glück hatte ja auch nicht einmal er damit. Zudem ist nicht gesagt, dass nicht einiges von den Nimburgern nicht verkaufte Gut in dem späteren Uesenbergischen steckt.

Noch ein paar verwandtschaftliche Fragen, deren Besprechung im Text störend unterbrochen hätte, liegen zur Erledigung vor. Wie konnte die Scheidung Clementia's von Zähringen von Heinrich dem Löwen auf Grund zu naher Verwandtschaft erfolgen?

Die Hist. Welforum Weingartensis (SA. Mon. Welf. 17) ergiebt, geprüft durch Gisi's Untersuchung über die Oehninger und Rheinfeldner (Anz. f. schweiz. Gesch. 1887, S. 25 ff.) und weitergeführt aus sonstigen Ergebnissen:

Graf Kuno von Oehningen.

Ida Gem. Rudolf II	N. N. Gem. Graf Rudolf I.
Welf II.	Graf Kuno.
Kunigunde, Gem. Azzo von Este.	Rudolf von Rheinfelden, Gegenkönig.
Welf IV (I).	Agnes, Gem. H. Bertold II von Zähringen.
Heinrich der Schwarze.	Herzog Konrad von Zähringen.
Heinrich der Stolze.	Clementia.
Heinrich der Löwe.	

Dass Kaiser Friedrich I und Heinrich eine zum Behuf der Scheidung geeignetere Geschlechtstafel gehabt haben, glaube ich nicht. Und zwar desswegen nicht, weil ganz kurz nach der vollzogenen Scheidung der Weingartner Genealoge seine Arbeit begann. Mit dem, was in dieser richtig ist, deckt sich der Anfang obiger Tafel. Also über die kürzlich wichtig gewordenen Verwandtschaftsverhältnisse der Welfen und Zähringer war er unterrichtet und zwar in der einen Richtung: die durch die Rheinfeldner hindurch führte. Und weiter: erst durch die vorhergegangene Scheidung begreift sich recht, wesshalb der Welfengenealoge bei dem nur flüchtig berührten burgundischen Grafen Rudolf anmerkte: *quidem de Rineveldin, parens Zaringiorum*. Man kann es wohl sagen: der welfische Schriftsteller benutzte mit das für die Scheidung beigebrachte genealogische Material. —

Herzog Bertold IV schreibt dem König von Frankreich (vgl. oben S. 374), sie seien Beide blutsverwandt. Das geht auch über die Rheinfelder, die — wenn auch eigentlich nicht — von den burgundischen Königen stammten. Nach Gisi's Beweisführung verhält es sich nämlich so (vgl. auch über Savoyen, Anz. f. schweiz. Gesch. 1887, 121 ff.):

Bertha von Schwaben.

1) Gem. K. Rudolf II von Burgund.
- K. Konrad.
  - K. Rudolf III.
    Gem. Irmengard.*
    (Wittwe Herzog Rudolf's.)
- Adelheid
  Gem. K. Otto I.

2) Ehebruch mit Graf Lothar v. Walbek.
- Herzog Rudolf.
  Gem. Irmengard.*
  - Graf Bertold
    - Haus Savoyen.
  - Graf Rudolf
    - Graf Kuno
      - Rudolf von Rheinfelden.
        - Herzog Bertold.
        - Agnes.

So führt die Ahnenreihe der Zähringer durch die Rheinfeldner hindurch zu den burgundischen Königen hinauf, sogar in doppelter, freilich jedesmal unvollkommener Weise: der eine burgundische König (Rudolf II) ist als Hahnrei der Grossvater des ersten Rheinfeldners, Grafen Rudolf, ein anderer (Rudolf III) der Stiefvater desselben Grafen. — Eine zweite Verbindung führt durch Richwara (vgl. oben S. 94 f.) über Hermann II von Schwaben und seine Gemahlin Gerberga von Burgund zu dessen Königen hinauf. Deren Verwandtschaft mit den Capetingern ist ja bekannt. Diese Verbindung würde sogar die stichhaltigere sein, wenn Richwara's Abkunft durch mehr als die scharfsinnige und höchst wahrscheinliche Hypothese Baumann's gesichert wäre. Umgekehrt freilich könnte man auch sagen: als die bessere Verbindung mit den burgundischen Königen sichert der Weg über Richwara zugleich deren Abkunft, wie sie Baumann aufgestellt hat, aufs Neue. Andererseits aber geht, da Rudolf von Rheinfelden, der Gegenkönig, Schwiegersohn Kaiser Heinrich's III wurde, ungenau auch die zähringische Verbindung widerum über Gisela zu Gerberga und so zu den burgundischen Königen. Man könnte noch andere Wege finden, aber der über Burgund ist wohl vorzuziehen.

Entgegen Gisi's (und Krüger's) erledigter Theorie, dass die Zähringer den Landold I zum Ahnen im Mannesstamme gehabt haben, ist, um Allem vorzubeugen, noch eines zu sagen. Die Angabe der um 1300 verfassten Colmarer Annalen MGSS. XVII, 225 (s. a. 240): Rudolf von Habsburg sei *de stirpe* (und *de progenie*) der Zähringer gewesen, schliesst durchaus nicht aus, dass der Annalist ganz richtig gewusst hat und auch wohl nur hat sagen wollen, Rudolf habe durch seine kyburgische Mutter und zähringische Grossmutter hindurch die ausgestorbenen berühmten Herzöge zu Ahnen gehabt und ihnen mittelbar ein gutes Stück seines Landbesitzes verdankt. Der umsichtige Gisi denkt hieran selber schon, hält aber doch an der männlichen Ahnenschaft fest, da Graf Rudolf, der Grossvater Rudolf's von Rheinfelden von dem Weingartner Genealogen als *parens Zaringiorum* bezeichnet werde, was Gisi so zu deuten vorzieht, dass des Grafen Rudolf's Schwester die zweite Gemahlin Landold's I nach der Nellenburgerin Liutgard gewesen sei. Dass dem Weingartner sein Zusatz aus viel jüngerer Kenntniss nahe lag, ist schon vorhin erwähnt worden; dass aber er selbst den Zusatz erst gemacht hat, ihn nicht schon in älteren Quellen fand, beweist sich einfach dadurch, dass man vor 1100 überhaupt nicht von Herzögen von Zähringen sprechen konnte und dass das mundgerecht gewordene „die

37*

Zähringer" (*parens* „*Zaringiorum*"), als der welfische Genealoge das schrieb, eine erst junge Ausdrucksweise sein musste. —

Die Zähringer haben in Marchthal (S. 525) Besitz. Ueber diesen Ort vgl. bei F. L. Baumann „über die angebliche Grafschaft und Grafenfamilie Kelmünz", Zs. d. hist. Vereins für Schwaben und Neuburg, IV, 1878, S. 1 ff. Marchthal war der eigentliche Sitz der Alaholfinger; später kam es (nach Baumann) durch die Salier hindurch theilweise an den Schwiegersohn der Kaiserinwittwe Agnes, Rudolf von Rheinfelden, und an dessen Tochter Bertha, die Gemahlin Ulrich's von Bregenz (s. oben S. 117), theilweise mit der Hand von Heinrich's IV Tochter Agnes an Friedrich von Staufen. Daneben muss nun also noch ein gewisser Besitz in Marchthal zähringisch gewesen und geblieben sein. Dafür bieten sich zwei Deutungen: 1) die weniger glaubliche, dass beide Rheinfeldische Schwestern, Bertha und Agnes, in Marchthal ausgestattet worden waren, 2) die wahrscheinlichere, dass Richwara — in Bestätigung der Hypothese über ihre Abkunft — an diesem Orte Besitz gehabt hat. Es wäre ja begreiflich genug, wenn keine Parthei der älteren Antheilhaber am Alaholfingererbe gerne auf denjenigen Ort ganz verzichtete, an welchem das Nachkommengeschlecht der uralten alamannischen Volksherzöge seinen Sitz gehabt hatte und am Ende des 10. Jahrhunderts mit einem Bertold erloschen war —: falls es nicht in einer anderweitigen Abzweigung in dem zähringischen Hause bis auf den heutigen Tag fortlebt. Die zähringische Heirath der Richwara könnte auf keine Weise dagegen ins Feld geführt werden; dafür aber würden sprechen 1) die absichtliche Häufigkeit des Namens Bertold in beiden Häusern, 2) das Vorkommen des Namens Wolvin im Alaholfingerhause einerseits (vgl. Meyer von Knonau, St. Galler Mitth., XIII 238), in der Breisgaugrafschaft (s. oben S. 4, Anm. 1) andererseits, 3) der Besitz und 4) die Grafschaft der Zähringer auf der Baar, 5) der alaholfingische Besitz auch im Breisgau. Wer schon die von Chr. Fr. Stälin I 334 f. aufgestellte Liste zufällig bekannten Alaholfingergutes mit dem zähringischen Besitzverzeichniss vergleicht, wird eine ganze Anzahl von Orten — und zwar, ohne dass bei den Zähringern Richwara's Erbe für alle in Anspruch genommen werden könnte — in beiden zugleich finden; dazu vgl. man Meyer von Knonau's Excurs (l. c. 87 ff.): „Der Besitz des Klosters St. Gallen in seinem Wachsthum bis 920". Durch die oben geschehene Hinwegräumung des Guntram aus der Mannesreihe der Zähringerahnen ist ein weiteres Wichtiges erreicht: der Weg ist frei geworden, freier als für die älteren Genealogen der Zähringer, die Alles mitnehmen und über Guntram zu den alamannischen Herzögen hinaufklimmen wollten. Aber damit noch nicht sicherer. Von einem Unternehmen hoffe ich für sehr Vieles Aufhellungen: von einer Untersuchung über das gegenseitige Verhältniss gleichnamiger Orte und ihrer Besitzer; ich kann versichern, bei gar manchem Namensgleichklang im Laufe dieser Arbeit durch besondere Bezüge überrascht worden zu sein. Ob eine solche Untersuchung über „Ansiedlungen und Wanderungen in Alamannien" nun gerade auch die letzte Frage der Zähringergenealogie lösen wird, steht natürlich dahin. So wie die Sache jetzt steht und stehen kann, ist das Beweismaterial zu nutzbarer und sicherer Handhabung noch zu lückenhaft. Zum Schlusse aber sei es doch auch hier noch wiederholt, wenn einen Mann von so ruhiger Kritik, wie Chr. Fr. Stälin, wie es den Anschein hat, eher ein schwer abweisbares geschichtliches Gefühl, als just die Darlegungen Leichtlen's u. A., bei dem Verfolg des Alaholfingergutes hat von dem zähringischen Hause und „seinem sehr wahrscheinlichen Ursprunge von der alemannischen Herzogsfamilie" sprechen lassen.

II.

Die Stellung Rudolf's von Rheinfelden in Burgund.

(Zu Seite 24 u. 274 ff.)

Erzählende Zeitgenossen Rudolf's, wie Bertold von Reichenau, Lambert u. A., wissen nichts von einer Regierung Rudolf's in Burgund, ihnen allen ist er stets nur Herzog von Schwaben. Die Ann. Leod. MGSS. IV 29 nennen ihn dann (zu 1077) *dux Burgundionum*, Ekkehard Uraug. S. 201 *dux Alemanniae atque Burgundiae*, Sigebert Gemblac. MGSS. VI 364 *ducem Burgundionum;* (Waltram) de unit. eccl. MGSS. XVII, daraus SA. S. 71, spricht von dem *regnum Burgundiae*, das ihm Kaiserin Agnes zugleich mit ihrer Tochter übertragen hätte. Die auf ihn gefälschte Urkunde (bei Gerbert, de Rudolpho Suevico, St. Blasien 1785, S. 154; ZüUB. I 118 f.) nennt ihn *Ruodolphus Svevorum dux;* das Siegel (auf Gerbert's Titelblatt abgebildet) trägt die Umschrift RODOLFVS · SVE[VORVM] · DVX · . Die Urk. Stumpf 2788, Fontes rerum Bernensium, Bd. I, Bern. 1883. S. 331 ff. ist auch unecht, aber der Fälscher dieser Urk. von 1076 über burgundische Dinge vermag sich doch nur auf die Intervention *Sveuorum ducis Roudolfi* zu berufen. Die Stelle der Gesta Heinrici imperatoris metrice (oder des „Carmen de bello Saxonico") ed. Waitz, Abh. d. Gött. Ges. d. W. XV (1870) S. 68 z. 1 f. resp. MGSS. XV P. II. 1230 z. 5 f.

Hic [Rudolfus] et in arma rapit secum, quos ***patria*** *misit*
Curia, mille manus Ararim Rhodanumque bibentes

meint doch nur, dass Rudolf Truppen aus seinen Erbgütern herangezogen hatte. Keine Urk. aus Burgund gedenkt Rudolf's in der Datirung, während doch so oft in dieser Weise die zähringischen Verwalter Burgunds erwähnt werden. Dagegen wird in der salischen Zeit der König (Kaiser) selber in der Datirung burgundischer (und zwar transjuranischer) Urkk. erwähnt MDSR. XIX (Répert. chron. de docc. rel. à l'hist. de la Suisse Romande) in Nr. 375, 377 (*regnante r. Heinrico in Burgundia*), 378, 379; dann 395, 397, 409, 410, 416, 423, 428, 440. Zu ihnen kommen die entsprechenden westjuranischen Datirungsvermerke hinzu, die bei Kallmann beachtet und benutzt worden sind. Der König (oder Kaiser) urkundet seinerseits uneingeschränkt für Burgund (vgl. die Urkk.-Reihen bei Stumpf), der Herzog Rudolf dort gar nicht (die vorhin erwähnte gefälschte Urk. betrifft mit Zürich schwäbisches Gebiet). Dem späteren Rebellen Rudolf ist irgendwelche in Burgund geübte Verwaltung nicht entzogen worden; dagegen verfügt Heinrich IV (St. 2815) i. J. 1079 über burgundische Eigengüter des Geächteten. So fällt denn das ganze erste Capitel in Gingins, Mémoires sur le rectorat de Bourgogne MDSR. I. Laus. 1838, das dem „Rodolph de Rheinfelden premier recteur ou duc de la Bourgogne transjurane 1057—1077" gewidmet ist, sowie die darauf fussenden Darstellungen. (Auch Meyer von Knonau, Jahrbb. Heinrich's IV, 49, Anm. 49 hält mit den Früheren an der Uebertragung Burgunds an Rudolf fest.) —

Gingins schied dabei nicht einmal schärfer die Begriffe Herzogsamt und Rectorat, sah aber letzteres doch als das eigentliche an, das dann von Rudolf an seinen Sohn Bertold und über diesen mit an Herzog Bertold II vererbt worden sei. Nun hält auch Kallmann an dem Rheinfeldischen Rectorat fest, wenn er auch zugestehen muss: „mit dem Zerwürfniss zwischen Rudolf und Heinrich IV betrachtete der König dieses Amt für" [deutsch: „als"] „aufgehoben". (Die Beweise gegen das Bestehen des Rectorats nach 1077 liessen sich noch sehr vermehren). Aber Rudolf's ganzes angebliches Rectorat vor 1076 oder 1077 kann von Kallmann nur auf eine Urkunde gestützt werden, die erstens weder vom *rector* spricht, noch sonst zwingt einen solchen anzunehmen, und zweitens überdies unecht ist, die erwähnte St. 2788, angebliche Urk. Heinrich's IV vom 27. März 1076. Man vgl. über sie Scheffer-Boichorst's Ausführungen Mitth. d. Inst. f. österr. Geschf. IX 200. Kallmann macht freilich einen Versuch, ihr in einem Excurs eine „echte Vorlage" zu retten, aber mit ungenügenden Gründen, und Meyer von Knonau giebt in einem Nachwort dazu neue Gründe gegen die Echtheit der Vorlage. Die Urk. ist in den Jahren 1106—1115 zurechtgemacht worden und zwar in Unklarheit über die älteren staatsrechtlichen Verhältnisse. Ein Rheinfeldisches Rectorat setzt, wie gesagt, auch nicht sie voraus. Und gegen ein solches, das also auch die letzte positive Stütze verloren hat, wurde schon die Erwähnung (nur) des Kaisers in den Datirungen angeführt. [Nebenbei bemerkt, ist in der Urk. von 1068 (Cibrario e Promis, Documenti, sigilli etc. di Savoia, Turin 1833, S. 34), in der der Abt Burchard von St. Maurice auf die Herrschaft Heinrich's IV in der Datirung Bezug nimmt, nicht zu interpungiren: *rege Burgundionum deficiente. mense augusti feria VII* u. s. w., sondern: (Heinrich etc.) *rege Burgundionum. deficiente mense augusti feria VII* u. s. w.]

III.

Gründer und Gründungsjahr von Freiburg i/B.

Die Quellen: a) Das Stadtrecht in der sog. Urkunde Konrad's veröffentlicht von H. Schreiber, Die älteste Verfassungsurkunde der Stadt Freiburg, Freib. 1833; mit durchgesehenem Text, aber mit Emendationsvorschlägen bei H. Maurer, Kritische Untersuchung der ältesten Verfassungsurkk. der Stadt Freiburg, Zs. f. G. d. Oberrh. N. F. I 193 ff. (Danach ist hier citirt.) Die Urk. ist in einer Abschrift des Thenenbacher Lagerbuchs von 1341 erhalten, dessen Vorlage sonst nicht, auch nicht theilweise, überliefert ist. Für die schonende Treue der Abschrift des Lagerbuchs spricht mancherlei: die bewahrte Alterthümlichkeit der Anfangssätze, der unterlassene Zusatz von *dux* oder dergl. zu dem Namen *ego Cuonradus*, ferner die unterlassene vermeinte „Richtigstellung" mittels Ersetzung des Namens Konrad's durch denjenigen Bertold's, der dem Lagerbuch doch an anderer Stelle (in der unten zu nennenden Genealogia Zaringorum) als Gründer Freiburgs galt und der überhaupt zur Zeit der Abfassung des Lagerbuchs schon seit einem Jahrhundert allgemein und ausschliesslich als solcher bezeichnet wurde. — In der Einleitung der Urk. erwähnt Konrad kurz die schon geschehenen allerersten Bestimmungen über die Anlage des Marktortes, diejenigen, in denen überhaupt die Handlung der Gründung beruht, und geht dann folgendermassen zu den verliehenen Freiheiten über: *secundum petitionem et desideria eorum* (der bei der Gründung versammelten Kaufleute) *ista, que secuntur, concessi privilegia. Ac in integrum mihi consilium visum est, si forent sub cyrographo conscripta, quatenus per longum tempus habeantur in memoria, ita ut mercatores mei et posteri eorum a me et a posteris meis hoc privilegium in evum obtineant.* Hier emendirt Maurer *quatenus per longum tempus habebantur in memoria* und übersetzt „so wie sie lange Zeit mündlich überliefert worden" sind. Eine solche Auslegung des *quatenus* ist aber unmöglich; es soll heissen: damit sie lange Zeit im Andenken überliefert werden mögen. Denn, abgesehen von der grammatischen Function des finalen Wortes *quatenus*, findet der Sinn der soeben Maurer entgegengestellten Uebersetzung auch noch eine andere, sachliche Bestätigung. Verhältnissmässig nahe steht dem Recht von Freiburg i/B. ein Enkelrecht desselben (wenn diese Wortbildung erlaubt ist), das Recht des savoyischen Gebirgsortes Flumet, der sein Recht von Freiburg im Uechtlande her bekam, wohin widerum das Recht von Freiburg i/B. um's Jahr 1178 übertragen worden war. (Das Recht von Freiburg i/Ü. selbst ist erst in einer Umformung von 1249 erhalten.) Jene „franchises de Flumet de 1228", eine Urk. Aymon's de Faucigny, des Herrn von Flumet, wurden veröffentlicht von Dufour und Rabut im XI. Bde. der Mémoires de la société Savoisienne d'hist. et d'archéologie, 1867, wo schon auf den Ursprung dieses Rechts hingewiesen wurde, und wieder abgedruckt und erläutert von Ch. Le Fort im XIX. Bde. der

Mém. de la soc. d'hist. et d'arch. de Genève, 1875, wovon auch ein Sonderabdruck vorliegt, nach welchem ich hier citire. Nun heisst es hier in den der Freiburger Urk. Konrad's inhaltlich ganz gleichstehenden Anfangstheilen: *quatenus per longum tempus ita haberentur in memoria, ut mercatores mei et eorum posteri a me et a posteris meis habeant in privilegium.* Dadurch erhält das *quatenus . . . habeantur* der Thenenbacher Abschrift einen zweiten genügenden Schutz. (Herr Diaconus Maurer hatte, nachdem ihm meine abweichende Ansicht bekannt geworden, die Freundlichkeit, noch einmal auf die Sache zurückzukommen [Oberrh. Zs. N. F. V 476, Anm.]. Ich glaube, es ist kein Eigensinn, wenn auch seine abermalige blosse Hermeneutik des von ihm aufrechterhaltenen *quatenus . . . habeantur* mich im Angesicht der vorhin aus der Grammatik und der Textvergleichung entnommenen Gründe nicht überzeugt.) — H. Maurer hat durch Heranziehung des Kenzinger Stadtrechtes von 1283 für das Stadtrecht von Freiburg i/B. zuerst und mit Erfolg den Weg der Vergleichung betreten. Nur hätten für diese auch die zahlreichen anderen von dem Freiburger abgeleiteten Rechte herbeigezogen werden müssen, von denen namentlich das von Freiburg i/Ü. (mit dem von Flumet) und das Diessenhofener in Betracht kommen. Hier kommt von den Ergebnissen eines solchen Unternehmens nur dasjenige in Rücksicht, was sich auf die Urk. Konrad's als Quelle für die Gründung von Freiburg i/B und die älteste Stadtrechtsverleihung an dieses bezieht. Die nächste Folgerung ist, dass die Urk. Konrad's an sich schon vor 1178 vorlag, denn die Rechte von Freiburg i/Ü. und besonders Flumet, die auf dem von Freiburg i/B., wie es 1178 bestand, fussen, weisen grössere Theile auf, die mit ihr bis auf kleine Wort- und Buchstabenveränderungen übereinstimmen. Ferner ist festzustellen: die Urk. Konrad's zerfällt in mehrere Theile (ich folge hier anderen Merkmalen als Maurer): der älteste Bestand sind die Anfangsparagraphen bis § 5 (nach Maurer's Zählung) eingeschlossen und der Schluss: der Gründer giebt in diesen Theilen unmittelbar nach der Gründung ohne jeden eigenen Titel in der subjectiven Form (*ego Cuonradus*) die eigentlichen Freiheiten für die Kaufleute und überlässt die Fragen des bürgerlichen Rechts dem geltenden Gewohnheitsrecht der Kaufleute, d. h. der Städter, in erster Linie (bei Entscheidungsschwierigkeit) dem der Cölner. Innerhalb dieser ersten Theile enthält § 2 schon eine Umarbeitung, die der zweiten Periode der Freiburger Rechtsbildung angehört. Dieser zweitälteste Abschnitt der Urkunde umfasst (abgesehen von dem Antheil an § 2) die §§ 6—15 und enthält Verordnungen, nähere Rechtssatzungen, die schon das blosse Gewohnheitsrecht der Kaufleute, d. h. der Städter, z. Th. aufheben, sowie Polizeiverordnungen. (Vielleicht ist § 6 ein Einzelzusatz, der zwischen die erste und zweite Periode fällt.) In den Paragraphen der zweiten Periode, so wie sie in der „Urk. Konrad's" angegliedert sind, spricht nicht mehr ein Rechtsschöpfer in der ersten Person; vielmehr ist von dem oder richtiger einem *dux* in der dritten Person die Rede. Wollten wir allerdings annehmen, als *dux* käme hier der Landesherr (das wäre dann der Herzog von Schwaben) als Hort des Rechtes und Friedens (Waitz Vfg. VII 125, VIII 44) in Betracht, so widerlegen das diese Paragraphen selber: der Antheil am Heimfallrecht bei Erblosigkeit (in § 2), wie die übrigen Bestimmungen zeigen, dass als *dux* der Grundherr gemeint ist. (Auf den zur Zeit der Gründung lebenden Herzog Bertold III von Zähringen nehmen weder die ursprünglichen Freiheiten (— § 5) irgendwelchen Bezug, noch kann man unter dem *dux* der zweitältesten Theile in irgend einer Weise den etwa noch lebenden herzoglichen Bruder des Gründers verstehen. Bertold III hat weder als etwaiger Herr der Stadt, noch als Herzog eines etwaigen zähringischen Herzogsgebietes mit der Stadt Freiburg das Geringste zu thun.) Es ergiebt sich: die ältesten Theile gingen von Konrad aus, als er nichts weiter als Grundherr war; die zweitältesten Theile beziehen sich auch nur auf den Grund- und Stadtherrn, aber müssen ihn doch *dux* nennen, denn das war Konrad seit 1122 und sein Rechtsnachfolger in der Stadtherrschaft war es ebenfalls. Die zweitältesten Theile sind also nach 1122 gegeben; und sie sind ferner vor 1178 gegeben, denn sie finden sich in den Rechten von Flumet = Freiburg i/Ü. entweder ganz und gar oder doch benutzt wieder. -- Von § 16 an beginnen dann Zusätze einer späteren Periode, die von dem *dux* nicht mehr sprechen, deren theilweiser Kern aber auch schon vor 1178 liegt; so hat z. B. § 92 der Handfeste von Freiburg i/Ü. (Gaupp, Deutsche Stadtrechte des MA., Breslau, 1851 u. 1852, Bd. II 82 ff.) eine gewisse Aehnlichkeit mit § 39 der Urk. Konrad's, und § 144 f. dort mit § 35 hier; dennoch möchte ich nicht geradezu behaupten, dass der ganze vorliegende Text der „Urk. Konrad's“ schon 1178 in der jetzigen Form abgeschlossen war.

Eines freilich rückt diese hier abgelehnte Annahme sehr nahe. In dem Text des später zu besprechenden Stadtrotels von Freiburg i/B. aus dem 13. Jahrhundert findet sich ein Zolltarif (§§ 12—14 des Abdrucks bei Schreiber, UB. der Stadt Freiburg im Breisgau. I 1. Freib. 1828), den ganz ähnlich das Recht von Flumet (§§ 74 u. 75), dagegen die Urk. Konrad's nicht hat. Am nächsten läge gewiss, zu sagen: „noch nicht hat“ und zu folgern: das Stadtrecht in der „Urk. Konrad's“ lag geraume Zeit vor 1178 abgeschlossen vor, dann kam ein Zolltarif dazu, der 1178 bei der Uebertragung des Freiburger Rechtes nach Freiburg i/Ü. schon mit übertragen werden konnte. Dem steht aber neben mancherlei sonstigen Bedenken die Frage gegenüber, ob denn die „Urk. Konrad's“ gerade eine frühere Stufe des Rotels sein muss, ob sie nicht etwa nur eine von mehreren Codificationen darstellen kann, die in verhältnissmässig jüngerer Zeit zwar sehr gute Vorlagen, aber nicht gerade alles je für Freiburg Beschlossene wiedergab. — Hier kam es zunächst nur darauf an, die ältesten Theile und die zweite Schicht von Rechtssätzen in der „Urk Konrad's“ zu sondern und die Unverderbtheit der ersteren zu betonen. Auf jenen beruht die im Text dieses Buches (S. 254 f.) gegebene Darstellung.

Um so mehr, als die Angaben der Urk. Konrad's mächtig unterstützt werden durch den

b) Eingang der von K. Friedrich II i. J. 1218 für Bern ausgestellten Urkunde (B.-F. 935, vgl. über sie, die nur noch in einer verunechteten Umarbeitung zur Handfeste erhalten ist, Watteuwyl, Bern, I 353 ff., B.-F. l. c., Winkelmann, Jahrbb. Friedrich's II, I 4 Anm. 5; oben S. 433): Bern sei mit aller Freiheit gegründet worden, *qua Conradus Friburcum in Brisgaw construxit ac libertate donavit secundum ius Coloniensis civitatis.* Eine eigene Zuthat der Berner Verfasser der Handfeste kann die Stelle nicht sein, da, als diese Handfeste zurechtgestellt wurde, zur Zeit K. Rudolf's I, schon seit mindestens einem halben Jahrhundert überall als Gründer Freiburgs Bertold galt. Das wäre also nur so für sie möglich gewesen, wenn sie jenen Satz auf ältere in Bern vorhandene Aufzeichnungen begründeten. Aus solchen hatte es aber am natürlichsten auch die Canzlei Friedrich's II selber. In jedem Falle also waren in Bern ältere schriftliche Nachrichten vorhanden [man kann hinzusetzen: textlich mit der „Urk. Konrad's“ zum Theil oder ganz zusammenfallend], die das Alter und die Güte der Bestandtheile in der „Urk. Konrads“, wie sie die Thenenbacher überliefert haben, bestätigen.

c) Die dritte Quelle ist der sog. Stadtrotel, eine Aufzeichnung des Stadtrechtes, die den äusserlichen Merkmalen nach (sie ruht im Freiburger Stadtarchiv) der ersten Hälfte des 13. Jahrhunderts angehört, während der Text (abgedruckt bei Schreiber, UF. I 1, 3 ff., Gaupp II 28) nach Maurer l. c. 185 f. noch dem 12. Jahrhundert angehört. [Die Berner Handfeste nimmt übrigens auf einen Rotel Bezug, der ein älteres Exemplar sein muss, als der uns erhaltene; jedenfalls war, wie hier nicht näher auszuführen ist, der grösste Theil des **Inhalts** des letzteren Rotels schon am Schlusse des 12. Jahrhunderts vorhanden. Die Möglichkeit der verschiedenen Codificationsgruppen in Freiburg i/B., die oben (S. 585) angedeutet wurde, wird, nebenbei gesagt, durch nichts so nahe gelegt, als durch den Vergleich der Berner Handfeste mit den beiderlei erhaltenen ältesten Freiburger Aufzeichnungen, der „Urk. Konrad's" und dem Stadtrotel.] Dieser erhaltene Rotel nun theilt schon mit der Berner Handfeste den bis auf die jüngste Zeit überlieferten Irrthum (vgl. darüber E. Huber in der Zs. f. schweiz. Recht XXII 1882, S. 3 ff.), Freiburg sei „nach dem Rechte von Cöln" gegründet worden, ist überhaupt mit den in der „Urk. Konrad's" so wohlerhaltenen alterthümlichen Theilen des Stadtrechtes textlich willkürlich umgegangen, arbeitet dieselben in die objective Form (dritte Person) um, spricht z. B. von *civitas*, wo die „Urk. Konrad's" *forum* hat u. s. w. u. s. w., und hat für das *ego Cuonradus* als Gründer eingesetzt den *Berhtoldus dux Zaeringiae*. Auf diese Angabe ist also, zumal dieser Titel Bertold's III deutlich willkürlich und jung ist — es müsste **nur** dux oder höchstens *de Zaringen* heissen —, nicht mehr Werth zu legen, als etwa auf die Angabe über das Cölner Recht. Die Zahl 1120 hat der Rotel unverändert gelassen.

Gehen wir die weiteren Quellen über die Gründung Freiburgs durch, so findet sich, dass vom 13. Jahrhundert an allgemein „Bertold" als Gründer gilt. Eine gewisse Unsicherheit — oder man nenne es Gleichgiltigkeit, auch die wäre zur Erklärung zu brauchen — liegt schon oder noch in der Urkunde des Urachers Egeno IV von 1220, wo er von der Freiheit spricht, mit der Freiburg *ab illustribus ducibus Zaringiae, progenitoribus* seiner Gemahlin Agnes *ab antiquo fundata esse dinoscitur* (FUB. I 101). — Bedenklich ist gegenüber den Nennungen Bertold's weiter, dass die jedesmalige Herkunft solcher Nachrichten, wie wir im Einzelnen sehen werden, eine nebelhafte ist, und ferner, dass man sich durchaus nicht klar war, ob Bertold II oder Bertold III der Gründer der Stadt gewesen sei. Es war eben, wie das Nachfolgende bestätigen wird, eine im 13. Jahrhundert überhand greifende Verwechselung, die sich einerseits daraus erklärt, dass „Bertold" der Zähringername κατ' ἐξοχήν war, dass man sich an fünf verschiedene Bertolde erinnerte und leicht darüber des einen Konrad vergass, andererseits daraus, dass neue Verordnungen, die in das alte Stadtrecht aufgenommen waren, im Namen von Bertolden erlassen waren [ich lasse dahingestellt, ob die öffentliche Meinung den Schreiber des jüngeren (erhaltenen) Rotels veranlasst hat Bertold an die Spitze zu stellen, oder ob der Rotel selbst den öffentlichen Irrthum mit geholfen hat erzeugen], und schliesslich auch daraus, dass man sich etwa in der Zeit des jüngeren Rotels sagte: 1120: ja damals war ja Bertold Herzog, also „richtiger" ist er der Gründer. Ich bin persönlich überzeugt, dass der Mann, der das zuerst ausfindig machte, zu grossen Ehren als Historiker bei seinen Mitbürgern gelangte. — Ganz klar wurde man sich doch nicht, gelangte vielmehr im 13. und 14. Jahrhundert nur zu unter einander abweichenden Vermuthungen, bis die neuere Freiburger Geschichtsschreibung den wohlbekannten Pfad der Combination betreten und allen überlieferten Gründungszahlen und allen drei Namen, den beiden Bertold II u. III sowohl wie Konrad, ihren Platz in der Stadtgeschichte zurechtzumachen gesucht hat. Auf diese Aufstellungen hier einzugehen, dürfte jedoch nicht viel angebrachter sein, als etwa gegen die verschiedenen Denkmale der Erinnerung zu eifern, mit denen die Pietät der Bürger Freiburgs eines Bertold als des Gründers ihrer Stadt heute gedenkt.

Ich bemerke noch: es giebt noch einen Fall, in dem Konrad's Name in der Tradition zu Gunsten des Namens Bertold vergessen wurde: Herzog Konrad ward erster Rector von Burgund, aber der sonst in mancher Beziehung gut unterrichtete St. Galler Vadianus ist doch der Meinung, Herzog Bertold „der jüngere" (!) sei zu der Landgrafschaft Burgund gekommen.

Um nun auf die weiteren einzelnen Quellen zu kommen, so sagen

d) die Ann. Marbacenses MGSS. XVII (= Ann. Argent. plen. bei Böhmer Fontes III) S. 157 von Bertold II zu 1092 *hic preterito anno in proprio allodio Brisaugie Friburch civitatem iniciavit.* Die Marbacher Annalen stammen aus dem Anfang des 13 Jahrhunderts und haben ihre Darstellung der älteren Zeit fast ausschliesslich bekannten Quellen entnommen; der Satz, der soeben citirt wurde, ist in eine ganz und gar aus Bernold entlehnte Stelle eingeschoben (durch fehlerhafte Beibehaltung der kleinen Lettern wird in der Ausgabe der MG. der Eindruck hervorgebracht, als stamme auch dieser Satz aus Bernold). Woher das Einschiebsel direct genommen ist, ist nicht festzustellen, aber wo, wie und durch wen auch die sog. Marbacher Annalen entstanden sein mögen, der Satz sieht durch das *in proprio allodio* so aus, als sei er einer Reminiscenz aus dem Freiburger Stadtrecht oder etwa einer Uebertragung desselben an einen anderen Ort entsprungen. Der Wahrscheinlichkeit dieser Nachricht stehen nun aber nicht nur die vorhin genannten und weiter zu nennenden Quellen, sondern vor allem auch innere Gründe entgegen: das Jahr 1091 war im Lande Alamannien ein schlechter Zeitpunct für die Gründung eines Marktortes, dessen Besuchern der — selber in Fehde stehende — Herzog Frieden und Geleit verbürgte; ferner dürften wir doch wohl von Bernold und anderen Schriftstellern, die an Herzog Bertold II Antheil nehmen und viel von ihm berichten, erwarten, dass sie auch der etwa geschehenen Gründung Freiburgs gedächten; drittens würde in jenem Falle doch wohl eine Amtshandlung Gebhard's von Constanz oder sonst irgend eine Nachricht über die Stadt bis zum Jahre 1120 hin zu erwarten sein, würden auch insbesondere die älteren Nachrichten aus St. Peter die aufblühende Stadt nicht so durchaus ignoriren. Wir können also nur an einen Irrthum des hier wohl selbständigen Compilators der Ann. Marbac. denken und diesen Irrthum sich zu erklären fällt nicht so schwer, wenn man sich vergegenwärtigt, dass dem Urheber des Einschiebsels das Jahr der Gründung Berns [von der wohl Niemand glauben wird, dass Bertold V damit eine Säcularfeier beging] 1191 und das von St. Peter 1093 zu der einen Zahl 1091 in einander verschwimmen mochten.

e) Die Annalen von St. Trudpert MGSS. XVII 290 sagen zu 1118: *hoc anno condita est Friburch a duce Bertholdo.* Diese Breisgauischen Annalen stammen erst aus dem Ende des 13. Jahrhunderts, sie schreiben für die ältere Zeit andere Quellen aus, zwischen denen jedoch die soeben wiedergegebene Nachricht steht, ohne dass ihre Herkunft bisher erkennbar wurde. Dieselbe Nachricht aber findet sich auch in der „Genealogia Zaringorum", die ich nur desshalb den Ann. St. Trudperti nachstelle, weil ihre Entstehungszeit immerhin zweifelhaft bleibt. Diese lapidarisch gehaltene Uebersicht der Geschichte des Zähringerhauses liegt in einer kürzeren Form im Thenenbacher Lagerbuch von 1341 (daraus gedruckt b. Leichtlen, die Z., S. 92 und wiederholt bei Baumann, Freib. Diöc.-Arch. XIV. 83 ff.) und in einer ausführlicheren, die erst in den Sammlungen des St. Petriner Abts P.

Gremelspach von 1497 überliefert ist (daraus gedruckt von Baumann l. c. und wiederholt MGSS. XIII 735f.), vor. Wenn auch nicht zwingend, so ist das Ergebniss von Baumann's Untersuchung (l. c. 67ff.) doch höchst wahrscheinlich, dass inhaltlich der Text aus St. Peter älter ist, als der von Thenenbach und letzterer ein Auszug aus ersterem ist; es wird das noch dadurch bekräftigt, dass der Thenenbacher von seinen Vorlagen spricht; nachdem nämlich dieser Verfertiger des Lagerbuchs die „Urk. Konrad's" mit rücksichtsloser Gewissenhaftigkeit abgeschrieben hat, findet er sich mit seinem Widerspruch ab: *iste dominus Cuonradus comes non fuit primus fundator civitatis Friburg, sed frater eius Berchtoldus, dux Sueviae, qui anno Domini MCXVIII civitatem condidit et postea in Molnshein occisus et in monasterio sancti Petri sepultus est, ut cronice testantur*, auf welche Angaben er dann später bei der Erwähnung Bertold's III in der aus diesen *cronice* übernommenen Genealogie mit *ut supra notatum* zurückkommt. Wie gesagt, die Beweise sind nicht zwingend, und ebenso wenig ist sicher, dass nicht die Genealogie, nachdem Thenenbach sie von St. Peter übernommen hätte, widerum erst später oder gar erst von Gremelspach selbst die uns vorliegende ausführlichere St. Petriner Form erhalten habe. Warum sollte die mühselige Thenenbacher Lagerbucharbeit gerade bei den wenigen Zeilen über Hermann I und Bertold III, die ihr fehlen, so sehr mit dem Abschreiben gespart haben? Diese Ungewissheiten lassen die Form aus St. Peter noch nicht in allen ihren Angaben sicher als ein Werk des 13. Jahrhunderts oder doch der Zeit bis 1341 betrachten.

Wie nun aber dem sei, die Angaben der Ann. St. Trudperti aus dem Ende des 13. Jahrhunderts und der Genealogia Zaringorum, dass Bertold III Freiburg i. J. 1118 gegründet habe, scheinen mir nur eine Nachricht darzustellen; dafür spricht auch der beiden gemeinschaftliche Gebrauch des Wortes *condere* (anstatt des *constituere, fundare, construere* der älteren Quellen) und die beiderseitige Beschränkung auf dieselbe, für Gremelspach's Stil etwas zu trockene Angabe. Ob aber die Genealogie die St. Trudperter Annalen benutzt hat oder umgekehrt, ist kaum mit Sicherheit zu entscheiden; der Umstand, dass die Genealogie auch sonst aus Annalen und Chroniken geschöpft hat (so die zweite Ehe von Bertold's III Gemahlin aus dem Ann. Saxo oder der Welfengeschichte), lässt eher das erstere annehmen. (Dass Gremelspach, der gerne etwas viel Worte macht, über die Gründung Freiburgs nichts hatte, als jene kurzen Worte, geht noch daraus hervor, dass er sich für deren Kürze durch wiederholende Wendungen entschädigt.) Dieser Angabe vom Ende des 13. Jahrhunderts: Bertold III und zwar i. J. 1118 der Gründer, stehen nun aber die Quellen a, b und zum Theil c (der Stadtrotel) entgegen. Dazu kommt das etwas eigenthümliche chronologische Verhalten der Ann. St. Trudperti, die in der Regel von ihren eigenen Vorlagen um ein Jahr abweichen. — Wie aber ist man auf das Jahr 1118 gekommen? Hier wüsste ich zur Erklärung nur das zu vermuthen: das Jahr 1120 war gewissermassen schon in Beschlag genommen durch die Stadtrechtsverleihung (die in beiden Ueberlieferungsformen 1120 hat); man wünschte, da man allmählich andere Anschauungen angenommen hatte, auf welche Weise Städte gegründet werden konnten, ein besonderes der Marktrechtsertheilung vorhergehendes Gründungsjahr für die längst vermeinte selbständige Handlung eines Bertold. (Auf gerade 1118 konnte etwa, was aber durchaus nicht behauptet werden soll, eine dunkle Erinnerung an das bedeutsame Jahr 1218 führen.)

Das Gründungsjahr 1118, das nun einmal aufgebracht war, hat noch eine weitere Vertretung durch den bei Stumpf, Chron. Helv. VII c. 29 aufbewahrten Gedächtnissvers:

Anno milleno centeno bis quatuor deno
Friburg fundatur, Berchtoldus dux dominatur.

Aber das ist nur eine etwas künstliche Umarbeitung des auf dem Standpuncte des Stadtrotels stehenden älteren und bekannteren Gedenkverses:

Anno milleno centeno bis quoque deno
Friburg fundatur, Bertholdus dux nominatur.

(Auch die späte Freiburger Chronik im Anhange bei Königshofen-Schilter, die so voller chronologischer Verwirrung ist, hat sich die Zahl 1118 angeeignet, S. 11. Noch andere, jüngere Verwirrungen, z. B. 1115; 1112, Zs. VIII 107, wohl entstanden durch Verwechslung von *bis deno* und *duodeno*, brauchen nicht besprochen zu werden.)

Und zum Abschluss über das Gründungsjahr: erhebt sich nicht auch von der anderen Seite die Frage: wenn 1091 oder 1118 oder sonstwann Freiburg gegründet, d. h. ein Marktort mit den nöthigen Freiheiten begabt und eingerichtet wurde, welches war dann noch dasjenige Ereigniss, das so gute Quellen, wie die „Urk. Konrad's" und schliesslich auch der Stadtrotel sind, ausschliesslich die Jahreszahl 1120 für die Gründung Freiburgs überliefern liess und ausserdem auch den Bernern die vorhin besprochene Nachricht über Konrad's Urheberschaft gab?

Nun noch eine Angabe:

g) Das Todtenbuch von St. Peter hat (MGNecrol. I 335) bei Bertold III den Zusatz: *conditor civitatis Friburgensis.* Aber diese nur durch Gremelspach's Ueberarbeitung (man vgl. des Hrsg. Baumann's Einleitung) erhaltene Quelle, deren sonstige Schwächen hier aus dem Spiele gelassen werden können, stellt mit jenem Zusatze eben nur die späte, von der Geneal. Zaring. an sich besser vertretene St. Petriner Ueberlieferung dar; mit der Geneal. Zar. hat sie sogar das Wort *condere* gemeinsam, und schon die appositionelle Fassung weist sie später Zeit zu (die früheren Jahrhunderte hätten einen Relativsatz angewandt). Ein Zusatz, wie der hier in der Abschrift des Todtenbuches gemachte, der eine einzelne Schöpfung hervorhebt, die sich an den betr. Namen knüpft, kann erst entstehen, wenn diese Schöpfung nach geraumer Zeit kräftigen Aufblühens beginnt ortsgeschichtlichen Sinn zu entwickeln und die Erinnerung auf den (hier nur vermeintlichen) Begründer in die Vergangenheit hinein zurückzulenken.

IV.

Ueber die Siegel.

Von zähringischen Siegeln konnte ich folgende unterscheiden:

Herzog Konrad.

Stempel 1. An der Urk. von 1140, oben S. 297. Stehende Mannesfigur im Mantel, mit Fahne (durch die linke Armbeuge gehalten) u. r. aufrecht getragenem Schwert.

Umschrift CO[unrad]VS DVX [et re]C[tor burgundie]. So nach der Lithographie bei Schreiber (vgl. ob. S. 297); die Urk. und das Siegel selbst suchte ich gelegentlich eines Ferienausflugs im Rottweiler Stadtarchiv vergeblich; auch im Stuttgarter Staatsarchiv ist sie [nach gütiger Auskunft von da] nicht; am ehesten und mit bestimmten Anhaltspuncten möchte ich sie in der damals nicht zugänglichen Rottweiler Alterthümersammlung vermuthen.

H. Bertold IV.

Stempel 1. An Urk. v. 1157 im Staatsarchiv Freiburg i/Ü. (oben S. 361) für Alteuryf (Hauterive). Siegel eingenäht, ganz zerkrümelt, 3 etwas grössere Brocken. Die mühsame Zusammenfügung ergab:

von Umschrift: ... DUX. ET. RECTO[r] BURG ..., ausserdem ein einzelnes D (berhtoldus, dei oder burgundie.).

Zwischen E und T befindet sich die am unteren Siegelrande angebrachte Stempelöse, als ringförmiger Eindruck sichtbar.

Das Siegelbild ist die stehende Figur eines Mannes, von vorne gesehen, mager und dünne in archaistischer Technik ausgeführt; erkennbar sind die Füsse und die von einer Art Mantel bedeckten Beine; der rechte Arm hält eine Fahnenstange; an seiner linken Seite lehnt ein in der Mitte gewölbter, sehr spitz nach unten verlaufender Schild mit nicht mehr erkennbarer Verzierung auf der Mitte (Kreuz?). — Ueber den angeblichen „zähringischen Löwen“ dieses Siegels vgl. oben 426 f.

Stempel 2. An der Urk. von 1169 (vgl. oben S. 390 f.) im Staatsarchiv Basel und an zweien der drei Urkk. von 1181 u. 1182 (vgl. oben S. 408 f.) im Staatsarchiv Solothurn; in diesem ferner ein loses, abgefallenes Siegel (zu der Urk. v. 1182).

Die Combination der vier Siegel ergiebt:

Umschrift: + BERHTOLDVS · DEI · GRA · DVX · ET · RECTOR · BVRGVNDIE ·

Der Herzog ist als Reiter (nach links) dargestellt, in kräftiger Plastik; das Pferd ist gesattelt, mit Decken behangen, die vor und hinter dem Steigbügel herabhängen; der Zaum ist mit hängenden Ringen verziert. Der Herzog (im Profil gesehen) ist behelmt und gepanzert; Beinschienen und lange Eisenschuhe sehr deutlich; hält eine einmal geschlitzte, mehr wagerecht flatternde Fahne und einen um den Hals an einem Riemen befestigten Schild, auf dem nichts von Verzierungen und dergl. zu bemerken ist.

Stempel 3. An Urk. 1175 (vgl. oben 394 f.) im St.-A. Freiburg i/Ü. und Urkk. 1177 (ob. S. 401) und 1165 (ob. S. 414) im St.-A. Zürich.

Umschrift: + **BERHTOLDVS · DEI · GRA · DVX · ET · RECTOR · BVRGVNDIE.**

Als Siegelbild Reiter nach links. Pferd mit Satteldecke, gezäumt. Reiter mit (visirlosem) Helm und Ringelpanzer, Kopf im Halbprofil; an einem Riemen um den Hals den am Rande mit kleinen Buckeln (Knöpfen) und zwei Randstreifen verzierten, lang-eiförmigen Schild, in dessen Mitte ein von Verzierungen umgebener Spitzknauf (kein Wappen) deutlich ist; die rechte Hand trägt die dreizipfelige Fahne.

Oese des Siegelstempels am unteren Siegelrande (**RE⊙CTOR.**) — Nachtr.: Abbildung des Siegels in Lichtdruck in den Siegelabbildungen zum ZüUB. I. Tfl. I. Vgl. auch die Siegelbeschreibung ibid. und meine Anzeige in der Oberrh. Zs. N. F. VI.

H. Bertold V.

Stempel 1. Urk. v. 1187 (ob. S. 427) St.-A. Zürich. Das Siegel archaistischer wie 2 und 3 Bertold's IV, abgesehen von der Umschrift:

+ **BER[c]HTOL . . . DEI · GRA · DVX · ET · RE . . OR · BVRGVNDIE.**

Reiter und Pferd wie vorhin, letzteres ohne Decken, Fahne zweizipfelig. Schild viel kleiner als in 2 und 3 Bertold's IV; mit dem nach links schauenden Adler. Der Reiter im Profil.

Abbildung (nach einer Zeichnung) im Fürstenbergischen UB. V. Hinzufügung des Zeichners ist jedoch das S' vor ber[c]htol[dus]. — Nachtr.: Abbildung in Lichtdruck nach dem Original ZüUB. l. c. Siehe noch dort die vergleichenden Bemerkungen über das Adlerwappen und meine Anzeige l. c.

Stempel 2. Urk. v. 1210 (ob. S. 467) im St.-A. Zürich.

Grell ziegelrothes Wachs: Siegel sehr beschädigt.

Von der Umschrift erkennbar nur [zari] NGIN; sonst erkennbar die Hinterbeine des Pferdes, Satteldecke und der rechte Arm des Reiters, sowie das Vorhandensein des Adlers im Schilde und der Fahne. — Nachtr.: Lichtdruckabbildung ZüUB. l. c.

Die Buchstaben der Umschriften weisen einen fortgesetzten Uebergang von einfachen Majuskeln zur Unciale auf. — Das Siegel Bertold's IV an der Urk. von 1169 hängt an roth und gelben Schnüren, was natürlich nur als eine zufällige Uebereinstimmung mit den Farben der Markgrafen von Baden zu betrachten ist.

Berichtigungen und Zusätze.

Zu S. 9. Nach dem St. Galler Todtenbuche MGNecr. I 468 stirbt am 27. Febr. *Pirhtilo comes.* Ebenfalls zum 27. Febr. hat das Bamberger Todtenbuch b. Jaffé V den Eintrag *Bertholdus comes.* Nichts passt besser, als Beides auf den „ca. 1005“ [also am 27. Febr. 1005 oder 1006] † Grafen Bertold zu beziehen, dessen Sohn durch K. Heinrich II in so nahe Beziehungen zu Bamberg gesetzt wurde.

Zu S. 14. Die Hoffnung, an die Anm. 40 noch während des Drucks eine Untersuchung anknüpfen zu können, erwies sich wegen zu geringen Quellenstoffs trügerisch. — Auch St. 1347, die nicht interpolirte Urk., hätte schon oben l. c. genannt werden können.

Zu S. 16, Anm. 53, Absatz I. Die „zweite Möglichkeit“ würde zudem eine ganz künstliche Deutung des *patruus* in der Urk. Eberhard's von 1056 erfordern. — Vgl. den Anhang I.

Zu S. 33 f. Herzog Bertold ist unter den vielen Intervenienten in St. 2612 vom 24. Oct. 1062 aus Augsburg.

Zu S. 37. Ebenso mit Siegfried von Mainz in St. 2690 vom 20. Febr. 1066 aus Worms. (Danach und nach Obigem Anm. 122 u. 312 zu ergänzen.)

Zu S. 105. Sagen über Hermann's Entschluss, seine Ankunft in Cluny, Besucher aus der Heimath u. s. w. bei Eike von Repgow (hrsg. v. Massmann, Bibl. d. Stuttg. literar. Vereins, XLII. Stuttg. 1857) S. 542 f.

Zu S. 147 f., Anm. 512. Ich folgte noch der bisherigen Deutung des *Rendelimsum*. Aber es giebt (vgl. Zs. N. F. II 457) ein abg. Reindelshausen b. Umkirch im Breisgau. Dort geschah die Handlung; darauf deuten auch die Vertreter des Baseler Bischofs: von Umkirch, von Bischoffingen, von Thiengen u. s. w.

Zu S. 179. 1094, März 14. ist II. Bertold II mit Hermann von Königseckwald, Hesso von Schlatt, den von Wolfenweiler und Anderen bei einer Schenkung der von Honstetten an Kl. Allerheiligen zu Schaffhausen dort anwesend, QzSchwGesch. III 1, 37 f.

Zu S. 220. Bertold II hatte zwei Söhne des Namens Bertold. Sowohl die Genealogie in der St. Petriner und in der Thenenbacher Ueberlieferung (Freib. D.-A. XIV 85), wie auch der Gruftbefund bei Kolb III 150 erwähnen einen *in adolescentia* gestorbenen Bruder Konrad's, Bertold, den ich anfänglich mit Bertold III identificiren zu müssen glaubte, während eine Trennung von ihm doch nothwendig ist. Das Ausschlaggebende ist der verschiedene Begräbnissort Beider: Bertold III im Capitelsaal, jener Bertold in der Gruft *ante crucem* der Kirche.

S. 233, z. 10 der Anm. 718. l. „Blankenberg“ statt „Falkenstein“.

S. 236. *Hurningen* ist das württemb. Herrlingen. Ueber die Familien von Hurningen, Herrlingen und Hirrlingen vgl. Baumann, Gaugrafschaften S. 130 f.

S. 236 u. 237 statt „Entersbach“ l. „Entringen“.

S. 258, z. 5: nach „sein Bruder“ ist ein Komma ausgefallen.

S. 262, z. 15: III statt VII.

S. 379, z. 18 l. „Dagsburg“.

Zu S. 390. — MJÖG. XII 149 f. (d. h. während des Drucks dieses Buchs) veröffentlichte Scheffer-Boichorst eine Urk. K. Friedrich's I, aus der hervorgeht dass H. Bertold IV den Kaiser auch auf einem bisher unbekannten Zuge in der zweiten Hälfte des Jahres 1170 ins Kgr. Burgund begleitete; die Urkunde ist nach Sch.-B.'s kaum anfechtbarer Deutung zu Givors südlich von Lyon ausgestellt. Die weiteren deutschen Begleiter sind der B. Ludwig von Basel, der Rheinpfalzgraf Konrad, Mgr. Hermann von Baden, die Grafen Hugo von Dagsburg, Ruprecht von Nassau, Heinrich von Dietz, Ludwig von Pfirt und ein Graf Volmar; ferner zu Givors mitanwesend die Grafen Raimund von St. Gilles, Amedeus von Mömpelgard und Humbert von Beaujeu. Die neu entdeckte Urkunde (für ein Hospital in Viviers gegeben) bestätigt das oben S. 390 über die „längst begonnene Wiederaussöhnung der Staufer und Zähringer“ Gesagte und macht die S. 391 besprochene „Freundlichkeit des Kaisers“ für Bertold IV noch verständlicher.

Zu S. 402, Anm. 1217. Ueber *minist* steht, was l. c. auszudrücken aus technischen Gründen nicht möglich wurde, ein Abkürzungsstrich mit Haken, so dass er gut als — *er* gedeutet werden kann. Abgesehen von den l. c. erwähnten Erwägungen würde ich ihn allerdings lieber als verzierten Abkürzungs-Strich nehmen, woraus die Lesung *ministeriales* folgen würde.

S. 408, z. 6 v. u. (des Textes) l. „Bechburg“.

S. 417, z. 1 v. u. (des Textes). Zu dem Namen der Herzogin, „Heilwig“, passt bestätigend, dass ihre Enkelin, die Tochter der an Ulrich von Kyburg vermählten Anna von Zähringen und Mutter K. Rudolf's I von Habsburg, denselben Namen trug.

S. 493, z. 10 l. „Oheim“ statt „Schwager“.

Zu S. 498, z. 8. Die Zähringische Grafschaft auf der Baar (Grafsch. Aseheim) wird für 1083/84 erwähnt Zs. IX, 198. — Anm. 59 auf S. 19 (oben) ist zu lesen 1108 statt 1148. — Auch oben S. 178 ist Bertold als Graf aufzufassen.

S. 533 sollte das erste „Jegenstorf“ anstatt des zweiten fett gedruckt sein.

Heyck. 38

Namenverzeichniss.

(Die unter zähringischer Herrschaft stehenden Orte und Familien sind in besonderen Verzeichnissen oben S. 508 ff. und 539 ff. aufgeführt; vgl. dazu auch S. 497 ff.)

38*

Uebersicht der Mitglieder und Ver

(Die ermittelten Mitglieder des zähringischen Hauses sind alle aufgeführt, bei den Verwandten dagegen Kürz

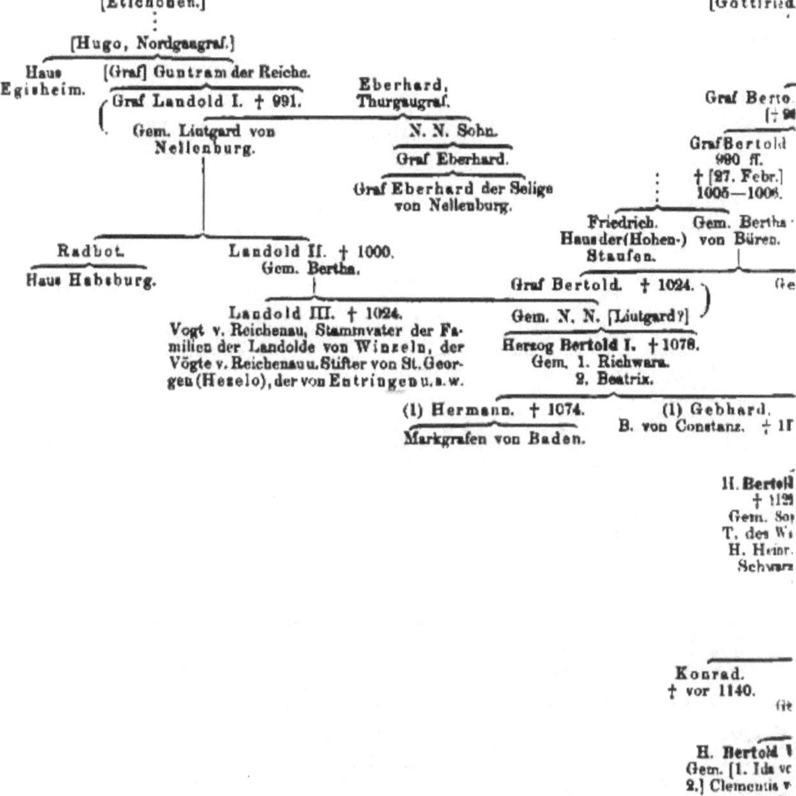

ındten des zähringischen Hauses.

en vorgenommen. Die Zugehörigkeit oder Einreihung der in [] Klammern gesetzten Namen ist unsicher.)

'olksherzog der Alamannen. † 708/9.]
[Halaholf.]
[Bertolde.]

962. 968. | [Adalbero. B. v. Basel. † 1025.]

[Graf dalbero.]

Burkard, Herzog von Schwaben.

Königin Bertha von Burgund. (Gem. von Burgund.)

Herzog Rudolf.

Graf Kuno v. Oehningen. | Graf Rudolf. | Graf Bertold, Stammvater des Hauses Savoyen.

ard.

Ida. Gem. Rudolf II (Welfe). | Gem. N. N.

Graf Kuno.

Rudolf von Rheinfelden, Herzog von Schwaben, Gegenkönig.

(1) Liutgard. Gem. Theobald

Markgrafen von Vohburg.

(1) Herzog Bertold II. † 1111.
Gem. Agnes. † 1111.

Bertold, Herzog v. Schwaben.

I. | Rudolf. † 1111. | H. Konrad. † 1152. Gem. Clementia von Namur. † 1158. | Bertold. † jung. | [Agnes]. Gem. Gr. Wilhelm III von Hochburgund. | Petrissa. Gem. Gr. Friedrich von Pfirt. | Liutgard. Gem. Gottfried v. Calw, Pfalzgraf bei Rheine. | Judith. Gem. Graf Ulrich von Gamertingen.

Wilhelm *puer*.

Uta, Herzogin von Schauenburg (Gem. Welf VI). | Liutgard.

H. Bertold IV. † 1186. Heilwig von Froburg. | Rudolf, B. v. Lüttich. † 1191. | Clementia. Gem. 1. Heinrich der Löwe (Welfe). 2. Gr. Humbert v. Savoyen. | Adalbert, Herzog von Teck. | Hugo, Herzog von Ulmburg.

Herzöge von Teck.

† 1218. Boulogne. Auxonne. | Agnes. Gem. Egeno IV von Urach. | Anna. Gem. Graf Ulrich von Kyburg. | [Liutgard.]

ter. | Graf Egeno V von Urach. | Jolanthe. Gem. Gr. Ulrich von Neuenburg. | Hartmann | Werner von Kyburg. | Heilwig. Gem. Graf Albert von Habsburg.

Grafen von Freiburg. | Grafen von Fürstenberg. | K. Rudolf I (v. Habsburg).

Zeitfracht Medien GmbH
Ferdinand-Jühlke-Straße 7
99095 Erfurt, Deutschland
produktsicherheit@kolibri360.de